中国社会科学院创新工程学术出版资助项目

# 归善斋《尚书》二典章句集解

## 上卷

SENTENTIAL VARIORUM ON YAODIAN
AND SHUNDIAN IN SHANGSHU

尤韶华 ◎ 纂

社 会 科 学 文 献 出 版 社
SOCIAL SCIENCES ACADEMIC PRESS (CHINA)

# 自　序
## 文化回归　祛恶扬善

　　笔者先前出版的《归善斋〈吕刑〉汇纂叙论》，在序言中，已就"归善"的涵义作了阐述。当时所说和所做的，依然是现在想说，想做的。《吕刑》是《尚书》的组成部分，《吕刑》所反映的基本原则，也是整部《尚书》所提倡的基本原则，敬天敬民，敬畏法制，尊崇诚信，实行德政，注重民生，用贤去佞，慎施刑罚，公正公平，导民向善。

　　《归善斋〈尚书〉二典章句集解》，是《归善斋〈尚书〉章句集解》的第一册。晚清学者重刊《十三经注疏》，流行至今。四库本其他《书》类著作，不为人们所重，知者不多。顾颉刚、刘起釪所著《尚书校释译论》所引亦不全。今人解说《尚书》，大多仅援引《尚书注疏》，有失偏颇。《归善斋〈尚书〉章句集解》，意在汇集众家之解，以供读者探觅其善，以免限于一家之言。

　　《钦定四库全书》有五十余种《书》类著作，可分为几类：（1）基本上对《尚书》逐篇逐句解说，有（汉）孔氏传、（唐）陆德明音义、（唐）孔颖达疏《尚书注疏》，（宋）苏轼《书传》，（宋）林之奇《尚书全解》，（宋）史浩《尚书讲义》，（宋）夏僎《夏氏尚书详解》，（宋）时澜《增修东莱书说》，（宋）黄度《尚书说》，（宋）袁燮《絜斋家塾书钞》，（宋）蔡沈《书经集传》，（宋）黄伦《尚书精义》，（宋）陈经《陈氏尚书详解》，（宋）钱时《融堂书解》，（宋）魏了翁《尚书要义》，（宋）陈大猷《书集传或问》，（宋）胡士行《胡氏尚书详解》，（元）吴澄撰《书纂言》，（元）陈栎《尚书集传纂疏》，（元）许谦《读书丛说》，

（元）董鼎《书传辑录纂注》，（元）朱祖义《尚书句解》，（明）王樵《尚书日记》，（清）《御制日讲书经解义》。（2）对各篇的某些章句考据解说，有（宋）金履祥《尚书表注》，（元）黄镇成《尚书通考》，（元）陈师凯《书蔡传旁通》，（元）王充耘《读书管见》，（元）陈悦道《书义断法》，（明）梅鷟《尚书考异》，（明）马明衡《尚书疑义》，（明）袁仁《尚书砭蔡编》，（明）陈泰交《尚书注考》，（明）陈第《尚书疏衍》，（清）王夫之《尚书稗疏》，（清）毛奇龄《尚书广听录》，（清）朱鹤龄《尚书埤传》，（元）王充耘《书义矜式》，（清）张英《书经衷论》，（清）孙之騄辑《尚书大传》，（清）蒋廷锡《尚书地理今释》。（3）只就数篇加以解说，有（清）李光地《尚书七篇解义》，（宋）杨简《五诰解》。（4）仅就单篇解说，有（宋）毛晃《禹贡指南》，（宋）程大昌《禹贡论》，（宋）傅寅《禹贡说断》，（清）朱鹤龄《禹贡长笺》，（清）胡渭《禹贡锥指》，（清）徐文靖《禹贡会笺》，（宋）胡瑗《洪范口义》，（宋）赵善湘《洪范统一》，（明）黄道周《洪范明义》，（清）胡渭《洪范正论》。此外，（清）阎若璩《古文尚书疏证》，（清）毛奇龄《古文尚书冤词》则论辩今、古文《尚书》。以上著作，均或多或少表达自己的见解。（元）王天与《尚书纂传》、（明）刘三吾《书传会选》、（清）《书经大全》仅仅汇集相关解说。

这些著作起于汉唐，迄于明清，而以宋代居多，汉唐仅《尚书注疏》一部。文化是一种积淀，后人的著作征引前人的著作。越往后，征引越多。而后人对前人的征引，或褒，或贬，或认同，或质疑，或补充，可以从这些征引中看到《书》学的发展轨迹。其中汉唐二孔的《尚书注疏》和南宋蔡沈的《书经集传》最为重要。其他《书》类著述大多围绕《尚书注疏》、《书经集传》而作。唐宋时，《尚书注疏》立于官学，而元明清《书经集传》立于官学。《书经集传》为朱熹门人蔡沈受师命所作，部分书稿经朱熹审定。元明及清代前期《书》类著述，大多认同《书经集传》。元代吴澄《书纂言》、陈栎《尚书集传纂疏》、董鼎《书传辑录纂注》并辑录朱熹语录。晚清学者排斥宋学，重刊《十三经注疏》，以阮元主持校刻为善本。

《尚书》毕竟是为政之书，仅从字面训诂，难以准确理解。因而还需要从政治、法律、历史、礼乐、哲学、文学的角度予以探究，而这方面正是宋代《书》学以及元明学者之所长。四库本所载《书》类著述对《尚书》的解说涉及各个方面，尤其典章制度，律历器物，天文地理的源流考据，或繁或简。一些长篇解说，对于经文的理解大有裨益。经学数千年，不同的时代，不同的学者，不同的背景，不同的感悟，各自的思维方法、视觉角度、经历理念导致歧义。各家著述各有其善，即使是有一言之善也值得采用。

《书》类著述，以解说、考据《尚书》章句为宗旨。《归善斋〈尚书〉章句集解》，按照章句分解汇集，故题名为"章句集解"。四库全书提要及各自的序言，叙述各家著述的简要内容和《书》学发展的历史沿革，故列于篇首，以供参考。《古文尚书疏证》、《古文尚书冤词》未就章句作专门解说，拟将列于《归善斋〈尚书〉章句集解》篇末作为附录。《尚书纂传》、《书传会选》、《书经大全》未有独立见解，不予列入章句解说，以免重复。各家解说体例纷杂，分句分段各异，长短不一。《尚书注疏》最早，汉孔传分句最细，故以其为准，作为标题，列为目录。其余著述，依照各自章句的自然段落，归于其下，凡长于此句的，则于下文中注明见于何句。

二典，即《尚书》以"典"名篇的《尧典》、《舜典》，为帝尧、帝舜的功德颂词及言行记录。除了功德颂词之外，《尧典》记录帝尧用人的言行。先是命羲和掌管历象；次则择人禅位，欲授天下于虞舜。《舜典》记录虞舜历试诸难、摄位、即位、命官诸事。《吕刑》也追述帝舜功德，使民归善，放逐三苗国君，增修德政，定民居、厚民生、正民心，用刑中正得当。君臣敬天、敬民，百姓效仿，行德为善。司法官杜绝威虐，拒绝贿赂。最后重申，告诫要以此为鉴，勤勉敬刑。《吕刑》所说的基本与《舜典》相符。二典被认为是《尚书》的总纲。二典，只是《尚书·虞书》的首篇和次篇。《尚书·虞书》另有《大禹谟》、《皋陶谟》、《益稷》三谟。《归善斋〈尚书〉三谟章句集解》将作为《归善斋〈尚书〉章句集解》的第二册。《尚书》的《夏书》、《商书》、《周书》诸篇，亦将按一定体例陆续完成出版。继第一本专著《归善斋〈吕刑〉汇纂叙论》，第二本专著《归善斋历代解说〈尚书〉典谟法律记述辑考》已开始撰写。

　　《尚书》不仅仅是历史，国学重在经世致用。《归善斋〈吕刑〉汇纂叙论》的序言提及国学诸家合善，即墨、儒、法、道各家互补，国学的核心结构应为民本、诚信、兼爱、法制。按照梁启超的说法，诸子"实皆本于六经"，故此，二典也应是国学的总纲。二典推崇敬畏与诚信，而敬畏与诚信正是法制的基础。法制始于敬畏，敬畏始于信法，法信而使人信。《归善斋〈吕刑〉汇纂叙论》出版之后，笔者著有"梁启超墨学研究的自生民主观叙论"一文，兼谈国学的出路。梁启超将《墨子》的国家起源之说类比西学的民约论。而西学的民主也正是以民约论为起点走出来的。文中，笔者以为，现代社会最主要的特征是民主。梁启超的研究结果昭告，民主学说无须移植，国学本身含有自生民主观。国学的民族特色结合时代精神，兼容民主和科学，国学的复兴可以增进民主的自生能力。目前，最重要的是培植民主的社会基础，增强民众的民主心态。无论民主或专制，都是自由的分配方式。少数人享有大部分的自由，就形成专制。而自由的均衡配置就是民主。其实，人人皆有专制倾向，自由的均衡配置需要有社会基础的支撑，使少数人无法攫取大部分的自由。国学的核心结构应为民主、民本、诚信、兼爱、法制。

　　二典所记录的禅让制、推举制、巡守制、考绩法，包含了初期民主的成分。而《尚书》记录的一些基本原则和制度，可以适用于现代的民主与法制。因时制宜，本身就是体现于《尚书》的重要原则。历代的典章制度，依据民族性格而制定，并随时代发展而演变。唯有本土培植的民主与法制，才能支撑中国社会良好的运行。中华民族的希望正在于民族文化的复兴。

　　善哉！善行，善学，善政，文化回归，祛恶扬善，民族复兴。

# 目　录

·上　卷·

## 第一编　四库全书提要

## 第二编　传注序言

# 第三编 《尧典》章句集解

## ·下 卷·

## 第四编 《舜典》章句集解

9

第一编　四库全书提要

## 1. 《尚书注疏》

（汉）孔安国传，（唐）陆德明音义、孔颖达疏

**提要**

臣等谨按，《尚书注疏》十九卷，汉孔安国传，唐孔颖达疏。汉初惟传伏生《今文尚书》二十八篇。后安国得壁中书，较多于伏生所传，又其字体与汉隶异，是为古文。永嘉之乱，古文中绝，晋梅赜乃上《古文尚书》四十五篇并安国所作传，识者疑之。颖达作正义专主安国，翻疑康成等所见古文为伪书，何也？晁公武谓其因梁费甝（hán）疏广之。盖六朝诸家尚书义疏，世多不传，惟是书犹存其崖略云。

乾隆四十二年八月恭校上

总纂官：臣纪昀、臣陆锡熊、臣孙士毅

总校官：臣陆费墀

## 2. 《书传》

（宋）苏轼

**提要**

臣等谨按，《书传》二十卷，宋苏轼撰。《尚书》所载皆帝王大政。轼究心"经世之学"，明于事势，而又长于议论。故其诠解经义于"治乱兴亡"之故，披抉明畅，较他经独为擅长。其释《禹贡》，三江定为南江、中江、北江。本诸郑康成，远有端绪，但未尝详审经文，考核水道，而附益以味别之说，遂以启后人之讥议。至于以羲和旷职为贰于羿而忠于夏，则林之奇宗之。以《康王之诰》服冕为非礼，引《左传》叔向之言为证，则蔡沉取之。朱子亦称其解《吕刑》篇以"荒度作刑"为句甚合于理。则皆卓然具有特见。朱子虽有惜其太简之说，然汉代训诂文多简质。自孔、贾以后，征引始繁。轼文如万斛源泉，随地涌出，非不能曼衍，其词当以解经之体。词贵典要，故敛才就范，但取词达而止，未可以繁省为优劣也。

乾隆四十三年五月恭校上

总纂官：臣纪昀、臣陆锡熊、臣孙士毅

总校官：臣陆费墀

## 3. 《尚书全解》

（宋）林之奇

**提要**

臣等谨按，《尚书全解》四十卷，宋林之奇撰。之奇，字少颖，号拙齐，侯官人，官至宗正丞。事迹具《宋史·儒林传》。之奇辞禄家居，博考诸儒之说，以成是书。宋志作五十八卷，此本仅标题四十卷。考其孙畊（gēng）《后序》称，脱稿之初，为门人吕祖谦持去，诸生传录，仅十得二三。书肆急于锓梓，遂讹以传讹。至淳祐辛丑，畊从陈元凤得宇文氏所传《书说拾遗》手稿一册，乃《康诰》至《君陈》之文。乙巳得建安余氏所刻完本，始知麻沙所刻，自《洛诰》以下皆伪续。又得叶真所藏林、李二先生《书解》，参校证验，厘为四十卷。然则，宋志所载，乃麻沙伪本之卷数。朱子所谓《洛诰》以后非林氏解者，此本则畊所重编，朱子未见。夏僎作《尚书解》时亦未见，故所引之奇之说，亦至《洛诰》止也。然畊既称之奇初稿为吕祖谦持去，则祖谦必见完书，何以《东莱书说》始于《洛诰》以下，云续之奇之书，毋乃畊又有所增修，托之乃祖欤？自宋迄明，流传既久，又佚其三十四卷。《多方》一篇，通志堂刊《九经解》，竭力购之弗能补也。惟《永乐大典》修自明初，其时犹见旧刻故所载之奇《书解》，此篇独存，今录而补之，乃得复还旧观。之奇是书，颇多异说，如以阳鸟为地名；三俊为常伯、常任、准人，皆未尝依傍前人。至其辨析异同，贯串史事，覃思积悟，实卓然成一家言。虽真赝错杂，不可废也。屡经散佚，而卒能完善，亦其精神刻挚，有足以自传者矣。前有自序一篇，述《尚书》始末甚详。然舛（chuǎn）误特甚。《汉书·艺文志》已明云《古文尚书》孔安国献之，遭巫蛊不列于学官，而用伪孔传序藏于家之说，并谓刘歆未见。《儒林传》明言伏生壁藏其书，汉兴亡数十篇，独得二十九篇，而用卫宏《古文尚书序》使女传言之说，并谓齐语难晓，尤其致谬之大纲。阎若璩诸人已有明辨，兹不具论焉。

乾隆四十二年七月恭校上

总纂官：臣纪昀、臣陆锡熊、臣孙士毅

总校官：臣陆费墀

## 4.《尚书讲义》

（宋）史浩

**提要**

臣等谨按，《尚书讲义》二十卷，（宋）史浩撰。浩，字直翁，鄞县人，绍兴十四年进士。孝宗为建王时，浩以司封郎中兼直讲，即位后，迁翰林学士知制诰，累官右丞相致仕。事迹具《宋史》本传。此书《宋史·艺文志》作二十二卷。《文渊阁书目》、《一斋书目》并载其名，而藏书家已久无传本。故朱彝尊《经义考》亦注云未见。惟《永乐大典》各韵中尚全录其文。谨依经文考次排订，厘为二十卷。按《宋馆阁书目》云，淳熙十六年正月太傅史浩进《尚书讲义》二十二卷，诏藏秘府。盖本当时经进之本，故其说皆顺文演绎，颇近经幄讲章之体。其说大抵以注疏为主，参考诸儒，而以己意融贯之。当张浚用兵中原时，浩方为右仆射，独持异论。论者责其沮恢复之谋。今观其解《文侯之命》一篇，亦极美宣王之勤政复仇，而伤平王之无志恢复。则其意原不以用兵为非，殆以浚未能度力量时，故不欲侥幸尝试耶。《朱子语类》尝称史丞相说《书》亦有好处。如"命公后"，众说皆云命伯禽为公之后；史云，成王既归命，周公在后，看"公定予往矣"一言便见得周公，且在后之意云云。其后命蔡沈订正《书传》，实从浩说，则朱子固于此书有所取。孙应时《烛湖集》有《上史越王书》，云《书传》多所发明帝王君臣精微正大之蕴，剖决古今异同偏见，开悟后学心目，使人沛然饱满者，无虑数十百条。又云，欲以疑义请教者，一一疏诸下方，则浩此书实与应时商榷之，则亦非率尔苟作矣。

乾隆四十六年九月恭校上

总纂官：臣纪昀、臣陆锡熊、臣孙士毅

总校官：臣陆费墀

## 5.《尚书详解》

（宋）夏僎

**提要**

臣等谨按，《尚书详解》二十六卷，宋夏僎撰。僎，字元肃，号柯山，浙之龙游人，与周升、缪景仁为友，皆以明经教授，时称三俊。僎尝举进士，少治《尚书》，老而益精，因博采众说，以为是解。淳熙间，麻沙书坊刘氏刊板印行，时澜为之序，称其议论渊深，词气超迈，参于前则有光，顾于后则绝配，其倾挹甚至。考宋南渡以后，为尚书之学者，毋虑数百家，而三山林之奇《集解》尤见称于世。僎作是书，所采虽兼取二孔、王、苏、陈、程、张氏之说，而折衷于之奇者，什之六七。当时吕祖谦受业之奇之门，而时澜为祖谦高弟，《增修东莱书说》即出其手。顾于是编，独多所推许。宜春李公凯，治经不专一家，于《诗》宗东莱《读诗记》，于《书》亦舍吕氏，而独取柯山《详解》。是其书，虽陈振孙以为便于举子而作，要其渊源之正，议论之醇，一时亦未有能过之者。明洪武间，初定科举之式，诏习《尚书》者，并用夏氏、蔡氏两传。后永乐中《大全》出，蔡传始独立于学官，而夏氏《书》浸（jìn）微。今观其荟粹众说，舍短取长，参求其是，而断以己意，较诸九峰《书传》固不免略冗之嫌，然其反复条畅，深究详绎，使唐虞三代之大经大法，有以曲折而会其通。其用心实出蔡传之右，洵说《书》者之善本也。其书惟抄帙仅存，多有脱误。今浙江所进本，检勘自《尧典》至《禹谟》全阙，中又阙《泰誓中》、《泰誓下》、《牧誓》三篇，后又阙《秦誓》末简。谨以《永乐大典》参校。惟《秦誓》原阙外，其余所载并全，谨据以补辑，遂成完帙。至其他文义，则以《永乐大典》本及浙本，彼此互校，择所长而从之，亦庶几详善胜旧。原本分十六卷，经文下多附录，重言重意，乃宋代坊本陋式，最为俚浅，今悉删去，而重加厘定，为二十六卷，不复准其原目云。

乾隆四十九年十月恭校上

总纂官：臣纪昀、臣陆锡熊、臣孙士毅

总校官：臣陆费墀

## 6.《增修东莱书说》

（宋）时澜

**提要**

臣等谨按，《增修书说》三十五卷，宋吕祖谦撰，其门人时澜增修通考，云十卷；赵希弁《读书附志》云六卷，悉与此不合。盖彼乃祖谦原书，未经时澜所补者。其时，尚未成编，传钞者随意分卷。故二家亦互异耳。祖谦原书，始《洛诰》终《秦誓》，其《召诰》以前，《尧典》以后，则门人杂记之语录，颇多俚俗。澜始删润其文，成二十二卷；又编定原书为十三卷，合成是编。王应麟《玉海》称，林少颖《书说》至《洛诰》而终，吕成公《书说》自《洛诰》而始，盖之奇受学于吕居仁，祖谦又受学于之奇。本以终始其师说，为一家之学，而澜之所续，则又终始祖谦一人之说也。

澜，婺州清江人，厉鹗（è）《宋诗纪事》收其诗一篇，而不能举其仕履。考周必大《平园集》有祭澜文，称从政郎、差充西外睦宗院宗学教授。而澜自序则称，以西邸文学入三山监丞。盖作是书时，为监丞，其后则以教授终也。吴师道曰，清江时铸，字寿卿，吕成公同年进士，与弟錤（chǎng）率群从弟子十余人，悉从公游，若澋、若澜、若泾，尤时氏之秀。成公辑《书说》，澜以平昔所闻纂成之。今所行《书传》是也。然则是书一名为《书传》矣。又朱彝尊《经义考》，是书三十五卷之外，又别出时澜《增修书说》三十卷并注曰"存"。今三十卷者未见，不知所据何本也。

乾隆四十四年九月恭校上。

总纂官：臣纪昀、臣陆锡熊、臣孙士毅

总校官：臣陆费墀

# 7. 《尚书说》

（宋）黄度

**提要**

臣等谨按，《尚书说》七卷，宋黄度撰。度，字文叔，新昌人，登绍兴进士，为御史，劾韩侂胄。宁宗时，累官礼部尚书，龙图阁学士。卒谥宣献。度笃学穷经，老而不倦。于《易》、《诗》、《周礼》俱有撰述。是编其尤著者也。陈振孙称，度晚年，制阃江淮，著述不辍。时得新意，往往晨夜叩书塾，为友朋道之。可见其学之勤矣。平日与朱子、叶适、陈傅良等相善。《周礼》、《诗说》皆为适所称许。是编虽但因孔传，而发明之。然指论三代兴衰治乱之迹，与推明执中建极等旨，皆深得理要，非徒治章句之学者也。

乾隆四十五年正月恭校上

总纂官：臣纪昀、臣陆锡熊、臣孙士毅

总校官：臣陆费墀

## 8.《絜斋家塾书钞》

（宋）袁燮

**提要**

臣等谨按，《絜斋家塾书钞》十二卷，宋袁燮撰。燮（xiè），字和叔，"絜斋"其自号也。鄞县人。淳熙辛丑进士，官至显谟阁学士，谥正献，事迹具《宋史》本传。燮之学，出陆九渊。是编大旨在于发明本心，反复引伸，颇能畅其师说，而于帝王治迹，尤参酌古今，一一标举其要领。王应麟发明洛、闽之学，多与金溪殊轨。然于燮解"儆戒无虞"诸条，采入《困学纪闻》中。盖其理至足，则异趣者亦不能易也。其书，《宋史·艺文志》作十卷。陈振孙《书录解题》称燮子乔录家庭所闻，至《君奭》而止，则当时本未竟之书，且非手著。绍定四年，其子甫刻，置象山书院，盖重其家学，不以未成残缺而废之。明叶盛《菉竹堂书目》尚存其名。而诸家说《尚书》者罕闻引证，知传本亦稀。故朱彝尊作《经义考》注云未见。今圣代博采遗编，珍笈秘文，罔不毕出，而竟未睹是书之名，则其佚久矣。谨从《永乐大典》所载，采辑编次，俾复还旧观，以篇帙稍繁，厘为一十二卷。蠹残剩简，复显于湮没之余，亦可云燮之至幸矣。乔，字崇谦，尝为溧阳令，与燮相继而卒，未显于世，故《宋史》但有其弟甫传，而不立乔传。据真德秀所作燮行状称，燮有子四人，乔其伯子，甫则其叔子云。

乾隆四十六年九月恭校上

总纂官：臣纪昀、臣陆锡熊、臣孙士毅

总校官：臣陆费墀

## 9. 《书经集传》

（宋）蔡沈

**提要**

臣等谨按，《书集传》六卷，宋蔡沈撰，沈字仲默，号九峰，建阳人，元定之子也。事迹附载《宋史》元定传。庆元己未，朱子属沈作《书传》，至嘉定己巳书成（按此据自序年月。真德秀作沈墓志，称"数十年然后克成"，盖误衍一"数"字）。淳祐中，其子杭表进于朝，称《集传》六卷，《小序》一卷，朱熹《问答》一卷，缮写成十二册。其《问答》一卷久佚。董鼎《书传纂注》称淳祐经进本录朱子《与蔡仲默帖》及语录数段。今各类入《纲领辑录》内，是其文犹散见鼎书中，其条目则不复可考。《小序》一卷，沈亦逐条辨驳。如朱子之攻诗序，今其文犹存，而书肆本皆削去不刊。考朱升《尚书旁注》，称古文书序自为一篇，孔注移之，各冠篇首，蔡氏删之而置于后，以存其旧，盖朱子所授之旨（按陈振孙《书录解题》载，朱子《书》古经四卷，序一卷，则此本乃朱子所定，先有成书，升以为所授之旨，盖偶未考）。是元末明初刊本尚连《小序》。然《宋史·艺文志》所著录者亦止六卷，则似自宋以来即惟以《集传》单行矣，元何异孙《十一经问对》称吉州所刊蔡传，仍以书序置之各篇，初不害其蔡传，盖一家之板，本非通例也。沈序称，二典、三谟经朱子点定。然董鼎《纂注》于正月朔旦条下注曰，朱子亲集《书传》自孔序止此，其他大义悉口授蔡氏，并亲稿百余段，俾足成之。则《大禹谟》犹未全竣。序所云二典、三谟特约举之词，鼎又引陈栎之言曰（按，栎此条不载所作《书传纂疏》中，盖其《书传折衷》之文也），朱子订传原本，有曰正月，次年正月也。神宗，说者以为舜祖颛顼而宗尧，因以神宗为尧庙，未知是否，如帝之初等，盖未尝质言为尧庙。今本云云，其朱子后自改乎，抑蔡氏所改乎，则序所谓朱子点定者，亦不免有所窜易。故宋末黄景昌等各有正误辨疑之作。陈栎、董鼎、金履祥皆笃信朱子之学者。而栎作《书传折衷》，鼎作《书传纂疏》，履祥作《尚书表注》，皆断断有词。明洪武中，修《书传会选》，改定至六十六条。国朝《钦定书经传说汇纂》亦多所考订厘正。盖在朱子之说《尚书》，主于通所可通，而阙其所不可通。见于《语录》者不啻（chì）再三，而沈于殷盘、周诰，一一必求其解，其不能无憾也固宜。然其疏通证明，较为简易且渊源有自，大体终醇，元与古注疏并立学官（见《元史·选举志》），而人置注疏肄此书。明与夏僎《解》并立学官（见杨慎《丹铅录》），而人亦置僎《解》肄此书，固有由矣。

乾隆四十一年十月恭校上

总纂官：臣纪昀、臣陆锡熊、臣孙士毅

总校官：臣陆费墀

## 10.《尚书精义》

（宋）黄伦

**提要**

臣等谨按，《尚书精义》五十卷，宋黄伦撰。《宋史·艺文志》载有是书十六卷。陈振孙《书录解题》亦著于录，称为三山黄伦彝卿所编，知其闽人。此本有余氏万卷堂刊行小序，称为释褐黄君，则又尝举进士。然闽书及福建通志已均不载其仕履，则莫能详矣。其刊书之余氏亦不知何时人。按岳珂《九经三传沿革》例称，世所传九经本，以兴国于氏，及建安余仁仲本为最善。又林之奇《尚书全解》亦惟建安余氏刊本独得其真，见之奇孙畊所作跋语中。此编所称余氏，当即其人。是在宋时，坊刻中犹为善本也。其书荟萃诸说，依经胪载，不加论断，间有同异，亦两存之。其所征引自汉迄宋，亦极赅博。惟编次不依时代。每条皆首列张九成之说，似即本九成所著《尚书详说》而推广之。故陈振孙颇疑其出于伪托。然九成《详说》之目仅见《宋志》久经湮晦，即使果相沿袭，亦未尝不可，藉是书以传九成书也。其他如杨氏绘、顾氏临、周氏范、李氏定、司马氏光、张氏沂、上官氏公裕、王氏日休、王氏当、黄氏君俞、颜氏复、胡氏伸、王氏安石、王氏雱、张氏纲、孔氏武仲、孔氏文仲、陈氏鹏飞、孙氏觉、朱氏震、苏氏洵、吴氏孜、朱氏正大、苏氏子才等，当时著述并已散佚，遗章剩句犹得存什一于是编。体裁虽稍涉泛滥，其裒（póu）辑之功要亦未可尽没。其书传本久绝，朱彝尊《经义考》亦曰已佚。今从《永乐大典》各韵中采撮编缀，梗概尚存。惟《永乐大典》之例，凡诸解已见前条者，他书再相援引，则仅注某氏曰，见前字，其为全录、摘录，无由参校，今亦不复补录，姑就所现存者，厘订成帙，分为五十卷，存宋人书说之梗概备援证焉。

乾隆四十六年九月恭校上

总纂官：臣纪昀、臣陆锡熊、臣孙士毅

总校官：臣陆费墀

## 11.《尚书详解》

（宋）陈经

**提要**

臣等谨按，《尚书详解》五十卷，宋陈经撰。经，字显之，一云字正甫，安福人，庆元中进士，官至奉议郎，泉州泊干所，著有《诗讲义》、《存斋语录》，诸书已佚不传。是编载于《宋史·艺文志》者五十卷。今抄帙尚存，检勘卷目并同，无所阙失，盖亦流传仅完之本也。经生于宁宗之世，正蔡氏《传》初出之时，而此书多取古疏，间参以新意，与蔡《传》颇有同异。中间每采后世之事，以证古经，虽本程氏说《易》之例，然如解说"筑傅岩"条，引伊川访董五经事，似为非体。又论舜放四凶，云欲安其居止，俾无所忧愁，则于圣人惩恶之义亦有未协。前有自序云，今日语诸友以读此书之法，当以古人之心，求古人之书，吾心与是书相契而无间，然后知典、谟、训、诰誓、命皆吾胸中之所有，亦吾日用之所能行云云，尤近于陆九渊"六经注我"之说，殆傅金溪之学派者。然其句梳字比，议论正大，疏证详明，往往得先儒所未发之旨，可与林之奇、夏僎诸家相为羽翼，于经义固殊有补焉。

乾隆四年五年十二月恭校上

总纂官：臣纪昀、臣陆锡熊、臣孙士毅

总校官：臣陆费墀

## 12.《融堂书解》

（宋）钱时

**提要**

臣等谨按，《融堂书解》二十卷，宋钱时撰。时，字子是，淳安人，

11

受学于杨简。熙宁中，以丞相乔行简荐授秘阁校勘，迁史馆检阅。所著惟《两汉笔记》尚存于世。而此书向尠（xiǎn）传本，故黄震《日钞》，明胡广等《书经大全》俱未征引其说。朱彝尊《经义考》亦云未见。今据《永乐大典》中散见各韵者，依经文前后次第，裒缀编辑。中惟《伊训》、《梓材》《泰誓》三篇全佚。《说命》、《吕刑》亦间有阙文。余皆篇帙完善。时之意主于表章《书序》。每篇之首，皆条其大指。其逸书之序，则参考《史记》，核其时事，以释篇题，复采《经典释文》、《史记集解》、《史记索隐》所引马融、郑康成诸说，引伸其义。其旁搜远绍之意，亦可谓勤且笃矣。唐人解经，多墨守注疏。宋儒始好出新说，每不免于穿凿支离。时所解，如羲和旷职，则本诸苏轼；康叔封卫在成王时，则仍用孔安国传；康王之诰则兼采张九成《书说》。信能择善而从，不专主一家之学者。至以《泰誓》为告西岐师旅，《牧誓》为告远方诸侯，自抒心得，未尝依傍前人。又谓《武成》本无脱简，中述武王告师之辞，后为史臣纪事之体。《康诰》首节以周公初基，定为未营洛邑，封康叔以抚顽民，不当移置于《洛诰》，尤为卓然有见，不惑于同时诸儒之曲说。其取材博而精，其树义新而确。盖宋人经解中仅见之书也。叶盛《水东日记》载，嘉熙二年知严州万一荐准尚书省札取进时所著书奏状一通，首列《尚书演义》三十册，而《永乐大典》所载实名《融堂书解》，疑为晚年删削更定之本。今从《永乐大典》所称书名题之，而仍以原札状二通录冠于前。又《经义考》作八卷，未知何据。今考定篇第，厘为二十卷，诠次如左。

乾隆四十五年五月恭校上

总纂官：臣纪昀、臣陆锡熊、臣孙士毅

总校官：臣陆费墀

**宋进书原札状**

特进左丞相兼枢密使肃国公乔行简札子：臣辄有奏陈。仰干天听。臣昨任国子司业日，于延见诸生之次，闻严州布衣钱时，山居读书，理学淹贯，尝从故宝谟阁学士杨简游。盖其深所推许，今宝章阁待制袁甫昨任徽州，与故太府丞郑之悌守严州日，皆尝一再礼聘，莅讲郡庠。远近士子，翕然云集，已而得其讲篇。其于辨析义理，参错事物，发明疑难，有以起人。臣是时心已属之。其后知绍兴府汪纲，亦尝延讲至郡，臣始属纲，求其所著之书。有《〈论语〉〈孝经〉〈中庸〉〈大学〉四书管见》及《尚书启蒙》、《诗学管见》、《周易释传》、《两汉笔记》、《国朝编年》等作。益信其学之有所本。其作《两汉笔记》，类皆痛汉氏袭秦之弊，而尤反复致意于后世，所以不敢望三代之治，又见其学之为有用，臣遂因纲以延其来，与之相见而款扣之。见其气负才识，尤通世务。自田里之休戚利病，当世之是非得失，莫不详究而熟知之。靖康间其大父觷（xué）值睦寇陆梁，金人入浙，纠率捍御，几著奇功。朝廷尝为之立庙封爵。而时亦人物魁岸，慷慨激昂，有乃祖风，不但通诗书守陈言而已。每念此亦奇士，而不使得为世用，私窃惜之。比者伏读国史，至真宗皇帝于禁中壁间，见穆修所作诗句，深切叹赏，即问侍臣曰：有文如此，公卿何以不荐？则士之遗逸者，固大臣之所当言，亦圣主之所乐闻也。时尝诣漕司文解，比岁已该永免，而场屋竟不足以得之其志，方将玩圣经以自隐。倘今不加收用，使之终老山林，则国家有遗而不举之才，大臣有知而不荐之咎矣。臣愚欲望圣慈，且与钱时特补迪功郎，畀以秘阁校勘。仍乞下时本贯严州，取所著书，缮写缴进，上备乙览。如其果有可采，则乞次第录用。庶以究其所蕴，有补斯世。伏候敕旨。

五月十日，三省同奉圣旨：依。

朝散大夫权知严州军州兼管内劝农事臣万一荐：准尚书省札备特进左丞相札子奏陈：严州布衣钱时，山居读书，理学淹贯，特补迪功郎，畀以秘阁校勘，行下严州取所著书，缮写缴进，上备御览。三省同奉圣旨依札付严州。臣除已恭禀缮写钱时所著述书，计一百册，开具数目如后，须至上进者。家塾《尚书演义》三十册《学诗管见》三十册、《周易释传》二十册、《四书管见》八册、《两汉笔记》一十二册。

一、右件书一百册，用黄绫背褙（bèi）、黄罗绢里，夹复五条，象牙牌五面，红茸条系彩画木匣五只盛贮，镀金铁锁并全。谨具状上进以闻。谨进。

> 嘉熙二年九月日
> 朝散大夫权知严州军州
> 兼管内劝农事万一荐上进

## 13.《尚书要义》

（宋）魏了翁

**提要**

臣等谨按，《尚书要义》二十卷，宋魏了翁撰。了翁谪居靖州时，著《九经要义》，凡二百六十三卷，皆摘注疏中精要之语，标以目次，以便简阅。其《周易要义》已著录。此其所摘《尚书注疏》也。孔安国传，本出依讬，循文衍义，无大发明，亦无大瑕颣（lèi）。故宋儒说《诗》排小序，说《春秋》排三传，而说《书》则不甚排孔氏。孔颖达正义虽诠释传文，不肯稍立同异，而原原本本，考证粲（càn）然。故《朱子语录》亦谓，《尚书》名物、典制，当看疏文。然《尚书》文既聱牙，注疏又复浩汗，学者卒业为艰。了翁汰其冗文，使后人不病于芜杂，而一切考证之实学，已精华毕撷，是亦读注疏者之津梁矣。是书传写颇稀。此本有"旷翁手识"一印，"山阴祁氏藏书"一印，"澹生堂经籍记"一印，犹明末祁彪佳家所藏也。原目二十卷中，共计六卷，俱皆有目无书，因无别本可以校补，今亦姑仍其阙焉。

乾隆四十六年九月恭校上
总纂官：臣纪昀、臣陆锡熊、臣孙士毅
总校官：臣陆费墀

## 14.《书集传或问》

（宋）陈大猷

**提要**

臣等谨按，《尚书集传或问》二卷，宋陈大猷撰。大猷，东阳人，登绍定二年进士，官至六部架阁，《宋史》无传，《艺文志》亦不载其名。自序称，既集书传，复因同志问难，记其去取曲折，以成此编。则此编本因《集传》而作。然《集传》惟叶氏《菉竹堂书目》载之，后不复见，则明季已佚矣，存者独此二卷耳。其书采摭群言，反复辨驳，虽朱蔡二家之说，亦无所迁就，可谓卓然自立者。至其过执己见，掊击前人，如谓《尧典》非《虞书》之类，殊嫌臆说。而生当南宋之季，西北山川皆所未

14

睹；塞垣以外尤属影响传闻，故《禹贡》河源之类，疏舛亦多。然不以一眚废也。同时又有都昌陈大猷著《书传会通》，其人乃陈澔（hào）之父，受学于双峰饶鲁者，世或误称为一人，非也。

乾隆三十九年四月恭校上

总纂官：臣纪昀、臣陆锡熊、臣孙士毅

总校官：臣陆费墀

## 15. 《尚书详解》

（宋）胡士行

**提要**

臣等谨按，《尚书详解》十三，宋胡士行撰。士行，庐陵人，官临江军军学教授。是编焦竑《国史经籍志》作《书集解》，朱彝尊《经义考》又作《初学尚书详解》。称名互异，其实一书也。其解经多以孔传为主，而存异说于后。孔传有未善，则引杨时、林之奇、吕祖谦、夏僎诸说补之。诸说复有所未备，则以己意解之。《尧典》星辰之伏见，列为四图，以验分至。《洪范》"初一曰五行"，则补绘太极图，以释初字，见五行生尅之有本。虽皆根据旧说，要能荟萃以成一家言，犹解经之笃实者也。所引汉晋人训诂，间有异字。如《益稷》篇引郑康成云"黹（zhǐ），紩（zhì）也，紩以为绣也"，与注疏所载不同。凡斯之类，亦见其留心古义，不但空谈名理矣。

乾隆四十六年十月恭校上

总纂官：臣纪昀、臣陆锡熊、臣孙士毅

总校官：臣陆费墀

## 16. 《书纂言》

（元）吴澄撰

**提要**

臣等谨按，《书纂言》四卷，元吴澄撰。澄有《易纂言》已著录。是编其书解也。《古文尚书》自贞观敕作正义以后，终唐世无异说。宋吴棫（yù）作《书埤（pí）传》始稍稍掊击。《朱子语录》亦疑其伪。然言性、

15

言心、言学之语，宋人据以立教者，其端皆发自古文，故亦无肯轻议者。其考定今文古文，自陈振孙《尚书说》始其分编。今文古文自赵孟頫《书古今文集注》始其专释。今文则自澄此书始。自序谓，晋世晚出之书，别见于后，然此四卷以外，实未释古文一篇。朱彝尊《经义考》以为权词，其说是也。考汉代治尚书者，伏生今文，传为大小夏侯、欧阳三家。孔安国古文别传。都尉朝、庸生、胡常自为一派。是今文古文本各为师说。澄专释今文，尚为有合于古义。非王柏《诗疑》，举历代相传之古经，肆意刊削者比。惟其颠倒错简，皆以意自为，且不明言，所以改窜之，故与所作《易纂言》体例迥殊，是则不可以为训。读者取所长，而无效所短可矣。

> 乾隆四十二年三月恭校上
>
> 总纂官：臣纪昀、臣陆锡熊、臣孙士毅
>
> 总校官：陆费墀臣

## 17.《尚书集传纂疏》

（元）陈栎

**提要**

臣等谨按，《尚书集传纂疏》六卷，元陈栎撰。栎，字寿翁，号定宇，休宁人，宋亡之后，隐居三十八年，至延祐甲寅，年六十三，复出应试，中浙江乡试，以病不及会试。越二年上书干执政，不报，遂终于家，年八十有三。事迹具《元史·儒学传》。董鼎《书传纂注》所称新安陈氏，即其人也。是编以疏通蔡传之意，故命曰疏；以纂辑诸家之说，故命曰纂。又以蔡传本出朱子指授，故第一卷特标朱子订正之目，每条之下，必以朱子之说冠于诸家之前。间附己意，则题曰"愚谓"以别之。考栎别有《书说折衷》成于此书之前，今已散佚，惟其序尚载《定宇集》中，称朱子说《书》，通其可通，不强通其所难通。而蔡氏于难通罕阙焉，宗师说者固多，异之者亦不少。予因训子，遂掇（duō）朱子大旨，及诸家之得经本义者，句释于下。异同之说，低一字折衷之。则栎之说《书》亦未尝株守蔡传。而是书之作，乃于蔡传有所增补，无所驳正，与其旧说迥殊。自序称，圣朝科举兴，行诸经。四书一是以朱子为宗，《书》宗蔡传，固亦宜然云云。盖延祐设科以后，功令如斯，故不敢有所出入也。

乾隆四十四年六月恭校上

总纂官：臣纪昀、臣陆锡熊、臣孙士毅

总校官：臣陆费墀

## 18.《读书丛说》

（元）许谦

**提要**

臣等谨按，《读书丛说》六卷，元许谦撰。谦，字益之，金华人，延祐中，以讲学名一时，儒者所称白云先生是也。事迹具《元史·儒学传》。自蔡沈《书集传》出，解经者，大抵乐其简易，不复参考诸书。谦独博核事实，不株守一家，故称丛说。如蔡氏释《尧典》，本张子"天左旋，处其中者，顺之小迟则反右"之说，不知左旋者东西旋，右旋者南北旋，截然殊致，非以迟而成右也。日东出西没，随大气而左，以成昼夜，非日之自行。其自行，则冬至后由南敛北，夏至后由北发南，以成寒暑。月之随大气而左，及其自行亦如之。谦虽不能尽攻其失，然"七政疑"一条，谓七政与天同西行，恐错乱纷杂，泛然无统，可谓不苟同矣。旧说《洛诰》"我乃卜涧水东，瀍水西"为王城。据《召诰》、《洛诰》，周公皆乙卯至洛，在召公得卜，经营攻位，五日位成之后，是王城无庸再卜。谦谓此时王城已定，但卜处殷民之地，故先河朔黎水，以近殷旧都，民迁之便；次及涧东、瀍西；次及瀍东，皆以洛与此地相对定墨，而皆惟洛食。瀍涧流至洛，所经已远，不知周公所卜者何处？又《吕刑》称"惟作五虐之刑曰法"，称"爰始淫为劓刵椓黥"，旧说以为其刑造自有苗。谦谓苗乃专以刑为治国之法，始过用其刑，非创造刑也。如此之类，亦颇不为习闻所囿。至于说六律五声，漫录律吕新书；说唐虞之修五礼，漫录《周官·大宗伯》之文；说《酒诰》太史内史，漫录《周官·太宰》六典、八法、八则、八柄之文，殊属泛衍。书内载其师金履祥说为多，卷首书纪年一篇，即据履祥《纲目前编》起算，其间得失杂出，亦不尽确。宋末元初，说经者多尚虚谈，而谦于《诗》考名物；于《书》考典制，犹有先儒笃实之遗，是足贵也。《书》与《诗名物钞》、《四书丛说》，并

17

刊于至正六年，其版久佚。此本为浙江吴玉墀家所传钞，第二卷中，脱四页；第三卷中，脱二页；第五卷第六卷，各脱四页，勘验别本，亦皆相同。今亦无从校补，姑仍其旧焉。

乾隆四十六年十月恭校上

总纂官：臣纪昀、臣陆锡熊、臣孙士毅

总校官：臣陆费墀

## 19.《书传辑录纂注》

（元）董鼎

**提要**

臣等谨按，《书传辑录纂注》六卷，元董鼎撰。鼎，字季亨，鄱阳人。朱子之学，授于黄幹。鼎族兄梦程，尝从幹游，鼎又从梦程闻绪论，故自序谓得朱子之再传。是编虽以蔡沈《集传》为宗，而集传之后，续以《朱子语录》及他书所载朱子语，谓之"辑录"，又采诸说之相发明者，附列于末，谓之"纂注"。自序称，《集传》既为朱子所订定，则与自著无异。又称，荟粹成朱子之一经，则仍以朱子为主也。考蔡沈《书集传》序，惟称二典、三谟尝经先生点定，故陈栎作《书集传纂疏》，惟《虞书》首标朱子，而夏书以下则不然。其凡例曰，首卷有"朱子订定"四字，不忘本也；自二卷起去四字，纪实也。吴澄作是书序，亦称朱子订定蔡传仅至"百官若帝之初"而止。此书《大禹谟》"正月朔旦"条下，鼎并附注其说。是鼎于此书，源委本自分明，其称《集传》为朱子所订定，未免假借。然澄序又称，《集传》自《周书·洪范》以后，浸觉疏脱师说甚明，而不用者有焉。疑其著述未竟，而人为增补，或草稿初成，而未及修改。所举《金縢》、《召诰》、《洛诰》诸条皆显相舛异。又称鼎作是书，有同有异，俱有所裨，如解《西伯戡黎》则从吴械；解《多士》，则从陈栎；解《金縢》，则兼存郑、孔二义，不以蔡传之从郑为然云云。然则鼎于《集传》，盖不免有所未惬，恐人以源出朱子为疑。故特引朱子之说，补其阙失。其举《集传》，归之朱子，犹曰以朱翼朱，则不以异蔡为嫌耳，非其考之不审也。

乾隆四十六年十月恭校上

总纂官：臣纪昀、臣陆锡熊、臣孙士毅

总校官：臣陆费墀

## 20.《尚书句解》

（元）朱祖义

**提要**

臣等谨按，《尚书句解》十三卷，元朱祖义撰。祖义，字子由，庐陵人，于诸经皆有句解，今多散佚，此书仅存。元延祐中，定经义取士之制。《尚书》以古注疏，及蔡沈《集传》为宗。故王充耘《书义矜式》，尚兼用孔传。迨其末流，病古注疏之繁，而蔡传遂独立于学官。业科举者，童而习之，莫或出入。祖义是书，专为启迪幼学而设，故多宗蔡义，不复考证旧文。于训诂名物之间，亦罕所引据。然随文诠释，词意显明，使殷盘、周诰诘屈聱牙之句，皆可于展卷之下，了然于心口，其亦古者离经辨志之意欤。以视附会穿凿，浮文妨要，反以晦蚀经义者，此犹有先儒笃实之遗矣，亦未可以其浅近废也。

乾隆四十六年七月恭校上

总纂官：臣纪昀、臣陆锡熊、臣孙士毅

总校官：臣陆费墀

## 21.《尚书日记》

（明）王樵

**提要**

臣等谨按，《尚书日记》十六卷，明王樵撰。樵，字明逸，金坛人，嘉靖丁未进士，官至南京右都御史，谥恭简。是编不载经文，惟按诸篇原第，以次诠释大旨，仍以蔡传为宗。制度名物，蔡传有所未详者，则采旧说补之。又取金氏《通鉴前编》一书有关于当时事迹者，悉为采入。如"微子抱器"、"箕子受封"、周公"居东"、"致辟"诸条皆考据详明，折衷精当。其书乃樵自山东乞归时所作。又有《书帷日记》一书，互相参证。晚年复手自增删，以别记附入，合为一书。明代以蔡传立学官，著于令甲，于是，解书者遂有古义、时义之分。自《书传会选》以下数十家，是为古义。而经生科举之文不尽用。《书经大全》以下，主蔡氏而为之说者，坊肆所盛行，是为时义。樵是书，虽为举业而设，而于经旨实多所发明，可谓斟酌于古今之间，而得其通者，固非剽剟（duō）疏浅诸家所能及也。

乾隆四十二年六月恭校上

总纂官：臣纪昀、臣陆锡熊、臣孙士毅

总校官：臣陆费墀

## 22. 《御制日讲书经解义》

**提要**

臣等谨按，《日讲书经解义》十三卷，康熙中，总裁臣库勒纳、叶方蔼等奉敕汇集经筵讲义，编次成书。始事于康熙十七年春，告成于十九年夏。御制序文颁行。仰惟我圣祖仁皇帝，契精一之传，敷荡平之极，于二帝三王之道，集其大成，犹命儒臣，排日进讲。凡精微之奥，诸臣所不能尽窥者，天语谆详，亲为阐绎，日积岁晬（zuì），以成此书。其于汉唐以后诸儒之说，掇（duō）其菁华，亦若涓尘之益海岳焉。洵乎君师统一，万古为昭矣。

乾隆四十年九月恭校上

总纂官：臣纪昀、臣陆锡熊、臣孙士毅

总校官：臣陆费墀

## 23. 《尚书表注》

（宋）金履祥

**提要**

臣等谨按，《尚书表注》二卷，宋金履祥撰。履祥，字吉父，号仁山，兰溪人，从学于王柏，德祐初以史馆编修召，不赴。入元隐居，教授以终，事迹具《元史·儒学传》。初履祥作《尚书注》十二卷，柳贯所撰《行状》称"早岁所著《尚书章释句解》，已有成书"是也。朱彝尊《经义考》称其尚存，今未之见。惟此书刻《通志堂经解》中，前有自序，称摆脱众说，独抱遗经，复读玩味，为之正句画段，提其章指，与其义理之微，事为之概，考证文字之误，表诸四阑之外。盖其晚年定本也。其书于每页之上下左右，细字标识，纵横错落，初无行款，于古来著经之家别为一体。大抵攟摭旧说，折衷己意，与蔡沈《集传》颇有异同。其征引伏氏、孔氏文字同异，亦确有根原。所列作书岁月，则与所作《通鉴前编》悉本胡宏《皇王大纪》，参考后先，虽未必一一尽确，然要非尽无据而作也。至于过为征论，求异先儒。如欲以《康诰》之叙，冠于《梓材》篇首，谓前为"周公咸勤"之事，后即"洪大诰治"之文。"集庶邦"则营东都，以均四方朝贡之道里；"先后迷民"，则所谓怵殷迁洛，以密迩王化。其说甚辨。而于篇首"王曰封"三字，究无以解，因复谓三字，当作"周公封"字，因上篇《酒诰》而衍，则未免于窜改经文，以就己意矣。是则，其瑜不掩瑕者也。

> 乾隆五十四年二月恭校上
> 总纂官：臣纪昀、臣陆锡熊、臣孙士毅
> 总校官：臣陆费墀

## 24. 《尚书通考》

（元）黄镇成

**《尚书通考》目录**

卷一：诸儒家法传授之图；百篇书目；伏生《今文尚书》；孔氏《古文尚书》；《尚书》名义；壁藏异记；许氏书纪年图；虞书；帝王传授心法图；若稽古；《尧典》、《大学》宗祖图；九族；羲和世掌图；历象日月星辰；朱子日月顺天左旋图；日月丽天之图；经星列宿名数图；纬星图；十二次舍图；周天十二次日月所会图；东坡辰次分野图；四仲图；中星运候；中星图；月令中星图。

卷二：岁差法；期三百有六旬有六日以闰月定四时成岁；《史记》历书大小余解；古今历法。

卷三：在璿玑玉衡以齐七政；璿玑浑仪图；历代浑仪；肆类于上帝；禋于六宗；辑五瑞；巡守；律；辰建交贸图；班志隔八相生图；律管应月候气图；律管长短忽微图；十二律还相为宫；变宫变徵，京房六十律法；

律法相生损益之次。

卷四：蔡西山黄钟生十一律解十二律管相生图；变律；律生五声；变声；历代乐名；度；周尺图说；量；衡。

卷五：五礼；五玉三帛二生一死贽；如五器；五载巡守；封山浚川；五刑图；四罪；二十有八载帝乃殂落；咨二十二人；世系；五品；五教；五刑有服；五流有宅；庭让臣名；声依永律和声；八音；微庸在位陟方；六府三事图；帝王道统传授图；干羽；四载；九川距海畎浍距川；百亩为夫图；九夫为井图；四丘为甸图；同间有浍图；观象作服；侯以明之。

卷六：弼成五服；九成乐器；通志八音；朱子琴律图说。

卷七：禹敷土随山刊木；九州水土图；九州山川贡赋图。

卷八：《通志》地理略；《禹贡》五服图。

卷九：七世之庙；《仪礼》寝庙辨名图；诸侯五庙图；诸儒庙制图；刘歆庙制图；生明生魄望朏；生明图；生魄图。

卷十：九畴之纲；九畴之目；日月冬夏；《召诰》土中；祖暅圭表图；祖暅五表图；《洛诰》大室；列爵分土；田制赋乘图；《无逸》图；《周官》图；六年五服一朝；《周礼》六服朝贡图；《顾命》图。

臣等谨按，《尚书通考》十卷，元黄镇成撰。镇成，字元镇，邵武人，以荐授江南儒学提举，未上而卒。其书征引旧说，以考四代之名物典章，而间附以论断，颇为详备。其中，如论闰月，而牵及后代司天之书；论律，而旁引京房之法；论乐，而胪陈自汉至宋之乐名，皆与经义无关，失之泛滥。其他四仲、五品、五教、九畴、六府三事之类，皆经有明文，而复登图谱，别无发明，亦失之冗琐。又全书皆数典之文，而"曰若稽古"一条独参训诂，尤为例不纯，似乎随笔记录之稿，未经刊润成书者。然朱子尝言，欲作《书》说，如制度之类，祇以疏文为本。是书虽涉繁芜，固即朱子之志矣，与《蔡传旁通》并录存之，以备考证，于经义亦未必无补焉。

乾隆四十一年五月恭校上

总纂官：臣纪昀、臣陆锡熊、臣孙士毅

总校官：臣陆费墀

## 25. 《书蔡传旁通》

（元）陈师凯

**提要**

臣等谨按，《书蔡传旁通》六卷，元陈师凯撰。师凯家彭蠡，故自题曰"东汇泽"。其始末则不可得详。此书成于至治辛酉。以鄱阳董鼎《尚书辑录纂注》本，以羽翼蔡传。然多采先儒问答，断以己意。大抵辨论义理，而于天文、地理、律历、礼乐、兵刑、龟策、河图、洛书、道德、性命、官职、封建之属，皆在所略。遇传文片言之赜，只字之隐，读者不免嗫嚅（niè rú）龃龉（jǔ yǔ），因作是编。于名物度数，蔡传所称引而未详者，一一博引繁称，析其端委。其蔡传歧误之处，则不复纠正。盖如孔颖达诸经正义，主于发挥注文，不主于攻驳注文也。然不能以回护注文之故，废孔氏之疏；则亦不能以回护蔡传之故，废师凯之书矣。知其有所迁就，而节取所长可也。

乾隆三十九年九月恭校上

总纂官：臣纪昀、臣陆锡熊、臣孙士毅

总校官：臣陆费墀

## 26. 《读书管见》

（元）王充耘

臣等谨按，《读书管见》二卷，元王充耘撰。充耘，字耕野，以《书》义登进士二甲，授承务郎，同知永新州事。后弃官养母，著书以授徒，乃成是编。自宋末迄元，言书者率宗蔡氏。充耘所说，皆与蔡氏多异同。观其辨传授心法一条，可知其戛然自别矣。其中如谓《尧典》乃《舜典》之缘起，本为一篇，故曰《虞书》。谓"象以典刑"为"仍象其罪而加之"，非"垂象之意"；谓逆河以海潮逆入而得名，皆非故为异说者。至于《洪范》错简之说，《伊训》改正不改月之辨，尚未能纠正。而所附周不改月惟鲁史改月一条，尤为强词。分别观之，弃短取长可也。又《禹贡》篇内嶧阳孤桐一条，语不可解。原跋称此书得之西皋王氏。写者草草，其末尤甚。此条疑当时讹脱，今无从是正矣。

乾隆四十年五月恭校上

总纂官：臣纪昀、臣陆锡熊、臣孙士毅

总校官：臣陆费墀

## 27.《书义断法》

（元）陈悦道

**提要**

臣等谨按，《书义断法》六卷，元陈悦道撰。其自题曰邹次。不知何许人，书首冠以"科场备用"四字。盖亦当时坊本，为科举经义而设者也。其书不全载经文，仅摘录其可以命题者载之，逐句诠解，各标举作文之窾（kuǎn）要。盖王充耘《书义矜式》，如今之程墨；而此书，则如今之讲章。后来学者，揣摩拟题，不读全经，实自此滥觞。然元代士风淳朴，其程式犹以义理为宗。故其书训释简明，不支不蔓，终胜明人厖（máng）杂剽窃之谈，录而存之，亦足见一代之风气也。书末原附《作义要诀》一卷，为新安倪士毅所辑，分冒题、原题、讲题、结题四则。又《作文诀》数则，尚具见当日程式。以世有别本，且论文之作，不可附丽于经部，故著录于诗文评类，而此则从删焉。

乾隆四十六年十月恭校上

总纂官：臣纪昀、臣陆锡熊、臣孙士毅

总校官：臣陆费墀

## 28.《尚书考异》

（明）梅鷟

**提要**

臣等谨按，《尚书考异》五卷，明梅鷟（zhuó）撰。鷟，旌德人，正德癸酉举人，官南京国子监助教，终盐课司提举。世传《古文尚书》孔安国传，出于东晋梅赜。赜自言受之臧曹，曹受之梁柳，柳受之苏愉，愉受之郑冲。宋吴棫（yù）、朱子，元吴澄，皆尝辨其伪。然但据其难易以决真伪，未及一一尽核其实。鷟是书则以安国序并增多之二十五篇，悉杂取传记中语以成文，逐条考证，详其所出。如《左传》庄公八年，郕

（chéng）降于齐师庄公，引《夏书》曰"皋陶迈种德"，下"德乃降"，本属庄公语。与宣十二年引《诗》曰"乱离瘼矣，爰其适归"，归于怙乱者也夫；襄三十一年引《诗》云"靡不有初，鲜克有终"，终之实难。昭十年引《诗》曰"德音孔昭，视民不恌"，恌之谓甚矣，语意一例。而古文误连"德乃降"三字列于经。又昭十七年夏六月日，有食之。太史引《夏书》曰"辰不集于房，瞽奏鼓，啬夫驰，庶人走"，申之曰，此月朔之谓也。当夏四月，是谓孟夏。而古文乃因《月令》"季秋之，月日在房"，系之季秋月朔。汉石经《论语》"孝于惟孝"，"惟孝"谓所孝之人，与下"兄弟"对文。包咸本"于"作"乎"。古文乃掇"惟孝友于兄弟"，而截去"孝乎"二字，则《论语》《书》云孝乎"，不能成辞。如此之类，所指摘皆有依据。至骘以二十五篇为皇甫谧所为，徒因孔颖达引《晋书·皇甫谧传》云，姑子外弟梁柳得古文尚书，故作《帝王世纪》，往往载孔传五十八篇之书。考颖达作正义时，今本《晋书》未出，盖臧荣绪之旧文，今不得睹其全篇，无由证其始末。然如瀍水出谷城县，两汉《志》同。晋始省谷城入河南，而孔传乃云瀍水出河南北山入积石山，在河关县西南羌中。汉昭帝始元六年，始置金城郡，而孔传乃云积石山在金城西南。凡此之类，伪托显然。传既如是，则经亦可知，固不得以好为异论责骘矣。至国朝阎若璩《古文尚书疏证》出，条分缕析，益无疑义，论者不能复置一词。然创始之功，实骘为之先也。此本为范懋柱家天一阁所藏，不题撰人姓名，亦不分卷数，而书中自称骘，按则出骘手无疑。谨加分析，以《舜典》以下为卷二，《仲虺之诰》以下为卷三，《泰誓》以下为卷四，考旧本异同，为卷五。骘又别有《尚书谱》，持论略同而不及此书之精核，今别存其目，不复录焉。

乾隆四十六年十月恭校上

总纂官：臣纪昀、臣陆锡熊、臣孙士毅

总校官：臣陆费墀

## 29.《尚书疑义》

（明）马明衡

**提要**

臣等谨按，《尚书疑义》六卷，明马明衡撰。明衡，字子莘，莆田人。正德丁丑进士，官至监察御史。事迹附见《明史·朱淛（zhè）传》。是编成于嘉靖壬寅。前有自序云，凡于所明而无疑者，从蔡氏；其有所疑于心而不敢苟从者，辄录为篇书中。如六宗，从《祭法》；"辑五瑞"，谓是朝觐之常，非为更新立异。"治梁及岐"谓为蔡传胜孔氏。《洪范》日月之行，取沈括之说。于《金縢》颇有疑辞，皆能参酌众说，不主一家，非有心与蔡氏立异者。惟三江必欲连震泽，而于"所其无逸"之"所"字，亦不从蔡传则未免意见之偏，又往往阑入时事，亦稍失解经体例，盖不免醇驳互存。然明人经解冗滥居多。明衡是编尚能研究于古义，固不以瑕掩瑜也。史称闽中学者，率以蔡清为宗，至明衡独受业于王守仁。闽中有王氏学，自明衡始。考明衡，当嘉靖三年，世宗尊所生而薄所后，于兴国太后诞节，诏命妇入贺；于慈寿皇太后诞辰，乃诏免朝。时盈庭附和新局，而明衡惓惓故君，与朱淛力争，皆构祸几殆，坐是终身废弃，可谓不愧于经术，更不必以门户之见，论是书之醇疵矣。

乾隆四十六年十月恭校上

总纂官：臣纪昀、臣陆锡熊、臣孙士毅

总校官：臣陆费墀

## 30. 《尚书砭蔡编》

（明）袁仁

**提要**

臣等谨按，《尚书砭蔡编》一卷，明袁仁撰。仁，字良贵，号蓼波，苏州人，与李本同时相善，故解经亦往往似本。是编纠蔡沈《书传》之误。所论如"粤若"、"越若"之前后异训；三百六旬有六日，乃宋历，非古历；"方命"当从《蜀志》；《晋书》所引梅赜事不出《晋书》；宣夜有汉郗萌所传，非无师说；并州不在冀东；医无闾即辽东，不得既为幽州，又为营州；鸟鼠同穴实有其事；"用爽厥师"，"爽"训失；说筑傅岩，为版筑；"遁于荒野"为甘盘；《西伯戡黎》为武王；四辅非三辅之义；"洪舒"通作"洪荼"；虎贲不掌射御；"荒度作刑"不连"耄"字为句，皆确有所据。至谓《史记索隐》南讹不作"为"字，则但据今本；"不格奸"，为不止其奸；"鲜食"非肉食；"怪石"为资服饵；"汨陈"

之训"陈"为"旧"，则有意立异，不可为训矣。朱彝尊《经义考》载此书，注曰未见此本。载曹溶《学海类编》中，题曰《尚书蔡注考误》。按沈道原序亦称《砭蔡编》，则《经义考》所题为是。溶辑《学海类编》多改易旧名，以示新异，不足为据也。

乾隆四十六年五月恭校上

总纂官：臣纪昀、臣陆锡熊、臣孙士毅

总校官：臣陆费墀

## 31.《尚书注考》

（明）陈泰交

**提要**

臣等谨按，《尚书注考》一卷，明陈泰交撰。朱彝尊《经义考》载陈氏泰来《尚书注考》一卷，注曰未见。又注，泰交，字长水，平湖人，万历丁丑进士，官至礼部精膳司员外郎。按明吴永芳《嘉兴府志》载，陈泰交，字同倩，万历中国子监生，所著有《尚书注考》，与《经义考》迥异。然《经义考》引项皋谟之说，称同倩治《尚书》作注考云云，明出泰交之字，则知彝尊未见其书，误以泰交为泰来书矣。其书皆考订蔡沈《书传》之讹。谓有引经、注经不照应者三条；又有同字异解者，三百二十三条，皆直录注语，不加论断。其同字异解者，一字或有数义，抉摘未免过严。其不照应三条，如"凡厥正人"引"惟厥正人"为证；"曰若稽古帝尧"，引"越若来"为证；"德懋懋官"引"时乃功懋哉"为证，则前后显相矛盾，诚为蔡氏之疏略矣。马明衡《尚书疑义》、袁仁《砭蔡编》颇以典制、名物补正蔡传之阙误。泰交此书，则惟较量于训诂之间，而所谓训诂异词者，又皆以矛攻盾，未及博援古义，证以旧文，故为少逊于二家。然释事、释义，二者相资，均谓之有功蔡传可也。

乾隆四十六年十二月恭校上

总纂官：臣纪昀、臣陆锡熊、臣孙士毅

总校官：臣陆费墀

## 32.《尚书疏衍》

（明）陈第

**目录**

卷一：《尚书考》。《古文辨》。《引书证》。《尚书评》。

卷二（虞书）：曰若稽古帝尧，曰放勋。分命羲仲。女于时，观厥刑于二女。纳于大麓，烈风雷雨弗迷。禋于六宗。辑五瑞。如五器卒乃复。象以典刑。五刑有服。陟方乃死。舜生三十。念兹在兹。明于五刑，以弼五教。负罪引慝。曰若稽古皋陶，曰允迪，厥德谟明弼谐。亦行有九德，亦言其人有德，乃言曰，载采采。日宣三德。予乘四载。暨益奏庶鲜食。以五采彰施于五色。无若丹朱敖。弼成五服。

卷三（《夏书》、《商书》）：三江既入震泽底定。嶓冢导漾，东流为汉（至）东为中江入于海。导渭自鸟鼠同穴。朔南暨声教，讫于四海。威侮五行。怠弃三正。《五子之歌》。成汤放桀于南巢，惟有惭德，曰予恐来世以台为口实。矧予之德，言足听闻。惟元祀十有二月乙丑，伊尹祠于先王，奉嗣王祗见厥祖。尔惟德罔小，万邦惟庆；尔惟不德罔大，坠厥宗。王徂桐宫，居忧，克终允德。克享天心，受天明命。德惟一动，罔不吉；德二三动，罔不凶。王若曰格汝众。无傲从康。非予自荒兹德，惟汝含德，不惕予一人；予若观火，予亦拙谋，作乃逸。迟任有言曰，人惟求旧；器非求旧，惟新。予迓续乃命于天（至）高后丕乃崇，降弗祥。各设中于乃心。惟口起羞。既乃遁于荒野，入宅于河；自河徂亳，暨厥终罔显。昔先正保衡作我先王，乃曰，予弗克俾厥后惟尧舜，其心愧耻，若挞于市；一夫不获，则曰，时予之辜。说曰，王人求多闻，时惟建事。西伯既戡黎。今殷民乃攘窃神祇之牺牷牲，用以容，将食无灾。

卷四（周书）：惟十有三年春，大会于孟津。肆予小子，以尔友邦冢君，观政于商，惟受罔有悛心。《武成》。前徒倒戈，攻于后以北，血流漂杵。《洪范》。洛书辨。惟天阴骘下民，相协厥居；我不知其彝伦攸叙。曰休徵，曰肃，时雨若（至）蒙恒风若。曰王省惟岁。岁月日时无易，百谷用成，乂用明，俊民用章，家用平康。庶民惟星，星有好风，星有好雨。日月之行，则有冬有夏，月之从星，则以风雨。五、皇极：皇建其有极（至）民用僭忒。九、五福：一曰寿，二曰富，（至）汝则锡之福。公乃自以为功。王曰猷。弗吊。已予惟小子。宁王遗我大宝龟。即命曰，有大艰于西土（至）朕卜并吉，越予小子考翼。《康诰》。弘于天。外事，汝陈时臬司。惟吊兹，不于我政人得罪，天惟与我民彝大泯乱；曰，乃其速由文王作罚，刑兹无赦。无我珍享。《酒诰》。有正有事，无彝酒。惟土物爱，厥心臧，聪听祖考之彝训，越小大德小子惟一。尔大克羞耇惟君，尔乃饮食醉饱。《梓材》。《洛诰》。惟命曰，汝受命笃弼，丕视功载，乃汝其悉自教工，孺子其朋，孺子其朋。其往无若火始焰焰，厥攸灼叙，弗其绝；厥若彝及抚事如予，惟以在周工往新邑。凡民惟曰不享，惟事其爽侮，（至）汝往敬哉，兹予其明农哉。惟三月哉生魄，周公初基，作新大邑于东国洛，四方民大和会，侯、甸、男邦、采卫、百工、播民，和见士于周，周公咸勤，乃洪大诰治。予惟时其迁居西尔（至）非予罪，时惟天命。爰暨小人作。嘉靖殷邦。其在祖甲。《君奭》。予往暨汝奭，其济小子，同未在位，诞无我责，收罔勖不及，耇造德不降，我则鸣鸟不闻，矧曰其有能格。《多方》：简代夏作民主。惟狂克念作圣。谋面用丕训德，则乃宅人（至）立民长伯。《立政》。任人、准夫、牧，作三事。《周官》。则肆肆不违，惟周文武诞受羑若。用端命于上帝，皇天用训厥道，付畀四方。王释冕，反丧服。《吕刑》。王享国百年，耄荒度作刑。罔有馨香德刑。皇帝哀矜庶戮之不辜。乃命重黎，绝地天通。四方司政典狱，非尔惟作天牧。其罚百锾。

臣等谨按，《尚书疏衍》四卷，明陈第撰。第，字季立，连江人，以诸生从军，官至蓟镇游击。是书前有第自序。称少受《尚书》，读经不读传注，口诵心维，得其意于深思者颇多。后乃参取古今注疏，而以素得于深思者附著之。然第学问淹博，所著《毛诗古音考》、《屈宋古音义》诸书皆援据该洽，具有根柢。其作是书，虽其初不由训诂入，而实非师心臆断，以空言说经者比。如论《舜典》五瑞、五玉、五器，谓不得以周礼释虞礼，斥注疏家牵合之非，其理确不可移。论《武成》无错简，《洪范》非龟文，亦足破诸儒穿凿附会之习。惟笃信梅赜古文，以朱子疑之为非，于梅鷟《尚书考异》、《尚书谱》二编排诋尤力。盖今文古文之辨，至阎若璩《疏证》始明，自第以前，如吴棫之《书裨传》，陈振孙之《书说》，吴澄之《书纂言》，归有光之《尚书叙录》，均不过推究于文字难易之间，未能援引诸书，得其确证。梅鷟《尚书考异》虽多所厘订，颇胜前人，而其《尚书谱》则蔓语枝词，徒为嫚骂，亦不足以关辨者之口。第之坚持旧说，盖由于此。经师授受，自汉代已别户分门，各尊所闻，亦听其并存可矣。

乾隆四十二年二月恭校上

总纂官：臣纪昀、臣陆锡熊、臣孙士毅

总校官：臣陆费墀

## 33.《尚书稗疏》

（清）王夫之

**提要**

臣等谨按，《尚书稗疏》四卷，国朝王夫之撰。夫之有《周易稗疏》，已著录。是编诠释经文，亦多出新意。其间有失之太凿者，如谓《虞书》自“戛击鸣球”以下至“庶尹允谐”皆《韶乐》之谱，“以咏”二字贯下“祖考来格”三句为升歌，以配笙瑟之诗；“鸟兽跄跄”为下管之所舞；“凤凰来仪”为第九成吹箫之所舞；“百兽率舞，庶尹允谐”为乐终击磬之所舞。又谓“作歌”、“赓歌”即大韶、升歌之遗音；夔（kuí）以被之管弦者，故系之“庶尹允谐”之后。前数语不用韵，如乐府之有艳、有和、有唱，其三句一韵者，如乐府之有词。其说附会支离，全无文义。其论《洛书》配九畴之数，以履一为五皇极，而以居中之五为一五行，虽推衍百端，画图立说，终于经文本数相戾。其于地理，至以昆仑为洮州之胭脂岭，尤为武断。然如蔡传引《尔雅》水北曰汭，实无其文，世皆知之。夫之则推其致误之由，以为讹记孔安国“泾属汭汭”之传。谓禋，非周礼之禋，类非周礼之类。五服、五章亦不以周制解虞制，与陈第论周之五玉不可解虞之五玉者，同一为古人所未发。引矍相之射，证“侯以明之”，谓以与射不与射为荣辱，非以射中不射中为优劣。因引《周礼》日月辰次，正《泰誓》十三年为辛卯。引《说文》、《大戴·礼记》证蠙（pín）珠非蚌珠，蔡传不知古字假借。引《周礼》“王府供王食玉”证“玉食”。引《左传》证奄与淮夷为二。引《丧大记》证狄人。引《说文》美字之训以解"美若"。驳苏轼传及蔡传之失，则大抵词有根据，不同游谈。虽醇疵互见，而可取者较多焉。

乾隆四十六年十月恭校上

总纂官：臣纪昀、臣陆锡熊、臣孙士毅

总校官：臣陆费墀

## 34.《尚书广听录》

（清）毛奇龄

**目录**

卷一：总论二十五条。卷二：三十一条。卷三：十三条。卷四：三十三条。卷五：四十三条。

臣等谨按，《尚书广听录》五卷，国朝毛奇龄撰。奇龄欲注《尚书》而未及，因取旧所杂记者，编次成书，用《汉志》"书以广听"之语名之。奇龄尝语其门人曰，《尚书》事实乖错。如武王诰康叔，周公居洛邑，成王宁周公，周公留召公，皆并无此事。是书之意，大约总为辨证三代事实而作。初作于禹州，继撰于嵩山。凡屡易稿，至作《尚书冤词》讫，而始删成为五卷。其坚护孔传，至谓安国解《舜典》文与《周礼》同者，乃相传之虞礼，并非出自周礼。夫"杞宋无征"，孔子已为兴叹。不知相传之虞礼，竟出何书，可谓偏执己意，不顾其安。然于名物、典故则援引考证，时有可采。置其臆断之说而取其精核之论，于经义不无小补也。

乾隆四十二年五月恭校上

总纂官：臣纪昀、臣陆锡熊、臣孙士毅

总校官：臣陆费墀

## 35.《尚书埤传》

（清）朱鹤龄

**提要**

臣等谨按，《尚书埤传》十七卷，国朝朱鹤龄撰。鹤龄，字长孺，别号愚庵，吴江人，前明诸生。是书前有考异一卷，辨经文同异。后有《逸篇》、《伪书》及《书说余》一卷。大抵以孔传为真，故《史记》所载

《汤诰》，亲受于孔安国者，反以为伪，所见未免偏僻。然中间《埤传》十五卷旁引曲证，亦多可采。如"治梁及岐"，则取王应麟之说，而不用注疏属在雍州之解；沂水，取金履祥之言，而鲁之沂，与徐之沂截然分明。于分别九州，则取章俊卿之考索；于《西伯戡黎》则取王樵之《日记》，如此之类颇见别裁。至于三江故道，左祖郭璞，殊嫌失考。《多士》、《多方》并录王柏更定之本，尤失于轻信琐说，窜改古经。又《尧典》"俊德"，谓遍考字书，"俊"不训大，不知"俊者，大也"，乃《夏小正》传文。如是之类或亦间有疏漏。要其诠释义理，而不废考订训诂；斟酌于汉学、宋学之间，较书肆讲义，则固远胜焉。

乾隆四十四年九月恭校上

总纂官：臣纪昀、臣陆锡熊、臣孙士毅

总校官：臣陆费墀

## 36.《书义矜式》

（元）王充耘

**提要**

臣等谨按，《书义矜式》六卷，元王充耘撰。充耘，字与耕，吉水人，元统甲戌进士，授永州同知，所著《四书经疑贯通》已别著录。充耘精于科举之业，又以《书经》登第，其用功甚深，此乃所作经义程式也。自宋王安石变法，始以经义取士。当时如张才叔"自靖人自献于先王义"，学者称为不可磨灭之文，吕祖谦至为录入《文鉴》中。元仁宗皇庆初，复行科举，仍用经义一篇，而其体式视宋为小变。综其格律，有破题、接题、小讲，谓之冒子。冒子后，入官题。官题下有原题，有大讲，有余意，亦曰从讲。又有原经，亦曰考经，有结尾承袭。既久，作者以冗长繁复为可厌，或稍稍变通之，而大要有冒题、附录、原题、讲题、结题，则一定不可易。充耘即所业之经，篇摘数题，各为程文，以示标准。虽于经旨无所发明，而一时场屋之体，称为最工，存之亦可以见风尚所在。且元代功令于《书》已用蔡传，而《慎徽五典》一篇乃引孔传大录之文，以相参考，足知当时学者，犹知旁览《注疏》，固不至如明季举业家，墨守讲章，于古书全未寓目也。

乾隆四十四年七月恭校上

总纂官：臣纪昀、臣陆锡熊、臣孙士毅

总校官：臣陆费墀

## 37.《书经衷论》

（清）张英

**提要**

臣等谨按，《书经衷论》四卷，国朝张英撰。英有《易经衷论》，已著录。此书不全载经文，但每篇各立标题，而逐条系说，亦如其说《易》之例。凡《虞书》六十三条，《夏书》三十二条，《商书》五十二条，《周书》一百六十七条。前有康熙二十一年正月进书原序一篇。时英方以翰林学士侍讲幄（wò），故因事敷陈，颇类宋人讲义之体。其说多采录旧文而参新义。如《益稷》篇称其有"暨益稷"之文，故借此二字以名其篇，乃林希逸之说。《甘誓》篇称启未接行阵，而能素明军旅之事，足见古人学无不贯，乃吕祖谦之说。《微子》篇称比干答微子之言，当无异于箕子，故不复著，乃孔安国之说。《君牙》篇称古来制诰之辞，必自述祖功宗德，而因及其臣子之祖父，此立言之体，乃《朱子语类》之说。至以《高宗肜日》为祖乙训祖庚之书，《西伯戡黎》为武王之事，皆不从蔡氏，而从金履祥《通鉴》前编。颇总括群言，不拘门户。其以《牧誓》"庸蜀羌髳微卢彭濮"为在友邦冢君外，举小国之君连及之，而不用蔡氏"八国近周西都"、陈氏举远概近之说。以《君奭》为周公、召公共相勉励，辅翼成王之言，而不用诸家留之慰之之说。则皆所自创之解，核诸经义，亦较为精切，虽卷帙无多，而平正通达，胜支离曼衍者多矣。

乾隆四十二年五月恭校上

总纂官：臣纪昀、臣陆锡熊、臣孙士毅

总校官：臣陆费墀

## 38. 《尚书大传》

（清）孙之騄辑

**提要**

臣等谨按，《尚书大传》三卷，补遗一卷，国朝孙之騄辑。之騄，字晴川，钱塘人。按《汉书·艺文志》，伏生所传经二十九卷，传四十一篇。《隋志》作《尚书大传》三卷。郑康成序谓，章句之外，别撰大义，刘子政校书，得而上之，其篇次与《艺文志》合。《旧唐书·志》云伏胜注《大传》三卷，《畅训》三卷。《新唐书·志》则作伏胜注《大传》三卷，又《畅训》一卷，已阙二卷。至《宋史·艺文志》，《畅训》遂不著录，盖已散佚。故自明代以来，仅留《大传》残本，脱略漫漶，殆不可读。之騄诠次其文，又博采诸书所引，补其佚阙，以成此本。凡卷中不注出处者，皆残本之原文。其注某书某书者，皆之騄所搜辑也。刻成之后，续有所得，不附录及逐条附入，因又别为《补遗》一卷，缀之卷末。近扬州别有刻本，相较颇有异同。盖亦杂采补缀，今与此本并著于录，以存古书之梗概。总之皆非伏生之旧矣。其注乃郑康成作。今残本尚题其名。新旧《唐书》并作伏生注大传，盖史文之误也。

乾隆四十三年八月恭校上

总纂官：臣纪昀、臣陆锡熊、臣孙士毅

总校官：臣陆费墀

## 39. 《尚书地理今释》

（清）蒋廷锡

**提要**

臣等谨按，《尚书地理今释》一卷，国朝蒋廷锡撰。廷锡，字扬孙，常熟人，康熙癸未进士，官至大学士，谥文肃。是编乃其官内阁学士时所作。首题圣训，盖僝（bào）直内廷之日，仰承指授，敬缮成帙者也。其中订定诸儒之说者，如《尧典》"宅嵎夷"，则据《后汉书》定为朝鲜，正薛季宣、于钦之误；"宅西"，则据黄度《尚书说》，不限以一地，正徐广《史记注》之误；"鼍降妫汭"，则据孔安国传、陆德明释文之说，正

《水经注》妫、汭二水之误。《舜典》"恒山"则据浑源曲阳之道里，正《汉志》止曲阳之误；"夹右碣石"，则据顾炎武《肇域志》所载刘文伟说，正《汉志》右北平之误；"荥波既潴"，则据傅寅之说，正孔传荥波分二水之误。又订定蔡沈《集传》之说者，如《禹贡》"治梁及岐"则据曾旼之说，辨其非吕梁狐岐。"九河既道"则据《经典释文》，辨简洁非一河。"瀦（yōng）沮既同"，则据《元和郡县志》、《元丰九域志》，辨此沮水非汜沮。"浮于济漯"则据《汉书地理志》、陈师凯《书传旁通》，辨其不知漯水所在。"潍淄既道"则据《水经注》辨淄水不东入济。"浮于淮泗"则据《史记·河渠书》，辨禹时泗水上源，不自沛通河。"三江既入"，则据郑康成之说，辨其误从庾阐《吴都赋注》。"和夷底绩"，则据《水经注》、时澜《书说》辨严道以西无夷道。"盘庚于今五迁"，则据《史记索隐》辨邢即音耿，祖乙并未两迁。以及三危有二，嶓冢亦有二，熊耳有二而实一，雍、梁二水兼得岷山，荆、梁二州各有沱、潜，黑水有三，汉水有二，南亳、西亳皆汤所都。均考证精核，足以证往古之讹，释后儒之惑。至于昆仑河源之说，非惟订汉儒之谬，并正《元史》之非。是则，恭逢圣代，混一舆图，得以考见其实据，尤非前代经师辗转耳食者比矣。《钦定书经传说》已备采其文。此盖其先出别行之本，敬著于录，俾天下万世，知圣学高深，度越千古，仰观俯察，协契庖牺，一时珥笔之臣，鞠（月卺跽？）蟟坳（chī ào），侧聆圣训，得余绪之万一，已能综括古今为说，经家所未曾有也。

乾隆四十五年七月恭校上

总纂官：臣纪昀、臣陆锡熊、臣孙士毅

总校官：臣陆费墀

## 40.《尚书七篇解义》

（清）李光地

### 提要

臣等谨按，《尚书七篇解义》二卷，国朝李光地撰。是书仅解《尧典》、《舜典》、《大禹谟》、《皋陶谟》、《益稷》、《禹贡》、《洪范》七篇，盖未竟之本。所说不以训诂为长，词旨简约，而多有精义。《大禹谟》篇不以古文为伪，而云孔安国有所删添，东汉以后儒者又有所窃窜，以解文词平易之故，未免出于调停。《禹贡》篇解五服五千，以飞鸟图为算，谓塞尽处北极，出地四十二度，至广海戴日，北极出地二十三度，一度为二百五十里，南北恰距五千，以迁就入于南海之文。亦由光地闽人，不欲其乡出《禹贡》扬州之外，故立是说。与训"洪"为大，训"范"为训，谓《洪范》即《顾命》之"大训"，皆未免巧而不确。至于《尧典》之论岁差，《舜典》之论盖天、浑天、十有二州，与诗歌声律，《禹贡》之论潜水、沔水相通，沔水、渭水不相入，彭蠡即今之巢湖，会于汇为，即鄱阳，原隰（xí）潴野，为非地名，则皆实有考证之言，非经生家之据理悬揣者矣。

乾隆四十二年十月恭校上

总纂官：臣纪昀、臣陆锡熊、臣孙士毅

总校官：臣陆费墀

## 41. 《五诰解》

（宋）杨简

**提要**

臣等谨按，《五诰解》四卷，宋杨简撰。简有《慈湖易传》已著录。昔韩愈称，周诰、殷盘，佶（jí）屈聱牙。宋儒如吕祖谦《书说》亦先释周诰而后及虞、夏、商书。盖先通其难通者，则其余易于究寻。简作是书，惟解《康诰》以下五篇，亦是意也。简受学于陆九渊。如举新民、保赤之政，推本于心学。又当字说盛行之后，喜穿凿字义，为新奇之论，措辞亦迂曲委重，未能畅所欲言。然如《康诰》言"惠不惠，懋不懋"则归重于君身；"服念旬时"，则疑孔传三月为过久；《酒诰》"厥心疾狠"，指民心而言；《召诰》"顾畏于民碞"，谓民愚而神可畏如碞险；《洛诰》"公无困哉"，谓困有倦勤之意。皆能驳正旧文，自抒心得。至如"先卜黎水"，用郑康成、顾彪之说；封康叔时，未营洛邑，用苏氏《书传》之说；"复子明辟"之训诂，"圻父薄违"之句读，用王氏《书义》之说。又能兼综群言，不专主一家之学矣。此书世久失传，《文渊阁书目》作一册，焦竑《经籍志》作一卷，朱彝尊《经义考》以为未见。今从《永乐大典》各韵中，按条荟萃。惟阙《梓材》一篇，余皆章句完善。

谨依经文前后，厘为四卷。

乾隆四十六年九月恭校上

总纂官：臣纪昀、臣陆锡熊、臣孙士毅

总校官：臣陆费墀

## 42. 《禹贡指南》

（宋）毛晃

**提要**

臣等谨按，《禹贡指南》四卷，宋毛晃撰。晃，宋史无传，其始末未详。世传其增注《礼部韵略》，于绍兴三十二年表进，自著曰"衢州免解进士"，盖高宗末年人也。是书《宋史·艺文志》不著录。焦竑《经籍志》载，《禹贡指南》一卷，宋毛晃撰。朱彝尊《经义考》云未见，又云《文渊阁书目》有之，不著传人，疑即晃作。则旧本之佚久矣。今考《永乐大典》所载，与诸家注解散附经文各句下，谨缀录成篇，厘为四卷，以世无传本，其体例之旧不可见。谨以经文次第标列。其无注者，则经文从略焉。其书大抵引《尔雅》、《周礼》、《汉志》、《水经注》、《九域志》诸书，而旁引他说，以证古今山水之原委，颇为简明。虽生于南渡之后，僻处一隅，无由睹中原西北之古迹，一一统核其真，而援据考证，独不泥诸儒附会之说。故后来蔡氏《集传》多用之，亦言地理者所当考证矣。

乾隆四十三年六月恭校上

总纂官：臣纪昀、臣陆锡熊、臣孙士毅

总校官：臣陆费墀

## 43. 《禹贡论》

（宋）程大昌

**提要**

臣等谨按，《禹贡论》五卷，《后论》一卷，《山川地理图》二卷，宋程大昌撰。大昌有《易原》，已著录。《宋史·艺文志》载，大昌《禹贡论》五卷，《后论》一卷。又《禹贡论图》五卷。陈振孙《书录解题》则谓，《论》五十二篇，《后论》八篇，《图》三十一。王应麟《玉海》

则谓，淳熙四年七月，大昌上《禹贡论》五十二篇，《后论》八篇，诏付秘阁，不及其图，盖偶遗也。今诸论皆存。其图据归有光跋称，吴纯甫家有淳熙辛丑泉州旧刻，则嘉靖中尚有传本，今已久佚。故《通志堂经解》惟刻其前后论，而所谓《禹贡山川地理图》者，则仅刻其叙说。今以《永乐大典》所载校之，祗缺其九州山水实证，及禹河汉河二图，而其余二十八图岿然并在，诚世所未觏（gòu）之本。今依通志堂《图叙》原目，并为二卷，而大昌之书复完。大昌喜谈地理之学，所著《雍录》及《北边备对》皆刻意冥搜，考寻旧迹。是书论辨尤详周密。《癸辛杂识》载，大昌以天官兼经筵进讲，《禹贡》阙文疑义，疏说甚详，且多引外国幽奥地理阜陵，颇厌之，宣谕宰执云，六经断简，阙疑可也，何必强为之说，且地理，既非亲历，虽圣贤有所不知，朕殊不晓其说，想其治铨曹亦如此。既而补外云云，与自序及陈应行《后序》所言殊相乖刺。夫帝王之学，与儒者异。大昌讲《尚书》于经筵，不举唐虞三代之法，以资启沃，而徒炫博奥，此诚不解事理。然以诂经而论，则考证不为无功。盖其失在不当于经筵讲《禹贡》，而不在辨定《禹贡》之山水也。其前《论》，于江水、河水、淮水、汉水、济水、弱水、黑水，皆纠旧传之误。《后论》则专论河水、汴水之患。陈振孙讥其身不亲历，乌保其皆无牴牾，亦如孝宗之论。归有光亦证其"以鸟鼠同穴"指为二山之非。要其援据厘订，实为博洽。至今注《禹贡》者，终不能废其书也。

乾隆四十六年十月恭校上

总纂官：臣纪昀、臣陆锡熊、臣孙士毅

总校官：臣陆费墀

## 44. 《禹贡说断》

（宋）傅寅

**提要**

臣等谨按，《禹贡说断》宋处士金华傅寅撰。朱彝尊《经义考》有寅所著《禹贡详解》二卷，《通志堂》尝刊入《九经解》中。而《永乐大典》载其书，则题曰《禹贡说断》，并无详解之名。又《经解》所刊本称原缺四十余简，今检《永乐大典》本，不独所缺咸在，且其"五服辨"

三千余言，"九州辨"千数百言，校原缺目更多至数倍。又乔行简序称，寅著《群书百考》，事为之图，《禹贡说》特其一种。是编当先以山川总会，及九河、三江、九江四图，而次及诸家之说。今经解四图，俱误编入程大昌《禹贡论》中，与其书绝不相比附。而《永乐大典》独系之《说断》篇内。盖当时所见，实宋时原本，足以依据。而《经解》刊行之本，则已为后人传写错漏，致并书名而窜易之，非其旧矣。书中博引众说断以己意，具有特解，不肯蹈袭前人。其论《孟子》"决汝汉，推淮泗，而注之江"为古沟洫之法，尤为诸儒所未及，洵卓然能自抒所见者。吕祖俭谓其集先儒之大成；唐仲友谓职方舆地尽在腹中，深为名流所推重，信不虚也。今取《经解》刊本，谨依《永乐大典》本，详加校定。讹者正之，阙者补之，析为四卷，仍题《说断》旧名，而于补缺之起讫，各加注语以别之。庶几承学之士，得以复见完书焉。

乾隆四十六年四月恭校上

总纂官：臣纪昀、臣陆锡熊、臣孙士毅

总校官：臣陆费墀

## 45.《禹贡长笺》

（清）朱鹤龄

**提要**

臣等谨按，《禹贡长笺》十二卷，国朝朱鹤龄撰。鹤龄有《尚书埤传》诸书，已著于录。是编专释《禹贡》一篇，前列二十五图，自《禹贡全图》以及导山、导水皆备次随文诠解，多引古说而以己意折衷之。《禹贡》自宋元以来注释者，不下数十家，虽得失互见，要以胡渭之《禹贡锥指》为最善。此书作于胡渭之前，虽不及渭之荟粹精博，而旁引曲证，亦多创获。如解"碣石"，取袁黄及《永平志》之说，谓在抚宁县西南海中，颇为确核。视胡渭取文颖说，以为在卢龙之南者，转若胜之。又解"浮于济漯"以为从济入漯，从漯入河，虽本郑晓旧说，而执之颇有定识。又于潍、淄二水，则辨东南西北之分途；于沱、潜，则辨是江汉之别流，而非黢谷之水，正项安世之误；于泾属渭汭，力主汭为水曲，于漆沮，取程大昌雍地"四漆沮而三派"之说，皆有所见。惟解"治梁及岐"，力主狐岐为冀州之境，则于理未合。盖岐实雍地，当时水之所壅于雍为甚，故治冀，必先治雍，而后壶口可得而疏。孔传所云壶口在冀州，岐在雍州，从东循山治水而西，此语最为明晰。鹤龄所以反其说者，殆以冀州之中不当及雍地，不知冀为天子之都，何所不包。古人文字原未尝拘泥。如荆州云"江汉朝宗于海"，荆固无海，亦不过推江汉所归言之耳。即此可以为例，又何必斤斤致疑乎？至其于三江一条，既主郑康成左合汉，右合彭蠡，岷江居中之说，而又兼取蔡传，以韦昭、顾夷所谓三江口者当之，亦殊无定见。又古之黑水，联络雍梁，而鹤龄必区而二之；蜀汉之山，本相连，而鹤龄谓蜀之嶓，非雍之嶓，俱未为精审。又于敷浅原，兼取禹过之及江过之二说，尤属骑墙。此类皆其所短。要之瑕瑜参半，节取可资，且其于贡道漕河，经由脉络，最称留意，亦较他本为详尽焉。

　　　　乾隆四十五年六月恭校上
　　　　总纂官：臣纪昀、臣陆锡熊、臣孙士毅
　　　　总校官：臣陆费墀

## 46.《禹贡锥指》

（清）胡渭

**提要**

臣等谨按，《禹贡锥指》二十卷，国朝胡渭撰。渭有《易图明辨》一书，已别著录。是编，尤其生平精力所注。康熙乙酉恭逢圣祖仁皇帝南巡，曾进御览，蒙赐"耆年笃学"匾额，稽古之荣，至今传述。原本标题二十卷，而首列图一卷。其中卷十一、卷十四，皆分上下卷。十三分上中下，而中卷又自分上下。实共为二十六卷。其图凡四十有七。如《禹贡》河初徙再徙，及汉、唐、宋、元、明河图，尤考证精密。书中体例，亚经文一字为《集解》，又亚一字。为辨证历代义疏，及方志、舆图，搜采殆遍。于九州分域，山水脉络，古今同异之故，一一讨论详明。宋以来，傅寅、程大昌、毛晃而下，注《禹贡》者数十家，精核典赡，此为冠矣。至于陵谷迁移，方州分合，数十年内，往往不同。渭乃欲于数千载后，皆折衷以定一是。如郭璞去古未远，其注《山海经》"临渝、骊成"已两存碣石之说，渭必谓文颖所指临渝为是，汉《地理志》所指骊成为非，终无确验。又九江一条，坚守洞庭之说，不思九江果在洞庭南，则经当曰"九江孔殷，江汉朝宗于海"矣。徐文靖之所驳，恐渭亦不能再诘也。千虑一失，殆不屑阙疑之过乎。他若河水，不知有重源，则其时西域未平，无由征验。所引郦道元诸说，经注往往混淆，则由传刻舛讹，未睹善本，势之所限，固不能执为渭咎矣。

乾隆四十三年五月恭校上

总纂官：臣纪昀、臣陆锡熊、臣孙士毅

总校官：臣陆费墀

## 47.《禹贡会笺》

（清）徐文靖

**提要**

臣等谨按，《禹贡会笺》十二卷，国朝徐文靖撰。文靖，字位山，当涂人，雍正癸卯举人，乾隆元年荐举博学鸿词，试不入格；十七年又荐举经学，特授翰林院检讨。是书首列《禹贡》山水总目，以《水经》所载为主，附论于下。次为图十有八，各系以说。书中皆先引蔡传而续为之笺，博据诸书，断以己意。如汾水西入河，非东入河；徒骇即河之经流，非别有一经流；三江既入，终以南江、北江、中江为正；九江在浔阳，非洞庭，皆不为蔡传所囿。至于蔡山，则阙其所疑，不主《寰宇记》周公山即蔡山之说。于惇物，则取《金史·地理志》，谓在乾州武亭县，今武功县之东南二百里。三危山，引西河旧事，为升雨山，谓《史记》注作卑雨山，盖字之误，并辨胡渭之讹，皆具有考证。盖说《禹贡》者，宋以来，棼如乱丝，至胡渭《锥指》出，而摧陷廓除，始有条理可按。文靖生渭之后，因渭所已言，而更推寻所未至，故较之渭书，益为精密，盖继事者易有功也。惟信《山海经》、《竹书纪年》太过，是则僻于好古，不究真伪之失耳。

乾隆四十三年六月恭校上

总纂官：臣纪昀、臣陆锡熊、臣孙士毅

总校官：臣陆费墀

## 48.《洪范口义》

（宋）胡瑗

**提要**

臣等谨按，《洪范口义》二卷，宋胡瑗撰。瑗有《周易口义》已著录。是书《文献通考》作《洪范解》，朱彝尊《经义考》注云未见。今其文散见《永乐大典》中，尚可排纂成书。《周易口义》出倪天隐之手，旧有明文。晁公武《读书志》谓此书亦瑗门人编录，故无铨次首尾。盖二书同名《口义》，故以例推，其为瑗所自著与否，固无显证。至其说之存于经文各句下者，皆先后贯彻，条理整齐，非杂记语录之比，与公武所说不符，岂原书本无次第，修《永乐大典》者为散附经文之下，转排比顺序欤。抑或公武所见，又别一本也。《洪范》以五事配庶征，本经文所有。伏生《大传》以下，逮京房、刘向诸人，遂以阴阳灾异附合其文。刘知几排之详矣。宋儒又流为象数之学，图书同异之是辨，经义愈不能明。瑗生于北宋盛时，学问最为笃实，故其说惟发明天人合一之旨，不务新奇。如谓天锡《洪范》，为锡自帝尧，不取神龟负人之瑞；谓五行次第为箕子所陈，不辨《洛书》本文之多寡；谓五福六极之应通于四海，不当指一身而言，俱驳正注疏，自抒心得，又详引《周官》之法，推演八政，以经注经，特为精确。其要皆归于建中出治、定皇极为九畴之本。辞虽平近，深得圣人立训之要，非谶纬术数者流所可同日语也。《宋史》本作一卷，今校定字句，析为二卷。

乾隆四十六年九月恭校上

总纂官：臣纪昀、臣陆锡熊、臣孙士毅

总校官：臣陆费墀

## 49.《洪范统一》

（宋）赵善湘

**提要**

臣等谨按《洪范统一》一卷，宋赵善湘撰。善湘，字清臣，濮安懿王五世孙，仕至资政殿大学士，封文水郡公，赠少师。事迹具《宋史》

本传。据其子汝楳《周易辑闻序》，善湘于《易》学用力至深，而所著《易说》五种，皆不传。此书藏弆（jǔ）之家，亦罕著录。故朱彝尊《经义考》注曰未见。今从《永乐大典》缮录，复为完编。书成于开禧时，《宋史》谓之《洪范统论》。《文渊阁书目》又作《统纪》。今据善湘谓，汉儒解传，衹以五事庶征为五行之验，而五纪八政诸畴，散而不知所统，征引事应，语多傅会，因采欧阳修《唐志》、苏洵《洪范图论》遗意，定皇极为九畴之统，每畴之中，如五行，则水火木金，皆统于土；五事，则貌言视听，皆统于思。得其统，而九畴可一以贯之矣云云，则《永乐大典》题曰《洪范统一》为名，实相应矣。考朱子与陆九渊论皇极之义，往复辨难，各持一说。此书以大中释皇极，本诸注疏，与陆氏合；复谓九畴皆运于君心，发为至治，又合于朱子建极之旨。盖能通怀彼我，兼取两家之说者，生当分朋讲胜之时，而介然不预于门户，是难能也。

乾隆四十六年九月恭校上

总纂官：臣纪昀、臣陆锡熊、臣孙士毅

总校官：臣陆费墀

## 50.《洪范明义》

（明）黄道周

**提要**

臣等谨按，《洪范明义》四卷，明黄道周撰。道周有《三易洞玑》，别著录。是编乃崇祯十年，官左谕德，掌司经局时，纂集进呈之书。其自序曰，上卷言，天人感召，性命相符，及好德用人之方；下卷言，阴骘相协，彝伦条贯，旁及阴阳历数之务。初终两卷，乃正定篇章，分别伦序。道周之学，深于天文律吕，其以水火金木土之汩叙，类集历代灾异，意存鉴戒，不免沿袭伏生、董仲舒、刘向相传之说。至于《八政畴序》，以食配坤，以货配巽，以祀配离，以司空配兑，以司徒配艮，以司寇配坎，以宾配震，以师配乾，已属牵合；又配以六十四卦先后天图，更属傅会。其最异者，至以河图、洛书配历数，而曰自某年至某年，为稼穑初际、中际、末际，以至从革、曲直、润下、炎上，莫不有初际、中际、末际。其说更不可究诘。至于改农用为晨用，衍忒为衍式，六极为六殛，更属臆说。其章段次第，自苏轼、洪迈、张九成、叶梦得、王柏、吴澄、金履祥、胡一中、归有光皆疑其舛错，各为更定。道周兼采众说，参以己见，亦未见其必然。惟其论天人相应之理，意存鉴戒，较王安石之解《洪范》，以天变为无与于人事者，固为胜之。读者取其立言之大旨可也。

乾隆四十四年三月恭校上

总纂官：臣纪昀、臣陆锡熊、臣孙士毅

总校官：臣陆费墀

## 51.《洪范正论》

（清）胡渭

**提要**

臣等谨按，《洪范正论》五卷，国朝胡渭撰。渭有《禹贡锥指》已著录。此书大旨，以禹之治水，本于九畴，故首言鲧堙洪水，继言禹乃嗣兴，终言天乃锡禹，则《洪范》为体，而《禹贡》为用，互相推阐，其义乃彰。然大旨主于发明奉若天道之理，非郑樵《禹贡》、《洪范》相为表里之说，惟以九州次序，分配五行者比也。其辨证前人之说，如谓汉人专取灾祥，推衍五行，穿凿附会，事同谶纬。其病一。《洛书》本文，即"五行五事"至"五福六极"十二字，惟"敬用农用"十八字，为禹所加，与危微精一之心法同旨。初一、次二至次九，不过是次第名色，亦非龟文所有。龟之有文，如木石之文。又如鲁夫人、公子友有文在手之类。宋儒创为黑白之点，方圆之体，九十之位，变书而为图，以至九数十数，刘牧、蔡季通纷纭更定。其病二。又《洪范》原无错简，而王柏、胡一桂等任意改窜。其病三。皆切中旧说之失。盖渭经术湛深，学问有根柢。故所论一轨于理，汉儒附会之谈，宋儒变乱之论，能一扫而廓清之云。

乾隆四十四年八月恭校上

总纂官：臣纪昀、臣陆锡熊、臣孙士毅

总校官：臣陆费墀

## 52.《古文尚书疏证》

（清）阎若璩

**提要**

臣等谨按，《古文尚书疏证》八卷，国朝阎若璩撰。若璩，字百诗，太原人，徙居山阳，康熙乙未荐举博学鸿词。《古文尚书》较今文多十六篇，晋魏以来绝无师说。故左氏所引，杜预皆注曰逸书。东晋之初，其书始出，乃增多二十五篇，初犹与今文并立。自陆德明据以作释文，孔颖达据以作正义，遂与伏生二十九篇混合为一。唐以来虽疑经惑古，如刘知几之流，亦以《尚书》一家列之《史通》，未言古文之伪。自吴棫始有异议，朱子亦稍稍疑之，吴澄诸人本朱子之说，相继抉摘，其伪益彰，然亦未能条分缕析，以抉其罅漏。明梅鷟始参考诸书，证其剿剟（duō），而见闻较狭，搜采未周。

至若璩，乃引经据古，一一陈其矛盾之故，古文之伪乃大明，所列一百二十八条。毛奇龄作《古文尚书冤词》，百计相轧，终不能以强词夺正理，则有据之言，先立于不可败也。其书，初成四卷，余姚黄宗羲序之；其后四卷，又所次第续成。若璩没后，传写佚其第三卷。其二卷第二十八条、二十九条、三十条，七卷第一百二条、一百八条、一百九条、一百一十条，八卷第一百二十二条至一百二十七条，皆有录无书，编次先后未归条理，盖犹草创之本。其中偶尔未核者，如据正义所载，郑元《书序》注谓，马、郑所传与孔传篇目不符，其说最确。至谓马、郑注本亡于永嘉之乱，则殊不然。考二家之本，《隋志》尚皆著录，称所注凡二十九篇，《经典释文》备引之，亦止二十九篇。盖去其无师说者十六篇，止得二十九篇，与伏生数合，非别有一本注孔氏书也。若璩误以郑逸者，即为所注之逸篇，不免千虑之一失。又《史记》、《汉书》，但有安国上《古文尚书》之说，并无受诏作传之事。此伪本凿空之显证，亦辨伪本者，至要之肯綮（qìng），乃置而未言，亦稍疏略。其他诸条之后，往往衍及旁文，动盈卷帙。盖虑所著《潜邱札记》或不传，故附见于此，究为支蔓。又前卷所论，后卷往往自驳，而不肯删其前说。虽仿郑元注《礼》先用鲁诗，后不追改之意，于体例亦究属未安。然反复厘剔，以祛千古之大疑。

考证之学，则固未之或先矣。

　　　　　乾隆四十三年六月恭校上

　　　　　总纂官：臣纪昀、臣陆锡熊、臣孙士毅

　　　　　总校官：臣陆费墀

## 53.《古文尚书冤词》

（清）毛奇龄

**提要**

臣等谨按，《古文尚书冤词》八卷，国朝毛奇龄撰，奇龄有《仲氏易》，已著录。其学淹贯群书，而好为异论以求胜。凡他人之所已言者，必力反其词。故《仪礼》十七篇，古无异议，惟章如愚《山堂考索》载乐史有五可疑之言，后儒亦无信之者，奇龄独拾其绪论，诋为战国之伪书。《古文尚书》，自吴棫、朱子以来，皆疑其伪，及阎若璩作《古文尚书疏证》，奇龄又力辨以为真。知孔安国传中，有安国以后地名，必不可掩，于是别遁其词，撼《隋书·经籍志》之文，以为梅赜所上者，乃孔传，而非《古文尚书》。其《古文尚书》本传习人间，而贾、马诸儒未之见。其目，一曰总论，二曰《今文尚书》，三曰《古文尚书》，四曰古文之冤始于朱氏，五曰古文之冤成于吴氏（按吴棫《书裨传》在朱子稍前，故《朱子语录》述棫说，当云始于吴氏，成于朱氏。此二门殊为颠倒，附识于此），六曰《书》篇题之冤，七曰《书序》之冤，八曰《书小序》之冤，九曰《书》词之冤，十曰《书》字之冤。考《隋书·经籍志》云，晋世秘府，存有《古文尚书》经文，今无有传者，及永嘉之乱，欧阳、大小夏侯《尚书》并亡。至东晋豫章内史梅赜，始得安国之传，奏之。其叙述偶未分明，故为奇龄所假借。然《隋志》作于《尚书正义》之后，其时古文方盛行，而云无有传者，知东晋古文非指今本，且先云古文不传，而后云始得安国之传，知今本古文与安国传俱出，非即东晋之古文。奇龄安得离析其文，以就己说乎。至若璩所引马融《书序》云逸十六篇，绝无师说，又引郑元所注十六篇之名为《舜典》、《汨作》、《九共》、《大禹谟》、《益稷》、《五子之歌》、《胤征》、《汤诰》、《咸有一德》、《典宝》、《伊训》、《肆命》、《原命》、《武成》、《旅獒》、《冏命》，明与古文二十五篇截然不同。奇龄不以今本不合马、郑为伪作古文之征，反以马、郑不合今本为未见古人之征，亦颇巧于颠倒。然考伪孔传序，未及献者，乃其传。若其经，则史云安国献之，故《艺文志》著录。贾逵常校理秘书，不应不见。又司马迁为安国弟子，刘歆常校《七略》，班固亦为兰台令史，典校艺文。而迁《史记·儒林传》云孔氏有《古文尚书》，安国以今文读之，逸书得多十余篇。歆移太常博士书，称鲁恭王坏孔子宅，得古文于坏壁之中，逸书十六篇。班固《汉书·艺文志》亦称以考二十九篇，得多十六篇，则孔壁古文有十六篇，无二十五篇，凿凿显证，安得以晋人所上之古文，合之孔壁欤。且奇龄所籍口者，不过以《隋志》称马、郑所注二十九篇，乃杜林西州古文，非孔壁古文，不知杜林所传实孔氏之本，故马、郑等去其无师说者十六篇，正得二十九篇。《经典释文》所引尚可覆验，徒以修《隋志》时梅赜之书已行，故《志》据后出伪本，谓其不尽孔氏之书。奇龄舍《史记》、《汉书》不据，而据唐人之误说，岂长孙无忌等所见，反确于司马迁、班固、刘歆乎？至于杜预、韦昭所引逸书，今见古文者，万万无可置辩，则附会《史记》、《汉书》之文，谓不立学官者，即谓逸书，不知预注《左传》，皆云文见《尚书》某篇。而逸书，则皆无篇名，使预果见古文，何不云逸书某篇耶？且赵岐注《孟子》，郭璞注《尔雅》，亦多称《尚书》逸篇。其中见于古文者，不得以不立学官假借矣。至《孟子》"欲常常而见之，故源源而来，不及贡以政接于有庳"，岐注曰，此常常以下，皆《尚书》逸篇之词。《尔雅》"钊明也"，璞注曰，逸书"钊我周王"。核之古文，绝无此语，亦将以为不立学官，故谓之逸耶？又岐注"九男二女"，称逸书有《舜典》之序，亡失其文。《孟子》诸所言舜事，皆《尧典》及逸书所载，使逸书果指古文，则古文有《舜典》，何以岐称亡失其文耶？此尤舞文愈工，而罅漏弥甚者矣。梅赜之书行世已久，其文本采掇逸经，排比联贯，故其旨不悖于圣人，断无可废之理，而确非孔氏之原本，则证验多端，非一手所能终掩。近惠栋、王懋竑等续加考证，其说益明，本不必再烦较论。惟奇龄才辩，足以移人，又以卫经为词，托名甚正，使置而不录，恐人反疑其说之有凭，故并存之，而撮论其大旨，俾知其说之，不过如此，庶将来可以互考焉。

乾隆四十三年七月恭校上

总纂官：臣纪昀、臣陆锡熊、臣孙士毅

总校官：臣陆费墀

## 54. 《尚书纂传》

（元）王天与

**提要**

臣等谨按，《尚书纂传》四十六卷，元王天与撰。天与，字立大，梅浦人，大德二年以荐授临江路儒学教授。盖天与为赣州路先贤书院山长时，宪使臧梦解以是书申台省，得闻于朝，故有是命也。是书虽以孔安国传孔颖达疏居先，而附以诸家之解，其大旨，则以朱子为宗，而以真德秀说为羽翼。盖朱子考论群经，以《书》属蔡沈，故天与以蔡氏传为据。德秀则《书说精义》以外，复有《大学衍义》一书，所言与虞夏商周之大经大法多相出入，故天与亦备采之。其注疏或删或存，亦以二家之说为断。自序所谓期与二先生合而已，不敢以私意去取，盖道其实也。所说于名物训诂，多有缺略，而阐发义理则特详，亦王元杰《春秋谳义》之流亚也。

乾隆四十三年三月恭校上

总纂官：臣纪昀、臣陆锡熊、臣孙士毅

总校官：臣陆费墀

## 55. 《书传会选》

（明）刘三吾

**提要**

臣等谨按，《书传会选》六卷，明翰林学士刘三吾等奉敕撰。按蔡沈书传，虽源出朱子，而自用己意者多，当其初行已多异论。宋末元初，张葆舒作《尚书蔡传订误》，黄景昌作《尚书蔡氏传正误》，程直方作《蔡传辨疑》，余苞舒作《读蔡传疑》，递相诘难。及元仁宗延祐二年，议复贡举，定《尚书》义用蔡氏，于是葆舒等之书尽佚不传。陈栎初作《书传折衷》，颇论蔡氏之失。迨法制既定，乃改作《纂疏》发明蔡义，而折衷亦佚不传。其自序所谓圣朝科举兴行，《书》宗蔡传，固亦宜然者，盖有为也。至明太祖始考天象，知与蔡传不合，乃博征绩学，定为此编，凡蔡传之合者存之，不预立意见，以曲肆诋排。其不合者，则改之，亦不坚持门户，以巧为回护，计所纠正凡六十六条。祝允明《枝山前闻》载其札示天下者，惟《尧典》注"日月左旋"，《洪范》注"相协厥居"二条，举大凡耳。顾炎武《日知录》曰，此书谓天左旋，日月五星违天而右旋，主陈氏祥道。《高宗肜日》谓祖庚绎于高宗之庙，主金氏履祥。《西伯戡黎》谓是武王，亦主金氏。惟周公诞保文武受命惟七年，谓周公辅成王之七年，主张氏、陈氏，皆不易之论。又如《禹贡》厥赋贞，主苏氏轼，谓赋与田正相当；泾属渭汭，主孔传水北曰汭；《太甲》自周有终，主金氏，谓周当作君；《多方》不克开于民之丽，主叶氏。惟《金縢》周公居东，驳孔氏以为东征非是。至《洛诰》又取东征之说，自相牴牾耳。每传之末，系以经传音释，于字音、字体、字义，辨之甚悉。其传中，用古人姓氏、古书名目，必具出处，兼亦考正典故。盖宋元以来，诸儒之规模犹在，而其为此书者，皆自幼为务本之学，非由八股发身之人，故所著之书虽不及先儒，而尚有功于后学云云。以炎武之淹博绝伦，罕所许可，而其论如是，则是书之足贵，可略见矣。阎若璩《尚书古文疏证》，因《禹贡》注中"潨水至复州竟陵境者"一语误"者"字为"来"字，遂肆毒詈，非笃论也。考《明太祖实录》与群臣论蔡传之失在洪武十年三月，其诏修是书，则在二十七年四月丙戌，而成书以九月己酉，仅五阅月。观刘三吾叙称，臣三吾备员翰林，屡尝以其说上闻。皇上允请，乃诏天下儒士，仿石渠白虎故事，与臣等同校定之，则是十七年间，三吾已考证讲求，先有定见，特参稽众论以成之耳。惟《实录》所载纂修诸臣姓名，与此本卷首所列不符。朱彝尊《经义考》谓许观、景清、卢原质、戴德彝等，皆以死建文之难删去，其说是已。然胡季安、门克新、王俊华等十一人，何以并删，且靳观、吴子恭、宋麟三人，此书所不载，又何以增入。盖永乐中重修《太祖实录》，其意主于诬惠宗君臣以罪，明靖难之非得已耳。其余草草，非所注意，故舛谬百出，不足为据。此书为当时旧本，当以所列姓名为定可也。

乾隆四十六年五月恭校上

  总纂官：臣纪昀、臣陆锡熊、臣孙士毅

  总校官：臣陆费墀

## 56.《书经大全》

（明）胡广等

**提要**

臣等谨按，《书经大全》十卷，明胡广等奉敕撰。《书》以蔡沈《集传》为主，自延祐贡举条格已然。然元制犹兼用古注疏，故王充耘《书义程式》得本孔传立义也。明太祖亲验天象，知蔡传不尽可据，因命作《书传会选》，参考古义，以纠其失，颁行天下。是洪武中，尚不以蔡传为主。其专主蔡传定为功令者，则始自是书。其说虽不似《诗经大全》之全钞刘瑾《诗传通释》；《春秋大全》之全钞汪克宽《胡传纂疏》，而实亦非广等所自纂。故朱彝尊《经义考》引吴任臣之言曰，《书传》旧为六卷，《大全》分为十卷，大旨本二陈氏。二陈氏者，一为陈栎《尚书集传纂疏》；一为陈师凯《书蔡传旁通》。《纂疏》皆墨守蔡传。《旁通》则于名物、度数，考证特详，虽回护蔡传之处在所不免，然大致较刘氏说《诗》、汪氏说《春秋》为有根柢。故是书在五经大全中，尚为差胜云。

乾隆四十六年五月恭校上

  总纂官：臣纪昀、臣陆锡熊、臣孙士毅

  总校官：臣陆费墀

第二编　传注序言

# 1. 《尚书注疏》

## （1）《尚书正义序》

（唐）孔颖达

夫《书》者，人君辞诰之典，右史记言之策。古之王者事总万机，发号出令，义非一揆。或设教以驭下，或展礼以事上，或宣威以肃震曜，或敷和而散风雨。得之则百度惟贞，失之则千里斯谬。枢机之发，荣辱之主，丝纶之动，不可不慎。所以辞不苟出，君举必书，欲其昭法诫、慎言行也。其泉源所渐，基于出震之君，黼藻斯彰，郁乎如云之后。勋华揖让而典、谟起，汤武革命而誓、诰兴。先君宣父生于周末，有至德而无至位，修圣道以显圣人，芟烦乱而翦浮辞，举宏纲而撮机要。上断唐虞，下终秦鲁，时经五代，书总百篇。采翡翠之羽毛，拔犀象之牙角，罄荆山之石，所得者连城。穷汉水之滨，所求者照乘。巍巍荡荡无得而称，郁郁纷纷于斯为盛。斯乃前言往行，足以垂法将来者也。暨乎七雄已战，五精未聚，儒雅与深穿同埋，经典共积薪俱燎。汉氏大济区宇，广求遗逸，采古文于金石，得今《书》于齐鲁。其文则欧阳、夏侯二家之所说，蔡邕碑石刻之。古文则两汉亦所不行，安国注之，实遭巫蛊，遂寝而不用，历及魏晋方始稍兴。故马、郑诸儒莫睹其学。所注经传，时或异同。晋世皇甫谧独得其书，载于《帝纪》，其后传授乃可详焉。但古文经虽然早出，晚始得行。其辞富而备，其义宏而雅，故复而不厌，久而愈亮。江左学者咸悉祖焉。近至隋初，始流河朔。其为正义者，蔡大宝、巢猗、费甝、顾彪、刘焯、刘炫等。其诸公旨趣，多或因循，帖释注文，义皆浅略。惟刘焯、刘炫最为详雅。然焯乃织综经文，穿凿孔穴，诡其新见，异彼前儒，非险而更为险，无义而更生义。窃以古人言诰，惟在达情，虽复时或取象，不必辞皆有意。若其言必托数，经悉对文。斯乃鼓怒浪于平流，震惊飙于静树。使教者烦而多惑，学者劳而少功，过犹不及，良为此也。炫嫌焯之烦杂，就而删焉。虽复微稍省要，又好改张前义，义更太略，辞又过华。虽为文笔之善，乃非开奖之路。义既无义，文又非文，欲使后生，若为领袖。此乃炫之所失，未为得也。今奉明敕，考定是非，谨罄庸愚，竭所闻见，览古人之传记，质近代之异同，存其是而去其非，削其烦而增其简。此亦非敢臆说，必据旧闻，谨与朝散大夫行太学博士臣王德韶、前四门助教臣李子云等谨共铨叙，至十六年又奉敕与前修疏人及通直郎行四门博士骁骑尉臣朱长才、给事郎守四门博士上骑都尉臣苏德融、登仕郎守太学助教云骑尉臣随德素、儒林郎守四门助教云骑尉臣王士雄等、对敕使赵弘智，覆更详审，为之正义凡二十卷，庶对扬于圣范，冀有益于童稚。略陈其事，叙之云尔。

### 考证

晋世皇甫谧独得其书，载于《帝纪》

臣召南按：此《帝纪》谓谧所撰之《帝王世纪》也。谧依孔安国说，以伏羲、神农、黄帝为三皇，以少昊、颛顼、帝喾、尧、舜为五帝，异乎《史记》。

其为正义者蔡大宝、巢猗、费甝、顾彪、刘焯、刘炫等

臣召南按：隋唐二志，蔡大宝，南梁萧詧司徒，撰《尚书义疏》三十卷。巢猗，梁国子助教，撰《尚书百释》三卷，《尚书义》三卷，唐志作《义疏》十卷。费甝，梁国子助教，撰《义疏》十卷。顾彪，隋秘书学士撰《疏》二十卷。刘焯，隋太学博士撰《义疏》三十卷。刘炫，隋国子助教，撰《述义》二十卷，以时世先后为次，则巢猗、费甝似应叙蔡大宝之前。

谨共铨叙

"铨"字疑应作"诠"。

对勅使赵弘智覆更详审

臣召南按：《五经正义》孔颖达及诸儒于贞观初奉敕撰，至十六年又同诸儒覆审者，以博士马嘉运掎摭其疵，至相诋讥，太宗诏再详定。至高宗永徽二年又诏中书门下与国子三馆博士、弘文馆学士考正之。四年三月始颁《正义》于天下。盖两经详审而书始定也。《〈尚书正义〉序》但叙初撰及第一次详审人姓名。至永徽再加刊定，《唐书·艺文志》具列于《尚书正义》撰人之后，太尉长孙无忌、司空李勣、左仆射于志宁、右仆射张行成、侍中高季辅、吏部尚书褚遂良、中书令柳奭、弘文馆学士谷那律、刘伯庄、太学博士贾公彦、范义頵、齐威太常博士柳士宣、孔志约、四门博士赵君赞、弘文馆直学士薛伯珍、国子助教史士弘、太学助教郑祖

元、周元达、四门助教李元植、王真儒与王德韶、随德素等共二十三人，不书于各经下，而书于《尚书》下，盖互文也。《儒林传》但云于志宁、张行成、高季辅就加增损，取其尤著者也。附录，以备掌故之一则。

**（2）《尚书序》**

（汉）孔氏传，（唐）陆德明音义、孔颖达疏

音义：此孔氏所作，述《尚书》起之时代，并叙为注之由，故相承讲之，今依旧为音。

疏：正义曰，道本冲寂，非有名言。既形以道生，物由名举，则凡诸经史，因物立名，物有本形，形从事著。圣贤阐教，事显于言，言惬群心，书而示法。既书有法，因号曰"书"。后人见其久远，自于上世。尚者，上也，言此上代以来之书，故曰"尚书"。且言者意之声，书者言之记。是故存言以声意，立书以记言。故《易》曰："书不尽言，言不尽意"。是言者意之筌蹄，书言相生者也。书者，舒也。《书纬·璇玑钤》云："书者，如也。"则书写其言，如其意，情得展舒也。又刘熙《释名》云："书者，庶也。以记庶物，又为著。"言事得彰著。五经六籍皆是笔书，此独称"书"者，以彼五经者非是君口出言。即书为法，所书之事，各有云为，遂以所为别立其称，称以事立，故不名"书"。至于此书者，本书君事，事虽有别，正是君言。言而见书，因而立号，以此之故，名异诸部。但诸部之书，随事立名，名以事举，要名立之后，亦是笔书，故百氏六经总曰"书"也。《论谶》所谓"题意别名，各自载耳。"昭二年《左传》曰：晋韩起适鲁，"观书于太史氏，见易象与《鲁春秋》"。此总名"书"也。

序者言，序述《尚书》起讫、存亡、注说之由。序为《尚书》而作，故曰《尚书序》。《周颂》曰："继序思不忘。"《毛传》云："序者，绪也。"则绪述其事，使理相胤续，若茧之抽绪。但《易》有《序卦》，子夏作《诗序》，孔子亦作《尚书序》。故孔君因此作序名也。郑玄谓之"赞"者，以序不分散，避其序名，故谓之"赞"。赞者，明也，佐也。佐成序义，明以注解故也。安国以孔子之序分附篇端，故己之总述亦谓之序。事不烦重，义无所嫌故也。

古者伏牺氏之王天下也，始画八卦，造书契，以代结绳之政，由是文

籍生焉。

音义：伏古作虑，牺本又作羲，亦作戏。许皮反。《说文》云："贾侍中说此牺非古字。"张揖《字诂》云："羲古字，戏今字。"氏一号"庖牺氏"，三皇之最先，风姓，母曰华胥，以木德王，即太皞也。王，于况反。画，乎麦反。卦，俱卖反。契，苦计反。书者，文字。契者，刻木而书其侧，故曰书契也，一云以书契约其事也。郑玄云："以书书木边，言其事，刻其木，谓之书契也"。结绳，《易·系辞》云："上古结绳而治，后世圣人易之以书契。"文，文字也。籍，书籍也。

疏：正义曰，代结绳者，言前世之政用结绳，今有书契以代之，则伏牺时始有文字以书事，故曰"由是文籍生焉"。自今本，昔曰古。古者以圣德伏物，教人取牺牲，故曰伏牺。字或作宓牺，音亦同。《律历志》曰："结作网罟，以取牺牲，故曰伏牺"。或曰包牺，言取牺而包之。顾氏读"包"为"庖"，取其牺牲以供庖厨。顾氏又引《帝王世纪》云："伏牺，母曰华胥。有巨人迹出于雷泽，华胥以是履之有娠，生伏牺于成纪。蛇身人首。"《月令》云："其帝太昊。"《系辞》云："古者包牺氏之王天下也。"是直变"包"言"伏"耳。则伏牺是皇，言"王天下"者，以皇与帝、王据迹为优劣，通亦为王。故《礼运》云"昔者先王"，亦谓上代为王。但自下言之，则以上身为王，据王身于下，谓之王天下也。

知伏牺始画八卦者，以《系辞》云"包牺氏之王天下"也。后乃云"始画八卦以通神明之德，以类万物之情"，故知之也。知"时造书契，以代结绳之政"者，亦以《系辞》云"上古结绳而治，后世圣人易之以书契，盖取诸夬。"是"造书契"可以"代结绳"也。彼直言"后世圣人"，知是伏牺者，以理比况而知。何则？八卦画万物之象，文字书百事之名。故《系辞》曰："仰则观象于天，俯则观法于地。观鸟兽之文与地之宜，近取诸身，远取诸物，始画八卦。"是万象见于卦，然画亦书也，与卦相类，故知书契亦伏牺时也。由此孔意正欲须言伏牺时有书契，本不取于八卦。今云八卦者，明书、卦相类。

据《系辞》有画八卦之成文而言，明伏牺造书契也。言"结绳"者，当如郑注云"为约，事大大其绳，事小小其绳"。王肃亦曰"结绳识其政事"是也。言"书契"者，郑云："书之于木，刻其侧为契，各持其一。

后以相考合，若结绳之为治。"孔无明说，义或当然。《说文》云："文者，物象之本也。"籍者，借也。借此简书，以记录政事，故曰籍。"盖取诸夬"，夬者，决也。言文籍所以决断。宣扬王政，是以夬。《谣》曰："扬于王庭。"《系辞》云"包牺氏之王天下"，又云"作结绳而为冈罟，盖取诸离。"彼谓"结冈罟之绳"与"结为政之绳"异也。

若然《尚书纬》及《孝经谶（chèn）》皆云三皇无文字。又班固、马融、郑玄、王肃诸儒皆以为文籍初自五帝，亦云三皇未有文字，与此说不同。何也？又苍颉造书出于《世本》。苍颉岂伏牺时乎？且《系辞》云黄帝、尧、舜为九事之目，末乃云"上古结绳而治，后世圣人易之以书契。"是后世圣人即黄帝、尧、舜，何得为伏牺哉？

孔何所据，而更与《系辞》相反如此不同者？《艺文志》曰："仲尼没而微言绝。七十子丧而大义乖。"况遭秦焚书之后，群言竞出，其纬文鄙近，不出圣人，前贤共疑，有所不取。通人考正，伪起哀、平。则孔君之时，未有此纬，何可引以为难乎？其马、郑诸儒以据文立说，见后世圣人在九事之科，便谓书起五帝。自所见有异，亦不可难孔也。

而《系辞》云，后世圣人在九事之下者，有以而然。按彼文先历说伏牺、神农"盖取"，下乃云"黄帝、尧、舜垂衣裳而天下治，盖取诸乾坤。"是黄帝、尧、舜之事也。又舟楫取涣，服牛取随，重门取豫，臼杵取小过，弧矢取睽，此五者，时无所系，在黄帝、尧、舜时以否，皆可以通也。至于宫室、葬与书契，皆先言"上古"，古者乃言"后世圣人易之"，则别起事之端，不指黄帝尧舜时。以此葬事云"古者"，不云"上古"，而云"易之以棺椁"。棺椁自殷汤而然，非是彼时之验。则上古结绳何废伏牺前也？

其苍颉则说者不同，故《世本》云："苍颉作书。"司马迁、班固、韦诞、宋忠、傅玄皆云：苍颉，黄帝之史官也。崔瑗、曹植、蔡邕、索靖皆直云：古之王也。徐整云"在神农、黄帝之间"，谯周云"在炎帝之世"。卫氏云"当在庖牺苍帝之世"。慎到云"在庖牺之前"。张揖云："苍颉为帝王，生于禅通之纪。"

《广雅》曰：自开辟至获麟，二百七十六万岁，分为十纪。则大率一纪二十七万六千年。十纪者，九头一也，五龙二也，摄提三也，合雒四也，连通五也，序命六也，循蜚七也，因提八也，禅通九也，疏仡十也。如捃此言，则苍颉在获麟前二十七万六千余年。是说苍颉其年代莫能有定，亦不可以难孔也。然纪自燧人而下，捃以为自开辟而设，又伏牺前六纪、后三纪亦为据张揖、慎到、徐整等说，亦不可以年断。其疏仡之纪，似自黄帝为始耳。又依《易纬·通卦验》，燧人在伏牺前，"表计置其刻曰：苍牙通灵，昌之成，孔演命，明道经。"郑玄注云："刻谓刻石而记识之。"据此，伏牺前已有文字矣。

又《阴阳书》称天老对黄帝云："凤皇之象，首戴德，背负仁，颈荷义，膺抱信，足履政，尾系武"。又《山海经》云："凤皇首文曰德，背文曰义，翼文曰顺，膺文曰仁，腹文曰信。"又《易·系辞》云："河出图，洛出书，圣人则之。"是文字与天地并兴焉。

又《韩诗外传》称古封太山禅梁甫者万余人，仲尼观焉不能尽识。又《管子书》称管仲对齐桓公曰："古之封太山者七十二家，夷吾所识十二而已"。首有"无怀氏封太山禅"云云。其登封者皆刻石纪号，但远者字有彫毁，故不可识。则夷吾所不识者六十家，又在无怀氏前，孔子睹而不识又多于夷吾。是文字在伏牺之前已久远，何怪伏牺而有书契乎？

如此者，盖文字在三皇之前未用之教世，至伏牺乃用造书契以代结绳之政。是教世之用，犹燧人有火，中古用以燔黍捭豚，后圣乃修其利相似。文字理本有之，用否随世而渐也。若然，惟《系辞》至神农始有噬嗑与益，则伏牺时，其卦未重，当无杂卦。而得有取诸夬者，此自郑玄等说耳。

按《说卦》曰："昔者圣人幽赞于神明而生蓍"，《系辞》曰"天生神物，圣人则之"，则伏牺用蓍而筮矣。故郑注《说卦》亦曰："昔者圣人谓伏牺文王也。"《系辞》又曰："十有八变而成卦。"是言爻皆三归奇为三变，十八变则六爻明矣。则筮皆六爻，伏牺有筮，则有六爻，何为不重而怪有夬卦乎？

伏牺、神农、黄帝之书，谓之"三坟"，言大道也。少昊（hào）、颛顼（zhuān xū）、高辛、唐、虞之书，谓之"五典"，言常道也。

音义：神农，炎帝也，姜姓，母曰文登，以火德王，三皇之二也。黄帝，轩辕也，姬姓，少典之子，母曰附宝，以土德王，三皇之三也。《史记》云：姓公孙，名轩辕，一号有熊氏。坟，扶云反，大也。少，诗照反。昊，胡老反。少昊，金天氏，名挚，字青阳，一曰玄嚣，己姓，黄帝之子，母曰女节，以金德王，五帝之最先。颛，音专。顼，许玉反。颛顼，高阳氏，姬姓，黄帝之孙，昌意之子，母曰景仆，谓之女枢，以水德王，五帝之二也。高辛，帝喾（kù）也，姬姓。喾，口毒反。母名不见，以木德王，五帝之三也。唐，帝尧也，姓伊耆氏。尧初为唐侯，后为天子，都陶，故号陶唐氏，帝喾之子，帝挚之弟，母曰庆都，以火德王，五帝之四也。虞，帝舜也，姓姚氏，国号有虞，颛顼六世孙，瞽瞍之子，母曰握登，以土德王，五帝之五也。先儒解三皇五帝，多与孔不同，并见发题。

疏：正义曰，坟，大也。以所论三皇之事，其道至大，故曰言大道也。以典者，常也，言五帝之道，可以百代常行，故曰言常道也。此三皇五帝，或举德号，或举地名，或直指其人，言及称便，不为义例。顾氏引《帝王世纪》云：神农母曰女登，有神龙首感女登而生炎帝，人身牛首。黄帝母曰附宝，见大电光绕北斗枢星。附宝感而怀孕，二十四月而生黄帝，日角龙颜。少昊，金天氏，母曰女节，有星如虹下流，意感而生少昊。颛顼，母曰景仆，昌意正妃，谓之女枢，有星贯月如虹，感女枢于幽房之宫而生颛顼。尧，母曰庆都，观河遇赤龙晻然阴风，感而有孕十四月而生尧。又云，舜，母曰握登，见大虹感而生舜。

此言谓之"三坟"，谓之"五典"者，因《左传》有"三坟"、"五典"之文，故指而谓之。然五帝之书，皆谓之"典"，则《虞书》、《皋陶谟》、《益稷》之属亦应称"典"，所以别立名者。若主论帝德，则以"典"为名，其臣下所为，随义立称。其"三坟"直云"言大道也"，"五典"直云"言常道也"，不训"坟"、"典"之名者。以坟大、典常，常训可知，故略之也。"常道"所以与"大道"为异者，以帝者公平天下，其道可以常行，故以"典"言之。而皇优于帝，其道不但可常行而已，又更大于常，故言"坟"也。此为对例耳。虽少有优劣，皆是大道并可常行，故《礼运》云"以大道之行"为五帝时也。然帝号同天，名所莫加。优而称"皇"者，以"皇"是美大之名，言大于帝也。故后代措庙立主，尊之曰"皇"，生者莫敢称焉。而士庶祖父称曰"皇"者，以取美名，可以通称故也。

按《左传》上有"三坟"、"五典"，下言"坟"是三皇之书，"典"是五帝之书，孔知然者。按今《尧典》、《舜典》是二帝二典。推此二典而上，则五帝当五典，为五帝之书。今三坟之书在五典之上，数与三皇相当，坟又大名，与皇义相类，故云三皇之书为三坟。孔君必知三皇有书者。按《周礼·外史》"职掌三皇五帝之书"。是其明文也。郑玄亦云其书即三坟五典。但郑玄以三皇无文，或据后录定。孔君以为，书者记当时之事，不可以在后追录，若当时无书，后代何以得知其道也。此亦孔君所据三皇有文字之验耳。

郑玄注《中候》，依《运斗枢》以伏牺、女娲、神农为三皇。又云，五帝座，帝鸿、金天、高阳、高辛、唐、虞氏。知不尔者，孔君既不依纬，不可以纬难之。又易兴作之条，不见有女娲，何以辄数？又郑玄云："女娲修伏牺之道，无改作则。"已上修旧者众，岂皆为"皇"乎。既不数女娲，不可不取黄帝以充三皇耳。又郑玄数五帝何以六人？或为之说云：德协五帝，座不限多少，故六人亦名五帝。若六帝何有五座。而皇指大帝，所谓"耀魄宝"，止一而已。本自无三皇，何云三皇。岂可三皇数人，五帝数座，二文舛互，自相乖阻也。

其诸儒说三皇，或数燧人或数祝融以配牺、农者，其五帝皆自轩辕，不数少昊，斯亦非矣。何燧人说者以为伏牺之前？据《易》曰："帝出于震。"震，东方，其帝太昊。又云："古者包牺氏之王天下也。"言古者制作莫先于伏牺，何以燧人厕在前乎？又祝融及颛顼以下火官之号，金天已上百官之号，以其征五经，无云祝融为皇者。纵有不过如共工氏。共工有水瑞，乃与牺、农、轩、挚相类，尚云霸其九州。祝融本无此瑞，何可数之乎？

《左传》曰："少昊之立，凤鸟适至。"于《月令》又在秋享食，所谓白帝之室者也。何为独非帝乎？故孔君以黄帝上数为皇，少昊为五帝之首耳。若然，按今《世本·帝系》及《大戴礼·五帝德》并《家语》宰我问、太史公《五帝本纪》皆以黄帝为五帝。此乃史籍明文，而孔君不从之者。孟轲曰"信《书》不如其无《书》。吾于《武成》取二三策而已"，言《书》以渐染之滥也。孟轲已然，况后之说者乎？又《帝系》、《本纪》、《家语》、《五帝德》皆云少昊即黄帝子青阳是也。颛顼，黄帝孙，昌意子。帝喾，高辛氏，为黄帝曾孙，玄嚣孙，侨极子。尧，为帝喾子。舜，为颛顼七世孙。此等之书说五帝，而以黄帝为首者，原由《世本》。经于暴秦，为儒者所乱。《家语》则王肃多私定。《大戴礼》、《本纪》出于《世本》以此而同。盖以少昊而下皆出黄帝，故不得不先说黄帝，因此谬为五帝耳。亦由《系辞》以黄帝与尧、舜同事，故儒者共数之焉。

孔君今者意以《月令》春曰太昊，夏曰炎帝，中央曰黄帝，依次以为三皇。又依《系辞》先包牺氏王。没，神农氏作。又没，黄帝氏作。亦文相次，皆著作见于《易》。此三皇之明文也。《月令》秋曰少昊，冬曰颛顼，自此为五帝。然皇帝是皇，今言帝不云皇者，以皇亦帝也，别其美名耳。太昊为皇，《月令》亦曰"其帝太昊"。《易》曰"帝出于震"是也。又轩辕之称黄帝，犹神农之云炎帝。神农于《月令》为炎帝。不怪炎帝为皇，何怪轩辕称帝？而梁主云：书起轩辕，同以燧人为皇。其五帝自黄帝至尧而止，知帝不可以过五，故曰舜非三皇亦非五帝，与三王为四代而已。其言与诗之为体，不雅则风，除皇已下，不王则帝，何有非王非帝以为何人乎？《典》、《谟》皆云"帝曰"，非帝如何？

至于夏、商、周之书，虽设教不伦，雅诰奥义，其归一揆。

音义：夏禹天下号也，以金德王，三王之最先。商汤天下号也，亦号殷，以水德王，三王之二也。周文王、武王有天下号也，以木德王，三王之三也。诰，故报反，告也，示也。奥，乌报反，深也。揆，葵癸反，度也。

疏：正义曰，既皇书称"坟"、帝书称"典"，除皇与帝坟、典之外，以次累陈，故言"至于"。夏、商、周三代之书，虽复当时所设之教，与皇及帝"坟"、"典"之等不相伦类，要其言，皆是雅正辞诰，有深奥之义，其所归趣与坟、典一揆。明虽事异"坟"、"典"，而理趣终同，故所以同入《尚书》共为世教也。

孔君之意以"坟"、"典"亦是《尚书》，故此因坟、典而及三代。下云"讨论坟、典，断自唐虞以下"，是坟、典亦是《尚书》之内。而外史偏掌之者，以其远代故也。此既言坟、典，不依外文连类，解八索、九丘而言三代之书厕于其间者，孔意以坟、典是《尚书》，丘、索是《尚书》

外物，欲先说《尚书》事讫，然后及其外物，故先言之也。

夏、商、周之书皆训、诰、誓、命之事。言设教者，以此训、诰、誓、命即为教而设，故云设教也。言不伦者，伦，类也，三代战争不与皇、帝等类。若然，五帝称"典"，三王劣而不伦，不得称"典"则三代非"典"，不可常行，何以垂法乎？然三王世浇（jiāo），不如上代，故随事立名，虽篇不目典，理实是典，故曰"雅诰奥义，其归一揆"，即为"典"之谓也。

然三王之书，惟无典、谟以外，训、诰、誓、命、歌、贡、征、范类犹有八，独言诰者，以别而言之。其类有八，文从要约，一诰兼焉。何者？以此八事皆有言以诰示，故总谓之"诰"。又言"奥义"者，指其言谓之"诰"，论其理谓之"义"，故以义配焉。言"其归一揆"，见三代自归于一，亦与坟、典为一揆者，况喻之义。假譬人射，莫不皆发，志揆度于的，犹如圣人立教，亦同揆度于至理，故云"一揆"。

是故历代宝之，以为大训。

疏：正义曰，《顾命》云："越玉五重，陈宝。"即以赤刀、大训在西序，是"宝之，以为大训之文。"彼注以典、谟为之，与此相当。要，六艺皆是，此直为《书》者，指而言之。故彼注亦然也。彼直周时宝之。此知历代者以坟、典久远，周尚宝之，前代可知，故言历代耳。

八卦之说谓之八索，求其义也。九州之志谓之九丘。丘，聚也。言九州所有土地所生、风气所宜，皆聚此书也。

音义：索，所白反，下同，求也。徐音素本或作素。

疏：正义曰，以坟、典内外文而知，其丘、索与坟、典文连，故连而说之，故总引传文以充己意，且为于下见与坟、典俱被黜削，故说而以为首引。言为论八卦事义之说者，其书谓之"八索"。其论九州之事所有志记者，其书谓之"九丘"。所以名"丘"者，以丘聚也，言于九州，当有土地所生之物，风气所宜之事，莫不皆聚见于此书，故谓之九丘焉。然八卦言之说，九州言之志，不同者，以八卦交互相说其理，九州当州有所志识，以此而不同。

此索谓求索，亦为搜索。以《易》八卦为主，故《易》曰："八卦成列，象在其中矣。因而重之，爻在其中矣。"又曰："八卦相荡。"是六十四卦，三百八十四爻，皆出于八卦。就八卦而求其理，则万有一千五百二十策。天下之事得，故谓之索，非一索再索而已。此索于《左传》亦或谓之索。说有不同皆后人失其真理，妄穿凿耳。

其九丘取名于聚，义多如山丘，故为聚。《左传》或谓之"九区"，得为说当九州之区域，义亦通也。又言"九州所有"，此一句与下为总，即"土地所生"、"风气所宜"，是"所有"也。言"土地所生"，即其动物、植物，大率土之所生，不出此二者。又云"风气所宜"者亦与"土地所生"大同。何者？以九州各有土地，有生与不生，由风气所宜与不宜。此亦《职方》、《禹贡》之类。别而言之，"土地所生"若《禹贡》之"厥贡"、"厥篚"也。"风气所宜"，若《职方》其畜宜若干，其民若干男，若干女是也。上"坟"、"典"及"索"不别训之，以可知，故略之。"丘"训既难，又须别言"九州所有"已下，故先训之，于下结义，故云皆聚此书也。

《春秋左氏传》曰：楚左史倚相"能读三坟、五典、八索、九丘"，即谓上世帝王之遗书也。

音义：左史，史官，在左，倚于绮反，刘琴绮反。相，息亮反。倚相，楚灵王时史官。

疏：正义曰，以上因有外文言坟、典、丘、索而谓之，故引成文以证结之。此昭十二年《左传》楚灵王见倚相趋过，告右尹子革以此辞，知"倚相"是其名字。盖为太史而主记左动之事，谓之"左史"。不然，或楚俗与诸国不同，官多以左右为名，或别有此左史乎？彼子革答王云："倚相，臣问《祈招》之诗而不知。若问远焉，其焉能知之。"彼以为倚相不能读之。此云"能"者，以此据《左传》成文，因王言而引之。假不能读，事亦无妨。况子革欲开谏王之路，倚相未必不能读也。言此坟、典、丘、索即此书，是谓上世帝王遗余之书也。以楚王论时，已在三王之末，故云"遗书"。其丘、索知是前事，亦不知在何代，故直总言"帝王"耳。

先君孔子，生于周末，睹史籍之烦文，惧览之者不一，遂乃定《礼》、《乐》，明旧章，删《诗》为三百篇，约史记而修《春秋》，赞《易》道以黜八索，述《职方》以除九丘。

音义：删，色奸反。

疏：正义曰，既结申帝王遗书，欲言孔子就而刊定。《孔子世家》云安国是孔子十一世孙，而上尊先祖，故曰"先君"。《谷梁》以为鲁襄公二十一年冬十一月庚子，孔子生。《左传》哀公十六年夏四月己丑，孔子卒。讣以周灵王时生，敬王时卒，故为周末。

上云"文籍"，下云"灭先代典籍"，此言"史籍"。籍者，古书之大名，由文而有籍，谓之"文籍"。用史所书，谓之"史籍"。可以为常，故曰"典籍"。义亦相通也。但上因书契而言"文"，下伤秦灭道以称"典"，于此言"史"者，不但义通上下，又以此史籍不必是先王正史，是后代好事者作，以此惧其不一，故曰"盖有不知而作之者，我无是也。"

先言定《礼》、《乐》者，欲明孔子欲反于圣道以归于一，故先言其旧行可从者。修而不改曰"定"，就而减削曰"删"，准依其事曰"约"，因而佐成曰"赞"，显而明之曰"述"，各从义理。而言独《礼》、《乐》不改者，以《礼》、《乐》圣人制作，已无贵位，故因而定之。又云"明旧章"者，即《礼》、《乐》、《诗》、《易》、《春秋》是也。以"易道"、"职方"与"黜八索"、"除九丘"相对，其约史记以删《诗》、《书》为偶，其定《礼》、《乐》文孤，故以"明旧章"配之，作文之体也。

《易》亦是圣人所作，不言定者，以《易》非如《礼》、《乐》，人之行事，不须云"定"。又因而为作《十翼》，故云"赞"耳。《易》文在下者，亦为"黜八索"与"除九丘"，相近故也。为文之便，不为义例。

孔子之修六艺年月，孔无明说。《论语》曰："吾自卫反鲁，然后《乐》正，《雅》、《颂》各得其所。"则孔子以鲁哀公十一年反鲁为大夫，十二年孟子卒，孔子吊，则致仕时年七十以后修述也。《诗》有序三百一十一篇，全者三百五篇，云"三百"者，亦举全数计。《职方》在《周礼·夏官》亦武帝时出于山岩屋壁，即藏秘府，世人莫见。以孔君为武帝博士，于秘府而见焉。

知必"黜八索"、"除九丘"者，以三坟、五典本有八，今序只有二典而已，其三典三坟，今乃寂寞。明其除去，既坟、典书内之正尚有去者，况书外乎。故知丘、索亦黜除也。"黜"与"除"其义一也。黜退不用而除去之。必云赞"《易》道以黜"者，以不有所兴，孰有所废故也。《职方》即《周礼》也，上已云定《礼》、《乐》，即《职方》在其内。别云"述"之，以为"除九丘"，举其类者以言之。则云"述"者以定而不改，即是遵述，非更有书以述之。

讨论坟、典，断自唐虞以下，讫于周。芟夷（shān yí）烦乱，翦截浮辞，举其宏纲，撮其机要，足以垂世立教，典、谟、训、诰、誓、命之文，凡百篇。

音义：断，丁乱反。讫，居乙反，又许乙反。芟，色咸反。翦，咨浅反。撮，七活反。机，本又作几。典，凡十五篇，正典二，摄十三，十一篇亡。谟，莫胡反。凡三篇，正二，摄一。训，凡十六篇，正二篇亡，摄十四，三篇亡。诰，凡三十八篇，正八，摄三十，十八篇亡。誓，市制反。凡十篇，正八，摄二，一篇亡。命，凡十八篇，正十二，三篇亡，摄六，四篇亡。

疏：正义曰，言孔子既惧览之者不一，不但删《诗》、约史、定《礼》、赞《易》，有所黜除而已，又讨整论理此三坟、五典并三代之书也。《论语》曰："世叔讨论之。"郑以"讨论"为整理。孔君既取彼文义，亦当然以《书》是乱物，故就而整理之。若然，坟、典，周公制礼，使外史掌之。而孔子除之者，盖随世不同亦可。孔子之时，坟、典已杂乱，故因去之。《左传》曰"芟夷蕴崇之"，又曰"俘翦惟命"，《诗》曰"海外有截"，此孔君所取之文也。

"芟夷"者，据全代全篇，似草随次皆芟，使平夷。若自帝喾已上，三典、三坟是芟夷之文，自夏至周，虽有所留，全篇去之而多者，即"芟夷"也。"翦截"者，就代就篇，辞有浮者翦截而去之，去而少者，为"翦截"也。"举其宏纲"，即上"芟夷烦乱"也。"撮其机要"，即上"翦截浮辞"也。且"宏纲"云"举"，是据篇、代大者言之。"机要"云"撮"，为就篇、代之内而撮出之耳。宏，大也。纲者，网之索。举大纲，则众目随之。"机"者，机关，撮取其机关之要者。"断自唐虞以下"者，孔无明说。《书纬》以为帝喾以上朴略难传，唐虞已来，焕炳可法，又禅让之首，至周，五代一意故耳。孔义或然。

"典"即《尧典》、《舜典》。"谟"即《大禹谟》、《皋陶谟》。"训"，即《伊训》、《高宗之训》。"诰"，即《汤诰》、《大诰》。"誓"，即《甘誓》、《汤誓》。"命"，即《毕命》、《顾命》之等是也。说者以《书》体例有十，此六者之外，尚有征、贡、歌、范四者，并之则十矣。若《益稷》、《盘庚》单言，附于十事之例。今孔不言者，不但举其机约，亦自征、贡、歌、范，非君出言之名，六者可以兼之。

此云"凡百篇"，据序而数故耳。或云百二篇者，误有所由，以前汉之时，有东莱张霸伪造《尚书》百两篇，而为纬者附之。因此郑云："异者其在大司徒、大仆正乎？此事为不经也。"郑作《书论》，依《尚书纬》云："孔子求书得黄帝玄孙帝魁之书，迄于秦穆公，凡三千二百四十篇。断远取近，定可以为世法者百二十篇，以百二篇为《尚书》，十八篇为《中候》。"以为去三千一百二十篇，以上取黄帝玄孙，以为不可依用。今所考核《尚书》，首自舜之末年以禅于禹，上录舜之得用之事，由尧以为《尧典》。下取舜禅之后以为爵让得人，故史体例别，而不必君言。若《禹贡》全非君言。而禹身事受禅之后，无入夏书之言，是舜史自录成一法，后代因之耳。

所以恢弘至道，示人主以轨范也。帝王之制，坦然明白，可举而行。三千之徒并受其义。

音义：恢，苦回反，大也。坦，土但反。

疏：正义曰，此论孔子正理群经已毕，总而结之，故为此言。《家语》及《史记》皆云孔子弟子三千人，故云三千之徒也。

及秦始皇灭先代典籍，焚书坑儒，学士逃难解散。我先人用藏其家书于屋壁。

音义：始皇名政，二十六年初并六国，自号始皇帝。焚《诗》、《书》在始皇之三十四年；坑儒在三十五年。坑，苦庚反。难，乃旦反。解，音蟹。

疏：正义曰，言孔子既定此书后，虽曰明白，反遭秦始皇灭除之。依《秦本纪》云，秦王政二十六年平定天下，尊为皇帝，不复立谥，以为初并天下，故号始皇。为灭先代典籍，故云"坑儒焚书"。以即位三十四年，因置酒于咸阳宫，丞相李斯奏请天下敢有藏《诗》、《书》、百家语者，悉诣守尉杂烧之。有敢偶语《诗》、《书》者弃市。令下三十日不烧，黥为城旦。制曰可。是焚书也。三十五年始皇以方士卢生求仙药不得，以为诽谤，诸生连相告，引四百六十余人皆坑之咸阳。是坑儒也。又卫宏《古文奇字序》云，秦改教古文以为篆隶，国人多诽谤。秦患天下不从，而召诸生，至者皆拜为郎，凡七百人。又密令冬月种瓜于骊山砬谷之中温处，瓜实，乃使人上书曰"瓜冬有实"，有诏天下博士诸生说之，人人各异，则皆使往视之，而为伏机。诸生方相论难，因发机从上填之以土，皆终命也。

"我先人用藏其家书于屋壁"者，《史记·孔子世家》云：孔子生鲤，字伯鱼。鱼生伋，字子思。思生白，字子上。上生求，字子家。家生箕，字子京。京生穿，字子高。高生慎，慎为魏相。慎生鲋，鲋为陈涉博士。鲋弟子襄，为惠帝博士，长沙太守。襄生中，中生武，武生延陵及安国，为武帝博士，临淮太守。《家语序》云："子襄以秦法峻急，壁中藏其家书。"是安国祖藏之。

汉室龙兴，开设学校，旁求儒雅，以阐大猷。济南伏生，年过九十，失其本经，口以传授，裁二十余篇，以其上古之书，谓之《尚书》。百篇之义，世莫得闻。

音义：校，户教反。《诗笺》云："郑国谓学为校。"阐，尺善反，大也，明也。济，子礼反，郡名也。伏生，名胜。过，古卧反，后同。传，直专反，下传之子孙同。二十余篇，即马、郑所注二十九篇也。

疏：正义曰，将言所藏之书得之所由，故本之也。言"龙兴"者，以《易》龙能变化，故比之圣人。九五"飞龙在天"，犹圣人在天子之位，故谓之"龙兴"也。言"学校"者，校，学之一名也。故《郑诗序》云："《子衿》刺学校废"。《左传》云"然明请毁乡校"是也。《汉书》云："惠帝除挟书之律，立学兴教，招聘名士。"文景以后，儒者更众，至武帝尤甚，故云"旁求儒雅"。《诗·小雅》曰："匪先民是程，匪大猷是经。"彼注云："猷，道也。"大道，即先王六籍是也。

伏生，名胜，为秦二世博士。《儒林传》云："孝文帝时，求能治《尚书》者，天下无有，闻伏生治之，欲召时，伏生年已九十有余，老不能行。于是诏太常，使掌故臣晁错往受之，得二十九篇，即以教于齐鲁之间。"是年过九十也。按《史记》秦时焚书，伏生壁藏之，其后兵大起流亡。汉定天下，伏生求其书，亡数十篇，独得二十九篇，以教于齐鲁之间。则伏生壁内得二十九篇。而云"失其本经，口以传授"者，盖伏生初实壁内得之，以教齐鲁。传教既久，诵文则熟。至其末年，因其习诵或亦目暗，至年九十晃错往受之时，不执经而口授之故也。

又言"裁二十余篇"者，意在伤亡，为少之文势。何者？以数法随所近而言之，若欲多之当云得三十篇。今"裁二十余篇"，言"裁"，亦意以为少之辞。又二十九篇，自是计卷，若计篇则三十四。去《泰誓》犹有三十一。按《史记》及《儒林传》皆云伏生独得二十九篇以教齐鲁。则今之《泰誓》非初伏生所得。按马融云"《泰誓》后得"，郑玄《书论》亦云"民间得《泰誓》"。《别录》曰："武帝末，民有得《泰誓》书于壁内者，献之，与博士使读说之，数月皆起，传以教人。"则《泰誓》非伏生所传。而言二十九篇者，以司马迁在武帝之世见《泰誓》出而得行，入于伏生所传内，故为史总之，并云伏生所出，不复曲别分析。云民间所得，其实得时，不与伏生所传同也。但伏生虽无此一篇，而《书》传有八百诸侯俱至孟津、白鱼入舟之事，与《泰誓》事同，不知为伏生先为此说，不知为是《泰誓》出后，后人加增此语？按王充《论衡》及《后汉史》，献帝建安十四年，黄门侍郎房宏等说云，宣帝本始元年，河内女子有坏老子屋，得古文《泰誓》三篇。《论衡》又云"以掘地所得"者。今《史》、《汉书》皆云伏生传二十九篇，则司马迁时，已得《泰誓》以并归于伏生，不得云宣帝时始出也。则云宣帝时女子所得，亦不可信。或者尔时重得之，故于后亦据而言之。《史记》云伏生得二十九篇，《武帝记》载今文《泰誓》末篇。由此刘向之作《别录》，班固为《儒林传》不分明，因同于《史记》。而刘向云武帝末得之《泰誓》，理当是一。而古今文不同者，即马融所云"吾见《书》传多矣，凡诸所引，今之《泰誓》皆无此言，而古文皆有。"则古文为真亦复何疑？但此先有张霸之徒伪造《泰誓》以藏壁中，故后得而惑世也。亦可今之《泰誓》百篇之外，若《周书》之例，以于时实有观兵之誓，但不录入《尚书》。故古文《泰誓》曰"皇天震怒，命我文考，肃将天威，大勋未集。肆予小子发，以尔友邦冢君，观政于商"是也。

又云"以其上古之书谓之《尚书》"者，此文继在伏生之下，则言

"以其上古之书，谓之《尚书》"，此伏生意也。若以伏生指解《尚书》之名，名已先有，有则当云名之《尚书》。既言"以其上古之书"，今先云"以其"，则伏生意之所加。则知"尚"字乃伏生所加也。以"尚"解"上"，则"尚"训为上。上者，下所"慕尚"，故义得为通也。孔君既陈伏生此义，于下更无是非，明即用伏生之说，故书此而论之。马融虽不见孔君此说，理自然同，故曰"上古有虞氏之书，故曰《尚书》"是也。王肃曰："上所言，史所书，故曰《尚书》。"郑氏云"《尚书》，上也，尊而重之，若天书然，故曰《尚书》。"二家以"尚"与"书"相埒（liè），则"上"名不正出于伏生。郑玄依《书纬》以"尚"字是孔子所加，故书赞曰：孔子乃尊而命之曰《尚书》。《璿玑钤》云："因而谓之《书》，加'尚'以尊之。"又曰："书务以天言之。"郑玄溺于《书纬》之说，何有人言而须系之于天乎？且孔君亲见伏生，不容不悉。自云伏生"以其上古之书谓之《尚书》"，何云孔子加也。王肃曰"上所言，史所书"，则"尚"字与"书"俱有，无先后。既直云"尚"，何以明上之所言？书者以笔画记之辞，群书皆是，何知《书》要责史所为也。此其不若前儒之说密耳。云"上古"者亦无指定之目。自伏生言之，则于汉世仰遵前代，自周已上皆是。马融云"有虞氏为书之初"耳。若《易》历三世，则伏牺为上古，文王为中古，孔子为下古。《礼运》郑玄以先王食腥与《易》"上古结绳"同时为上古，神农为中古，五帝为下古。其不相对则无例耳。且太之与上为义不异，《礼》以唐虞为太古，以下有三代，冠而推之为然，是为不定则。但今世已上，仰之已古，便为上古耳。以《书》是本名，"尚"是伏生所加，故诸引《书》直云"《书》曰"。若有配代而言，则曰《夏书》，无言《尚书》者。

至鲁共王好治宫室，坏孔子旧宅以广其居，于壁中得先人所藏古文，虞、夏、商、周之书，及传《论语》、《孝经》，皆科斗文字。王又升孔子堂，闻金、石、丝、竹之音，乃不坏宅。

音义：共音恭，亦作龚，又作恭。共王，汉景帝之子，名余。好，呼报反。下好古同。坏音怪，下同。《字林》作数，云，公坏反，毁也。《传》谓《春秋》也。一云《周易》《十翼》非经，谓之"传"。论如字，又音伦。科，苦禾反。科斗，虫名虾蟆子，书形似之。

疏：正义曰，欲云得百篇之由，故序其事。汉景帝之子，名余，封于鲁为王，死谥曰"共"，存日以居于鲁。近孔子宅，好治宫室。故欲衰益，乃坏孔子旧宅，以增广其居。于所坏壁内，得安国先人所藏古文虞、夏、商、周之书及传《论语》、《孝经》，皆是科斗文字。王虽得此书，犹坏不止。又升孔子庙堂，闻金钟、石磬、丝琴、竹管之音，以惧其神异，乃止不复敢坏宅也。

上言"藏家书于屋壁"，此亦屋壁内得书也，亦得及传《论语》、《孝经》等。不从约云"得《尚书》"，而烦文言"虞、夏、商、周之书"者，以壁内所得上有题目"虞、夏、商、周书"。其序直云《书序》，皆无"尚"字，故其目录亦然，故不云"《尚书》"，而言"虞、夏、商、周之书"。安国亦以此知"尚"字是伏生所加。推此壁内所无，则《书》本无"尚"字明矣。

凡书非经，则谓之"传"。言及传《论语》、《孝经》，正谓《论语》、《孝经》是传也。汉武帝谓东方朔云："传曰：'时然后言，人不厌其言。'"又汉东平王刘云与其太师策书云："传曰：'陈力就列，不能者止'"。又成帝赐翟方进策书云："传曰：'高而不危，所以长守贵也。'"是汉世通谓《论语》、《孝经》为传也。以《论语》、《孝经》非先王之书，是孔子所传说，故谓之传，所以异于先王之书也。

上已云"坏孔子旧宅"，又云"乃不坏宅"者，初，王意欲坏之，已坏其屋壁，闻八音之声乃止。余者不坏，明知已坏者亦不敢居，故云乃不坏宅耳。

悉以书还孔氏。科斗书废已久，时人无能知者，以所闻伏生之书考论文义，定其可知者，为隶古定，更以竹简写之，增多伏生二十五篇。伏生又以《舜典》合于《尧典》，《益稷》合于《皋陶谟》，《盘庚》三篇合为一，《康王之诰》合于《顾命》。复出此篇，并序，凡五十九篇，为四十六卷。其余错乱摩灭，弗可复知。悉上送官，藏之书府，以待能者。

音义：隶音丽，谓用隶书写。古文二十五篇，谓《虞书·大禹谟》，《夏书·五子之歌》、《胤征》，《商书·仲虺之诰》、《汤诰》、《伊训》、《太甲》三篇、《咸有一德》、《说命》三篇，《周书·泰誓》三篇、《武成》、《旅獒》、《微子之命》、《蔡仲之命》、《周官》、《君陈》、《毕命》、

《君牙》、《冏命》。合旧音阁，又如字，下同。皋，音高，本又作咎。陶，音遥，本又作繇。盘，步干反，本又作般。复，扶又反，下同。五十九篇，即今所行五十八篇，其一是百篇之序。"其余错乱摩灭"，谓《虞书·汩作》、《九共》九篇、《槁饫》，《夏书·帝告》、《厘沃》、《汤征》、《汝鸠》、《汝方》，《商书·夏社》、《疑至》、《臣扈》、《典宝》、《明居》、《肆命》、《徂后》、《沃丁》、《咸乂》四篇，《伊陟》、《原命》、《仲丁》、《河亶甲》、《祖乙》、《高宗之训》，《周书·分器》、《旅巢命》、《归禾》、《嘉禾》、《成王政》、《将蒲姑》、《贿肃慎之命》、《亳姑》，凡四十二篇亡。上，时掌反。

疏：正义曰，既云王不坏宅，以惧神灵，因还其书。已前所得，言"悉以书还孔氏"，则上"传《论语》、《孝经》"等皆还之，故言"悉"也。科斗书，古文也，所谓苍颉本体，周所用之。以今所不识，是古人所为，故名"古文"。形多头粗尾细状，腹团圆，似水虫之科斗，故曰"科斗"也。以古文经秦不用，故云废已久矣，时人无能知识者。孔君以人无能知识之故，己欲传之，故以所闻伏生之书比校起发，考论古文之义。

考文而云"义"者，以上下事义推考其文，故云"义"也。"定其可知者"，就古文内定可知识者，为隶古定。不言就伏生之书而云"以其所闻"者，明用伏生书外亦考之，故云"可知者"，谓并伏生书外有可知，不徒伏生书内而已。言"隶古"者，正谓就古文体而从隶定之。存古为可慕，以隶为可识，故曰"隶古"，以虽隶而犹古。由此故谓孔君所传为古文也。

古文者，苍颉旧体，周世所用之文字。按班固《汉志》及许氏《说文》，书本有六体：一曰指事，上下；二曰象形，日月；三曰形声，江河；四曰会意，武信；五曰转注，考老；六曰假借，令长。此造字之本也。自苍颉以至今，字体虽变，此本皆同，古今不易也。自苍颉以至周宣，皆苍颉之体，未闻其异。宣王纪其史籀（zhòu），始有大篆十五篇，号曰"篆籀"，惟篆与苍颉二体而已。卫恒曰："苍颉造书，观于鸟迹，因而遂滋，则谓之字。字有六义，其文至于三代不改。及秦用篆书，焚烧先代典籍，古文绝矣。"许慎《说文》言自秦有八体：一曰大篆，二曰小篆，三曰刻符，四曰虫书，五曰摹印，六曰署书，七曰殳（shū）书，八曰隶书。

亡新居摄，以应制作，改定古文，使甄丰校定。时有六书：一曰古文，孔子壁内书也；二曰奇字，即古字有异者；三曰篆书，即小篆，下杜人程邈所作也；四曰佐书，秦隶书也；五曰缪篆，所以摹印也；六曰鸟虫书，所以书幡信也。由此而论，即秦罢古文而有八体，非古文矣。以至亡新六书并八体，亦用书之六体以造其字。

其亡新六书于秦八体，用其小篆、虫书、摹印、隶书，去其大篆、刻符、殳书、署书，而加以古文与奇字。其刻符及署书，盖同摹印；殳书同于缪篆；大篆正古文之别，以慕古，故乃用古文与奇字而不用大篆也。是孔子壁内古文即苍颉之体。故郑玄云："书初出屋壁，皆周时象形文字，今所谓科斗书。"以形言之为"科斗"，指体即周之古文。郑玄知者，若于周时秦世所有，至汉犹当识之，不得云无能知者。又亡新古文亦云即孔氏壁内古文，是其证也。或以古文即大篆，非也。何者？八体六书，自大篆与古文不同。又秦有大篆。若大篆是古文，不得云古文遂绝。以此知大篆非古文也。六书古文与虫书本别，则虫书非科斗书也。郑玄云周之象形文字者，总指六书象科斗之形，不谓六书之内一曰象形也。

又云"更以竹简写之"，明留其壁内之本也。顾氏云："策长二尺四寸，简长一尺二寸。""增多伏生二十五篇"者，以壁内古文篇题殊别，故知"以《舜典》合于《尧典》，《益稷》合于《皋陶谟》"。伏生之本，亦壁内古文而合之者，盖以老而口授之时，因诵而连之，故殊耳。其《盘庚》本当同卷，故有并也。《康王之诰》以一时之事，连诵而同卷，当以"王出在应门之内"为篇首，及以"王若曰庶邦"，亦误矣。

以伏生本二十八篇，《盘庚》出二篇，加《舜典》、《益稷》、《康王之诰》凡五篇，为三十三篇，加所增二十五篇，为五十八，加序一篇，为五十九，故云"复出此篇，并序，凡五十九篇"。此云为"四十六卷"者，谓除序也。下云"定五十八篇"既毕，不更云卷数，明四十六卷故尔。又伏生二十九卷，而序在外，故知然矣。此云"四十六卷"者，不见安国明说。盖以同序者同卷，异序者异卷，故五十八篇为四十六卷。何者？五十八篇内，有《太甲》、《盘庚》、《说命》、《泰誓》皆三篇共卷，减其八。又《大禹谟》、《皋陶谟》、《益稷》又三篇同序共卷，其《康诰》、《酒诰》、《梓材》亦三篇同序共卷，则又减四。通前十二，以五十八减十二，非四十六卷而何？其《康王之诰》乃与《顾命》别卷以别序故也。

"其余错乱摩灭"，五十八篇外四十二篇也。以不可复知，亦上送官。其可知者，已用竹简写得其本，亦俱送入府。故在秘府得有古文也。以后生可畏，或贤圣间出，故须藏之，以待能整理读之者。

承诏为五十九篇作传，于是遂研精覃思，博考经籍，采摭（zhí）群言，以立训传，约文申义，敷畅厥旨，庶几有补于将来。

音义：为，于伪反。覃，徒南反，深也。思，息嗣反。採本又作采。摭，之石反，一音之若反。敷，芳夫反。畅丑亮反。

疏：正义曰，安国时为武帝博士。孔君考正古文之日，帝之所知。亦既定讫，当以闻于帝。帝令注解，故云"承诏为五十九篇作传"。以注者多言曰"传"，传者，传通故也。以"传"名出自丘明，宾牟贾对孔子曰"史失其传"。又《丧服》，儒者皆云子夏作传，是"传"名久矣。但大率秦汉之际，多名为"传"。于后儒者以其传多，或有改之别云"注解"者。仍有同者，以当时之意耳。说者为例云"前汉称传，于后皆称注"，误矣。何者？马融、王肃亦称"注"名为"传"。传何有例乎？

以圣道弘深，当须详悉，于是研核精审，覃静思虑，以求其理，冀免乖违。既顾察经文，又取证于外，故须广博推考群经六籍，又捃拾採摭群书之言。以此文证造立训解，为之作传，明不率尔。虽复广证，亦不烦多。为传直约省文，令得申尽其义。明文要义通，不假烦多也。以此得申，故能遍布通畅《书》之旨意，是辞达而已，不求于烦。既义畅而文要，则观者晓悟，故云庶几有所补益于将来，读之者得悟而有益也。敷，布也。厥，其也。庶，幸也。几，冀也。《尔雅》有训。既云"经籍"又称"群言"者，经籍，五经是也，"群言"，子史是也。以《书》与经籍理相因通，故云博考。子史时有所须，故云采摭耳。

按孔君此传辞旨不多，是"约文"也。要文无不解，是"申义"也。其义既申，故云"敷畅其义"之旨趣耳。考其此注，不但言少，《书》之为言多须诂训，而孔君为例，一训之后，重训者少，此亦"约文"也。

《书序》，序所以为作者之意，昭然义见，宜相附近，故引之，各冠其篇首，定五十八篇。既毕，会国有巫蛊事，经籍道息，用不复以闻，传之子孙，以贻后代。若好古博雅君子，与我同志，亦所不隐也。

音义：为，于伪反，又如字。见，贤遍反。冠，工乱反。巫蛊，汉武帝末，征和中，江充造蛊败戾太子，故经籍道息焉。巫，音无。蛊，音古。贻，以之反，遗也。

疏：正义曰，孔君既言己立传之意，又当斟酌所宜。而《书序》虽名为"序"，不是总陈《书》意泛论，乃篇篇各序作意，但作序者不敢厕于正经，故谦而聚于下。而注述者不可代作者之谦，须从利益，而欲分之，从便云序，序所以当篇为作此书之意，则是当篇作意，观序而昭然，意义显见。既义见由序，宜各与其本篇相从附近，不宜聚于一处。故每篇引而分之，各冠加于篇首，令意昭见。序既分散，损其一篇，故定五十八篇。

然此本承诏而作，作毕当以上奏闻知，但会值国家有巫蛊之事，好爱经籍之道灭息，假奏亦不能行用。为此之故，不复以此传奏闻。亦以既传成，不得闻上，惟自传于己之子孙，以遗与后世之人使行之。亦不敢望后世必行，故云，若后世有好爱古道，广博学问，志怀雅正如此之君子，冀能与我同于慕古之志，以行我道，我道得此人流行，亦所以传不隐蔽。是弘道由人也。

言"巫蛊"者，《王制》曰："执左道以乱政者杀。"郑玄注云："左道谓巫蛊之属。"以非正道，故谓之左道。以蛊皆巫之所行，故云"巫蛊"。蛊者，总名。《左传》云："惑蛊其君。"则蛊者，怪惑之名，指体则药毒害人者，是若行符厌俗之为魅，令人蛊惑夭年伤性皆是也。依《汉书》，此时武帝末年，上已年老，淫惑鬼神，崇信巫术。由此，奸人江充因而行诈，先于太子宫埋桐人，告上云："太子宫有蛊气"。上信之，使江充治之于太子宫，果得桐人。太子知己不为，此以江充故为陷己，因而杀之。而帝不知太子实心，谓江充言为实，即诏丞相刘屈氂发三辅兵讨之。太子释长安囚与斗，不胜而出走奔湖，遂自杀，此即巫蛊事也。

言"不隐"者，不谓恐隐藏己道，以己道人所不知，惧其幽隐。人能行之使显，为不隐蔽耳。《易》曰："谦谦君子。"仁者好谦，而孔君自作揄扬，云君子知己者，亦意在教世，欲令人睹此言，知己传是深远，因而有所晓悟，令之有益，故不可以苟谦也。亦犹孔子曰："何有于我哉"。

**考证**

古者伏牺氏之王天下也。疏：其纬文鄙近，不出圣人。前贤共疑，有所不取。通人考正，伪起哀平，则孔君之时未有此纬，何可引以为难乎？

臣召南按：汉人注经，大有功于圣籍，其过则在执纬以诬经。唐人疏经，亦大有功于前贤，其过则在屈经以从注。若此疏，原本张衡，力辟邪说，可谓悬诸日月而不刊者矣。夫安国当孝武时未尝有纬，况可诬纬为孔子所作乎。颖达于此序毅然呵之。乃其疏《毛诗》、疏《礼记》又曲护康成笺注，凡所引纬，必巧为附会，以伸其说，是何意也。宋欧阳修尝言，孔疏所载既博，所择不精，欲删谶（chèn）纬之文，然后经义纯一无杂。至言哉。

伏牺、神农、黄帝之书，谓之"三坟"，言大道也。少昊、颛顼高辛、唐、虞之书，谓之"五典"，言常道也。

王应麟曰：前言谓皋、夔、稷、契有何书可读，理实未然。黄帝、颛顼之道在丹书。武王所以端绕（wen），东面而受于师尚父也。少暤氏之纪官，夫子所以见郯（tan）子而学也，孰谓无书可读哉。

疏按《周礼·外史》职掌三皇五帝之书。

臣浩按：监本作小史掌三皇五帝之书，非也。小史但掌邦国之志，奠系世，辨昭穆耳，今据《周礼》改正。

臣召南按：孔疏引《周礼·外史》所掌以证三皇五帝之书，可谓确当，但《周礼》只云三皇、五帝之书，不云皇名"三坟"、帝名"五典"也。《左传》所谓左史倚相能读三坟、五典、八索、九丘者，亦无明文孰为三皇之书，孰为五帝之书？故康成注《周礼》，但引《左传》而不实指其名。至杜预注《左传》，但云皆古书名，并不略援《周礼》，盖其慎也。《左传正义》亦出颖达之手，先引孔传。此文旁及贾逵、马融、康成三说而断之，云此诸家者各以意言，无正验，杜所不信，较此疏为尤确矣。

述《职方》以除九丘。

刘敞曰：《虞书》有九共九篇应作九丘，古文丘作丠，与共相近，故误传以为共耳。孔序曰："述《职方》以除九丘"。按《职方》氏之书，一官所守耳。《周礼》出于周公，仲尼未尝删述，而云除九丘乎？

用藏其家书于屋壁。疏：子襄以秦法峻急，壁中藏其家书，是安国祖藏之。

臣召南按：藏书于壁说，亦不同。此疏作子襄，是孔鲋弟，即《家语》所谓孔腾也。《汉记·尹敏传》云是孔鲋。《隋书志》云是孔惠。陆氏《经典释文》亦然。

为隶古定。疏：正谓就古文体而从隶定之。

郑樵曰：古文之别，十有三，而科斗者，特水虫也。古文之体不一，汉儒总谓之"科斗"。今之所谓"古文"者，有上古之文，科斗之类是也。有中古之文，史籀大篆是也。有隶古之文，孔安国以隶存古是也，皆谓之古文。

《书序》，序所以为作者之意。

朱子曰：小序断不是孔子作。又曰：是周秦间低手人作。金履祥曰：方汉初时，《泰誓》且有伪书，何况书序之类？孙宝侗曰：逸书之名亦多不典。如《左传》定四年，祝佗告苌弘，其言鲁曰命以伯禽，言卫曰命以《康诰》，言晋曰命以《唐诰》。是则《伯禽之命》、《康诰》、《唐诰》，《周书》之三篇，孔子所必录也。为书序者不知，不列篇名于百篇之内，疏漏显然。是则不但书序可疑，并百篇之名亦未可信矣。顾炎武曰：今考传记引《书》并无序，所亡四十二篇之文则篇名，盖未可信。臣召南按：书序不知谁作，与安国同时而信《书序》者，有司马迁，于夏商周《本纪》中，凡逸篇之名俱载。

**（3）《尚书注疏》原目**

**《虞书》**

音义：凡十六篇，十一篇亡，五篇见存。

**《尧典》第一**

疏：古文尚书《尧典》第一。正义曰，检古本并石经，直言"尧典第一"无"古文尚书"，以孔君从隶古，仍号古文，故后人因而题于此，以别伏生所出、大小夏侯及欧阳所传为今文故也。"尧典第一"篇之名，当与众篇相次第，训为次也。于次第之内而处一，故曰"尧典第一"。以此第一者，以五帝之末，接三王之初，典策既备，因机成务，交代揖让，以垂无为，故为第一也。然《书》者理由舜史，勒成一家，可以为法，上取尧事，下终禅禹，以至舜终，皆为舜史所录。其尧舜之典，多陈行事之状，其言寡矣。《禹贡》即全非君言，准之后代，不应入《书》。此其一体之异。以此，禹之身事于禅后，无入《夏书》之理。自《甘誓》已下，皆多言辞，则古史所书于是乎始。知《五子之歌》亦非上言。

典书草创，以义而录，但致言有本，各随其事。检其此体，为例有十。一曰典，二曰谟，三曰贡，四曰歌，五曰誓，六曰诰，七曰训，八曰命，九曰征，十曰范。《尧典》、《舜典》二篇典也。《大禹谟》、《皋陶谟》二篇谟也。《禹贡》一篇贡也。《五子之歌》一篇歌也。《甘誓》、《泰誓》三篇、《汤誓》、《牧誓》、《费誓》、《秦誓》八篇，誓也。《仲虺之诰》、《汤诰》、《大诰》、《康诰》、《酒诰》、《召诰》、《洛诰》、《康王之诰》八篇，诰也。《伊训》一篇，训也。《说命》三篇、《微子之命》、《蔡仲之命》、《顾命》、《毕命》、《冏命》、《文侯之命》九篇，命也。《胤征》一篇征也。《洪范》一篇，范也。此各随事而言。

《益稷》亦谟也，因其人称言以别之。其《太甲》、《咸有一德》，伊尹训道王，亦训之类。《盘庚》亦诰也。故王肃云："不言诰，何也？取其徙而立功，非但录其诰。"《高宗肜日》与训序连文，亦训辞可知也。《西伯戡黎》云"祖伊恐，奔告于受"，亦诰也。《武成》云"识其政事"，亦诰也。《旅獒》戒王亦训也。《金縢》自为一体。祝，亦诰辞也。《梓材》，《酒诰》分出，亦诰也。《多士》以王命诰，自然诰也。《无逸》戒王，亦训也。《君奭》周公诰召公，亦诰也。《多方》、《周官》上诰于下，亦诰也。《君陈》、《君牙》与《毕公》之类，亦命也。《吕刑》陈刑告王，亦诰也。

《书》篇之名，因事而立。既无体例，随便为文。其百篇次第于序，孔郑不同。孔以《汤誓》在《夏社》前，于百篇为第二十六；郑以为在《臣扈》后，第二十九。孔以《咸有一德》次《太甲》后，第四十；郑以为在《汤诰》后，第三十二。孔以《蔡仲之命》次《君奭》后，第八十三；郑以为在《费誓》前，第九十六。孔以《周官》在《立政》后，第八十八；郑以为在《立政》前，第八十六。孔以《费誓》在《文侯之命》后，第九十九；郑以为在《吕刑》前，第九十七。不同者，孔依壁内篇次及序为文，郑依贾氏所奏别录为次。孔未入学官，以此不同。考论次第，孔义是也。

### 《虞书》

疏：正义曰，《尧典》虽曰唐事，本以虞史所录，末言舜登庸由尧故，追尧作典，非唐史所录，故谓之《虞书》也。郑玄云"舜之美事在于尧时"是也。按马融、郑玄、王肃别录，题皆曰《虞夏书》，以虞、夏同科，虽虞事亦连夏。此直言《虞书》本无《尚书》之题也。按郑序以为《虞夏书》二十篇，《商书》四十篇，《周书》四十篇。《赞》云"三科之条、五家之教"，是虞夏同科也。其孔于《禹贡》注云禹之王，以是功，故为《夏书》之首，则禹、夏别题也。以上为《虞书》，则十六篇。又《帝告》、《釐沃》、《汤征》、《汝鸠》、《汝方》于郑玄为《商书》；而孔并于《胤征》之下，或以为夏事，犹《西伯戡黎》。则《夏书》九篇，《商书》三十五篇，此与郑异也。或孔因《帝告》以下五篇亡，并注于《夏书》不废，犹《商书》乎。

别文所引皆云"《虞书》曰"、"《夏书》曰"，无并言《虞夏书》者。又伏生虽有一《虞夏传》，以外亦有《虞传》、《夏传》，此其所以宜别也。此孔依虞、夏各别而存之。庄八年《左传》云"《夏书》曰'皋陶迈种德'"，僖二十四年《左传》引《夏书》曰"地平天成"，二十七年引《夏书》"赋纳以言"，襄二十六年引《夏书》曰"与其杀不辜，宁失不经"，皆在《大禹谟》、《皋陶谟》，当云《虞书》，而云《夏书》者，以事关禹故，引为《夏书》。若《洪范》以为《周书》，以箕子至周，商人所陈而传引之，即曰《商书》也。

按壁内所得孔为传者，凡五十八篇，为四十六卷，三十三篇与郑注同，二十五篇增多郑注也。其二十五篇者，《大禹谟》一，《五子之歌》二，《胤征》三，《仲虺之诰》四，《汤诰》五，《伊训》六，《太甲》三篇九，《咸有一德》十，《说命》三篇十三，《泰誓》三篇十六，《武成》十七，《旅獒》十八，《微子之命》十九，《蔡仲之命》二十，《周官》二十一，《君陈》二十二，《毕命》二十三，《君牙》二十四，《冏命》二十五。

但孔君所传，值巫蛊不行。以终前汉，诸儒知孔本有五十八篇，不见孔传，遂有张霸之徒于郑注之外，伪造《尚书》凡二十四篇，以足郑注三十四篇，为五十八篇。其数虽与孔同，其篇有异孔。则于伏生所传二十九篇内，无古文《泰誓》，除序尚二十八篇，分出《舜典》、《益稷》、《盘庚》二篇、《康王之诰》为三十三，增二十五篇，为五十八篇。郑玄则于伏生二十九篇之内，分出《盘庚》二篇，《康王之诰》，又《泰誓》三篇，为三十四篇。更增益伪书二十四篇，为五十八。所增益二十四篇者，则郑注《书序》，《舜典》一，《汩作》二，《九共》九篇十一，《大禹谟》十二，《益稷》十三，《五子之歌》十四，《胤征》十五，《汤诰》十六，《咸有一德》十七，《典宝》十八，《伊训》十九，《肆命》二十，《原命》二十一，《武成》二十二，《旅獒》二十三，《冏命》二十四。以此二十四为十六卷，以《九共》九篇共卷，除八篇，故为十六。故《艺文志》、刘向《别录》云五十八篇。《艺文志》又云："孔安国者，孔子后也，悉得其书，以古文又多十六篇。"篇即卷也，即是伪书二十四篇也。

刘向作《别录》，班固作《艺文志》并云此言，不见孔传也。刘歆作《三统历》论武王伐纣，引今文《泰誓》云"丙午逮师"，又引《武成》"越若来三月五日甲子，咸刘商王受"，并不与孔同，亦不见孔传也。后汉初贾逵《奏尚书疏》云"流为乌"，是与孔亦异也。马融《书序》云"经传所引《泰誓》，《泰誓》并无此文"。又云"逸十六篇绝无师说"。是融亦不见也。服虔、杜预注《左传》"乱其纪纲"，并云"夏桀时"，服虔、杜预皆不见也。郑玄亦不见之，故注《书序》、《舜典》云"入麓伐木"，注《五子之歌》云"避乱于洛汭"，注《胤征》云"《胤征》臣名"，又注禹贡引《胤征》云"厥篚玄黄，昭我周王"，又注《咸有一德》云"伊陟臣扈曰"，又注《典宝》引《伊训》云"载孚在亳"，又曰"征是三朡（zōng）"，又注《旅獒》云"獒，读曰豪，谓是酋豪之长"。又古文有《仲虺之诰》、《太甲》《说命》等见在而云亡，其《汩作》、《典宝》之等一十三篇，见亡而云已逸，是不见古文也。

按，伏生所传三十四篇者，谓之今文，则夏侯胜、夏侯建、欧阳和伯等三家所传，及后汉末蔡邕所勒石经是也。孔所传者，胶东庸生、刘歆、贾逵、马融等所传是也。郑玄《书赞》云"我先师棘子下生安国，亦好此学。卫、贾、马二三君子之业，则雅才好博，既宣之矣。"又云"欧阳氏失其本义，今疾此蔽冒，犹复疑惑未悛"。是郑意师祖孔学，传授胶东庸生、刘歆、贾逵、马融等学，而贱夏侯、欧阳等。何意郑注《尚书》，亡逸并与孔异，篇数并与三家同；又刘歆、贾逵、马融之等并传孔学，云十六篇逸，与安国不同者？良由孔注之后，其书散逸，传注不行，以庸生、贾、马之等惟传孔学经文三十三篇，故郑与三家同，以为古文。而郑承其后所注，皆同贾逵、马融之学，题曰《古文尚书》，篇与夏侯等同，而经字多异。夏侯等书"宅嵎夷"为"宅嵎铁"，"昧谷"曰"柳谷"，"心腹肾肠"曰"忧肾阳"，"劓刵劅（zhuó）剠"云"膑宫劓割头庶剠"，是郑注不同也。

三家之学传孔业者，《汉书·儒林传》云：安国传都尉朝子俊，俊传胶东庸生，生传清河胡常，常传徐敖，敖传王璜及涂恽，恽传河南桑钦。至后汉初，卫、贾、马亦传孔学。故《书赞》云"自世祖兴后汉，卫、贾、马二三君子之业是也。所得传者三十三篇古经，亦无其五十八篇，及传说绝无传者。"

至晋世王肃注《书》，始似窃见孔传，故注"乱其纪纲"为夏太康时。又《晋书·皇甫谧传》云："姑子外弟梁柳边得《古文尚书》，故作《帝王世纪》，往往载孔传五十八篇之书。"《晋书》又云"晋太保公郑冲以古文授扶风苏愉，愉字休预。预授天水梁柳，字洪季，即谧之外弟也。季授城阳臧曹，字彦始。始授郡守子汝南梅颐，字仲真，又为豫章内史，遂于前晋奏上其书而施行焉。"时已亡失《舜典》一篇。晋末范宁为解时已不得焉。至齐萧鸾建武四年，姚方兴于大航头得而献之，议者以为孔安国之所注也。值方兴有罪，事亦随寝。至隋开皇二年，购募遗典，乃得其篇焉。然孔注之后，历及后汉之末，无人传说，至晋之初犹得存者，虽不列学官，散在民间，事虽久远，故得犹存。

**孔氏传**

传，即注也，以传述为义。旧说汉已前称传。

疏：正义曰，以注者多门，故云某氏，以别众家。或当时自题孔氏，亦可以后人辨之。

《舜典》第二

音义：王氏注《相承》云梅颐上孔氏传《古文尚书》云《舜典》一篇，时以王肃注颇类孔氏，故取王注，从"眘（shèn）徽五典"以下为《舜典》，以续孔传。徐仙氏亦音（引？）此本，今依旧音之。

《大禹谟》第三

音义：徐本云《虞书》总为一卷，凡一十二卷。今依《七志》、《七录》为十卷。

皋陶谟第四

益稷第五

夏书

禹贡第一

甘誓第二

五子之歌第三

胤征第四

商书

音义：凡三十四篇，十七篇存。

汤誓第一

仲虺之诰第二

汤诰第三

伊训第四

太甲上第五

太甲中第六

太甲下第七

咸有一德第八

盘庚上第九

盘庚中第十

盘庚下第十一

说命上第十二

说命中第十三

说命下第十四

高宗肜日第十五

西伯戡黎第十六

微子第十七

周书

泰誓上第一

泰誓中第二

泰誓下第三

牧誓第四

武成第五

洪范第六

旅獒第七

金縢第八

大诰第九

微子之命第十

康诰第十一

酒诰第十二

梓材第十三

召诰第十四

洛诰第十五

多士第十六

无逸第十七

君奭第十八

蔡仲之命第十九

多方第二十

立政第二十一

周官第二十二

君陈第二十三

顾命第二十四

康王之诰第二十五

毕命第二十六

君牙第二十七

冏命第二十八

吕刑第二十九

文侯之命第三十

费誓第三十一

秦誓第三十二

**考证**

虞书音义，凡十六篇，十一篇亡，五篇见存。

臣浩按，此段音义监本刻在尧典第一之下，非也。《尧典》只一篇，安得有十六篇乎？此总计《虞书》自《尧典》、《舜典》至《九共》九篇，凡十六篇耳。今改正。

尧典第一疏，《禹贡》即全非君言，准之后代，不应入《书》。

臣召南按：孔疏殊误，左右史分记言、动。《尚书》重在纪言，此亦论其大致则然，在古人原无一定之例也。且疏谓《甘誓》以下始多言辞，右史所书于是乎始，斯又误矣。《武成》、《金縢》不专叙事乎。

虞书疏，非唐史所录故谓之虞书也。

顾炎武曰：窃疑古时有《尧典》无《舜典》，有《夏书》无《虞书》，而《尧典》亦夏书也。《孟子》引"二十有八载"，而谓之《尧典》。《左传》所引《虞书》皆谓之《夏书》。《周语》内史过引"众非元后何戴"二句，亦谓之《夏书》，则后之目为《虞书》者赘矣。何则？记此书，必出于夏之史臣。虽传之，自唐而润色成文，不无待于后人。故篇首言曰'若稽古'，以古为言，明非当日之记也。世更三圣，事同一家，以夏之臣，追记二帝之事，不谓之《夏书》而何？

又疏按，壁内所得孔为传者，凡五十八篇。

顾炎武曰：汉时《尚书》今文与古文为二，而古文又自有二。《艺文志》曰：《尚书》古文经四十六卷，为五十七篇。师古曰，安国承诏作传，引序各冠其篇，首定五十八篇。郑元《序赞》云，后又亡其一篇，故五十七。《艺文志》又曰，经二十九卷，大小夏侯二家、欧阳经三十二卷。师古曰，此二十九卷伏生传授者，此今文与古文为二也。《儒林传》曰，世所传百两篇者，出东莱张霸。成帝时求其古文者，霸以能为百两，征以中书校之，非是。此又孔氏古文与张霸之书为二也。《后汉书·儒林传》曰，孔僖，鲁人也。自安国以下世传《古文尚书》。又曰，扶风杜林传《古文尚书》，林同郡《贾逵》为之作训，马融作传，郑元注解。由是《古文尚书》遂显于世。然则安国所传，以至孔僖者，竟无其传，而杜林、贾逵、马融、郑元则不见安国传，而为之作训、作传、作注解。此则孔、郑之学又当为二，而无可考矣。

臣召南按，张霸之百两篇，伪古文也。而贾、马、郑所解之古文，则就伏生所传之二十八篇，其字句稍异于欧阳、夏侯三家，故亦称《古文尚书》耳。然贾、马、郑皆未见古文全经，亦并未见孔传。是以注解不同。颖达疏详核矣。

又疏，姑子外弟梁柳边得《古文尚书》。

臣召南按，边字，衍文。梁柳即皇甫谧姑子外弟也。但推详文义，"姑子"上似脱"从"字，言谧从柳得《古文尚书》乃作《帝王世纪》耳。

又疏，至隋开皇二年购募遗典。

郑樵曰：古文遭秦而失其半，其半存者又隐而不见。自汉武征和二年巫蛊事起，至隋开皇二年，凡六百七十余岁，然后五十八篇得传，于学者而大备。自开皇二年至唐天宝三载又百六十余岁，始改古隶而从今文。马端临曰：唐《艺文志》有《今文尚书》十三卷，注言元宗诏集贤学士卫包，改古文从今文。然则汉所谓古文者，科斗书，今文者隶书也。唐所谓古文者隶书；今文者，世所通用之俗字也。

### （4）尚书注解传述人

唐国子博士兼太子中允赠齐州刺史

吴县开国男陆德明录

《书》者，本王之号令，右史所记，孔子删录。断自唐虞，下讫秦穆。典、谟、训、诰、誓命之文，凡百篇而为之序。及秦禁学，孔子之末孙惠，壁藏之。《家语》云，孔腾，字子襄，畏秦法峻急，藏《尚书》、《孝经》、《论语》于夫子旧堂壁中。《汉纪·尹敏传》以为孔鲋藏之。汉兴欲立《尚书》，无能通者，闻济南伏生（名胜故秦博士）传之。文帝欲征时，年已九十余不能行，于是诏太常使掌故晁错受焉（《古文尚书》云伏生年老不能正言，言不可晓，使其女传言教错）。伏生失其本经，口诵二十九篇传授（《汉书》云：伏生为秦禁书壁藏之。汉定，伏生求其书，亡数十篇，独得二十九篇，以教齐鲁之间）。以其上古之书谓之《尚书》（郑玄以为孔子撰《书》，尊而命之曰《尚书》。尚者，上也。盖言若天书然。王肃云：上所言下，为史所书，故曰《尚书》)。伏生授济南张生、千乘欧阳生（字和伯，千乘人）。生授同郡儿宽（御史大夫）。宽又从孔安国受业以授欧阳生之子（欧阳、大小夏侯《尚书》皆出于宽）。欧阳氏世传业，至曾孙高作《尚书章句》为欧阳氏学，高孙地余（字长宾，侍中少府）以书授元帝，传至欧阳歙（字正思，后汉大司徒）。歙以上八世皆为博士。济南林尊（字长宾，为博士，论石渠，官至少府太子太傅）受《尚书》于欧阳高，以授平当（字子思，下邑人，徙平陵，官至丞相，封侯。子晏，亦明经至大司徒）及陈翁生（梁人，信都太傅，家世传业）。翁生授殷崇（琅邪人，为博士）及龚胜（字君宾，楚人，右扶风）。当授朱普（字公文，九江人，为博士）及鲍宣（字子都，勃海人，官至司河南尹）。又陈留陈弇（字叔明，受业于丁鸿）、乐安牟长（字君高，河内太守、中散大夫）并传欧阳《尚书》。沛国桓荣（字春卿，太子太傅、太常、五更、关内侯）受《尚书》于朱普（《东观汉记》云"荣事九江朱文"。文，即普字），以授汉明帝，遂世相传，东京最盛（《汉纪》云：门生为公卿者其众。学者慕之以为法。荣子郁，以《书》授和帝，而官至侍中太常。郁子焉，复以《书》授安帝，官至太子太傅、太尉）。张生（济南人，为博士）授夏侯都尉（鲁人）。都尉传族子始昌（始昌通五经，以《齐诗》、《尚书》教授，为昌邑太傅）。

始昌传族子胜（字长公，后属东平长信少府太子太傅）。胜从始昌受《尚书》及《洪范五行传》，说灾异，又事同郡简卿。卿者，儿宽门人。又从欧阳氏问。为学精熟，所问非一师，善说礼服，受诏撰《尚书》论语说（《艺文志》，夏侯胜《尚书章句》二十九卷），号为大夏侯氏，学传齐人周堪（堪字少卿，太子少傅光禄勋）及鲁国孔霸（字次孺，孔子十三世孙，为博士，以《书》授元帝，官至太中大夫、关内侯，号褒成君）。霸传子光（字子夏，丞相博山侯，光又事牟卿）。堪授鲁国牟卿（为博士）及长安许商（字伯长，四至九卿，善算著《五行论》）。商授沛唐林（字子高，王莽时为九卿）及平陵吴章（字伟君，王莽时博士）、重泉王吉（字少音，王莽时为九卿）、齐炔钦（字幼卿，王莽时博士）。后汉北海牟融亦传大夏侯《尚书》。

夏侯建（字长卿，胜从父兄子，为博士议郎，太子少傅）师事夏侯胜及欧阳高，左右采获，又从五经诸儒问。与《尚书》相出入者，牵引以次章句，为小夏侯氏学。传平陵张山拊（字长宾，为博士，论石渠，至少府）。山拊授同县李寻（字子长，骑都尉）及郑宽中（字少君，为博士，授成帝，官至光禄大夫，领尚书事、关内侯）、山阳张无故（字子儒，广陵太傅）、信都秦恭（字延君，城阳内史，增师法至百万言）、陈留假仓（字子骄，以谒者论石渠，至胶东相）。宽中授东郡赵玄（御史大夫）。无故授沛唐尊（王莽太傅）。恭授鲁冯宾（为博士）。后汉东海王良亦传小夏侯《尚书》。

汉宣帝本始中，河内女子得《泰誓》一篇献之，与伏生所诵合三十篇，汉世行之。然《泰誓》年月不与序相应，又不与《左传》、《国语》、《孟子》众书所引《泰誓》同。马、郑、王肃诸儒皆疑之。《汉书·儒林传》云百两篇者，出东莱张霸分析，合二十九篇，以为数十，又采《左传》书序为作首尾，凡百二篇。篇或数简，文意浅陋。成帝时刘向校之，非是，后遂黜其书。

《古文尚书》者，孔惠之所藏也。鲁恭王坏孔子旧宅（汉景帝程姬之子，名余，封于鲁，谥恭王）于壁中得之。《周礼》、《论语》、《孝经》皆科斗文字。博士孔安国（字子国，鲁人孔子十二世孙，受诗于鲁申公，官至谏大夫，临淮太守），以校伏生所诵，为隶古写之，增多伏生二十五篇（《艺文志》云多十六篇），又伏生误合五篇，凡五十九篇，为四十六卷（《艺文志》云《尚书》古文经四十六卷，五十七篇）。安国又受诏为《古文尚书》传，值武帝末巫蛊事起，经籍道息，不获奏上，藏之私家（安国并作《古文论语》、《古文孝经》传。《艺文志》云，安国献《尚书传》遭巫蛊事，未列于学官），以授都尉朝。司马迁亦从安国问，故迁书多古文说。刘向以中古文校欧阳、大小夏侯三家经文，脱误甚众（《艺文志》云，《酒诰》脱简一，《召诰》脱简二。文异者七百有余，脱字数十）。都尉朝授胶东庸生（名谭，亦传《论语》）。庸生授清河胡常（字少子，以明《谷梁春秋》为博士，至部刺史，又传《左氏春秋》）。常授虢徐敖（右扶风掾，又传《毛诗》）。敖授琅邪王璜及平陆涂恽（字子真）。恽授河南乘钦（字君长，一本作桑钦）。王莽时诸学皆立，恽、璜等贵显。范晔《后汉书》云，中兴扶风杜林传《古文尚书》，贾逵（字景伯，扶风人，左中郎将，侍中）为之作训，马融作传，郑玄注解。由是《古文尚书》遂显于世。按今马、郑所注，并伏生所诵，非古文也。孔氏之本绝。是以马、郑、杜预之徒，皆谓之逸书。王肃亦注今文，而解大与古文相类，或肃私见孔传而秘之乎？

江左中兴，元帝时，豫章内史梅赜（字仲真，汝南人）奏上孔传《古文尚书》，亡《舜典》一篇，购不能得，乃取王肃注《尧典》从"昚徽五典"以下分为《舜典》篇以续之（孔序谓伏生以《舜典》合于《尧典》，孔传《尧典》止说"帝曰钦哉"。而马、郑、王之本同为《尧典》，故取为《舜典》），学徒遂盛。后范宁（字武子，顺阳人，东晋豫章太守，兼注《谷梁》）变为《今文集注》，俗间或取《舜典》篇以续孔氏。

齐明帝建武中，吴兴姚方兴采马、王之注，造孔传《舜典》一篇，云于大航头买得上之，梁武时为博士。议曰，孔序称伏生误合五篇，皆文相承接，所以致误。《舜典》首有曰"若稽古"，伏生虽昏耄，何容合之，遂不行用。汉始立欧阳《尚书》，宣帝复立大小夏侯博士，平帝立古文。永嘉丧乱，众家之书并灭亡，而古文孔传始兴，置博士。郑氏亦置博士一人。近唯崇古文，马、郑、王注遂废。今以孔氏为正，其《舜典》一篇，仍用王肃本。孔安国《古文尚书传》十三卷、马融注十一卷（字季长）、郑玄注九卷、王肃注十卷、谢沈注十五卷（字行思，会稽人，东晋尚书部郎，领著作，录一卷）、李颙注十卷（字长林，江夏人，东晋本郡太守）、范宁《集解》十卷、姜道盛《集解》十卷（天水人，宋给事中，字道盛）、《尚书大传》三卷（伏生作）。为《尚书》音者四人（孔安国、郑玄、李轨、徐邈。按汉人不作音，后人所托）。梁国子助教江夏费甝作《义疏》行于世。

## 2. 《书传》

（宋）苏轼

（《书传》无序）

### 3.《尚书全解》

（宋）林之奇

理义者，人心之所同然也。圣人之于经，所以关百圣而不惭，蔽天地而无耻者，盖出于人心之所同然而已。苟不出于人心之所同然，则异论曲说，非吾圣人之所谓道也。孔子曰："君子之于天下也，无适也，无莫也，义之与比。"窃谓学者之于经，苟不知义之与比，先立"适"、"莫"于胸中，或以甲之说为可从，以乙之说为不可从；以乙之说为可从，以甲之说为不可从，如此则私议锋起，好恶哄然，将不胜其惑矣。安能合人心之所同然哉。苟欲合人心之所同然，以义为主，无适无莫，平心定气，博采诸儒之说，而去取之。苟合于义，虽近世学者之说，亦在所取；苟不合于义，虽先儒之说亦所不取。如此，则将卓然不牵于好恶，而圣人之经旨，将焕然而明矣。

《书》孔子之所定，凡百篇。孔子之前，《书》之多寡不可得而见。《书纬》云，孔子得黄帝元孙帝魁凡三千二百四十篇为《尚书》。断近取远，定其可为世法者，百二十篇为简书。此说不然。古书简质，必不如是之多也。班孟坚《艺文志》于古今书外，又有《周书》七十一篇。刘向云：周时号今。盖孔子所论百篇之余，于周时所删去者才七十一篇。自周以前疑愈少矣，谓有三千余篇，非也。孔子百篇遭秦火无存。至汉时伏生口授得二十八篇，后又得伪《泰誓》一篇为二十九篇。孔壁之书，既出孔安国，定其可数者二十五篇，又别出《舜典》、《益稷》、《盘庚》、《康王之诰》共为五十八篇。其文以隶书存古文，故谓之《古文尚书》。此书之成，遭巫蛊而不出。汉儒闻孔氏之书有五十八篇，遂以张霸之徒造伪书二十四篇，为《古文尚书》。两汉儒者之所传大抵霸伪本也。其实未尝见真《古文尚书》也。故杜预注《左氏传》，韦昭注《国语》，赵岐注《孟子》，凡所举《书》，出于二十五篇之中，皆指为逸书，其实未尝逸也。刘歆当西汉之末，欲立古文《书》学官，移书责诸博士甚力。然歆之所见，皆霸伪本，亦非真古文《书》也。以至贾、马、郑、服之辈亦皆不见古文《书》。至于晋齐之间，然后其书渐出。及开皇二年求遗《书》，得《舜典》，然后其书大备。呜呼，圣人之经可谓多厄矣。遭秦火失其半，其半存者又隐而不出。自汉武帝巫蛊事起，至隋开皇二年，凡六百七十余年，然后五十八篇得传于学者而大备，是可叹也。孔氏《书》始出皆用隶书，至唐天宝间，诏卫衡改古文从今文。《书》今之所传，乃唐天宝所定之本也。此盖《书》之始末也。

学必欲知《书》之本末者，盖有伏生之书，有孔壁续出之书。夫五十八篇皆帝王所定之书，有坦然明白而易晓者，有艰深聱（áo）牙而难晓者。如《汤誓》、《汤诰》均成汤时诰令，如《说命》、《高宗肜日》均高宗时语言，如《蔡仲之命》、《微子之命》、《康诰》皆周公诰命。然而艰易显晦，迥然不同者，盖有伏生之书，有孔壁续出之书。其文易晓，不烦训诂可通者，如《大禹谟》《胤征》、《五子之歌》、《仲虺之诰》、《汤诰》、《伊训》、《太甲》三篇、《咸有一德》、《说命》三篇、《泰誓》三篇、《武成》、《旅獒》、《微子之命》、《蔡仲之命》、《周官》、《君陈》、《毕命》、《君牙》、《冏命》此二十五篇，皆孔壁续出。其文易晓。余乃伏生之书，多艰深聱牙，不可易通。伏生之《书》所以艰深不可通者，伏生齐人也，齐人之语多艰深难晓。如公羊亦齐人也，故传《春秋》，语亦艰深，如"昉于此乎"、"登来之也"。何休注曰"齐人语"。以是知齐人语多难晓者。伏生编此书，往往杂齐人语于其中，故有难晓者。卫宏序《古文尚书》，言伏生老不能正言，使其女传言，教晁错。齐人语，多与颍川异。晁错所不知者二三，仅以其意属读而已。观此可见，以是知凡书之所难晓者，未必帝王之书本如是，传者汩之矣。

畊自儿时，侍先君旰江官舍郡斋，修刊《礼》、《乐》、《书》。先君实董其事，与益国周公、诚斋杨先生书问往来，订正讹舛甚悉。暇日因与言曰：吾家先拙斋《书解》，今传于世者，自《洛诰》以后皆讹。盖是书初成，门人东莱吕祖谦伯恭，取其全本以归，诸生传录十无二三。书坊急于锓梓（qǐn zǐ），不复参订，讹以传讹，非一日矣。先君犹记乡曲故家，及尝从先拙斋游者，录得全文。及归，方寻访未获，不幸此志莫偿。

畊早孤，稍知读书，则日夕在念虑间汩汩科举，业由乡选入太学。跋涉困苦，如是者三十余年。淳祐辛丑，侥幸末第。闲居，需次得理故《书》，日与抑斋今观文陈公、虚斋今文昌赵公，参考讲求，抠趋请益。抑斋出示北山先生手迹，具言居官婺女，日从东莱先生学。东莱言：吾少侍亲，官于闽，从林少颖先生学，且具知先拙斋授书之由。时抑斋方阅六经疏义，尤加意于林、吕之学。虚斋亦仿朱文公辩孔安国《书》，著本旨。眄得互相诘难。其间凡诸家讲解，搜访无遗。

一日友人陈元凤仪叔，携《书说拾遗》一集示余，蠹蚀其表，蝇头细书。云得之宇文故家，盖宇文之先，曾从拙斋学，亲传之稿也。其集从《康诰》至《君陈》，此后又无之，遂以锓本参较，《康诰》、《酒诰》、《梓材》、《召诰》皆同锓本。自《洛诰》至《君陈》与锓本异，其详倍之。至是益信书坊之本误矣。当令儿辈作大字本誊出，以元集归之。然犹未有他本可以参订也。

又一朋友云，建安书坊余氏，数年前新刊一本，谓之三山林少颖先生《尚书全解》，此集盖得其真，刊成仅数月，而书坊火，今板本不存矣。余亦未之信。因遍索诸鬻书者，乙巳仲春，一老丈鹑（chún）衣衔袖，踉跄（liàng qiàng）入门，喜甚揖余而言曰：吾为君求得青毡矣。开视果新板，以《尚书全解》标题，书坊果建安余氏，即倍其价以鬻之。以所誊本参较，自《洛诰》至《君陈》及《顾命》以后至卷终，皆真本。向者，麻沙之本自《洛诰》以后，果伪矣。朋友转相借观，以为得所未见。

既而，眄暂摄乡校，学录叶君，真里之耆儒，尝从勉斋游。其先世亦从拙斋学，与东莱同时。又出家藏写本，林、李二先生《书解》及《诗说》相示。较之，首尾并同。盖得此本而益有证验矣。

嗟夫，此书先拙斋初著之时，每日诵正经，自首至尾一遍，虽有他务不辍，贯穿诸家，旁搜远绍，会而粹之，该括详尽，不应于《洛诰》以后详略如出二手。今以诸本参较，真赝晓然，信而有证，可以传而无疑矣。

《书解》自麻沙初刻，继而婺女及蜀中皆有本。然承袭舛讹，竟莫能辨。柯山夏氏解，多引林氏说，自《洛诰》以后则略之，仅有一二语，亦从旧本，往往传讹。东莱解只于《禹贡》引林"三山数段（jiǎ）"，他未之详。东莱非隐其师之说，盖拙斋已解者，东莱不复解，而唯条畅其义。

嗟夫，《书》自安国而后，不知其几家。我先拙斋，裒（póu）集该括，自壮及耄，用心如此之勤，用力如此之深，始克成书。而传袭谬误，后学无从考证。我先君家庭授受，中更散亡，极意搜访，竟无从得。畊恪遵先志，又三十余年，旁询博问，且疑且信。及得宇文私录，又得余氏新刊全解，又得叶学录家藏写本，稽验新故，订正真赝，参合旧闻，而后释然以无疑，确然而始定。

然则，著书传后岂易云乎哉。畊既喜先拙斋之书获全，又喜先君县丞之志始遂。顾小子何力之有，抑天不欲废坠斯文，故久郁而获伸与。不然，何壁藏汲冢之复出也。淳祐丁未之岁，石鼓冷厅，事力甚微，学廪粗给。当路诸公，不赐鄙夷，捐金拨田，悉有所助，三年之间，补葺经创，石鼓两学轮奂，鼎新书版旧帙缺者复全。

于是慨然而思曰，我先君未偿之志，孰有切于此者。吾先世未全之书，岂容缓于此者，实为子孙之责也。乃会书院新租岁入之积，因郡庠宪台拨锾之羡，撙（zǔn）学厅清俸公给之余，计日命工，以此全书亟镂诸梓，字稍加大，匠必用良，版以千计，字以五十万计，厘为四十卷。始于己酉之孟冬，迨明年夏五月而毕。是书之传也亦难矣哉。亦岂苟然哉，旧本多讹，畊偕次儿骏伯，重加点校，凡是正七千余字，今为善本，庶有补于后学。

淳祐庚戌夏

五嗣孝孙、迪功郎衡州州学教授

兼石鼓书院山长畊谨书

观林君耕叟序述其先王父全书始末，两世访求，志亦苦矣。先是抑斋陈先生为仆言闽学源流，开教甚悉，乃知始于紫微吕公载道而南，而拙斋先生实亲承心学。拙斋著书多，而于《尚书》尤注意，即少颖先生《书解》是也。然自《洛诰》以后，传者失真，世不得见其全书为恨。先生之犹子，讳子冲，登癸丑科，为南丰簿，尝分教盱（xū）江，再转为丞。仆顷在庠序（xiáng xù），尚及识县丞公于丈席。县丞公在盱据勘遗文多矣。独于拙斋全书散逸之余，访求而未得，不幸赍志以没。又数十年而先生之孙畊，始克摹就，岂其书之泰阨（è）固自有时邪，拙斋虽不克竟其用，而传圣贤之心，寿斯文之脉，其功大矣。县丞公尅志世其学而略不获施于用，至畊而全书始出以传。惟拙斋之学，卓然光明，久而益昌，何庸绘画。畉，字耕叟，为衡州教授，暨先生甫三世，其孜孜问学多识，往行好修者也。君子曰"无忝厥祖"。

淳祐十年七月既望

后学盱江邓均拜手

书于湖南漕司湘山观

## 4.《尚书讲义》

（宋）史浩

（《尚书讲义》无序）

## 5.《尚书详解》

（宋）夏僎

### （1）《尚书孔氏序》

解：正义曰："尚者，上也。"言此上代之书，后世之所慕尚，故曰《尚书》。要之，非孔子之旧，乃伏生之所加。何以知之？安国作序，言伏生年过九十，失其本经，口以传授，裁二十余篇，以其上古之书谓之《尚书》。是伏生之意，谓是书乃上古之书，故加"尚"字，谓之《尚书》也。

古者，伏牺氏之王天下也，始画八卦，造书契，以代结绳之政，由是文籍生焉。

伏牺三皇之最先，所谓太皥是也。伏牺之时，仰观俯察，近取远取，始画八卦，造书契，以代结绳之政，文籍自是而始著。安国作序，欲明文籍所起，以见是书之本始，故先言伏牺造书契、代结绳之事。结绳者，郑玄云，约事，事大大其绳，事小小其绳。王肃亦云，识其政事也。书契者，郑云，书之于木刻，其侧为契，各持其一，以相考合，若结绳之为治。陆德明又谓，以书契约其事也。是伏牺之前，洪荒之世，结绳而治，虽有文字未见于用，至伏牺乃始代以书契。故三坟、五典自是而兴，故曰造书契以代结绳之政，由是文籍生焉。

伏牺、神农、黄帝之书，谓之"三坟"，言大道也。少昊、颛顼、高辛唐虞之书谓之"五典"，言常道也。至于夏、商、周之书，虽设教不伦，雅诰奥义，其归一揆。是故历代宝之以为大训。

伏牺、神农、黄帝，谓之三皇；三皇之书谓之"三坟"。坟，大也。言三皇之道，简而大，是以其书所言，亦简大。故曰"言大道也"。少昊、颛顼、高辛、唐、虞谓之五帝。五帝之书谓之"五典"。典，常也。言五帝之道，非特可行于一时，亦可以为百代常行之法，是以其书之所载者，皆常道，故曰"言常道也"。自三皇以前，所以观神道而设教者，其事虽不见伦类，要之三坟、五典与训、诰、誓、命之文，其雅正之词，深奥之义各不同，其归则一揆而已。揆，度也。人之于射，皆发志揆度于的；圣人立教，亦同于至理。故曰其归一揆。坟、典、训、诰，皆历代宝，以为训式者，故曰"历代宝之，以为大训"。

八卦之说，谓之八索，求其义也。九州之志，谓之九邱。邱，聚也。言九州所有土地所生，风气所宜，皆聚此书也。《春秋左氏传》曰，楚左史倚相能读三坟、五典、八索、九邱，即谓上世帝王遗书也。

盖孔子未修六经之初，六经之外有八索、九邱。索，求也，谓是书之作所以求索八卦之义。邱，聚也，谓此书之作，所以聚载九州所有土地所生，风气所宜。若《禹贡》之"厥贡"、"厥篚"，《职方》之其谷宜、其民宜是也。又必引《左传》左史倚相能读三坟、五典、八索、九邱，即谓上世帝王遗书也。立言者，亦欲明孔子之前三坟、五典、八索、九邱溷肴（hùnyáo），虽近在春秋之世，良史如倚相亦以谓上世帝王遗书，而不知其非也。

先君孔子，生于周末，睹史籍之烦文，惧览之者不一，遂乃定礼乐，明旧章，删《诗》为三百篇，约史记而修《春秋》，赞易道以黜"八索"，述职方以除"九邱"。

此盖论孔子修六经之意也。按《孔子世家》，安国是孔子十一世孙，尊其祖，故曰先君。言孔子生于周末，见八索、九邱之类皆史籍之繁文，惧览而观之者无所统一，遂乃定礼乐，明旧章，删《诗》为三百篇，约史记而修《春秋》，赞易道以黜"八索"，述职方以除"九邱"。正义谓，修而不改曰"定"，就而减削曰"删"，准依其事曰"约"，因而佐之曰"赞"，显而明之曰"述"。盖礼乐之制作，自天子出，己无其位，特因其制度之舛错定之，以发明先世旧韦典法，故礼乐言"定"而已。《诗》未删之前，本三千篇，削其不合于礼义，特存三百十一篇，故于《诗》言"删"。《春秋》之作，本于《鲁史》，乃孔子依《鲁史》成文，寓褒贬之意，以成一代之书，故于《春秋》言约。《易》之为书，伏牺画之，文王重之，皆圣所作，不可强改，特因而佐成之，以成"十翼"故于《易》言"赞"。"十翼"既作，易道已明，则"八索"之书，初不必用矣。是以黜而弃之焉。职方者，即《周礼》职方氏也，所掌皆九州所有，土地所生，风气所宜。夫子述其所职，而载之于经，故于职方言"述"。职方既"述"，则九州所有灿然在目，"九邱"之书，亦不必用矣，故删而除之焉。

讨论坟典，断自唐虞以下，讫于周，芟（shān）夷烦乱，翦截浮辞，举其宏纲，撮其机要，足以垂世立教，典、谟、训、诰、誓、命之文，凡百篇，所以恢弘至道，示人主以轨范也。帝王之制，坦然明白，可举而行，三千之徒并受其义。

坟典之书，传之既久，不无杂乱。孔子讨论而整理之，上去"三坟"，及五典之书，断自唐虞，独取二典，讫于有周。其间有杂乱难考之处，皆芟除之，而使至于平夷。浮华无实之言，皆翦截而剔去之，但举其宏纲，撮其机要，以垂示后世，用以教人耳。纲网之索，谓之宏纲，则言举大纲而众目张。机弩之括谓之机，则言撮机括之至要，非泛而无统者也。惟举其大纲而撮机要，故上自唐虞，下及商周，历世最久历君甚多。而典、谟、训、诰、誓、命，特百篇而已。大抵孔子定书，皆所以发明张大二帝三皇至治之要道，以为后世人君出治之轨范。轨则如车之有轨，见其所行皆由是；范，则如器之有范，见其所为不能外是。惟吾夫子用意如是，故百篇之书，其间所载二帝三王之制作坦易明白，后世可举是而见于有行，实非可言而不可行者。惜乎出非其时，言不见用百篇之义，第传之三千弟子而已，不获推而行之。

及秦始皇灭先代典籍，焚书坑儒。天下学士逃难解散，我先人用藏其家书于屋壁。

按《秦本纪》秦王名政，二十六年平定天下，尊为皇帝，不复立谥，以初并天下，故号始皇。始皇欲愚黔首，故灭除先代典籍，焚古书，坑儒士。天下儒者，率皆隐身避世，分散于四方。而书无复存者。时孔子七世孙，子襄者，知秦法峻酷，又虑其家书不传，乃于壁中藏其家书，故安国谓之先人藏于壁中者，以子襄为己之先祖，故称为先人也。

汉室龙兴，开设学校，旁求儒雅，以阐大猷。济南伏生年过九十，失其本经，口以传授，裁二十余篇，以其上古之书，谓之《尚书》。百篇之义，世莫得闻。

前既言秦焚书意，故至此又言汉求书之意焉。龙兴者。易乾之九五，以龙飞在天，喻圣人居尊位，而子兆民。故安国云"汉世龙兴"，盖谓汉家继秦而兴也。汉家既继秦而兴，于是惩秦之弊，开设学校，旁求儒雅，以阐明先王之大道。猷，道也。大道，即先王六经是也。盖自焚书之后，学校废之已久。自坑儒之后，儒雅逃散于四方。至汉兴，乃开设学校，而旁求之。谓之旁，则求之非一方也。伏生，名胜，为秦二世博士。《儒林传》云汉文时，求能治尚书者，天下无有。闻伏生治之，欲召时年已九十余，老不能行，于是诏太常使掌故臣晁错往受之，得二十九篇，即以教于齐鲁之间，是《书》经秦火，至汉文帝访伏生乃始，仅得二十九篇也。得二十九篇而谓之二十余篇者，盖伤之为少也。然《史记》载秦时焚书，子襄壁藏之。汉定天下，伏生求其书，亡数十篇，独得二十九篇以教齐鲁之间，是伏生于壁内得二十九篇。今安国乃云"失其本经，口以传授"者，盖伏生初实壁内得之，以教齐鲁。传教既久，诵文则熟，至其末年晁错往受之时，乃不执经而口授之也。以《书传》考之，伏生所得之书，盖《尧典》、《舜典》、《皋陶谟》、《益稷》、《禹贡》、《甘誓》、《汤誓》、《盘庚》三篇、《高宗肜日》、《西伯戡黎》、《微子》、《牧誓》、《洪范》、《金縢》、《大诰》、《康诰》、《酒诰》、《梓材》、《召诰》、《洛诰》、《多士》、《无逸》、《君奭》、《多方》、《立政》、《顾命》、《康王之诰》、《吕刑》、《文侯之命》、《秦誓》、《费誓》，凡二十三篇，除以《尧典》、《舜典》合为一，《皋陶谟》、《益稷》合为一《盘庚》三篇合为一，《顾命》、《康王之诰》合为一，则伏生之所传，凡二十八篇也明矣。今《史记·儒林传》并云得二十九篇者，果何所见而言耶？按，马融云《泰誓》后得。郑玄《书论》亦云民间得泰誓。而《书别录》亦曰，武帝末，得《泰誓》于壁内者，献之与博士，使读说之，数月皆起传以教人，则《泰誓》非伏生所传。而言二十九篇者，以司马迁在武帝世，见《泰誓》出而得行，入于伏生所传内，故为史总之，并云伏生所出，不复曲别分析，云民间所得。其实得时，不与伏生所传同故也，但伏生虽无此篇。而《书传》有八百诸侯俱至孟津，白鱼入舟之事与《泰誓》同。不知伏生先为此语，抑是《泰誓》出后，后人加此语，是未可知也。彼王充《论衡》及《后汉书》献帝建安十四年，黄门侍郎房宏等云，宣帝太和元年，河内女子有坏老子屋，得古文《泰誓》三篇。《论衡》又云，掘地所得者，但马迁时《泰誓》已得。或者至宣帝时，河内女子再得，亦未可知也。

书之本名惟曰《书》而已，未有"尚"字。伏生自秦火之后，裁得二十余篇，以其上古之书，谓之《尚书》。彼郑玄依《书纬》谓《尚书》为孔子所加，故《书赞》曰，孔子尊而命之曰《尚书》。殊不知安国亲见伏生，既言伏生以其上古之书谓之《尚书》，何云孔子所加？是知《书》是本名，"尚"是伏生所加。故朱子引《书》直云"《书》曰"，若配代而言，则曰"《夏书》"，无言《尚书》者也。《书》本百篇。遭秦火散失，至伏生口传，仅得二十余篇。余则名存而义已不闻，故曰"百篇之义，世莫得闻"。今之《书》，诸序皆附见诸篇之末，则百篇之《书》名存而义亡也审矣。

至鲁共王，好治宫室，坏孔子旧宅，以广其居，于壁中得先人所藏古文虞夏商周之书，及传《论语》、《孝经》，皆科斗文字。王又升孔子堂，闻金石丝竹之音，乃不坏宅。

经秦火散失之后，至汉文帝，伏生口传仅得二十余篇。景帝时，鲁共王坏孔子旧宅，得其七世孙子襄所藏屋壁古文书，乃增多伏生二十五篇，为五十八篇。故安国作序，既先言伏生口传之事，至此，则又言鲁共王坏宅得书之意。共王，景帝之子，名余，封为鲁王，死谥曰恭。安国生武帝时，共王已死，故有谥可书。共王存日，居鲁，近孔子宅，好治宫室，故坏孔子宅，以广其所居。所坏壁内得安国先人子襄所藏古文虞夏商周之书，及传《论语》、《孝经》皆科斗文字。王虽得书尤坏不止，又升孔子庙堂，乃闻金钟、石磬、丝琴、竹管之音，以其神异，乃不敢坏宅。上言坏孔子旧宅，此又言不坏宅者，盖前总坏其屋壁得书之后，又闻八音乃止，余者不坏耳。

科斗，虾蟆子也，言字形多头粗尾细状，腹团圆，似科斗，故谓之科斗书。其字乃苍颉本体，周犹为之。故屋壁书所以皆科斗文字也。科斗文字古人所为，今人不用，故谓之古文。安国作序，不言得《古文尚书》而云"得古文虞夏商周之书"。盖屋壁所得上直题为"虞夏商周之书"，本无"尚"字，故不言《尚书》而云"虞夏商周之书"，是安国欲以此知"尚"字非孔子之旧，乃伏生所增也。"及传《论语》、《孝经》"。陆德明谓"传"为《春秋》。又谓《周易》十翼非经，谓之"传"。惟正义谓，安国之意谓古文书于书之外又得传，即《论语》、《孝经》是也。《论语》、《孝经》非先王旧典，乃孔子传说故谓之"传"。又引汉武帝谓东方朔曰，"传言'时然后言，人不厌其言'。"又汉东平王刘云与其太师策书曰，传曰："陈力就列，不能者止"。又成帝赐翟方进策书云，传曰"高而不危，所以长守贵也"。是汉世通谓《论语》、《孝经》为"传"明矣。

悉以书还孔氏。科斗书废已久，时人无能知者。以所闻伏生之书，考论文义定其可知者，为隶古定，更以竹简写之，增多伏生二十五篇。伏生又以《舜典》合《尧典》，《益稷》合于《皋陶谟》《盘庚》三篇合为一，《康王之诰》合于《顾命》，复出此篇并序，凡五十九篇，为四十六卷。其余错乱摩灭，弗可复知悉，上送官藏之书府，以待能者。

此言鲁共王既惧神异不敢坏宅，乃以其所得古文虞夏商周之书与传《论语》、《孝经》悉还孔氏也。科斗之书，始于苍颉，其文至三代不改。周宣王时虽史籀有大篆十五篇，犹与科斗并行。故终三代所用者，惟篆与苍颉二体而已。及秦焚烧先代典籍，绝灭古文，别立八体：一曰大篆，二曰小篆，三曰刻符，四曰虫书，五曰摹印，六曰署书，七曰殳书，八曰隶书。故科斗文字，经秦废而不用，至汉则其废已久，时人无能知者。安国以人无能知识之故，而己欲传之，乃以前所闻伏生口授之书，比校起废，考论古文之义，定其可知识者为隶，以写古文，故曰为"隶古定"。正义谓，隶古者，就古文体而从隶以定之，虽隶而犹古是也。盖存古则可慕，为隶则可识故也。安国既为"隶古定"，于是别更以竹简写之。顾氏谓策长二尺二寸，简一尺二寸。竹简者，盖以竹长一尺二寸为之也。

书自伏生口传之后，除《泰誓》后出，实得二十八篇。至此，以屋壁古文校定，乃增多伏生二十五篇。盖谓《大禹谟》、《五子之歌》、《胤征》、《仲虺之诰》、《汤诰》、《伊训》、《太甲》三篇、《咸有一德》、《说命》三篇、《泰誓》三篇、《武成》、《旅獒》、《微子之命》、《周官》、《君陈》、《毕命》、《君牙》、《冏命》，凡二十五篇也。伏生初得二十八篇，今已增此二十五篇，是已得五十三篇矣。而五十三篇之中，伏生《舜典》合《尧典》为一篇，《益稷》合《皋陶谟》为一篇，《盘庚》三篇合为一篇，《康王之诰》合《顾命》为一篇。今皆依古文，分《尧典》、《舜典》为二篇，《益稷》、《皋陶谟》为二篇，《盘庚》为三篇，《康王之诰》、《顾命》为二篇。是以五十三篇复出此五篇，并孔子所作书序，昔自作一篇，在百篇之后，是总得五十九篇也。

既云得五十九篇，又云为四十六卷者，五十九篇，除序在外，不以卷计，余五十八篇。同序者同卷，异序者异卷。如《太甲》、《盘庚》、《说命》、《泰誓》皆三篇同卷，是减八卷矣。又《大禹谟》、《皋陶谟》、《益稷》三篇同序，共一卷，《康诰》、《酒诰》、《梓材》三篇同序，共一卷。是又减四卷。前减八卷，后减四卷，共十二卷，以五十八除十二，是四十六卷。然《顾命》于《康王之诰》所以别卷者，以二篇虽伏生合为一，而古文乃各自有序，故别卷也实宜。故正义谓，伏生之本，亦壁内文，其所以有合篇与共王所得古文不同者，乃伏生老以口授时，因诵熟而连之耳。自五十八篇之外，其余皆错乱而无序，摩灭而不明，不可强通，故安国乃并与竹简所写五十八篇，上送于官，藏于秘府，以待后世有能整理而读之者焉。

承诏为五十九篇作传，于是遂研精覃思，博考经籍采摭群言，以立训传，约文申义，敷畅厥旨。庶几有补于将来。

安国前既备言《尚书》兴废之由，故此又言已承诏作传之事。盖安国时，为武帝博士。安国既考正古文，乃曰，帝之所知亦既定讫，当以闻于帝。帝令注解，故曰"承诏"。为五十九篇作传，传者，传通其意也。其名出自左丘明。大率秦汉之间注解者，多名为传。于后儒者，以传之多，或有改云注解者，亦有同称为传者。初无义例，说者乃谓前汉称传，后人称注，误矣。安国谓既欲作传，而圣道洪深，须当详悉。于是研核精审，覃尽思虑，以求其理。又广博推考群经六籍，于经籍中采摭群言，互相参考，作为训传，明不敢率尔也。然安国又谓作传之体，虽欲广证亦不可失之大烦，故此传之作，约省其文。然虽约省其文，又必申尽一书之义，使其志意敷布而宣畅，庶几天下后世，即得其传，而求圣经之理，有所补益耳。

书序，序所以为作者之意，昭然义见，宜相附近，故引之各冠其篇首，定五十八篇。既毕，会国有巫蛊事，经籍道息，用不复以闻。传子孙，以贻后代。若好古博雅君子，与我同志，亦所不隐也。

书序，即今书诸篇首所冠者。"若昔在帝尧"至"作《尧典》"，"虞舜侧微"至"作《舜典》者，即此序也"。古文本自作一篇，在百篇之后。安国意谓此序之作，乃欲"序所以为作者之意"。一篇之义，观序则昭然可见。但作序者不敢厕于正经，故谦而在下。今吾既欲著述是书，岂可代作者之谦，须从宜，引而分之，各冠其本篇之首，使与本篇相从附近。此正安国言己所以分序冠篇之意也。《书》本连序五十九篇，今序既分，是损其一篇，故言定为五十八篇也。

安国此传本承诏而作，作毕当以奏闻。但会国家有巫蛊事，武帝好经籍之道至此灭息。用是故不复以其所传闻于上。惟是传于己之子孙，使之遗与后世之人行之耳。然安国虽欲贻与后人，亦不敢望后人必行，故云后世若有好爱古道，广博学问，志怀雅正之君子，与我同于慕古之志，发明吾道，亦庶几传而不至于隐蔽也。

按，《王制》言"执左道以乱政者杀"。郑玄注云，左道，谓巫蛊之属，以非正道，故为之左道。以蛊皆巫之所行，故曰"巫蛊"。蛊者，总名。《汉书》武帝末年，上年老淫惑鬼神，崇信巫术。奸人江充因而行诈。先于太子宫埋桐人，告云太子宫有蛊气，上信之，使江充治之于太子宫，果得桐人。太子知已不为此，以江充故为陷已，因而杀之。帝不知太子实冤，谓江充言为实，诏丞相刘屈氂发三辅兵讨之。太子赦长安囚与斗，不胜而出走奔湖关，自杀，此即巫蛊事也。

**（2）时澜序**

有唐虞三代之议论，有叔季之议论。居叔季之世，而求绎乎唐虞三代之书，难乎而得其蕴也。夫《书》之为《书》，断自唐虞，迄于秦穆，凡尧舜之典、谟，禹、启、汤武之誓、命，周公、成、康之训、诰悉备于是。读是《书》而求以绎之，其可以叔世肤见，料想而臆度之哉？要必深究详绎，求见乎唐虞三代之用心而后可。故读二典、三谟之书，当思尧

99

舜授受于上，皋夔稷契接武于下，都、喻、吁、咈者何谓？读三盘、五诰之书，当思人君布告于上，臣民听命于下，丁宁委曲，通其话言，而制其腹心，开其利病，以柔其不服者何旨？读九命、七誓之书，当思其命诸侯，命大臣者何道？誓师旅、誓悔悟者何见？以是心读是《书》，唐虞三代之用心，庶乎其有得，而唐虞三代之议论，可以心通而意解矣。

柯山夏先生馔，少业是经，妙年撷（xié）其英，以掇（duō）巍第。平居暇日，又研精覃思而为之释。今观其议论渊源，辞气超迈，唐虞三代之深意奥旨，皆有以发其机而启其秘于千载之下。不谓先生居今之世，而言论风旨，霭乎唐虞三代之气象也。呜呼！《书》说之行于世，自二孔而下，无虑数十家，而卓然显著者，不过河南程氏、眉山苏氏与夫陈氏少南、林氏少颖、张氏子韶而已。程氏温而邃（suì），苏氏奇而当，陈氏简而明，林氏博而赡，张氏该而华。皆近世学者之所酷嗜。今先生继此而释是《书》，观其议论，参于前则有光，而顾于后则绝配。夫岂苟作云乎哉？麻沙刘君智明，得其善本，不欲秘为己私，命工锓（qǐn）木以与学者共之。余既喜柯山之学有传于世，而嘉刘氏之用心，非私生町（tīng）畦（qí）者之比也。求予为序，故书以赠之。

淳熙丙午七月日觉斋时澜序

## 6. 《增修东莱书说》

（宋）时澜

### (1)《增修东莱书说》原序

生蒸民而理之，皆天也。纲三，常五，以范人事，君师赞焉。出为大纲小纪，公卿大夫士，而等级维之，然后以化，以育，以立人，而天成地平，而位三才，时有先后，道有升降。是以为二帝、三王，而虞夏殷周之书作，经生袭陋，病不能窥也。

东莱夫子讲道于金华，首摅（shū）是书之蕴。门人宝之，片言只字，退而识录。见者恐后，亟以板行，家藏人诵，不可禁御。夫子谓，俚辞间之，繁乱复杂，义其隐乎，修而定之。澜执经左右，面承修定之旨，曰唐虞三代之气象，不著于吾心，何以接典、谟、训、诰之精微。生乎百世之下，陶于风气之余，而读是书，无怪乎白头而如新也。周室既东，王迹几熄，流风善政犹有存者，于横流肆行之中，有间见错出之理，辨纯于疵，识真于异，此其门邪。仲尼定书，历代之变具焉。由是而入，可以睹禹、汤、文武之大全矣。自堂徂奥以造帝者，溯而求之，于《秦誓》始至于《洛诰》，而工夫之不继。悲夫，《书说》之行于世，终狐裘而羔袖。

澜以西邸文学入三山监丞。全州郑公肇之臭味倾盖，谓澜东莱说经，其纯不可得而见者，莫如《书说》，子盍（hé）补其余工。澜谢不敢僭。曰，子师之书，非子谁责？且所欲修者，门人识录之陋耳，而后师之说明，子何嫌？于是记忆旧闻，如对夫子伏而读之，清其俚辞，芟夷繁乱，剪截复杂，俾就雅驯。至于旨意所出，毫发己见，罔敢参与。呜呼，上帝临女，此义可不存邪？同焉者，曰犹不韪乎。异焉者，曰安用是。或察焉，取未修之书合而观乃免。

开禧丁卯十有一月日南至

门人金华时澜书

### （2）君臣名号

唐虞

君：尧、舜。

臣：羲仲、羲叔、和仲、和叔、放齐、四岳、驩兜、共工、鲧、伯禹、后稷、契、皋陶、垂、殳、斨（qiāng）、伯与、伯益、朱、虎、熊、罴（pí）、伯夷、夔、龙、丹朱、瞽瞍、象、十二牧、三苗。

夏

君：禹、启、太康、仲康、桀

臣：益、羲和、有扈氏、五子、后羿、胤侯。

商

君：契、成汤、太甲、沃丁、太戊、仲丁、河亶（dàn）甲、祖乙、盘庚、高宗、受。

臣：伊尹、汝鸠、汝方、谊伯、仲伯、仲虺、咎单、伊陟、疑至、臣扈、原、巫咸、巫贤、甘盘、傅说、祖己、祖伊、微子、箕子、比干、商容、胶鬲、葛伯。

周

君：稷、公刘、太王、王季、文王、武王、成王、康王、穆王、平王。

臣：周公、太公、召公、巢伯、管叔、蔡叔、武庚、唐叔、康叔、虢叔、闳夭、散宜生、泰颠、南宫适、霍叔、蔡仲、苏公忿生、荣伯、君陈、芮伯、彤伯、毕公高、卫侯、毛公、仲桓、南宫毛、齐侯吕伋、君牙、伯冏、吕侯、晋文侯、鲁侯、伯禽、秦穆公、晋襄公。

## 7. 《尚书说》

（宋）黄度

（归善斋按，无序）

## 8. 《絜斋家塾书钞》

（宋）袁燮

### 《絜斋家塾书钞》原序

甫自幼洎（jì）长，侍先君子侧，平旦集诸生及诸子，危坐说《书》，夜再讲，率至二鼓，无倦容。谓学问大旨在明本心。吾之本心，即古圣之心，即天地之心，即天下万世之心。彼昏不知，如醉如梦，一日黯然清明洞彻，圣人即我，我即圣人。舜号泣旻天，负罪引慝，祗见瞽瞍。禹"荒度土功"，三过家门，呱呱弗予，道心精一，曾何间断。自古大圣同此一心。箕子论皇极，无偏党自荡荡，无党偏自平平，无反侧自正直，是之谓极，是之谓本心。太甲颠覆典刑，痛自怨艾，克终允德。成王遭家多难，执书感泣，天雨反风。本心一昏迷惑如彼，本心一复光明如此。先君子讽诵再三，闻者流涕。又言见象山先生读《康诰》，有所感悟，反己切责，若无所容；读《吕刑》叹曰，从肺腑中流出，呜呼至哉。先君子之学，源自象山，明白光粹，无一瑕疵，可谓不失本心矣。

是编为伯兄手钞，虽非全书，然发挥本心，大旨具在。伯兄名乔，天资纯正，用志勤笃，尝宰溧阳，视民犹子，邑人德之。惜未尽行所学尔。甫悼先君子之没，幸伯兄之有传，今又云亡，痛曷有已，遂刻是编，名曰《絜斋家塾书钞》而纳诸象山书院，以与世世学者共之。

绍定四年辛卯良月己未

男甫谨书。

## 9.《书经集传》

（宋）蔡沈

### 《书经集传》序

庆元（宋宁宗年号）己未冬，先生文公令（平声）沈作《书集传》（去声）。明年先生殁，又十年始克成编。总若干万言。呜呼《书》岂易（音异）言哉？二帝（尧、舜）三王（禹、汤、文、武）治（平声，澄之反。邹氏季友曰，治字，本平声，借用乃为去声。故陆氏于诸经中，平声者并无音，去声者乃音直吏反，而读者不察，乃或皆作去声读之。今二声并音，以矫其弊。平声者，修理其事，方用其力也；去声者，事有条理已见其效也。诸篇中有不及尽音者，以此推之，皆可见矣）天下之大经大法，皆载此书。而浅见薄识，岂足以尽发蕴奥？且生于数千载之下，而欲讲明于数千载之前，亦已难矣。然二帝三王之治（去声，下同），本于道；二帝三王之道，本于心。得其心，则道与治，固可得而言矣。何者？精一执中，尧、舜、禹相授之心法也。建中、建极，商汤、周武相传之心法也。曰德，曰仁，曰敬，曰诚，言虽殊而理则一，无非所以明此心之妙也。至于言天则严其心之所自出，言民则谨其心之所由施。礼乐教化，心之发也。典章文物，心之著也。家齐，国治，而天下平，心之推也。心之德其盛矣乎。二帝三王存此心者也。夏桀、商受，亡此心者也；太甲、成王困而存此心者也。存则治，亡则乱。治乱之分，顾其心之存不存如何耳。后世人主，有志于二帝三王之治，不可不求其道；有志于二帝三王之道，不可不求其心。求心之要，舍（音捨）是书何以哉。沈自受读以来，沉潜其义，参考众说，融会贯通，乃敢折衷（音中）。微辞奥旨，多述旧闻。二典、三谟，先生盖尝是正，手泽尚新，呜呼惜哉（先生改本，已附《文集》中，其间亦有经承先生口授指画，而未及尽改者，今悉更定，见本篇）。《集传》（去声）本先生所命，故凡引用师说，不复（扶又反）识（音志）别（彼列反）。四代（虞、夏、商、周）之书，分为六卷（虞一卷，夏一卷，商一卷，周三卷）。《书》凡百篇，遭秦火后，今所存者，仅五十八篇）。文以时异，治以道同。圣人之心见（音现）于《书》，犹化工之妙著于物，非精深不能识也。是传（去声）也，于尧、舜、禹、

汤、文、武、周公之心，虽未必能造（七到反）其微，于尧、舜、禹、
汤、文、武、周公之书，因是训诂（果五，古纂二切，通古今之言也），
亦可得其指意之大略矣。

嘉定（亦宁宗年号）己巳三月既望

武夷蔡沈序

（沈俗作沉，非沈，音澄洗，字仲默，建宁府建阳县人，西山先生之
仲子，从学朱文公，隐居不仕，自号九峰先生）。

## 10.《尚书精义》

（宋）黄伦

### (1)《尚书精义》原序

理学昭融，周历千古，于胸次不逾辰刻之顷。倘翳障弗屏彻，虽一瞬
之境，恍迷其真眠（shì）。千载而上之圣贤心，传于典、谟、训、诰、
誓、命中，若之何，剖其秘，析其微哉。古《书》百篇，嬴秦酷以虐焰，
仇之特甚。先汉力追探之，收拾散逸，仅得孔安国所传为正。会巫蛊事，
旋复泯遏。由魏晋以降，篇帙缺亡未备，而精真之理晦蚀又不止此。白鱼
赤乌之伪，箕子荄滋之蔽，禹铁柳谷之讹，在所不论。然党护于专门名
家，增倍师说至百万言。传注训诂之纷纭，累三万言只解稽古二字，眩乱
世人耳目，而指意为之诬蔑，殆与厄于秦同科，理学暗（yì）蔽。绵历云
久，阐而明之，盖若有待时。属皇朝祖宗全盛之际，关洛有二张、二程之
学，崇索理，致根乎圣贤心法，以发明千载不传之秘，而福后学，俾天下
之士毕宗向。夫理学之指南，一洗汉唐注疏旧习。岂第踸踔（chěn chuō）
藩篱，咀嚽（jǔ zuō）余薮（zì）者哉？又有宗工硕儒，落落复相望乎。
其间各出意表，所见理根于心而心会于理，更与启其未悟者。编检纷如，
亦戛戛乎，难概以目力也。噫！十指之形，必有巨擘（bò）。翘（qiáo）
错之中，当刘其楚粤。

自启贤关升俊造以来，有黄君伦，素定规绳于方寸，所谓疏通知远，
不诬而深。于书者，萃古今议论而裁之。其发挥五代帝王遗书之奥，皆指
中之擘，翘中之楚者，信精而又精。其于理学，殆无余蕴矣。昔人有泳圆
流者采珠而捐蚌，登荆岭者拾玉而弃石。今所抄存，犹摘翡翠之藻羽，脱

犀象之牙角。宜乎称此书为精义也。览者亦宜以余言为然。淳熙庚子长至（cháng zhì），龙溪张凤从道叙书解数百家，或泛而不切，或略而未备，或得此而失彼，或互见而迭出，学者病之。释褐黄公以是应举，尝取古今传注及文集语录，研精而翦截之。片言只字，有得乎经旨者，纂辑无遗，类为成书，博而不繁，约而有要，实造浑、灏（hào）、噩之三昧，非胸中衡鉴之明，焉能去取若是。志于经学者，倘能嚅哜（rú jì）是书，不必他求矣。余得之不敢以私，敬锓（qǐn）木与天下共之。所载诸儒姓氏溷（hùn）以今古，余不暇次其先后，观者自能辨之。

淳熙庚子腊月朔旦

建安余氏万卷堂谨书

**（2）《尚书精义·原序》考证**

第一页前八行，按刘向云今《易》箕子作荄滋，《汉书·儒林传》蜀人赵宾为《易》饰《易》文，以为箕子明夷，万物方荄滋也。晋邹氏家讳云，训箕为荄，诂子为滋，漫衍无经，不可致诘，以讥荀爽。据此乃《易》中传讹之字。序文上下二句，皆就本经而言，似此句可节，今姑仍原文。谨附识。

**（3）总论**

司马温公曰，自书契之作，先民可得而闻者，皆有史官，其载籍博矣。经传所称，特二帝、三王之事，见于典、谟、训、诰、誓、命之文，观夫蹑风云之会起，而应帝兴王。唐虞相禅，夏后殷周相继，世代虽殊，其所以享崇高，据大宝者，皆积德累功，洽于百姓，修仁行义，考之于天，然后讴歌，讼狱有归焉。又曰，上古帝王政事之迹于《书》为详焉。此书所以为政事之本也。然而道之粗者在物，以圣人之意而观之，则即事中有理，即理中有事。事中之理则藏于至赜（zé）之微，而意有所不能致；理中之事，则发于至动之显，而言有所不能尽。学者苟以理而会于事，以事而征于理，精之以思，通之以意，则道德之义，性命之理，见于《书》矣。

顾氏曰，学道者所以充智，而智常至于不充；穷经者所以立道，而道常至于不立。夫岂道固不足学，而经不足穷欤？道也者，不修则不成；经也者，不求则不明。圣人之立而有成者，道也。然则，其可以不学乎？天下之道，所以质而法之者，经也。然则，其可以不穷乎？彼之所以学而穷之者，涉乎其外，而不造乎其中；采乎其华，而不食乎其实。是以心虽劳，而义不博，智虽专，而理不明。又曰，善求其法，而无耽其文；善观其心，而无泥其迹。盖《书》者，有迹而有心。成王之建官，穆王之训刑，是皆所谓迹也。周公之《无逸》，伊尹之《太甲》是皆所谓心也。迹者，法也；心者，教也。法存乎人，教存乎身。然后道无不通。

黄氏曰，《书》五十九篇，其要在于风俗之变，与夫正君臣之分。自尧、舜以德相授，一变而禹以有功得之。有扈氏不服，再变而君臣相责矣。汤伐桀、武王伐纣，则变之极者也。孔子每与舜而不与武王。征伐者一时之极功。名分者，万世之大法。功不可没，而法不当废，将以通行于万世，则汤、武之为罪人，宜也。虽然汤武救天下，而亲受其恶，是非圣人有所不能，盖汤武为天下重，而孔子为万世重。二者并行而不相悖。先儒以为武王非圣人，吾不知其指。

高氏曰，学记"三王、四代惟其师"，则知虞夏商周之君，其人为足师也。《法言》曰，适尧、舜、文王者为正道，则知虞夏商周之道其始为适正也。《书》断自唐虞以下，迄于周而已。盖尧舜而前，古风朴略，不可得而纪也。故《孟子》言必称尧、舜。又曰我非尧舜之道，不敢陈于王前。东周而后，霸道纵横，不可得而纪也。故《荀子》谓"道不过三代"。又曰"言治者予三王"。由此观之，仲尼之定书，始于二典，而终于二誓，信不诬矣。又曰，书本一也或裂一为三，作《大禹》、《皋陶谟》、《益稷》，以其人异而意同也。作《康诰》、《酒诰》、《梓材》以其人同而意异也。作《盘庚》三篇，作《太甲》三篇，作《说命》三篇，作《泰誓》三篇，以其事大而体重也。谟一也，然大禹之功、皋陶之嘉、益稷之忠、岂非人异而意同乎！康叔一也，然《康诰》之治顽民，《酒诰》之戒沉湎，《梓材》之为教化，岂非人同而意异乎？三篇一也，然以臣放君，以下伐上，咈臣民而迁都，由帝梦而立相，不亦事大而体重乎？或一书而三篇，或三篇而一事，不可不辨也。

## 11. 《尚书详解》

（宋）陈经

帝王之书，帝王之行事也；帝王之行事，帝王之心也。帝王以是心，见诸行事，而载之典、谟、训、诰、誓、命，夫人能皆知之。至于皓首穷年，研精极思，卒不能得其要领者，往往得里遗表，见其异，不见其同，则典、谟、训、诰、誓、命之所载者，是直典、谟、训、诰而已，于己奚有哉？昔者，尝观授受之秘，危微精一，片辞只语，足以该之，至易晓也。乃若立纲陈纪，绥民靖国，死生患难之变，下而至于军旅行阵，器械弓矢之微，纤悉备具，何如是之不惮烦也耶？与贤、与子，各因其时。天尊地卑，贵贱位矣。革命之际，汤武行之，当时不疑，后世称圣；于变之民，不烦告戒；九官分职，初无费辞。《多士》、《多方》乃谆复而不已。《君陈》、《毕命》亦几数百言，安在其为同条共贯也。苗民之顽，若非干羽之所能格；太甲不明，若非三篇书之所能变移；天雨反风，亦岂启《金縢》者之所能感动哉。然此举彼应，捷若影响。泛观帝王之行事，几于散漫无所统纪者，然旁通曲畅，无不各得其宜，各止其所。此岂无自而然哉。道行于天地之间，散在万物，萃于人心，广大悉备，悠久无疆，卓然常存，而未始斯须亡也。精粗一理，古今一时，物我一机，天人一致。得其所谓一，则应变酬酢（chóuzuò），开物成务，亦无往而非一之所寓也。故凡用心之狭隘者，欲以观此书，而此书卒非狭隘也；用心于寂灭者，欲以观此书，而此书卒非寂灭也。是虽诸儒之训释，尽天下能言之士，盖有彰之愈晦，而即之愈远矣。今日语诸友以读此书之法，当以古人之心，求古人之书，吾心与是书相契而无间。然后知典、谟、训、诰、誓、命，皆吾胸中之所有，亦吾日用之所能行。则二帝三王，群圣人之道，虽千百载之远，犹旦暮遇之也。诸友其无忽。

陈经序

## 12. 《融堂书解》

（宋）钱时

（《融堂书解》无序）

## 13. 《尚书要义》

（宋）魏了翁

**《尚书要义》序**

一、汉得今书于齐鲁，孔注至魏晋方兴

夫《书》者，人君辞诰之典，右史记言之策。暨乎七雄已战，五精未聚，儒雅与深阱同埋，经典共积薪俱燎。汉氏大济，区宇广求遗逸，采古文于金石，得今书于齐鲁。其文则欧阳、夏侯二家之所说。蔡邕碑石刻之古文，则两汉亦所不行。安国注之，实遭巫蛊，遂寝而不用。历及魏晋方始稍兴。故马、郑诸儒，莫睹其学，所注经传，时或异同。晋世皇甫谧，独得其书，载于《帝纪》，其后传授，乃可详焉。但古文经虽然早出，晚始得行。其辞富而备，其义弘而雅。故复而不厌，久而愈亮。江左学者，咸悉祖焉。

二、近至隋初始流河朔

隋初，古文始流河朔。正义六家，惟二刘详雅。其为正义者，蔡大宝、巢猗、费甀、顾彪、刘焯、刘炫等。其诸公旨趣多或因循，帖释注文，义皆浅略。惟刘焯、刘炫最为详雅。然焯乃织综经文，穿凿孔穴，诡其新见，异彼前儒，非险而更为险，无义而更生义。炫嫌焯之烦杂，就而删焉。虽复微稍省要，又好改张前义，义更太略，辞又过华。虽为文笔之善，乃非开奖之路。义既无义，文又非文，欲使后生若为领袖，此乃炫之所失，未为得也。今奉明敕考定是非云云。十六年又奉敕，云为《正义》，凡二十卷。

三、结绳书契文籍之义

八卦画万物之象，文字书百事之名。故《系辞》曰："仰则观象于天，俯则观法于地，观鸟兽之文，与地之宜，近取诸身，远取诸物，始画八卦"，是万象见于卦。然画亦书也，与卦相类，故知书契亦伏牺时也。"结绳者"，当如郑注云，为约事大，大其绳，事小小其绳。王肃亦曰"结绳识其政事是也"。言"书契"者，郑云"书之于木，刻其侧为契，各收其一，后以相考合"。若结绳之为治，孔无明文，义或当然。《说文》云"文者物象之本"也。"籍"者，借也，借此简书，以记录政事，故曰"籍"。

四、辩诸儒以文籍不始于伏牺，难孔

《尚书纬》及《孝经谶》皆云三皇无文字，又班固、马融、郑玄、王肃诸儒，皆以为文籍初自五帝，亦云三皇未有文字，与此说不同。何也？又苍颉造书出于《世本》，苍颉岂伏牺时乎？且《系辞》云黄帝、尧、舜为九事之目，末乃云"上古结绳而治。后世圣人易之以书契"。是后世圣人，即黄帝、尧、舜，何得为伏牺哉？孔何所据，而更与《系辞》相反如此不同者？《艺文志》曰"仲尼没而微言绝，七十子丧而大义乖"。况遭秦焚书之后，群言竞出，其纬文鄙近，不出圣人。前贤共疑，有所不取。通人考正，伪起哀、平。则孔君之时，未有此纬，何可引以为难乎？其马、郑诸儒以据文立说，见后世圣人在九事之科，便谓书起五帝，自所见有异，亦不可难孔也。

而《系辞》云"后世圣人在九事"之下者，有以而然。按彼文，先历说伏牺、神农"盖取"，下乃云"黄帝、尧、舜垂衣裳而天下治，盖取诸乾坤"。是黄帝尧舜之事也。又舟楫取涣、服牛取随、重门取豫、臼杵取小过、弧矢取睽，此五者，时无所系，在黄帝、尧、舜时以否皆可以通也。至于宫室、葬与书契，皆先言"上古"。"古"者乃言后世圣人易之，则别起事之端，不指黄帝尧舜时。以此葬事云"古"者不云"上古"，而云"易之以棺椁"。棺椁自殷汤而然，非是彼时之验。则上古结绳，何废伏牺前也？

其苍颉则说者不同，故《世本》云"苍颉作书"。司马迁、班固、韦诞、宋忠、傅玄皆云苍颉黄帝之史官也。崔瑗、曹植、蔡邕、索靖皆直云古之王也。徐整云"在神农黄帝之间"，谯周云"在炎帝之世"，卫氏云"当在庖牺苍帝之世"，慎到云"在庖牺之前"，张揖云："苍颉为帝王，生于禅通之纪"。是说苍颉其年代莫能有定，亦不可以难孔也。

五、文字与天地并兴，伏羲以教世

《易·系辞》云"河出图，洛出书，圣人则之"，是文字与天地并兴焉。文字在三皇之前未用之教世，至伏牺乃用造书契，以代结绳之政，是教世之用。犹燧人有火，中古用以燔黍捭豚。后圣乃修其利。

六、伏牺有筮，则有六爻

《系辞》至神农始有筮嗑与益，则伏牺时其卦未重，当无杂卦，而得有取诸夬者，此自郑玄等说耳。按《说卦》曰"昔者圣人幽赞于神明而生蓍"，《系辞》曰"天生神物，圣人则之"，则伏牺用蓍而筮矣。故郑注《说卦》亦曰"昔者圣人谓伏牺文王也"。《系辞》又曰"十有八变而成卦"。是言爻皆三归奇为三变，十八变则六爻明矣。则筮，皆六爻。伏牺有筮，则有六爻，何为不重而怪有央卦乎？

**七、皇大于帝而后世死者通称皇**

称"皇"者，以皇是美大之名，言大于帝也。故后代措庙立主，尊之曰"皇"，生者莫敢称焉。而士庶祖父称曰"皇"者以取美名，可以通称故也。

**八、孔以黄帝为皇，少昊为帝首，与诸书异**

孔君以黄帝上数为皇，少昊为五帝之首耳。若然，按今《世本·帝系》及《大戴礼·五帝德》，并《家语》宰我问、太史公《五帝本纪》皆以黄帝为五帝。此乃史籍明文，而孔君不从之者。孟轲曰"信书不如其无《书》，吾于《武成》取二三策而已"，言《书》以渐染之滥也。孟已然，况后之说者乎？又《帝系》、《本纪》、《家语》、《五帝德》皆云，少昊即黄帝子青阳是也。颛顼，黄帝孙，昌意子。帝喾，高辛氏为黄帝曾孙，玄嚣孙，侨极子。尧为帝喾子。舜为颛顼七世孙。此等之书，说五帝而以黄帝为首者，原由《世本》。经于暴秦，为儒者所乱。《家语》则王肃多私定。《大戴礼》、《本纪》出于《世本》以此而同。盖以少昊而下皆出黄帝，故不得不先说黄帝，因此缪为五帝耳。亦由《系辞》以黄帝与尧舜同事，故儒者共数之焉。孔君今者意以《月令》春曰太昊，夏曰炎帝，中央曰黄帝，依次以为三皇；又依《系辞》先包牺氏没，神农氏作，又没，黄帝氏作，亦文相次，皆著作见于《易》。此三皇之明文也。《月令》秋曰少昊，冬曰颛顼，自此为五帝。然皇帝是皇，今言帝不云皇者，以皇亦帝也，别其美名耳。太昊为皇，《月令》亦曰"其帝太昊"。《易》曰"帝出于震"是也。又轩辕之称黄帝，犹神农之云炎帝。神农于《月令》为炎帝，不怪炎帝为皇，何怪轩辕称帝。

**九、八卦谓之八索与《左传》义异**

索，谓求索，亦为搜索，以《易》八卦为主。故《易》曰："八卦成列，象在其中矣。因而重之，爻在其中矣"。又曰："八卦相荡"。是六十四卦三百八十四爻，皆出于八卦。就八卦而求其理，则万有一千五百二十策，天下之事得，故谓之索，非一索再索而已。此"索"于《左传》亦或谓之索，说有不同。

**十、先君孔子生于周末**

《孔子世家》云，安国是孔子十一世孙，而上尊先祖，故曰先君。《谷梁》以为鲁襄公二十一年冬十一月庚子，孔子生；《左传》哀公十六年夏四月己丑，孔子卒。计以周灵王时生，敬王时卒，故为周末。

十一、文籍史籍典籍之名

籍者古书之大名，由文而有籍谓之文籍，因史而书谓之史籍。可以为常，故曰典籍，义亦相通也。但上因书契而言文，下伤秦灭道以称典，于此言史者不但义通上下，又以此史籍不必是先王正史，是后代好事者作。

十二、修《春秋》，黜八索，除九丘

孔子之修六艺，年月孔无明说。《论语》曰"吾自卫反鲁，然后《乐》正，《雅》、《颂》各得其所"，则孔子以鲁哀公十一年反鲁，为大夫，十二年孟子卒，孔子吊，则致仕时，年七十以后修述也。《诗》有序三百一十一篇，全者三百五篇，云"三百"者，亦举全数计。《职方》在《周礼·夏官》，亦武帝时出于山岩屋壁，即藏秘府，世人莫见。以孔君为武帝博士，于秘府而见焉。知必黜八索除九丘者。以三坟、五典本有八，今序只有二典而已。其三典、三坟，今乃寂寞，明其除去。既坟、典书内之正，尚有去者，况书外乎，故知丘索亦黜除也。"黜"与"除"，其义一也。

十三、张霸伪造《尚书》百两篇。《纬》附之

云凡百篇，据序而数故耳。或云百二篇者，误有所由，以前汉之时，有东莱张霸伪造《尚书》百两篇，而为纬者附之。因此郑云"异者，其在大司徒大仆正乎？此事为不经也"。

十四、伏生壁传而云口授

按《史记》，秦时焚书，伏生壁藏之。其后兵火起，刘汉定天下，伏生求其书，亡数十篇，独得二十九篇，以教于齐鲁之间。则伏生壁内得二十九篇，而云"失其本经，口以传授"者，盖伏生初实壁内得之，以教齐鲁。传教既久，诵文则熟，至其末年，因其习诵，或亦目暗，至年九十，晁错往受之时，不执经而口授之故也。又言"裁二十余篇"者意在伤亡，为少之文势，何者？以数法随所近而言之。若欲多之，当云得三十篇，今"裁二十余篇"，言"裁"，亦意以为少之辞。又二十九篇，自是计卷，若计篇，则三十四，去《泰誓》犹有三十一。

十五、《泰誓》始出之时，及古今文真伪

按《史记》及《儒林传》皆云，伏生独得二十九篇以教齐鲁，则今之《泰誓》，非初伏生所得。按马融云"泰誓后得"，郑玄《书论》亦云"民间得《泰誓》"，《别录》曰："武帝末，民有得《泰誓》书于壁内者，献之，与博士使读说之，数月皆起，传以教人"。则《泰誓》非伏生所传。而言二十九篇者，以司马迁在武帝之世，见《泰誓》出而得行，入于伏生所传内，故为史总之，并云伏生所出，不复曲别分析。云民间所得，其实得时，不与伏生所传同也。但伏生虽无此一篇，而《书传》有八百诸侯俱至孟津，白鱼入舟之事，与《泰誓》事同，不知为伏生先为此说，不知为是《泰誓》出后，后人加增此语。按王充《论衡》及《后汉史》，献帝建安十四年，黄门侍郎房宏等说云，宣帝泰和元年，河内女子有坏老子屋，得古文《泰誓》三篇。《论衡》又云以"掘地所得"者。今《史》、《汉书》皆云伏生传二十九篇，则司马迁时已得《泰誓》以并归于伏生，不得云宣帝时始出也。则云宣帝时女子所得亦不可信，或者尔时重得之，故于后亦据而言之。《史记》云伏生得二十九篇，武帝记载今文《泰誓》末篇，由此刘向之作《别录》、班固为《儒林传》不分明，因同于《史记》。而刘向云武帝末得之《泰誓》，理当是一。而古今文不同者，即马融所云"吾见《书》传多矣，凡诸所引，今之《泰誓》皆无此言，而古文皆有"，则古文为真，亦复何疑？但于先，有张霸之徒伪造《泰誓》以藏壁中，故后得而惑世也，亦可今之《泰誓》百篇之外，若《周书》之例，以于时实有观兵之誓，但不录入《尚书》，故古文《泰誓》曰"皇天震怒，命我文考，肃将天威，大勋未集，肆予小子发，以尔友邦冢君，观政于商"是也。

十六、上古书谓《尚书》，此孔得伏意

以其上古之书，谓之《尚书》者，此文继在伏生之下，则言以其上古之书，谓之《尚书》，此伏生意也。孔君亲见伏生，不容不悉。

十七、《书》本无"尚"字，伏生所加

言"虞、夏、商、周之书"者，以壁内所得，上有题目"虞、夏、商、周书"。其序直云《书序》，皆无"尚"字，故其目录亦然，故不云《尚书》而言"虞、夏、商、周之书"。安国亦以此知"尚"字是伏生所加。推此壁内所无，则《书》本无"尚"字明矣。

十八、《论语》、《孝经》，孔子传说皆谓之传

凡书非经，则谓之"传"，言及传《论语》、《孝经》，正谓《论语》、《孝经》是"传"也。汉武帝谓东方朔云："传曰'时然后言，人不厌其言'。"又汉东平王刘云与其太师策书云："传曰'陈力就列，不能者止'。"又成帝赐翟方进策书云："传曰'高而不危，所以长守贵也'。"是汉世通谓《论语》、《孝经》为传也。以《论语》、《孝经》非先王之书，是孔子所传说，故谓之"传"，所以异于先王之书也。

十九、以隶古定，故孔书为古文

科斗书，古文也。所谓苍颉本体，周所用之，以今所不识，是古人所为，故名"古文"。形多头粗尾细状，腹团圆，似水虫之科斗，故曰"科斗"也。以古文经秦不用，故云废已久矣。就古文内定可知识者，为"隶古定"，不言就伏生之书而云"以其所闻"者，明用伏生书外亦考之。故云"可知"者，谓并伏生书外有可知，不徒伏生书内而已。言"隶古"者，正谓就古文体，而从隶定之，存古为可慕，以隶为可识，故曰"隶古"，以虽隶而由古。由此，故谓孔君所传为古文也。

二十、书本六体，苍籀二体，秦八体，新六书

按班固《汉志》及许氏《说文》书本有六体：一曰指事，上下；二曰象形，日月；三曰形声，江河；四曰会意，武信；五曰转注，考老；六曰假借，令长。此造字之本也。自苍颉以至今，字体虽变，此本皆同，古今不易也。自苍颉以至周宣，皆苍颉之体，未闻其异。宣王纪其史籀，始有大篆十五篇，号曰"篆籀"，惟篆与苍颉二体而已。卫恒曰："苍颉造书，观于鸟迹，因而遂滋，则谓之字，字有六义，其文至于三代不改。及秦用篆书，焚烧先代典籍，古文绝矣"。许慎《说文》言，自秦有八体：一曰大篆，二曰小篆，三曰刻符，四曰虫书，五曰摹印，六曰署书，七曰殳书，八曰隶书。亡新居摄，以应制作，改定古文，使甄丰校定。时有六书：一曰古文，孔子壁内书也；二曰奇字，即古字有异者；三曰篆书，即小篆，下杜人程邈所作也；四曰佐书，秦隶书也；五曰缪篆，所以摹印也；六曰鸟虫书，所以书幡信也。由此而论，即秦罢古文，而有八体，非古文矣。以至亡新六书，并八体，亦用书之六体以造其字。其亡新六书于

秦八体，用其小篆、虫书、摹印、隶书，去其大篆、刻符、殳书、署书，而加以古文与奇字。其刻符及署书，盖同摹印。殳书同于缪篆。大篆正古文之别，以慕古，故乃用古文与奇字，而不用大篆。是孔子壁内古文，即苍颉之体。故郑玄云："书初出屋壁，皆周时象形文字，今所谓科斗书"。以形言之为"科斗"，指体即周之古文。郑玄知者，若于周时秦世所有，至汉犹当识之，不得云无能知者。又亡新古文，亦云即孔氏壁内古文，是其证也。

廿一、科斗书竹简

郑玄云"周之象形文字"者，总指六书象科斗之形，不谓六书之内一曰象形也。又云"更以竹简写之"，明留其壁内之本也。顾氏云："策长二尺四寸，简长一尺二寸"。

廿二、书五十八篇为四十六卷谓除同序

知以《舜典》合于《尧典》，《益稷》合于《皋陶谟》，伏生之本亦壁内古文。而合者，盖以老而口授之时，因谓而连之，故殊耳。其《盘庚》本当同卷，故有并也。《康王之诰》以一时之事，连诵而同卷。当以"王出在应门之内"为篇首，及以"王若曰庶邦"，亦误矣。以伏生本二十八篇，《盘庚》出二篇，加《舜典》、《益稷》、《康王之诰》凡五篇，为三十三篇，加所增二十五篇为五十八，加序一篇，为五十九。故云"复出此篇，并序凡五十九篇"。此云为"四十六卷"者，谓除序也。下云"定五十八篇"既毕，不更云卷数，明四十六卷故尔。又伏生二十九卷，而序在外，故知然矣。此云"四十六卷"者，不见安国明说，盖以同序者同卷，异序者异卷，故五十八篇为四十六卷。何也？五十八篇内，有《太甲》、《盘庚》、《说命》、《泰誓》皆三篇共卷，减其八。又《大禹谟》、《皋陶谟》、《益稷》又三篇同序共卷，其《康诰》、《酒诰》、《梓材》亦三篇同序共卷，则又减四。通前十二，以五十八减十二，非四十六卷而何？其《康王之诰》乃与《顾命》别卷，以别序故也，其余错乱摩灭。五十八篇外，四十四篇，也以不可复知，悉上送官。其可知者，已用竹简写得其本，亦俱送入府，故在秘府得有古文也。

廿三、或称传或称注解

"传"名出自丘明。宾牟贾对孔子曰"史失其传"。又《丧服》，儒者皆云子夏作"传",是"传"名久矣。但大率秦汉之际,多名为"传"。于后儒者,以其传多,或有改之,别云"注解"者,乃有同者,以当时之意耳。说者为例云,前汉称传,于后皆称注,误矣。何者? 马融、王肃亦称"注"名为"传","传"何有例乎?

## 14. 《书集传或问》

(宋)陈大猷

大猷既集书传,复因同志问难,记其去取曲折,以为或问,其有诸家驳难,已尽及所说,不载于集传而亦不可遗者,并附见之,以备遗忘。然率意极言,无复涵蓄,辨论前辈,有犯僭妄,因自讼于篇首云。

陈大猷谨书

## 15. 《尚书详解》

(宋)胡士行

**《尚书详解》原序**

《尚书》史官所纪,孔子删之,始皇烧之,孔襄藏之。至汉文帝时,伏生口传二十篇,以其上古书,加"尚"字。"尚"上也。藏书既出,增为五十八篇,武帝诏孔子十一世孙安国注,并作此序。

古者伏牺氏(风姓)之王(以木德王)天下也,始画八卦(伏羲时河中龙马负图,画八卦,乾、坤、震、巽、坎、离、艮、兑)造(作)书(文字)契(刻木,书其侧,各持其一,以相考合),以代(替)结绳(上古结绳而治,大事大其绳,小事小其绳)之政。由(因)是(此)文(字)籍(记)生(起)焉。

此言《书》所由起也。

| | | | |
|---|---|---|---|
| 乾三连☰天 | 父 | 震仰盂☳雷 | 长男 |
| 坤六断☷地 | 母 | 巽下断☴风 | 长女 |
| 坎中满☵水 | 中男 | 艮覆盌(wǎn)☶山 | 少男 |
| 离中虚☲火 | 中女 | 兑上阙☱泽 | 少女 |

伏牺、神农(炎帝,姜姓,以火德王)、黄帝(轩辕,姬姓,以土德王)之书,谓(名)之三坟(大),言大道也。少昊(金天氏,己姓、黄

帝子，以金德王）、颛顼（高阳氏，姬姓，黄帝孙，以水德王）、高辛（帝喾、姬姓，以木德王）、唐（帝尧，姓伊耆氏，自唐侯为天子，都陶，帝喾子，以火德王）、虞（帝舜，姓姚，颛顼六世孙，以土德王）之书，谓之五典（常），言常道也。至于夏（禹，姒姓，以金德王）、商（汤，子姓，以水德王）、周（文王、武王，姬姓，以木德王）之书，虽设（立）教不伦（类），雅（正）诰（告教）奥（深）义（理），其归一揆（度），是故历代宝（爱重）之，以为大训。八卦之说（此书说八卦之义），谓之八索（求）求其义也。九州之志（记），谓之九丘（州）。丘，聚也，言九州所有，土地所生（如《禹贡》"厥贡厥篚"），风气所宜（如《周礼》职方其谷种与民宜）皆聚此书也。

此历考上世众书之名也。

《春秋左氏传》曰，楚左史（官）倚相（名），能读三坟、五典、八索、九丘（事见左传），即谓上世帝王遗书也。

此言孔子未删前，众书之烦也

先君（尊其祖）孔子生于周末（衰世），观史籍（史官所记）之烦（多杂）文（字），惧览（观）之者不一（无统），遂乃定礼乐（述而不改曰定。孔子有德无位，不可制礼作乐，但于舛谬者定之而已），明（发）旧章（典法礼乐定，则旧章明矣），删（就而减削）诗（本三千篇），约（准依其事曰约）史（鲁史）记（所记），而修《春秋》（《春秋经》依鲁史成文以寓褒贬），赞（因而佐成曰赞）《易》道（文王衍易六十四卦，孔子作干翼以明之），以黜（弃）八索（《易》道明则八索不必用矣），述职方（显而明之曰述，《周礼》职方氏志九州），以除九丘（职方述，则九州所有粲然，九丘不必用矣）。

此言孔子修《礼》、《乐》、《诗》、《书》、《春秋》、《易》及职方，下文却专说定书。

讨（寻求）论（讲究）坟（三）、典（五），断（斩截）自（从）唐虞以下，讫（至）于周（高辛以前，世代久远，书不无杂乱者，故只始唐虞），芟（除）夷（平）烦（杂）乱，翦截浮（浮华无实）辞，举（揭）其宏（大）纲（如网之纲），撮（收取）其机（如弩之括）要（要则不泛），足以垂（下示）世（后世）立教。典、谟、训、诰誓、命之文，凡百篇（历世久，历君多，《书》止百篇而已），弘（大）至道（二帝三王至要之道），示人主以轨（如车有轨，行者共由）范（如器有范，作者共则）也。帝王之制（制作之法）坦（平易）然明白，可举而行（皆实用，非虚言）。三千之徒（孔子弟子三千）并（皆）受（传）其义（孔子定《书》皆有用之学，出非时而不见用，但传之弟子而已）。及秦始皇灭（绝除）先代典籍（欲愚黔首），焚书坑（瓜丘）儒（见《通鉴》始皇二十四年），天下学士逃难解（分）散，我先人（孔子七世孙子襄），用藏其家书于屋壁（两壁中）。汉室（高祖起兵灭秦）龙兴（如龙兴起），开设（立）学校（亦学），旁（四散）求儒雅（雅正之儒），以阐（开明）大猷（猷即六经）。济南（郡）伏（姓）生（名胜），年过九十，失其本经，口以传授（教），裁（近）二十余篇，以其上古之书，谓之《尚书》。百篇之义，世（汉时）莫（无）得闻（伏生始皇子二世时博士，汉文帝时求治书者，闻伏生治之，欲召，老不能行，诏晁错往受之，得二十九篇。他篇名存，而书不可得闻矣）。至鲁共王（景帝子），好治宫室，坏孔子旧宅，以广其居，于壁中得先人所藏古文（科斗字，头粗尾细，状似科斗）虞夏商周之书，及传（《诗》、《书》、《礼》、《乐》、《易》、《春秋》为六经，非经者为传）《论语》、《孝经》皆科斗文字。王又升孔子堂（庙），闻金石丝竹（乐）之音（声神异），乃不坏宅，悉（尽）以书还孔氏。科斗书废（自秦不用）已久（科斗书始苍颉，至三代不改。周宣王时史籀大篆与科斗并行，秦灭古文，别立八体，故科斗书经秦至汉久废）。时（汉）人无能知（识）者，以所闻伏生（口诵）之书，（对壁书）考（参）论文（字）义（理），定其可知者，为隶（字，秦六体之一，当时所用）古定（用隶字，作古文以定之），更（改）以竹简（竹长一尺一寸，杀青书之，谓之竹简）写之，增（添）多伏生二十五篇（并伏生所传，共五十五篇）。伏生又以《舜典》合于《尧典》（以二篇合为一），《益稷》合于《皋陶谟》（二篇为一），《盘庚》三篇合为一，《康王之诰》合于《顾命》（二篇为一），复（又）出（析出）此篇（共五篇），并序（旧简百篇自为一篇），凡五十九篇，为四十六卷。其余（五十八篇之外）错（杂）乱摩（擦）灭（尽），弗可复知，悉上送官，藏之书府（秘府），以待能（能识）者。

承（奉）诏（武帝命）为（与）五十九篇作传（解以传道经意），于（因）是（此）遂（即）研（覆究）精（审）覃（深静）思（思索），博（广）考（究）经籍（六经），采（求）摭（摘）群言（百家书），以立（作）训（训字）传（解意），约（省）文（字）申（明）义（理），敷（分布）畅（条达）厥（其）旨（意），庶几（望）有补（益）于将来（后出）。

《书序》（孔子所作百篇序），序（铺述）所以为作者之意，昭（明）然义（一篇之义）见（观序可见），宜（当）相附（粘）近，故引（分）之，各冠（如冠在首）其篇首（旧《书序》自为一篇，今分之，各置逐篇之首），定五十八篇。既毕（终），会（值）国有巫蛊事（蛊从虫从皿，怪惑之名），经籍道息（武帝本好经籍，因巫蛊事扰，遂息灭。武帝末年，惑鬼神，信巫术。江充先于太子宫埋桐人，告帝云太子室有蛊气，帝使充治之，果于太子宫得桐人。太子知充陷己杀充。帝不知太子心，发兵讨之，太子自杀）。用（因）不复（更）以闻（奏命），传（私传）之子孙，以贻（与）后代。若（若有）好古博（多学）雅（正）君子与我同志（志慕明古道），亦所不隐也（庶几所作训传不至隐蔽）。

# 16.《书纂言》

（元）吴澄撰

**序一**

《书》今文

《虞书》：《尧典》，《皋陶谟》。

《夏书》：《禹贡》，《甘誓》。

《商书》：《汤誓》，《盘庚》，《高宗肜日》，《西伯戡黎》，《微子》。

《周书》：《牧誓》，《洪范》，《康诰》，《酒诰》，《金滕》，《大诰》，《君奭》，《多方》，《立政》，《梓材》，《召诰》，《洛诰》，《多士》，《无逸》，《顾命》，《吕刑》，《文侯之命》，《费誓》，《秦誓》。

右书二十八篇，汉伏生所口授者，所谓今文书也。伏生故为秦博士。焚书时生壁藏之，其后兵起流亡。汉定，生求其书，亡数十篇，独得二十八篇，以教授于齐鲁之间。孝文时，求能治尚书者，天下无有，欲召生，时年九十余矣，不能行。诏太常，遣掌故晁错往受之。生老，言不可晓，使其女传言教错。齐人语多与颍川异。错所不知，凡十二三，略以其意属读而已。夫此二十八篇，伏生口授而晁错以意属读者也。其间阙误颠倒固多，然不害其为古书也。汉魏四百年间，诸儒所治不过此耳。当时以应二十八宿，盖不知二十八篇之外，犹有书也。至晋梅赜始增多伏生书二十五篇，称为孔子壁中古文，郑冲授之苏愉，愉授梁柳，柳之内兄皇甫谧从柳得之。而柳又以授臧曹，曹授赜，赜遂奏上其书。今考传记所引古书见于二十五篇之内者，如郑玄、赵岐、韦昭、王肃、杜预皆指为逸书，则是此二十五篇，汉魏晋初，诸儒曾未之见也。故今特出伏氏二十八篇如旧，为汉儒所传，确然可信。而晋世晚出之书，则别见于后，以俟后之君子择焉。

《书》古文

《虞书》：《尧典第一》。《舜典第二》，同今文。《尧典》"慎徽五典"以下，孔疏曰，东晋梅赜上孔传时，以"慎徽五典"为《舜典》之初。隋开皇初，购求遗书，有人言萧齐建武四年，姚方兴于大航头得孔氏传，言古文《舜典》有"曰若稽古，帝舜曰重华，协于帝，濬哲文明，温恭允塞，玄德升闻。乃命以位"在"慎徽五典"之上。方兴上之，未及施行而以罪僇。隋既购得此本遂增入二十八字。《皋陶谟第四》，同今文，篇首增"曰若稽古"。《益稷第五》，分今文《皋陶谟》"帝曰来禹"以下。《大禹谟第三》。

《夏书》：《禹贡第一》，同今文；《甘誓第二》；《五子之歌第三》；《胤征第四》。

《商书》：《汤誓第一》，同今文；《盘庚上第九》；《盘庚中第十》，分今文《盘庚》"作"以下；《盘庚下第十一》，分今文《盘庚》"既迁"以下；《高宗肜日第十五》同今文；《西伯戡黎第十六》；《微子第十七》；《仲虺之诰第二》；《汤诰第三》；《伊训第四》；《太甲上第五》；《太甲中第六》；《太甲下第七》；《咸有一德第八》；《说命上第十二》；《说命中第十三》；《说命下第十四》。

《周书》：《牧誓第四》；《洪范第六》；《金縢第八》；《大诰第九》；《康诰第十一》；《酒诰第十二》；《梓材第十三》；《召诰第十四》；《洛诰

第十五》;《多士第十六》;《无逸第十七》;《君奭第十八》;《多方第二十》;《立政第二十一》;《顾命第二十四》;《康王之诰第二十五》,分今文《顾命》"王出在应门之内"以下;《吕刑第二十九》,同今文;《文侯之命第三十》;《费誓第三十一》;《秦誓第三十二》;《泰誓上第一》;《泰誓中第二》;《泰誓下第三》;《武成第五》;《旅獒第七》;《微子之命第十》;《蔡仲之命第十九》;《周官第二十二》;《君陈第二十三》;《毕命第二十六》;《君牙第二十七》;《冏命第二十八》。

右书二十五篇,晋梅赜所奏上者,所谓古文书也。《书》有今文、古文之异,何哉?晁错所受伏生书以隶写之。隶者当世通行之字也,故曰今文。鲁共王坏孔子宅得壁中所藏,皆科斗书。科斗者,苍颉所制之字也,故曰古文。然孔壁真古文书不传。后有张霸伪作《舜典》、《汩作》、《九共》九篇、《大禹谟》、《益稷》、《五子之歌》、《胤征》、《汤诰》、《咸有一德》、《典宝》、《伊训》、《肆命》、《原命》、《武成》、《旅獒》、《冏命》二十四篇目,为古文《书》。《汉艺文志》云,《尚书经》二十九篇。古经十六卷二十九篇者,即伏生今文书二十八篇,及武帝时增伪《泰誓》一篇也。古经十六卷者,即张霸伪古文《书》二十四篇也。

汉儒所治,不过伏生《书》及伪《泰誓》共二十九篇尔。张霸伪古文虽在,而辞义芜鄙不足取重于世,以售其欺。及梅赜二十五篇之书出,则凡传记所引《书》语,诸家指为逸书者,收拾无遗。既有证验而其言率依于理,比张霸伪书辽绝矣。析伏氏书二十八篇为三十三杂以新出之书通为五十八篇并书序一篇凡五十九篇有孔安国传及序,世遂以为真孔壁所藏也。唐初诸儒,从而为之疏义。自是汉世大小夏侯、欧阳氏所传《尚书》止有二十九篇者,废不复行。惟此孔传五十八篇,孤行于世。

伏氏书既与梅赜所增溷淆,谁复能辩?窃尝读之伏氏书,虽难尽通,然辞义古奥,其为上古之书无疑。梅赜所增二十五篇,体制如出一手,采集补掇,虽无一字无所本,而平缓卑弱,殊不类先汉以前之文。夫千年古书,最晚乃出,而字画略无脱误,文势略无龃龉(jǔyǔ)不亦大可疑乎?吴才老曰,增多之书,皆文从字顺,非若伏生之书,诘曲聱牙。夫四代之书,作者不一,乃至一人之手而定为二体,其亦难言矣。朱仲晦曰,《书》凡易读者皆古文,岂有数百年壁中之物不讹损一字者。又曰,伏生所传皆难读，如何伏生偏记其所难，而易者全不能记也。又曰，孔书至东晋方出，前此诸儒皆未见，可疑之甚。又曰，《书序》，伏生时无之，其文甚弱，亦不是前汉人文字，只似后汉末人。又曰，小序决非孔门之旧。安国序亦非西汉文章。又曰，先汉文字重厚，今大序格致极轻。又曰，《尚书》孔安国，是魏晋间人作托孔安国为名耳。又曰，孔传并序，皆不类西汉文字气象，与《孔丛子》同是一手伪书。盖其言多相表里，而训诂亦多出小《尔雅》也。夫以吴氏及朱子之所疑者如此，顾澄何敢质斯疑，而断断然不敢信此二十五篇之为古书，则是非之心不可得而昧也。故今以此二十五篇自为卷裒，以别于伏氏之书。而小序各冠篇首者，复合为一，以置诸后，孔氏序并附焉。而因及其所可疑，非澄之私言也，闻之先儒云耳。

**序二**

《书纂言》卷一

書者，史之所纪录也，从聿。从者聿，古笔字，以笔画成文字，载之简册，曰书者，谐声。伏羲始画八卦；黄帝时，苍颉始制文字。凡通文字能书者，谓之史。人君左右有史以书其言动。尧舜以前，世质事简，莫可考详。孔子断自尧舜以后史所纪录，定为虞、夏、商、周四代之书。初盖百篇，遭秦焚灭，挟书有禁。汉兴，禁犹未除，旧学之士皆已老死。文帝时，诏求天下能治书者，惟有济南伏生一人，年九十余，遣掌故晁错即其家传受，仅得二十八篇。武帝时河内女子献伪《泰誓》一篇，得附二十八篇之列。元成间东莱张霸作伪《舜典》等二十四篇。其书不行。东晋豫章内史梅赜增多伏生《书》二十五篇，又于二十八篇内分出五篇，共五十八篇，上送于官，遂与汉儒欧阳氏、大小夏侯氏三家所治伏生之书并。唐初尊信承用，命儒臣为五十八篇作疏，因此大显而三家之书废。今澄所注，止以伏生二十八篇之经为正。

## 17.《尚书集传纂疏》

（元）陈栎

（《尚书集传纂疏》无序）

## 18.《读书丛说》

（元）许谦

《书》五十八篇

今文三十三篇（伏生所传，凡二十八篇，而以《舜典》合于《尧典》，《益稷》合于《皋陶谟》，《盘庚》三篇合为一，《康王之诰》合于《顾命》，因古文出后，方别出此五篇，故成三十三篇）。

《虞书》四（伏生为二篇）：《尧典》、《舜典》（复出）、《皋陶谟》、《益稷》（复出）。《夏书》二：《禹贡》、《甘誓》。《商书》七（伏生为五篇）：《汤誓》、《盘庚上》、《盘庚中》（复出）、《盘庚下》（复出）、《高宗肜日》、《西伯戡黎》、《微子》。《周书》二十（伏生为十九篇）：《牧誓》、《洪范》、《金縢》、《大诰》、《康诰》、《酒诰》、《梓材》、《召诰》、《洛诰》、《多士》、《无逸》、《君奭》、《多方》、《立政》、《顾命》、《康王之诰》（复出）、《吕刑》、《文侯之命》、《费誓》、《秦誓》。

古文二十五篇

《虞书》一：《大禹谟》。《夏书》二：《五子之歌》、《胤征》。《商书》十：《仲虺之诰》、《汤诰》、《伊训》、《太甲上》、《太甲中》、《太甲下》、《咸有一德》、《说命上》、《说命中》、《说命下》。《周书》十二：《泰誓上》、《泰誓中》、《泰誓下》、《武成》、《旅獒》、《微子之命》、《蔡仲之命》、《周官》、《君陈》、《毕命》、《君牙》、《冏命》。

亡书四十二篇

《虞书》十一：《汨作》、《九共》九篇、《槁饫》。《夏书》五：《帝告》、《厘沃》、《汤征》、《汝鸠》、《汝方》。《商书》十八：《夏社》、《疑至》、《臣扈》、《典宝》、《明居》、《肆命》、《徂后》、《沃丁》、《咸乂》四篇、《伊陟》、《原命》、《仲丁》、《河亶甲》、《祖乙》、《高宗之训》。《周书》八：《分器》、《旅巢命》、《归禾》、《嘉禾》、《成王政》、《将蒲姑》、《贿肃慎之命》、《亳姑》。

汉文帝时，今文二十八篇，出于伏生，即立学官。夏侯胜、夏侯建、欧阳和伯治之（《史记》伏生教济南张生及欧阳生）。后汉蔡邕勒于石，谓之石经。孝武时，古文五十八篇，并序一篇出于孔壁（安国就古文体而从隶定之，存古为可慕，以隶为可识，故曰隶古。盖安国以隶书杂古书法成字，故曰古文。伏生书全用隶文故曰今文）。孔安国作传而未行，世皆未见。孝武末，民间有得《泰誓》于壁内者，献之，此伪书也。与伏生所传者，共为二十九篇。故东莱张霸知五十八篇之数，又见百篇之序，而于今文内似见得《盘庚》本三篇，《康王之诰》自为一篇，及伪书《泰誓》三篇，共三十四篇，而造伪书二十四篇，以合五十八篇。孝成时，古文立学官，寻废。故汉儒不见真古文。

东汉末郑玄亦不见古文，而见百篇序，及知五十八篇之目，则就伏生二十九篇内，分出《盘庚》二篇，《康王之诰》、《泰誓》二篇为三十四篇，足五十八篇之数（伪书二十四篇：《舜典》、《汨作》、《九共》九篇、《大禹谟》、《益稷》、《五子之歌》、《胤征》、《汤诰》、《咸有一德》、《典宝》、《伊训》、《肆命》、《原命》、《武成》、《旅獒》、《冏命》）。

前晋豫章内史梅赜上《古文尚书》孔传，缺《舜典》一篇，而伪书始废。南齐萧鸾时，姚方兴上《舜典》孔传。至隋时此篇方行于北方。

右大意并依疏文。盖蔡传序文节入疏文内，于伏生二十八篇者复出下，误入舜典益稷四字。故篇名及数目，皆不能合。今按疏文说，如上甚明（疏内明言，孔安国于伏生书内，分出《舜典》、《益稷》、《盘庚》二篇、《康王之诰》共五十八篇。郑玄则于前二十八篇，并伪《泰誓》内分出《盘庚》二篇、《康王之诰》、《泰誓》二篇为三十四，共伪书为五十八）。

《书》纪年

帝尧百载：《尧典》（前初年事，后七十载事）、《禹贡》（蔡氏谓《禹贡》作于虞时。金先生《通鉴前编》系于水土平之年）。

帝舜五十载：《舜典》、《大禹谟》（前初年事，自"格汝禹"为三十二载以后事）、皋陶谟（元载）、《益稷》。右唐虞一百五十载书六篇。

夏禹八岁（又居丧二载）。启九岁：《甘誓》（三岁）。太康二十九岁：《五子之歌》（十九岁）。仲康十三岁（《胤征》元岁）。相二十八岁（浞灭之）。少康六十一岁。杼十七岁。槐二十六岁。芒十八岁。泄十六岁。不降五十九岁。扃二十一岁。厪二十一岁。孔甲三十一岁。皋十一岁。发十九岁。癸五十二岁。右夏十七君，四百三十九岁，书三篇。

商汤十三祀（即诸侯位十八岁而放桀，共三十祀）：《汤誓》（元祀）、《仲虺之诰》、《汤诰》。太甲三十三祀：《伊训》（元祀）、《太甲上》（三祀）、《太甲中》、《太甲下》、《咸有一德》。沃丁二十九祀。大庚二十五祀。小甲十七祀。雍己十二祀。太戊七十五祀。仲丁十三祀。外壬十五祀。河亶甲九祀。祖乙十九祀。祖辛十六祀。沃甲二十五祀。祖丁三十二祀。南庚二十五祀。阳甲七祀。盘庚二十八祀：《盘庚上》（元祀）、《盘庚中》、《盘庚下》。小辛二十一祀。小乙二十八祀。武丁五十九祀：《说命上》（三祀）、《说命中》、《说命下》。祖庚七祀：《高宗肜日》。祖甲三十三祀。廪辛六祀。庚丁二十一祀。武乙四祀。太丁三祀。帝乙三十七祀。纣辛三十三祀：《西伯戡黎》（二十一祀）、《微子》（三十一祀）。右商二十八君，六百四十四祀，书十七篇。

周武王七年（即诸侯位十三年而伐纣，共十九年）：《泰誓》（十三年一月）、《泰誓中》、《泰誓下》、《牧誓》（二月）、《康诰》（蔡氏谓此武王封康叔之书，与《酒诰》、《梓材》皆武王书也。金先生按《逸周书》二月甲申俘卫君，而以卫封康叔，同监殷）、《酒诰》、《梓材》（金先生附《成王纪》为作洛事）、《武成》（四月）、《洪范》、《旅獒》（十四年）、《金縢》。成王三十七年：《君奭》（元年）、《大诰》（三年）、《费誓》、《微子之命》、《立政》（四年）、《多方》（五年）、《周官》（六年）、《召诰》（七年）、《多士》、《洛诰》、《蔡仲之命》（八年）、《无逸》（十一年）、《君陈》、《顾命》（三十七年）。康王二十六年：《康王之诰》（初即位）、《毕命》（十二年）。昭王五十一年。穆王五十五年：《君牙》（三年）、《吕刑》（五十年）。共王十二年。懿王二十五年。孝王十五年。夷王十六年。厉王五十一年。宣王四十六年。幽王十一年。平王五十一年：《文侯之命》（元年）。桓王二十三年。庄王十五年。僖王五年。惠王二十五年。襄王三十三年：《秦誓》（二十八年）。

右周历十八君，自武王灭商之年，至襄王二十八年，共四百九十九年，书二十八篇（并依蔡氏说。谱入王纪，其下注年者，皆金先生所定）。

自尧至襄王六十五君，尧元年至襄二十八年，历年一千七百三十四，而惟十八君之世有书。以亡书考之，亦惟沃丁、大戊、仲丁、河亶甲、祖乙五君之世有书十篇耳。自此二十三君之外，其余岂无出号令、纪政事之言？盖皆孔子所芟夷者。纬书谓，孔子求帝魁之书，迄于秦穆，凡三千二百四十篇。虽其言未必实。然有书者不止二十三君，则明矣。

愚尝谓，圣人欲纳天下于善，无他道焉，惟示之劝戒而已。故孔子于《春秋》严其褒贬之辞，使人知所惧；于《书》独存其善，使人知所法。是故《春秋》之贬辞多，而褒甚寡。《书》则全去其不善，独存其善也。虽桀、纣、管蔡之事，犹存于篇，盖有圣人诛鉏（chú）其暴虐，消弭其祸乱，独取于汤武周公之作为，非欲徒纪其不善也。至于羿浞之篡夏，幽厉之灭周，略不及之。观此则圣人之心可见矣

## 19.《书传辑录纂注》

（元）董鼎

**（1）《书传辑录纂注》序**

（归善斋按，蔡沈序原文略）

**（2）《书传辑录纂注》序**

生民之类，必帝王而后治；帝王之道，必圣贤而后行，考之古可见已。黄虞远矣，苍姬迄矣。三代以降，有帝王而民不治者，圣贤未遇也。孔孟继作，有圣贤而道不行者，帝王不用也。噫，虞夏殷周之盛，非适然也，人事之所致也。尧、舜、禹、汤、文武之圣，非独善也。人心之所同也，高风邈躅，岂遂不可追而及之哉。孟子言必称尧舜，孔子知百世可继周。言岂苟乎哉！事岂虚乎哉！盖于百篇之书，的然有见而云尔也。然则是书也，惟圣贤能尽之，惟帝王能行之。顾其学圣贤之学，而事帝王之事者，何如耳？焚灭之而秦亡；表章之而汉兴。往者可鉴矣。

惜夫，安国之传，不无可疑；而颖达之疏，惟详制度。二帝三王群圣人之用心，独决于一夫之见。管窥天而蠡测海，岂足以得其蕴奥哉。至宋诸儒数十家，而后其说渐备，又得文公朱子，有以折其衷而悉合于古。虽集传之功未竟，而委之门人九峰蔡氏。既尝亲订定之，则犹其自著也。

鼎生也晚，于道未闻。赖族兄介轩梦程，亲受学于勉斋黄氏、槃涧董氏，故再传而鼎获私淑焉。释经绪论，多出朱子，乃取订定《集传》为之宗，而搜辑语录于其次，又增纂诸家之注有相发明者，并间缀鄙见于其

末。庶几会萃以成朱子之一经。可无参稽互考之劳，而有统宗会元之要，则亦不无小补矣。第顾翻阅传注，盈溢充斥。众宝眩瞀，遗珠弃玉，或所不能免也。惟于君心、王政、人才、民生之所系，诸儒之论可堪警策者，撷抉不遗，阙者补之，以备临政愿治之观览，固不徒为经生学士设也。噫，人皆可为尧舜，涂人可以为禹，而况聪明首出，受天之命，奄有四海，有能致之资，居得致之势，而又有可致之权，可以千古圣贤自期，可以四代帝王自许，而顾乃谦让未遑也哉。是书若遇，虽书之幸，实天下万世生民之大幸也。

至大戊申十二月己未

鄱阳董鼎序

**（3）《〈书传辑录纂注〉纲领・朱子说〈书〉》**

古史之体可见者，《书》、《春秋》而已。《春秋》编年通纪，以见事之先后；《书》则每事别记，以具事之首尾。意者，当时史官既以编年纪事，至于事之大者，则又采合而别记之。若二典，所记上下百有余年，而《武成》、《金縢》诸篇，其所纪理，或更岁月，或历数年。其间岂无异事？盖必已具于编年之史，而今不复见矣。（《通鉴纪事本末》后序）

圣人千言万语，只是说个当然之理，恐人不晓，又笔之于书，自书契以来，二典、三谟、伊尹、武王、箕子、周公、孔、孟都只如此，可谓尽矣。只就文字间求之，句句皆是做得一分，便是一分工夫，非茫然不可测也。但恐人自不子细求索之耳，须是量圣人之言，是说个什么，要将何用？若只读过便休，何必读。（《书说》）

《尚书》初读甚难，似见于己不相干；后来熟读，见尧、舜、禹、汤、文、武之事，皆切于己。（《书说》）

某尝患《尚书》难读，后来，先将文义分晓者读之，聱牙者且未读。如二典、三谟等篇，义理明白，句句是实理。尧之所以为君，舜之所以为臣，皋陶、稷、契、伊、傅辈所言所行，最好绸缪玩味体贴向自家身上求，其味自别。（谟）

先生问：可学近读何书？曰：读《尚书》。先生曰：《尚书》如何看？曰：须要考历代之变。先生曰：世变难看。唐虞三代事，浩大阔远，何处测度。不若求圣人之心，如尧，则考其所以治民；舜，则考其所以事君。

且如《汤誓》，汤曰"予畏上帝，不敢不正"，熟读岂不见汤之心。大抵《尚书》有不必解者，有须着意解者，有略须解者，有不可解者。如《仲虺之诰》、《大甲》诸篇，只是熟读，义理分明，何俟于解。如《洪范》，则须著意解。如典、谟诸篇，稍雅奥，亦须略解。若如盘诰诸篇，已难解。而《康诰》之属，则已不可解矣。（可学）

大如《尧典》，自"克明俊德，以亲九族"至"黎民于变时雍"，展开是大小大分。命四时成岁，便见心中包一个三百六十五度四分度之一底天，方见得恁地。若不得一个大底心胸如何了得。（偶）

学者须是有业次，且如读尧、舜典，历象日月星辰、律度量衡、五乐五礼之类，《禹贡》山川，《洪范》九畴，须一一理会令透。今人只做得西汉以下工夫，无人就尧舜三代源头处理会来。又曰，且如做举业，亦须苦心理会文字方可决科。若不苦心去求，不成业次，终不济事。（《格言》）

二典、三谟其言奥雅，学者未遽晓会；后面盘诰等篇又难看。且如《商书》中伊尹告太甲五篇，说得极切（《伊训》、《太甲》三篇、《咸有一德》）其所以治心、修身处，虽为人主言，然初无贵贱之别，宜取细读极好。（时举）

《尚书》前五篇，大概易晓；后如《甘誓》、《胤征》、《伊训》、《太甲》、《咸有一德》、《说命》此皆易晓亦好。此是，孔氏壁中所藏之书。又曰看《尚书》渐渐觉得晓不得，便是有长进。若从头尾解得，便是乱道。《高宗肜日》是最不可晓者；《西伯戡黎》是稍稍不可晓者。《太甲》大故乱道，故伊尹之言紧切高宗，稍稍聪明。故《说命》之言细腻。又曰，读《尚书》有一个法，半截晓得，半截晓不得。晓得底看，晓不得底且阙之。不可强通，强通则穿凿。

语德粹云，《尚书》亦有难看者。昨日尝语子上滕请问。先生复言，大略如昨日之说。又云如《微子》、《洛诰》等篇，读至此且认微子与父师、少师哀商之沦丧，已将如何，其他皆然。若其文义，知他当时言语如何。自有不能晓矣。（可学）

问：《书》当如何看。先生曰：且看易晓处。其他不可晓者，不要强说。纵说得出，恐未必是当时本意。近时解书者甚众，往往皆是穿凿。如吕伯恭亦未免此也。（时举）《尚书》中《盘庚》、五诰之类实是难晓，若要添减字硬说将去，尽得，然只是穿凿，终恐无益耳。（谟）

问：某读书至《盘庚》及五诰诸篇，其疑不可数举，若以诸家之说，勉强解去，亦说得行，但恐当时指意未必如此耳。如此等处，只得姑存之，如何？先生曰：漳州所刻《四经书序》有通说（答潘子善。"通说"散见《孔序》"以待能者"下传中，及今按汉儒云云一段）。

周公"不知其人如何"其言聱牙难考。如《书》中周公之言便难读。如《立政》、《君奭》之篇是也。最好者，惟《无逸》一书，中间用字，亦有譸（zhōu）张为幻之语。至若《周官》、蔡仲等篇，却是官样文字，必出于当时有司润色之文，非纯周公语也。（卓）

陈安卿问：《书》何缘无宣王书。先生曰：是当时偶然不曾载得。（义刚）

《尚书》只是虚心平气，阙其所疑，随力量看，教浃洽，便自有得力处，不须预为计较，必求赫赫之功也。近亦整顿诸家说，仿伯恭《诗说》作一书。但鄙性褊（biǎn）狭，不能兼容曲徇。恐又不免少纷纭耳。（答潘文叔）

道夫请先生点《尚书》，以幸后学。先生曰：某今无工夫。道夫曰：先生于《书》既无解，若更不点，则句读不分，后人承舛听讹，卒不足以见帝王之渊懿。曰：公岂可如此说，焉知后来无人。道夫再三请之。先生曰：书亦难点。如《大诰》，语句甚长，今人却都碎读了，所以晓不得。某尝欲作《书说》，竟不曾成。如制度之属，祇以疏文为本，若其他未稳处，更与挑剔，令分明便得。（道夫）

诸经皆以注疏为主。《书》则兼取刘敞、王安石、苏轼、程颐、杨时、晁说之、叶梦得、吴棫（yù）、薛季宣、吕祖谦。（《学校贡举私议》）

《尚书》顷尝读之，苦其难而不能竟也。注疏、程、张之外，苏氏说亦有可观，但终是不纯粹。林少颖说《召诰》以前，亦详备。闻新安有吴才老《裨传》，颇有发明，却未曾见。试并考之诸家，虽或浅近，要亦不无小补，但在详择之耳。不可以篇帙浩汗，而遽惮其烦也。（答或人书）林书尽有好处，但自《洛诰》以后非他所解。（祖道）

因论《书》解，必大曰：旧闻一士人说，注疏外，当看苏氏、陈氏解。

先生曰：介甫解，亦不可不看。《书》中不可晓处，先儒既如此解，且只得从他说。但一段训诂说得通，至别段便说不通，不知如何。（必大）

荆公不解《洛诰》，但云其间煞有不可强通处。今姑择其可晓者，释之。今人多说荆公穿凿，他却有此处，后来人解书，则又却须要尽解。（广）

元祐《说命》、《无逸》讲义及晁以道、葛子平、程泰之、吴仁杰数书先附去，可便参订序次，当以注疏为先，疏节其要者。以后，只以时世为先后可也。西山间有发明经旨处，固当附本文之下。其统论即附篇末也。记得其数条理会点句及正。《多方》、《多士》两篇可并考之。（答李时可）

必大问：《尚书》欲衷诸家说，观之如何？先生历举王、苏、程、陈、林少颖、李叔易十余家解讫，却云，便将众说看，未得，且读正文，见个意思了方可。如此，将众说看，《书》中易晓处直易晓；其不可晓处且阙之。如《盘庚》之类，非特不可晓；便晓了亦要何用？如周诰诸篇，周公不过说周所以合代商之意，是他当时说话，其间多有不可解者，亦且观其大意所在而已。（必大）

或问：诸家书解，谁者最好，莫是东坡书为上否？曰：然。又问：但若失之简？曰：亦有只消如此解者。（广）东坡书解却好，他看得文势好。（学蒙）

向在鹅湖，见伯恭欲解《书》云，且自后面解起。今解至《洛诰》有印本是也。其文甚闹热。某尝问伯恭，《书》有难通处否？伯恭初云，亦无甚难通处。数日问，却云，果有难通处。今只是强解将去耳。（道夫）

后数年再会于衢，伯恭始谓余曰，《书》之文诚有不可解者，甚悔前日之不能阙所疑也。予惟伯恭所以告予者，虽其徒亦未必知。因具论之，使读者知求伯恭晚所欲阙者而阙之。庶几得其所以书矣。（书《东莱书说》后）

先生尝观《书说》，语门人曰：伯恭直是说得《书》好。但周诰中，有解说不通处，只须阙疑。某亦不敢强解。伯恭却一向解去。故微有尖巧之病也。是伯恭天资高处，却是太高所以不肯阙疑。（叶绍翁《四朝闻见录》）

李文禀白书解，且乞放缓，愿早成礼书，以幸万世。先生曰：书解甚易，只等蔡仲默来便了，礼书大段未也。（淳）

《书说》未有分付处。因思向日喻及《尚书》，文义贯通，犹是第二义，直须见得二帝三王之心，而通其所可通，毋强通其所难通。即此数语，便已参到七八分。千万便拨置此来，议定纲领，早与下手为佳。诸说此间亦有之。但苏氏伤于简，林氏伤于繁，王氏伤于凿，吕氏伤于巧。然其门尽有好处。如制度之属，祇以疏文为本。若其间有未稳处，更与挑剔，令分明耳。（与蔡仲默帖）

**（4）《书传辑录纂注》凡例**

一、按，久轩蔡氏（抗）淳祐经进本，录朱子与蔡仲默帖及《语录》数段在前。今各类入《纲领》辑录内，以便观览。

一、是书以朱子为主，故凡《语录》诸书，应有与《书》经相关者，靡不搜辑，仿《辑略》例，名曰《辑录》，附蔡传之次，或有与蔡传不合，及先后说自相同异处，亦不敢遗。庶几可备参考。其甚异者，则略之。

一、《朱子语录》诸书有总论一经，及杂举诸篇，难以分附各处者，别为纲领一卷，置之帙首，亦读是书者所宜先知。

一、增纂诸家传注，或推蔡氏所本，或发其所未尽，或补其所不及，大约以经文为序，训诂居先，释经义者次之，疏传义及释音又次之。己说处末，名曰《纂注》以附于《辑录》之后。

一、增纂诸家之说，或节取其要语，其有文势未融贯处，与夫辞旨未条畅处，仿《集注》例，颇加檃（yǐn）括，并用其意足之。

一、《辑录》、《纂注》中多折衷归一者，其或同异并存，与姑备一说处，善读者详择焉。

一、经文音释，大概如陆氏释文，其有与古注异处，读蔡传可知，亦有间见蔡传及《辑录》、《纂注》中。今只于传内，除文理旁音不可求者，按诸家字书反切附注焉。

一、诸本蔡传脱误字句，今依二程氏本补正，凡五十余处。

《书传辑录》引用诸书

《语类》、《文集》、《四书集注章句或问》、《诗集传》、《通书解》、

《楚辞集注》、周氏（儞）《录师说》、杨氏（与立）《集语略》、黄氏（士毅）《集书说》、汤氏（巾）《集书说》、叶氏（士龙）《集紫阳格言》、黄氏（大昌）、王氏（迁）《集武夷经说》、董氏（梦程）《理纂大尔雅通释》、董氏（琮）《尚书无义》、陈氏（大猷）《尚书集传》、真氏（德秀）《读书记》、叶氏（绍翁）《四朝闻见录》、《名儒传道精语》。

《辑录》所载朱子门人姓氏

李氏（方子，正叔，果斋，昭武）、陈氏（淳，安卿，北溪，临漳）、廖氏（德明，子晦，槎溪，延平）、董氏（铢，叔重，槃涧，番易）王氏（过，幼观，拙斋，番易）、范氏（念德，伯崇）、杨氏（道夫，仲思）、童氏（伯羽，蕫卿）、吴氏（雉，和仲）、刘氏（砥，用之，并建安）、李氏（闳祖，守约）、何氏（镐，叔京，并昭武）、林氏（学蒙，正卿）、林氏（夔孙，子武，并三山）、黄氏（士毅，子洪）、郑氏（可学，子上）、方氏（士繇，伯谟，并莆田）、杨氏（至，至之，温陵）、郑氏（南升，文振，潮阳）、叶氏（贺孙，味道）、沈氏（涧，庄仲），周氏（儞，伯庄）、徐氏（寓，居父，并永嘉）、潘氏（时举，子善，天台）、潘氏（履孙，坦翁，金华）、辅氏（广、汉卿，嘉兴）、窦氏（从周，文卿）、林氏（砺，用之）、汤氏（泳，敬叔，并镇江）、郭氏（友仁，德元，淮安）、余氏（大雅，公晦）、陈氏（文蔚，才卿，并广信）、滕氏（璘，德粹，新安）、孙氏（自修，敬夫，宣城）、包氏（扬，显道，盱江）、黄氏（义刚，毅然）、甘氏（节，吉父）吴氏（琮，仲方，并临川）黄氏（㽦，子耕，豫章）、张氏（洽，元德）、吴氏（必大，伯丰，并临江）、杨氏（长孺，伯子，庐陵）、胡氏（泳，伯量）、吕氏（焘，德昭）、周氏（谟，舜弼，并南康）、万氏（人杰，正淳，兴国）、李氏（儒用，仲秉，岳阳）、龚氏（盖卿，梦锡，衡阳）、蔡氏（恩，行父）、林氏（赐，闻一）、黄氏（卓，先之）、符氏（叙，舜功）、曾氏（祖道）、李氏（处谦）、陈氏（仲蔚）、胡氏（叔器）、李氏（庚）、朱氏（任道）。

《纂注》引用诸书

《尔雅》、《周礼》、《家语》、《老子》、《春秋》、《左氏传》、《国语》、《公羊传》、《穀梁传》、《诗疏》、《礼记》、《史记》、《汉书》、《南史》、《地志》、《说文》、《释文》、《玉篇》、《广韵》。

《纂注》引用诸家姓氏

孔氏（安国，子国）《古注》，孔氏（颖达，仲达）《注疏》，伏生（胜）《五行传》，贾氏（谊），刘氏（向，子政），夏侯氏（胜，长公），孔氏（光，子夏），扬氏（雄，子云）《法言》，马氏（融，季长）《训解》，郑氏（玄，康成）《训解》，高堂氏（隆，升平），贾氏（逵，梁道），王氏（弼，辅嗣）《易解》，王氏（肃，元雍）《训解》，皇甫氏（谧，士安），顾氏，颜氏（师古，籀）《史注》，李氏（白，太白）《文集》，柳氏（宗元，子厚）《文集》，刘氏（禹锡，梦得）《文集》，胡氏（旦）《解说》，顾氏（临，子敦），欧阳氏（修，永叔）《泰誓论》，刘氏（敞，原父）《经说》，陆氏（佃，农师），范氏（纯仁，尧夫）《杂著》，王氏（安石，介甫）《全解》，苏氏（洵，明允，老泉）《洪范论》，苏氏（轼，子瞻）《全解》，苏氏（辙，子由）《经论》，沈氏（括，存中）《文集笔谈》，孙氏（觉，莘老）《全解》，家氏（复礼）《经说》，叶氏（少蕴，石林）《全解》，陈氏（鹏飞，少南）《全解》，王氏（日休，龙舒）《全解》，蔡氏（元度）《全解》，张氏（九成，子韶，横浦）《全解》，张氏（纲，彦政）《全解》，宋氏（远孙，仲山，静吉）《语录》，王氏（十朋，龟龄，梅溪）《全解》，林氏（之奇，少颖）《全解》，陈氏（传良，君举，止斋）《书抄》，夏氏（僎，元肃，柯山）《全解》，薛氏（肇明）《全解》，张氏（庭坚，才叔）《经义》，胡氏（伸）《解义》，上官氏（公裕）《解说》，张氏（沂）《经说》，张氏（景，晦叔）《书说》，李氏，李氏（樗，迂仲）《诗解》，潘氏（衡）《书说》，高氏（闶）《经说》，彭氏（汝砺，器资），刘氏（一止，行简，苕溪）《经说》，冯氏（时可，当可）《易说》，唐氏（圣任）《全解》，张氏（震，真父）《小传》，姜氏（如晦，弥明，月溪）《小传》，程氏（大昌）《禹贡论》，史氏（仲午，正父）《书说》，刘氏（貟，子有，横舟）《讲业》，史氏（渐，鸿渐）《书说》，邹氏（补之）《书说》，李氏（子材，子，谦斋，眉山）《全解》，陈氏（经，三山）《全解》，陈氏（梅叟，永嘉）《书说》，郑氏（景望，永嘉），郑氏（永嘉），陈氏（宾）《经说》，张氏（文蔚）《经说》袁氏（默，思正）《全解》，侯氏（甫）《经说》葛氏（兴仁），成氏（申之，眉山）《集四百家解》，吴氏（械，才老，新安）《禆传》，马氏

（子严，古洲，建安），陈氏（大猷，更斋）《集传》，吴氏（泳，鹤林），萧氏（滋），任氏（渊），朱氏（方大），施氏，徐氏，杨氏，孙氏，曾氏，周子（惇颐，茂成，濂溪）《通书》，程子（颐，正叔，伊川）《经说遗书》，张子（载，子厚，横渠）《正蒙理窟》，邵氏（雍，尧夫，康节）《经世书语录》，司马氏（光，君实，冻水）《文集》，杨氏（时，中立，龟山），朱氏（震，子发，汉上）《易解》，范氏（祖禹，淳父，太史）《讲义解说》，吕氏（大临，与叔，芸阁）《经解语录》，张氏（行成，文饶，观物）《经说》，刘氏（安世，器之，元城，大名）《语录》，胡氏（安国，康侯，文定公，建安）《春秋传》，胡氏（宏，仁仲，五峰）《皇王大纪》，张氏（栻，敬夫，南轩，广汉）《文集语孟解》，吕氏（祖谦，伯恭，东莱，金华）《书说》，杨氏（万里，廷秀，诚斋，庐陵）《易传》，王氏（炎，晦叔，双溪，新安）《全解》，李氏（舜臣，子思，隆山，四川）《小传》，蔡氏（元定，季通，西山，建安）《洪范解》，黄氏（榦，直卿，勉斋，三山）《书说》，董氏（梦程，九万，介轩，番易）《杂著》，董氏（琼，玉振，复斋，番易）《集义》，邹氏（近仁，鲁卿，归轩，番易）《禹贡集说》，真氏（德秀，景元，西山，浦城）《读书记》，魏氏（了翁，华父，鹤山，临邛）《师友雅言》，沈氏（贵瑶，诚叔，毅斋，番易）《杂著》，余氏（九成，凤仪，三峰，建安）《书说》，程氏（实之，士华，番易）《答柴中行问》，程氏（若庸，达原，徽庵，新安）《讲义》，滕氏（和叔，新安）《尚书大意》，许氏（月卿，太空，山屋，新安），《杂说》，马氏（廷鸾，翔仲，碧梧，番易）《蔡传会编》，李氏（谨思，明通，养吾，番易）《经论》方氏（回，万里，虚谷，紫阳）《文集》，齐氏（梦龙，觉翁，节初，番易）《杂著》，李氏（次僧，凤林）《洪范精义》，章氏（约斋）《禹贡告成书》，郑氏（元珤，彦珍，合沙）《禹治水谱》金氏（履祥，吉父，仁山，金华）《尚书表注》，吴氏（澂，伯清，草庐，临川）《尚书纂言》，熊氏（禾，去非，退斋，武夷）《书说》，胡氏（一桂，庭芳，双湖，新安）《书说》，王氏（希旦，愈明，葵初，番易）《书说》，许氏（谦，益之，白云，东阳）《尚书丛说》，陈氏（栎，寿翁，定宇，新安）《书解折衷》，余氏（芑舒，德新，息斋，番易）《读蔡传疑》，程氏（直方，道大，前村，新安），《蔡传辨正》，程氏（葆舒，虚缘，番易）《蔡传订误》，陈氏（师凯，庐山）《蔡传旁通》，陈氏（普，尚德，惧斋，三山）《闻讲》吴氏（亨寿，新安）《闻讲》，金氏（燧，番场）《闻讲星说》，余氏（钥，实翁，修水）《历象管窥》，牟氏（应龙，成父，陵阳）《九经音考》，王氏（道，溉水）《书传音释》，邹氏（季友，普昭，番易）《书传音释》。

《书传辑录纂注》卷首上

汉孔安国曰，古者伏牺氏之王天下也，始画八卦，造书契，以代结绳之政，由是文籍生焉（陆氏曰，伏犠，风姓，以木德王，即太皞也。书契，刻木而书其侧，以约事也。《易·系辞》云，上古结绳而治；后世圣人易之以书契。文，文字也。籍，书籍也）。

纂注：杨氏《易传》曰，☰☷古之天地字也。曷由知之，由坎离知之。偃之为☵☲立之为水火，若雷风山泽之字亦然。故《汉书》坤字作巛，八字立而声画不可胜穷矣，岂待乌迹哉。后世草书，天字作口即☰也。新安胡氏曰，黄帝时始有字，则黄帝以前皆无字也。今则有之者，文籍既生之后而作也。

伏牺，神农黄帝之书，谓之三坟，言大道也。少昊、颛顼、高辛、唐、虞之书，谓之五典，言常道也。至于夏、商、周之书，虽设教不伦，雅诰奥义，其归一揆。是故历代宝之，以为大训（陆氏曰，神农，炎帝也，姜姓，以火德王。黄帝，轩辕也，姬姓，以土德王，一号"有熊氏"。坟，大也。少昊，金天氏，名挚，己姓，黄帝之子，以金德王。颛顼，高阳氏。姬姓，黄帝之孙，以水德王。高辛，帝喾也，黄帝之曾孙，姬姓，以木德王。唐，帝尧也，姓伊耆氏，帝喾之子，初为唐侯，后为天子，都陶，故号陶唐氏，以火德王。虞，帝舜也，姓姚氏，国号"有虞"，颛顼六世孙，以土德王。夏禹，有天下之号也，以金德王。商汤，有天下之号也，亦号殷，以水德王。周文王、武王，有天下之号也，以木德王。揆，度也）。

辑录：仲蔚问：三皇所说甚多，当以何者为是？先生曰：无处理会。当且依孔安国之说。五峰以为天皇、地皇、人皇，而伏牺、神农、黄帝、尧、舜为五帝，却无颛顼、高辛之数。要之也，不可便如此说。义刚问同前。先生曰：只依孔安国之说，然五峰以羲、农、黄、唐、虞作五帝云。

据《易·系辞》当如此。要之，不必如此。

篆注：愚谓，《周礼》，外史掌三皇、五帝之书。《左氏》亦谓楚左史倚相能读三坟、五典。则三皇有书明矣。而孔子则云，包羲氏始画八卦，上古结绳而治，后世圣人易之以书契。是包羲以前且未有字，安得有书？如此，则三坟为伏羲、神农、黄帝之书。安国之说近是。自伏羲至尧舜八圣人者，固皆主宰天下之帝也，而以其道之大，则羲、农、黄又谓之三皇，其实一也。少昊以下，为君莫盛于尧、舜，故《书》惟取二典。尧舜以前立法，盖始于伏羲，故《易》兼言五帝。而黄帝亦曰帝，皇之与帝，初非本有定名，而不可通称也。王氏曰，君天下之号有三皇，言大帝，言谛王，言公，不过以殊徽号，而非有所优劣也。惟邵子《经世》，乃有皇、帝、王、霸之分，然亦以论其世耳。朱子曰当且依孔安国，斯言尽之。

八卦之说，谓之"八索"求其义也。九州之志谓之"九邱"。邱，聚也。言九州所有，土地所生，风气所宜，皆聚此书也。《春秋左氏传》曰，楚左史倚相能读三坟、五典、"八索"、"九邱"，即谓上世帝王遗书也（陆氏曰，索，求也。倚相，楚灵王时史官也）。

篆注：唐孔氏曰，邱、索不知在何代。故直总言帝王。

先君孔子生于周末，睹史籍之烦文，惧览之者不一，遂乃定《礼》、《乐》，明旧章，删《诗》为三百篇，约史记而修《春秋》，赞《易》道以黜"八索"，述《职方》以除"九邱"。讨论坟、典，断自唐虞以下，讫于周，芟夷烦乱，剪截浮辞，举其宏纲，撮其机要，足以垂世立教。典、谟、训、诰、誓、命之文，凡百篇，所以恢宏至道，示人主以轨范也。帝王之制，坦然明白，可举而行，三千之徒并受其义（程子曰，所谓大道，若性与天道之说，圣人岂得而去之哉。若言阴阳、四时、七政、五行之道，亦必至要之理，非如后世之繁衍末术也，固亦常道，圣人所以不去。或者所谓羲农之书，乃后人称述当时之事，失其义理。如许行，为神农之言；及阴阳、权变、医方，称黄帝之说耳。此圣人所以去之也。五典，既皆常道，又去其三，盖上古虽已有文字，而制立法度为治，有迹得以纪载，有史官以识其事，自尧始耳。今按《周礼》，外史掌三皇五帝之书，周公所录，必非伪妄。而春秋时，三坟、五典、八索、九邱之书，犹有存者。若果全备，孔子亦不应悉删去之，或其简编脱落，不可通晓。或是孔子所见，止自唐虞以下不可知耳。今亦不必深究其说也）。

辑录：至之问：书断自唐虞以下，须是孔子意？曰：也不可知。且如三皇之书言大道，有何不可便删去？五帝之书言常道，少昊、颛顼、高辛，有何不可便删去。此皆不可晓也。道夫。典、谟之书，恐是曾经史官润色来，如周诰等篇，恐只似如今榜文，晓谕俗人者，方言俚语，随地随时，各自不同。林少颖尝曰，"如今人即日伏惟尊候万福"，使古人闻之，亦不知是何等说话。儒用。《尚书》诸命皆分晓，盖如今制诰是朝廷做底文字；诸诰皆难晓，盖是与下民说话后来追录而成之。方子。书难晓者，只是当时说话，自是如此，当时人晓得，后人乃以为难晓尔。若使古人见今人俗语，却理会不得也。以其间头绪多，若去做文字时，说不尽，故只直记其言语而已。广。《书》有两体，有极分晓者；有极难晓者。某恐如《盘庚》、周诰、《多方》、《多士》之类，是当时召之来，而面命之，面教告之，自是当时一类说话。至于《旅獒》、《毕命》、《微子之命》、《君陈》、《君牙》、《冏命》之属，则是当时修其辞命。所以当时百姓都晓得者，有今时老师宿儒所不晓也。今人之所晓者，未必当时之人识其辞义也。道夫。淳问：周诰辞语艰涩，如何看？先生曰：此等是不可晓。林择之说，艾轩以为方言。曰：只是古语如此。窃意当时风俗恁地说话，人便都晓得。如这物事唤做甚物事，今风俗不唤作这物事，便晓他不得。如《蔡仲之命》、《君牙》等篇，乃当时与卿大夫语，似今翰林所作制诰之文，故甚易晓。如诰是与民语，乃今官司行移晓谕文字，有带时语在其中者。今但晓其可晓者，其不可晓者，则阙之可也。

纂注：唐孔氏曰，安国是孔子十一世孙，上尊先祖，故曰先君。孔子，周灵王时生，敬王时卒，故云周末。《职方》即《周礼》也。愚按，陆氏以六体分正、摄，盖以典、谟、训、诰、誓、命名篇者为正；不以名篇而在六体之类者为摄。然古之为书者，随时书事，因事成言，取辞之达意而已。岂如后之作文者，求必合体制也。孔氏以六体言，大概已举，虽不以六字名篇，合其类，则是亦正也，何以摄为？至若唐孔氏以征、贡、歌、范，足为十例，亦不必从。善乎，林氏谓，读《书》在求帝王之心，以充修、齐、治、平之道，体例安足言哉。

及秦始皇灭先代典籍，焚书坑儒，天下学士逃难解散。我先人用藏其家书于屋壁（秦，国名。始皇，名政，并六国为天子，自号始皇帝。焚《诗》、《书》在三十四年，坑儒在三十五年。颜师古曰，《家语》云，孔腾，字子襄，畏秦法峻急，藏《尚书》、《孝经》、《论语》于夫子旧堂壁中。而《汉记·尹敏》传云孔鲋所藏。二说不同，未知孰是）。

纂注：唐孔氏曰，《秦纪》始皇三十四年，因置酒于咸阳宫，丞相李斯奏请，天下敢有藏《诗》、《书》、百家语者，悉诣守尉杂烧之；有敢偶语《诗》、《书》者弃市。令下三十日不烧，黥为城旦。制曰可。三十五年，以方士卢生求仙药不得，以为诽谤，诸生连相告引，四百六十余人，坑之咸阳。又卫宏《古文奇字序》云，秦改古文以为篆隶，多诽谤者。秦患天下不从，而召诸生，至者皆拜为郎，凡七百人。又密令冬月种瓜骊山硎谷中温处。瓜实，乃使人上书曰，冬瓜有实。诏天下博士诸生说之，人人各异。则皆使往视之，而为伏机。诸生方相论难，因发机填以土。《史记·孔子世家》云，孔子生鲤伯鱼，鲤生伋子思，伋生白子上，白生求子家，求生箕子京，箕生穿子高，穿生慎子顺，为魏相。慎生鲋，为陈涉博士。鲋弟腾，子襄，为惠帝博士，长沙太守。腾生中，中生武，武生延陵及安国。安国为武帝博士，临淮太守。新安陈氏曰，按，鲋、腾兄弟尔，藏书必同谋，谓鲋藏可也；谓腾藏亦可也。

汉室龙兴，开设学校，旁求儒雅，以阐大猷。济南伏生，年过九十，失其本经，口以传授，裁二十余篇。以其上古之书，谓之《尚书》。百篇之义，世莫得闻（《汉艺文志》云，《尚书》经二十九卷，注云伏生所授者。《儒林传》云，伏生，名胜，为秦博士。以秦时禁书，伏生壁藏之，其后大兵起，流亡。汉定，伏生求其书。云数十篇独得二十九篇，即以教于齐鲁之间。孝文时，求能治《尚书》者，天下无有，闻伏生治之，欲召。时伏生年九十余，老不能行，于是诏太常，使掌故晁错往受之。颜师古曰，卫宏定《古文尚书》，序云，伏生老不能正言，言不可晓，使其女传言教错，齐人语多与颖川异，错所不知，凡十二三，略以其意属读而已。陆氏曰，二十余篇，即马、郑所注二十九篇是也。孔颖达曰，《泰誓》本非伏生所传。武帝之世始出而得行。史因以入于伏生所传之内，故云二十九篇也。今按，此序言伏生失其本经，口以传授；《汉书》乃言，

137

初亦壁藏而后亡数十篇。其说与此序不同。盖传闻异辞尔。至于篇数亦复不同者，伏生本但有《尧典》、《皋陶谟》、《禹贡》、《甘誓》、《汤誓》、《盘庚》《高宗肜日》、《西伯戡黎》、《微子》《牧誓》、《洪范》、《金縢》、《大诰》、《康诰》、《酒诰》、《梓材》、《召诰》、《洛诰》、《多方》、《多士》、《立政》、《无逸》、《君奭》、《顾命》、《吕刑》、《文侯之命》、《费誓》、《秦誓》，凡二十八篇。今加《泰誓》一篇，故为二十九篇耳。其《泰誓》真伪之说，详见本篇，此未暇论也）。

辑录：伯丰问：《尚书》古文、今文有优劣否？曰：孔壁之传，汉时人却不传，只是司马迁曾师授。如伏生《尚书》汉世却多传者。晁错以伏生不曾出，其女口授，有齐音不可晓者，以意属成，此载于史者。及观经传，及孟子引"享多仪"，出自大诰却无差。只疑伏生偏记得难底，却不记得易底。然有一说可论难易。古人文字，有一般如今人书简说话，杂以方言，一时记录者；有一般是做出告戒之命者。疑《盘庚》之类，是一时告语百姓，盘庚劝谕百姓迁都之类，是出于记录。至于《蔡仲之命》、《微子之命》、《囧命》之属，或出当时做成底诏诰文字，如后世朝廷词臣所为者。又问：《尚书》未有解？曰：便是有费力处。其间用字亦有不可晓处，当时为伏生是济南人，晁错却颍川人，止得于其女口授，有不晓其言，以意属读。然而《传记》所引却与《尚书》所载又无不同。只是孔壁所藏者皆易晓，伏生所记者皆难晓。如《尧典》、《舜典》、《皋陶谟》、《益稷》出于伏生，便有难晓处。如"载采采"之类。《大禹谟》便易晓。如《五子之歌》、《胤征》有甚难记，却记不得。至如《泰誓》、《武成》皆易晓。只《牧誓》中便难晓。如五步、六步之类。如《大诰》、《康诰》夹着《微子之命》。穆王之时，《囧命》、《君牙》易晓，到《吕刑》亦难晓。因甚只记得难底，却不记得易底，便是未易理会。

纂注：唐孔氏曰，以其上古之书谓之《尚书》，此文继伏生之下，则知"尚"字乃伏生之所加也。"尚"训为"上"。夏氏曰，此上代之书，为后世所慕尚，故曰《尚书》。

至鲁共王，好治宫室，坏孔子旧宅，以广其居。于壁中得先人所藏古文虞、夏、商、周之书，及传《论语》、《孝经》，皆科斗文字。王又升孔子堂，闻金石丝竹之音，乃不坏宅，悉以书还孔氏。科斗书废已久，时人无能知者，以所闻伏生之书考论文义，定其可知者为隶古定，更以竹简写之，增多伏生二十五篇。伏生又以《舜典》合于《尧典》，《益稷》合于《皋陶谟》，《盘庚》三篇合为一，《康王之诰》合于《顾命》。复出此篇，并序，凡五十九篇，为四十六卷，其错乱摩灭，弗可复知，悉上送官，藏之书府，以待能者。陆氏曰，共王，汉景帝子，名余。《传》谓《春秋》也。一云《周易》十翼非经，谓之传。科斗，虫名，虾蟆子，书形似之。"为隶古定"，谓用隶书以易古文。吴氏曰，伏生传于既耄之时，而安国为隶古，又特定其所可知者，而一篇之中，一简之内其不可知者，盖不无矣，乃欲以是尽求作书之本意，与夫本末先后之义，其亦可谓难矣。而安国所增多之书，今篇目具在，皆文从字顺，非若伏生之书，诘曲聱牙至有不可读者。夫四代之书，作者不一，乃至二人之手，而遂定为二体乎，其亦难言矣。二十五篇者，谓《大禹谟》、《五子之歌》、《胤征》、《仲虺之诰》、《汤诰》、《伊训》、《太甲》三篇、《咸有一德》、《说命》三篇、《泰誓》三篇，《武成》、《旅獒》、《微子之命》、《蔡仲之命》、《周官》、《君陈》、《毕命》、《君牙》、《冏命》也。复出者《舜典》、《益稷》、《盘庚》三篇、《康王之诰》，凡五篇，又百篇之序自为一篇，共五十九篇。即今所行五十八篇，而以序冠篇首者也。为四十六卷者，孔疏以为同序者同卷，异序者异卷。同序者，《太甲》、《盘庚》、《说命》、《泰誓》皆三篇共序，凡十二篇，只四卷。又《大禹》、《皋陶谟》、《益稷》，《康诰》、《酒诰》、《梓材》，亦各三篇共序，凡六篇，只二卷。外四十篇，篇各有序，凡四十卷，通共序者六卷，故为四十六卷也。其余错乱摩灭者，《汩作》、《九共》九篇、《槁饫》、《帝告》、《釐沃》、《汤征》、《汝鸠》、《汝方》、《夏社》、《疑至》、《臣扈》、《典宝》、《明居》、《肆命》、《徂后》、《沃丁》、《咸乂》四篇、《伊陟》、《原命》、《仲丁》、《河亶甲》、《祖乙》、《高宗之训》、《分器》《旅巢命》、《归禾》、《嘉禾》、《成王政》、《将蒲姑》、《贿肃慎之命》、《亳姑》，凡四十二篇今亡。

辑录：因论伏生书多艰涩难晓，孔安国壁中书却平易易晓。或者以谓伏生口授女子故多错误，此不然。今古书传中所引《书》语已皆如此不可晓。沈僴。问：如《史记》引《周书》"将欲取之，必固与之"之类，此必非圣贤语。曰：此出于老子。疑当时自有一般书如此。故老子五千言，掇（duō）其言，取其与己意合者，则入之耳。问，林少颖说，盘诰之类皆伏生口授，如何？答曰，此亦可疑。盖书有古文，有今文。今文乃伏生口传，古文乃壁中之书。《大禹谟》、《说命》、《高宗肜日》、《西伯戡黎》、《泰誓》等篇凡易读者，皆古文，况又是科斗书，以伏生书字文考之，方读得，岂有数百年壁中之物，安得不讹损一字，又却是伏生记得者难读，此尤可疑。今人作全书解，必不是。大雅。

纂注：唐孔氏曰，凡书非经，则谓之传，言"及传《论语》、《孝经》"，正谓《孝经》、《论语》是传也。汉武帝谓东方朔云，传曰"时然后言，人不厌其言"。又汉东平王云与其太师策书云，传曰"陈力就列，不能者止"。又成帝赐翟方进策书云，传曰"高而不危，所以长守贵也"。是汉世，通谓《孝经》、《论语》为传也。闻金、石、丝、竹之音，惧其神异乃止，不敢坏宅，或曰孔子子孙，虽遭坏宅，而不废礼乐之常。如汉兵欲屠鲁，而犹闻绞诵声，共王所以有感而不坏宅也。马永卿问，刘元城曰《前汉·儒林传》云，孔氏有《古文尚书》，孔安国以今文字读之，因以起其家，窃恐今之尚书非古文也。先生曰：是也，《古文尚书》乃科斗。科斗变为大篆，大篆变为小篆，小篆变为隶书，所谓今文字，乃汉之隶书也。故《尚书》序云为"隶古定"，其去科斗远矣。

承诏为五十九篇作传，于是遂研精覃思，博考经籍，采摭群言，以立训传，约文申义，敷畅厥旨，庶几有补于将来。《书序》，序所以为作者之意，昭然义见，宜相附近，故引之，各冠其篇首。定五十八篇。（详此章，虽说"书序，序所以为作者之意"，而未尝以为孔子所作。至刘歆、班固始以为孔子所作）。既毕，会国有巫蛊事，经籍道息。用不复以闻，传之子孙，以贻后代。若好古博雅君子，与我同志，亦所不隐也（陆氏曰，汉武帝末，征和中，江充造蛊败戾太子。今按，安国此序不类西京文字，疑或后人所托，然无据，未敢必也，以其本末颇详，故备载之，读者宜考焉）。

辑录：《书序》恐不是孔安国做。汉文粗枝大叶。今《书序》细腻，只似六朝时文字。小序断不是孔子做。义刚。又曰：只是魏晋人文字。陈同父亦如此说。庚。《尚书》孔安国注，某疑决非孔安国所注。盖文字细腻，不是西汉人文章。安国，汉武帝时，文章岂如此，但有太粗处，决不如此细腻也。亦非后汉文。卓。《尚书》孔安国传，此恐是魏晋间人所作，讬安国为名，与《毛公诗传》大段不同。如《孔丛子》亦然，皆是那一时人所为。广。传之子孙，以贻后代，汉时无这般文章。义刚。孔安国解经最乱道，看得只是《孔丛子》等做出来。泳。因说《书》云，某尝疑孔安国书是假书。比毛公传如此高简，大段争事。汉儒训释文字，多是如此，有疑则阙。今此却尽释之。岂有千百年前人说底话，收拾于灰烬屋壁中，与口传之余，更无一字讹舛理会不得，如此可疑也。兼小序皆可疑。《尧典》一篇，自说尧一代为治之次序，至让于舜方止。今却说是让于舜后，方作《舜典》。亦是见一代政事之终始，却说历试诸难，是为要受禅时作也。至后诸篇皆然，况他先汉文章重厚有力量，他今大序格致极轻，却疑是晋宋间文章。况孔书至东晋间方出，前此诸儒皆不曾见，可疑之甚。大雅。《书》小序亦非孔子作，与《诗》小序同。广。小序决非孔门之旧。安国序亦决非西汉文章。向来语人，人多不解，惟陈同父闻之不疑。要是渠识得文字体制意度耳。答孙季和。又曰，书序不可信伏生时无之。

篡注：唐孔氏曰，"蛊"者，怪惑之名，指体则药毒害人，与行符厌俗为魅，令人蛊惑，夭年伤性者，皆是也。以蛊皆巫之所为，故曰"巫蛊"。元城刘氏曰，今之《书》乃汉所谓《尚书》，若复求孔子所定之书，今不见矣。汉承秦火之后，诸儒各以所学谈经，或得或失，然各自名家。自济南伏生以降，不独一人就其中取之。独孔安国《古文尚书》尤胜诸家，则今《尚书》是也。林氏曰，孔传或遭巫蛊而不出，杜预注《左传》，韦昭注《国语》，赵岐注《孟子》凡所举《书》出二十五篇中，皆指为逸书，实未尝逸也。贾、马、郑、服，亦皆不见《古文尚书》。至晋齐间，其书渐出，及隋开皇二年求遗书，得《舜典》然后五十八篇方备。孔氏《书》始出，皆用隶书。至唐天宝三载，诏卫衡改古文从今文。今之所传，乃唐天宝所定本也。愚按，世传《古文尚书》吕汲公跋谓，天宝前本字多奇古，与蔡传及诸书所引皆合。

《汉书·艺文志》云，《书》者，古之号令。号令于众，其言不立具，则听受施行者弗晓。古文读应《尔雅》，故解古今语而可知也（括苍叶梦得曰，《尚书》文皆奇涩，非作文者故欲如此。盖当时语自尔也。今按，此说是也。大抵《书》文，训、诰多艰涩，而誓、命多平易。盖训、诰皆是记录当时号令于众之本语，故其间多有方言及古语，在当时，则人所共晓，而于今世反为难知。誓、命则是当时史官所撰，檃括润色，粗有体制，故在今日，亦不难晓耳）。

孔颖达曰，孔君作传，值巫蛊不行。以终前汉，诸儒知孔本五十八篇，不见孔传。遂有张霸之徒，伪作《舜典》、《汩作》、《九共》九篇、《大禹谟》、《益稷》、《五子之歌》、《胤征》、《汤诰》、《咸有一德》、《典宝》、《伊训》、《肆命》、《原命》、《武成》、《旅獒》、《冏命》二十四篇。除《九共》九篇共卷，为十六卷，盖亦略见百篇之序，故以伏生二十八篇者，复出《舜典》、《益稷》、《盘庚》二篇、《康王之诰》及《泰誓》共为三十四篇。而伪作此二十四篇，十六卷，附以求合于孔氏之五十八篇，四十六卷之数也。刘向、班固、刘歆、贾逵、马融、郑玄之徒，皆不见真古文，而误以此为古文之书。服虔、杜预亦不之见。至晋王肃，始似窃见。而晋书又云，郑冲以古文授苏愉，愉授梁柳，柳之内兄皇甫谧又从柳得之，而柳又以授臧曹，曹始授梅赜，赜乃于前晋奏上其书而施行焉（《汉书》所引《泰誓》云，诬神者殃及三世。又云，立功立事，惟以永年，疑即武帝之世所得者。《律历志》所引《伊训》、《毕命》字画有与古文略同者，疑伏生口传，而晁错所属读者。其引《武成》，则伏生无此篇，必张霸所伪作者也）。

纂注：碧梧马氏曰，按孔传所言，则古文《书》，其经已送之王官藏之中秘；其传，则遭巫蛊而不复上闻，藏之私家者也。以其未立于学官，是以经佚而传不行于世耳。是则所谓古文书，岂惟未尝逸，盖亦未尝不在王官也。刘歆移太常，《书》所谓藏于秘府，伏而未发者是也。中秘书非世儒所得见。宜乎，后之引古文书者，皆不得其真。若杜、韦、赵注诸书，所引皆指为逸书也，如是几七百年而后传，斯文之兴丧可畏哉。

今按，汉儒以伏生之书为今文，而后，安国之书为古文。以今考之，则今文多艰涩，而古文反平易。或者以为今文自伏生女子口授晁错时失之。则先秦古书所引之文，皆已如此，恐其未必然也。或者以为记录之实语难工，而润色之雅辞易好，故训、诰誓命有难易之不同，此为近之。然伏生背文暗诵，乃偏得其所难；而安国考定于科斗古书，错乱磨灭之余，反专得其所易，则又有不可晓者。至于诸序之文，或颇与经不合，而安国之序，又绝不类西京文字，亦皆可疑。独诸序之本不先经，则赖安国之序而见，故今定此本壹以诸篇本文为经，而复合序篇于后，使览者得见圣经之旧，而又集传其所可知，姑阙其所不可知者云。

纂注：愚谓，帝王之书，历代所宝，天下家传人诵之。人生八岁入小学，教之以《诗》、《书》六艺之文，即此书也。盖自孔子以前则然矣。孔子初志，本期道行于天下，亦未肯止于删《诗》、定《书》而已。及既老，而道不行，然后始及于此，所以断自唐、虞，讫于周者，盖以前乎五帝，为三皇，世尚洪荒，非后世所可考。后乎三王，为五伯，习尚权谲，又非圣人所忍为。故惟自唐讫周，而百篇之《书》定。自是诵习者，简要而不繁；举行者中正而无弊。此夫子之意也。若夫一书之中，其于"明德"、"新民"之纲，修、齐、治、平之目，即《尧典》已尽其要。而"危微精一"四言，所以开知行之端；"主善协一"四言，所以示博约之义。务学，则《说命》，其入道之门；为治，则《洪范》，其经世之要也。他如齐天浑，则有羲和之历；定地理，则有《禹贡》之篇；正官僚，则有《周官》之制度；修已任人，则有《无逸》、《立政》。诸书煨烬坏烂之余，百篇仅存其半，而宏纲实用尚如此。故尝谓六经，莫古于书。《易》虽始于伏羲，然有卦，未有辞，辞始于文王尔。六经，莫备于《书》；五经各主一事而作耳。《易》，主卜筮，即《洪范》之稽疑也。《礼》主节文，即《虞书》之五礼也。《诗》主咏歌，即后夔之乐教也。《周礼》设官，即《周官》六卿率属之事也。《春秋》褒贬，即皋谟命德讨罪之权也。五经各主帝王政事之一端。《书》则备纪帝王政事之全体；修、齐、治、平之规模事业，尽在此书。学者其可不尽心焉。

## 20. 《尚书句解》

（元）朱祖义

**《尚书序》**

（此序孔安国所作。以其上古帝王之书，为后世所慕尚，故曰《尚书》。序中言，伏生年过九十，失其本经，口以传授，裁二十余篇。以其上古之书，谓之《尚书》，是知书是本名，"尚"是伏生所加也。）

古者伏牺氏之王天下也（古者有伏牺氏，即太皡也，以木德王天下），始画八卦（始画乾、坤、艮、巽、震、离、坎、兑八卦），造书契（造作书契，谓书之于木，刻其侧为契，各持其一，以相考合），以代结绳之政（以代上古洪荒之世结绳，以识其政事，事大大其绳，事小小其绳），由是文籍生焉（因此而三坟、五典之文籍以生焉）。伏牺、神农、黄帝之书（三皇之书），谓之三坟（名谓之三坟。坟，大也），言大道也（是其书之所言，皆大道也）。少昊、颛顼、高辛、唐虞之书（五帝之书），谓之五典（名谓之五典。典，常也），言常道也（是其书之所言者，皆常行之道）。至于夏、商、周之书（至于三代之书），虽设教不伦（虽禹、汤、文、武设教，不见伦类），雅诰奥义（要之，雅正之诰，皆有深奥之义），其归一揆（如人之于射，其归于一揆，度其的而已）。是故（此所以）历代宝之（经历万代莫不珍惜坟、典、训、诰之书），以为大训（以之为大训）。八卦之说（如八卦之说文），谓之《八索》（其书，名谓《八索》。索，求也），求其义也（所以求索八卦之义理也）。九州之志（九州所说），谓之《九丘》（其书名谓之《九丘》），丘，聚也（丘者，聚集也）。言九州所有（言九州所有之物），土地所生（土地所生之物），风气所宜（风气所宜之物），皆聚此书也（皆聚载于《九丘》之书）。《春秋左氏传》曰（《春秋左氏传》有言），楚左史倚相（楚灵王时，有左史倚相。史官居左，故曰左史也），能读三坟、五典、《八索》、《九丘》（号为能读三坟、五典、《八索》、《九丘》之书也），即谓上世帝王遗书也（即以谓上世帝王遗书，不知其溯毂）。

先君孔子（安国，是孔子十一世孙，尊其祖，故曰先君），生于周末（孔子生于周衰之末），睹史籍之繁文（见《八索》、《九丘》之书，皆史籍之繁文），惧览之者不一（恐览而观之者，无所统一），遂乃定礼乐，明旧章（述而不改曰定。遂乃定礼乐制度之舛错，以发明先世旧章典法），删《诗》为三百篇（就而减削曰删。诗，本三千篇，削其不合于礼义者，特存三百一十篇。止言三百，以成数言之者也），约史记，而修《春秋》（准依其事曰约，依鲁史而修《春秋》），赞《易》道以黜《八索》（因而佐成曰赞。因伏羲画之，文王重之，不可强改，特佐成《十翼》，则《易》道以明，而《八索》之书不必用矣。是以黜而弃之焉），述《职方》以除《九丘》（显而明之曰述。盖职方者，即《周礼》。职方氏所掌，皆九州所有，夫子述其所职，而载之于经，则《九丘》之书，亦不必用，故删除之），讨论坟典（坟典之书，传之既久，不无淆乱。孔子讨论而整理之），断自唐虞以下讫于周（上至三坟、五典之书。断自唐虞，独取二典，下至有周），芟夷烦乱（其间有杂乱难考之处，皆芟除之而使至于平夷也），剪截浮辞（浮华无实之言，皆剪截而剔去之），举其宏纲（纲，网之索。但举大纲而众目自张），撮其机要（机，弩之括，但撮机括之至要，非泛无所统。撮，七括反），足以垂世立教（诚足以垂示后世，而立教于人）。典、谟、训、诰、誓、命之文（其典、谟、训、诰、誓、命之书），凡百篇（凡有百篇），所以恢弘至道（皆所以发明张大二帝三王至治之要道），示人主以轨范也（以明后世人君出治之轨范。如车之有轨，所行皆由乎是；如器之有范，所为不外乎是也）。帝王之制（二帝三王之制作），坦然明白（平易明白），可举而行（后世可举，而见于行），三千之徒（孔子三千徒弟），并受其义（皆传受百篇之义）。

及秦始皇（及至秦王。名政，尊为皇帝，以初并天下号为始皇）灭先代典籍（灭除先代经典文籍），焚书坑儒（焚古书，坑儒士），天下学士（天下儒者）逃难解散（率皆隐身避世，以逃患难，分散于四方。解音蟹）。我先人用藏其家书于屋壁（时孔子七世孙子襄，安国以为先祖，故称我先人。虑家书之不传，乃以藏于屋壁中也）。汉室龙兴（汉家继秦，如龙之兴），开设学校（开设学校之久废者），旁求儒雅（遍求儒之雅正者），以阐大猷（以阐明大道）。济南伏生（济南有伏生，名胜，为秦二世博士），年过九十（年过九十余，老不能行，文帝诏晁错受之），失其本经（奈何遭秦火之余，散失其百篇本经），口以传授（幸伏生记诵之熟，以口传授于晁错），裁二十余篇（仅得《尧典》、《舜典》、《皋陶谟》、《益稷》、《禹贡》、《甘誓》、《汤誓》、《盘庚》三篇、《高宗肜日》、《西伯戡黎》、《微子》、《牧誓》、《洪范》、《金縢》、《大诰》、《康诰》、《酒诰》、《梓材》、《召诰》、《洛诰》、《多士》、《无逸》、《君奭》、《多方》、《立政》、《顾命》、《康王之诰》、《吕刑》、《文侯之命》、《秦誓》、《费誓》凡三十三篇，除《尧典》、《舜典》合为一，《皋陶谟》、《益稷》合为一，《盘庚》三篇合为一，《顾命》、《康王之诰》合为一。此二十八篇，故谓之二十余篇），以其上古之书（以其为上古帝王之书），谓之《尚书》（名谓之《尚书》以其为后世所慕尚，是知《书》是本名，"尚"是伏生所加），百篇之义（百篇之文义），世莫得闻（世不得而闻）。

至鲁共王（至汉景帝之子共王。名余，封为鲁王，死谥曰共），好治宫室（存曰，居鲁，近孔子宅，好修治宫室），坏孔子旧宅（毁坏孔子旧宅。坏，怪），以广其居（以广大其所居），于壁中得先人所藏古文（于所坏壁内，得安国先人子襄所藏上古帝王之文）虞、夏、商、周之书（乃虞夏商周之书），及传《论语》、《孝经》（及孔子所传《论语》、《孝经》）皆科斗文字（皆以科斗文其字。科斗，虾蟆子也。字形多头粗尾细，肚腹团圆，似科斗）。王又升孔子堂（共王又登孔子庙堂），闻金石丝竹之音（闻金钟、石磬、丝琴、竹管之声，以此神异），乃不坏宅（乃不敢毁其居），悉以书还孔氏（尽以其所得古文虞、夏、商、周之书，与传《论语》、《孝经》还孔氏）。

科斗书废已久（科斗之书，始于仓颉，其文至三代不改。经秦火废而不用，至汉，则其废已久），时人无能知者（汉时人，无有能知之者），以所闻伏生之书（安国乃以前所闻伏生口授之书），考论文义（考校论说古文之义），定其可知者（定其可知识者），为隶古定（为隶以写古文而后定），更以竹简写之（又别更以竹简写之。简一尺二寸。竹简者，以竹长一尺二寸为之。更音庚），增多伏生二十五篇（至此，复以屋壁古文校定，乃得《大禹谟》、《五子之歌》、《胤征》、《仲虺之诰》、《汤诰》、《伊训》、《太甲》三篇、《咸有一德》、《说命》三篇、《泰誓》三篇、《武成》、《旅獒》、《微子之命》、《蔡仲之命》、《周官》、《君陈》、《毕命》、《君牙》、《冏命》，凡二十五篇。伏生初得二十八篇，今又增多此二十五篇，是已得五十三篇矣）。伏生又以《舜典》合于《尧典》（于五十三篇之中，伏生又以《舜典》合《尧典》为一），《益稷》合于《皋陶谟》（《益稷》合《皋陶谟》为一篇），《盘庚》三篇合为一（盘庚三篇合为一篇），《康王之诰》合于《顾命》（《康王之诰》合《顾命》为一篇），复出此篇并序（今依古经，分《尧典》、《舜典》为二篇，《益稷》、《皋陶谟》为二篇，《盘庚》为三篇，《康王之诰》、《顾命》为二篇。是于三篇复出此五篇，并孔子所作书序自作一篇），凡五十九篇（总得五十九篇），为四十六卷（除序在外，不以卷计，由五十八篇同序者同卷，异序者异卷，如《太甲》、《盘庚》、《说命》、《泰誓》皆一篇同卷，是减八卷矣。又《大禹谟》、《皋陶谟》、《益稷》三篇同序，共一卷；《康诰》、《酒诰》、《梓材》三篇同序共一卷，是又减四卷矣。前减八卷，后减四卷，共十二卷。以五十八卷除十二是为四十六卷）。其余错乱摩灭，弗可复知（其余如《汩作》、《九共》九篇、《槁饫》、《帝告》、《釐沃》、《汤征》、《汝鸠》、《汝方》、《夏社》、《疑至》、《臣扈》、《典宝》、《明居》、《肆命》、《徂后》、《沃丁》、《咸乂》四篇、《伊陟》、《原命》、《仲丁》、《河亶甲》、《祖乙》、《高宗之训》、《分器》、《旅巢命》、《归禾》、《嘉禾》、《成王政》、《将蒲姑》、《贿肃慎之命》、《亳姑》，凡四十二篇亡，皆错乱而无序，摩灭而不明，不可复通知），悉上送官（安国乃并与竹简所写五十八篇，尽以上送于官），藏之书府（藏于秘府），以待能者（以待后世有能整理而读之者）。

承诏为五十九篇作传（安国时为武帝博士，既考正古文以闻于帝，又承诏旨为五十九篇之传。传通释，解其意也）。于是遂研精覃思（于是遂研核精专，覃静思求其理），博考经籍（广博推考群经六籍），采摭群言（于经籍中采摭众言，互相参考。摭，只），以立训传（作为诂训，传通其意），约文申义（其作传之体，则贵于约省其文，而申明一书之义也），敷畅厥旨（以敷布宣畅其旨意），庶几有补于将来（庶几天下后世，即其所传，以求圣经之旨有所补益耳）。书序（即孔子所序），序所以为作者之意（序述所以为作书者之意），昭然义见（言其意义昭明无隐），宜相附近（但作序者不敢厕于正经，故以序自作一篇，列于百篇之后。今安国从宜，以序附近于正经），故引之，各冠其篇首（故引而分之，各冠其本篇之首）。定五十八篇既毕（《书》本连序五十九篇，今序既分，则是损其一篇，则定为五十八篇既毕），会国有巫蛊事（会值武帝末年，淫惑鬼神，崇信巫术，有巫蛊事。蛊者，怪惑之名，谓以药毒害人，与行符厌俗为魅，令人蛊惑夭年伤性。谓之巫蛊，以蛊皆巫之所行也。奸人江充因行其诈，先于太子宫埋桐人，告上云，太子宫有蛊气，上使充治之，于太子宫果得桐人。太子知充陷己，乃杀充。武帝诏讨之，太子走奔壶关自杀。蛊音古），经籍道息（故武帝好经籍之道，至此灭息），用不复以闻（用

147

是不复以所传闻于上），传之子孙（惟自传于己之子孙），以贻后代（使之贻于后世之人行之）。若好古博雅君子（后世若有好爱古道，广博学问，志怀雅正之君子），与我同志（与我同慕古之意），亦所不隐也（亦发明吾道，庶几传而不至于隐蔽也）。

## 21.《尚书日记》

（明）王樵

### 《尚书日记》原序

传《尚书》者，非一家。至蔡先生《集传》宗本程朱，义始益精。而学者罕穷其归趣，何也？经文菡奥，事理兼该，非不该不遍之学，骤能通贯。《孟子》曰："诵其诗，读其书。不知其人可乎"？是以论其世也，盖以诗、书所载皆其人之实，读其书，如身在其时；论其世，如事在于己，则我之心即古人之心，古人之心即我之心，然后所谓知其人者，可得而几也。吁，岂易言哉。今去圣人之世虽远，而其心固在，故居千载之下，可仰而求。有不求，未有求而无得者也。予未有得而不敢不求者也。敬援横渠张子札记之法，但以自验所进，日久成帙，遂编次之，初不敢以传之人人。然此学人之所共有。愿观者，则出之。傥读而颇亦有契者乎，则以是为适国之舟车，送者自崖而反，奚不可者。

万历乙未春三月丙子朏（fěi）

金坛王樵序

### 凡例

一、蔡氏传经，体不得不简。是编欲以羽翼之故，不厌详。体各不同也。

一、义理，蔡传发明已尽。今欲学者，认归切己可用，故多引之使近，不欲推之使远。昔汉武帝以《尚书》为朴学，弗好。司马迁叙七国、楚汉事，使人如见，而五帝三代《本纪》殊不逮诸篇，盖迁有史材，无经学。其作此诸纪也，摭经入史，故辞多拙；经外旁缀（zhuì）杂闻，故事多陋。故愚尝谓，能以今事通古事，斯为明经；能以古文叙今事，斯为良史。《尚书》经中之史也。武帝不知通古事于今事，故以为朴学。《本纪》史中之经也。司马子长但以史材作之，故不足以通古。予何足以知前人短长，但以家世业是经，时为子弟说之，亦欲使人如见庶有所入，不为空言，故本其记录之意如此云。

一、《书》以道政事、制度、事迹，有不可略者，采注疏及他家以备考。蔡传及制度处，如《尧典》中"历象"，《舜典》中"玑衡"，《禹贡》中"地理"，皆已详悉。此外有未详者，悉补之，事迹有金氏《通鉴前编》。

一、《书》其说之有补于经者，多采入。夫读其书如身在其时；论其世，如事在于己，则虽制度事迹，有不可以久远难稽而略之者，其所未逮，则尚有俟于大雅之刊正云。

一、旧说相沿，如文王称王、武王观兵、周公居摄之类，先儒俱已辨正。此外如微子抱祭器归周、箕子受封朝鲜，周公居东为东征，我之弗辟为致辟，皆关圣贤大节，而传记异辞，不无害教。今悉辨之。

一、经中朱子已有定论，而蔡氏偶未之及者，从朱子。

一、讨论贵求其是，采辑不厌于广，或定从一家，或兼存众说，各有谓也。

一、引用先儒成说，皆称某氏。惟孔疏称正义，（以已有汉孔氏）。本朝先辈称谥，或官。无官者从时所称。其杂引及之，若马融、王肃，旁引及之，若郑玄之类，俱本原文，初非义例。

## 22.《御制日讲书经解义》

### 序

天生民而立之君，非特予以崇高富贵之具而已，固将副教养之责，使四海九州无一夫不获其所也。是故，古之帝王奉若天道，建都树屏，以立其纲；设官置吏，以张其纪；经天纬地，以尽其才；亲亲尊贤，以弘其业。黎民阻饥，而为之教稼；五品不逊，而为之明伦。为礼乐以导其中和；为兵刑以息其争讼。事未然而预为之备患，已至而亟为之驱。盖治天下之法，见于虞、夏、商、周之书，其详且密如此，宜其"克享天心"，而致时雍、太和之效也。所以然者，盖有心法，以为治法之本焉。所谓敬也，诚也，中也。敬，则神明有主，而物欲不能摇；诚，则孚信在中，而伪巧不能间；中，则公正无偏而袤说不能移。凡《书》中曰"钦明"，曰

"寅"、"恭"，曰"祗惧"，曰"迪畏"皆敬之属也。曰"允塞"，曰"至诚"，曰"一德"，曰"惇信"，皆诚之属也。曰"义制事"，"礼制心"，曰"沉潜刚克，高明柔克"，曰"宽而有制，从容以和"皆中之属也。性之者，为尧、舜、禹；文身之者，为汤、武、高宗；困而学之者，为太甲、成王；悖而去之者，为太康、桀、纣。呜呼！心法之存亡，治道之升降分焉，天命之去留系焉。曷其奈何弗鉴？朕万几余暇，读四代之书，惕若恐惧，爰命儒臣，取汉宋以来诸家之说，荟萃折衷，著为《讲义》一十三卷，逐日进讲。兹特加锓梓，颁示臣民，俾知朕仰法前代圣王，志勤道远，然夙夜兢兢，思体诸身心，措诸政治，以毋负上天立君之意，夫岂敢一日忘哉。是为序。

康熙十九年四月十二日

## 23.《尚书表注》

（宋）金履祥

### 《尚书表注》序

书者，二帝三王圣贤君臣之心，所以运量警省，经论通变，敷政施命之文也。君子于此，考迹以观其用；察言以求其心。以诚诸身，以措诸其事。大之用天下国家，小之为天下国家用。顾不幸，不得见帝王之全书。幸而仅存者，又不幸有差误、异同、附会、破碎之失。考论不精，则失其事迹之实；字辞不辨，则失其所以言之意。《书》未易读也。烬于秦，灰于楚，钳于斯、何偶语挟书之律久之。而伏生之耄，言仅传。孔氏之壁藏复露。伏生者，汉谓今文；孔壁者，汉谓古文。顾伏生齐语易讹，而安国讨论未尽。安国虽以伏生之书考古文，不能复以古文之书订今文，是以古文多平易，今文多艰涩。今文虽立学官，而大小夏侯、欧阳又各不同。古文竟汉世不列学官。后汉刘陶独推今文三家与古文异同，是正文字七百余事，号曰《中文尚书》，不幸而不传于世。至东晋而古文孔传始出，至萧梁而始备。唐贞观悉屏诸家，独立孔传，且命孔颖达诸儒为之疏。夫古文比今文固多且正，但其出最后，经师私相传授，其间岂无传述傅会。所以大序不类西京，而谓出安国小序，事意多缪经文，而上诬孔子。朱子传注，诸经略备，独《书》未及。尝别出小序，辨正疑误，指其要领，以授蔡氏，而为《集传》。诸说至此，有所折衷矣。而《书》成于朱子既殁之后，门人语录未萃之前，犹或不无遗漏、放失之憾。予兹表注之作，虽为疏略，苟得其纲要，无所疑碍，则其精详之蕴，固在夫自得之者，何如耳。

婺州金履祥序

**《尚书序》**

（归善斋按，汉孔原文略）

《前汉书》言，张霸采《左传》书叙，作书首尾。《后汉书》言，卫宏作《诗》序。卫宏之云，朱子尝引之，以证时序之伪矣。独《书》序疑而未断。方汉初时泰寄且有伪书，何况书序之类，且孔传古文其出最后，则附会之作有所不免。若书序果出壁中，亦不可谓非附会者。盖孔鲋兄弟藏书之时，上距孔子殁，垂三百年，其同藏者《论语》、《孝经》。《论语》既有子曾子门人所集，《孝经》又后人因五孝之训，而杂引时书、传记之语，附会成书。何为古，缺三字，是夫子旧本，则其为齐鲁诸儒次序附会而作序，亦可知也。

# 24. 《尚书通考》

**（元）黄镇成**

**《尚书通考》叙意**

《书》载二帝三王之政。政者，心与事之所形也。是故道德仁圣统乎心，制作名物达于事。内外之道合，而帝王之政备矣。然统乎心者，先后古今，吻合无二；达于事者，仪章器物，因革无存。故求帝王之心易，而考帝王之事难。矧后儒稽古，不过以周为据，而秦人灭学，周典亦多残缺，乃欲以不完之文，以征隆古之旧，斯益难矣。然昔者，紫阳夫子之教，必语学者以有业次，如所谓尧、舜典历象日月星辰，律度量衡，五礼五乐；《禹贡》山川；《洪范》九畴之类，须一一理会令透。盖读书穷理，即器会道，乃学者之当务也。余方授儿辈以《书》，间或有问，不容立答，则取关涉考究者，会萃抄撮。或不可言晓者，规画为图，以示之。至众家之说有所不通，则间述臆见，以附于下。如旧图、旧说已备者，不复赘出。其有未尽，则随条辨析焉。岁月积累，浸成卷帙。儿辈乃请次其颠末，以便考寻，名曰《尚书通考》。窃谓学有本末，道无精粗。礼乐官名，圣人犹问，则读是经者，安得不求其故哉。方将就正于博洽君子，然后退授于家，俾为格致之助，亦庶乎紫阳夫子之教云耳。

　　　　时天历三年岁名上章敦牂月旅太蔟日得壬子

　　　　昭武黄镇成谨识

《尚书通考》卷一

**百篇书目**

伏生《今文尚书》凡二十八篇：《尧典》、《皋陶谟》、《禹贡》、《甘誓》、《汤誓》、《盘庚》、《高宗肜日》、《西伯戡黎》、《微子》、《牧誓》、《洪范》、《金縢》、《大诰》、《康诰》、《酒诰》、《梓材》、《召诰》、《洛诰》、《多方》、《多士》、《立政》、《无逸》、《君奭》、《顾命》、《吕刑》、《文侯之命》、《费誓》《秦誓》。右伏生所授者。汉武时又入伪《泰誓》一篇，为二十九篇。

安国《古文尚书》增多伏生二十五篇：《大禹谟》、《五子之歌》、《胤征》、《仲虺之诰》、《汤诰》、《伊训》、《太甲》三篇、《咸有一德》、《说命》三篇、《泰誓》三篇、《武成》、《旅獒》、《微子之命》、《蔡仲之命》、《周官》、《君陈》、《毕命》、《君牙》、《冏命》。

安国复出《尚书》凡五篇：舜典（今文合《尧典》）、《益稷》（今文合《皋陶谟》）、《盘庚》（二篇，今文一篇）、《康王之诰》（今文合《顾命》）。右今古文通。五十八篇又百篇之序一篇，即今所行五十八篇，而以序冠篇首者也。

逸书：《汩作》、《九共》（九篇）、《槁饫》、《帝告》、《釐沃》、《汤征》、《汝鸠》、《汝方》、《夏社》、《疑至》、《臣扈》、《典宝》、《明居》、《肆命》、《徂后》、《沃丁》、《咸乂》四篇、《伊陟》、《原命》、《仲丁》、《河亶甲》、《祖乙》、《高宗之训》、《分器》、《旅巢命》、《归禾》、《嘉禾》、《成王政》、《将蒲姑》、《贿肃慎之命》、《亳姑》。右四十二篇书亡。即书序谓其余错乱磨灭，弗可复知者也。通前今古文合百篇之数。

汉张霸伪书凡二十四篇：《舜典》、《汩作》、《九共》（九篇）、《大禹谟》、《益稷》、《五子之歌》、《胤征》、《汤诰》、《咸有一德》、《典宝》、《伊训》、《肆命》、《原命》、《武成》、《旅獒》、《冏命》。

张霸复出伏生《书》五篇：《舜典》、《益稷》、《盘庚》二篇、《康王之诰》、《泰誓》。右前汉诸儒不见孔传，张霸伪作二十四篇，附伏生二十八篇，又复出五篇并《泰誓》一篇。求合孔氏五十八篇四十六卷之数。

**伏生《今文尚书》**

《史记·儒林传》孝文帝时，欲求能治尚书者，天下无有。乃闻伏生能治，欲召之。是时，伏生年九十余，老不能行，于是乃诏太常，使掌故晁错往受之。秦时焚书，伏生壁藏之。其后兵大起流亡。汉定，伏生求其书，亡数十篇，独得二十九篇，即以教于齐鲁之间。学者由是能言《尚书》，诸山东大师无不涉《尚书》以教矣。伏生教济南张生，及欧阳生（《汉书》曰字和伯，千乘人）。欧阳教千乘兒宽，兒宽既通《尚书》，以文学应郡举，诣博士受业，受业孔安国。兒宽贫无资用，常为弟子都养。及时时间行佣赁，以给衣食。行常带经，止息则诵习之，以试第次，补廷尉史。是时，张汤方乡学，以为奏谳掾，以古法议决疑大狱而爱幸宽。宽为人温良，有廉智，自持，而善著书。书奏，敏于文，口不能发明也。汤以为长者，数称誉之。及汤为御史大夫，以宽为掾，荐之天子。后位至御史大夫，张生亦为博士。而伏生孙以治《尚书》，征莫能明也。自此之后，鲁周霸、孔安国、雒阳贾嘉颇能言《尚书》事。孔氏有《古文尚书》，而安国以今文读之，因以起其家逸书，得十余篇，盖《尚书》滋多于是矣（起谓发以出也）。

孔安国曰，汉室龙兴，开设学校，旁求儒雅，以阐大猷。济南伏生，年过九十，失其本经，口以传授，裁二十余篇，以其上古之书，谓之《尚书》。百篇之义世莫得闻。

陆氏曰，二十余篇，即马、郑所注二十九篇是也。孔颖达曰，《泰誓》本非伏生所传。武帝之世始出而得行。史因以入于伏生所传之内。蔡氏曰，伏生本但有《尧典》、《皋陶谟》、《禹贡》、《甘誓》、《汤誓》、《盘庚》、《高宗肜日》、《西伯戡黎》、《微子》、《牧誓》、《洪范》、《金縢》、《大诰》、《康诰》、《酒诰》、《梓材》、《召诰》、《洛诰》、《多方》、《多士》、《立政》、《无逸》、《君奭》、《顾命》、《吕刑》、《文侯之命》、《费誓》、《秦誓》，凡二十八篇，今加《泰誓》一篇，故为二十九篇。

颜师古曰，卫宏定《古文尚书》序，伏生老不能正言，言不可晓，使其女传错。齐人语多与颍川异。错所不知，凡十二三，略以其意属读而已（伏生，齐人；晁错，颍川人）。

史谓伏生壁藏，而安国云失其本经口以传授者，盖伏生初实壁内得之，传教既久，诵文则熟。至错往受，不执经而口授之耳（出颖达正义）。

朱子曰，伏生不出，其女口授，有齐音，不可晓，以意属成。及孟子引"享多仪"，却与《大诰》无差。只疑伏生偏记难者，而反不记其易者。然盘诰聱牙，自是《书》之本体。典、谟、贡、范，同出于生，而明白坦（原阙）。

之传奏之，而又阙《舜典》一篇（按，《舜典》伏生《书》已合《尧典》，但阙二十八字耳）。

隋开皇初，购求逸书，有人言，齐建武中，吴姚方兴于大桁市（或曰大航头）得孔氏传古文，比马、郑所注多二十八字，于是始列国学。梁、陈所讲，有孔、郑二家。齐代惟传郑义。至隋孔、郑并行，而郑氏甚微，自余所存，无复师说。又有《尚书》逸篇，出于齐梁之间。考其篇目，似孔氏壁中书之残缺者，故附《尚书》之末。

吴才老曰，增多之书，皆文从字顺，非若伏生之书，诘屈聱牙。夫四代之书，作者不一。乃至二人之手，而定为二体，其亦难言矣。

朱子曰，按汉儒以伏生之书，为今文；而谓安国之书，为古文。以今文考之，则今文多艰涩，而古文反平易。或者以为今文自伏生女子口授，晁错时失之。则先秦古书所引之文皆已如此，恐其未必然也。或者以为记录之实语难工，而润色之雅辞易好。故训、诰、誓、命有难易之不同。此为近之。然伏生倍文暗诵，乃偏得其所难，而安国考定于科斗古书，错乱摩灭之余，反专得其所易，此又不可晓者。至于诸序之文，或颇与经不合。而安国之序，又绝不类西京文字，亦皆可疑。独诸序之本不先经，则赖安国之序而可见。

临川吴氏曰，汉《艺文志》，《尚书》经二十九篇。古经十六卷二十九篇者，即伏生今文《书》二十八篇及武帝时增伪《泰誓》一篇也。古经十六卷，即张霸伪古文书二十四篇也。汉儒所治不过伏生《书》，及伪《泰誓》耳。张霸古文虽在，而辞义芜鄙，不足取重于世，以售其欺。及梅赜二十五篇之书出，则凡传记所引《书》语，注家指为逸书者，收拾无遗。既有证验，而其言率依于理，比张霸伪书辽绝矣。唐初，诸儒从而为之疏义，自是，汉世夏侯、欧阳所传二十九篇者，废不复行。惟此孔传五十八篇，孤行于世。窃尝读之，伏氏《书》虽难尽通，然辞义古奥，其为上古之书无疑。梅赜所增二十五篇，体制如出一手，采集补缀，虽无一字无所本，而平缓卑弱，殊不类先汉以前之文。夫千年古书，最后乃出，而字画略无脱误，文势略无龃龉，不亦大可疑乎。夫吴氏、朱子之所疑者，顾澄何敢质斯疑，而断断然不敢信此二十五篇之为古书。则是非之心不可得而昧也，故今以此二十五篇自为卷袠以别于伏氏之书，而因及其所可疑，非澄之私言也，闻之先儒云尔。

**《尚书》名义**

孔安国曰，以其上古之书，谓之《尚书》。王肃曰，上所言下，为史所书，曰《尚书》也。孔颖达曰，言惬群心，书而示法。既书有法，因号曰《书》，后人见其久远，自于上世。尚者，上也，言此上代以来之书，故曰《尚书》。又曰，孔氏继在伏生之下先云，以其则知"尚"字乃伏生所加也。自伏生言之，则于汉世，仰遵前代，自周以上皆是上。《书》，是本名，尚是伏生所加，故诸引直云"《书》曰"，若有配代而言，则曰《夏书》，无言《尚书》者。

夏氏曰，此上代之书，为后世所慕尚，故曰《尚书》。

**壁藏异记**

《家语》云，孔腾字子襄，畏秦法峻急，藏《尚书》等于孔子旧堂壁中（《汉记·尹敏传》云孔鲋所藏）。

按孔子七世孙子顺，为魏相，生鲋及腾。鲋为陈涉博士；腾为惠帝博士，长沙太守。至四世孙安国为武帝博士，临淮太守。

新安陈氏曰，鲋、腾兄弟，藏书必同谋，谓鲋藏亦可；腾藏亦可也。隋《经籍志》以为孔子末孙惠所藏之书，岂以腾为惠帝博士邪。

愚按，孔子定《书》为百篇，遭秦灭学，孔氏藏之壁中，而伏生亦藏于壁。汉兴，伏生先发所藏，亡数十篇，独得二十八篇，教于齐鲁之间。汉文帝使晁错往受时，传习既久，诵文已熟，而伏生老不能正言，使女子口授之。至孝武帝，得伪《泰誓》一篇于民间，因合为二十九篇。

而欧阳、大小夏侯之徒，皆学之，写以汉世文字，故谓之《今文尚书》及孔壁复出，安国定其可知者，多二十五篇，本皆科斗文字，而安国易以隶书，故谓之《古文尚书》。又复出伏生所合之篇五篇，并百篇之序一篇，凡三十一篇，合伏生二十八篇，为五十九篇四十六卷，其余错乱摩灭不可复知，悉送于王官，藏之秘府。又承诏为五十九篇作传，以巫蛊事起，藏之私家。前汉诸儒知有五十八篇，而不见孔传。遂有张霸伪作《舜典》及《汨作》等二十四篇。及伏生二十八篇又分出《盘庚》二篇、《康王之诰》、《泰誓》三篇，共六篇，为五十八篇，以附孔传之数。其贾逵作训，马融作传郑玄注解皆非真古文。故杜预注《左传》，韦昭注《国语》，赵岐注《孟子》所引真古文《书》，皆以为逸书。至东晋豫章内史梅赜，始传孔传古文于臧曹，遂奏上其书，于是伪书及伪《泰誓》皆废，但阙《舜典》一篇。然《舜典》本合于伏生之《尧典》，固未尝阙，特少篇首二十八字。至齐，姚方兴始得《舜典》于大航头，比马、郑所注多二十八字（马、郑所注，盖伏生《尧典》非伪《舜典》也）。至隋开皇三年，求遗书，得《舜典》，然后五十八篇方备。然孔传始出，皆用隶书，至唐天宝三载，诏卫衡改古文从今文。今之所传者，乃唐天宝所定本也。夫经籍遭秦火残缺，《书》为最甚。其初伏氏所教者，裁十之三；晁错所受者止以其意属读，则今文之传固有不备。厥后，孔氏发壁中之藏，以不知科斗书而以伏生之书考论文义，增多伏生之半，则古文之传又不能尽。又况张霸伪妄，汉魏诸儒已不识古文。永嘉丧乱，今文之学又绝。《尚书》一经，至是几于息矣。寥寥数百载间，乃至东晋，而后孔氏之书始出，其间溷殽真伪所不暇论。至于更历传受，循伪踵缪，断章错简，周田豕亥，谅匪一端。且伏氏既有壁藏，不以书授错，而以女子口授；孔壁《书》既传都尉朝，马、郑诸儒宜无不知。乃俾伪书肆行欺罔，是皆不能无疑者矣。呜呼，《书》之不幸，一失于壁中之磨灭；再失于口传之女子；三失于巫蛊之沦废。百篇之义既莫睹其大全。幸存而可考者，其丧失又如此。世之学者，乃欲强通其所不通，斯亦难矣。善乎，朱夫子之言。曰解其所可晓者，而阙其所可疑者，则诚读《书》不易之良法也。

许氏纪年图（许益之《读书丛说》）

（归善斋按，原文略，见《读书丛说》）

## 25.《书蔡传旁通》

（元）陈师凯

### 《书蔡传旁通》序

天道无心而成化，圣人有心而无为。夫惟其有心也，故无为而无不为。惟其无为而无不为，故动而世为天下道，行而世为天下法，言而世为天下则。此二帝三王之所以不能不有《书》也。《书》既有矣，凡一动，一行，一言，虽千万世而一日矣。然《书》出于千万世之前，而《书》读于千万世之后，则其一动、一行、一言，又乌得而备知之。此朱蔡师弟子之所以不能不有《传》也。《传》既成矣，后之读者，将不能究朱子之所传，不能领蔡氏之所受，又不能如其行辈之所讲，明则虽有传，犹未能备知也。此鄱阳董氏之所以有《辑录纂注》也。然其辑录，特答问之多端；纂注，又专门之独见。初学于此，苟本传尚未晓析，而乃游目广览，则茫无畔岸。吾谁适从？是董氏所纂，乃通本传。以后之事，殆未可由此以通本传也。此《旁通》之所以赘出也。嗟夫，《书》之有传，如堂之阶，如室之户，未有不由此而可以造其地也。然传文之中，片言之赜，只字之隐，呻其佔毕之际，嗫嚅而龃龉者，不为无矣。况有所谓天文地理律历，礼乐兵刑，龟策河图洛书，道德性命，官职封建之属，未可以一言尽也。是以旁通之笔，不厌琐碎，专务释传，固不能效正义之具举，但值片言只字之所当寻绎，所当考训者，必旁搜而备录之，期至于通而后止，俾初学之士对本《传》于前，置《旁通》于侧，或有所未了者，即转瞩而取之左右。庶几微疑易释，大义易畅，乘迎刃之势，求指掌之归。吾见其有融会贯通之期，无嗫嚅龃龉之患矣。其言道德性命之际，文理已明者略为衍说。或于名物度数之末，无乃太简者，则详究所出，以致弗明弗措之意焉。由是以了《本传》，次及《辑录纂注》，则先入者定而中不摇；权度在我而外不惑。近可以得诸儒之本旨；远可以会朱蔡之授受。若夫二帝三王之所以为天下道，为天下法，为天下则者，则又存乎其人而已。虽然愚之所以云云而不避晋越者，非敢为通人道也，为初学小子费师说者设也。以謏（xiǎo）闻而陈之通人之前，宁不诒玉卮（zhī）无当之诮（qiào）乎。姑藏之，以俟知者。

时至治元年岁次辛酉四月六日

后学东汇泽陈师凯序

**《书蔡传旁通》引用书目**

徐铉校定《说文》，陆德明《经典释文》，《九经古注》，《九经注疏》，《隶古尚书》，《春秋公羊传》，《春秋谷梁传》，《仪礼经传通解》，杨信斋《祭礼通解》，《朱子书说》《朱子语录》，《朱子大全集》，《朱子四书》，《朱子周易本义》，《朱子易学启蒙》，《朱子诗传》，程子《易传》，董氏《书传辑纂》，程氏《禹贡图》，《长安禹迹图》，《石刻尚书图》，陆淳《春秋纂例》《启蒙附录》，王太古《见易》，严氏《诗缉》，吕氏《诗记》，俞氏《周礼复古编》，《史记》，《前汉书》，《后汉书》，《三国志》，《晋书》，《南史》，《北史》，《隋书》，《旧唐书》，《新唐书》，《五代史》，《宋纪事本末》，《金志》，《辽志》，《史记索隐》，《史记正义》，杜氏《通典》，郑夹漈（jì）《通志略》，《国语韦氏解》，《国策鲍氏解》，《稽古录》，苏子《古史》，《通鉴》《皇极经世书》，郭忠恕《佩觿（xī）》，卫宏《古文奇字序》，《尔雅》，《尔雅疏》，《博雅》，《楚辞注》，刘向《说苑》，蔡氏《律吕本原》，蔡氏《洪范内篇》，《东坡地理指掌图》，李善《文选注》，《文苑英华》，《文鉴》，《曾南丰文集》，卫宏《汉官旧仪》，李埴《续补汉官仪》，《三辅黄图》，周子《易通》，《管子》，《列子》，《庄子》，《荀卿子》，杨子《法言》，《韵会》，《玉篇》，《唐韵》，乐史《寰宇记》，《舆地志》，《舆地要览》，崔豹《古今注》，程氏《叙论》，薛氏《古文》，《西山读书记》，《洪范五行传》，《周书王会篇》，《谥法解》，《本草》。

**序**

文，文字也。书，书籍也。

《说文序》云，依类象形，故谓之文；形声相益，即谓之字。字者，言孳乳而浸多也。著于竹帛，谓之书。书者，如也。盖制字之初，以象形为本，如日月虫鱼之属；次则指事，如上下字；次则谐声，如江河字；次则会意，如武信字；次则转注，如考老字；次则假借，如令长字。日圆月阙，是象形也。卜在一上为上，卜在一下为下，是指事也。工与江声相近，可与河声相近，是谐声也。谐，和也。又名形声，如江字，水形工声；河字，水形可声也。亡戈为武，人言为信，是会意也。郑氏《通志略》云，非止戈为武，当云亡戈为武，亡读为无也。考字，足左回；老字，足右转，是转注也。使令之令，借音。令尹之令，长短之长，借音。长幼之长，是假借也。此文字第一门，故详言之。

揆，度也。

度入声。《孟子集注》云，其揆一者，言度之，而其道无不同也。

伏羲以木德王，神农以火德王，黄帝以土德王，少昊以金德王，颛顼以水德王，高辛以木德王，唐尧以火德王，虞舜以土德王，夏禹以金德王，商汤以水德王，周文武以木德王。

此皆据《释文》。愚按，终始五德之传，起战国邹衍之说。其合于经者，《月令》五人帝。春帝太皞，即伏羲也；夏帝炎帝，即神农也；中央黄帝，即轩辕也；秋帝少皞，即少昊也；冬帝颛顼，即高阳也。此其说之合者也。其不合于经者，夏后氏尚黑，非金德也；殷人尚白，非水德也；周人尚赤，非木德也。此其不合者也。

颜师古曰，《家语》云，孔腾，字子襄。

此据《前汉艺文志》注文也。陆氏《释文》序录云，秦禁学，孔子之末孙惠壁藏之。而《释文》注又与师古说同。故蔡氏亦据之。

掌故晁错。

掌故，官名。错，初捕反。

齐人语多与颍川异。

伏生齐人，晁错颍川人。

科斗，虫名，虾蟆子，书形似之。

即三代时字，起于黄帝之史仓颉。历代修改，至周宣王时，太史籀又加损益，为大篆十五篇，与古文并行。孔子书六经时，以黑漆写之于竹简。漆书点画稠浓，形类虾蟆子。秦时狱吏程邈作隶书，即今常行楷字。李斯作小篆，即今玉箸（zhù）篆。时人以隶书便于徒隶，书写简易，皆竞习之。故三代古文，弃而不习。至汉时，无能识者，乃妄称为科斗书，在三代时无科斗之号也。幸伏生口传于前，孔壁发藏于后，安国得以考论文义，遂使三代古文得传于今日，此万世之功也。

为隶古定，谓用隶书以易古文。

孔氏疏云，言隶古者，正谓就古文体，而从隶定之。《释文》序录云，《古文尚书》皆科斗文字，孔安国以校伏生所诵，为隶古写之。愚按，隶古《尚书》，宋时郴学有板其字，盖用隶书笔法写古文，点画平正，无诘屈蟠纠之势。若今《广韵》、《玉篇》内所载古字，非用隶书换易古文也。"易"字当是写字之误。又按。郭忠恕《佩觿》云，《尚书》宋齐旧本，隶写古文。

焚书在三十四年。

疏云，始皇三十四年，因置酒咸阳宫，丞相李斯奏请，天下敢有藏《诗》、《书》百家语者，悉诣守尉杂烧之；有敢偶语《诗》、《书》者弃市。令下三十日不烧，黥为城旦。

坑儒在三十五年。

疏云，三十五年始皇以方士卢生求仙药不得，以为诽谤，诸生连相告引，四百六十余人皆坑之咸阳。又卫宏《古文奇字序》云，秦改古文，以为篆隶，国人多诽谤。秦患天下不从，而召诸生至者，皆拜为郎，凡七百人。又密令冬月种瓜于骊山硎谷之中温处，瓜实乃使人上书，曰瓜冬有实。有诏天下博士诸生说之，人人各异，则皆使往视之，而为伏机。诸生方相论难，因发机从上填之以土，皆终命也。

详此章，虽说"书序，序所以作者之意"，而未尝以为孔子所作，至刘歆、班固始以为孔子所作。

《汉书·艺文志》云，《书》之所起远矣，至孔子纂焉（孟康曰，纂，音撰），上断于尧，下讫于秦，凡百篇，而为之序，言其作意。《志》乃班固所删刘歆《七略》中语也。又按，古《周书》七十篇，孔子所删去者，而今每篇亦皆有序冠其篇首，则知百篇小序，决非孔子所作矣。

江充造巫蛊败戾太子。

疏云，蛊者，怪惑之名。指体则毒药害人者，是若行符厌俗之为魅，令人蛊惑，夭年伤性皆是也。以蛊皆巫之所为，故曰巫蛊。武帝末年，淫惑鬼神。由此奸人江充因而行诈，先于太子宫埋桐人，告上云太子宫有蛊气。上信之，使江充治之于太子宫，果得桐人。太子知己不为此，以江充故为陷己因而杀之，而帝不知太子实心，谓江充言为实，即诏丞相刘屈氂发三辅兵讨之。太子敕长安囚与斗，不胜而出走，奔湖关自杀。

古文。

安国壁中书也。

今文。伏生口传书也。

裁二十余篇。陆氏曰，即马、郑所注二十九篇是也（本二十八篇，后加伪《秦誓》一篇）。

《尧典》（《舜典》合）、《皋陶谟》（《益稷》合）、《禹贡》、《甘誓》、《汤誓》、《盘庚》（三篇合）、《高宗肜日》、《西伯戡黎》、《微子》、《牧誓》、《洪范》、《金滕》、《大诰》、《康诰》、《酒诰》、《梓材》、《召诰》、《洛诰》、《多方》、《多士》、《立政》、《无逸》、《君奭》、《顾命》（《康王之诰》合）、《吕刑》、《文侯之命》、《费誓》、《秦誓》已上是伏生口传二十八篇。今开所合者，共三十三篇。蔡传后云，古文今文皆有者，此是也。

增多伏生二十五篇。

《大禹谟》、《五子之歌》、《胤征》、《仲虺之诰》、《汤诰》、《伊训》、《太甲》三篇、《咸有一德》、《说命》三篇、《泰誓》三篇、《武城》、《旅獒》、《微子之命》、《蔡仲之命》、《周官》、《君陈》、《毕命》、《君牙》、《冏命》。已上是壁中书多于伏生者也。蔡传后云，今文无古文有者此篇是也。凡今文所有，古文亦有之。故止称今文无，古文有；不称今文有，古文无也。

复出此篇并序。

《舜典》、《益稷》、《盘庚》中下二篇、《康王之诰》，此五篇伏生所合，安国析出之。通前伏生二十八篇，安国增多二十五篇，及此析出五篇，并小序一篇，共五十九篇，除开小序冠篇首，正五十八篇也。又按，隶古《尚书》，自《尧典》称第一至《秦誓》第五十八，中间《禹贡》、《汤誓》、《泰誓》不更称第一也。

古文读应《尔雅》，故解古今语而可知也。

按，《艺文志》，"故"字上更有一"雅"字，读连下句。颜师古于《诗经》"鲁故"下注云，故者，通其指义也。它皆类此。今流俗，《毛诗》改"故"训传为"诂"字，失真耳。又按《尔雅》有《释诂》篇，如颜说，则"雅故"者，即《尔雅·释诂》也。读书者，依《雅故》解古今语，则义可通矣。"故"字上当补"雅"字。

《晋书》又云，郑冲以古文授苏愉；愉授梁柳；柳之内兄皇甫谧，又从柳得之；而柳又以授臧曹；曹始授梅颐。颐乃于前晋奏上其书。而施行焉。

据孔颖达叙此历历，今本《晋书》无之。恐太宗未修以前旧史所载也。《隋书·经籍志》云，伏生口传二十八篇，又河内女子得《泰誓》一篇献之。武帝时，鲁恭王坏孔子旧宅，得其末孙惠所藏之书，字皆古文，孔安国以今文校之，得二十五篇。其《泰誓》与河内女子所献不同。又伏生所诵，有五篇相合，安国并依古文，开其篇第，以隶古字写之，合成五十八篇作传。会巫蛊事起，不得奏上，私传其业于都尉朝。朝授胶东庸生，谓之《尚书》。古文之学而未得立。后汉扶风杜林，传古文《尚书》。同郡贾逵为之作训，马融作传，郑元亦为之注。然其所传，唯二十九篇，又杂以今文，非孔旧本。自余绝无师说。晋世秘府所存，有古文《尚书》经文，今无有传者。及永嘉之乱，欧阳、大小夏侯《尚书》并亡。济南伏生之传，唯刘向父子所著《五行传》是其本法，而又多乖戾。至东晋元帝时，豫章内史汝南梅颐，字仲真，始得安国之传。奏之时又阙《舜典》一篇。齐建武中，吴兴姚方兴，于大桁市得其书，奏上，比马、郑所注多二十八字。于是始列国学。又云，古文《尚书·舜典》一卷，晋豫章太守范甯注。《释文》序录云，齐明帝建武中，吴兴姚方兴，采马、王之注，造孔传《舜典》一篇，云于大桁头买得上之。郭忠恕《佩觿》云，吴兴大舮（户刚反），舡舶之类。又《通鉴》，刘裕枭桓元首于大桁。桁与舮、航同舡，与市，未详孰是。

张霸所伪作。

《释文》序录云，百两篇者，东莱张霸分析二十九篇以为数十，又采《左传》书序，为作首尾，凡百二篇，篇或数简，文意浅陋。成帝时，刘向校之，非是。后遂黜其书。

## 26.《读书管见》

（元）王充耘

（《读书管见》无序）

## 27.《书义断法》

（元）陈悦道

（《书义断法》无序）

## 28.《尚书考异》

（明）梅鷟

### 《尚书考异》原序

《尚书》二十八篇，并序一篇共二十九篇。秦博士伏生所传，乃圣经之本真也。因暴秦焚书，藏于壁中。遭乱遗失，所存者止有此耳。伏生即以教于齐鲁之间，因为大传三篇。汉文时求治尚书者，无过于伏生，使太常掌故晁错往受传之。盖传其文义，讲说以发明正经云尔。景帝时所传者，亦不过如此。至武帝时，孔安国等专治《古文尚书》，滋多于此矣。故孔臧与孔安国书曰，《尚书》二十八篇。儒者以为上应二十八宿。不知又有《古文尚书》也。可见武帝以前，原无《古文尚书》明矣。自安国古文未出之先，《尚书》正经单行于世。如日月之丽于天，无一蔽亏。及安国古文既出之后，分《尧典》"慎徽"以下为《舜典》，分《皋陶谟》帝曰"来禹"以下为《弃稷》，分《盘庚》为三篇，分《顾命》"王若曰"以下为《康王之诰》。凡复出者五篇。又于其间离逖（tì）改削，窜易穿穴之变多，而《尚书》无完经矣。至其所治古文一十六篇者，多怪异之说，及经书所引，皆不在其内。以故当时老师宿儒，尊信正经，不肯置对苟从，据理辨难，不肯奏立学官。虽以刘歆移书之勤，犹哗攻不已。其间或灭或兴，信之者或一二，不信者恒千百。其书遂不显行于世。然其递递相承，盖可考也。此先汉真孔安国之伪书，其颠末大略如此。

至东晋时，善为模仿窥窃之士，见其以讹见疑于世，遂搜（sōu）括群书，掇拾嘉言，装缀编排，日锻月炼，会稡成书，必求无一字之不本于古语，无一言之不当于人心，无一篇之不可垂训诫。凡为书者，二十五篇，见诂训之难通，遂改易其字；见意义之丁宁，遂刊落其语；见《弃稷》之不可以名篇，遂更为《益稷》；见《盘庚》之上中下可以便己，《大甲》、《说命》、《泰誓》之上中下，遂仍为三篇；见报告之词不可以离逊也，遂合"王出"以下为《康王之诰》；又见"慎徽五典"不可突起为《舜典》也，遂增"曰若"以下二十有八字。则愈巧矣，愈近理矣，无可得而渗漏矣，无可得而掎（jǐ）摭矣。虽英材问气，亦尊信服膺之不暇矣。然不知自明者视之，则如泥中之斗兽，踪迹显然。卒亦莫之掩也。甚者至于"不怡怿哉"、"采政忽"之类直改易之，而无复置疑；"曰明都"、"弗肯构"、"弗肯获"、"厥考翼"之经，直刊落之，而无复忌惮，顾使圣人之正经，反附丽伪书以行于世。譬如成周东迁之主，气象销荼（nié），惟列国是依，以列国为命者也，不亦颠倒舛错之甚也哉。此东晋假孔安国之伪书，其颠末大略如此。

愚每读书至此，未尝不叹息痛恨于先儒也。夫所贵乎儒者之释经，在能除圣经之蔽翳（yì），使秕稗（bǐ bài）不得以杂嘉谷；鱼目不得以溷明珠；华丹不得以乱窈窕焉耳。今反崇信伪书，以囚奴正经。予畏圣人之言，故不得不是而正之。特作考异，使学者涣然知蔽塞之由，然后知余之恢复圣经，盖有不得已焉，而非苟为好辨者也。

### 《史记·儒林传》

伏生者，济南人，故为秦博士。孝文时欲求能治尚书者，天下无有。乃闻伏生能治，欲召之。是时伏生年九十余老不能行。于是乃诏太常，使掌故晁错往受之。秦时焚书，伏生壁藏之。其后兵大起流亡。汉定伏生求其书，亡数十篇，独得二十九篇，即以教于齐鲁之间。学者由是颇能言《尚书》。诸山东大师，无不涉《尚书》以教矣。伏生教济南张生及欧阳生。欧阳生教千乘兒宽。兒宽既通《尚书》以文学应郡举，诣博士受业。受业孔安国。兒宽贫无资用，常为弟子都养，以试第次，补廷尉史。张汤以为奏谳掾，后为御史大夫。张生亦为博士，而伏生孙以治《尚书》征，不能明也。自此之后，鲁周霸、孔安国，洛阳贾嘉，颇能言《尚书》事。孔氏有《古文尚书》，而安国以今文读之，因以起其家逸书，得十余篇，盖《尚书》滋多于此矣。

今按，太史公当汉武帝时，伪说未滋，故其言多可信。如云伏生书出于壁藏，独得二十九篇，又云即以教于齐鲁之间，山东大师无不涉《尚书》以教，历历皆可信。然则，汉文帝时非无《尚书》也，求能治《尚书》者耳。山东诸大师匪无治《尚书》，皆伏生弟子而推隆于宗师云耳。

晋人不知，遂创为失其本经，口以传授，其诞妄不足信可知矣。今伏生书见在，古今所引者，皆如此，昭然日星之明。失其本经者，何篇；以意属读者，何章，何句也邪？又太史公未尝言安国古文出于壁藏。既曰颇能言，又曰盖《尚书》滋多于此矣。其言容有抑扬哉。

### 《汉书·艺文志》

《尚书》古文经四十六卷。经二十九卷书之所起远矣。至孔子纂焉，上断于尧，下讫于秦，凡百篇，而为之序，言其作意。秦燔书禁学。济南伏生独壁藏之。汉兴亡失，求得二十九篇，以教齐鲁之间。讫孝宣世，有欧阳、大小夏侯氏立于学官。《古文尚书》者，出孔子壁中。武帝末，鲁共王，坏孔子宅，欲以广其宫。而得《古文尚书》及《礼记》、《论语》、《孝经》凡数十篇，皆古字也。共王往入其宅，闻鼓琴瑟钟磬之音，于是惧，乃止不坏。孔安国者，孔子后也，悉得其书以考二十九篇，得多十六篇。安国献之，遭巫蛊事，未列于学官。刘向以中古文校欧阳、大小夏侯三家经文，《酒诰》脱简一，《召诰》脱简二。率简二十五字者，脱亦二十五字；简二十二字者，脱亦二十二字文字。异者七百有余，脱字数十书者。古之号令，号令于众，其言不立具，则听受施行者弗晓。古文读应《尔雅》，故解古今语而可知也。

今按，《汉书》与《史记》异者数处。"古文经四十六卷"，《史记》无此句。孔子纂书，凡百篇而为之序，《史记》无此句。鲁共王坏宅，以书还孔氏事，《史记》不载。孔安国得《古文尚书》，多十六篇，安国献之，遭巫蛊事。未列于学官，《史记》不载。二十九卷，《史记》作二十九篇，盖一篇为一卷也。《汉书》与《史记》不同者若此，宜从《史记》为当然。百篇之序，《史记》班班可见，但孟坚以为孔子为之，晦翁不可也。

### 《后汉书·儒林传》

前书云，济南伏生传《尚书》授济南张生及千乘欧阳生；欧阳授同郡兒宽；宽授欧阳生之子。世世相传。至曾孙欧阳高。为《尚书》欧阳氏学。张生授夏侯都尉；都尉授族子始昌；始昌传族子胜，为大夏侯氏学。胜传从兄子建，别为小夏侯氏学。三家皆立。又鲁人孔安国传《古文尚书》，授都尉朝；朝授胶东庸譚（chǎn）为《尚书》古文学，未得立。

欧阳生传伏生《尚书》，至歙八世，皆为博士。牟长习欧阳《尚书》，著《尚书章句》，皆本之欧阳氏，俗号为《牟氏章句》。宋登传欧阳《尚书》；张驯传大夏侯《尚书》；尹敏初习欧阳《尚书》，后受古文；周防师事盖豫，受《古文尚书》。孔僖，鲁国鲁人也。自安国以下，世传《古文尚书》。杨伦师事司徒丁鸿，习《古文尚书》。北海牟融习大夏侯《尚书》。东海王良习小夏侯《尚书》。沛国桓荣习欧阳《尚书》。荣世习相传授，东京最盛。扶风杜林传《古文尚书》。林同郡贾逵为之作训，马融作传，郑玄注解。由是《古文尚书》遂显于世。

今按，范蔚宗历述伏生今文《书》，及安国古文《书》传授颠末，较然可寻。遂尽除去诞妄不经之说，使人得有所考，有以知晋人古文二十五篇，决非安国所传之本，何其精详而简当也哉。班孟坚于是乎有愧矣。何者？伏生《书》传之三家，皆得立世，固无疑。安国书独不得立世，遂以为流落人间，直至东晋始显。今观安国传之数世至孔僖，世传《古文尚书》，则其子孙之传者也。都尉朝、庸谭、尹敏、盖豫、周防、丁鸿、杨伦、杜林、贾逵、马融、郑玄则其弟子之相传者也。虽不得立之学官，而其家传及弟子之相传，正为先汉之伪古文，而非晋人始出之古文明矣。

**《隋经籍志》**

汉济南伏生口传二十八篇，又河内女子得《泰誓》一篇献之。伏生作《尚书》，传四十一篇，以授同郡张生；张生授千乘欧阳生；欧阳生授同郡儿宽；宽授欧阳之子。世世传之，至曾孙欧阳高，谓之《尚书》欧阳之学。又有夏侯都尉受业于张生，以授族子始昌；始昌传族子胜为大夏侯之学。胜传从兄子建，别为小夏侯之学。故有欧阳、大小夏侯三家并立，讫汉，东京相传不绝，而欧阳最盛。初，汉武帝时，鲁共王坏孔子旧宅，得其末孙惠所藏之书，字皆古文。孔安国以今文校之，得二十五篇。《泰誓》与河内女子所献不同。又济南伏生所诵五篇相合，安国并依古文开其篇。第以隶古字写之，合成五十八篇。其余篇简错乱，不可复读，并送之官府。安国又为五十八篇作传。会巫蛊事起，不得奏上，私传其业于都尉朝；朝授胶东庸生，谓之《尚书》古文之学，而未得立。后汉扶风杜林，传《古文尚书》，同郡贾逵为之作训，马融作传，郑玄亦为之注。然其所传惟二十九篇，又杂以今文，非孔旧本。自余绝无师说。晋世秘府所存有《古文尚书》经文，今无有传者。及永嘉之乱，欧阳、大小夏侯《尚书》并亡。济南伏生之传，惟刘向父子所著《五行传》是其本法，而又多乖戾。至东晋豫章内史梅赜始得安国之传，奏之时又阙《舜典》一篇。齐建武中，吴姚方兴于大航头得其书奏上，比马、郑所注多二十八字，于是始列国学。梁陈所讲，有孔、郑二家。齐代惟传郑义。至隋，孔、郑并行，而郑氏甚微。自余所存无复师说。又有《尚书》逸篇出于齐梁之间，考其篇目似孔氏壁中书之残阙者，故附《尚书》之末。

今按，《隋志》虽约《史记》、两《汉书》而为之，然其言，时与《史》、《汉书》乖戾者多。首以伏生口传二十八篇，又河内女子得《泰誓》一篇。盖以《泰誓》足二十九篇之数，遂使后人承讹踵误，其失一也。不志兒宽诣博士，受业孔安国，其失二也。不书尹敏初习欧阳《尚书》，后受古文；周防师事盖豫，受《古文尚书》，其失三也。不书孔僖鲁国鲁人也，自安国以下世传《古文尚书》，其失四也。于扶风杜林传《古文尚书》，同郡贾逵为之作训，马融作传，郑玄亦为之注下，不书"由是《古文尚书》遂显于世"，其失五也。其下遂变文云"然其所传惟二十九篇，又杂以今文，非孔旧本。自余绝无师说"，其失六也。又云"晋世秘府所存，有《古文尚书》经文，今无有传者"，其失七也。又其后，不书王肃得见安国《古文尚书》，及皇甫谧、梁柳、郑冲等所传安国《古文尚书》次第，其失八也。所以有此八失者，盖不知二十九篇本以序言，而非伪《泰誓》；又不知都尉朝、庸生、兒宽、尹敏、盖豫、周防、孔僖、杜林、贾逵、马融、郑玄所传古文，同一张霸所作者；遂误以都尉朝、庸生所传者，为东晋梅赜所上，而以杜、贾、马、郑所传者，然后为张霸伪书故也。夫《隋志》徒知都尉朝、庸生为《尚书》古文学，未得立者，为即梅赜所上；而不知孔僖绍孔安国以下，世传《古文尚书》，实即十六篇张霸等所作之古文，而非二十五篇之古文。然则《隋志》之失昭昭矣。

**伏生今文《书》二十九篇**

《尧典》、《皋陶谟》、《禹贡》、《甘誓》、《汤誓》、《盘庚》、《高宗肜日》、《西伯戡黎》、《微子》、《牧誓》、《洪范》、《金縢》、《大诰》、《康诰》、《酒诰》、《梓材》、《召诰》、《洛诰》、《多方》、《多士》、《立政》、《无逸》、《君奭》、《顾命》、《吕刑》、《文侯之命》、《费誓》、《秦誓》。

凡二十八篇，乃晁错所受伏生《书》，以隶写之。隶者，当时所行之字也，故曰今文。孔颖达曰，《泰誓》本非伏生所传，武帝之世始出而得行。史迁因以入于伏生所传之内，故云二十九篇也。蔡沈曰，伏生本二十八篇，今加《泰誓》一篇，故为二十九篇耳。

鹭曰，孔氏、蔡氏皆瞽说也。《史记·儒林传》言，秦焚书，伏生壁藏之，其后兵大起流亡，汉定伏生求其书，亡数十篇，独得二十九篇，即以教于齐鲁之间。则伏生壁藏之时，初不止二十九篇。其后亡数十篇，独得此耳。是二十九篇，皆伏生壁藏者，安得谓今加《泰誓》一篇，故为二十九篇哉。且伏生于汉定兵熄之时，得二十九篇，正高、惠之间，其后至文帝时，始授晁错。然又更景帝，至武帝末年，张霸伪《泰誓》始出。故马融云，《泰誓》后出。郑玄《书论》亦云民间得《泰誓》。《别录》曰，民有得《泰誓》书于壁内者献之，与博士，使读说之，数月皆起，传以教人。伏生当汉初定之时，即以二十九篇教于齐鲁之间，安得谓太史迁在武帝之世见《泰誓》出，事得行入于伏生所传内，故为史总之，并云伏生所出，不复曲别分析。云民间所得，其实得时不与伏生所传同也哉。《汉艺文志》云，书之所起远矣，至孔子纂焉，上断于尧，下讫于秦，凡百篇，而为之序，言其作意。秦燔书禁学，济南伏生独壁藏之，汉兴亡失，求得二十九篇，以教齐鲁之间。

今按，《艺文志》所言，所以疏《史记·儒林传》之言也。见百篇之《书》共序，为百一篇；亡失者七十二篇，止求得二十九篇。二十九篇之内，二十八篇，为《尚书》经，而一篇为序。其言明甚。东晋时，伪作孔安国《尚书》传序者，亦知此意。故曰，今所定者。增多伏生二十五篇。伏生又以《舜典》合于《尧典》，《益稷》合于《皋陶谟》，《盘庚》三篇合为一，《康王之诰》合于《顾命》。复出此篇并序，凡五十九篇，为四十六卷。可见，《书序》正在二十九篇之数内矣。马融等所注二十九篇者，正谓此也，尚何言哉？试以《史记》考之，则百篇之序散见于夏、殷、周本纪中。虽不尽完备，然颠末可考，正可以见伏生二十九篇之经，乃并序言之，而非以伪《泰誓》矣。故曰孔氏、蔡氏皆瞽说也。

### 《尚书大传》三卷

《崇文总目》，汉济南伏胜撰，后汉大司农郑玄注。伏生本秦博士，以章句授诸儒，故博引异言，援经而申证云。晁氏曰，胜，孝文时年且百岁，欧阳生、张生从学焉。音声犹有讹误，先后犹有差舛，重以篆隶之殊，不能无失。胜终之后，数子各论所闻，以己意弥缝其阙，而别作章句。又特撰大义，因经属指，名之曰"传"。刘向校《书》，得而上之。陈氏曰，凡八十三篇，当是其徒欧阳、张生之徒杂记所闻，未必当时本书也。

今按，伏生《大传》亦多虚辞滥说，故其后世多作伪《书》，非伏生之为伪也，后之为伪者由是而出也。卜子夏门人田子方流而为庄周，况伏生乎。然大司农郑玄为之注，必其书多有可采者故也。年且百岁乃授晁错之时，今晁氏以为欧阳生、张生当是时从学焉，则妄矣。当汉定求书，出其壁藏，即以教于齐鲁之间，年何尝及百岁耶。且百岁之翁，音声讹误，先后差舛，又安能作传三篇，都为三卷者哉。又曰"胜终之后，数子各论所闻，以己意弥缝其阙，而别作章句，又特撰大义，因经属指，名之曰传者"，凡皆无徵不信之辞也。汉世之郑玄以大儒而为之注，异世之晁氏，乃因晋人失其本经之言，而遂架空臆说，其亦无星之秤，无寸之尺，而欲以称量事物，岂不谬哉。

### 古文二十五篇

《大禹谟》、《五子之歌》、《胤征》、《仲虺之诰》、《汤诰》、《伊训》、《大甲》三篇、《咸有一德》、《说命》三篇、《泰誓》三篇、《武成》、《旅獒》、《微子之命》、《周官》、《君陈》、《毕命》、《君牙》、《冏命》。此二十五篇者，云皆科斗书。科斗者，仓颉所制之字也，故曰古文。吴氏曰，伏生传于既耄之后，而安国为隶古，又特定其所可知者，而一篇之中，一简之内，其不可知者，盖不无矣。乃欲以是尽求作《书》之本意，与夫本末先后之义，其亦可谓难矣。而安国所增多之《书》，今篇目具在，皆文从字顺，非若伏生之书佶曲聱牙，至有不可读者，夫四代之书作者不一，乃至二人之手，而遂定为二体乎？其亦难言矣。朱子曰，书凡易读者皆古文，岂有数百年壁藏之中不能损一字者。又曰，伏生所传皆难读，如何伏生偏记其所难，而易者全不能记也。又曰，孔书至东晋方出，前此诸儒皆未见，可疑之甚。又曰，书序伏生时无之，其文甚弱，亦不是前汉人文字，只似后汉末人。又曰。小序决非孔门之旧，安国序亦非西汉文章。

又曰，先汉文字重厚，今大序格致极轻。又曰，《尚书》孔安国传，是魏晋间人作诒安国为名耳。又曰，孔传并序，皆不类西京文字气象，与《孔丛子》同是一手伪书。盖其言多相表里，而训诂亦多出小《尔雅》也。临川吴先生曰，汉儒所治不过伏生书，及伪《泰誓》共二十九篇。张霸伪古文书二十四篇虽在，而辞义兼鄙，不足取重于世，以售其欺。及梅赜二十五篇之《书》出，则凡传记所引《书语》注家指为逸书者，收拾无遗，既有证验，而其言率依于理，比张霸伪书辽绝矣。析伏氏书二十八篇，为三十三，杂以新出之书，通为五十八篇，并书序一篇，凡五十九，有孔安国传及序，世遂以为真孔壁所藏也。唐初诸儒从而为之疏义。自是以后，汉世大小夏侯、欧阳氏所传《尚书》止有二十九篇者，废不复行。惟此孔壁传五十八篇孤行于世。伏氏书既与梅赜所增溷淆，谁复能辨。窃尝读伏氏书，虽难尽通，然辞义古奥，其为上古之书无疑。梅赜所增二十五篇，体制如出一手，采辑补缀虽无一字无所本，而平缓卑弱，殊不类先汉以前之文。夫千年古书最晚乃出，而字画略无脱误，文势略无龃龉，不亦大可疑乎夫。以吴氏及朱子所疑者如此，顾澄何敢质斯疑，而断断然不敢信此二十五篇之为古书，则是非之心不可得而昧也。故今以此二十五篇，自为卷帙，以别于伏氏之《书》，而小序各冠篇首者，复合为一，以置其后，孔氏序亦并附焉。而因及其所可疑，非澄之私言也，闻之先儒云尔。

　　鷟按吴氏、朱子、吴先生三大儒之论如此，凡皆迥出常情，洞烛真伪，无所因袭之见。此所以为豪杰圣贤也。夫岂雷同附和并为一谈牢不可破者可企而及之哉。然则，不内照于心求其真是所在，而往往首鼠两端，又或噤喑不敢出一声者，正所谓昧其是非之本心者也。其不得罪于三先生者，几希矣。吴先生文集中，又尝有诗云，先汉今文古，后晋古文今。若乃伏生者，遗像宜铸金。其所以宝爱圣经而掊击伪书者，何其严哉。

　　**《古文尚书》十三卷**

　　晁氏曰，汉孔安国以隶古定五十九篇之书，盖以隶写籀，故谓之隶古。其书自汉迄唐，行于学官。明皇不喜古文，改从今文，由是古文遂绝。陆德明独存一二于《释文》而已。皇朝吕大防得本于宋次道、王仲至家，以校陆氏《释文》，虽小有异同，而大体相类。观其作字奇古，非字书傅会穿凿者所能到，学者考之，可以知制字之本也。夹漈郑氏曰，按《易》、《诗》、《书》、《春秋》皆有古文。自汉以来，尽易以今文，惟孔安国得屋壁之书，依古文而隶之，安国授都尉朝，朝授胶东庸生，谓之《尚书》古文之学，郑玄为之注，亦不废古文，使天下后世于此一书，而得古意。不幸遭明皇更以今文，其不合开元文字者，谓之野书。然易以今文，虽失古意，但参之古书于理无碍，亦足矣。明皇之时，去隶书既远，不通变古之义，所用今文违于古义尤多。臣于是考今书之文，无妨于义者从今；有妨于义者从古。庶古今文义两不相违。曰《书考》迨《武成》而未及终编。又有《书辨讹》七卷，皆可见矣。马端临曰，按《汉儒林传》，言孔氏有《古文尚书》，孔安国以今文读之，《唐艺文志》有《今文尚书》十三卷，注言玄宗诏集贤学士卫包，改古文从今文。然则汉之所谓古文者，科斗书；今文者，隶书也。唐之所谓古文者，隶书；今文者，世所通用之俗字也。隶书，秦汉间通行，至唐则又变而为俗书矣。何《尚书》犹存古文乎？盖安国所得孔壁之书，虽为之传，而未得立于学官，东京而后虽名儒亦未尝传习，至隋唐间方显，往往人犹以僻书奥传视之。缮写传授者少，故所存者皆古物。尚是安国所定之隶书而未尝改以从俗字。犹今士大夫蓄书之家，有奇异之书，世所罕见者，必是旧本，且多古字是也。噫，百篇之书，遭秦火而亡其半，所存者五十八篇。而其间此二十五篇者，书虽传，而字复不谐于俗。传于汉者为科斗书，传于唐者为隶书，皆当时之人所罕习者。盖出自孔壁之后，又复晦昧数百年，而学者始得以家传人诵也。

今按，郑夹漈云，孔安国得屋壁之书，依古文而隶之，以授都尉朝。朝授胶东庸生，谓之《尚书》古文之学，盖正指隶书为隋唐之古文，未尝以科斗言也。晁氏又云安国以隶写籀谓之隶古，则知以隶为古文者，乃晋人假安国之自称已如此，马端临不知此意，言虽明而徒为赘尔。至其余所言者，则承讹踵误，全无考证，皆妄说也。夫朝乃安国弟子，未曾授东晋古文也。僖乃安国数代曾孙，亦未曾授东晋时古文也。兒宽以亲受学安国，亦未曾授太史公，以亲见安国皆未曾见。而云又复晦昧数百年，则其未晦昧之前所见者，果何人耶？所传者，果何书耶？学者亦可以自悟矣。朱子曰，孔书是东晋方出，前此诸儒皆不曾见，可疑之甚。迈特之见，岂鼠肝蛙腹者所能及也耶?

**《朱子语录》**

孔安国解经最乱道，看得只是《孔丛子》等做出来。因说《书》云，某尝疑孔安国《书》是假书。如毛公诗如此高简，大段争事。汉儒训释文字，多是如此，有疑则阙，今此却尽释之。岂有千百年前人说底话，收拾于灰烬屋壁中，与口传之余，更无一字讹舛理会不得，如此可疑也。兼小序皆可疑。《尧典》一篇，自说尧一代为治之次序，至让于舜方止。今却说是让于舜后方作。《舜典》亦是见一代政事之终始，却说历试诸难，是为要受让时作也。至后诸篇皆然。况它先汉文章重厚有力量，今大序格致极轻，却疑是晋宋间文章。况孔《书》是东晋方出，前此诸儒皆不曾见，可疑之甚。

今按，朱子之见，诚为超迈；朱子之言，诚为精当。但犹颇有放失者。愚请得而补之。小序在于二十九篇之数，又《史记》班班可考，孟坚以为孔子所作，则因其流传之久故也。是则虽非孔子亲笔，然先秦战国时，讲师所作无疑。晋人假孔安国《书》，东晋方出，不惟前此诸儒皆不曾见，虽前此真孔安国亦不曾见。盖安国子孙孔臧、孔僖，递递相承；安国诸弟子，兒宽、庸生，表表人望；安国诸友董仲舒、太史迁，名世儒者，曾无一人一言及于二十五篇之内者，则亦不必置疑，而的然可知其伪矣。又况搜窃补缀，如泥中之斗兽，踪迹形状，亦焉能廋（sōu）哉。朱子于先汉小序尽力排之，不肯少恕。于东晋后出伪书，虽云可疑之甚，然不免表章尊显，疑信相半，遂使蔡沈之徒，从厥攸好，违己所疑，岂匪过于放失，而同染污俗之见也欤。

**孔安国《尚书》注十三卷**

晁氏曰，安国《古文尚书》至晋齐间始显，详见总论。唐孝明不喜古文，以今文易之，又颇改其辞。如旧"无颇"今改"无陂"之类是也。按，安国既定古文，会有巫蛊事，不复以闻，藏于私家而已。是以郑康成注《礼记》，韦昭注《国语》，杜预注《左氏》，赵岐注《孟子》，遇引今《尚书》所有之文，皆曰逸书，盖未尝见古文故也。然尝以《礼记》校《说命》，《孟子》校《泰誓》，大义虽不远，而文不尽同意者，安国以隶古定时，失之耳。

愚今按，晁氏之言，多未详悉。盖考焉而不精，故语焉而不详也。首言安国《古文尚书》，至晋齐间始显，是以晋人伪安国之古文，即为先汉真安国之古文也，其言谬甚。论其义理，则先汉之古文，不如东晋之古文，尤为近理。何者？先汉之伪，纰漏显然，其失易见。东晋之伪，无一书不搜葺，无一字无所本。自非英才间世之大贤，不能以出于一手置其疑，不能以平缓卑弱斥其非。世之陋儒，其智如虱不出裈（kūn）裆，敝精神于《尔雅》虫鱼之謇（jiǎn）浅，而略无超然，独得于牝牡骊黄之外之玄微，则其奔走服役之不暇，而遂为膏肓沉痼之疾病，不亦宜哉。论其时岁，则先汉之古文，实为安国之家传；而东晋之古文，乃自皇甫谧而突出。何者前乎？谧而授之者曰郑冲、曰苏愉、曰梁柳，而他无所征也。冲又受之何人哉？冲、愉等，有片言只字可考证哉？此可知其书之杜撰于谧，而非异人，一也。后乎谧而上之者，曰梅赜。而赜乃得之梁柳，柳即谧之外兄。此亦可知谧之假手于柳以传，而非异人，二也。至其作《帝王世纪》也，凡《尚书》之言，多创为一纪以实之，此其用心将以羽翼是书，而使之可以传远，则其情状不可掩矣，尚何疑哉？然则，贾逵、郑康成所注，正安国的传之古文，于《礼记》、《国语》、《左传》、《孟子》所引《尚书》之文，悉皆不载。故诸儒疑信相半，辨驳纷然。皇甫谧窥见此意，故所杜撰，特为用心。然出于一手，终不可盖，平缓卑弱终不可掩。诸贤虽注先汉的传古文，而未见东晋后出之古文，是以凡遇所引，皆曰逸书，盖以此也。晁氏乃曰，会有巫蛊事，不复以闻，藏于私家而已。是以康成等未尝见古文诚为可笑之至也。当是时，岂犹有秦人焚书之余威，乃以安国与张霸等所作之十六篇者，而递递相承，以至于涂恽也耶。"天之历数在尔躬"一节，离为三段，而伪增其上。"予小子履"一节，离为二段，而亦伪增其上。心劳日拙，实允蹈之矣。乃曰以《礼记》校《说命》，《孟子》校《泰誓》。大义虽不远而文不尽同。是则，真所谓不能三年之丧而缌小功之察，不知务甚矣哉。

### 孔安国《尚书序》

今按，此序皆依傍《左传》推寻《汉志》而为之。惟其依傍《左传》，故其包罗略取，以为二十五篇之经者，皆此依傍之故智也。惟其推寻《汉志》，故托壁藏之说，隶古定之说，四十二卷之说，巫蛊未上之说，皆极推寻之周详也。然三坟、五典之说，则用郑玄《周礼》外史掌三皇五帝之书。郑玄云楚灵王所谓三坟、五典是也。贾逵亦云三坟，三皇之书。五典五常之典。八索、九丘则用马融之说。马融云，八索，八卦；九丘，九州之数也。既曰言大道，言常道，历代宝之，以为大训矣。又曰，讨论坟典，断自唐虞以下，则于言大道者，尽见删去；于言常道者，亦去其三。而于历代所宝以为大训者，亦为宝，非其宝而不足以为训，所可宝，训独二典耳。岂夫子信而好古之意哉。程子觉其言之失，遂为之分疏曰，所谓大道，若性与天道之说，圣人岂得而去之哉？若言阴阳四时七政五行之道，亦必至要之理，非如后世之繁衍末术也，固非常道，圣人所以不去也，或者所谓羲农之书，乃后人称述当时之事，失其义理。如许行为神农之言；及阴阳权变医方，称黄帝之说耳。此圣人所以去之也。五典既皆常道，又去其三，盖上古虽已有文字，而制立法度，为治有迹得以记载，有史官以识其事，自尧始耳。审如程子之言，则外史所掌，玉石不分；而倚相所读，疏稗并蓄。此又不通之论也。先儒又觉此言不足为之分疏，则曰，《周礼》外史掌三皇五帝之书，周公所录，必非伪妄。而春秋时，三坟、五典、八索、九邱之书，犹有存者。若果全备，孔子亦不应悉删去之。或其简编脱落，不可通晓；或是孔子亦见止自唐虞以下，不可知耳。今亦不必深究其说也。盖亦疑而不之从矣。殊不知吾夫子之赞《易》也，虽穆姜之言亦在所取，况八卦之说，岂忍尽刊。诵《诗》也，虽鸟兽草木之名，亦贵多识，况九州之志，岂忍尽除。谁谓圣人之闻孙也，而有如此立论哉。

旁求儒雅，以阐大猷。济南伏生，年过九十，失其本经，口以传授，裁二十余篇，以其上古之书，谓之《尚书》。百篇之义，世莫得闻。

“旁求”二字，本出《楚语》白公子张之言，作古文者，用此句法，盖屡矣。《汤诰》曰“聿求元圣，与之勠力”；《伊训》曰“敷求哲人，俾辅于尔后嗣”；《太甲》曰“旁求俊彦，启迪后人”；《咸有一德》曰“眷求一德，俾作神主”；《说命》曰“俾以形，旁求于天下”，又曰“旁招俊乂，列于庶位”。“大猷”二字，见《诗·小雅》“匪大猷是经”，彼注云"猷，道也"。大道，即先王六籍是也。"济南伏生，年过九十，失其本经，口以传授，裁二十余篇"，此数句特为横逸，全匪事实。盖所以为致隆于其古文之地而已矣。既曰年九十矣，而又云"过"者，谓其老耄之至，不无昏昧遗忘者也。岂若古文之出于安国壮年者乎。既曰"失其本经"矣，而又曰"口以传授"者，上句谓其倍文暗诵，全无本经可据，不无断章缺句于其心也；下句谓其唇舌老梗，方言异音，不无三豕举烛于其口也。岂若古文之为壁藏完本者乎？既曰二十余篇矣，而又加之以"裁"云者，可见不惟古文二十五篇者，非老耄之翁心所能暗记，口所能传授。而其余错乱磨灭不可复知者，决非老耄之翁所能暗记传授者矣。伏生岂知古文之犹有二十五篇，犹有错乱摩灭不可复知之余者乎？其言皆出于卫宏而失之，与《史》、《汉书》乖迕不合。卫宏定《古文尚书》序云，伏生老不能正言，言不可晓，使其女传言教错。齐人语多与颍川异。错所不知凡二十三，略以其意属读而已。卫宏者，正作伪之尤者也。朱子《辨诗经小序》云，或以为出于卫宏，或以首句出于夫子，而卫宏特增广润色之耳。则其所由来久矣。夫伏生授晁错时，固已年过九十矣。方其当汉定求书之时，正系子婴以组之际，否则还定三秦之日，否则即位氾水之间。何者？高祖之始入关也，约法三章而已，余悉除秦苛法。伏生果何惮，而不即出其壁中之藏耶。故《史记》、《汉书》皆云，即以教于齐鲁之间。然则概谓其年过九十，然后传授其言，特为横逸，全非事实矣。《史》、《汉书》皆云伏生为秦博士。以秦时禁书，伏生壁藏之。汉定求其书亡数十篇，独得二十九篇，则今文二十九篇者，正伏生壁藏之本经也。然则反谓亡其本经者，其言又特为横逸全非事实矣。《史》、《汉书》谓即以教于齐鲁之间者，言即以其壁中所得二十九篇，教于齐鲁之间也。所传授者本经；所讲解发挥者，出于伏生之口可也。岂有匿其壁出之本经，而口以传授者邪？果如其言，以为本经尽亡，则其教于齐鲁之间数十年之久，独不能录出成帙，以相授与者邪？假使伏生不能录出，则齐鲁之间，群弟子之众，独不能依其暗诵之口，缮写成经者邪？师既以口授，弟子亦以口受，泛泛乎如飘风之过耳，好音之供听，果何为哉。不特此耳，老师宿儒之女，能传二十九篇之言，以教晁错，又不能录出父书，校雠精详，使其言人人可知，然后授之，以远别也。乃勒于一书，而句句传言教错，以自犯于内言不出梱之诚，何邪？然则，概谓伏生口以传授者，其言又特为横逸，全非事实矣。《隋经籍志》谓伏生为《尚书传》四十一篇，以授同郡张生，源远末分，端绪较然。此又何说哉？岂伏生能作四十一篇之传，而不能写二十九篇之经邪？吾意汉自惠帝除挟书之令，孝文求遗书于天下，则二十九篇之经已有之矣，特无治之者，与无有同。故孝文时求能治尚书者，闻伏生治，欲召时伏生年九十余，老不能行，于是诏太常使掌故晁错往受之。盖受其讲解之说，以治经耳。余皆卫宏及晋人附会之辞，《史》、《汉书》所不载者，不足据以为信也。其所以必为此妄说者，盖不媒孽伏生传授之短，则虽欲割伏生孟子之《尧典》以分为《舜典》，擅改伏生之真传，以成其慝，志人孰信之哉？虽欲以平缓卑弱之辞气，而参列雄浑古奥之圣经，以牵掇（duō）补缀（zhuì）之碎锦，而侪（chái）辈纯粹无瑕之美玉，人孰诵之哉？《皋陶谟》之割为《益稷》，《盘庚》之割为三篇，《顾命》之割为《康王之诰》，一则以示其古文壁藏之真；一则以盖其寂寥短章之失；一则以张其《太甲》三篇、《说命》三篇、《泰誓》三篇之本也。其情状岂不昭昭乎？

　　至鲁共王好治宫室，坏孔子旧宅，以广其居，于壁中得先人所藏古文虞、夏、商、周之书，及传《论语》、《孝经》，皆科斗文字。王又升孔子堂，闻金石丝竹之音，乃不坏宅。

　　上文曰"我先人用藏其家书于屋壁"，《家语》云，孔腾，字襄，畏秦法峻急，藏《尚书》、《孝经》、《论语》于夫子旧壁中，而《汉记·尹敏传》云孔鲋所藏，二说不同，则未知其为孔襄者乎，则未知其为孔鲋者乎？孔襄至安国不过四世，孔鲋至安国不过五世，已不能保孔子旧宅。共王虽贵，良心犹存，亦不知有圣人旧宅之不当坏，此岂近于人情？又宅之坏不坏，固不克保。数传之后，遂不觉有先人壁藏之经，此又岂近于人情？其曰"王升孔子堂，闻金石丝竹之音，乃不坏宅"，又何其怪而迂邪？向为何声，岂其鬼邪？为此说者，欲以神其事耳。不知怪神之事，夫子所不道也。毋怪乎伪《泰誓》之言曰，白鱼入于王舟，有火飞于王屋，流为乌。其色赤，其声魄。覼（luó）缕假之而不已也。秦自卢生入海求神仙，持图谶以还曰"亡秦者，胡也"。又有滴池之璧曰"明年祖龙死"。又称夫子之言曰有一男子升我堂，颠倒我衣裳之说。臣不知为矫诈，径以诬乎君。孙不知为矫诈，以诬乎祖。于是《援神契》、《考灵耀》等书，显行于世，绵绵延延，至于东汉目为圣书。桓谭以非圣受责矣。其来也，岂一朝一夕之故哉。此盖张霸作伪经之时，造为斯事，以示信于人，而班固误信之。然《艺文志》云，鼓琴瑟钟磬之音，不过变易沛公欲屠鲁，至城下闻弦诵之声，为其守礼义之国，乃不屠鲁之意，以为孔氏之人鼓之，而共王感焉云耳。至作伪古文序者，易其"鼓"字，改作闻金石丝竹之音，始涉于怪耳。不然，太史公亲受业于孔安国，何故独不载共王坏宅，与夫巫蛊事兴，经术道塞之语，而但云尚书滋多于此矣。可见史迁之前，伪古文虽出，而妄诞之辞犹未盛哉。

伏生又以《舜典》合于《尧典》，《益稷》合于《皋陶谟》，《盘庚》三篇合为一，《康王之诰》合于《顾命》，复出此篇并序，凡五十九篇为四十六卷。

晋人以《舜典》合于《尧典》归咎伏生，如此则何不先以"二十有八载，放勋乃殂落"为"《尧典》曰"者归咎《孟子》乎？又何不先以"有鳏在下"以起下文，使不可断；"放勋乃殂落"以承上文，使不可截者，归咎虞之史臣乎？先汉孔安国之古文曰《弃稷》，东晋伪孔安国之古文曰《益稷》俱非也。恐人复效尤，又将以"于予击石拊石"以下为后夔耳。《太甲》、《说命》、《泰誓》，古人所引者多矣，搜罗不尽，将复有马融辈之辨。首尾衡决，将莫掩文理之不贯，故不若分为三篇，则尽于搜罗，易于接续也。不析《盘庚》为三篇，恐人以今文例之，而觉其非类矣。《尧典》大旨在禅舜，故篇名《尧典》而备载大舜之始末；《顾命》大旨在立元子钊，故篇名《顾命》，而备述康王之问答，然后于篇末而结之曰王乃"释冕，反丧服"，所以终《顾命》之意。晋人不归咎周之史臣之元作一篇，而归咎伏生以《康王之诰》合于《顾命》，何其桀骜不道，一至于此哉。离遏（tì）圣经，僭妄矫诬，后之儒者尚不觉悟，岂不谬哉。复出此篇，吾今修之曰复合此篇。其下文曰"并序为五十九篇"。此一句见晋人识见犹高于蔡沈、孔颖达远矣。盖小序之文，班班见诸《史记》，而班固亦曰孔子为之序其作意，正指小序为二十九篇之数也。孔颖达、蔡沈不知此旨，犹以伪《泰誓》当之。其言出于《隋经籍志》，而不觉其与东晋伪孔安国序文悖而驰也。然则，孔颖达、蔡沈为东晋伪书，区区将顺之忠臣者，犹有所未至也。"为四十六卷"一句，亦此人求合《汉书》，以取信后人之意。

　　其余错乱磨灭弗可复知，悉上送官，藏之书府，以待能者。

　　《汩作》、《九共》九篇、《槁饫》、《帝告》、《釐沃》、《汤征》、《汝鸠》、《汝方》、《夏社》、《疑至》、《臣扈》、《典宝》、《明居》、《肆命》、《徂后》、《沃丁》、《咸乂》四篇、《伊陟》、《原命》、《仲丁》、《河亶甲》、《祖乙》、《高宗之训》、《分器》、《旅巢命》、《归禾》、《嘉禾》、《成王政》、《将蒲姑》、《贿肃慎之命》、《亳姑》，几四十一篇，今亡。谨按，周宣王时，石鼓文磨灭不可读，犹存一二，若其"鱼维鱮（xù），何以贯之，唯杨及柳"云云者可考也。四十一篇之书，藏之壁中，未及二三十年，遽尽不可读，果何谓耶？以今文考定二十五篇，字字句句，无一脱误。今于四十一篇之书，曾不能考定其片言半语，以传后人，又何故耶？岂四十一篇之文，更古于二十五篇者，不可以今文而考定之耶？又岂安国之疏略，不能依其本真缮写副本，遗之后人，而悉上送官。意果何为哉？不惟安国之不能掇拾其格言，以传后人？至于《左传》、《国语》、《孟》、《荀》、《史记》诸书，皆为二十五篇之中搜寻殆尽，此外不见遗珠，又何故耶？武帝好古之君，送官之后，不见诏天下能治古文者，想老而衰耶。盖尝考之，二十五篇之书，补缀碎锦，叠穿屑玉，不遗余力矣。想亦气愤力竭，不复能措辞者耶。试举一二大者言之，如欲补《汤征》，则《孟子》、《荀子》诸书，悉搜入《仲虺之诰》与《汤诰》矣。此外更无可以援引扩充者，亦可知也。如欲补《贿肃慎之命》，则《左传》诸书悉搜入《旅獒》矣，此外更无可以援引扩充者，又可知也。然则此数语俱为假设之辞，全非事实，其情状亦焉庾哉。何者？《史传》、《汉志》皆无此数语，且前汉之末，刘歆移书太常，请建《周官》、《左传》、《古文尚书》，欲立博士，而其言亦云《古文尚书》十六篇，未尝以为廿有五篇。可见晋人皆妄说也。能者非刘歆而谁?

　　会国有巫蛊事,经籍道息,用不复以闻,传之子孙,以贻后代。

　　《史记》言孔氏有《古文尚书》,而安国以今文读之,因以起其家。逸书得十余篇,盖《尚书》滋多于此,而未尝言五十九篇也。至《汉书》始言安国献之,遭巫蛊事,未列于学官,而未尝言承诏为五十九篇作传也。至东晋伪序,始云"悉上送官,藏之书府"。又云承诏为五十九篇作传,会巫蛊事,经籍道息,用不复以闻,传之子孙,以贻后代。此其言将以取信于我后之人,而不知其不可信者显然也。夫云遭巫蛊事,未列于学官,然已悉上送官藏之书府,即《汉书》所谓安国献之者是也。故刘歆移书太常,请立学官,谆切不已。但云《古文尚书》十六篇,正与《史记》所载"逸书得十余篇"者合。既未尝以为二十五篇,亦未尝以为五十九篇也。由是观之,谓安国五十九篇未列于学官,史迁、刘歆所不载者,此妄说也。既云承诏为五十九篇作传,汉武虽暴,未至有焚书禁学之令颁行天下,安国岂得废阁诏令,《书传》成而不复以闻者哉。武帝雄才大略,表章经术,伪《泰誓》之纰漏显然,犹且立之学官。谓因巫蛊息经籍,诬武帝甚矣。且安国既不以闻矣,其后都尉朝,安国之弟子也;庸生辈,受业于朝之弟子也,亦寂然未尝言有安国之传,何也? 由是观之,谓安国承诏作传,不复以闻者,此妄说也。先儒之说,惟陈氏颇为存疑。陈氏曰,考之《儒林传》,安国以古文授都尉朝,递递相承,以及涂恽、桑钦,至东都则贾逵作训,马融、郑玄作传注解。而逵父徽,实受书于涂恽,逵传父业。虽曰远有源流,然而两汉名儒,皆未尝实见孔氏古文也,岂惟两汉,魏晋犹然。凡杜征南以前所注经传,有援《大禹谟》、《五子之歌》、《胤征》诸篇,皆曰逸书。其援《泰誓》则云今《泰誓》无此文。盖伏生书亡《泰誓》。《泰誓》后出,或云武帝末,民有献者;或云宣帝时,河内女子得之。所载白鱼、火乌之神,实伪书也。然则马、郑所解,岂真古文哉? 故孔颖达谓贾、马辈,惟传孔学三十三篇,即伏生书也,亦未得为孔学矣。颖达又云,王肃注书,始似窃见孔传,故于"乱其纪纲"以为太康时。皇甫谧得《古文尚书》于外弟梁柳,作《帝王世纪》,往往载之。盖自太保郑冲授苏愉,愉授梁柳,柳授臧曹,曹授梅赜,为豫章内史,奏上其书时，已亡《舜典》一篇。至齐明帝时，有姚方兴者得于大航头而献之，隋开皇中搜索遗典，始得其篇。夫以孔注历汉末无传，晋初犹得存者，虽不列学官而散在民间故耶，然终有可疑者。今按，陈氏之说犹有未明。盖安国子孙递递相承者，实先汉之古文，而非晋人之古文也。由是观之，谓以晋人之古文，以晋人之作传，而传之安国之子孙，以贻后代者，妄说也。

## 29. 《尚书疑义》

（明）马明衡

### 《尚书疑义》原序

《尚书》载二帝、三王之绩，历世自唐虞迄于成周，上下千有余年。圣人不可作矣，由今可以见其行事之实者，独赖是书焉耳。先儒谓书以道政事。夫《书》言政事固矣，要其至而言之，岂道政事而已哉？古者，圣人穷而在下，则以其道立言，训后世，如吾夫子之所述是也；达而在上，则以其道立政，淑当时，如二帝三王是也。立政者，其常也；立言者，其变也。故二帝、三王之书，皆圣人达而在上，见于行事之实。与孔孟之言一揆，古今斯道之贞元会焉。然世有升降之不同，事亦推移之遂异。同一其任也，而趋舍判焉；同一其圣也，而作用殊焉。兼之记载或淆，沿习失真。故自后世，观圣人之事，必得圣人之心。不得圣人之心，而徒于迹焉求之，是犹盲者观天地日月风雷之变，不眩惑而失常者，未之有也。夫事者，势之所趋而至焉者也；心者，理之所极而安焉者也。势之所趋而至，则有万其无穷；理之所极而安，则至一而不变。由其不变，以达其无穷，然后可以得圣人之心，观圣人之事，而圣人之道始克有于我矣。自汉以来，孔安国始为之传。唐颖达复疏其义，用意虽勤，其于大道，概未有闻。宋蔡氏仲默，承文公之训，义理大有发明，嘉惠学者甚溥。然以愚之懵也，从而求之，谓其悉可以得圣人之心，而达圣人之道，则不敢以自诡也。故凡于所明而无疑者，从蔡氏。其所有疑于心，而不敢苟从者，辄录为篇，以求是正，凡若干言。鸣呼，圣人之行事，非细故也，万古至大之公。按余何人哉，谓足以辨之。顾先儒或未有论者，余特发其疑，以引其端。将来君子，其无以为妄与僭而不之正，则余今日之心诚为幸矣。

嘉靖壬寅十有一月朔

后学马明衡敬题

## 30.《尚书砭蔡编》

（明）袁仁

（《尚书砭蔡编》无序）

## 31.《尚书注考》

（明）陈泰交

（《尚书注考》无序）

## 32.《尚书疏衍》

（明）陈第

**《尚书疏衍》自序**

余少受《尚书》家庭，读经不读传注。家大人责之曰，传注适经门户也。不由门户，安入堂室。余时俯首对曰，窃闻经者径也，门户堂室自具。儿不肖，欲思而得之，不敢以先入之说，锢灵府耳。家大人默然。阅岁诘以疑义，余谬缕悉以对。家大人曰，是不无一隙之明。顾凿井而饮，孰与寄汲之易易也。又曰，嗟尔，竖子生海滨，不及见当世明经君子。倘见当有悟，其以语我，然河清难待，吾恐不及闻之乎。余时惕息忍涕而已。久之大人见背，余犹坚守前说。友朋闻而规之曰，尔何忍违尔先公之治命，使不帖然于九原也。余小子流涕对曰，非敢然也。读礼之暇，亦尝稍窥传注，大都明显易知者。先儒交发之稍涉盘错，则置而弗讲，甚至句读之间，多有错误，是读不读等也。藉令余复因循卤莽，使尚古帝王之旨弗传于世，其罪不益重乎？嗣是读经愈专，偶有所适未之携也，复购一册读之。箧中积至十余册，无不句字磨灭，且圈点批赞，以寓鼓舞击节之意。枕上默诵，尝不遗一字。口诵心维，得其义于深思者颇多。若其掘井而不及泉，则生质限之矣。近因宋元诸儒，疑古文伪作，窃著辨论数篇。因复取古今注疏，详悉读之，意所是者，摽（biào）之；意未安者，微释之；句读未是者，正之。其素得于深思者，附著之间，又发挥于言外，以俟后世。冀修己治人者，实有取于经。而典、谟、训、诰、誓、命、贡、征、歌、范，皆征之行事而已矣。录成未敢自信，质之弱侯先生。乃其报书云，段段惬心，言言破的，真学者之指南，越世之卓见也。遂力付之梓，以与古音图赞并行。余实踧（cù）踖（jí），何敢当长者之奖若是。已而思之弱侯以《尚书》起家，又素慎许可，岂爱之而忘其丑乎。夫弱侯先生，所谓当世明经君子也。他日见先大人于地下，将以此言进。

万历壬子十一月望日

闽陈第题

## 《尚书疏衍》卷一

（明）陈第

### 《尚书考》

《尚书》有今文古文。今文二十八篇，曰《尧典》，曰《皋陶谟》，曰《禹贡》，曰《甘誓》，曰《汤誓》，曰《盘庚》，曰《高宗肜日》，曰《西伯戡黎》，曰《微子》，曰《牧誓》，曰《洪范》，曰《金縢》，曰《大诰》，曰《康诰》，曰《酒诰》，曰《梓材》，曰《召诰》，曰《洛诰》，曰《多士》，曰《无逸》，曰《君奭》，曰《多方》，曰《立政》，曰《顾命》，曰《吕刑》，曰《文侯之命》，曰《费誓》，曰《秦誓》是也。合序为二十九。古文二十五篇，曰《大禹谟》，曰《五子之歌》，曰《胤征》，曰《仲虺之诰》，曰《汤诰》，曰《伊训》，曰《太甲》三篇，曰《咸有一德》，曰《说命》三篇，曰《泰誓》三篇，曰《武成》，曰《旅獒》，曰《微子之命》，曰《蔡仲之命》，曰《周官》，曰《君陈》，曰《毕命》，曰《君牙》，曰《伯冏》是也。今文本自伏生。伏生为秦博士，当秦焚书，伏生壁藏之，及汉定求其书，亡数十篇，独得二十九篇，即以教于齐鲁之间。古文本自孔安国。鲁共王坏孔子宅，欲以为宫，而得古文于坏壁中，以校今文，多二十五篇，安国献之，汉武受诏作传。又于《尧典》分出《舜典》，《皋陶谟》分出《益稷》，《盘庚》分出二篇，《顾命》分出《康王之诰》，合今文、古文共为五十八篇。传成，值巫蛊之祸，不及上闻，世弗得而见之也。先此有得伪《泰誓》者，谓之今文《泰誓》与安国

《泰誓》不同。儒者闻安国《尚书》有五十八而未之见，遂有张霸之徒亦于伏生书分出《盘庚》二篇，《康王之诰》一篇，为三十一篇，增入伪《泰誓》三篇，又伪作《舜典》一篇，《汩作》一篇，《九共》九篇，《大禹谟》一篇，《益稷》一篇，《五子之歌》一篇，《胤征》一篇，《汤诰》一篇，《咸有一德》一篇，《典宝》一篇，《伊训》一篇，《肆命》一篇，《原命》一篇，《武成》一篇，《旅獒》一篇，《冏命》一篇，亦为五十八篇。篇目虽与安国同，自《泰誓》而下二十七篇皆非安国之旧矣。刘向作《别录》，班固作《艺文志》，及《后汉书·儒林传》所称《古文尚书》者，实皆张霸之伪书，非安国之古文。故马融、郑玄、刘歆、赵岐、服虔、韦昭、王肃、杜预之伦，皆未见孔传。故郑玄注《礼记》，赵岐注《孟子》，韦昭注《国语》，杜预注《左传》，凡有引用二十五篇者，皆曰逸书，曰篇亡。道其实也，安得以目所未见，而附会以为知乎？至晋郑冲，始得古文，以授苏愉，愉授梁柳。柳皇甫谧之外弟也。谧于柳边得《古文尚书》，故作《帝王世纪》。柳授臧曹，曹授梅赜。赜于前晋奏上而施行焉。自是人人知有古文矣。余按孔颖达所考而详其颠末。如是，则见斯文兴废不偶然也。

**《古文辨》**

孔安国古文二十五篇，至东晋始显。唐人疏之，始大行于世，未有议其为伪者。宋吴才老始曰，安国所增多之书，皆文从字顺，非若伏生之书，诘曲聱牙，至有不可读者。朱考亭因之曰，安国书至东晋时方出，前此诸儒皆未见，可疑之甚。吴草庐又因之曰，二十五篇采缉补缀，无一字无所本，而平缓卑弱，殊不类秦汉以前之文。噫，三子言出，疑古文者纷然矣。

愚窃以为过也。今文自殷盘、周诰外，若《尧典》、《皋谟》、《甘誓》、《汤誓》、《高宗肜日》、《西伯戡黎》、《牧誓》、《洪范》、《无逸》、《顾命》，何尝不文从字顺乎？必诘曲聱牙而后可，则鲁论不得与系辞并行矣。何者，奇正异也。况书之显晦，亦自有时。《公羊》立学官，自汉武始；《谷梁》立自汉宣汉平之世；刘歆移书博士，始立《左氏》。汉初，《诗》有齐、鲁、毛、韩四家。而毛最后出。传礼者五家，而小戴最后出。班固《汉书》采自《史记》，自后汉至晋，注解《汉书》者，二十余家，《史记》未有也。卒之，《左氏》、《毛诗》、《小戴》、《史记》皆盛行至今，抑不特书为然。大禹治水，勒碑南岳，翳于林莽数千年，韩昌黎刻意求之弗得，至宋末嘉定而始露，至明嘉靖而始传，似未可以前人未见，而谓作禹碑者，伪也。《左》、《国》、《礼》、《记》诸书，称引二十五篇，彬彬具在，今谓作古文者，采缀为之，是倒置本末，而以枝叶作根干矣。且其纪纲道德，经纬人事，深沉而切至，高朗而矫健，又安见其平缓卑弱乎？先汉之文浑雄驰骋，本其所长。然偏驳或悖乎理义，断制不醇乎德音，故不可与古文并论也。孔颖达曰，古文经虽然早出，晚始得行。其词富而备，其义弘而雅，故复而不厌，久而愈亮，可谓知言也已。嗟夫，书之所以贵真，以其言之得也，足以立极也。所以恶伪，以其言之失也，不足以垂训也。今自天子、公卿、大夫、士、庶人，服习古文，而皆耿然有裨于性情，治理乃不得其精妙。区区以迹訾之，不亦远乎？

近世旌川梅鷟拾吴朱三子之绪余，而诪（zhōu）张立论，直断谓古文晋皇甫谧伪作也，集合诸传记所引，而补缀为之。似矣，不知文本于意，意达而文成。若彼此瞻顾，勉强牵合，则词必有所不畅。今读二十五篇，抑何其婉妥而条达也。又如《禹谟》克艰二语，谓本《论语》之为君难，为臣不易也。不矜不伐，谓本《老子》之夫惟不争故天下莫能与争也。满招损，谦受益，谓本《易》之谦尊而光，卑而不可逾也。不知宇宙殊时而一理，圣贤异世而同心。安得以其词之相近也，而遽谓其相袭乎？又如人心道心，则谓本之《道经》。尝考《荀子》曰，舜之治天下，不以事诏而万物成，故《道经》曰，人心之危，道心之微。注者曰，此《虞书》语，而云《道经》，盖有道之经也，即《虞书》也。今鷟指为《道经》，岂别有所据乎？又如《五子之歌》郁陶乎予心，颜厚有忸怩，谓郁陶取《孟子》。颜厚取诸《诗》。《胤征》之火炎昆冈，玉石俱焚，取诸《三国志》。《仲虺》之惭德，取诸季札曰，圣人之弘也，而犹有惭德。口实，取诸王孙圉曰，以寡君为口实。《汤诰》之降衷，取诸夫差曰，天降衷于吴。《伊训》从谏弗咈，取诸班彪之从谏如顺流。《泰甲》升高陟遐，取诸《中庸》之行远自迩登高自卑。《咸有一德》之观德观政，取诸《吕氏春秋》之引曰，五世之庙可以观德，万夫之长可以生谋。《说命》建邦设都，取诸《墨子·尚同》之篇。《泰誓》离心离德，取诸子泰叔曰，弃同即异，是谓离德。《武成》归马放牛，取诸《乐记》马散之华山之阳而弗复乘，牛散之桃林之野而弗复服。《旅獒》为山九仞，谓为山取诸《论语》，九仞取诸《孟子》。《微子之命》余嘉乃德，取诸《左氏》王命管仲曰，余嘉乃勋，应乃懿德。《蔡仲之命》致辟管叔于商，囚蔡叔于郭邻，取诸祝佗云，管蔡慆间王室，王于是乎杀管叔而蔡蔡叔。《周官》制治于未乱，保邦于未危，取诸《老子》为之于未有，图之于未乱。《君陈》勿辟勿宥，取诸文王世子公曰，宥之，有司曰在辟，公又曰宥之，有司又曰在辟。《毕命》收放心，取诸《孟子》求其放心而已矣。《君牙》思其艰以图其易，取诸《老子》图难于其易，为大于其细。《伯囧》交修不逮，取诸《楚语》卫武公曰，朝夕交戒我。诸如此类，难以悉数。句疵其攘，字剥其窃，无非欲二十五篇古文尽废之而后已。语曰，不有废也，其何以兴？故废《禹谟》，而复有《禹谟》者出。废《五子之歌》与《胤征》，而复有《五子之歌》与《胤征》者出。废商周《仲虺》诸篇，而复有《仲虺》诸篇者出。则废之诚是也。然由君子观之，不可废也。何者？二十五篇，其旨奥，其词文，卑而高，近而远，幽通鬼神，明合礼乐。故味道之士见则爱，爱则玩。绅（chōu）绎而浸渍，叹息而咏歌，拟议之以身，化裁之以政，定事功而成亹亹（wěi）矣。孰是书也而可以伪疑之乎？故疑心生，则味道之心必不笃矣。夫干将、镆铘沉埋丰狱，人莫之知也，张华、雷焕出之，遂为天下宝。古文之出于东晋，亦犹是也。

前汉民间得《泰誓》三篇，有白鱼入于王舟，火复于王屋流为乌诸语，董仲舒、司马迁皆引用之矣。马融《书序》曰，《泰誓》后得按其文似若浅露。又《春秋》引《泰誓》曰，民之所欲天必从之。《国语》引《泰誓》曰，朕梦协朕卜，袭于休祥，戎商必克。《孟子》引《泰誓》曰，我武惟扬，侵于之疆，则取于残，杀伐用张，于汤有光。孙卿引《泰誓》曰，独夫受。《礼记》引《泰誓》曰，予克受，非予武，惟朕文考无罪；受克予。非朕文考有罪，惟予小子无良。今文《泰誓》皆无此语。吾见书传多矣。所引《泰誓》而不在《泰誓》者甚多。孔颖达曰，今《泰誓》所无者，古文《泰誓》皆有则古文为真，复何疑乎？乃后儒又以集合传记，摽夺句字疑之，不识必何如而后可也。嗟夫，质诸理而后天下之至言可知也；征诸用而后天下之大业可见也。今聊举其一二。曰可爱非君，可畏非民。曰予视天下，愚夫愚妇，一能胜予。曰惟天生民有欲，无主乃乱。曰古有夏先后，方懋厥德，罔有天灾，山川鬼神亦莫不宁，暨鸟兽鱼鳖咸若。曰有言逆于汝心，必求诸道；有言逊于汝志，必求诸非道。曰匹夫匹妇，不获自尽，民主罔与成厥功。曰予弗克俾厥后惟尧舜，其心愧耻，若挞于市，一夫不获，则曰时予之辜。曰我闻吉人为善，惟日不足；凶人为不善亦惟日不足。曰玩人丧德，玩物丧志。曰为善不同，同归于治；为恶不同，同归于乱。曰位不期骄，禄不期侈。曰惟民生厚，因物有迁；违上所命，从厥攸好。曰呜呼，罔曰弗克，惟既厥心；罔曰民寡，惟慎厥事。曰尔身克正，罔敢弗正；民心罔中，惟尔之中。曰非人其吉，惟货其吉，若时瘝厥官。此皆精绝纯粹之谈，古今不易之定论也。采之何书。取之何策乎？故曰质诸理，而后天下之至言可知也。尝试有虚中之主，愿治之君，爰以《伊训》、《说命》进而格之，则贾谊可无痛哭之疏，陆贽不烦累牍之章矣。又或有暴戾之众，乖梗之俗，爰以《君陈》、《毕命》术而施之，则商鞅可无峻法；广汉可无鉥（xiàng）筒矣。故曰征诸用，而后天下之大业可见也。是故服剑者，期于铦（xiān）利，而不期于墨阳、莫邪；乘马者期于千里，而不期于骅骝騄耳，诵书者期于甄物成化，而不期于今文古文。况今文古文实皆上古之遗书，故不精于论，则不知古文；不知古文，则不知今文。借曰予知，徒以名取之而已矣。是故宋人之疑尚在两可之间。至骘作《尚书谱》丑乎骂矣。是非君子之言，达人所屏弃也。

**《引书证》**

昔孔子观书周室，得虞、夏、商、周之典，删其善者百篇，与《诗》、《易》、《礼》、《乐》并行，以教后世。遭秦乱，伏生壁而藏之，竟亡数十篇。及孔安国得《古文尚书》，多二十余篇。是伏生所亡，即安国所得也。校之百篇，尚存其半。岂非斯文之大幸欤。后儒乃以今文为真也，古文伪也。不过谓文章尔雅，训词坦明耳。以今观于《左》、《国》、《礼》、《记》及诸书传，引二十五篇者，多至八九章，少亦三四章，皆尔雅坦明，无有艰深险涩语也。岂所引者皆伪乎？夫为诸书所称引者，既皆尔雅坦明，而诸书所未称引者，必欲其艰深险涩，是一篇而二体也，岂虞、夏、商、周之本经乎。愚故胪（lú）而列之，以俟观考者焉。若引用今文，则弗录。人既弗疑，无庸赘矣。

《吕氏春秋》引《夏书》曰天子之德广运，乃神，乃武，乃文。《左传》文公七年郤缺引《夏书》曰戒之用休，董之用威，劝之以九歌，俾勿坏。庄公八年，公引《夏书》曰皋陶迈种德，德乃降。襄公二十一年臧武仲引《夏书》曰念兹在兹，释兹在兹，名言兹在兹，允出兹在兹。二十三年仲尼引《夏书》曰念兹在兹。哀公六年孔子引《夏书》曰允出兹在兹。襄公二十六年声子引《夏书》曰与其杀不辜，宁失不经。《孟子》引《书》曰洚水警予。襄公五年引《夏书》曰成允成功。《国语》内史过引《夏书》有之曰众非元后，何戴后非，众罔与守邦。《墨子》引《禹誓》曰济济有众，咸听朕言，蠢兹有苗，用天之罚。《孟子》引《书》曰祗载见瞽瞍，夔夔齐栗，瞽瞍亦允若。皆《大禹谟》文也（《禹谟》当云《虞书》以事关禹，故目为《夏书》，犹《洪范》本《周书》以箕子所陈，故传引之曰《商书》）。

《左传》襄公四年魏绛引《夏训》有之曰，有穷后羿。《国语》单襄公引《书》曰，民可近也，不可下也。知伯国引《夏书》有之曰，一人三失，怨岂在明，不见是图。哀公六年孔子引《夏书》曰，惟彼陶唐，帅彼天常，有此冀方，今失其行，乱其纪纲，乃灭而亡。单襄公引《夏书》有之曰，关石和钧，王府则有。皆《五子之歌》文也。

襄公二十一年祁奚引《书》曰，圣有谟训，明征定保。襄公十四年师旷引《夏书》曰，遒（qiú）人以木铎狥（xùn）于路；官师相规，工执艺事以谏。昭公十七年大史引《夏书》曰，辰不集于房，瞽奏鼓，啬夫驰，庶人走。昭二十三年公子光云吾闻之曰，作事，威克其爱，虽小必济。皆《胤征》文也。

《孟子》引《书》曰，葛伯仇饷。又引《书》曰，汤一征，自葛始，天下信之。东面而征，西夷怨；南面而征，北狄怨。又引《书》曰，徯我后，后来其苏。宣公十二年随武子引仲虺有言曰，取乱侮亡兼弱也。襄公十四年中行献子引仲虺有言曰，亡者侮之，乱者取之，推亡固存，国之道也。三十年子皮曰，仲虺之志云乱者取之，亡者侮之，推亡固存，国之利也。皆《仲虺之诰》文也。

《论语》引曰，予小子履，敢用玄牡，敢昭告于皇皇后帝，有罪不敢赦。帝臣不蔽，简在帝心。朕躬有罪，无以万方，万方有罪，罪在朕躬。《墨子》引亦同。《国语》单襄公引先王之令有之曰，天道赏善而罚淫，故凡我造国无从匪彝，无即慆（tāo）淫，各守尔典，以承天休。内史过引曰，余一人有罪，无以万夫；万夫有罪在余一人。皆汤诰文也。

《孟子》引《伊训》曰，天诛造攻自牧宫，朕载自亳。《大学》引《泰甲》曰，顾諟天之明命。《缁衣》引尹吉曰，惟尹躬先见于西邑夏自周有终相亦惟终坊。《记》引《书》云，厥辟不辟，忝厥祖。《缁衣》引《泰甲》曰，毋越厥命以自覆也，若虞机张，往省括于度，则释。公孙丑引《伊尹》曰，予不狎于不顺。《表记》引《泰甲》曰，民非后，无能胥以宁；后非民无以辟四方。昭公十年子羽引《书》曰，欲败度，纵败礼。《孟子》引《泰甲》曰，天作孽犹可违，自作孽不可活。又引《书》曰，徯我后，后来其无罚。《缁衣》引尹吉曰，（旧注吉当为告，古文诰字之误）惟尹躬暨汤咸有一德。皆《伊训》、《泰甲》、《咸有一德》文也。

《国语》白公引武丁作《书》曰，以余正四方，余恐德之不类，兹故不言。《孟子》引《书》曰，若药不瞑眩，厥疾不瘳。《缁衣》引《兑命》（旧注兑读为说）曰，惟口起羞，惟甲胄起兵，惟衣裳在笥（sì），惟干戈省厥躬。又引《兑命》曰，爵无及恶德，民立而正事，纯而祭祀，是为不敬。事烦则乱，事神则难。《国语》白公引《书》，必交修毋余弃也。《学记》引《兑命》曰，敬逊务时敏，厥修乃来。又引《兑命》曰，敩（xiào）学半。《文王世子》引《兑命》曰，念终始典于学。皆说命文也。

《孟子》引《书》曰，天降下民，作之君，作之师，惟曰其助上帝，宠之四方。有罪无罪惟我在，天下曷敢有越厥志。襄公三十一年穆叔引《泰誓》曰，民之所欲，天必从之。昭公元年子羽引《泰誓》，《国语》单襄公引《泰誓》亦同。昭公七年史朝曰，筮袭于梦，武王所用也。《国语》单襄公引《泰誓》曰，朕梦协朕卜，袭于休祥，戎商必克。昭二十四年苌弘引《泰誓》曰，纣有亿兆夷人，亦有离德；余有乱臣十人，同心同德。臧宣叔曰，《泰誓》所谓商兆民离，周十人同。《孟子》引《泰誓》曰，天视自我民视，天听自我民听。又引《泰誓》曰，我武惟扬，侵于之疆，则取于残，杀伐用张，于汤有光。《墨子·兼爱》篇引《泰誓》曰，文王若日若月，乍照光于四方，于西土。《坊记》引《泰誓》

曰，予克纣，非予武，惟朕文考无罪；纣克予，非朕文考有罪，惟予小子无良。皆《泰誓》文也。

襄公三十一年北宫文子曰，《周书》数文王之德曰大国畏其力，小国怀其德。昭公七年无宇曰，昔武王数纣之罪以告诸侯曰纣为天下逋逃主，萃渊薮。《孟子》引东征，绥厥士女，匪厥玄黄；绍我周王见休，惟臣附于大邑周。又曰，吾于《武成》，取二三策而已矣。以至仁伐至不仁，而何其血之流杵也。皆《武成》文也。

仲尼对陈人问隼曰，昔武王克商，通道于九夷八蛮。僖公五年宫之奇引《周书》曰，民不易物，惟德繄（yī）物。皆《旅獒》文也。

定公四年祝佗云，蔡仲改行帅德，周公举之，以为己卿士，见诸王而命之以蔡，其命书云，王曰，胡！无若尔考之违王命也。僖五年宫之奇引《周书》曰，皇天无亲，惟德是辅。襄二十五年泰叔文子引《书》曰，慎始而敬终终，以不困。皆《蔡仲之命文》也。

《论语》引《书》曰，孝乎惟孝，友于兄弟，施于有政。僖公五年宫之奇引《周书》曰，黍稷非馨，明德惟馨。《缁衣》引《君陈》曰，未见圣，若弗克见，既见圣，亦不克由圣。《缁衣》引《君陈》曰，出入自尔师虞庶言同。《坊记》引《君陈》曰，尔有嘉谋嘉猷，入告尔君于内，女乃顺之于外曰，此谋此猷，惟我后之德，于乎是惟良显哉。《国语》富辰引《书》有之曰，必有忍也，若能有济也。皆《君陈》文也。

《缁衣》引《君雅》（牙雅古通音）曰，夏日暑雨，小民惟曰怨；资冬祈寒，小民亦惟曰怨。《孟子》引《书》曰，丕显哉，文王谟；丕承哉，武王烈；佑启我后人，咸以正无缺。皆《君牙》文也。

愚按，古文二十五篇，其未为诸书称引者，仅《微子之命》、《周官》、《毕命》、《冏命》四篇耳。然皆文从字顺，曷尝有诘曲聱牙之体乎？夫文本于事，事致于理。要以达上下之情，齐众寡之论，宣祗惧之旨，畅堙郁之衷。导之善，所以禁其恶；约之正，所以绝其邪。典、谟、训、诰、誓、命、贡、征、歌、范，皆是物也。故或时而正，或时而奇。正而愚夫愚妇知之，奇则文人学士，不能以句，而作者无心也。

譬之指以挥音，而音非指；履以出迹，而迹岂履也哉。故善读书者遇奇而不求其正，值正而不求其奇，始也诵言以索意，既也得意而忘言。若与古人揖让于一堂，而晤言于一室。目睹其色，耳闻其声，身迪其矩，而心聆其神也。善善而无恶，正正而无邪。世治则以行吾道，世乱则以洁吾身。夫是之谓深于书者也。《诗》曰，既见君子，庶几有臧。

### 《尚书评》

夫《书》之不全皆委之秦火矣。按《秦本记》始皇三十四年，李斯议谓，诸生不师今而学古，以非当世，惑乱黔首。令天下有藏《诗》、《书》百家语者，悉诣守尉杂烧之。越三年始皇崩，又越三年二世灭。又越五年，汉高即皇帝位。焚书之年，岁戊子，汉高即位岁己亥，相去十二年耳。且张苍秦之柱史，叔孙通、伏生秦之博士。陆贾、郦食其、申公辈，皆秦儒生，岂以十二年之间，遂至一废扫地？庄子云，《诗》、《书》、《礼》、《乐》，邹鲁之士，搢绅先生多能明之。孟子、荀卿述王道、论《诗》、《书》。其及门弟子，往往散处列国。战国去秦何几？一经焰火，遂尔澌灭，何也？且汉兴至武帝，亦六七十年间耳。伏生出壁藏，谓之今文。孔安国得壁藏谓之古文。卒莫能有辨其是非，以致或行或不行，而张霸之伦，复得以伪作传信于世。司马迁、董仲舒皆引白鱼入舟之事，实霸书也。岂秦及战国功利之习，浃人肤髓，而士生其时，惟学从横长短，攻战之术，与夫尊秦仪礼之制，而《尚书》古经，无复有读之者耶？史称高皇帝诛项籍，引兵围鲁，鲁中诸儒尚称诵习礼法，弦歌之音不绝。此其时去秦愈近，岂谓讲诵者皆非《尚书》古文耶？不然，何泯泯也，其故不可知也。汉武行幸河东，尝亡书三箧（qiè），诏问莫能知，惟张安世识之，具作其事。后购求得书，以相校无所遗失。秦汉之际，遂无若人，可悲也哉。

《尚书》之文简短而深闳，明雅而窔（yào）奥。玩之愈渊，行之愈切，测之不可以为象。卒然而置于前，则令人惊怪，不知何从而得之也。诚宇宙间至文哉。故自汉至今文士多矣，然必以太史公为绝匠，何者？以奇胜也。故当世人物一经序传，班固兢兢录之，稍改句字一二，适以显其益奇。故后世论史，或病其取与之谬，或讥其稽考之疏，此诚有之。然至于文章之奇妙，未有不叹赏而拱手推服之也。观其于《左》、《国》、《国策》、《世本》、《楚汉春秋》诸书，剪缀而运量之，扬榷而变化之，纵其所至，若波涛万里，而不知其所归。孰为太史公，孰为非太史公，若淄渑混合，但见其沦涟浩淼而已，不能以目辨之也。盖得其意，放其词，伸缩自在，行止由己，想其致思，运笔之趣，若飘飘乎天马衔空，不自知其奇矣。乃临当《尚书》之文，眴然而目眩，惢然而手拙，故于尧、舜、禹、汤、武、典、谟、誓、诰，皆兢兢录焉。即有句字之改，亦犹班固之于太史公也。盖其意不足以包贯之，词欲踊跃而驰骋，可乎？《高宗肜日》曰，罔非天胤，典祀无丰于昵。今曰，罔非天继常祀，毋礼于弃道。其义不可通也。不宁惟是，《金縢》一书破断为二。前序册祀之意，以及鸱（chī）鸮（xiāo）之贻；末言周公卒后，暴风雷雨。王开金縢，见书曰"朕小子其迎夫"。既卒矣，又何迎乎？此不无少舛也。不宁惟是，《文侯之命》，平王命晋文侯仇作也。今以为襄王命文公重耳之词，盖见《左传》"彤弓矢、旅弓矢，秬鬯一卣之赐"同，未及察其词之异也。凡若此类，皆如泾渭之合，清浊判然，欲新奇而弗得矣。其惟《孟子》乎？《孟子》述尧、舜、汤、武，不一而足。犹然《孟子》舆之文，人不得而窥其间也，意得也。愚尝谓《孟子》之文，在太史公之上。

诗莫妙于《毛诗》，文莫妙于《尚书》。《毛诗》之妙，愚于古音考述其梗概矣。《尚书》之妙，岂惟其政事道德之宗，抑亦具典要体裁之雅。后世莫窥其涯涘（sì）也。夫文章，乾坤之大用。士能文者，操觚伸纸，孰不以宗古自命，然法唐宋止矣，进之史汉止矣，又进之《左》、《国》，画然止矣。盖时势所束，而著作各有所施也。昔王莽居摄，东郡兴师，莽依周公作《大诰》谕之，纯袭其词，卒不及自遣一语。彼谓诵法周公，宜若是矣。不知修词立言，贵得古人之精意。袭其意，上也；袭其词，下也；袭词而取其十之四五，不足观矣。况通篇誊写，则己之情不达；己之情不达，欲以晓人风世，曷繇哉。且武庚三监叛，周公欲征之，而老臣旧人颇谓不可，故述王命，陈其卜吉，孜孜焉。莽时，翟义、刘信举事，命将出师，举朝皆以为请，乌用大诰为乎。譬之四尺童子，见宾客清谈，亦拱手效之，虽得其口吻，而昧其事情。故莽之《大诰》，童子之为也。一恒人丑之矣。惟唐韩退之独知五十八篇为文字之祖，故《淮西碑》法《舜典》也。《佛骨疏》法《无逸》也。《画记》法《顾命》也。词意并佳，遂成绝笔。柳子厚曰本之《书》以求其质。夫《书》岂独质而已哉。噫，此特为文论之也。

### 33.《尚书稗疏》

（清）王夫之

（《尚书稗疏》无序）

### 34.《尚书广听录》

**卷一**

（清）毛奇龄

予七岁受《尚书》，是时当崇祯之末，经师第授宋儒蔡沈注本，无余事也。稍长闻有为《古今尚书》辨者而疑之。然是时，守功令赴试，虽稍稍旁及他说，而究无成学。既则丁国变，流离走四方，偶有论及亦无书可据，暗暗而已。《汉·艺文志》曰《书》以广听。予读宋儒《书》，不能于此外有所推暨，而往往以听而广其说，是广听者。本以《书》广，今乃以听广也。因取旧所杂闻者，编而记之，名曰《广听》。嗟乎，其广也与哉。

### 35.《尚书埤传》

（清）朱鹤龄

**《尚书埤传》原序**

六经之学，非训诂不明。然有训诂，不能无异同。有异同不能无踳（chōng）驳。他经皆然，《尚书》为甚。盖《尚书》者，帝王之心法、治法所总而萃也。后世大典章大政事，儒者朝堂集议，多引《尚书》之文为断，义解一讹，贻害非尠（xiǎn）。如误解"用牲于郊，牛二"，而世遂有主合祭天地，及南郊北郊之说者矣；误解"九族"与"罪人以族"，遂有旁及母族、妻族而坐之者矣；误解"桐宫居忧"，"复子明辟"，而世遂以放君负扆，真为伊周之事矣；误解"金作赎刑"始以黄金易黄铁矣；误解"臣妾逋逃"始以妇女从军矣；误以《洪范》五行牵合庶征福极，而介甫反之，遂谓天变不足畏矣；误以弗辟为致辟，居东为东征，而公孙硕肤之美不白矣；误解弱水在条支，昆仑即河源，及书序"成王伐东夷"，而汉武之穷兵西北，隋唐之越海征辽东，皆不足戒矣。嗟乎，传

《书》岂易言哉。百篇之文，火于秦，残于汉。马融、郑玄、王肃之徒开辟草昧，甚为简略；古文孔传晚出，《书》义稍显。孔颖达为之疏，虽正二刘（焯、炫）之失，未惬学者之心。求其条贯群言，阐明奥指，信无逾于仲默《集传》者。但其意主于拨弃注疏，故名物、制度之属不能无讹。笔力视紫阳《易》、《诗》二传，亦多不逮。识者不能无憾焉。考明初令甲，本宗《注疏》，蔡传附之后。又以蔡传未精，命儒臣刘三吾等，博采诸说，参互考订，名《书传会选》颁诸学宫。其后《大全》行，而此书遂废。又其后，制科专取蔡氏，而《大全》亦庋（guǐ）高阁。白首穷经，仍讹踵陋。读《禹贡》者，河渠迁改，眩若追风；陈《洪范》者，九数相乘，迷如辨雾。此以攻经生章句，犹隔重山。况望其酌古准今，坐而论，作而行，卓然称有用之儒哉。余窃用愍（mǐn）叹，此《埤（pí）传》之所由作也。《记》曰疏通知远，而不诬书教也。夫推之时务，而有宜、有不宜，不可谓通；试之异代，而或验或不验，不可谓远。故列朝经筵进讲，必首及《尚书》。诚以三五以来，崇功广业，咸出其中，非徒古史记言记事之体。余之辑是书也，主诂义，而兼及史家；胪群疑而断以臆说，务求为今适用之学，庶几孔堂之金石丝竹不尽至于销沉磨灭云尔。若以仲默之书，群然尸祝，不应辄有异辞，则余且挢舌而退。夫仲默作传，已不尽同紫阳之说，何独疑于生仲默之后者哉。

康熙癸丑正月哉生魄

松陵朱鹤龄长孺甫书

### 《尚书埤传》凡例

经文不全解，故不全载。昔赵子常（汸）说，《春秋》有《杜氏补注》一书，专取杜注之阙略舛讹者订正之。予此书，实仿其体。学者先读蔡传然后参观此书，斯本末毕见矣。汉唐二孔氏，去古未远，名物、度数之学，多得其真。蔡氏训释义理，诚迥出《注疏》之上，然稽古却疏，又一事而前后异解，往往有之。今备加剖析，取《注疏》为主，参以诸儒之说。其二孔舛误，已经朱蔡改定者，不更述焉。

书以道政事，故先儒说《书》多援后代事为左证。予窃取其意于诸家，参论古今之说，多从采撷。至《禹贡》一篇，赋税、漕渠、田功、水利，所载特详，《书》解自《注疏》而外，有苏文忠（轼）《书传》、黄宣宪（度）《书说》、吕成公（祖谦）《书说》。他如王介甫（安石）、林少颖（之奇）、叶少蕴（梦得）、郑渔仲（樵）、吴才老（棫）、晁以道（说之）、程泰之（大昌）、吴斗南（仁杰）、蔡季通（元定）诸家之说，皆为朱子所称。蔡传既行，诸家尽废。又如章俊卿（如愚）、黄东发（震）、王伯厚（应麟）、吴幼清（澄）、金吉甫（履祥）、邹晋昭（季友）、王鲁斋（柏），近代如王恭简（樵）、郑端简（晓）、袁坤仪（黄）诸家皆能发明古义，为仲默功臣。余搜缉虽勤，仅存梗概。学者当求全本读之（先儒之说已引入蔡传者今不重出）。

唐宋以来，诸名家文集中，其论说，有与《书》义相证发者，多节钞之，以备观览。仲默所解天文历律，得之家传；其粹义精言，又多得之朱子。今人尽读蔡传，蔡传实未易读也。今于其难解处，特诠释一二。《书》句难点，朱子尝言之矣。今俗师断句多不古，诸说中有更正者附载焉。

**《尚书埤传》卷首**

今文古文

唐孔氏曰，按伏生今文，欧阳和叔、夏侯胜、夏侯建三家所传，及蔡邕所勒《石经》是也。孔氏古文，庸生、刘歆、贾逵、马融等所传是也。刘歆、贾逵、马融等并传孔学，云十六篇逸。与安国不同者，良由孔注之后，其书散逸不行。庸生、贾、马等惟传孔学经文三十三篇。郑玄与三家同，题曰《古文尚书》而经字多异。

安国作传，值巫蛊不行。诸儒知孔本五十八篇，亦略见百篇之序。遂有张霸者，伪作《舜典》、《汩作》、《九共》九篇、《大禹谟》、《益稷》、《五子之歌》、《胤征》、《汤诰》、《咸有一德》、《典宝》、《伊训》、《肆命》、《原命》、《武成》、《旅獒》、《冏命》二十四篇。又以伏生之二十八篇，复出《舜典》、《益稷》、《盘庚》二篇、《康王之诰》及《泰誓》共为三十四篇，以求合于孔氏五十八篇之数。刘向《别录》，班固《艺文志》，《后汉·儒林传》所称《古文尚书》者，实张霸伪书也。

朱子曰，孔安国序言，伏生失其本经，口以传授。《汉书》乃言初亦壁藏而后亡数十篇，其说与孔不同，盖传闻异辞尔。至于篇数亦复不同者，伏生本但有《尧典》、《皋陶谟》、《禹贡》、《甘誓》、《汤誓》、《盘庚》、《高宗肜日》、《西伯戡黎》、《微子》、《牧誓》、《洪范》、《金縢》、《大诰》、《康诰》、《酒诰》、《梓材》、《召诰》、《洛诰》、《多方》、《多士》、《立政》、《无逸》、《君奭》、《顾命》、《吕刑》、《文侯之命》、《费誓》、《秦誓》，凡二十八篇。后人加《泰誓》一篇（伪《泰誓》），故为二十九篇也（章如愚曰，《史记》及《儒林传》皆云，伏生得二十九篇以教齐鲁。《泰誓》非伏生所得，而云二十九篇者，司马迁在武帝时见伪《泰誓》出，附入伏生书内，遂志而言之。其实伪《泰誓》得之民间，不与伏生所传同出也）。其古文二十五篇者，《大禹谟》、《五子之歌》、《胤征》、《仲虺之诰》、《汤诰》、《伊训》、《太甲》三篇、《咸有一德》、《说命》三篇、《泰誓》三篇、《武成》、《旅獒》、《微子之命》、《蔡仲之命》、《周官》、《君陈》、《毕命》、《君牙》、《冏命》。复出者，《舜典》、《益稷》、《盘庚》二篇、《康王之诰》，凡五篇。其百篇之序，合为一篇，共五十九篇，即今所行五十八篇，而以序冠首者也。为四十六卷者，孔疏以为同序者同卷，异序者异卷也。同卷者，《太甲》、《盘庚》、《说命》、《泰誓》皆三篇共序，减八卷。又《大禹谟》、《皋陶谟》、《益稷》、《康诰》、《酒诰》、《梓材》亦各三篇共序，又减四卷，通前减十二卷。以五十八卷减十二卷，故但为四十六卷也。

汉儒谓伏生之书为今文，孔安国之书为古文，以今考之，则今文多艰涩，而古文反平易，或者以为今文自伏生女子口授晁错时失之。然先秦古书所引之文，皆已如此，恐其未必然也。或者以为纪录之实语难工，而润色之雅词易好，故训、诰、誓、命有难易之不同。此为近之。然伏生背文暗诵，乃偏得其所难，而安国考定于蝌斗古书，错乱磨灭之余，乃专得其所易，此又有不可晓者。至于诸序之语，或颇与经不合，如《康诰》、《酒诰》、《梓材》之类，而安国之序又绝不类西京文字，亦皆可疑。独诸序之本，不先经，则赖安国之序以见。

马端临曰，《汉·儒林传》言，《古文尚书》，孔安国以今文读之，《唐·艺文志》有《今文尚书》十三卷，注言玄宗诏集贤学士卫包改古文从今文。然则汉之所谓古文者，蝌斗书；今文者，隶书也。唐之所谓古文者，隶书；今文者，世所通用之俗字也。隶书，秦汉间通行，至唐则久变为俗书矣。何《尚书》犹存古文乎？盖安国所得孔壁书，虽为之传，未得立于学宫，东京以后，名儒亦未尝传习，至隋唐方显。人往往以僻书奥传视之，缮写传授者少，故所存者，尚是安国所定之隶书，未尝改从俗字也。噫，百篇之书，遭秦火而亡其半，所存五十八篇。此二十五篇者，《书》虽传，而字复不谐，于俗人罕习之。盖出自孔壁之后，又晦昧数百年，而学者始得以家传人诵也（晁说之曰，唐明皇改古文从今文，陆氏《释文》犹存一二。吕微仲得古本于宋次道、王至仲家，以较《释文》虽小有异同，大体相类。王应麟曰，按国史《艺文志》，唐孝明写以今字，藏其旧本。开宝五年，别定今文音义。咸平二年，孙奭请摹印古文音义，与新定释文并行。今亦不传。马端临曰，陆德明所释，乃《古文尚书》，与唐明皇所定今文时异。宋开宝中，令陈鄂删定其文，改从颖达。《书》今注疏所载者，非原本也）。

陈第曰，孔安国古文二十五篇，至东晋始显，唐孔氏疏之，始大行于世，未有议其为伪者。宋吴才老始曰安国所增多之书，皆文从字顺，非若伏生之书诘曲聱牙，至有不可读者。朱考亭因之曰，安国书至东晋时方出，前此诸儒皆未见，可疑之甚。吴草庐（澄）又因之曰，二十五篇采辑补缀，无一字无所本，而平缓卑弱，殊不类秦汉以前之文。噫，三子言出，疑古文者纷然矣。愚窃以为过也。今文自殷盘、周诰外，若《尧典》、《皋谟》、《甘誓》、《汤誓》、《高宗肜日》、《西伯戡黎》、《牧誓》、《洪范》、《无逸》、《顾命》，何尝不文从字顺乎？况书之显晦亦自有时，《春秋》有左、公、谷三家，左最后立。《诗》有齐、鲁、毛、韩四家，毛最后显。传礼者五家，小戴最后出。卒之《左传》、《毛诗》、小戴皆孤行至今，未尝以前人未见，遂疑其伪也。《左传》、《国语》、《论语》、《孟子》、《礼记》、《吕氏春秋》诸书所引二十五篇，彬彬具在。今谓作古文者，采缀字句为之，是倒置本末，反以枝叶为根干也。愚尝考前汉民间得《泰誓》三篇，有白鱼入于王舟，火复于王屋流为乌诸语，董仲舒对策、司马迁本纪，皆引用之矣。马融《书序》曰《泰誓》后得，按其文，皆浅露。吾见书传多矣，引《泰誓》而不在《泰誓》者甚多。孔颖达曰，今《泰誓》所无者，古文《泰誓》皆有，则古文为真，复何疑乎？愚又考孔子删书百篇，遭秦火，伏生壁而藏之，亡数十篇。及孔安国得《古文尚书》多二十余篇，是安国所得即伏生所亡也。校之百篇，尚存其半，岂非斯文大幸欤。后儒乃以今文真也，古文伪也，不过谓其文章尔雅，训词坦明耳。今以观《左》、《国》、《礼》、《记》诸书传所引二十五篇者，多至八九章，少亦三四章，皆尔雅坦明，无艰深险涩语，岂所引者皆伪乎？夫为诸书所称引者，既皆尔雅坦明，而诸书所未称引者，必欲其艰深险涩，是一篇而二体也。岂虞、夏、商、周之本经乎？

愚按，刘歆移太常博士，书曰《古文尚书》与《逸礼》、《左传》藏于秘府，伏而未出。孝成帝愍学残文阙，乃陈发秘藏，校理旧文。以此三事考学官所传，经或脱简，传或脱编，抑而未施。据此，则成帝时古文已出，特以脱简未立学官耳。何得云伪（《后汉纪》章帝建初八年十二月戊申，诏选高才生受《古文尚书》。安帝延光二年正月，选三舍郎及吏人，能通《古文尚书》、《毛诗》、《谷梁春秋》各一人。《贾逵传》，肃宗好《古文尚书》，逵数为帝言，古文与经传尔雅诂训相应，诏令撰欧阳、大小夏侯《尚书》古文同异。逵集为三卷，帝善之。《东观汉记》，杜林从张竦受学，博洽多闻。于西州得漆书《古文尚书》一卷，以授卫宏。古文遂传于世）。吴草庐既辨古文为伪矣，而其所撰《三礼考注》，凡厘正《周礼》六官之舛错者，一以《周官》邦治、邦教、邦礼等语为据。夫《周官》非古文欤。草庐于此尚未有定见，而后儒赵子常、归熙甫辈皆祖述其说，何欤？

删次

唐孔氏曰，郑康成作《书论》，依《尚书纬》云，孔子求书，得黄帝玄孙帝魁之书，迄于秦穆公，凡三千二百四十篇，断远取近，言可以为世法，百二十篇，以百二篇为《尚书》，十八篇为《中候》。断自唐虞以下者，孔君无明说。《书纬》以为帝喾以上朴略难传，唐虞以来炳焕可数。

程子曰，五帝之书，既皆常道，又去其三，盖上古虽已有文字，而制立法度，为治有迹，有史官以识其事，则自尧始耳。

朱子曰，孔安国《书序》，孔子赞《易》道以黜《八索》，述《职方》以除《九丘》。按《周礼》外史掌三皇五帝之书，周公所录必非伪妄。而春秋时，三坟、五典、八索、九丘之书，犹有存者。若果全备，孔子亦不应悉删去之。或其简编脱落不可通晓，或是孔子所见，止是唐虞以下不可知耳。

**书序**

朱子曰，书序疑非孔子所作，然相传已久，今亦未敢轻议。

林之奇曰，书序乃历代史官转相授受，以《书》为之总目者，谓为孔子所作，则未必然。

蔡氏曰，书序决非孔子所作。孔安国虽说书序序所以为作者之意，而未尝以为孔子所作。至刘歆、班固始以为孔子。

邹季友曰，某曾大父鲁卿从学朱子，因论书小序，曾大父曰，鲁之先君，当讳其名，乃《费誓》书曰，伯禽，《春秋》书秦伯任好卒，《秦誓》乃书秦穆公，皆非圣人笔削之例。朱子曰然。

《史记》尽引今文《书》二十八篇及伪《泰誓》一篇并不引孔壁所增诸篇，是太史公未见孔壁书明矣。然却多引小序。虽亡篇之序，亦有之。意西汉时自有百篇之序，故太史公见之，造伪书者亦见之。非专出于孔壁也。

**孔传**

叶梦得曰，《书》五十八篇，出于伏生者，初二十八篇，出于鲁共王所坏孔子宅壁中者，增多二十五篇。伏生《书》，后传欧阳歙。鲁共王壁中《书》，孔安国为之传。汉兴，诸儒传经次第，各有从来。伏生当文帝时，年已老，口授晁错，颇杂齐鲁言，或不能尽辨。他经专门，每辄数家。惟书传一氏。安国无所授，独以隶书易蝌斗，自以其意为训解，不及列于学宫，故自汉迄西晋，言《书》惟祖欧阳氏。安国训解晚出，皇甫谧家所谓二十五篇者，虽当时扬雄、杜预之徒，皆不及见。刘向以鲁壁中书校伏生本。《酒诰》亡简一，《召诰》亡简二。字之不同者尤多（《汉书·艺文志》，刘向以中古文校欧阳、夏侯三家经文，《酒诰》脱简一，《召诰》脱简二。率简二十五字者，脱亦二十五字，简二十二字者，脱亦二十二字。文字异者，七百有余，脱字数十）。《书》非一代之言也，其文字，各随其世，不一体。其授受异同若此。大抵简质渊慤（què），不可遽通。自安国学行，欧阳氏遂废。今世所见，惟伏生大传，首尾不伦，言不雅驯。至以天地人四时为七政，谓《金縢》作于周公没后，何可尽据？其流为刘向《五行传》，夏侯氏灾异之说，失孔子本意益远（《隋志云》济南伏生之传，惟刘向父子所著《五行传》是其本法，而又多乖戾。吴氏曰，马融、郑康成之学，悉本伏生）。安国自以为博考经传，采摭群言，其所发明，信为有功。余又读《春秋传》、《礼记》、《孟子》、《荀子》间与今文异同。《孟子》载《汤诰》"造攻自牧宫"，不言"鸣条"。《春秋传》述《五子之歌》衍"率彼天常"一句。证《康诰》父子兄弟，罪不相及（《左传》臼季引《康诰》曰，父不慈，子不祗，兄不友，弟不共，不相及也。又苑无忌引《康诰》云父子兄弟，罪不相及），今文乃无有。若荀卿引《仲虺》曰，诸侯能自得师者，王得友者。霸引《康诰》惟文王敬忌，一人以怿。其谬妄有如此者。《礼记》以"申劝宁王之德"为"由观文王"，以"庶言同"无"则绎"字。其乖牾有如此者，微孔氏，则何所取正。余以是知，求六经残阙之余，于千载淆乱之后，岂不甚难，而不可忽哉。

陈氏曰，考《儒林传》，孔安国，以古文授都尉朝，朝传胶东庸谭，谭传清河胡常，常传徐敖，敖传王璜及涂恽，恽传河南桑钦。至东都则贾逵作训，马融、郑玄作传注。而逵父徽，实受其书于涂恽，逵传父业。虽曰远有源流。然而两汉名儒，皆未尝实见孔氏古文也。岂惟两汉，魏晋犹然。凡杜征南以前所注经传，有援《大禹谟》、《五子之歌》、《胤征》诸篇，皆曰"逸书"。其援《泰誓》，则云今《泰誓》无此文。盖伏生《书》亡《泰誓》，《泰誓》后出。武帝末，民间有献者（《别录》云，武帝末得于壁内献之），所载白鱼、火乌之祥，实伪书也。然则马、郑所解岂真古文哉。故孔颖达谓，贾、马辈惟传孔学二十三篇，即伏生书也，亦未得为孔学矣。颖达又云，王肃（此曹魏人，字子雍）注《书》始似窃见孔传，故于乱其纪纲，以为夏太康时（王应麟曰，王肃注《尚书》其言多是孔传，疑肃见古文匿之，而不言也）。皇甫谧得《古文尚书》于外弟梁柳，作《帝王世纪》，往往载之。盖自太保郑冲授苏愉，愉授梁柳，柳授臧曹，曹授梅赜。赜奏上其书时，已亡《舜典》一篇。至齐明帝时，姚方兴得于大航头献之。事未施行，方兴以罪戮。隋开皇搜索遗典，始得其篇。夫孔注历汉末无传，晋初犹得存者，虽不列学官，而散在民间故也。

马廷鸾曰，据《书序》所言，则《古文尚书》其经已送之王官，藏之中秘；其传则遭巫蛊而不复上闻，藏之私家。以其未立学官，是以经隐而传不行于世。刘歆遗太常书，所谓藏于秘府伏而未发者也。中秘书非世儒所见宜乎。赵岐、韦昭、杜预诸注所引古文《书》皆指为逸书也。

愚按，《今文尚书》今见于《史记》注者，与古文时异，如"舜让于德弗嗣"之作"不怡"，"在治忽以出纳五言"之作"采政忽"；"荥波既猪"之作"荥播"。考其文义，俱古文为优。据孔安国《尚书序》云于壁中得蝌斗书，以所闻伏生者是正文义，定其可知为隶古定，更以竹简写之，则是参勘彼此，舍短取长。孔氏之于《书》，厥功大矣。其所为传，虽未必皆当，而辞旨简质，非魏晋间人所能办。安得以其后出而过疑之哉。安国之《书》，虽递有传授，而汉儒异师相攻，甚于仇敌。当马融、郑玄、赵岐注书之时，安肯出以相示。则诸儒之未见古人经传，无足怪者，不独以藏于中秘之故也。安国训"皇极"为"大中"，而《汉书》载谷永疏，有明王正五事，建大中以承天心语，疑其书当时已出，故永得见之，特未大显于时尔。

### 时世

叶梦得曰，《书》自《立政》而上，非皋陶、伊尹、周公、傅说之辞，则仲虺、祖乙、箕子、召公，后世以为圣贤不可及者也。其君相与往来告戒论说，则尧、舜、禹、汤、文武是也。是以其文峻而旨远。自《立政》而下，其君则成王、康王、穆王、平王，其臣则伯禽、君陈、君牙。至于秦穆公，其辞则一时太史之所为也，视前为有间矣。是以其文亦平易明白，意不过其所言。孔子取之，特以其有合于吾道焉尔。程实之曰，读《尚书》当识唐虞三代气象。唐虞君臣交相儆戒；夏商以后，则多臣戒君耳。禹、皋戒君，儆于未然，辞亦不费。夏商以后，则事形而后正救之，如《太甲》、《高宗肜日》、《旅獒》等篇，且反覆详至，不惮辞费矣。启与有扈战于甘野，以天子之尊，统六师与一强诸侯对敌，前此未有也。汤之伐桀，自《汤誓》、《汤诰》外，未尝数桀之恶，且有惭德焉。武之伐纣，则有《泰誓》、《牧誓》、《武成》凡五篇，惟恐纣恶不白，己心不明，略无惭意矣。伊尹谏太甲，不从而放之，前此未有也。使无尹之志，其去鸴拳几何？然太甲天资力量远过成王，太甲悔过，尹遂可以告归。周公则疑谤交起，虽风雷彰德之余，宅中图大之后，不敢去国，且切切挽召公以共济用力，何其艰也。尧以天位授舜，舜以天位授禹，此岂细事，而天下帖然无异词。盘庚以圮于耿而迁国，本欲安利万民，乃臣民哗然，至勤训谕三篇，仅而克济。然盘庚犹可也。周之区处殷民，自《大诰》以后《毕命》以前，药石之，饮食之，更三纪之久，君臣共以为国家至重至大之事，幸而讫于无虞。视尧舜区处苗顽，又何一甚暇，一甚劳也？精一允执，无俟皇极之烦言；钦恤惟明，何至吕刑之腾说。降是，则鲁秦二誓见取于经，而王迹熄，霸图兴矣。时变有污隆，风俗有厚薄。读其书，所以贵于论其世也。

**文体**

陈寿曰，咎繇之谟略而雅，周公之诰烦而悉。何则？咎繇与舜禹共谈，周公与群下矢誓故也。

唐孔氏曰，孔君《书序》云，典、谟、训、诰、誓、命之文，凡百篇，此六者之外尚有征、贡、歌、范四者，并之则有十。孔不言者，不但举其机约，亦以征、贡、歌、范非君出言之名，六者可以兼之（林之奇曰，《禹贡》实典之体）。

朱子曰，古史之体可见者，《书》与《春秋》而已。《春秋》编年通纪，以见事之先后；《书》则每事别记，以具事之首尾。意者当时史官，既以编年记事，至于事之大者，则又采合而别记之，若一典所记上下百有余年。而《武成》、《金縢》诸篇，其所纪载，或更岁月，或历数年，其间岂无异事，盖必已具于编年之史，而今不复见矣。

叶梦得曰，《尚书》文，训、诰多艰涩，而誓、命多平易，盖训、诰多是纪录当时号令于众之本语，故其间多有方言及古语。在当时则人所易晓；而于今世则反为难知。誓、命则是当时史官所撰，櫽括润色，粗有体制，故在今日亦不难晓耳。

董鼎曰，《尚书》得于煨烬断烂之余，百篇仅存其半，而宏纲实用，无所不该。故六经莫古于《书》。《易》虽始自伏羲，然有卦未有辞，辞始于文王耳。六经莫备于《书》，他经各主一事，而作《易》主卜筮，即《洪范》之稽疑也。《礼》主节文，即虞夏之五礼也。《诗》主咏歌，即后夔之乐教也。《周礼》设官，即《周官》六卿率属之事也。《春秋》褒贬，即皋陶命德讨罪之权也。五经各主帝王政事之一端；《书》则备纪帝王政事之全体。

王应麟曰，《文心雕龙》言，《书》标七观。按孔子云，六誓可以观义丑，诰可以观仁，《甫刑》可以观诚，《洪范》可以观度，《禹贡》可以观事，《皋陶谟》可以观治，《尧典》可以观美。

## 36.《书义矜式》

（元）王充耘

（《书义矜式》无序）

## 37.《书经衷论》

（清）张英

**《书经衷论》原序**

臣窃惟人君之以道治天下，至尧、舜、禹、汤、文、武之盛而极矣；人臣之以道事其君，至皋、夔、伊、傅、旦、奭之盛而极矣。迄今相去数千载，当日之言论，谋画纲纪设施，与夫仁爱忠恳之心，谐弼绸缪之计，虽散见于六经，旁流于诸史，而宏纲钜节之所统会，则莫备于《尚书》，使后之人犹得于方策之中。想像唐虞三代之君臣，如见其形容，若聆其謦（qǐng）咳，而不觉有时代旷远之隔者，则由其文至古，其意至厚，其旨趣至宏远，流连往复而可以不穷也。臣自供奉内廷之初，正值我皇上讨论二典，讲贯三谟，穷究精研，无微不彻。由是而下，逮商周誓诰之篇，靡不再四寻绎。凡昔人之所谓苦其奥博而难通者，皇上必深求义理之归，而亦不辞夫章句诵读之劳。二帝三王之言，与夫古贤臣之所以告其君者，朝夕浸灌，沦浃于圣心，至深且渥也。故以言乎典学，则高宗逊志之勤；以言乎服远，则虞廷干羽之格；以言乎六府三事，则九功之时叙；以言乎官人亮采，则九德之日严。皇上以圣学之高深，发为治功之淳茂，岂仅稽古不倦而已哉。臣质愚学陋，寡识尟闻，每当讲筵余暇，退入直庐，伏读《尚书》。偶有一知半见，录以纪之，积久，遂至成帙。非敢自持臆说，皆折衷于昔人之言，依篇章次第，分为衷论四卷，又以四年来在内廷编辑之书，不敢自覆其短，冒陈九重乙夜之览。伏念我皇上于《尚书》全编，心源吻合，精义默符，每发一义，远超汉宋诸儒之说，臣忝侍左右闻之熟矣。如臣谫陋肤言，类培塿（lǒu）伏于泰岱之前，爝（jué）火耀于日月之下，弥自增其悚（sǒng）惕云尔。

康熙二十一年正月

臣张英谨序

## 38.《尚书大传》

（清）孙之騄辑

**卷一**

（孙之騄序）

《易》曰河出图，雒出书，圣人则之。《书》之所起远矣。至孔子得黄帝玄孙帝魁之书，迄于秦穆公，凡三千二百四十篇，断远取近，定可为世法者，凡百二篇，而为之序。遭秦灭学燔书。汉兴，旁求儒雅，闻故秦博士伏胜能传其业，诏太常使掌故晁错往受焉。而伏生年且百岁不能正言，言不可晓，使其女诵二十八篇，口授晁错。曰《尧典》、《皋陶谟》、《禹贡》、《甘誓》、《汤誓》、《盘庚》、《高宗肜日》、《西伯戡黎》、《微子》、《牧誓》、《洪范》、《金縢》、《大诰》、《康诰》、《酒诰》、《梓材》、《召诰》、《洛诰》、《多方》、《多士》、《立政》、《无逸》、《君奭》、《顾命》、《吕刑》、《文侯之命》、《费誓》、《秦誓》凡二十八篇。自是传，其学者有欧阳、大小夏侯。宣帝时，复有河内女子得《泰誓》一篇献之，与伏生女所诵，合二十九篇，《汉志》所谓经二十九卷是也。故言书者始济南伏生。伏生创《大传》四十一篇以授同郡张生，张生授千乘欧阳生，欧阳生授同郡兒宽，宽授欧阳生之子，世世传之，至曾孙欧阳高。谓之《尚书》。《书》是本名，"尚"则伏生所加也。欧阳之学，又有夏侯都尉，受业于张生，以授族子始昌，始昌传族子胜，为大夏侯之学；胜传从子建，别为小夏侯之学。故有欧阳、大小夏侯三家并立。迄汉，东京相传弗绝。《中兴书目》云，伏生为秦博士，至孝文时且百岁，张生、欧阳生从其学而授之。生终后，数子各论所闻，以己意弥缝其间，别作章句，因经属指名之曰"传"。刘向校《书》得而上之，凡四十一篇。至郑康成始铨为八十三篇。及晋永嘉之乱，欧阳、大小夏侯《尚书》并亡。济南伏生之《传》，唯刘向父子所著《五行传》是其本法，而又多乖戾。《隋志》，《大传》三卷，郑元注、顾彪撰音二卷。《旧唐书·志》伏生注，《大传》三卷，又《畅训》三卷。《新唐书》伏生《畅训》一卷。《畅训》已不复传。而《隋志》所称《大传》者，今遗缺漫灭，前后差舛，无卷帙伦次可理。余披览群籍，钞缀残文，寻其端委，厘成三卷，仍旧名也。至伏生之四十一篇与康成铨次之八十三篇之文篇目既亡，孰从而询焉。

《虞书》

《三五传》

燧人，以火纪，阳也，阳尊，故托燧皇于天。伏羲以人事纪，故托羲皇于人。盖天非人不因，人非天不成也。神农悉地力植谷，故托农皇于地。天地人之道备而三五之运兴矣。

燧人为燧皇，以火纪官（《艺文类聚》）。

伏羲氏作八卦（《路史》注）。

伏羲氏没，神农氏作。神农氏没，黄帝尧舜氏作（罗璧《识遗》）。

黄帝者，光也，厚也。中和之色，德施四序，与地同功，故先黄以别之也（《风俗通》）。

颛者，顺也。顼者，信也，悫也，言其承文治之以质，使天下遵化，皆贵真悫也。喾者，考也，成也，言其考明法度，美誉醇然，若酒之芬香也。尧者，高也，明也，言其隆兴焕炳，最高明也。舜者，准也，循也，言其准行道，以循尧绪也。

禹者，辅也，辅续舜后，庶绩洪茂。自尧以上王者子孙，据国而纪，功德浸盛，故造谥。舜、禹本以白衣，砥美行显名，升为天子，虽复制谥，不如名著，故因名焉。

汤者，攘也，言其攘除不轨，改亳为商，成就王道，天下炽昌。文武，皆以其长能擅国之谓王，能制杀生之威之谓王。

## 39. 《尚书地理今释》

（清）蒋廷锡

（《尚书地理今释》无序）

## 40. 《尚书七篇解义》

（清）李光地

（《尚书七篇解义》无序）

## 41.《五诰解》

（宋）杨简

（《五诰解》无序）

## 42.《禹贡指南》

（宋）毛晃

（《禹贡指南》无序）

## 43.《禹贡论》

（宋）程大昌

**禹贡后论序**

臣惟禹之水功，被赖万世，而大河特不辍为治世之患，较其劳费，殆若一敌，然而民又未尝得宁也。汴渠规模不出于禹，而转输之利，愈于未有汴时。臣以是知天下事，其迹状未形乎前，则虽圣人，亦无所感发，以出其智。故周监二代，而文物郁郁；汉创笞杖徒流，以代肉刑，而百世遂不可易。盖见其形而后知所措也。臣本为稽考《禹贡》而及古今山川曲折，于是念河、汴二水，本朝极尝关意，而其间应讲求以备稽用者，实云有之，辄随见记录以为《禹贡后论》。此因奏对，忝睿旨宣取。臣不敢以愚陋为辞，谨此录进。夫事未至而逆知其理之当然，则事至而策画审定，此臣区区愚诚也。

臣程大昌谨序

## 44.《禹贡说断》

（宋）傅寅

（《禹贡说断》无序）

## 45.《禹贡长笺》

（清）朱鹤龄

**《禹贡长笺》原序**

《记》称书教为疏通知远。夫推之时务，有不宜，非通也；试之异代，或不验，非远也。遂（tì）览史籍，凡职方地理河渠田赋诸书，其文皆祖《禹贡》，盖经国鸿规，莫备于此，后之人以为文焉而已。即哆口自命专门者类，亦苟安旧闻，弗加深考。九河两汉，眩若追风；四列三条，迷如辨雾。此以攻经生章句，犹隔重山。况望其斟酌曩今，坐而论，作而行，卓然称有用之儒哉。夫自禹迄今，陵谷代变，山川往迹难以深求。幸而汉唐以来，诸儒辨论各出，以及乘、志、图、经，约略可据。虽其间甲乙龃龉，往往有之，然而考今证古，析同合异，亦存其人。若复矜一家之言，狗千载之惑，袭舛仍讹，曷可弹诘，予窃愍焉。兵燹（xiǎn）余生，屏居无事，爰取《注疏》、《大全》，与百氏之说，条贯而衷断之。大约体宗诂训，而旁及史家，求为通今适用之学。所愧身未履乎方州，力止凭乎书卷，支离纰缪，敢谓必无？惟望博雅君子，论定而是正焉。嗟乎，农政不修，漕渠日坏，转运困，而搜括频，此世变之所以益亟也。有能慨然慕古宽平休息，以上合于"底慎""成赋"之意，庶几宛委遗文，犹不至磨灭天壤哉。

朱鹤龄题于艾园

## 46. 《禹贡锥指》

（清）胡渭

### 《禹贡锥指》略例

昔大司寇昆山徐公，奉敕纂修《大清一统志》，馆阁之英，山林之彦，咸给笔札以从事。己巳冬，公请假归里，上许之，且令以书局自随。公于是僦舍洞庭，肆志搜讨。湖山闲旷，风景宜人。时则有无锡顾祖禹景范，常熟黄仪子鸿，太原阎若璩百诗，皆精于地理之学。以渭之固陋，相去什伯。公亦命翻阅图史，参订异同。二三素心，晨夕群处，所谓奇文共欣赏，疑义相与析者。受益弘多，不可胜道。渭因悟《禹贡》一书，先儒所错解者，今犹可得而是正。其以为旧迹湮没，无从考究者，今犹得补其罅（xià）漏。而牵率应酬，未遑排纂。岁甲戌，家居，婴子春之疾，偃息在床，一切人事谢绝。因取向所手记者，循环展玩，撮其机要，依经立解，章别句从。历三期乃成，厘为二十卷，名曰《禹贡锥指》。按《庄子·秋水》云"用管窥天，用锥指地"，言所见者小也。禹身历九州，目营四海，地平天成，府修事和之烈，具载于此篇。彼方跐黄泉而登太皇，始于玄冥，反于大通。而吾乃规规然求之以察，索之以辩，是亦井蛙之见也。夫其不曰管窥，而曰锥指者，《禹贡》为地理之书，其义较切故也。

经下集解，亚经一字。首列孔传、孔疏，次宋元明诸家之说。郑康成书注间见义疏及他籍，"三江"一条，足称秘宝。司马贞注《夏本纪》、颜师古注《地理志》，其说与颖达相似，故不多取。蔡传较劣，其本师文集语录所言《禹贡》山水，如龙门、太行、九江、彭蠡等说，亦不能善会其意，而有所发明，况其他乎。采撷寥寥，备数而已。至若语涉《禹贡》而实非经解，如《通典》之类，亦或节取一二句。虽系经解，却不成章，并以己意融贯，缀于其末，用"渭按"二字别之。

集解后发挥未尽之义，又亚一字。二孔、蔡氏并立于学官，入人已深。其中有差谬者，既不采入。集解于此仍举其辞，而为之驳正。诸家之说得失参半者，亦必细加剖析，使瑕瑜不相掩。至于《地志》、《水经》柷（luó）缕本末，附以夹注。其文似繁，其旨似缓，而实有裨于经术，所以使人优柔厌饫，将自得之，千蹊万径，总归一辙也。是书出，幸而不为覆瓿之物，异时必有厌其委曲繁重，而芟取十之二三，以资俭腹者。首尾衡决，不精不详，此则与科举之业，帖括之编，亦复无异，真吾书之不幸也已。

卫栎斋湜撰《礼记集说》，其自叙曰，人之著书，唯恐其言不出于己。吾之著书唯恐其言不出于人。此语可为天下法。庄子有重言，非必果出其人，亦假之以增重，况真出其人者乎。近世纂述，或将前人所言，改头换面，私为己有，掠美贪功，伤廉害义，予深耻之。故每立一义，必系以书名，标其姓字，而以己说附于后。死者可作，吾无愧焉。

先儒专释《禹贡》者，有易祓《禹贡疆理广记》、程大昌《禹贡论》、傅寅《禹贡集解》。《广记》今不传，仅见于他书所引。昆山片玉，弥觉贵重。程氏锐志稽古，而纰缪实多。傅氏缀辑旧闻，附以新意，颇有发明，惜多散逸。近世乡先生茅公瑞征著《禹贡汇疏》，捃拾最博，但总杂无纪，断制尚少。然三书之淹雅，亦可谓卓尔不群者矣（郑端简晓、焦文端竑，并有《禹贡解》，颇为疏略）。其释全经者，有苏轼、曾旼、叶梦得、张九成、林之奇、夏僎、薛季宣、黄度、吕祖谦、王炎、吴澄、金履祥、王充耘、王樵、邵宝诸家，于《禹贡》尤为精核，发前人所未发。故称引特多。其余弃短录长，即有一二语之善者，概不敢遗。

诸家书解及《河渠书》、《地理志》、《沟洫志》、《水经注》之外，凡古今载籍之言，无论经史子集，苟有当于《禹贡》，必备录之。千金之裘，非一狐所成；五侯之鲭（qīng），非一家可办。愚旁搜远绍，于经不无小补云。

《山海经》、《越绝》、《吕氏春秋》、《淮南子》、《尚书中候》、《河图括地象》、《吴越春秋》等书，所言禹治水之事，多涉怪诞。今说《禹贡》，窃附太史公不敢言之义，一切摈落，勿污圣经。

国朝名公著述，如宛平孙侍郎承泽《九州山水考》、新城王尚书士禛《蜀道驿程记》、昆山顾处士炎武《日知录》、吴江朱处士鹤龄《禹贡长笺》，凡有裨于经义者悉为采入。同事顾景范、黄子鸿、阎百诗，则余所觌（dí）面讲习者。景范著《方舆纪要川渎异同》，子鸿有《志馆初稿》皆史学之渊薮，可以陵古轹今。唯百诗与余锐意通《禹贡》，故《锥指》称引较多。景范、子鸿后先下世，郢人之逝，恫乎有余悲焉。百诗撰《四书释地》，今已版行，脍炙人口，四方诸君子，谅有同心，知余不阿所好。

《山海经》十三篇，刘歆以为出于唐、虞之际。《列子》曰：大禹行而见之，伯益知而名之，夷坚闻而志之。王充《论衡》曰：禹主治水，益主记异物，以所闻见作《山海经》。审尔。则是书，与《禹贡》相为经纬矣，然其间可疑者甚多。颜之推曰，《山海经》禹、益所记，而有长沙、零陵、桂阳、诸暨，后人所羼（chàn），非本文也。尤袤曰，此先秦之书，非禹及伯翳所作。二说允当。其所有怪物，固不足道，即所纪之山川，方乡里至虽存，却不知在何郡县，远近虚实无从测验，何可据以说经。唯"澧、沅、潇、湘在九江之间"一语，大有造于《禹贡》，余即有可采，与他地记无异，或后人取以附益亦未可知。欲证《禹贡》，舍班《志》其何以哉。

释《禹贡》者莫先于汉孔安国之《书传》。安国武帝时人，孔颖达所谓身为博士，具见图籍者也。今观其注《禹贡》山水地名，并不言在何郡县，间有系郡县者，如太原，今以为郡名。震泽、吴南，太湖名。洛水出上洛山；太岳，在上党西；沇水，在温西北平地；桐柏，在南阳之东；

熊耳，在宜阳之西；敷浅原，在豫章界，亦皆颠顼（mān hān）鹘突，不甚分明。其他无注者尚多，岂汉初图籍不如班固所见之备邪？至若菏泽在定陶，而云在湖陵；伊水出卢氏，而云出陆浑；涧水出新安，而云出渑池；横尾山北去淮二百余里，而云淮水经陪尾；江水南去衡山五六百里，而云衡山江所经。身为博士，具见图籍者当如是乎？又若谷城为瀍水所出，魏始省谷城入河南县，而传云瀍出河南北山；金城郡，乃昭帝置，而传云积石山在金城西南；孟津在河阳之孟地，东汉始移其名于河南，而传云在洛北，明非西汉人手笔。《朱子语录》谓安国《尚书大序》不类西汉文字，解经最乱，道是《孔丛子》一辈人所假托，良有以也。世以其在班固前而尊之，过矣。

《汉书·地理志》郡县下举山水之名，凡言《禹贡》者三十有五。如夏阳之梁山、龙门山，怀德之北条荆山，美阳之岐山，新安之涧水，上雒之洛水，濩泽之析城山，垣县之王屋山，及沇水与荥阳地中轶出之水，北屈之壶口山，谷城之瀍水，平氏之桐柏山，及淮水临沮之南条荆山，定陶之菏泽、陶丘，钜鹿之大陆，灵寿之卫水，上曲阳之恒山、恒水，莱芜之汶水，蒙阴之蒙山，箕县之潍水，祝其之羽山，彭泽之彭蠡泽，郫县之江沱，青衣之蒙山，湔氏徼外之岷山及江水，首阳之鸟鼠同穴山及渭水，临洮之西倾山，冀县之朱圉山，泾阳之泾水，睢阳之孟猪泽，湘南之衡山，此真《禹贡》之山水绝无可疑者也。他如氐道之养水，非嶓冢之所导；西县之嶓冢；非漾水之所出；湖陵之菏水，非东至之菏泽；信都之绛水，非北过之泽水；安丰之大别，非江汉之所会；蜀郡之桓水，非西倾之所因，而皆系之以《禹贡》。此盖沿袭旧闻，不可尽信者也。亦有实《禹贡》之山水而不系之以《禹贡》者，如华阴之太华山，鄠（hù）县之沣水，上雒之熊耳山，蒲反之雷首山，彘（zhì）县之霍太山（即太岳），长子之浊漳水（即衡漳），屯留之绛水（即降水），壄（yě）王之太行山，华容、西陵、编县之云梦泽，钜野之大野泽，邺县之故大河（即禹厮二渠之一），博县之岱山，盖县之沂水，莱芜之淄水，毗陵之北江水（即三江），充县之澧水，河关西南羌中之积石山，及河水删丹之弱水，直路之沮水，卞县之泗水，成平之徒骇，东光之胡苏，鬲县之鬲津（即许商所举九河之三），皆禹贡之山水也，而独不系之《禹贡》，此又义例参差，赅惑后人者也。其东武阳之漯水，虽不言《禹贡》，而云禹治漯水，东北至千乘入海，则亦是《禹贡》之漯矣。骊成之揭石山，冠之以"大"，累县有揭石水，而不言山，宜乎不系《禹贡》也。凡此类，揆之经旨，准之地望，参之《水经》，验之《方志》，一取一舍，必有据依，不敢苟同，亦不敢好异，唯期有裨于圣籍，无愧于先儒云尔。

《地理志》于《禹贡》之山水，称古文者十一：扶风汧县吴山，古文以为汧山；武功太壹山，古文以为终南；垂山古文以为惇物；颍川宻高太室山，古文以为外方山；江夏竟陵章山，古文以为内方山；安乐横尾山，古文以为陪尾山；东海下邳葛峄山，古文以为峄阳；会稽吴县具区泽，古文以为震泽；豫章历陵傅易山，古文以为敷浅原；武威武威之休屠泽，古文以为猪野泽；张掖居延之居延泽，古文以为流沙。其所谓古文，盖即棘下生安国所说壁中古文之义，传之都尉朝而司马迁亦从安国问者也。唯终南、流沙、陪尾不可从，余皆致确。

《地理志》引桑钦者七："上党屯留"下云，桑钦言绛水出西南东入海；"平原高唐"下云，桑钦言漯水所出；泰山莱芜下云，《禹贡》汶水出西南入沛，桑钦所言；丹阳陵阳下云，桑钦言淮水出东南北入大江；张掖删丹下云，桑钦以为道弱水自此，西至酒泉合黎；敦煌效谷下云，本鱼泽障也，桑钦说，孝武元封六年济南崔不意为鱼泽尉，教力田，以勤效得谷，因立为县名（今《汉书》本有"师古曰"三字，盖后人所妄加，此言非师古所能引也）；中山北新成下云，桑钦言易水出西北东入淲。今按《儒林传》言"涂恽授河南桑钦君长《古文尚书》"。钦，成帝时人。班氏与刘歆皆崇古学，故有取焉。《隋·经籍志》有两《水经》。一，三卷，郭璞注；一，四十卷，郦善长注，皆不著撰人名氏。《旧唐志》始云郭璞作（阎百诗云，璞注山海经引水经者八，此岂经出璞手哉）。《新唐志》遂谓汉桑钦作《水经》。一云郭璞作。今人云桑钦者，本此也。先儒以其所称多东汉三国时地名，疑非钦作。而愚更有一切证，郦注于漯水，引桑钦《地理志》；又于易水、浊漳水，并引桑钦。其说与《汉书》无异，乃知固所引，即其《地理志》，初无《水经》之名。《水经》不知何人所作，注中每举本文，必尊之曰经。使此经果出于钦，无直斥其名之理（唐人义疏，例称孔君、郑君）。或曰钦作于前，郭、郦附益于后；或曰汉后地名乃注，混于经，并非。盖钦所撰名《地理志》，不名《水经》。《水经》创自东汉，而魏晋人续成之，非一时一手作，故往往有汉后地名，而首尾或不相应，不尽由经、注混淆也。

郦道元博览奇书，掇其菁华，以注《水经》，得从来所未有。唐初名不甚著。逮其中叶，杜佑摭河源济渎二事以诋之。李吉甫则有《删水经》十卷，不知取舍如何。是书传习者少，错简、阙文、讹字，不可胜计。宋初犹未散逸，而《崇文总目》云，郦注四十卷亡其五，则仁宗之世已非完书。南渡后，程大昌撰《禹贡论》，颇举以相证，而终不能得其要领。金蔡正甫撰《补正水经》三卷。元欧阳原功为之序，谓可以正蜀版迁就之失。今其书亦不传。近世文人则徒猎其隽句僻事，以供词章之用，而山川古迹一概不问，孰知为《禹贡》之忠臣，班《志》之畏友哉。唯子鸿深信而笃好之，反覆寻味，每水各写为一图。两岸冀带诸小水，无一不具，精细绝伦。余玩之不忍释手。百诗有同嗜焉。昔善长述宜都山水之美，沾沾自喜曰"山水有灵，亦当惊知己于千古"。至今读之，勃勃有生气。吾三人表章郦注，不遗余力，亦自谓，作者有灵，当惊知己于千古也。

班氏所载诸川，第言其所出所入，而中间沿历之地不可得闻。唯《水经》备著之，出某县，向某方，流迳某县某方，至某县，合某水，某县入某水，一一明确。间有相去疏阔者，郦注又从而补之。其说加密，直可据以绘图。余释九州之文，每水必援《水经》以为证，而于导水尤详，更摘取注中要语，夹行附提纲之下，亦或有借《注》作提纲者。凡历代史志、《元和郡县志》、《太平寰宇记》及古今群书之要语，皆荟蕞于其下，目之了了，使学者不出户牖，而知天下山川之形势，亦一奇也。大抵著书援古，最忌浑殽割裂，独此处有不得不然者。盖《水经》所叙沿历之地，间有疏阔，道元依经注补。今所引，必经自经，注自注，划然分为二段，则前后不相贯穿，读者反多眩惑。事有变通，不可胶柱。子鸿与余筹之甚悉，海内诸贤，幸不以此相讥。

南人得水皆谓之江，北人得水皆谓之河。因目岷江曰大江，黄河曰大河，此后世土俗之称，非古制也。富顺熊过曰，黄帝正名百物，未尝假借，后世乃通之耳。愚谓禹主名山川，亦未尝假借。江河自是定名，与淮、济等一例，非他水所得而冒。唯汉水、彭蠡水与江水会始称三江；沅、湘等水入洞庭，与江水会始称九江。盖皆以岷江为主，而总其来会之数以目之。其未合时，不得名江也。后世汉江、章江、湘江、沅江等称，殊乖经义，九河亦然。徒骇至鬲津，旧有此水道，及禹自大伾引河，北行过洚水，至于大陆，乃疏为九道，以杀其势，因谓之九河。入海处复合为一，与海潮相迎受，故谓之逆河。河未由此入海，亦不名河也。《水经》篇题概曰某水，绝不相假借，深得《禹贡》之意。予爱之重之。

《地志》、《水经》之后，郡县废置不常，或名同而实异，或始合而终离。若不一一证明，将有日读其书，而东西南北，茫然莫辨，不知今在何处。亦有身履其地，目睹其形而不知即古之某郡某县某山某水者。愚故于引古之下，必曰某县，今某县，其故城在今某县某方。中间沿革颇多，虽不能遍举，其切要者，亦不敢遗。郑康成云，学者既知古，又知今，此穷经之要诀，著书之定法也。不然则亦有体无用之学而已矣。

禹所名之山，苟举宏远，非一峰一壑之目也，如云云、亭亭、梁父、社首、高里、石闾、徂徕、新甫，皆泰山之支峰，禹总谓之岱；自蓝田以至鳌屋（zhōu zhì），总谓之终南；自河内以至井陉，总谓之太行；自上洛以至卢氏，总谓之熊耳。后人递相分析，而各为之名，愈久愈多。释禹贡者不明斯义，遂谓洛出冢领，不出熊耳；渭出南谷，不出鸟鼠；淮出胎簪，不出桐柏。种种谬说，皆由此生。然其言太行、终南，则又失之汗漫。太行越恒山而北，终南跨惇物而西，有乖经旨，吾不敢从。至若底柱、碣石、朱圉（yǔ）、大伾（pī）之类。则又狭小孤露，与一峰一壑无异。盖山陵之当路者，不得不举为表识，未可执前例以相绳，以为必广袤数十百里之大山，而疑古记所言之非也。

凡山名不一而足：二名如西倾，亦名强台；外方，亦名嵩高。三名如岱，亦名岱宗，又名泰山。四名如岍（qiān），亦名吴，又名岳，又名吴岳。五名如大伾，亦名黎山，又名黎阳山，又名黎阳东山，又名青坛山。多至雷首，一山而有九名。斯极矣。今备载以广异闻。又有山所在之县各别，而实非异山者，如碣石在汉之累县，而《水经》云在临渝，《后魏志》云在肥如，《隋志》云在卢龙。地名四变，而山则一，要皆在今昌黎县东，累县故城之南也。嶓冢在汉之沔阳，而《后魏志》云在嶓冢县，

《隋志》云在西县，《括地志》云在金牛，《寰宇记》云在三泉，《元大一统志》云在大安，《明一统志》云在宁羌。地名六变，而山则一，要皆在今宁羌州北，与沔县接界处也。至若嶓冢在汉中，而班固谓在陇西之西县；积石在羌中，而杜佑谓在西平之龙支，此又谬误之大者。辨之不厌其详，诸如此类不可胜道，聊举一隅，以资三反。

《导水》九章，唯黑水原委杳无踪迹，弱水自合黎以北，流沙以西，亦难穷究，纷纷推测，终无确据，不如阙疑之为得也。江、汉、淮、渭、洛，禹迹尚存，无大可疑者。河自周定王五年东徙之后，大伾以下，禹河故道，不可复问。先儒皆以王莽河，为禹河。故降水、大陆、九河、逆河无一不差。然因王莽河之所在而求之，于其西，则邺东故大河之道，犹可按图而得也。济为河乱久矣，至东汉，而河南之济尽亡，赖《水经》悉载其故渎，后世犹得因此而略知古济之所行。杜佑辄诋之，非笃论也。善哉，金吉甫之言，曰凡《禹贡》地理间有于今不同者，或古今名号之殊，或人力开塞之异，或陵谷、海陆、土石消长之变。盖如熊耳为谨举，大别为翼际，恒水为呕夷，卫水为虖（hū）池，此所谓古今名号之殊也。荥泽导为荥川，河水引为鸿沟，徐偃通舟陈、蔡，夫差沟通江、淮，此所谓人力开塞之异也。荥、播塞成平地，滩、沮二源壅绝，逆河化为勃海，碣石沦于洪波，此所谓陵谷、海陆、土石消长之变也。然传记尚有明征，禹功未尽湮没，正可据今之不然，以求昔之所然。苟因此而遂疑圣经之有误，古志之非真，其为愚且悖也，孰甚焉。

《水经注》凡二水合流，自下互受通称。其在《禹贡》则漾与沔合，亦称沔；漳与绛合，亦称降水是也。又有随地异名，非由合他水而然者，沇东流为济，漾东流为汉，又东为沧浪之水是也。有大水分为支流而异其名者，江别为沱，汉别为潜，河别为漯是也。有伏流显发而异其名者，济溢为荥是也。小水合大水，谓之入，大水合小水谓之过，二水势均相入谓之会。此又正名辨分之义，高出《地志》、《水经》者矣。山体不动，其盘基广大者，亦不过占数郡县。若水，则源远流长，往往灌注于千里之外。伏见离合、曲直、向背，变化无方，名称不一。故撰《山经》易，撰《水经》难。

孔传言，禹之治水，或凿山，或穿地，以通流。此不必到处皆然，绵亘千百里之远，然当时实有其地，不得不用此法者。《尸子》、《吕览》、《淮南子》、《水经注》，众口一辞，岂欺我哉。贾让曰，昔大禹治水，山陵当路者毁之，故凿龙门，辟伊阙，析底柱，破碣石。此凿山之事也。《孟子》曰，禹掘地而注之海。太史公曰，禹厮二渠，以引其河北载之高地，过降水，至于大陆。此穿地之事也。儒者蔽于一己之意，见凡耳目之所不及，皆以为妄。开章壶口、梁山第一功，便说得全无精彩，亦由过泥《孟子》行所无事之说，谓禹绝无所穿凿。殊不知尧之水灾，非寻常之水灾；禹之行水，非寻常之行水。审如蔡氏所言，则后世筑隄置埽（sào），开渠减水之人，皆得与禹功并垂天壤矣。鲧何以绩用弗成，禹何以配天无极哉。

中国之水，莫大于河；禹功之美，亦莫著于河。释《禹贡》而大伾以下，不能得禹河之故道，犹弗释也。《导河》一章，余博考精思，久乃得之，解成口占二首曰：三年僵卧疾，一卷导河书。禹奠分明在，周移失故渠。自知吾道拙，敢笑古人疏。冀有君山赏，中心郁少舒。班固曾先觉，王横实启之。九峰多舛错，二孔亦迷离。墨守终难破，输攻谅莫施。秖应千载后，复有子云知。丁丑二月朔也。

河自禹告成之后，下迄元明，凡五大变，而暂决复塞者不与焉。一、周定王五年河徙自宿胥口，东行漯川，至长寿津与漯别行，而东北合漳水，至章武入海，《水经》所称大河故渎者是也。二、王莽始建国三年，河决魏郡，泛清河、平原、济南至千乘入海。后汉永平中，王景修之，遂为大河之经流，《水经》所称河水者是也。三、宋仁宗时，商胡决河，分为二派，北流合永济渠，至乾宁军（今青县）入海；东流合马颊河，至无棣县（今海丰）入海。二流迭为开闭。《宋史·河渠志》所载是也。四、金章宗明昌五年（实宋光宗之绍熙五年），河决阳武故隄，灌封丘，而东注梁山泺，分为二派，一由北清河（即大清河）入海，一由南清河（即泗水）入淮是也。五、元世祖至元中，河徙出阳武县南，新乡之流绝。二十六年会通河成，北派渐微。及明弘治中，筑断黄陵冈支渠，遂以一淮受全河之水是也。盖自人伾以东，古兖（yǎn）、青、徐、扬四州之域，皆为其纵横糜烂之区。宋金以来，为害弥甚。愚故于《导河解》后附《历代徙流之论》而又各为之图，以著其通塞之迹，使天下知吾书非无用之学，于康成知古知今之训，不敢违也。事讫于明，故时务缺焉。

九州之疆界，《尔雅》、《职方》不同于《禹贡》，盖殷周之所损益也。故必备举以相参；次列古帝王所都及诸侯之封在州域者；又次列春秋时国土之可考者，略见先王封建之制；又次列战国之所属；然后分配秦汉以降之郡国；而要以杜氏《通典》为准。盖前此地理诸书，未有以《禹贡》九州分配郡国者。有之自《通典》始。宋承唐制，以迄元明，虽有沿革，不甚相远。故《通典》之后，直接当今舆地。杜氏博洽绝伦，然间有分配未当者，如冀之信都当属兖，荆黔中以下七郡，及雍伊吾以下四郡，皆不在禹九州之限是也。又有一郡一县而当分属二州者，则以有名山大川为标识，不容蒙混，如汲郡有黄河，河南之胙城当属兖，不当属冀；黎阳县有宿胥故渎，渎西属冀，渎东当属兖是也。凡此类悉为之举正。经所言州界多二至，唯徐三至。冀虽不言界，而三面距河，亦三至。其未备者，必博考而审别之。如冀北抵沙漠，徐西抵济水，梁东荆西界巫山，豫东兖西界菏泽是也。至于分野主占候，以十二次分配，十二国不足以尽九州之土，与《禹贡》无涉。唯一行"山河两戒"之说，于导山、导水有默契焉，故时引以证经。

郑渔仲曰，《禹贡》以地命州，不以州命地。故兖州可移，而济河之兖州不可移；梁州可改，而华阳黑水之梁州不可改。是以为万世不易之书。史家作志以郡县为主，郡县一更，则其书废矣。此至言也。然后世，河日徙而南，则兖之西北界，不可得详；河南之济亡，则兖之东南界亦苦难辨。华阳专主商洛，则梁之西北界茫无畔岸；黑水与雍通波，则梁之西南界何所止极。《禹贡》之书虽存，徒虚器耳。郡县能乱其疆域，山川亦能变其疆域。向之不可移者，今或移之矣。非研精覃思，博稽图籍，其何以正之。

王者以一人养天下，不以天下奉一人。禹任土作贡，皆祭祀燕飨之需，车服器械之饰，吉凶礼乐之用，国家之所必不可缺者。夫子"无间然"三语，深得其心。非但季世征求之滥，不可与同日而论，即伊尹之《献令》，周公之《王会》，恐亦属后人依托，借曰有之，则殷周之志荒矣。今释厥贡，必一一明其所用，如金银珠玉，琅玕怪石，竹木橘柚菁茅之类，则又必详致其辨，使知圣人无一徇欲之事，庶不敢厉民以自养耳。

帝都三面距河，舟楫环通，诸侯之朝贡，商贾之懋迁，行旅之往来，外国之享王，皆以达河为至。其水道曲折，经悉志之于州末。兖、青、徐、扬，皆由济、漯以达河；荆、豫，皆由洛以达河；梁、雍，皆由渭以达河；冀之岛夷，由碣石以达河；扬之岛夷由淮、泗以达河；昆仑、析支、渠搜由积石以达河。下文所谓四海会同者，具见于此矣。然当时粟米取之于甸服，无仰给四方之事。所运者，惟贡物。故轻舟可载，山溪可浮，"逾于洛"，"逾于沔"是也。要其间陆行，亦不过数十里。圣人之重民力也如此。后世牛羊用人，若张汤通褒斜之道，以致汉中之谷，陆运百余里，亦不以为难。其于圣人之心，相去何啻（chì）霄壤。

古者九夷、八狄、七戎、六蛮谓之四海。四海之内，分为九州，九州之内制为五服，以别其远近。甸侯绥为中国，要荒为四夷，所谓弼成五服，至于五千者是也。五服之外，尚有余地，亦在九州之域，所谓"外薄四海，咸建五长"者是也。九州之外，夷、狄、戎、蛮之地，不登版图，不奉正朔。王者以不治治之，是为四海。此《禹贡》五服、九州、四海之名义也。宋儒见他书所称四海，有以水言者，遂一切拨弃古训，以四海为海水，四夷为外国。殊不知《禹贡》九州之内，自有中国、蛮夷之别。甸侯绥三服，则壤成赋之区，名曰中邦；要荒二服，为夷，为蛮。沈尹戌曰，天子有道，守在四夷；仲尼曰，天子失官，学在四夷，即其地也。不然郯子岂外国之君长，而大荒绝域亦安能为天子守耶？

禹锡圭告成，唯据十三年中已然之事，录之以成书。其后非必一一尽同也。如舜绍尧肇十有二州，则州境之山川，已有所更改；封十有二山浚川，则山川之秩祀必有所增益。而命禹以百揆兼司空，汝平水土，惟时懋哉，不仅如此篇所纪而已也。至于土田之肥瘠，贡赋之多寡，声教之远近，他时亦必有小异，说经者但当就《禹贡》以释《禹贡》，若牵合前后，则反多窒碍矣。

地域之分，以高山大川为限，后世犬牙相制之形无有也；水土之功，以决川距海为则，后世曲防逆防（lè）之事无有也（《考功记》，凡沟逆地防，谓之不行。注云，防谓脉理）；疆理之政以浚畎距川为利，后世穿渠灌溉之智无有也；税敛之法，以土田物产为赋，后世口率（音律）出钱之令无有也；九州之贡，所以给邦用，后世奇技淫巧之供无有也；四海之贡，所以表向化，后世珍禽瑰宝之献无有也；达河之道，所以通贡篚，后世飞刍辇粟之役无有也；山川之奠，所以秩命祀，后世设险守国之计无有也；六府之修，所以养民生，后世山林川泽之禁无有也；土姓之锡所以褒有德，后世强干弱枝之虑无有也；武卫之奋，所以戒不虞，后世拓土开边之举无有也；声教之讫，所以大无外，后世招来诱致之术无有也。想其时，民安物阜，别有一天地。其君若臣亦皆心天地之心。觉三代以降，号称善治者，犹未免为小康之事，衰世之意。《礼运》首述孔子之言，先儒疑为老庄之绪余，由今思之，殆不然也。学者熟读《禹贡》而有得焉。非惟知识日进于高明，抑且心术渐登于淳古。

己卯，余复入帝城，谒大司徒吉水李公，以《禹贡锥指》就正。公览之，喜曰，是书博而不杂，精而能赅。不惟名物殚洽，兼得虞夏传心之要。出以问世，谁曰不宜。余负墙而谢。今春，公寓书天津，以示刘侍御西谷先生，先生一见称赏，谓从来所未有。复于李公序而行之，诚异数也。嗟乎，积病无憀（liáo），终日仰面看屋梁。著书当时，聊代萱苏，今乃重灾梨枣，詅（音令）痴符之诮，其能免乎？

康熙辛巳夏五

德清胡渭（元名渭生，字朏明，一字东樵）敬述于御河舟次

## 47. 《禹贡会笺》

（清）徐文靖

**《禹贡会笺》原序**

《周公职录》曰，黄帝受命，风后授图，割地布九州。是九州本依图而立也。《水经注》曰，禹理水，观于河，见白面长人鱼，身授禹河图而还于渊。是禹之治水亦依图而治也。自是而后，夏少康使商侯冥治河，帝杼十三年，冥死于河。殷祖乙避河迁耿，二年圮于耿，复迁于庇。求如《禹贡》之治水，难矣。郑樵《通志》曰，桀焚黄图，夏图所縣尽亡也。《尔雅》九州说者皆以为商制图，无闻焉。周图书大备，大司徒掌天下土地之图。周知九州之地域，司险掌九州之图，知山林川泽之阻。汉入关收秦图书，得具知天下阸（è）塞。武帝时，齐人延年上书言，河出昆仑，经中国注渤海。是其地势西北高而东南下，可按图书观地形，令水工准高

下，开大河上领，出之胡中。明帝永平中，议治汴渠。上引乐浪人王景，问水形，便因赐景《山海经》、《河渠书》、《禹贡图》。《禹贡》之有图尚已，后世图事阙略。晋司空裴秀惜之，乃殚思著《禹贡地域图》十有八篇。其制图之体有六：一曰分率，二曰准望，三曰道里，四曰高下，五曰方邪，六曰迂直，悉因地制形。王隐《晋书》曰，裴秀为司空，作《禹贡地域图》，事成奏上，藏于秘府，为时名公。诚有所慕而云也。唐《大衍》"山河两戒"，取《禹贡》三条四列之说，而不及图。程大昌撰《禹贡论》绘图三十有一。郑东卿著《尚书图》，《禹贡》山泽图二十有五。然皆未有见。余家藏有《六经图》、《禹贡图》一二而已。又所藏宋大观中《地理指掌图》，其中有帝喾及尧《九州图》、《舜十二州图》、《禹迹图》。然胪列当时郡县，于《禹贡》山泽，六十余地不能备载。少尝见艾千子《禹贡图》，简而能该，第从前讹误，尚未驳正。章氏本清《图书编》，名山大泽皆有图，不专为《禹贡》设，故虽有图而不精。近见王太史葑林刻乃祖《禹贡图》，胡氏胐（fěi）明《禹贡》，山泽间有图，而图之前后左右，少有脉络可寻。此图《禹贡》者所以难也。陆氏文裕曰，余尝欲取今之州县，推而上之，会于《禹贡》之命名，以著古今之离合，迁改为一书。志诚伟哉。余窃有志而未逮，顾已为《禹贡会笺》一书，又何能已于图也。爰列图若干于前，并以图说附注之，稍订其讹误。如此，后之君子按图而兴，感思大禹明德之远，而不为小智之凿，则又会笺绘图者之私愿夫。

## 48. 《洪范口义》

（宋）胡瑗

（《洪范口义》无序）

## 49. 《洪范统一》

（宋）赵善湘

**《洪范统一》原叙**

《洪范》九畴，圣人经世之大法，太极浑然之先，其道已具。三才既判之后，天界之圣人，而实任彝伦攸叙之责，行虖古今，不可泯没。天地由之，而万化显其用；圣人以之，而斯民获其所。非区区操天下者所能与也。由五行至五纪，安行乎皇极者也；由三德至福极，辅成乎皇极者也。皇极居于五，主张纲维是者也。畴惟有九，其统则一。自汉世儒者，为灾异之说，乃以五行、五事，皇极、庶征、福极五者，合而求灾异之应；而于八政、五纪、三德、稽疑四者，离不相属。其后为史，又皆祖述汉儒。独欧阳《唐史》纪灾异而不言事应。眉山之学，亦以福极于五福不相通，悉归于皇极之建、不建。呜呼，《洪范》九畴果可以意离合之乎？昔者天畀之禹，禹传之箕子。箕子以是谏受不听，武王以之归，遂作《洪范》。明夷之六五，曰箕子之明夷，利贞。明，入地中明；夷，天道在地，君道在臣。六五君位，而箕子居之，以《洪范》之在箕子也。《洪范》，天道也，君道也，而可易窥乎？善湘幼业《书》，长无所闻，窃谓汉儒离合之说，非《洪范》之本旨，遂撰《洪范统一》，庶几成欧阳、眉山之志，然未知有得于箕子否也。

开禧三年中秋前五日

赵善湘叙

## 50. 《洪范明义》

（明）黄道周

### 《洪范明义》原序

臣观五帝三皇之道，备在《易象》。自《易象》而外，惟有《洪范》一书，为尧舜所授于禹汤，周公所得于箕子者。《易》于明夷之卦，推崇箕子，明羲文之道在箕子，非他作者之所敢望也。汉兴，伏、晁口授不真，厥后诸儒皆因伏、晁以证古简，是以讹舛相沿，失其伦崿。五十九篇之中，时有依托，先后间出，然皆史家述记之言。虽巅末稍殊，无伤大义。如《武成》、《洛诰》先儒之所正定，后人不以为非。独《洪范》一书，以理义古奥，条贯错综，沿二千年未之有改，使禹箕之结撰与《史记》同观，神圣之微言，为毛口所乱，良可惜也。臣考篇中，有错简者三，讹字者三。错简，如五纪、三德敷言，错而在后；威福、建极敷言，错而在前。讹字，如晨为农，式为忒，瘞为极之类，皆伏、晁之所不稽，郑、孔所未说，宋元诸儒稍发其端。明兴，诸贤未竟厥绪。臣下愚迂昧，绎思此义近二十年，幸逢圣主留神经籍，奉旨纂辑，乃复不揣为《明义》四卷。其上卷皆言天人感召，性命相符及好德用人之方；下卷皆言阴骘相协，彝伦条贯，旁及阴阳历数之务。初终两卷，乃正定篇章，分别伦序，以及圣神授受之统，凡八万七千六百余言。臣下愚迂昧，私意以为古今典籍，自《易象》、《春秋》而外，所可敦崇绅绎，未有过于斯书者也。

黄道周序。

## 51.《洪范正论》

（清）胡渭

**原序**

《洪范》一书，如日月之丽天，有目者所共睹。而间有晦盲否塞者，则先儒之曲说为之害也。五事本于五行，庶征本于五事，不过以雨、旸、燠、寒、风之时不时，验貌、言、视、听、思之敬不敬。而汉儒《五行传》专主灾异，其所言貌之不恭，厥极恶等事，固已乖矣，而又推广言之，曰妖，曰孽，曰祸，曰痾，曰眚，曰沴（h），复援《春秋》及汉事以实之。以瞽史矫诬之说，乱彝伦攸叙之经。害一也。洛书之本文，具在《洪范》，刘歆之言非妄，而宋儒乃创为白黑之点，方图之体，九十之位，则书也而变为图矣。且谓《范》之理可通于《易》，故刘牧《易数钩隐》以九位为河图，十位为洛书。而蔡元定两易其名。害二也。《洪范》元无错简，而宋儒任意改窜，移庶征王省惟岁以下，为五纪之传；移皇极敛时五福至其作汝用咎，及三德惟辟作福以下，并为五福六极之传，害三矣。愚为是解，非敢拨弃旧诂，而逞吾臆见也。去其不正者，以就其正者，而圣人之意得矣。自甲申迄己丑，芟繁补阙，辨误析疑，纂成五卷，名之曰《洪范正论》。

德清胡渭

## 54.《尚书纂传》

（元）王天与

**《尚书纂传》原序**

梅浦王氏《尚书纂传》四十六卷。先引汉唐二孔氏之说，次收诸家传注，而一以晦庵朱子、西山真氏为归，与其乡先生彭翼夫往复考正，十五年而后成。大德中，鄞人臧梦解为宪使，以其书上于朝，得授临江路儒学教授。其子振，板行之。予所见者，即至大镪（qīn）本也。吉安，自宋季文信公谋兴复不遂，被执以死。其门人宾容咸以忠义自奋，乡曲之士多知自好，恒绝意仕进，潜心经义。于《易》，则有龙仁夫之《集传》，刘霖之《太极图解》、《易本义》、《童子说》；于《诗》，则有刘瑾之《通释》；于《礼》，则有彭丝之《集说》；于《春秋》则有丝之《辨疑》，李廉之《会通》。《书》自梅浦而外，则耕野王氏，其撰述多有得者。梅浦是书，其抄撮也博，其甄综也简，其心似薄蔡氏，而不攻其非，间亦采摭其说，择焉可谓精矣。彭翼夫者，尝仕于宋，为江陵府教授，即丝之父也。

　　闻若稽古说三万言，又闻书解近年至四百家，使人茫然孰何，不识其所谓。得王君《纂传》，如入武库，号万色色具，如远游半天下，首路以归；如观乐请止，不愿更有。虽增多伏生吃吃三五十倍，然比三万若四百者，而既少矣，而又无不明与不逮也，是可嘉也。每忆咸淳初，诸老荐徐几经筵第一，义论人心、道心，以为人心恶，几也。余叹曰，有是哉，以其在理欲之间也，故危，概以为恶，则过矣，亦何所附丽，以为道心哉。侍御史陈千峰闻吾言是之。几以是论去。又后数年，过金陵，入明道书院，读真西山所为记，记首二语，则亦几说也。盖骇然为之愧悔自失，是几亦有所本也。惧哉，以此明民，犹有出于金口木舌之外者，故知食不厌精，而脍（kuài）不厌细。君《纂传》多西山氏，已得彼，复遗此耶？或谓君有功于纂择政在此。

横艾执徐之二月庐陵刘辰翁书

　　梅浦王君立大《书纂传》成，集斋先生为之序，而又俾余赞一语。余于立大，十年以长，居相邻，世相好也。犹及记其垂髫（tiáo），颖脱泉涌，千里驹不是过。既冠章甫，籍籍有场屋声，一时从之游者，膏残馥剩，无不意满。而袁臂数奇，竟出诸妄校尉下，众犹以器晚俟之。梅浦于是息意科举之学，研精覃思，博采详说，纂为此书，勤亦至矣。乡使业举子时，龙跃虎变，搏扶摇而上者九万里，则功业逐日以新，未必有暇著述。由今而观，发百篇之奥缊，集四百氏之大成，私淑诸人，垂训来世，其视夫收科膴（wǔ）仕，甘与草木俱腐者，又孰为得失也。近有善评紫阳，谓其山林之日长，学问之功深，辄借斯言，挂名传末。若其传中大义数十，微显阐幽，有先儒所未到，览者宜自得之，故不书。

丙戌暮春友人刘坦谨述

《书》，由伏传，孔注。若疏，至近代博矣。唐虞三代辽哉邈（miǎo）乎。上遡三千五百余年，而圣贤心至今犹在者，《书》在焉故也。书蕴奥难见，而庶几可探讨而见者，诸家说在焉故也。如余习读时，尤爱巩氏，抄东莱说。开卷初，首引伊川。发"明"、"钦"字义，以为理学精微，当年阐自伊洛。后读《书》者，如欲求书旨，到亲切的当处，舍是宜何折衷。久之又读紫阳、西山二先生所考释，与所记衍，窃知其渊源上出伊洛之正，发经义理，惠淑后学又至矣乎。惜其未成全书，于百篇或开绎之而未竟，微言粹旨之别见者，世亦莫有能考而会之一。梅浦王兄立大。专勤力学，用工于是经者有年，间与余言，今解者多矣。眩于多而莫适，为之决择，则将焉据为是。竭其闻见心思之力，考诸众说毕具。而余知其纂类统有宗者，远摭伏生、二孔之训诂义疏，近据紫阳、西山之考释记衍。虽其说之散在文集语余者，一旦焕然，靡不会萃于其中。而诸家说有合而弗畔者，一准此类取焉，然后由博归约，而一经大义，至是益以彪炳。盖尝读之，嘉其编摩之力匪易，足慰余凤昔之所有志而未偿者，遂以余初与儿曹录前辈说附之，及管见一二，以备商榷。嗟乎，百代而上，世远迹陈，而得其说者，犹因是获窥圣贤用心之万一，可幸也已。运会以逝，思古之人，巍冠讲论，事付之一慨，抑就此书，人人玩味，无不切己者。斯言何谓，与其藏诸家塾之私，孰若广而流布，与四方同志之士切磋之，以无忘往训。适有谂（shěn）梅浦刻诸梓以传者，意美益甚。余复为之怂恿，叙其说于帙之初。

友人彭应龙翼夫敬书

愚少从师取友，读《尚书》，审问明辨，亦既有年。追维百篇之义，由伏生传、二孔注疏，暨数百家解释，富矣。晦庵先生，于《易》于《诗》皆有训传，独于《书》，晚年属之蔡九峰。二典、禹谟，亲所订定。其贡举私议则曰，诸经皆以《注疏》为本，《书》则兼取刘、王、苏、程、杨、晁、叶、吴、薛、吕。其与门人答问，则如林、如史、如曾、如李、如陈，各取其长。西山先生《读书记》纂三十余篇，《大学衍义》讲数十余条。愚尝稽首敬叹曰，古今传《书》者之是非，至晦庵先生而遂定。晦庵先生折衷传《书》者之是非，至西山先生而愈明。学者不于二先生乎据，将焉据？乃本二先生遗意，作《尚书纂传》。其条例，则先二孔氏说者，崇古也。有未当，则引诸家说评之；有未备则引诸家说足之；说俱通者，并存之。间或以臆见按之，大要期与二先生合而已。愚亦安敢以私意见去取哉。且愚之编此，特示儿振耳。积日累月，而编始就矣。未敢自安，乙亥冬，携是编，偕振，求是正于集斋彭先生。先生首肯，增广校定凡若干条，往复究竟十四五载，且怂愚流布，以与四方同志共切磋之。先生以是经擢巍科，视富贵如浮云。不鄙末学，是讲是迪。使帝王遗书昭如日月，愚父子之幸也。晦庵、西山二先生所望于后来者，其庶几乎。庸是，俾振锓之梓云。

戊子春仲吉之安成后学王天与谨识

## 55.《书传会选》

（明）刘三吾

### 《书传会选》序

今天下，车同轨，书同文，行同伦。当大德圣人在天子位之日，举议礼制度考文之典，谓六经莫古于《书》，帝王治天下之大法，莫备于《书》。今所存者，仅五十八篇，诸儒训注，又各异同。至宋，九峰蔡氏本其师朱子之命，作为《集传》，发明殆尽矣。然其书成于朱子既殁之后，有不能无可议者。如《尧典》天与日月皆左旋，《洪范》相协厥居，为天之阴骘下民，有未当者，宜考正其说，开示方来。臣三吾备员翰林，屡尝以其说上闻。皇上允请，乃召天下儒士，仿石渠虎观故事，与臣等同校定之。凡蔡氏之得者存之，失者正之。又采诸家之说足其所未备。书成，赐名曰《书传会选》今所引用先儒姓氏。定为凡例于后。

### 凡例

一、自《虞书》二典、三谟以下，每篇悉具篇题。经例大书，传例小书，只从原诂训字起，如"曰、粤、越"通之类。至于新引诸家之说，就录于下。其下复用蔡说，则圈以别之，从省也。

一、蔡传有须易者，以他说易之。如《尧典》九族，则易以夏侯氏之说；民析、因、夷，及日月左行之类皆用他说，而去其本文，即实也。

一、五十八篇之传，有非蔡氏之旧者，别而出之，凡六十六条。

一、所引先儒姓氏：汉孔安国氏、夏侯胜氏，晋王辅嗣氏、郭景纯氏，唐孔颖达氏，宋张横渠氏、东坡苏氏、东莱吕氏、新安王氏、伯圭程氏、五峰胡氏、月卿许氏、之奇林氏、大猷陈氏、应麟王氏、补之邹氏、新安陈氏、仁山金氏、董氏、胡氏。

一、会选今儒姓氏：翰林学士刘三吾、国子祭酒胡季安、左春坊左赞善门克新、右春坊右赞善王俊华、翰林致仕编修张美和、国子致仕博士钱宰、翰林修撰许观、张信、翰林编修马京、卢原质、齐麟、张显宗、景清、戴德彝、国子助教高耀、王英定、公静、教授高让、学正王子谦、教谕张仕谔、何原铭、傅子裕、周惟善、俞友仁、训导赵信、谢子方、周宽、洪初、王廷宾、万钧、唐棐、儒士熊钊、萧尚仁、揭轨、靳权、张文翰、王允升、张师哲、萧子尚、解震。

# 第二编 《尧典》章句集解

# 《虞书》

## 《尚书注疏》卷一

（汉）孔氏传，（唐）陆德明音义、孔颖达疏

〔四库〕考证：《虞书》，臣召南按，监本以《虞书·尧典》为卷第二，于义难通。孔安国序，及孔颖达序，虽应在正文前，而编称卷一，乃称《尧典》为卷二，甚非尊经之义。今刊正。

## 《增修东莱书说》卷一

（宋）时澜

### 《虞书》

书者，尧、舜、禹、汤、文、武、皋、夔、稷、契、伊尹、周公之精神心术尽寓于中。观书者不求其心之所在，何以见书之精微，欲求古人之心，必先尽吾心，读是书之纲领也。通《尧典》则它可触类而推之矣。

## 《书经集传》卷一

（宋）蔡沈

### 《虞书》

虞，舜氏，因以为有天下之号也。《书》凡五篇，《尧典》虽纪唐尧之事，然本虞史所作，故曰《虞书》。其《舜典》以下夏史所作，当曰《夏书》。《春秋传》亦多引为《夏书》，此云《虞书》或以为孔子所定也。

## 《尚书详解》卷一

（宋）陈经

### 《虞书》

夫子赞《易》自伏羲而下，定《书》自唐虞而下，莫不各有其意。然则，伏羲、神农、黄帝之书，谓之三坟；少昊、颛帝、高辛、唐、虞之书，谓之五典，则二帝而上，盖有书矣。夫子断自唐虞者，盖二帝而上，随时有作，顺乎风气之宜，不先天以开人，各因时而立政，其事则朴略而未备。暨乎尧、舜继作，人道始备，可以为百王之冠，后世之所取法，故《书》首二典。观《论语·尧曰》篇称"尧曰咨尔舜"而下，是皆夫子斟酌帝王之道，可以通行于天下后世者也。知《尧曰》篇之所载，则知夫

子所以定《书》之本旨矣。孔氏曰，五典言常道也。尧、舜之事，自后世观之，企慕而不可及。殊不知此特圣人之所常行，初非骇俗绝世，甚高难行者也。《孟子》曰"人皆可以为尧舜"，又曰"规矩，方圆之至也；圣人，人伦之至也。欲为君尽君道，欲为臣尽臣道。二者皆法尧、舜而已矣。"尧舜于其常行之外，岂复有所增益哉。

**《尚书要义》卷一**

（宋）魏了翁

三、虞夏商周书经传所引不同

按马融、郑玄、王肃、《别录》题皆曰《虞夏书》，以虞、夏同科。虽虞事亦连夏，此直言《虞书》本无《尚书》之题也。按郑序以为《虞夏书》二十篇，《商书》四十篇，《周书》四十篇。《赞》云"三科之条，五家之教"是虞、夏同科也。其孔于《禹贡》注云"禹之王以是功，故为夏书之首"，则虞、夏别题也。以上为《虞书》则十六篇。又《帝告》、《釐沃》、《汤征》、《汝鸠》、《汝方》，于郑玄为《商书》而孔并于《胤征》之下。或以为夏事，犹《西伯戡黎》则《夏书》九篇，《商书》三十五篇。此与郑异也。或孔因《帝告》以下五篇亡，并注于《夏书》不废，犹商书乎。别文所引，皆云"《虞书》曰"、"《夏书》曰"，无并言《虞夏书》者。又伏生虽有一《虞夏传》，以外亦有《虞传》、《夏传》，此其所以宜别也。此孔依虞、夏各别而存之。

庄八年《左传》云"夏书曰：'皋陶迈种德'"，僖二十四年《左传》引夏书曰"地平天成"，二十七年引夏书"赋纳以言"，襄二十六年引夏书曰"与其杀不辜，宁失不经"，皆在《大禹谟》、《皋陶谟》，当云《虞书》，而云《夏书》者，以事关禹，故引为《夏书》。若《洪范》以为《周书》，以箕子至周，商人所陈，而传引之即曰《商书》也。

四、诸儒《尚书》篇卷

孔君所传，值巫蛊不行，以终前汉，诸儒知孔本有五十八篇，不见孔传。遂有张霸之徒，于郑注之外，伪造《尚书》，凡二十四篇，以足郑注三十四篇，为五十八篇。其数虽与孔同，其篇有异孔。则于伏生所传二十九篇内，无古文《泰誓》，除序尚二十八篇，分出《舜典》、《益稷》、《盘庚》二篇、《康王之诰》，为三十三，增二十五篇，为五十八篇。郑玄则于伏生二十九篇之内，分出《盘庚》二篇，《康王之诰》，又泰誓三篇，为三十四篇，更增益伪书二十四篇，为五十八。所增益二十四篇者，则郑注《书序》，《舜典》一，《汩作》二，《九共》九篇十一，《大禹谟》十二，《益稷》十三，《五子之歌》十四，《胤征》十五，《汤诰》十六，《咸有一德》十七，《典宝》十八，《伊训》十九，《肆命》二十，《原命》二十一，《武成》二十二，《旅獒》二十三，《冏命》二十四。以此二十四，为十六卷，以《九共》九篇共卷，除八篇，故为十六。故《艺文志》、刘向《别录》云五十八篇。《艺文志》又云"孔安国者，孔子后也，悉得其书"。以古文又多十六篇，篇即卷也，即是伪书二十四篇也。刘向作《别录》、班固作《艺文志》并云此言不见孔传也。刘歆作《三统历》，论武王伐纣，引今文《泰誓》云"丙午逮师"，又引《武成》"越若来三月五日甲子，咸刘商王受"并不与孔同，亦不见孔传也。后汉初贾逵《奏〈尚书〉疏》云"流为乌"，是与孔亦异也。马融《书序》云"经传所引《泰誓》并无此文"，又云"逸十六篇绝无师说"，是融亦不见也。服虔、杜预注《左传》"乱其纪纲"并云夏桀时，服虔、杜预皆不见也。郑玄亦不见之，故注《书序》"《舜典》"云"入麓伐木"，注《五子之歌》云"避乱于洛汭"，注《胤征》云"胤征，臣名"，又注《禹贡》引《胤征》云"厥篚玄黄，昭我周王"，又注《咸有一德》云"伊陟臣扈曰"，又注《典宝》引《伊训》云"载孚在亳"，又曰"征是三朡"，又注《旅獒》云"獒读曰豪，谓是酋豪之长"。又古文有《仲虺之诰》、《太甲》、《说命》等见在而云亡。其《汩作》、《典宝》之等一十三篇，见亡而云已逸，是不见古文也。

按伏生所传三十四篇者，谓之今文，则夏侯胜、夏侯建、欧阳和伯等三家所传，及后汉末蔡邕所勒石经是也。孔所传者，胶东庸生、刘歆、贾逵、马融等所传是也。郑玄《书赞》云，我先师棘子，下生安国亦好此学，卫、贾、马二三君子之业则雅才好博，既宣之矣。又云"欧阳氏失其本义，今疾此蔽冒，犹复疑惑未悛"。是郑意师祖孔学，传授胶东庸生、刘歆、贾逵、马融等学，而贱夏侯、欧阳等。何意郑注《尚书》，亡逸并与孔异，篇数并与三家同。又刘歆、贾逵、马融之等，并传孔学，云十六篇逸，与安国不同者，良由孔注之后，其书散逸，传注不行。以庸生、贾、马之等，惟传孔学经文三十二篇，故郑与三家同，以为古文，而郑承其后，所注皆同。贾逵、马融之学题曰《古文尚书》，篇与夏侯等同，而经字多异。夏侯等书"宅嵎夷"为"宅嵎铁"，"昧谷"曰"柳谷"，"心腹肾肠"曰"忧肾阳"，"劓刵劅黥"云"膑宫劅割头庶黥"，是郑注不同也。

三家之学传孔业者，《汉书·儒林传》云，安国传都尉朝子俊，俊传胶东庸生，生传清河胡常，常传徐敖，敖传王璜及涂恽，恽传河南桑钦。至后汉初，卫、贾、马亦传孔学，故《书赞》云，自世祖兴后汉，卫、贾、马二三君子之业是也。所得传者，三十三篇古经，亦无其五十八篇，及传说绝无传者。至晋世，王肃注《书》，始似窃见孔传，故注"乱其纪纲"为夏太康时。及《晋书·皇甫谧传》云，姑子外弟梁柳编得《古文尚书》，故作《帝王世纪》，往往载孔传五十八篇之书。《晋书》又云，晋太保公郑冲以古文授扶风苏愉。愉，字休预，预授天水梁柳，字洪季，即谧之外弟也。季授城阳臧曹，字彦始。始授郡守子汝南梅颐，字仲真，又为豫章内史，遂于前晋，奏上其书而施行焉。时已亡失《舜典》一篇，晋末范宁为解时已不得焉。至齐萧鸾建武四年，姚方兴于大航头得而献之，议者以为孔安国之所注也。值方兴有罪，事亦随寝，至隋开皇二年，购募遗典，乃得其篇焉。然孔注之后，历及后汉之末，无人传说。至晋之初得存者，虽不列学官，散在民间，事虽久远，故得犹存。

### 《书集传或问》卷上

（宋）陈大猷

或问：《尧典》为《虞书》阙疑何也？

曰：孔氏以《尧典》为虞史所追录，故谓之《虞书》。按《左氏传》引《舜典》、《大禹谟》皆云《夏书》，《舜典》亦载"舜陟方乃死"，窃意《舜典》、《禹谟》乃夏史所追录。故夫子未正之，先止谓之《夏书》。《舜典》为《夏书》，则《尧典》为《虞书》明矣。今《舜典》、《禹谟》之为《虞书》，则是夫子所正也。夫子既正《舜典》、《禹谟》为《虞书》，安得不正《尧典》为唐书乎？夫一代之书，必当题一代之名。班固作《前汉史》，于后汉时止。谓之《前汉史》未尝题为《后汉史》也。陈寿作《三国志》，于晋时止，谓之《三国志》未尝题为《晋志》也，况夫子断自《尧典》以为百篇之首，岂应独仍其旧而不正其名哉？意必有舜文也。或谓《尧典》、《舜典》、《禹谟》皆谓之《虞书》，以见三圣守一道。夫三圣守一道，岂以是见哉。此则不必辨。

**《尚书详解》卷一**

（宋）胡士行

**《虞书》**

《尧典》，唐书，《左传》引劝之以九歌曰《夏书》，而皆系之虞。尧授舜，舜授禹，三圣授受，一道也。正义以《尧典》为虞史追书。

**《书纂言》卷一**

（元）吴澄撰

**《虞书》**

虞，舜氏，因以为有天下之号。《虞书》，虞史所记也。

**《尚书集传纂疏》卷一**

（元）陈栎

**《虞书》**

虞，舜氏，因以为有天下之号也。《书》凡五篇。《尧典》虽纪唐尧之事，然本虞史所作，故曰《虞书》。其《舜典》以下，夏史所作当曰《夏书》。《春秋传》亦多引为《夏书》。此云《虞书》，或以为孔子所定也。

**《书传辑录纂注》卷一**

（元）董鼎

**《虞书》**

虞，舜氏，因以为有天下之号也。《书》，凡五篇。《尧典》虽纪唐尧之事，然本虞史所作，故曰《虞书》。其舜典以下，夏史所作书，曰《夏书》。《春秋传》亦多引为《夏书》。此云《虞书》，或以为孔子所定也。

纂注：

陆氏曰，《虞书》凡十六篇，十一篇亡。夏氏曰，二典、《禹谟》俱谓之《虞书》者，盂三圣授受，实守一道。谓之唐书，则可以该舜，不可以该禹。谓之夏书，则可以该舜，不可以该尧。惟曰《虞书》则见舜上承于尧，下授于禹。

《尚书句解》卷一

（元）朱祖义

《虞书》

（尧，唐帝也，书应谓之唐，今云《虞书》者，盖其初，《尧典》实题为唐，《舜典》实题为虞，《禹谟》实题为夏。今三篇俱谓之《虞书》者，非史之旧，乃孔子定书之后序正也。何以知之？《左传》庄八年引《夏书》曰“皋陶迈种德”；僖二十四年引《夏书》曰“地平天成”；襄二十八年引《夏书》曰“与其杀不辜，宁失不经”。是庄襄之时，夫子未序正，《禹谟》实谓之《夏书》。则《尧典》，于孔子未序正前，亦谓之《唐书》明矣。虽然孔子于三圣之书，虽不仍旧贯，而必为之序正。不俱谓之唐，不俱谓之夏，必谓之虞者，盖尧授舜，舜授禹，三圣相授，实守一道。故序正其书，使同其题号者，书同则道同也。夫舜上承于尧，下授于禹。以虞名书，则上可以该尧，下可以该禹，三圣之道，溷然一致，略无间断，夫子之意顾不深欤。）

《御制日讲书经解义》卷一

《虞书》

虞，是帝舜有天下之号。《书》共五篇，《尧典》纪唐尧之事，亦谓之《虞书》者，《书》本虞史所作。以臣述君也，盖尧、舜授受一道，纪尧不言唐纪，禹不言夏，而总曰《虞书》者，以见舜之上承于尧，而下授于禹也。

《尚书通考》卷一

（元）黄镇成

《虞书》

孔颖达曰，《尧典》虽曰唐事，本以虞史所录，末言舜登庸由尧，故追尧作典。非唐史所录，故谓之《虞书》。郑玄云，舜之美事在于尧时是也。

尧禅舜，然后有尧之书；舜禅禹，然后有舜之书。其书皆出后世。故《尧典》则曰《虞书》。《舜典》而下，当出夏时，乃曰《虞书》，非史氏之旧也，孔子序正之也。故《大禹谟》、《益稷》、《皋陶》见于《左传》者，皆曰《夏书》，此史氏之旧也。然孔子不正《尧典》曰《唐书》者，尧、舜二帝，常相终始。《尧典》载"舜有鳏在下"之言；《舜典》载受终之事。故因其旧曰《虞书》。一因一革，圣人无容心焉，顺乎自然而已。

杨元素曰，仲尼定尧典为《虞书》者，原圣人授受之心，杜百代篡争之乱，以成尧之逊也。尧之逊舜，使舜之迹著于天下，使舜之功被于天下，尧、舜无二也。尧之民，即舜之民；尧之事，即舜之事。仲尼删《书》移《尧典》为《虞书》者，明非一人独能与。舜天下，盖尧之时天下，已皆为虞矣，则虽尧之事，即舜之事也。

蔡氏曰，本虞史所作故曰《虞书》。《舜典》以下，夏史所作，当曰《夏书》，今云《虞书》，或以为孔子所定。

夏氏曰，典、谟皆谓之《虞书》者，盖三圣授受，实守一道，谓之《唐书》则可以该舜，而不可以该禹；谓之《夏书》则可以该舜，不可以该尧。惟曰《虞书》则见舜上承于尧，下授于禹。

愚按，《尧典》虽言尧事，而自"畴咨"以下实为禅舜张本。况伏氏《舜典》本合于《尧典》，史纪尧、舜之行事，以记禅让之初终，而三谟等篇，亦舜时事，所以均谓之《虞书》也。

**《读书管见》卷上**

（元）王充耘

《尧典》谓之《虞书》。

传云，或以为孔子定《尧典》为《虞书》。盖非孔子不能定也。何以明之？《尧典》纪尧之事甚略。其始皆作书备称颂赞之辞，中间不过分命羲和作历一事。自"畴咨若时登庸"以下，又皆为禅舜张本。尧在位七十载，其可纪者独此事乎？若舜，则自侧微登庸，摄政即位，莅政命官，以至其死，备载于篇，以此见《尧典》不过《舜典》之起头耳。伏生以《舜典》合《尧典》，此正古书本是一篇之证也。如此，则此为舜而作，不为尧而作，安得不谓之《虞书》乎。传者云，因作于虞史而为虞书，非的论也。《费誓》、《秦誓》岂作于周史乎？《舜典》作于夏史，何以不曰《夏书》乎？

**《尚书注考》**

（明）陈泰交

同字异解者三百二十三条。

《虞书》。曰虞舜，训虞，舜氏。汝作朕虞，训虞，掌山泽之官。若虞机张，训虞，虞人也。儆戒无虞，不虞率典，出入自尔师虞，训虞，度也。

# 《尧典》第一

### 《尚书句解》卷一

（元）朱祖义

### 《尧典》第一

（尧书谓之典。孔氏曰，五典言常道也。是以"典"训"常"。盖谓一书之中，所载皆尧之常行也。《尧典》于篇次，实居第一，然篇次之数，非孔子之旧，乃安国所定。何以知之？孔子所作书序，《舜典》之后，有《汩作》一篇，《九共》九篇，《槁饫》一篇，其十一篇而后，乃《大禹谟》。《尧典》既第一，《舜典》既第二，又如此十一篇为孔子所定，则《大禹谟》当第十四，今乃云第三。是知篇次之数，安国所定。）

# 一

# 《尧典》序

**《尚书注疏》卷一**

（汉）孔氏传，（唐）陆德明音义、孔颖达疏

疏：正义曰，此序郑玄、马融、王肃并云孔子所作。孔义或然。《诗》、《书》理不应异。夫子为《书》作序，不作《诗》序者，此自或作或否，无义例也。郑知孔子作者，依纬文而知也。安国既以同序为卷，检此百篇，凡有六十三序，序其九十六篇，《明居》、《咸有一德》、《立政》、《无逸》不序所由，直云咎单作《明居》、伊尹作《咸有一德》、周公作《立政》、周公作《无逸》。六十三序者，若《汩作》、《九共》九篇、《槁饫》十一篇共序，其《咸义》四篇同序，其《大禹谟》、《皋陶谟》、《益稷》，《夏社》、《疑至》、《臣扈》、《伊训》、《肆命》、《徂后》，《太甲》三篇，《盘庚》三篇，《说命》三篇，《泰誓》三篇，《康诰》、《酒诰》、《梓材》二十四篇，皆三篇同序。其《帝告》、《釐沃》、《汝鸠》、《汝方》、《伊陟》、《原命》、《高宗肜日》、《高宗之训》八篇皆共卷。类同，故同序。同序而别篇者三十三篇，通《明居》、《无逸》等四篇，为三十七篇，加六十三即百篇也。

考证：臣浩按，旧本《书》序与经文并列提行，亦非所以尊圣经也。今与《诗》序一例，并下圣经一字。

疏，此序郑元马融王肃并云孔子所作孔义或然

臣召南按，以书序为孔子作，始于班固《艺文志》。其说原本刘歆，其后马、郑诸儒遂断谓作自孔子。至孔安国则明曰，《书序》，序所以为

235

作者之意，昭然义见，宜相附近，故引之，各冠其篇首，不云序是孔子作也。东汉崇尚谶（chèn）纬，诸儒执纬以解经。当孔安国时，安知所谓纬文耶。疏谓孔义或然，是诬安国也。

### 《尚书详解》卷一

（宋）夏僎

### 《尧典》

陈少南谓，尧、舜、禹、汤，先儒或以为名，或以为谥。其说皆无据。观《大禹谟》序，言作《大禹》、《皋陶谟》、《益稷》，则皋陶、益稷皆名也。观师锡帝曰"虞舜"，帝亦曰"格汝舜"，又曰"来禹"，又曰"咨禹"，曰"弃"，曰"皋陶"，曰"咨垂"，曰"咨益"，例以名命之，则"舜"、"禹"不得不为名也。舜、禹为名，则尧亦名也。惟《论语》曰"予小子履"，说者谓"履"为汤名。"履"为名，则"汤"非名矣。说者又谓，汤名"天一"，将为王，改为"履"。又曰，名"履"，字"天一"，皆不可知。不可知者，余请阙之。其可知者，据《书》而言，则舜、禹当为名。舜、禹既为名，尧亦名也。历观诸家之说，则少南之说，似近人情，故余请从之。

至于尧书谓之"典"，孔氏则谓，典言常道，是以"典"训"常"。伊川则谓，典者，则也。上古淳朴，因时为治，未有法度。典、则至尧始著治迹，立政有纲，制事有法，其治可纪。故书称典。余谓，以"典"训"常"，以"典"训"则"，皆不若训为典籍之"典"。盖谓，以尧事载之典籍，故谓之《尧典》；以舜事载之典籍，故谓之《舜典》，以二篇皆尧舜之典籍故也。

《尧典》于篇次，实居其首，故谓之第一。然"一"、"二"字，余意，非孔子之旧，乃安国所定。何以知之？以孔子所作书序考之，《舜典》之后，有《汩作》、《九共》九篇共十篇，而后及《大禹谟》。《尧典》第一、《舜典》既第二，又加此十篇，则《大禹谟》当第十三。今乃云第三。《汤誓》之后有《夏社》、《疑至》、《臣扈》、《典宝》共四篇，更加此四篇，则《仲虺》当第六，今乃第二。篇次类皆如此，以是知篇次之一、二，实安国所定。若是孔子所定，则《禹谟》应第十三，《仲虺》应云第六，不应从今现存，云第三与第二也。

尧，唐帝也，典应谓之"唐"，今云《虞书》者，正义谓，舜登庸追尧作典，非唐史所录，乃作于虞史，故谓之虞书。余谓有一代之治，必有一代之书，则必题一代之名。尧果唐帝，书自应谓唐，岂可谓唐帝，书作于虞史，乃题为虞哉？又况《舜典》载"陟方乃死"之文，则《舜典》亦非舜存日所作，必舜崩后，禹时之所追录。《舜典》禹时所作，尚题为虞而不谓之夏，何《尧典》舜时所追录，乃不谓之唐，而谓之虞哉？是以近世作史之体，若班固作《前汉史》于后汉之时，特谓之《前汉史》耳。未尝以其成于后汉，而题为《后汉史》也。陈寿作《三国志》于东晋之时，特谓之《三国志》而已，未尝以其成于东晋，而题为《晋志》也。然则《尧典》谓之《虞书》者，其亦有说乎？余为之说曰，《尧典》虽虞史所录，其实题为唐；《舜典》虽夏史所录，其实题为虞；《禹谟》虽后乎禹者所录，其实题为夏。

然今书特《舜典》自题为虞，而《尧典》、《禹谟》，不题为《唐书》、《夏书》，乃与《舜典》同称为《虞书》者，非史之旧，乃孔子定书之后序正也。何以知之？盖《禹谟》所言《左传》引之，大抵皆云《夏书》。在庄八年引夏书曰"皋陶迈种德"。僖二十四年引《夏书》曰"地平天成"。二十七年引《夏书》曰"敷纳以言"。襄二十八年引《夏书》曰"与其杀不辜，宁失不经"。是庄襄之时，孔子未序正，《禹谟》实谓之《夏书·禹谟》，于孔子未序正之前。既谓之《夏书》，则《尧典》于孔子未序正之前，亦谓之《唐书》也。何者？《禹谟》以其所载者，皆禹之行事，故谓之《夏书》。则尧典亦应以其所载者，皆尧之事，而谓之《唐书》可也。虽然孔子于三圣之书，不仍旧贯，而必为之序正。既加序正，而又不具谓之唐，不具谓之夏，而必谓之虞者，抑又何意也？盖尧授舜，舜授禹，三圣相授，实守一道。自古继继承承，未有粹然出于正，如三圣人者。故孔子序书，欲后世知三圣人，其时虽异，其道则一统，而无者间断。故序正其书，同其题号者，盖书同，则道同也。其不具题为唐者，尧授舜而已，授禹者，非尧也。谓之唐，则可以该舜，而不可以该禹。不具题为夏者，禹承舜而已。承尧者，非禹也。谓之夏则可以该舜，而不可以该尧。惟舜上承于尧，下授于禹。以虞名书，则上可以该尧，下可以该禹，三圣之道，观此则溷然一流，略无间断，夫子之意，故不深钦。

安国，盖孔子十一代孙也。武帝时，《古文尚书》厄于秦火而复出。帝以其家书，诏令作传，故其所注解，谓之孔氏传也。

**《增修东莱书说》卷一**

（宋）时澜

书皆孔子序正也。

**《书传辑录纂注》卷首下**

（元）董鼎

汉刘歆曰，孔子修《易》、序《书》。班固曰，孔子纂书凡百篇，而为之序，言其作意。今考序文，于见存之篇，虽颇依文立义，而识见浅陋，无所发明其间，至有与经相戾者；于已亡之篇，则依阿简略，尤无所补。其非孔子所作甚。顾世代久远，不可复知。然孔安国，虽云得之壁中，而亦未尝以为孔子所作，但谓《书序》序所以为作者之意，与讨论坟典等语，隔越不属，意亦可见。今姑依安国壁中之旧，复合序为一篇，以附卷末，而疏其可疑者于下云。


# 昔在帝尧，聪明文思，光宅天下，
# 将逊于位，让于虞舜，作《尧典》


## 1. 《尚书注疏》卷一

（汉）孔氏传，（唐）陆德明音义、孔颖达疏

传：言圣德之远著。逊，遁也。老使摄，遂禅之，作《尧典》。

音义：昔，古也。尧，唐帝名。马融云，谥也。翼善传圣曰尧。聪，于公反。思，息嗣反，又如字，下同。著，张虑反。遁，本作遯，徒逊反，退也，避也。禅，时战反，让也，授也。

疏：正义曰，序者，以序别行辞，为形势，言昔日在于帝号尧之时也。此尧身智无不知聪也，神无不见明也。以此聪明之神智，足可以经纬天地，即文也。又神智之运深，敏于机谋，即思也。聪明文思，即其圣性行之于外，无不备知。故此德充满，居正于天下而远著。德既如此，政化

有成，天道冲盈，功成者退。以此故，将逊遁避于帝位，以禅其有圣德之虞舜，史序其事而作《尧典》之篇。

言"昔在"者，郑玄云："《书》以尧为始，独云'昔在'，使若无先之典然也。"诗云；"自古在昔。"言"在昔"者，自下本上之辞。言"昔在"者，从上自下为称。故曰"使若无先之"者，据代有先之，而《书》无所先，故云"昔"也。言"帝"者，天之一名。所以名帝，帝者，谛也。言天荡然无心，忘于物我，言公平通远，举事审谛，故谓之帝也。五帝道同于此，亦能审谛，故取其名。若然圣人皆能同天，故曰大人。大人者，与天地合其德，即三王亦大人，不得称帝者。以三王虽实圣人，内德同天，而外随时运，不得尽其圣，用逐迹为名，故谓之为王。《礼运》曰："大道之行，天下为公"，即帝也。大道既隐，各亲其亲，即王也。则圣德无大于天，三皇优于帝，岂过乎天哉？然则，三皇亦不能过天，但逐同天之名，以为优劣。五帝有为而同天，三皇无为而同天，立名以为优劣耳。但有为、无为，亦逐多少以为分，三王亦顺帝之则而不尽，故不得名帝。然天之与帝，义为一也。人主可得称帝，不可得称天者，以天随体而立名。人主不可同天之体也。无由称天者，以天德立号，王者可以同其德焉，所以可称于帝。故继天则谓之"天子"，其号谓之"帝"，不得云"帝子"也。言"尧"者，孔无明解。按下传云"虞，氏；舜，名。"然，尧舜相配为义，既舜为名，则尧亦名也。以此而言，禹汤亦名。于下都无所解，而放勋、重华、文命注随其事而解其文以为义，不为尧、舜及禹之名。据此，似尧舜及禹与汤相类，名则俱名，不应殊异。

按，郑于下亦云："虞，氏；舜，名。"与孔传不殊。及郑注《中候》云："重华，舜名。"则舜不得有二名。郑注《礼记》云："舜之言充"，是以舜为号谥之名，则下注云："舜名，亦号谥之名也"。推此，则孔君亦然。何以知之？既汤类尧舜当为名，而孔注《论语》曰"予小子履"云："履是殷汤名。"是汤名履，而汤非名也。

又此不云尧、舜是名，则尧及舜、禹非名于是明矣。既非名而放勋、重华、文命，盖以为三王之名，同于郑玄矣。郑知名者，以《帝系》云"禹，名文命。"以上类之亦名。若然，名本题情记意，必有义者。盖运命相符，名与运接，所以异于凡平。或说以其有义，皆以为字。古代尚质，若名之不显，何以著字？必不获已，以为非名非字可也。谯周以"尧"为号；皇甫谧以"放勋"、"重华"、"文命"为名。按《谥法》"翼善传圣曰尧，仁义盛明曰舜"，是尧、舜谥也。故马融亦云谥也。又曰"渊源流通曰禹，云行雨施曰汤"，则禹、汤亦是谥法。而马融云："禹汤不在《谥法》。"故疑之。将由《谥法》或本不同，故有致异。亦可本无禹、汤为谥，后来所加。故或本曰"除虐去残曰汤"，是以异也。《檀弓》曰："死谥，周道也。"《周书·谥法》周公所作。而得有尧、舜、禹、汤者，以周法死后乃追，故谓之为谥。谥者，累也，累其行而号也。随其行以名之，则死谥犹生号。因上世之生号陈之为死谥，明上代生死同称。上世质，非至善至恶无号，故与周异。以此，尧、舜或云号，或云谥也。若然，汤名履而王侯，《世本》"汤名天乙"者，安国意盖以汤受命之王，依殷法以乙日生，名天乙，至将为王，又改名为履，故二名也，亦可。安国不信《世本》，无"天乙"之名。皇甫谧巧欲傅会，云以乙日生，故名履，字天乙。又云祖乙，亦云乙日生，复名乙，引《易纬》孔子所谓天之锡命，故可同名。既以天乙为字，何云同名乎？斯又妄矣。号之曰"尧"者，《释名》以为"其尊高尧尧然，物莫之先，故谓之尧也"。

《谥法》云："翼善传圣曰尧。"尧者，以天下之生善，因善欲禅之。故二八显升。所谓为翼，能传位于圣人。天下为公。此所以出众而高也。言"聪明"者，据人近验，则听远为聪，见微为明。若离娄之视明也，师旷之听聪也。以耳目之闻见，喻圣人之智慧，兼知天下之事，故在于闻见而已，故以"聪明"言之。智之所用，用于天地。经纬天地谓之"文"，故以"聪明"之用为"文"，须当其理，故又云思而会理也。经云"钦明"，此为"聪明"者，彼方陈行事，故美其敬。此序其圣性，故称其聪，随事而变"文"。下《舜典》直云"尧闻之聪明"，不云"文思"者，此将言尧用，故云"文思"。彼要云舜德，故直云"聪明"，亦自此而可知也。

言"光宅"者，经传云；"光，充也。"不训"宅"者，可知也。不于此训"光"者，从经为正也。下"将逊于位"，传云"逊，遁"者，以经无"逊"字，故在序训之传。正义曰，"圣德"解"聪明文思"，"远著"解"光宅天下"。"老使摄"者解"将逊于位"。云"遂禅之"者，解"让于虞舜"也。以已年老，故逊之，使摄之后功成而禅。禅，即让也。言"摄"者,"纳于大麓"是也。"禅"者,"汝陟帝位"是也。虽舜受而摄之,而尧以为禅。或云"汝陟帝位"为"摄",因即直言为"让",故云遂也。郑玄云"尧尊如故,舜摄其事"是也。

考证:又疏既舜为名,则尧亦名也,以此而言,禹汤亦名

胡安国曰,古者不以名为讳。《尧典》称"有鳏在下,曰虞舜",则尧、舜固二帝之名也。顾炎武曰,尧、舜、禹皆名也。古未有号,故帝王皆以名纪,临文不讳也。考之《尚书》,帝曰格汝舜,格汝禹,名其臣也。至舜与其臣言则曰帝。《五子之歌》则曰皇祖,不敢名其君也。汤,则号也。号则臣子所得而称,故伊尹曰,惟尹躬暨汤。颂曰武汤,曰成汤,曰汤孙也。

又疏放勋、重华、文命,盖以为三王之名,同于郑元矣。

臣召南按,以放勋等为尧、舜、禹名,实不始于康成注《中候》也。《史记》本纪已云,帝尧者放勋,帝舜名曰重华,夏禹名曰文命矣。苏轼曰,以类求之,则皋陶为名,允迪乎,可谓快论。

## 2. 《书传》卷一

(宋)苏轼

昔在帝尧,聪明文思。

聪者,无所不闻。明者,无所不见。文者,其法度也。思者,其智虑也。

光宅天下。

圣人之德如日月之光,贞一而无所不及也。

将逊于位。

逊,遁也。让于虞舜作《尧典》。

言常道也。

## 3. 《尚书全解》卷一

(宋)林之奇

昔在帝尧。

昔在者,篇首起语之辞。书序自为一篇,故以昔在帝尧起于篇首。如孔氏序云:"古者伏羲氏之王天下也"。郑氏云,昔在者,使若无先之者。唐孔氏云,在昔者,自下本上之辞;言昔在者,从上自下为称。据代有先

之，而《书》无所先，故云昔也。此说未是。《书》始于《尧典》。云，昔在帝尧，谓《书》无所先尧可也。至《冏命》言在昔，文武岂《书》亦无先之者乎？《五帝》序云"惟昔黄帝法天则地"，正与此同。

聪明文思光宅天下。

汉孔氏曰，言圣德远著，其说甚善。大抵说《经》之体，贵不费辞。如秦近君说《尧典》二字，至十余万言。但说"若稽古"，犹三万。言虽多，亦奚以为哉？是以，古之人其说经也，以约为难，不以多为难。昔孔子之解经，其言愈约，其意愈明。如《诗》云"天生烝民，有物有则，民之秉彝，好是懿德"，但于本文外加二"故"字，一"必"字，一"也"字，诗意昭然如日星，又何必以多为哉。如孔氏云圣德远著，聪明文思，圣德也；光宅天下，远著也。一言之间，岂不简而尽哉。大抵圣德，当其妙藏诸用之时而观之，运于无声无臭之间，不可得而见。所可得见而形容者，惟其显诸仁而已。聪明文思，皆其德著见于外而可见也。其视明，其听聪，其文焕然，其思湛然。此四者之充实于一身，而其辉光所至，塞乎天地之间。盖其德之著见于外而可见者。汉孔氏云，圣德远著。可谓约矣。于约之中有深义存焉。学者未宜以浅近而尽言也。

将逊于位让于虞舜，作《尧典》。

逊，遁也。《春秋》夫人姜氏逊于齐公、逊于邾（zhū），其义盖出于此。逊于位，非谓逃遁而去也。盖厌倦万机之务，将使舜摄行天子之事而嬗焉。孟子所谓"尧老而舜摄"也。《尧典》之序有云"将逊于位让于虞舜"者，盖《二典》皆《虞书》也。《虞书》纪舜之事，而推本其所得天下于尧，故序其事于《尧典》，实为《舜典》张本。正杜元凯序《左传》所谓"先经以始事"是也。

## 4. 《尚书讲义》卷一

（宋）史浩

昔在帝尧，聪明文思，光宅天下，将逊于位，让于虞舜，作《尧典》。

此书序也。班固谓，先圣孔子作。凡典、谟、训、诰、誓、命之文，必有史氏纪其所作之由。孔子取史语，裁为法度之言，以信后世，虽谓之孔子作可也。凡称"昔在"，必其人之声名功业不泯者，自古以来，惟帝尧足以当之。皇降而帝，帝降而王。帝者，君天下之号。而尧，其名也。或曰尧其谥也。夫古者死无谥，谥始于周。尧则其名无疑矣。且以舜禹言之，"有鳏在下曰虞舜"，又曰"来！禹。"岂呼舜禹之谥耶？聪明，德之至大者，是故天以聪明在上，而元后亦以聪明作民父母。天之聪明，岂必仆仆然属耳瞪目而得之耶？亦曰无所不闻，无所不见而已，卒之听于无声，视于无形，天下之理不得遁而皆存，乃可谓宪天之聪明也。文非缔（chī）章绘句，则凡施之外者，光明皆是也。思非焦心劳虑，则凡蕴之内者，光明皆是也。光者，光明也。惟兹光明悉本于性。"天生蒸民，有物有则"，人人皆具是光明，众人迷焉，晦而窒之一身不能用。圣人觉焉，扩而充之，所以能满天下。是故读书者能了此一光字。则百篇之内，凡所谓光，皆帝王心传之妙，日用之本，无余蕴矣。尧用是光而宅天下。宅者，安而行之也。安而行之，其谁以为非性乎？故曰尧舜性之也。虽然尧之德天也，天何言哉？四时行焉，百物生焉。其不得已而有言，盖以老而避位，不私其家，而与一侧陋之人，惧天下不明是理，是以其言见于后世。序者，明一篇之大旨，言虽不多，而一二语间，如射者之破的，非孔子孰能与于此哉。

## 5. 《尚书详解》卷一

（宋）夏僎

昔在帝尧，聪明文思，光宅天下，将逊于位让于虞舜，作《尧典》。

李校书曰，书序本自作一篇，列于百篇之后，郑玄、马融、王肃皆以为孔子所作。然观其领略大意，而尽于数言，至于一字不可增损，盖圣人之文，非吾夫子莫能为也。本在百篇之后，今冠于每篇之首者，安国之所分也。昔在帝尧者，确论谓其时既往其遗风余烈犹在，故曰"昔在"；其时既往其事必察而后见，故曰"在昔"。然皆失之于凿，不若林少颖之说为当。少颖曰，昔在者起语之辞。书序自为一篇，故以"昔在帝尧"起于篇首，其意盖谓，昔日在于帝尧之时，其听聪，其视明，其文焕然，其思湛然。有是四德，故居天下万民之上而甚光显。今也功成身退，将逊遁是位，而禅于虞舜，故《尧典》之书由是作焉。

盖是书之作，自放勋而下，至于"九载绩用弗成"之言，皆聪明文思光宅天下之实也。自"咨四岳"逊岳，而下至"往，钦哉"，皆将逊于位让于虞舜之实也。书序序所以为作者之意，故不得不撮其大要，而为是言焉。然光宅之说，孔安国谓，为圣德之远著。而正义推广其说，则谓是德充满居正，而远著于天下。陈少南则谓，宅者，居处之所言，德之光辉显著，随处而有，遍洽天下。胡益之谓，德光自上及下曰"光宅"；自内及外曰"光被"。然是数说，皆不若伊川程先生之说简而当。

## 6.《增修东莱书说》卷一

（宋）时澜

昔在帝尧，聪明文思，光宅天下，将逊于位，让于虞舜，作《尧典》。

"聪明文思，光宅天下，将逊于位，让于虞舜"，四句该一篇之旨。"九载绩用弗成"以前，皆"光宅天下"之实；"咨四岳"以下皆"将逊于位"之实，包本末而言之也。《尧典》一篇纲目在"钦"之一字。"聪明"者，圣人先知先觉治天下，所不可少也。自古人君未有不本聪明以出治者。文思，出于聪明者也。散而在外则为文，聪明之发见也；蕴而在内则为思，聪明之潜蓄也。文思表里之谓。孔子以"聪明文思"形容尧"德"，虽各有义，其理实贯于一。如元、亨、利、贞冠之于乾也。尧德如此，是以天下虽大，无非在尧盛德光辉之内。说者多以"将逊于位，让于虞舜"两句为重，不知上两句实不轻。所谓"将逊于位，让于虞舜"，此"君子所过者化"之意。圣德光辉方在天下，一旦逊位，视天下如敝屣（xǐ）。其化可知矣。

## 7.《尚书说》卷一

（宋）黄度

昔在帝尧，聪、明、文、思，光宅天下，将逊于位，让于虞舜，作《尧典》。

尧，名，姓伊祈，帝高辛子。初封唐侯，今太原，故晋阳县也。为天子都平阳，今晋州临汾县也。聪明，天德也。夫子序尧舜之德，以聪明为首。人王非是，则何以照临四海。尧有"聪、明、文、思"四德，而有辉光发越。宅即嵎夷、南交、西、朔方，四隩既宅，皆其光明之所覆被也。逊，遁也。《微子》"吾家耄逊于荒",《春秋》"夫人逊于齐",皆遁也。天子之位遁而去之,何也?尧"历象日月星辰,敬授人时",而洪水未治,地未平,则天不能成也。尧老矣,故欲自遁,使有大德者居是位。于是举舜使摄,遂让之,让权也。权非圣人莫能行。行权而协于正。则可为万世常法。其书为典,夫子表《尧典》之所为作者如此,所谓撮其宏纲,举其机要也。

## 8. 《絜斋家塾书钞》卷一

(宋)袁燮

昔在帝尧,聪明文思,光宅天下,将逊于位,让于虞舜,作《尧典》。

尧有聪明文思之德,所以光宅天下。聪明,不是寻常小小智慧。此心虚明洞达,无一毫人欲之私,这是聪明。今人举事多不中理,善言过于耳而不能领略。至于君子、小人之际不能别识,皆不聪明之故。惟其聪明,则所为者,无复有失。所听者,罔非德言,而人之情伪,亦不能逃焉。今人,聋者,谓之不聪。盲者,谓之不明。何则?谓其闭塞而不通也。圣人此心之聪明,固非止于耳目之聪明,然举此亦可见。惟其聪明所以发见于外者,粲然有文。如威仪,如言语,以至于礼乐、法度,皆是文。不曰思,而曰思(去声)。圣人难说思也.思,有悠远深沉之意,只有文而无思不得,有思而无文亦不得也。有此四德,安得不光宅天下。今以身体之吾一身之辉光所及者,能几何?居一家中未必能及一家,况一乡乎?未必能及一乡,况一国乎?未必能及一国,况天下乎?此无他,只缘在我者未尽,平日有许多过失,故其辉光不能及远。

## 9. 《书经集传》卷一

(宋)蔡沈

(归善斋按,未载)

## 10. 《尚书精义》卷一

(宋)黄伦

昔在帝尧,聪明文思,光宅天下,将逊于位,让于虞舜,作《尧典》。

无垢曰，识夫子序书之意，然后识吾夫子作《春秋》之心矣。其造化之妙，炉锤之工，盖与乾坤同用，六子同机，岂可以凡俗浮浅之虑妄窥之乎？其曰"昔在帝尧，聪明文思，光宅天下"者，此盖指尧平生用力处，为天下后世言也，如三画图乾，六画图坤，错综图六子，使乾坤六子，无所逃其妙。而"聪明文思，光宅天下"，止八字耳，其探索钩致尧之赜隐深远，亦无所逃其妙矣。非吾孔子，其谁有此见识，批判而不疑乎？且想浚哲文明，温恭允塞之德，则舜已在人耳目中矣。想齐圣广渊之德，则汤已在人耳目中矣。想徽柔懿恭，则可以见文王。想聪明齐圣，可以见武王。想豁达大度，可以见高祖。想天日之表，可以见太宗。想"聪明文思，光宅天下"可以见尧矣。聪，可想见其疏通；明，可想见其高远；文，可想见其温润；思，可想见其巧妙。其所以斡旋四海，运动六合者，皆自"聪明文思"中来也。"光宅天下"可以概见矣。然而《尧典》所载尧之德，尧之用贤，尧之同天，尧之知人，其逊位，特所载中一事耳。今孔子序书，一切略去，独曰将逊于位让于虞舜作《尧典》，何也？曰此与作《春秋》同几，其予夺抑扬，进退去取，乾坤之功，六子之妙也。夫尧之德，尧之用贤，尧之同天，尧之知人，其几莫敏于逊位也。

杨氏绘曰，或曰皇之三，帝之五，其书皆存焉。仲尼删《书》，独断《尧典》为之始，何也？曰圣人所以垂世立教，杜百代篡争之乱也。若后世，羿浞、莽卓、秦项、曹马，或篡焉，或争焉，迹其所以然争焉而已矣。仲尼病后世之争且乱，故其删书也。断《尧典》为始焉，美其能以圣让圣也。千古盛德，将何以加诸？取为百代典、诰之首，则万世良者慕之，悖者惧之，不亦宜乎。

上官氏公裕曰，《尧典》称《虞书》，先儒谓虞史所录，故总谓之《虞书》，此殆不达圣人制经之旨矣。仲尼所以经其史，文其法，载道以著万世，何为因虞史所录然也夫。《尧典》称《虞书》，其见二帝以天下让之旨也。故仲尼断自《尧典》称为《虞书》，欲见其尧将逊位，而天下已授舜也。明尧之天下已舜之天下也。

张氏纲曰，皇以道得名，帝以德得名，王以业得名。圣人之于天下，或为皇，或为帝，或为王，非其道之不同也。所遇之时适然耳。虽然此特其尘垢粃糠而已，圣人之所以为圣人，不在是也。"聪明文思"，尧之四德也。徐以气听，而听不以耳，尧德之所以为聪也。徐以神视，而视不以目，尧德之所以为明也。惟聪矣，故能听远，其效足以作谋。惟明矣，故能视远，其效足以作哲。聪明，君德之大者也。经曰"宣聪明作元后，元后作民父母"，盖非聪明，不足以作元后，而为民之父母也。又曰"惟天生民有欲，无主乃乱，惟天生聪明时乂"，盖非聪明，不足以乂民之乱，而为之主也。则聪明者，君德之所当先也。尧有聪明之德，其见之貌，则恭而肃；形之言，则从而乂。貌恭而言，从动则成章，是故谓之"文"。由聪明以至于"文"则其德至矣。不可不从之以思。思者，道之所成，终而成始也。圣人方其寂然不动，则心死形废，而未始有思。及其出应帝王之业，而有为于人间世，是又不可以无思。且思于五行为土。土之为物，水资之以为灌溉之利，火资之以为烹饪之功，金得之以藏，木得之以生。是五行不可以无土，而五事不可以无思，此尧之四德，必终之以思也。尧有聪明文思之德，充实于内。及其英华外发，则厥光大矣。以此而宅天下，则天民之阜，可垂拱而坐视也。

## 11. 《尚书详解》卷一

（宋）陈经

昔在帝尧，聪明文思，光宅天下，将逊于位，让于虞舜，作《尧典》。

此夫子之所作也。书序，序所以作书之意，故引之各冠其篇首。"聪明文思"，形容尧之德，不可作四事论。言乎尧之中虚，无物以窒之，谓之聪。言乎尧之心，外物不足以蔽之，谓之明。尧之聪明如此，不独得之于中，其文又见于其外。所谓美在其中，畅于四肢，发于四体，睟然见面盎背，谓之文。有是文，而智虑之未深，泛应之不能，皆当容或有之必。如夫子之仕止久速，无可无不可，然后可以言尧之有是思。以一言形容之有未尽，故又曰明，又曰文，又曰思，所以形容其一德，而非四也，犹齐圣广渊，温良恭俭让是也。

容有此德，自然有此光。"光"者，是德之不可掩也。天下虽大不逃乎尧光辉之中。愚、不肖，有是心，昏而蔽之，尚不足以安其身，何以安人？贤者，有是心，不昏不蔽，犹未至于广大，足以安身或足以安人，未足以安天下。圣人有此心，不失其全，天地万物尽在吾德之中。圣人不扰不作，则天下固已安矣。或曰尧有尧之性，万物有万物之性，尧有何与于天下曰性一也。人各得之，如日月之明，散在万物，万物各得其明。此明而不偏，其为明无二也。故尧全是性，天下无不应者，其机同也。天下各具此性，无以感之，则亦彤丧迷乱，如行德而仁寿，如行暴而鄙夭是也。

将逊于位，让于虞舜。圣人胸中，所过者，化，有天下，而己不与焉。天与贤则与贤，尧岂以位为乐哉？尧岂以天下而私诸其子哉？吾观尧自十六，以唐侯升为天子，在位七十载。其国家有大政，事非一端而足，而作史者特以一篇尽其平生之所为；而夫子序书，又以四句而该尽一篇之义。呜呼！辞约而义尽也如此哉。

## 12.《融堂书解》卷一

（宋）钱时

昔在帝尧，聪明文思，光宅天下，将逊于位，让于虞舜，作《尧典》。

（〔四库〕按，书序旧为一篇，《注疏》本分载每篇之首，而逸书之序亦为按其先后以次附载。蔡《传》仍合为一篇，总系于后。钱氏《书解》其篇目虽不可得见，绎其文义，首释篇题，次解书序，然后分解经文。知其编次之法，本于注疏，今仍载《书序》于篇首。其解逸书序者，亦以次附载。）

无不闻，曰聪。无不见，曰明。自然有条理，谓之文。无所不通达谓之思。思曰睿，睿作圣是也。所谓光者，即其本心也。宅，犹居。宅言天下皆居其中也。

## 13.《尚书要义》卷一

（宋）魏了翁

五、书序孔子所作

昔在至尧典。正义曰，此序郑玄、马融、王肃并云孔子所作，孔义或然。《诗》、《书》，理不应异。夫人为《书》作序，不作《诗》序者，此自或作或否，无义例也。郑知孔子作者，依纬文而知也。安国既以同序为卷，检此百篇，凡有六十三序。

六、古生死同称，故尧舜或云号，或云谥

按《谥法》"翼善传圣曰尧，仁义盛明曰舜"，是尧舜谥也。故马融亦云谥也。又曰"渊源流通曰禹，云行雨施曰汤"，则禹汤亦是谥法，而马融云"禹汤不在谥法"故疑之。《檀弓》曰："死谥周道也"。《周书·谥法》，周公所作，而得有尧、舜、禹、汤者，以周法死后乃遣，故谓之谥。谥者，累也，累其行而号也。随其行以名之，则死谥犹生号。因上世之生号，陈之为死谥，明上代生死同称。上世质，非至善至恶无号，故与周异。以此尧舜或云号或云谥也。

七、殷法以乙日生，名天乙

汤名履而王侯，《世本》"汤名天乙"者，安国意盖以汤受命之王，依殷法，以乙日生，名天乙，至将为王，又改名为"履"，故二名也，亦可。安国不信《世本》，无天乙之名。皇甫谧巧欲傅会，云以乙日生，故名履，字天乙。又云，祖乙亦云乙日生，复名乙。引《易纬》孔子所谓天之锡命，故可同名。既以天乙为字，何云同名乎。

八、尧老使舜摄其事

老使摄者，解将逊于位。云遂禅之者，解让于虞舜也。以己年老故逊之，使摄之，后功成而禅。禅，即让也。言"摄"者，"纳于大麓"是也。"禅"者，"汝陟帝位"是也。虽舜受而摄之，而尧以为禅。或云"汝陟帝位"为摄，因即直言为让，故云遂也。郑玄云"尧尊如故，舜摄其事"是也。

## 14. 《书集传或问》卷上

（宋）陈大猷

或问：尧、舜、禹、汤，先儒或以为名，或以为谥，何也？

曰：陈氏谓，观师锡帝曰虞舜，曰格汝舜，曰来禹咨禹，曰弃，曰皋陶，曰咨垂，曰咨益，例以名命之。则舜、禹当为名；舜禹为名则尧亦名也。《檀弓》曰"死谥，周道也"，至周而后有谥。唯《论语》曰"予小子履"，履为名，则汤非名矣。说者又谓，汤名天乙，改为履。此则不可知。

或问：聪明诸家说如何？

曰：诸说不出两途。泥于字面者，则以为耳无不闻，目无不见，说其字而不及其意。岂尧舜之外，他人皆聋聩乎？放于义意者，则以为洞达无方，说其意而不及其字，则聪明何以即视听而言乎？盖聪明，乃譬喻智慧之辞。古人立辞如此者极多。如防闲、本末、苗裔、纲纪等字，皆是假物以譬事。唐孔氏兼此二义，其说确当。曰：既然矣，子复注其说何也？曰：唐孔氏但言圣人之智慧，而不及智慧之极，则神智洞彻无所不闻，无所不见之说，又所以补孔氏之未至也。其他附注多此类后不尽载。

## 15.《尚书详解》卷一

（宋）胡士行

昔在帝尧（唐帝名），聪（听无不闻）明（视无不见）文（经纬天地）思（心无不通），光（德盛辉光）宅（如宅复冒）天下，将逊（遁）于位，让于虞舜（老仗舜摄遂禅之），作《尧典》（史臣作尧典一书以纪之）。

此孔子序述一篇之大旨也。"绩用弗成"以前，光宅天下之实（事）；咨岳巽位以后，将逊于位之实。吕云，聪明，先知先觉也。文，聪明之散见于外者也；思，聪明之蕴蓄于内者也。光辉方在天下，一旦逊位，视天下如敝屣，所过之化如此。

## 16.《书纂言》卷一

（元）吴澄撰
（归善斋按，未解）

## 17.《尚书集传纂疏》卷一

（元）陈栎
（归善斋按，未解）

## 18.《读书丛说》卷二

（元）许谦
（归善斋按，未解）

## 19. 《书传辑录纂注》卷首下

（元）董鼎

昔在帝尧，聪明文思，光宅天下，将逊于位，让于虞舜，作《尧典》。

"聪明文思"，"钦明文思"也；"光宅天下"，"光被四表"也。"将逊于位，让于虞舜"，以《虞书》也，作者追言作书之意如也。

纂注：芸阁吕氏曰，宅，谓居而有之。光宅天下，犹言光有天下。碧梧马氏曰，此所谓《书序》也。林少颖谓，"昔在"者篇首起语之辞。《书序》自为一篇，故以昔在帝尧起于篇首，如孔氏序云，古者，伏羲氏之王天下也。今按，《尧典》之后接《舜典》，则曰"虞舜侧微"云云；接《禹谟》则曰"皋陶矢厥谟，禹成厥功"云云，益足证古序自为一篇。而相续之辞如此，盖史氏旧文也。又按，维昔黄帝，法天则地，四圣遵序，各成法度，唐尧逊位，虞舜不台，厥美帝功，万世载之，作《五帝本纪第一》。此太史公《五帝本纪》序传之文，与今书序《尧典》之说一也。是皆古策书，史官之序语如此。今《史记》序传亦自为一篇。

## 20. 《尚书句解》卷一

（元）朱祖义

**孔氏传**

（孔安国，孔子十一代孙也。武帝时《古文尚书》厄于秦火而复出，帝以其家书，诏安国作传。其所注解，谓之传也。）

昔在帝尧（古者在于帝尧之时），聪明文思［其听聪，其视明，其文焕然，其思湛然。思，笥（sì）］光宅天下（以其有是四德，故居天，万民之上而甚光显也），将逊于位（将退逊于位也），让于虞舜（禅于虞舜），作《尧典》（于是，作《尧典》。《书》书序本自作一篇，列于百篇之后。郑玄、马融、王肃皆以为孔子所作。然观其领略大意，而尽于数言，至于一字不可增损，盖圣人之文，非吾夫子莫能为也。本在百篇之后，今冠于每篇之首者，安国之所分也）。

# 尧 典

### 《尚书注疏》卷一

（汉）孔氏传，（唐）陆德明音义、孔颖达疏

传：言尧可为百代常行之道。

疏：正义曰，序已云作《尧典》，而重言此者，此是经之篇目，不可因序有名，略其旧题，故诸篇皆重言本目。而就目解之，称"典"者，以道可百代常行。若尧、舜禅让圣贤，禹、汤传授子孙，即是尧舜之道不可常行，但惟德是与，非贤不授。授贤之事，道可常行，但后王德劣，不能及古耳。然"经"之与"典"，俱训为"常"，名"典"不名"经"者，以"经"是总名，包殷周以上皆可为后代常法，故以"经"为名。"典"者"经"中之别，特指尧、舜之德，于常行之内，道最为优，故名"典"不名"经"也。其《大宰》六典及《司寇》三典者，自由当代常行，与此别矣。

### 《尚书全解》卷一

（宋）林之奇

《尧典》

此二字，史官之旧题也。古者序自为一篇，故史官以此二字为题。孔氏既引序冠于篇首，因存而不去。某窃谓，篇首既书尧典，而又存此二字，则为衍文。当于"将逊于位，让于虞舜，作《尧典》"，下空一行，"曰若稽古帝尧"乃为得体。

### 《尚书讲义》卷一

（宋）史浩

《尧典》

天命之谓性，率性之谓道，修道之谓教。夫天命之性，尧全德而具未尝失也。故其所行，自钦明文思，格于上下，率性之道也。自克明俊德至黎民于变时雍，修道之教也。圣人之论，历万世而不可易者，以前圣、后圣其归一揆尔。《尧典》篇目也。典者，常也，经也。经常者，万世不刊之典也。

《尚书详解》卷一

（宋）夏僎

**《尧典》**

林少颖谓，此《尧典》二字，乃史官之旧题。古者，序自为一篇，故每篇必首揭其题，以为一篇之目，孔安国引序冠篇首，因存而不去。故今书诸篇，皆重言本目也。

《尚书说》卷一

（宋）黄度

《虞书》首《尧典》见授受之所由也。

《书集传或问》卷上

（宋）陈大猷

或问：《尧典》孔程二说如何？

（孔氏曰，典，常也，言尧可为百代常行之道。程氏曰，典，则也。上古因时为治，未有法度典则。至尧立政有则，制事有典。）

曰：孔氏专言常，则不及可法之义；专言道，则不及政事可法之旨。程专言法度，非惟不及可法之义，然言法而不及道，未免举小而遗大。曰：典，训常又训法，一字二训可乎？曰：一字数训者多矣。惟其能常，是以可法；惟其可法，是以能常。曰：夏氏谓以尧舜之事载之典籍，故为《尧典》、《舜典》。先儒亦取此说，如何？曰：文籍所以谓之典籍者，以其籍可为常法，故以典名之，而非典即籍也。犹六经谓之经者，以其书可为万世之经，故以经名之，而非谓经即《书》也。如此，典籍则百篇皆典籍也，岂独尧舜之书为典哉。

或问：吕氏谓二典如《易》之乾坤何哉？

曰：乾坤二卦，天地之道备矣。其余六十二卦，皆乾坤卦内之事件耳，二典之书，为君为治之道备矣，其余诸书皆二典之事件耳。明道谓《诗》之二南，如《易》之乾坤，亦以其包括一经之义，而冠一经之首也。

《尚书详解》卷一

（宋）胡士行

《尧典》，此史臣旧题篇目，后篇皆然。

### 《书经集传》卷一

（宋）蔡沈

《尧典》

尧，唐帝名。《说文》曰："典，从册，在丌上，尊阁之也"。此篇以简册载尧之事，故名曰《尧典》。后世以其所载之事，可为常法，故又训为常也。今文、古文皆有。

### 融堂书解卷一

（宋）钱时

《尧典》

尧，唐帝谥，尧初为唐侯，后有天下，因号曰唐，典常也。圣人修身、齐家、治天下，无非生民日用之常，非有他道也。何谓常，民彝是也。父子有亲，君臣有义，夫妇有别，长幼有序，朋友有信，谓之五典，即此常也。尧尽此常道，所以为圣人名《书》曰"典"，以明《书》之所纪皆常道也。

### 《尚书要义》卷一

（宋）魏了翁

《尧典》

一、此题《古文尚书》古本及石经无之

正义曰，检古本并石经，直言《尧典第一》无《古文尚书》，以孔君从隶古，仍号古文，故后人因而题于此，以别伏生所出，大小夏侯及欧阳所传，为今文故也。

二、孔依壁内，郑依贾录，故篇次不同

百篇次第于序，孔郑不同。孔以《汤誓》在《夏社》前，于百篇为第二十六；郑以为在《臣扈》后，第二十九。孔以《咸有一德》次《太甲》后第四十；郑以为在《汤诰》后第三十二。孔以《蔡仲之命》次《君奭》后，第八十三；郑以为在《费誓》前第九十六。孔以《周官》在《立政》后，第八十八；郑以为在《立政》前第八十六；孔以《费誓》在《文侯之命》后，第九十九；郑以为在《吕刑》前第九十七。不同者，孔依壁内篇次及序为文；郑依贾氏所奏《别录》为次。孔未入学官，以此不同。考论次第，孔义是也。

**《书纂言》卷一**

（元）吴澄撰

《尧典》

尧，唐帝名。典，《说文》云，册，在丌上，尊阁之也。载事于简册，庋（guǐ）而藏之书府，以传永久，故曰典。以其所载可为常法，故又训常。此篇盖舜崩之后，虞史纪舜之行事。然以舜征庸摄位皆在尧时，故追纪尧之行事，以该初终。一篇并载二帝之事，不名《舜典》而曰《尧典》者，统于尊也。伏生《书》，此篇止名《尧典》。梅赜始分"慎徽五典"以下为《舜典》。陈振孙曰，《孟子》所引"二十有八载，放勋乃徂（cú）落"之文曰《尧典》，则知古无《舜典》也。

**《尚书集传纂疏》卷一**

（元）陈栎

《尧典》

尧，唐帝名。《说文》曰，典，从册，在丌（jī）上，尊阁之也。此篇以简册载尧之事，故名曰《尧典》。后世以其所载之事可为常法，故又训为常也。今文古文皆有。

纂疏：吕氏曰，二典如《易》之有乾坤。丌，巨基反。愚按，丌即今板阁形也。典字，册在丌上，在六书为象形。

**《读书丛说》卷二**

（元）许谦

《尧典》

典，从册，在丌上，皆象形字。以丌尊，阁册为典，为两体会意；以可常法，而训为常，是就音假借。此字今备六书三体。

**《书传辑录纂注》卷一**

（元）董鼎

《尧典》

尧，唐帝名。《说文》曰："典从册，在丌上，尊阁之也"。此篇以简册载尧之事，故名曰《尧典》。后世以其所载之事，可为常法，故又训为常也。今文、古文皆有。

辑录：死谥，周道也。史云夏商以上无谥，以其号为谥。如尧、舜、禹之类。看来，尧、舜、禹也无意义。尧字，从三土，谓如土之尧然而高也。舜只是花名，所谓"颜如舜华"之舜也，无意义。禹者，兽迹。今《说文》篆禹字，如兽迹之形，若死而以此为号也无意义。况虞舜侧微时，已云"有鳏在下，曰虞舜"，则不得为死而加之号矣。看来，尧、舜、禹，只是名，非号也。周□。看二典之书，尧、舜所以卷舒，作用直如此熟。《精语》。

篆注：吕氏曰，二典与他书不同。如《易》之有乾坤。丌，巨基反。《说文》云，下基也。愚按，篇题下，每书古、今文有无者，孔壁、伏生二书之分耳，非以字画言辞论也。

### 《尚书句解》卷一

（元）朱祖义

### 《尧典》

（此二字，史臣之旧题。古者序自为一篇，故每篇首揭其题以为一篇之目。孔安国引序冠篇首。因存而不去，故今书诸篇。皆重言本目也。）

### 《尚书日记》卷一

（明）王樵

### 《尧典》

《书》自《禹贡》以后，每篇各记一事，独典、谟所载不伦。而五篇体制相似，盖出于一人之手。唐、虞、夏虽曰异代，实相去不远。舜史记尧事，禹史记舜事，不应皆曰稽古。以理考之，纪载出于虞史，而绪成于夏启以后史臣之手。稽古等语夏史所加也。《春秋传》多引为《夏书》，据所成也；孔子定为《虞书》，原所作也。且曰"虞"则上可以该尧，下可以该禹，三圣相授受之渊源，于是备矣。古无《舜典》，合于《尧典》，以尧该舜；《尧典》谓之《虞书》，以虞该唐。尧，说者曰，陶唐氏号。按，尧、舜、禹皆名也。古者世质，生无号，死无谥，虽天子亦名之而已。典，从册，在丌上，皆象形字。以丌尊，阁册为典，为两体会意。以可常法，而训为"常"，是就音假借。此字，今备六书三体。古者大事书之于册，小事书之于方，又小书之于简。单执一册，曰简方版也。版广于简，连编诸简乃名为册，其文象编简之形。此载尧事，故名《尧典》。

**《御制日讲书经解义》卷一**

**《尧典》**

洪荒之世，简朴未备。尧以圣神文武之德，为开天立极之君，因时致治，著见功迹，可为后世常法，故以典名之，实万古君道之标准也。

**《书蔡传旁通》卷一上**

（元）陈师凯

**《尧典》**

《说文》，典从册，在丌上，尊阁之也。

本注云典五帝之书也，从册，在丌上，尊阁之也。丌，居之切，下基也。愚按，典字，于六书属形兼意。疏云，策长二尺二寸，简长一尺二寸。《汉书·艺文志》云，率简二十五字者，脱亦二十五字；简二十二字者，脱亦二十二字。愚观《书》中脱简、错简多不过三十字。则古书凡千万言者，简编甚繁，不可无架阁之所也。

**《尚书疑义》卷一**

（明）马明衡

**《尧典》**

朱子谓书难读，难解。诚然，今只是习训已熟，似乎无难，不知当初是何等生涩。今只以《尧典》言之，所谓"安安"，所谓"南讹"，所谓"敬致"。"南交"言"敬致"，不言"明都"；"朔方"言"幽都"，不言"敬致"，此皆难通。又言"方鸠僝功，象恭滔天"。又如"师锡帝"之类。若皆以字义生意解之，亦有何难？但终不是当时本意，则失之远矣。如"师锡帝"解作属上句，亦得。若谓"明明扬侧陋"，有德者，则众共与之以帝位也，然后四岳举舜曰，"有鳏在下"云云，亦何不可，但亦不知果是当时如此否？盖去古既远，又经秦火，在伏生者，出于记忆之余；在屋壁者，出于磨灭之后。历代传习推测，必求其字字句句之通，无是理也。不如只观大旨，为庶可以得圣人之心。如尧之治天下，便是克明俊德；便是敬授人时；便是咨访贤才，任以为治；便是治洪水，为民除害。至七十载老矣，便是求为天下得人。此皆明白可见。如舜之治天下，便是齐七政，朝觐巡守，敷言试功，恤刑去罪；便是明目达聪；便是咨四岳。九官十二牧，咸命二十二人，以亮天工，亦不过任贤以为治也。如此虽远在千万世之下，皆显然可见圣人之心。若同堂合席，皆以天下为一家，中国为一人，合之万世而无弊，通之百代而可行。是非有怪异高远不可晓之事也。学者若能以是为心，随其力量见诸行事，是即尧舜也。若得时遇主，则以是道赞其君，是即致君于尧舜也。圣贤千言万语，教人只是如此。舍此不务，而孜孜于字句之本不可晓者，必为之说，以此为能读古人之书，则亦何益于我哉。

先儒谓，读《尚书》，无许大心胸难读。为其合下，便大。如"克明俊德"至于"变时雍"是多少大。又谓"分命四时成岁"，便见心中包一个三百六十五度四分度之一底天，方见得恁地。此语恐亦尚就躯壳上看尧舜，非见道之言也。

### 《尚书注考》

（明）陈泰交

同字异解者三百二十三条。

《尧典》，训《说文》曰，典，从册，在丌上，尊阁之也；象以典刑，各守尔典，其尔典听朕教，训典，常；典朕三礼，典厥义，惟典神天，训典，主也；有典有则，训典，犹周之六典，所以治天下之典章；不迪率典，训典，常法也；其大惇典，训典，典章也；后式典集，训典，旧典也；伯夷降典，训典，礼也。

### 《尚书埤传》卷一

（清）朱鹤龄

《尧典》

按，典、谟五篇，皆以"曰若稽古"发端，盖出于一人之手，恐难独分《尧典》为虞史所作。《尧典》篇末言举舜事，伏生本又以《舜典》合为一篇，宜后人称《虞书》也。唐、虞、夏，虽曰异代，实相去不远，而典、谟载尧、舜、禹、皋陶事，皆曰"稽古"，其为夏启以后史臣所作明矣。然亦必唐虞之时自有纪载，夏史但修纂成篇耳（《春秋传》多称《夏书》，据所成也；孔子定为《虞书》，原所作也）。

### 《书经衷论》卷一

（清）张英

《尧典》言圣人德业政事，最为浑沦，字字有太和元气。首节言天德之纯；次节言治功之盛。乃命羲和六节，敬天以勤民之事也。圣人之政，莫大于法天而顺时。畴咨若时登庸二节，知人以勤民之事也。圣人之政莫大于任贤而共理。末二节，一则求治水之人；一则求禅位之人。当时急务，莫大于此二者，故并列之。圣心所涵，上而天，下而地，中而人，近而在廷，远而继世，无不周详完备，而究不见其有经营之迹。此所以开万世之治，统冠三代之典谟，与天地并垂不朽也与。

舜所诛之四凶，在尧时遂有三人在朝，如共工，如伯鲧，如驩兜，当时在廷交赞，或荐之若采，或荐之治水。尧虽知其不可，而卒未尝驱而去之。意三臣之才，实高出于当日之廷臣，尧能驾驭而用之。今观僝功、试可之言，亦可以知其才之不凡矣。不然何以当日三举廷臣，而四凶遂居其二哉。观庸违、象恭及方命圮族之言，则知尧之知之者审矣。大约非才之不足，特恃才妄作之人，当尧之时，其恶未形，圣人如天地之覆载万物，苟未至于倾覆，则亦姑待之耳。何尝有心于其间哉。

六经惟《尚书》最古，后世圣贤立论多本之。言心，始于人心惟危，道心惟微；言性，始于若有恒性；言志，始于《诗》言志；言学，始于学于古训乃有获。后人因而扩充之，以尽其蕴。如《大学》三纲领，明德则克明峻德之谓也；新民则平章百姓之谓也。"止"字一见于《益稷》；一见于《太甲》。其曰"安汝止"者，为圣人言之也，自然之止也。其曰"钦厥止"者，为中材言之也，勉然之止也。修齐治平之说，櫽括于克明峻德一节之内。《皋陶谟》所谓"慎厥身，修思永，敦叙九族，庶明励翼，迩可远在兹"，修齐治平之次第已尽矣。惟"皇上帝，降衷于下民"，即所谓天命之谓性也。"若有恒性"注，若，顺也。即所谓率性之谓道也。"克绥厥猷惟后"，即所谓修道之谓教也。以义制事，以礼制心，不迩声色，不殖货利，即所谓戒惧、慎独也。山川鬼神亦莫不宁，暨鸟兽鱼鳖咸若，即所谓天地位万物育也。子思、曾子盖即古人之说，而贯串整齐之其义，不能外也。故曰六经者，四书之渊源；四书者，六经之门户。后人由门户以陟堂奥，一以贯之，亦庶乎其豁然矣。

# 二

# 帝尧钦明之德

## 曰若稽古

### 1. 《尚书注疏》卷一

（汉）孔氏传，（唐）陆德明音义、孔颖达疏

传：若，顺；稽，考也。能顺考古道而行之者。

疏：正义曰，史将述尧之美，故为题目之辞。曰"能顺考校古道而行之者"是帝尧也。

传正义曰，若，顺，《释言》文。《诗》称"考卜惟王"。《洪范》考卜之事谓之"稽疑"。是稽为考，经传常训也。《尔雅》一训一"也"。孔所以约文，故数字俱训，其末以一"也"结之。又已经训者，后传多不重训，显见可知，则径言其义，皆务在省文故也。言"顺考古道"者，古人之道，非无得失，施之当时又有可否，考其事之是非，知其宜于今世，乃顺而行之，言其行可否，顺是不顺非也。考古者自已之前，无远近之限，但事有可取皆考而顺之。今古既异时，政必殊。古事虽不得尽行，又不可顿除古法。故《说命》曰："事不师古，以克永世，匪说攸闻。"是后世为治，当师古法。虽则圣人必须顺古，若空欲追远，不知考择，居今行古，更致祸灾。若宋襄慕义，师败身伤；徐偃行仁，国亡家灭。斯乃不考之失。故美其能顺考也。郑玄信纬，训"稽"为"同"，训"古"为

天，言能顺天而行之，与之同功。《论语》称"惟尧则天"。《诗》美文王"顺帝之则"。然则圣人之道，莫不同天合德，岂待同天之语，然后得同之哉？《书》为世教，当因之人事，以人系天，于义无取。且"古"之为天，经无此训。高贵乡公皆以郑为长，非笃论也。

## 2. 《书传》卷一

（宋）苏轼

曰若稽古。若，顺也。稽，考也。

## 3. 《尚书全解》卷一

（宋）林之奇

曰若稽古，帝尧曰放勋。若稽古者，孔氏曰"能顺考古道而行之者"。王氏云，圣人于古有可稽者，有可若者。李校书推本古文书，以"曰"字为胡越之"越"，与《召诰》"越若来三月"同，此说甚善。当从李校书之说。程氏云，若稽古者，史官之体，发论之辞也。史官记载前世之事，若考古某人之事言之。下篇云"若稽古帝舜"、"若稽古大禹"、"若稽古皋陶"，皆谓考古某人之事为如此也。苏氏云，史之为此书也，谓吾顺考在昔，而得其为人之大凡如此。盖此四篇"若稽古"，某人下皆有"曰"字。故二公之说如此。其说比先儒为优。然而此皆《虞书》也。《虞书》谓尧为古可也，禹、皋陶其时尚存，亦谓之古可乎，则此说不通。若从《周官》"唐虞稽古"之文，以稽古为尧，则下加"曰"字又为难说。如"允迪厥德"，皋陶之言也，谓"若稽古皋陶曰"可也。放勋、重华、文命以下，非尧舜禹之言，而加曰字，则其义不行。此说为难折，故当阙之以俟知者。

放勋，李校书曰，放者大而无所不至也。《礼记》曰"夫孝，置之而塞乎天地，溥之而横乎四海，施诸后世而无朝夕，推而放诸东海而准，推而放诸西海而准，推而放诸南海而准，推而放诸北海而准。"郑玄云，放，犹至也，谓尧有大功也。孔子曰，大哉尧之为君也，荡荡乎，民无能名焉，是勋之谓也。此说甚善。孟子以放勋为尧号，"放勋曰，劳之来之，匡之直之，辅之翼之"。又曰"二十有八载，放勋乃徂落"。屈原曰，为重华而陈词。孟子、屈原既以放勋、重华为尧舜之号，而后世以类推之，遂以文命为禹之号。然允迪不可为皋陶之号，其说不通。世人多疑之，诸家之说皆不然。某尝谓，郑少梅曰史官作史之时，盖以是称尧舜禹之功德，后人因史官有是称，遂以放勋、重华、文命为尧舜禹之号。然允迪不可为皋陶之号，故不可以为称。正如子贡之称夫子曰"固天纵之，将圣又多能也"，盖称夫子之德如此。后世遂称夫子为将圣，与此正同。

（归善斋按，林之奇断句不同）

## 4. 《尚书讲义》卷一

（宋）史浩

曰若稽古。帝尧曰放勋，钦明文思，安安，允恭克让，光被四表，格于上下。

曰，当读为"粤"字。粤者，始词也。若稽古者，顺考古帝尧之德，犹今纪功德之文曰"谨按"是也。放勋者，号也。有勋可见，故以是尊之也。上古君天下者，一于道尔。故民凿井、耕田，不知帝力于我何有，无功可见也。尧则放前人之功，巍巍乎有成矣。钦者，敬也。为人上者，奈何不敬？则钦者，尧之首德。明则其次也。序书以"聪"易"钦"何也？盖聪明天赋，天所以命之者在是，故曰"亶（dǎn）聪明，作元后"。至于钦明，则率性而行者。率性而行，首以钦德，则允恭克让，固其性之自然而非矫饰也。尧具是四德，出于本性之自然，率而行之，安其所安，无一毫作为，故曰安安。夫一性之光明，被四表而格上下，固非智巧果敢所能致。至于推而放之东海而准，推而放之西海而准，推而放之南海而准，推而放之北海而准。卒之上下，与天地同流，非光明则不能遍也。如是则民物之休戚，天地之变化，孰有彼此之间，皆吾一性之动而已，岂非率性之道乎？

## 5. 《尚书详解》卷一

（宋）夏僎

曰若稽古，帝尧曰放勋，钦明文思，安安，允恭克让，光被四表，格于上下。

　　然此既揭《尧典》二字为题，而于下又继以"曰"者，盖史官既揭其题于上，故称"曰"以发其辞。自"若稽古帝尧"至篇终。皆其辞也。文体自应云耳。而李校书乃以此"曰"字与胡越之"越"同，连下文"若"字，读为"越若"，谓与《召诰》"越若来三月"之"越"同。犹今作文之体，"越"自上世以还，是并以"越若"二字为史官发语之辞。要之，易字而解，不若从本文为近人情也。盖史官既揭其题，又称"曰"以发其辞，故于下言，我顺理而考于古，得帝尧之行事，而载于《书》。曰尧之为君，其丰功茂烈，放乎四海无所不至，故称"放勋"。若孔子言"大哉，尧之为君也，巍巍乎"。其有成功，即"放勋"之谓也。尧不惟有大功，其行己也钦，遇事也明，发于政事而其文焕然，运于心术而其思湛然。是尧又有此四德也。尧有大功，又有盛德，常人处之，则必矜其功，耀其德。惟尧有是功，有是德，处之安安然，初不知其为功、为德，方且允恭，方且克让。盖谓之允恭则其恭出于信，而非伪；谓之克让，则其让出于诚，而非假。惟其有大功盛德，而处之以恭让，故不自大，而能成其大。虽四裔之远，天地之大，而光辉弥满，且将被而至于无远弗届，格而至于塞乎天地之间，故曰"放勋"。"钦明文思，安安，允恭克让，光被四表，格于上下"此一节，盖作史者总序尧功德之所成就也。至于本是德而见于设施注措，则又见于下矣，自"克明俊德"以下皆是也。

　　然"若稽古"三字，孔传谓，能顺考古道而行之者帝尧。王介甫谓，圣人之于古政，有便今者，则顺之；有妨于民者，则考之。二说皆谓，"若稽古"所以称尧、舜能法古也。然史氏之意，苟以是称尧之德，则当与放勋连言。今乃揭于帝尧之上，观其势，盖非所以称尧。乃史氏自言其稽古作书之由。故二说，皆不如程氏、苏氏，谓史之作书也，曰吾顺考古昔，而得其人之行事。此论甚善。

　　放勋之义，说者不一。孔氏传谓，尧放行上世之功。陈少南谓，尧德荡荡不可名，但依仿其功烈之成就，而形容之。至其他诸儒，又皆因孟子有"放勋曰"之语，遂以"放勋"为尧号，以"重华"为舜号，以"文命"为禹号。"允迪"不可为皋陶号，故不以为称。夫尧之盛德大业，卓千古，放行上世，岂足尽所蕴，则孔氏之说未然也。下文"克明俊德"，"钦明文思"，皆以美尧之德，岂以德之难言？则少南之说未然矣。死而谥周道也，二帝岂有谥号。则放勋为尧号，又未然矣。要之，放勋，实是美尧有大功放乎四海。如李校书所谓，放者，大而无所不极也。如礼记所谓，放之四海而准，言尧有大功放塞乎四海，而无不至也。其孟子称"放勋"曰，放勋徂落。实非尧号，乃史家本以此美尧之功，后世遂称为"放勋"耳。故林少颖尝谓，郑少梅曰，史官作史之时，以是称尧、舜、禹之功德。后因史官有是称，遂以为号。如子贡称夫子"固天纵之将圣"。故后人遂称夫子为"将圣"，正与此同。少颖此论甚当，故予所以有取焉。

## 6.《增修东莱书说》卷一

（宋）时澜

曰若稽古，帝尧曰放勋，钦明文思；安安，允恭克让，光被四表，格于上下。

"若稽古"者，史官之辞也。"曰放勋"以下乃典文历说尧事也。当时史官谓，我顺考于古，得尧之为君。勋者，凡天下万物成理之著见者也。尧则依放之而已。尧治天下，一顺天地万物之成理。初未尝加一毫人力于其间。放勋，深见圣人之气象，非名也。观"述而不作"，"行其所无事"，"有天下而不与"之意，则知"放勋"之意矣。

《序》言"聪明"，此言"钦明"，伊川曰，言钦，则聪在其中；去聪说明，见聪明不可分。如温、良、恭、俭、让形容，孔子亦难分。"钦"之一字，乃尧作圣之工夫也。圣圣相传，入道门户，莫要切于此，加"钦"于上，意极精微，非去"聪"也。伊川又曰，"明"包"聪"，百圣相传，只一"钦"字，如汤"慄慄危惧"、文王"不暇食"是也。使尧不"钦"，何自而有其聪明。前言"聪明"，指其生知全德之自然也；后言"钦明"，指其化圣始终之工夫也。孔子序《书》，论其自然，乃序书之体。若史官之载，必原根本而言之。

"安安"者，止于其所当止。如《记》所谓"为人君止于仁"之类。尧自安其安，与天下共安其安也。"允恭克让"何以遂能"光被四表，格于上下"，实用其工，果降志下心，自见功用之到此。盖允、克者，恭、让之至。此义微难看。惟孟子曾露此意曰"尧舜之道，孝悌而已"。又曰

"徐行，后长者谓之悌"。曰"克"与"允"，是尧之恭逊，出于诚实自然，而非外貌饰情之谓。推而广之，人人皆在尧恭逊中。溯尧恭逊气象，以端庄严谨之心，观之其接物也，必不慢易。天地之间，皆吾同体也，吾有一毫忽心，是忽天地忽万物矣。以和易温柔之容，观之其待人也，必不倨傲。天地之间，皆吾和气也。吾有一毫矜心，是欺天地，欺万物矣。人惟不至恭逊之地，是以不知光四表、格上下之理果然。孔子曰："孝悌之至，通于神明，光于四海。"自西，自东，自南，自北，无思不服孝悌，何以能广大至此，反心思之而后见。自"放勋"至"格于上下"，言尧圣德之大纲。

## 7.《尚书说》卷一

（宋）黄度

曰若稽古，帝尧曰放勋，钦、明、文、思，安安，允恭克让。光被四表，格于上下。

若，顺。稽，考。勋，功。钦，敬。允，信。克，能。格，至。夫子曰"述而不作，信而好古"，安有无所本，始而作之者？故典、谟皆称"若稽古"。放，古仿字。放勋，谓仿古而有其功也。举尧之德其可见如此。而后世或以为尧之号，且曰名者，非也。敬缉熙尽心之学，缉熙光明，文章焕发，心思深远，而未尝不出于安行也。安安，从容中道，盛德之形容也，敬天尊贤，本于中心，故恭为允恭。举舜敷治，为天下得人，故让为克让。由是光明周遍四表，至于天地，地平天成也。大抵《尧典》专为让舜作也。

## 8.《絜斋家塾书钞》卷一

（宋）袁燮

曰若稽古，帝尧曰放勋，钦明文思，安安，允恭克让，光被四表，格于上下。

"若稽古"，不必言尧考古，但史臣考之于古，有如尧者。放勋者，依仿前人之勋也。有成功者，谓之勋。古人所为多矣，吾择其成绩显然昭著者仿之，是谓放勋。放勋或以为尧名，非也。尧、舜、禹当为名，何以言之曰"格汝舜"，曰"格汝禹"？舜、禹既名，则尧亦名也。古人不讳名。《孟子》引放勋曰，或者其号与。"钦明文思"，即"聪明文思"。去聪字，只说明字，便见聪明本是一个分析不得。曰"钦"者，言其皆自敬中来也。德虽至于圣人，然临深履薄之念，何尝一日敢忘？斯须不敬便有过失，甚可畏也。安安者，安而又安也。谓之安其所当安，却无甚意味。"仁者安仁"，或"安而行之"，"恭而安"，古人多说这安字，德盛仁熟，终日周旋，不出于规矩准绳之内，而无一毫辛苦勉强之意。夫是之谓安。一"安"字，不足当之，故又加一"安"字。

## 9. 《书经集传》卷一

（宋）蔡沈

曰若稽古，帝尧曰放勋，钦明文思，安安，允恭克让，光被四表，格于上下。

曰、粤、越通，古文作"粤"。"曰若"者，发语辞。《周书》"越若来三月"，亦此例也。稽，考也。史臣将叙尧事，故先言考古之帝尧者，其德如下文所云也。曰者，犹言其说如此也。放，至也，犹孟子言"放乎四海"是也。勋，功也，言尧之功大，而无所不至也。钦，恭敬也。明，通明也。敬体而明用也。文，文章也。思，意思也。文著见，而思深远也。"安安"，无所勉强也，言其德性之美，皆出于自然，而非勉强，所谓性之者也。允，信；克，能也。常人德非性有，物欲害之。故有强为恭而不实，欲为让而不能者。惟尧性之，是以信恭而能让也。光，显；被，及；表，外；格，至；上，天；下，地也，言其德之盛如此，故其所及之远如此也。盖放勋者，总言尧之德业也。"钦明文思，安安"，本其德性而言也。"允恭克让"，以其行实而言也。至于被四表、格上下，则放勋之所极也。孔子曰："惟天为大，惟尧则之"。故《书》叙帝王之德，莫盛于尧，而其赞尧之德，莫备于此，且又首以"钦"之一字为言。此《书》中开卷第一义也。读者深味而有得焉，则一经之全体，不外是矣，其可忽哉。

## 10. 《尚书精义》卷一

（宋）黄伦

曰若稽古，帝尧曰放勋，钦明文思，安安，允恭克让，光被四表，格于上下。

伊川曰，放勋非尧号，盖史称尧之道也。以谓三皇而上，以神道设教，不言而化，至尧方见事功也。后人以放勋为尧号。故记《孟子》者，遂以尧为放勋也。若以尧为"放勋"，则皋陶当号"允迪"，"禹曰文命"，下言"敷于四海"有甚义？

无垢曰，自"曰若稽古帝尧"至"允恭克让"皆舜时史官名目。尧也，若晋人题目，谢安为温雅雄畅，乐广为清夷冲旷，山涛为平简温敏，戴逵为忻和通任之类是也。夫尧大圣人，岂若谢安辈所可题目哉。于是知帝舜时，史官非司马迁、班固之流也。然其以题目尧者，自有意义，岂可以轻心浅虑求之哉。又曰，且日月以明为光，而圣人以声名为光。夫尧以"钦明文思，安安，允恭克让"之德，端拱于庙堂。其发于事业，见之号令者，皆有"钦明文思，安安，允恭克让"之美布在其中。如黄钟起而万物潜动，淑气生而天下皆春。是以声名，洋溢乎中国，施及蛮貊。天之所覆，地之所载，日月所照，霜露所坠，舟车所至，人力所通，凡有血气者，莫不尊亲，此自然之理也。此史官亲见帝尧，其目之曰"钦明文思，安安，允恭克让"可也。

东莱吕氏曰，"曰放勋"以下是历说尧事，凡天下功绩皆晓然著见，自有成理，尧则依放之，而初未尝加一分人力。此孔子述而不作之意。

## 11. 《尚书详解》卷一

（宋）陈经

曰若稽古，帝尧曰放勋，钦明文思，安安，允恭克让，光被四表，格于上下。

上"曰"字是史臣之辞；下"曰"字，是言尧之事。若，顺也。稽，考也。顺考古道而行者，帝尧也。自尧以前，皆谓之古。尧之稽古，岂拘拘于陈迹，事事而求合之哉？顺其理之所当然，不出于一人之私意者，皆古也。勋，功也。放，犹依也。天下有是事，则有是功。尧非作意为之，如邀功喜功者之为，特依其理之所自然而已。

"钦明文思"，即"聪明文思"也。去"聪"而言"钦"，盖"明"足以兼"聪"。聪明非钦，无以立德。君子敬以直内，荒怠之心乘之，虽有聪明圣智，不可得而固矣。安安，安之至也，如存存之谓。有毫发为心焉，则不得其安；有毫发不为心焉，则不得其安。尧之性，本然而未尝动焉，故谓之安安。

"恭"者不侮之称。"让"者不争之称。《孟子》以尧舜之道在于"徐行后长"，即此可见，"允恭克让"者恭让之至。以尧舜之大，《孟子》称之只在"徐行后长"之间，作书者称其"允恭克让"，以此见，谦冲退托，降心逊志，诚入德之门。禹不矜不伐，此心也，太王王季之抑畏，此心也。夫子之"则吾岂敢"，此心也。学者，诚能于心平气定之时，无矜己以胜人，无忿争以陵人，优游和缓，慈祥恺悌，只此时心，岂非尧舜者乎？史官称尧之德，既曰"放勋，钦明文思，安安"，又曰"允恭"又曰"克让"，诚以尧德之大，一辞不足以尽之，故极其形容而后已。

唯尧有如此之德，则东西南北，上际于天，下极于地，无非此德之所寓，谓之"光被四表，格于上下"，岂不信然。尧非有心于"被四表"，而不能不"被"也；非有心于"格上下"而不能不"格"也。吾被之体，举天下万物莫能外，自当如此合内外，一表里。作书者其善称尧之德也哉。

## 12. 《融堂书解》卷一

（宋）钱时

曰若稽古，帝尧曰放勋，钦明文思，安安，允恭克让，光被四表，格于上下。

若稽，顺考也。书作于后世，故曰若稽古（〔四库〕按"若稽古"三字，郑康成以为能顺天而行之，与之同功；孔传，以为顺考古道而行之者，大旨略同。钱氏断为后世追溯之辞，自钱氏说行，而旧解遂隐）。放勋，尧名也。"明文思"，已见序说。作书者首著一"钦"字，甚为切要。圣学工夫全在敬上。"罔念作狂"，"克念作圣"，敬不敬而已。言能"钦明文思"，而又曰"安安"则应酬万物，交错万事略无动静之可言，终日如是，终年如是，终身如是，而未始须臾不安也。作书者无以形容，而谓之"安安"，妙矣。不曰"四海"，而曰"四表"，"四表"则无际畔；不曰"天地"，而曰"上下"，"上下"则无限量。四被、上下，皆在此光明之中，范围天地，其大无外也。作书者非闻道，非深知尧，安能如此形容，读之使人敬叹。

## 13. 《尚书要义》卷一

（宋）魏了翁

九、郑信《纬》，以"若稽古"为顺同天

若，顺，《释言》文。《诗》称"考卜惟王"。《洪范》考卜之事谓之"稽疑"，是"稽"为"考"，经传常训也。郑玄信《纬》，训"稽"为"同"，训"古"为"天"，言能顺天而行之，与之同功，且"古"之为天，经无此训。高贵乡公皆以郑为长，非笃论也。

## 14. 《书集传或问》卷上

（宋）陈大猷

或问：若稽古帝尧，程说如何？

（程曰：曰者，谓《尧典》之辞也。史氏纪前世之事，曰稽古之帝尧其事云云。）

曰：《书》当以古文为正。刘说为善。然程说亦非诸家所及。

## 15. 《尚书详解》卷一

（宋）胡士行

曰（史臣曰）若（顺）稽（考）古帝尧。

孔云，能顺考古道而行者，帝尧。吕云，若稽，史臣之辞，谓我顺考于古，得尧之为君。

## 16. 《书纂言》卷一

（元）吴澄撰

曰若稽古，帝尧曰放勋，钦明文思，安安，允恭克让，光被四表，格于上下。

曰、粤、越通。唐以前隶书本"曰"作"粤"。"曰若"者，发语辞，犹《周书》"越若来三月"也，稽，考也。放勋，尧号。放，至也，犹放乎四海之放。勋，功也。言尧之功勋，无所不至也。羲、农、黄帝数圣人，皆有功于生民，而尧之功大。孔子称，尧巍巍乎，其有成功。故尧崩之后，以放勋号之也。史将叙尧事，先言考古之。帝尧，没而号曰放勋者，其德如下文所云也。钦，仁敬也。明，圣智也。文，身仪之外著；思，心官之中主；安安，自然而然，无所勉强也。允，信也。恭，庄肃也。克，能也。让，谦逊也。常人伪恭而不实，欲让而不能。尧信（疑信作性）之者，是以信恭、能让也。光，德盛而有光辉也。被，及也。四，四方也。表，外；格，至；上，天；下，地也。言盛德光辉，充满六合，极其广远也。

## 17.《尚书集传纂疏》卷一

（元）陈栎

曰若稽古，帝尧曰放勋，钦明文思，安安，允恭克让，光被四表，格于上下。

曰、粤、越通。古文作"粤"。"曰若"者发语辞。《周书》"越若来三月"亦此例也。稽，考也。史臣将叙尧事，故先言考古之帝尧者，其德如下文所云也。"曰"者，犹言其说如此也。放，至也。犹《孟子》言"放乎四海"是也。勋，功也。言尧之功大而无所不至也。钦，恭敬也。明，通明也。敬体而明用也。文，文章也。思，意思也。文著见，而思深远也。安安，无所勉强也。言其德性之美皆出于自然，而非勉强，所谓性之者也。允，信；克，能也。常人德非性有，物欲害之，故有强为恭而不实，欲为让而不能者。惟尧性之，是以信恭而能让也。光，显；被，及；表，外；格，至；上，天；下，地也。言其德之盛如此，故其所及之远如此也。盖放勋者，总言尧之德业也；钦明文思，安安本其德性而言也。允恭克让，以其行实而言也。至于被四表、格上下，则放勋之所极也。孔子曰："惟天为大，惟尧则之"。故《书》叙帝王之德，莫盛于尧，而其赞尧之德，莫备于此。且又首以"钦"之一字为言。此《书》中开卷第一义也。读者深味而有得焉，则一经之全体，不外是矣。其可忽哉。

纂疏：《朱子语录》，曰，曰若稽古帝尧，是作《书》者叙起。元城引古文"粤若"，其说是。尧是初头第一个圣人，《尧典》是第一篇典籍。说尧之德都未下别字，"钦"是第一个字。圣贤千言万语，大事小事，莫不本于敬。敬是彻上彻下工夫，做到圣人田地也。只放下这个"敬"，不得如尧舜也。只是一个"敬"，颂尧之德，独将"钦"字为首。钦敬是个本领，能敬便能明。惟明故，文理详察，粲然可观，而意思自是深远。问思字，曰，作去声读为"是"。安安只是重叠字。若小心翼翼，成性存存，言尧之"钦明文思"皆出于自然不勉强也。吕氏祖谦曰，散而在外则为文，钦明之发见也；蕴而在内则为思，钦明之潜蓄也。文思表里之谓。陈氏经曰，安安，安之至也，如云存存。吕氏大临曰，格，极其所至也。其德之盛，上下与天地同流也。

## 18. 《读书丛说》卷二

（元）许谦

（归善斋按，未解）

## 19. 《书传辑录纂注》卷一

（元）董鼎

曰若稽，古帝尧曰放勋，钦明文思，安安，允恭克让，光被四表，格于上下。

曰、粤、越通，古文作"粤"。"曰若"者，发语辞。《周书》"越若来三月"亦此例也。稽，考也。史臣将叙尧事，故先言考古之。帝尧者，其德如下文所云也。"曰"者，犹言其说如此也。放，至也，犹《孟子》言"放乎四海"是也。勋，功也，言尧之功大，而无所不至也。钦，恭敬也。明，通明也。敬体而明用也。文，文章也。思，意思也。文著见而思深远也。安安，无所勉强也，言其德性之美皆出于自然，而非勉强，所谓性之者也。允，信；克，能也。常人德非性有，物欲害之，故有强为恭而不实，欲为让而不能者。惟尧性之，是以信恭而能让也。光，显；被，及；表，外；格，至；上，天；下，地也。言其德之盛如此，故其所及之远如此也。盖"放

271

勋"者，总言尧之德业也。"钦明文思，安安"，本其德性而言也；"允恭克让"，以其行实而言也。至于被四表、格上下，则放勋之所极也。孔子曰："惟天为大，惟尧则之"。故《书》叙帝王之德莫盛于尧。而其赞尧之德，莫备于此。且又首以"钦"之一字为言，此书中开卷第一义也，读者深味而有得焉，则一经之全体，不外是矣。其可忽哉。

### 辑录

"曰若稽古帝尧"，是作书者叙起。"曰若稽古"，元城说是。林少颖解"放勋"之"放"作"推而放之四海"之"放"，比之程氏说为优。广。尧是初头出治，第一个圣人，《尚书·尧典》是第一篇典籍。说尧之德都未下别字，"钦"是第一个字。如今看，圣贤千言万语，大事小事，莫不本于"敬"。收拾得自家精神在此，方看得道理尽。看道理不尽，只是不曾专一。贺孙。"敬"，是彻上彻下，工夫做到圣人田地也。只放下这个敬，不得如尧舜也，只终始是一个敬。如说钦明文思，颂尧之德四个字独将这个敬为首。如说恭已正南面而已，如说笃恭而天下平，皆是。《格言》。尧钦明文思，钦是个本领，能敬便能明。惟明，故文理详察，粲然可观，而其间意思自是深远。又曰，"敬"字当理会，虽尧、舜之圣，亦从这下来。《语略》。潘子善问，钦明文思，某谓恐当从去声读，若只作思应之思，不见其发挥于事业处。先生答曰：作去声读为是。"安安"只是个重迭字，若小心翼翼，成性存存，言尧之"钦明文思"，皆本于自然，不出于勉强也。允则是信实。克则是能。广。"允恭克让"，从张纲说，谓信恭能让，作书者赞咏尧德如此。《经说》。

### 纂注

马永卿录刘元城语曰，《尧典》下当为"粤若稽古"。"粤若"发语之辞。稽，考也，言史氏考古，有此事也。马曰，"粤若"者，则所谓"越若来三月"也。稽古者，则所谓"惟稽古"是也。先生曰，然。今按《艺文志》注，秦延君说，"曰若稽古二三万言"，则是"曰若稽古"当作四字一句。秦恭，字延君，见前《儒林传》。孔氏曰，能顺考古道而行之者，帝尧。吕氏曰，散而在外则为"文"，"钦明"之发见也；蕴而在内，则为"思"，"钦明"之潜蓄也。文思，表里之谓。芸阁吕氏曰，君子莫不有是德，惟尧为能安安。故其钦也，明也，文也，乃不勉而中。思也，不乃思而得，所谓安而行之。格，极其所至也。德之盛者，上下与天地同流而无间也。

## 20. 《尚书句解》卷一

（元）朱祖义

曰（史臣言）若稽古帝尧（顺考古道而行之者，帝尧）。

## 21. 《尚书日记》卷一

（明）王樵

"曰若稽古帝尧曰放勋"至"格于上下"。古人发端之语，例皆郑重，如"曰若稽古"，"曰若古有训"，皆发语之辞。"曰"与"粤"通。《史记》称尧、舜、禹皆云"粤若稽古"用古文也。孔氏《尚书》始作"曰若稽古"。自汉以来，书序篇名与经文连读之，故说者因误以"曰"为史氏之言；"若稽古"为顺考古道。若然，则"若古有训，蚩尤惟始作乱"，岂蚩尤亦能顺考古道而行之者邪？刘安世曰，自"昔在帝尧"至"作《尧典》"，序文也。"尧典"二字古篇目也。"曰若"发语辞也。"粤"与"越"同，史汉"越"皆作"粤"；《周书》"越若来"亦"粤若"之例也。

自洪荒以来，羲、农、黄帝数圣人作，皆有功于生民，而尧之功为尤大，故曰放勋。盖自古极治之盛，莫过于尧。前乎此者有未至，后乎此者莫能加。马融云，威仪表备谓之钦；照临四方谓之明；经纬天地谓之文；道德纯备谓之思。《汉志》亦曰，内曰恭，外曰钦。其说非是。"钦"果属外，则"帝曰钦哉"岂属外乎？朱子曰，恭主容，敬主事。恭见乎外，敬主乎中。于此又合之曰，钦恭敬也。尽钦之义，尽圣人之德矣。其曰，"敬"体而"明"用。此圣学传心之秘，亦自程朱始发之。程子曰，君子修己以敬，聪明睿智皆由此出，以此事天飨帝。朱子曰，人之所以不聪不明者，止缘身心惰嫚，便昏塞了。其解《太极图说》曰，敬，则欲寡而理明。呜呼，此所以为"敬"体而"明"用也与，盖心学之要也。《感兴诗》曰，放勋始钦明，南面亦恭己；大哉精一传，万世立人纪。猗欤叹日跻，穆穆歌敬止；戒羲光武烈，待旦起周礼。恭惟千载心，秋月照寒水；鲁叟何常师，删述存圣轨。明，通明也。圣人无欲，则清明在躬，若照临四方，乃明之用也。程子曰，圣人斋戒，敬也，以神明其德。敬、明对言，《尧典》是也；敬、义对言，坤六二文言与太公丹书是也；敬、恕对言，孔子之答仲弓问仁是也；敬、简对言，仲弓之论子桑伯子是也。而敬常为体。天地之经纬，庶事之条理，灿然于吾心，此圣人德性之文也。自一身动静威仪之则，以至区处万事，莫不有文，皆道心所达也。文者，思之著见。思之见于事，而灿然条理者，文也。此条理，皆由心之文理密察中出，是思也，文理密察自深远而非浅近。马融云，虑深通敏，谓之思深也，通也，敏也。思字具三义。

允恭，所谓动容周旋中礼，盛德之至也。德愈盛而心愈下，故克让。金氏曰，恭、让，钦之接于人者也。真氏曰，尧之德以钦为首，而其行以恭为先。学者之学圣人，此其准的也。举圣人行实，尽于“恭”、“让”二言，何也。《中庸》曰，笃恭而天下平。《论语》曰："能以礼让为国乎，何有？"平天下只一“恭”字办耶。为国以礼只一让字办耶。“恭”之所包者广，凡衣冠、瞻视、容貌、辞气之无不尊严也；事天飨帝，社稷宗庙之无不祗肃也；亲亲尊贤，使臣莅民之无不有体也；深宫大廷，出入起居之无不端庄也，皆恭也。让字亦不指一事。唐虞之时，君则揖让而治也；臣则济济相让也。黎献则谁敢不让也。虞宾则群后德让也。凡服人之善，让善于人，逊利于人，割欲于己，皆让也。凡人所以强为恭而不实，欲为让而不能者，梏于有我之私，而不知天地万物同体之义。其不恭不逊之根，有未去故也。“允恭”而为尧，“象恭”而为共工。恭俭，岂可以声音笑貌为哉。尧至诚无息，共工“静言庸违”，此其所以相远也。“光被四表，格于上下”，杨敬仲曰，尧未尝推而大之，天地万物皆在尧一性中，动之斯应，分内事也。

## 22.《御制日讲书经解义》卷一

曰若稽古帝尧，曰放勋，钦明文思，安安，允恭克让，光被四表，格于上下。

此一节书，是史臣首赞帝尧德业之盛也。“曰若”是发语之辞。稽，犹考也。放，至也。勋，功业。钦，心之敬。明，心之通。经纬灿然，谓之文；哲谋独运，谓之思。允，信也。克，能也。光，德之显；被，及也。四表，犹言四方。格，极其所至也。上下，即天地也。史臣稽考古之帝尧，功业广大，无所不至，故谓之放勋。然而，功本于德，尧之德，钦敬，无有慢忽；通明，无不照灼；文章著见；思虑深远。此四者，皆出于自然。安而又安，无所勉强，其德之出于性也。如此，所以恭以持己，毫无虚假，信乎恭也。让以接物，毫无矫饰，自能让也。其德之著于行也又如此。有此盛德，发为光辉，凡东西南北，无有不及；上天下地，无有不到。无处非勋，正无处非德耳。盖洪荒以来，伏羲、神农、黄帝诸大圣人，皆功在天下万世。然功德极盛，莫过于尧。究之，帝尧之功本于德，帝尧之德主于敬。史臣首以"钦"之一字为言，实千古帝王心法之要。孔子删书，断自唐虞，其以此也与。

## 《尚书通考》卷一

（元）黄镇成

若稽古。

山斋熊氏曰，"若稽古帝尧"者，苏氏云史官之为此书也，曰吾顺考在昔，而得其为人之大凡如此。此说不然。按尧、舜之典，禹、皋之谟，皆《虞书》也，而皆称"若稽古"。夫以虞之史臣谓尧为古可也，舜、禹、皋，其时尚存，亦谓之古可乎？要之，"若稽古"三字，只当从先儒顺考古道之说。盖圣人虽怀天纵之资，然未尝自用其私智，每顺考古道而行之，如所谓"唐虞稽古，建官惟百"者，即一端可知其他矣。禹、皋、陶亦然，故皆以"若稽古"称之也。

## 《书蔡传旁通》卷一上

（元）陈师凯

曰、粤、越通，古文作粤。

此即安国隶古文。

## 《尚书砭蔡编》卷一

（明）袁仁

曰若稽古帝尧。

蔡传曰，粤、越通，古文作"粤"。此即安国隶古文。又称"曰若"为发语辞，引《周书》"越若来"为例。及训《召诰》则曰"越若来者，迤逦而来也"，岂不自悖其例乎？疏谬甚矣。

## 《尚书注考》

（明）陈泰交

引经注经不照应者三条。

"曰若稽古帝尧"训曰，粤、越通，古文作"粤"，"曰若"者，发语辞。《周书》"越若来"亦此例也。"越若来"训古语辞，言召公于丰迤逦而来也。

## 《尚书疏衍》卷二

（明）陈第

曰若稽古帝尧曰放勋。

按孔传，若，顺；稽，考也。能顺考古道而行之者，帝尧。此其意似迂而不达。尝考，曰、粤、越三字，古通用。蔡注，曰若者，发语辞。史臣将叙尧事，故先言考古之帝尧。此解是也。然孔、蔡皆谓放勋非尧之名，故重华、文命，亦谓非舜、禹之名。愚考之《五帝德》，尧高辛之子也，曰放勋，其仁如天，其知如神。舜，蛴牛之孙，瞽瞍之子也，曰重华，好学孝友，闻于四海。禹高阳之孙，鲧之子也，曰文命，敏给克济，其德不回。此其说至明明也。经之义疏无以加此。《孟子》称放勋命契，放勋乃殂落。《史记》述本纪、世表，以至马融、郑玄、皇甫谧诸人，未尝异也。夫尧、舜、禹、汤岂非古今之通称乎？汤，名履，实见《论语》，尧、舜、禹可知矣。苏子瞻曰，以文命为禹名，则布于四海者何事耶？《夏书》云，禹敷土，随山刊木。《商颂》云，禹敷下土方，则弼成五服，任土任贡。何者非禹之所敷也？

## 《尚书埤传》

（清）朱鹤龄

**《书经考异》**（经文主监版注疏）

曰若稽古（毛晃《增韵》曰与粤同，《古文尚书》作"粤"，又通作"越"，《召诰》"越若来"是也）。

## 《书义矜式》卷一

（元）王充耘

曰若稽古，帝尧曰放勋，钦明文思，安安，允恭克让，光被四表，格于上下

圣人之功无不至者，圣人之德无不至也。夫圣人功德，莫盛于尧，故史臣叙于《书》首。意曰，粤若稽古，昔有放勋如尧者。"勋"以功言，"放"谓功无不至也。"钦明文思，安安，允恭克让"皆以德言。"光被四表，格于上下"，虽谓德无不至，然"被"也，"格"也，则放之所极也，吁德之所至，即功之所至。史臣总言尧之德业云耳。岂功自功，德自德哉（云云）？

或谓《书》以道政事，故《尧典》篇首先言功，而后言德。及观吾夫子曰"巍巍乎，唯天为大，惟尧则之"，本言尧之德巍巍乎。其有成功则言尧之功。其先德后功，虽与先功后德不同，然于功德二者，皆以"巍巍乎"三字称之，无异辞。乃知夫子所言，史臣所记辞异旨同，初非有意以功德为先后而表。是书，为政之编也。夫《书》以《尧典》为首，百王之所取法。史臣总其德业，于是书之首，岂苟也哉。"曰若"者，发语之辞。"稽古"者，考古帝尧之言也。"放勋"之"放"，与"放乎四海"之"放"同，盖言至也。如亲九族之功至，九族则既睦矣；平章之功至，百姓则昭明；协和之功至，黎民则时雍，皆放勋也。其何所不至哉。但德者，功之本，有是功必有是德。功之至者，德之至也。其德以钦让为之体，以通明为之用。散之在外为形著之文，钦明之发见也；蕴之在内为深远之思，钦明之含蓄也。"安安"，尧之德性之也，非勉之也。固有强为恭而非实者，惟尧则允，允者，信也；亦有欲为让而不能者，惟尧则克，克者，能也。盖其本于德性，见于行实。德盛光辉极于四方，虽外表而亦被极于天地，通上下以感格。抑是书，"放勋"二字，言功何其略；"钦明"而下累数言以形容，言德何其详。岂非功者，众所易见；德者，民所难名。故史臣因其功而详其德。勋，虽言放，而光则极放之所被所格而言之。尝观史臣叙"濬哲文明，温恭允塞"，亦犹叙尧之德。但尧曰"放"，

曰"被"，曰"格"，则不可与重华同语者例论。夫子于尧曰大哉；于舜曰君哉。吾观史臣二典尤信。虽然，"钦"也者，即修己安百姓之敬，笃恭天下平之恭，虽以尧舜之功德，犹必本诸此。然则，读二典者，尤当以"钦"之一字，为开卷第一义云。

## 《尚书七篇解义》卷一

（清）李光地

曰若稽古，帝尧曰放勋，钦明文思，安安，允恭克让，光被四表，格于上下。

古者无谥，放勋、重华皆颂其德美之称。故孟子、屈原皆引为尧、舜之号。若禹、皋，则文命、允迪皆属下文读之，亦道德美，而辞繁耳。钦在内，明则敬之通也；文在外，思则文之理也。此以备于身者言也。恭者，钦之发；让者文之实，此以接于物者言也。曰安安，曰允，曰克，所谓性之者也。光者，德之光也，施于民物，故曰四表，曰被；动乎天地，故曰上下，曰格。


# 帝尧曰放勋，钦明文思，安安

## 1. 《尚书注疏》卷一

（汉）孔氏传，（唐）陆德明音义、孔颖达疏

传：勋，功；钦，敬也。言尧放上世之功，化而以敬、明、文、思之四德，安天下之当安者。

音义：放，方往反。注同，徐云"郑、王如字"。勋，许云反，功也。马云放勋，尧名。皇甫谧同。一云：放勋，尧字。钦、明、文、思，马云："威仪表备谓之'钦'。照临四方谓之'明'。经纬天地谓之'文'。道德纯备谓之'思'"。

疏：正义曰，又申其顺考古道之事，曰此帝尧"能放效上世之功"而施其教化，心意恒敬，智慧甚明，发举则有文谋，思虑则能通敏。以此四德"安天下之当安者"，在于己身则有此四德。

勋，功；钦，敬，《释诂》文。此经述上稽古之事。放效上世之功，即是考于古道也。经言"放勋"放其功而已。传兼言"化"者，据其勋业谓之功，指其教人则为化。功之与化，所从言之异耳。郑玄云："敬事节用谓之'钦'，照临四方谓之'明'，经纬天地谓之'文'，虑深通敏谓之'思'"。孔无明说，当与之同。四者皆在身之德，故谓之"四德"，凡是臣人王者皆须安之，故广言"安天下之当安者"。所"安"者，则下文"九族"、"百姓"、"万邦"是也。其敬、明、文、思，为此次者，顾氏云"随便而言，无义例也"。知者此先"聪"后"明"。《舜典》云"明四目，达四聪"，先明后聪，故知无例也。今考《舜典》云"濬哲文明"，又先"文"后"明"，与此不类。知顾氏为得也。

## 2. 《书传》卷一

（宋）苏轼

帝尧曰放勋，钦、明、文、思，安安。放，法也。有功而可法，曰放勋，犹孔子曰"巍巍乎其有成功"。此论其德之辞也。自孟子、太史公咸以放勋、重华、文命为尧、舜、禹之名。然有不可者以类求之，则皋陶为名允迪乎？钦，敬也。或言其聪，或言其敬，初无异义。而学者因是以为说则不胜异说矣。凡若此者，皆不取。钦、明、文、思，才之绝人者也。以绝人之才，而安于无事，此德之盛也夫。惟天下之至仁，为能安其安。

## 3. 《尚书全解》卷一

（宋）林之奇

钦明文思安安。《史记》曰尧有大功，于是推言其所以为大功者，钦明文思，安安，允恭克让，光被四表，格于上下。此其所以为大功也，大抵形容圣人之盛德，必推其著见者而言之。尧曰钦明文思，舜曰濬哲文明，汤曰齐圣广渊，文王曰徽柔懿恭，夫子曰温良恭俭让，皆称其德之著而言之也。

钦明文思者，盖言帝尧之德著见于外，其行已也。钦，其遇事也明，外则有焕然之文，内则有渊然之思。此言与序大抵相同。然序则言"聪明文思"，此则言"钦明文思"，盖史官便于文体而序述也。前言"聪明"

者，言尧能分明邪正，得虞舜于侧微，卒授以天下，故言聪明，欲与下文让于虞舜文势相接。此言"钦明文思"者，意与下文"允恭克让"相应，皆随宜立文，非有深旨于其间也。

孔氏云"安天下之所当安"，然下文"黎民于变时雍"，方是"安天下之所当安"者。此谓"安安"者，盖言尧有钦明文思之四德，安而行之，非事于勉强修为。若孟子所谓"性"者也。

### 4. 《尚书讲义》卷一

（宋）史浩

（归善斋按，史浩断句不同，见上句）

### 5. 《尚书详解》卷一

（宋）夏僎

（归善斋按，夏僎断句不同，见上句）

### 6. 《增修东莱书说》卷一

（宋）时澜

（归善斋按，时澜断句不同，见上句）

### 7. 《尚书说》卷一

（宋）黄度

（归善斋按，黄度断句不同，见上句）

### 8. 《絜斋家塾书钞》卷一

（宋）袁燮

（归善斋按，见上句）

### 9. 《书经集传》卷一

（宋）蔡沈

（归善斋按，蔡沈连解，见上句）

## 10. 《尚书精义》卷一

（宋）黄伦

（归善斋按，见上句）

## 11. 《尚书详解》卷一

（宋）陈经

（归善斋按，此段陈经连解，见上句）

## 12. 《融堂书解》卷一

（宋）钱时

（归善斋按，此段钱时连解，见上句）

## 13. 《尚书要义》卷一

（宋）魏了翁

十、释放勋钦明文思

勋，功；钦，敬，《释诂》文。此经述上稽古之事。放效上世之功，即是考于古道也。经言"放勋"，放其功而已。传兼言"化"者，据其勋业谓之功，指其教人则为化，功之与化，所从言之异耳。郑玄云："敬事节用谓之'钦'，照临四方谓之'明'，经纬天地谓之'文'，虑深通敏谓之'思'。"孔无明说，当与之同。四者皆在身之德，故谓之四德。

## 14. 《书集传或问》卷上

（宋）陈大猷

或问：东莱谓，敬乃百圣相传第一字，其义何如？而人之于敬，若何而用力邪？

曰：心之精神是谓圣，盖心者，神明之宗也，所以具万理，灵万物，应万事，是为斯道之统会也。故天地广矣，而此心包乎天地；鬼神幽矣，而此心通乎鬼神。八极至貌，此心条然而可游；万里至远，此心俄然而可到。敛之不盈握，舒之弥六合。不疾而速，不行而至。此天下之至神也。然出入无时，莫知其乡。操之则存，舍之则亡。心不在焉，泰华耸前，而目不见；雷霆震后，而耳不闻。不火而热，不冰而寒。须臾有间，天壤易位，孰主其主，而宰其宰哉？亦曰敬而已。敬者，心法也，即文王所谓宅心也；即《孟子》所谓存其心，求放心也；即杨子云所谓存神，而神不外也；即程子所谓主一无适，心常在腔子里也；即上蔡所谓常惺惺法也；即和靖所谓此心收敛不容一物也。静亦静，动亦动，无内无外，无将无迎。其处也泰然；其立也卓然；其豁也洞然；其止也凝然；其照也湛然。一尘不留，万境呈露。由是而诚意、正心，由是而修身、齐家、治国、平天下。而圣学之功用，可全矣。然学者，非不知心之当敬，敬之当务也。然心每未能纯乎敬者，由知敬之为敬，而不知所以为敬，则惮其难而莫适其安者，皆是也。盖宅心，即是敬，非以敬而宅其心也；存心即是敬，非以敬而存其心也；存神即是敬，非以敬而存其神也。以敬律心，则敬与心为二物，交战而不相入而心反病矣，是添却一重公案也；是有事而复正也；是积磨镜之药于镜，而反以病镜也。梏而不舒，物而不化，而此心已非本然之心矣，尚足以为敬乎？相去一毛间，千山复万山（此只做得缚手缚脚，苦涩生受底敬。不做得穆穆肃雍，从容自在底敬）。刘子曰，敬在养神。夫不曰以敬养神，而曰敬在养神者，谓存养此心之神，自作主宰，不使昏散走作，此即是敬，不在他求也。刘子之言所以为论敬之要也欤，贵乎熟之而已（养得神后，胸中洒落，如光风霁月；融洩，如淑景初春。天君自然清整，百体自然理顺，岂不是穆穆肃雍从容自在的敬）。必循此而实用其力，然后有以体此，而实识其味。苟徒空言，无益于得也。

或问：安安先取王说（王氏曰，理之可安者，圣人安而行之），后乃取陈说，何也？

曰："安安"，乃承上文"钦明文思"而言。朱氏语录谓"安安"乃重叠字。盖以上四者，出于自然而然，不思而得，不勉而中，故言"安安"以极状其安行之妙，非有一毫之勉强也。王氏虽说得两安字，然上言理之可安者，则是于"钦明文思"之外别言理，而下"安"字，其味又未免失之薄也。

## 15.《尚书详解》卷一

（宋）胡士行

曰（亦史臣言）放（放，法，学）勋（功）。

孔云言，尧放上世功化。吕云，勋者，天地万物之成理，尧依放之而已，此有天下而不与之意。夏云，尧功勋放于四海。

钦明文思，安安。

孔云，以四德安天下之当安者。吕云，《序》言"聪明"指其生知全德之自然也；《书》言"钦明"，指其作圣终始之工夫也。"钦"之一字，尧所以作圣也。"钦"，则"聪"在其中矣。去"聪"言"明"聪明不可分也。尧自安其安与天下共安，其安于止，知其所止也。

## 16. 《书纂言》卷一

（元）吴澄撰

（归善斋按，此段吴澄连解，见上句）

## 17. 《尚书集传纂疏》卷一

（元）陈栎

（归善斋按，见上句）

## 18. 《读书丛说》卷二

（元）许谦

"钦、明、文、思"，分而言之，"钦"体而"明"用，诚敬主于中，而精明发于外也。"思"体而"文"用，智意动于内，而文章著于外也。合而言之，"钦明"为体，而"文思"为用。主于中者诚敬，则"思"之发也；周尽存诸内者精明，则文章著于外者焕然矣。"光被四表，格于上下"，皆"文思"之昭著充塞，而放勋之极至也。"光被四表"，横说"明"、"文"；"格于上下"，竖说"钦"、"思"。

## 19. 《书传辑录纂注》卷一

（元）董鼎

（归善斋按，见上句）

## 20. 《尚书句解》卷一

（元）朱祖义

曰放勋（谓能依仿上古之功），钦明文思（其行己也敬；其遇事也明；发于政事而其文焕然；运于心术而其思湛然），安安（尧乃安安然，初不矜耀，其有是功，有是四德）。

## 21. 《尚书日记》卷一

（明）王樵

（归善斋按，此段王樵连解，见上句）

## 22. 《御制日讲书经解义》卷一

（归善斋按，此段连解，见上句）

### 《尚书通考》卷一

（元）黄镇成

帝王传授心法之图

（归善斋按：图略）

愚按，"钦"之一字，为百篇开卷第一义，乃千万世帝王心法源流。自帝尧，至于舜、禹、成汤、文武，其所相传，若合符节。故凡曰钦，曰敬，曰恭，曰祗，曰寅，皆一意也。数圣人者，虽曰天纵生知，而其存心制事，未始须臾而不敬。故曰"敬"者，圣学之所以成始而成终者也。

### 《书义断法》卷一

（元）陈悦道

曰放勋，钦明文思，安安，允恭克让，光被四表，格于上下。

古今帝王，功之极，莫如尧；德之盛，亦莫如尧。论其功而不究其德，非善论圣人者也。"敬"体而"明"用，"文"著见而"思"深远，盖论其德性如此。信为恭，而实能让，盖论其行实如此。然是六者，皆出于自然，而得非有所勉强，故能被四表，格上下。所谓放勋者，如此也。史臣以放勋二字，总言其功之极，以下文六者，析言其德之成，可谓深知圣人而善言德行者矣。

## 《尚书疑义》卷一

（明）马明衡

蔡注"钦明文思，安安"，言德性；"允恭克让"，言行实；"被四表"、"格上下"言放勋，恐亦太分析。盖至圣盛德，自难以言语形容。如夫子亦只言，大哉，尧之为君，惟天为大，惟尧则之，荡荡乎民无能名。盖浑浑无迹，不可得而形容也。此亦总赞其高明广大，深远盛德之至。下文"亲九族"以下则其化之可见者也。

先儒云凡看《论语》须要识得圣贤气象。今将"放勋"至"格于上下"数言，静中体贴融会之，其气象为何如，真所谓荡荡难名，惟天为大，惟尧则之也。盖不必言德性，而德性在其中；不必言行实，而行实在其中。德性、行实皆不足以形容之也。学者于此体会，而有得焉。则平时私小之心，粗鄙之气已去一半矣。

"于变"，"变"字，恐非变恶而为善。尧之民何以恶言？窃意民渐化之深，天机变动日敏，德而不能自已。雍者，和之至也。曰睦，曰昭明，曰时雍，气象亦可想矣。夫子谓，君子笃恭而天下平，舜之恭己南面。古圣人之治大抵如此。是乃所谓以道化天下也。道极盛则化极隆，皆不见其有为之迹。后世此义湮废，而法制百出，何能转移毫末。号令日烦，此老氏庄生所以有过激之论也。

## 《尚书注考》

（明）陈泰交

同字异解者三百二十三条。

曰放勋，训曰者，犹言其说如此也；思曰赞赞，训思曰之曰，当作日；曰我王来，曰无戏怠，训曰者，盘庚之辞也；曰父师，训曰者，微子更端之辞也；曰逊矣，训曰者，武王之言也；曰有道，训曰者，举武王告神之语；曰皇极之敷言，训曰起语辞；曰乃其速由，训曰者，言如此，曰天子作民，训曰者，民之辞也。

稽古帝尧，七稽疑，其稽我古人之德，训稽，考也；若稽田，训稽，治也。

## 《尚书注考》

（明）陈泰交

同字异解者三百二十三条。

钦明文思，训钦，恭敬也；钦厥止，训钦者，肃恭收敛。

钦明文思，训明，通明也；克明俊德，训明，明之也；天明畏，训明者，显其善；侯以明之，训明者，欲明其果顽愚谗说与否也；方施象刑惟明，训明者，言其刑罚当罪可以畏服乎人也；视曰明，训明者，无不见也；时乃大明服，训明者，明其罚；公明保予冲子，训明者，显明之也；明禋，训明，洁；明清于单辞，训明者无一毫之蔽。

钦明文思，训文，文章也；乃武乃文，训自其英华发外而言则谓之文；文子文孙，训成王之时，法度彰，礼乐著，守成尚文，故曰文。

## 《尚书疏衍》卷二

（明）陈第

（归善斋按，见上句）

## 《尚书广听录》卷一

（清）毛奇龄

放勋，尧名。《史·本纪》曰"帝挚立，不善，崩，而弟放勋立，是为帝尧"，与《舜本纪》"虞舜者，名曰重华"，《夏本纪》"夏禹，名曰文命"并同。故赵歧注《孟子》曰"放勋，尧名"。《楚词》"就重华而陈词"，王逸注云"重华，舜名"。《帝系》曰"瞽瞍生重华，是为帝舜"。是以《大戴礼·五帝德》篇，帝尧高辛氏之子也，曰放勋；帝舜桥牛之孙，瞽瞍之子也，曰重华；禹，高阳氏之孙，鲧之子也，曰文命。是尧、舜、禹皆当时通称之号，而放勋、重华、文命则实其名。此历考诸书，而无不然者，独孔安国传作仿功，解谓规仿上世之功。而其说不明，于是蔡注又改放作至解，毋论推至其功，说仍未明，即此史文开卷，遽加以赞词二字，非号非谥，一如后人题绰楔（chuò xiē）者，恐无此理。故孟子善读书，直作名解，"以帝乃殂落"改作"放勋乃殂落"，此非帝名乎？使契为司徒，放勋曰劳之来之，此非帝命之，谁命之乎？

苏轼曰，以文命为禹名，则敷于四海者何事耶？予谓善解经者，不在解，而在通。敷四海，诚难解，然在诸经有可通者。《禹贡》曰禹敷土，此即敷四海也。《商颂》曰禹敷下土方，此即禹敷土也。敷土、敷土方不必别有事矣。大抵禹职治水，事在四海，故曰"敷于四海"，此如《周颂·般》诗，成王巡狩天下而曰敷天之下，词例并然，非有他也。不然禹不掌教有何文命。作贡、声教、征苗、干羽，不得谓神禹以文治也。

或谓尧、舜、禹、汤是名，放勋、重华、文命、天乙是号。又不然。汤以天乙为号，见《乾凿度》诸书。然汤则断不是名。《伊尹》、《咸有一德》竟称尹躬暨汤，岂臣可名君乎？且《论语》引《汤诰》儼云予小子履，则汤本名履，与放勋同观。此则尧、舜、禹之非名，更可知矣。若颜师古注《史记》，又谓尧、舜、禹、汤皆是字。则皇甫谧《帝王世纪》谓禹名文命，字密。而《系本》云鲧娶有辛女是生高密。字禹，字密，吾又安从定之。然则，何以处《皋陶谟》"曰"。古史记载之体，追述往昔，必加"曰若稽古"四字，其下或记事或记言，如"帝尧曰放勋"记事也，"皋陶曰允迪厥德"记言也。后儒误以"曰若稽古帝尧"连读耳。若《益稷》无"曰若稽古"四字，则原属一篇。观伏生二十九篇，不分益稷可验也。乃陋儒辨此，谓放勋是名，允迪何以不是名？则放勋是赞词，岂允迪二字亦赞词耶？

## 《尚书埤传》

（清）朱鹤龄

### 《书经考异》

钦明文思，安安（王应麟曰，《尚书考灵曜》作"晏晏"，郑氏注"宽与容复"谓之晏。第五伦疏"体晏晏"之"安"。冯衍《显志赋》"思唐虞之晏晏"）。

卷一

曰放勋

放，古仿字。孔传言，尧能放上世之功。苏传，放法也。尧有可法之大功，曰放勋。愚按，"放"本训"仿效"。尧之大功，为万世圣人立极，所谓尧有可法之大功也。蔡作"推而放之四海"之"放"，乃林少颖之说。

## 《书义矜式》卷一

（元）王充耘

（归善斋按，见上句）

## 《书经衷论》卷一

（清）张英

史臣赞尧之德，首曰"钦"，如万派之有源，众目之有纲，列宿之有枢极也。以之事天，则曰"钦若"；以之治民，则曰"敬"；授命治水之臣，则曰"往钦哉"；命观刑之女，亦曰"钦哉"，直以心源相示，而不别置一辞，可见此为内圣外王之要领也。

## 《尚书七篇解义》卷一

（清）李光地

（归善斋按，见上句）

# 允恭克让，光被四表，格于上下

## 1. 《尚书注疏》卷一

（汉）孔氏传，（唐）陆德明音义、孔颖达疏

传：允，信；克，能；光，充；格，至也。既有四德，又信恭、能让，故其名闻充溢四外，至于天地。

音义：被，皮寄反。徐，扶义反。闻音问，本亦作问。溢，音逸。

疏：其于外接物，又能信实、恭勤、善能、谦让。恭则人不敢侮，让

则人莫与争，由此为下所服，名誉著闻，圣德美名充满，被溢于四方之外，又至于上天下地。言其日月所照，霜露所坠，莫不闻其声名，被其恩泽，此即稽古之事也。

允，信；格，至，《释诂》文。克，能；光，充，《释言》文。在身为德，施之曰行。郑玄云："不懈于位曰恭，推贤尚善曰让。"恭、让，是施行之名，上言尧德，此言尧行。故传以文次言之，言尧既有敬、明、文、思之四德，又信实、恭勤、善能、推让，下人爱其恭让，传其德音，故其名远闻，旁行则充溢四方，上下则至于天地。持身能恭，与人能让，自己及物，故先恭后让。"恭"言"信"，"让"言"克"，交互其文耳，皆言信实、能为也。传以"溢"解"被"，言其饶多盈溢，故被及之也。表里、内外，相对之言，故以表为外，向下向上至有所限，旁行四方，无复限极，故"四表"言"被"。"上下"言"至"。"四外"者，以其无限，自内言之，言其至于远处，正谓四方之外畔者，当如《尔雅》所谓"四海，四荒之地"也。先"四表"后"上下"者，人之声名，宜先及于人，后被四表，是人先知之，故先言至人，后言至于上下，言至于天地，喻其声闻远耳。《礼运》称圣人为政，能使"天降膏露，地出醴泉"，是名闻远达，使天地效灵，是亦格于上下之事。

## 2. 《书传》卷一

（宋）苏轼

允恭克让，光被四表，格于上下。允，信也。克，能也。表，外也。格，至也。上下，天地也。恭有伪，让有不克，故以允克为贤。

## 3. 《尚书全解》卷一

（宋）林之奇

允恭克让。唐孔氏云，在己既有四德，其接人也，又信恭能让。"允恭"者，谓恭出于诚实，非于声音笑貌之间，如文王所谓"懿恭"是也。克者，能也。经称，汤居上克明，为下克忠，又曰，克宽克仁；《诗》称文王曰，克明克类，克长克君。皆谓能其事也。彼有望尘雅拜，摇尾乞怜，非不恭也，允恭安在？隐公之逊桓，丁鸿之逊弟，非不逊也，克让安在？恭而允，让而克，所以独称于尧也。

光被四表，格于上下，即所谓光宅天下也。《立政》曰："方行天下至于海表罔有不服。"四表，谓四海之外也。格于上下。谓上际于天，下蟠于地也。曾氏曰，光被四表，则与日月合明，而照临之功无不被；格于上下，则与天地同流，而复载之功无不及。此说尽之。大抵论圣人之德，必推其著见者言之。《中庸》曰："惟天下至圣，为能聪明睿智，足以有临也；宽裕温柔，足以有容也；发强刚毅，足以有执也；齐庄中正，足以有敬也；文理密察，足以有别也。溥博渊泉，而时出之，溥博如天，渊泉如渊。见而民莫不敬，言而民莫不信，行而民莫不悦，是以声名洋溢乎中国，施及蛮貊，舟车所至，人力所通，天地之所复载，日月之所照临，霜露之所队，凡有血气者莫不尊亲，故曰配天。"此则人之所共闻而共见也。至如"惟天下至诚，为能经纶天下之大经，立天下之大本，知天地之化育。夫焉有所倚，肫肫其仁，渊渊其渊，浩浩其天。苟不固聪明圣知达天德者，其孰能知之"，此则非史官所得形容也。

## 4. 《尚书讲义》卷一

（宋）史浩
（归善斋按，史浩断句不同，见前句）

## 5. 《尚书详解》卷一

（宋）夏僎
（归善斋按，夏僎断句不同，见前句）

## 6. 《增修东莱书说》卷一

（宋）时澜
（归善斋按，时澜断句不同，见前句）

## 7. 《尚书说》卷一

（宋）黄度
（归善斋按，黄度断句不同，见前句）

## 8.《絜斋家塾书钞》卷一

（宋）袁燮

（归善斋按，袁燮未解，见前句）

## 9.《书经集传》卷一

（宋）蔡沈

（归善斋按，蔡沈连解，见前句）

## 10.《尚书精义》卷一

（宋）黄伦

（归善斋按，见前句）

## 11.《尚书详解》卷一

（宋）陈经

（归善斋按，此段陈经连解，见前句）

## 12.《融堂书解》卷一

（宋）钱时

（归善斋按，此段钱时连解，见前句）

## 13.《尚书要义》卷一

（宋）魏了翁

（归善斋按，无）

## 14.《书集传或问》卷上

（宋）陈大猷

或问：孔氏以"能"训"克"，以"至"训"格"，而子所释不同，何也？

曰：凡训诂，以一字训一字，多得其近似，未必皆究其全。欲人自以意体会耳。"克"本训"能"，又训"胜"。惟其胜之，故能之。晦庵亦以为"克"难训"能"。然"能"字不如"克"字有力，故曰，实能胜其事之谓"克"。格于上帝，感格幽明，皆极其至之意。《大学》"格物"，晦庵以为穷至其极处，故曰极其至之谓格。如"熙"字训"广"，训"兴"，训"明"，必包此三意，而后"熙"字意味方全。故曰，兴广光明之谓"熙"。如"懋"字，训诂止训"勉"。吴氏谓"懋"不必皆训"勉"，如"时懋乃功哉"、"予懋乃德"，皆有丰盛之意，故曰，勉而茂之谓"懋"。"俊"字，训"大"，训"敏"，故荆公以为大而敏之谓"俊"。此类后多不载。

或问："格于上下"，林氏"际天蟠地"之说如何？

曰：际天，则但与天相际，而无峻极于天之意；蟠地，则但深入而又未兼广博之意也。

## 15. 《尚书详解》卷一

（宋）胡士行

允（信）恭（敬）克（能）让，光被（概复）四（海）表（外），格（感至）于上（天）下（地）。

允克者，恭让之至，出于诚实，非外饰也，故四方上下皆在尧恭让中，光辉无不被也。所谓孝悌之至，通于神明，光于四海。尧舜之道，孝弟而已。

## 16. 《书纂言》卷一

（元）吴澄撰
（归善斋按，此段吴澄连解，见前句）

## 17. 《尚书集传纂疏》卷一

（元）陈栎
（归善斋按，见前句）

## 18.《读书丛说》卷二

（元）许谦
（归善斋按，见上句）

## 19.《书传辑录纂注》卷一

（元）董鼎
（归善斋按，见前句）

## 20.《尚书句解》卷一

（元）朱祖义
允恭克让（方且信于尽恭而非伪，诚于逊让而非假），光被四表（故其功德之光辉，被及于四方之外），格于上下（格而至于塞乎天地之间）。

## 21.《尚书日记》卷一

（明）王樵
（归善斋按，此段王樵连解，见前句）

## 22.《御制日讲书经解义》卷一

（归善斋按，此段连解，见前句）

### 《书义断法》卷一

（元）陈悦道
（归善斋按，此段连解，见上句）

### 《尚书疑义》卷一

（明）马明衡
（归善斋按，此段马明衡连解，见"帝尧曰放勋"）

## 《尚书注考》

（明）陈泰交

同字异解者三百二十三条。

允恭克让，训克，能也；克绍乃辟于先王，训克者，责望必能之辞；二曰刚克，训克，治也；曰克，训克者，交错有相胜之意。

光被四表，被孟猪，训被，及；西被于流沙，训被，覆也。

光被四表，训光，显；以近天子之光，训光者，道德之光华也。

格于上下，归格于艺祖，七旬有苗格，格尔，众庶格人，庶有格命，训格，至也；格汝舜，训格，来；格则承之，训格，有耻且格之格，谓改过也；祖考来格，训格，神之格思之格；惟先格王，训格，正也，犹格其非心之格；其有能格知天命，训格，格物之格；天寿平格，训格者，通彻三极而无间者也。

格于上下，训上天，下地也；上下草木鸟兽，训上下，山林泽薮也；达于上下，训上天下民也；下管鼗（táo）鼓，训下，堂下之乐也。汝何生在上，训上，天也。

## 《尚书埤传》

（清）朱鹤龄

### 《书经考异》

格于上下（格，《说文》引《书》作"假"。按，"假"有格音，古额切）。

## 《书义矜式》卷一

（元）王充耘

（归善斋按，见前句）

## 《尚书七篇解义》卷一

（清）李光地

（归善斋按，见前句）

# 克明俊德，以亲九族

## 1. 《尚书注疏》卷一

（汉）孔氏传，（唐）陆德明音义、孔颖达疏

传：能明俊德之士任用之，以睦高祖玄孙之亲。

音义：九族上自高祖，下至玄孙，凡九族，马、郑同。

疏：正义曰，言尧能名闻广远，由其委任贤哲，故复陈之。言尧之为君也，能尊明俊德之士，使之助己施化，以此贤臣之化，先令亲其九族之亲。

传正义曰，郑玄云："'俊德'，贤才兼人者。"然则，"俊德"谓有"德"，又"能明俊德之士"者，谓命为大官，赐之厚禄，用其才智，使之高显也。以其有德，故任用之。以此贤臣之化，亲睦高祖、玄孙之亲。上至高祖下及玄孙，是为九族。同出高、曾皆当亲之，故言以"亲"也。《礼记·丧服小记》云"亲亲以三为五，以五为九"，又异义。夏侯、欧阳等以为九族者，父族四，母族三，妻族二，皆据异姓有服。郑玄驳云："异姓之服不过缌麻，言不废昏。又《昏礼》请期云'惟是三族之不虞'，恐其废昏，明非外族也。"是郑与孔同。"九族"，谓帝之九族；"百姓"谓"百官族姓"；"万邦"谓天下众民。自内及外，从高至卑，以为远近之次也。知九族非民之九族者，以先亲九族，次及百姓。百姓是群臣弟子，不宜越百姓，而先下民。若是民之九族，则九族既睦，民已和矣，下句不当复言"协和万邦"，以此知帝之九族也。尧不自亲九族，而待臣使之亲者，此言用臣法耳，岂有圣人在上疏其骨肉者乎。若以尧自能亲，不待臣化，则化万邦百姓，尧岂不能化之，而待臣化之也。且言亲九族者，非徒使帝亲之，亦使臣亲之，帝亦令其自相亲爱，故须臣子之化也。

考证："以亲九族"传以睦高祖元孙之亲

顾炎武曰：宗盟之列，先同姓而后异姓。丧服之纪，重本属而轻外亲。孔传之说百世不可易者也。《尔雅》谓于内宗曰族，于母妻则曰党。《仲尼燕居》三族之文，康成并释为父子孙。孔氏《春秋》桓公六年正义

谓，高祖元孙无相及之理。不知高祖之兄弟与元孙之兄弟固可以相及，何必帝尧之世，高祖元孙之族无一二人同在者乎？疑其不相及，而以外戚当之，其亦昧于齐家治国之理矣。

臣召南按，孔传解克明俊德，不据《大学》而据《中庸》。九经尊贤，在亲亲之前。盖因古文峻德作俊德，故以俊乂、俊民、吁俊、宅俊解之。至其解九族即据服制，可谓至确。孔颖达正义亦疏解其明。独怪杜预注《左传》于襄十二年曰：同族谓高祖以下，与孔传固暗合也。乃桓六年注，则谓外祖父、外祖母、从母子及妻父、妻母、姑子、姊妹之子、女子之子，皆属外亲，何其前后不符哉。《尚书》及《春秋》正义并出颖达一人之手，于此文既畅言高祖元孙之亲，于桓六年，疏又谓高祖元孙无相及之理，则又何其彼此矛盾也。

## 2. 《书传》卷一

（宋）苏轼

克明俊德，以亲九族。明，扬也，俊，杰也。尧之政，以举贤为首，亲亲为次。九族，高祖玄孙之族也。

## 3. 《尚书全解》卷一

（宋）林之奇

克明俊德，以亲九族。九族既睦，平章百姓。百姓昭明，协和万邦，黎民于变时雍。

前既言尧之德，其见于充实辉光者，如天地之复载，日月之照临，可谓极其至矣。此又言其举而措之天下事业者也。克明俊德，《大学》曰自明也，孔氏曰能明俊德之士。此二说不同。而李校书以谓，前既言尧之德"钦明文思，安安，允恭克让，光被四表，格于上下"矣，不应于此重述其德也，遂以孔氏之说为是。如经言俊民、吁俊之杰，皆谓俊杰之士也。《大学》之言，汉儒所作断章取义云尔。此说是也。

唐孔氏"言尧之为君也，能尊明俊德之士，使之助己施化，以此贤臣之化，先令亲其九族之亲。九族蒙化已亲睦矣，又使之和协显明于百官之族，百姓蒙化皆有礼仪，昭然而明显矣。又使之合会调和天下之万国，其万国之众人于是变化从上，是以风俗大和。"此说大体是也。

九族，当从夏侯、欧阳氏，以谓父族四、母族三、妻族二。孔氏传谓高祖、玄孙之亲，非也。盖高祖非已所得而逮事，玄孙非已所得而及见。若必谓非高祖玄孙之亲，但据其族系出于高祖者，则但本宗族亦何以为九族哉？其既睦之九族，若只本宗之一宗，则其睦也亦不广矣。若以谓父族四、母族三、妻族二，则旁及他族，而本族亦在其中，则其所睦者，岂不广哉？父族四，父五属之内一也，父之女昆弟适人者及其子二也，己之女昆弟适人者及其子三也，己之女子适人者及其子四也。母族三，母之父姓一也，母之母姓二也，母之女昆弟适人者及其子三也。妻族二，谓妻之父姓一也，妻之母姓二也。盖敦宗睦族之道，必遍内外之亲。晏子曰："使吾父之党无不乘车者，吾母之党无不足衣食者，妻之党无有冻馁者。"敦九族之道，固自此始。

百姓者，百官族姓也。不谓百官族姓，而谓百姓者，但举其大数而言。唐孔氏曰，唐虞稽古建官惟百，故言百姓。苏子瞻亦云，百姓者，盖"是时上世帝王子孙，其得姓者百余族而已，故曰'百姓'。"此说不然。《五子之歌》曰"万姓仇予"，岂唐虞之世始有百姓，而至夏顿有万姓哉？

平章者，平章百官之职业而升黜之。后世以宰相为平章事，盖出于此。于变者，唐孔氏曰，其万国之众人，于是变化从上。子和云，于者，叹美之辞也。盖言之不足，故嗟叹之，与《诗》所谓"于论鼓钟"之"于"字同，当作"于"字读。窃谓当从子和之说。如《诗》人称颂盛德，曰"于穆清庙"、"于缉熙敬止"、"于铄王师"同此。言尧治功之成，故以"于变"言也。时雍者。孔氏云"是以风俗大和"。程氏曰，化成俗美而时雍和。程氏之说善。

亲九族，言"以亲九族"，平章百姓，协和万邦，不言"以"者。曾氏云，蒙上之"以"也。"九族"言"既睦"，"百姓昭明，黎民于变时雍"，不言"既"者，曾氏云，蒙上之"既"也。上言以亲，下言既睦；上言协和，下言于变时雍，此盖古史交互立文，以见意无异义也。

夫九族者，尧之九族也。必得明俊德之士而后亲者，李校书曰，亲亲，治之始也。然所以至于治者，非贤人其孰能任之。后世用非其人而父子不相保者有之，况九族乎？此说甚善。如汉武帝用一江充，而太子诸王皆死巫蛊之祸。唐明皇用一杨国忠，一日而杀三子。使其当时用董仲舒、张九龄辈，岂有此祸哉。此章盖前之所言者，谓尧以诚明之性，格物致知，正心诚意，以修其身，至于与天地合其德，与日月合其明，而又能举天下之贤才，而与之共治，故能施于有政。盖所谓"为政以德，譬如北辰，居其所而众星拱之"者也，是以"其教不肃而成，其政不严而治"，故能施于有政。盖有不期然而然者矣。故亲九族，则九族睦矣；平章百姓，则百姓昭明；协和万邦，则黎民于变时雍矣。非"立之斯立，道之斯行，绥之斯来，动之斯和"，畴克尔邪。使夫子之得邦家，亦若是而已矣。

（归善斋按，林之奇三句连解）

## 4. 《尚书讲义》卷一

（宋）史浩

克明俊德，以亲九族，九族勋睦，平章百姓，百姓昭明，协和万邦，黎民于变时雍。

此尧修道之教也。古之欲明明德于天下者，其本在于正心、诚意。尧之德盛矣，至出而应世，未有不由此而天下治也。后人谓克明俊德，为明扬侧陋之人，非也。《大学》曰克明俊德，自明也。自明者，内明而外俊，明之至也。此非修身而身修之效欤。贤者亲之，无能者亦亲之，而九族至于亲睦，亲之至也。此非齐家而家齐之效欤。歆（qī）者平之，晦者章之。而百官巨姓至于昭明，章之至也。此非治国而国治之效欤。协和者，调一也。而黎民至于变时雍，和之至也。此非平天下而天下平之效欤。自常人论之，尧行此德以治天下，不过一治世之君耳，殊不知尧之所以能致此者，大学之道也。孔子曰"修已以安百姓，尧舜其犹病诸"，言其甚难也。《孟子》曰，天下之本在国，国之本（在家，家之本）在身。人人亲其亲，长其长，而天下平。此尧之道，所以推之万世而不可易。后圣有作，岂能越是道而行之耶？其曰修道之教也宜矣。韩愈谓："尧以是传之舜，舜以是传之禹，禹以是传之汤，汤以是传之文武周公，文武周公以是传之孔子。"夫数圣人相距数百岁，何所见而相授受？直得大学之道而已。此尧所以为出治之祖也。呜呼盛哉。

（归善斋按，史浩三句连解）

## 5.《尚书详解》卷一

（宋）夏僎

（归善斋按，夏僎三句连解）

克明俊德，以亲九族，九族既睦，平章百姓，百姓昭明，协和万邦，黎民于变时雍。

上既序尧之盛德，故又叙尧以是德发而见于治天下焉。大抵圣人出而经世，所以绥斯来，而动斯和，行之于此，曾不斯须而彼已不约而应者，非可伪为也。必其德之感人也有素。故动之妙，若影响形声，随感而应，不待持久故也。观帝尧之为君，方克明俊敏之德于一堂之上，以之亲九族，则九族不旋踵而尽睦；以之正百姓，则百姓不旋踵而昭明；以之合和万邦，则黎民不旋踵而丕变于善。时，臻。雍，和者。尧岂无自而然哉？盖有放勋之大功，钦明文思之德，处之而安，不自矜。大德辉发越素，被于天下。故今也，出而经世，所以能一明俊德，而天下国家举跻至治之域故也。

九族，孔氏传谓，高祖及玄孙之亲。然高祖非己所得逮事，而玄孙亦非己之所可及见。果何以亲而睦之哉？孔说误矣。惟夏侯、欧阳等以为父族四，母族三，妻族二。林少颖谓，父族四：父五属之内一也，父之女昆弟适人者及其子二也，己之女昆弟适人者及其子三也，己之女子适人者及其子四也。母族三：母之父姓一也，母之母姓二也，母之女昆弟适人者及其子三也。妻族二：谓妻之父姓一也，妻之母姓二也。盖敦宗睦族之道，必遍外内之亲。如使尧之所亲不过高祖玄孙，则尧之所亲亦狭矣。

既，尽也。如"既月乃日觐"之"既"，言九族尽睦也。百姓，百官族姓也。自其兴事造业而言之，则曰"百工"；自其联事合治而言之，则曰"百僚"；自其分职率属而言之，则曰"百官"；自其所掌而言之，则曰"百执事"；自其所主而言之，则曰"百司"；自其分姓受氏而言之，则曰"百姓"。

平章者，平议商榷之言。盖记所谓论官，庶官、百执事，当论辨而官之。故王逸少称，谢安石于省中平章吾书，由唐以来以宰相为平章事，盖本于此。正义谓，平理之，使之协和；章显之，使至明著。至王介甫、张彦政又以谓，平其职业，章其功勋，非也。昭明，犹言精白，以承休德，谓其各扬乃德也。黎民，众民也。一云黎，黑色也，以民皆黑首，故曰"黎民"，传所谓"黔首"是也。

## 6.《增修东莱书说》卷一

（宋）时澜

（归善斋按，时澜三句综合作解）

克明俊德，以亲九族，九族既睦，平章百姓，百姓昭明，协和万邦，黎民于变时雍。

上一节既备言尧之德，至此乃言其为治之序。大抵为治之序，先亲而后疏，自内以及外。修身而后齐家，则明德在齐家之后可也。今尧之"克明俊德"，乃在以亲九族之先，何也？君不用贤，何以知"亲九族"、"章百姓"、"和万邦"之理。治国平天下，必资贤人，讲求《大学》曰"尊贤也，亲亲也"。伊川谓，尊贤在亲亲之先，如人之生，岂识礼义，须由学校、朋友相与讲问。尧之圣，固知亲九族之理矣，犹必待俊德之士开导而启迪之，然后九族可睦。此所以先"明俊德"之士，使之布列于朝廷之上，讲明是理，以之齐家，以之治国，以之平天下。九族既和睦矣，于是平章百姓。百姓不必指百官，盖王畿之民也。百姓果至于昭明矣，于是"协和万邦"，黎民亦于是丕变时雍。盖自九族，序而推之，至"于变时雍"，天下尽在春风和气中矣。"以亲"、"平章"、"协和"，其间工夫不少。所谓工夫者，同其安危，同其好恶之类是也。平者，均齐、调一之谓；章者，使之通达而无壅蔽。是王畿之士农工商，鳏寡孤独，无不得其所也。协，比也。和，睦也。先王建万国，亲诸侯，不过欲咸和万民而已。"以亲"、"平章"、"协和"，用工于朝廷之上者也；"既睦"、"昭明"、"时雍"，功用之著于天下者也。自"克明俊德"至"时雍"，言尧治天下之大纲。

## 7.《尚书说》卷一

（宋）黄度

克明俊德，以亲九族；九族既睦，平章百姓；百姓昭明，协和万邦；

黎民于变时雍。

平，均。章，明。协，合。黎，众。于，叹辞。时，是。雍，和。"克明俊德"，尊贤也。《记》曰："修身则道立，尊贤则不惑"。"以亲九族"，齐家也。"平章百姓"，治国也。百姓，甸内天子所自治民也，皆能昭明其德。《诗》曰："商邑翼翼，四方之极"。"协和万邦"，平天下也。建万国，亲诸侯，合和之，无彼疆此界，而众民皆化，于是大和。此《大学》本末先后之论也。凡今典籍之言道德者，皆本此故推以为道原。

## 8. 《絜斋家塾书钞》卷一

（宋）袁燮

克明俊德，以亲九族；九族既睦，平章百姓；百姓昭明，协和万邦，黎民于变时雍。

自"钦明文思"至"格于上下"，此是治之大本。自"克明俊德"至"黎民于变时雍"，此是治道之大体。"俊德"只是我之德俊，有俊敏之意。今人俊爽者，谓之俊，圣人固非寻常所谓俊爽。然其日进无疆处，是俊。"钦明文思，安安，允恭克让"，这许多，皆是"克明俊德"。但作文之法，欲说下面事，故须先说此句。治道大体，自身而及于家，自家而及于国，自国而及于天下。身不修，不可以齐家。家不齐，不可以治国。国不治，不可以平天下。本末先后之体，秩然有序。《大学》一篇可见矣。又当子细看，"克明"字，"既睦"字，"昭明"字。克者，能也，必实能明俊德，方可以亲九族。九族自高祖至玄孙是也。如言妻二族，母三族，似不然。亲九族里面煞有事，如立宗法，辨昭穆，服纪、燕饮之类。其礼既备，然后九族可亲。我去亲九族，必待九族一齐既睦了，方能平章百姓。百姓者，百官族姓也。平，当也。章，分明也。德大者在上，德小者在下，贤者在位，能者在职，一一皆处置，令平当分明。此是平章百姓。昭明亦只是一个分明，须是百姓既昭明了，方能协和万邦，黎民翕（xī）然大变矣。

## 9. 《书经集传》卷一

（宋）蔡沈

克明俊德，以亲九族；九族既睦，平章百姓；百姓昭明，协和万邦，黎民于变时雍。

于，音呜。明，明之也。俊，大也。尧之大德，上文所称是也。九族高祖至玄孙之亲，举近以该远，五服异姓之亲亦在其中也，睦亲而和也。平，均；章，明也。百姓，畿内民庶也。昭明，皆能自明其德也。万邦，天下诸侯之国也。黎，黑也。民首，皆黑，故曰黎民。于，叹美辞。变，变恶为善也。时，是；雍，和也。此言尧推其德自身，而家，而国，而天下，所谓放勋者也。

## 10. 《尚书精义》卷一

（宋）黄伦

克明俊德，以亲九族；九族既睦，平章百姓，百姓昭明，协和万邦，黎民于变时雍。

无垢曰，汉高祖识韩信于行伍；汉武帝识金日磾（mì dī）于降虏。开国承家，托孤寄死，照映于百世之下者，则以汉高、汉武能识之也。尧能识俊德之士，展尽四体，以施其学术，故以亲九族，则九族睦；平章百姓，则百姓昭明；协和万邦，则黎民于变时雍。又曰，呜呼盛哉。夫一亲九族，九族即时而睦；一章百姓，百姓即时而昭明；一和万邦，万邦即时而和乐，岂特俊德之力哉。想其谟谋献纳于尧前时，言听计从，无有疑贰，故使其功效如是之速，则尧之俊德亦可见矣。夫能识俊德而九族睦，百姓昭明，黎民和乐，其神速如此，则钦明文思之用，亦可想见矣。

张氏曰，克明俊德，所以修之身者也；以亲九族，则修之家者也；平章百姓，则修之国者也；协和万邦，则修之天下者也。身修而后家齐，家齐而后国治，国治而后天下平之序也。

陈氏鹏飞曰，克，能也。俊者，能其至也。克之谓能者，谓能有所胜也。天下之人，莫不有能，非尧独能也。物之不格，知之不至，意之不诚，心之不正，皆不克之谓也。今尧之明德，无一介之私存乎其中，故无不极其至。由是而齐家，则九族亲；由是而治国，则百姓昭明；由是而治天下则黎民雍矣。

## 11. 《尚书详解》 卷一

（宋）陈经

克明俊德，以亲九族；九族既睦，平章百姓；百姓昭明，协和万邦，黎民于变时雍。

自"明俊德"而下为治之序，而《大学》所言是也。《大学》之道"身修而家齐，家齐而国治，国治而天下平"。此不言"修身"而言"明俊德"者，盖能识俊德之人。此身之所以修也，必先自知，而后知人。未有知人而不自知者也。俊德之人为难知也，而尧能知之，则自身而家，亲九族而九族睦矣。自家而国，"平章百姓"而"百姓昭明"矣。自国而天下，"协和万邦"而"黎民于变时雍"矣。

百姓，百官也。随才而授之以职，所以平之；因其功而授之以禄，所以章之。百姓乐于著见其才，则昭明也。万邦本自有和，吾从而协和之，则万邦可使为一邦，万人可使为一人。翕然从上，无有异志，则"于变时雍"也。圣人功用之速，一亲九族，九族随而既睦；一"平章百姓"，百姓随而昭明；一"协和万邦"，而"黎民于变时雍"。"绥之斯来，动之斯和"，叩之而鸣，触之而应，捷于影响，岂可不知其所自来哉。"克明俊德"者，其所本也。《中庸》论为天下国家有九经，先尊贤而后观亲。《论语》载事父母事君亦必先之以"贤贤易色"。盖知贤之可尊，则能致治，能致治，则无施而不可矣。

## 12. 《融堂书解》 卷一

（宋）钱时

克明俊德，以亲九族；九族既睦，平章百姓；百姓昭明，协和万邦，黎民于变时雍。

"俊德"，驯德之士也（〔四库〕按，《史记·尧本纪》引《书》作"克明驯德"，钱氏之说本于《史记》）。克，明，犹灼见也。尧惟灼见俊德而用之，故以之亲九族，则九族尽睦；以之章百姓，则百姓昭明；以之和万邦，则黎民于变时雍也。"既"者，尽也。"平章"者，均平而表章之，旌别之谓也。后世不能化民成俗，皆由善恶溷殽，无所别白之故，可胜叹哉。于是表章之，则是是非非，如辨黑白，百姓皆昭然著明矣。万邦之广，风俗各不同，不有以协和之，则国异政，家殊俗，何由化洽协合也。黎，众也。"协和万邦"，则天下一家，皆在春风和气中，黎民自然丕变，致时之雍和也。

## 13. 《尚书要义》卷一

（宋）魏了翁

十一、释九族、百姓、万邦

上至高祖下及玄孙，是为九族。同出高曾皆当亲之，故言亲亲也。《礼记·丧服小记》云"亲亲以三为五，以五为九"，又异义。夏侯、欧阳等以为九族者，父族四，母族三，妻族二，皆据异姓有服。郑玄驳云"异姓之服不过缌麻，言不废昏。又《昏礼》请期云'惟是三族之不虞'，恐其废昏，明非外族也"。是郑与孔同。九族谓帝之九族。"百姓"，谓"百官族姓"；"万邦"，谓天下众民，自内及外，从高至卑，以为远近之次也。

十二、唐虞建官及百官赐姓

"百官"谓之"百姓"者，隐八年《左传》云"天子建德，因生以赐姓"，谓建立有德，以为公卿，因其所生之地而赐之以为其姓，令其收敛族亲，自为宗主。明王者任贤不任亲，故以百姓言之。《周官》篇云"唐虞稽古建官惟百"，《大禹谟》云"率百官若帝之初"，是唐虞之世，经文皆称"百官"。而《礼记·明堂位》云"有虞氏之官五十"，后所记不合经也。

## 14. 《书集传或问》卷上

（宋）陈大猷

或问："克明俊德"，诸家多以为尧自德如何？

曰：上文言"钦明"、"光被"已载尧之明德，不应于此又言。伊川、东莱举《中庸》九经之序，尊贤在亲亲之先，可谓有据。兼经言俊义，俊民，俊有德，并是贤俊之德。俊之为义，非所以名圣人之德也。曰：然则《大学》言，帝典曰克明俊德，皆自明也，非钦？曰：经传所引经文，姑借以发明己意，非必尽与出处本意相合。如"于缉熙敬止"，《诗》之本旨，"止"字即训"助语"，而《大学》乃以为"知止"之"止"。《礼记》中，此类极多，固难相律。此"俊"字止训"大"，亦岂所以名圣德哉？

或问：九族兼二说何也？

曰：孔氏高祖元孙之说，正矣。然《角弓》、《頍弁》之诗，刺幽王不能亲睦九族，曰"兄弟婚姻，无胥远矣"，"岂伊异人，兄弟甥舅"，则知兄弟者，父族也；婚姻、甥舅，母妻族也。《周官》六行兼孝、友、睦、姻。晏子言"使吾父族无不乘马者，母族无不足衣食者，妻族无冻馁者"。秦汉间说三族，亦指父、母、妻族为言，则孔氏之说似失之狭。欧阳、夏侯父族四，母族三，妻族二之说广矣，然不本于司出高曾以为重，似失之泛。二说并存可也。然欧、夏之说父族四，则以父五属之内一也，以父之女昆弟、己之女昆弟、及己之女适人者，及其女之子居其四焉，抑不知诸女已在父属之内了。虽曰有服纪之可言，未免失之支离。以意度之，则父族四者，恐只是亲与从、及再从、三从兄弟叔伯。如此，则与今世之五服，孔氏所谓同出高曾之说一同。母族三者，则母之父族、母族、及母之姊妹族也。妻族二，则妻之父族、母族也。或以高曾祖、曾孙，非己之所及见，而病孔氏之说，则其陋不待辨矣。夫高曾谓己所同出之派下耳。至元孙、曾孙则又以己为高曾，此即今五服之制，古所谓小宗五世则迁者也，岂必以己之所尽见哉。吴氏之说虽经无明文，然亦不可不知［吴氏曰，九族者数之极，凡王者于袒（tǎn）免之亲，同姓之国，皆所当亲也］。

## 15.《尚书详解》卷一

（宋）胡士行

克明（明其）俊（美）德（孔云，能明俊德之士而用之。一说，人皆有此德，惟尧能明之。《大学》曰在明明德明德本性之明也在明明之也），以亲九族。九族既睦，平（均齐调一）章（明也，使之通达，无雍蔽）百姓（百官族姓，受氏，王畿之民）。百姓昭明，协（合）和万邦（国），黎（众）民于（美）变（化）时（一世）雍（和）。

明德，修身也；亲九族，齐家也；章百姓，治国也；和万邦，平天下也。"既睦"，"昭明"，"时雍"，所谓"绥斯来，动斯和"也。"以亲"、

"平章"、"协和"，用功处也；"睦"、"明"见功处也。吕用孔说，曰，明德在亲族之先，何也？《中庸》曰，尊贤也，亲亲也。伊川谓，尊贤在亲亲之先，所以讲明齐家、治国、平天下之道也。

前言，光明之散见也；此言明光之蕴蓄也；明，性之觉也；克明己之觉也；昭人亦觉也。

孔云九族：高祖（小功三月），曾祖（大功九月），祖（期），父（衰三年），己，子，孙（期）、曾孙（大功）、玄孙（小功）。

夏侯说九族：父族四，五属之内，父之女昆弟适人者及其子，已之女昆弟适人者及其子，已之女子适人者及其子。母族三，母之父姓，母之母姓，母之女昆弟适人者及其子。妻族二，妻之父姓，妻之母姓。

## 16. 《书纂言》卷一

（元）吴澄撰

克明俊德，以亲九族；九族既睦，平章百姓；百姓昭明，协和万邦，黎民于变时雍。

明，明之也。俊，大也。圣人气清质美，性之全体，无所污坏。故其德之大，非常人所及也。以，用也。亲，爱之也。九族，高祖至玄孙之亲也，既尽睦和也。平，均齐、普遍之意。章，亦明之也。平章，谓均齐普遍，无一不明之也。下文"平秩"、"平在"，仿此。百姓，畿内之民；昭明，能明其明德也。协，合也。和，和之，使不乖戾也。协和，合诸侯而皆和之也。万邦，天下诸侯之国。黎，黑也，谓黑首之民。于，叹辞。变，变化；时，是；雍，和也。尧能自明其大德，推以齐家、治国、平天下，而家齐、国治、天下平也。

## 17. 《尚书集传纂疏》卷一

（元）陈栎

克明俊德，以亲九族；九族既睦，平章百姓；百姓昭明，协和万邦，黎民于变时雍。

明，明之也。俊，大也。尧之大德，上文所称是也。九族高祖至玄孙之亲，举近以该远，五服异姓之亲亦在其中也，睦亲而和也。平，均；

章，明也。百姓，畿内民庶也。昭明皆能自明其德也。万邦，天下诸侯之国也。黎，黑也。民首皆黑，故曰黎民。于，叹美辞。变，变恶为善也。时，是；雍，和也。此言尧推其德自身，而家，而国，而天下，所谓放勋者也。

篡疏：《语录》，"克明俊德"，只是说尧之德，与文王"克明德"同。问：古注作明俊德之人。曰：看文势不见有用人意。九族且从古注。问：九族谓上至高祖下至玄孙。林氏谓如此只是一族。九族者，父族四，母族三，妻族二，是否？曰：父族谓本族，姑之夫，姊妹之夫，女子之夫家。母族谓母之本族，母族与姨母之家。妻族则妻之本族，与其母族是也。上杀、下杀、旁杀，只看所画宗族图，可见九族，以三族言者较大。"平章百姓"，只是近处百姓。"黎民"合天下民言之。典、谟中"百姓"只是说民。如"罔咈百姓"之类。若《国语》说"百姓"，则多说百官族姓。"百姓昭明"乃三纲五常皆分晓，及与他分别善恶辨是与非。

孔氏曰，上自高祖下至玄孙，凡九族，马、郑同。夏侯氏曰，父族四、母族三、妻族二，欧阳同。唐孔氏曰，《丧服小记》云，亲亲以三为五，以五为九，上杀、下杀、旁杀而亲毕矣。睦即亲；章即明；雍即和也。变文以类相对耳。王氏曰，亲，亲之也。睦，交相亲也。唐氏曰，睦者，亲之应；昭明者，平章之应；时雍者，协和之应。陈氏大猷曰，"于"，如"于穆"之"于"。神化之妙，难以形容，与直言变者，气象不侔矣。真氏德秀曰，"钦明文思"者，众德之目，俊德即其总名也。"明俊德"者修身之事。其下即齐家、治国、平天下之事。北帝者为治之序也。先言尧自明己德，后言"平章百姓，百姓昭明"，言新民而民亦明其德也。《大学》以明明德为新民之本，与修身、齐家、治国、平天下之序，盖本之《尧典》也。《尧典》其大学之宗祖欤。

愚按，《大学》曰"克明俊德"皆自明也，孔注之非可见。以修齐治平论此章，始于司马公《稽古录》，朱子从之。真氏又揭此章，冠大学衍义一书，且以为《大学》之宗祖，至论也。"克明俊德"者，明此德之全体大用也。"以亲九族"至"时雍"皆推此德之大用，举天地间，尽在泰和中矣。传谓，尧推其德自身，而家国天下。所谓放勋者也，即指此为放勋，帝德之所推，即功勋之所至，岂功自功，德自德哉。九族，传本孔氏，而并该夏侯氏也。

## 18.《读书丛说》卷二

（元）许谦

九族，古注，高祖玄孙之亲。蔡传谓，举近以该远，五服异姓之亲亦在其中。疏云又异义，九族者，父族四、母族三、妻族二。郑玄云，异姓之服，不过缌麻，非外族也。朱子谓，九族且从古注。

九族之说不一：《白虎通》，父族四，谓父之姓，父女昆弟适人有子，身女昆弟适人有子，身女子适人有子者也。母族三，母之父母，母之昆弟，母昆弟子也。妻族二，妻之父，妻之母也。

《朱子语录》，父族四，谓本族，姑之夫，姊妹之夫，女子之夫也（此与《白虎通》同）。母族三，母本族，母母族，与姨母之家也（此与《白虎通》异）。妻族二（亦与《白虎通》同）。

按《白虎通》言，母之父母、昆弟。及昆弟子，止是本姓一族，不可谓三族也。若《语录》之云，则母有母之族，而父反无之。二家皆言妻之母族，是又厚于妻，而薄于父也。今但自高祖至玄孙，而一以服断之，则上下旁杀之余，外姓凡有服之亲，皆该在其中，亲疏毕举，轻重皆当，而无前说之失。

克明俊德（能明一己之大德），以亲九族（以是德，亲睦九族。如父族四：父五属之内，一也；父之女昆弟适人及其子，二也；己之女昆弟适人及其子，三也；己之女子适人及其子，四也。母族三：母之父姓，一也；母之母姓，二也；母之女昆弟适人及其子，三也。妻族二：妻之父姓，一也；妻之母姓，二也。兹其所以为九族也。若以高祖至玄孙为九族，则高祖非己所逮事，元孙亦非己所及见，果何以亲而睦之耶）。

## 19.《书传辑录纂注》卷一

（元）董鼎

克明俊德，以亲九族；九族既睦，平章百姓。百姓昭明，协和万邦，黎民于变时雍。

明，明之也。俊，大也。尧之大德，上文所称是也。九族，高祖至玄孙之亲，举近以该远，五服异姓之亲亦在其中也。睦，亲而和也。平，均；章，明也。百姓，畿内民庶也。昭明，皆能自明其德也。万邦，天下诸侯之国也。黎，黑也。民首皆黑，故曰黎民。于，叹美辞。变，变恶为善也。时，是；雍和也。此言尧推其德自身，而家，而国，而天下，所谓放勋者也。

**辑录**

"克明俊德"，是"明明德"之意，德明。"克明俊德"，只是说尧之德，与"文王克明德"同。广。显道问：《尧典》自"钦明文思"以下皆说尧之德，则所谓"克明俊德"者，古注作能明俊德之人，似有理。先生曰：且看文势不见有用人意。任道问：《尧典》以亲九族，说者谓上至高祖下至玄孙。林少颖谓，若如此只是一族。所谓九族者，父族四，母族三，妻族二，是否？先生曰：父族，谓本族，姑之夫，姊妹之夫，女子之夫家。母族，谓母之本族，母族与姨母之家。妻族则妻之本族，与其母族是也。上杀、下杀、旁杀，只看所画宗族图可见。人杰。九族，以三族言者，较大，然亦不必如此泥，但其所亲者皆是九族。且从古注。"克明德"是再提起尧德来说。百姓或以为民，或以为百官族姓，亦不可考。姑存二说可也。广。平章百姓，只是近处百姓。黎民，则合天下之民言之矣。典、谟中，百姓只是说民，如"罔咈百姓"之类。若《国语》说，百姓则多，是说百官族姓。广。过问：《尧典》"平章百姓"，孔传云百官族姓；程子谓古无此说。《吕刑》只言百姓族姓。后有"百姓不亲"、"于百姓"、"咈百姓"皆言民，岂可指为百官族姓。《后汉书》亦云部刺史"职在辩章百姓，宣美风俗"。辩章，即平章也。过欲云族姓亦不可不明。先生只曰，未曾如此思量。平章百姓，只是畿内之民，非百官族姓也。此家齐而后国治之意。百姓昭明，乃三纲五常皆分晓，不鹘突也。人杰。又曰：昭明，只是与他分别善恶，辩是与非。以上下文言之，则齐家、治国、平天下之事。论"忠恕一贯"，曰：如尧之"克明俊德"，"黎民于变时雍"。夫子"立之斯立"，"动之斯和"，这须里面发出来方会如此。

**纂注**

孔氏曰，上自高祖下至玄孙，凡九族。马、郑同。夏侯氏曰，父族四，母族三，妻族二，欧阳同。唐孔氏曰，《丧服小记》云，亲亲以三为五，以五为九，上杀、下杀、旁杀，而亲毕矣。睦，即亲也。章，即明也。雍，即和也。各自变文，以类相对。王氏曰，亲者，亲之也。睦者，交相亲也。唐氏曰，睦者，亲之应；昭明者，平章之应；时雍者，协和之应也。陈氏大猷曰，"于"，如《诗》"于穆"之"于"。盖神化之妙，难以形容与。直言"变"者，气象不侔矣。真氏曰，"钦明文思"者，众德之目。大德，即其总名也。"明俊德"者，修身之事。其下即齐家、治国、平天下之事也。此帝者为治之序也。先言"明俊德"，谓尧自明其德；后言"平章百姓"而"百姓昭明"，谓"新民"，而民亦有以明其德也。《大学》以"明明德"为"新明"之端，与夫修身、齐家、治国、平天下之序，盖本之《尧典》也。《尧典》，其《大学》之宗祖与。新安陈氏曰，《大学》传帝典，曰"克明俊德"皆自明也，证据显然，孔注之非，不辩而明矣。以修身、齐家、治国、平天下论此章，自司马温公始说，见《稽古录》，朱子从之。真氏又揭此章冠《大学衍义》一书，且断断然以为《大学》之宗祖，至论也。"克明俊德"者，明此德之全体。以"亲九族"至"时雍"，皆推此德之大用，举天地间，尽在春风和气中矣。传谓，此言尧推其德，自身而家而国而天下，所谓放勋者也，即指此为放勋。帝德之用，无所不至者，即功勋之无所不至者也，岂功自功，德自德哉。

## 20. 《尚书句解》卷一

（元）朱祖义

克明俊德（能明一己之大德），以亲九族（以是德亲睦九族。如父族四：父五属之内，一也；父之女昆弟适人及其子，二也；己之女昆弟适人及其子，三也；己之女子适人及其子，四也。母族三：母之父姓，一也；母之母姓，二也；母之女昆弟适人及其子，三也。妻族二：妻之父姓，一也；妻之母姓，二也。兹其所以为九族也。若以高祖至玄孙为九族，则高祖非己所逮事，元孙亦非己所及见，果何以亲而睦之耶）。

## 21.《尚书日记》卷一

（明）王樵

"克明俊德"至"黎民于变时雍"此数句，与舜"慎徽五典，五典克从"，孔子"绥之斯来，动之斯和"语意一类，皆圣人作用神速处。尧之功大而无所不至，于此可以见其实。夫圣人所谓功者，身修、家齐、国治、天下平而已矣。汉唐之君，外身心而求事业，其所规为建立于世者，方自以为掀天揭地，而不知自圣贤处之。"百官万务，金革百万之众与。饮水曲肱，乐在其中。万变皆在人，其实无一事"。盖得此义理在此，甚事不尽。自是天来大事，处以此理，曾何足论也。圣人之德，固无积累之渐，然其功化之及物，则未尝不自近以及远。故《集传》云，此言尧推其德自身，而家，而国，而天下，所谓放勋者也。下个推字，非谓尧，亦待于推己及人，推此及彼也。乃曾子固所谓，克明俊德，有诸身，故能求诸家；有诸家，故能求诸国；有诸国，故能求诸天下之意。上备举尧之众德，而首以"钦"之一言；此总挈尧之盛德，而蔽以"明"之一言。大哉，君德之贵于"明"乎。明则圣，昏则愚；明则治，昏则乱。明，则在己之理欲判然，在人之邪正别白；昏，则是非了然者且不省；利害之在迩者且不察。大哉，君德之贵于明乎。尧为万古明君之首，语其本曰"钦"而已。敬则明，肆则昏。圣人之心，小心翼翼，昭事上帝。是以清明在躬，志气如神，而其功及于家国天下。程子所谓，唯上下一于恭敬，则天地自位，万物自育，气无不和，而四灵毕至。此体信达顺之道，以此事天飨帝者也。正义曰，此经三事相类，古史交互立文。以亲言既睦，平章言昭明，协和言时雍。睦，即亲也。章，即明也。雍，即和也。各自变文以类相对。按，于九族曰亲，曰睦；于百姓，曰章，曰明；于万邦，曰和，曰雍。随地立文。其实，睦者，亦明；明者，亦和；和者，明亦在其中矣。但九族，则宜云亲睦，亲睦则恩义笃，伦理正，即九族之昭明也。百姓，天子所自莅，作之君师，施之政教，其视外为详，故特曰昭明，谓皆能自明其德也。万邦至广，故曰协和；于是黎民莫不风动，一变其旧而和焉。至是万邦亦昭明矣，能使万邦之人皆能自明其德。呜呼，盛哉。《大学》曰：

"在明明德，在新民，在止于至善"。惟尧以之，《大学》言其理；《尧典》记其实事。

九族。孔氏云，高祖玄孙之亲。陆氏《释文》云，九族上自高祖下至玄孙，凡九族，马、郑同。正义曰，夏侯、欧阳等谓九族者父族四（本族一，姑之夫家二，姊妹之夫家三，女子之夫家四），母族三（母之本族一，母之母族二，姨母之家三），妻族二（妻之本族一，妻之母族二）。《白虎通》母族三，母之父母，母之昆弟，母之昆弟子。父族、妻族与前说同。许氏（谦）曰，母之父母昆弟及昆弟子，止是本姓一族，不可谓三族也。母有母之族，而父反无之，二家皆言妻之母族，是又厚于妻而薄于父也，今但自高祖至玄孙而一以服断之，则上、下、旁杀之余，外姓凡有服之亲皆该在其中，亲疏毕举，轻重适当，而无前说之失矣。

百姓。孔传解为百官。正义曰，经传之言百姓，或指天下百姓。此下句乃有黎民，故知百姓即百官也。百官，谓之百姓者，隐八年《左传》云"天子建德，因生以赐姓"，谓建立有德以为公卿，因其所生之地而赐之，以为其姓，令其收敛族亲，自为宗主，明王者任贤不任亲，故以百姓言之。今按，"平章百姓"，"百姓不亲"，"百姓如丧考妣"，"罔违道以干百姓之誉"，皆指民言，且下"黎民"属"万邦"，则此百姓是畿内，自不为复，先国治，而后天下平，正合于《大学》之序。蔡传精矣，《注疏》非也。

## 22. 《御制日讲书经解义》卷一

克明俊德，以亲九族；九族既睦，平章百姓；百姓昭明，协和万邦，黎民于变时雍。

此一节书见放勋之实也。俊德，大德也。九族，高祖以下九世之亲。睦者，交相和也。平，均也。章，明也。协，解作合。于，叹美辞。变，化而为善。时，犹言是。雍，和也。史臣谓，夫德性在人，万理咸备，本自峻大，但为物欲所蔽，则狭隘而不弘。惟尧能明其大德，纯乎天理，湛然无累。大德既明，则身无不修，而万化之本立矣。由是推此德，以亲爱九族。九族皆知恩义，和睦而无乖戾，是勋放于家矣；百姓气禀不齐，均以此德章之，畿内百姓，皆感动兴起，昭然各明其固有之德，是勋放于国矣；万邦风气不一，总以此德和之，黎民美哉，变恶为善，熙皞成俗，是勋放于天下矣。所谓放勋之实如此，盖有此德之全体，即有此德之大用。一人修身于上，而齐治均平，遂可还至立效，举万类纷纭，无不尽在春风和气之中。勋业烂然，夐（xiòng）绝百代，非甚盛德，孰能当此者乎。

## 《尚书通考》卷一

（元）黄镇成

《尧典》《大学》宗祖之图

（归善斋按，图略）

西山真氏曰，"明俊德"者，修身之事；"亲九族"者，齐家之事，所谓身修而家齐也。"九族既睦，平章百姓"，所谓家齐而国治也。"百姓昭明，协和万邦，黎民于变时雍"，所谓国治而天下平也。夫五帝之治莫盛于尧，而其本，则自"克明俊德"始，故《大学》以"明明德"为亲民之端。然则，《尧典》者其大学之宗祖欤。

九族。

孔传言，九族自高祖至玄孙之亲。夏侯、欧阳言，九族谓父族四、母族三、妻族二。父族四（本族，一；姑之夫家，二；姊妹之夫家，三；女子之夫家，四）。母族三（母之本族，一；母之母族，二；姨母之家，三）。妻族二（妻之父族，一；妻之母族，二）。

愚按，孔传言九族，蔡氏从之。《丧服小记》虽有以三为五，以五为九之文，然亦以上杀、下杀、旁杀之服而言。至于高玄之服，罕有身及之者。《书》言"九族既睦"，则是当时亲被帝尧之德，虽以帝尧之寿亦无身及高玄之理。故林少颖亦谓如此，则只是一族，大抵当从夏侯、欧阳之说为是。况朱子亦尝谓九族以三族言较大，然亦不必泥，但所亲者皆是，则亦未尝专主孔说也。

## 《书义断法》卷一

（元）陈悦道

克明俊德，以亲九族；九族既睦，平章百姓；百姓昭明，协和万邦，黎民于变时雍。

人以一心，具仁义礼智信之德，其德本大举而措之，天下无不周遍。其于宇宙内事，亦皆性分内事，特有此大德而莫能明，欲明德而有弗克。故无以全其本性之明，而充其功用之广也。有帝尧者，能明明德于天下。亲九族，而九族睦；章百姓，而百姓明；和万邦而民于变时雍。盖本立而效自广，体全而用益周。其明德新民之极功如此。而惟史臣能推之"克明俊德"四字。要分晓下六句，只是明德新民。

## 《尚书稗疏》

（清）王夫之

九族

汉孔氏以高祖泊玄孙之亲为九族，蔡氏用之。林少颖以为如此止是一族，其说良然。且夫人即寿考，未有下见玄孙者，且以同出高祖三从之兄弟为高祖之族，则必以出于玄孙者，为玄孙之族愈亦远矣。若以与高祖玄孙为等辈者谓之九族，则当云世而不当言族。乃一家九辈一时并存，亦世所少有。所传张公艺之事，亦谓九代不析产，非一时同在之谓。况史臣所纪在尧未耄期之时，其不得有玄孙之裔，亦明矣。故少颖以父四、母三、妻二言之，而朱子亦以为然。其说本于《白虎通》与杜预《左传》集解。今考诸《尔雅》，有姑、王姑、曾祖王姑、高祖王姑、从祖姑、族祖姑，则是父族六也。母之考妣与从母，母族三也。妻则父母二族而已。其异于林说者，本族不与至亲不可与他族齿也。无姊妹之夫，女子之夫。姊妹年与己近，女小于己尚未有族也。外王母之母族，与妻母之母族不与者，族愈疏也。较之《白虎通》所说于理为长。

## 《尚书广听录》卷一

（清）毛奇龄

"克明俊德"，孔传，能明俊德之士而用之。明，即明扬；俊，即俊乂，皆《虞书》所有。若云能明大德，则《大学》引经之解可解经乎？《大雅》"于缉熙敬止"，必不能以止之助词，作止善解也。况"俊"不训"大"，故《大学》改"峻"字。今原是"俊"字而反训作"大"，则

《大学》改此多事矣。往有问先仲氏曰，"俊德"何以不训"尧德"？曰，以"俊德"颂尧，颇无理。且尧德已具前节，复颂赘矣。然而，明俊义，何以先于亲九族？曰，《学记》曰师无当于五服，五服不得不亲。《中庸》曰思事亲，不可以不知人。

## 《尚书埤传》

（清）朱鹤龄

### 《书经考异》

克明俊德（"俊"，《大学》作"峻"。按《韵会》，"俊"祖峻切，"峻"须闰切，音近，义不同，辨详《埤传》）。

### 卷一

克明俊德、九族、百姓

孔传，能明俊德之士任用之。郑玄云，俊德，贤才兼人者。愚按，蔡传，俊，大也。盖本《大学》义解《书》，然尧之大德，上章已详之矣。九经尊贤，先于亲亲，则孔、郑之说未常不通。明，即明扬之。明俊德，即俊义在官。九德咸事，岂必谓尧之放勋，原本于德，而复以此语隰括之乎？《大学》所引三书，皆断章取义。其易"俊"为"峻"，音近，而义则不同。《说文》云，俊材过千人也。遍考字书，"俊"无训"大"者。惟《诗》之"骏命"、"骏惠"训"大"。仲默之意，盖以"俊"可与"骏"通，然非本义也。若"俊"可训"大"，《大学》引《书》何必易"俊"为"峻"乎？

九族，孔传高祖至玄孙之亲。蔡传兼五服异姓言。愚按《丧服·小记》云，亲亲以三为五，以五为九（郑氏注上亲父，下亲子，三也；以父亲祖，以子亲孙，五也；以祖亲高祖，以孙亲玄孙，九也），上杀下杀旁杀而亲毕矣，以此证之，从古注是。

百姓，孔传，百官族姓。蔡传，畿内民庶也。愚按，上古未有姓，有德则赐之。《左传》所谓天子建德，因生以赐之姓也。经传百姓，或为百官，或为万民，此从古注无害。如《武成》万姓悦服，则断言民也。

## 《书义矜式》卷一

（元）王充耘

克明俊德，以亲九族；九族既睦，平章百姓；百姓昭明，协和万邦，黎民于变时雍。

惟圣德之明极其盛，故圣德之推极于远。盖圣人躬行于上，则所以观感于下者，有不期然而然者矣。昔者帝尧能明其大德，光辉日盛，无所不照，全体之大，无所不包。圣德之著于己者如此，则其推之于家，而九族皆有以笃其亲亲之恩；推之于国，而百姓皆有以明其在己之德；又推之于天下，而黎民之众皆有以变恶为善，而底夫雍熙之盛焉。圣人一视而同仁，笃近而举远。其推之之序，皆出于自然，夫岂有所勉强而后能之者乎？《书》曰（云云），即放勋之所极也。惟天下至诚，为能尽其性。其得于天而具于己者，无一毫之不实，无一息之不明。体之立者，异于人也。能尽其性则能尽人物之性。其充于此而著于彼者，无一民之不化，无一物之不周。用之行者，又异于人也。圣人笃恭而天下平，其所以赞化育而参天地，于此可见矣。夫德者，人之所同得，不以圣愚而有以加损也。而谓圣人之德有异于人何哉？盖生而知之，则钦明文思，皆出于自然，非常人之所及也。安而行之，则允恭克让，不待勉强，非常人所能也。德不止于德，而曰"俊德"，则大而无外，如天地之覆载；大不止于大，而曰"明"，则光被四表，如日月之照临；明不止于明，而曰"克"，则能超乎气禀之偏，绝乎物欲之蔽，其卓冠群伦也宜哉。其明德之本无以加，故明德之效有其序。以此德而齐家，则父子、兄弟、夫妇、长幼之际，以至五服异姓之亲，欢然有恩以相爱，秩然有叙以相接，皆圣人明德为之本，而使之有所取则也。以此德而治国平天下，则畿内之近，万邦之远，黎民之众，各有以去其旧染之污，而全其明明之德。孝弟忠信，怡然于安居乐业之余；礼乐教化，蔚然于雍熙泰和之盛，皆本于圣人之明德。其下观而化，固有不令而从者焉，盖同然之理。具于圣人之一心，亦具于千万人之心，圣人推之于家者此德也，推之于国与天下者亦此德也。举天下之大，皆囿于圣人德化之中。吁，盛矣。抑尝观之《书序》，帝王之德，莫盛于尧，其称放勋之实，莫备于此。甚矣史臣之善言德业也。厥后子贡之称孔子言圣人之德，如天之不可阶，而绥来动和之妙，盖无异于尧也，亦可谓善言德行矣。后之为治者，有志于帝尧之治，常法乎帝尧之德而修身者，即所以明德也。故《孟子》曰，天下国家之本在身。

## 《尚书七篇解义》卷一

（清）李光地

克明俊德，以亲九族；九族既睦，平章百姓；百姓昭明，协和万邦黎民于变时雍。

上节皆明俊德之事也，此乃言其身修而家齐，国治，天下平之事。至是而后，毕放勋之义也。

## 《尚书大传》卷一

（清）孙之騄辑

克明峻德（《荀子》，《书》曰克明明德），以亲九族；九族既睦（陈思工表引《传》），辩章百姓（《索隐》引今文）。

尚书欧阳说云，九族乃异姓有亲属者，父族四，母族三，妻族二。

郑玄曰，辩，别也。章，明也。

# 九族既睦，平章百姓

## 1. 《尚书注疏》卷一

（汉）孔氏传，（唐）陆德明音义、孔颖达疏

传：既，已也。百姓，百官。言化九族而平和章明。

疏：九族蒙化已亲睦矣，又使之和协显明于百官之族姓。

传正义曰，既，已，义同，故训"既"为"已"。经传之言"百姓"，或指天下百姓，此下句乃有黎民，故知"百姓"即"百官"也。"百官"谓之"百姓"者，隐八年《左传》云："天子建德，因生以赐姓。"谓建立有德以为公卿，因其所生之地而赐之以为其姓，令其收敛族亲，自为宗

主，明王者任贤不任亲，故以"百姓"言之。《周官》篇云"唐虞稽古，建官惟百。"《大禹谟》云："率百官若帝之初。"是唐、虞之世经文皆称"百官"。而《礼记·明堂位》云"有虞氏之官五十"，后世所记不合经也。"平章"与"百姓"共文，非九族之事。传以此经之事，文势相因，先化九族，乃化百官，故云"化九族而平和章明"，谓九族与百官皆须导之以德义，平理之使之协和；教之以礼法，章显之使之明著。《释诂》以"昭"为"光"，"光"、"明"义同，经已有"明"，故云"昭，亦明"也。

考证：平章百姓。传，百姓，百官

苏轼曰：凡国之大族，民之望也。方是时，上世帝皇之子孙，其得姓者，盖百余族而已，故曰百姓。

## 2.《书传》卷一

（宋）苏轼

九族既睦，平章百姓。平，和也。章，显，用其贤者也。百姓，凡国之大族，民之望也。大族予之，民莫不予也。方是时，上世帝皇之子孙其得姓者，盖百余族而已，故曰百姓。

## 3.《尚书全解》卷一

（宋）林之奇

（归善斋按，林之奇三句连解，见上句）

## 4.《尚书讲义》卷一

（宋）史浩

（归善斋按，史浩三句连解，见上句）

## 5.《尚书详解》卷一

（宋）夏僎

（归善斋按，夏僎三句连解，见上句）

## 6. 《增修东莱书说》卷一

（宋）时澜

（归善斋按，时澜三句综合作解，见上句）

## 7. 《尚书说》卷一

（宋）黄度

（归善斋按，黄度三句综合作解，见上句）

## 8. 《絜斋家塾书钞》卷一

（宋）袁燮

（归善斋按，袁燮三句连解，见上句）

## 9. 《书经集传》卷一

（宋）蔡沈

（归善斋按，蔡沈三句连解，见上句）

## 10. 《尚书精义》卷一

（宋）黄伦

（归善斋按，见上句）

## 11. 《尚书详解》卷一

（宋）陈经

（归善斋按，此段陈经综合解说，见上句）

## 12. 《融堂书解》卷一

（宋）钱时

（归善斋按，此段钱时连解，见上句）

### 13. 《尚书要义》卷一

（宋）魏了翁

（归善斋按，未引）

### 14. 《书集传或问》卷上

（宋）陈大猷

或问：百姓之为百官族姓，何也？

曰：唐孔氏谓《左传》云"天子建德，因生以赐姓"，谓建立有德，以为公卿，因其所生之地而赐之以为姓，令其收敛亲族，自为宗主。按《史记》黄帝二十五子，得姓者十四人。上古必德位尊显者，始得姓，故百姓多指百官。其后人皆有姓，故百姓多指民。然亦观其所指如何？孔氏以此百姓为百官者，非特下言黎民，不可重复。然经言俊民，用章五服，以章有德，与夫明明在下，庶明励翼，皆是指臣而言。若以平章、昭明为庶民之事，则非辞矣。曰：上既以明俊德为用贤，而此复言"平章百姓"，非重复乎？曰："克明俊德"，是举未用之贤，兼在下者言之也。"平章百姓"是正已用之官，即在朝者言之也，正，如《中庸》言尊贤亲亲，而继以敬大臣，体群臣耳。所谓正百官，以正朝廷者也（荆公曰"亲九族之道，贤不肖，能鄙有不辩也，则无事乎；平，不责以事，不程其功，则无事乎章"亦善）。"平章百姓"一语，足以概尽《舜典》"咨四岳"而下半篇之义。"率百官若帝之初"一句，足以概《舜典》即位一节之义。林少颖谓圣人之言，约言之，虽一语不为寡；详言之虽百言不为赘，此后世能言之士，所以莫能加也。

### 15. 《尚书详解》卷一

（宋）胡士行

（归善斋按，此段胡士行综合解说，见上句）

### 16. 《书纂言》卷一

（元）吴澄撰

（归善斋按，此段吴澄连解，见上句）

### 17. 《尚书集传纂疏》卷一

（元）陈栎

（归善斋按，见上句）

### 18. 《读书丛说》卷二

（元）许谦

（归善斋按，未解）

### 19. 《书传辑录纂注》卷一

（元）董鼎

（归善斋按，见上句）

### 20. 《尚书句解》卷一

（元）朱祖义

九族既睦（则九族尽和睦），平章百姓（以是德，平和章显百官族姓。自其分职率属而言之曰百官；自其分姓受氏而言之曰百姓）。

### 21. 《尚书日记》卷一

（明）王樵

### 22. 《御制日讲书经解义》卷一

（归善斋按，此段连解，见上句）

### 《尚书通考》卷一

（元）黄镇成

（归善斋按，此段黄镇成连解，见上句）

### 《书蔡传旁通》卷一上

（元）陈师凯

九族，高祖至玄孙之亲。

此本安国及马氏、郑氏说。高祖一，曾祖二，祖三，父四，己五，子六，孙七，曾孙八，玄孙九。

举近以该远，五服异姓之亲亦在其中也。

此是包欧阳、夏侯及林氏说。父族有四：父本族一，姑夫二，姊妹夫三，女夫四。母族有三：母父族一，母母族二，姨母家三。妻族有二：妻父族一，妻母族二。

## 《读书管见》卷上

（元）王充耘

九族既睦。

"既"字，当训作尽字，如"既月"之"既"，言无一人不亲睦也。

## 《书义断法》卷一

（元）陈悦道

（归善斋按，此段陈悦道连解，见上句）

## 《尚书疑义》卷一

（明）马明衡

（归善斋按，此段马明衡连解，见"帝尧曰放勋"）

## 《尚书注考》

（明）陈泰交

同字异解者三百二十三条。

平章百姓，平秩东作，训平，均；地平天成，训水土治，曰平；天寿平格，训坦然无私之谓平；平邦国，训平，谓强不得凌弱，众不得暴寡，而人皆得其平也。

平章百姓，训章，明五服；五章哉，训章，显也。

## 《尚书埤传》

（清）朱鹤龄

**《书经考异》**

平章百姓（"平"，《史记》作"便"，《后汉书》班固引作"辨"，注引郑玄云别也）。

（归善斋按，另见上句）

## 《书义矜式》卷一

（元）王充耘

（归善斋按，见上句）

## 《尚书七篇解义》卷一

（清）李光地

（归善斋按，见上句）

## 《尚书大传》卷一

（清）孙之騄辑

（归善斋按，见上句）

# 百姓昭明，协和万邦，黎民于变时雍

## 1. 《尚书注疏》卷一

（汉）孔氏传，（唐）陆德明音义、孔颖达疏

传：昭，亦明也。协，合；黎，众；时，是；雍，和也。言天下众民皆变化从上，是以风俗大和。

音义：黎，力兮反。

疏：百姓蒙化，皆有礼仪，昭然而明显矣，又使之合会、调和天下之万国。其万国之众人，于是变化从上，是以风俗大和。能使九族敦睦，百姓显明，万邦和睦，是安天下之当安者也。

传正义曰，《释诂》以"协"为"和"，"和"、"合"义同。故训"协"为"合"也。黎，众；时，是，《释诂》文。雍，和，《释训》文。

尧民之变，明其变恶从善，人之所和，惟风俗耳。故知谓天下众人，皆变化从上。是以风俗大和。人俗大和，即是太平之事也。此经三事相类，古史交互立文，以"亲"言"既睦"，"平章"言"昭明"，"协和"言"时雍"。睦，即亲也。章，即明也。雍，即和也。各自变文，以类相对。平九族使之亲，平百姓使之明，正谓使从顺礼义，恩情和合。故于万邦变言"协和"，明"以亲九族"、"平章百姓"，亦是协和之也。但九族宜相亲睦，百姓宜明礼义，万邦宜尽和协。各因所宜为文，其实相通也。民言"于变"，谓从上化，则"九族既睦"、"百姓昭明"，亦是变上，故得睦、得明也。

考证：疏皆有礼仪照然而明显矣

臣浩按，后文百姓宜明礼义，此文亦应作皆有礼义，仪字误也。"昭然"，监本讹"照然"，从旧本改。

## 2. 《书传》卷一

（宋）苏轼

百姓昭明，协和万邦，黎民于变时雍。协，合也。黎，众也。变，化也。雍，和也。

## 3. 《尚书全解》卷一

（宋）林之奇

（归善斋按，林之奇三句连解，见前句）

## 4. 《尚书讲义》卷一

（宋）史浩

（归善斋按，史浩三句连解，见前句）

## 5. 《尚书详解》卷一

（宋）夏僎

（归善斋按，夏僎三句连解，见前句）

## 6. 《增修东莱书说》卷一

（宋）时澜

（归善斋按，时澜三句综合作解，见前句）

## 7. 《尚书说》卷一

（宋）黄度

（归善斋按，黄度三句综合作解，见前句）

## 8. 《絜斋家塾书钞》卷一

（宋）袁燮

（归善斋按，袁燮三句连解，见前句）

## 9. 《书经集传》卷一

（宋）蔡沈

（归善斋按，蔡沈三句连解，见前句）

## 10. 《尚书精义》卷一

（宋）黄伦

（归善斋按，见前句）

## 11. 《尚书详解》卷一

（宋）陈经

（归善斋按，此段陈经综合解说，见前句）

## 12. 《融堂书解》卷一

（宋）钱时

（归善斋按，此段钱时连解，见前句）

## 13. 《尚书要义》卷一

（宋）魏了翁

（归善斋按，见前句）

## 14. 《书集传或问》卷上

（宋）陈大猷

（归善斋按，未解）

## 15. 《尚书详解》卷一

（宋）胡士行

（归善斋按，此段胡士行综合解说，见前句）

## 16. 《书纂言》卷一

（元）吴澄撰

（归善斋按，此段吴澄连解，见前句）

## 17. 《尚书集传纂疏》卷一

（元）陈栎

（归善斋按，见前句）

## 18. 《读书丛说》卷二

（元）许谦

（归善斋按，未解）

## 19. 《书传辑录纂注》卷一

（元）董鼎

（归善斋按，见前句）

## 20. 《尚书句解》卷一

（元）朱祖义

百姓昭明（百官族姓皆精白，以承休德，而名扬乃职），协和万邦（以是德，合和天下万邦之民），黎民于变时雍（众民大变于善，时臻雍和）。

## 21. 《尚书日记》卷一

（明）王樵

（归善斋按，此段王樵连解，见前句）

## 22. 《御制日讲书经解义》卷一

（归善斋按，此段连解，见前句）

### 《尚书通考》卷一

（元）黄镇成

（归善斋按，此段黄镇成连解，见前句）

### 《书义断法》卷一

（元）陈悦道

（归善斋按，此段陈悦道连解，见前句）

### 《尚书疑义》卷一

（明）马明衡

（归善斋按，此段马明衡连解，见"帝尧曰放勋"）

### 《尚书注考》

（明）陈泰交

同字异解者三百二十三条。

黎民，训黎，黑也，民首皆黑，故曰黎民；乃命重黎，训黎高阳之后。

于变时雍，女于时，惟时懋哉，咸若时，若不在时，惟帝时举，时日曷丧，予惟时其迁居，仰惟前代时若，训时，是也；动惟厥时，训时，时措之宜也；协时月正日，训时，谓四时；曰时，训雨，旸燠（yù）寒风，各以时至，故曰时也；至于旬时，训时，三月。

## 《尚书埤传》

（清）朱鹤龄

**《书经考异》**

协和万邦（《史记》"协"作"合"，"邦"作"国"。按《史记》、《汉书》引《书》"邦"皆作"国"避讳）。

黎民于变时雍（"变"，《汉书》作"蕃"）。

## 《书义矜式》卷一

（元）王充耘

（归善斋按，见前句）

## 《尚书七篇解义》卷一

（清）李光地

（归善斋按，见前句）

# 三
# 命羲和掌历象

乃命羲和，钦若昊天，历象日月星辰，敬授人时

## 1.《尚书注疏》卷一

（汉）孔氏传，（唐）陆德明音义、孔颖达疏

传：重黎之后，羲氏、和氏，世掌天地四时之官，故尧命之，使敬顺
"昊天"。"昊天"，言元气广大；星，四方中星；辰，日月所会。历象其
分节，敬记天时以授人也。此举其目，下别序之。

音义：羲和，马云："羲氏掌天官；和氏掌地官；四子掌四时。"昊，
胡老反。重，直龙反，少昊之后。黎，高阳之后。"日月所会"，谓日月
交会于十二次也。寅曰析木，卯曰大火；辰曰寿星；巳曰鹑尾；午曰鹑
火；未曰鹑首；申曰实沉；酉曰大梁；戌曰降娄；亥曰娵訾；子曰玄枵；
丑曰星纪。

疏：正义曰，上言能明俊德，又述能明之事。尧之圣德美政如上所
陈，但圣不必独理，必须贤辅。尧以须臣之故，乃命有俊明之人羲氏、和
氏，敬顺昊天之命，历此法象。其日之甲乙，月之大小，昏明递中之星，
日月所会之辰，定其所行之数，以为一岁之历。乃依此历，敬授下人以天
时之早晚。其总为一岁之历，其分有四时之异。既举总目，更别序之。

传正义曰，《楚语》云："少昊氏之衰，九黎乱德，人神杂扰，不可

方物。颛顼受之，乃命南正重司天以属神；火正黎司地以属民，使复旧常，无相侵渎。其后三苗复九黎之德，尧复育重黎之后，不忘旧者，使复典之，以至于夏商。"据此文，则自尧及商，无他姓也。尧育重黎之后，是此羲和可知。是"羲和为重黎之后，世掌天地之官"文所出也。《吕刑》先重后黎；此文先羲后和。扬子《法言》云"羲近重，和近黎"，是羲承重，而和承黎矣。《吕刑》称"乃命重黎"，与此"命羲、和"为一事也。故《吕刑》传云："重即羲也；黎即和也。"羲、和，虽别为氏族，而出自重、黎，故《吕刑》以重黎言之。《郑语》云"为高辛氏火正"，则高辛亦命重黎。故郑玄于此注云："高辛氏世命重为南正司天，黎为火正司地。"据"世掌"之文，用《楚语》为说也。《楚世家》云："重黎为帝喾火正，能光融天下。帝喾命曰祝融。共工氏作乱，帝喾使重黎诛之而不尽，帝乃以庚寅日诛重黎，而以其弟吴回为重黎，复居火正，为祝融。"按昭二十九年《左传》称"少昊氏有子曰重；颛顼氏有子曰黎"，则重、黎二人，各出一帝。而《史记》并以重黎为楚国之祖，吴回为重黎，以重黎为官号。此乃《史记》之谬。故束皙讥（司）马迁并两人以为一，谓此是也。《左传》称重为句芒，黎为祝融，不言何帝使为此官。但黎是颛顼之子，其为祝融必在颛顼之世。重虽少昊之胤，而与黎同命，明使重为句芒，亦是颛顼时也。祝融火官可得称为火正，句芒木官不应号为南正。且木不主天，火不主地。而《外传》称颛顼命南正司天，火正司地者，盖使木官兼掌天，火官兼掌地。南为阳位，故掌天，谓之南正。黎称木官，故掌地，犹为火正。郑答赵商云："先师以来皆云火掌为地，当云黎为北正。"孔无明说，未必然也。昭十七年《左传》郯子称少昊氏以鸟名官，自颛顼以来乃命以民事。句芒、祝融皆以人事名官，明此当颛顼之时也。传言少昊氏有四叔，当为后代子孙，非亲子也。何则？传称共工氏有子曰句龙。共工氏在颛顼之前多历年代，岂复共工氏亲子至颛顼时乎？明知少昊四叔亦非亲子。高辛所命重黎，或是重黎子孙，未必一人，能历二代。又高辛前命后诛，当是异人。何有罪而诛，不容列在祀典。明是重黎之后世，以重黎为号，所诛重黎，是有功重黎之子孙也。《吕刑》说羲和之事，犹尚谓之重黎，况彼尚近重黎，何故不得称之？以此知异世重黎，号同人别。颛顼命重司天，黎司地。羲氏掌天，和氏掌地，其实重黎、羲和通掌之也。此云"乃命羲和，钦若昊天"，是羲、和二氏共掌天地之事，以乾坤相配，天地相成。运立施化者天，资生成物者地。天之功成，其见在地。故下言"日中星鸟"之类，是天事也；"平秩东作"之类是地事也。各分掌其时，非别职矣。按《楚语》云，重司天以属神，黎司地以属人。天地既别，人神又殊，而云通掌之者，《外传》之文，说《吕刑》之义，以为少昊之衰，天地相通，人神杂扰，颛顼乃命重黎分而异之，以解"绝地天通"之言。故云各有所掌，天地相通，人神杂扰，见其能离绝天地，变异人神耳，非即别掌之。下文别序所掌，则羲主春夏，和主秋冬，俱掌天时，明其共职。彼又言，至于夏商世掌天地。《胤征》云："羲和湎淫，废时乱日"。不知日食，羲和同罪，明其世掌天地共职，可知颛顼命掌天地，惟重黎二人，尧命羲和，则仲叔四人者，以羲、和二氏，贤者既多，且后代稍文，故分掌其职事，四人各职一时，兼职方岳。以有四岳，故用四人。颛顼之命重黎，惟司天地，主岳与否，不可得知。设令亦主方岳，盖重、黎二人分主东西也。马融、郑玄皆以此"命羲和"者，命为天地之官。

下云分命、申命为四时之职。天地之与四时，于周，则冢宰、司徒之属，六卿是也。孔言此举其目，下别序之，则惟命四人，无六官也。下传云四岳，即羲、和四子。《舜典》传称禹、益六人新命有职，与四岳、十二牧，凡为二十二人。然新命之六人，禹命为百揆，契作司徒，伯夷为秩宗，皋陶为士，垂作共工，亦禹契之辈即是卿官。卿官之外，别有四岳。四岳非卿官也。孔意以羲、和非是卿官，别掌天地。但天地行于四时，四时位在四方，平秩四时之人，因主方岳之事，犹自别有卿官分掌诸职。《左传》称少昊氏以鸟名官，五鸠氏即周世之卿官也。五鸠之外别有凤鸟氏，历正也，班在五鸠之上，是上代以来皆重历数，故知尧于卿官之外，别命羲和掌天地也。于时，羲和似尊于诸卿，后世以来稍益卑贱。《周礼》"太史掌正岁年以序事"，即古羲和之任也。桓十七年《左传》云"日官居卿以底日"，犹尚尊其所掌。周之卿官明是尧时重之，故特言"乃命羲和"。此"乃命羲和"重述"克明俊德"之事得致雍和所由。已上论尧圣性，此说尧之任贤。据尧身而言用臣，故云"乃命"，非"时雍"之后方始命之。

"使敬顺昊天"，"昊天"者溷元之气，昊然广大，故谓之"昊天"也。《释天》云："春为苍天，夏为昊天，秋为旻天，冬为上天。"《毛诗》传云："尊而君之则称皇天；元气广大则称昊天；仁覆闵下则称旻天；自下降监则称上天；据远视之，苍苍然则称苍天。"《尔雅》四时异名，《诗》传即随事立称。郑玄读《尔雅》云"春为昊天，夏为苍天"，故驳异义云"春气博施，故以广大言之；夏气高明，故以远言之，秋气或生或杀，故以闵下言之；冬气闭藏而清察，故以监下言之。皇天者，尊而号之也。"六籍之中，诸称天者以情所求言之耳，非必于其时称之。然此言尧敬大四天，故以广大言之。

"星，四方中星"者，二十八宿布在四方，随天转运更互，在南方每月各有中者。《月令》每月昏旦，推举一星之中。若使每日视之，即诸宿每日昏旦莫不当中，中则人皆见之，故以中星表宿。"四方中星"总谓二十八宿也。或以《书》传云："主春者，张昏中，可以种谷；主夏者，火昏中，可以种黍；主秋者，虚昏中，可以种麦；主冬者，昴昏中，可以收敛。皆云上告天子，下赋臣人，天子南面而视四方星之中，知人缓急，故曰'敬授人时'"。谓此"四方中星"，如《书》传之说。孔于虚昴诸星，本无取中之事，用《书》传为孔说，非其旨矣。

"辰，日月所会"者，昭七年《左传》士文伯对晋侯之辞也。日行迟，月行疾，每月之朔，月行及日，而与之会，其必在宿。分二十八宿，是日月所会之处，辰时也。集会有时，故谓之"辰，日月所会"，与"四方中星"俱是二十八宿。举其人目所见，以星言之；论其日月所会，以辰言之。其实一物，故星辰共文。《益稷》称"古人之象，日月星辰共为一象"，由其实同故也。日月与星，天之三光，四时变化，以此为政，故命羲和，令以算术推步，累历其所行，法象其所在，具有分数节候，参差不等，敬记此天时，以为历而授人。此言星辰共为一物。《周礼·大宗伯》云："实柴祀日月星辰。"郑玄云"星谓五纬；辰谓日月所会十二次"者，以星辰为二者，五纬与二十八宿俱是天星。天之神祇，礼无不祭。故郑玄随事而分之，以此敬授人时，无取五纬之义。故郑玄于此注亦以星辰为一，观文为说也。然则，五星与日月皆别行，不与二十八宿同为不动也。

考证：历象日月星辰

梅文鼎曰：历法世久而愈密。要其大法，则定于唐虞之时。治历之具有三，历者，算数也。象者，图也，浑象也。璿玑玉衡，测验之器也。夫历之最难知者有二，曰里差，曰岁差。《尧典》为中星以纪之鸟火虚昴，此万世求岁差之根数也。分宅嵎夷、南交、昧谷、朔方以候日景。此万世求里差之定法也。

疏勾芒祝融皆以人事名官

名官，监本讹为官，据古本改正。

又疏或以《书》传云，主春者，张昏中，可以种谷；主夏者，火昏中，可以种黍；主秋者，虚昏中，可以种麦；主冬者，昴昏中，可以收敛：

臣召南按，所引《书》传乃《书纬考·灵曜》之文。《礼记·月令》疏亦引之，而字句微异。彼疏云，主春者，鸟星昏中，可以种稷；主夏者，心星昏中可以种黍；主秋者，虚星昏中，可以种麦。主冬者，昴星昏中，则入山可以斩伐，具器械。此疏种谷，谷字似应作稷。

## 2. 《书传》卷一

（宋）苏轼

乃命羲和，钦若昊天，历象日月星辰，敬授人时。昊，广大也。历者，其书也。象者，其器也。璿玑玉衡之类是也。星，四方中星也。辰，日月所会也。或曰星五星，辰三辰，心伐北辰也。重黎之后羲氏和氏世掌天地四时之官，故尧以是命之。

## 3. 《尚书全解》卷一

（宋）林之奇

乃命羲和。程氏曰，前既言尧之“克明俊德”始于敦睦九族，以至于“协和万邦，黎民于变时雍”，此又言立政纪纲，分正百官之职，以熙庶绩。而事之最大最先，莫若推测天道，明历象，钦若时令以授人也。天下万事未有不本于此。盖人君之治天下，惟此二端而已。治身、齐家，以至平天下者，治之道也。建立纪纲，分正百官，明天道以制事者，治之法也。作典者，论尧之德，尽在于此矣。自“帝曰畴咨”以下，著其事以见尧之圣。此说甚善。

言"黎民于变时雍"，继以"乃命羲和"，与《周官》"设官分职以为民极"之下，言"乃立天官冢宰"、"乃立地官司徒"之类同。唐孔氏云，乃命羲和者，"重述克明俊德之事，得致雍和所由。已上论尧圣性，此说尧任贤。据尧身而言用臣，故云乃命非时雍之后方始命之"。此论为当。

羲和者，《楚语》云：少昊之衰，九黎乱德，人神杂扰，不可方物。颛顼受之，乃命南正重司天以属神，北正黎司地以属民，使复旧常，无相侵渎。其后三苗复九黎之恶，尧复育重黎之后，不忘旧者，使复典之。《吕刑》曰，皇帝哀矜庶戮之不辜，报虐以威，遏绝苗民，无世在下，乃命重黎绝地天通，罔有降格。扬子云曰，羲近重，和近黎，是以尧之羲和，即颛顼之重黎是也。盖羲承重，和承黎。唐孔氏云，羲和虽别为氏族，而出自重黎。谓羲和为氏族，则不然。如下云"咨汝"，羲暨和则似名矣，非氏族也。王氏云，散义气以为羲，敛仁气以为和。日出之气为羲。羲者，阳也。利物之谓和，和者阴也。羲和即人之名，安有阴阳仁义之说哉？此不可行也。

钦若昊天。孔氏云，昊天者，元气广大也；钦若者，敬顺也。《尔雅》曰："春曰苍天，夏曰昊天，秋曰旻天，冬曰上天。"郑氏谓，"春气博施，故以广大言之；夏气高明，故以远言之；秋气或生或杀，故以闵下言之；冬气闭藏而清察，故以监下言之"。王氏云，天色可见者苍苍而已，故于春言其色；气至夏而行，故于夏言其气；情至秋而知，故于秋言其情；冬位正乎上，故于冬言其位。皆凿说也。

孔氏云六籍之中"诸称天者，以情所求言之，非必于其时称之。"此说甚善。《毛诗》传云：尊而君之则曰皇天，元气广大则曰昊天，仁复闵下故称旻天，自上监下，故称上天。据远视之苍然，则称苍天。此说与孔氏合，最为得之。

历象日月星辰。欲钦若昊天者，必有其法。历象日月星辰，此其法也。历，数也。周天三百六十五度四分度之一，而以日月星辰之久近，纪岁月之先后也。象者，玑衡也，所以参考日月星辰之行度也。日行一度，月行十三度十九分度之七。星者，四方之中星也。角亢氐房心尾箕为青龙，凡七十五度。斗牛女虚危室壁为玄武，凡九十八度四分度之一。奎娄胃昴毕觜参为白虎，凡八十度。井鬼柳星张翼轸为朱雀，凡百一十二度，共为三百六十五度四分度之一。辰，则日月所会也。正月会于亥，其辰为娵訾；二月会于戌，其辰为降娄；三月会于酉，其辰为大梁；四月会于申，其辰为实沉；五月会于未，其辰为鹑（chún）首；六月会于午，其辰为鹑火；七月会于巳，其辰为鹑尾；八月会于辰，其辰为寿星；九月会于卯，其辰为大火，十月会于寅，其辰为析木；十一月会于丑，其辰为星纪；十二月会于子，其辰为玄枵。星与辰一也。据其人之所见而言之，则谓之星；据其日月所会而言之，则谓之辰。郑氏以星为五纬，辰为日月，所会十二次者则以星辰为二。然而此论钦授民时，无取于五纬之义。

敬授人时。孔氏云，钦纪天时以示人也。盖天时苟不定于历象，则人事无得而兴，故尧先历象星辰，而后钦授民时也。薛氏云，周建子，天时也；商建丑，地时也；夏建寅，人时也。尧之所授为人事而已。以建寅之月授之，故曰"钦授人时"。此说虽近似，然而改正朔始于周时，尧舜之世无三正之异。故《春秋疏》众（？引者）郑氏曰"正朔三而改，自古皆相变"，而以其说为不然，谓古惟用夏正；惟商革夏命，而用建丑；周革殷命，而用建子。观此说，则薛氏之说，亦不可用矣。据"人时"，但言"民时"也，《史记》作"民时"，其义盖通。自"分命羲仲"以下，所谓"历象日月星辰，敬授人时"者也。

## 4. 《尚书讲义》卷一

*（宋）史浩*

乃命羲和，钦若昊天，历象日月星辰，敬授人时。

夫圣人所以为圣者，能以己之光明复被一世。而其修德、修政，动合自然之道而已。克明俊德，至于天下平矣，继当修政。政者，所以与世共之也。盖天不人不因，人不天不成，天人之际其实无间。君天下者，苟能顺天之时，授人以事，亦自然之理，非性分之外，别有天人也。乃者，因之也，因黎民于变，故命羲和以正天时。此见尧首德之钦若。又曰敬授尧之钦德，不于奉天治人之间，见之其何用耶？古者南正重司天，北正黎司地。扬雄谓羲近重，和近黎。其实重黎分掌天地，羲和则兼天地而分四时，名不同尔。历，其书也。象，其器也。日月星其三光也，辰其躔次也。仰观俯察既已，得其序，则时以作事，事以厚生民之本，于是乎在矣。

## 5.《尚书详解》卷一

（宋）夏僎

乃命羲和，钦若昊天，历象日月星辰，敬授人时。

解：程氏谓，前既言尧之始于明俊德，而终于和万邦，此又言立政纪纲、分正百官之职，以熙庶绩也。盖最大最先，莫若推测天道，明历象，钦若时令以授人，故最先详载其事焉。

"羲和"者，《楚语》（云云见正义），是尧之羲和，即颛帝之重黎也。孔氏谓，重黎之后羲氏和氏世掌天地四时。正义谓，羲和虽别为氏族而出自重黎，是二家，乃以羲、和为氏族也。林少颖以为不然。下文言"咨汝羲暨和"，则似名矣非氏族也。余以经考之，《胤征》言"羲和废厥职"。夫尧与仲康之时，相去如此其远，若果人名者，岂有尧时人为"羲和"，而仲康之时其人亦名为"羲和"也。要之，羲和乃官名也。盖掌天地四时之官，在颛帝时其职名重黎；自尧以至夏商其职名羲和也。然下文又言分命羲仲、和仲，申命羲叔、和叔者，盖羲掌春夏，和仲秋冬，先春而夏继之，先秋而冬继之，故其言以仲叔言之，言相继相承如伯仲。亦犹鲁三桓子孙，而云孟孙、叔孙、季孙也。正义谓羲氏和氏之子字仲、字叔者，误矣。

"乃"者，发语之辞，非谓时雍之后始命羲和也。盖羲和之官，以授民时为职。民时之授，当考于历象。"历"为书，即《洪范》所谓"历数"，所以纪日月星辰之先后也。"象"为器，即舜典所谓"璿玑玉衡"，所以参考日月星辰之行度也。是二者岂私意曲说可为哉。实因在天之象数，而立为成书，制为成器，以备占步而已。

故尧之命羲和，所以必使之敬顺昊天，而"历象日月星辰"者，以历象不可以私意为，必当顺天道之自然故也。"昊天"者，元气广大之谓也。《尔雅》曰，春曰苍天（云云见正义）。王氏云，天色可见者苍苍而已，故于春，言其色；气至夏而行，故于夏，言其气；情至秋而和，故于秋，言其和；冬位正乎上，故于冬，言其位，皆凿说也。要之，经传之言，天者不一，以其尊而君之，则曰皇天；以其仁复天下，则曰旻天；以其自上监下，则曰上天；以其远视苍然，则曰苍天；以其元气广大而言，则曰昊天。初无异议也。

"星"谓四方之中星也。二十八宿，布在四方，而时或转更互见于南方。每方各有中星，天子南面而视。中星以知其时之缓急，如春则星鸟，夏则星火，秋则星虚，冬则星昴是也。"辰"，日月所会也。正月会于亥，其辰为訾陬；二月会于戌，其辰为降娄；三月会于酉，其辰为大梁；四月会于申，其辰为实沉；五月会于未，其辰为鹑首；六月会于午，其辰为鹑火；七月会于巳，其辰为鹑尾，八月会于辰，其辰为寿星；九月会于卯，其辰为大火；十月会于寅，其辰为析木；十一月会于丑，其辰为星纪；十二月会于子，其辰为玄枵。

"人时"者，薛氏云，周建子，天时也；商建丑，地时也；夏建寅，人时也。尧亦建寅，以人时授民，故曰"人时"。然改正朔，始于周，尧舜之时，无三正之异。所谓"人时"，盖言"民时"也。故《史记》载，《尧典》敬授人时，亦以为"民时"，则薛氏之说盖不可用矣。

## 6. 《增修东莱书说》卷一

（宋）时澜

乃命羲和，钦若昊天，历象日月星辰，敬授人时。

自此以下，乃载尧命官之序。前乎尧者，历法未毕，至尧始备。是以羲和之命，考中星以正四仲，如此之详也。虽然尧所以急于为是者，非天下之未治，而泛为也。"黎民于变时雍"天下可谓治矣。天下既治，而用心于历象，不失其宜也。以"命羲和"一节观之，《尧典》舍此他无所为。尧果无为，独此一命而已乎？盖职在羲和，"乃命"者在尧，虽羲和为之，而实尧为之。则知尧尽君道，无为之中，而有有为者存焉。羲和，当时大臣也。故史官举其事大体重者，以见其余于未作历之先。

"钦若昊天"是先天，而天弗违也。于既作历之后，"敬授人时"是后天，而奉天时也。此书，惟羲和四子之事最详。历象不特治天而已。"光宅天下，光被四表，黎民于变时雍"，悉不外此。盖陶唐之时，天人未离，帝道之大，非治天之外，别有治人之理。如平秩之政，行析、因之民宜，鸟兽各遂，纤洪小大，无不得宜。尧之功，与天为一。历象之法，所以与天为徒也。人谓唐尧不建天地之功，观"乃命羲和"等事，非建功乎？以此四章参之，《七月》之诗可以见帝王之不同。《七月》之诗，先公风化，一一教民。若《尧典》，民自以时而动，鸟兽自以时而应。"皞（hào）皞如也"，"荡荡乎民无能名焉"，不知帝力何有，帝王气象其不同如此。虽然"钦若"、"敬授"深有意义，"分命"、"申命"，人专一局。其命若散而无统。故于初必总命之令，人人皆体此意，皆知"钦若"，皆知"敬授"。盖定历之法，钦、敬之心一失，则乖错舛（chuǎn）谬，其害大矣。故虽"分命"、"申命"所掌不同，而"乃命"之辞，"钦敬"之意，本无先后异同之别，一归于不敢慢忽，乃可以共成历法。是尧之意也。

## 7. 《尚书说》卷一

（宋）黄度

（归善斋按，黄度此段综合作解）

乃命羲和，钦若昊天，历象日月星辰，敬授人时。分命羲仲，宅嵎夷，曰旸谷，寅宾出日，平秩东作，日中星鸟，以殷仲春。厥民析，鸟兽孳尾。申命羲叔，宅南交，平秩南讹，敬致，日永星火，以正仲夏，厥民因，鸟兽希革。分命和仲，宅西，曰昧谷，寅饯纳日，平秩西成，宵中星虚，以殷仲秋。厥民夷，鸟兽毛毨。申命和叔，宅朔方，曰幽都，平在朔易，日短星昴，以正仲冬。厥民隩，鸟兽氄毛。帝曰：咨！汝羲暨和，期三百有六旬有六日，以闰月定四时，成岁。允厘百工，庶绩咸熙。

羲和世掌天地四时之官，古曰重黎。若，顺。历，推，算象占候。黄帝迎日推策，誉历日月而迎送之，是则历法其来久矣，至尧始大备。《史记》曰"数法日月星辰"。历虽定数，象为不定之法也，而必本于敬、顺、析、因、夷、隩，仁民之政；孳、希、毨、氄，爱物之心，无非顺天者。

羲和居中，历象授时。仲、叔分职于外，春夏秋冬各主一方，是为四子，盖羲和之属也。申，重也。分命，分其事也。申命，因而重之也。东南属羲，主生；西北属和，主成。是为分命。南因于东，北因于西，故叔皆因命。有仲，有叔，则历象，敬授为伯。伯，长也。羲和，封国不可考，今绛州稷山县犹有羲和墓焉。授时之政，万国承之民功举矣。

嵎夷、南交、朔方，皆古地名。嵎夷，今登州，诸夷依山而居者。交，孔氏曰"夏与春交"，非也。秋亦与夏交，先儒尝难此义。或曰南夷足趾交，名交趾，故称南交。按，汉初置交趾郡，后置交州。杜佑《通典》曰"复禹旧号"，是则本名"交"。其曰"交趾"者，后世增益之也。《禹贡》：西被流沙。自流沙以西皆夷界，山川不纪于《职方》，故称西，以见境域之不止此也。朔，始也。北限沙漠，荒茫悠远，山川不可见故称朔方，以为大界。而亦有独称方者，《诗》"往城于方"是也。南阳位，而一阴生于午，在《易》为姤（gòu），初六其曰交者，阴交阳也。往来推迁，盛衰之变也。北阴位，而一阳生于子，在《易》为复，初九其曰朔者，阳始生也。终则有始，其道无穷也。嵎夷，地也。南、西位也。方，大界也。交与朔，著阴阳消长之义焉。疆表所至，皆为王土，民各奠居，命令听于一人，二帝三王所以垂中国之统也。

孔氏曰："日出于谷，天下明，故曰旸谷"，"日入于谷，天下冥，故曰昧谷"。都，聚也。幽阴所聚，故曰幽都。或曰《山海经》有幽都山，今在北荒。乐史《寰宇记》幽州有幽都山，皆为附会。旸、昧、幽皆有名义，南独无之，何也？日朝出为旸，夕入为昧，昼中则明盛矣。是故圣人南面而听天下，虽然日中则昃（zè），月盈则食，圣人存消息盈虚之象，故南阙其名义，而北称幽都，以备昼夜。昧犹有见，幽无所睹。

寅，敬。宾，导。饯，送。日导而出之，送而纳之，昼作、夜息、日成、月要、岁会，由是生焉。必宾必饯，短长之差，分至启闭之所由正也。秩，序。在，察。平秩，平而序之；平在，平而察之，验于既往，修之将来，故其事益有序。诗曰"以兴嗣岁"是也。

讹，化。"南讹，敬致"，遂其化育，无所不尽也，而必本于敬。夏主丰，大化育不遂，则无以致一岁之功矣。易，更代也。鸟以体言，大以次言，虚昴以星言。孔氏曰"互相备"是也。中星正，则天运可求；分、至定，则日行可准。历象之法备于此矣。殷，亦正也。春少阳，秋少阴，非阴阳正位，故称殷。大夏、大冬正位南北，故称正。析，分。夷，平。

腴，室。平言禾稼之入均也。挈，生。尾，交。毨，毛更生整理。氄，软毳（cuì）。夏希革，冬氄毛，天地生物之仁也。

秋曰"宵中"，冬复曰"日中"，崇阳抑阴，裁成辅相。董仲舒尝推明之。《尧典》中星与月令不同，今又差矣。天地之运为难齐也。唐僧一行乾策复还之论，委之定算，犹当是臆度。暨，及也。四子分职，于是以帝命总申敕之，事当联合。"期三百有六旬有六日，以闰月定四时，成岁"，此尧历也。秦颛顼历，置闰在岁后。尧历考中星，定分至，随月置闰，故四时不差，遂为后世法。"期三百有六旬有六日，以闰月定四时，成岁"，此为历法大要。故特举而申敕之，而其所以为此者，将以信理百工，使庶绩皆广而已。熙，广也。六府、三事未能尽修则庶绩为未广。始命其长曰"敬授人时"。终敕其属曰"允厘百工，庶绩咸熙"。尧治历本意可见。

## 8. 《絜斋家塾书钞》卷一

（宋）袁燮

乃命羲和，钦若昊天，历象日月星辰，敬授人时。

扬子云曰"羲近重，和近黎"，羲和既重黎之后，为司天地之官。分明以羲和为天地之官，以四子为四时之官。朝廷大臣不出此六官，此便是周之六卿。自古如此，甘誓之战乃召六卿，在夏时已然可见也。四子所主者各一时。凡属于天者，皆羲氏所掌；凡属于地者，皆和氏所掌也。天下万事何者非天地？便如周家六卿，虽云各有所主，要之天地官所属者分外较大。六官无非是理会民，设官分职以为民极，民之外复有何事？所以谓之"敬授人时"，若人时不定，何以使人趋时赴功？然欲"敬授人时"，须先理会历象。历以算数，象以参历。既无差矣，然后可以颁历于天下。所谓"敬授人时"，古人于此事甚重。舜初即位，便"在璇玑玉衡，以齐七政"。羲和湎淫，胤侯至举六师征之。何故如此之重，只缘事事重民故也。滕文公问为国，孟子首答以民事不可缓。立为君师，使之享崇高富贵之极，果为何事，无非为民而已。自后世，此等官皆轻者，不以民事为重也。司马子长言，先人以为文史星历，近乎卜祝之间，固主上所戏弄倡优畜之，流俗之所轻也，在汉时已如此矣。

## 9. 《书经集传》卷一

（宋）蔡沈

乃命羲和，钦若昊天，历象日月星辰，敬授人时。

昊，下老反。"乃"者，继事之辞。羲氏、和氏主历象、授时之官。若，顺也。昊，广大之意。历，所以纪数之书。象，所以观天之器。如下篇"玑衡"之属是也。日，阳精，一日而绕地一周；月，阴精，一月而与日一会。星，二十八宿。众星为经，金、木、水、火、土五星为纬，皆是也。辰，以日月所会，分周天之度为十二次也。人时，谓耕获之候，凡民事早晚之所关也。其说详见下文。

## 10. 《尚书精义》卷一

（宋）黄伦

乃命羲和，钦若昊天，历象日月星辰，敬授人时。

胡氏伸曰，历以纪数，故以日月之行，讬之于星辰之度，而数不可乱，此历之法也。象以具体，故以光道。象日月之行以星辰伏见之度，而象不能匿，此象之法也。传曰，积阳之热，气生火，火气之精者为日。积阴之寒，气生水，水气之精者为月。故在《易》之卦，离为日，坎为月。然离，阴卦也，其象内阴而外阳；坎，阳卦也，其象内阳而外阴。故日体离之阴，而用其阳；月体坎之阳，而用其阴。日以昱（yù）乎，昼其用在阳故也。月以昱乎，夜其用在阴故也。日之行舒者，体离之阴也；月之行速者，体坎之阳也。日之循星，周岁而浃（jiā）者，舒故也。月之循星，既月而浃者，速故也。日行天度之一，月则行十二有奇焉。天度者，所以为气数也。所谓日月之行，皆有常数也。星之可名者，三百二十，然此所谓星者，二十有八舍也。天极谓之北辰。五纬有辰星。然所谓辰者，十有二次也。《春秋传》曰，天以七纪，盖第斗至壁，是谓星武；第奎至参，是谓星虎；第井至轸，是谓星鸟；第角至箕，是谓星龙。星武之星，三十有五；星虎之星，五十有五；星鸟之星，六十有四；星龙之星，三十有二。以类综之，则四方皆七，故星辰之数二十有八也。《春秋传》，日月之会是谓辰。星志月辰者日月之会而建所指也。盖月行及日，会而为辰，辰本无体，兼星而见，故天正之辰在星纪，自北而西；则地正之辰在玄枵；人正之辰在豕（shǐ）韦。而西陆之降娄、大梁、实沉；南陆之鹑首、鹑火、鹑尾；东陆之寿星、大火、析木，其所朔月可知也。《春秋外传》所谓，日月厎（dǐ）于天庙者，言建寅之月，辰在娵訾（jū zī）也；所谓日月会于龙猇（dòu）者，言建亥之月，辰在天汉也。盖因朔月之所在以知辰；因辰之所合，以知斗，知建焉。

郑氏曰，日月之行，一岁十二会。圣王因其会而分之，以为大数，故辰之数十有二也。夫度三百六十五有奇，二十八星，十有二辰，各有分域。凡星之度，寡莫若觜（zī），多莫若井。而辰之度，皆二十有奇。此所谓星辰之度，皆有常数也。又曰，传，日月者，天之使也。星辰者，天之期也。盖一左一右，更有经纬。而历之为书，纪日月之数者也。象之为器，著日月星辰之仪也。五日谓之候，三候谓之气，六气谓之时，四时谓之岁。此历象日，而以岁时气候明时者也。日舒月速，当其所合之谓朔。舒速先后，近一远三，谓之弦。相与为衡，分天之中，谓之望。以速及舒，光尽体藏，谓之晦。此历象月，以朔、弦、望、晦明时者也。辰角见而雨毕，天根见而水涸，木见而草木节解，驷见而陨霜，火见而清风戒寒，农祥晨正，土乃脉发，火中焉，寒暑乃退。此历象星，以伏见之时昏晓之中明时者也。以辰辨方，则谓之十二次，故兼星言之，谓之星辰，十有二野系焉，所谓星土也。以辰纪时，则谓之十二子，故配日言之，谓之日辰。十有二岁，十有二月系焉，所谓枝干也。朔月又行为辰。而第辰者，始于子，终于亥者以建，序之也。盖自斗柄之所加，言之则谓建；自日月之所会，言之谓之辰。斗柄左移，日月右徙，故辰与建常相合焉。又曰，圣人之兴事造业，岂任其私智而为之哉，仰以观于天道而已。盖日月之运行，星辰之推移，时所系焉，生死进退伏见流逆。吾则历以步其数，而数不至于差。象以占其仪，而象不至于忒。以此而颁正朔，以此而授民事，则天下之赴工趋务者，如规矩设而不可欺以方圆，如绳墨陈而不可欺以平直，此东作、南讹、西成、朔易。其民、析、因、夷、隩，有序而不可乱也。

无垢曰，人时在昊天则以日月星辰为政，昊天在人时，则以东作、西成、南讹、朔易为政。历象日月星辰，盖所以谨东作、南讹、西成，朔易之事也。

张氏曰，散天地之义气以为羲，羲者阳也。敛天地之仁气以为和，和者阴也。春夏阳也，故羲仲、羲叔主之。秋冬阴也，故和仲、和叔主之。夫阴阳者，王事之本，故尧之命官，可谓知所本矣。《尔雅》言，四时之天，于夏则曰"昊天"，盖言其气之布散浩浩故也。尧之历象，授时以气为主，故特曰"昊天"。"钦"昊天者，使之敬而不敢慢也。"若"昊天者，使之顺而不敢违也。日月星辰之运行于天，其往来有数。其伏见有象为之历者，所以稽其数为之象者，所以占其象，故分至启闭，弦望晦朔得，而考以此而敬授人时，则析、因、夷、隩，不失其候矣。是故，张昏中而种穀，火昏中而种黍，虚昏中而种麦，昴昏中而收敛。至于龙见而雩（yú），火流而授衣，天根见而成梁，水昏正而栽；日至而毕，则历象以授时者，此可见矣。

## 11.《尚书详解》卷一

（宋）陈经

乃命羲和，钦若昊天，历象日月星辰，敬授人时。

此尧命之官也。圣人之治化而后政，先道揆而后法守。故以命羲和继于"黎民于变时雍"之后。羲和，即重黎，世掌天地四时，如下文之"分命"、"申命"是也。钦，敬也。若，顺也。日有甲乙，月有大小，星有二十八宿，辰有十二次。日月之往来，星辰之躔度，不能无赢缩，必作历以步其数，象以占其象。历如置闰，象如璇玑玉衡。天时既定，人事自正，故曰"敬授人时"，如析、因、夷、隩是也。虽然占步之法在于羲和，而所以行占步之法，不在羲和，而在帝尧之敬心也。羲和之职，特有司事尔。非有帝尧终始一敬心，则占步之法徒为虚文。惟其敬心与天无间，钦若于未有历象之前，而敬授于已有历象之后，精神运于象数之所不及，诚意孚于告令之所不尽，则尧之先天而天弗违，后天而奉天时者，皆此一敬也。

## 12.《融堂书解》卷一

（宋）钱时

乃命羲和，钦若昊天，历象日月星辰，敬授人时。

羲和，在颛顼帝时，名重黎；在尧时，名羲和，一也。"乃命"在"于变时雍"之后，见得齐家、治国、平天下，圣人急急不容少缓。直是治道无纤毫欠缺，方无愧于天下，方命羲和治历明时。"象"者，象时之节令；"历"者所以书之，而授之于人也。日月星辰，乃天运自然之序，一毫人力无容于其间。尧命羲和，不过敬顺其自然耳。此心之敬，与天通一无二。圣人先天，而天弗违；后天，而奉天时者，无他，敬而已。若昊天以治历，只是"敬授人时"耳，所以布历，亦只是此敬。

## 13.《尚书要义》卷一

（宋）魏了翁

十九、羲承重，和承黎，马迁为一

楚语云："少昊氏之衰，九黎乱德，人神杂扰，不可方物。颛顼受之，乃命南正重司天以属神，火正黎司地以属民，使复旧常，无相侵渎。其后三苗复九黎之恶，尧复育重黎之后，不忘旧者，使复典之。以至于夏商"。据此文，则自尧及商，无他姓也。尧育重黎之后，是此羲和可知。是"羲和为重黎之后，世掌天地之官"文所出也，《吕刑》先重后黎，此文先羲后和。扬子《法言》云"羲近重，和近黎"，是羲承重，而和承黎矣。《吕刑》称"乃命重黎"与"此命羲和"为一事也。按昭二十九年《左传》称"少昊氏有子曰重，颛顼氏有子曰黎"，则重、黎二，各出一帝。而《史记》并以重黎为楚国之祖。吴回为重黎，以重黎为官号。此乃《史记》之谬。故束晳讥马迁并两人以为一，谓此是也。《左传》称重为勾芒，而黎为祝融，不言何帝使为此官，但黎是颛顼之子，其为祝融，必在颛顼之世，重虽少昊之胤而与黎同命，明使重为勾芒，亦是颛顼时也。

二十、中星更互在南，《书》传取张火虚昴

"四方中星"者，二十八宿布在四方，随天转运更互，在南方每月各有中者。《月令》每月昏旦惟举一星之中。若使每日视之，即诸宿每日昏旦，莫不常中，中则人皆见之。故以中星表宿。四方中星，总谓二十八宿。或以《书》传云，主春者，张昏中可以种谷；主夏者，火昏中，可以种黍；主秋者，虚昏中，可以种麦；主冬者，昴昏中可以收敛，皆云上告天子，下赋臣人。天子南面而视四方星之中，知人缓急，故曰敬授人时。谓此四方中星，如《书》传之说。孔于虚昴诸星，本无取中之事，用《书》传为孔说，非旨矣。

二一、星与辰实一物，郑玄书礼自异

辰，日月所会者，昭七年《左传》文伯对晋侯之辞也。日行迟，月行疾，每月之朔，月行及日，而与之会，其必在宿。分二十八宿，是日月所会之处。辰，时也。集会有时，故谓之"辰，日月所会"。与四方中星，俱是二十八宿。举其人目所见，以星言之；论其日月所会，以辰言之，其实一物。故星辰共文。《益稷》称"古人之象，日月星辰共为一象"，由其实同故也。《周礼·大宗伯》云"实柴祀日月星辰"。郑玄云"星谓五纬，辰谓日月所会十二次"者，以星辰为二者。五纬与二十八宿，俱是天星。天之神祇，礼无不祭，故郑玄随事而分之，以此敬授人时，无取五纬之义。故郑玄于此注，亦以星辰为一，观文为说也，然则，五星与日月皆行，不与二十八宿同为不动也。

## 14. 《书集传或问》卷上

（宋）陈大猷

或问：羲和，诸家以为"氏"，夏氏以《胤征》言"羲和湎淫"，以为羲和乃官名，何也？

曰：羲和，盖始以氏居官，而后世因以名官，亦犹"伶氏"掌乐而善，后世遂以乐官为伶官也。

## 15. 《尚书详解》卷一

（宋）胡士行

乃命（职在羲和，而命在尧，无为之中，有为者存）羲和（颛帝命南正重司天以属神，北正黎司地以属民。羲和重黎之后，世掌天地四时之官），钦若昊（元气广大）天，历（书也，《洪范》历数是也）象（器也，《舜典》璿玑玉衡是也）日月星（四方中星）辰（日月所会十二辰），敬授人时（分至启闭之时）。

此尧命官之序也。羲和，大臣也，故最先焉。下将"分命"、"申命"，必先总命之者，分之中有合，欲其同此"钦敬"之心也。"钦"之一字，尧心法也。"钦若"于历象之先，先天而天不违也；"敬授"于历象之后，后天而奉天时也。历象不特治天而已，"宅天下"、"被四表悉"不外此。概尧时，天人未离，帝道之大，非治天之外，别有治人之理也。观"分命"之辞，若民若物，洪纤巨细，无不得宜，尧之功与天一，历象之法所以与天为徒也。羲和始以氏居官，后因以名官。犹伶氏掌乐后，遂以乐官为伶官也。

五行：生数，木（生）火（生）土（生）金（生）水。克数，木（克）土（克）水（克）火（克）金。洪范数，水火木金土。四时，春（木）夏（火）四季（土）秋（金）冬（水）。

四德：元亨利贞。

四方：东左，南前，中央，西右，北后。

五帝：太皞，炎帝，黄帝，少皞，颛顼。

五岳：岱（东），衡（南），嵩（中），华（西），恒（北）。

五声：角，徵，宫，商，羽。

五色：青，赤，黄，白，黑。

五味：酸，苦，甘，辛，咸。

五常：仁，礼，信，义，智。

五脏：肝，心，脾，肺，肾。

五事：貌，视，思，言，听。

十干：甲，乙，丙，丁，戊，己，庚，辛，壬，癸。

十二支：寅，卯，辰，巳，午，未，申，酉，戌，亥，子，丑。

二十八宿：东，角、亢、氐、房、心、尾、箕；北，斗、牛、女、虚、危、室、壁；西，奎、娄、胃、昴、毕、觜、参；南，井、鬼、柳、星、张、翼、轸。

八卦：震东，巽东南，离南，坤西南，兑西。乾西北，坎北，艮东北。

析木：（奇律）太蔟（cù）（三阳）；寅正：立春（初气）、雨水。

大火：（耦ðu吕）夹锺（四阳）；卯二：惊蛰、春分。

寿星：（奇律）姑洗（五阳）；辰三：清明、谷雨。

鹑尾：（耦吕）中吕（六阳）；巳四：立夏、小满。

鹑火：（奇律）蕤（ruí）宾（一阴）；午五：芒种、夏至。

鹑首：（耦吕）林锺（二阴）；未六：小暑、大暑。

实沉：（奇律）夷则（三阴）；申七：立秋、处暑。

大梁：（耦吕）南吕（四阴）；酉八：白露、秋分。

降娄：（奇律）无射（五阴）；戌九：寒露、霜降。

娵訾：（耦吕）应锺（六阴）；亥十：立冬、小雪。

玄枵：（奇律）黄锺（一阳）；子十一：大雪、冬至。

星纪：（耦吕）大吕（二阳）；丑十二小寒、大寒。

析木至星纪为十二辰；大蔟至大吕为十二律吕；寅至丑为十二支；立春至大寒为二十四气。

八节：分（春分、秋分），至（夏至、冬至），启（立春、立夏），闭（立秋、立冬）。

日中，昼五十刻，夜五十刻；日永，昼六十刻，夜四十刻；宵中，昼五十刻，夜五十刻；日短，昼四十刻，夜六十刻。

## 16. 《书纂言》卷一

（元）吴澄撰

乃命羲和，钦若昊天，历象日月星辰。敬授人时。

羲和，重黎之后，司天之官也。若，顺也。昊，广大也。历以推算度数气朔；象以窥测躔次晷景。日，阳精，一日绕地一匝。月，阴精，一月与日一会。星，二十八宿，及众经星。东七宿：角、亢、氐（dī）、房、心、尾、箕；北七宿：斗、牛、女、虚、危、室、壁。西七宿：奎、娄、胃、昴、毕、觜、参；南七宿：井、鬼、柳、星、张、翼、轸。东七宿，象龙；西七宿，象虎，皆南首而北尾。北七宿，象龟蛇；南七宿，象鸟，皆西首而东尾。辰，天之壤，无星处皆是，而因日月所会，分为十二次。会于辰，曰寿星；卯，曰大火；寅，曰析木；丑，曰星纪；子，曰玄枵；亥，曰娵訾（jū zī）；戌，曰降娄；酉，曰大梁；申，曰实沉，未，曰鹑首；午，曰鹑火；巳曰鹑尾。授，谓颁布于有司，俾遵而行之也。人时，谓耕获、蚕绩之候。凡民事早晚所关，如下文东作、南讹、西成、朔易之节候也。孔疏曰，据尧身而言，用臣，故云乃命。非时雍之后，方始命之。程子曰，"克明俊德"至"时雍"，言治身以至平天下，治之道也。
"乃命羲和"至"咸熙"，言分职、顺时事，则治之法也。而事之最大，
最先，在天道时令，万事无一不体于此，故先详载其事。圣人治天下，惟
此二端。作典者，述尧之治，尽于此矣。

## 17.《尚书集传纂疏》卷一

（元）陈栎

乃命羲和，钦若昊天，历象日月星辰，敬授人时。

乃者，继事之辞。羲氏、和氏，主历象授时之官。若，顺也。昊，广
大之意。历所以纪数之书；象所以观天之器，如下篇"玑衡"之属是也。
日，阳精，一日而绕地一周；月，阴精一月，而与日一会。星，二十八
宿。众星为经，金、木、水、火、土五星为纬，皆是也。辰，以日月所
会，分周天之度为十二次也。人时，谓耕获之候，凡民事早晚之所关也。
其说详见下文。

纂疏：《语录》，羲和即是那四子。或谓有羲伯、和伯共六人，未必
是。历是古来一件大事，故炎帝以鸟名官，首曰凤鸟氏，历正也。岁月日
时既定，则百工之事可考其成。历是书，象是器。无历无以知三辰之所
在；无象无以见三辰之所在。

孔氏曰，重黎之后，羲氏、和氏世掌天地四时之官。又《吕刑》注，
重即羲；黎即和。马融曰，羲氏掌天，和氏掌地，四子掌四时。楚语曰，
颛顼命南正重司天以属神，火正黎司地以属民。尧复育重黎之后，不忘旧
者，使复典之。扬雄曰，羲近重，和近黎。唐孔氏曰，日月所会之辰，正
月会亥，其辰为陬訾；二月戌，为降娄；三月酉，为大梁；四月申，为实
沉；五月未，为鹑首；六月午，为鹑火；七月巳，为鹑尾；八月辰，为寿
星；九月卯，为大火；十月寅，为析木；十一月丑，为星纪；十二月子，
为玄枵。举人所见，曰星；论日月所会，曰辰。愚按，正月建寅，寅与亥
合；二月建卯，卯与戌合。辰所会与月建合，他仿此。

吕氏曰，作历之前，"钦若昊天"是先天，而天弗违；作历之后，
"敬授人时"是后天，而奉天时，皆以钦敬为主

程子曰，事之最大最先，在推测天道，治历明时，万事莫不本于此。

修齐治平，治之道也。顺时治历，创制立度，治之法也。王氏曰，少昊命官，凤鸟氏司历，玄鸟氏司分，伯赵氏司至，青鸟氏司启，丹鸟氏司闭，位五鸠、五雉、九扈之上，重历官如此。尧世，步占曰钦、敬、寅，最为谨严。及夏，羲和合为一，其官已略。至周，太史正岁年，以下大夫为之；冯相氏掌日月星辰，以中士为之。其官益轻。盖创始造端，推测天度，非上智不能及。成法已具，有司守之，亦可步占，始重终轻，其势然也。

愚谓，重黎自掌天地神历，羲和自掌四时作历，当是两官，纷纷之说不足泥。四子先总命之，继分命之，末又总命之，虽分方与时，其实通掌。如今太史院春官正，虽分四时，实通兼云。

## 18.《读书丛说》卷二

（元）许谦

《楚语》：少暤之衰也，九黎乱德。颛顼受之，命南正重司天以属神，命火正黎司地以属民。尧复育重黎之后，不忘旧者，使复典之，至于夏商。故重黎氏世叙天地，而别其分主。韦昭注曰，即羲氏、和氏（《史记》序传，火正作北正，为是；而《楚世家》又叙重黎如一人者，非），两氏子孙之世官也。则羲、和为二伯与仲叔，共六人无疑。金先生谓，《书大传》舜巡四岳，祀泰山、霍山，皆奏羲伯之乐；华山、弦山奏和伯之乐，方与时皆与二氏所掌者合，二伯当有其人也。

## 19.《书传辑录纂注》卷一

（元）董鼎

乃命羲和，钦若昊天，历象日月星辰，敬授人时。

“乃”者，继事之辞。羲氏、和氏，主历象授时之官。若，顺也。昊，广大之意。历，所以纪数之书；象，所以观天之器，如下篇“玑衡”之属是也。日，阳精，一日而绕地一周。月，阴精，一月而与日一会。星，二十八宿。众星为经，金、木、水、火、土五星为纬，皆是也。辰，以日月所会，分周天之度为十二次也。人时，谓耕获之候，凡民事早晚之所关也。其说详见下文。

**辑录**

羲和主历象，授时而已，非是合行其方之事。德明。羲和即是那四子。或云有羲伯、和伯共六人，未必是。义刚。历，是古时一件大事。故少皞以鸟名官，首曰凤鸟氏，历正也。岁月日时既定，则百工之事，可考其成。程氏、王氏两说相兼，其义始备。广。历，是书；象，是器。无历，则无以知三辰之所在；无玑衡，则无以见三辰之所在。广。

**纂注**

孔氏曰，重黎之后，羲氏、和氏，世掌天地四时之官。昊天，言元气广大。唐孔氏曰，日月所会之辰十有二。正月会亥辰，为陬訾；二月戌，为降娄；三月酉，为大梁；四月申，为实沉；五月未，为鹑首；六月午，为鹑火；七月巳，为鹑尾；八月辰为寿星；九月卯为大火；十月寅，为析木；十一月丑，为星纪；十二月子，为玄枵。星与辰一也。举其人之所见，为星；论其日月所会，谓之辰。吕氏曰，作历之前，"钦若昊天"，是先天而天弗违；作历之后，"敬授人时"，是后天而奉天时。皆以钦敬为主。程子曰，事之最大最先在推测天道治历明时。万事莫不本于此修齐治平治之道也。顺时治历，创制立度，治之法也。圣人治天下，惟此两端而已。王氏曰，昔少昊氏命宫，凤鸟氏司历，玄鸟氏司分；伯赵氏司至；青鸟氏司启；丹鸟氏司闭。位丘鸠、五雉、九扈之上。古圣人重历数如此。尧世步占，曰钦，曰敬，最为详严。及夏，羲和合为一，其职已略。至周为太史正，岁年以叙事，以下大夫为之；冯相氏掌日月星辰，以中士为之，则其官益轻。盖创端造始，推测天度，非上哲有所不能。及成法已具，有司守之，亦可步占，所以始重终轻，其势然也。新安陈氏曰，重黎自掌天地神民，羲和自掌四时作历，疑是两官。纷纷之说，不足深泥。四子，先总命之，继分命之，末复总命之，虽分方与时，其实通掌。正如今太史局，春官正，至冬官正，虽分四时，实通兼云。

## 20. 《尚书句解》卷一

(元) 朱祖义

乃命羲和（尧乃总命处羲和之职者。林少颖以谓下文言"咨汝羲暨和"，则羲和似人名。余以经考之，《胤征》言"羲和废厥职"。夫尧与仲康之时，相去如此其远，若果人名，岂有尧时人名羲和，仲康时人亦名羲和耶？要之，羲和乃官职名，世掌天地四时之官也。在颛帝时，其职名重黎。自尧以至夏，其职名羲和。故扬子《法言》云，羲近重，和近黎，是羲和即重黎也。然下文又言，羲仲、和仲、羲叔、和叔，盖分掌四时，相继相承，如伯仲叔季也。以此别其次序），钦若昊天（使之敬顺昊天之日月星辰），历象日月星辰（历以步其数。历者，书也。如《洪范》之历数，以纪日月星辰之先后者。象以占其象。象者，器也。如舜典之玑衡，以参考日月星辰之行度者），敬授人时（以考究天时，以敬授于人）。

## 21. 《尚书日记》卷一

（明）王樵

"乃命羲和"至"敬授人时"，纪尧德化之后，首及于命羲和者。程子曰，事之最大最先，在推测天道，治历明时，万事莫不本于此。修齐治平，治之道也；顺时、作历、创制、立度，治之法也。圣人治天下，惟此两端而已。朱子曰，历是古时一件大事，故炎帝以鸟名官，首曰凤鸟氏，历正也。岁、月、日、时既定，则百工之事可考其成。

"乃"者，继事之辞。盖史家记事之体，说一事了，又及一事，则以"乃"字起之，非谓尧之治，至于万邦时雍，始有事于命羲和也。《春秋传》曰，"乃"者难辞。王安石曰，"乃"者继事之辞。今按，"乃命羲和"与"箕子乃言曰"俱当从难辞之例。

孔氏曰，重黎之后，羲氏、和氏世掌天地四时之官，故尧命之。使敬顺昊天，历象其分节，敬天时以授人，此举其目。下别序之。正义曰，马融、郑玄皆以此"命羲和"者，命为天地之官。下云分命、申命，分为四时之职，天地之与四时，于周，则冢宰司徒之属，六卿是也。孔言此举其目下别序之，则惟命四人，无六官也。《释天》云，春为苍天，夏为昊天，秋为旻天，冬为上天。《毛诗》传云，尊而君之，则称皇天；元气广大，则称昊天；仁覆闵下，则称旻天；自上降监，则称上天；据远视之，苍苍然，则称苍天。《尔雅》四时异名，《诗》传即随事立称。六籍之中诸称天者，以情所求言之尔。星，二十八宿，布在四方，随天转运。辰，日月所会也。日行迟，月行疾。每月之朔，月行及日，而与之会，会必在宿，分二十八宿，是日月所会之处。举其人目所见，以星言之；论其日月所会，以辰言之。其实一物也。日月与星，天之三光，四时变化，以此为政。故命羲和，以算术推步，累历其所行法，象其所在具有分数节候，敬记此天时以为历而授人也。

金氏曰，历，纪数之书也，言天者，所谓尧历也。象者，观天之器，后篇玑衡之属是也，言天者谓浑天仪始于此。朱子曰，羲和即是下四子。或云有羲伯、和伯共六人未必是。履祥按，《尚书大传》舜巡四岳，祀泰山、霍山皆奏羲伯之乐；华山、弦山奏和伯之乐。其方与时，与二氏所掌者合，则羲伯、和伯当有其人，盖四子分职，必有二伯以总之，不然历法无所统矣。

附录。黄氏曰，天体圆，地体方。圆者动，方者静。天包地，地依天。天体周围三百六十五度四分度之一，径一百二十一度四分度之三。凡一度为百分，四分度之一，即百分中二十五分也。四分度之三，即百分中七十五分也。天左旋，东出地上，西入地下，动而不息。一昼一夜，行三百六十六度四分度之一（缘日东行一度，故天左旋三百六十六度，然后日复出于东方也）。地体，径二十四度，其厚半之势倾东南，其西北之高不过一度。邵雍谓，水火土石合而为地。今所谓径二十四度者，乃土石之体尔。土石之外，水接于天，皆为地体。地之径亦得一百二十一度四分度之三也。两极，南北上下枢是也。北高而南下，自地上观之，北极出地上三十五度有余，南极入地下亦三十五度有余。两极之中，皆去九十一度三分度之一，谓之赤道，横络天腹，以纪二十八宿相距之度。大抵两极正居南北之中，是为天心，中气存焉。其动有常，不疾不徐，昼夜循环斡旋。天运自东而西，分为四时，寒暑所以平，阴阳所以和也。

日，太阳之精，主生养、恩德，人君之象也。人君有道，则日五色；失道，则日露其愿，谴告人主，而儆戒之。如史志所载，日有食之，日中乌见，日中黑子，日色赤，日无光，或变为孛星，夜见中天，光芒四溢之类是也。日体径一度半，自西而东，一日行一度，一岁一周天。所行之路，谓之黄道，与赤道相交，半出赤道外，半入赤道内。冬至之日，黄道出赤道外二十四度，去北极最远，日出辰，日入申，故时寒，昼短而夜长。夏至之日，黄道入赤道内二十四度，去北极最近，日出寅，日入戌，故时暑。昼长而夜短。春分、秋分，黄道与赤道相交，当两极之中，日出卯，日入西，故时和，而昼夜均焉。

月，太阴之精，主刑罚威权，大臣之象。大臣有德，能尽辅相之道，则月行常度；或大臣擅权，贵戚宦官用事，则月露其慝，而变异生焉。如史志所载，月有食之，月掩五星，五星入月，月光昼见，或变为彗星，陵犯紫宫，侵扫列舍之类是也。月体，径一度半，一日行十三度百分度之三十七。二十九日有余一周天，所行之路谓之白道，与黄道相交，半出黄道外，半入黄道内，出入不过六度。如黄道出入赤道二十四度也。阳精犹火，阴精犹水。火则有光，水则含影，故月光生于日之所照，魄生于日之所不照。当日则光明，就日则光尽，与日同度谓之朔（月行潜于日下与日会也）。迤一遰三，谓之弦（分天体为四分，谓初八日及二十三日。月行近日一分，谓之迤一；远日三分谓之遰三。迤日一分，受日光之半，故半明半魄，如弓张弦。上弦昏见，故光在西；下弦旦见，故光在东也）；衡分天中，谓之望（谓十五日之昏，日入西，月出东。东西相望，光满而魄死也）；光尽体伏，谓之晦（谓三十日，月行近于日，光体皆不见也）。月行于白道与黄道正交之处，在朔则日食，在望则月食。日食者，月体掩日光也；月食者，月入暗虚，不受日光也（暗虚者，日正对照处）。

经星，三垣、二十八宿，中外官星是也。计二百八十三官，一千五百六十五星，其星不动。三垣，紫微、太微、天市垣也。二十八宿，东方七宿，角、亢、氐、房、心、尾、箕，为苍龙之体。北方七宿，斗、牛、女、虚、危、室、壁，为灵龟之体；西方七宿，奎、娄、胃、昴、毕、觜、参，为白虎之体；南方七宿，井、鬼、柳、星、张、翼、轸，为朱雀之体。中外官星，在朝象官，如三台、诸侯、九卿、骑官、羽林之类是也；在野象物，如鸡、狗、狼、鱼、龟、鳖之类是也；在人象事，如离宫、阁道、华盖、五车之类是也。其余因义制名，观其名，则可知其义也。经星皆守常位，随天运转。譬如百官万民，各守其职业，而听命于七政。七政之行，至其所居之次，或有进退不常，变异失序，则灾祥之应，如影响然，可占而知也。

纬星，五行之精。木曰岁星，火曰荧惑，土曰填星，金曰太白，水曰辰星，并日月而言谓之七政，皆丽于天。天行速，七政行迟。迟为速所带，故与天俱东出西入也。五星辅佐日月，斡旋五气，如六官分职而治，号令天下，利害安危，由斯而出。至治之世，人事有常，则各守其常度而行。其或君侵臣职，臣专君权，政令错缪，风教陵迟，乖气所感，则变化多端，非复常理。如史志所载，荧惑入于匏瓜，一夕不见，匏瓜在黄道北三十余度，或勾已而行，光芒震耀，如五斗器。太白忽犯狼星，狼星在黄道南四十余度，或昼见经天，与日争明，甚者变为妖星。岁星之精，变为欃枪；荧惑之精，变为蚩尤之旗；填星之精，变为天贼；太白之精，变为天狗；辰星之精，变为枉矢之类。如日之精，变为孛；月之精，变为彗。政教失于此，变异见于彼。故为政者尤谨候焉。

天汉，四渎之精也，起于鹑火，经西方之宿而过北方，至于箕尾，而入地下。二十四气本一气也。以一岁言之，则一气尔；以四时言之，则一气分而为四气；以十二月言之，则一气分而为六气。故六阴六阳为十二气。又于六阴六阳之中，每一气分其初、终，则又裂而为二十四气。二十四气之中，每一气有三应，故又分而为三候。是为七十二候。原其本始，实一气尔。自一而为四，自四而为十二，自十二而为二十四，自二十四而为七十二，皆一气之节也。

十二辰，乃十二月，斗纲所指之地也。斗纲所指之辰，即一月元气所在。正月指寅，二月指卯，三月指辰，四月指巳，五月指午，六月指未，七月指申，八月指酉，九月指戌，十月指亥，十一月指子，十二月指丑，谓之月。建天之元气，无形可见，观斗纲所建之辰，即可知矣。斗有七星，第一星曰魁，第五星曰衡，第七星曰杓，此三星谓之斗纲。假如，建寅之月，昏则杓指寅，夜半衡指寅，平旦魁指寅。他月仿此。十二次，乃日月所会之处。凡日月，一岁十二会，故有十二次。建子之月，次名玄枵；建丑之月，次名星纪；建寅之月，次名析木；建卯之月，次名大火，建辰之月，次名寿星；建巳之月，次名鹑尾；建午之月，次名鹑火；建未之月，次名鹑首；建申之月，次名实沉；建酉之月，次名大梁；建戌之月，次名降娄；建亥之月，次名娵訾。十二分野，即辰次所临之地也。在天，为十二辰，十二次；在地，为十二国，十二州。凡日月之交食，星辰之变异，以所临分野占之，或吉或凶，各有当之者矣。

## 22. 《御制日讲书经解义》卷一

乃命羲和，钦若昊天，历象日月星辰，敬授人时。

此一节书，是史臣记尧功德之后，因叙尧之政事，而首言命官造历也。羲和，掌天文之官。若，顺也。昊，言其广大。历者，纪数之书；象者，观天之器。帝尧以事之最大最先，莫过治历明时。乃总命羲氏和氏二人，以为日月星辰，运于昊天有常数，丽于昊天有定象，汝等须加意敬谨，顺其自然之理，不可妄意穿凿。凡迟速顺逆，书以记之，而布算以总其实，积分以归其余。躔度次舍，器以象之，而设玑以载其政，置管以窥其行。如是，则纪数有书，观天有器，而人时定矣。又必慎重其事，颁之有司，布之百姓，使知因天时之早晚，为人事之先后。诚以授时，为民事之所关，不可忽也。盖圣人事天、治民，不出"钦敬"之心而已。敬天之心，严于历象；勤民之心，严于授时。圣人于事何往不敬，而况于事天治民之大者乎？故曰帝王以敬，为修身出治之本。

## 《尚书通考》卷一

（元）黄镇成

（归善斋按，《羲和世掌图》略）

左昭二十九年曰，少昊氏有子，曰重；颛顼氏有子曰犁。孔颖达曰，异世重黎，号同人别。

孔氏曰，重黎之后，羲氏、和氏世掌天地四时之官。颖达云，《楚语》云，少昊氏之衰，九黎乱德，人神杂扰，不可方物。颛顼受之，命南正重司天以属神；火正黎司地以属民，无相侵渎。其后三苗复九黎之恶，尧复育重黎之后，使复典之，以至于夏商。故《吕刑》传云，重即羲也，黎即和也。羲、和虽别为氏族，而出自重、黎，故《吕刑》以重、黎言之。朱子曰，羲、和，即四子。或云羲伯、和伯共六人，未必是也。

历象日月星辰，敬授人时。

朱子曰，历所以纪数之书；象所以观天之器。日，阳精；月，阴精。星，二十八宿。众星为经，金、木、水、火、土五星为纬。辰，谓日月所会分周天之度为十二次。

（归善斋按，《朱子日月顺天左旋图》略）

朱子曰，天无体，只二十八宿便是体，且如日月，皆从角起，天亦从角起。日，则一日一周，依旧只在角上；天则一周了，又过角些子。日日累上去，则一年便与日会。又曰，天行甚健，故一日一夜一周，而又进过一度。日行速健次于天，一日一夜，周三百六十五度四分度之一，正恰好被天进一度，则日为退一度；二日，天进二度，则日为退二度。积至三百六十五日四分日之一，则天所进过之度，恰好得本数；日所退之度，亦恰退尽本数，遂与天会，而成一年。月行迟，一日常不及天十三度十九分度之七，积二十九日九百四十分日之四百九十九，遂与日会，而成一月。又曰，历家只算所退之度，却云，日行一度，月行十三度有奇。此乃截法。故有日、月、五星右行之说。其实非右行也。横渠云，天左旋处其中者，顺之少迟，则反右矣。此说最好。

愚按，历家以日、月、五星皆右行。由有历以来，其说皆如此矣。且如，日行黄道，自南而北，则为春、为夏；自北而南，则为秋、为冬。出没升降。皆有自然之势。若左旋，则自东而西，日行一道，道各不同，不可以黄道名，亦不可指言日在某宿。其出没之道，冬，则南渐进而北；夏，则北渐退而南。为日驭者，不亦烦矣。窃恐未然。

（归善斋按，《日月丽天之图》略）

《东汉志·历法》曰，天之动也，一昼一夜而运过周。星从天而西；日违天而东。在天成度；在历成日。日月相推，日舒月速。当其同，谓之合朔；舒先速后，近一远三，谓之弦；相与为衡，分天之中，谓之望；以速及舒，光尽体伏，谓之晦；晦朔合离，斗建移辰，谓之月。日月之行，则有冬、有夏。冬、夏之间，则有春、有秋。是故日行北陆，谓之冬；西陆，谓之春，南陆，谓之夏；东陆，谓之秋。日有九道，月有九行。九行出入，而交生焉；朔会望衡，邻于所交，亏薄生焉。月有晦朔，星有合见，月有弦望，星有留逆，其归一也，步术生焉。陈惧斋曰，月行尝以二十七日千一十六分日之三百二十七，而与天会；二十九日九百四十分日之四百九十九，而与日会。日，一年与天一会；月，一年与天十三会，与日十二会。其与天会者无所用，故古今少道之。日月每三十余会而一闰，两闰之中，谓十五十六会也。

　　愚按，先君寿山翁（必寿），好历数之学，大德间，尝客京师。得订其说于太史氏曰，晦翁因横渠之说，以天左旋，而日过一度，日亦左旋而适周天，以为历家用截法，故谓日月五星皆右行。然考浑仪及黄道所经，因以求造化之运，乃知历家之法为定，而二先生所见犹有遗论。盖天地之化，阴阳消长，皆有一定之常。而莫之为者，稍不出于自然，则非所以为造化矣。按《汉志》，角天门、房天衢、昴天街、井南门，皆黄道之所经也。若日左周，则惟追天不及之度至此，其余日所周，未尝经此也。如记谓，日在斗、在东井之类。则惟天过、日不及之时在此。每日周二十八宿，不得言在某在某矣。又《汉志》言，日行北陆，谓之冬；西陆，谓之春；南陆，谓之夏；东陆，谓之秋。若每昼夜行天一周，亦何得指云某陆矣。且若天左旋，每日绕地一周，何故而又过一度？日亦左旋，每日一周，何故而自冬至，则南极牵牛，以渐而升；至夏至，则北极东井，又以渐而降。若使日自左旋，与天无与，则日乃浮游无定，使至于牵牛、东井之极处，岂不能侵轶而行过其外，何故南北两间，若为物所隔阂，独常进退缠绕于四十八度之内，而无所变易哉？且若是，则南北升降之间，其出没之道，凡百八十二有奇，每日各循一道而行，何其疏密之限，无少差失如此哉？故古人作浑仪器，立黄道，为日行之准，斜倚于赤道之内外。日道，万古但循黄道之轨，每日右行一度，随天而左转。日退一日，渐降而至于天体南端之极，则循其左，自然而复升；渐升而至于天体北端之极，则循其右，自然而复降。一升一降，循环无已。天则因日退一度，故每日必进一度，然后日出地上，而为一昼夜，是为天过一度。一期，三百六十五日四分日之一，日行黄道一周，复至去岁所起之度。天，日进一度，至是，而亦一周。是为与天一会，皆造化神巧，一定之势，不烦拟议安排，而自然吻合也。唯朱子尝曰，造化简易易知，而微妙难穷，最为的论。盖惟其简易也，止是黄道一斜。若使日循赤道，则无复四时之别矣。惟其微妙也，日一升，则阳生，而为燠（yù）、为暑；一降，则阴生，而为凉、为寒。昼夜短长，翕（xī）张消息，万物生成之不已，往来过续之不停，是皆日行升降之候也。或曰，日不侵轶于南北，岂不侵轶于黄道之外乎？盖左旋，则日移一道，本无系着右行，则惟循一轨，自不差忒。然时少有盈缩，则有之矣。或又谓朱子以日行昼夜，恰足周天之度，以为二分，日依赤道则可；若二至，则天体渐狭，而度数不满矣。此未足以破前说。盖南北之极与赤道，天经昼夜，皆一周，特中阔而疾，两端狭而迟，势自然耳。譬轮之有辐，盖之有弓，岂外有余而中不足哉。若夫九行之交，五纬之次，苟求其故，皆可以因是而得之矣。

经星列宿名数图（见《晋志》，考《史记·天官书》略同，及见郑氏《通志》）

二十八宿，度最多者莫如东井（三十三度，《通志》三十四度），其次莫如南斗（二十六度，《通志》二十五度）。度最少者，莫如觜（zī）觿（xī）（二度，《通志》一度），其次莫如舆鬼（四度，《通志》二度）。

角二星，为天关。其间天门，其内天庭，黄道经其中，七曜之所行。左角为天田，主刑；右角为将，主兵（《通志》角二星，十二度，如鼎形）。

亢四星，天子之内庭也（四星九度，如弯弓）。

氐四星，天子之宿宫（四星十六度，似斗侧量米，今十五度）。

房四星，为明堂天子布政之宫也，亦四辅也，又为四表。中间为天衢（qú），为天渊，黄道之所经也。南间，曰阳间；北间，曰阴间。七曜由乎天衢，则天下和平。亦曰天驷，为天马，主车驾。亦曰天厩，又主开闭，为蓄藏。又北小星为钩铃，房之钤键，天之管籥（yuè），明而近房，天下同心（四星六度，似房之户，所以防淫泆也。今五度）。

心三星，天王正位也。中星曰明堂，天子位，为大辰，主天下之赏罚。前星为太子。后星为庶子（三星六度，今五度）。

尾九星，后宫之场，亦为九子，色欲均明，小大相承，则后宫有叙（九星十九度，如钩，苍龙尾。今十八度）。

箕四星，亦后妃之府，主八风，凡日月宿在箕、东壁、翼、轸者，风起（箕四星十一度，形如簸箕）。

南斗六星，天庙也，丞相太宰之位，主褒进贤士，又主兵（六星二十五度，状似北斗，今二十六度）。

牵牛六星，天之关梁，主牺牲事（六星七度，今八度，上有两角，腹下欠一脚）。

须女四星，天少府也，主布帛（四星十一度，如箕，今十二度）。

虚二星，冢宰之臣也。主北方，邑居、庙堂祭祀、祝祷事（二星九度少强，如连珠，今十度四分之一）。

危三星，主天府（三星十六度，今十七度）。

营室二星，天子之宫也，为主功事（二星十七度，今十六度，《史记》注营室十星）。

东壁二星，主文章，天下图书之秘府（二星九度）。

奎十六星，天之武库也，主以兵禁暴（十六星十六度，腰细头尖，形如破鞋）。

娄三星，主苑牧牺牲，供给郊祀（三星十二度，三星不匀，近一头）。

胃三星，天之厨藏，主仓廪五谷府也（三星十五度，今十四度）。

昴七星，天之耳也。主西方，又为旄头，胡星也，昴毕间为天街黄道（七星十一度）。

毕八星，主边兵戈猎，月入毕，多雨（八星十七度，似爪义，今十六度）。

觜觿三星，为二军之候（三星一度，在参右角，如鼎足形）。

参十星，白兽之体，中三星主将（十星十度）。

东井八星，天之南门，黄道所经，主水衡（八星三十四度）。

舆鬼五星，天目也，主视，明察奸谋（鬼四星二度，方似木柜，今四度）。

柳八星，天之厨宰（八星十四度，曲头，形如垂柳，今十五度）。

星七星，主衣裳文绣（七星七度，如钩，今六度）。

张六星，主珍宝，而又主天厨（六星十七度，似轸，今十八度）。

翼二十二星，天之乐府，主夷狄远客（二十二星，十九度，今十八度）。

轸四星，亦主冢宰辅臣（四星十七度，似张近翼）。

前汉《天文志》，经星常宿中外官，凡百一十八名，积数七百八十三星，皆有州国官宫物类之象。其伏见蚤晚，邪正存亡，虚实阔狭，及五星所行，合散犯守，陵历斗食，彗孛飞流，日月薄食，晕适背穴，抱珥虹蜺，迅雷风祆，怪云变气，此皆阴阳之精，其本在地，而上发于天者也。《史记》正义曰，晋太史令陈卓总甘、石、巫咸三家所著星图，大凡二百八十三宫，一千四百六十四星，以为定纪。

纬星图

木，岁星。太岁在四仲，则岁行三宿；在四孟四季，则岁行二宿。孟季，二八一十六。四仲，三四一十二，而行二十八宿，十二岁，而一周天也。

火，荧惑。常以十月入太微，受制而出，行列宿，司无道，其出入无常也。

金，太白。出以寅戌，入以丑未。晨出东方二百四十日而一入；又出西方二百四十日而一入。入三十五日而复出。

水，辰星。春见奎娄，夏见东井，秋见角亢，冬见牵牛。出以辰戌，入以丑未。晨见候之东方；夕见候之西方。

土，填星。常以甲辰元始，建斗之岁。填行一宿，二十八岁而一周天。

《前汉志》曰，岁星曰东方，春木于人。五常，仁也；五事，貌也。仁亏貌失，逆春令，伤木气，罚见岁星。岁星所在，国不可伐，可以伐人。荧惑曰南方，夏火，礼也，视也。礼亏视失，逆夏令，伤火气，罚见荧惑。太白曰西方，秋金，义也，言也。义亏言失，逆秋令，伤金气，罚见太白。辰星曰北方，冬水，知也，听也。知亏听失，逆冬令，伤水气，罚见辰星。填星曰中央，季夏。土，信也，思心也。仁义礼知，以信为主；貌言视听，以心为主。故四星皆失，填星乃为之动。

《山堂考索》按，赤道，天度也；黄道，日度也。皆以二十八宿配焉。《班志》二十八宿之度，惟南斗东井之度多，觜觿、舆鬼之度少。盖觜二度，鬼四度，斗二十六度，井三十三度也。唐一行赤道之度，其井斗之度与《汉志》同。惟觜觿一度，舆鬼三度，各减于一度耳。至于黄道之度，则南斗二十三度，东井三十度，已与赤道之度不同。较之《范志》所载黄道铜像，斗减二度，为二十四度；井减三度，为三十度，大略相同。是知东汉已前，黄道赤道之度溷而为一，《班志》之所纪是也。东汉已后，始分为二，故赤道之度多，黄道之度少，《范志》、一行之所纪是也。黄道度少，赤道度多，天行与日月不同也。黄、赤道度数多寡者，天行与日道，相去二十八宿远近不同故也。一行《日度议》曰，古历，日有常度，天周为岁，故溷其度于气节。一气十五度，二十四气则三百六十度，余五度四分一。度分为三十二，播于二十四气，一气得十五度七分。虞喜乃以天为天，以岁为岁，立差以追其变焉。观此则知，《班志》所载犹以天周为岁，东汉以来，始有黄赤道之异。

尧冬至，日在虚一度。

《月令》冬至，日在斗。

汉文帝三年冬至，日在斗二十二度。

武帝太初历冬至，日在建星在斗牛之间。

东汉四分历冬至，日在斗二十一度。

唐大衍历冬至，日在斗十度（开元历名）。

宋统元历冬至，日在斗二度（已上见《浑仪略说》。统元，宋高宗历名）

今授时历冬至，日在箕八度。

十二次舍图

东汉《郡国志》注引《帝王世纪》黄帝受命，始作舟车，以济不通；乃推分星次，以定律度。

自斗十一度至婺女七度（一名须女），曰星纪之次，于辰在丑谓之赤奋若，于律为黄钟，斗建在子，今吴越分野（凡三十一度）。

自婺女八度至危十六度，曰玄枵之次（一名天鼋），于辰在子，谓之困敦，于律为大吕，斗建在丑，今齐分野（凡三十一度）。

自危十七度至奎四度，曰豕韦之次（一名娵訾），于辰在亥，谓之大渊献，于律为大蔟，斗建在寅，今卫分野（凡三十度）。

自奎五度至胃六度，曰降娄之次，于辰在戌，谓之阉茂，于律为夹钟，斗建在卯，今鲁分野（凡三十度）。

自胃七度至毕十一度，曰大梁之次，于辰在酉，谓之作噩，于律为姑洗，斗建在辰，今赵分野（凡三十度）。

自毕十二度至东井十五度，曰实沉之次，于辰在申，谓之涒滩，于律为中吕，斗建在巳，今晋魏分野（凡三十一度）。

自井十六度至柳八度，曰鹑首之次，于辰在未，谓之协洽，于律为蕤（ruí）宾，斗建在午，今秦分野（凡三十一度）。

自柳九度至张十七度，曰鹑火之次，于辰在午，谓之敦牂（zāng）（一名大律），于律为林钟，斗建在未，今周分野（凡三十度）。

自张十八度至轸十一度，曰鹑尾之次，于辰在巳，谓之大荒落，于律为夷则，斗建在申，今楚分野（凡三十度）。

自轸十二度至氐四度，曰寿星之次，于辰在辰，谓之执徐，于律为南吕，斗建在酉，今韩分野（凡三十一度）。

自氐五度至尾九度，曰大火之次，于辰在卯，谓之单阏，于律为无射，斗建在戌，今宋分野（凡三十度）。

自尾十度至斗十度二百三十五分而终，曰析木之次，于辰在寅，谓之摄提格，于律为应钟，斗建在亥，今燕分野（凡三十度）。

日法，九百四十，故二百三十五分，即四分之一。

太初诸历，余分置于斗分。

大衍历，余分置于虚分。

凡天有十二次，日月之所躔也。地有十二分，王侯之所国也。故四方，方七宿，四七二十八宿，合一百八十二星。

东方苍龙，三十二星，七十五度。

北方玄武，三十五星，九十八度四分度之一。

西方白虎，五十一星，八十度。

南方朱鸟，六十四星，百一十二度。

周天三百六十五度四分度之一。一度，二千九百三十二里，分为十二次，一次三十度三十二分度之十四，各以附其七宿间距。周天，积百七万九百一十三里；径，三十五万六千九百七十一里。

（归善斋按，《周天十二次日月所会图》略）

孔颖达曰，四方中星，即二十八宿，布在四方，随天运转更互。在南方诸宿，每日昏旦，莫不当中，中则人皆见之，故以中星表宿，天子南面而视四方星之中，知人缓急，故曰敬授人时。日月所会与四方中星，俱是二十八宿。举其人之所见为星；论其日月所会谓之辰。星与辰其实一物也。

愚按，孔疏以二十八宿为星，故谓星辰为一。然谓之星，则五纬亦在其中，孔谓敬授人时，无取五纬之义。则定时、成岁皆系于日月所会之辰。然以齐七政观之，又岂得舍纬星，而独言经星哉。

二十八宿辰次分野之图

（归善斋按，图略）

《晋志》序十二次度数及州郡躔次云，班固以十二次配十二野，又魏陈卓更言郡国所入宿度其言最详今附次之。

角、亢、氐，郑兖州：东郡（入角一度），东平任城山，东平（入氐七度）。

房、心，宋豫州：颍川（入房一度），汝南（入房二度），沛郡（入房四度），梁国（入房五度），淮阳（入心一度），鲁国（入房三度），楚国（入房四度）。

尾、箕，燕幽州：梁州（入箕十度），上谷（入尾一度），渔阳（入尾三度）。右北平（入尾十度），西河上郡北地辽西东（入尾十度），涿郡（尾入十六度），渤海（入箕一度），乐浪（入箕三度），玄菟（入箕六度），广阳（入箕九度）。

斗、牛、女，吴越扬州：九江（入斗一度），庐江（入斗六度），豫章（入斗十度），丹阳（入斗十六度），会稽（入牛一度），临淮（入牛四度），广陵（入牛八度），泗水（入女一度），六安（入女六度）。

虚、危，齐青州：齐国（入虚六度），北海（入虚九度），济南（入危一度），乐安（入危四度），东莱（入危九度），平原（入危十一度），淄川（入危十四度）。

室、壁，卫并州：安定（入室一度），天水（入室八度），陇西（入室四度），酒泉（入室十一度），张掖（入室十二度），武都（入壁一度），金城（入壁四度），武威（入壁六度），炖煌（入壁八度）。

奎、娄、胃，鲁徐州：东海（入奎一度），琅邪（入奎六度），高密（入娄一度），城阳（入娄九度），胶东（入胃一度）。

昴、毕，赵冀州：魏郡（入昴一度），钜鹿（入昴三度），常山（入昴五度），广平（入昴七度），中山（入昴一度），清河（入昴九度），信都（入昴三度），赵郡（入毕八度），安平（入毕四度），河间（入毕十度），真定（入毕十三度）。

觜、参，魏益州：广汉（入觜一度），越嶲（入觜三度），蜀郡（入参一度），犍为（入参三度），牂柯（入参五度），巴郡（入参八度），汉中（入参九度），益州（入参七度）。

井、鬼，秦雍州：云中（入井一度），定襄（入井八度），雁门（入井十六度），代（入井二十八度），太原（入井二十九度），上党（入舆鬼三度）。

柳、星、张，周三辅：洪农（入柳一度），河南（入星三度），河东（入张一度），河内（入张九度）。

翼、轸，楚荆州：南阳（入翼六度），南郡（入翼十度），江夏（入翼十二度），零陵（入轸十一度），桂阳（入轸六度），武陵（入轸十度），长沙（入轸十六度）。

## 《尚书通考》 卷一

（元）黄镇成

中星运候

春分，以象中；夏至，以次中；秋分、冬至，以宿中。列宿度数，见前汉《律历志》，后《律历志》赤道度略同。四象度数，见后《律历志》。十二次度数，见前汉《律历志》并皇甫谧《帝王世记》，后《郡国志》注引同。

中星图

以尧时冬至，日在虚一度为准，故与《月令》已后中星不同。

（归善斋按，图略）

以仲春日中星鸟为例，故春分，朱鸟昏见正午，余可类推。

愚按，《尧典》中星，仲春，曰"日中星鸟"；仲夏，曰"日永星火"；仲秋，曰"宵中星虚"；仲冬，曰"日短星昴"。盖天体苍苍，无以测其旋运。古之圣人，乃举二十八宿，推昼夜之所移，以分度限。一岁而周，得三百六十五度四分度之一有奇。因列宿之方，析而为四象；因日月之所会，布而为十二次。天体于是可推，四时于是可正。东方七宿，曰角、亢、氐、房、心、尾、箕，有仓龙之形。北方七宿，曰南斗、牵牛、须女、虚、危、营室、东壁，有玄武之形。西方七宿，曰奎娄、胃、昴、毕、觜、觿、参，有白虎之形。南方七宿，曰东井、舆鬼、柳、星、张、翼、轸，有朱鸟之形。谓之四象，自南斗至须女，曰星纪；须女至危，曰玄枵；危至奎，曰娵訾；奎至胃，曰降娄；胃至毕，曰大梁；毕至东井，曰实沉；东井至柳，曰鹑首；柳至张，曰鹑火；张至轸，曰鹑尾；轸至氐，曰寿星。氐至尾，曰大火；尾至南斗，曰析木。谓之十二次，故经于春，曰星鸟者，以见四方列宿之有四象之形也。于夏曰"星火"者，以见一岁日月所会之有十二次也；于秋曰"星虚"，于冬曰"星昴"者，以见象次，皆列宿之所分也。四时运转，更在南方，圣人南面而视，随时考验，知天时之早晚，所以授民事之缓急也。今以中星所指，具为一图。内轮象地不动，以定正南之位；外分二十四气，以察四仲所指之星。缀（zhuì）日于天，正虚一度，则为冬至，昴宿昏见于午，斗杓指子，为仲冬之中。气随时递转，可以类知。然宿度多寡。古今作历者，代各不同，今姑以汉《志》赤道为准。虽有差变，亦存大较，若夫课候追考，职在术家，姑陈其概，以俟夫读书者有考焉耳。

（归善斋按，《月令中星图》略）

## 《书蔡传旁通》 卷一上

（元）陈师凯

二十八宿，众星为经，金木水火土五星为纬。

经不动者也，纬往来行动者也。按《通志略》载，殷巫咸、齐甘德、魏石申三家，经星都三百座，一千四百六十五星内，二十八宿，计一百六十六星。

辰以日月所会，分周天之度为十二次也。

晋《天文志》云自轸十二至氐四，为寿星，于辰在辰；自氐五至尾九，为大火，于辰在卯；自尾十至斗十一，为析木，于辰在寅；自斗十二至女七，为星纪，于辰在丑；自女八至危十五，为玄枵，于辰在子；自危十六至奎四，为娵訾于辰在亥；自奎五至胃六，为降娄于辰在戌；自胃七至毕十一，为大梁，于辰在酉；自毕十二至井十五，为实沉，于辰在申；自井十六至柳八，为鹑首，于辰在未；自柳九至张十六，为鹑火，于辰在午；自张十七至轸十一，为鹑尾，于辰在巳。凡二十八宿度数阔狭多少，随时推步。故历代移易不同。今但据晋史，以见其概耳。

其日月所会，则每年立春后，十六日有余，而日躔诹訾之次，其正月合朔，则在玄枵矣。

## 《读书管见》卷上

(元) 王充耘

钦若昊天，历象日月星辰，敬授人时。

"钦若昊天，历象日月星辰"，当作一句读，与"敬授人时"作对。盖日月星辰，即所以为天，其行度有迟速，莫不出乎天然，测候者当谨顺之而已，不可妄为穿凿也。

## 《书义断法》卷一

(元) 陈悦道

乃命羲和，钦若昊天，历象日月星辰敬授人时。

圣人一念之敬，贯通乎天人之间。故命羲和以顺天勤民之事，皆以钦敬为主。盖顺天而不主于敬，则其纪数之书，占天之器，凡日月星辰周天之度，安保其无差也。勤民而不主于敬，则其于四时之序，耕获之候，凡民事早晚所关，安保其无误也。古今治历明时，至尧而始详，故《尧典》中以此为第一事，而始终以"钦敬"言之。微史臣其孰能明帝尧之盛心。

## 《尚书疑义》卷一

(明) 马明衡

命羲和者，总其事也；命仲叔者，分其目也。后世命官，有总有分，亦是如此。然历象测候之法，盖自古以来，未必至尧始有。羲和世掌其事者，尧以是为民事之大，故特命整理之耳。

南交，蔡以为南方交趾之地，恐未必然。孔注言夏与春交，举一隅以见之，亦是强为之说。

《尧典》记事是上下百年之事，不可认作后世文字，必上下语脉相承。"乃命羲和"，"乃"字，蔡传云，乃者，继事之辞，似亦不必如此。古词言"乃"字甚多，此总命羲氏、和氏，主历象授时之事。下文分主各方者，即中间考测证验，以求其合之节度；或此是羲伯、和伯，下是仲叔皆不可知。但自然有总有分，或专主于内，或考验于外，事理自然如此，何必如诸家许多议论。羲和是重黎之后，世掌天地四时之官，故主之，分之，皆不能外二氏，而他有所命也。

先儒谓，事之最大在治历明时。王氏谓，少昊氏命官，凤鸟氏，司历；玄鸟氏，司分；伯赵氏，司至；青鸟氏，司启；丹鸟氏，司闭。位五鸠、五雉、九扈之上。古圣人重历数如此。愚因是而推之，而知圣人重历数之意，盖有在也。盖圣人即天，天不能言，假圣人以言之。其道理皆纯备圣人之身。圣人之身即浑然一天而已。其心思在主之微，精神感应之妙，无一不与天合。特其运行之度数，气候之早晚，升降消长之不齐，凡此之类，虽圣人亦必考而后知。于此若不重加精究，或致疏虞，则民事未能一，与天合则亦不可谓纯乎天矣。故命官测候，如是之详。专以二分、二至考中星为准，其法甚简明，然后天之情状可识，而人事不违。由是言之，圣人何往而非天耶？其大本大原与天合者，不可得而名言矣。其可见于事，以为甚重者，惟此而已。故曰圣人重历数之意，盖有在也。自尧舜禹而下，如汤武之誓师，凡诸臣之告其君，以至周公之训诰、《多方》、《多士》，无一不称天者。后世视天为玄远。圣人除天之外，更无一步可行。故夫子赞《易》曰先天，而天不违；后天，而奉天时。与天地合德，日月合明，四时合序，鬼神合吉凶，无往而非天也。

蔡注以"乃命羲和"为专治历；以"分命"以下四节为历既成而颁布且考验之，恐其推步之或差，则是两段事。愚以为总命、分命皆一时事也。夫详于测候者，正欲以治历也。考验不精，历何由治。古昔圣人作事何等周详，岂有历书既成而后分官以考验耶？且作历非始于尧。历书非自尧始成也。颛顼命南正重司天以属神；北正黎司地以属民。黄帝始作甲子，制历象。圣人代天以弘化其道。其法未始有异，则历法自尧以前盖已有之矣。然尧以前皆大神圣，其法当已备至。尧乃命官测候，若尧之始作者，何也？窃以为天之道亦难知，虽圣人亦有所不能尽也。惟圣人知其不能尽，而见其难知，此其所以为知天之道也。盖天积气耳，亘古亘今，大体虽有常运，然其气机之往来，消息盈虚，自然有迟有速，有长有短。其精微之变，至于不可胜穷，安能以一法齐一，使分寸而不违，长执而不变哉？且天之体，亦何尝有度数，只是人以测候所见，立为此法。以地之十二辰，为天之方位十二次；又认出二十八星为宿，东升西没，经天而转，以见天之运行。又见日与天，行一日差一度，凡三百六十五度四分度之一而会为一日，三百六十五日四分日之一而成一岁。又见月与日，行一日差十三度十九分度之七，凡二十九日九百四十日之四百九十九而一会，而为一月。岁备二十四气，而为春夏秋冬；月因日之离合，有初一、十五、初八、二十三而为晦朔弦望。是日数常盈，月数常不足，所谓气盈、朔虚而必置闰以齐之。此所谓常运不变者也。至其精微之变，岂可得而齐哉？可得而齐，则天是死块，不可以言天矣。且今自中国之地，所见如此，若更往西北，或昆仑之顶观之，又不同矣。故我朝太宗北征，北斗已向南看。所见不同，则度数亦异。况其精微之变哉？今即人事而论之，三纲五常之大体，常运而不变者也。若其间纤悉变化，岂可胜穷，岂能以一法齐哉。大道理自是如此，较然甚明。故上古圣人，虽有立法，而其时，常测候以求合乎天者，自不可缺。先圣后圣，其揆一也。尧以前岂不命官以测候，然简编无所考，而其法则犹在也。尧既命官测候，至舜又复在璿玑玉衡，以齐之，何尝有一时之放下哉。诚以精微之变，必须如是节度之，始可得其平，不能以法齐一之守而不移也。后世推历者，历代有人。东晋虞喜，立差法，以追其变，而太过不及，亦不能齐。一行、王朴之历，皆止用之二三年即差。文公谓，中星自尧至今，已差五十度。金氏谓，尧时，冬至，日在虚七度，昏昴中。至《月令》时，该一千九百余年，冬至，日在斗二十二度，昏奎中。至元初，该一千七百余年，冬至，日在斗初度，昏壁中。至延祐间，又经四十余年，而冬至，日在箕八度矣，昏亦壁中。是古今不同如是。有志者咸恨其无一定之法。岂古今圣贤哲士不能立法以齐之哉？其变动无常有不可得而齐者也。斯所谓天道难知，虽圣人亦有所不能尽也。即是言之，惟圣人德与天合，而又加以测候之严，在圣人之时，自无不当。若欲执以为一定之法，行之后世，而使天一定不违，亦难矣。历既不定，则作乐者所谓元声、元气，亦何自而求之哉？朱子谓，古之历书必有一定之法，而今亡矣。恐所谓一定之法，只是大体不变者。其细微变动不居者。恐不可以立一定之法也。只是时常测候，以求合此为法耳。蔡季通云使我之法能运乎天，而不为天之所运，以我法之有定，而律彼之无常，恐亦只是臆度之言耳。姑录所见以俟正。

命四子必分方与时者，欲专其事，致其精也。宅嵎夷、南交，宅西昧谷、朔方，与宾日、纳日者皆分方之事。平秩东作、西成、南讹、朔易，日中、宵中、日永、日短，与夫观二分、二至之中星，皆分时之事。帝出乎震，万物出乎震，故春曰东作。说言乎兑，兑正秋也，万物之所说也，故秋曰西成。皆通乎天下而言，非东作专言东方，西成专言西方也。南讹、朔易皆然。宾日在春，未尝不纳日；纳日在秋，未尝不宾日。特以其义各有所属，而自互见耳。

观中星，先定地之方位。十二辰在地，一定不移，然后就午位，一直看谓中也。朱子云，天无体，二十八宿为之体。二十八宿之行，即是天行，故二十八宿为经星者，以其随天而不移也。然天一昼一夜，绕地一周，而又过一度。今不言一周者，而只言过者，则是一日夜行一度矣。观中星者，必以初昏为准，盖必当此时，然后中星复至其故处。若或夜半五更时观之，各星分布又不同矣。故古人有言兼旦中者，旦之中星，则非昏之中星矣。二十八宿随天而布，西转不停。四分之，则为四象；十二分之则为十二辰。更析而密之，为二十四气。盖无时不有中星，但不若初昏所见为得，七宿中之中星，尤为正耳。

窃谓气盈者，日之用也；朔虚者，月之体也。日必备二十四气，而成春夏秋冬。二十四气，亦因日之所历，而有日北至东井，为夏至而暑；日南至牵牛，为冬至而寒。日循黄道之中，去南北皆九十二度，而东至角，西至娄，为寒暑平。是二十四气皆因日之运行而生者也。足三百六十五日九百四十分日之二百三十五，而后二十四气始遍，气盈非日之用乎？月之行度，既不及日，而以其经行与日相远、相近、相照、相违者，为晦、为朔、为弦、为望。故初八上弦，二十三下弦，初三哉生明，十六哉生魄，皆月之行度有以生之。故二十九日九百四十分日之四百九十九为一月。不满三十日之数，是朔虚，非月之体乎？日，阳也。故其数盈；月阴也，故其数缩。一听其盈则愈进，而晦朔弦望皆差，不合乎月之体；一听其缩则愈退，而春夏秋冬皆差不合乎日之用。故置闰者，以三百六十日为中，其外之五日九百四十分日之二百三十五者，为气盈。又因一月本不足三十日之数，遂将逐月余分，凑整六大月，而为小尽六小月，则止三百五十四日。又得五日九百四十分日之五百九十二为朔虚。内外凡年得日十日九百四十分日之八百二十七。十九年通得二百六日余，置七闰，然后气朔相值同日，为一番也。是置闰者所以节盈缩之宜，而调阴阳之中，是皆因其自然而然，岂有私意于其间哉。

气盈者，三百六十日之外六日也；朔虚者三百六十日之内六日也。外六日，实只五日九百四十分日之二百三十五；内六日，实只五日九百四十分日之五百九十二。然二百三十五者，以实数计之而有者也。其五百九十二者，以虚数计之而有者也。是亦所以为盈虚之不同者也。

## 《尚书注考》

（明）陈泰交

同字异解者三百二十三条。乃命羲和，乃反商政，训乃者，继事之辞；乃言底可绩，训乃，汝政乃；又训乃者，难辞也。

钦若昊天，畴咨若时登庸，暨亦允若，若有恒性，非天攸若，灼知厥若，前代时若，训若，顺也；畴若予工，训若，顺其理而治之也；若否，训若者，如我之意。

历象日月星辰，训象，所以观天之器；象傲，训象，舜异母弟名；象以典刑，训象，如天之垂象以示人；予欲观古人之象，训象，像也。

历象日月，训，日阳精，月阴精；协时月正日，训月，谓月之大小，日，谓日之甲乙；日号泣于旻天，训日，非一日也；二曰月三曰日，训月者，定晦朔也，日者，正躔度也。

## 《尚书稗疏》

（清）王夫之

**日月星辰**

经言"日月星辰"，系辰于星之后，则辰者，日月五星次舍之统词。其以治历，则今七政历，所推日月及木火土金水所入之度是已。《国语》记武王伐纣之岁，岁在鹑火，月在天驷，日在析木之津，辰在斗柄，星在天鼋（yuán）。岁（木）月日辰（水）星（土）者，言三辰也。鹑火（张星柳）、天驷（房）、析木（箕尾）、斗柄、建天鼋，皆辰也。而唐孔氏乃曰，举其人之所见，谓之星；论其日月所会，谓之辰，则是以二十八宿为星，而非五星；合朔之舍为辰，而非日躔。月离五星，出入伏留之次，其疏可知。乃蔡氏因其说而曰，辰以日月所会，分周天之度为十二次，则尤为不审。夫日躔与合朔之不齐，明矣。十二次者，孔颖达所谓正月会亥，辰为娵訾；二月戌降娄；三月酉大梁；四月申实沉；五月未鹑首；六月午鹑火；七月巳鹑尾；八月辰寿星；九月卯大火；十月寅析木；十一月丑星纪；十二月子玄枵也。今按此十二辰者，日躔之次，而非与月会之次也。盖日，日行一度，则一月之日行三十度一千五百三十九分度之六百七十三分二秒（秒母六），则所躔之次，沿一岁十二中，兼气盈而后可分为十二也。若月行度数，历家自有推月离之术，与日躔舛异。月，日行十三度有奇，其周天，以二十七日有奇；而合朔，以二十九日有奇。如尧时，冬至，日在女虚之交，非十一月之合朔，亦在女末虚初也。以冬至日躔，与十一月合朔勘之，如唐开元十二年十一月二十七日癸未，冬至，日在斗九度半，上推本月合朔已相去二十七度，月之会日，当在尾十二度。又如隋开皇十一年十一月二十八日丙午，冬至，其时，日在斗十二度，上溯本月合朔，已相去二十度，则月之会日，当日躔尾十四度之时而会于析木矣。倘以冬至后十二月合朔言之，如刘宋元嘉十九年十一月初三日乙巳，冬至，下去合朔二十七日。陈太建十年十一月五日戊戌，冬至，下去合朔二十五日。元嘉冬至，日在斗十四度末；太建冬至，日在斗十二度。太建十年十二月朔，日会月于女五度。元嘉十九年十二月朔，日月会于女初度。虽同在星纪，而相去已远。又如至元十七年庚辰，岁十一月二十日己未，冬至，日躔箕十度，为析木之次，而十一月合朔之日己亥，日尚在斗十五度。为星纪之次，则日躔与日月会次原不相侔。而己未冬至之日，去己亥合朔二十日（其日夜半后六刻冬至）；月去斗十五度，二百六十七度有奇。日在析木，月已在大梁矣。此固不可以十二次为日月相会之度审矣。若云日躔者，在此十二次，而日月会者亦不离此十二次，是十二次为虚设之词，何不竟言天，而必曰辰耶？况夫五星次舍，亦可以十二次求之，岂必日月？然历家终不以十二次步月与星者，则以十二次之设，原因一岁十二中而设，分周天为十二，以纪一中三十日。六百七十三分有奇，日行之度，而闰积成月，则一年而日月之会有十三次者，不可以十二限之。况五星之疾迟不恒者乎？盖日有日之辰，月有月之辰，五星有五星之辰，而其相与为会者又各有辰。十二次者，日躔之辰也，而非月与五星及其会合之辰也。抑孔氏所云，正月会亥，辰为娵訾，则又据汉太初讫唐开元，冬至日在斗而言尔。若尧时，冬至，日在虚，则十一月在玄枵，十二月在娵訾，正月在降娄。迨至元丁丑，郭守敬推得日在箕十度。以六十七年岁差却一度求之，讫万历辛亥，岁已差五度。计今冬至，太阳所躔已在箕四度，则十一月析木寅，十二月星纪丑，正月玄枵子，与尧时相去已二宿，而较孔颖达之时相去已一宿矣。然则颖达，以李唐之日躔，为陶唐之日躔，且以限将来之日躔，其亦未通矣。乃今之为六壬之说者，不知雨水日在子，犹以正月亥，将推之求其亿中也，不亦难乎。

## 《尚书广听录》卷一

（清）毛奇龄

天与日月皆左旋。从来天文家皆言天左旋，日月右转，此自有说。按历法，周天三百六十五度有奇，天行一日余一度；日行则刚得常度，而比天为不及一度；月则较日少十三度矣。然而作历家，以退步为进步法，以顺数难算，逆数易算。如十二律进数为隔八相生，不如退数隔五之较捷。是以《周髀》诸历，与《考灵曜》、《乾凿度》诸纬书皆云，日行一度，月行十三度。此以退数作进数之历算也。乃《晋天文志》及《吴王蕃传》有云，天圆如倚盖，半在地上，半在地下。日月本东行，因天西旋而牵之以西，如蚁行磨上，磨东旋蚁西行，磨疾蚁迟不得不西。于是言历之家皆墨守蚁行磨上之说，牢不可破，而不知大谬者。夫蚁行磨上，谓蚁足著磨而不可脱也。今日吾不知其有足与否？其不能著天而嵌身碧落，与群星等，此易晓矣。且日行黄道，尝卑于天；月行诸道又尝卑于日。故凡制浑天者，必先制天仪一层，谓之六合仪。而离六合而次近于内，然后作日月五星之仪一层，谓之三辰仪。其间两层相去不知何等，则亦相离而不相著之极致矣。乃谓日行之道，天得牵之，吾不解也。

尝见徐仲山传《是斋日记》有云，天地一大阴阳也。天之中，日为阳，月为阴。然而皆左行者，以天阳也。日为阳之阳，月为阳之阴也。地之中，山为阳，水为阴。然而皆右行者，以地阴也，山为阴之阳，水为阴之阴也。

《易》曰天行健，又曰利牝马之贞，先迷。夫阳必健而在前，阴必弱而在后，故天为最健行，越常度；日为次健不失。故步月则弱，而欹多矣。星则尤弱，故直不能行而附天以行。今，天守常度，而日行一度，则日健于天一等矣。而月行十三度，则月健于日，且十三等，是阴阳翻覆，不止先迷之有失。而谓考九黎之变，掌五纪之常者，如是乎？况岁者，天行之名也；日者，日行之名也。历以日为主，以岁为纪。而月则分刌（cǔn）于其间，故月行之数，即谓之月。月者，月行之名也。盖天为至尊，不能狎接，必匝岁，而日与月得偕就之。日为次尊，可以间接。苟越三十日，则月遂得与日为合朔。是岁者，天行之名，其一日越一度。而历三百六十五日而成一岁者，非天乎？日者，日行之名，每日行三百六十五度而适一周为一日者，非日乎？月者，月行之名，每行三十日或二十九日而成一月者，非月乎？

此其间有一定之时，百刻是也。日行昼夜，一百刻是其常时。毋论昼夜长短，而第以百刻为准，故日行一周天，而时之百刻已尽。何则以日有常行也？若日行多一度，则将有刻已尽而日未休者，不得日行止于是，百刻亦止于是也。此时之可定者也。又有一定之度，三百六十五度是也。惟日得常度，天左旋而越一度，故自立春始至立秋，而春夏所见之星，齐入于地。何则以参差在天也？若谓天得常度，日右旋多行一度，则必自立春日始，日向东入地多行一度，至立秋而三百六十五度已行过一百八十二度半，将日仍出地，而从西上矣。此俗所谓西方日上时也，大谬也。然世之墨守者，又必执明太祖之说，以为口实。明太祖云，曾于军中观乾象，当天清之时，指一宿为主，使太阴居列宿之西一丈许，尽一夜则太阴过而东矣。盖列宿附天而不动者，太阴过东，则其右旋明矣，不知此即月之退也。其东过之丈许，即月东退之十三度也。虽月亦西行，未尝退东。而天行急西，则月虽西进一若退而向东者。盖其所指之一星即天也，星附天者也。太祖亦知此星之即天，故曰列宿附天。而其所偶未明者，"而不动"三字耳。人有趁舟行而疑岸动者，此不知不动者也。有见月入云，而反疑云不动者，此不知动者也。假当是时，有对扬于帝前者，曰夫亦惟列宿之动，故月过东，则疑义已释。而世人所执，必是蚁行磨上，与太阴过东两说，予故于辨次而并及之。

## 《尚书埤传》

（清）朱鹤龄

### 《书经考异》

钦若昊天，历象日月星辰（《史记》"钦若"作"敬顺"，"历象"作"数法"）。

### 卷一

乃命羲和，历象日月星辰，敬授人时

孔传，重黎之后，羲氏、和氏，世掌天地四时之官。疏曰，《楚语》少昊氏之衰，九黎乱德，神人杂扰。颛顼受之，乃命南正重司天以属神，北正黎司地以属民。其后三苗复九黎之恶，尧复育重黎之后，不忘旧者，使复典之，以至于夏商。据此文，则自尧及商，无他姓也。《吕刑》先重后黎，此先羲后和。扬子《法言》云羲近重，和近黎，是羲承重，而和承黎也。羲、和虽别为氏族，而出自重、黎，故《吕刑》以重、黎言之。又曰马融、郑玄，皆以此命羲和者，命为天地之官；下之分命、申命，分四时之职。《周官》之六卿仿是。传言，此举其目，下别序之，则惟命四人，无六官也。金履祥曰，朱子曰羲和即是下四子。或云有羲伯和伯共六人未必是。按《尚书大传》舜巡四岳，祀泰山、霍山，奏羲伯之乐；华山、弘山（弘山当作恒山），奏和伯之乐。其方与时，与二氏所掌者合，则羲伯和伯当有其人。盖四子分职必有二伯以总之，不然历法无所统矣。愚按，有仲、叔，则必有伯可知。但考《圣贤群辅录》，自羲、和死后，分置八伯，羲仲、羲叔之后为羲伯，和仲和叔之后为和伯。则仁山所引未足据耳（黄度曰，羲和封国不可考。今绛州稷山县有羲和墓）。王氏曰，昔少昊氏命官，凤鸟氏司历，玄鸟氏司分，伯赵氏司至，青鸟氏司启，丹鸟氏司闭。位五鸠、五雉、九扈之上。古圣人重历数如此。尧世命官步占，曰钦，曰敬，最为详严。及夏，羲和合为一，其职已略。至周，太史掌岁年，以下大夫为之，冯相氏掌日月星辰，以中士为之，则其官益轻。至汉，而司马迁以为星历之官近于卜祝，主上所俳优畜之，则愈益轻矣。盖创统造始，推测天度，非上哲不能及。成法已具，有司守之，亦可步占。所以始重终轻，其势然也。

孔疏，传云星四方中星，总谓二十八宿也。日月所会与四方中星，俱是二十八宿。举其人目所见为星；论其日月所会为辰，其实一也。愚谓，作历观象，恐纬星亦在内，但以经星为主耳。

黄氏曰，天体圆，地体方，天包地，地依天。天体，周围三百六十五度四分度之一（陈埴《木钟集》云，四分其度而得一，谓零散数也），径一百二十一度四分度之三。凡一度为百分四分度之一，即百分中二十五分也。四分度之三，即百分中七十五分也。天左旋，东出地上，西入地下，昼夜行三百六十六度四分度之一（缘日东行一度，故天左旋三百六十六度，然后日复出于东方也）。地体径二十四度，其厚半之，势倾东南，其西北之高不过一度。邵雍谓水火土石合而为地。今所谓二十四度者乃土石之体耳。土石之外，水接于天，皆为地体。地之径亦得一百二十一度四分度之三也。两极，南北上下枢是也。北高而南下，自地上观之，北极出地上三十五度有余。南极入地下亦三十五度有余，两极之中皆去九十一度三分度之一，谓之赤道，横络天腹，以纪二十八宿。相距之度，大抵两极正居南北之中，是为天心，中气存焉。昼夜循环斡旋，天运自东而西（左旋），分为四时，寒暑所以平，阴阳所以和也。日体径一度半，自西而东（右旋），一日行一度，一岁一周天，所行之路谓之黄道，与赤道相交，半出其外，半入其内。冬至之日，黄道出赤道外二十四度，去北极最远，辰出申入，故时寒，昼短而夜长。夏至之日，黄道入赤道内二十四度，去北极最近，寅出戌入，故时暑，昼长而夜短。春分、秋分，黄道与赤道相交，当两极之中，卯出酉入，故时和而昼夜均焉。月体，径一度半，一日行十三度百分度之三十七（或问朱子，日行一度，月行十三度有奇，如何却是迟？曰，历家是将他退的度数算），二十九日有余一周天，所行之路谓之白道，与黄道相交，半出其外，半入其内，出入不过六度，如黄道出入赤道二十四度也。日，阳精，犹火；月，阴精，犹水。火则有光，水则含影。故月光生于日之所照，魄生于日之所不照。当日，则光明；就日，则光尽。与日同度谓之朔（月行潜于日下与日会也）。迤一遄三，谓之弦（分天体为四分，谓初八日及二十三日，月行，近日一分，谓之迤一；远日三分，谓之遄三。迤日一分，受日光之半。故半明半魄。如弓张弦，上弦昏见，故光在西；下弦旦见，故光在东也），衡分天中谓之望（谓十五日之昏，日入西，月出东，东西相望，光满而魄生也）。光尽体伏，谓之晦（谓三十日，月行近于日，光体皆不见也）。月行白道，与黄道正交之处，在朔，则日食；在望，则月食。日食者，月体掩日光也。月食者，月入暗虚，不受日光也（暗虚者，日正对照处暗虚。此张衡之说。衡谓，对日之冲，其大如日，日光不照谓之暗虚。暗虚逢月，则月食。今历家望月行黄道，则直暗虚矣。暗虚有表里浅深，故月食有南北多寡）。经星三垣（yuán）二十八宿，中外官星是也。计二百八十三官，一千五百六十五星，其星不动。三垣，紫微、太微、天市，垣也。二十八宿，东方，角、亢、氐、房、心、尾、箕为苍龙；北方，斗、牛、女、虚、危、室、壁为灵龟；西方，奎、娄、胃、昴、毕、觜、参为白虎；南方，井、鬼、柳、星、张、翼、轸为朱雀。中外官星，在朝象官，如三台、诸侯、九卿、骑官羽林之类是也；在野象物，如鸡狗狼鱼龟鳖之类是也；在人象事，如离宫、阁道、华盖、五车之类是也。经星则随天运转，而听命于七政。七政之行，至其所居之次，或有进退不常，变异失序，则灾祥之应如影响焉。纬星五行之精，木曰岁星，火曰荧惑，土曰填星，金曰太白，水曰辰星，并日月谓之七政。天行速，七政行迟。迟为速所带，故与天俱东出西入也。十二辰乃十二月，斗纲所指之地也。斗纲所指之辰，即一月元气所在，谓之月。建斗有七星，第一星曰魁，第五星曰衡，第七星曰杓（biāo）。此三星谓之斗纲。如建寅之月，昏则杓指寅；夜半衡指寅；平旦魁指寅。他月仿此。十二次乃日月所会之处，日月一岁十二会，故有十二次。建子名玄枵，建丑名星纪，建寅名析木，建卯名大火，建辰名寿星，建巳名鹑尾，建午名鹑火，建未名鹑首，建申名实沉，建酉名大梁，建戌名降娄，建亥名娵訾。十二分野，即辰次所临之地也。凡日月之交食，星辰之变异，以所临分野占之。

孔疏，《书大传》云，主春者，张昏中，可以种谷；主夏者，火昏中，可以种黍；主秋者，虚昏中，可以种麦；主冬者，昴昏中，可以收敛。天子南面而视四方星之中，知人缓急，故曰敬授人时。

## 《尚书七篇解义》卷一

（清）李光地

乃命羲和，钦若昊天，历象日月星辰，敬授人时。

以上统其德业言之，以下乃摘其行政用人之大者，顺天授时政之大本也。钦、敬一也。对天言，则曰"钦"；对民"言"则曰敬。

### 《尚书大传》卷一

（清）孙之騄辑

神农始治农功，正节气，审寒温，以为蚤晚之期，故立历名（一作日）。

容成作历（黄帝命容成造盖天仪）。

日者，阳德之母，阳外发，故日以昼明，名曰曜灵；月群阴之宗，光内影以宵曜，名曰"夜光"。

主春者，张昏中，可以种稷（一作谷）；主夏者，火昏中，可以种黍；主秋者，虚昏中，可以种麦；主冬者，昴昏中，可以收敛盖藏。畋猎断伐，当告于天子。而天子赋之民。故天子南面而视四星之中，知民之缓急。急则不赋籍，不举力役，故曰敬授民时，此之谓也（《周礼》疏及《太平御览》）。

郑玄曰，籍，公家之常徭。

## 分命羲仲，宅嵎夷，曰旸谷

### 1. 《尚书注疏》卷一

（汉）孔氏传，（唐）陆德明音义、孔颖达疏

传：宅，居也。东表之地，称嵎夷。旸（yáng），明也。日出于谷，而天下明，故称"旸谷"。旸谷、嵎夷，一也，羲仲居治东方之官。

音义：嵎，音隅。马云："嵎，海嵎也"。夷，莱夷也。《尚书·考灵曜》及《史记》作"禺铁"。旸，音阳。谷，工木反，又音欲，下同。马云："旸谷，海嵎夷之地名"。"日出于谷"，本或作"日出于阳谷"，"阳"衍字。

疏：尧于羲和之内，乃分别命其羲氏而字仲者，令居治东方嵎夷之地也。日所出处，名曰"旸"，明之谷于此处所主之职，使羲仲主治之，既

主东方之事。

传正义曰，宅，居，《释言》文。《禹贡》"青州"云"嵎夷既略"。青州在东，界外之畔为"表"，故云"东表之地"，称"嵎夷"也。阴阳相对，阴闇而阳明也。故以旸为明。谷无阴阳之异，以"日出于谷"，而天下皆明，故谓日出之处为旸谷。冬南、夏北不常厥处，但日由空道，似行自谷，故以谷言之，非实有深谷，而日从谷以出也。据日所出谓之"旸谷"指其地名，即称嵎夷，故云"旸谷、嵎夷"一也。

又解"居"者居其官，不居其地，故云"羲仲居治东方之官"。此言分命者，上云"乃命羲和"，总举其目，就乃命之内分其职掌，使羲主春夏，和主秋冬，分一岁而别掌之，故言"分命"。就羲、和之内又重分之，故于夏变言"申命"。既命仲而复命叔，是其重命之也。所命无伯季者，盖时无伯季，或有而不贤。则《外传》称"尧育重、黎之后，不忘旧者，使复典之"，明仲叔能守旧业，故命之也。此羲、和掌序天地，兼知人事。

因主四时而分主四方，故举"东表之地"以明所举之域。地东举"嵎夷"之名，明分三方皆宜有地名，此为其始，故特详举其文。羲仲居治东方之官，居在帝都，而遥统领。王肃云"皆居京师而统之，亦有时述职"，是其事也。以春位在东，因治于东方，其实本主四方春政，故于和仲之下，云此居治西方之官，掌秋天之政，明此掌春天之政。孔以经事详，故就下文而互发之。

考证：宅嵎夷音义《尚书·考灵曜》及《史记》作禺铁

臣召南按，今本《史记》作居郁夷，是唐初陆氏所见本不同也。

又疏，羲仲居治东方之官，居在帝都而遥统领之

臣照按，疏解宅字是也，但谓遥统领之，竟不一至嵎夷之地，何以云宅。宅者，测景日晷之所也。苏轼曰：致日景以定分至，然后历可起，故使往验于四极，非常宅也。朱子曰：如唐时，尚使人去四方观望。两说得之。

## 2. 《书传》卷一

（宋）苏轼

分命羲仲，宅嵎夷，曰旸谷。《禹贡》嵎夷在青州。又曰旸谷，则其

地近日，而先明，当在东方海上。以此推之，则昧谷当在西极朔方，幽都当在幽州，而南交为交趾，明矣。春曰宅嵎夷，夏曰宅南交，冬曰宅朔方，而秋独曰宅西。徐广曰：西，今天水之西县也。羲和之任亦重矣。尧都于冀州，而其所重任之臣，乃在四极万里之外，理或不然。当是致日景以定分至，然后历可起也，故使往验，于四极非常宅也。

### 3. 《尚书全解》卷一

（宋）林之奇

（归善斋按，林之奇自"分命羲仲"至"庶绩咸熙"整段综合作解。）

分命羲仲。申命羲叔。分命和仲。申命和叔。

此一段皆是观象作历之法，所以定中气起闰余也。盖必先奠方隅、测时气、齐昏刻、候中星，而又验之于农事之早晚、物类之变化，然后中气可得而定。中气既定，然后闰余可得而推也。学者于此不可以他求，惟求作历之法而尽得之矣。分命、申命，孔氏"乃命羲和"以下注云："此举其目，下别序之"，以是知羲仲、羲叔、和仲、和叔，即前之羲和。马融、郑玄、王肃之徒云，乃命者，为天地之官；分命申命，为四时之职；天地与四时，于周则冢宰司徒之属六卿是也。此说虽近似，然上文言"乃命羲和"，而下文言羲仲、羲叔、和仲、和叔之命，乃是详言历象日月星辰之事，非如周之六卿，有治教礼政等之异也。前言"乃命"，后言"分命"、"申命"，皆是错综其文以成义也。羲仲、羲叔、和仲、和叔，犹曰仲突、仲忽、叔夜、叔夏是也。

宅嵎夷曰旸谷。宅南交。宅西曰昧谷。宅朔方曰幽都。此所以奠方隅也。盖作历之法，必在候日月之出没、星辰之躔（chán）度。欲候日月之出没星辰之躔度者，必先准定四面方隅之地为表识。东曰嵎夷、西曰昧谷、南曰南交、北曰幽都。四方既定，然后可以候日月之出没，测星辰之运行，而历象之法自此起矣。古者设为土圭之法，以测日景。土圭之景，七尺五寸，景之中也。日至之景，尺有五寸，短之至也；丈有三尺，长之至也。其法必于地中之所、日中之时，施圭以度焉。日南，则景短多暑；日北，则景长多寒；日西，则景夕多风；日东，则景朝多阴。据此，下文有日中、日永、宵中、日短，则是以土圭测日景之法于尧时已有之矣。欲求天地之中者，苟不先立土圭以测日景，准定四方之地，则何以定天地之中。此盖作历之始也。

峟夷，青州之峟夷也，在正东，故东曰峟夷。南交，孔氏云，夏与春交。王氏云，南方相见之时，阴阳之所交也，故曰南交。此说不然。于东、西，曰峟夷、曰昧谷，皆地名也，不应于南方独言其万物相见之时。其说为不类。盖南交，即交趾也。按，《史记·五帝本纪》曰："黄帝之地，北至于幽陵，南至于交趾。"则交趾之对幽都，其来尚矣。又历象欲知日月之食不食，每于此候之。唐一行云，开元十二年七月戊午朔，据历当食半弦，自朔方至于交趾候之不差，是以知南方为交趾无疑矣。交趾在正南，故曰南交。宅西者，陇西之西县也，在正西，故曰宅西。幽都，舜时之幽都也，在正北，故北曰幽都也。四方既定矣，然后可以候日月之出没，测星辰之运行，以起历法。

曰旸谷、昧谷。孔氏曰："旸，明也，日出于谷而天下明，故称旸谷。""昧，冥也，日入于谷而天下冥，故曰昧谷。"盖峟夷之方，日出之地也；陇西之方，日入之地也。据其地而言之，则谓之峟夷，谓之宅西。据其日月出没而言之，则谓之旸谷，谓之昧谷。将欲宾出日而饯纳日，故先定旸谷、昧谷之地也。幽都，尧都幽冀，在九州之正北也。南方又宅于南交，故不言"曰"也。

寅宾出日。寅饯纳日。宾，《释文》如字读，而徐氏谓之曰"傧"。据孔氏云，宾，导也，则音傧者是，与傧相之傧同。如宾出日、饯纳日，盖将以候日晷之早晚，以验晷刻之长短也。寅，敬也。宾之、饯之，非实有宾、饯之礼也。唐孔氏云，导者引前之言，送者从后之称。因其出也，导以引之；因其入也，从而送之，各以其所宜立文。其说是也。帝喾历日月而迎送之，即此法也。

平秩东作。平秩南讹。平秩西成。平在朔易。阴阳四时之气，运于天地之间，造化密移，莫不有序。平秩、平在者，平均次序，在察之，盖所以候其气节之早晚，如后世分定二十四气之类是也。孔氏于南讹云，讹，化也，平序南方化育之事；于西成言，西方万物已成，平序其政，助成物也；于在朔易言，岁改易于朔方，平均在察其政。则是以南讹、西成、朔易皆谓天时也。至于论东作，则谓岁起于东，而始就耕，平均次序东作之事，以务农也。则此一方独以农事言之。按下文"厥民析"，方是言分散以就农，此但谓万物发生于东耳，非取于农作之义也。惟曾氏以谓，春为阳中，万物以生；秋为阴中，万物以成；且引《诗》"薇亦作止"、《老子》"万物并作"为证。此可以补先儒之失。

敬致。敬致者，孔氏谓"敬行其教，以致其功"。其说不然。若以为敬致其教，则何独于南方言之？以是知敬致者，当是致日也。《周官》"春夏致日，秋冬致月"，左氏曰"日官居卿以致日"。则敬致者，致日之谓也。盖历法欲候日月之出没，此以昏旦见于南方之中星，以定暑度之所至，谓之敬致，与寅宾、寅饯同，但其文势有先后耳。如《月令》云"日在营室，昏参中，旦尾中"。谓日在营室，有昏有旦者，此所谓宾出日、饯纳日也；谓昏参中、旦尾中者，即此所谓敬致也。宾日于东，饯日于西，然后日中、日永、宵中、日短可得而知也。敬致南方之中星矣，然后星鸟、星火、星昴、星虚可得而见也。此二者可得而知，然后分至之气可得而定矣。故继之曰"日中星鸟，以殷仲春"；"日永星火，以正仲夏"；"宵中星虚，以殷仲秋"；"日短星昴，以正仲冬"。

日中星鸟，以殷仲春。日永星火，以正仲夏。宵中星虚，以殷仲秋。日短星昴，以正仲冬。鸟、火、虚、昴，皆是分至之昏见于南方，直正午之中星。而孔氏以谓七星毕见，不以为中星，故唐孔氏云，仲春之月，日在奎、娄入于酉地，则初昏之时井、鬼在午，柳、星、张在巳，翼、轸在辰；仲夏之月，日在东井，而入于酉地，则初昏之时角、亢在午，氐、房、心在巳，箕、尾在辰；仲秋之月，日在角、亢而入于酉地，则初昏之时，斗、牛在午，女、虚、危在奎、娄，室、壁在辰；仲冬之月，日在斗，入于酉地，则初昏之时，奎娄在午，胃、昴在巳，毕、觜、参在辰。信如孔氏此说，则是鸟、火、虚、昴，当分、至昏皆见于巳，非正午也。其何谓四方中星哉？王子雍觉其非，遂谓宅嵎夷、宅南交、宅西、宅朔方，孟月也；日中、日永、宵中、日短，仲月也；星鸟、星火、星虚、星昴，季月也。此说并与历家偶合。然分孟、仲、季，非《书》之意。盖二孔、王氏皆不知历家有岁差之法，以《月令》日在某宿而求之，所以不合。按历家自北齐向子信始，首知岁法，以古历稽之，凡八十余年差一度。《月令》日在某宿，比之尧时则已差矣。以日会月在某宿求之中星，宜其不合矣。故唐一行云，月在虚一，则星火、星昴，皆以仲月昏中。而沈存中亦云"《尧典》'日短星昴'，今乃日短星东壁"。以是知岁差之法，乃历家之所通知，特先儒未之思耳。盖仲春之月，日在昴入于西地，则初昏之时，鹑火之星见于南方正午之位。当是时也，昼夜分，昼五十刻，夜五十刻，是为春分之气，故曰"日中星鸟，以殷仲春"。仲夏之月，日在星，入于西地，初昏之时，大火之星见于南方正午之位。当是时也，昼长夜短，昼六十刻，夜四十刻，是为夏至之气，故曰"日永星火，以正仲夏"。仲秋之月，日在心，入于西地，则初昏之时，虚星见于南方正午之位。当是时也，昼夜分，昼五十刻，夜五十刻，是为秋分之气，故曰"宵中星虚，以殷仲秋"。仲冬之月，日在虚，入于西地，初昏之时，昴星见于南方正午之位。方是时也，昼短夜长，昼四十刻，夜六十刻，是为冬至之气，故曰日短星昴，以正仲冬。

分、至之气既定，则十二月之气无不定矣。春曰日中，秋曰宵中，盖互文以见，日夜之分也。春曰星鸟，夏曰星火，秋曰星虚，冬曰星昴者，盖四方躔度之星，以名言之，自角、亢、氐、房、心、尾、箕至于井、鬼、柳、星、张、翼、轸（zhěn），凡二十有八。以日月所会言之，自娵訾、降娄、大梁、实沉、鹑首、鹑火、鹑尾、寿星、大火、析木、星纪，至于玄枵（xiāo），凡一十有二。以物象言之，则青龙、玄武、白虎、朱雀，凡四。作典者欲备见，故互言之。春秋言殷，冬夏言正者，亦犹春秋谓之分，冬夏谓之至也。分、至定则十二月之中气无不定矣。然犹以为未也，而又以析、因、夷、隩验之于农事早晚，故继之曰"厥民析"、"厥民因"、"厥民夷"、"厥民隩"。

厥民析。厥民因。厥民夷。厥民隩。孔氏云，析者，言春事既起，丁壮就功，言其民老壮分析。因者，谓老弱因就在田之丁壮，以助农也。夷者，平也，老壮在田与夏平。孔氏此说不然也。于夏，既言老弱因就在田；于秋，又言与夏平，则是三时之辞，其言无异非说经之体也。程氏谓，夷者，平也，秋稼将盛，岁事将毕，民获卒岁之实，心力平夷安舒也。厥民隩者，汉孔氏云，隩者，屋也，民改岁入此室处。胡氏谓不然，以谓若如孔氏之说，当作奥字读。《尔雅》曰"室西南隅谓之奥"。孙炎曰，室中隐奥之处。据陆氏《释文》云，于六反。马云，隩，暖也。冬寒民集隐暖。此说为是。既定民事之早晚矣，此以为未也，犹考物类之变化。

鸟兽孳尾。鸟兽希革。鸟兽毛毨。鸟兽氄毛。帝曰：咨！汝羲暨和，期三百有六旬有六日，以闰月定四时，成岁。允厘百工庶绩咸熙。

孳尾者，孔氏谓，乳化曰孳，交接曰尾。希革，谓鸟兽毛羽希少改易。毛毨，谓毛更生整理。氄毛，谓鸟兽皆生奭毳细毛。此盖万物之微，感天地至和之气，而动作应时，不期然而然尔。故作历者观此，则候天时之早晚。如《礼记·月令》云，鱼上冰、獭祭鱼、仓庚鸣、鸿雁来之类者，是《尧典》之遗法也。至于是，则分、至定矣。

分、至定，则十二月之中气无不定矣。然后闰余又得而起。王肃云，斗之所建是为中气，日月所在斗指两辰之间无中气则置为闰。盖闰月之置在无中气之月，中气未定则闰余亦未得而定。前之所言，皆为定中气而作。既定中气矣，故以闰余继之。夫作历之法，虽始于定中气，本以置闰。历之置闰，其事为大，故更申言之。

咨者，胡氏所谓，访问于善。此说未然。如"咨汝羲暨和"、"咨十有二牧"皆敕戒之辞，安得为访问于善哉？据此，咨字，只当训"嗟"，盖发语之辞，与《诗》所谓"嗟嗟臣工"同。二字盖通用也。

期三百有六旬有六日以闰月定四时，成岁。若作历之法也。盖作历之法，分周天三百六十五度四分度之一。月之行也，日十三度十九分度之七，常以二十九日过半而与日合，一岁所余凡五日九百四十分日之五百九十二。日之行也，日一度，其为十二月，以三百六十日，是一岁所余凡五日九百四十分日之二百三十五。以五百九十二，并二百三十五是一岁。日月所余，共十日九百四十分日之八百二十七。十九年年十日为百九十日。又十九个八百二十七，为一万五千七百一十三，以日法九百四十分除之，得十六日，以并百九十日为二百六日，不尽六百七十三分，为日余，令为闰月，得七闰。每月二十九日，为二百三日。又七个月，余各四百九十九分，合为三千四百九十三，以日法九百四十分除之，得三日，共为二百六日，不尽亦六百七十三，是为一章之数。二十七章为一会，三会为一统，三统为一元。章、会、统、元运于无穷，此四时所以定，而岁功所以成也。四时定，岁功成，然后百工可以允厘，而庶绩可以咸熙也。

允厘百工。孔氏以谓，夫允治百官。《尔雅》曰，熙，兴也。郭氏注引此"庶绩咸熙"为证，则咸熙者，众功皆兴也。盖中气不正，则闰余不正。闰余不正，则虽欲厘百工熙庶绩，而无所致力。今也，中气定，则闰余正；闰余正，则百官得其职，万事得其序，盖不期然而然尔。当尧之时，洪水横流泛滥于天下，为生民之计，可谓急矣。然尧不先命禹以平水土，命稷以播百谷，命契以作司徒，而首命羲和定历象，正闰余者，盖中气不正，则历象无得而定。苟三年而差一月，则必以正月为二月，每月皆差，九年而差三月，则将以春为夏。十有九年差六月，则四时相反。如欲百工之允厘，庶绩之咸熙不可得矣。虽有益稷、皋陶之功，果安所施哉？惟天时既定，则人功由是而施。尧之治无先于此耳。邵康节云，日月星辰，尧则之；江河淮海，禹平之。其意不殊此。

## 4. 《尚书讲义》卷一

（宋）史浩

（归善斋按，史浩整段综合作解）

分命羲仲宅嵎夷，曰旸谷，寅宾出日，平秩东作，日中星鸟，以殷仲春。厥民析，鸟兽孳尾。申命羲叔宅南交，平秩南讹，敬致，日永星火，以正仲夏。厥民因，鸟兽希革。分命和仲，宅西曰昧谷，寅饯纳日，平秩西成，宵中星虚，以殷仲秋。厥民夷，鸟兽毛毨。申命和叔，宅朔方，曰幽都，平在朔易，日短星昴，以正仲冬。厥民隩，鸟兽氄毛。

既总言命羲和之大旨矣，兹复分而言之。于二仲则言分，二叔则言申者，盖天地温厚之气始于东，而盛于南；严凝之气始于西，而盛于北。其始分之，其终申之也。以方言之，则宅嵎夷曰旸谷，宅南曰交趾，宅西曰昧谷，宅朔方曰幽都。宅者，安此一方也。天之运行，以日为主，故于东西出纳，独言宾饯者，二仲为主也。以事言之，则东作、南讹、西成、朔易，而四时之功备。平治秩序，力作于三时，夏则待其成，故曰"敬致"；冬则藏矣，故曰"在"。以候言之，则四仲为得中气，故取日之长短，验于分、至皆一时之中也。春秋曰殷，殷，中也。中，则分矣。夏冬言正，正也，正则至矣。朱鸟，南方七宿也。火、心，宿也。二十八星独于南方，全言夏秋冬，则取心、虚、昴者，以分、至者定之，适当其次也。日中、宵中，阴阳之所以分也。以民言之，则春析之而作，夏因之而长，秋乐其成，故夷；冬则藏乎室，故隩。以动物言之，则春合而孕，夏褪而革，秋生而鲜，冬氄而温。举是四官，上关天时，下及地利，中取人物，无乎不有，及其成功，授人时而已。则三百有六旬有六日为一期。三百六旬而已虚是六日，与一岁之间有六晦小尽，率一岁余十二日，积三年三十六日及二年二十四日，成六十日，故五岁而再闰也。观其日星之运转，人民之动息，庶物之生长与。夫岁月日时之行，岂人力所能加损，实天道自然之序。惟在圣人奉若，而使人不失其时，则百工允治，庶绩咸明，亦自然而致此。孔子曰："惟天为大，唯尧则之，荡荡乎，民无能名焉。巍巍乎，其有成功也。"厥功之成，不见其迹，非顺天之道，则天之大，其孰能与于此哉。

## 5.《尚书详解》卷一

（宋）夏僎

（归善斋按，夏僎整段综合作解）

分命羲仲，宅嵎夷，曰旸谷，寅宾出日，平秩东作，日中星鸟，以殷仲春。厥民析，鸟兽孳尾。申命羲叔，宅南交，平秩南讹，敬致，日永星火，以正仲夏。厥民因，鸟兽希革。分命和仲，宅西，曰昧谷，寅饯纳日，平秩西成，宵中星虚，以殷仲秋。厥民夷，鸟兽毛毨。申命和叔，宅朔方，曰幽都，平在朔易，日短星昴，以正仲冬。厥民隩，鸟兽氄毛。

自"乃命羲和"至"庶绩咸熙"，皆帝尧命羲和观象作历之事。历者，民时所系，其事甚大，故谆复其辞也。由是观之，则前言乃命者，盖总命以作历象之任也。此言"分命"、"申命"者，盖四子分掌前事也。后又言"咨汝羲暨和"者，既命以所掌，又述而叹之也。故唐孔氏谓，上言乃命总举其目。就"乃命"之内，分其职掌，使羲主春夏，和主秋冬，故言"分命"。就"羲和"之内，既命仲，复命叔，故言"申命"。其说得之。

大抵作历之法，必先定方隅，验昏旦，测时气，齐晷刻，候中星，而又验之以农事之早晚，物类之变化，然后中气可得而定。中气既定，然后闰余可得而推。学者于此不必求他，惟求作历之法，斯尽得之。

宅嵎夷、宅南交、宅西、宅朔方，所谓定方隅也。"宅"者，李校书训为"奠"。盖谓，嵎夷在正东，交趾在正南，陇西之县在正西，幽都在正北。作历之法必先准定四面方隅，以为表识，然后地中可求。即地中，然后候日月之出没，星辰之转运。故尧所以使四子各宅一方者，非谓居是地也，特使之定其方隅耳。如土圭之法，测日之南北东西，知其景之长短朝夕，亦尧之遗法也。先儒乃以"宅"为"居"，谓羲和往居是方，又谓时出往验四极，致日景以定分、至，非其常居。而陈少南又谓，尧命羲和，欲以授民时，乃散处四方之极，则作历者一何劳乎？其说以为，因假其地，以明其各居一方之官，非各居一方之地也。然三说，皆不若李校书之说为当。故余从之。

"南交"者，孔氏云，春与夏交。王氏云，南方相见之时，阴阳之所交也，故曰南交。二说不然。盖东曰"嵎夷"，西曰"昧谷"皆言地名，不应于南方交相见之时，独谓之曰南交，则南交盖交趾也。《史记·五帝纪》言，黄帝之地，北至幽陵，南至交趾，则"交趾"之对幽都，其来尚矣。又历象欲知日月之食不食，常于此候之，故唐僧一行云，开元十二年七月戊午朔，据历当食半强。自朔方至交趾，候之不差，是南交为"交趾"无疑矣。

然既言"宅嵎夷"又曰"旸谷"，"宅西"而又曰"昧谷"者，孔氏谓，旸，明也。日出于谷而天下明，故曰"旸谷"；昧，冥也，入于谷而天下冥，故曰"昧谷"。盖嵎夷之方，日出之地；陇西之方日入之地。据地而言，则谓之嵎夷，西都。据日月出没而言，则谓之旸谷、昧谷，其实一也。故唐孔氏云，以谷言，非实有深谷，而日从谷出，乃据日所出，谓之旸谷也。日入谓之昧谷也。

寅宾出日，寅饯纳日者，所以候昏旦也。盖昼夜百刻，常以日之出没而候昏旦。不明则夏至之昼长夜短，冬至昼短夜长，春秋二分昼夜相等，何以知之，故历尤不可考。此尧所以命羲和以谨宾饯之礼也。

林少颖谓，寅，敬也。宾之，饯之，非实有宾饯之礼也。唐孔氏谓，导者，引前之言，送者从后之称。因其出也，从而引之；因其入也，从而送之，各有其宜。若帝喾之历，日月而迎送之，即此法也。至陈少南则以为，导其生出之功，以颁春政；顺其敛藏之气以颁秋政。其说盖以谓，寅

观析、因、夷、隩，而验以农事之早晚；鸟兽之孳尾、毪毨，而验以物类之变化。盖民虽至愚，而因时作事，未尝少差，春则分析在田而耕以耰；夏则因春事在田而以耘以籽（zǐ）；秋则禾稼将成民获，卒岁之时，而心力平夷；冬则入居于隩煗之处，以备岁寒。因时而为，未尝或紊，故尧亦不敢忽而不考也。

鸟兽微物，感天地至和之气，而动作应时，不期然而然。春则乳化而交接；夏则毛羽希少而改革；秋则毛羽更生而整理；冬则又生毨（rǒng）细之毛以自温。随时变化未尝或差，故尧亦不敢忽而不考也。由此观之，则尧之作历，仰观象于天，俯观事于民，远观于鸟兽，其事可谓不苟矣。正义曰，产生为乳，胎孕为化，孕产必受之，故曰化，曰孳。孳字，古文同"乳"字，训"爱"也。鸟兽皆以尾交接，故交接曰"尾"。

## 6. 《增修东莱书说》卷一

（宋）时澜

（归善斋按，时澜整段综合作解）

分命羲仲，宅嵎夷，曰旸谷，寅宾出日，平秩东作，日中星鸟，以殷仲春。厥民析，鸟兽孳尾。申命羲叔，宅南交，平秩南讹，敬致，日永星火，以正仲夏。厥民因，鸟兽希革。分命和仲，宅西曰昧谷，寅饯纳日，平秩西成，宵中星虚，以殷仲秋。厥民夷，鸟兽毛毨。申命和叔，宅朔方，曰幽都，平在朔易，日短星昴，以正仲冬。厥民隩，鸟兽氄毛。

上既总命，至此则分命之。羲仲，居治东方之官，寅敬宾导日之所出，而均平秩，叙东作之事。宾，导者，随从之谓，所谓"日出而作"也。"平秩"者，不特授时，亦使地之高下，各因其宜；民之强弱，各称其力，适其平，安其叙，以从事于耕作也。"日中星鸟"训诂已明。当是时也，以正仲春之候，使民皆分析而在田；鸟兽亦于此而孳尾。夫民事固人君所不可缓，而于鸟兽亦各有区处，何哉？鸟兽，物之至微而易忽者也。圣人为天地万物之主，天地之间一物不得其所，圣人慊（qiàn）然不安，以为职之不尽。先于民而及于物，故"厥民析"于下，即继之以"鸟兽孳尾"，以见圣人，参天地，赞化育，一视同仁，无一念之不周。如舜之"若予上下草木鸟兽"，夏之"鸟兽鱼鳖"，咸若周之泽。

虞，山虞之官是也。"宅南交"、"宅西"、"宅朔方"皆用孔氏传。"南讹"者，南方化育之事。"敬致"者，《周礼》冯相氏所谓"冬夏致日，春秋致月"是也。致夏之长，致冬之短。夏既言"敬"，致冬之所"敬"亦然。或云，南方本考中星之地，不可忽者，况夏正属南，又当考中星之地，尤不可不敬，以致其功也。此说亦通。"日中"、"宵中"，日夜平也；"日永日短"，夏昼六十刻，冬昼四十刻也。"希革"、"毛毨"、"氄毛"，各从训诂。"因"者，因春之事，而使民整治之耳。"纳日"者，日入而息之意也。前言"寅宾出日"谓"日出而作"，在人言之，昼寝者，岂"寅宾"之意乎？此言"寅饯纳日"谓"日入而息"，在人言之，式号式呼者，岂"寅饯"之意乎？"夷"者，民至此坦然无事也。三章言"平秩"，惟末章言"平在朔易"者，旨意尤深。盖朔者，初也，月旦谓之朔。旦者，始而新之之谓也。北方，终其阴，而后始其阳，故谓之"朔方"。在，察也。至于冬矣，一岁之事既终，则平察改岁当更易之事也。既成今岁之终，又虑来岁之始，故谓之"朔易"。"易"，如整治屋庐墙墉（yōng）、种植耒耜（lěi sì）器用之类。始而终，终而始，此天地生生不穷之道，而圣人体之，以赞天地化育，周流无间，乾健不息，艮（gèn）始终万物之意也。

## 7. 《尚书说》卷一

（宋）黄度

（归善斋按，黄度此段综合作解，见"乃命羲和"）

## 8. 《絜斋家塾书钞》卷一

（宋）袁燮

（归善斋按，此段袁燮综合作解）

分命羲仲，宅嵎夷，曰旸谷，寅宾出日，平秩东作，日中星鸟，以殷仲春。厥民析，鸟兽孳尾。申命羲叔，宅南交，平秩南讹，敬致，日永星火，以正仲夏。厥民因，鸟兽希革。分命和仲，宅西，曰昧谷，寅饯纳日，平秩西成，宵中星虚，以殷仲秋。厥民夷，鸟兽毛毨。申命和叔，宅朔方，曰幽都，平在朔易，日短星昴，以正仲冬。厥民隩，鸟兽氄毛。

宅嵎夷、南交、昧谷、幽都者，皆非常在其所也。此皆王朝大臣，自在朝廷辅佐人主，特设一局，于彼时为往来耳。万物皆相见南方之卦也，故曰南交。羲仲言东方，羲叔言南方，和仲言西方，和叔言北方，四时之事，四子各主一方，非谓专于此一方也。凡四方春间之事，皆羲仲掌之；凡四方夏间之事，皆羲叔掌之；和仲和叔莫不皆然。若谓专掌一方，只羲仲平秩东作，而他三方皆不与闻，则他处春间事，将谁尸之耶？但羲仲所主者春，春属东，故言东。羲叔所主者夏，夏属南，故言南耳。和仲、和叔皆然也。如出日、纳日，日日有之，便如今历家所谓日出何处，入何处，此皆日日当理会。四子通掌之。特因日出于东，日入于西，故宾、饯见于羲和二子，非谓余二子皆不与知也。"寅宾出日"，不必说日出于东方，则羲仲往彼处迎之。"寅饯纳日"，不必说日入于西方，则和仲就彼处送之。盖当日出时，自有合理会底事；日入时亦然。"敬致"者，言日至于中，则羲叔敬以致日中之事。《周礼》有致日、致月是也。曰宾曰饯，便见天人本是一致分明，以人道事之。

古人为政，且要均平，只如授田，视其地力之高下而为多寡之数，直是均平，不特此一事。凡事皆然，盖所以定民志者，如此先后缓急，秩然不乱，是之谓秩。三时皆言平秩，独冬言平在者，在，察也。盖当冬之末，是一岁之终，亦一岁之始。正是阴阳交错之际，岂可不察。

日中、宵中均之为昼夜。在春言日，在秋言宵者，因阴阳之异，随时而异其名也。观此，则宾饯等事不独主一方而言，从可知矣。鸟、火、虚、昴，皆是分、至之昏见于南方，以数算之，如春分，星鸟当见，则是日之昏乃见焉。

"厥民析"者，谓分析而在田也。想羲仲于此必督促劝勉，敢有不勤，必加之以罚。或有疾患，或有丧祸，皆作道理处之，使分析于田亩，而无一人敢惰，然后可谓之"析"。"因"者，因乎春而不变也。春耕，夏耘，耕固不可怠，勤于耕而怠于耘，则稂（láng）莠将为嘉谷之患，善者无自而伸矣。故因乎春之时，亦使分析在田，有一毫之异，不可谓之因。"夷"者，至秋而少暇。夷，训平，亦训易。"隩"者，冬月无事，可以入此室处也。言民而便及鸟兽，所谓仁民而爱物。

## 9.《书经集传》卷一

（宋）蔡沈

分命羲仲，宅嵎夷，曰旸谷，寅宾出日，平秩东作，日中星鸟，以殷仲春。厥民析，鸟兽孳尾。

嵎，音隅。孳，音字。此下四节，言历既成，而分职以颁布，且考验之，恐其推步之或差也。或曰上文所命，盖羲伯、和伯。此乃分命其仲、叔未详是否也。宅，居也。嵎夷，即《禹贡》"嵎夷既略"者也。"曰旸谷"者，取日出之义。羲仲，所居官次之名。盖官在国都，而测候之所则在于嵎夷，东表之地也。寅，敬也。宾，礼接之如宾客也。亦帝喾历日月而迎送之意。出日，方出之日。盖以春分之旦，朝方出之日，而识其初出之景也。平，均。秩，序。作，起也。东作，春月岁功方兴，所当作起之事也。盖以历之节气早晚，均次其先后之宜，以授有司也。"日中"者，春分之刻。于夏永、冬短，为适中也。昼夜皆五十刻，举昼以见夜，故曰"日"。星鸟，南方朱鸟七宿，唐一行推以鹑火为春分昏之中星也。殷，中也。春分，阳之中也。析，分散也。先时，冬寒民聚于隩，至是则以民之散处，而验其气之温也。乳化曰孳；交接曰尾，以物之生育，而验其气之和也。

## 10.《尚书精义》卷一

（宋）黄伦

分命羲仲，宅嵎夷，曰旸谷，寅宾出日，平秩东作，日中星鸟，以殷仲春。厥民析，鸟兽孳尾。

无垢曰，羲仲所掌者，天下春事也。春事自东方起，故所掌之地，所司之星辰日月、民时、鸟兽，皆东方与春事也。是其所职虽一方，而其所治乃天下之春也。又曰，其曰寅宾者，以言警戒农事，迎日之出，而赴功也。然田有疆界，故当平；事有后先故当秩。秩，次序也，谓如先耕乃播，先播乃薮（yì）是也。平秩，特先为之区处而已。又曰，孔颖达谓，丁壮在田，老弱在室，其析如此，且鸟兽孳尾，何与于人时哉？曰此，言圣人于农事如此其悉也。盖播种一非其时，而失天地之性，违阴阳之理。

今验之日，而昼夜等；又验之星，而鸟见南方，可以就功无疑乎。曰未也，更宜验之鸟兽。鸟兽孳养匹耦，则仲春之气正而无差矣，以治农功，万不失一。使时至仲春，而日之不中，鸟星之不见，鸟兽之不孳尾，则天时不正，历象差矣，得无有不正之气紊乱于其间乎。盖人主在上，实为天地阴阳之主。使人主心正气和，则四时有序。傥或心失其正，气乖其和，则形见于星辰鸟兽者，必有非常之异矣。此又帝尧所命羲和，以验己之得失也。

东坡曰，嵎夷在青州，旸谷则其地近日而先明，当在东方海上。以此推之，则昧谷当在西极；朔方幽都当在幽州；而南交为交趾。秋曰宅西，徐广曰，西今天水县。

萧氏竑曰，宅，读如"克宅"之宅，所以安居其一方之事，故谓之宅焉。嵎夷，东方之地也，不曰宅东，而曰"宅嵎夷"者，盖东方之治止于此。凡四海之外，去中国远者，其天时地气之功，固有殊绝，是以先王有所不治焉。嵎夷，于《禹贡》在青州之域，而未离乎中国也。东方止于嵎夷，则所谓南交、西、朔方皆于中国之内可知矣。

## 11. 《尚书详解》卷一

（宋）陈经

分命羲仲，宅嵎夷，曰旸谷，寅宾出日，平秩东作，日中星鸟，以殷仲春。厥民析，鸟兽孳尾。申命羲叔，宅南交，平秩南讹，敬致，日永星火，以正仲夏。厥民因，鸟兽希革。分命和仲，宅西，曰昧谷，寅饯纳日，平秩西成，宵中星虚，以殷仲秋。厥民夷，鸟兽毛毨。申命和叔，宅朔方，曰幽都，平在朔易，日短星昴，以正仲冬。厥民隩，鸟兽氄毛。

人与天地、万物同此一气，天地未定位，一气溷然。及此气既分，轻清者上浮，重浊者下凝。浮者为天，凝者为地。天地之气，交感而生万物，而人最灵。皆此一气也。星辰得之，而有次舍躔度；日月得之，而有四时长短；人得之而有析、因、夷、隩；物得之，而有作、讹、成、易；鸟兽得之，而有胎卵生化。自有天地以来，至于今日，不曾少息，亦不曾少差。《易》曰"观其所恒，而天地万物之情可见"。惟知道为能默识大要，则以人为主。盖人者，天地之心，万物之灵，五行之秀。是故三才之气，相为感通。人道乱，人事乖，则其乖戾之气，亦足以感触天地。三才之气交乱，而灾害日至，阳愆（qiān）阴伏，凶荒荐臻，民益困穷。故圣人正天时，所以治人事，即人事所以相天时，二者常相因，此尧之所以命羲和一篇尤详。既总命之，又"分命"、"申命"之。其意不出乎"历象日月星辰，敬授人时"二句而已。

羲和所掌，虽曰天地四时，以《尧典》考之，实主乎农事。如寅饯、寅宾、东作、西成、析、因、夷、隩等皆农事也。四民之中，惟农为重。《七月》陈王业之诗，所以言一之日，二之日，七月流火，春日载阳，皆所以为民事之候，与此意同。上古事简，一官而兼职者众。据孔氏传，下文四岳以为羲和四子，是羲和四人者，上治天时，下治农事，外掌方岳。盖四时位在四方，平秩四时之人，因掌方岳之事，先儒以尧于卿官之外，别命羲和掌天地。按《左传》称，少皞氏以鸟名官，五鸠氏即周之卿官也。五鸠之外，别有凤鸟氏，历正也，班在五鸠之上，是上代以来，皆重历数。故知尧于卿官外，别命羲和，似尊于诸卿。后世稍益卑贱。《周礼》"太史掌正岁年"，冯相、保章即羲和职也。《左传》云"日官居卿以底日"，犹知尊其所掌。自汉以后文史星历，近乎卜祝，遂指为艺术之流，而古人之意浸薄矣。盖缘后人，以天人分为二事，不知尧所以命官，天人只作一事也。四人者，虽分掌四时，其实只一事互相通。

嵎夷，东方之地，青州嵎夷既略是也，居其官不居其地，故曰"宅"。据日所出谓之旸谷，即嵎夷也。日由空道似行自谷，故以谷言，非真有是谷也。"寅宾出日"，寅，敬也；宾，迎也。阳气发，生万物，人当顺其生长，致力耕耘。"寅宾"，非真谓迎日也。以日出而作之事，羲仲之所不敢忽。"平秩东作"，使民勤于耕稼，不倦于始，是乃所以宾之也。平，谓均其劳逸；秩，谓序其先后。"日中星鸟"，春分之昏，昼夜等也，星鸟见于南方，井、鬼、柳、星、张、翼、轸，南方之七宿也。其形象鸟，故谓之星鸟，以此可以殷仲春之气。四时各三月，举仲以该季、孟，盖取中气之得其正也。民于此时，分析在田，谓老弱居室，丁壮就功。鸟兽于此时，乳化曰"孳"，交接曰"尾"。命官本为民事，而及于禽兽者，仁民爱物之意。圣人以天地、人物为一体者也。

"申命羲叔宅南交"，羲叔所掌者，四时之事，故宅南交，南方交趾之地也。"平秩南讹"，讹，化也。自苗而实，则已化矣。故化育之事，羲叔平秩之一岁之事，莫大于夏，当其实也。防其水旱，去其稂莠。自此以往则成熟矣。必当致其敬，以尽其力，所以与三时独不同。"日永星火"，于是昼长夜短，大火之星见于南方。角、亢、氐、房、心、尾、箕，东方之七宿也。其次为大火，故曰"星火"，以此可以为正仲夏之气。民于此时，老弱亦因就在田之丁壮，以助农事。鸟兽于此时，毛羽希少，改易革故。

"分命和仲"，阴阳之事，各有所分，故和仲掌秋，而分命之"宅西，曰昧谷"。徐广曰，西，今天水县。昧谷，亦犹春之旸谷，以日入而昧，故曰昧谷。"寅饯纳日"，敬而送之也。阴气成熟万物，人当顺其成熟，勤于收藏。"寅饯"，非真有以送日也。以日入而息之事，和仲之所不敢忽。"平秩西成"，使民谨其收敛，不废于其终，是乃所以寅饯之也。"宵中星虚"者，秋分之夕，亦昼夜等。虚星见于南方。斗、牛、女、虚、危、室、壁，北方之七宿也。其舍为虚，故曰星虚。不言日中，而言宵中，盖春，阳也，以日言；秋，阴也，以宵言。冬亦阴也，何以不言宵？盖冬者，阴之极，为其嫌于无阳也。阴极，则阳将生矣，故以日言。仲秋之气可以正矣，民于此时也，已见将收成，不复耕耘之勤，则其心平和而乐易。"鸟兽毛毨"，得秋气而毛羽更生也。

"申命和叔，宅朔方，曰幽都"。朔方，即北方也。幽都，即幽州之地也。不言北而言"朔"，北则无意义，朔则有尽而复生之意。如月吉谓之朔也。"平在朔易"，春、夏、秋，则农事未艾，故"平秩"之。于冬则无事，特察之而已。谓察所已藏之物，以待来岁改易之事，谨约盖藏，循行积聚，嗟我妇子，曰为改岁，入此室处是也。"日短星昴"，冬至之日。昼短夜长，昴星见于南方。奎、娄、胃、昴、毕、觜、参，西方之七宿也。其舍为昴，故曰星昴。以此可正仲冬之气。"厥民隩"者，隩，室内之名，入室处以避风寒。鸟兽皆生细毛以自温焉。

观圣人所以裁成、辅相之道，亦至矣，岂特历象而已。既曰"钦若"、"敬授"，又曰"寅宾"、"寅饯"、"敬致"，盖敬心无时而不存。所以上而星辰，下而民事，微而鸟兽，莫不各得其宜。苟于此焉，心失其正，则阴阳紊于上，民事紊于下，鸟兽之微，安得以遂其生哉。虽然二十八宿皆星也，于此独举中星，何哉？月令每月昏旦，惟举一星之中。盖君子治历明时，亦惟取其中正而不差尔。四时举仲月，而星举中星，意可见矣。天子以南面听天下，故中星各以南方视之。然四方中星，即二十八宿也。或言象，或言次，或言舍者，盖古之作史者，其辞简严，欲备众义，不能遍举，故以言鸟，该龙与虎龟；言大火，以该析木。至于星纪，言虚、言昴，以该角亢，至于翼轸。各以互见云尔。看此一段，虽是羲和职掌，如此之详，又当知人主本无职事，乃分命、申命，此人君之体也。

## 12. 《融堂书解》卷一

（宋）钱时

分命羲仲，宅嵎夷，曰旸谷，寅宾出日，平秩东作，日中星鸟，以殷仲春。厥民析，鸟兽孳尾。

前一节是总命羲和，此下四节是命四子，分主其事也（〔四库〕按以羲仲为四子说，本班固）。嵎夷，青州之地，正东方也。夏秋冬，皆以方言；而春以地言，则知四方各有其地，以表东西南北之正，彼此可以互见。"寅宾"，敬导也。亦非旦旦有所宾导之仪也。时当兴作，一念微懈，即乖日出之义。"平秩东作"者，所以敬导也。帝出乎震春事，自此而兴，故即东作为言，均平而秩叙之，使各适其平，各循其序也。尝闻之良农云，春事之兴，耕耰粪壤，以至布谷立苗，次第井井各有日数，不容少缓，一失其候，即大耗减。以此一端推之，则"平秩"二字，圣人所以裁成天地之道，辅相天地之宜者在是，不得其平，不得其序，则与暴殄天物无异，岂细事哉。殷，正也。民之分析就农而言，故曰厥民析。先言"东作"，而后言"析"者，"平秩"，羲仲之职也，"析"以就"东作"，民之事也。修职于先，趋事于后，理当然也。"鸟兽孳尾"，昆虫草木，无一非圣人职分中事。

## 13. 《尚书要义》卷一

（宋）魏了翁

十三、命羲和作、讹、成、易、析、因、夷、隩之事

分命羲仲，宅嵎夷，曰旸谷。宅，居也。东表之地，称"嵎夷"，

旸明也，日出于谷，而天下明，故称旸谷。旸谷、嵎夷一也。羲仲，居治东方之官。"寅宾出日，平秩东作"，寅，敬；宾，导；秩，序也。岁起于东，而始就耕，谓之东作。东方之官，敬导出日，平均次序，东作之事，以务农也。"日中星鸟，以殷仲春"，"日中"谓春分之日；"鸟"，南方朱鸟七宿。殷，正也。春分之昏，鸟星毕见，以正仲春之气节，转以推季孟，则可知"厥民析，鸟兽孳尾"。冬寒无事，并入室处，春事既起，丁壮就功。厥，其也，言其民老壮分析。乳化曰孳，交接曰尾。"申命羲叔，宅南交"，申，重也；南交，言夏与春交，举一隅以见之。此居治南方之官，"平秩南讹"，敬致讹化也。掌夏之官，平序南方化育之事，敬行其教，以致其功。四时同之，亦举一隅。"日永星火，以正仲夏"，永，长也，谓夏至之日火，苍龙之中星，举中则七星见，可知以正仲夏之气节，季孟亦可知。"厥民因，鸟兽希革"，因，谓老弱因就在田之丁壮，以助农也；夏时鸟兽毛羽希少改易，革，改。"分命和仲，宅西曰昧谷"，昧，冥也。日入于谷而天下冥，故曰"昧谷"。昧谷曰西，则嵎夷东可知。此居治西方之官，掌秋天之政。"寅饯纳日，平秩西成"，饯，送也，日出言导，日入言送，因事之宜；秋，西方万物成，平序其政，助成物也。"宵中星虚，以殷仲秋"，宵，夜也，春言日，秋言夜，互相备；虚，玄武之中星，亦言七星皆以秋分日见，以正三秋。"厥民夷，鸟兽毛毨"，夷，平也，老壮在田，与夏田也；毨，理也，毛更生整理。"申命和叔，宅朔方，曰幽都，平在朔易"，北称朔，亦称方，言一方则三方见矣；北称幽都，南称明，从可知也；都，谓所聚也；易，谓岁改易于北方，平均在察其政，以顺天常。上总言羲和敬顺昊天，此分别仲叔，各有所掌。"日短星昴，以正仲冬"，日短，冬至之日短；冬至之日，昴，白虎之中星，亦以七星并见，以正冬之三节。"厥民隩鸟兽氄毛"，隩，室也。民改岁，入此室处，以避风寒；鸟兽皆软氄细毛以自温。

十四、命羲仲主东方寅宾出日

尧于羲和之内，乃分别命其羲氏，而字仲者，令居治东方嵎夷之地也。日所出处，名曰旸明之谷，于此处所主之职，使羲仲主治之。既主东方之事，而日出于东方，令此羲仲恭敬导引将出之日，平均次序东方耕作之事，使彼下民务勤种植。于日，昼夜中分，刻漏正等，天星朱鸟南方七宿，合昏毕见。以此天之时候，调正仲春之气节。此时农事已起，不居室内。其时之民，宜分析适野，老弱居室，丁壮就功。于时，鸟兽皆孕胎卵，挈尾匹合。

二二、日出曰旸谷，地名，即嵎夷

宅，居，《释言》文。《禹贡》"青州"云"嵎夷既略"。青州在东，界外之畔为表，故云东表之地。称"嵎夷"也，阴阳相对，阴暗而阳明也，故以旸为明谷。无阴阳之异，以日出于谷而天下皆明，故谓日出之处为旸谷。冬南夏北不常厥处，但日由空道以行谷，故以谷言之，非实有深谷，而日从谷之出也。据日所出，谓之旸谷，指其地名，即称嵎夷，故云旸谷、嵎夷一也。又解居者，居其官不居其地。

二三、羲和在帝都遥领四方之治

羲和掌序天地、兼知人事，因主四时，而分主四方，故举东表之地，以明所举之域。地东举嵎夷之名，明分三方皆宜有地名，此为其始，故特详举其文。羲仲居治东方之官，居在帝都，而遥统领之。王肃云"皆居京师而统之，亦有时述职"，是其事也。

## 14. 《书集传或问》卷上

（宋）陈大猷

或问：晦庵谓古字"宅"、"度"通用，"宅嵎夷"之类，恐只是去四方度其日景，以作历耳。如唐时尚使人去四方观星。此说如何？

曰：此即苏氏之说。然既职在历象，又宅于四极，则所谓度日景之类，不言可知。王肃之说已包之矣。亦犹林氏以宾出日，饯纳日为候昏旦，验晷刻，以作历也。然彼说可以包此意。而此说不可以包彼意也。

或问：旸谷，诸家皆祖孔说，子独取王说，何也（孔曰：旸，明也，日出于谷，而天下明）？

曰：按《洪范》，雨、旸相对。王氏以日出为旸，当矣。唐孔氏推孔说，谓阴暗而阳明，故以旸为明，而不言所据。字书中，"旸"字亦不训"明"。盖孔对昧谷而言，故以"旸"训"明"，要不如王说之正。

## 15.《尚书详解》卷一

（宋）胡士行

分命羲仲（治东方之官），宅（奠也，定也，居也）嵎夷（东表地），曰（名）旸谷（日出旸明之地，据地而言，曰嵎夷；据日出而言，曰旸谷），寅（敬）宾（迎）出日（日日出也），平（均）秩（序）东（春）作（万物皆作。孔云耕作），日中（春分日与夜中）星鸟（朱鸟七星昏见南），以殷（定）仲春（举仲以推孟季）。厥民析（丁壮分析就田），鸟（两翼）兽（四足）孳（乳化）尾（尾交）。

申命羲叔（治南方），宅南（极南）交（交趾地。孔云春与夏交相见乎。离，阴阳之交也），平秩南（夏）讹（万物皆化），敬致（《周礼》冯相氏"冬夏致日"。致言夏，则冬可推。致日月星辰之运，以验时气早晚。一说，南方为候中星所在，故皆敬致，而三方可见），日永（夏至，日长夜短）星火（苍龙中星。举中，则七星可推），以正（犹殷也）仲夏。厥民因（因春事），鸟兽希（少）革（改）。

分命和仲（治西方），宅西（极西），曰昧谷（日入昧冥之地），寅饯（送）纳日（昏，日入也），平秩西（秋）成（万物皆成），宵中星虚（玄武中星），以殷仲秋。厥民夷（禾稼将获，心力平夷），鸟兽毛毨（更生整理）。

申命和叔（治北方），宅朔（极北）方，曰幽（暗）都（聚），平在（察）朔（北谓之朔。朔，初也。北终其阴，而后始其阳）易（冬而春，万物皆交易，终而复始。此天地生生不穷之道，尤当加察），日短（冬至，日短夜长）星昴（白虎中星），以正仲冬。厥民隩（暖也，入此室处），鸟兽氄（细）毛。

夏云，此为作历也。作历之法，必先准定四面方隅，以表识，然后地中可求。即地中，然后知日月之出没，星辰之转运。宅，定也，非居其地也。故旸谷、南交、昧谷、幽都者，定方隅也；出日、纳日者，验昏旦也；作（东）、讹（南）、成（西）、易（北）者，测时气也；日中、永、短者，齐昼刻也；鸟、火、虚、昴者，候中星也。然后以殷，以正，而四时之中气（二分、二至）可定。犹未也，又以析、因、夷、隩而验之民事焉；以孳、革、毨、氄而验之物类焉。则尧之作历，仰观、俯察可谓不苟也已。吕云，宾，导以随从之谓，所谓日出而作也；饯纳日者，日入而息也。厥民而继以鸟兽者，圣人一视同仁，先民及物，参赞之妙，如舜之若上下，禹之咸若，周之泽虞、山虞也。

## 16. 《书纂言》卷一

（元）吴澄撰

分命羲仲，宅嵎夷，曰旸谷，寅宾出日，平秩东作，日中星鸟，以殷仲春。厥民析，鸟兽孳尾。

分，别也。宅，居也，或曰度也。嵎夷，东裔之地。《禹贡》属青州。旸，明也。日出而天下明，故曰旸谷。寅，敬；宾，迎也。出日，初出之日也。于东方迎日之出，而识其景。出卯中，则为春分也。平秩，一切皆秩也。东，谓立春以后，东方木王之时。作，发生也。一一次序春时万物发生之节候也。日，昼之晷也。中，犹半也。日与夜平分而得其半也。星，谓中星初昏时见于南方，正午之位者也。鸟，南方朱鸟之星，其辰鹑火，其宿则星也。殷，中也。仲春之中，谓春分也。厥，其也。析，分也。老壮分析而居，壮者，出就田庐；老者，留居邑宅也。孳，乳化也。尾，交接也。为将乳化而交接也。

乃命，总命羲、和也。就羲、和之内分别之，羲掌春夏，和掌秋冬，故言分命。又就羲之内、和之内重分之，既命其仲，复命其叔，故言申命。尧命四时之官，明天时，以授人时，而其要在于度日景、日晷，验初昏中星，以定二分、二至而已。盖分、至定，则四时之节候，皆不差矣。

苏氏曰，嵎夷、南交、西、朔方，乃四极之地。以日景定分至，而后历可起，必验之四极，非常宅也。朱子曰，推测日景之处。寅宾，是宾其出；寅饯，是饯其入；敬致，是致其中。北方无日，故不说。东作、南讹、西成、朔易，谓节候也。林氏曰，仲春，日在卯，入酉，昏时鹑火见，昼五十刻，夜五十刻，是为春分之气；仲夏，日在星，入辛，初昏大火见，昼六十刻，夜四十刻，是为夏至之气；仲秋，日在心，入酉，初昏虚星见，昼五十刻，夜五十刻，是为秋分之气；仲冬，日在虚，入申，初昏昴星见，昼四十刻，夜六十刻，是为冬至之气。马氏曰，星鸟以象言，星火以次言，虚昴以宿言，互相备也。朱子曰，尧时，冬至，日在虚，昏中昴。《月令》冬至，日在斗，昏中壁。中星，古今不同者。盖天有三百六十五度四分度之一而有余；岁有三百六十五日四分日之一而不足。天平运而舒；日内转而缩。天渐差而西，岁渐差而东，唐一行所谓岁差者是也。古历简易，未立差法，但随时占候，修改以与天合。东晋虞喜，始以天为天，以岁为岁，乃立差法，以追其变，约以五十年退一度。何承天以为大过，乃倍其年而又不及。至隋刘焯取二家中数，为七十五年，盖近之，而未精密也。澄按唐开元大衍历，以八十三年差一度。宋纪元历，以七十八年差一度，然久亦与天违。今授时历，不立差法，但日夜占候，以求合于天。

## 17.《尚书集传纂疏》卷一

（元）陈栎

分命羲仲，宅嵎夷，曰旸谷，寅宾出日，平秩东作，日中星鸟，以殷仲春。厥民析，鸟兽孳尾。

此下四节言，历既成，而分职以颁布，且考验之，恐其推步之或差也。或曰上文所命，盖羲伯、和伯，此乃分命其仲、叔，未详是否也。宅，居也。嵎夷，即《禹贡》"嵎夷既略"者也。曰旸谷者，取日出之义。羲仲，所居官次之名。盖官在国都，而测候之所，则在于嵎夷，东表之地也。寅，敬也。宾，礼接之如宾客也。亦帝喾历日月而迎送之意。出日，方出之日。盖以春分之旦，朝方出之日，而识其初出之景也。平，均；秩，序；作，起也。东作，春月岁功方兴，所当作起之事也。盖以历之节气早晚，均次其先后之宜，以授有司也。日中者，春分之刻，于夏永冬短，为适中，昼夜皆五十刻。举昼以见夜，故曰日。星鸟，南方朱鸟七宿，唐一行推以鹑火为春分昏之中星也。殷，中也。春分阳之中也。析，分散也。先时，冬寒民聚于陕。至是则以民之散处，而验其气之温也。乳化曰孳；交接曰尾。以物之生育，而验其气之和也。

纂疏：《语录》，古字，宅、度通用。"宅嵎夷"之类，恐只是四方度其日影，以作历耳。如唐时，尚使人去四方观望。"宾出日"是推测日出时候；"饯纳日"是推测日入时候。如土圭之法是也。旸谷、南交、昧谷、幽都，是测日景之处。宅，度也。古书"度"字有作"宅"字者。

东作、南讹、西成、朔易,皆节候也。东作,如立春至雨水节之类。寅宾求之日,星鸟求之夜。析、因、夷、隩,非使民如此,民自如此。"因"者,因其析后之事;"夷"者,万物收成,民皆优逸之意。"孳尾"至"氄毛"亦是鸟兽自然如此。如今历书记"鸣鸠拂羽"等事。"平秩东作"之类,只如谷雨、芒种节候耳。林氏依万物作之作,说即此意。东作,是言万物皆作。物皆有发动之意,与南讹、西成一类,非是令民耕作。《楚词》注,在地之位一定不易,在天之象运转不停。惟天之鸟星,加地之午位,乃与地合,得天运之正。

王氏曰,分命,使分阴阳而治之也。申命,使继二仲而治之也。孔氏曰,旸,明也。日出于谷而天下明,故曰旸谷。苏氏曰,测候日景,以定分至,必验之四极之地,非常宅也。唐孔氏曰,居治东方之官,官在帝都,而遥统领之,以春位在东,因治于东方,其实主四方春政。

林氏曰,东作谓万物发生于东,非全取农作之意。曾云,春为阳中,万物以生;秋为阴中,万物以成。且引《诗》"薇亦作止"、《老子》"万物并作"为证,可补先儒之失。孙氏曰,仲春,阳中,故举日;仲秋,阴中,故举宵。永嘉郑氏曰,二十八宿环列四方,随天运转。角亢至箕,东宿也;斗女至璧,北宿也;奎娄至参,西宿也;井鬼至轸,南宿也。四方有定星,而星无定居,各以时见于南方。天形北倾,故北极居天之中,而常在人北,二十八宿,常半隐半见。分至日初昏时,必于南方。考之,惟仲春,四方之星,各居其位。火东,鸟南,昴西,虚北。至仲夏,则鸟转而西,火转而南,虚转而东,昴转而北。至仲秋,则火转而西,虚转而南,昴转而东,鸟转而北。至仲冬,则虚转而西,昴转而南,鸟转而东,火转而北。来岁仲春,则鸟又转而南矣。考中星以定四时。法简而明。唐孔氏曰,星鸟总举七宿,以象言;星火以次言,盖指房、心;虚昴以宿言,互相通也。张氏曰,南言星鸟,则东之苍龙,北之玄武,西之白虎可知;东言大火,则南之鹑火,西之大梁,北之玄枵可知;西言虚,北言昴,则东之房,南之星可知,皆互见也。

愚按,诸家皆以分命、申命四节为作历时事,姑以羲仲言,使待春分之旦,识出日之景,然后作春历,何及乎?惟《诗传》以为历既成,而审验考订之,方为可通。盖乃命之初,既按历象成法,以作历,至此又恐或戾于法，而审验之，以谨后来之历，此敬重之至也，古必以季冬颁来岁之朔，岂必待分至而后观日景乎？

## 18.《读书丛说》卷二

（元）许谦

三方皆寅敬于日，而北方不言，于文势亦少一句，非缺文也。盖岁与方，与昼夜，各以类从。故春之中，于东方，朝时宾日；秋则西方，昏时饯之；夏则南方，永时致之；冬则北方，宜于夜半，非礼日之时，而地去日远，非所经地，故北方无祭日之文。

仲叔专候天以验历。以日景验，一也；以中星验，二也；既仰观而又俯察于人事，三也；析、因、夷、隩皆人性不谋而同者，又虑人为或相习而成，则又远取诸物，四也。盖鸟兽无智，而囿（yòu）于气，其动出于自然故也。验之详如此，所以正历。正历则专为使民趋作、讹、成、易之时。体天虽圣人之事，亦凡以为民也。

易，改易也。仲冬，建子之月，新旧承续之交，是除旧易新之时。疏谓，人三时在野，冬入隩室；物则三时生长，冬入囷（qūn）仓，是人与物皆改易也。谨约盖藏，循行积聚，曰为改岁，入此室处，故在察其政，以顺天常。

四方之职，皆互文而见。宅西，则嵎夷为东可知。朔言方，则三方可知。北曰幽都，则南明都可知。言南交，则朔方为北可知。举春日中，则宵中可知。秋宵中，则日中可知。日永、短，则宵永、短可知。春中星，全举七宿，言鸟，则夏秋冬之为龙、虎、玄武可知。夏独举大火一辰，则春鹑火，秋玄枵，冬大梁可知。秋冬独言一宿，则春星宿，夏房宿可知。至于分、申、殷、正，又是明互者。虞廷史官皆大贤，不惟纪事之精，其文章之妙，亦有不可胜既者。

## 19.《书传辑录纂注》卷一

（元）董鼎

分命羲仲，宅嵎夷，曰旸谷，寅宾出日，平秩东作，日中星鸟，以殷仲春。厥民析，鸟兽孳尾。

此下四节，言历既成，而分职以颁布，且考验之。恐其推步之或差也。或曰，上文所命盖羲伯、和伯，此乃分命其仲叔，未详是否也。宅，居也。嵎夷，即《禹贡》"嵎夷既略"者也。曰"旸谷"者取日出之义。羲仲所居官次之名。盖官在国都，而测候之所则在于嵎夷，东表之地也。寅，敬也。宾，礼接之如宾客也。亦帝喾历日月而迎送之意。出日，方出之日，盖以春分之旦，朝方出之日，而识其初出之景也。平，均；秩，序；作，起也。东作，春月岁功方兴，所当作起之事也。盖以历之节气早晚，均次其先后之宜，以授有司也。"日中"者，春分之刻，于夏永冬短为适中也，昼夜皆五十刻。举昼以见夜，故曰"日"。星鸟，南方朱鸟七宿，唐一行推以鹑火，为春分昏之中星也。殷，中也，春分阳之中也。析，分散也。先时冬寒，民聚于隩，至是则以民之散处，而验其气之温也。乳化曰孳，交接曰尾，以物之生育，而验其气之和也。

**辑录**

古字，宅、度通用。"宅嵎夷"之类，恐只是四方度其日景，以作历耳。如唐时，尚使人去四方观望。广。问："寅宾出日"，"寅饯纳日"，如何？先生曰：恐当从林少颖解。"寅宾出日"，是推测日出时候；"寅饯纳日"是推测日入时候。如土圭之法是也。旸谷、南交、昧谷、幽都，是测日景之处。宅，度也。古书，"度"字，有作"宅"字者。东作、南讹、西成、朔易，皆节候也。东作，如立春至雨水节之类。寅宾，则求之于日；星鸟则求之于夜。厥民析、因、夷、隩，非是使民如此，民自如此。因者，因其析后之事。夷者，万物收成，民皆优逸之意。"孳尾"至"氄毛"，亦是鸟兽自然如此。如今历书纪"鸣鸠拂羽"等事。程泰之解旸谷、南交、昧谷、幽都，以为筑一台，而分为四处，非也。若如此，则是东方之民，得东作，他处更不耕种矣。西方之民，享西成，他处皆不敛获矣。大抵羲和四子，皆是掌历之官，观于"咨汝羲暨和"之辞可见。"敬致"，乃冬夏致日，春秋致月是也。春、秋分无日景；夏至景短；冬至景长。人杰。"平秩东作"之类，只是如而今谷雨芒种之节候尔。林少颖作"万物作"之"作"说，即是此意。广。东作，只是言万物皆作，当春之时，万物皆有发动之意，与南讹、西成为一类，非是令民耕作。羲仲一人，东方甚广，如何管得许多。在地之位，一定不易；在天之象，运转丕停。惟天之鸟星，加于地之午位，乃与地合，得天运之正。《楚辞集注》。

**纂注**

王氏曰，分命，使分阴阳而治之也。申命，使继二仲而治之也。孔氏曰，旸，明也。日出于谷，而天下明，故称旸谷。苏氏曰，嵎夷之类，乃四极之地，测候日景，以定分、至而后历可起，必险之于四极，非常宅也。唐孔氏曰，居治东方之官，居在帝都，而遥统领之。以春位在东，因治于东方，其实主四方春政。林氏曰，东作谓万物发生于东，非全取农作之意。曾云，春为阳中，万物以生；秋为阴中，万物以成。且引《诗》"薇亦作止"、《老子》"万物并作"为证，可补先儒之失。孙氏曰，仲春阳中，故举日；仲秋阴中，故举宵。永嘉郑氏曰，二十八宿，环列四方，随天而西转，角、亢、氐、房、心、尾、箕，东方宿也；斗、牛、女、虚、危、室、壁，北方宿也。奎、娄、胃、昴、毕、觜、参，西方宿也。井、鬼、柳、星、张、翼、轸，南方宿也。四方虽有定星，而星无定居，各以时见于南方。天形北倾，故北极居天之中，而常在天北，二十八宿常半隐半见。日东行，历二十八宿，故隐见各有时，必于南方考之。唐孔氏曰，星鸟，总举七宿，以象言；夏言星火，以次言；独指房心虚昴为举一宿，以宿言。文不同者，互相通也。金氏曰，午上有鹑鸟星，在星星之东，首西尾东。故星为星鸟，未为鹑首，巳为鹑尾是也。张氏曰，南方星鸟，则东方苍龙，北方玄武，西方白虎可知。东言大火，则南之鹑火，西之大梁，北之玄枵可知。西言虚，北言昴，则东之房，南之星可知。皆互推之也。武夷熊氏曰，"中星"者，非指天之中而言。人君之位，坐北而面南，则日月五星之运行，皆在北极垣外，意亦是适在南北极之间，故于此而取中，而谓之中星也。大概东嵎、西谷、南交、朔方，是就平地而言东西南北也；南方朱鸟，东方苍龙，北方玄武，西方白虎，是就周天而言东西南北也。新安陈氏曰。诸家解，皆以分命、申命四子为作四时历。姑以羲仲言，使待春分之旦宾出日，而识其景，然后作春历不亦晚乎？其不通可知矣。惟朱子订传以此四节为历，既成而分职颁布，且恐其推步或差，而审定考验之，方为可通。盖"乃命"之初，既按历法之成法以作历，分命、申命又恐其或戾于法，而审订之，以谨后来之历。此敬重之至也。古者，常以冬颁来岁之朔，虽今亦然。岂待分、至，而后观日景乎？此订传所以超出诸解，而不可及也。

## 20. 《尚书句解》卷一

（元）朱祖义

分命羲仲（又分命处羲仲之职者，掌春也），宅嵎夷，曰旸谷（居正东嵎夷之地。《禹贡》"嵎夷既略"亦在青州之正东。谓之旸谷，以日出于东，山谷皆明也。嵎，隅）。

## 21. 《尚书日记》卷一

（明）王樵

"分命羲仲"至"鸟兽鹬毛"。正义曰，此言"分命"者，上云"乃命羲和"总举其目，就"乃命"之内分其职掌，使羲主春夏，和主秋冬。分一岁而别掌之，故言"分命"；就羲和之内又重分之，故于夏，变言"申命"。既命仲，而复命叔，是其重命之也。正义曰，孔氏意以羲和非是卿官，别掌天地，但天地行于四时，四时位在四方，平秩四时之人，因主方岳之事（孔氏以四岳，即羲和四子），犹自别有卿官分掌诸职。《左传》称，少昊氏以鸟名官，五鸠氏，即周世之卿官也。五鸠之外，别有凤鸟氏历正也，班在五鸠之上。是上代以来皆重历数，故知尧于卿官之外，别命羲和掌天地也。于时，羲和似尊于诸卿。后世以来，稍益卑贱。《周礼》太史掌正岁年以序事，即古羲和之任也。程子曰，古之时，分羲和以职天道，以正四时，遂司其方，主其时政。在尧谓之四岳，周乃六卿之任，统天下之治者也。后世学其法者不复知其道，故星历为一技之事，而与政分矣。朱子曰，羲和主历象授时而已，非是各行其方之事。

金氏曰，宅，度也。蔡邕石经作度，历法以日行起度，以日出入方隅，定晷刻气候。宅嵎夷、南交、西、朔方，出纳敬致，皆所以定卯、酉、子、午之中，推日出入之方，候朝夕之景，及致日中之景，寅敬宾、饯，谨其事也。永、短、中星，皆自是推。然候中星，又所以定日度也。日宵永短，与中星连言者，初昏而候中星，以星之初见为昼夜之分，又分揩四中，以得日度之的。以日宵之中，立二分；以永短之极，立二至。

苏氏曰，《禹贡》嵎夷在青州。又曰旸谷则其地近日，而光明当在东方海上。以此推之，则昧谷，当在西极；朔方，幽都当在幽州；而南交为交趾，明矣。春曰宅嵎夷；夏曰宅南交；冬曰宅朔方；而秋独曰宅西。徐广曰，西，今天水之西县也。羲和之任亦重矣。尧都于冀，而其所重任之臣，乃在四极万里之外，理必不然。当是致日景，以定分、至，然后历可起也。故使往验之于四极，非常宅也。

许氏曰，三方皆寅敬于日，而北方不言，于文势亦少一句，非缺文也。盖岁与方，与昼夜，各以类从。故春之中，于东方，朝时宾日；秋，则西方，昏时饯之；夏，则南方，午时致之；冬，则北方，宜于夜半，非礼日之时，而地去日远，非所经地，故北方无祭日之文。

又曰，仲叔专候天以验历，以日景验，一也。以中星验，二也。既仰观而又俯察于人事，三也。析、因、夷、隩皆人性不谋而同者，又虑人为或相习而成，则又远取诸物，四也。盖鸟兽无知，而囿于气，其动出于自然故也。验之详如此，所以正历。正历，则专为使民趋作、讹、成、易之时。体天虽圣人之事，亦凡以为民也。又曰，四方之职，皆互文而见。宅西，则嵎夷为东可知；朔言方，则三方可知；北曰幽都，则南明都可知；言南交，则朔方为北可知。举春日中，则宵中可知；秋宵中，则日中可知。日永短，则宵永短可知。春中星，全举七宿，言鸟，则夏、秋、冬之为龙、虎、玄武可知；夏独举大火一辰，则春鹑火，秋玄枵，冬大梁可知；秋、冬独言一宿，则春星宿，夏房宿可知。至于分、申、殷、正又是明互者，虞廷史官，皆大贤，不惟纪事之精，其文章之妙，亦不可及。"出日"、"纳日"之"日"，日月之"日"也；日中永短之"日"，日夜之"日"也。

元授时历议曰，天道运行，如环无端。治历者，必就阴消阳息之际，以为立法之始。阴阳消息之机，何从而见之，惟候其日晷进退，则其机将无所遁。候之之法，不过植表测景，以究其气至之始。又曰，择地平衍，设水准绳墨，植表其中，以度其中晷。又曰，虽晷景长短所在不同，而其景长为冬至，景短为夏至则一也。惟是气至时刻考求不易。盖至日气正，则一岁气节，从而正矣。致日之致，谓度其景至否，以知其行得失也。

附土圭之法。朱子曰，大司徒以土圭求地中。今人都不识土圭。郑康成解亦误。圭，只是量表影底尺，长一尺五寸，以玉为之。夏至后立表，视表影长短，以玉圭量之，若表影恰长一尺五寸，此便是地之中（晷长则表影短，晷短则表影长，冬至后，表影长一丈三尺余）。今之地中与古已不同。汉时阳城是地之中，本朝岳台是地之中，已自差许多。问：地何故有差？曰：想是天运有差，地随天转而差。今坐于此，但知地之不动尔，安知天运于外，而地不随之以转邪？天运之差，如古今昏旦中星之不同是也。又曰，《周礼》注云，土圭一寸折一千里。天地四游升降不过三万里，土圭之影尺有五寸，折一万五千里，以其在地之中。故南北东西，相去各三万里。问：何谓四游？曰：谓地之四游，升降不过三万里，非谓天地中间，相去止三万里也。又曰，然则冬夏昼夜之长短，非日晷出没之所为，乃地之游转四方而然尔。又曰，土圭之法，立八尺之表，以尺五寸之圭，横于地下，日中则影蔽于圭，此乃地中为然，如浚仪是也。今又不知浚仪果为地中否。问：何故以八尺为表？曰：此须用勾股法算之。南北无定中，必以日中为中，北极则万古不易者也。

正义曰，一岁之中，在东，则耕作；在南，则化育；在西，则成熟；在北则改易。故以方名配岁事为文，言顺天时，以劝课人务也。平秩句错于宾日，日中之间与上下不相因，非谓寅宾了，即平秩也。余仿此。陈氏曰，日之行也，斗建寅，则出乙而渐北；斗建午，则出艮而渐南。渐北，则春既分，而昼加长；渐南，则秋既分，而昼加短，长短不过百刻。蔡氏曰天体北高而南下，地体平著乎其中。日近北，则去地远，而出早入迟，故昼长；日近南，则去地近，而出迟入早，故昼短。日分十二时者，岁月日时之定数；日分百刻者，古历日分之用数。日出为昼，日入为夜。昼夜一周，共为百刻。以十二辰分之，每辰得八刻三分刻之一，无间南北，所在皆同，一昼夜平分，各五十刻；长不过六十刻；短不过四十刻。地中以南，长有不及六十刻者，短有不止四十刻者；地中以北，长有不止六十刻者，短有不及四十刻者。

正义曰，《曲礼》说军陈象天之行，前朱雀，后玄武，左青龙，右白虎。雀，即鸟也。武谓龟甲捍御，故变文，言武焉。此经举宿为文，不类春言星鸟，总举七宿。夏言星火，独指房、心、虚、昴，惟举一宿。文不同者，互相通也。天道左旋，日体右行，故星见之方，与四时相逆。春则南方见；夏则东方见；秋则北方见；冬则西方见。《书纬》言春夏相与交，秋冬相与互，谓之母成子，子助母。斯假妄之谈尔。

陈氏曰，《书》之所言皆昏星也。《书》于仲夏举房、心（火，房心也。正义曰，七宿，房在其中，但房心连体，火统其名。《左传》言"火中"、"火见"，《诗》称"七月流火"，皆指房、心为火），而《月令》举亢。《书》于仲秋举虚，而《月令》举牛。《书》于仲冬举昴，而《月令》举壁。则《书》之中星常在后，而《月令》中星常在前，盖《月令》举月，本《书》举月中也。

郑氏曰，二十八宿，环列于四方，随天而西转。东方七宿，自角至箕，是为苍龙；以次舍而言，则房心为大火之中。南方七宿，自井至轸，是为鹑鸟，以形而言，则有朱鸟之象。虚者，北方七宿之中星也。昴者，西方七宿之中星也。星本不移，附天而移。天体北倾，故北极居天之中。二十八宿半隐半见，隐见各有时，必于南方考之。仲春之月，星火在东，星鸟在南，星昴在西，星虚在北。至仲夏，则鸟转而西，火转而南，虚转而东，昴转而北。至仲秋，则火转而西，虚转而南，昴转而东，鸟转而北。至仲冬，则虚转而西，昴转而南，鸟转而东，火转而北。来岁仲春，则鸟又转而南矣。循环无穷。《尧典》考中星，以正四时，甚简而明异乎。吕令之星，举月本也。

林氏曰，鸟、火、虚、昴，皆是分、至之昏见于南方，直正午之中星。而孔氏谓七星毕见，不以为中星。王肃觉其非，遂谓，"宅嵎夷"，孟月也。日中、日永、宵中，仲月也；鸟、火、虚、昴，季月也。此说并与天象偶合。然分孟、仲、季，非《书》之意，盖不知历家有岁差之法，以《月令》日在某宿而求之，所以不合。按，历家自北齐向子信，始知岁差之法，以故历推之，凡八十余年差一度。《月令》日在某宿，比之尧时，则已差矣。故唐一行云，日在虚一则星火星昴，皆以仲月昏中。而沈存中亦云，"《尧典》'日短星昴'，今乃日短星东壁"。以此知岁差之法，乃历家之所通知，特先儒未之思尔。盖仲春之月，日在昴，入于西地，则初昏之时，鹑火之星见于南方正午之位。当是时也，昼五十刻，夜五十刻，是为春分之气，故曰"日中星鸟，以殷仲春"。仲夏之月，日在星，入于酉地，初昏之时，大火之星见于南方正午之位。当是时也，昼长夜短，昼六十刻，夜四十刻，是为夏至之气，故曰"日永星火以正仲夏"。仲秋之月，日在心，入于酉地，则初昏之时，虚之星见于南方正午之位。当是时也，昼夜分，昼五十刻，夜五十刻，是为秋分之气，故曰"宵中星虚，以殷仲秋"。仲冬之月，日在虚，入于酉地，初昏之时昴星见于南方正午之位。当是时也，昼短夜长，昼四十刻，夜六十刻，是为冬至之气，故曰"日短星昴，以正仲冬"。分至之气既定，则十二月之气，无不定矣。春曰"日中"，秋曰"宵中"，盖互文，以见日夜之分也。春曰"星鸟"，夏曰"星火"，秋曰"星虚"，冬曰"星昴"，盖四方躔度之星。以名言之，自角、亢、氐、房、心、尾、箕至于井、鬼、柳、星、张、翼、轸，凡二十有八。以日月所会言之，则訾陬、降娄、大梁、实沉、鹑首、鹑火、鹑尾、寿星、大火、析木、星纪、玄枵，凡一十有二。以物象言之，则青龙、玄武、白虎、朱雀，凡四。作典者，欲备见，故互言之。春秋言殷，冬夏言正者，亦犹春秋谓之分，冬夏谓之至也。分、至定，则十二月之中气，无不定矣。

朱子曰，中星或以象言，或以次言，或以星言者，盖星适当昏中，则以星言，如"星虚"、"星昴"是也；星不当中，而适当其次者，则以次言，如"星火"是也；次不当中，而适界于两次之间者，则以象言，如"星鸟"是也。圣人作历，推考参验，以识四时中星。其立言之法，详密如此。又按，尧时冬至，日在虚，昏中昴；今日在斗，昏中壁。中星古今不同者，盖天有三百六十五度四分度之一，岁有三百六十五日四分日之一。天，度四分之一而有余，岁，日四分之一而不足。故天度常平运而舒，日道常内转而缩。天渐差而西，岁渐差而东。此岁差之由。唐一行所谓岁差者，日与黄道俱差是也。古历简易，未立差法，但随时占候修改，以与天合。至东晋虞喜，始以天为天，以岁为岁，乃立差法，以追其变，约以五十年退一度。何承天以为太过，乃倍其年，而又反不及。至隋刘焯，取二家中数，七十五年为近之，然亦未为精密也。又曰，中星自尧时至今，已差五十度。初昏者，日已落，星初明，凡测星辰，俱用此时。测日景，则用日中。中星者，当南方之正直午位之中者也。星随天西转，无刻不有中星，但考验之法，以初昏为候。古今历凡几改，一历之改，广集众见，思无遗智，法无遗术，宜其永久不变。然历代长于历者，不数岁而辄差。杜预曰，阴阳之运，随动而差，差而不已，遂与历错。欧阳公曰，事在天下，其易差者，莫如历。夫所以差者，由天周有余，日周不足也。天日之差，恒于中星验之。"殷"即是分字，"正"即是至字。"以"者，"以"是"日中星鸟"，而验夫阳之中，为"仲春"焉。盖仲春之气节正，转以推季孟则可知矣。余仿此。又曰，析、因、夷、隩，乃是验之于人，以审气候之寒温，与下句验之于物，以审时物之变迁，语意相似。若谓此句为定农事之早晚，则下句为欲定何事耶？大抵命此四官，皆考天时，以作历之事，历正则可以授民时，治百官。而农桑田役之务，饮食居处之宜，无不得其序矣，不必于此遽指一事而言也。今按，以析、因等句，为定农事之早晚，是林氏之说。

正义曰，在，见物之察也。三时有事，当次序之，故言平秩；冬则物皆藏入，事毕更新，须省察之，故异其文。许氏曰，易，改易也。仲冬，建子之月，新旧承续之交，是除旧易新之时。疏谓人三时在野，冬入隩室；物则三时生长，冬入困仓，是人与物皆改易也。谨约盖藏，循行积聚，曰为改岁入此室处，故在察其政，以顺天常。

蔡传云，既命羲和造历制器，而又分方与时，使各验其实，以审夫推步之差。圣人之敬天勤民，其谨如是。是以术不违天，而政不失时也。此重结"钦若"、"敬授"之意。术不违天，所谓"钦若"也；政不失时所谓"敬授"也。作、讹、成、易以上，分"方"；日、宵、永、短以下，分"时"。所以必分"方"与"时"者，欲其专于一，则精而审也。

## 22. 《御制日讲书经解义》卷一

分命羲仲，宅嵎夷，曰旸谷，寅宾出日，平秩东作，日中星鸟，以殷仲春。厥民析，鸟兽孳尾。

此下四节，言历既成，而又分职以考验之。此节是命春官也。宅，即居。嵎夷，东表之地，在今山东登州府。旸谷，所居官次之名。寅宾，敬以迎之如宾也。平，均平；秩，次序也。东作，春作也。"日中"者，春分，昼夜适中。"星鸟"者，南方朱雀七宿。殷，中也。析，散处也。孳，物之生；尾，物之交也。春当发生，宜布四方之春令，帝尧分命羲仲掌之。测候之所，在嵎夷东表之地。其官次之名称为旸谷。羲仲居此，果何事哉？一春之节气早晚，日星民物，历已载矣。于春分之旦，初出之日，必致敬以迎之，如见宾而不敢忽，察所出之景，果见于卯位，出于卯时否也。凡春月，岁功方兴，所当作起之事，必均平周遍，序其先后之宜，颁之有司，考其果与历合否也。又必考之春分昼日之晷度，果五十刻，于夏永冬短为适中否；考之春分初昏之时，果南方朱鸟七宿适当午位否。二者相合，可见仲春为阳气之中矣。于一春之三月，又验之于民，果皆分析散处，非复隆寒聚室，则气之温可知；又验之于物，果皆乳化、交接、生育以时，非复严冬藏蛰，则气之和可知。仰观天文，俯察民物，如是，而春历无差，羲仲之职尽矣。

## 《尚书通考》卷一

（元）黄镇成

四仲图

羲仲（所居官次之名，官在国都也。）

嵎夷（东表之地，测候之所。春分之旦，朝方出之日，而识其初出之景也。《禹贡》嵎夷注，在今青州境登州之地。）

东作（春月岁功方兴，所当作起之事。林氏曰，谓万物发生于东，全取农作之义，犹言万物作也。）

日中（孙氏曰，春为阳中，故取日于夏永冬短为适中，昼夜皆五十刻，谓春分之日也。）

星鸟（南方朱鸟七宿，唐一行推以鹑火为春分昏之中星。此以朱鸟，当春分昏之时，正见南方午位，盖以四象而言。）

民（析，散处，气温也。）

鸟兽（孳尾，气和也。）

孔颖达曰，朱鸟七宿在天成象，星作鸟形，西首东尾，以南方之宿象鸟，故言鸟，谓朱鸟七宿也。春言星鸟，总举七宿，以象而言也。

南交（南方交趾之地，测候之所。）

南讹（夏月时，物长盛所当变化之事。）

敬致（祠日而识其景。）

日永（昼六十刻，谓夏至之日也。）

星火（东方苍龙七宿。火谓大火，夏至昏之中星。此以大火，当夏至昏之时，正见南方午位，盖以十二次而言也。）

民（因，析而又析，气愈热也。）

鸟兽（毛希而革易也。）

孔颖达曰，东方成龙形，南首北尾，七宿房在其中，房心连体。房心为大火苍龙之中星，举中则七星可知。

西（西极之地。）

昧谷（以日所入而名也，颖达曰，日入之处，非实有谷而日入也。）

纳日（秋分之莫夕，方纳之日，而识其景也。）

西成（秋月物成之时，所当成就之事。）

宵中（于夏冬为适中，昼夜亦各五十刻。宵者，举夜以见日。孙氏曰，秋为阴中，故举宵，谓秋分之日也。）

星虚（北方玄武七宿之虚星，秋分昏之中星。此以虚宿，当秋分昏之时，正见南方午位，盖以宿而言也。）

民（夷，暑退而人气平。）

鸟兽（毛落更生，润泽鲜好。）

孔颖达曰，北方七宿，成龟形，西首东尾。北方七宿，虚为中，故虚为玄武之中星。

朔方（北方之地。朔，苏也，万物至此，死而复苏，犹月之晦而有朔也。）

幽都（日沦地中，万象幽暗。）

朔易（冬月，岁事已毕，除旧更新，所当改易之事）

日短（昼四十刻，谓冬至之日也。）

星昴（西方白虎七宿之昴宿，冬至昏之中星。此以昴宿，当冬至初昏之时，正见南方午位，盖以宿而言也。）

民（隩，气寒而聚于内。）

鸟兽（生软毳细毛以自温。）

孔颖达曰，西方七宿，成虎形，南首北尾。西方七宿，昴为中，故昴为白虎之中星。

## 《读书管见》卷上

（元）王充耘

分命四仲。

分命仲叔四节，传者谓历既成，而分职颁布，且考验之者，非也。上文历象授时者，总语以大纲。此下方详告以其故也。宾日，是历象日；星鸟，是历象星；以殷仲春，却是授人时，余三节放此。然此四节是正四时，乃作历之常道，别有活法存焉。所谓活法者，置闰是也。故有闰，方能定四时成岁。不然则前所谓春者，非春；夏者，非夏矣。若谓历既成而颁布，则置闰岂当在颁历之后乎？

## 《尚书疑义》卷一

（明）马明衡

（归善斋按，马明衡连解，见前文"乃命羲和"）

## 《尚书注考》

（明）陈泰交

同字异解者三百二十三条。

宅嵎夷，祭旸宅，训宅，居也；三有宅，训宅，以位言。

## 《尚书疏衍》卷二

（明）陈第

分命羲仲

按，历书之作始于黄帝，黄帝考星历，立五行，正闰余，于是有天地神祇物类之官，是谓五官各司其序，不相乱也。故尧命治历，慎重其事。上言历象日月星辰，敬授人时，论其统体也。推验考测，必极其精，秒曶（hū）有差，则躔度不应矣。故分遣四子，各居其方，察日之出入，农之作息，昏晓之中星，四时之节气，以至人之祁寒暑雨，物之毛羽生落，离合参伍，毫发不爽，斯历元可定矣。苟不置闰，则气朔盈虚，终莫齐一。故曰"以闰月定四时成岁"也。总之，皆治历明时之事。历成则阴阳顺，风雨时，百谷登，而协气畅，百工有不厘庶绩，有不熙乎？是经文次序最明且悉。蔡注，于历象日月，便谓作历已成；于分命，则云此下四节言历既成，而分职以颁布且考验之，恐其推步之或差。夫分职颁布云者，岂以羲仲颁春历，羲叔颁夏历，和仲、和叔颁秋冬历乎？何其错杂而不一也。其考验之恐错云者，岂以四子考春夏秋冬之或差，则识之以修改乎？何其测候之后时也。至下文平秩东作又云，以历之节气早晚，均次其先后之宜，以授有司，何其颁布之不豫也？近世周尧弼（名洪谟，蜀人）非之，似矣。然尧弼以为使四子者考验已颁之历，为编次将来之历，则亦稽之未审也。传曰，履端于始，序则不愆；举正于中，民则不惑；归余于终，事则不悖。此三者，治历一时事也，阙一不可以为历。噫历法难矣，起于黄帝，明于唐虞，遵用于夏、商至周襄王之世，闰且失矣。汉武起而更定之，自太初讫元凤三十岁，而是非莫定。

## 《尚书埤传》

（清）朱鹤龄

### 《书经考异》

宅嵎夷（"宅"，蔡邕《石经》作"度"。《史记》作"居"，下同。朱子曰，古字宅、度通用。愚按《说文》，宅，讬，居也，从宀，毛声，故古有"铎"音。《毛诗》"其究安宅"，"此维与宅"，皆音"铎"是也。又《释名》，宅，择也，择吉处而营之。此有相度之义。故古"宅"与"度"通。"嵎夷"，《史记》，作"郁夷"。《说文》作"嵎峓"。《释文》云，《考灵曜》作"禺铁"。《六经正误》云"铁"古"铁"字，盖"峓"误而为"铁"也）。

### 卷一

分命，申命

袁黄曰，此时历尚未成，推测考候，正以作历也（古说如此）。近世元时造历，考验凡二十七所，南尽朱崖，北尽铁勒，测候调当，总报该司，因而作历，分职颁布。非谓春历但颁东方，夏历但颁南方。只为春生之气惟东方得其真；夏长之气惟南方得其真。故各就其方而考之。如日出于卯，理宜候之于东；日没于西，理宜候之于西；日中之景在南，理宜候之于夏。北方无日，故不书。

宅嵎夷，星鸟

邹孝友曰，宅，蔡邕《石经》作"度"。郑氏《周礼》注引《书》
"度西曰柳谷"。《朱子语录》云，古字宅、度通用。宅嵎夷之类，想只是
四方度其日景，以作历耳。嵎夷，薛肇明云，今登州之地。

孔疏，鸟，南方朱鸟七宿者。在天成象，星作鸟形。《曲礼》前朱
雀，后玄武，左青龙，右白虎。雀，即鸟也。武，谓龟甲捍御，是天文有
龙虎龟鸟之形也。四方皆有七宿，各成一形，南方之宿象鸟，故言鸟，谓
朱雀七宿也（金履祥曰，午上有鹑鸟星，在星星之东，首西尾东，故星为
星鸟，未为鹑首，巳为鹑尾是也）。此言星鸟，总举七宿。夏言星火，独
指房、心、虚、昴，又举一宿。文不同者，互相通也。张氏曰，南言星
鸟，则东方苍龙，北方玄武，西方白虎可知。东言大火，则南之鹑火，西
之大梁，北之玄枵可知。西言虚，北言昴，则东之房，南之星可知，皆互
推之也。朱子曰，中星或以象言，或以次言，或以星言者，盖星适当昏
中，则以星言，如星虚、星昴是也。星不当中，而适当其次者，则以次
言，如星火是也。次不当中，而适介于两次之间者，则以象言，如星鸟是
也。郑伯熊曰，二十八宿环列四方，随天而转。天形北倾，故北极居天之
中而常在。天北二十八宿，常半隐半见。日东行历二十八宿，故隐见各有
时，必于南方考之。仲春之月，星火在东，星鸟在南。星昴在西，星虚在
北。至仲夏，则鸟转而西，火转而南，虚转而东，昴转而北。仲秋，则火
转而西，虚转而南，昴转而东，鸟转而北。至仲冬，则虚转而西，昴转而
南，鸟转而东，火转而北。来岁仲春，则鸟复转而南矣。循环无穷。此
《尧典》考中星以正四时，甚简而明。异乎《月令》之星举月本也。陈氏
曰，《尧典》惟举四仲初昏之中星；《月令》则十二月备举之。《尧典》中
星举四象十二次；《月令》专举二十八宿，且患井斗度阔，而别举弧建以
审之（王应麟曰，弧与建星非二十八宿，而昏明举之者，由弧星近井，建
星近斗，此出《月令》正义）。《尧典》惟求之初昏；《月令》则并求之
旦，而必考日行所在，以见中星去日远近之度焉。方回曰，《尧典》言分
至之中；《月令》言昏旦之中。《尧典》以时为主；《月令》以月为主。故
详略不同。然其见于南方则一也。王应麟曰，星始见于辰，终伏于戌。自

辰至戌，正于午，中于未。《尧典》举四时之正，以午为中；《月令》举十二时之中，以未为中。就火星论之，以午为正，故《尧典》言"日永星火，以正仲夏"；以未为中，故《月令》言"季夏昏火中"；至申为流，故《诗》曰"七月流火"；以辰为见，以戌为伏，故传曰火见于辰，火伏而蛰者毕。诸星亦然。《诗·定之方中》亦以十月中于未也（朱子曰，尧时昏旦，星中于午；《月令》差于未。《汉书》以来又差。今比尧时似差及四分之一。古时冬至，日左牵牛，今却在斗）。

欧阳修曰，事在天下，其易差者，莫如历。夫所以差者，由天周有余，日周不足也。天日之差，恒于中星验之。黄度曰，中星正，则天运可求；分、至定，则日行可准。历象之法备于此矣。

南交，敬致，星火

郑氏曰，"南交"下不言"曰明都"三字磨灭。孔疏，即幽足以见明，非磨灭也。孔说是。

林之奇曰，《周礼》冬夏致日，《左传》居卿以底日，《汉·天文志》云，日有黄道，一曰光道。黄道，北至东井，去北极近；南至牵牛，去北极远。夏至，日行东井，近极，故晷短，立八尺之表，而晷景长一尺五寸八分。冬至，至于牵牛，远极，故晷长，立八尺之表，而晷景长一丈三尺一寸四分。晷景者，所以知日之南北也。春、秋分，日至娄角，去极中，而晷中，立八尺之表，而晷景长七尺三寸六分。此日去极远近之差，晷景长短之制也（王应麟曰，刻之长短，由日出之蚤晚；景之长短，由日行之南北。此出方氏《礼记解》）。朱子曰，致日，考日中之景，如《周礼》土圭之法。今人都不晓土圭，郑康成解亦误。圭只是量表景底尺，长一尺五寸，以玉为之。夏至立表，视表景长短，以玉圭量之。若表景恰长一尺五寸，此便是地之中。本朝岳台是地之中（王应麟曰，《唐·律历志》测景在浚仪岳台。今祥符县西九里有岳台），已自差许多。问，地何故有差？曰，想是天运有差，地随天转而差。天运之差，如古今昏旦中星之不同是也。问，何故以八尺为表？曰此须用句股法算之，南北无定中，必以日中为中。北极则万古不易。

孔疏，苍龙七宿，房在其中，但房、心连体，心统其名。《左传》言"火中"、"火见"，《诗》称"七月流火"，皆指房、心为火。故《传》云，火，苍龙之中星。金履祥曰，心宿有三星，其中一星名曰大火。

## 《书义矜式》卷一

（元）王充耘

分命羲仲，宅嵎夷，曰旸谷，寅宾出日，平秩东作，日中星鸟，以殷仲春。厥民析，鸟兽孳尾

圣人命历官分方以治其事，欲其精于测候而详于考验者，所以重民事之始也。夫时以作事，而岁功之所由起，不可缓也。知民事之不可缓，则分方而治者，有不容不致其测候之精，而尽其考验之详矣。在昔，帝尧于羲和之分命，必使之率职于嵎夷旸谷之地，宾阳光之初升，而识其景焉，固所以谨夫平秩东作之事也。然犹恐其考验之未精也，观昼刻之均于夜，星鸟之见乎昏，而春之中者始不忒。又恐其考验之未详也，观民之析处，而有以验其气之温；物之生育，而有以验其气之和，则春之中为益信，尤所以谨夫平秩东作之事也。噫此其先天，而天不违；后天，而奉天时也欤。时以作事，而一岁之计又当谨于春，以其为岁功之首也；历以正时，而三春之候尤当谨于春分，以其阳之中也。谨岁功之首，定春阳之中，圣人又安得不命历官，分方以尽其测候考验之法乎？嵎夷，今登州之地也。旸谷，取出日之义，乃羲和所居官次之名。盖官在国都，而测候之所则在嵎夷旸谷之地。时维春分，旭日始旦，欲羲仲仿乎帝喾历日月而送迎之意，尽其寅敬宾接之礼，以识其初出之景焉。日景不差，天时斯正，以是而平均早晚之节，秩次先后之宜。凡岁功之当兴，民事之当起，斯可颁之有司，行之天下矣。然犹虑其测候之未精也，又使之参考夫昼夜之晷刻焉。盖夏之晷刻，常太过于昼；冬之晷刻，常不及于昼。惟春分之刻，视冬夏为适其中，必昼夜之刻各五十而后定也。举昼以见夜，故曰日中，又必使之审订于星宿之位焉。二十八宿随天运转，四方虽有定星，而星无定居。曰鸟，曰火，曰虚，曰昴，各以四时之昏见于南方。春分之夕，必南方朱鸟七宿见于其位而后定也。以其形而言之，故曰星鸟。夫如是，则不惟以日初出之景而定夫春之中，必参之昼夜晷刻之适均，而春之中始定焉。不惟以昼夜之晷刻而定乎春之中，必求之于南方朱鸟之昏见，而春之中始定焉。然犹虑其考验之未详也，欲其观厥民之析焉。先时冬寒，民聚于隩，至是而散处，则可以验其气之温矣。又欲观于鸟兽之孳尾焉。乳化曰孳，交接曰尾。鸟兽孳尾，则可以验其气之和矣。既有以验

其气之温，又有以验其气之和，则天时物理无不合，而步占之法庶乎无毫发之或差。圣人敬天勤民之意，无所不尽矣，故曰圣人命历官分方以治其事，欲其精于测候，而详于考验者，所以重民事之始也。虽然，岂惟是而已哉？敬致寅饯之礼，讹成朔易之务，宵中永短之必考，星火虚昴之必观，曰因、曰夷、曰隩之必审，希革、毛毨、氄毛之必察，其继乎春而为之者，盖无时而不谨矣。

## 《书经衷论》卷一

（清）张英

分命羲仲四节，主于四仲之二分、二至以立言。东南西北，所以定方位也；春分之出日，夏至之敬致，秋分之纳日，所以考日行也；作讹，成易，所以授民事也；日中，宵中，日永，日短，所以定日晷也；星鸟，星火，星虚，星昴，所以验中星也；析，因，夷，隩，所以觇民气也；孳尾，希革，毛毨，氄毛，所以觇物变也。只此数语，而详密尽矣。后世《月令》，历数诸书，繁文伙说，有能出其范围者乎？于此可见古人立法之密，亦可见古人文字之简。春秋举二分中气也；冬夏举二至至极也。一则极短，为冬之至；一则极永，为夏之至。日永、日短，不言宵者，举日之永短，而宵可知也，日中、宵中互言也。古人作历，以日法为主，故三言日而一言宵也。历既作矣，又验之于地，验之于日，验之于星，验之于民物，皆所以考其历之疏密，而惟恐其不与天合也。古人之谨，于承天如是哉。作、讹、成、易四字，民事也，而天道四时之变化，在其中，此所谓参天地，赞化育也。

## 《尚书地理今释》

（清）蒋廷锡

嵎夷，今朝鲜地。按孔安国传，东表之地称嵎夷，正义曰，青州在东，界外之畔为表，故云东表之地。《禹贡锥指》援据《后汉书》以嵎夷为朝鲜地。盖朝鲜古属青州，与今山东登州府隔海相对，正合孔传东表之语。薛季宣《书古文训》谓，嵎夷，海嵎诸夷，今登州。于钦《齐乘》又指为宁海州，皆非也。

### 《尚书七篇解义》卷一

（清）李光地

分命羲仲，宅嵎夷，曰旸谷，寅宾出日，平秩东作，日中星鸟，以殷仲春。厥民析，鸟兽孳尾。

此下析言羲和四子之职。宅嵎夷，则九州之极东处，故识其暑景，以定中国之日出时也，尤以春分之朝为重。故因司春令，四时之政莫大于民事，末及于人物之变者，对时顺育，亦有政焉。故也，言鸟兽不及草木者，统于东作、西成之类，尊五谷以概其余也。

### 《尚书大传》卷一

（清）孙之騄辑

辩秩东作（《索隐》引《大传》），辩秩南讹，辩秩西成（《周礼》疏，辩秩，据《书传》而言）。

书曰分命和仲，度西曰柳谷（《周礼注疏》云，"《书》曰"者，是济南伏生《书》）。

郑玄曰五色聚为柳，日入时具五色。

便在伏物（《索隐》引《大传》）。

以正月朝迎日于东郊，所以为万物先，而尊事天也。迎日之词曰，维某年某月上，日明光于上，下勤施于四方。旁作穆穆，维予一人（一本无一人二字）某敬拜迎日于郊（《宋书·志》引《尚书大传》）。

《书传略说》云祀上帝于南郊，即春迎日于东郊。

东方者，何也？物之动也。物之动，何以谓之春，春出也，物之出也，故谓东方，春也。南方者，何也？任方也。任方者，物之方任，何以谓之夏？夏者，假也，吁荼万物，养之外者也，故曰南方，夏也。西方者，何也？鲜方也。鲜，讯也，讯者，始入之貌。始入者，何以谓之秋？秋者，愁也，愁者物方愁而入也，故曰西方者，秋也。北方者，何也？伏方也。伏方者，万物之方伏也。伏方，何以谓之冬？冬者，中也，中也者，物方藏于中也，故曰北方，冬也。阳盛，则吁荼万物而养之外也；阴盛，则阴吸万物而藏之内也。故曰呼吸者，阴阳之交接，万物之始终。

# 寅宾出日，平秩东作

## 1. 《尚书注疏》卷一

（汉）孔氏传，（唐）陆德明音义、孔颖达疏

传：寅，敬；宾，导；秩，序也。岁起于东而始就耕，谓之"东作"。东方之官，敬导出日，平均次序东作之事，以务农也。

音义：寅，徐以真反，又音夷，下同。宾如字，徐音殡，马云"从"也。出，尺遂反，又如字，注同。平，如字，马作苹，普庚反，云"使"也。下皆放此。秩如字。

疏：而日出于东方，令此羲仲恭敬导引将出之日，平均次序东方耕作之事，使彼下民务勤种植。

传正义曰，"寅，敬也"，《释诂》文。宾者，主行导引，故宾为导也。《释诂》以"秩"为"常"。即次第有序，故"秩"为"序"也。一岁之事，在东则耕作，在南则化育，在西则成熟，在北则改易，故以方名配岁事为文，言顺天时气，以劝课人务也。春则生物，秋则成物。日之出也，物始生长，人当顺其生长，致力耕耘。日之入也，物皆成熟，人当顺其成熟，致力收敛。东方之官，当恭敬导引日出，平秩东作之事，使人耕耘。西方之官，当恭敬从送日入，平秩西成之事，使人收敛。日之出入，自是其常。但由日出入，故物有生成。虽气能生物，而非人不就。勤于耕稼，是导引之；勤于收敛，是从送之。冬夏之文无此类者，南北二方，非日所出入，平秩南讹，亦是导日之事；平在朔易，亦是送日之事。依此，春秋而共为宾饯，故冬夏二时无此一句。劝课下民，皆使致力，是敬导之。平均次序，即是授人田里，各有疆场，是平均之也。耕种收敛，使不失其次序。

王者以农为重，经主于农事。"寅宾出日"为平秩设文，故并解之也。言"敬导出日"者，正谓"平秩次序东作之事，以务农也"。郑以"作"为"生"，计秋言西成，春宜言东生。但四时之功皆须作力，不可不言力作，直说"生"、"成"。明此以岁事初起，时言"东作"以见四

时，亦当力作。故孔以"耕作"解之。郑玄云"'寅宾出日'，谓春分朝日"，又以"'寅饯纳日'，谓秋分夕日"也。

## 2. 《书传》卷一

（宋）苏轼

寅宾出日，平秩东作。寅，敬也。宾，导也。秩，次序也。东作，春作也。西成，秋成也。春夏欲民早起，故先日出而作，是谓寅宾出日。秋冬寒不能早起，故令民候日入而息，是谓寅饯纳日。二叔不言饯者，因仲之辞。

## 3. 《尚书全解》卷一

（宋）林之奇

（归善斋按，林之奇自"分命羲仲"至"庶绩咸熙"整段综合作解。见"分命羲仲"）

## 4. 《尚书讲义》卷一

（宋）史浩

（归善斋按，史浩整段综合作解，见"分命羲仲"）

## 5. 《尚书详解》卷一

（宋）夏僎

（归善斋按，夏僎整段综合作解，见"分命羲仲"）

## 6. 《增修东莱书说》卷一

（宋）时澜

（归善斋按，时澜整段综合作解，见"分命羲仲"）

## 7. 《尚书说》卷一

（宋）黄度

（归善斋按，黄度此段综合作解，见"乃命羲和"）

## 8. 《絜斋家塾书钞》卷一

（宋）袁燮

（归善斋按，此段袁燮综合作解，见"分命羲仲"）

## 9. 《书经集传》卷一

（宋）蔡沈

（归善斋按，此段蔡沈连解，见"分命羲仲"）

## 10. 《尚书精义》卷一

（宋）黄伦

（归善斋按，见"分命羲仲"）

## 11. 《尚书详解》卷一

（宋）陈经

（归善斋按，此段陈经综合解说，见"分命羲仲"）

## 12. 《融堂书解》卷一

（宋）钱时

（归善斋按，此段钱时连解，见"分命羲仲"）

## 13. 《尚书要义》卷一

（宋）魏了翁

二四、物生成由日出入，故有宾饯之事

一岁之事，在东则耕作；在南则化育；在西则成熟；在北则改易。故以方名配岁事为文，言顺天时气，以劝课人务也。春则生物，秋则成物。日之出也，物始生长，人当顺其生长，致力耕耘。日之入也，物皆成熟，人当顺其成熟，致力收敛。东方之官当恭敬导引日出，平秩东作之事，使人耕耘。西方之官，当恭敬从送日入，平秩西成之事，使人收敛。日之出入，自是其常。但由日出入，故物有生成，虽气能生物，而非人不就，勤于耕稼，是导引之。勤于收藏，是从送之。冬夏之文无此类者。南北二方，非日所出入，平秩南讹，亦是导日之事。平在朔易，亦是送日之事。依此春秋而共为宾饯。故冬夏二时无此一句。

（归善斋按，另见"分命羲仲"）

## 14.《书集传或问》卷上

（宋）陈大猷

（归善斋按，未解）

## 15.《尚书详解》卷一

（宋）胡士行

（归善斋按，见"分命羲仲"）

## 16.《书纂言》卷一

（元）吴澄撰

（归善斋按，此段吴澄连解，见"分命羲仲"）

## 17.《尚书集传纂疏》卷一

（元）陈栎

（归善斋按，见"分命羲仲"）

## 18.《读书丛说》卷二

（元）许谦

（归善斋按，数段许谦综合解说，见"分命羲仲"）

## 19.《书传辑录纂注》卷一

（元）董鼎

（归善斋按，见"分命羲仲"）

## 20. 《尚书句解》卷一

（元）朱祖义

寅宾出日（寅，敬；宾，迎。出日于东。若帝喾历，日月而迎送之，即此法也），平秩东作（春属于东，必均平秩序春时农作之事）。

## 21. 《尚书日记》卷一

（明）王樵

（归善斋按，见前文"分命羲仲"）

## 22. 《御制日讲书经解义》卷一

（归善斋按，连解，见前文"分命羲仲"）

## 《尚书通考》卷一

（元）黄镇成

（归善斋按，连解，见前文"分命羲仲"）

## 《书蔡传旁通》卷一上

（元）陈师凯

春分之旦，朝方出之日，而识其初出之景。

春分之日初出之景，于地，则在卯方之中；于日，则在卯时之中。盖春分已前，则冬至，日出辰渐渐南来，未及乎卯中也。春分已后，渐渐北去，至夏至，而日出寅，又过乎卯中也。直至秋分，则又自北而来，至于卯中；秋分以后，又自卯中南行，而至于辰，为冬至。故春分、秋分日皆出卯，昼夜皆五十刻，而气候亦得寒温之中也。

## 《尚书疑义》卷一

（明）马明衡

（归善斋按，马明衡连解，见前文"乃命羲和"）

## 《尚书注考》

（明）陈泰交

同字异解者三百二十三条。

寅宾出日，训寅，敬也；夙夜惟寅，训寅，敬畏也；严恭寅畏，训寅，则钦肃。

寅宾，训宾，礼接之如宾客也；宾于四门，训古者以宾礼亲邦国，诸侯各以方至而使主焉，故曰宾；七曰宾，训宾者，礼诸侯，远人所以往来交际也；作宾于王家，训宾，以客礼遇之也；宾称奉圭，训宾，诸侯也。

平秩东作，咸秩无文，训秩，序；柴望秩于山川，训秩者，牲帛祝号之次第；汝作秩宗，训秩，叙也；天秩有礼，训秩者，尊卑贵贱等级之品秩也。

平秩东作，训作，起也；大陆既作，训作者，言可耕治；盘庚作，训作，起而将迁之辞；作我先王，训作，兴起也；润下作咸，训作，为也；用作凶，训作，动作也。

## 《尚书埤传》

（清）朱鹤龄

### 《书经考异》

寅宾出日，平秩东作（《史记》作"敬道日出，便程东作"）。

## 《书义矜式》卷一

（元）王充耘

（归善斋按，见前文"分命羲仲"）

## 《尚书七篇解义》卷一

（清）李光地

（归善斋按，见前文"分命羲仲"）

## 《尚书大传》卷一

（清）孙之騄辑

（归善斋按，见前文"分命羲仲"）

# 日中星鸟，以殷仲春

## 1.《尚书注疏》卷一

（汉）孔氏传，（唐）陆德明音义、孔颖达疏

传：日中，谓春分之日。鸟，南方朱鸟七宿。殷，正也。春分之昏，鸟星毕见，以正仲春之气节，转以推季孟，则可知。

音义：中，贞仲反，又如字。殷，于勤反，马、郑云"中也"。宿，音秀，下同。见，贤遍反，下同。

疏：于日，昼夜中分，刻漏正等，天星朱鸟南方七宿合昏毕见，以此天时之候，调正仲春之气节。

传正义曰，其仲春、仲秋、冬至、夏至，马融云："古制刻漏，昼夜百刻。昼长六十刻，夜短四十刻；昼短四十刻，夜长六十刻；昼中五十刻，夜亦五十刻。"融之此言，据日出见为说。天之昼夜，以日出入为分；人之昼夜，以昏明为限。日未出前二刻半为明，日入后二刻半为昏。损夜五刻以裨于昼，则昼多于夜，复校五刻。古今历术与太史所候皆云，夏至之昼六十五刻，夜三十五刻；冬至之昼四十五刻，夜五十五刻；春分秋分之昼五十五刻，夜四十五刻，此其不易之法也。然今太史细候之法，则校常法半刻也。从春分至于夏至，昼渐长，增九刻半；夏至至于秋分，所减亦如之。从秋分至于冬至，昼渐短，减十刻半；从冬至至于春分，其增亦如之。又于每气之间，增减刻数有多有少，不可通而为率。汉初未能审知，率九日增减一刻。和帝时，待诏霍融始请改之。郑注《书纬·考灵曜》仍云"九日增减一刻"，犹尚未觉，误也。郑注此云"日长者，日见之漏五十五刻；日短者，日见之漏四十五刻"，与历不同。故王肃难云："知日见之漏，减昼漏五刻，不意马融为传已减之矣。因马融所减而又减之，故日长为五十五刻，因以冬至反之，取其夏至夜刻，以为冬至昼短，此其所以误耳。"

"鸟，南方朱鸟七宿"者，在天成象，星作鸟形。《曲礼》说军陈象天之行，前朱雀，后玄武，左青龙，右白虎。雀，即鸟也。武谓龟甲捍御，故

变文"玄武"焉。是天星有龙虎鸟龟之形也。四方皆有七宿，各成一形。东方成龙形，西方成虎形，皆南首而北尾。南方成鸟形，北方成龟形，皆西首而东尾。以南方之宿象鸟，故言"鸟"谓"朱鸟七宿"也。此经举宿，为文不类。春言"星鸟"，总举七宿；夏言"星火"，独指房、心、虚、昴，惟举一宿，文不同者，互相通也。《释言》以"殷"为"中"。中、正，义同，故"殷"为"正"也。此经，冬夏言"正"，春秋言"殷"者，其义同。春分之昏，观鸟星毕见，以正仲春之气节，计仲春，日在奎、娄，而入于酉地，则初昏之时井、鬼在午，柳、星、张在巳，轸、翼在辰，是朱鸟七宿皆得见也。

春有三月，此经直云仲春，故传辨之云，既正仲春，转以推季孟之月，则事亦可知也。天道左旋，日体右行，故星见之方，与四时相逆。春则南方见，夏则东方见，秋则北方见，冬则西方见。此则势自当然。而《书纬》为文生说，言"春夏相与交，秋冬相与互，谓之母成子，子助母"，斯假妄之谈耳。马融、郑玄以为"星鸟、星火谓正在南方，春分之昏七星中，仲夏之昏心星中，秋分之昏虚星中，冬至之昏昴星中，皆举正中之星，不为一方尽见"，此其与孔异也。至于举仲月以统一时，亦与孔同。王肃亦以星鸟之属为昏中之星，其要异者，以所宅为孟月，日中、日永为仲月，星鸟、星火为季月，"以殷"、"以正"皆总三时之月。读"仲"为"中"，言各正三月之中气也。以马融、郑玄之言，不合天象。星火之属，仲月未中，故为每时皆历陈三月，言日以正仲春，以正春之三月中气。若正春之三月中当言以正春中，不应言以正仲春。王氏之说非文势也。孔氏直取毕见，稍为迂阔，比诸王、马，于理最优。

考证：以殷仲春，传以正仲春之气节

臣召南按，《孔丛子》子思曰：夏数得天，尧舜之所同也，即《尧典》此文可知，唐虞并以建寅为正，而夏后氏遵之。曰日中，则《月令》所谓日夜分，《豳风》所谓四之日也。以日中为仲春，则自以立春为孟春岁首矣。周人以子为正，改时改月，而独于分至启闭节气之名，必不能改《左传》之记春，正月朔日南至是也。《尧典》举四仲，而必曰日中、日永、宵中、日短，所谓万世之典常也欤。

又疏，从春分至于夏至，昼渐长

渐，监本讹暂，今改正。

又疏，计仲春日，在奎、娄而入于酉地，则初昏之时井、鬼在午，柳、星、张在巳，轸、翼在辰。是朱鸟七宿皆得见也

臣召南按，中星惟取午位正南，断无三次并见之理。孔传以七星毕见为说，既不可通，孔疏曲解以仲春日在奎、娄，初昏井、鬼在午，柳、星、张在巳，翼、轸在辰云云。是《尧典》四仲昏中之星皆指巳位，不在正南矣。诸儒不悟岁差，执周秦间之月令，以求《尧典》，宜乎不合。不知尧时春分日在昴，不在奎、娄也。夏至日在七星，不在东井也。秋分日在房，不在角亢也。冬至日在虚，不在南斗也。又按，孔疏于日短星昴以正仲冬，似脱正义一段。尧时冬至日躔（chán）所在，历家多以意说。宋何承天、隋袁充皆谓日在须女十度，已为近之。唐一行直谓日在虚一，则星火星昴，皆以仲月昏中，得其解矣。

## 2. 《书传》卷一

（宋）苏轼

日中星鸟，以殷仲春。日中者，昼夜平也。二分皆昼夜平。而春言日中，秋言宵中者，互相备也。春分，朱鸟七宿昏见于南方；夏至则青龙，秋分则玄武；冬至则白虎。而夏秋冬独举一宿者，举其中也。殷，当也。《书》曰"九江孔殷"。

## 3. 《尚书全解》卷一

（宋）林之奇

（归善斋按，林之奇自"分命羲仲"至"庶绩咸熙"整段综合作解。见"分命羲仲"）

## 4. 《尚书讲义》卷一

（宋）史浩

（归善斋按，史浩整段综合作解，见"分命羲仲"）

## 5. 《尚书详解》卷一

（宋）夏僎

（归善斋按，夏僎整段综合作解，见"分命羲仲"）

## 6. 《增修东莱书说》卷一

（宋）时澜

（归善斋按，时澜整段综合作解，见"分命羲仲"）

## 7. 《尚书说》卷一

（宋）黄度

（归善斋按，黄度此段综合作解，见"乃命羲和"）

## 8. 《絜斋家塾书钞》卷一

（宋）袁燮

（归善斋按，此段袁燮综合作解，见"分命羲仲"）

## 9. 《书经集传》卷一

（宋）蔡沈

（归善斋按，此段蔡沈连解，见"分命羲仲"）

## 10. 《尚书精义》卷一

（宋）黄伦

（归善斋按，见"分命羲仲"）

## 11. 《尚书详解》卷一

（宋）陈经

（归善斋按，此段陈经综合解说，见"分命羲仲"）

## 12. 《融堂书解》卷一

（宋）钱时

（归善斋按，此段钱时连解，见"分命羲仲"）

## 13. 《尚书要义》卷一

（宋）魏了翁

二五、昼常多于夜五刻

马融云："古制刻漏，昼夜百刻，昼长六十刻，夜短四十刻；昼短四十刻，夜长六十刻；昼中五十刻，夜亦五十刻"。融之此言，据日出见为说。天之昼夜，以日出入为分；人之昼夜，以昏明为限。日未出前二刻半为明，日入后二刻半为昏。损夜五刻以裨于昼，则昼多于夜，复校五刻。古今历术与太史所候，皆云夏至之昼六十五刻，夜三十五刻；冬至之昼四十五刻，夜五十五刻。春分、秋分之昼五十五刻，夜四十五刻。此其不易之法也。然今太史细候之法，则校常法半刻也。从春分至于夏至，昼渐长增九刻半；夏至至于秋分，所减亦如之。从秋分至于冬至，昼渐短，减十刻半；从冬至至于春分，其增亦如之。又于每气之间，增减刻数，有多有少，不可通而为率。汉初未能审知，率九日增减一刻。和帝时，待诏霍融始请改之。郑注《书纬·考灵曜》仍云"九日增减一刻"，犹尚未觉误也。郑注此云"日长者见日之漏五十五刻，日短者见日之漏四十五刻"，与历不同。故王肃难云："知日见之漏，减昼漏五刻，不意马融为传已减之矣。因融所减而又减之，故日长为五十五刻，因以冬至反之，取其夏至夜刻，以为冬至昼短。此其所以误耳"。

二六、龙虎鸟龟所见之方与四时相逆

在天成象，星作鸟形。《曲礼》说军陈象天之行："前朱雀，后玄武，左青龙，右白虎"。雀即鸟也。武谓龟甲捍御，故变文玄武焉。是天星有龙虎鸟龟之形也。四方皆有七宿，各成一形。东方成龙形，西方成虎形，皆南首而北尾。南方成鸟形，北方成龟，形皆西首而东尾。以南方之宿象鸟，故言鸟，谓朱鸟七宿也。此经举宿，为文不类。春言星鸟，总举七宿；夏言星火，独指房、心、虚、昴，惟举一宿。文不同者，互相通也。

《释言》以殷为中，中、正义同，故殷为正也。此经，冬夏言正，春秋言殷者，其义同。春分之昏，观鸟星毕见，以正仲春之气节。计仲春，日在奎娄，而入于酉地，则初昏之时，井魁在午，柳、星、张在巳，轸、翼在辰，是朱鸟七宿皆得见也。春有三月，此经直云仲春，故传辨之云，既正仲春，转以推季孟之月，则事亦可知也。天道左旋，日体右行，故星见之方，与四时相逆。春则南方见，夏则东方见，秋则北方见，冬则西方见。此则势当然。而《书纬》为文生说，言春夏相与交，秋冬相与互，谓之母成子，子助母。斯假妄之谈耳。

二七、马郑略与孔同，王肃谓正三时中气

马融、郑玄以为星鸟、星火谓正在南方，春分之昏，七星中；仲夏之昏，心星中；秋分之昏，虚星中；冬至之昏，昴星中。皆举正中之星，不为一方尽见。此其与孔异也。至于举仲月，以统三时，亦与孔同。王肃亦以星鸟之属，为昏中之星，其要异者，以所宅为孟月；日中、日永为仲月；星鸟、星火为季月。以殷、以正，皆总三时之月。读仲为中，言各正三月之中气也。以马融、郑玄之言不合天象。星火之属仲月未中。故为每时皆历陈三月，言日以正仲春，以正春之三月中气，若正春之三月中，当言以正春中，不应言以正仲春。王氏之说非文势也。孔氏直取毕见，稍为迂阔，比诸王氏，于理最优。

（归善斋按，另见"分命羲仲"）

## 14.《书集传或问》卷上

（宋）陈大猷

或问：孔氏言中星，与林氏异，如何？

曰：考论中星，当以林说为是。林曰，鸟、火、虚、昴皆是分至之昏见于南方，直正午之中星。而孔氏以为七星异见，不以为中星。故唐孔氏云，仲春之月，日在奎、娄入于酉地，则初昏之时，井、鬼在午，柳、星、张在巳，翼、轸在辰；仲夏之月，日在东井，而入于辛地，则初昏之时，角、亢在午。氐、房在巳，箕、尾在辰；仲秋之月，日在角而入于酉地，则初昏之时，斗、牛在午，女、虚、危在巳，室、壁在辰；仲冬之月，日在斗，入于申酉地，则初昏之时，奎、娄在午，胃、昴在巳，毕、觜、参在辰。信如孔说，则是鸟、火、虚、昴，掌分至之昏，皆见于巳，非正午也，何以为四方中星哉？王肃觉其非，遂谓"宅嵎夷"，孟月也，日中、日永、宵中。仲月也。鸟、火、虚、昴，季月也。此说并与天象偶合。然分孟、仲、季，非书之意。盖二孔、王肃皆不知历家有岁差之法，以《月令》日在某宿而求之，所以不合。按历家，自北齐向子信，始首知岁差之法，以古历指之，凡八十余年差一度。《月令》日在某宿，比之尧时，则已差矣。以日会月在某宿，未知中星，宜其不合矣。故唐一行云，月在虚一，则星火、星昴，皆以仲月昏中。而沈存中亦云，《尧典》

日短星昴，今乃日短星东壁，以是知岁差之法，乃历家之所通知。特先儒未之思耳（蔡氏曰，古历简易，未立差法，但随时占候修改，以与天合。至东晋虞喜，始以天为天，以岁为岁，乃立差以追其变，约以五十年退一度。何承天以为太过，乃倍其年，而又反不及。至隋刘焯取二家中数七十五年，为近之，亦未为精密也）。

或问：诸家所言，分、至，昼夜刻数不同，何邪？

曰：唐孔氏谓，马融云，古制刻漏，昼夜百刻。昼长六十刻；夜短，四十刻；夜长六十刻；昼短，四十刻；昼中，五十刻；夜中，亦五十刻。融之言，此据日之出没为说，天之昼夜，以日之出没为分，人之昼夜，以昏明为限。日未出前二刻半，为明；日入后二刻半为昏，损夜五刻，以禆昼。则昼多于夜复五刻。古今历术与太史所候皆云，夏至，昼六十五刻，夜三十五刻，冬至，昼四十五刻，夜五十五刻；春、秋分，昼亦多夜五刻。此不易之法也。然按今历，日分、至、昼、夜刻数，则与马融之言同。意亦以日之出入，分昼夜欤。

## 15. 《尚书详解》卷一

（宋）胡士行
（归善斋按，见"分命羲仲"）

## 16. 《书纂言》卷一

（元）吴澄撰
（归善斋按，此段吴澄连解，见"分命羲仲"）

## 17. 《尚书集传纂疏》卷一

（元）陈栎
（归善斋按，见"分命羲仲"）

## 18. 《读书丛说》卷二

（元）许谦
（归善斋按，数段许谦综合解说，见"分命羲仲"）

### 19. 《书传辑录纂注》卷一

（元）董鼎

（归善斋按，未解）

### 20. 《尚书句解》卷一

（元）朱祖义

日中星鸟（春分之时，昼五十刻，夜五十刻。昼夜相半，而鹑火见于南方正午之位。不言鹑火，而言星鸟，举四象也），以殷仲春（以此可以正仲春之气。曰孟，曰仲，曰季，举仲而言，盖取中气之得其正）。

### 21. 《尚书日记》卷一

（明）王樵

（归善斋按，见前文"分命羲仲"）

### 22. 《御制日讲书经解义》卷一

（归善斋按，连解，见前文"分命羲仲"）

### 《尚书通考》卷一

（元）黄镇成

（归善斋按，连解，见前文"分命羲仲"）

### 《书蔡传旁通》卷一上

（元）陈师凯

星鸟，南方朱鸟七宿。唐一行推以鹑火为春分，昏之中星也。

朱鸟七宿，井、鬼、柳、星、张、翼、轸也。一行，玄宗时僧。《旧唐书》云，姓张，名遂，魏州人，公谨之孙，出家为僧于嵩山（一云改名敬贤），推《周易》大衍之数，撰开元大衍历。中星者，所以正四时。日行之所在昏中，则夕见于地之正南方；旦中，则晨见于地之正南方。《月令》记昏旦二中，《尧典》止记昏中。古者玉衡之器，以玉为管，横设之，以二端对南北。自南面北望之，则北极正对管之北端；自北面南望之，则昏时某星正直管之南端。在南上正午之地，故谓之中星。其北极一处，则凝然不动，常对管端。其南上中星，则逐时移动，每夜定挨过一度。盖太阳所在，星辉隐没，本不知其行在甚度，惟从中星推之。中星挨至某宿第几度，则黄道日轨，亦退至西上日入处某宿第几度。昼考诸日影，夜考诸中星，则七政之运，皆可推而历日不差矣。鹑火，午上，柳、星、张三宿也。自惊蛰至清明，则此三宿逐次为中星。当春分之夕，则星宿为中星也。然此只是就《尧典》论之。后世如《月令》、史、汉、晋、隋、唐、宋诸书所载，中星皆不同。有二十四气中星，又有五更中星。盖后世历法渐密，推步愈精，不如古历之简易也。

## 《尚书注考》

（明）陈泰交

同字异解者三百二十三条。

以殷仲春，训殷，中也；九江孔殷，训殷，正也；王肇称殷礼，训殷，盛也。

## 《尚书稗疏》

（清）王夫之

**中星**

唐一行以尧演纪之岁，冬至，日在虚一度，推北正虚九度，为秋分昏中；南至星七度，为春分昏中；东正房二度，为夏至中星；西正昴七度，为冬至中星。以理数求之，有不然者。今以一行所测度量之，冬至，日在虚一度，而中星在昴七度；则春分，日当在胃十一度；夏至，在柳十四度；秋分，在氐九度。而虚一度之去昴七度；胃十一度之去星七度；柳十四度之去房二度；氐九度之去虚九度。其远近多寡之不齐，或差一度，或差二度，未有准也。若用郭守敬所测度数合之，则参差益甚。今大概而言，冬至，日躔之次，与秋分昏中之星，恒差一宿。虽二十八舍度数多寡之不同，而考之《月令》（《月令》，中星以节言，故曰仲冬昏东璧中。历家则以中气言），与此星鸟、星昴则无有不然者。以秋分昏虚中求之，冬至之日，其躔于女必矣。故郭守敬推尧演纪，日在女虚之交，以破从来躔虚之说，亦可于此征之也。日在女末，而中星在昴，盖一行测度不如守敬之精，虚实八度九十五分，而一行割女之一度零五分，以为十度。且西至大梁四十四度三分，则因以昴六度，强为中，而不在昴七度，则亦两嵩交缩，而日在女十一度，昏中昴六度，相去百度，亦与三仲之日躔昏中，若合符契矣。若一行所云，冬至昏中，实在胃二度，夏至昏中，实在尾十一度，而昴七度；冬至昏在午东十八度，房二度，夏至昏在午西十八度，则晷之长短使然。而经所云者，以四序进退，不逾午正，非必以人间之昏旦为昏旦。此其说于理数皆合，不必如郑氏坐北面南向，明出治之说，取必于所面之午也。今为改正日躔昏中星度于左：

冬至，日在女十一度西正大梁昴六度为中，以晷短，故昏中胃二度临午。春分，日在胃十三度弱，昏中，张二度合午。夏至，日在柳十二度强，东正大火房二度为中，以晷长，故昏中尾十一度临午。秋分，日在氐十度弱，昏中虚八度强，合午（郭测虚实八度九十五分无九度）。

## 《尚书埤传》

（清）朱鹤龄
**《书经考异》**
以殷仲春（"仲"，《史记》作"中"，音"仲"下同）。
（归善斋按，另见"分命羲仲"）

## 《书义矜式》卷一

（元）王充耘
（归善斋按，见前文"分命羲仲"）

## 《尚书七篇解义》卷一

（清）李光地
（归善斋按，见前文"分命羲仲"）

# 厥民析，鸟兽孳尾

## 1. 《尚书注疏》卷一

（汉）孔氏传，（唐）陆德明音义、孔颖达疏

传：冬寒无事，并入室处。春事既起，丁壮就功。厥，其也。言其民老壮分析。乳化，曰孳；交接曰尾。

音义：析，星历反。孳，音字。乳，儒付反。《说文》云："人及鸟生子，曰乳；兽，曰产"。

疏：此时农事已起，不居室内，其时之民宜分析适野。老弱居室，丁壮就功。于时，鸟兽皆孕胎卵，孳尾匹合。

传正义曰：厥、其，《释言》文。其人老弱在室，丁壮适野，是老壮分析也。孳、字古今同耳。"字"训"爱"也。产生为乳，胎孕为化，孕产必爱之，故乳化曰孳。鸟兽皆以尾交接，故交接曰"尾"，计当先尾后孳，随便言之。

## 2. 《书传》卷一

（宋）苏轼

厥民析。冬寒无事，民入室处；春事既起，丁壮就田。其民老壮分析。鸟兽孳尾，乳化，曰孳；交接，曰尾。

## 3. 《尚书全解》卷一

（宋）林之奇

（归善斋按，林之奇自"分命羲仲"至"庶绩咸熙"整段综合作解。见"分命羲仲"）

## 4. 《尚书讲义》卷一

（宋）史浩

（归善斋按，史浩整段综合作解，见"分命羲仲"）

## 5. 《尚书详解》 卷一

（宋）夏僎

（归善斋按，夏僎整段综合作解，见"分命羲仲"）

## 6. 《增修东莱书说》 卷一

（宋）时澜

（归善斋按，时澜整段综合作解，见"分命羲仲"）

## 7. 《尚书说》 卷一

（宋）黄度

（归善斋按，黄度此段综合作解，见"乃命羲和"）

## 8. 《絜斋家塾书钞》 卷一

（宋）袁燮

（归善斋按，此段袁燮综合作解，见"分命羲仲"）

## 9. 《书经集传》 卷一

（宋）蔡沈

（归善斋按，此段蔡沈连解，见"分命羲仲"）

## 10. 《尚书精义》 卷一

（宋）黄伦

（归善斋按，见"分命羲仲"）

## 11. 《尚书详解》 卷一

（宋）陈经

（归善斋按，此段陈经综合解说，见"分命羲仲"）

## 12. 《融堂书解》 卷一

（宋）钱时

（归善斋按，此段钱时连解，见"分命羲仲"）

### 13.《尚书要义》卷一

（宋）魏了翁

二八、释注民析鸟兽孳尾

其人老弱在室，丁壮适野，是老壮分析也。孳、字，古今同耳。字，顺，爱也。产生为乳胎，孕为化孕产，必爱之。故乳化曰孳。鸟兽皆以尾交接，故交接曰尾。计当先尾后孳，随便言之。

（归善斋按，另见"分命羲仲"）

### 14.《书集传或问》卷上

（宋）陈大猷

（归善斋按，未解）

### 15.《尚书详解》卷一

（宋）胡士行

（归善斋按，见"分命羲仲"）

### 16.《书纂言》卷一

（元）吴澄撰

（归善斋按，此段吴澄连解，见"分命羲仲"）

### 17.《尚书集传纂疏》卷一

（元）陈栎

（归善斋按，见"分命羲仲"）

### 18.《读书丛说》卷二

（元）许谦

（归善斋按，数段许谦综合解说，见"分命羲仲"）

### 19.《书传辑录纂注》卷一

（元）董鼎

（归善斋按，未解）

## 20. 《尚书句解》卷一

（元）朱祖义

厥民析（其民于此时，分析在田以耕，以耨。析音昔），鸟兽孳尾（鸟兽于此时，乳化而交接。孳，字）。

## 21. 《尚书日记》卷一

（明）王樵
（归善斋按，见前文"分命羲仲"）

## 22. 《御制日讲书经解义》卷一

（归善斋按，连解，见前文"分命羲仲"）

### 《尚书通考》卷一

（元）黄镇成
（归善斋按，连解，见前文"分命羲仲"）

### 《尚书疑义》卷一

（明）马明衡
（归善斋按，马明衡连解，见前文"乃命羲和"）

### 《尚书埤传》

（清）朱鹤龄
《书经考异》
鸟兽孳尾（《史记》作"字微"）。

### 《书义矜式》卷一

（元）王充耘
（归善斋按，见前文"分命羲仲"）

### 《尚书七篇解义》卷一

（清）李光地

（归善斋按，见前文"分命羲仲"）

# 申命羲叔，宅南交

## 1. 《尚书注疏》卷一

（汉）孔氏传，（唐）陆德明音义、孔颖达疏

传：申，重也。南交，言夏与春交，举一隅以见之。此居治南方之官。

音义：重，直用反。

疏：又就所分羲氏之内，重命其羲氏而字叔者，使之居治南方之职。又于天分南方与东交，立夏以至立秋时之事，皆主之。均平次序南方化育之事，敬行其教，以致其功。

传正义曰：申、重，《释诂》文。此官既主四时，亦主方面。经言"南交"谓南方与东方交，传言"夏与春交"，见其时、方皆掌之。春尽之日与立夏之初，时相交也；东方之南，南方之东，位相交也，言羲叔所掌与羲仲相交际也。四时皆举仲月之候，嫌其不统季孟，于此言交，明四时皆然，故传言"举一隅以见之"。春上无冬，不得见其交接，至是夏与春交，故此言之。

考证：宅南交，传南交言夏与春交

刘敞曰：传非也。冬与秋交，秋与夏交，春与冬交，何不曰西交、北交、东交乎？四宅皆指地言，不当至于夏，独以气言也。本盖言宅南曰交趾，后人传写脱两字耳。臣照按，今滇省有交水，疑即其地。既曰宅则交，必地名，不当以夏与春交为解。惟是断为脱两字，欲改作宅南曰交趾，则又似太凿矣。

## 2. 《书传》卷一

（宋）苏轼

申命羲叔，见汉志。申，重也。

### 3. 《尚书全解》卷一

（宋）林之奇

（归善斋按，林之奇自"分命羲仲"至"庶绩咸熙"整段综合作解。见"分命羲仲"）

### 4. 《尚书讲义》卷一

（宋）史浩

（归善斋按，史浩整段综合作解，见"分命羲仲"）

### 5. 《尚书详解》卷一

（宋）夏僎

（归善斋按，夏僎整段综合作解，见"分命羲仲"）

### 6. 《增修东莱书说》卷一

（宋）时澜

（归善斋按，时澜整段综合作解，见"分命羲仲"）

### 7. 《尚书说》卷一

（宋）黄度

（归善斋按，黄度此段综合作解，见"乃命羲和"）

### 8. 《絜斋家塾书钞》卷一

（宋）袁燮

（归善斋按，此段袁燮综合作解，见"分命羲仲"）

### 9. 《书经集传》卷一

（宋）蔡沈

申命羲叔，宅南交，平秩南讹，敬致，日永星火，以正仲夏。厥民因，鸟兽希革。

申，重也。南交，南方交阯之地。陈氏曰，"南交"下当有"曰明都"三字。讹，化也，谓夏月时物长盛，所当变化之事也。《史记索隐》作"南为"，谓所当为之事也。"敬致"，《周礼》所谓"冬夏致日"，盖以夏至之日中，祠日而识其景，如所谓日至之景，尺有五寸，谓之地中者也。永，长也。日永，昼六十刻也。星火，东方苍龙七宿。火，谓大火，夏至昏之中星也。"正"者，夏至阳之极，午为正阳位也，因，析而又析，以气愈热而民愈散处也。希革，鸟兽毛希而革易也。

## 10.《尚书精义》卷一

（宋）黄伦

申命羲叔，宅南交，平秩南讹，敬致，日永星火，以正仲夏。厥民因，鸟兽希革。

按《周礼·司徒》以土圭之法测土深，日至之影，尺有五寸。郑司农云，土圭之长，尺有五寸。夏至之日，立八尺表于阳城，其影与土圭等。按临曜称，日永，景尺五寸；日短，景丈三尺。通卦验曰，夏至一尺四寸八分；冬至一丈三尺。周髀云，成周土中，夏至一尺六寸，冬至一丈三尺五寸。刘向《洪范传》曰，夏至一尺五寸八分；冬至一丈三尺一寸四分；春秋二分七尺三寸六分（隋志云，刘向二分之景，直以率推，非因立表，其说非也）。隋志曰，日去极近，则景短而日长；去极远则景长而日短。日行内道则去极远。

无垢曰，讹，化也，万物化育也。且如禾稻之属春则苗，夏则实，自无而忽为有，自幽而忽为明，此"讹"之义也。向非"东作"以滋其萌，则其所谓"讹"者，天亦不能自为之矣。天之春、夏、秋、冬，即人之作、讹、成、易也。天人一致，唯深造者于此而得之。其曰"敬致"者一岁事功，莫大于夏。夏能结实，秋则成熟矣。当其实也，则防水旱之变，谨蟊（máo）螣（téng）之伤，勿使稂莠以败其力，勿使蔓草以害其功。是夏时之讹既至，吾当谨其至，而致其力也。此所以独异于东作、西成、朔易，而以"敬致"一语缀之欤。又曰"厥民因"者，春则老弱在室，丁壮在野。今农事正兴，天时既至，不可失几也。虽老弱亦因丁壮之前功，而在田野，助其耘作矣。鸟兽希革者，验之鸟兽，毛羽希少而改易者，此仲夏之正气也。阴阳之气，无物不有。日得之，而有长短，星辰得之，而有变动；民得之，而有作息；鸟兽得之，而有盛衰，适此时也则有此候，倘或不然，则必有所以矣。此圣人修省时也，裁成天地之道，辅相天地之宜，其感见于此欤。以此知天人相资，其理一也。

刘氏敞曰，"申命羲叔宅南交"，说者曰春与夏交，非也。冬与秋交，秋与夏交，春与冬交，亦何不曰西交，北交，东交乎。且春曰"宅嵎夷，曰旸谷"，秋曰"宅西，曰昧谷"，冬曰"宅朔方，曰幽都"，此皆指地而言，不当于夏独以气言也。本盖言"宅南，曰交趾"，后人传写，脱两字故尔。春云宅嵎夷，秋云宅西，推秋之西，而知嵎夷为东也。夏云宅南交，冬云宅朔方，推夏之南，而知朔方为北也。此盖尧舜时，四境四岳所统，故举以言之尔。

## 11.《尚书详解》卷一

（宋）陈经

（归善斋按，此段陈经综合解说，见"分命羲仲"）

## 12.《融堂书解》卷一

（宋）钱时

申命羲叔，宅南交，平秩南讹，敬致，日永星火，以正仲夏。厥民因，鸟兽希革。

"南交"，或谓南方交趾之地，恐非。且东曰旸，西曰昧，北曰幽，皆明著其义，而继陈其职业。若南方交趾，则其义不明。或谓南方相见之时，阴阳之所交也，其义亦未足。前乎此，则作于东；后乎此，则成于西；南，离明之地，正居春秋之间，为"东作"、"西成"之交会，故谓之南交。万物皆于是而化育也，故谓之南讹。居南方则为东西之交，时则宜平秩、化育之事。敬，以致其功也。春曰"寅宾"，秋曰"寅饯"，皆在"平秩"之先。夏言"敬致"独在"平秩"之后，盖顺日之出，而"平秩"乎"东作"；顺日之入，而"平秩"乎"西成"，皆因天时之至，而修人事也。至于化育之功，则人力无容于其间，不过均平秩叙其事，如当种则种，当耘则耘之类，敬以待化功之成而已。自修人事以待天时也，"敬致"之义大矣哉。"厥民因"者，"因"东作之事，而踵成其役也。

## 13. 《尚书要义》卷一

（宋）魏了翁

十五、命羲叔宅南交，敬致

就所分羲氏之内，重命其羲氏而字叔者，使之居治南方之职，又于天分南方与东交，立夏以至立秋时之事，皆主之，均平次序南方化育之事，敬行其教，以致其功。于日正长昼，夜漏最多，天星大火，东方七宿合昏毕见，以此天时之候，调正仲夏之气节。于时，苗稼以殖，农事尤烦。其时之民老弱，因共丁壮，就在田野。于时鸟兽羽毛希少，变改寒时。

二九、嫌仲月不统季孟，故于南交见义

此官既主四时，亦主方面。经言"南交"，谓南方与东方交，传言夏与春交，见其时方皆掌之。春尽之日与立夏之初，时相交也，东方之南，南方之东，位相交也，言羲叔所掌，与羲仲相交际也。四时皆举仲月之候，嫌其不统季孟，于此言交，明四时皆然。故传言举一隅以见之。春上无冬不得见其交接。至是夏与春交，故此言之。

（归善斋按，另见"分命羲仲"）

## 14. 《书集传或问》卷上

（宋）陈大猷

（归善斋按，未解）

## 15. 《尚书详解》卷一

（宋）胡士行

（归善斋按，见"分命羲仲"）

## 16. 《书纂言》卷一

（元）吴澄撰

申命羲叔，宅南交，平秩南讹，敬致，日永星火，以正仲夏。厥民因，鸟兽希革。

申，重也。南交，南裔交阯之地。南谓立夏以后，南方火王之时。讹、化也。——次序夏时万物化育之节候也。致，推极也。《周官》"冬夏致日"是也。于南方推极日中之景，至午中而短极，则为夏至也。火，东方苍龙之星。其辰，大火；其宿，房心也。正，谓阳至此极，得阳之正。仲夏之正，谓夏至也。因，孔注谓，老弱因就在田之丁壮，以助农是也。希，疏也。革，皮肤也。肤革希疏，犹晁错言疏理也。

（归善斋按，另见"分命羲仲"）

## 17. 《尚书集传纂疏》卷一

（元）陈栎

申命羲叔，宅南交，平秩南讹，敬致，日永星火，以正仲夏。厥民因，鸟兽希革。

申，重也。南交，南方交趾之地。陈氏曰，"南交"下当有"曰明都"三字。讹，化也。谓夏月时，物长盛所当变化之事也。《史记索隐》作"南为"，谓所当为之事也。敬致，《周礼》所谓"冬夏致日"。盖以夏至之日中，祠日而识其景，如所谓"日至之景，尺有五寸，谓之地中"者也。永，长也。日永，昼六十刻也。星火，东方苍龙七宿，火谓大火，夏至昏之中星也。正者，夏至阳之极，午为正阳位也。因，析而又析，以气愈热，而民愈散处也。希革。鸟兽毛希而革易也。

纂疏：《语录》，致日，乃考日中之景，如土圭之法。寅宾，宾其出；寅饯，饯其入。敬致，致其中。北方不说者，北方无日故也。刘氏敞曰，本言"宅南，曰交趾"，传写脱二字耳。林氏曰，敬致，犹《周官》"冬夏致日"，《左传》"日官居卿以底日"。前《天文志》云，日有黄道。黄道，北至东井，去北极近；南至牵牛，去北极远。夏至，至东井，近极，故晷短，立八尺之表，而晷景长一尺五寸八分。冬至，至牵牛，远极，故晷长，立八尺之表，而晷景长一丈三尺一寸三分。晷景者，所以知日之南北也。春秋分，日至娄角，去极中，而晷中，立八尺之表，而晷景长七尺三寸六分。此日去极远近之差，晷景长短之制也。

## 18. 《读书丛说》卷二

（元）许谦

（归善斋按，数段许谦综合解说，见"分命羲仲"）

## 19. 《书传辑录纂注》卷一

（元）董鼎

申命羲叔，宅南交，平秩南讹，敬致，日永星火，以正仲夏。厥民因，鸟兽希革。

申，重也。南交、南方交趾之地。陈氏曰，"南交"下当有"曰明都"三字。讹、化也，谓夏月时，物长盛，所当变化之事也。《史记索隐》作"南为"，谓所当为之事也。"敬致"，《周礼》所谓"冬夏致日"，盖以夏至之日中，祠日而识其景，如所谓日至之景，尺有五寸，谓之地中者也。永，长也。日永，昼六十刻也。星火，东方苍龙七宿。火，谓大火，夏至昏之中星也。正者，夏至阳之极，午为正阳位也。因，析而又析，以气愈热而民愈散处也。希革，鸟兽毛希而革易也。

**辑录**

潘子善问，"平秩南讹，敬致"，林氏谓如《周礼》"致日"之"致"，此乃致南方之中星。先生答曰：致日，乃考日中之景，如《周礼》土圭之法，非考中星也。敬致，只是冬夏致日之致。寅宾，是宾其出；寅饯是饯其入；敬致是致其中。北方不说者，北方无日故也。广。伊川曰：测景，以三万里为准，若有穷然。有至一边已及一万五千里者，而天地之位，盖如初也。此言盖误，所谓升降一万五千里中者，谓冬夏日行南陆北陆之间，相去一万五千里耳，非谓周天只三万里也。《格言》。

**纂注**

刘氏敞曰，本盖言"宅南，曰交趾"，后人传写，脱两字尔。唐孔氏曰，七宿，房在其中，但房、心连体，心统其名。《左传》言"火中"、"火见"，《诗》称"七月流火"，皆指房、心为火。故曰"火，苍龙之中星"，特举一星，与鸟不类。金氏曰，心宿，有三星。中一星名曰大火，出《步天歌》。林氏曰，"敬致"犹《周礼》"冬夏致日"。左氏曰"官居卿以底日"，前《天文志》云，日有黄道，一曰光道。黄道北至东井，去北极近；南至牵牛，去北极远。夏至，至于东井，近极，故暑短。立八尺之表，而暑景长一尺五寸八分。冬至，至于牵牛，远极，故暑长。立八尺之表，而暑景长一丈三尺一寸四分。暑景者，所以知日之南北也。春、秋分，日至娄、角，去极中，而暑中，立八尺之表，而暑景长七尺三寸六分。此日去极远近之差，暑景长短之制也。

## 20. 《尚书句解》卷一

（元）朱祖义

申命羲叔（申命处羲叔之职者，掌夏），宅南交（居正南，交趾之地。《史记·五帝纪》言黄帝之地南至交趾是也）。

## 21. 《尚书日记》卷一

（明）王樵

（归善斋按，见前文"分命羲仲"）

## 22. 《御制日讲书经解义》卷一

申命羲叔，宅南交，平秩南讹，敬致，日永星火，以正仲夏。厥民因，鸟兽希革。

此一节书是命夏官也。申命，重命也。南交，交趾之地。"南交"下当有"曰明都"三字。讹，变化之意。"敬致"者，敬以伺日景也。火，大火心星。因，因春之析，而愈散处也。希，毛疏。革，毛易也。夏当长养，宜布四方之夏令。帝尧重命羲叔掌之，使居南方交趾之地，官次之名，称为明都。羲叔居此，果何事哉。一夏之节气早晚，日星民物历已载矣。当夏月时，物长盛，所当变化之事，必均平周遍，次其先后之宜，颁之有司，考其果与历合否也。又考之于夏至之日中，立土圭之法，伺日行之中天，而察其暑景之长短。又考之于夏至昼日之暑度，果六十刻，为最长否；考之于夏至初昏之时，果大火心宿见于正南否。二者相合，可见仲夏得正阳之气矣。于一夏之中，又验之于民，因其析而又析，气之愈温可知；验之于物，毛渐希而革易，气之愈热可知。如是，而夏历无差，羲叔之职尽矣。

## 《尚书通考》卷一

（元）黄镇成

（归善斋按，连解，见前文"分命羲仲"）

## 《书蔡传旁通》卷一上

（元）陈师凯

日至之景，尺有五寸，谓之地中。

晋《天文志》云，郑众说，土圭之长，尺有五寸，以夏至之日，立八尺之表，其景与土圭等，谓之地中，今颍川阳城地也。郑元云，凡日景，于地千里而差一寸。景尺有五寸者，南戴日下万五千里也。以此推之，日当去其下地八万里矣。日邪射阳城，则天径之半也。体圆如弹丸，地处天之半，而阳城为中，则日，春秋冬夏，昏明昼夜，去阳城皆等，无盈缩矣。故知从日斜射阳城，为天径之半也。以句股法言之，旁万五千里句也；立极八万里股也。从日斜射阳城弦也。以句股求弦法，入之得八万一千三百九十四里三十步五尺三寸六分，天径之半而地上去天之数也。倍之，得十六万二千七百八十八里六十一步四尺七寸二分，天径之数也。以周率乘之，径率约之，得五十一万三千六百八十七里六十八步一尺八寸二分，周天之数也（一度凡千四百六里二十四步六寸四分）。隋《天文志》云，先验昏旦，定刻漏，分辰次，乃立仪表于准平之地，名曰南表。漏刻上水，居日之中。更立一表于南表影末，名曰中表。夜依中表以望北极枢，而立北表，令参相直。三表皆以悬准定，乃观。三表直者，其立表之地，即当子午之正，三表曲者，地偏僻。每观中表以知所偏。中表在西，则立表处在地中之西，更当向东求地中。若中表在东，则立表处在地中之东，更当向西求地中。取三表直者，为地中之正。又以春、秋二分之日，旦始出东方半体，乃立表于中表之东，名曰东表。令东表与日及中表参相直。是日之夕，日入西方半体，又立表于中表之西，名曰西表，亦从中表西望，西表及日参相直。乃观三表直者，即地南北之中也。若中表差近南，则所测之地在卯酉之南；中表差在北，则所测之地在卯酉之北也。进退南北，求三表直正东西者，则其地处中，居卯酉之正也。宋元嘉十九年，遣使往交州测景，夏至日，影出表南三寸二分。何承天计阳城去交州路当万里，而景差一尺八寸二分，是六百里而差一寸也。唐太史议曰交州去洛九千里，盖山川回折使之然。以表考其弦，当五千里平（五千里，影差一尺八寸二分，则一千里管三寸六分四十秒。日至之景尺有五寸，则止该四千里，不尽四分四十秒）。开元二年遣使天下候影，太史监南宫说择河南平地，设水准绳墨，植表以引度之，大率五百二十六里，晷差二寸余。南候林邑，冬至晷六尺九寸，夏至在表南五寸七分；北候铁勒，夏至晷四尺一寸三分，冬至晷二丈九尺二寸六分。计阳城南距林邑经六千一百一十二里，五月，日在天顶北六度。北距铁勒，与林邑正等，则五月，日在天顶南二十七度四分。旧说千里而差一寸，疏矣。

## 《尚书注考》

（明）陈泰交

同字异解者三百二十三条。

申命羲叔，训申，重也；申画郊圻，训申云者，申明之也。

## 《尚书埤传》 卷一

（清）朱鹤龄

（归善斋按，见"分命羲仲"）

## 《尚书地理今释》

（清）蒋廷锡

南交，今安南国，林之奇《尚书解》云南交即交趾也。《史记·五帝本纪》曰，黄帝之地，北至于幽陵，南至于交趾。则交趾之对幽都，其来尚矣。

## 《尚书七篇解义》 卷一

（清）李光地

申命羲叔，宅南交，平秩南讹，敬致，日永星火，以正仲夏。厥民因，鸟兽希革。

南交，九州之极南处，识其暑景，以定中国之日北也。上言宾，下言饯，在平秩之前。此言敬致，在平秩之后，盖历日月而迎送之，虽以二分为准，然测验早晚时刻四时同法，惟致午中之景，则二至者，历之元也。二至正，而历本定矣。故四时皆测。而《周官》惟曰冬夏致日者，以此二者尤以夏至为重。日中者，夏之属也。冬之属宵中，则无景之可候矣。故于此言敬致。下冬，不曰宵永，而曰日短，盖亦主于日，以相参验。不言敬致，一蒙前义，二以夏为主也。大司徒土圭之法，亦云夏至之景，略冬至者。又以此。自汉以下，始专论冬至，与圣人之意异。及岁分之说起，又但以冬至之日，日行疾，度遂减岁分，岂知若以夏至舒度推之，则岁分之减者，反增也。其故则在最高卑有动移，自古以来未正。在冬、夏至之日，及元作历时恰正，今则又过之矣。若此之类，皆须参二至，以酌其中，岂可以一隅论乎？

# 平秩南讹，敬致

## 1. 《尚书注疏》卷一

（汉）孔氏传，（唐）陆德明音义、孔颖达疏

传：讹，化也，掌夏之官，平叙南方化育之事，敬行其教，以致其功，四时同之，亦举一隅。

音义：讹，五禾反。

疏：又就所分羲氏之内，重命其羲氏而字叔者，使之居治南方之职。又于天分南方与东交，立夏以至立秋时之事，皆主之，均平次序南方化育之事，敬行其教，以致其功。

传正义曰，讹、化、《释言》文。禾苗秀穗，化成子实，亦胎生乳化之类，故"掌夏之官，平序南方化育之事"，谓劝课民耘耨，使苗得秀实。"敬行其教，以致其功"，谓敬行平秩之教，以致化育之功。农功岁终乃毕，敬行四时皆同。于此言之，见四时皆然，故云"亦举一隅"也。夏日农功尤急，故就此言之。

考证：敬致，传敬行其教以致其功

林之奇曰：《周官》"冬夏致日"，左氏曰：日官居卿以底日。则敬致者，敬致日之谓也。若如孔传，何独于南方言之。

## 2. 《书传》卷一

（宋）苏轼

宅南交，平秩南讹，敬致。讹，化也。叙南方化育之事，以敬致其功。

### 3. 《尚书全解》卷一

（宋）林之奇

（归善斋按，林之奇自"分命羲仲"至"庶绩咸熙"整段综合作解。见"分命羲仲"）

### 4. 《尚书讲义》卷一

（宋）史浩

（归善斋按，史浩整段综合作解，见"分命羲仲"）

### 5. 《尚书详解》卷一

（宋）夏僎

（归善斋按，夏僎整段综合作解，见"分命羲仲"）

### 6. 《增修东莱书说》卷一

（宋）时澜

（归善斋按，时澜整段综合作解，见"分命羲仲"）

### 7. 《尚书说》卷一

（宋）黄度

（归善斋按，黄度此段综合作解，见"乃命羲和"）

### 8. 《絜斋家塾书钞》卷一

（宋）袁燮

（归善斋按，此段袁燮综合作解，见"分命羲仲"）

### 9. 《书经集传》卷一

（宋）蔡沈

（归善斋按，此段蔡沈连解，见"申命羲叔"）

## 10. 《尚书精义》卷一

（宋）黄伦

（归善斋按，见"申命羲叔"）

## 11. 《尚书详解》卷一

（宋）陈经

（归善斋按，此段陈经综合解说，见"分命羲仲"）

## 12. 《融堂书解》卷一

（宋）钱时

（归善斋按，此段钱时连解，见"申命羲叔"）

## 13. 《尚书要义》卷一

（宋）魏了翁

三十、平秩南讹，言敬致，四时皆然

禾苗秀穗，化成子实，亦胎生乳化之类，故掌夏之官，平序南方化育之事，谓劝课民耘耨（nòu），使苗得秀实，敬行其教，以致其功，谓敬行平秩之教，以致化育之功。农功岁终乃毕，敬行四时，皆同于此。言之见四时皆然，故云亦举一隅也。夏日农功尤急，故就此言之。

（归善斋按，另见"申命羲叔"，"分命羲仲"）

## 14. 《书集传或问》卷上

（宋）陈大猷

（归善斋按，未解）

## 15. 《尚书详解》卷一

（宋）胡士行

（归善斋按，见"分命羲仲"）

## 16. 《书纂言》卷一

（元）吴澄撰

（归善斋按，此段吴澄连解，见"申命羲叔"，另见"分命羲仲"）

## 17. 《尚书集传纂疏》卷一

（元）陈栎

（归善斋按，见"申命羲叔"）

## 18. 《读书丛说》卷二

（元）许谦

（归善斋按，数段许谦综合解说，见"分命羲仲"）

## 19. 《书传辑录纂注》卷一

（元）董鼎

（归善斋按，见"申命羲叔"）

## 20. 《尚书句解》卷一

（元）朱祖义

平秩南讹（夏属于南，必均平秩序夏时化育之事，自苗而实，即物之变化），敬致（敬以致其日之至。《周官》言"春夏致日"，左氏言，日官居卿，以致日。盖圣人南面视，因其夏至之日，至而致之，以验时气之中也）。

## 21. 《尚书日记》卷一

（明）王樵

（归善斋按，见前文"分命羲仲"）

## 22. 《御制日讲书经解义》卷一

（归善斋按，连解，见前文"申命羲叔"）

## 《尚书通考》卷一

（元）黄镇成
（归善斋按，连解，见前文"分命羲仲"）

## 《书蔡传旁通》卷一上

（元）陈师凯

《史记索隐》作"南为"，谓所当为之事也。

《索隐》云，讹（é）依字读，春言东作，夏言南讹，皆是耕作营为劝农之事。《史记正义》云，讹于伪反。据此，《索隐》仍依《史记》作讹，但辟孔本作讹耳。

敬致，《周礼》所谓"冬夏致日"，盖以夏至之日中，祠日而识其景，如所谓日至之景，尺有五寸，谓之地中者也。

按《周礼》，言致日者五处。《春官》冯相氏云："冬夏致日，春秋致月，以辨四时之叙。"注云，冬至，日在牵牛，景丈三尺；夏至，日在东井，景尺五寸。疏云，春、秋分，日在娄角，而景长七尺三寸六分。《地官》大司徒云，以土圭之法，测土深，正日景，以求地中。义云，日至之景，尺有五寸，谓之地中。疏云，土圭，尺有五寸，周公欲求土中，而营王城，故有土圭度日影之法。测，度也。深，谓日景长短之深也。正日景者，夏日至，昼漏半，表北得尺五寸景，正与土圭等，即地中也。古注云，景尺有五寸者，南戴日下万五千里，地与星辰四游，升降于三万里之中，是以半之，得地之中也。郑司农云，以夏至之日，立八尺之表，其景适与土圭等，谓之地中。今颍川阳城地为然。疏云，南戴日下万五千里者，景一寸差千里，故于地中，尺五寸景，去南戴日下万五千里。《春官》典瑞云，土圭以致四时日月。疏云，度其景至不至，通卦验云，冬至立八尺之表，昼漏半，度之表北，得丈三尺景，是其景至也。或长或短，则为不至也。《地官》土方氏掌土圭之法，以致日景。注云，致日景者，夏至，景尺有五寸；冬至，景丈三尺。其间则日有长短。疏云，谓冬至日极短，夏至日极长。其极长极短之间，冬至后日渐长，夏至后日渐短。假令冬至日南至之后，日渐北之时，日行大分六，小分四。大分者，一寸为十分；小分者，十分寸之一分，又为十分。但日景一寸，则于地千里。大分一，为百里；小分一，则为十里。则冬至后，日向南行六百四十里，但冬至丈三尺景，除本尺五寸外，加丈一尺五寸，从冬至至春分，昼夜等之时，则减五尺七寸半景；从春分到夏至又减五尺七寸半景，则减尽丈一尺五寸，惟有尺五寸在，以为夏至之景。南戴日下万五千里，谓之地中。故云其间，则日有长短也。《冬官》玉人云，土圭，尺有五寸，以致日，以土地。注云，致日度日景至否。疏云，于地中，立八尺之表，于昼漏半，夏至日，表北尺五寸景，与土圭等；冬至日，丈三尺为景至，若不依此，皆为不至。故云，度景至不至也。但景至与不至。皆由君政得失而来。度之者，若不至，使君改德教也。愚按历代史志，皆载日晷，其长短并不同，文多不录。学者当自于全史考之可也。

## 《尚书疑义》卷一

（明）马明衡

（归善斋按，马明衡连解，见前文"乃命羲和"）

## 《尚书砭蔡编》卷一

（明）袁仁

平秩南讹。

蔡传，南讹，《史记索隐》作南为。《史记索隐》现在皆作"南讹"，未尝作为也。论其义，则动也，谓耘耕之类。

## 《尚书埤传》

（清）朱鹤龄

### 《书经考异》

平秩南讹（《史记》作"便程南讹"）。

## 《尚书七篇解义》卷一

（清）李光地

（归善斋按，见上句）

### 《尚书大传》卷一

（清）孙之騄辑

（归善斋按，见前文"分命羲仲"）

# 日永星火，以正仲夏

## 1. 《尚书注疏》卷一

（汉）孔氏传，（唐）陆德明音义、孔颖达疏

传：永，长也，谓夏至之日。火，苍龙之中星，举中则七星见可知；以正仲夏之气节，季孟亦可知。

疏：于日正长，昼漏最多，天星大火，东方七宿合昏毕见，以此天时之候，调正仲夏之气节。

传正义曰，永，长，《释诂》文。夏至之日，日最长，故知谓夏至之日，计七宿"房"在其中，但房、心连体，"心"统其名。《左传》言"火中"、"火见"。《诗》称"七月流火"，皆指房、心为"火"，故曰"火，苍龙之中星"，特举一星与鸟不类，故云"举中则七星见可知"，计仲夏，日在东井，而入于西地，即初昏之时，角、亢在午，氐、房、心在巳，尾、箕在辰，是东方七宿皆得见也。

## 2. 《书传》卷一

（宋）苏轼

日永星火，以正仲夏。永，长也。火，心也。

## 3. 《尚书全解》卷一

（宋）林之奇

（归善斋按，林之奇自"分命羲仲"至"庶绩咸熙"整段综合作解。见"分命羲仲"）

## 4. 《尚书讲义》卷一

（宋）史浩

（归善斋按，史浩整段综合作解，见"分命羲仲"）

## 5. 《尚书详解》卷一

（宋）夏僎

（归善斋按，夏僎整段综合作解，见"分命羲仲"）

## 6. 《增修东莱书说》卷一

（宋）时澜

（归善斋按，时澜整段综合作解，见"分命羲仲"）

## 7. 《尚书说》卷一

（宋）黄度

（归善斋按，黄度此段综合作解，见"乃命羲和"）

## 8. 《絜斋家塾书钞》卷一

（宋）袁燮

（归善斋按，此段袁燮综合作解，见"分命羲仲"）

## 9. 《书经集传》卷一

（宋）蔡沈

（归善斋按，此段蔡沈连解，见"申命羲叔"）

## 10. 《尚书精义》卷一

（宋）黄伦

（归善斋按，见"申命羲叔"）

## 11. 《尚书详解》卷一

（宋）陈经

（归善斋按，此段陈经综合解说，见"分命羲仲"）

## 12. 《融堂书解》卷一

（宋）钱时

（归善斋按，此段钱时连解，见"申命羲叔"）

## 13. 《尚书要义》卷一

（宋）魏了翁

三一、星火举中，则七星皆见可知

七宿，房在其中，但房、心连体，心统其名。《左传》言"火中"、"火见"，《诗》称"七月流火"，皆指房、心为火，故曰火苍龙之中星。将举一星，与鸟不类，故云，举中则七星见可知。计仲夏日在东井，而入于西地，即初昏之时，角、亢在午，氐、房、心在巳，尾、箕在辰，是东方之宿皆得见也。

（归善斋按，另见"申命羲叔"，"分命羲仲"）

## 14. 《书集传或问》卷上

（宋）陈大猷

（归善斋按，见"日中星鸟"）

## 15. 《尚书详解》卷一

（宋）胡士行

（归善斋按，见"分命羲仲"）

## 16. 《书纂言》卷一

（元）吴澄撰

（归善斋按，此段吴澄连解，见"申命羲叔"，另见"分命羲仲"）

## 17. 《尚书集传纂疏》卷一

（元）陈栎

（归善斋按，见"申命羲叔"）

## 18. 《读书丛说》卷二

（元）许谦

（归善斋按，数段许谦综合解说，见"分命羲仲"）

## 19. 《书传辑录纂注》卷一

（元）董鼎

（归善斋按，见"申命羲叔"）

## 20. 《尚书句解》卷一

（元）朱祖义

日永星火（夏至之日，昼长夜短。昼六十刻，夜四十刻。大火星见于南方正午之位，谓之"日永星火"，此举十二次也），以正仲夏（以之可以正仲夏之气。曰孟、曰仲、曰季，举仲而言，盖取中气之得其正也）。

## 21. 《尚书日记》卷一

（明）王樵

（归善斋按，见前文"分命羲仲"）

## 22. 《御制日讲书经解义》卷一

（归善斋按，连解，见前文"申命羲叔"）

### 《尚书通考》卷一

（元）黄镇成

（归善斋按，连解，见前文"分命羲仲"）

### 《书蔡传旁通》卷一上

（元）陈师凯

东方苍龙七宿，火谓大火。

苍龙七宿，角、亢、氏、房、心、尾、箕也。大火，卯、宫、氏、房、心也。心亦独称大火。

### 《尚书注考》

（明）陈泰交

同字异解者三百二十三条。

以正仲夏，训正者，夏至阳之极，午为正阳位也；以正仲冬，训亦曰正者，冬至阴之极，子为正阴位也；罔或干予正，训正，政；将有大正于商，训正，即《汤誓》不敢不正之"正"；一曰正直，训正者，无邪；惟正是义之，训正，犹《康诰》所谓正人；与官正、酒正之"正"，指当职者为言；正于五刑，训正，质也。

星火，训火，谓大火；藻火，训火，取其明也。

### 《尚书七篇解义》卷一

（清）李光地

（归善斋按，见前文"申命羲叔"）

## 厥民因，鸟兽希革

### 1. 《尚书注疏》卷一

（汉）孔氏传，（唐）陆德明音义、孔颖达疏

传：因，谓老弱因就在田之丁壮，以助农也。夏时，鸟兽毛羽希少改易。革，改也。

疏：于时苗稼已殖，农事尤烦。其时之民老弱因共丁壮，就在田野。于时鸟兽羽毛希少，变改寒时。

春既分析在外，今日因往就之，故言"因，谓老弱因就在田之丁壮以务农也"。鸟兽冬毛最多，春犹未脱，故至夏始，毛羽希少，改易往前。"革"谓"变革"，故为"改"也。传之训字，或先或后，无义例也。

### 2. 《书传》卷一

（宋）苏轼

厥民因，老弱毕作，因就在田之丁壮也。鸟兽希革，其羽毛希少，而

革易也。

### 3. 《尚书全解》卷一

（宋）林之奇

（归善斋按，林之奇自"分命羲仲"至"庶绩咸熙"整段综合作解。见"分命羲仲"）

### 4. 《尚书讲义》卷一

（宋）史浩

（归善斋按，史浩整段综合作解，见"分命羲仲"）

### 5. 《尚书详解》卷一

（宋）夏僎

（归善斋按，夏僎整段综合作解，见"分命羲仲"）

### 6. 《增修东莱书说》卷一

（宋）时澜

（归善斋按，时澜整段综合作解，见"分命羲仲"）

### 7. 《尚书说》卷一

（宋）黄度

（归善斋按，黄度此段综合作解，见"乃命羲和"）

### 8. 《絜斋家塾书钞》卷一

（宋）袁燮

（归善斋按，此段袁燮综合作解，见"分命羲仲"）

### 9. 《书经集传》卷一

（宋）蔡沈

（归善斋按，此段蔡沈连解，见"申命羲叔"）

## 10. 《尚书精义》卷一

（宋）黄伦

（归善斋按，见"申命羲叔"）

## 11. 《尚书详解》卷一

（宋）陈经

（归善斋按，此段陈经综合解说，见"分命羲仲"）

## 12. 《融堂书解》卷一

（宋）钱时

（归善斋按，此段钱时连解，见"申命羲叔"）

## 13. 《尚书要义》卷一

（宋）魏了翁

（归善斋按，见"申命羲叔"，另见"分命羲仲"）

## 14. 《书集传或问》卷上

（宋）陈大猷

（归善斋按，未解）

## 15. 《尚书详解》卷一

（宋）胡士行

（归善斋按，见"分命羲仲"）

## 16. 《书纂言》卷一

（元）吴澄撰

（归善斋按，此段吴澄连解，见"申命羲叔"，另见"分命羲仲"）

## 17. 《尚书集传纂疏》卷一

（元）陈栎

（归善斋按，见"申命羲叔"）

## 18. 《读书丛说》 卷二

（元）许谦

（归善斋按，数段许谦综合解说，见"分命羲仲"）

## 19. 《书传辑录纂注》 卷一

（元）董鼎

（归善斋按，见"申命羲叔"）

## 20. 《尚书句解》 卷一

（元）朱祖义

厥民因（其民于此时，因春所耕以耘，以籽〔zǐ〕）鸟兽希革（鸟兽于此时，毛羽希少而改革）。

## 21. 《尚书日记》 卷一

（明）王樵

（归善斋按，见前文"分命羲仲"）

## 22. 《御制日讲书经解义》 卷一

（归善斋按，连解，见前文"申命羲叔"）

### 《尚书通考》 卷一

（元）黄镇成

（归善斋按，连解，见前文"分命羲仲"）

### 《尚书疑义》 卷一

（明）马明衡

（归善斋按，马明衡连解，见前文"乃命羲和"）

# 分命和仲，宅西，曰昧谷

## 1. 《尚书注疏》卷一

（汉）孔氏传，（唐）陆德明音义、孔颖达疏

传：昧，冥也，日入于谷而天下冥，故曰"昧谷"。"昧谷"曰西，则"嵎夷"东可知。此居治西方之官，掌秋天之政也。

音义：昧，武内反。冥，莫定反。

疏：又分命和氏而字仲者，居治西方，日所入处名曰昧冥之谷。于此处所主之职，使和仲主治之。

传正义曰，《释言》云："晦，冥也。"冥是暗，故"昧"为"冥"也。谷者，日所行之道，日入于谷，而天下皆冥，故谓日入之处为"昧谷"，非实有谷而日入也。此经春秋相对，春不言东，但举昧谷曰"西"，则嵎夷东可知。然则，东言嵎夷，则西亦有地明矣。阙其文所以互见之，传于春言"东方之官"，不言掌春；夏言"掌夏之官"，不言南方。此言"居治西方之官，掌秋天之政"互文，明四时皆同。

## 2. 《书传》卷一

（宋）苏轼

分命和仲，宅西，曰昧谷，寅饯纳日。饯，送也。

（归善斋按，苏轼分句不同）

## 3. 《尚书全解》卷一

（宋）林之奇

（归善斋按，林之奇自"分命羲仲"至"庶绩咸熙"整段综合作解。见"分命羲仲"）

## 4. 《尚书讲义》卷一

（宋）史浩

（归善斋按，史浩整段综合作解，见"分命羲仲"）

### 5. 《尚书详解》卷一

（宋）夏僎

（归善斋按，夏僎整段综合作解，见"分命羲仲"）

### 6. 《增修东莱书说》卷一

（宋）时澜

（归善斋按，时澜整段综合作解，见"分命羲仲"）

### 7. 《尚书说》卷一

（宋）黄度

（归善斋按，黄度此段综合作解，见"乃命羲和"）

### 8. 《絜斋家塾书钞》卷一

（宋）袁燮

（归善斋按，此段袁燮综合作解，见"分命羲仲"）

### 9. 《书经集传》卷一

（宋）蔡沈

分命和仲，宅西，曰昧谷，寅饯纳日，平秩西成，宵中星虚，以殷仲秋。厥民夷，鸟兽毛毨。

毨，苏典反。西，谓西极之地也。"曰昧谷"者，以日所入而名也。饯，礼，送行者之名。纳日，方纳之日也，盖以秋分之莫夕，方纳之日而识其景也。西成，秋月物成之时，所当成就之事也。宵，夜也。"宵中"者，秋分夜之刻，于夏冬为适中也。昼夜亦各五十刻，举夜以见日，故曰宵。星虚，北方玄武七宿之虚星，秋分昏之中星也。亦曰"殷"者，秋分阴之中也。夷，平也，暑退而人气平也。毛毨，鸟兽毛落更生，润泽鲜好也。

### 10. 《尚书精义》卷二

（宋）黄伦

分命和仲，宅西，曰昧谷，寅饯纳日，平秩西成，宵中星虚，以殷仲秋。厥民夷，鸟兽毛毯。

无垢曰，阴阳之气，各有其分。阳，为春为夏；阴，为秋为冬。羲仲，掌阳之始，故曰分命；羲叔掌阳之终，故曰申命。和仲掌阴之始，故亦曰分命；和叔掌阴之终，故亦曰申命。其分毫辨析如此，想见尧之心，深通造化之理也。"寅饯纳日"，谓禾稻成实，是刈是获，自日出而就功，至日入而止息。是其作也，迎日而作；其息也，亦送日而息。出入一循乎天。此天人一致之理也。其曰"寅饯"者，以言其息，亦不可缓也。大抵圣人之政，一循天理。天理何自而见乎？人情是也。自日出而作，至日入而息，所以少休其劳苦，而调养其血气也，强勉不已，岂曰不可。秋深时变，霜露已凝，一袭肤体，不死则病，是逆天理也。圣人之政，岂有逆天理之事乎？"寅饯纳日"，其义深矣。然出日言于春，纳日言于秋者，又有说也。其说如何？有一岁之时，有一月之时。一日之间，日出于朝，即一岁之春也。日入于夕，即一岁之秋也。言出日于春，言纳日于秋，其事亦相类矣。宵中亦谓昼夜等也。春言日中，以春，阳事也，故以日为主；秋言宵中，以秋，阴事也，故以夜为主。星虚，即北方斗、牛、女、虚、危之星。至仲秋，即昏见于南方也。虚见南方，则仲秋之气正矣。"厥民夷"者，乍去炎暑之酷，小憩（qì）凉秋之清，无暴背之苦，而有乐事之心，此所以言夷也。"夷"者，以形容其心之凯乐也。毛毯，谓鸟兽得秋气，则毛羽更生，光润而顺理矣。此皆秋气之正者也。

## 11. 《尚书详解》卷一

（宋）陈经
（归善斋按，此段陈经综合解说，见"分命羲仲"）

## 12. 《融堂书解》卷一

（宋）钱时
分命和仲，宅西，曰昧谷，寅饯纳日，平秩西成，宵中星虚，以殷仲秋。厥民夷，鸟兽毛毯。

日出而明，故曰旸谷；日入而暗，故曰昧谷，非真有此谷也

（〔四库〕按，"嵎夷"，《史记》作"郁夷"。"昧谷"，《史记》作"柳谷"，则似实有其地。然马融以"嵎夷"为"海隅"；郑康成以西为"陇西"之山，后儒求其地以当之，究不得确证。故钱氏定为指日出、日入而言也）。日之升如自谷而出，日之入如从谷而纳也。"寅饯"亦非日之将没，真有所谓饯送之仪也。"平秩西成"所以寅饯也。物至秋，率成实，均平秩叙其事，使之刈获收敛，不失其宜，此即随时之义也。春从日出之方而言；秋从日入之方而言，秋之言"宵"，义当然也。夷，平也。秋成则民可息肩，平夷无事也。

## 13. 《尚书要义》卷一

（宋）魏了翁

十六、命和仲治西方，寅饯纳日

分命和氏而字仲者，治西方日所入处，名曰昧冥之谷，于此处所主之职，使和仲主治之。既主西方之事，而日在于西方，令此和仲恭敬从送既入之日，平均次序西方成物之事，使彼下民务勤收敛。于昼夜中分，漏刻正等，天星之虚，北方七宿合昏毕见，以此天时之候，调正仲秋之气节。于时，禾苗秀实，农事未闲。其时之民与夏齐平，尽在田野。于时，鸟兽毛羽更生，已稍整治。

三二、宅西曰昧谷，则嵎夷东可知也

《释言》云"晦，冥也"。冥，是暗，故昧为冥也。谷者，日所行之道，日入于谷，而天下皆冥，故谓日入之处为昧谷，非实有谷而日入也。此经，春秋相对，春不言东，但举昧谷曰西，则嵎夷东可知。然则，东言嵎夷，则西亦有地，明矣。阙其文所以互见之。传于春言羲居治东方之官，不言掌春；夏言掌夏之官，不言南方，此言居治西方之官，掌秋，天之政互文，明四时皆同。

## 14. 《书集传或问》卷上

（宋）陈大猷

（归善斋按，未解）

## 15. 《尚书详解》卷一

（宋）胡士行

（归善斋按，见"分命羲仲"）

## 16. 《书纂言》卷一

（元）吴澄撰

分命和仲，宅西，曰昧谷，寅饯纳日，平秩西成，宵中星虚，以殷仲秋。厥民夷，鸟兽毛毨。

西，西裔之地。《汉志》天水郡有西县。昧，暗也。日入而天下暗，故曰昧谷。饯，送也。纳日，方入之日也。于西方送日之入，而识其景入酉中，则为秋分也。西，谓立秋以后，西方金王之时。成，收熟也。——次序秋时万物收熟之节候也。宵，夜之暑也。中者，夜与日平分而得其半也。虚，北方玄武之星，其辰玄枵；宿则虚也。仲秋之中，谓秋分也。夷，平也。老壮平分，老者归邑，而壮者在田也。毛毨。毛落更生，润泽鲜好也。

（归善斋按，另见"分命羲仲"）

## 17. 《尚书集传纂疏》卷一

（元）陈栎

分命和仲，宅西，曰昧谷，寅饯纳日，平秩西成，宵中星虚，以殷仲秋。厥民夷，鸟兽毛毨。

西，谓西极之地也。"曰昧谷"者，以日所入而名也。饯，礼送行者之名。纳日，方纳之日也，盖以秋分之莫夕，方纳之日而识其景。西成，秋月物成之时，所当成就之事也。宵，夜也。"宵中"者，秋分夜之刻，于夏冬，为适中也，昼夜亦各五十刻。举夜以见日，故曰宵。星虚，北方玄武七宿之虚星，秋分昏之中星也，亦曰"殷"者，秋分阴之中也。夷，平也，暑退而人气平也。毛毨，鸟兽毛落更生，润泽鲜好也。

纂疏：孔氏曰，日入于谷，而天下冥，故曰昧谷。昧谷曰西，则嵎夷东可知。

## 18. 《读书丛说》卷二

（元）许谦

（归善斋按，数段许谦综合解说，见"分命羲仲"）

## 19. 《书传辑录纂注》卷一

（元）董鼎

分命和仲，宅西，曰昧谷，寅饯纳日，平秩西成，宵中星虚，以殷仲秋。厥民夷，鸟兽毛毨。

西，谓西极之地也。"曰昧谷"者，以日所入而名也。饯，礼送行者之名。纳日，方纳之日也。盖以秋分之莫夕，方纳之日，而识其景也。西成，秋月物成之时，所当成就之事也。宵，夜也。"宵中"者，秋分夜之刻，于夏冬为适中也，昼夜亦各五十刻。举夜以见日，故曰"宵"。星虚，北方玄武七宿之虚星。秋分昏之中星也。亦曰"殷"者，秋分阴之中也。夷，平也。暑退而人气平也。毛毨，鸟兽毛落更出，润泽鲜好也。

**纂注**

苏氏曰，秋独曰宅西，徐广云，今天水之西县也。孔氏曰，昧，冥也。日入于谷，而天下冥，故曰昧谷。昧谷曰西，则嵎夷东可知。唐孔氏曰，谷者日所行之道，非实有谷而日入也。送行饮酒，谓之饯，故饯为送也。

## 20. 《尚书句解》卷一

（元）朱祖义

分命和仲（分命处和仲之职者，掌秋），宅西，曰昧谷（居正西，陇西之县。谓之昧谷，以日出于西，山谷皆暗）。

## 21. 《尚书日记》卷一

（明）王樵

（归善斋按，见前文"分命羲仲"）

### 22.《御制日讲书经解义》卷一

分命和仲，宅西，曰昧谷，寅饯纳日，平秩西成，宵中星虚，以殷仲秋。厥民夷。鸟兽毛毨。

此一节书是命秋官也。寅饯，敬以送之也。"纳"者，日将入也。西成，秋成也。"宵中"者，秋分昼夜适中。虚，北方虚星。夷，人气舒平也。毛毨，毛更生而鲜润也。秋当成实，宜布四方之秋令。帝尧分命和仲掌之，测候之所在西极之地。官次之名，称为昧谷。和仲居此，果何事哉？一秋之节气早晚，日星民物，历已载矣。于春分之暮，将入之日，必致敬而送之，如祖饯而不敢忽。察其所入之景，果于西位、西时否也。凡秋月物成之候，所当成就之事，必均平周遍，次其先后之宜，布之有司，考其果与历合否也。又考之于秋分夜间之晷度，果五十刻，于夏永冬短为适中否；考之秋分初昏之时，果虚星适当午位否。二者相合，可见仲秋，为阴气之中矣。于一秋之间，又验之于民，果暑退而人气和平；验之于物，果毛落而润泽鲜好。如是而秋历无差，和仲之职尽矣。

## 《尚书通考》卷一

（元）黄镇成

（归善斋按，连解，见前文"分命羲仲"）

## 《书义断法》卷一

（元）陈悦道

分命和仲，宅西，曰昧谷，寅饯纳日，平秩西成，宵中星虚，以殷仲秋。厥民夷，鸟兽毛毨。

和仲，占天之所在，于西方之昧谷，而又饯纳日以秩西成之事，观中星以殷仲秋之时，使民气之平夷，鸟兽润泽。若独与勤民育物之功者，不知舜之分命羲、和奠方测景，皆随地见功，无一毫推步之差。故民于秋成，皆得享其自然之利，以遂其天性之真。和仲适当西成之候，力穑（sè）有秋，非谓和仲独治西方，三子者无预于此也；亦非谓三子各治一时，和仲独专西成之功也。观帝尧总命羲和之辞意可见矣。《易》兑，正秋也。万物之所说也，民物之夷毹以此。

## 《尚书疑义》卷一

（明）马明衡

（归善斋按，马明衡连解，见前文"乃命羲和"）

## 《尚书埤传》

（清）朱鹤龄

**《书经考异》**

宅西，曰昧谷［王应麟曰，郑玄注《周礼》引《书》作"度西曰柳谷"。虞翻谓当为"柳谷"，古柳、卯同字，而误以为"昧"。裴松之谓翻言为然。魏文帝时，张掖柳谷口水溢涌，宝石负图，即其地也。愚按《集韵》，"昧"，古作（日臣）与古文卯字形相近，故汉人有柳谷之说，不足信］。

**卷一**

宅西

蔡传，西谓西极之地。愚按，嵎夷、南交、朔方，皆有定所，西未详何地。《苏传》引徐广云，今天水之西县也。三方皆以极边言之，天水恐太近。

## 《尚书地理今释》

（清）蒋廷锡

西，朔方。按《史记·五帝纪》注，徐广曰，西者今天水之西县（汉属陇西郡），非也。西县，秦置，在今陕西巩昌府，秦州界，非以"和仲宅西"而名。"西"之不可为西县，犹"朔方"之不可为"朔方郡"，皆不当专指一处。黄度《尚书说》云，《禹贡》"西被流沙"，自流沙以西，皆夷界，山川不纪于《职方》故称西，以见境域之不止此也。朔则北限沙漠，荒茫悠远，山川不可见，故称朔方，以为大界。或曰《山海经》北茫有幽都山，乐史《寰宇记》幽州有幽都山，皆为附会。此记良是。

### 《尚书七篇解义》卷一

（清）李光地

西者，九州之极西处，识其暑景，以定中国之日入时也。盖极东，日出于土中为早；极西，日入于土中为后。

# 寅饯纳日，平秩西成

## 1. 《尚书注疏》卷一

（汉）孔氏传，（唐）陆德明音义、孔颖达疏

传：饯，送也。"日出"言"导"，"日入"言"送"，因事之宜。秋，西方，万物成，平序其政，助成物。

音义：饯，贱衍反，马云："灭也，灭犹没也。"

疏：既主西方之事，而日入在于西方，令此和仲，恭敬从送既入之日，平均次序西方成物之事，使彼下民务勤收敛。

传正义曰，送行饮酒谓之"饯"，故"饯"为"送"也。导者，引前之言，送者从后之称。因其欲出，导而引之；因其欲入，从而送之。是其因事之宜而立此文也。秋位在西，于时万物成熟，平序其秋天之政。未成则耘耨，既熟则收敛，助天成物。以此而从送入日也。纳、入，义同，故传以"入"解"纳"。

## 2. 《书传》卷一

（宋）苏轼

平秩西成，宵中星虚，以殷仲秋，厥民夷。夷，平也。农事至秋稍缓，可以渐休，故曰夷。

（归善斋按，苏轼分句不同）

## 3. 《尚书全解》卷一

（宋）林之奇

（归善斋按，林之奇自"分命羲仲"至"庶绩咸熙"整段综合作解。

见"分命羲仲")

### 4. 《尚书讲义》卷一

（宋）史浩
（归善斋按，史浩整段综合作解，见"分命羲仲"）

### 5. 《尚书详解》卷一

（宋）夏僎
（归善斋按，夏僎整段综合作解，见"分命羲仲"）

### 6. 《增修东莱书说》卷一

（宋）时澜
（归善斋按，时澜整段综合作解，见"分命羲仲"）

### 7. 《尚书说》卷一

（宋）黄度
（归善斋按，黄度此段综合作解，见"乃命羲和"）

### 8. 《絜斋家塾书钞》卷一

（宋）袁燮
（归善斋按，此段袁燮综合作解，见"分命羲仲"）

### 9. 《书经集传》卷一

（宋）蔡沈
（归善斋按，此段蔡沈连解，见"分命和仲"）

### 10. 《尚书精义》卷二

（宋）黄伦
（归善斋按，见"分命和仲"）

## 11. 《尚书详解》卷一

（宋）陈经

（归善斋按，此段陈经综合解说，见"分命羲仲"）

## 12. 《融堂书解》卷一

（宋）钱时

（归善斋按，此段钱时连解，见"分命和仲"）

## 13. 《尚书要义》卷一

（宋）魏了翁

（归善斋按，见"分命和仲"，另见"分命羲仲"、"寅宾出日"）

## 14. 《书集传或问》卷上

（宋）陈大猷

（归善斋按，未解）

## 15. 《尚书详解》卷一

（宋）胡士行

（归善斋按，见"分命羲仲"）

## 16. 《书纂言》卷一

（元）吴澄撰

（归善斋按，此段吴澄连解，见"分命和仲"，另见"分命羲仲"）

## 17. 《尚书集传纂疏》卷一

（元）陈栎

（归善斋按，见"分命和仲"）

## 18. 《读书丛说》卷二

（元）许谦

（归善斋按，数段许谦综合解说，见"分命羲仲"）

### 19. 《书传辑录纂注》 卷一

（元）董鼎

（归善斋按，见"分命和仲"）

### 20. 《尚书句解》 卷一

（元）朱祖义

寅饯纳日（寅，敬；饯，送。入日于西，若帝喾历，日月而迎送之是也），平秩西成（秋属于西，必均平秩序秋时成熟之事）。

### 21. 《尚书日记》 卷一

（明）王樵

（归善斋按，见前文"分命羲仲"）

### 22. 《御制日讲书经解义》 卷一

（归善斋按，连解，见前文"分命和仲"）

### 《尚书通考》 卷一

（元）黄镇成

（归善斋按，连解，见前文"分命羲仲"）

### 《书义断法》 卷一

（元）陈悦道

（归善斋按，连解，见前文"分命和仲"）

### 《尚书疑义》 卷一

（明）马明衡

（归善斋按，马明衡连解，见前文"乃命羲和"）

### 《尚书埤传》

（清）朱鹤龄

**《书经考异》**

寅饯纳日，平秩西成（《史记》作"敬道日入，便程西成"）。

## 《尚书大传》卷一

（清）孙之騄辑

（归善斋按，见前文"分命羲仲"）

## 《尚书大传》卷一

（清）孙之騄辑

（归善斋按，见前文"分命羲仲"）


# 宵中星虚，以殷仲秋

## 1. 《尚书注疏》卷一

（汉）孔氏传，（唐）陆德明音义、孔颖达疏

传：宵，夜也。"春"言"日"；"秋"言"夜"，互相备。虚，玄武之中星，亦言七星，皆以秋分日见，以正三秋。

疏：于昼夜中分，漏刻正等，天星之虚，北方七宿合昏毕见，以此天时之候，调正仲秋之气节。

传正义曰，宵、夜，《释言》文。舍人曰："宵，阳气消也。"三时皆言"日"，惟秋言"夜"，故传辨之云"春言日，秋言夜，互相备"也，互著明也，明日中，宵亦中；宵中，日亦中。因此而推之，足知"日永"则宵短，日短则宵长，皆以此而备知也。正于此时变文者，以春之与秋日夜皆等。春言"出日"，即以"日"言之；秋云"纳日"，即以"夜"言之，亦事之宜也。北方七宿，则"虚"为中，故"虚"为玄武之中星，计仲秋日在角、亢而入于西地。初昏之时，斗、牛在午，女、虚、危在巳，室、壁在辰。举虚中星言之，亦言七星皆以秋分之日，昏时并见，以正秋之三月。

考证：宵中，传春言日，秋言夜，互相备

孙觉曰：仲春阳中，故举日；仲秋阴中，故举宵。

## 2. 《书传》卷一

（宋）苏轼

平秩西成，宵中星虚，以殷仲秋，厥民夷。夷，平也。农事至秋稍缓，可以渐休，故曰夷。

（归善斋按，苏轼分句不同）

## 3. 《尚书全解》卷一

（宋）林之奇

（归善斋按，林之奇自"分命羲仲"至"庶绩咸熙"整段综合作解。见"分命羲仲"）

## 4. 《尚书讲义》卷一

（宋）史浩

（归善斋按，史浩整段综合作解，见"分命羲仲"）

## 5. 《尚书详解》卷一

（宋）夏僎

（归善斋按，夏僎整段综合作解，见"分命羲仲"）

## 6. 《增修东莱书说》卷一

（宋）时澜

（归善斋按，时澜整段综合作解，见"分命羲仲"）

## 7. 《尚书说》卷一

（宋）黄度

（归善斋按，黄度此段综合作解，见"乃命羲和"）

## 8. 《絜斋家塾书钞》卷一

（宋）袁燮

（归善斋按，此段袁燮综合作解，见"分命羲仲"）

## 9. 《书经集传》卷一

（宋）蔡沈

（归善斋按，此段蔡沈连解，见"分命和仲"）

## 10. 《尚书精义》卷二

（宋）黄伦

（归善斋按，见"分命和仲"）

## 11. 《尚书详解》卷一

（宋）陈经

（归善斋按，此段陈经综合解说，见"分命羲仲"）

## 12. 《融堂书解》卷一

（宋）钱时

（归善斋按，此段钱时连解，见"分命和仲"）

## 13. 《尚书要义》卷一

（宋）魏了翁

三三、三时言日，惟秋言宵，中星虚互相备

三时皆言日，惟秋言夜。故传辨之云，春言日，秋言夜，互相备也。互者，明也，明日中，宵亦中；宵中，日亦中。因此而推之，足知日永则宵短，日短则宵长，皆以此而备知也。正于此时变文者，以春之与秋，日夜皆等。春言出日，即以日言之。秋云纳日，即以夜言之，亦事之宜也。北方七宿，则虚为中，故虚为玄武之中星。计仲秋，日在角、亢，而入于酉地，初昏之时，斗、牛在午，女、虚、危在巳，室、壁在辰，举虚中星言之，亦言七星，以秋分之日，昏时并见，以正秋之三月。

（归善斋按，另见"分命和仲"，"分命羲仲"）

## 14. 《书集传或问》卷上

（宋）陈大猷

（归善斋按，见"日中星鸟"）

## 15. 《尚书详解》卷一

（宋）胡士行

（归善斋按，见"分命羲仲"）

## 16. 《书纂言》卷一

（元）吴澄撰

（归善斋按，此段吴澄连解，见"分命和仲"，另见"分命羲仲"）

## 17. 《尚书集传纂疏》卷一

（元）陈栎

（归善斋按，见"分命和仲"）

## 18. 《读书丛说》卷二

（元）许谦

（归善斋按，数段许谦综合解说，见"分命羲仲"）

## 19. 《书传辑录纂注》卷一

（元）董鼎

（归善斋按，见"分命和仲"）

## 20. 《尚书句解》卷一

（元）朱祖义

宵中星虚（秋分之时，昼夜相半，各五十刻，而虚星见于南方正午之位），以殷仲秋（以此可以正仲秋之气。曰孟、曰仲、曰季，举仲而言，盖取中气之得其正也）。

## 21. 《尚书日记》卷一

（明）王樵

（归善斋按，见前文"分命羲仲"）

## 22. 《御制日讲书经解义》卷一

（归善斋按，连解，见前文"分命和仲"）

### 《尚书通考》卷一

（元）黄镇成

（归善斋按，连解，见前文"分命羲仲"）

### 《书蔡传旁通》卷一上

（元）陈师凯

北方玄武七宿之虚星。

玄武七宿，斗、牛、女、虚、危、室、壁也。

### 《书义断法》卷一

（元）陈悦道

（归善斋按，连解，见前文"分命和仲"）

### 《尚书疑义》卷一

（明）马明衡

（归善斋按，马明衡连解，见前文"乃命羲和"）

# 厥民夷，鸟兽毛毨

## 1. 《尚书注疏》卷一

（汉）孔氏传，（唐）陆德明音义、孔颖达疏

传：夷，平也，老壮在田，与夏平也。毨（xiǎn），理也。毛更生整理。

音义：毨，先典反。《说文》云："仲秋，鸟兽毛盛，可选取以为器用也。"

疏：于时禾苗秀实，农事未闲，其时之民与夏齐平，尽在田野。于时鸟兽毛羽更生，已稍整治。

传正义曰，《释诂》云："夷，平，易也。"俱训为"易"，是夷得为平，秋禾未熟，农事犹烦，故老壮在田，与夏平也。"毨"者，毛羽美悦之状，故为理也。夏时毛羽希少，今则毛羽复生，夏改而少，秋更生多，故言更生整理。

## 2. 《书传》卷一

（宋）苏轼

鸟兽毛毨。毨，理也，毛更生整理。

（归善斋按，苏轼分句不同）

## 3. 《尚书全解》卷一

（宋）林之奇

（归善斋按，林之奇自"分命羲仲"至"庶绩咸熙"整段综合作解。见"分命羲仲"）

## 4. 《尚书讲义》卷一

（宋）史浩

（归善斋按，史浩整段综合作解，见"分命羲仲"）

## 5. 《尚书详解》卷一

（宋）夏僎

（归善斋按，夏僎整段综合作解，见"分命羲仲"）

## 6. 《增修东莱书说》卷一

（宋）时澜

（归善斋按，时澜整段综合作解，见"分命羲仲"）

### 7. 《尚书说》卷一

（宋）黄度

（归善斋按，黄度此段综合作解，见"乃命羲和"）

### 8. 《絜斋家塾书钞》卷一

（宋）袁燮

（归善斋按，此段袁燮综合作解，见"分命羲仲"）

### 9. 《书经集传》卷一

（宋）蔡沈

（归善斋按，此段蔡沈连解，见"分命和仲"）

### 10. 《尚书精义》卷二

（宋）黄伦

（归善斋按，见"分命和仲"）

### 11. 《尚书详解》卷一

（宋）陈经

（归善斋按，此段陈经综合解说，见"分命羲仲"）

### 12. 《融堂书解》卷一

（宋）钱时

（归善斋按，此段钱时连解，见"分命和仲"）

### 13. 《尚书要义》卷一

（宋）魏了翁

（归善斋按，见"分命和仲"，另见"分命羲仲"）

### 14. 《书集传或问》卷上

（宋）陈大猷

或问："厥民夷"，苏氏谓，农事至秋稍缓，老弱可以渐休，故曰夷；

程子谓，秋成，民获卒岁之乐，而心力平夷。子从程说，而删去"民获卒岁之乐"一语，何也？

曰：二说皆善。但苏则主民力而言，程则主民心而言。除去"民获卒岁之乐"一语，则语意圆而无不包矣，此类后不尽载。

### 15.《尚书详解》卷一

（宋）胡士行

（归善斋按，见"分命羲仲"）

### 16.《书纂言》卷一

（元）吴澄撰

（归善斋按，此段吴澄连解，见"分命和仲"，另见"分命羲仲"）

### 17.《尚书集传纂疏》卷一

（元）陈栎

（归善斋按，见"分命和仲"）

### 18.《读书丛说》卷二

（元）许谦

（归善斋按，数段许谦综合解说，见"分命羲仲"）

### 19.《书传辑录纂注》卷一

（元）董鼎

（归善斋按，见"分命和仲"）

### 20.《尚书句解》卷一

（元）朱祖义

厥民夷（其民于此时，已见收成，其心和平而乐易），鸟兽毛毨（鸟兽于此时，毛羽更生而整理。毨，铣）。

## 21. 《尚书日记》卷一

（明）王樵

（归善斋按，见前文"分命羲仲"）

## 22. 《御制日讲书经解义》卷一

（归善斋按，连解，见前文"分命和仲"）

### 《尚书通考》卷一

（元）黄镇成

（归善斋按，连解，见前文"分命羲仲"）

### 《书义断法》卷一

（元）陈悦道

（归善斋按，连解，见前文"分命和仲"）

### 《尚书疑义》卷一

（明）马明衡

（归善斋按，马明衡连解，见前文"乃命羲和"）

### 《尚书注考》

（明）陈泰交

同字异解者三百二十三条。

厥民夷，受有亿兆夷人，训夷，平也；乃夷居弗事上帝，训夷，蹲踞也；夷玉，训夷，常也。

### 《尚书埤传》

（清）朱鹤龄

### 《书经考异》

厥民夷（《史记》作"其民易"。）

# 申命和叔，宅朔方，曰幽都，平在朔易

## 1. 《尚书注疏》卷一

（汉）孔氏传，（唐）陆德明音义、孔颖达疏

传：北，称朔，亦称方。言一方则三方见矣。"北"称"幽"，则"南"称"明"，从可知也。"都"谓"所聚"也。易，谓岁改易于北方，平均在察其政，以顺天常。上总言羲和敬顺昊天，此分别仲叔，各有所掌。

音义：别，彼列反，下同。

疏：又重命和氏而字叔者，令居治北方，名曰幽都之地。于此处所主之职，使和叔主治之，平均视察北方岁改之事。

传正义曰，《释训》云："朔，北方也"。舍人曰："朔，尽也。北方，万物尽，故言朔也。"李巡曰："万物尽于北方，苏而复生，故言北方。"是"北"称"朔"也。羲和主四方之官，四时皆应言"方"。于此言"方"者，即三方皆见矣。春为岁首，故举地名；夏与春交，故言"南交"；秋言"西"，以见"嵎夷"当为东；冬言"方"，以见三时皆有方。古史要约，其文互相发见也。

幽之与明，文恒相对。北既称"幽"，则南当称"明"，从此可知。故于夏无文，经冬言"幽都"，夏当云"明都"，传不言都者，从可知也。郑云："夏不言'曰明都'，三字摩灭也。"伏生所诵与壁中旧本，并无此字，非摩灭也。王肃以夏无"明都"，避"敬致"，然即幽足见明，阙文相避，如肃之言，义可通矣。"都，谓所聚"者，总言此方是万物所聚之处，非指都邑聚居也。

"易，谓岁改易于北方"者，人则三时在野，冬入隩室；物则三时生长，冬入困仓。是人之与物皆改易也。王肃云："改易者，谨约盖藏，循行积聚。"引《诗》："嗟我妇子，曰为改岁，入此室处。"王肃言人物皆易。孔意亦当然也。《释诂》云"在，察也。"舍人曰："在，见物之察。"是"在"为"察"义，故言"平均在察其政，以顺天常"。以"在察"

须与"平均"连言，不复训"在"为"察"，故《舜典》之传别更训之。
三时皆言"平秩"，此独言"平在"者，以三时乃役力田野，当次序之
冬，则物皆藏入，须省察之，故异其文。秋日，物成就，故传言"助成
物"。冬日盖藏，天之常道，故言"顺天常"。因明"东作"、"南讹"，亦
是助生物、顺常道也。

"上总言羲和敬顺昊天，此分别仲叔，各有所掌"，明此四时之节，
即顺天之政，实恐人以"敬顺昊天"，直是历象日月，嫌仲叔所掌非顺天
之事，故重明之。

## 2. 《书传》卷一

（宋）苏轼

申命和叔，宅朔方，曰幽都，平在朔易。在，察也。朔易，岁于此改
易也。礼，十二月天子与公卿大夫共饬国典，论时令，以待来岁之宜。

## 3. 《尚书全解》卷一

（宋）林之奇

（归善斋按，林之奇自"分命羲仲"至"庶绩咸熙"整段综合作解。
见"分命羲仲"）

## 4. 《尚书讲义》卷一

（宋）史浩

（归善斋按，史浩整段综合作解，见"分命羲仲"）

## 5. 《尚书详解》卷一

（宋）夏僎

（归善斋按，夏僎整段综合作解，见"分命羲仲"）

## 6. 《增修东莱书说》卷一

（宋）时澜

（归善斋按，时澜整段综合作解，见"分命羲仲"）

## 7.《尚书说》卷一

（宋）黄度

（归善斋按，黄度此段综合作解，见"乃命羲和"）

## 8.《絜斋家塾书钞》卷一

（宋）袁燮

（归善斋按，此段袁燮综合作解，见"分命羲仲"）

## 9.《书经集传》卷一

（宋）蔡沈

申命和叔，宅朔方，曰幽都，平在朔易，日短星昴，以正仲冬。厥民隩，鸟兽氄毛。

隩，于到反。氄，而陇反。朔方，北荒之地。谓之朔者，朔之为言苏也。万物至此，死而复苏。犹月之晦而有朔也。日行至是，则沦于地中，万象幽暗，故曰"幽都"。在，察也。朔易，冬月，岁事已毕，除旧更新，所当改易之事也。日短，昼四十刻也。星昴，西方白虎七宿之昴宿，冬至昏之中星也。亦曰"正"者，冬至阴之极，子为正阴之位也。隩，室之内也。气寒而民聚于内也。氄毛，鸟兽生软毳细毛以自温也。

盖既命羲和造历制器，而又分方与时，使各验其实，以审夫推步之差。圣人之敬天勤民，其谨如是。是以术不违天，而政不失时也。又按，此冬至，日在虚，昏中昴。今冬至，日在斗，昏中璧。中星不同者，盖天有三百六十五度四分度之一。岁有三百六十五日四分日之一。天度四分之一而有余，岁日四分之一而不足，故天度常平运而舒，日道常内转而缩。天渐差而西，岁渐差而东。此岁差之由。唐一行所谓岁差者是也。古历简易，未立差法，但随时占候修改，以与天合。至东晋，虞喜始以天为天，以岁为岁，乃立差以追其变。约以五十年退一度。何承天以为太过，乃倍其年，而又反不及。至隋刘焯取二家中数七十五年，为近之，然亦未为精密也。因附着于此。

## 10.《尚书精义》卷二

（宋）黄伦

申命和叔，宅朔方，曰幽都，平在朔易，日短星昴，以正仲冬。厥民隩，鸟兽氄毛。

无垢曰，东作、南讹、西成，未尝不以方为言，独朔易不言北而云"朔易"者，何也？曰北，无意义。易北为"朔"，其义无穷。夫月旦谓之"朔"，是尽时而复生也。阴阳之气至冬而尽，故曰日穷于次，月穷于纪，星回于天，数将几终。是"朔"有尽意，然终不可尽也。冬而复春，岂有既哉，是尽而更生也，朔有尽而更生也。"朔"有尽而更生之义，"北"无此义也。此所以言"朔"而不言"北"也。东作、南讹、西成，三时趋农，人人劳苦。至冬无事，与三时不同矣。此所以谓之"朔易"。至于三时言"平秩"，独冬言"平在"，又何也？秩，以言田事有次序。至于冬，则已收藏仓廪（lǐn），民无余事，何次序之有乎？其曰"在"。在，察也。虽收囷（qūn）入廪，然有无盗贼之窥，而雀鼠之耗乎？此和叔所以为之察也。"厥民隩"，亦顺时而入也。秋少憩，冬室处，岂私意哉？天道已然矣。氄毛，孔氏谓鸟兽皆生软毳细毛以自温焉。此亦验天时之一法也。余观羲和所掌，独以人时为主，其意专在民事而已。观作、讹、成、易，以应春夏秋冬之气，则人之所为，乃天之所为也。人或可容以伪，惟天为不可欺。如日之出，日之中，星鸟昏见，鸟兽孳尾，天岂有心乎？适此时也，必有此候，其欺我哉。如民之析、因、夷、隩，亦岂有心哉？适此时也，必有此事。天人交通，无有偏陂。此尧之治，所以为极致也。

王荆公曰，冬者休息之时也，当豫察来岁改易之政耳。事之改易于此时在察之。事豫则立，国家闲暇，乃豫图改易之时也。

胡氏曰，夫气随天转，人逐时迁。春之东作，农事兴焉。故其民析，老壮分析就功也。夏之长养，耕稼方盛，故其民因，相因旧功，以力田也。秋之收敛，五谷毕登，故其民夷，平均其力，以就岁功也。冬之祁寒，人思安居，故其民隩，以入室处也。孔安国以"隩"为"室"，民当改岁，入此室处，以辟风寒。是音隩，为鸟到反也。《说文》亦同。故正

义引《尔雅·释宫》云，西南隅谓之㜝。陆德明音为于陆反。马融云，
暖也，则是冬寒，民就㜝，暖之所也。则知陆音为长，而孔注为迂远也。

## 11. 《尚书详解》卷一

（宋）陈经

（归善斋按，此段陈经综合解说，见"分命羲仲"）

## 12. 《融堂书解》卷一

（宋）钱时

申命和叔，宅朔方，曰幽都，平在朔易，日短星昴，以正仲冬。厥民
㜝，鸟兽氄毛。

三时皆"平秩"，而冬独言"平在"，盖用事之时，自发生至收成，
宜顺其序，故秩时已无事，宜防其弊，故在在察也。和叔所当察者，当不
止一端，姑以农事言之，方其服田，则稼器，田所常用。至冬则无用矣。
于此而不察，则委顿弊坏，将无以待来岁之用。仲冬简稼器、修稼政之
类，皆"平在"之谓也。曰秩，曰在虽有不同，若其事之不可不均平，
则一也。一有不平，便有偏而不举之处，即旷天职，即堕天工矣。故
"秩"、"在"，皆曰"平"。尧命羲和，于春，曰鸟，以象言；于夏，曰
火，以次言；于秋，曰虚，于冬，曰昴，以宿言。迭举而互见也。纪事立
言之法如此。

## 13. 《尚书要义》卷一

（宋）魏了翁

十七、命和叔平在朔易

重命和氏而字叔者，令居治北方，名曰幽都之地，于此处所主之职，
使和叔主治之，平均视察北方岁改之事。于日正短，昼漏最少，天星之
昴，西方七宿合昏毕见，以此天时之候，调正仲冬之气节。于时，禾稼已
入，农事闲暇。其时之人，皆处深㜝之室；鸟兽皆生软氄细毛以自温暖。

三四、四时之文互相备，朔易言北方改易

《释训》云："朔，北方也"舍人曰，朔，尽也。北方万物尽，故言

朔也。李巡曰，万物尽，于西方苏而复生，故言北方，是北称朔也。羲和主四方之官，四时皆应言方，于此言方者，即三方皆见矣。春为岁首，故举地名；夏与春交，故言南交；秋言西，以见嵎夷当为东；冬言方，以见三时皆有方。古史要约，其文互相变。郑玄：夏不言"曰明都"，三字摩灭也。伏生所诵与壁中旧本并无此字，非摩灭也。王肃以夏无明都，避敬致。然即幽，足见明，阙文相避，如肃之言，义可通矣。都，谓所聚者，总言此方是万物所聚之处，非指都邑聚居也。易，谓岁改易于北方者，人则三时在野，冬入隩室；物则三时生长，冬入困（qūn）仓，是人之与物皆改易。

## 14. 《书集传或问》卷上

（宋）陈大猷
（归善斋按，未解）

## 15. 《尚书详解》卷一

（宋）胡士行
（归善斋按，见"分命羲仲"）

## 16. 《书纂言》卷一

（元）吴澄撰

申命和叔，宅朔方，曰幽都，平在朔易，日短星昴，以正仲冬。厥民隩，鸟兽氄毛。

朔方，北裔之地。北谓之朔者，取月朔之义。前月之终，后月之始，明尽而复生，谓朔。北方阴尽于中，阳起于中，亦犹月之朔也。日行至此，沦于地中，万象幽冥，故曰幽都。在，存察之意。朔，谓立冬以后，朔方水王之时。易，改更之也。——详察冬时岁物改更之节候也。冬不言秩，而言在，终始之交，宜详察也。日短，昼晷最短也。昴，音留，星在天之酉位，字从夘，旧音卯者，非。西方白虎之星，其辰大梁，宿则昴也。阴至此极，得阴之正，仲冬之正，谓冬至也。隩，隈（wēi）也。老壮皆居邑宅，就隈隩温暖之处，以避寒也。氄毛，细毛也。毛理细密，犹晁错言密理也。

（归善斋按，另见"分命羲仲"）

## 17. 《尚书集传纂疏》卷一

（元）陈栎

申命和叔，宅朔方，曰幽都，平在朔易，日短星昴，以正仲冬。厥民隩，鸟兽氄毛。

朔方，北荒之地，谓之朔者，朔之为言苏也。万物至此，死而复苏，犹月之晦而有朔也。日行至是，则沦于地中，万象幽暗，故曰幽都。在，察也。朔易，冬月，岁事已毕，除旧更新，所当改易之事也。日短，昼四十刻也。星昴，西方白虎七宿之昴宿，冬至昏之中星也。亦曰"正"者，冬至，阴之极，子为正阴之位也。隩，室之内也。气寒而民聚于内也。氄毛，鸟兽生软毳细毛以自温也。

盖既命羲和造历制器，而又分方与时，使各验其实，以审夫推步之差。圣人之敬天勤民，其谨如是。是以术不违天，而政不失时也。又按，此冬至，日在虚，昏中昴。今冬至，日在斗，昏中璧。中星不同者，盖天有三百六十五度四分度之一，岁有三百六十五日四分日之一。天度四分之一而有余，岁日四分之一而不足。故天度常平运而舒；日道常内转而缩。天渐差而西，岁渐差而东，此岁差之由。唐一行所谓岁差者是也。古历简易，未立差法，但随时占候修改，以与天合。至东晋虞喜始以天为天，以岁为岁，乃立差以追其变，约以五十年退一度。何承天以为太过，乃倍其年，而又反不及。至隋刘焯取二家中数，七十五年为近之，然亦未为精密也，因附著于此。

纂疏：《语录》，朔易，亦是时候，岁一改易，于此有终而复始之意。今造历者无定法，只是赶趁天之行度以求合，或过则损，不及则益，所以多差意。古历书必有一定之法，而今亡矣。三代而下，造历者，纷纷莫有定法，愈精密而愈多差，由不得古人一定之法故也。季通尝言，天之运无常，日月星辰积气，皆动物也。其行度疾徐或过、不及，自是不齐。使我之法能运乎天，而不为天所运，则其疏密迟速，或过不及之间，不出乎我此虚宽之大数，总有差忒，皆可推而不失矣。何者？以我之有定，而律彼之无定，自无差也。又言，非是天运无定，乃是行度如此。其行之差处，亦是常度，但后之造历者，为数窄狭，而不足以尽之耳。

唐孔氏曰，改易者，谨盖藏行积聚。《诗》云曰，为改岁入此室处。《释宫》云，西南隅谓之隩，室中隐隩处也。王氏曰，北方以位言，则日月星辰之象，皆伏而不见；以时言，则草木归根，昆虫皆有隐伏意，故曰"幽都"。孙氏觉曰，"在"者，存而有察意。"朔"者，终而有始意。吕氏曰，北方终其阴，而复始其阳，故曰朔方。既成今岁之终，又虑来岁之始，故曰朔易。终而复始，天地生生不穷之道。艮终始万物之意也。胡氏旦曰，孔训"隩"为"室"，是音，乌到反。故疏引《尔雅》西南隅为"隩"，陆音，于六反。马融云，暖也，是民就隩暖处也。

顾氏临曰，《月令》仲春日在奎，仲夏在东井，仲秋在角，仲冬在斗，与《书》不同。盖天道，三十年小变，百年中变，五百年大变。故曰羲农之历，不可用于尧舜之时。尧舜之历，不可用于夏商之际。

愚按，《诗传》谓"今冬至，日在斗，昏璧中"。所谓"今"者，文公时也。今日又不同矣。近岁，方氏回当，至元十八年辛巳作山经序，有曰，今冬至，日在箕九度，昏室中。由此观之，岂可不用岁差法，随时治历，以与天合哉？又岂可执经胶泥，以求与古合哉？

## 18. 《读书丛说》卷二

（元）许谦

（归善斋按，数段许谦综合解说，见"分命羲仲"）

## 19. 《书传辑录纂注》卷一

（元）董鼎

申命和叔，宅朔方，曰幽都，平在朔易，日短星昴，以正仲冬。厥民隩，鸟兽氄毛。

朔方，北荒之地。谓之"朔"者，朔之为言苏也。万物至此，死而复苏，犹月之晦而有朔也。日行至是，则沦于地中，万象幽暗，故曰幽都。在，察也。朔易，冬月，岁事已毕，除旧更新，所当改易之事也。日短，昼四十刻也。星昴，西方白虎七宿之昴宿，冬至昏之中星也。亦曰正者，冬至，阴之极，子为正，阴之位也。隩，室之内也。气寒而民聚于内也。氄毛，鸟兽生软氄细毛以自温也。

盖既命羲和造历制器，而又分方与时，使各验其实，以审夫推步之差。圣人之敬天勤民，其谨如是。是以术不违天，而政不失时也。又按，此冬至，日在虚，昏中昴。今冬至，日在斗，昏中壁。中星不同者，盖天有三百六十五度四分度之一；岁有三百六十五日四分日之一。天度四分之一而有余，岁日四分之一而不足。故天度常平运而舒；日道常内转而缩。天渐差而西，岁渐差而东。此岁差之由。唐一行所谓岁差者是也。古历简易，未立差法，但随时占候修改，以与天合。至东晋虞喜，始以天为天，以岁为岁，乃立差以追其变，约以五十年退一度。何承天以为太过，乃倍其年，而又反不及。至隋，刘焯取二家中数，七十五年为近之，然亦未为精密也。因附著于此。

**辑录**

朔易，亦是时候。岁一改易，于此有终而复始之意。广。中星，自尧时至今，已差五十度。《格言》。今之造历者，无定法，只是赶趁天之行度以求合。或过则损，不及则益。所以多差，因言古之钟律纽算，寸分毫厘丝忽，皆是定法，如合符契。皆自然而然，莫知所起，古之圣人其思之如是之巧，然皆非私意撰为之也。意古之历书，亦必有一定之法，而今亡矣。三代而下，造历者纷纷，莫有定议，愈精愈密，而愈多差，由不得古人一定之法也。季通尝言，天之运无常，日月星辰，积气皆动物也。其行度，疾徐或过、不及，自是不齐，使我之法能运乎天，而不为天之所运，则其疏密迟速，或过、不及之间，不出乎我。此虚实之大数，纵有差忒，皆可推而不失矣。何者？以我法之有定，而律彼之无定，自无差也。季通言非是。天运无定，乃其行度如此，其行之差处亦是常度。但后之造历者，为数窄狭，而不足以包之尔。尧时，昏旦星中于午。《月令》差于未。汉晋以来又差。今比尧时，似差四分之一。古时冬至，日在牵牛，今却在斗。太史公《历书》说是太初，然却是颛顼四分历。刘歆《三统历》，唐一行《大衍历》最详备。五代王朴《司天考》亦简严。然一行、王朴之历皆止用之二三年即差。王朴历是七百二十加去。季通亦用，却依康节三百六十数。并《精语》。

**纂注**

唐孔氏曰，朔，尽也。北方万物尽，故言朔。李巡曰，万物尽于北方，苏而复生，故北称朔。王肃云，改易者，谨约盖藏，循行积聚。引《诗》"嗟我妇子，曰为改岁，入此室处"。《释宫》云，西南隅谓之"隩"。孙炎云，室中隐隩之处也。隩，是室内之名，故以隩为室也。王氏曰，不言北而言朔，如月朔更始之意。北方以位言之，则日月星辰之象，皆伏而不见。以时言之，则草木归根，昆虫闭蛰，皆有隐伏之意，故谓之幽都。三时言平秩，主农事也。至冬，农事毕矣，岁事且终，天气更始，故言平在朔易。孙氏觉曰，北者存而有察意；朔者终而有始意。吕氏曰，北方终其阴，而后始其阳，故曰朔方。既成今岁之终，又虑来岁之始，故谓之朔易。始而终，终而始。此天地生生不穷之道，而圣人体之，以赞化育，艮始终万物之意也。新安胡氏曰，东莱实本程子《经说》而略润色之。程子又曰，古者，功作之事，皆于冬月间隙之际，如修完室庐墙垣之类，皆为来岁计。皆是一岁之事既终，则复虑其始也。胡氏旦曰，孔训"隩"为"室"。是音鸟到反。《说文》亦同。故疏引《尔雅》"西南隅谓之隩"。陆德明，音于六反。马融云，暖也，则是民就隩暖之所。顾氏临曰，《月令》仲春日在奎，考之《书》则冬之时也；仲夏在东井，则《书》之春也；仲秋在角，则《书》之夏也；仲冬在斗，则《书》之秋也。《月令》与《书》异。盖天道三十年小变，百年中变，五百年大变。故曰伏羲神农之历。不可用于尧舜之时；尧舜之历，不可用于夏商之际。新安陈氏曰，顾氏此条当与订传岁差之说参看。订传谓今冬至日在斗，昏壁中。所谓今者，文公之时也。证之今日又不同矣。近岁，方氏回当至元十八年辛巳，作孙君《山经》序，有曰，今冬至日，在箕九度，昏室中。由此观之，乌可不用岁差法，随时追其变而治历，以与天合哉。既当随时修改，以与天合。则执经胶泥，以求与古合，决所不可也。金氏曰，《尧典》中星，与《月令》不同；《月令》中星，与今日又不同。岁有差数，先贤故立岁差之法。以步之差法，当以七十三年者为稍的。尧时冬至，日在虚七度，昏昴中，至《月令》时，该一千九百余年。《月令》冬至，日在斗二十二度，昏奎中。至本朝初该一千七百余年，冬至，日在斗初度，昏壁中。今延祐，又经四十余年，而冬至，日在其八度矣，昏亦壁中。以此验之，诚有不同。

494

## 20. 《尚书句解》 卷一

（元）朱祖义

申命和叔（重命处和叔之职者，掌冬），宅朔方，曰幽都（居正北之方，而谓之幽都，即幽州也。《史记·五帝纪》言，黄帝之地，北至幽陵，亦是此地，共工亦流于此），平在朔易（冬属于北，必均平考察冬穷改岁之事）。

## 21. 《尚书日记》 卷一

（明）王樵
（归善斋按，见前文"分命羲仲"）

## 22. 《御制日讲书经解义》 卷一

申命和叔，宅朔方，曰幽都，平在朔易，日短星昴，以正仲冬。厥民隩，鸟兽氄毛。

此一节书是命冬官也。朔方，即北方。在，察也。朔易，冬月所改易之事。昴，西方昴宿。隩，室内深奥之处。氄毛，氄细而温也。冬为闭藏，宜布四方之冬令。帝尧申命和叔掌之，使居北方之地，其官次之名，称为幽都。和叔居此，果何事哉。一冬之节气早晚，日星民物，历已载矣。当冬月，岁功已毕，所当变旧为新之事，必均平周遍，审察其先后之宜，颁之有司，考其果与历合否也。又考之于冬至昼间之晷度，果四十刻为最短否；考之于冬至初昏之星，果昴宿见于正南否。二者相合，可见仲冬得正阴之气矣。于一冬之间，又验之于民，果气寒而群居室内；又验之于物，果生奂氄细毛而有以自温。如是，而冬历无差，和叔之职尽矣。

盖尧既总命羲和，造历制器，而又分职申布，使之随时考验。其要在测日景，度日晷，验中星，定二分二至之气，以正四时之序。故先天而天不违，后天而奉天时，敬天之心一勤民之心也。

### 《尚书通考》 卷一

（元）黄镇成
（归善斋按，连解，见前文"分命羲仲"）

## 《书蔡传旁通》卷一上

（元）陈师凯

日行至是，则沦于地中，万象幽暗，故曰幽都。

日出止于寅，日入止于戌。所行黄道，则斜绕东南西三方。其北方，亥、子、丑三位。日行之所不到。惟夜半，然后转至地下，北方而其光景沉伏不能反照，故曰沦于地中，万象幽暗也。

唐一行所谓岁差者是也。

一行《日度议》曰，考古史及日官候簿，以通法之三十九分，太为一岁之差。自帝尧演纪之端，在虚一度。及今开元甲子，却三十六度。日在虚一，则鸟、火、昴、虚皆以仲月昏中，合于《尧典》。《石刻尚书图》云，古法以纪蔀为宗，从伏羲先天甲寅，积周一千八百一十四纪，再入十五纪，人元一十有二蔀，当癸酉，蔀岁在己丑而生帝尧，至甲辰岁十有六即位，越二十有一岁得甲子，而演纪作历。是年天正冬至，日在虚一度。又按纪元历，岁周三百六十五度二千四百三十六分，此一岁之气积也。周天三百六十五度二千五百六十四分，太阳所躔周天之度也。岁差一百二十八分。注云，以岁周数除周天数，即得太阳岁行不及之分度，每一万注以一度，为万分。自演纪至开元十二年甲子冬至，日在斗十度，凡退三十八度四千一百二十八分；至乾德二年甲子冬至，日在斗六度，凡退四十一度四千八百四十八分；至仁宗庆历四年甲申冬至，日在斗五度。此法通古合今。故知尧历，日在虚一度，而鸟、火、昴、虚，以仲月昏中，合《尧典》。愚按，自尧二十一年甲子，至今至治元年辛酉，计三千六百五十八年。尧时冬至，日在虚一，今在箕九退过四十三度，即以四十三为法，除三千六百五十八，得八十五，是大约八十五年退一度矣。

## 《尚书疑义》卷一

（明）马明衡

（归善斋按，马明衡连解，见前文"乃命羲和"）

## 《尚书砭蔡编》卷一

（明）袁仁

平在朔易。

朔易者，颁新朔，以换旧朔也。以讹为变化，又以朔为死而复苏，皆牵强。

## 《尚书埤传》卷一

（清）朱鹤龄

曰幽都，朔易

袁黄曰，《蔡传》日行至是则沦于地中，非也。若论夜，则春、夏、秋之日皆在地中，不独冬也。若论昼，则冬之日，何尝不在天乎？冬至，日行南陆，去北为远，故曰幽都耳（郝敬曰，天体北高南下。夏至，日行北陆，高而远地，故日长；日行天顶，故其表景短。冬至，日行南陆，近地偏侧，故日短而其表景长）。

吕祖谦曰，北方终其阴，而后始其阳，故曰朔方，既承今岁之终，又虑来岁之始，故朔易。始而终，终而始，此天地生生不穷之道。

（附考）蔡传岁差之度，邹季友曰，按隋刘焯取晋虞喜、宋何承天二家中数，以七十五年差一度。焯之后，唐一行，以八十三年差一度。宋纪元历，以七十八年差一度。蔡伯静以六十年差一度，又或以五十九年差一度。至元中，司天监王恂以七十二年差一度，或谓近之。然天运不齐，日月星辰皆动物，行度疾徐无常，若立定法以逐之，久而亦必有差，反不如随时占候修改，以与天合之简切也（方回谓，至元十八年辛巳，冬至，日在箕九度，昏室中。顾临曰，《月令》仲春，日在奎，考之《书》则冬之时也。仲夏，在东井。则《书》之春也。仲秋，在角，则《书》之夏也。仲冬，在斗，则《书》之秋也。《月令》与《书》异，盖天经三十年小变，百年中变，五百年大变。故曰，神农伏羲之历，不可用于尧舜之时；尧舜之历，不可用于夏商之世。朱子曰，蔡季通言非是天运无定，乃其行度如此。其行之差处，亦是常度。但后之造历者，为数窄狭，不足以包之耳）。

### 《尚书地理今释》

（清）蒋廷锡

（归善斋按，见前文"分命和仲"）

### 《尚书七篇解义》卷一

（清）李光地

朔方，九州之极北处，识其暑景，以定中国之日南也。盖地极南，则夏至，日极北；地极北，则冬至，日极南。日极北者，极暑，而二至，昼夜长短之刻少；日极南者，极寒，而二至，昼夜长短之刻多也。推历者，因初昏中昴，知冬至日在虚。今冬至，日在箕，计差五十余度，故历代有岁差之说。今历谓非天岁有差，乃恒星有行度耳。其说以宗动之天无形，亘古平运；恒星之天，与七政齐右移，但微而难觉，大率六十七年而差一度也。

# 日短星昴，以正仲冬

## 1. 《尚书注疏》卷一

（汉）孔氏传，（唐）陆德明音义、孔颖达疏

传：日短，冬至之日。昴（liú），白虎之中星，亦以七星并见，以正冬之三节。

疏：于日正短，昼漏最少，天星之昴，西方七宿合昏毕见，以此天时之候，调正仲冬之气节。

## 2. 《书传》卷一

（宋）苏轼

日短星昴，以正仲冬，厥民隩。隩，室也。民老幼皆入室。

（归善斋按，苏轼分句不同）

## 3. 《尚书全解》卷一

（宋）林之奇

（归善斋按，林之奇自"分命羲仲"至"庶绩咸熙"整段综合作解。见"分命羲仲"）

## 4. 《尚书讲义》卷一

（宋）史浩

（归善斋按，史浩整段综合作解，见"分命羲仲"）

## 5. 《尚书详解》卷一

（宋）夏僎

（归善斋按，夏僎整段综合作解，见"分命羲仲"）

## 6. 《增修东莱书说》卷一

（宋）时澜

（归善斋按，时澜整段综合作解，见"分命羲仲"）

## 7. 《尚书说》卷一

（宋）黄度

（归善斋按，黄度此段综合作解，见"乃命羲和"）

## 8. 《絜斋家塾书钞》卷一

（宋）袁燮

（归善斋按，此段袁燮综合作解，见"分命羲仲"）

## 9. 《书经集传》卷一

（宋）蔡沈

（归善斋按，此段蔡沈连解，见"申命和叔"）

## 10. 《尚书精义》卷二

（宋）黄伦

（归善斋按，见"申命和叔"）

## 11. 《尚书详解》卷一

（宋）陈经

（归善斋按，此段陈经综合解说，见"分命羲仲"）

## 12. 《融堂书解》卷一

（宋）钱时

（归善斋按，此段钱时连解，见上句）

## 13. 《尚书要义》卷一

（宋）魏了翁

（归善斋按，见上句，另见"分命羲仲"）

## 14. 《书集传或问》卷上

（宋）陈大猷

（归善斋按，见"日中星鸟"）

## 15. 《尚书详解》卷一

（宋）胡士行

（归善斋按，见"分命羲仲"）

## 16. 《书纂言》卷一

（元）吴澄撰

（归善斋按，此段吴澄连解，见上句，另见"分命羲仲"）

## 17.《尚书集传纂疏》卷一

（元）陈栎

（归善斋按，见上句）

## 18.《读书丛说》卷二

（元）许谦

（归善斋按，数段许谦综合解说，见"分命羲仲"）

## 19.《书传辑录纂注》卷一

（元）董鼎

（归善斋按，见上句）

## 20.《尚书句解》卷一

（元）朱祖义

日短星昴（冬至之时，昼短夜长，昼四十刻，夜六十刻。昴星见于南方正午之位。谓之"日短星昴"，此举二十八宿也），以正仲冬（以此可以正仲冬之气。曰孟、曰仲、曰季，举仲而言，盖取中气之得其正也）。

## 21.《尚书日记》卷一

（明）王樵

（归善斋按，见前文"分命羲仲"）

## 22.《御制日讲书经解义》卷一

（归善斋按，连解，见上句）

## 《尚书通考》卷一

（元）黄镇成

（归善斋按，连解，见前文"分命羲仲"）

### 《书蔡传旁通》卷一上

（元）陈师凯

西方白虎七宿之昴宿。

白虎七宿，奎、娄、胃、昴、毕、觜、参也。

### 《尚书疑义》卷一

（明）马明衡

（归善斋按，马明衡连解，见前文"乃命羲和"）

### 《尚书七篇解义》卷一

（清）李光地

（归善斋按，见上句）

# 厥民隩，鸟兽氄毛

## 1.《尚书注疏》卷一

（汉）孔氏传，（唐）陆德明音义、孔颖达疏

传：隩（ào），室也。民改岁，入此室处，以辟风寒。鸟兽皆生耎（ruǎn）毳（cuì）细毛以自温焉。

音义：隩，于六反，马云："暖也。"氄（rǒng），如勇反。徐又而充反，又如充反，马云："温柔貌"。辟，音避。耎，如充反，本或作濡，音儒。毳，尺锐反。

疏：于时禾稼已入，农事闲暇。其时之人皆处深隩之室。鸟兽皆生耎毳细毛，以自温暖。

传正义曰，《释宫》云："西南隅谓之隩。"孙炎云："室中隐隩之处也。"隩是室内之名，故以隩为室也。物生皆尽，野功咸毕，是岁改矣。以天气改岁，故入此室处，以避风寒。天气既至，故鸟兽皆生耎毳细毛以自温焉。经言氄毛，谓附肉细毛，故以耎毛解之。

## 2. 《书传》卷一

（宋）苏轼

鸟兽氄毛。氄，软，厚也

## 3. 《尚书全解》卷一

（宋）林之奇

（归善斋按，林之奇自"分命羲仲"至"庶绩咸熙"整段综合作解。见"分命羲仲"）

## 4. 《尚书讲义》卷一

（宋）史浩

（归善斋按，史浩整段综合作解，见"分命羲仲"）

## 5. 《尚书详解》卷一

（宋）夏僎

（归善斋按，未解）

## 6. 《增修东莱书说》卷一

（宋）时澜

（归善斋按，时澜整段综合作解，见"分命羲仲"）

## 7. 《尚书说》卷一

（宋）黄度

（归善斋按，黄度此段综合作解，见"乃命羲和"）

## 8. 《絜斋家塾书钞》卷一

（宋）袁燮

（归善斋按，此段袁燮综合作解，见"分命羲仲"）

## 9. 《书经集传》卷一

（宋）蔡沈

（归善斋按，此段蔡沈连解，见"申命和叔"）

## 10. 《尚书精义》卷二

（宋）黄伦

（归善斋按，见"申命和叔"）

## 11. 《尚书详解》卷一

（宋）陈经

（归善斋按，此段陈经综合解说，见"分命羲仲"）

## 12. 《融堂书解》卷一

（宋）钱时

（归善斋按，此段钱时连解，见前句）

## 13. 《尚书要义》卷一

（宋）魏了翁

（归善斋按，见前句，另见"分命羲仲"）

## 14. 《书集传或问》卷上

（宋）陈大猷

（归善斋按，未解）

## 15. 《尚书详解》卷一

（宋）胡士行

（归善斋按，见"分命羲仲"）

## 16. 《书纂言》卷一

（元）吴澄撰

（归善斋按，此段吴澄连解，见前句，另见"分命羲仲"）

### 17. 《尚书集传纂疏》卷一

（元）陈栎

（归善斋按，见前句）

### 18. 《读书丛说》卷二

（元）许谦

（归善斋按，数段许谦综合解说，见"分命羲仲"）

### 19. 《书传辑录纂注》卷一

（元）董鼎

（归善斋按，见前句）

### 20. 《尚书句解》卷一

（元）朱祖义

厥民隩（其民于此时，入居于隩暖之处），鸟兽氄毛（鸟兽于此时，又生氄细之毛，以自温。氄，冗）。

### 21. 《尚书日记》卷一

（明）王樵

（归善斋按，见前文"分命羲仲"）

### 22. 《御制日讲书经解义》卷一

（归善斋按，连解，见前句）

### 《尚书通考》卷一

（元）黄镇成

（归善斋按，连解，见前文"分命羲仲"）

### 《尚书疑义》卷一

（明）马明衡

（归善斋按，马明衡连解，见前文"乃命羲和"）

## 《尚书注考》

（明）陈泰交

同字异解者三百二十三条。

厥民隩，训隩，室之内也；四隩既宅，训隩，限也。

## 《尚书埤传》

（清）朱鹤龄

### 《书经考异》

厥民隩（《史记》作"其民燠"。）

# 帝曰：咨！汝羲暨和，期三百有六旬有六日，以闰月定四时，成岁

## 1. 《尚书注疏》卷一

（汉）孔氏传，（唐）陆德明音义、孔颖达疏

传：咨，嗟；暨，与也。匝（zā）四时曰期。一岁十二月，月三十日，正三百六十日。除小月六，为六日，是为一岁有余十二日，未盈三岁，足得一月则置闰焉。以定四时之气节，成一岁之历象。

音义：暨，其器反。期，居其反，下同。旬，似遵反，十日为旬。匝，子合反。

疏：此是羲和敬天授人之实事也。羲和所掌如是，故帝尧乃述而叹之曰：咨嗟！汝羲仲、羲叔与和仲、和叔，一期之间三百有六旬有六日，分为十二月，则余日不尽，令气朔参差。若以闰月补阙，令气朔得正，定四时之气节，成一岁之历象，是汝之美可叹也。

传正义曰，"咨，嗟；暨，与"皆《释诂》文也。"匝四时曰期"，"期"即"匝"也。故王肃云："期，四时是也。"然古时真历，遭战国及秦而亡。汉存六历，虽详于五纪之论，皆秦汉之际假讬为之，实不得正，要有梗概之言。周天三百六十五度四分度之一，而日，日行一度，则一期

三百六十五日四分日之一。今《考灵曜》、《乾凿度》诸纬皆然。此言"三百六十六日"者，王肃云："四分日之一又入六日之内，举全数以言之，故云三百六十六日也。"传又解所以须置闰之意，皆据大率以言之，云"一岁十二月，月三十日，正三百六十日也，除小月六又为六日。"今经云三百六十六日，故云余十二日，不成期。以一月不整三十日，今一年余十二日，故"未至盈满三岁，是得一月，则置闰"也。

以时分于岁，故云"气节"，谓二十四气，时月之节，岁总于时，故云"历象日月星辰，敬授人时"，以相配成也。六历诸纬与《周髀》皆云，日行一度，月行十三度十九分度之七，为每月二十九日过半，日之于法，分为日九百四十分日之四百九十九，即月有二十九日半强，为十二月，六大之外，有余分三百四十八，是除小月无六日。又大岁三百六十六日，小岁三百五十五日，则一岁所余无十二日。今言"十二日"者，皆以大率据整而计之。其实一岁所余，正十一日弱也。以为十九年七闰，十九年，年十一日，则二百九日。其七月，四大三小，犹二百七日，况无四大乎。为每年十一日弱，分明矣。所以弱者，以四分日之一，于九百四十分，则一分为二百三十五分，少于小月余分三百四十八。以二百三十五减三百四十八，不尽一百一十三，是四分日之一余矣。皆以五日为率，其小月虽为岁日残分所减，犹余一百一十三，则实余尚无六日。就六日抽一日，为九百四十分，减其一百一十三分，不尽八百二十七分。以不抽者五日，并三百六十日外之五日，为十日。其余九百四十分日之八百二十七，为每岁之实余。今十九年，年十日，得整日一百九十，又以十九乘八百二十七分，得一万五千七百一十三。以日法九百四十除之得十六日，以并一百九十，为二百六日，不尽六百七十三分为日余。今为闰月得七，每月二十九日，七月为二百三日，又每四百九十九分以七乘之，得三千四百九十三。以日法九百四十分除之，得三日。以二百三日，亦为二百六日，不尽亦六百七十三，为日余亦相当矣。所以无闰"时不定，岁不成"者，若以闰无三年差一月，则以正月为二月，每月皆差，九年差三月，即以春为夏。若十七年差六月，即四时相反，时何由定，岁何得成乎？故须置闰，以定四时。故《左传》云"履端于始，序则不愆（qiān）；举正于中，民则不惑；归余于终，事则不悖"是也。先王以重闰焉。王肃云：

"斗之所建，是为中气，日月所在。"斗指两辰之间无中气，故以为闰也。

考证：期三百有六旬有六日

苏轼曰：有读曰又。古，又有通。臣浩按，此释文音所不及。然则，《春秋》所书之十有几年，十有几月，皆可读曰又也。

## 2.《书传》卷一

（宋）苏轼

帝曰：咨！汝羲暨和，期三百有六旬有六日，以闰月定四时，成岁。暨，与也。周四时，曰期。期，当三百六十五日四分日之一。而云六日，举其全也。岁止得三百五十四日，故以闰月定而正之。"有"读为"又"。古有、又通。

## 3.《尚书全解》卷一

（宋）林之奇

（归善斋按，林之奇自"分命羲仲"至"庶绩咸熙"整段综合作解。见"分命羲仲"）

## 4.《尚书讲义》卷一

（宋）史浩

帝曰：咨汝羲暨和，期三百有六旬有六日，以闰月定四时，成岁，允厘百工，庶绩咸熙。

前面既命羲和以历象授人时，此又使之考察余分，以明置闰之法。盖一岁十二月，月三十日，正三百六十日，余六日；六小月又余六日。是一岁余十二日，三岁余三十六日，以三十日为一闰，又两年余二十四，凑前所余六日为一闰，故三年一闰，五年再闰。如此，然后四时始定，岁功始成，百工皆得赴功，庶绩莫不光明厘理也。熙，光明也。大抵事须是随时做。经曰"百工惟时"，又曰"食哉惟时"，又曰"钦哉惟时亮天功"。若是不置闰以归其余，则四时皆不得其正，天下事颠倒错乱，百工何由而理，庶绩何由而熙。履端于始，举正于中，归余于终。日既有余，无所顿放，自然是用置闰。天地无全功。置闰之法分明，是圣人在这里裁成天地，辅相天地，似乎专是人事，然亦天理之自然。斗指两辰之间，便知其为闰，以此见亦非圣人以私意为之也。凡读二典，不可将作后世看。后世视此等事，多以为缓而不切。唐虞之时，兹事甚重。盖四时不定，则庶功不成，利害非小。只看《月令》无一事不顺天时，圣人安得不以为急乎。

## 5.《尚书详解》卷一

（宋）夏僎

帝曰：咨汝羲暨和，期三百有六旬有六日，以闰月定四时，成岁，允厘百工，庶绩咸熙。

尧前命羲和以定四时之中气矣，然后闰余可得而起焉。自"咨汝羲暨和"以下，即所谓命之以置闰之余也。王肃云，"斗"之所建为中气，日月所在斗柄，两辰之间无中气，则置为闰。盖闰月之置，无在中气之月。中气未定，则闰余亦未得而定。前之所言皆为定中气而作。既定中气矣，故以闰余继之。夫作历之法，虽始于定中气，本以置闰，历之置闰，其事为大，故更申言之。此论甚当。

"期三百有六旬，以闰月定四时，成岁，允厘百工，庶绩咸熙"者，此起闰之法也。盖周天三百六十有五度四分度之一。月之行也，日十三度十九分度之七，常以二十九日过半，而与日合。一岁所余凡五日九百四十分日之五百九十二。日之行也，日一度其为十二月，以三百六十日，是一岁所余凡五日九百四十分日之二百三十五。以五百九十二并二百三十五，是一岁日月所余。共十日九百四十分日之八百二十七。十九年，年十日，为百九十日。又十九个八百二十七，为一万五千七百一十三。以日法九百四十分除之，得十六日，以并百九十日为二百六日。不尽六百七十三分，为日余，分为闰月，得七闰。每月二十九日，为二百三日。又七个月余各四百九十九分，合为三千四百九十三，以日法九百四十分，除之得三日，共为二百六日，不尽亦六百七十三，是为一章之数。二十七章为一会，三会为一统，三统为一元。章会统元运于无穷，此四时所以定，而岁功所以成也。

四时定，岁功成，然后百工可以允厘，而庶绩可以咸熙也。允厘百工，孔氏传谓，允治百官。所谓百官得其职者是也。庶绩咸熙，《尔雅》

曰，熙，兴也。言众工皆兴，所谓万事得其序者是也。虽然当尧之时，洪水横流泛滥于天下，为生民之计，可谓急矣。然尧不先命禹以平水土，命稷以播百谷，命契以敷五教，而乃先于命羲和，以有作历置闰之法也。岂尧先所后，而缓所急耶。盖不然，大禹、稷、契之所职，不过于百工，而平水与播谷、敷教之事又不过于庶绩。惟闰余既定，则天时正于上。天时正于上，则百官得其职，百事得其序，理亦当然。苟闰余不定，三年而差一月，则必以正月为二月，每月皆差，九年而差三月，则将以春为夏。十有九年，差六月，则四时相反。如欲百工之允厘，庶绩之咸熙，不可得矣。虽有益稷、皋陶之功，果安所施哉。惟天时既定，则人功由是而施。尧之治无先于此耳。邵康节云，日月星辰，尧则之；江河淮海，禹平之。其意不殊此。

## 6.《增修东莱书说》卷一

（宋）时澜

帝曰：咨汝羲暨和，期三百有六旬有六日，以闰月定四时，成岁，允厘百工，庶绩咸熙。

前命羲和历象之事，至此乃言作历之要法，故以闰余总命之。盖闰者一岁之枢纽，天地之数。惟奇则无穷一岁，余十二日。有奇，苟不置闰，则四时之气无由而定，一岁之功无由而成。以闰月归奇，始可以定时而成岁。其言"咨汝羲暨和"者，总教之以若天授时之要也。"允厘百工，庶绩咸熙"，此史官省文之法。允，信也。厘，治也。史官言尧之治天下，不特厘治羲和之事，凡百工之间，无不信能厘治之，而使庶功皆至于熙广。其善叙事如此，抑亦见治天即所以治人。天时既正，而后百工可得而治，庶绩可得而熙也。羲和所掌，非止历象，亦掌四方诸侯朝会之礼。如后世方伯、连帅之类。尧之时，天人为一，故羲和之职甚重。后世如保章氏，星官历翁为职浸微，而治人之任备矣。万世帝王之事，不过奉天治民。古者详于天，后世详于民，而二事俱不偏废。天运之变也，尧未尝亲一事，任俊德与羲和而已。尧所职者，"克明"与"乃命"，可以观人君之道焉。

### 7.《尚书说》卷一

（宋）黄度

（归善斋按，黄度此段综合作解，见"乃命羲和"）

### 8.《絜斋家塾书钞》卷一

（宋）袁燮

帝曰：咨！汝羲暨和，期三百有六旬有六日，以闰月定四时，成岁，允厘百工，庶绩咸熙。

前面既命羲和，以历象授人时，此又使之考察余分，以明置闰之法。盖一岁十二月，三十日正三百六十日，余六日；六小月又余六日。是一岁余十二日，三岁余三十六日，以三十日为一闰，又两年余二十四日，凑前所余六日为一闰，故三年一闰，五年再闰。如此，然后四时始定，岁功始成，百工皆得趋时赴功，庶绩莫不光明厘理也。

熙，光明也。大抵事须是随时做。经曰"百工惟时"，又曰"食哉惟时"，又曰"钦哉，惟时亮天工"。若是不置闰以归其余，则四时皆不得其正，天下事颠倒错乱，百工何由而理，庶绩何由而熙？履端于始，举正于中，归余于终。日既有余，无所顿放，自然是用置闰。天地无全功，置闰之法分明，是圣人在这里裁成天地之道，辅相天地之宜，似乎专是人事然，亦天理之自然。斗指两辰之间，便知其为闰，以此见亦非圣人以私意为之也。凡读二典，不可将作后世看。后世视此等事，多以为缓而不切。唐虞之时，兹事甚重。盖四时不定，则庶功不成，利害非小，只看月令，无一事不顺天时，圣人安得不以为急乎。

### 9.《书经集传》卷一

（宋）蔡沈

帝曰：咨！汝羲暨和，期三百有六旬有六日，以闰月定四时，成岁，允厘百工，庶绩咸熙。

咨，嗟也，嗟叹而告之也。暨，及也。期，犹周也。允，信。厘，治。工，官。庶，众。绩，功。咸，皆。熙，广也。天体至圆，周围三百六十五度四分度之一，绕地左旋，常一日一周而过一度。日丽天而少迟，故日行一日，亦绕地一周，而在天为不及一度，积三百六十五日，九百四十分日之二百三十五，而与天会，是一岁日行之数也。月丽天而尤迟一日，常不及天十二度十九分度之七，积二十九日九百四十分日之四百九十九，而与日会。十二会得全日三百四十八，余分之积又五千九百八十八，如日法九百四十而一得六，不尽三百四十八，通计得日三百五十四九百四十分日之三百四十八，是一岁月行之数也。岁有十二月，月有三十日。三百六十者，一岁之常数也，故日与天会。而多五日九百四十分日之二百三十五者为气盈，月与日会，而少五日九百四十分日之五百九十二者为朔虚。合气盈朔虚而闰生焉。故一岁闰率，则十日九百四十分日之八百二十七。三岁一闰，则三十二日九百四十分日之六百单一。五岁再闰，则五十四日九百四十分日之三百七十五。十有九岁七闰，则气朔分齐是为一章也。故三年而不置闰，则春之一月入于夏，而时渐不定矣。子之一月入于丑，而岁渐不成矣。积之之久，至于三失闰，则春皆入夏，而时全不定矣。十二失闰，子皆入丑，岁全不成矣。其名实乖戾，寒暑反易。农桑庶务，皆失其时，故必以此余日置闰月于其间。然后四时不差，而岁功得成。以此信治百官，而众功皆广也。

## 10. 《尚书精义》卷二

（宋）黄伦

帝曰：咨汝羲暨和，期三百有六旬有六日，以闰月定四时，成岁，允厘百工，庶绩咸熙。

胡氏曰，昔之言岁，以四时计者，各为日九十；以六气计者，各为日六十；以五行计者，各为日七十有二。九十而四之，六十而六之，七十有二而五之，皆得三百六十，则其三百六十者，天数之正也。其五日有奇者，余分之积也。周天三百六十五度四分度之一，而曰日行一度，则一期三百六十五日四分日之一。举全数以言之，故云三百六十六日也。传又解所以须置闰之意，皆据大率以言之。云一岁十二月，一月三十日，正三百六十日也。除小月六，又为六日。今经云三百六十六日，故云余十二日，不成期。以一月不整三十日，今一年余十二日，故未至盈满三岁，足得一月，一则置闰也。

又曰，日行迟，月行速。日行迟，故日运一度，而成一日；月行速，故月运十二度十九分度之七，而成一日。阴道常亏，故月行周天之数为一月，而常不足于三十日，此所以有小月，而岁余五日强也。阳道常饶，故日行周天之数为一岁，而常有余于三百六十日，此所以有闰，而岁闰亦五日强也。以月之不足，合日之有余，积而成岁，则所谓十一日弱者是也。故三年一闰为天道之小成也。五年再闰为天道之大成也。古之人归其余以置闰，三年而一，五年而再，十有九年七闰备矣。

又曰，天度三百六十有五四分度之一，而日所行者一日度耳，故期三百六十有五日四分度之一。以小岁言之，则余五日有奇矣。月之行也速，月行十二度十九分度之七，其周而与日合也，以二十九日半，故月之为月，其日不能常足于三十，而有大小焉。推月之不足，计日之有余，一岁之所奇，凡十有一日弱。积岁之所奇而不为之闰，三年而差一月，九年而以春为夏，十有九年而四时皆反。

又曰，道散而后阴阳分，阴阳分而后五行具。凡丽乎阴阳，属乎五行者，孰有不随于数耶？故一昆虫之出入，一草木之生死，莫不待此以成。自有心以至于无心，自有形以至于无形，莫不待此以行，则数者，时之所寓焉者也。先王之政事，皆系于岁、月、日、时，故以闰月定四时成岁焉。盖日月之运行，不能无赢缩。作历之久也，不能无差错。惟以其余置闰，然后岁、月、日、时，各得其纪，而无先时、不及时之患矣。

无垢曰，周天三百六十五度四分度之一。日运一度，月运十二度有奇。故日一岁一周天，月一月一周天。日岁一周天，此所以期三百有六旬有六日也。使圣人不有以造化之，任天之运，以日一周天为一岁，则一年而立春之候乱矣；二年而雨水之候乱矣；三年而以正月为二月矣；五年而以春为夏矣；十九年而四时相反矣。由是知天地之理止此，而无能为矣。惟圣人，心与天一，置造化于其间。一岁虚六日不用，又虚五日有奇不用，是一岁积十一日有奇不用矣。积三年不用之日，以置一闰。又积其余，五年又置一闰。于是二十四气，皆得其序而时定矣。积十九年四时不忒，而岁成矣。时定而岁成，则百工之职以时而举。以岁而会者，皆可以按见而阅实矣。"允厘百工，庶绩咸熙"，复何疑乎？

又曰，圣人大有功于天地矣。天地亦大矣，阴阳亦妙矣。使世无圣人，任其自生自化，则草木畅茂，禽兽繁殖，人类灭绝而天理颠倒矣。是天地之妙在圣人，而圣人之余为天地。余始读《易》，见其所谓裁成天地之道，辅相天地之宜，见其所谓弥纶天地之道，见其所谓范围天地之化，求其说而不得。今观置闰一事，而裁成、辅相、弥纶、范围之说，廓然大明。

王氏日休曰，天之度数，三百六十五度四分度之一。"四分度之一"者，谓又一度之中四分之一也。度犹分界，乃天轮有此分界之数。日行一度谓之一日，行遍此度数，乃为周岁。盖天轮自西而东，乃所谓左旋也。日月星辰则自东而西，所谓右旋。日在天一日止能行一度，故三百六十五日二十五刻，方能行遍天之分界。故谓之期。期，遍也。所以周岁为期。然则周岁之数，乃三百六十五日二十五刻，而此言"三百有六旬有六日"者，举其大数也。日，一日行一度，故一岁则周于天之分界，所以谓日则一岁一周天。月，一日行十二度有奇，故一月则周于天之分界，所以谓月则一月一周天。然所谓一月者，不必三十日，以月之行不必待三十日，乃五十九日则再周天，是以月有小大，尽盖以五十九日分为两月故也。月，既日行十二度有奇，而星家谓之十三度者，亦举其大数也。由是言之，则日行甚迟，月行甚速。故月行二十九日有余，则追及于日，是与日一月会于一处，其处谓之辰。则今子、丑、寅、卯至申、酉、戌、亥，乃十二辰也。天地皆有此分位，是以日月于正月，则会于寅，二月则会于卯，以次至十二月则会于丑矣。一岁之日，既三百六十五日二十五刻，而月之行，则有小尽，故积其余日，又为一月，是以谓之"闰"。盖"闰"者余之积也。既为此闰月，然后每岁四时得正，则岁成矣。故曰"闰月定四时成岁"。

## 11.《尚书详解》卷一

（宋）陈经

帝曰：咨！汝羲暨和，期三百有六旬有六日，以闰月定四时，成岁，允厘百工，庶绩咸熙。

前此既分之矣，今又合而告之。前此是历象之大概，此又言作历之本。"期"者，周一岁也。周天三百六十五度四分度之一。日行迟，一日行一度，一岁一周天，尚余五度四分度之一。月行速，一月一周天，而与日相会。圣人以其奇数而置闰，故一岁尅六日，并五度四分度之一，是为一年剩十一日有奇也，三年而一闰，五年而再闰。四时所以定，岁功所以成也。百官兴事而造业者，信四时而治事，故曰"允厘百工"。既允厘，则庶绩自广而明矣。曰"百工"，曰"庶绩"，则不独析、因、夷、隩之见于民事而已。振旅于春，茇（bá）舍于夏，时之属乎，兵者也。"启蛰而郊，龙见而雩（yú）"，时之属乎，祭者也。以至藏冰颁冰，出火纳火之类，莫不各因其时以成其功。苟惟不然，则三年而差一月，九年而差三月，十有七年而差六月，四时相反矣。时何由而定，岁何由而成，功若何而熙哉。左氏曰，闰以正时，时以正事，事以厚生，生民之本于是乎。在春秋，自文公闰月不告朔之后，失闰者屡矣。辰在申，而司历以为建戌。又安知圣人治历明时之意，以人奉天，故闰置而岁以之成；因天治人，故时正而功以之立。天人相因，未始间隔如是之至哉。

## 12. 《融堂书解》卷一

（宋）钱时

帝曰：咨！汝羲暨和，期三百有六旬有六日，以闰月定四时，成岁，允厘百工，庶绩咸熙。

前命羲和，以中星正四时，可谓精密，然日之余者，无所归，则节候差舛，中星不可得而正。故于是又总命以置闰之法也。厘，正也。熙，顺理也。天下万事未有不因时而为者，天时既正，方有以信百工而厘正之，庶绩皆可顺理也。《尧典》篇记羲和事居其半，或者以为详于天而略于人，是大不然。天人只是一事，圣人未尝分裂。羲和治历，首命以"敬授人时"，终命以"允厘百工，庶绩咸熙"岂二事哉？百工无非天职，庶绩无非天工。作、讹、成、易之候，析、因、夷、隩之变，以至鸟兽羽毛之微，无一而非天也。一象之差，一候之错，一事之谬，一民之失所，一物之不得其宜，即堕天工，即旷天职矣。《易》曰"范围天地之化"，《中庸》曰"发育万物"，岂后世星翁历史所可知哉。

## 13. 《尚书要义》卷一

（宋）魏了翁

十八、以闰月定时，厘工熙绩

此是羲和敬天授人之实事也，羲和所掌如是，故帝尧乃述而叹之曰：咨嗟，汝羲仲羲叔与和仲和叔，一期之间三百有六旬有六日，分为十二月，则余日不尽，令气朔参差，若以闰月补厥，令气朔得正，定四时之气节，成一岁之历象，是汝之美可叹也。又以此岁历告时授事，信能和治百官，使之众功皆广也。

三五、古真历亡，汉存六历，实不得正

古时真历，遭战国及秦而亡，汉存六历，虽详于五纪之论，皆秦汉之际假托为之，实不得正。要有梗概之言。周天三百六十五度四分度之一。而日，日行一度，则一期三百六十五日四分日之一。今《考灵曜》、《乾凿度》诸纬皆然。此言三百六十六日者，王肃云，四分日之一又入六日之内，举全数以言之。

三六、岁余十一日弱，当十九年七闰

六历、诸纬与《周髀（bì）》皆云，日行一度，月行十三度十九分度之七，为每月二十九日过半，日之于法，分为日九百四十分之四百九十九，即月有二十九日半强，为十二月，六大之外，有余分三百四十八，是除小月无六日。又大岁三百六十六日，小岁三百五十五日，则一岁所余，无十二日。今言十二日者，皆以大率据整而计之。其实一岁所余止十一日弱也。以为十九年七闰。十九年，年十一日，则二百九日，其七月，四大三小，犹二百七日，况无四大乎？为每年十一日弱，分明矣。所以弱者，以四分日之一，于九百四十分，则一分为二百三十五分，少于小月，余分三百四十八。以二百三十五减三百四十八，不尽一百一十三，是四分日之一余矣，皆以五日为率，其小月虽为岁，月残分所减，犹余一百一十三，则实余尚无六日。就六日抽一日，为九百四十分，减其一百一十三分，不尽八百二十七分。以不抽者五日，并三百六十日外之五日，为十日。其余九百四十分日之八百二十七，为每岁之实余。今十九年，年十日得整日一百九十。又以十九乘八百二十七分，得一万五千七百一十三。以日法九百四十除之，得十六日，以并一百九十日，为二百六日，不尽六百七十三分，为日余。今为闰月得七，每月二十九日，七月为二百三日，又每四百九十九分以七乘之，得三千四百九十三，以日法九百四十除之，得三日以二百三日，亦为二百六日，不尽亦六百七十三，为日余亦相当矣。所以无闰，时不定，岁不成也。若以无闰，三年差一月，则以正月为二月，每月皆差，九年差三月，即以春为夏。若十七年差六月，即四时相反，时何由定，岁何由得成乎？故须置闰以定四时。

## 14.《书集传或问》卷上

（宋）陈大猷

或问：诸家皆以岁一周为期（孔氏曰，匝四气曰期，一岁十二月三百六十日，除小月六，为六日，一岁有余十二日；未盈三岁足得一月，则置闰。诸家皆祖孔氏说）而子谓期三百六十六日，以为指两冬至而言，何所据乎？

曰：此出《洪范》。以《百中经》考之，每两岁冬至，相去必有三百六十六日，二十四气皆然。不然，则有三百六十五日有奇，中间有闰，无闰皆然。此其可考之明据也（如诸家之说，一岁三百五十四日，每日行天一度，则是反欠周天，卜一度四分度之一，是欠十二日也。谓日行天度不尽，而有余剩之度，则可何以谓之余十二日乎？三年欠天度三十三度四分度之三，是以闰一月，使日行天度所欠之数，而犹有余分也。愚之言欠，与传言余，其意一同，但余字不分晓，兼诸家之说，于"期三百有六旬有六日"一句，文义未顺也）

## 15.《尚书详解》卷一

（宋）胡士行

帝曰：咨！汝羲暨（及）和，期（周匝四时）三百有六旬有六日，以闰月定四时，成岁，允（信）厘（治）百工（官），庶绩（功）咸（皆）熙（广）。

此起闰法也，周天三百六十五度四分度之一。日一周天，为一岁；月一周天，为一月。月行速，一日行十三度有奇，二十九日半强一周天，大约五十九日强而两周天。两个月六十日期，余一日矣。一年十二个月，则余六日矣。故一年置月小尽者六。而后晦（月尽）、朔（初一）、弦（初七上弦，二十三下弦）、望（月半）不差。日行迟，一日行一度，近三百六十六日一周天，一年十二月三百六十日已少六日；六小尽月，又少六日。三年少三十六日，五年少六十日，故三年一闰，五年再闰，十九年七闰，为一章。二十七章为会，三会为统，三统为元，而后春夏秋冬不差，而后岁功成，而后工厘绩熙矣。

闰余不置，则三年差一个月，必以正为二；九年差三个月，必以春为夏；十九年差六个月而四时相反矣。如此欲百工之厘可乎？故尧之命，不先禹、稷、契，而先羲和者，禹、稷、契所职百工之事耳，未若羲和之重也。邵康节云，日月星辰，尧则之；江河淮海，禹平之。王肃云，斗之所建为中气，日月所在斗指两辰之间无中气，则置为闰。中气未定，则闰余未得而定。前既定中气矣，故以闰余继之。吕云，闰，一岁之枢纽，天地之数。惟奇则无穷，闰所以归奇也。羲和非止历象，亦掌四方诸侯朝会之礼，如后世方伯、连帅之类。尧时天人为一，羲和之任甚重。至周冯相氏，特星官历象之职，而治人之任备矣。帝王之事不过奉天治人，尧未尝亲一事，克明俊德，乃命（任）羲和而已，可以观人君之道焉。

## 16. 《书纂言》卷一

（元）吴澄撰

帝曰：咨！汝羲暨和，期三百有六旬有六日，以闰月定四时，成岁。

咨者，嗟叹而命之也。暨，及也。期，犹周也。前冬至，距后冬至，周匝一岁也。有、又通。旬，十日也。三百六旬有六日者，一岁三百六十五日四分日之一微弱，而交次年节气也。不言五日四分日之一，而言六日举成数也。闰月者，气盈朔虚所积之余日也。天周围三百六十五度四分度之一，其行至健，绕地左旋，一日一周，而又过一度。日行少迟，绕地左旋一日，适得一周而不过，比之天则为不及一度。月行尤迟，绕地左旋一日，将近一周而不及，比之天则为不及十三度十九分度之七。若依四分历法，分一日为九百四十分，则日之行，积三百六十五日二百三十五分而与天会，是为一岁之气；月之行，积二十九日四百九十九分而与日会是为一月之朔。一岁十二朔，通计三百五十四日三百四十八分。一岁有十二月；一月有三十日，积日，凡三百六十者，一岁之正数也。日与天一会，而过三百六十之数，故多五日二百三十五分，谓之气盈。月与日十二会而不及三百六十之数，故少五日五百九十二分，谓之朔虚。

合气盈、朔虚之积，一岁得十日八百二十七分，二岁得二十一日七百一十四分，三岁得三十二日六百有一分。以二十九日四百九十九分置第一闰，尚余三日百有二分。四岁并上所余，得十三日九百二十九分，五岁得二十四日八百一十六分，六岁得三十五日七百有三分，置第二闰，尚余六日二百有四分。七岁并上所余得十七日九十一分，八岁得二十七日九百一十八分，九岁得三十八日八百有五分，置第三闰，尚余九日三百有六分。十岁并上所余得二十日一百九十三分，十一岁得三十一日八十分，置第四闰，尚余一日五百二十一分。十二岁并上所余得十二日四百有八分，十三岁得二十三日二百九十五分，十四岁得三十四日一百八十二，分置第五闰，尚余四日六百二十三分。十五岁并上所余得十五日五百一十分，十六岁得二十六日三百九十七分，十七岁得三十七日二百八十四，分置第六闰，尚余七日七百二十五分。十八岁并上所余得十八日六百一十二分，十九岁得二十九日四百九十九分，置第七闰无余，是为一章。

失一闰，则春之季月入夏，夏之季月入秋，秋之季月入冬，冬之季月入春。失二闰，则春之仲季入夏，夏之仲季入秋，秋之仲季入冬，冬之仲季入春。失三闰，则春皆入夏，夏皆入秋，秋皆入冬，冬皆入春，而四时不定。四时不定，则岁首非岁首，岁终非岁终，而岁不成，故必置闰月，以定四时，然后能成岁也。

今按一日分为九百四十分者，盖以《史记》所载颛顼四分历为准。汉三统历，则一日为千五百三十九分。唐开元大衍历，则一日为三千四十分。其气盈、朔虚分数各不同。每改一历又变一法。讫不得其至当。考之历代史志可见兹不备陈。及宋纪元历，则一日万分，至今承用。虽其分愈细，然其数整齐，难与天合。西山蔡氏，祖述邵子元会运世，岁月日辰之例，以一辰为三十分，一分为十二厘，一厘为三十毫，一毫为十二丝。一辰计十二万九千六百丝；一日计百五十五万五千二百丝。每岁气盈、朔虚，共十日一百三十六万丝。澄尝即其法推算，与古差殊，乃知其说甚美，其术则疏。犹欲因之再为更定，以追古合天而未之能也，尚将有俟于哲人。

## 17.《尚书集传纂疏》卷一

（元）陈栎

帝曰：咨！汝羲暨和，期三百有六旬有六日，以闰月定四时，成岁，允厘百工，庶绩咸熙。

咨，嗟也，嗟叹而告之也。暨，及也。期，犹周也。允，信；厘，治；工，官；庶，众；绩，功；咸，皆；熙，广也。天体至圆，周围三百六十五度四分度之一，绕地左旋，常一日一周而过一度。日丽天而少迟，故日行一日，亦绕地一周。而在天为不及一度，积三百六十五日九百四十分日之二百三十五，而与天会，是一岁日行之数也。月丽天而尤迟，一日常不及天十三度十九分度之七，积二十九日九百四十分日之四百九十九，而与日会。十二会得全日三百四十八。余分之积又五千九百八十八。如日法九百四十而一得六，不尽三百四十八，通计得日三百五十四九百四十分日之三百四十八，是一岁月行之数也。岁有十二月，月有三十日。三百六十者，一岁之常数也。故日与天会，而多五日九百四十分日之二百三十五者，为气盈；月与日会，而少五日九百四十分日之五百九十二者，为朔虚。合气盈朔虚，而闰生焉。故一岁闰率，则十日九百四十分日之八百二十七。三岁一闰，则三十二日九百四十分日之六百单一；五岁再闰，则五十四日九百四十分日之三百七十五；十有九岁七闰，则气朔分齐，是为一章也。故三年而不置闰，则春之一月入于夏，而时渐不定矣；子之一月入于丑，而岁渐不成矣。积之之久，至于三失闰，则春皆入夏，而时全不定矣。十二失闰，子皆入丑岁，全不成矣。其名实乖戾，寒暑反易，农桑庶务皆失其时。故必以此余日置闰月于其间，然后四时不差，而岁功得成。以此信治百官，而众功皆广也。

纂疏：《语录》，天道左旋，日月亦只左旋。但天行健，一日一夜而周，常差过一度。日月违天而退，日是一日退一度；月是一日退十三度有奇。周天三百六十五度四分度之一。每岁只有三百六十日，余了五日四分日之一，又除小月计六日，所以置闰。所余六日为气盈，所少六日为朔虚。如何见得天有三百六十五度，甚么人去量来，只是天行得过处为度，天之过处，便是日之退处。

问：周天之度是自然之数，是强分？曰：天左旋，一昼一夜行一周，而又过了一度。以其行过处，一日作一度，三百六十五度四分度之一，方是一周。只将南北表看，今日怎时看，有甚星在表处；明日怎时看，这星又差远，或别是一星了。天道与日月五星皆是左旋。天道，日一周天而常过一度；日，一日一周天，起度端，终度端，故比天道常不及一度。月行不及天十三度十九分度之七。今人却云月行速，日行迟，此错说也。但历家以右旋为说，取其易见日月之度耳。

义刚言：伯静云，天是一日一周，日则不及一度，非天过一度也。先生曰：此说不是。若云天一日一周，则四时中星如何不同如此？则日日一般，却如何纪岁，把甚么时节做定限。若以天为不过而日不及一度，则趱来趱去，将次午时便打三更矣。因取《礼记·月令》疏，指其中说"早晚不同"及"更行一度"两处，曰，此说得甚分明。其他历书都不如此说。盖非不晓，但是说滑了口后，信口说，习而不察，更不去子细检点。而今若就天里看时，只是行得三百六十五度四分度之一，若把天外来说，则是一日过了一度。季通尝有言，论日月则天里；论天则在太虚空里。若去太虚空里观，那天自是日月滚得不在旧时处。又曰，天无体，只二十八宿便是体。且如日月皆从角起，天亦从角起。日则一日运一周，依旧只在那角上；天则一周了，又过角些子，日日累上去，则一年便是与日会。

横渠说，日月皆是左旋。盖天行甚健，一日一夜，周三百六十五度四分度之一，又进过一度。日行速健次于天，一日一夜，周三百六十五度四分度之一，正恰好被天进一度，则日为退一度。二日，天进二度，则日为退二度。积至三百六十五日四分日之一，则天所进过之度，又恰周得本数；而日所退之度，亦恰退尽本数，遂与天会而成一年，是谓一年一周天。月行迟，一日一夜行三百六十五度四分度之一不尽，比天为退了十三度有奇，至二十九日半强，恰与天相值，在恰好处，是为一月一周天。进数为顺天而左；退数为逆天而右。历家以进数难算，只以退数算之，故谓之右行，且曰，日行迟，月行速也。

问：经星左旋，纬星与日月右旋，是否？曰：今诸家是如此说。横渠说天左旋，日月亦左旋，极是。只恐人不晓，所以《诗传》只载旧说。历家只算所退之度，却云，日行一度，月行十三度有奇，此乃截法。故有日月五星右行之说。其实非右行也。横渠云天左旋处其中者，顺之少迟则反右矣。此说最好。

问：日如何反行得迟于月？曰：正是月迟，历家是将退底度数，为进底度数。且如月生于西，一夜一夜渐渐向东，便可见月退处。日比天行迟一度，月比天行迟十三度有奇，历家若如此说，则算着那相去度数多，今只以其相近处言，故易算。季通云，西域有九执历，却是顺算。

问：何以推月之大小？曰：前月大，则后月初二日，月生明；前月小，则后月初三日月生明，中气只在本月。若趱得中气在月尽，后月便当置闰。

孔氏曰，匝四时曰期。未盈三岁，足得一月，则置闰焉，以定四时之节气，成一岁之历象。唐孔氏曰，四分日之一入六日内，举全数言之。十日九百四十分日之八百二十七，为每岁之实余。正十一日弱也。毅斋沈氏曰，天行速，每日过一度，进而与日会以成一期。月行迟，每日不及日十三度有奇，退而与日会以成一月。

吴氏亨寿曰，岁无定日，闰有定法。期者，一岁之足日；岁者，一岁之省日；闰者，补三岁之省日，凑为三岁之足日也。天与人不相接，曷从而量之？天有三百六十五度四分度之一为周天之数，人间有二百六十五日四分日之一为周岁之数。所不可知者，天之度；所可知者，人间之日。步日之法，必一千四百六十一日，然后日景复初。即此而四分之，则为四期，足日之数，故因周岁有三百六十五日四分日之一，所以知周天有三百六十五度四分度之一。不然，果何从而界天为几度，画度为几分哉？因日以知度，因岁以知天。此不易之论也。

陈氏普曰，天绕地左旋，东出西入，一日一周，而少过之。日者，天之精，与天左旋，日适一周，以天之过，而日少不及焉。天日进，而日日退也，日非退也，以天之进，而见其退耳。历家谓日月右旋者，盖不计天之进，而但以日月之退为右旋，以背而为面也。然苟不计天之进，则是四时昏旦中星常不移矣，无是理也。《说略》见《隋书·历志》。文公以为横渠首发之，盖《隋书》之《说略》，后人未有述之，而横渠首得其说耳。积三百六十五日四分日之一，而天与日，复相遇于初进初退之地，而为一年。夫天日者，气数之始，其每日之进退，既有常，则故一日之进退，遂为一度。三百六十五日四分日之一，进退一周。而周天之数，遂为三百六十五度四分度之一。而凡天之东西南北，纵横参伍，与夫星辰远近之相去，月与五星之行，皆以其度为度焉。度，数也，则也。天本无度，以与日离合而成天。日东西行，其周布本东西，而纵横南北，皆以其度为数。见日者，数之本。日数既定，而在天、在地，无非其度也。月行迟，常以二十七日于一十六分日之三百一十七，而与天会，二十九日九百四十分日之四百九十九，而与日会。一月一周天者，以与日会言也。其实二十七日有奇而周天，又二日有奇始与日会。文公注"十月之交"，以为月二十九日有奇而周天，又逐及于日而与日会，盖未详也。其不及天日之度，于日之不及天，既多十余倍，则其与天会者，自速十余倍。此日之所以岁周，而月之所以月周也。日，一年与天一会；月，一年与天十三会，与日十二会。其与天会者，无所用，故古今少道之天，以日为天，故与天会而为岁功，月于气无与。故其与天会者一无所用，而仅以与日会者纪乎二十四气之行。日月每三十余会而一闰，两闰之间谓十五、十六会也。但以晦朔弦望为度，则渐违乎气。以晦朔弦望为度，而闰以追之，则虽暂违，而常扳以及之。日月一会二十九日半有奇，二气之日常在其内。每三十余会，则中气必出一会之外，入再会之初，而其月惟一气，在其月之中。于此置闰，天不用之，而人用之也。人用之者，以望前半月终前月，望后半月起后月。终前月，则月无久违，而及日；起后月，则日有余裕，而待月。农桑之候，常不失序，而人与天，常不相违矣。十九年七闰，则日月二百三十五会，与天日一十九会，平等而无少不及，故为一章也。

　　金氏燧曰，气盈而不置闰，则晦朔弦望差；朔虚而不置闰，则春夏秋冬差。气盈不闰，则立春为正月一日，惊蛰为二月一日，随节气而为月，累累皆然，当朔不朔，当晦不晦，安得合初一、十五、初八、二十三之晦朔弦望乎？朔虚不闰，则只以三个月为春，三个月为夏，随十二月为一岁，累累皆然，而春非春，秋非秋，夏不热，冬不寒矣。经三十三个月，则气盈朔虚之数积及一月，便合置闰。闰所以消其盈，而息其虚也。大略经三十三个月，则消息停当，气节推移自然，月内无中气，而为闰焉。

　　玉斋胡氏方平曰，气盈、朔虚之数，一岁共计十日八百二十七分，皆日之所以行，而月之所不及者。圣人于此置闰，大概以天与日会三百六十五日有奇者为主，而为月置闰，每岁还以十日八百二十七分，补月行不及日之数焉。十九岁七闰，是积十九个十日八百二十七分，总计二百单六日六百七十三分，至此，则气朔分齐，其年冬至定在十一月朔。是为至朔同日，而成一章也。五岁再闰，而五岁余数只有五十四日有奇，实无再闰。盖圣贤言闰，有举成数者，有举实数者。气盈六日，朔虚六日。而再闰言于五岁内者，圣经举成数也，气盈五日二百三十五分，朔虚五日五百九十二分，而再闰在六岁内者，贤传举实数也。圣人惟言成数，学者必究实数，始可与言闰矣。又曰，欲知日行速，月行迟，其迹有易见者。日月会于晦朔之间，初一日晚最好看起，日才西坠，微茫之月，亦随之而坠矣。至初二便相隔微阔。初三生明后，相去渐远，一日远一日。至十五日月望，是口行进，而远至半天；月行退而不及，亦远半天。自十六至月晦，日行全远，尽一天；月行全不及，亦尽一天矣。即《语录》所谓日进尽本数，月退尽本数，而复相会也。

　　董氏鼎曰，天与日月之行，自地面而观其运行，则皆东升西没，绕地而左旋。自天度而考其次舍，则日月五星，独以渐而东，为逆天而右转。盖由其行不及天，而次舍日以退。然舍虽退，而行未尝不进也；退虽逆，而进未尝不顺也。于天虽逆而右转；于地未尝不顺而左旋也。儒家论天道，则云顺而左旋；历家纪天度，则云日月五星逆而右转。然次舍虽逆，趋向则顺。以天度考虽成右转，自地面观，仍是左旋，明于天与地之说，则知左旋右转虽异，而实同矣。

　　愚谓，分命、申命四节，举正于中也；以闰一节归余于终也。必于无中气而置闰月，以归余于终，始可定中气，于四仲月而举正于中。四分度之一者，周天全度外，零度有一度四分中之一分也。以配周岁，全日外，零日亦有一日九百四十分中四分之一，该二百三十五分，所谓四分日之一也。月二十九日零四百九十九分，而与日会。四百九十九分，乃六时三刻弱也。十二会，得十二个二十九日，余分之积五千六百四十分。以日法算之，当得六日。而得六者，得六日也。零者尚有三百四十八分，拨入来岁中。三百四十八日加六日，是一岁通三百五十四日，此一岁小岁之数也。然经云期三百有六旬有六日者，此一岁大岁之数也。小岁、大岁说本《正义》。盖今年立春至来年立春，二十四气全数，该三百六十五日零二十五刻。二十五刻，即四分日之一，亦以当一日，举成数而言，故曰期三百有六旬有六日也。二气为一月，必三十日零五时二刻，始交后月节气，合二十四气，该三百六十五日零二十五刻，此气盈之溢数也。十二月有六小尽者，此朔虚之亏数也。每一月三十日，外添五时二刻者，为多五日二十五刻，故分属之十二月中。十二个五时，该五日；十二个二刻，该二十四刻，外仅剩一刻耳。气盈朔虚四字，须勘破。一年二十四气，以三百六十日言，外多五日有奇，是以气言，则盈而多也，有余也，是为气盈。一年十二朔，以三百六十日言，内少五日有奇，是以朔言，则虚而少也，不足也，是为朔虚。盈虚与《易》中"消息盈虚"同。气盈朔虚之积，挨到无中气之月，即置闰。闰月，前半月，追补前月节气；后半月，预借后月节气。气候先后，只争半月，不至太过，亦不至太不及。然后四时定，而岁功成。节气之有余，与小尽之不足，二者并行而不相悖。因此有余不足，而置闰于其间以处之，三者参合而交相成，万世不能易之法也。吕氏曰，"厘工"、"熙绩"二句，乃史纪尧，因治历明时，而正官立功，非尧言也。

## 18. 《读书丛说》卷二

（元）许谦

日月之行，《蔡传》与古注不同。横渠先生曰，天左旋处其中者，顺之少迟，则反右矣，此蔡传之说所由起。今重述其说，以明《蔡传》之意（《蔡传》，天与日月行度分数，皆本疏文，但其言日月之行与疏异）。

周天三百六十五度四分度之一（天本无度，而有经星所丽不动者可考。以日行一昼夜之所至考之，于经星必三百六十五日零三时，然后周一匝。故以天分为三百六十五度四分度之一，而纪数，此以天体东西而言也。南北亦因分之，其数如上。东西以纪七政之常行；南北以纪分至日月之行道。盖天体至圆，虚而包于地外。地则浮于气中，地面常居天之半。天虽圆，运而有南北二极为之枢。天动，而枢常居其所不动。北极，出地三十六度，常见不隐；南极，入地三十六度，常隐不见。《晋天文志》以夏至之日景，而以句股法计之，自地上去天，得八万一千三百九十四里三十步五尺三寸六分，此天径之半。倍之，得十六万二千七百八十八里六十一步四尺七寸二分。以周率乘之，径率约之，得五十一万三千六百八十七里六十八步一尺八寸二分，此周天之数也。今以其数分之，每度计一千四百单六里一百一十九步四尺一寸六分，一千四百六十一分，分之七百五十二）。天一日绕地一周而过一度，以地面校之，是天一昼夜，行三百六十六度四分度之一（如东方地面，今日天明时，见井一度；明日天明时，见井二度。天只定有三百六十五度四分度之一，因日不及天一度，故地面数之，见天过一度尔）。

日行于天内，亦一日绕地一周，而不及天一度，以地面校之，是一昼夜，行三百六十五度四分度之一（如东方地面，今日天明时，日在井一度。若日与天齐行，则明日天明时，亦在井一度，为赶不上天，故只在井二度，是不及天一度也）。日既不及天一度，而退行，则尽三百六十五日零三时，方再遇天前度（谓如今年夏至在井一度，只管退行，至明年夏至方再到井一度），所谓日一岁一周天也。

太阴旧法，日行十三度十九分度之七，天度有奇零难合。今析一度为七十六分（节四其十九也）。一昼夜，不及天十三度七十六分度之二十八（节十九分度之七）。尽将十三度以七十六析之，则一日共得一千（阙）一十六分（十三度析为九百八十八并元零二十八，共得此数），却以百刻分之，一刻得十分一厘六毫（以上月周天法）。一昼夜，不及日十二度七十六分度之二十八，尽将十二度以七十六析之，一日共得九百四十分（十二度析为九百一十二并元零二十八共得此数），却以百刻分之，一刻得九分四厘（以上月与日会法）。以天度四分度之一析为十九。

月亦行于天内，一日绕地未周，而不及天十三度七十六分度之二十八，是一昼夜，行三百五十一度七十六分度之六十七（如今日天明时，月在井一度，明日天明时，却在井第十四度中，未满十四度）。既一日不及天十三度二十八分，则二十七日又三十二刻有余，而遇天前度（如初一日卯时，月在井一度，至二十八日午时，仍在井一度。其法，二十七日用十三度计之，得三百五十一度；又以二十八分计之，得七百五十六分，以七十六约之，得九度零七十二分；以九合三百五十一，共三百六十度七十二分；尚有四度零二十三分未遍，以四度，皆析为七十六，得三百四；合二十三，共得三百二十七分；而以刻法除之，为三十二刻有余，是总为二十七日三十二刻有余也）。是则月一周天之数也。然推步之法，日以计岁，月以计月，故论日，则与天会而定一岁之期；论月，则与日会而为一月之限。所以月虽周天，在所不论也。今以前法求之，则二十九日又五十三刻少强，然后月与日会。而谓之合朔，而成一月也（其法，二十九日，用十二度计之，得三百四十八度；又以二十八分计之，得八百一十二分；以七十六约之，得十度零五十二分；以十合三百四十八，共得三百五十八度五十二分；尚有六度四十三分未遍，以六度，皆析为七十六，得四百五十六，合四十三，共得四百九十九分；而以刻法除之，为五十三刻少强。是总为二十九日五十三刻少强，为日月之会也。五十三刻，计六时零三刻，如前月子初一刻，会于井一度；此月午初四刻内，会于井三十度，未满四刻）。

## 《七政疑》

唐尧命羲和居四方，考天象。惟举分、至四中星，而知日之所在。又言"以闰月定四时，成岁"，而知月之所行。典文简古，存其大法，推步之术未详也。西汉《天文志》始曰，日东行，星西转。而周髀家有日月实东行，而天牵西没之说。其论天，转如磨者，则非；论日月，右行者，则是。自是，志天文者，转相祖述，以为定论。言日月，则五星从可知矣。唐一行铸浑天仪，注水激轮，一昼夜，天西旋一周，日东行一度；月行十三度十九分度之七，晦明朔望，迟速有准。然则二十八宿附天西循而为经；七政错行而为纬。其说为得之。而文公传《诗》亦犹是也。

蔡仲默传《尧典》则曰，天体周围三百六十五度四分度之一，绕地左旋，一日一周而过一度。日月丽天，亦左旋。日，则一日绕地一周，而在天为不及一度；月则尤迟，一日不及天十三度十九分度之七。积二十九日，复有余分，而与日会。合气盈、朔虚而闰生。典、谟之传已经文公是正，而公盖许之矣，意以为日者，阳之精，其健当次于天。月，阴精也，其行当缓。月之行，昼夜常过于日十二度有奇，是阴速于阳，不若二曜（yào）与天皆西转。则于阴阳迟速为合宜。盖亦祖横渠先生之意。其说可谓正矣。

　　然愚以古说校之，其可疑者有七。天体左旋，七政右逆，则七政皆附著天体，迟速虽顺，其性而西行，则为天之所牵尔。然有所倚著，各得循序。若七政与天同西行，恐错乱纷杂，似泛然无统，一也。日君道也，月臣道也，从东行，则合朔后月先行。既望，则月在日后，及再合朔，是月之从日，为臣从君为顺。若西行，则日在月前，至望后再合朔，必日行从月，是君从臣为逆，二也。大而一岁，阴阳升降；小而一月，日月合朔。此正天地生物之心，而阴阳得于此会合，而以造就万类者也。以一岁之运阴盛，乃生意收敛之时，而品物流形，举霄壤之间，曷尝有一息间断哉。其所以于盛阴闭塞之时，而生生犹不息者。正以日月之合，以继助元气之偏也。然凡进者，阳道也，生道也。退者，阴道也，死道也。日月东行，则月之进从日之进；西行，则月之退，又符于日之退，三也（日月虽皆进行，比天行不及，则如退）。日月五星，行无殊。金水在太阳前后，率岁一周天，为最速；次火，次木。惟土积重厚之气，入天体最深。故在五星，形最小，行最迟，而二十八岁一周天。若七政皆西行，则向谓迟者，今反速；向谓速者，今更迟，是金水行最迟。故一日即退一度，而一岁周天，土行最速，常及于天，大约二十八日始不及天（原阙）度。而二十八岁然后周，四也。星虽阳精，然亦日之余也。以日之阳次于天，且一日不及一度，星之阳不及日远甚，而木十余日，土二十余日，始不及天一度，是木土之精，及、过于日远矣，五也。五星以退留、迟疾、伏伏、疾迟、留退五段推步。姑以岁星言之，大约退九十三日而留，留二十三日而迟，疾伏共行二百六十余日而复留，而复退，是行常三倍于退，而退四倍于留之日。然行乃其常，而退乃其变也。若西行，则行为退，退为行，是五星进日甚少，而退日何其多，六也。星家步星，伏行最急，疾行次急，迟行为缓，留则不行，退则逆而西。此皆以星附著天体而言者也。若七政随天西行，则天自天，星自星，不可附著天体。但附著，则为东行矣。然则，星家所谓迟、疾、伏，皆为最缓而不及天，所谓留，则不可言留，乃行而与天同健，一日皆能过于太阳一度。至于所谓退，乃更速过于天运矣，七也。由是言之，则古法比蔡传为密。文公不可复作，而吾师亦已。即世无所质疑，姑识于此，以俟知者而问焉。

　　日月之行当从古法，要而有序。《蔡传》言日月尚可；若言五星，则有不能通者。愚故著《七政疑》以明其说。若依古法，则日月之会，亦以前法求之，易其进退足矣。

或问：天度四分之一而有余，岁日四分之一而不足，故天度常平运而舒，日道常内转而缩。天渐差而西，岁渐差而东。此天行之速邪？日行之速邪？曰：非有迟速也。日之于天，昼夜百刻，必满一度。三百六十五日之外，当二十五刻而周天。果尔，则天日常合而无差矣。盖日乃不满二十四刻而成岁，所以不能满天度四分之一。一岁之差，不可见；积岁之久，乃可见尔。问者曰：天本无度，因日行而谓之度，日行既成岁，则是周天矣，又何以不及天邪？曰：天固无度，而经星附丽者昭昭，日行不满而成岁。则今岁冬至，与去岁冬至之度，必微有不及。问者又曰：成岁，以日周天为率，当必待满天度，而定为岁，何故云有行不至邪？曰：日之行，有冬、有夏，南北旦旦推移。夏至，至北之极，即回而渐南；冬至，至南之极，即回而渐北。南北周回，有定则。故一周岁，自不能满三百六十五日二十五刻，而止二十三刻余也，以天而言，一度析为（阙）百四十则四分之一，当得二百三十五。而日之行一岁，止及三百六十五度二十四分余耳。岁与天，安得不差乎？

闰法，十九岁气朔分齐，为一章，此亦大略也。盖十九岁犹有余分未尽，若整齐，则须十一月甲子朔子时半冬至，为历元。而十九年为章；二十七章为会（五百一十三年）；三会为统（一千五百三十九年）；三统为元，积四千六百一十七年，则日月皆无余分，而又得十一月甲子朔夜半冬至，而又为历元矣。

（归善斋按，另见后文"畴咨若时登庸"）

## 19.《书传辑录纂注》卷一

（元）董鼎

帝曰：咨！汝羲暨和，期三百有六旬有六日，以闰月定四时，成岁，允厘百工，庶绩咸熙。

咨，嗟也，嗟叹而告之也。暨，及也。期，犹周也。允，信；厘，治；工，官；庶，众；绩，功；咸，皆；熙，广也。天体主圆，周围三百六十五度四分度之一，绕地左旋，常一日一周而过一度。日丽天而少迟，故日行一日，亦绕地一周，而在天为不及一度。积三百六十五日九百四十分日之二百三十五，而与天会，是一岁日行之数也。月丽天而尤迟一日，常不及天十三度十九分度之七，积二十九日九百四十分日之四百九十九，而与日会。十二会，得全日三百四十八，余分之积又五千九百八十八。如日法九百四十而一得六，不尽三百四十八，通计得日三百五十四九百四十分日之三百四十八，是一岁月行之数也。岁有十二月，月有三十日。三百六十者，一岁之常数也。故日与天会，而多五日九百四十分日之二百三十五者，为气盈；月与日会，而少五日九百四十分日之五百九十二者，为朔虚。合气盈朔虚，而闰生焉。故一岁闰，率则十日九百四十分日之八百二十七；三岁一闰，则三十二日九百四十分日之六百单一；五岁再闰，则五十四日九百四十分日之三百七十五；十有九岁七闰，则气朔分齐，是为一章也。故三年而不置闰，则春之一月入于夏，而时渐不定矣，子之一月入于丑，而岁渐不成矣。积之之久，至于三失闰，则春皆入夏，而时全不定矣；十二失闰，子皆入丑，岁全不成矣。其名实乖戾，寒暑反易，农桑庶务，皆失其时。故必以此余日，置闰月于其间，然后四时不差，而岁功得成。以此信治百官，而众工皆广也。

**辑录**

天道左旋，日月亦只左旋，但天行健，一日一夜，而周常差过一度。日月违天而退，日是一日退一度，月退十三度有奇。周天三百六十五度四分度之一。每岁只有三百六十日，余了五日四分日之一，又除小月计六日，所以置闰，所余六日为气盈，所少六日为朔虚。《书》说期三百有六旬有六日，而今一岁三百五十四日者，积朔空余分以为闰。朔空者，六小月也。余分者，五日四分日之一也。大雅。

如何见得天有三百六十五度，甚么人去量来。只是天行得过处为度，天之过处，便是日之退处。日月会为辰。《格言》。问：周天之度是自然之度，是强分？曰：天左旋，一昼一夜，行一周，而又过了一度。以其行过处，一日作一度，三百六十五度四分度之一，方是一周。只将南北表看，今日怎时看时，有甚星在表处，明日怎时看这星，又差远，或别是一星了。

天道与日月五星，皆是左旋。天道，日一周天而常过一度；日，一日一周天，起度端，终度端，故比天道常不及一度。月行不及天十三度十九分度之七。今人却云，月行速，日行迟，此错说也。但历家以右旋为说，取其易见日月之度尔。

义刚言伯静在此，因与之理会天度。问伯静之说。曰伯静云，天是一日一周，日则不及一度，非天过一度也。先生曰：此说不是。若以为天是一日一周，则四时中星如何不同？如此则日日一般，却如何纪岁？把甚么时节做定限？若以天为不过，而日不及一度，则趱来趱去，将次午时便打三更矣。因取《礼记·月令》疏，指其中说"早晚不同"及"更行一度"两处曰，此说得甚分明。其他历书都不如此说。盖非不晓，但是说滑了口后，信口说，习而不察，更不去子细检点。而今若就天里看时，只是行得三百六十五度四分度之一。若把天外来说，则是一日过了一度。季通常有言，论日月，则在天里；论天，则在太虚空里。若去太虚空里看，那天自是日日衮得不在旧时处。先生主此，以手画轮子曰，谓如今日在这一处，明日自是有衮动着些子，又不在旧时处了。又曰，天无体，只二十八宿便是体，且如日月，皆从角起，天亦从角起。日，则一日运一周，依旧只在那角上；天则一周了，又过角些子。日日累上去，则一年便与日会。次日，蔡仲默附至《书传·天说》，云天体至圆，止是为一章也。见传，先生以此示义刚曰，此说分明。

淳问，天道左旋自西而东，日月右行，则如何？先生曰：横渠说日月皆是左旋，说得好。盖天行甚健，一日一夜，周三百六十五度四分度之一，又进过一度。日行速健次于天，一日一夜，周三百六十五度四分度之一，正恰好被天进一度，则日为退一度。二日，天进二度，则日为退二度。积至三百六十五日四分日之一，则天所进过之度，又恰周得本数；而日所退之度，亦恰退尽本数，遂与天会而成一年，是谓一年一周天。月行迟，一日一夜，行三百六十五度四分度之一，行不尽，比天为退了十三度有奇，至二十九日半强，恰与天相值在恰好处，是谓一月一周天。进数为顺天而左，退数为逆天而右。历家以进数难算，又以退数算之，故谓之右行，且曰，日行迟，月行速。

历家止算所退之度，却云日行一度，月行十三度有奇，此乃截法，故有日月五星右行之说。其实非右行也。横渠云天左旋处其中者，顺之少迟则反右矣。此说最好。《书》疏"玑衡"，《礼》疏"星回于天"，《汉志》天体，沈括《浑天仪议》皆可参考。

问：经星左旋，纬星与日月右旋，是否？曰：今诸家是如此说。横渠说天左旋，日月亦左旋。看来横渠之说极是。只恐人不晓，所以《诗》传只载旧说。或问，此亦易见，且以一大轮在外，一小轮载日月在内，大轮转急，小轮转缓。虽都是左转，只有急有慢，便觉日月似右转了。先生云：若如此，则历家"逆"字皆著改作"顺"字；"进"字皆著改作"退"字。

问：日是阳，如何反行得迟于月？先生云，正是月迟。又问：日行一度，月行十三度有奇，如何却是迟？先生云，历家是将他退底度数。天至健，故日行常少及他一度，月又迟，故不及天十三度有奇。且如月生于西，一夜一夜，渐渐向东，便可见月迟。问：如此则当日比天行迟了一度，月比天行迟了十三度有奇？曰：历家若如此说，则算着那相去处度数多，今只以其相近处言，故易算。闻。季通云西域有九执历，却是顺算。又云，便是那这个物事难说。历家自有一种言语。并介轩《理纂》。问：历法何以推月之大小？曰：只是以每月二十九日半九百四十分日之四百九十九计之，观其合朔为如何，如前月大，则后月初二日，月生明；前月小，则后月初三日，月生明。

中气只在本月。若趱得中气在月尽，后月便当置闰。《格言》。一岁之闰，六阴六阳。三年三十六日，故三年一闰；五年六十日，故五岁再闰。《精语》。

**纂注**

孔氏曰，匝四时曰期。未盈三岁，足得一月，则置闰焉，以定四时之气节，成一岁之历象。唐孔疏，大要已见传中。吴氏亨寿曰，岁无定日，闰有定法。期、闰、岁三字为此一节之大要。期者，一岁之足日也；岁者一岁之省日也；闰者补三岁之省日，凑为三岁之足日也。苏氏曰，有六旬有六日，读为"又"。古有、又通。

陈氏普曰，天绕地左旋，东出西入，一日一周而少过之。日者，天之精，与天左旋，日适一周，以天之过也，而为少不及焉。天日进，而日日退也。日非退也，以天之进而见其退耳。历家谓日月皆右旋，以此盖不计天之进，而但以日月之退为右旋，以背而为面也。然苟不计天之进，则是四时昏旦中星常不移矣，无是理也。《说略》见《隋书·历志》。文公以为横渠首发之，盖《隋书》之《说略》后人未有述之，而横渠首得其说尔。积三百六十五日四分日之一，而天与日复相遇于初进、初退之地而为一年。寒暑四时，更迭代谢，生成散敛，皆于是而周。夫天日者，气数之始，其每日之进退，既有常，则故一日之进退，遂为一度。三百六十五日四分日之一进退一周，而周天之数，遂为三百六十五度四分度之一。而凡天之东西南北，纵横参伍，与夫星辰远近之相去，月与五星之行，皆以其度为度焉。度，数也，则也。天本无度，以与日离合而成天。日东西行，其周布本东西，而纵横南北，皆以其度为数。见日者数之本，日数既定，而在天、在地，无非其度也。月行迟，常以二十七日千一十六分日之三百二十七而与天会；二十九日九百四十分日之四百九十九而与日会。一月一周天者，以与日会言也。其实二十七日有奇而周天，又二日有奇始与日会。文公注"十月之交"，以为月二十九日有奇而周天，又逐及于日而与日会，盖未详也。其不及天日之度，于日之不及天，既多十余倍，则其与天日会者，自速十余倍，此日之所以岁周，而月之所以月周也。日，一年与天一会；月，一年与天十三会者，日十二会。其与天会者无所用，故古今少道之天，以日为天，故日与天会而为岁功。月于气无与，故其与天会者，一无所用；而仅以与日会者，纪乎二十四气之行。日月每三十余会，而一闰；两闰之中为十五、十六会也。但以晦朔弦望为度，则渐违乎气。以晦朔弦望为度，而闰以追之，则虽暂违，而常扳以及之。日月一会二十九日半有奇，二气之日常在其内。每三十余会中，气必出一会之外，入再会之初。而其月惟一气在其月之中。于此置闰，天不用之，而人用之也。人之用之者，以望前半月终前月；望后半月起后月。终前月，则月无久违而及日；起后月，则日有余裕而待月。农桑之候，常不失序；而人与天，常不相违矣。十九年七闰，则日月二百三十五会，与天月一十九会，平等而无少不及，故为一章也。

金氏曰，气盈而不置闰，则晦朔弦望差；朔虚而不置闰，则春夏秋冬差。气盈而失闰，则立春为正月一日，惊蛰为二月一日，随节气而为月，累累皆然，当朔不朔，当晦不晦，安得合初一、十五、初八、二十三之晦、朔、弦、望乎？朔虚而失闰，则只以三个月为春，三个月为夏。又两个三月，为秋、为冬。随十二月而为一岁。累累皆然，而春非春，秋非秋，夏不熟，冬不寒矣。经三十三个月，则气盈、朔虚之数，积及一月，便合置闰。前闰距后闰，亦三十三个月。数内大月多则过数，而闰三十四个月者有之。大月少，则不及数亦闰，三十二个月者，亦有之。闰所以消其盈，而息其虚也。大略经三十三个月，则消息停当，气节差移自然，月内无中气而为闰焉。

新安陈氏曰，四分度之一者，周天全度外，其零度有一度四分中之一分也。以对周岁，全日外，其零日亦有一日四分中之一分，所谓四分日之一也。九百四十分为一日，其二百三十五分，即四分中一分九百四十分日之二百三十五即四分日之一也，月一日不及天十三度有奇，是不及日十二度有奇，积二十九日零四百九十九分，而月与日会。四百五十九分，是六时零三刻弱也。二十九日零六句三刻，实为一月。十二会，得全日三百四十八，乃十二个二十九。余分之积，以日法算之，其五千六百四十分，该六日。而得六者，得六日也。零者尚有三百四十八分。三百四十八日加六日，一岁通三百五十四日，此一岁小岁之数也。十九年闰，余通得二百单六日，须置七闰月，所以每十九年或二十年，必气朔同月者一番也。然一岁只有三百五十四日，而经云期三百有六旬有六日，何也？此一岁大岁之数也。盖今年立春到明年立春，二十四气，全数并有三百六十五日零二十五刻。二十五刻，即四分日之一。以二十五刻当一日，举全数而言，故曰三百有六旬有六日也。二气为一月，必有三十日零五时三刻，始交后月节气。合二十四气，该三百六十五日零二十五刻，此气盈之溢数也；十二月，有六小尽者，此朔虚之亏数也。一朔无三十日全，非朔虚而何？二气必三十日添五时二刻，非气盈而何？节气之有余与小尽之不足，二者并行而不相悖。因此有余、不足而置闰于其间，三参合而交相成，兹其为万世不能易之妙法与。林氏曰，二十七章为一会，五百一十三年；三会为一统，八十一章，一千五百三十九年；三统为一元，四千六百一十七年。章、会、统、元，运于无穷。

吕氏曰，厘工、熙绩二句，乃史纪尧因治历明时，而致正官立治之方，非尧言也。

愚谓，日月丽乎天，宜皆随天而行也。而曰天左旋，日月五星右转，何哉？大要，天最健而行速，日月五星不相及耳。然二十八宿亦星也，何以与天并行。日月五星独不能并行也。朱子曰，天无体，二十八宿便是体。二十八宿之行，即天行也。是以谓之经星，犹机丝之有经，一定而不动。而日月五星纬乎，其中所以分昼夜而列四时，无非顺天而成造化也。故自地面而观，其运行则皆东升西没，绕地而左旋；自天度而考其次舍，则日月五星，独以渐而东，为逆天而右转。盖由其行不及天，而次舍日以退。然舍虽退，而行未尝不进也；退虽逆，而进未尝不顺也。于天，虽逆而右转；于地。则未密不顺而左旋也。蔡氏《书传》曰，天左旋，日月丽天亦左旋。而《语录》中载朱子引横渠曰，天之左旋处其中者顺之，故日月星辰亦左旋。此洞见天道之流行，就地面而顺观之也。《论语或问》曰，经星随天左旋，日月五纬右转。《诗·十月之交》传曰，周天三百六十五度四分度之一，左旋于地，一昼一夜，则其行一周而又过一度；日月皆右行于天，一昼一夜，则日行一度，月行十三度十九分度之七。此步占日月之躔，次于天度，而逆取之也。儒家论天道，则皆顺而左旋。历家考天度，则日月五星逆而右转。然其次舍虽逆，其趋向则顺。自天度考之，虽成右转；自地而观之，仍是左旋。明于天、于地之说，则知左旋、右转，虽异而实同矣。又按，《论语或问》乃朱子未定之书。而《语录》中又谓，日月左旋之说，恐人不晓，故《诗》传中只载旧说，则蔡传益无可疑。

## 20. 《尚书句解》卷一

（元）朱祖义

帝曰（尧言）：咨汝羲暨和（咨命汝羲仲、羲叔与和仲、和叔），期三百有六旬有六日，以闰月定四时，成岁（周一年计三百六十有六日，号为三百六十日，积分余六日。有十二个月，六个月小，又余六日。一年实有三百五十四日，共余十二日。第二年又余十二日；第三年又余十二日，共余三十六日，以三十日闰一月，犹余六日。所谓三年一闰是也。第四年又余十二日，第五年又余十二日，连前所余六日共三十日，又闰一月，所谓五年再闰是也。而四时由此而定，岁功由此而成）。

## 21.《尚书日记》卷一

（明）王樵

"帝曰：咨汝羲暨和"至"庶绩咸熙"。天体至圆，周围三百六十五度四分度之一（四分度之一，谓周天全度外，其零度介一度四分中之一分也，以对周岁全日外，其零日亦有四分中之一分，所谓四分日之一也）。绕地左旋，常一日一周，而过一度（朱子曰，天行健。这个物事极是转得速，且如今日与月星都在这度上，明日旋一转，天却过了一度）。日丽天而少迟，故日行一日，亦绕地一周，而在天为不及一度（天之过处，便是日之退处。横渠云，天左旋处，其中者，顺之少迟，则反右矣。日非退也，以天之进而见其退尔。历家谓日月皆右旋，以此盖不计天之进，而但以日之退为右旋，以背而为面也），积三百六十五日九百四十分日之二百三十五而与天会（天，日进；而日，日退。积至三百六十五日四分日之一，则天所进过之数，又恰周得本数；而日所退之度，亦恰退尽本数，遂与天会，而成一年。凡云九百四十分者，是一日之分数。九百四十分为一日，其二百三十五分即四分日之一。以气朔有不尽之数难分，故每举以表奇零之数），是一岁日行之数也（日之所行，在天成度，在历成日）。月丽天而又迟一日，常不及天十三度十九分度之七（十九分度之七者，以月行第十四度，分为十九分，而月又行及其七分也。每分该四十九分五厘，则七分约得三百四十六分零）。积二十九日九百四十分日之四百九十九（六时零三刻弱），而与日会。十二会，得全日三百四十八（乃十二个二十九日。全日净日也对余分言）。余分之积又五千九百八十八（乃十二个四百九十九分），如日法九百四十而一（如算日之法，以九百四十分为一日），得六（凡得六日），不尽三百四十八（将余分五千九百八十八除之，六日外，犹余此数），通计得日三百五十四日九百四十分日之三百四十八，是一岁月行之数也（一岁三百六十日，而月行少五日又五百九十二分）。岁有十二月，月有三十。三百六十者一岁之常数也。故日与天会，而多五日九百四十分日之二百三十五为气盈；月与日会，而少五日九百四十分日之五百九十二者为朔虚。合气盈朔虚，而闰生焉。故一岁闰，率则十日有奇（日之八百二十七）；三岁一闰，率则三十二日有奇（日之六百单一）；五岁再闰则五十四日有奇（日之三百七十五）；十有九岁七闰，则气朔分齐，是为一章也。

许氏曰，闰法十九岁气朔分齐，为一章，此亦大略也。盖十九岁犹有余分未尽。若整齐则须十一月甲子朔子时半冬至为历元。而十九年为章，二十七章为会（五百一十三年），三会为统（一千五百三十九年），三统为元，积四千六百一十七年则日月皆无余分，而又得十一月甲子朔夜半冬至，而又为历元矣。

春秋文公元年，左氏曰，于是闰三月，非礼也。先王之正时也，履端于始，举正于中，归余于终。正义曰，日月转运于天，犹如人之行步，故推历谓之步历。步历之始，以为术之端首，谓历之上元，必以日月全数为始，于前更无余分。以此日为术之端首，故言"履端于始"也。"期之日三百六十有六日"，谓从冬至至冬至，必满此数，乃周天也。一岁为十二月，犹有十一日有余，未得周也。分一周之日，为十二月，则每月常三十日余。计月及日，为一月，则每月唯二十九日余。前朔后朔，相去二十九日余；前气后气，相去三十日余。每月参差，气渐不正。但观中气所在，以为此月之正，取中气以正月，故言"举正于中"也。月朔之与月节，每月剩一日有余。所有余日归之于终，积成一月，则置之为闰，故言"归余于终"。又曰，闰后之月中气在朔，则斗柄月初，已指所建之辰；闰前之月，中气在晦，则斗柄月末，方指所建之辰，故举月之正在于中气，则斗柄常不失其所指之次，如是，乃得寒暑不失其常。闰，无中气，斗指两辰之间，此所以异于它月也。张子曰，闰余生于朔，不尽周天之气。

朱子曰，周天之气，谓二十四气也。月有大小，朔不得尽此气，而一岁日子足矣，故置闰。又曰，期三百有六旬有六日，而今一岁三百五十四日者，积朔空余分，以为闰。朔空者，六小月也。余分者，五日四分日之一也。朱子曰，历家以进数难算，只以退数算之，此是捷法，故谓之右行。乃云日行迟、月行疾，此错说也。历家若顺算，则箕着那相去处，度数多。季通云西域有九执历，是顺算。又曰，横渠少迟则反右之说，极精。如以大轮在外，一小轮载日月在内，大轮转急，小轮转慢，虽都是左转，只有急有慢，便觉日月似右转了。《礼记·月令》疏云，日月循天左行。日，一日一夜一周天，而天一周之外更行一度，其说可证也。又曰，日月左旋之说，恐人不晓，故《诗》传只载旧说。行之健者，莫如天；次于天者，莫如日。天之行一日，绕地一周，而过一度；日之行一日，亦绕地一周，而在天为不及一度。则天之过，乃日之退也。日非退也，以天之过，而见其退尔。天，日进；而日，日退，各尽本数。而其过与退之初度，适相值焉，则天与日会，而气之为时序节候者。于是乎一周所谓期也。期之日为三百，以旬计又六旬，举奇零之成数又六日焉。是所以成人间岁、月、日、时之候，而人事之所凭以为节者也。分一周之日为十二月，则每月常三十日余。计月及日为一月，则每月惟二十九日余，前朔后朔，相去二十九日余；前气后气，相去三十日余。每月参差，气渐不正，宁无所以处之乎。此闰月之所由生也。天周有余，日周不足，此岁差之由；日行所多，月行所少，此闰法之由。

本文"期"字、"闰"字、"岁"字是三个眼目。天有四时，分为二十四气。一月二气，皆朔气在前，中气在后。节气有入前月法，中气无入前月法。朔气匝为年，中气匝为岁，中朔不齐，正之以闰，而四时乃定，岁功乃成。岁是人间所用，期是天气一周，此期与岁之别也。若有期无岁，则如外域，但以草木开落，为春冬；又有年无月，但以月盈亏为时候，此便是荒远之俗。彼以射猎为生，不知耕稼生养之道。在中国则有人伦，有政事，故岁月日时必有纪，以次人事先后之宜，以尽裁成辅相之道。故有岁，则必有月；有春夏秋冬，则必有晦朔弦望，皆不容有差。此定四时成岁，所以为庶务之先，而闰法之所由起也。

按，"允厘百工，庶绩咸熙"，即朱子所谓岁、月、日、时既定，则百工之事，可考其成也。圣人治历，明时即人事，一时修举，人与天常相应，四时行焉，百物生焉。天之所以示乎人也。"水、火、金、木、土、谷，惟修，正德、利用、厚生，惟和"，人之所以因乎天也。羲和明而颁之，九官奉而行之，其事一而已。后以裁成天地之道，辅相天地之宜，以左右民，此之谓也。《尧典》记"命羲和"，而"允厘百工，庶绩咸熙"，九官之治在其中矣。《舜典》记命九官，而"钦哉惟时亮天功"，羲和所明在其中矣。盖互相备也。

马端临谓，陶唐氏以前之官，所治者天事；以后之官，所治者民事。太皞、勾芒数圣人者，生则知四时之事，殁则为四时之神。成周六官，系以天地四时，盖于民事之中，犹寓以治天事之意。所论太皡成周，得之。至谓天事、民事，古今之官有异治，则不知天人合一之理也。略于天事，自后世，不知裁成辅相之道而失之尔。

程子谓，星历，为一技之事，而与政分是也。尧时，羲和与四岳、九官，皆以圣哲之材居之，未始有精粗道艺之间。及成法既具，有司守之，则畴人子弟可以专其业，而世其事，故夏合羲和为一，其职已略。

左氏曰"日官居卿以底日"，言中古犹知尊其职也。然周太史正岁年以序事，以下大夫为之；冯相氏掌日月星辰，以中士为之，已不居卿。迨周衰以后，其职始益轻，故司马迁谓文史星历介乎卜祝之间，盖其与政分也久矣。

朱子曰，今之造历者，无定法，只是赶趁（chèn）天之行度，以求合，或过则损，不及则益，所以多差。因言古之钟律纽算，寸分毫厘丝忽，皆是定法，如合符契，皆自然而然，莫知所起。古之圣人，其心思如是之巧，然皆非私意撰为之也。意古之历书，亦必有一定之法，而今亡矣。三代而下，造历者莫有定议，愈精愈密，而愈多差。由不得古人一定之法也。季通言，天之运无常，日月星辰积气皆动物也。其行度疾徐，或过、不及，自是不齐。使我之法能运乎天，而不为天之所运，则其疏密迟速，或过、不及之间，不出乎我，此虚宽之大数，纵有差忒，皆可推而不失矣。何者？以我法之有定，而律彼之无定，自无差也。季通言非是。天运无定，乃其行度如此。其行之差处，亦是常度。但后之造历者为数窄狭，而不足以包之尔。正义曰，古时真历，遭战国及秦而亡，汉存六历，虽详于五纪之论，皆秦汉之际假托为之。刘洪曰，历不差不改，不验不用。未差无以知其失，未验无以知其是，失然后改之是，然后用之。李文简以为至论。

推步之差，正谓天运之差，盖久而有差，自是天运自然如此。朱子谓"行之差处，亦是常度"是也。故逐年考验，随时修改，以与天合。《元历志》云，天有不齐之运，而历为一定之法，所以既久而不能不差，既差则不可不改也。盖天无差也，因人之法，有时与天相左，而谓之差尔。所以考验者，审其推步之常法，恐久而有与天相左处也。订传云，历既成，而分职以颁布，且考验之，恐其推步之或差也。此言分职以颁布，分职以考验尔。自是两事俱为掌历之事。颁布于历成之后，考验于未成之先。今年之所颁布，昨年之所考验也。今年之所考验，来年之所颁布也。必已考验无差，然后可据以为信历而颁之。故承之曰"允厘百工，庶绩咸熙"。若谓既成而方验其所颁，是历官先未能自信，何以为允厘耶？

## 22.《御制日讲书经解义》卷一

帝曰：咨汝羲暨和，期三百有六旬有六日，以闰月定四时，成岁，允厘百工，庶绩咸熙。

此一节书是言置闰，为作历之要也。咨，叹而告之之辞。厘，治也。百工，即百官。庶绩，众功也。熙，广也。帝尧既命羲和造历，分方考验，又告之曰，嗟汝羲氏、和氏，既受命作历，当知置闰之法。每岁十二月，每月三十日三百六十者，一岁之常数也。使六旬之外无余日，三十之月，无大小，何须置闰。但周天三百六十五度四分度之一。天道左旋，日月亦左旋。天行健，日绕地一周而过一度。日之行亦绕地一周，而不及天一度，积三百六十有六日，而日与天复于初起之度，相值时序节候，方为一周，所谓"期"也。以期之数合于岁，则天日之会，其气常盈，而多五日有奇矣。月之行，一日常不及天十三度有奇，积二十九日有奇，而日与月复于初起之度相值。一岁之间月与日十二会，而必有六月之小尽，以岁之数合于期，则日月之会，其朔常虚而少五日有奇矣。合气盈朔虚，每岁常余出十日有奇。若不置闰，则岁之挪移久而愈差矣。所以将此余日，置为闰月。三岁一闰，五岁再闰，十有九岁七闰。盈者，分为余数，而不使过；虚者，记为实数，而不使不及。气数分齐，然后四时不差，而岁功得成。造历既成，颁行天下，以此信治百官，使有所遵守。凡作讹成易，以至庆赏刑威，莫不以时举行，而众功自能熙广，岂非置闰之为要哉。盖作历之法，既考分、至之一定，又齐时、月之参差，时定岁成，则节候不爽，寒暑无易。百官万民，咸知因时趋事，政令毕举，而治道备矣。故唐虞之人治，皆天治也。

## 《尚书通考》卷二

（元）黄镇成

**岁差法**

《纪元历》，岁周三百六十五度二千四百三十六分（纪元，宋徽宗历名）：此一岁之气积分也；蔡氏所谓岁日四分之一而不足。

周天三百六十五度二千五百六十四分：太阳所躔周天之度也；蔡氏所谓天度四分之一而有余。

岁差一百二十八分，度每一万（以一度为万分）：以岁周数除周天数，即得太阳岁行不及之数。

自演纪至开元甲子，冬至，日在斗十度：凡退三十八度四千一百二十八分。

乾德甲子，冬至，日在斗六度：凡退四十一度四千八百四十八分。

庆历甲申，冬至，日在斗五度：此法通古今，故知尧历日在虚一度，而鸟火昴虚以仲月昏中合《尧典》。

古法以蔀（bù）纪为宗。从伏羲先天甲寅，积周一千八百一十四纪，再十五纪，人元十有二蔀。当癸酉，蔀岁在己丑，而生尧。至甲辰，岁十有六即位，越二十有一岁，得甲子，而演纪作历。是年天正，冬至，日在虚一度。

蔡氏曰，尧时冬至，日在虚，昏中昴；今冬至，日在斗，昏中壁。中星不同者，盖天度四分之一而有余；岁日四分之一而不足。故天度，常平运而舒；日道，常内转而缩。天，渐差而西；岁，渐差而东。一行所谓岁差者是也。古历简易，但随时占候修改，以与天合。至东晋虞喜，始以天为天，以岁为岁，立差以追其变，约以五十年退一度。何承天以为太过，乃倍其年而反不及。至隋刘焯取二家中数七十五年，为近之。然亦未为精密也。

番易金氏曰，《尧典》中星与《月令》不同；《月令》中星又与今日不同。

尧时冬至，日在虚一度，昏昴中。至《月令》时该一千九百余年。

《月令》冬至，日在斗二十二度，昏奎中。至本朝初该一千七百余年。延祐又经四十余年，冬至，日在箕八度，昏壁中。

愚按，《月令》去汉未远，《汉志》言，冬至日在斗二十一度，昏奎中。《月令》乃言昏壁中。壁，恐有误。不应《月令》在壁，汉复在奎也。金氏言《月令》昏奎中，今昏壁中。此说为是。

袁俊翁曰，《尧典》中星常在后，《月令》中星常在前者，岁差使然耳。岁差之法，惟近代纪元历，以七十八年日差一度为得之。自庆历甲申，冬至，日在斗五度。推而上之，则尧之甲子，积三千三百二十一年，日差，凡四十三度。冬至，日当在虚一度，日没而昴中。即此而推，则知日行渐远，中星亦从而转移。尧之甲子，去秦庄襄王元年，凡二千二十八年，日差二十六度。《尧典》、《月令》中星所以不同也。

今按七十八年差一度，以度每万分计一岁，率差一百二十八分。七十八年虽差一度，然犹少十六分，则是未及一度也。

**期三百有六旬有六日，以闰月定四时，成岁**

蔡传曰，天体至圆，周围三百六十五度四分度之一，绕地左旋（东升西没），常一日一周而过一度（是一日一夜，天行三百六十六度四分度之一）。

朱子曰，天无体，只二十八宿便是体，且如日月皆从角起，天亦从角起。日，则一日一周，依旧只在角上；天，则一周了，又过角些子。日日累上去，则一年便与日会（至三百六十五日四分日之一处，则天与日会）。又曰，如何见得天有三百六十五度，甚么人去量来。只是天行得过处为度，天之过处，便是日之退处。

日，丽天而少迟，故日行一日，亦绕地一周，而在天为不及一度。积三百六十五日九百四十分日之二百三十五，而与天会是一岁日行之数也。一日分为九百四十分，二百三十五分，即四分日之一也。

朱子曰，日行速健次于天，一日一夜，周三百六十五度四分度之一，正恰好被天进一度，则日为退一度。二日，天进二度，则日为退二度。积至三百六十五日四分日之一，则天所进过之度，恰周得本数；日所退之度，亦恰退尽本数，遂与天会，而成一年。

月，丽天而尤迟，一日常不及天十三度十九分度之七，积二十九日九百四十分日之四百九十九，而与日会。十二会得全日三百四十八（一年十二会，每会大数二十九日。十二个二十九日则得三百四十八日）。

按，此以上皆以日月亦左旋言之，与历家不同。

余分之积又五千九百八十八，如日法，九百四十而一得六，不尽三百四十八。

每会除大数二十九日外，有余分四百九十九分。十二个四百九十九分，共得五千九百八十八分，以一日九百四十分之法计之，得六个全日外，又余三百四十八分。

通计得日三百五十四九百四十分日之三百四十八，此一岁月行之数也。岁有十二月，月有三十日。三百六十者，一岁之常数也。故日与天会而多五日九百四十分日之二百三十五者，为气盈。

气者，二十四气也。二气为一月，必有三十日零五时二刻，始交后月节气。合二十四气，该三百六十五日零二十五刻，以合周天之度。然一岁十二月，止有三百六十日，则多五日零二十五刻，是为气盈。

月与日会，而少五日九百四十分日之五百九十二者，为朔虚。

每月二十九日，余四百九十九分日，与月会。每岁十二会，除三百五十四日三百四十八分外，以三百六十日计之，则一岁犹少五日五百九十二分，分为六小尽月，是为朔虚。

合气盈朔虚而闰生焉。

一岁，气盈，多五日二百三十五分；朔虚，少五日五百九十二分。

故一岁闰率，则十日九百四十分日之八百二十七。

一岁多十日零八百二十七分；二岁多二十一日零七百一十四分；三岁多三十二日零六百单一分。

故三岁一闰，而犹有余。

四岁多四十三日四百八十八分。五岁多五十四日三百七十五分。

故五岁再闰而犹不足。十九岁七闰，则气朔分齐，是为一章。

以五岁再闰而不足两月，故必十九岁，然后七月均焉。然余分亦不能齐。

林氏曰，二十七章为一会（五百一十三年）；三会为一统（八十一章，一千五百三十九年）；三统为一元（四千六百一十七年）。章、会、统、元运于无穷。

陈祥道曰，考诸传记，五日为候，三候为气，六气为时，四时为岁。岁之气二十有四，而候七十有二。然则一月之内六候二气，朔气常在前，中气常在后。朔气在晦，则后月闰；中气在朔，则前月闰。朔气有入前月，而中气常在是月。中数周，则为岁；朔数周，则为年。是年不必具四时，而岁必具十二月也。二十四气播于十二月之中，一气十有五度，则二十四气三百六十度。其余五度四分度之一。度分为三十二，则五度为一百六十。四分度之一，又为八分。总百六十八，分布于二十四气之中。而气得七分，中、朔大小不齐，则气有十六日者，有十五日七分者，是以三十三月以后中气在晦。不置闰，则中气入后月矣。

袁俊翁曰，按一岁闰率，余十日八百二十七分，十九年，共余一百九十日一万五千七百一十三分，得全日二百六日六百七十三分，前后通置七闰，四小三大，则二百六日尽矣，尚余六百七十三分。又一章七闰，三小四大，计二百七日，通前余分，尚余四百单六分。又一章七闰，三小四大，计二百七日，通前余分，尚余一百三十九分。自此以下，每章七闰，通前余分不满全日，则四小三大，通前余分已过全日，则三小四大，余分又待下章通而积焉。所谓十九年七闰而气朔分齐者，不过取其全日得齐，而余分竟不能齐焉。若使朔日子初，初刻冬至，则气朔之余分齐矣，才差一二刻，则尚有未尽之余分者矣。

**《史记》历书大小余解**

"太初元年，岁名焉逢摄提格，月名毕聚，日得甲子，夜半朔旦冬至"。愚按，焉（音于乾翻）逢，岁阳也，在甲曰焉逢；摄提格，岁阴也，在寅曰摄提格。聚（音娵），盖娵訾也，索隐云月雄在毕，雌在訾。《史记》汉武帝元封七年，岁在甲寅，十一月甲子，夜半朔旦，冬至，日月合于牵牛之初，余分皆尽。更以是年，为太初元年。今按《通鉴》，汉袭秦，以建亥为正，太初未改历以前，闰皆在岁末，谓之后九月。至武帝元封七年，岁强圉赤奋若十一月甲子朔旦，冬至，改太初元年。太中大夫公孙卿、壶遂、太史令司马迁等言宜改正朔。夏五月，诏卿、遂、迁等造汉太初历，以正月为岁首，则太初元年，岁在丁丑。《史记》乃作甲寅，下距丁丑二十三年。悬异如此者，乃太史公追纪太初作历之元，非武帝之太初元年也。盖太史公推上古之元，得甲寅岁，其岁十一月甲子朔旦冬至，日月如合璧，五星如联珠。今元封七年，亦以仲冬甲子朔旦冬至，故以丁丑起元，亦与太古甲寅同耳。故曰其更以元封七年为太初元年，犹以七年为上古甲寅之岁，非元封七年即甲寅年也。其后每纪以汉年号者，后人所加，如褚先生辈是矣。且史迁生武帝时，岂能预知七十六年之号哉。温公据长历定编年，且谓刘羲叟遍通前代历法，起汉元以来，为之作《通鉴》宜得其实。汉志亦以为岁在丙子，盖未建寅为正，则十月已后，已属丁丑。既用夏正，则十一月犹属上年，至正月，然后为丁丑岁也（又按，汉武帝改太初历，以律法八十一分为日。今《史记》所书大小余，仍用颛帝四分历法为日）。

"正北"。甲子夜半冬至时，加子，故称正北。

"十二"。岁有十二月无闰，则云十二；有闰，则云闰十三。

"无大余，无小余"。大余者，一岁之余日，五十四也；小余者，两月之余分，五十八也。是年仲冬甲子朔旦冬至，日月合于牵牛之初，日数满六十，月分满九百四十，自前至此，余分皆尽。故云无大小余。此以九百四十分为日法。

"无大余，无小余"。上大小余者，岁之余日，月之余分，即所谓朔虚也。此大小余者，五日与四分日之一，即所谓气盈也。是年冬至，与朔同日。日数满六十，日分满三十二。自前至此，余分皆尽。故云无大小余。此以三十二分为日法。

"焉逢摄提格，太初元年十二"。按，元封七年十一月甲子，改太初元年。前已云"太初元年岁名焉逢摄提格，无大小余"，此复云"焉逢摄提格太初元年"而下书"大小余"者，盖改太初元年，自是年十月岁首始；至五月诏用夏正，又自是年正月始。则此年，初承用十月为岁首，又改用正月为岁首，一年共有十五个月，故前之无大小余者，自是年建子之月，夜半朔旦以前止；后之有大小余者，又自此年建子之月夜半朔旦以后而始，所以皆系之太初元年也。

"大余五十四"。岁，有十二月；月，有三十日，当得三百六十日。然月之所以成，由日月之会也。故二十九日半有奇，而月与日会。一岁十二会。法当小尽，六月以除之，止得三百五十四日有奇，以六甲除之，五六三百，余五十四未满六十。故云大余五十四也。

"小余，三百四十八"。每二十九日九百四十分日之四百九十九，月与日会而成一月。除四百七十为半日，犹多二十九分。是一月，当得二十九日半，余二十九分。以此半日合后月半日，足成一日外，月余二十九分，十二月，则余三百四十八分，以未满九百四十分，未成一日，故云"小余，三百四十八"也。

545

"大余五"。天左旋，日一昼夜，溯天右行一度，三百六十五日四分日之一，行天一周。故分天为三百六十五度四分度之一。去岁冬至起于牵牛之初；今岁冬至复至牵牛之初，则二十四气，终而复始，当得三百六十五日有奇。以六甲除之，六六三百六十，犹余五日。故云"大余五"。此大余者，日周天之余数也。

"小余八"。即前四分之一也，在天，为四分度之一；在岁，为四分日之一。日得三十二分，其一则八也。岁有三百六十五日四分日之一，是一岁除三百六十五全日，犹多八分，故云"小余八"。此小余者，岁日之奇分也。

"端蒙单阏二年闰十三"。"端蒙"，乙也，《尔雅》作"旃蒙"。"单（音丹）阏（音遏）"，卯也，《通鉴》作"著雍摄提格"。"著（音储）雍"，戊也。"摄提格"寅也。则太初二年，戊寅岁也。

"大余，四十八"。去岁大余五十四，今岁又余五十四，合一百八，除六甲六十日，犹余四十八日。故曰"大余四十八"也。

"小余六百九十六"。去岁小余三百四十八，今岁又余三百四十八，合六百九十六，故云"小余六百九十六"也。

"大余十"。去岁大余五，今岁又余五日，故云"大余十"也。

"小余十六"。去岁小余八，今岁又余八，合十六，故云"小余十六"也。

"游兆执徐三年十二"。"游兆"，丙也，《尔雅》作"柔兆"。"执徐"，辰也，《通鉴》作"屠维"、"单阏"。屠维，巳也。单阏，卯也。则太初三年己卯岁也。

"大余十二"。去岁大余四十八，今岁又复五十四，又通闰小，一月余二十九，又今岁小余积分得一，合一百三十二日，除二六甲，一百二十日，余十二日，故云"大余十二"也，以朔记之，故并闰月数也。

"小余六百三"。去岁小余六百九十六，今岁又余三百四十八，又通闰一月，余四百九十九，合一千五百四十三，除九百四十分，归上成一日外，余六百三分，故云"小余六百三"也。

"大余十五"。去岁大余十，今岁又余五日，故云大余十五也。以气论之，故不数闰月也。

"小余二十四"。去岁小余十六，今岁又余八，故云"小余二十四"也。

"强梧大荒落，四年十二"。"强梧"，《尔雅》作"强圉"，丁也。大荒落，巳也，《通鉴》作"上章、执徐"。上章，庚也。执徐，辰也。则太初四年庚辰岁也。

"大余七"。去岁大余十二，今岁又余五十四，又今岁小余积分得一，合六十七日，除六十日，犹余七日。故云"大余七"也。

"小余十一"。去岁小余六百三，今岁又余三百四十八，合九百五十一，除九百四十分，归上成一日外，犹余十一分。故云"小余十一"也。

"大余二十一"。去岁大余十五，今岁又余五日，又今岁小余满三十二分，得一日，合二十一日，故云"大余二十一"也。

"无小余"。去岁小余二十四，今岁又余八，得三十二分，已满一日归上，故云"无小余"也。

"徒维敦牂，天汉元年闰十三"。徒维，戊也，《尔雅》作"屠维"，属巳。此云属戊，未详。敦牂，午也，《通鉴》作"重光、大荒落"。重光，辛也。大荒落，巳也。则天汉元年辛巳岁也。

"大余一"。去岁大余七，今岁又余五十四，合六十一，除六十日外，余一日，故云"大余一"也。

"小余三百五十九"。去岁小余十一，今岁又余三百四十八，合三百五十九分，故云"小余三百五十九"也。

"大余二十六"。去岁大余二十一，今岁又余五日，合二十六日，故云"大余二十六"也。

"小余八"。去岁无小余，自今岁始又余八，故云"小余八"也。

"祝犁协洽，二年十二"。祝犁，巳也，《尔雅》作"著雍"，属戊，此属己，未详。协洽，未也，《通鉴》作"玄黓（yì）、敦牂"。玄黓，壬也。敦牂（zāng），午也。则天汉二年壬午岁也。

"大余二十五"。去岁大余一，今岁又余五十四，又通闰小一月，余二十九，又今岁小余积分得一，合八十五日，除六十日外，犹余二十五日。故云"大余二十五"也。

"小余二百六十六"。去岁小余三百五十九，今岁又余三百四十八，又通闰一月，余四百九十九，合一千二百六，除九百四十分，归上成一日外，犹余二百六十六，故云"小余二百六十六"也。

"大余三十一"。去岁大余二十六，今岁又余五日，故云"大余三十一"也。

"小余十六"。去岁小余八，今岁又余八，故云"小余十六"也。

"商横涒滩，三年十二"。商横，庚也，《尔雅》作"上章"。涒（音吐魂翻）滩，申也，《通鉴》作"昭阳、协洽"。昭阳，癸也，协洽未也，则天汉三年癸未岁也。

"大余十九"。去岁大余二十五，今岁又余五十四，合七十九，除六十日外，犹余十九日，故云"大余十九"也。

"小余六百一十四"。去岁小余二百六十六，今岁又余三百四十八，合六百一十四分，故云"小余六百一十四"也。

"大余三十六"。去岁大余三十一，今岁又余五日，故云"大余三十六"也。

"小余二十四"。去岁小余十六，今岁又余八，故云"小余二十四"也。

"昭阳作噩，四年闰十三"。昭阳，辛也，《尔雅》属癸，此属辛，未详。作噩，酉也，《通鉴》作"阏逢、涒滩"。阏逢，甲也。涒滩，申也。则天汉四年甲申岁也。

"大余十四"。去岁大余十九，今岁五十四，又今岁小余积分得一，合七十四日，除六十日外，犹余十四日，故云"大余十四"也。

"小余二十二"。去岁小余六百一十四，今岁又余三百四十八，合九百六十二，除九百四十分，归上成一日外，犹余二十二分，故云"小余二十二"也。

"大余四十二"。去岁大余三十六，今岁又余五日，又今岁小余满三十二分，得一日，合四十二日，故云"大余四十二"也。

"无小余"。去岁小余二十四，今岁又余八，得三十二分，满一日归上，故云"无小余"也。

"横艾淹茂，大始元年十二"。横艾，壬也，《尔雅》壬为玄黓，此未详。淹茂，戌也，《通鉴》作"旃蒙、作噩"。旃蒙，乙也。作噩，酉也。

则太始元年乙酉岁也。

"大余三十七"。去岁大余十四，今岁又余五十四，又通闰小一月，余二十九，合九十七日，除六十日外，犹余三十七日，故云"大余三十七"也。

"小余八百六十九"。去岁小余二十二，又通闰一月，余四百九十九，今岁又余三百四十八，合八百六十九，故云"小余八百六十九"也。

"大余四十七"。去岁大余四十二，今岁又余五日，故云"大余四十七"也。

"小余八"。去岁无小余，自今岁始又余八，故云"小余八"也。

"尚章大渊献，二年闰十三"。尚章，癸也，《尔雅》上章属庚，此属癸，未详。大渊献，亥也，《通鉴》作"柔兆、阉茂"。柔兆，丙也。阉茂，戌也。则太始二年丙戌岁也。

"大余三十二"。去岁大余三十七，今岁又余五十四，又今岁小余积分得一，合九十二日，除六十日外，犹余三十二日，故云"大余三十二"也。

"小余二百七十七"。去岁小余八百六十九，今岁又余三百四十八，合一千二百一十七，除九百四十分，归上成一日外，犹余二百七十七分，故云"小余二百七十七"也。

"大余五十二"。去岁大余四十七，今岁，又余五日，故云"大余五十二"也。"小余一十六"。去岁小余八，今岁又余八，故云"小余一十六"也。

按，《史记》起"焉逢摄提格，太初元年"至"祝犁大荒落，建始四年"合一部七十六年，纪朔与至大小余、通闰计之，其数皆合。今取十年为例，余可类推。但以《通鉴》长历较之，其名多所不合。又《史记》闰在前年，而《通鉴》闰皆在次年。至《史记》通闰，计大小余，亦皆在次年，姑存于右，以竢更考。

**古今历法**

黄帝调历，辛卯元。黄帝迎日推筴（cè），使羲和占日，常仪占月，车区占星气，建五行，察发敛，起消息，正闰余，述而著焉，谓之调历。

颛帝历，乙卯元。颛帝命南正重司天，北正黎司地，建孟春以为元，是为历宗。唐一行《日度议》引《洪范》传曰，历始于颛帝上元太始阏逢摄提格之岁，毕陬之月朔日己巳立春，七曜俱在营室五度。

虞历，戊午元。在璿玑玉衡，以齐七政。

夏历，丙寅元。

殷历，甲寅元。汤作商历，以十一月甲子合朔冬至，为上元。

周历，丁巳元。

鲁历，庚子元。晋姜岌因《春秋》日食，考其晦朔，不知用何历。班固以为，《春秋》因鲁历，鲁历不正，故置闰失其序。《命历》序曰，孔子治《春秋》，退修殷之故历，则《春秋》宜用殷历。今考之交会，又与殷历不相应，又经率多一日，传率少一日。

以上七历，谓之古历。若六历，则不数虞历，皆以四分起数，十九岁为一章，凡七闰，计二百三十五月。一岁，凡三百六十五日四分日之一；一月二十九日九百四十分日之四百九十九。

自黄帝至周凡二千四百一十四年而历止七改。

秦用颛帝历。

西汉颛帝历。初，张苍言颛帝历比六历，疏阔中最为微近，又以高祖十月至霸上，故因秦时本十月为岁首，而用颛帝乙卯历。

武帝太初历，丁丑元，余分置于斗分。元封七年，上与儿宽等议，以七年为元年，诏公孙卿、壶遂、司马迁，议造汉历。乃以前历上元太初四千六百二十七岁，至元封七年复得阏逢摄提格之岁中，冬十一月甲子朔旦冬至，日月在建星，太岁在子巳，得太初本星度，始变四分法，以律起历。律容一龠（yuè）积八十一寸。以八十一为日法，一月二十九日八十一分日之四十三，一岁余则增四分法六千一百五十六分日之一，故积六千一百五十六年，则增多四分法之一日，亦以十九岁为一章。

成帝三统历，庚戌元，其法因袭太初。刘向总六历，列是非，作五纪论。子歆，作三统历，以为《易》与《春秋》天人之道也。是故，元始有象，一也；春秋，二也；三统，三也；四时，四也。合而为十成。五体以五乘十，大衍之数也。而道据其一，其余四十九所当用也。故著数以象两两之，得九十八，三之得二百九十四，四之得一千一百七十六又归奇象闰，余分十九，及据一加之，为一千一百九十六，两之得二千三百九十二，为月法黄钟。其实一龠，故八十一为日法；合天地终数，得十九为闰法。以闰法乘日法，得千五百二十九为统法。参统法得四千六百一十七，为元法。参（sān）天九，两地十，得四十七为会数。五位乘会数，得二百三十五，为章月。故千五百三十九岁为统；四千六百一十七岁为一元。经岁四千五百六十，灾岁五十七。天施复于子，地化自丑毕于辰，人生自寅成于申。故历数三统，天以甲子，夏正月朔；地以甲辰，商正月朔；人以甲申，周正月朔。孟仲季迭用事为统首。

东汉章帝四分历，庚申元，章法、日法与古历同。元和二年太初失天益远，日月宿度相觉浸多。章帝知其错谬，召治历编䜣、李梵等综校其状，诏令改行四分。

灵帝乾象历，己丑元，始减斗分。光和中，谷城门候刘洪始悟四分于天疏阔，乃减斗分，更以五百八十九为纪法，百四十五为斗分，仍以十九岁为一章，而造乾象历。又制迟疾历，以步月行，方于太初，四分转精密矣。

宋何承天曰，四分于天，出三百年而盈一日。积世不悟，徒云建历之本，必先立元。刘歆三统法尤复疏阔，方于四分，六千余年又益一日。扬雄心惑其说，采为太玄。班固谓之最密著于《汉志》。李洪曰，太初多一日，冬至日值斗而云在牵牛，疏阔不可复用。唐一行曰，三统历追考春秋所书三十六食，仅得其一。故杜预考古今十历，以验春秋，乃知三统之最疏。

乾象历自黄初后改历者，皆斟酌其法。洪术遂为后代推步之表。

右汉凡四百年而历五改，谓颛帝历、太初、三统、四分、乾象历也。

魏文帝黄初历。黄初中，韩翊以乾象减斗分太过，后当先天，造黄初历，以四千八百八十三为纪法，千二百五十为斗分。

明帝景初历，壬辰元。以上十二历立元不同，必始以甲子。

杨伟言，韩翊据刘洪之术，知贵其术，而弃其论。至景初元年，伟改造景初历，欲以大吕之月为岁首，建子之月为历初，遂以建丑之月为正，改其年三月为孟夏，三年正月，复用夏正。晋姜岌曰，古历斗分强，不可施于今；乾象斗分细，不可通于古。景初虽得其中，而日之所在乃差四度，合朔亏盈，皆不及其次。

景初历法，自曹魏涉两晋，至宋元嘉，始改凡用二百八十年。韩翊、杨伟咸遵刘洪之议，未及洪之深妙，盖二历写子模母，终不过洪之术也。

蜀仍汉四分历。

吴用乾象历。王蕃以刘洪术制仪象及论，故吴用乾象历。

西晋武帝泰始历，即景初历改名。正历，泰始十年上元甲子朔夜半冬至，日月五星，始于星纪，为正历。

春秋长历，杜预作。

乾度历。咸宁中，李修、王显，依杜预长历论为术，名乾度历，表上之。

东晋元帝渡江后，更以乾象五星法，代杨伟历。

穆帝通历。永初八年王朔之造通历，始以甲子为上元。

武帝三纪甲子元历。太元中，姜岌造三纪甲子元历，以为治历之道，必审日月之行，然后可以上考天时，下察地纪。一失其本，四时变移，自羲皇暨汉魏，各自制历，以求厥中。考其疏密惟交会薄蚀，可以验之。

晋历有五，曰泰始、乾度、乾象、通历、三纪。然终晋之世，止用泰始历。余历不果行。

宋七曜历。何承天表言徐广有此历不（阙）。

武帝永初历。永初元年改泰始历为永初历。

文帝元嘉历。元嘉二十一年，何承天造元嘉新历，刻漏，以为月盈则食，月食之冲，知日所在。又以中星验之，知尧时冬至，日在须女十度；今在斗十七度。又测景以校二至，差三日有余，则今之冬至，日应在斗十三四度。于是更立新法，冬至徙上三日五时，日之所在移四度。又月有迟疾，前历合朔，月食不在朔望。今皆以盈缩，定其小余，以正朔望之日。

元始历。元嘉十四年，河西王牧犍，遣使献敦煌赵𢾺所造甲寅元历又名元始历。

齐用元嘉历。梁武帝初兴，因齐旧用元嘉历。

元嘉历用于宋，涉齐，至梁，凡六十五年。

大明历（又名甲子元历），甲子上元，始破章法。

天监中，用祖冲之甲子元历，始以三百九十一岁之中，置为百四十四闰，积四千八百三十六月，虽斗分、章法各有不同，并日法、度法两者并立，则犹无异于古。日法者，约合朔之法；度法者，约岁周之法。

大同历。大同十年，诏太史虞氏，更造大同新历，以甲子为元，未及施用，而遭侯景之乱。

陈用大明历。大明历用于梁讫陈，凡八十年。

南朝五历。元始、大同二历不用。永初又因晋旧。四朝所用惟元嘉、大明二历而已。

北魏。初，魏入中原，得景初历。世祖克沮渠氏得赵斐元始历，高宗兴安二年始行之。

明帝正光历，壬子元。正光中，崔光取张龙祥等九家所上历，候验得失，合为一历，以壬子为元。应魏水德，命曰正光历。

灵宪历。信都芳用祖常之法，私撰灵宪历，书未成，月大小法莫考。

五寅元历。太武时，崔浩谓自秦汉以来，妄造历术者，皆不得天道之正，宜改历术，以从天道，曰五寅元历，奏请宣示中书，坐诛不果用。终魏世，惟用元始、正光二历。

东魏兴光历，甲子元。兴和元年，以正光历浸差，命李业兴更加修正，以甲子为元，号曰兴光历。

西魏用兴光历。

北齐文宣帝天保历。天保元年，命宋景业、叶图谶造天保历。

甲寅元历。董峻、郑元伟立议，非天保历之妄。于武平七年同上甲寅元历。

后周明帝周历。武成元年，始造周历。于是，胡克逊、庚季才，及诸日者采祖暅旧议，通简南北之术。然周齐并时，而历差一日，及武帝时，而天和作矣。

天和历。甄鸾所上。

宣帝景德元历。大象年间，太史马显上景德元历，即行之。

隋文帝己巳元历。初，隋高祖辅周，欲以符命曜天下。道士张宾知上意，乃自言星历有代谢之证，更造新历，用何承天法，微加增损，开皇四年行之。

张胄元历。己巳元历既行，刘孝孙、刘焯并称其失，所驳六条。十七年，张胄元论日影长短，群臣咸以为密，乃行胄元所造历。

皇极历。刘焯增修张胄元历，名曰皇极历，又名甲子元历。

北朝元魏历曰，五寅元、元始、正光、灵宪。东魏高齐历曰，兴光、天保、甲寅元。后周、隋氏历曰，天和、景德、己巳元、皇极。言历者不一，行之数十年，辄复差缪。故南朝则以何承天为宗；北朝则依赵厞、祖冲之为据。

唐高祖戊寅元历。傅仁均作，以高祖戊寅年受禅，遂以戊寅为元，用于武德二年，阅明年而月蚀，比不验。明年诏祖孝孙等考定，乃略去其尤疏阔者。

高宗麟德甲子元历，始并日法、度法而立总法。李淳风以戊寅元历推步既疏，乃增损刘焯皇极历，作麟德甲子元历。以古历有章蔀，有元纪，有日分、度分，参差不齐，始并日法、度法为一，而立总法。总法一千三百四十岁，有三百六十五日一千三百四十分日之三百三十八，一月二十九日一千三百四十分日之七百十一。当时以为密。

经纬历。太史令瞿昙罗所上，与麟德历参行。

武后光宅历。瞿昙罗作。

中宗乙巳元历。南宫说作。中宗以乙巳年反正，遂以乙巳为元。

玄宗开元大衍历，以三千四十分为日法。开元九年，麟德历书日蚀，比不效，诏一行作新历，推大衍数，立术以应之，较经史所书气朔、日名、宿度可考者，皆合以一六，为爻位之统；五十，为大衍之母。合二始，以位刚柔，所以明天一地二之数；合二中，以通律历，所以正天五地六之数；合二终，以纪闰余，所以穷天九地十之数。以生乘成，于六百，而得天中之积。以成乘生，又于六百，而得地中之积。自一六至五六，一七至五七，一八至五八，一九至五九，一十至五十，生成相乘，各有六百。于是而得千二百之算。此大衍起数皆出于《易》。其详本于天地之二中。始于冬至之中气，以晦朔定日月之会；以日度正周天之数；以卦气定七十二候；以中星正二十四气。用以较古今之薄蚀，五星之变差，而开元历课皆第一。自太初至麟德历，有二十三家。与天虽近，而未密，至一行密矣。其倚数立法，固无以易，后世虽有改作，皆依仿而已。

西域九执历。开元二十一年，陈玄景、南宫说奏大衍，写九执历，其术未尽。诏侍御史李麟等校灵台候簿，大衍十得七八，九执才一二焉。

肃宗至德历。山人韩颖言，大衍或误，颖乃增损其术，更名曰至德历。

代宗宝应五纪历。代宗以至德历不与天合，诏司天郭献之等复用麟德元纪，更立岁差，增损迟疾、交会，及五星差数，以写大衍旧术。上元七曜起赤道，虚四度，与大衍小异者，九事而已。

德宗建中正元历。德宗时，五纪历气朔加时，稍后天；推测星度与大衍差率颇异。司天徐承嗣等，杂麟德、大衍之旨，治新历，上元七曜起赤道，虚四度，其气朔发敛，日躔月离，晷漏交会，悉如五纪法。

宪宗元和观象历。元和二年，司天徐昂所上，然无章蔀之数，至于发敛、启闭之候，循用旧法，测验不合。

穆宗长庆宣明历。穆宗即位，以为累世缵绪，必更历纪，乃诏日官改造历术，名曰宣明。上元七曜，起赤道虚九度，其气朔发敛，日躔月离，皆因大衍，晷漏交会，稍增损之，更立新度，以步五星。

昭宗景福崇玄历。时宣明施行已久，数亦渐差，边冈改治新历。冈用算巧，能驰骋反复于乘除间。虽筹策便易，而冥于本原。唐终始二百九十余年，而历九改，谓戊寅、麟德、大衍、至德、五纪、正元、观象、宣明、崇玄也。

五代初用唐崇玄历。

唐建中符天历。不立上元，以唐显庆五年庚申起，术者曹士荐始变古法，以显庆五年为上元，雨水为气首，号符天历。世谓之小历，祇行于民间。

晋调元历。晋高祖时，马重绩更造新历，以符天历为法，不复推古上元甲子冬至七曜之会，而起唐天宝十四载乙未为上元，用正月雨水为气首，行之五年辄差，而复崇玄历。

周明玄历。广顺中，博士王处讷私撰明玄历于家。万分历民间所用。

世宗显德钦天历。王朴通于历，数造钦天历，包万象以为法，齐七政以立元，测圭箭以候气，审朓朒（tiǎo nù）以定朔，明九道以步月，按迟疾以推星，考黄道之邪正，辨天势之升降，而交蚀详焉。乃以一篇步日，一篇步月，一篇步星；以卦气灭没为下篇。世宗嘉之，诏以明年正月朔旦为始，自前诸历并废。初，钦天历成，王处讷曰，此历可，且行久则差矣，既而果然。宋兴乃命处讷正之。蜀永昌历，正象历。

南唐齐政历。

宋太祖建隆应天历。建隆二年，以钦天历时刻差谬，命有司重加研核四年，王处讷上新历，号应天历。

太宗乾元历。太平兴国中，以应天历置闰有差，诏吴昭素等造新历，颇为精密，其后朔望有差。

真宗仪天历。咸平四年王熙元献新历，更名仪天，赵昭逸请覆之而不从。后二岁历果差。昭逸言，荧惑度数稍谬，复推验之，果如其说。

仁宗崇天历。天圣中，司天监上新历，赐名崇天。

英宗明天历。司天言崇天历五星之行及诸气节有差，又以日蚀差，诏周琮改造新历，以范镇详定，号明天历。

神宗奉天历。熙宁中，月食东方，与历不协，诏历官杂候，诏卫朴改造，视明天历朔减二刻。历成沈括上之，号奉天历。

哲宗观天历。初，以奉天日食不当，诏集历家考验。有司言奉天有后天之差，诏改造历。元祐六年历成，诏以观天为名。

徽宗占天历。崇宁三年命姚虞辅造占天历。

纪元历，蔡京令虞辅更造历，用帝受命之年即位之日，元用庚辰，日起己卯。历成，而名以纪元。

临川吴氏曰，纪元历一日万分至今承用，虽其分愈细，然其数整齐，难与天合。西山蔡氏用邵子元会，运世岁月日辰之例，尝即其法推算，与古差殊，乃知其说甚美，其术则疏，犹欲因之，再为更定，以追古合天而未能也。

高宗统元历。纪元立朔既差，定腊亦舛，日食不验。建炎三年，改造统元历，元用甲子，日起甲子，从古历法，起朔旦甲子夜半，冬至之法。

孝宗乾道历，以统元历日食有差，改造乾道历。

淳熙历。淳熙中，又改此历。

光宗会元历。绍熙元年历成。去年赵涣言淳熙历今岁冬至后天一辰，诏改造新历。刘孝荣与吴泽荆大声同造，诏以会元为名。

宁宗统天历。庆元五年历成。初，会元历既成，布衣王孝礼言，刘孝荣未尝以铜表圭面测景，故冬至后天。去年九月朔，太史言日蚀在夜；而草泽言日蚀在昼。验视如草泽言，乃改造历。

开禧历。

理宗会天历。淳祐十二年春新历成，赐名会天。

宋三百余年，而历十八改。文公曰，今之造历者无定法，只是赶趁天之行度以求合，或过则损，不及则益，所以多差。古历书必有一定之法，而今亡矣。三代以下造历者，愈精愈密，而愈多差，由不得古人一定之法也。天运无常，日月星辰或过、不及，自是不齐。使能以我法之有定，而律彼之无定，自无差矣。

本朝授时历。临川吴氏《书纂言》曰，今授时，历不立差法，但日夜占候，以求合于天。然则，正与古历简易，未立差法，但随时占候修改，以与天合者同意。

至元十七年，太史郭守敬奏，钦惟圣朝统一六合，肇造区夏，专命臣等改治新历。臣等用创造简仪高表，凭其测到实数。所考正者凡七事：一曰冬至。自丙子年立冬后，依每日测到晷景，逐日取对。冬至前后，日差同者为准。得丁丑年冬至，在戊戌日夜半后八刻半。又定丁丑夏至，在庚子日夜半后七十刻。又定戊寅冬至，在癸卯日夜半后三十三刻。己卯冬至，在戊申日夜半后五十七刻半。庚辰冬至，在癸丑日夜半后八十一刻半。各减大明历十八刻。远近相符，前后应准。二曰岁余。自刘宋大明历以来，凡测景验气，得冬至时刻真数者有六，用以相距，各得其时，合用岁余。今考验四年相符不差。仍自宋大明壬寅年，距至今日八百一十年，每岁合得三百六十五日二十四刻二十五分。其二十五分，为今历岁余合用之数。三曰日躔。用至元丁丑四月癸酉望月食既，推求日躔，得冬至日躔赤道箕宿十度，黄道箕九度有奇。仍凭每日测到太阳躔度，或凭星测月，或凭月测日，或径凭星度测日，立术推算。起自丁丑正月至己卯十二月，凡三年，共得一百三十四事，皆躔于箕，与月食相符。四曰月离。自丁丑以来至今，凭每日测到逐时太阴行度推算，变从黄道，求入转极迟极疾并平行处，前后凡十三转，计五十一事。内除去不真的外，有三十事，得大明历入转后天。又因考验交食，加大明历三十刻，与天道合。五曰入交。自丁丑五月以来，凭每日测到太阴去极度数，比拟黄道去极度，得月道交于黄道，共得八事。仍依日食法度推求，皆有食分，得入交时刻，与大明历所差不多。六曰二十八宿距度。自汉太初历以来，距度不同，互有损益。大明历则于度下余分，附以太半少，皆私意牵就，未尝实测其数。今新仪皆细刻周天度分，每度为三十六分，以距线代管窥，宿度、余分并依实测，不以私意牵就。七曰日出入昼夜刻。大明历日出入昼夜刻，皆据汴京为准。其刻数与大都不同。今更以本方北极出地高下，黄道出入内外度，立术推求每日日出入昼夜刻，得夏至极长，日出寅正二刻，日入戌初二刻，昼六十二刻，夜三十八刻；冬至极短，日出辰初二刻，日入申正二刻，昼三十八刻，夜六十二刻，永为定式。

所创法者凡五事。一曰太阳盈缩。用四正定气，立为升降限，依立招差，求得每日行分初末极差积度，比古为密。二曰月行迟疾。古历皆用二十八限，今以万分日之八百二十分为一限。凡析为三百三十六限，依垛叠招差，求得转分进退，其迟疾度数逐时不同。盖前所未有。三曰黄、赤道差。旧法以一百一度，相减相乘。今依算术勾股，弧矢方圆，斜直所容，求到度率积差，差率与天道实为吻合。四曰黄、赤道内外度。据累年实测，内外极度二十三度九十分，以圆容方直矢接勾股为法，求每日去极，与所测相符。五曰白道交周。旧法黄道变推白道，以斜求斜。今用立浑比量，得月与赤道正交，距春秋二正黄赤道正交一十四度六十六分，拟以为法，推逐月每交二十八宿度分，于理为尽。

## 《书蔡传旁通》卷一上

（元）陈师凯

三百六十五度四分度之一者。

三百六十五度之外，其余分，于一度之中当四分之一。如以一度分作九百四十分，当得二百三十五分也。

绕地左旋者。

坐北面南，则东为左，西为右。天运降于西，升于东。故为左旋。

常一日一周而过一度者。

天运一日，夜转一匝，三百六十五度四分度之一之外，又挽进一度也。《朱子语录》云，日、月皆从角起，日则一日运一周，依旧只到那角上；天则周了，又过那角些子。日日累将去，到一年，便与日会。又曰，而今若就天里看时，只是行得三百六十五度四分度之一。若把天外来说，则是一日过了一度。季通尝言，论日月，则在天里；论天，则在太虚空里。若去那太虚空里观天，自是日日衮得不在旧时处。

丽天。

丽者，附而不缀之义。二十八宿及众星不动者，皆缀定于天体矣。

不及一度者。

恰行一周不及天所搀过一度也。《朱子语录》，陈安卿尝问，天道左旋，自东而西，日月右行，则如何？朱子曰，横渠说日月皆是左旋，说得好。盖天行其健，一日一夜，周天三百六十五度四分度之一，而又过一度；日行速健次于天，一日一夜，周三百六十五度四分度之一，正恰好被天进一度，则日却成每日退了一度。积至三百六十五日四分日之一，则天所进过之度，又恰周得本数；而日所不及之度，亦恰退尽本数，遂与天会而成一年。月行迟，一日一夜，三百六十五度四分度之一，行不尽，比之天却成退了十三度有奇。进数，为顺天而左；退数，若逆天而右。历家以进数难算，只以退数算之，故谓之右行，且曰日行迟，月行速也。

九百四十分者。

历家额设一日细数也。

九百四十分日之二百三十五者。

即四分日之一也。

与天会者。

天每日搀过一度，则是日每日追不及一度，直待三百六十五日四分日之一，而后日追及天也。如是观之，却不是日一年一周天，乃是天一年而搀过一周天也。日一日一周天，一年有三百六十五次周天，天一年三百六十六次周天。

十九分度之七者。

以一度分作十九分。月行不及天十三度之外，于十九分度之中又不及七分也。此是并天搀过一度算。如以一度为九百四十分，而以十九除之，则每分该四十九分四厘七毫三丝六忽八微；以七乘之，该三百四十六分三厘一毫五丝七忽六微；以十九乘，为全度，该九百三十九分九厘九毫九丝九忽二微，亏八微。月一日夜，实行三百五十二度八百二十八分六厘八毫四丝三忽四微，不及天十三度三百四十六分三厘一毫五丝七忽六微。

九百四十分日之四百九十九者。

以一日十二时，除九百四十，则一时该七十八分三分分之一。此云四百九十九者，是六时令二十九分也。

而与日会者。

日、月合朔也。每年正月朔，或立春前或立春后，皆会于玄枵；二月朔，会娵訾，逆周十二位。

十二会，得全日三百四十八者。

十二个二十九日也。

五千九百八十八者。

十二个四百九十九分也。

如日法九百四十而一得六者。

以九百四十为一日之法，而除五千九百八十八，得六个九百四十为六日也。

不尽三百四十八者。

除六个九百四十，该五千六百四十之外，尚余三百四十八也。

通计得日三百五十四者。

有全日三百四十八，并余分之积得六日也。

九百四十分日之三百四十八者。

即上除不尽之数，计四时令三十四分三分之二也。

三百六十者。

历家设此为常额。多于此者为盈，少于此者为虚。《易》曰，乾之策，二百一十有六；坤之策，百四十有四。凡三百有六十，当期之日，正谓此也。

气盈者。

从二十四气算来，三百六十之外，所多者也。

朔虚者。

从十二月朔算来，三百六十之内，所少者也。

一岁闰率者。

合气盈朔虚之数也，其详具于左方：

一日九百四十分；一月二十九日四百九十九分；一岁三百六十五日二百三十五分，是日行之数，二十四气一周也；一年三百五十四日三百四十八分，是月行之数，十二月朔一周也；一期大约三百六十日，以为常数；从二十四气算来，则日与天会多五日，二百三十五分为气盈；从十二月朔算来，则月与日会少五日，五百九十二分为朔虚；合气盈朔虚而闰生焉。一年闰率，十日八百二十七分；二年闰率，二十一日七百一十四分；三年闰率，三十二日六百一分（除二十九日四百九十九分，作一闰外，余三日一百二分）；四年闰率，一十三日九百二十九分；五年闰率，二十四日八百一十六分，借下年四日六百二十三分，凑作再闰；六年闰率六日二百四分；七年闰率，一十七日九十一分；八年闰率，二十七日九百一十八分（借下年一日五百二十一分作第三闰）；九年闰率，九日三百六分；十年闰率，二十一百九十三分；十一年闰率，三十一日八十分（作第四闰外余一日五百二十一分）；十二年闰率，一十二日四百八分；十三年闰率，二十三日二百九十五分；十四年闰率，三十四日一百八十二分（作第五闰外余四日六百二十三分）；十五年闰率，一十五日五百一十分；十六年闰率，二十六日三百九十七分（借下年三日一百二分凑作第六闰）；十七年闰率，七日七百二十五分；十八年闰率，一十八日六百一十二分；十九年闰率，二十九日四百九十九分（正作第七闰无余无欠）。一年率十日八百二十七分，十九年积一百九十一万五千七百一十三分，除为二百六日六百七十三分，分为七闰，每闰二十九日四百九十九分，除尽无余，故曰气朔分齐，谓之一章。一行云，历法合二始，以定刚柔；二中，以定律历；二终以纪闰余。二始者，一为阳始，二为阴始。一奇为刚，二偶为柔（甲丙戊庚壬，为刚日；乙丁己辛癸，为柔日）。二中者，五为阳中；六为阴中。五者，十日；六者，十二辰也（五音及十二律为六十，十日、十二辰亦为六十，故律历志兼之）。二终者，十为阴终；九为阳终。故闰法，以十九岁为一章也。三岁一闰，非四则三；五岁再闰，非十一则十二；八岁三闰，非八则九；十一岁四闰，非四则五；十四岁五闰，非正则二；十六岁六闰，非十则九；十九岁七闰，非六则七。

## 《书义断法》卷一

（元）陈悦道

咨！汝羲暨和，期三百有六旬有六日，以闰月定四时，成岁，允厘百工，庶绩咸熙。

欲成岁功，必明闰法；欲成治功，必资群臣。然百官之信治，众功之皆广，则未有不自治历明时始也。周天三百六十者，一岁天运之常数。一岁日与天会而多五日，九百四十分日之二百三十五者，为气盈。月与日会而少五日九百四十分日之五百九十二者，为朔虚，而闰生焉。此岁功之所由成也。自黄帝迎日推策，至尧之时而历法大备，然后四时定，岁功成。百工惟时以凝庶绩，而治功无有不成者矣。历象日月星辰，所以为钦天之第一事，而亦放勋之一端也。

## 《尚书疑义》卷一

（明）马明衡

（归善斋按，马明衡连解，见前文"乃命羲和"）

## 《尚书砭蔡编》卷一

（明）袁仁

期三百有六旬有六日。

蔡注天体至圆一段，皆据宋时历法言之，尧时不然，今时亦不然。十有九岁七闰，气朔分齐，是为一章。惟观天纪元等历为然。今十九岁已有余分，不能齐矣。

## 《尚书注考》

（明）陈泰交

同字异解者三百二十三条。

咨汝羲，训咨，嗟也；畴咨若时登庸，训咨，访问也。

## 《尚书埤传》

（清）朱鹤龄

**《书经考异》**

期三百有六旬（"期"，《说文》作"稘"；"有"古与"又"通。）

以闰月定四时成岁（"定"，《史记》作"正"。邵景迁云，古文作"正"，开元误作"定"。）

**卷一**

（清）朱鹤龄

有六旬有六日，闰月，允厘百工

（附考）蔡传，天左旋，日月丽天亦左旋。愚按朱子《毛诗》"日月之交"传云，天左旋于地，日月皆右行于天。《论语或问》亦云，经星随天左转，日月五纬右转。晚年乃主横渠之说（横渠说见《正蒙》），谓右行者历家所言耳。历家以进数难算，只以退数算之（进数，谓顺天而左；退数，谓逆天而右），故谓之右行，且曰日行迟，月行速。许谦曰，尧命羲和居四方，考天象，推举分、至四中星，而知日之所在。又曰，以闰月定四时，成岁，而知月之所行。典文简古，存其大法，推步之术未详。西汉《天文志》始曰，日东行，月西转。而周髀家，有日月实东行而牵西没之说。其论天转如磨者，则非；论日月右行者，则是。自是，志天文者，转相祖述，以为定论。言日月则五星可知矣。唐一行铸浑天仪，激水注轮，一昼夜，天西旋一周，日东行一度，月行十三度十九分度之七，晦明、朔望、迟速有准。然则，二十八宿附天西循而为经，七政错行而为纬，其说得之。文公《诗传》亦犹是也。蔡仲默传《尧典》则曰，天体，周围三百六十五度四分度之一，绕地左旋，一日一周而过一度；日月，丽天亦左旋，日则一日绕地一周，而在天为不及一度；月则尤迟，不及天十三度十九分度之七。积二十九日，复有余分，而与日会，合气盈、朔虚而闰生。典、谟之传已经文公是正，其说可谓明矣。然愚以古说较之，其可疑者有七：天体左旋，七政右逆，则七政皆附著天体，迟速虽顺其性，而西行则为天所牵耳。然有所倚著，各得循序。若七政与天同西行，恐错乱纷杂，泛然无统，一也。日君道也；月臣道也。从东行，则合朔后，月先行，既望则月在日后，及再合朔，是月之从日，为臣从君为顺。若西行，则月在日前，至望后再合朔，必日行后月，是君就臣为逆，二也。大而一岁，阴阳升降；小而一月，日月合朔。此正天地万物之心，阴阳得于此会合，以造就万类者也。以一岁之运，盛阴闭塞之时，而生生犹不息，正以日月之合，继助元气之偏也。然凡进者，阳道也，生道也；退者，阴道也，死道也。日月东行，则月之进，从日之进；西行，则月之退，又符于日之退，三也。日月虽皆进行，比天行不及，则如退，日月五星无殊。金、水在太阳前后，率岁一周天，为最速；次火，次木，惟土积厚重之气，入天体最深，故比五星，形最小，行最迟，而二十八载一周天。若七政皆西行，则向谓迟者，今反速；向谓速者，今反迟，四也。星虽阳精，然亦日之余也，以日之阳，次于天，且一日不及一度。星之阳，不及日远甚，而木十余日，土二十余日，始不及天一度，是木土之速反过于日远矣，五也。五星以退、留、迟疾伏、伏疾迟、留退五段推步。姑以岁星言之，大约退十三日，而留二十三日，而迟疾伏，共行二百六十余日，而复留而复退。是行常三倍于退，而退四倍于留之日。然行乃其常，退其变也。若西行，则行为退，退为行，是五星进日何少，而退日何多，六也。星家步星，伏行最急，疾行次急，迟行为缓，留则不行，退则逆而西。此皆以星附著天体而言也。若七政随天西行，则天自天，星自星，不可附著天体，且附著则为东行矣。然则，星家所谓迟疾伏，皆为最缓而不及天所为留，则不可言留，乃行而与天同健，一日皆能过太阳一度。至于所谓退乃更速过于天之运矣，七也。由此言之，则古法比蔡传为密。谨笔之，以俟知者（明高皇《御制文集》曰，蔡传日月随天左旋，今仰观天象，甚不然。何以言之？当天清气爽之时，指一宿为主，使太阴居列宿之西一丈许，尽一夜，则太阴过而东矣。盖列宿附天，次舍而不动者，太阴过东，则其右旋明矣。陈普曰，天行日进，而日月日退。日月非退也，以天之进而见其退耳。历家谓日月右旋，以此盖不计天之进，而但以日月之退为右旋，以背而为面也。董鼎曰，日月丽乎天，宜皆随天而行也，而曰天左旋，日月五星右旋何哉？朱子曰，天无体，二十八宿是其体。二十八宿之行，即天之行也。是以谓之经星。犹机丝之有经，定而不动，而日月五星纬乎？其中所以分昼夜，而立四时，以成造化之功也。故自地面而观其运行，则皆东升西没，绕地而左旋。自天度而考其次舍，则日月五星独以渐而东，为逆天而右转。盖由其行不及天，而次舍日以退。然舍虽退，而行未尝不进也；退虽逆，而进未尝不顺也。于天虽逆而右行，于地则未尝不

顺而附左旋也。以上主左旋之说，今附录备考）

（附考）蔡传如日法，九百四十而一得六。邹季友曰而一得六，谓以九百四十分为一日，则得六日，而尚有不尽如下数也。旧本或无一字。

吴亨寿曰，岁无定日，闰有定法。期者一岁之足日也（黄度曰，秦用颛顼历，置闰在岁后。尧历考中星，定分、至，随月置闰，故四时不差，遂为后世法）；岁者，一岁之省日也；闰者，补三岁之省日，凑为三岁之足日也。朱子曰，期三百有六旬六日，而今一岁三百五十四日者，积朔空余分，以为闰。朔空者，六小月也。余分者，五日四分日之一也。又曰，天有四时，分为二十四气，一月二气，皆朔气在前，中气在后。朔气有入前月法，中气无入前月法。朔气匝为年；中气匝为岁。中朔不齐正之以闰（闰无中气，斗指两辰之间，所以异于他月）。袁黄曰，蔡传天体至圆一段皆依当时历法。十九年气朔分齐为一章，惟唐宋诸历为然。今授时历已有余分，不能皆齐。尧时之历亦不齐。今历家推阳，九百六限算，所以不准者，正为章蔀会元之数不同耳。

王樵曰，圣人治历明时，即人事，一时修举九官之治，与羲和所职互相备也。马端临谓，陶唐以前之官，所治者天事；以后之官所治者，民事。太皞、勾芒数圣人者，生则知四时之事，没则为四时之神。成周六官系以天地四时，盖于民事之中，犹寓以治天事之意。后世不知裁成辅相之道，始略于天事尔。

## 《书义矜式》卷一

（元）王充耘

帝曰：咨！汝羲暨和，期三百有六旬有六日，以闰月定四时，成岁，允厘百工，庶绩咸熙

圣人命作历之官，闰以四时，而岁功成；故时以作事，而治功成矣。盖天运齐于上，而后治效见于下。圣人之命官立政，未尝不以治历正时为先务也。苟岁功之不成，则治功亦何由而广哉。昔者帝尧之命羲和，谓夫三百六旬有六日者，此一期之数也。然以日月之所会于天者，考之其度数，则有迟速之不同；其气朔则有盈虚之或异。合气盈、朔虚而闰生焉。闰既立矣，则四时以之而定，岁功以之而成，以此而信治百官，则天下之

事功，岂不由是而皆广乎？吁！圣人尽其裁成之道，辅相之宜，而拳拳于天道者，其于治道知所本欤（云云）。其旨如此，尝谓闰之有益于岁时大矣。日月之运于天者，以期言之，则有难齐之度；以岁言之，又有必齐之序焉。二者不齐，而欲齐之，非有闰法，何以致其齐哉？闰者，合气盈、朔虚而为之者也。日之盈者，损之；月之虚者，补之。期虽不齐，而时与岁则归于齐矣。盖齐而不齐者，在天之运也，不齐而致其齐者，圣人之法也。然天运齐于上，而后治效见于下，此圣人之命官立政，而未尝不以治历明时为先务也。岁功成而治功成，则圣人之能事毕矣。今夫"咨"者，"嗟"也。帝尧总命羲和，而咨叹以告之者，何哉？盖圣人之于天道尽心焉耳矣。期，犹周也。周天三百六十五度四分度之一，天一日行一周，而过一度；日一日亦行一周，而视天为不及一度；月行一日一周，而视天又不及十三度有奇。此期之数不可以强齐也。至于岁则有一定之时；时则有一定之月；月则有一定之日。合一岁之日，则有三百六十，此岁之序，不可以不齐也。然日一岁，与天一会，校之岁，则过五日而有余；月一岁，与日十二会，校之岁，则不及六日而不足。日之过，则为气盈；月之不足为朔虚。合气朔之盈虚，而闰立矣。三年而一闰，五年而再闰，十有九年而七闰。夫如是，而后气朔始得而均齐，时得以正其时，岁得以成其岁也。春夏秋冬，不失其宜；阴阳寒暑，不反其序。天时于是而可则；地利于是而可因；人事于是而可以无失矣。此闰之法，所以能齐不齐，以归于齐也。时既定矣，岁既成矣，以此而信治乎百官之众，则天下之庶事将见，其无一之不康；而天下之治功将见，其无一之不广也。苟名实之乖戾，寒暑之反易，则农桑庶务咸失其时，百工之惰，万事之堕，或有不可胜言者矣。由是观之，圣人之命官正时，而欲其岁功之成者，无非所以为天下治功之计也欤。抑考之经，尧之始命羲和也，则曰"钦若昊天。历象日月星辰，敬授人时"，此盖命其主历象以授时也。至此则曰"期三百有六旬有六日，以闰月定四时，成岁"者，盖言作历之要法也。圣人于即政之初，而拳拳以正天时为先务者，何也？盖见乎治天，即所以治人也。天时既正，百工可得而治，庶绩可得而熙也。虽然，不独尧也，高辛氏之历日月星辰而迎送之，舜之在璿玑玉衡以齐七政，皆此意也。呜呼！范围天地之化而不过，曲成万物而不遗，其斯以为圣人乎。

### 《书经衷论》卷一

（清）张英

闰法以归四时之有余；岁差又以补闰法之不及。故蔡氏注岁差于闰法之后，所谓因天以求合，无百年不变之法者此也。

治历之法，只用"期三百有六旬有六日"一句，不待分晰，而朔虚、气盈皆含蕴于其中矣。故下直接以"闰月定四时，成岁"，而不费辞细绎，真化工之笔。

### 《尚书七篇解义》卷一

（清）李光地

帝曰：咨！汝羲暨和，期三百有六旬有六日，以闰月定四时，成岁。允厘百工，庶绩咸熙。

以上所命历象日星之事，此又总而命之。盖历象月辰之事也。日星，阳也；月辰，阴也。日纪于星，而成岁，故司寒燠启闭之候，而阳功兴焉；月会于辰而成月，故动山川风雨之气，而阴事统焉。月佐日以成岁功，故其法不可以相离也。如上分职四时明矣，验以日星而可知矣。惟朔望二弦，与平气不相应。故十二月不尽周天之气，是时未定而岁未成也。于是考月辰之会次，以月隶时，而置闰以追之，则四时定，而岁成矣。百工理而庶绩熙者，即上文民事之成也。传曰归余于终，事则不悖，此之谓也。

## 允厘百工，庶绩咸熙

### 1. 《尚书注疏》卷一

（汉）孔氏传，（唐）陆德明音义、孔颖达疏

传：允，信；厘，治工官绩功；咸，皆；熙，广也。言定四时成岁历，以告时授事，则能信治百官，众功皆广，叹其善。

音义：厘，力之反。熙，许其反，兴也。

疏：又以此岁历，告时授事，信能和治百官，使之众功皆广也。叹美羲和能敬天之节，众功皆广，则是风俗大和。

传正义曰，《释训》云："鬼之为言归也。"《乡饮酒义》云："春之为言蠢也。"然则《释训》之例，有以声相近而训其义者。"厘，治；工，官"皆以声近为训，他皆仿此类也。"绩，功；咸，皆"《释诂》文。"熙，广"，《周语》文。此经文义，承"成岁"之下，传以文势次之，言定历授事，能使众功皆广。"叹其善"，谓帝叹羲和之功也。

## 2. 《书传》卷一

（宋）苏轼

允厘百工，庶绩咸熙。厘，理；工，官也。绩，功也。熙，光明也。

## 3. 《尚书全解》卷一

（宋）林之奇

（归善斋按，林之奇自"分命羲仲"至"庶绩咸熙"整段综合作解。见"分命羲仲"）

## 4. 《尚书讲义》卷一

（宋）史浩

（归善斋按，见上句解）

## 5. 《尚书详解》卷一

（宋）夏僎

（归善斋按，见上句解）

## 6. 《增修东莱书说》卷一

（宋）时澜

（归善斋按，见上句解）

## 7. 《尚书说》卷一

（宋）黄度

（归善斋按，黄度此段综合作解，见"乃命羲和"）

## 8. 《絜斋家塾书钞》卷一

（宋）袁燮

（归善斋按，见上句解）

## 9. 《书经集传》卷一

（宋）蔡沈

（归善斋按，见上句解）

## 10. 《尚书精义》卷二

（宋）黄伦

（归善斋按，见上句）

## 11. 《尚书详解》卷一

（宋）陈经

（归善斋按，此段陈经连解，见上句）

## 12. 《融堂书解》卷一

（宋）钱时

（归善斋按，此段钱时连解，见上句）

## 13. 《尚书要义》卷一

（宋）魏了翁

（归善斋按，见上句）

## 14. 《书集传或问》卷上

（宋）陈大猷

（归善斋按，未解）

## 15. 《尚书详解》卷一

（宋）胡士行

（归善斋按，见上句）

## 16. 《书纂言》卷一

（元）吴澄撰

允厘百工，庶绩咸熙。

厘，析而治之也。百工，百官之事，如工人然，一工掌一事也。庶，众也。绩，积其功之成也。咸，皆也。熙，光明广大也。吕氏曰，二句乃《史记》尧之治，非尧之言。澄谓此章，自"乃命"以下，记尧命官之事，然特详于司天时之一官。此一节，上句总言治人事之官，下句则言其效也。

此第一章，尧在位之事。

## 17. 《尚书集传纂疏》卷一

（元）陈栎

（归善斋按，见上句）

## 18. 《读书丛说》卷二

（元）许谦

（归善斋按，未解）

## 19. 《书传辑录纂注》卷一

（元）董鼎

（归善斋按，见上句）

## 20. 《尚书句解》 卷一

（元）朱祖义

允厘百工（然后百官信以治事），庶绩咸熙（故众官之功绩，皆熙然而广大）。

## 21. 《尚书日记》 卷一

（明）王樵

（归善斋按，见上句）

## 22. 《御制日讲书经解义》 卷一

（归善斋按，连解，见上句）

### 《书义断法》 卷一

（元）陈悦道

（归善斋按，陈悦道连解，见上句）

### 《尚书注考》

（明）陈泰交

同字异解者三百二十三条。

允厘百工，训厘，治；厘降二女；保厘东郊，训厘，理也。

允厘百工，训工，官也；工以纳言，训工，掌乐之官也；工执艺事，训工，百工也。

庶绩咸熙，训咸，皆；巫咸，训咸，名。

### 《尚书埤传》

（清）朱鹤龄

### 《书经考异》

允厘百工，庶绩咸熙（《史记》作"信饬百官，众功皆兴"。《汉书》作"皆美"。）

胤子朱启明（《史记》作"继子丹朱开明"。"开"避讳。）

## 《书义矜式》卷一

（元）王充耘

（归善斋按，见上句）

## 《尚书七篇解义》卷一

（清）李光地

（归善斋按，见上句）

# 四
# 择人登庸

## 帝曰：畴咨若时登庸

### 1. 《尚书注疏》卷一

（汉）孔氏传，（唐）陆德明音义、孔颖达疏

传：畴（chóu），谁；庸，用也。谁能"咸熙庶绩"，顺是事者，将登用之。

疏：正义曰，史又叙尧事，尧任羲和，众功已广。及其末年，群官有阙，复求贤人，欲任用之。帝曰："谁乎？咨嗟。"嗟人之难得也。"有人能顺此'咸熙庶绩'之事者，我将登而用之。"

传正义曰，畴，谁，《释诂》文。庸，声近用，故为用也。马融以羲和为卿官，尧之末年皆以老死，庶绩多阙，故求贤，顺四时之职，欲用以代羲和。孔于下传云："四岳，即上羲和之四子。"帝就羲和求贤，则所求者别代他官，不代羲氏、和氏。孔以羲和掌天地之官，正在"敬顺昊天，告时授事"而已。其施政者，乃是百官之事，非复羲和之职。但羲和告时授事，流行百官，使百官"庶绩咸熙"。今云"咸熙庶绩顺是事者"，指谓求代百官之阙，非求代羲和也。此经文承"庶绩"之下而言"顺是事者"，故孔以文势次之。此言"谁能咸熙庶绩，顺是事者，将登用之"，盖求卿士用任也。计尧即位至洪水之时，六十余年百官有阙，皆应求代。

求得贤者，则史亦不录，不当帝意，乃始录之，为求舜张本。故惟帝求一人，放齐以一人对之，非六十余年止求一人也。尧以圣德在位，"庶绩咸熙"，盖应久矣。此继"咸熙"之下，非知早晚求之。史自历序其事，不必与治水同时也。计四岳职掌天地，当是朝臣之首。下文"求治水"者，帝咨四岳。此不言"咨四岳"者，帝求贤者，固当博访朝臣，但史以有岳对者，言"咨四岳"。此不言"咨"者，但此无岳对，故不言耳。

## 2.《书传》卷一

（宋）苏轼

帝曰：畴咨若时登庸？

畴，谁也。咨，嗟也。时，是也，犹曰时乎？嗟哉，能顺是者，我登进而用之。

## 3.《尚书全解》卷一

（宋）林之奇

帝曰：畴咨若时登庸？

畴，谁也。《五子之歌》曰"予将畴依"。扬子曰，畴，克尔。咨，嗟也。畴咨，嗟谁也。若时者，孔氏曰："谁能咸熙庶绩顺是事者，将登用之"。而程氏谓，尧老，广求圣贤，以逊帝位之意，故放齐以胤子朱对，不与上文相连。其说是也。而王氏以"若时登庸"与"若予采"相对为言，谓"畴咨若时"者，咨顺天道者也；"畴咨若予采"者，顺人事也。此说则非。"若时登庸"以谓顺天道，如皋陶谟曰"咸若时寅命"、"曰若时癏厥官"，岂亦咨顺天道也哉。"畴咨若时"者，谁能顺是登庸之任，盖将授以天下也。

## 4.《尚书讲义》卷一

（宋）史浩

（归善斋按，史浩整段综合解说）

帝曰：畴咨，若时登庸？放齐曰：胤子朱启明。帝曰：吁！嚚讼，可乎？帝曰：畴咨，若予采？驩兜曰：都！共工方鸠僝功。帝曰：吁！静言

庸违！象恭滔天。帝曰：咨！四岳，汤汤洪水方割，荡荡怀山襄陵，浩浩
滔天。下民其咨，有能俾乂。佥曰：於！鲧哉。帝曰：吁！咈哉，方命圮
族。岳曰：异哉，试可乃已。帝曰：往，钦哉！九载绩用弗成。帝曰：
咨！四岳。朕在位七十载，汝能庸命，巽朕位。岳曰：否德忝帝位。曰：
明明扬侧陋。师锡帝曰：有鳏在下曰虞舜。帝曰：俞！予闻，如何？岳
曰：瞽子，父顽、母嚚、象傲，克谐以孝，烝烝乂，不格奸。帝曰：我其
试哉。女于时，观厥刑于二女。厘降二女于妫汭，嫔于虞。帝曰钦哉。

尧之治至是成矣。盖奉若天道，至于"庶绩咸熙"，民孰有不治者
哉？自常人观之，功成、治定，思享逸乐于无穷，延寿考于万岁，而尧乃
畴咨其能是之人而登用之，又畴咨其顺我之事者而共治之，有以见黄屋之
非心也。臣有放齐者，不恤丹朱之嚚讼，而以开明褒之，意尧之必予子
也。吁者，惊叹之声也。口不道忠信之言谓之嚚；心常起愤争之念谓之
讼。尧既知之诚不可以为君也。臣有驩兜者，不知共工静则能言之，用则
皆违之，貌恭而心不敬，灭天理而穷人欲也，而以方聚布百工褒之，意尧
之必见听也。尧既知之诚不可以当予事。夫洪水之灾，汤汤然，其害方
盛；荡荡然，沃山升陵；浩浩然，大浸稽天。下民之怨甚矣。四岳，朝之
元老。敢问其有能使治之者谁耶？佥者，众也。于者，美之也。众以鲧为
美，而尧以为不然，以其负命败类，知其必不成功也。岳曰"异哉"者，
举之也，姑试之乃可，帝乃不得已而用之。已而又欲以天下予四岳，岳以
不德辞，始诲以"明明扬侧陋"。侧陋者，隐微也。明，扬，举扬也。
师，众也。锡，贡也。众乃贡其说于帝，以为"有鳏在下曰虞舜"。然必
曰"有鳏在下"者，言其无妻也。其意若曰：舜虽可以嗣德，然侧陋一
介，人未必服，尧乃以女妻之，天下必以尧之贵戚而不敢慢也，所以为舜
地者至矣。尧曰"予闻"，则心已许之矣。其曰"如何"，复问四岳曰：
予固闻之，未知果如何也？岳举其家行之美，进进然治而使不及乱，其盛
德可知矣。尧于是始妻以女，而观其"刑于寡妻"之德，终则敬用之矣。
呜呼，大道之行，天下为公。亲莫如子；疏莫如深山之匹夫。用不用惟其
人者，公也。滔天之恶，圮族之凶，用不用由乎众者，亦公也。尧何容心
哉？盖尧之德天也。天之福善祸淫，岂必窃窃然弊精神、劳思虑而纪录之
耶？祸福皆由自召此天，所以不劳而功成也。其九载，绩用勿成，而不畀

（bì）《洪范》九畴。历试诸难，而天受之。非尧之心上与天通，其能相应若是乎。

## 5. 《尚书详解》卷一

（宋）夏僎

（归善斋按，夏僎三句连解）

帝曰：畴咨若时登庸？放齐曰：胤子朱启明。帝曰：吁！嚚讼可乎？

此一段盖帝尧在位既久将传帝位，博求圣贤也。畴，谁也。咨，嗟也。"畴咨若时登庸"者，孔传谓，谁能咸熙庶绩，顺是事者，我将登庸之。马融谓，羲和为卿官，尧之末年，皆以老死，庶绩多阙，故求贤，顺四时之职，用以代羲和。王氏又以"若时予采"相对为言。"若时"为顺天道，"若予采"为顺人事。其说皆不然。惟程氏谓，此乃尧老广求圣言，以巽帝位之意，故放齐以嗣子丹朱为对，其文与上相连。此说得之。

故林少颖亦依此说，谓，畴咨若谁能顺是登庸之任，将授以天下也。"放齐曰：胤子朱启明"曰，盖尧将摄位，访于群臣，放齐以常情揆之，父子相传，古今之通义也。故以嗣子丹朱为对。正如汉文欲举有德，以匡朕之不能，有司请曰，子启最长，敦厚宽仁，请建为太子，亦此意也。

孔传乃为，胤，国；子，爵。正义遂以"胤侯命掌六师"、"胤子舞衣"为证。其意盖以胤子朱，非尧之丹朱，且以马融郑玄所言尧之嗣子朱，为不然。为求官而荐太子，太子下愚而言开明，揆之人情必不然矣。殊不知所谓"若时登庸"正谓求贤，使登帝位，则荐以嗣子朱也盖宜。故《史记》载之文，亦作嗣子丹朱。其说是也。

然放齐虽以丹朱为开明敏悟，可授以天下，而尧犹知其不可，于是吁而疑怪之曰，嚚讼可乎？谓朱之为人口不道忠信之言，而且好争讼，不足以当此大器也。胡氏谓，自古以来父子相继，放齐荐子，义为当然。有太子而不继位，且求外臣以登庸者，岂期至此哉，诚以嚚讼，遂至旁求。此说得之。

正义谓，唐尧圣明之主，应任贤哲，放齐圣朝之人，当非庸品，人有善恶，无有不知。然称嚚讼以为启明，举下愚以对圣帝，何哉？盖诚以丹朱矫饰容貌，惟以惑人。放齐内少鉴明，未能悉知，谓其实可任用，故因帝之咨而举之。惟尧之圣,乃知其嚚讼,放齐则不知也。故蔡博士曰,嚚讼生于开明,君子顺开明之性以为善,可以无嚚讼;小人因启明之性,以为不善,适所以为嚚讼而已。故自放齐观之,则以为善,自尧观之则知其为不善也。亦如共工之"静言庸违,象恭滔天",惟尧之聪明,乃能知之。驩兜则不知也。鲧之"方命圮族",惟尧之聪明,乃能咈之,四岳则不知也。此无他,盖以放齐驩兜四岳无知人之明,惟尧之聪明,于人之才否,无不灼知洞见,了无闭塞,故虽丹朱之嚚讼,共工之滔天,鲧之方命,亦不惑其鉴观也。

## 6.《增修东莱书说》卷一

（宋）时澜

（归善斋按,时澜数句连解）

帝曰:畴咨若时登庸?放齐曰:胤子朱启明。帝曰:吁!嚚讼可乎?帝曰:畴咨若予采?驩兜曰:都!共工方鸠僝功。帝曰:吁!静言庸违,象恭滔天。

至此,尧博询遍采当时之贤士,谁能顺我之登庸,将登而用之。"登庸"者,大用之意也。"放齐曰:胤子朱启明",朱者,或言嗣国子爵朱名,或言嗣子丹朱,俱未可知。常人之情,言人之恶,必至忿嫉。圣人则有咨嗟叹悯之心,又问谁能顺子之事,将以嗣任之。驩兜曰"都!""都"者,叹美之辞也。谓共工方聚见其功,有党恶张大欺罔之意。帝复叹息而言之。放齐、驩兜言之不疑,两人若无瑕可指,而不知尧之心已灼见。朱之口不道忠信之言而好争讼。共工之静时能言用时违悖,言行不相副;外貌若恭,中有滔天之恶,内外不相符,情状具见。以后世之君处之,历数之际,有所不平,辞气必怒;知人之恶,不受其欺,心所自得,辞气必喜。尧大圣人,于是时也,喜怒皆泯,从容曰"吁"。"吁"者,嗟叹之意,深有恻然之心,矜怜二人之弃于恶。于此见唐虞忠厚之气象,乐人为善而忧人为恶。夫共工,尧朝之极恶也,不过言行相反,内外不相应,与后世为恶者,异矣。虽然二人之罪,不无轻重。"放齐曰:胤子朱启明",盖启明之中,有不同。君子因开明以为善,小人因开明以为不善。放齐荐朱启明,想朱之性亦果开明,但不能别其因之为善为恶,罪犹可恕。若驩兜，明知共工之为人有"庸违"、"滔天"之恶，乃转以为善，而荐之，张大其辞，以惑乱人主之听，乃大奸恶，肆朋党，以欺君罔上，罪不可赦也，未几崇山之窜。所以罚不加于放齐者，正可以此两事为证验也。

## 7. 《尚书说》卷一

（宋）黄度

帝曰：畴咨！若时登庸？放齐曰：胤子朱启明。帝曰：吁！嚚讼，可乎？

畴，谁。庸，用。畴咨，无所主名，博询之也。"若时登庸"，承上允厘、熙绩之文，言有能顺是允厘熙绩者，将登用之也。或曰，庸，功也；登，进之，使图其功也。允厘、熙绩，此人主之职也。尧盖有让意矣。放齐测知尧意，故举丹朱，盖以为传子尚矣。自有记载，太昊氏而来，有天下者皆传世胤嗣也。孔氏曰"国"，非。吁，疑怪之辞。启，开。放齐以丹朱为开明，而尧以为"嚚讼"。放齐称其材；尧称其德也，言不忠信，恃辨好争，岂君德哉？

## 8. 《絜斋家塾书钞》卷一

（宋）袁燮

（归善斋按，袁燮此段综合作解）

帝曰：畴咨若时登庸？放齐曰：胤子朱启明。帝曰：吁！嚚讼可乎？帝曰：畴咨若予采？驩兜曰都！共工方鸠僝功。帝曰：吁！静言庸违，象恭滔天。帝曰：咨！四岳，汤汤洪水方割，荡荡怀山襄陵，浩浩滔天。下民其咨，有能俾义。佥曰：於！鲧哉。帝曰：吁！咈哉，方命圮族。岳曰：异哉，试可乃已。帝曰：往，钦哉。九载绩用弗成。

此"时"字即上文"以闰月定四时，成岁"之"时"。圣人之心，最以时为重。前既命天地四时之官，使之各任其职矣。圣人之心犹以为未，又咨询于众，言谁有能顺天时者，吾将登而用之。登庸之职不是小事，分明是有六卿，又求三公。"启明"者，开爽也。胤子、共工在当时皆是一个开爽明晓，能办集事功底人，便如鲧亦是会做者。但放齐称朱为"启明"，尧则见其"嚚讼"，言不忠信为"嚚"；好与物竞为"讼"。既是嚚讼,岂能顺天时乎。驩兜言共工"方鸠僝功",尧则见其"庸违滔天"。众人举鲧为可用,尧则知其"方命圮族"。"静言庸违"者,静则能言,用则违之也。"象恭滔天"者,外为足恭,其中实滔天也。"方命",是逆命。"圮族",败坏族类也。

盖圣人观人不惑其迹,而深察其心。众人但见其外开爽明晓,能办集事功,遂以为可用。圣人动烛心术之微,然后悉知其病,而见其有不可用也。知人一事,是君道最大者。既能知人,更复何虑。但他人之心腹肝胆,皆欲灼见而深知焉,此岂易事。胤子、共工与鲧,又是最难看者,看得破,方见得尧之所以圣。后世人主所以不知人,只为惑于其外耳。虽然尧知丹朱、共工之不可用,遂弃之而不疑,至于鲧,既知"方命圮族",然犹从众人之议而用之,何哉?盖治水之任,又与登庸、若采二事不同,既有羲和四子,若时之任少缓,亦不甚害,便是"若采",亦未可暂阙。惟洪水之患,在当时为害最大,且舍鲧之外,别无可任其责者。众人既以为"试可乃已",尧亦只得用之。而尧所以命之者,不过一"钦"字。盖人之过失为不善,只是不能敬。鲧虽"方命圮族",苟能持之以敬,则前日过失,皆可使之风休冰释,水亦可治。曰"往,钦哉",言其自此以往,不可不敬也。使鲧诚能佩服尧之言,何至于"九载绩用弗成"乎?

## 9. 《书经集传》卷一

(宋) 蔡沈

帝曰:畴咨若时登庸?放齐曰:胤子朱启明。帝曰:吁!嚚讼,可乎?

放,甫两反。胤,羊进反。嚚,鱼巾反。此下至鲧"绩用弗成"皆为禅舜张本也。畴,谁。咨,访问也。若,顺。庸,用也。尧言,谁为我访问能顺时为治之人而登用之乎?放齐,臣名。胤,嗣(sì)也。胤子朱,尧之嗣子丹朱也。启,开也,言其性开明可登用也。"吁"者,叹其不然之辞。嚚,谓口不道忠信之言。讼,争辩也。朱盖以其开明之才,用之于不善,故嚚讼,禹所谓"傲虐"是也。此见尧之至公至明,深知其子之恶,而不以一人病天下也。或曰胤国,子爵,尧时诸侯也。《夏书》有胤侯,《周书》有胤之舞衣。今亦未见其必不然,姑存于此云。

## 10. 《尚书精义》卷二

（宋）黄伦

帝曰：畴咨若时登庸？放齐曰：胤子朱启明。帝曰：吁！嚚讼，可乎？

无垢曰，夫口不道忠信之言为"嚚"，心险而健者必讼。口不忠信，心险而健，一身之理，且不能顺，况能顺四时之理乎？"可乎"者，所以甚言其不可也。呜呼！尧之圣，不可得而见也，余于此而略见之。夫人方以胤子心志开达，性识明悟为荐，而尧乃以口不忠信，心险而健为言。是众人之惑，而尧已识其所归。尧之圣明如此，果可欺乎？人君有何职事，特知人为主而已。知人如此，复何忧乎？

张氏曰，帝者之治，详于天，而略于人。王者之治，详于人，而略于天。惟其详天，此帝尧之世，不特命羲和以详天事，而又咨若时者，而登庸之也。"时"者，天之运。"若时"者，为其能顺天道也。圣人代天以理物。故凡设施、注措未尝敢悖于天。《孟子》曰"顺天者存，逆天者亡"，则天道固不可不若之也。尧之畴咨于众，有能若时者，将登而用之。"放齐曰胤子朱启明"者，胤子即尧子丹朱是也。"启"者，言其性之开通；"明"者，言其性之敏悟。使丹朱诚启明也，则登庸之何有不可？然而，朱之为人，所好者慢游，所作者傲虐，言不忠信而嚚，好与物竞而讼。一身之中，性命之理不能自若，其能若天者乎？此尧所以叹其不可也。

## 11. 《尚书详解》卷一

（宋）陈经

（归善斋按，陈经三段综合解说）

帝曰：畴咨若时登庸？放齐曰：胤子朱启明。帝曰：吁！嚚讼，可乎？帝曰：畴咨若予采？驩兜曰：都！共工方鸠僝功。帝曰：吁！静言庸违，象恭滔天。帝曰：咨！四岳。汤汤洪水方割，荡荡怀山襄陵，浩浩滔天。下民其咨。有能俾乂？佥曰：於！鲧哉。帝曰：吁！咈哉。方命圮族。岳曰：异哉，试可乃已。帝曰往，钦哉。九载绩用弗成。

《孟子》曰:"欲为君尽君道,欲为臣尽臣道,二者皆法尧舜而已"。看《尧典》一篇,须见得尧所以尽君道;看《舜典》一篇须见得舜所以尽臣道。盖君道在于无为,"乾知大始"也。臣道在于有为,"坤作成物"也。今观《尧典》,尧无他事,惟用人知人而已。故"明俊德"与"乃命"、"分命"、"申命"、"若时登庸"、"若予采"、"有能俾乂",皆是尧之所以用人知人。以此见人主无职事,惟在于用人知人而已。虽然,人岂易知?孔子曰:"患不知人也"。孟子曰:"我知言"。学不至于圣贤,则不足以自知可以知人哉。汉唐以来,人主所谓知人善任使者,其间虽获人才之用,要之,不出于聪明之坐照,则亦"亿则屡中"而已。是故得失相半,贤否相半,求其能如尧之知人者盖寡。

畴,谁也。咨,嗟也。若,顺也。谁可以顺是登庸之事。"登庸",谓进而大用也。放齐以嗣(sì)子名朱者对。谓其开启明达,足以当其任。帝以"嚚讼,可乎",言其口不道忠信,心险而健不可用也。帝复问其谁可任我事者,"予采"比之"登庸",则"登庸"为大。然尧之所以用,皆欲得其所以顺之之人。则凡不顺者,皆尧之所不与也。驩兜先叹美之,而后言其人谓共工,方且鸠聚偏见其功,其人可用也。帝曰"吁!静言庸违,象恭滔天",以共工为人言行不相顾,故静则能言,而用与言违,诈而无诚实,故貌象似恭而心实傲狠自大,如水之滔天。然其人如此,岂足以"当予采"之任哉。

四岳者,大臣,掌方岳诸侯,如后世"周、召分陕"之类。尧意欲以治水之事,责成于四岳,与前之"畴咨"不同。汤汤,言水之流也。荡荡,言水之大也。浩浩,言其不已也。皆所以明洪水之为害如此。自人情观之,水害方炽,民不得其所,尧若不可一朝居。今观《书》所载,尧所以咨四岳"有能俾乂",其词缓而不迫,从容而不惧,以见尧时,所以备先具者有素,不至重困民。又见尧择人以任,其事不至于仓皇无策。佥曰鲧哉,众人同辞而对,叹其鲧之才,可以治水。"帝曰:吁!咈哉,方命圮族",谓鲧之为人不能循理,咈戾而且逆天命,毁败善类。盖治水,必得夫顺水之性者能之。其人既咈戾如此,安可用哉。宜其湮洪水,汩五行也。"岳曰:异哉,试可乃已",异,已也,言余人尽推鲧可用,试之无成功而后可已也。放齐举朱,驩兜举共工,不闻有"试可乃已"之言,而此独言者，以见鲧之才，众人所推。当禹之未与，在廷之臣可以平水土者，未有出于鲧之右者，故四岳力言之，尧亦不能违众而自用，故以"往钦"为戒，谓如鲧之才，自今以往，能致敬则可以，庶几盖鲧之所短，正在于不能敬尔。"九载绩用弗成"，作史者记其首末，以见尧之初心知人为不妄。九载之间，鲧岂无功，但不成尔。然则鲧之无成功，一二年间亦自可见，何必迟之九载，坐视斯民之受害哉？曰，三考黜陟，唐虞之法也。待人以宽，使得展尽四体，故以九载而黜陟。法自尧立之，亦自尧行之，安可必其不能成功，而遂先自乱法哉。

余考此三段，见知人为人主之盛德，而尧之所以观人者，大率观其心术，不观其才。若朱之"启明"，共工之"僝功"，鲧之"试可乃已"，若论其才，岂无所长，心术之不正，才适足以为恶之资。后世因蔽于才之可喜，遂以用之，至于败人之国家者多矣。此尧之知人所以不可及，而放齐、四岳之所见，所以不及尧欤。放齐、四岳、驩兜均为举不当其人，而驩兜独以比周，而在四凶之列，何也？放齐、四岳特所见之未至耳。驩兜将言共工之功，而先称"都"以美之，张大其辞，则足以见党恶相济之罪故也。朱与驩兜、共、鲧既不可用，尧曷为不能去之，犹使小人得以厕迹朝列，何也？盖人主用人，兼收并蓄，随才而器使之，数臣特不可以居上位，仰副帝尧所以责任之意尔。如彼之才布在百执事之列，岂无足观？又况尧以圣明在上，灼见幽隐，彼虽有奸心邪谋，将安所施？彼之奸心邪谋，既无所施，尧于此时，遽从而摈斥之，是尧以无罪而黜士也，是尧之"逆诈"、"亿不信"也，岂尧也哉。虽然放齐举朱，尧知其不可；驩兜举共工，尧知其不可；四岳举鲧，尧又知其不可。夫其不可用，尧既一一知之，则当时之可用者，尧未尝不知也。尧既知之，何为不自举其人，以任登庸之责，予采之责，治水之责，而必询之众人，询之四岳。尧岂知之，而故为如是耶？盖尧虽至圣，不敢以圣自居，而忽略他人之所长。尧之意，谓吾虽所见如此，他人之所见，亦岂无出已之上者。呜呼，此其所以为尧之稽于众，舍已从人也欤。吾既不忽略众人之所见，待稠人广众之中，以公议举之，吾则考其当否，以公心进退之，是其始也。询之于众，求之于众，荐举在人，而尧不失于徇已其终也。用之在我，舍之在我，裁之以已，而尧不失于徇人。此尧之所以为善知人、用人也。

《尧典》篇记事甚简，而载知人事，至于特书、屡书不一，《书》其亦以是为后人之法欤。尧朝多君子，此则记其小人。尧之治多美瑞，而此记其洪水之灾，吕东莱以为尧之尽变如此。其说为长。

## 12. 《融堂书解》卷一

（宋）钱时

帝曰：畴咨若时登庸？放齐曰：胤子朱启明。帝曰：吁！嚚讼，可乎？

时，是也。先师谓，上古未有道之名，惟言"时"不言"道"，言顺是者，我登用之也。"嚚讼"，多事，口说，好力争辩也。

## 13. 《尚书要义》卷一

（宋）魏了翁

三七、咨四岳，即上羲和四子，就之求卿士

马融以羲和为卿官，尧之末年，皆以老死，庶绩多阙，故求贤顺四时之职，欲用以代羲和。孔于下传云："四岳即上羲和之四子，帝就羲和求贤，则所求者，别代他官，不代羲氏、和氏"。孔以羲和掌天地之官，正在敬顺昊天，告时授事而已，其施政者，是百官之事。此经文，承"庶绩"之下而言，顺是事者。故孔以文势次之。此言谁能咸熙庶绩顺是事者，将登用之，盖求卿士用任也。计尧即位，至洪水之时，六十余年百官有阙，皆应求代。求得贤者，则史亦不录，不当帝意，乃始录之，为求舜张本。

## 14. 《书集传或问》卷上

（宋）陈大猷

（归善斋按，未解）

## 15. 《尚书详解》卷一

（宋）胡士行

帝曰：畴（谁）咨（嗟）若（顺）时（是）登（升）庸（大用）？放齐（臣名）曰：胤（嗣）子朱（名朱）启（开）明。帝曰：吁（叹）！

嚚（口不道忠信之言）讼（争），可乎？

夏祖程曰，尧咨嗟谁能顺是登庸之任者，此老将广求圣贤，以巽位之意。父子相传，古今通义，故放齐以朱对。然朱之开明，乃饰外而祇为嚚讼者，放齐不识也，惟尧之哲能知之。孔以"若时"为顺是熙绩之事，"胤"为国，"子"为爵；或以"若时"为顺天道，对"若采"为顺人事。

## 16.《书纂言》卷一

（元）吴澄撰

帝曰：畴咨若时登庸？放齐曰：胤子朱启明。帝曰：吁！嚚讼，可乎？

畴，谁也。畴咨，谓谁可咨命者。若时，谓顺是，犹言"称此"也。登庸，谓登进于百僚之上而用之，盖百揆之职也。放齐，臣名。胤，嗣也。朱，尧嗣子名。启，开也，言其心识开明，称是登庸之职也。吁者，叹其不然之辞。嚚，口多言不忠信也。讼，争辩也。朱，盖以其开明之才，用之于不善，故为嚚讼。尧至公至明，知其子之恶，而不然放齐所举也。

## 17.《尚书集传纂疏》卷一

（元）陈栎

帝曰：畴咨若时登庸？放齐曰：胤子朱启明。帝曰：吁嚚讼可乎？

此下至鲧"绩用弗成"皆为禅舜张本也。畴，谁；咨，访问也。若，顺；庸，用也。尧言，谁为我访问能顺时为治之人，而登用之乎？放齐，臣名。胤，嗣也。胤子，朱，尧之嗣子丹朱也。启，开也。言其性开明，可登用也。吁者，叹其不然之辞。嚚谓口不道忠信之言；讼，争辩也。朱，盖以其开明之才，用之于不善，故嚚讼，禹所谓傲虐是也。此见尧之至公至明，深知其子之恶，而不以一人病天下也。或曰，胤，国；子，爵，尧时诸侯也。《夏书》有胤侯，《周书》有胤之舞衣，今亦未见其必不然。姑存于此云。

纂疏：《语录》，自"畴咨若时"至篇末，皆为禅位设也。一举，而放齐举朱；再举，而驩兜举共工；三举，而四岳举鲧，皆不得其人。故卒以天下授舜。问：先称朱启明，后又说他嚚讼，如何？曰今暗昧底人解健讼否？惟是启明，方解嚚讼。

孔氏曰，谁能顺是事者，将登用之。吕氏曰，君子因启明以为善；小人因启明以为恶。朱，盖有才而不善用之。愚谓，溺爱者不明，尧深知子之恶至明也。《史记》载尧云，终不以天下之病而利一人，至公也。

## 18. 《读书丛说》卷二

（元）许谦

篇中六"咨"字，"下民其咨"之"咨"训"嗟"，愁怨之意。余五字，孔例训

"嗟"。蔡在"帝曰"下者则训"嗟"，在"畴"下者训"访问"。《说文》曰："谋事曰咨"。五咨皆"谋访"之意，恐不必作两训。但从"访问"之意看，自有意，况古文皆作"资"。

"登庸"未须便指曰禅位，大意亦是欲授相职，故放齐举胤国之君。盖尧廷大事，必咨四岳，治水、禅位是也。而此但曰"畴"，可见其轻重。若朱是丹朱，恐不必放齐举。

## 19. 《书传辑录纂注》卷一

（元）董鼎

帝曰：畴咨若时登庸？放齐曰：胤子朱启明。帝曰：吁！嚚讼可乎？

此下至鲧"绩用弗成"皆为禅舜张本也。畴，谁；咨，访问也。若，顺；庸，用也。尧言，谁为我访问能顺时为治之人而登用之乎？放齐，臣名。胤，嗣也。胤子，朱，尧之嗣子丹朱也。启，开也。言其性开明，可登用也。吁者，叹其不然之辞。嚚，谓口不道忠信之言；讼，争辩也。朱盖以其开明之才，用之于不善，故嚚讼。禹所谓"傲虐"是也。此见尧之至公至明，深知其子之恶，而不以一人病天下也。或曰，胤，国；子，爵，尧时诸侯也。《夏书》有胤侯，《周书》有"胤之舞衣"，今亦未见其必不然。姑存于此云。

**辑录**

自"畴咨若时登庸"到篇末，只是一事，皆是为禅位设也。一举而

放齐举胤子；再举而驩兜举共工；三举而四岳举鲧，皆不得其人，故卒以天下授舜。广。显道问：朱，先称"启明"，后又说他"嚚讼"，恐不相协。先生曰：便是放齐以白为黑，以非为是，所以舜治他，但邺人也生峣崎。且说而今暗昧的人，解与人健讼，不解，惟其是启明后方解"嚚讼"。义刚。尧问"畴咨若时登庸"，放齐不应举一个明于为恶之人，此直是放齐不知子朱之恶，失于荐扬耳。《经说》。胤子末古注与程氏说当而存之。启明之说亦然。广。

**纂注**

孔氏曰，谁能顺是事者，将登用之。吕氏曰，君子因启明以为善；小人因启明以为恶。朱盖有才，而不善用之者。

## 20. 《尚书句解》卷一

（元）朱祖义

帝曰（尧言）：畴咨若时登庸（有谁可命顺是登庸之任，将登而用之，使居帝位）？

## 21. 《尚书日记》卷一

（明）王樵

"帝曰：畴咨若时登庸"至"九载，绩用弗成"。正义云，言帝实知人，而朝无贤臣，致使水害未除，待舜乃治。此经三言求人，未必一时之事，但历言朝臣不贤，为求舜张本故也。许氏曰，篇中六咨字，"下民其咨"之"咨"训"嗟"，愁怨之意。余五字，孔例训"嗟"。蔡在"帝曰"下者，则训"嗟"，在畴下者训"访问"。《说文》曰："谋事曰咨"。五咨皆谋访之意，恐不必作两训。但从访问之意看，自有意，况古文皆作资。

正义曰，唐尧明圣之主，应任贤哲。放齐圣朝之臣，当非庸品，人有善恶，无容不知，称嚚讼以为启明，何哉？将以知人不易，人不易知。密意深心，固难照察。胤子矫饰容貌，但以惑人。放齐内少鉴明，未能圆备，故承意举之。以帝尧之圣，乃知其嚚讼之事，放齐所不知也。

愚按，朱以圣人之子，启明之材，则其资必有过人者矣。而卒归于不肖者，其受病之源曰傲而已。禹曰"无若丹朱傲"，傲则自是，傲则欲上人，自是、欲上人之心交于中，此所以形而为嚚讼也。长恶不已，遂至"昼夜额额"，"朋淫于家，用殄厥世"。尧盖先见其微，逆知其终矣。夫尧，钦明而允恭、克让；朱，启明而嚚讼、傲虐。圣愚之所以分，敬胜怠，义胜欲，与不胜之际而已矣。学者可以观哉。可以戒哉。

正义曰，《舜典》命垂作共工，知"共工"是官，称以其人先祖居此官，故以官氏。计称人对帝，不应举先世官名。孔直云官称，则其人于时居此官也。僝然，见之状，叹共工方聚见其功，言可用也。"静言庸违"，言是而行非也。"象恭"，貌恭而心狠也。行与言违，貌恭心反，乃大佞之人，不可任用也。又曰，驩兜志不在公，私相朋党；共工行背其言，心反于貌，其罪并深，俱被流放，其意异于放齐举胤子也。

四岳，官名，一人而总方岳诸侯之事者也。二帝每举必咨四岳，其人意必当时旧德，故尧欲禅位，而亦先之四岳也。圮，毁也。族，类也。圮与圯不同，楚人谓桥为圯，音怡，从"已矣"之"已"。圮毁之"圮"，从"人己"之"己"。《楚辞》言"鲧以悻直亡身"，是其方命圮族之证也。正义曰，鲧既无功，早应黜废，而待九年无成，始退之者，水为灾，而百官谓鲧能治。及遣往治，非无小益。下人见其有益，谓鲧实能治之。日复一日，以终三考，三考无成，众人乃服。然后退之。《祭法》云"鲧障洪水而殛死，禹能修鲧之功"，然则禹之大功固亦因鲧，是治水有益之验，但不能成功，故诛尔。

程子曰，治水天下之大任也，非其至公之心，能舍己从人，尽天下之议，则不能成其功，岂方命圮族者所能哉。鲧虽九年功弗成，然其所治，固非他人所及也。惟其功有绪，故其自任益强，咈戾圮族益甚，公议隔而人心离，是以其恶愈显，而功卒不可成也。

金氏曰，周汉以来，多称尧有九年之水。今考自"洪水方割"，即举鲧俾乂，九载无成；而后举舜，舜举禹，禹八年于外，而后成功，前后几二十年。曰九年者，以鲧九载言之尔。洪水，盖如后世，岁有河决之患。鲧于其间，多为隄防以障之，而患日甚，然待九载无功，始易之，何也？九载之间，非尽无功，但无成尔。"方命圮族"，帝已知之，但为天下择人，天下之公也。是时舜、禹未兴，廷议推鲧，群臣之材，固无出鲧之右者。帝将戒其所短，以用其所长，则曰"钦哉"以勉之。以鲧之材，加之敬谨，何患无成？乃轻事愎言，卒溃于成。是帝固将全鲧之材，而鲧则弃帝之命矣。天下之以材自负，忽不知戒以取败者，皆是也，宁独鲧哉？又按，经称"鲧湮洪水"，传称"鲧障洪水"，国语又称其堕高堙卑，经称禹决九川。《孟子》称，禹疏九河，瀹（yuè）济漯而注之海。然则，鲧之治水也，障之；禹之治水也，导之也。其成败之由以此。然则禹何以不谏其父？曰，禹必尝谏，鲧必不从。舜之知禹亦以此也。

## 22. 《御制日讲书经解义》卷一

帝曰：畴咨若时登庸？放齐曰胤子朱启明。帝曰：吁！嚚讼，可乎？

此一节书是求总治之职也。"畴"解作"谁"。访问曰"咨"。任用曰"庸"。放齐，臣名。朱，丹朱，尧之嗣子。启明，开明也。吁，叹其不然也。言不忠信曰"嚚"。争辩曰"讼"。帝尧问群臣曰，今日者，风气渐开，人文已著，裁成辅相，当尽其道；经纶调燮（xiè）务得其人。谁能为我访求顺时为治之人，进而用之以任斯职也。放齐对曰，帝之嗣子丹朱，心性开通明哲，可以登用。尧叹其不然，曰"吁"。丹朱为人，口不道忠信之言，又好与人争辩曲直，有开明之才，用之于不善。若人而使之秉掌国钧，方将作聪明以乱旧章，岂可登用乎？盖帝王出治，知人为要。论道经邦之任，必赖厚重端凝之品，非区区便给所能胜者，故辩言乱政，盛世之所深戒也。

### 《读书管见》卷上

（元）王充耘

畴咨若时登庸。

"畴咨若时登庸"与"畴咨若予采"，作书者变文言之。职任初无大小，盖尧之所访欲得可禅代之人而用之。故一咨，而得丹朱；再咨，而得共工；三问，而得鲧，皆不胜任。至舜，然后称所举焉。故前三节皆为禅舜张本。职任那得有大小邪。

### 《尚书疑义》卷一

（明）马明衡

"畴咨若时登庸"以下，蔡传以为皆为禅舜张本。愚以为，亦不必如是之牵合也。古史记事简略，只是纪其各事之大纲，不必若是粘联如后世文字。此只记尧之切于用贤耳。至在位七十载，乃始记举舜事。

"胤子朱启明"，"胤子"注家作"胤，国；子，爵"，似为顺。盖方求人任事，廷臣举各臣以答，如共工与鲧，皆连言之，未必是尧之嗣子。今只以朱字，遂以为丹朱耳。然胤子、共工、鲧三人者，皆当时之杰，其才想皆可用，使在当今之时，可以为天下之伟人矣。惟圣人取其德，不取其才。故毕竟皆无所用。呜呼，今之世有口道忠信而不争辩者，几人乎？有不静言庸违而貌恭者，几人乎？有不悖戾自用败坏善类者，几人乎？而又且无三子之才，欲言效用于世，如之何其言古人之治也。

余观《尧典》纪尧事，似若简，然人君之道于焉备矣。其盛德至治如此。历象授时，是体天以爱民又如此；求贤以任事又如此；知其子之不肖，求为天下得人又如此。圣人之治天下，何有多事，但此数事，则其可言者而治天下之法无余蕴矣。治之所在，道之所在，所谓继天立极，尽己之性，尽人物之性，与天地参者，万世之上其可见于经者，实自尧始。则《尧典》一书非道统之源流欤？

圣人只是个天地万物一体之心。今细观《尧典》中所载，尧之气象为何？如终日孜孜，惟是明德治民，代天以弘化而已。何尝视天下可有以为重耶，必传于子，尧无是心也；必传于舜，尧亦无是心也。惟其足以治天下者而后与之以天下，而惟舜足以当之，遂以授之舜也。是真不作好，不作恶，纯然天地万物一体之心也。许鲁斋论尧，以子不肖，求贤禅位，付以天民，此岂常人所能，而惟尧能之。到事行不得处，须看道理，顺天命。常人便用智力，圣人则一顺天命。此论甚可爱，但只可为贤者守身之法，未可以言大圣人之事。尧岂有行不得处，然后看道理顺天命以安之也。尧舜之事至三代而下已略不同，而况于后世乎？传子、传贤，《孟子》虽有明训，其道理所处固是。然要之时节气象，岂若尧舜。此道理所以至精至粹而无穷，而尧舜之所以为大，虽禹汤武周不免犹有所憾也。是数圣人者，其天地万物一体之心，何尝有异，特其所处之时与力量亦自不同。力量不同，作用便亦自别矣。此《孟子》所以言必称尧舜也。今学者之力量，岂敢便拟圣人？但当将尧舜事仔细理会，尧舜气象常在心目胸中，便不私小，随其力量皆有所造矣。

### 《尚书注考》

（明）陈泰交

同字异解者三百二十三条。

畴咨若时，训畴，谁；亮采惠畴，九畴，训畴，类。

若时登庸，帝庸作歌，王庸作书，庸庸，非天庸释有夏，训庸，用；车服以庸，生生自庸，训庸，民功；自我五礼有庸哉，王惟庸罔念闻，训庸，常也。

# 放齐曰：胤子朱启明

## 1. 《尚书注疏》卷一

（汉）孔氏传，（唐）陆德明音义、孔颖达疏

传：放齐，臣名；胤，国；子，爵；朱，名；启，开也。

疏：有臣放齐者，对帝曰："有胤国子爵之君，其名曰朱，其人心志开达，性识明悟。"言此人可登用也。

传正义曰：以放齐举人对帝，故知臣名，为名为字不可得知。传言名者，辩此是为臣之名号耳，未必是臣之名也。夏王仲康之时，胤侯命掌六师。《顾命》陈宝有胤之舞衣，故知古有胤国。胤既是国，自然子为爵，朱为名也。马融、郑玄以为"帝之胤子，曰朱也"。求官而荐太子，太子下愚，以为启明，揆之人情，必不然矣。"启"之为"开"，《书》传通训，言此人心志开解而明达。

## 2. 《书传》卷一

（宋）苏轼

放齐曰：胤子朱启明。放齐，臣名。胤，国；子，爵；朱，名。《书》有"胤侯"。

## 3. 《尚书全解》卷一

（宋）林之奇

帝曰：吁嚚讼可乎？然放齐虽以丹朱为可用，而尧独知其不可。于是

疑怪之曰：嚚讼可乎？谓朱之为人，口不道忠信之言而且好争讼，不可以
当此大器。禹曰，无若丹朱傲，惟慢游是好，傲虐是作，罔昼夜额（é）
额，罔水行舟，朋淫于家，此又见其嚚讼矣。夫丹朱嚚讼，而放齐谓之开
明。朱博士曰，嚚讼生于开明，君子顺开明之性以为善，可以无嚚讼；小
人因开明之性以为不善，适所以为嚚讼而已矣。嚚讼可乎？下文无所结
者，盖将为《舜典》张本矣。

## 4. 《尚书讲义》卷一

（宋）史浩
（归善斋按，史浩整段综合解说，见"畴咨，若时登庸"）

## 5. 《尚书详解》卷一

（宋）夏僎
（归善斋按，夏僎三句连解，见上句）

## 6. 《增修东莱书说》卷一

（宋）时澜
（归善斋按，时澜数句连解，见"畴咨若时登庸"）

## 7. 《尚书说》卷一

（宋）黄度
（归善斋按，黄度此段连解，见上句）

## 8. 《絜斋家塾书钞》卷一

（宋）袁燮
（归善斋按，袁燮此段综合作解，见前文"畴咨若时登庸"）

## 9. 《书经集传》卷一

（宋）蔡沈
（归善斋按，蔡沈此段连解，见上句）

## 10. 《尚书精义》卷二

（宋）黄伦

（归善斋按，见上句）

## 11. 《尚书详解》卷一

（宋）陈经

（归善斋按，陈经三段综合解说，见"帝曰：畴咨若时登庸"）

## 12. 《融堂书解》卷一

（宋）钱时

（归善斋按，此段钱时连解，见上句）

## 13. 《尚书要义》卷一

（宋）魏了翁

三八、胤，国；子，爵；朱，名。马、郑谓帝子。

夏王仲康之时，胤侯命掌六师，《顾命》陈宝有胤之舞衣，故知古有胤国。胤既是国，自然子为爵，朱为名也。马融、郑玄以为帝之胤子曰朱也。求官而荐太子，太子下愚，以为启明，揆之人情必不然矣。"启"云"开"，为《书》传通训。

## 14. 《书集传或问》卷上

（宋）陈大猷

（归善斋按，未解）

## 15. 《尚书详解》卷一

（宋）胡士行

（归善斋按，见上句）

## 16. 《书纂言》卷一

（元）吴澄撰

（归善斋按，此段吴澄连解，见上句）

## 17. 《尚书集传纂疏》卷一

（元）陈栎

（归善斋按，见上句）

## 18. 《读书丛说》卷二

（元）许谦

（归善斋按，见上句）

## 19. 《书传辑录纂注》卷一

（元）董鼎

（归善斋按，见上句）

## 20. 《尚书句解》卷一

（元）朱祖义

放齐曰（放齐言）：胤子朱启明（嗣子丹朱开明敏悟，可授以天下。《史记》亦云嗣子丹朱）。

## 21. 《尚书日记》卷一

（明）王樵

（归善斋按，见前文"畴咨若时登庸"）

## 22. 《御制日讲书经解义》卷一

（归善斋按，连解，见上句）

## 《尚书疑义》卷一

（明）马明衡

（归善斋按，马明衡连解，见前文"畴咨若时登庸"）

## 《尚书注考》

（明）陈泰交

同字异解者三百二十三条。

胤子朱，罔非天胤，训胤，嗣也；胤征，胤之舞衣，训胤，国名。启明，启乃心，训启，开也；启呱呱，训启，禹之子。

## 《书经衷论》卷一

（清）张英

丹朱曰"启明"，是何等才辩，岂若后世庸愚之流，而尧却从才辩中见其嚚颂。共工曰"方鸠僝工"是何等干理，岂若后世偷惰之徒，而尧却从干理中，识其"静言庸违"。虞舜一侧陋之夫，尧独从其家庭蒸乂，而识其可以与天下，可见用人之道，宁德胜才，无才胜德。盖辩之于本末、诚伪、纯驳之间，而后不为其所欺。只此数条，遂可为千古用人之法。

## 《尚书七篇解义》卷一

（清）李光地

人见为启明，帝见为嚚讼，禹目之以傲者，此也。此正恭让之反。故帝弗用也。按，作历授时，应是初年之事。自此至举舜，则皆末年事也。中间数十载，岂无一事，而皆不书，则是庶绩咸熙，无为而理。夫子所谓荡荡无名者，信矣。

# 帝曰：吁！嚚讼可乎

## 1. 《尚书注疏》卷一

（汉）孔氏传，（唐）陆德明音义、孔颖达疏

传：吁，疑怪之辞。言不忠信为"嚚（yín）"，又好争讼。"可乎"，言不可。

音义：畴，直由反。仿，方往反，注同。胤，引信反，马云："嗣也。"吁，况于反，徐往付反，一音于。嚚，鱼巾反。讼，才用反，马本

作庸。好，呼报反，下注同。争，斗也。

疏：帝疑怪叹之曰："吁，此人既顽且嚚，又好争讼，岂可用乎？"言不可也。

传正义曰，吁者，必有所嫌而为此声，故以为"疑怪之辞"。僖二十四年《左传》曰："口不道忠信之言为嚚。"是言不忠信为嚚也。其人心既顽嚚，又好争讼，此实不可，而帝云"可乎？"故吁声而反之。"可乎"言"不可"也。唐尧，圣明之主，应任贤哲。放齐，圣朝之臣，当非庸品，人有善恶，无容不知。称"嚚讼"以为"启明"，举愚臣以对圣帝，何哉？将以知人不易，人不易知。密意深心，固难照察。胤子矫饰容貌，但以惑人。放齐内少鉴明，未能圆备，谓其实可任用，故承意举之。以帝尧之圣，乃知其嚚讼之事，放齐所不知也。驩兜荐举共工以为比周之恶，谓之四凶，投之远裔。放齐举胤子，不为凶人者。胤子虽有嚚讼之失，不至滔天之罪。放齐谓之实贤，非是苟为阿比。驩兜则志不在公，私相朋党；共工行背其言，心反于貌，其罪并深，俱被流放。其意异于放齐举胤子故也。

## 2. 《书传》卷一

（宋）苏轼

帝曰：吁！嚚讼可乎？吁，疑怪（guài）之辞也。口不道忠信之言为嚚。或曰：太史公曰"嗣子丹朱开明"。

## 3. 《尚书全解》卷一

（宋）林之奇

放齐曰：胤子朱启明。孔氏云："胤，国；子，爵。"唐孔氏遂以"胤侯命掌六师"、"胤之舞衣"为证。夫《虞书》上采尧事，为《舜典》张本，则必推本舜之所以得天下于尧，使朱果胤国之君，则其事不应载之《尧典》，其文全无所系也。《史记》作嗣子丹朱。其说是也。盖尧将禅位，访于群臣。放齐以常情揆之，父子相传，古今之通义也。故以胤子为对。正如汉文帝"欲举有德，以陪朕之不能"，有司请曰"子启最长，敦厚宽仁，请建以为太子"，正此意也。胡氏曰，自古以来父子相继。放齐荐子于义为宜。若有太子而不继君位，别求外臣以登庸，揆之人情，岂期至此。诚以嚚讼，遂致旁求。此论得之。丹朱而谓之"胤子朱"。按《汉志》尧禅舜，"使其子朱处于丹渊"，误矣。"胤子朱启明"者，放齐以其为人开明敏悟，可授以天下也。

## 4. 《尚书讲义》卷一

（宋）史浩

（归善斋按，史浩整段综合解说，见"畴咨，若时登庸"）

## 5. 《尚书详解》卷一

（宋）夏僎

（归善斋按，夏僎三句连解，见前句）

## 6. 《增修东莱书说》卷一

（宋）时澜

（归善斋按，时澜数句连解，见"畴咨若时登庸"）

## 7. 《尚书说》卷一

（宋）黄度

（归善斋按，黄度此段连解，见前句）

## 8. 《絜斋家塾书钞》卷一

（宋）袁燮

（归善斋按，袁燮此段综合作解，见前文"畴咨若时登庸"）

## 9. 《书经集传》卷一

（宋）蔡沈

（归善斋按，蔡沈此段连解，见前句）

## 10. 《尚书精义》卷二

（宋）黄伦

（归善斋按，见前句）

## 11. 《尚书详解》卷一

（宋）陈经

（归善斋按，陈经三段综合解说，见"帝曰：畴咨若时登庸"）

## 12. 《融堂书解》卷一

（宋）钱时

（归善斋按，此段钱时连解，见前句）

## 13. 《尚书要义》卷一

（宋）魏了翁

（归善斋按，未引）

## 14. 《书集传或问》卷上

（宋）陈大猷

（归善斋按，未解）

## 15. 《尚书详解》卷一

（宋）胡士行

（归善斋按，见前句）

## 16. 《书纂言》卷一

（元）吴澄撰

（归善斋按，此段吴澄连解，见前句）

## 17. 《尚书集传纂疏》卷一

（元）陈栎

（归善斋按，见前句）

## 18. 《读书丛说》卷二

（元）许谦

（归善斋按，未解）

## 19. 《书传辑录纂注》卷一

（元）董鼎

（归善斋按，见前句）

## 20. 《尚书句解》卷一

（元）朱祖义

帝曰：吁（尧言吁而怪疑之），嚚讼，可乎（谓丹朱口不道忠信之言，而好争讼，其可授以天下乎？嚚，音银)？

## 21. 《尚书日记》卷一

（明）王樵

（归善斋按，见前文"畴咨若时登庸"）

## 22. 《御制日讲书经解义》卷一

（归善斋按，连解，见前句）

### 《尚书疑义》卷一

（明）马明衡

（归善斋按，马明衡连解，见前文"畴咨若时登庸"）

### 《尚书注考》

（明）陈泰交

同字异解者三百二十三条。

吁嚚讼可乎，训吁者，叹其不然之辞；吁咸若时，训吁者，叹而未深然之辞。

### 《尚书七篇解义》卷一

（清）李光地

（归善斋按，见上句）

## 帝曰：畴咨若予采

### 1. 《尚书注疏》卷一

（汉）孔氏传，（唐）陆德明音义、孔颖达疏

传：采，事也。复求谁能顺我事者。

音义：予音余，又羊汝反。采，七在反，马云："官也。"复，扶又反。

疏：史又记尧复求人。帝曰："谁乎？咨嗟"。嗟人之难得也。"今有人能顺我事者否乎？"言有即欲用之也。

传正义曰，采，事，《释诂》文。上已求顺时，不得其人，故复求"顺我事"者，顺时顺事，其义一也。史以上承"庶绩"之下，故言"顺时"，谓顺是"庶绩"之事，此不可复同前文，故变言，顺我帝事。其意亦如前经，当求卿士之任也。"顺我事"之下亦宜有"登用"之言，上文已具，故于此略之。

### 2. 《书传》卷一

（宋）苏轼

帝曰：畴咨若予采。采，事也。

### 3. 《尚书全解》卷一

（宋）林之奇

帝曰：畴咨若予采？驩兜曰：都！共工方鸠僝功。帝曰：吁！静言庸违，象恭滔天。

畴咨若予采，谓能顺我事也。程氏曰，此别一时求人之事也。驩兜曰

都者，尧既求人以顺事，驩兜将荐共工，故叹美之曰"共工方鸠僝功"。共工者，盖官称也。其人方为共工，故驩兜荐之之辞曰"共工方鸠僝功"。盖"方鸠僝功"，共工之职然也。既为共工，而又荐之者，盖"亮采惠畴"，百揆之职也。驩兜之荐，将使尧大用也。

方鸠者，孔氏云，能方方鸠聚见其功。据此，"方"字多与"汤汤洪水方割"，《大禹谟》"皋陶方祗厥叙，方施象刑惟明"同，皆是"方始"之方。而先儒皆以为"四方"之方，则失之矣。僝功者，孔氏云，僝见其功。唐孔氏云，僝然见之状。僝之训见，无所经见。《说文》云，僝，见也。《史记》云，方聚布其功。布功者，是功之可见也。僝之训见，意者亦将有所出。

驩兜将荐其人，方且鸠聚著见其功。而帝亦知斯人不可以"若予采"，故又疑怪之曰"静言庸违，象恭滔天"，言此人不可当大用也。静，谋也，言与之谋则能言，试之以事则违戾，为不可用。如尧谓舜曰"询事考言，乃言底可绩"，此则庸之而不可违也。象恭者，声音笑貌之恭，似恭而非恭也。滔天者，据此文，当是时貌恭，而心实滔天。

而"滔天"二字，说者不同。《释文》云，外貌恭敬而心中实包藏滔天莫测。苏氏曰，滔灭天理。曾氏云，诚者天之道也。汩没其胸中之诚，故曰滔天。审如是说，则与下文"浩浩滔天"语意断异。夫《典》之言"滔天"一也，岂容有异哉？《史记》作"似恭漫天"。孔氏云，貌象恭敬而心傲，很若滔天，而不可用也。则其与下文"滔天"为一意然。而洪水之为害，际天所复，滔滔皆是，谓之滔天可也。象恭云滔天，其说有理而难通。故齐唐以谓，古者竹简容二十字，自"象恭"至"滔天"始及一行，故传者误书"滔天"二字。然君子于其所不知，盖阙如也。若欲以己意而增损圣人之经，此近世学者之大患，不可为也。

## 4. 《尚书讲义》卷一

（宋）史浩

（归善斋按，史浩整段综合解说，见"畴咨，若时登庸"）

## 5. 《尚书详解》卷一

（宋）夏僎

（归善斋按，夏僎连解）

帝曰：畴咨若予采。驩兜曰：都！共工方鸠僝功。帝曰：吁！静言庸违，象恭滔天。

此一段，盖尧将求一相之职也。采，事也。百揆之职，揆度百事，故曰采。如舜命禹，"使宅百揆，亮采惠畴"，盖此职也。"畴咨若予采"者，谓，嗟，谁能任是百揆之事，将用为相也。"驩兜曰：都！共工方鸠僝功"者，尧既求之以任相，故驩兜称都而叹美之，曰今为共工之官者，方始鸠聚著见其功，实可选用也。共工，官称也，既为共工而又荐之者，"亮采惠畴"百揆之职，驩兜之荐，将使尧大用之。

"方鸠"，孔氏谓，方聚见其功。林少颖谓，此"方"字当与"洪水方割"、"方祇厥叙"、"方施象刑"之"方"同，皆是"方始"之"方"，非"四方"之"方"。此说甚当。

"帝曰：吁静言庸违，象恭滔天"者，驩兜既荐共工，帝亦知斯人不可以若予采，故疑怪之曰：此人言不顾行，静则能言，用则违之；又象貌恭敬而心则滔天，不可大用也。"滔天"二字说者不同。苏氏云，滔灭天理。《释文》云，外貌恭敬而心中包藏滔天莫测。曾氏云，诚者天之道，汩没其胸中之诚，故曰"滔天"。审如是说，则下文"浩浩滔天"，语意断异。夫典之言"滔天"一也，岂容有异哉？洪水之为害，际天所复，滔滔皆是，故曰"滔天"。至此言"滔天"，谓其貌之恭而心之凶狠，滔滔漫天也。

横渠以"方鸠"为共工名，亦似有理。盖君前臣名，驩兜荐共工于尧，不应称其官，则方鸠言其名，亦不可知，故两存之以待识者。

沈光朝曰：共工之象恭，鲧之方命，尧之聪明已知之矣。知而未能去者，岂尧聪明而犹有所惑哉？当尧之时，其恶未著，朝廷之间，尚犹以为贤者。奸人多才，善自矫揉，恶行未著，孰不曰善人。故鲧虽"方命"，而贤如四岳，犹不知其不可用。当是时，尧虽知之，而遽加以罪，人莫不疑其刑之不当。皋陶论知人谓"惟帝其难之"，谅亦由此。此论甚当，故表而出之。

### 6. 《增修东莱书说》卷一

（宋）时澜

（归善斋按，时澜数句连解，见"畴咨若时登庸"）

### 7. 《尚书说》卷一

（宋）黄度

帝曰：畴咨！若予采。驩兜曰：都！共工方鸠僝功。帝曰：吁！静言庸违，象恭滔天。

采，事也。工，官，所掌邦事也，水土之政，属工官。有能允厘、熙绩，则水清土平在其中矣。登庸未有其人，遂独出事典以求之。《左氏》，驩兜为浑敦帝鸿氏子；共工为穷奇少昊氏子。鸠，聚。僝，见也。驩兜举共工，固以其居是官也。居是官而行其职，方聚见其功。尧以共工静言用违，象似恭敬而矫诞，充其至可使漫天，象恭生于其心也，矫诞见于其行事也。僝鸠之功，必多诋妄，然则共工为当黜矣。驩兜殆党恶欤。静，古训"谋"。

### 8. 《絜斋家塾书钞》卷一

（宋）袁燮

（归善斋按，袁燮此段综合作解，见前文"畴咨若时登庸"）

### 9. 《书经集传》卷一

（宋）蔡沈

帝曰：畴咨若予采？驩兜曰：都！共工方鸠僝功。帝曰：吁！静言庸违，象恭滔天。

驩，呼官反。兜，当侯反。共，音恭。僝，仕限反。采，事也。都，叹美之辞也。驩兜，臣名。共工，官名。盖古之世官族也。方，且。鸠，聚。僝，见也。言共工方且鸠聚而见其功也。"静言庸违"者，静则能言，用则违背也。象恭，貌恭而心不然也。滔天二字未详，与下文相似，疑有舛误。上章言顺时，此言顺事，职任大小可见。

## 10. 《尚书精义》卷一

（宋）黄伦

帝曰：畴咨若予采？驩兜曰：都！共工方鸠僝功。帝曰：吁！静言庸违，象恭滔天。

无垢曰，采，事也，即"若时"之事也。前问放齐举胤朱，已不可用矣。今又再问，庶几其得人也。驩兜曰"都"者，深美叹其人可用也。其人为谁？曰共工是也。其人如何？曰共工方且聚见其功，以言其功显著，非止一事也。帝曰"吁"，则又识其人而发叹矣。其人如何？平居论议，历历若可听也，一旦用之则尽皆背违其说。此言其罔诞也。不独止此而已，其外则有似乎恭，其心则妄自尊大，傲很无上，若水之滔天然，此言其诈也。想见其为人虚华而不实。谣（tāo）佞而侮人，以无为有，以小为大，善为藻饰以诳（kuáng）天下。彼一身之理，且不能顺，况能若天事乎？

陈氏曰，静则能言，用而违之。"象恭"者，貌恭也。其貌虽恭，内实漫灭天理。

张氏曰，静言庸违，则行不顾其言；象恭滔天，则心不践其形。是人也，言伪而辩顺，非而泽，动则妨事，作则废功，以之"若予采"，其不败绩者鲜矣。宜帝之所以不与也。

## 11. 《尚书详解》卷一

（宋）陈经

（归善斋按，陈经三段综合解说，见"帝曰：畴咨若时登庸"）

## 12. 《融堂书解》卷一

（宋）钱时

帝曰：畴咨若予采？驩兜曰：都！共工方鸠僝功。帝曰：吁！静言庸违，象恭滔天。

愚每读《书》至此，未尝不叹。尧以大圣人在上，其视邪正如辩黑白。而在廷之臣，且未免以"嚚讼"为"启明"，以"静言庸违，象恭滔天"为"偿功"。使当时不察，一信其言而用之，则治乱安危之机在反掌间耳。后世知人之明如尧者，盖寡。而朋邪党引，罔上干进者，皆是也。可胜叹哉。

## 13.《尚书要义》卷一

（宋）魏了翁

（归善斋按，未引）

## 14.《书集传或问》卷上

（宋）陈大猷

（归善斋按，未解）

## 15.《尚书详解》卷一

（宋）胡士行

帝曰：畴咨若予采（事也，揆度百事，一相之任）？驩兜（奸人）曰：都（美）！共工（为共工官者）方鸠（聚）偿（见）功。帝曰：吁！静言（静时能言）庸违（用则违之），象（外貌）恭（谦恭）滔天（心中包藏滔天莫测）。

## 16.《书纂言》卷一

（元）吴澄撰

帝曰：畴咨若予采？驩兜曰：都！共工方鸠偿功。帝曰：吁！静言庸违，象恭滔天。

采，事也。任事之臣，为百揆之副。登庸者，举其纲；任事者，治其目也。驩兜，臣名。共工，官名。盖古之世官族也。方，且；鸠，聚；偿，见也。能成其事曰功。言方且鸠聚而见其功，可称今任事之职也。静言庸违，谓闲居无事之时，则能言；及至用之，则违背其言也。象恭，貌恭而心不然也。滔天，盖因下文有此二字，而误二字，当是中心傲狠之意。

## 17. 《尚书集传纂疏》卷一

（元）陈栎

帝曰：畴咨若予采？驩兜曰：都！共工方鸠僝功。帝曰：吁！静言庸违，象恭滔天。

采，事也。都，叹美之辞也。驩兜，臣名。共工，官名。盖古之世官族也。方，且；鸠，聚；僝，见也。言共工方且鸠聚而见其功也。"静言庸违"者，静则能言，用则违背也。象恭，貌恭而心不然也。"滔天"二字，未详，与下文相似，疑有舛误。上章言顺时，此言顺事，职任大小可见。

纂疏：《语录》，方鸠僝功，语未可晓。此篇出于伏生，便有此等处，亦未灼然知"僝功"为"见功"，且依古注说。愚谓四凶之二，尧已烛其同恶，未及罪之。舜受禅，长恶不悛，故卒诛之也。

## 18. 《读书丛说》卷二

（元）许谦

（归善斋按，见前文"畴咨若时登庸"）

## 19. 《书传辑录纂注》卷一

（元）董鼎

帝曰：畴咨若予采？驩兜曰：都！共工方鸠僝功。帝曰：吁！静言庸违，象恭滔天．

采，事也。都，叹美之辞也。驩兜，臣名。共工，官名，盖古之世官族也。方，且；鸠，聚；僝，见也。言共工方且鸠聚而见其功也。"静言庸违"者，静则能言，用则违背也。象恭，貌恭而心不然也。"滔天"二字未详。与下文相似，疑有舛误。上章言顺时；此言顺事，职任大小可见。

**辑录**

共工、驩兜看得来其过恶甚于放齐、胤子朱。广。"方鸠僝功"语未可晓。此篇出于伏生便有此等处，亦未灼然知"僝功"为"见功"。亦且依古注说。滔天二字羡也，因下文而误。广。

**纂注**

孔氏曰，貌象，恭敬而心傲很，若漫天。唐孔氏曰，鸠，聚，《释诂》文。傛然，见之貌。叹共工能方聚见其功，谓每于所在之方，皆能聚集以见功。林氏曰，方，方且之方，与"方割"、"方祗厥叙"同。新安陈氏曰，兜、共四凶之二，同恶相济，敢为欺罔。尧已烛其奸未及诛之耳。舜既受禅，长恶不悛，故罪之。

## 20. 《尚书句解》 卷一

（元）朱祖义

帝曰（尧言）：畴咨若予采（有谁可命顺我百揆之事，将用为相）？

## 21. 《尚书日记》 卷一

（明）王樵

（归善斋按，见前文"畴咨若时登庸"）

## 22. 《御制日讲书经解义》 卷一

帝曰：畴咨若予采。驩兜曰：都！共工方鸠傛功。帝曰：吁！静言庸违，象恭滔天。

此一节书是求分治之职也。采，即事也。都，美而叹之也。驩兜，臣名。共工，官名。"鸠"者，积累之意。"傛"者，宣扬之意。象，貌也。帝尧又问群臣曰，礼乐、政刑、工虞、教养，皆人君代天理物之事。然畏事则弛，喜事则扰。谁为我访求顺成事务之人，进而用之，以任斯职也。驩兜欲举其人，先叹其美，曰"都"！今官居共工者，精明强干，且方兴未艾，聚集事务，著见其功，若采所优为也。尧叹其不然，曰"吁"！共工为人，无事之时，静虽能言，有事之际，用则违背，无实用也。貌虽恭敬，心实傲很，滔天浩瀚，无实心也，以之任事，安能有实绩乎？夫放齐、驩兜之举何异，后世奸邪小人，互相汲引者。惟尧知人之明，如日中天，万象毕照，片言之发洞中隐微，不但观之形迹，而直见其心术。此其所以为大圣与。

### 《尚书疑义》卷一

（明）马明衡

（归善斋按，马明衡连解，见前文"畴咨若时登庸"）

### 《尚书注考》

（明）陈泰交

同字异解者三百二十三条。

畴咨若予采，载采采，训采，事；以五采，训采者，青黄赤白黑也；百里采，训采者，卿大夫邑地。


# 驩兜曰：都！共工方鸠僝功

## 1. 《尚书注疏》卷一

（汉）孔氏传，（唐）陆德明音义、孔颖达疏

传：驩兜，臣名。都，于，叹美之辞。共工，官称。鸠，聚。僝（zhuàn），见也。叹共工能方方聚见其功。

音义：驩，呼端反。兜，丁侯反。共音恭，注同。僝，仕简反，徐音撰，马云："具也"。于，音乌。称，尺证反。

疏：有臣驩兜者，对帝曰："呜呼"，叹有人之大贤也。"帝臣共工之官者，此人于所在之方，能立事业，聚见其功。"言此人可用也。

传正义曰，驩兜亦举人对帝，故知臣名。都，于，《释诂》文。于，即呜字。叹之辞也。将言共工之善，故先叹美之辞。《典》，命垂作共工，知共工是官称。郑以为"其人名，氏未闻，先祖居此官，故以官氏"也。计称人对帝，不应举先世官名。孔直云官称，则其人于时居此官也。时见居官，则是已被任用。复举之者，帝求顺事之人，欲置之上位，以为大臣，所欲尊于共工，故举之也。鸠，聚，《释诂》文。僝然，见之状，故为见。叹共工"能方方聚见其功。"谓每于所在之方，皆能聚集善事，以见其功，言可用也。若能共工实有见功，则是可任用之人。帝言其庸违滔

天不可任者，共工言是行非，貌恭心很，取人之功以为己功。其人非无见功，但功非己有。《左传》说驩兜云"丑类恶物"，是与比周；天下之人谓之"浑敦"。言驩兜以共工比周，妄相荐举，知所言见功，非其实功也。

## 2.《书传》卷一

（宋）苏轼

驩兜曰：都！共工方鸠僝（zhuàn）功。驩兜，臣名。都，于，叹美之辞也。共工，其先为是官者，因以氏也。方，类也。鸠，聚也。僝，布也。言共工能类聚而布其功也。

## 3.《尚书全解》卷一

（宋）林之奇

（归善斋按，林之奇几句连解，见"畴咨若予采"。）

## 4.《尚书讲义》卷一

（宋）史浩

（归善斋按，史浩整段综合解说，见"畴咨，若时登庸"）

## 5.《尚书详解》卷一

（宋）夏僎

（归善斋按，夏僎连解，见上句）

## 6.《增修东莱书说》卷一

（宋）时澜

（归善斋按，时澜数句连解，见"畴咨若时登庸"）

## 7.《尚书说》卷一

（宋）黄度

（归善斋按，黄度此段连解，见上句）

## 8. 《絜斋家塾书钞》 卷一

（宋） 袁燮

（归善斋按，袁燮此段综合作解，见前文"畴咨若时登庸"）

## 9. 《书经集传》 卷一

（宋） 蔡沈

（归善斋按，蔡沈此段连解，见上句）

## 10. 《尚书精义》 卷一

（宋） 黄伦

（归善斋按，见上句）

## 11. 《尚书详解》 卷一

（宋） 陈经

（归善斋按，陈经三段综合解说，见"帝曰：畴咨若时登庸"）

## 12. 《融堂书解》 卷一

（宋） 钱时

（归善斋按，此段钱时连解，见上句）

## 13. 《尚书要义》 卷一

（宋） 魏了翁

（归善斋按，未引）

## 14. 《书集传或问》 卷上

（宋） 陈大猷

（归善斋按，未解）

## 15. 《尚书详解》 卷一

（宋） 胡士行

（归善斋按，见上句）

### 16. 《书纂言》卷一

（元）吴澄撰

（归善斋按，此段吴澄连解，见上句）

### 17. 《尚书集传纂疏》卷一

（元）陈栎

（归善斋按，见上句）

### 18. 《读书丛说》卷二

（元）许谦

（归善斋按，未解）

### 19. 《书传辑录纂注》卷一

（元）董鼎

（归善斋按，见上句）

### 20. 《尚书句解》卷一

（元）朱祖义

驩兜曰：都（驩兜言都，而叹美之）！共工方鸠僝功（谓今为共工之官者，方始鸠聚著见其功，可选用也。共，恭。僝，仕简反）。

### 21. 《尚书日记》卷一

（明）王樵

（归善斋按，见前文"畴咨若时登庸"）

### 22. 《御制日讲书经解义》卷一

（归善斋按，连解，见上句）

### 《尚书疑义》卷一

（明）马明衡

（归善斋按，马明衡连解，见前文"畴咨若时登庸"）

## 《尚书注考》

（明）陈泰交

同字异解者三百二十三条。

驩兜曰都，训都者，叹美之辞；皋陶曰都，训都者，皋陶美其问也；简恤尔都，训都者，国之都鄙也。

方鸠僝功，训方，且；方行天下，训方，四方也。

## 《尚书埤传》

（清）朱鹤龄

**《书经考异》**

驩兜曰（"兜"《说文》作"兜"。韩愈诗"开弓射鴅吺"注云，驩兜《尚书》古文作"鴅吺"。）

共工方鸠僝功（《史记》作"旁聚众功"。《说文》作"旁述僝功"。）

# 帝曰：吁！静言庸违，象恭滔天

## 1. 《尚书注疏》卷一

（汉）孔氏传，（唐）陆德明音义、孔颖达疏

传：静，谋；滔，漫也。言共工自为谋，言起用行事而违背之。貌象恭敬而心傲，很若漫天，言不可用。

音义：滔，土刀反。漫，末旦反，下同，又末寒反。背音佩。傲，五报反，下同。很，恨恳反。

疏：帝亦疑怪之曰："吁，此人自作谋计之言，及起用行事而背违之，貌象恭敬而心傲，很若漫天。"言此人不可用也。

传正义曰，静，谋，《释诂》文。滔者，漫浸之名。浸，必漫其上，故"滔"为"漫"也。共工险伪之人，自为谋虑之，言皆合于道，及起用行事，而背违之。言其语是而行非也。貌象恭敬而心傲很，其侮上陵下，若水漫天。言貌恭而心很也。行与言违，貌恭心反，乃是大佞之人，

不可任用也。明君圣主，莫先于尧。求贤审官，王政所急。乃有放齐之不识是非，驩兜之朋党恶物，共工之巧言令色，崇伯之败善乱常。圣人之朝，不才总萃，虽曰难之，何其甚也。此等诸人，才实中品，亦虽行有不善，未为大恶，故能仕于圣代，致位大官。以帝尧之末，洪水为灾，欲责非常之功，非复常人所及。自非圣舜登庸，大禹致力，则滔天之害，未或可平。以舜禹之成功，见此徒之多罪。勋业既谢，愆衅自生，为圣所诛，其咎益大。且虞史欲盛彰舜德，归过前人。《春秋》史克以宣公比尧，辞颇增甚，知此等并非下愚，未有大恶，其为不善，惟帝所知。将言求舜，以见帝之知人耳。

## 2. 《书传》卷一

（宋）苏轼

帝曰：吁！静言庸违，象恭滔天。静则能言，用则违之；貌象恭敬，而实灭其天理。滔，灭也。

## 3. 《尚书全解》卷一

（宋）林之奇

（归善斋按，林之奇几句连解，见"畴咨若予采"。）

## 4. 《尚书讲义》卷一

（宋）史浩

（归善斋按，史浩整段综合解说，见"畴咨，若时登庸"）

## 5. 《尚书详解》卷一

（宋）夏僎

（归善斋按，夏僎连解，见前句）

## 6. 《增修东莱书说》卷一

（宋）时澜

（归善斋按，时澜数句连解，见"畴咨若时登庸"）

## 7. 《尚书说》卷一

（宋）黄度

（归善斋按，黄度此段连解，见前句）

## 8. 《絜斋家塾书钞》卷一

（宋）袁燮

（归善斋按，袁燮此段综合作解，见前文"畴咨若时登庸"）

## 9. 《书经集传》卷一

（宋）蔡沈

（归善斋按，蔡沈此段连解，见前句）

## 10. 《尚书精义》卷一

（宋）黄伦

（归善斋按，见前句）

## 11. 《尚书详解》卷一

（宋）陈经

（归善斋按，陈经三段综合解说，见"帝曰：畴咨若时登庸"）

## 12. 《融堂书解》卷一

（宋）钱时

（归善斋按，此段钱时连解，见前句）

## 13. 《尚书要义》卷一

（宋）魏了翁

三九、四凶在尧朝未为大恶，虞史、《春秋》甚辞

明君圣主，莫先于尧。求贤审官，王政所急，乃有放齐之不识是非，驩兜之朋党恶物，共工之巧言令色，崇伯之败善乱常。圣人之朝，不才总

萃，虽曰难之，何其甚也。此等诸人，才实中品，亦虽行有不善，未为大恶，故能仕于圣代，致位大官。以帝尧之末，洪水为灾，欲责非常之功，非复常人所及，自非圣舜登庸，而大禹致力，则滔天之害，未或可平。以舜禹之成功，见此徒之多罪。勋业既谢，愆（qiān）衅自生，为圣所诛，其咎益大。且虞史欲盛彰舜德，归过前人。《春秋》史克以宣公比尧，辞颇增甚。

## 14. 《书集传或问》卷上

（宋）陈大猷

或问：象恭滔天，为衍文，何也？

曰：林氏谓，苏氏以"滔天"为灭天理，则与下文"滔天"为二义。孔说与下文义同矣。然谓洪水际天滔滔可也。"象恭"云"滔天"其义不通。故齐唐谓误。此二字，而晦庵以为衍文也。

## 15. 《尚书详解》卷一

（宋）胡士行

（归善斋按，见前句）

## 16. 《书纂言》卷一

（元）吴澄撰

（归善斋按，此段吴澄连解，见前句）

## 17. 《尚书集传纂疏》卷一

（元）陈栎

（归善斋按，见前句）

## 18. 《读书丛说》卷二

（元）许谦

（归善斋按，未解）

## 19. 《书传辑录纂注》卷一

（元）董鼎

（归善斋按，见前句）

## 20. 《尚书句解》 卷一

（元）朱祖义

帝曰：吁（尧言吁而疑怪之）！静言庸违（谓为共工者，言不顾行，静则能言，用则违之），象恭滔天（又象貌恭敬，而心则傲狠自大，如水之滔滔漫天）。

## 21. 《尚书日记》 卷一

（明）王樵

（归善斋按，见前文"畴咨若时登庸"）

## 22. 《御制日讲书经解义》 卷一

（归善斋按，连解，见前句）

## 《尚书疑义》 卷一

（明）马明衡

（归善斋按，马明衡连解，见前文"畴咨若时登庸"）

## 《尚书七篇解义》 卷一

（清）李光地

静言庸违者，言美而事则剌乖；象恭滔天者，貌恭而心则侈肆。滔天，或是慆（tāo）心，因下有"滔天"而误也。

# 帝曰：咨！四岳

## 1. 《尚书注疏》 卷一

（汉）孔氏传，（唐）陆德明音义、孔颖达疏

传：四岳，即上羲和之四子，分掌四岳之诸侯，故称焉。

疏：频频求人无当帝意。于是洪水为灾，求人治之。帝曰："咨嗟。"

嗟水灾之大也。呼掌岳之官而告以须人之意。"汝四岳等。"

传正义曰，上列羲和所掌，云宅嵎夷、朔方，言四子居治四方，主于外事。岳者，四方之大山。今王朝大臣皆号称"四岳"，是与羲和所掌其事为一，以此知"四岳"即上羲和之四子也。又解谓之"岳"者，以其分掌四岳之诸侯，故称焉。《舜典》称"巡守至于岱宗，肆觐东后"。《周官》说巡守之礼云，诸侯各朝于方岳之下。是四方诸侯分属四岳也。计尧在位六十余年，"乃命羲和"，盖应早矣。若使成人见命，至此近将百岁，故马、郑以为羲和皆死。孔以为四岳即是羲和，至今仍得在者，以羲和世掌天地，自当父子相承，不必仲叔之身皆悉在也。《书传》虽出自伏生，其常闻诸先达。虞传虽说《舜典》之四岳，尚有羲伯、和伯，是仲叔子孙世掌岳事也。

考证：帝曰：咨四岳！传，四岳即上羲和之四子。

臣浩按，传非是。朱子曰：汝能庸命，巽朕位，不成让于四人。又如咨二十二人，乃四岳九官十二牧，尤见四岳是一人。

## 2. 《书传》卷一

（宋）苏轼

帝曰：咨四岳！孔安国以四岳为羲和四子。而太史公以羲和为司马之先，以四岳为齐太公之祖，则四岳非羲和也。当以《史》为正。

## 3. 《尚书全解》卷一

（宋）林之奇

帝曰咨四岳。四岳，孔氏云："即上羲和之四子，分掌四岳之诸侯，故称焉。"唐孔氏云，平秩四时之人，因主四岳之事。此说可信。据《舜典》有云，岁二月东巡守至于东岳，五月南巡守至于南岳，八月西巡守至于西岳，十有一月朔巡守至于北岳，观四方诸侯而考制度，其首，协时月正日，同律度量衡。夫其考制度既以律历为先，则四岳为羲和四子必矣。索方岳之人，必用羲和之四子者。程氏云，古者天职主察天运，以正四时，遂居其方，以主其时之政，在尧则四岳，于周则六卿之职，统天下之治者也，后世学其法者，不知其道，遂以星历为工伎之事，而与政分矣。

此实至当之论。而李校书据《春秋外传》谓羲和为司马氏之先，四岳为申、吕氏之先，遂以四岳为非羲和四子。夫自古帝王及列国世系，其诞谬错杂，不可考信者盖多矣，如羲和即重黎也。而太史公以重黎为楚国之祖，则是此数子，既为司马氏之先，又为申吕氏之先，又为楚芈氏之先，则后世安所适从哉？按《左传》昭公二十九年称少皞氏有子曰"重"，颛顼氏有子曰"黎"，则重、黎二人各出一帝，而羲、和亦不得为一族也。羲、和非以为一族，则司马氏、申莒氏、芈氏，同出羲和、重黎，亦或有此理也。

## 4. 《尚书讲义》卷一

（宋）史浩

（归善斋按，史浩整段综合解说，见"畴咨，若时登庸"）

## 5. 《尚书详解》卷一

（宋）夏僎

（归善斋按，夏僎此段综合解说）

帝曰：咨！四岳。汤汤洪水方割，荡荡怀山襄陵，浩浩滔天。下民其咨。有能俾乂？佥曰：於！鲧哉。帝曰吁！咈哉。方命圮族。岳曰：异哉！试可乃已。帝曰：往，钦哉！九载绩用弗成。

帝尧以洪水为患，求能治人以任其责也。四岳，主四方方岳之官也。咨者，访问之也。如《舜典》所谓询四岳是也。尧将访问四岳，以求治水之人，故先言其害。曰，洪水汤汤，逆流沸腾，方为世害，而又荡荡然泛滥无有畔域。山之高者则怀而包之，陵之卑者则襄而上之。浩浩然，汗漫无涯涘（sì），其浸几至于天。洪水之害如此，斯民之被其害也，率皆咨嗟困苦，不遑（huáng）宁处。有能毕是事，将使治之。故四岳于是乎采众人之言而荐鲧。曰"於！鲧哉"，盖叹其才之可用也。然众言虽叹其可用。而尧独知其不可用，故疑怪之曰"咈哉"，言其违戾而不可用也。所以违戾而不可用者，以"方命圮族"而已。

"方命"者，孔氏谓，好比方名命而行事，辄毁败善类，以"方"字为一义，以"命"字连"圮族"之文，非语辞也。《孟子》云"方命虐民"，赵氏注云，"方"犹"放"，放弃教命。《史记》亦以为负命。其说是也。或又谓，物圆则行方则止，"方命"则"逆命不行"，亦与此通。"圮族"者，程氏谓，垢坏族类，盖倾陷忌刻之人也。

尧既言其"方命圮族"不可用，四岳于是又曰"异哉"。异，已也，言已矣乎，叹当时未见人能贤于鲧也。如孔子每言未见其人，必曰"已矣乎，吾未见好德如好色者也"；"已矣乎，吾未见能见其过而内自讼者也"，皆叹未见其人也。岳既叹时人未见有能贤于鲧矣，故欲尧但试其可治水而已，无求其他，故曰"试可乃已"。盖四岳荐鲧治水，尧知其"方命圮族"不可用，而四岳之心未信，以为鲧之失虽如此，然当时禹未出，言治水者莫如鲧。帝求人治水，今但取其能治水而已，无求其他，安可以"方命圮族"而废之哉。四岳既采众言，以鲧为可用，又自言试治水则可已，故尧勉强而从之，以顺四岳之意而试之。故戒之曰"往，钦哉"，言治水之事，当钦敬而往，是尧已预知其无成也。已而功用历九年而不成，则尧可不谓之聪明之主乎？

夫四岳荐鲧于尧，尧既知鲧不可用，又屈于四岳之请而试之，卒至民被其害者九年，后世疑之，谓尧知其不可用而用之，不仁；屈于四岳而不能自信，不智。余谓，洪水之害至尧犹甚，其下民怨咨，日望圣人拯而救之。奈何禹犹隐而未兴，鲧虽有"方命圮族"之心，然奸佞之人能说美隐恶，天下言治水者皆归于鲧。贤如四岳犹信其可用，况天下乎。故尧于此，以谓民之病于洪水也，如此其甚，望人君之拯治也，如此其急，而同声共美鲧之才也，如此其众。吾虽知其不可用，然任一己之见，而违天下共见之心，则人必谓吾当艰难之际，舍能者不用，而坐观其害，莫不皆敛怨于己，故吾宁用之而功不成，然后去之，终不肯自谓不可用而不用也。是故马融云，尧以大圣，知时运当然，人力不能治，下民其咨亦当忧勤，屈己之是，从人之非，遂用于鲧。李颙亦谓，尧虽独明于上，众多不达于下，故不得不副倒悬之望，以供一切之求。伊川亦谓，舜禹未显，当时之人，才智未有出鲧之右者。四岳举之，尧不得不任。苟当时大臣才智有过鲧者，则尧亦不任鲧矣。此论甚当。

说者又谓，鲧既无功，早宜黜废，必待九年。然非无功也，但无成耳。唐孔氏亦谓，水为大灾，百官不悟，谓鲧能治水，及命往治，非无小益，人见其有益，谓鲧实能。日复一日，以终三考，三考不成，众人乃服，然后退之，以至九年。况《祭法》亦谓，禹能修鲧之功。夫禹之大功，且修鲧之余，则鲧实非无功者，时不能成，故诛殛之。说者又谓，鲧性狠殛，帝所素知，何早不去，而待于舜。盖舜之时，治水无功，法应贬黜，而又必诛殛之于羽山，抑又何耶？盖鲧之才智，天下之所谓大奸佞者，始见尧朝，位卑任轻，则能隐其恶，而居其职。虽尧知其"方命圮族"而恶迹未著，何因去之？及将进而用以治水之任，则尧之用过乃分，恶必著见，故吁而言其不可。已而，大臣举之，天下贤之，不得已而试其治水之任。及鲧既居治水之任，九载之间，平昔韬藏之恶，一旦发露，故舜得以殛之。如王莽、司马懿，若使终身居卿大夫之位，必不彰篡逆之谋，惟用过其分，则有以发其凶慝也。伊川程氏其说如此。

说者又谓，《尧典》言咨四岳者二，治洪水也，巽朕位也。《舜典》言咨四岳二，熙帝载也，典三礼也。古者大事必询众庶，言帝以此四者事大体重，四岳掌方岳，知天下众庶之情伪，故以访之。然岳未尝有一贤以事尧，至荐鲧，荐禹，荐伯夷，皆言"佥曰"，而荐舜又出于"师锡"，以舜、禹之圣，岳不举尧之朝，乃有蔽贤之人如是耶。盖不然，是旧说之过也。四岳，主方岳之官，尧之任官，其常事则访之左右之臣，其大者则访之四岳，使于四岳求之。四岳求之方岳之间，得天下之公议。其始则荐鲧，次则荐舜，又其次则为舜得禹，又其次则得伯夷。皆言"佥曰"与"师锡帝曰"者，皆采以进之也。岳进"佥言"于尧，曰鲧可用，尧独曰不可用，故岳始自进其言曰"试可乃已"，谓佥言之不可违也。岳进"师锡"之言于尧，曰舜可逊。尧曰"何如"，岳始自进其言曰"烝烝乂，不格奸"，赞"师锡"之允当也。学者以是求之，则四岳为任职矣。此盖陈少南说也。

四岳，汉孔氏谓，即羲和四子，分掌四岳之诸侯。唐孔氏为平秩四时之人。林少颖因广其说，谓舜巡狩四岳，首协时日，而后考制度，则四岳为羲和四子矣。凡此，皆以四岳为四人。据李校书谓，《春秋外传》谓羲和为司马氏之先，四岳为申吕氏之先，则四岳为一人，非羲和四子也。苏氏又引《书》曰内有百揆、四岳，欲逊位则四岳为一人明矣。其所谓二十二人，盖十二牧、九官并四岳一人，乃二十二矣。旧说徒见每访四岳而

"佥曰"以答之。访者一人，而答者众，故以为四人，殊不知所谓"佥曰"，盖四岳采众言以进也。凡此皆以四岳为一人。或谓四人，于经无害，故两存之。

## 6.《增修东莱书说》卷一

（宋）时澜

（归善斋按，时澜此段综合解说）

帝曰：咨！四岳。汤汤洪水方割，荡荡怀山襄陵，浩浩滔。天下民其咨，有能俾乂。佥曰：於！鲧哉。帝曰：吁！咈哉。方命圮族。岳曰：异哉，试可乃已。帝曰：往，钦哉！九载绩用弗成。

夫当洪水方为割害，汤汤浩浩，包山襄陵，可谓甚矣。下民被害，至于怨咨，其势甚迫。有为之君，当是时也，必焦然不宁，迫切仓皇，计虑将不暇给。尧当时危势迫之时，乃曰有能俾乂，谓孰可使治，方雍容和缓，无一毫迫切之态，以见圣人处事，经理绳画，井井有条。虽处繁剧纷扰之地，若安闲无事之时，平心定气，徐以应之。岂若后世，浅心狭量，焦首濡足者哉。然尧岂可不轸（zhěn）于心乎。忧恤之言，如此从容之规，如彼圣人处事之法也。在廷之臣，皆曰"於！鲧哉"，合辞荐鲧，美其可以治水。"帝曰：吁！咈哉"。方，逆也。命者，天之正理也。天之理，彼且逆之，恃才而不顺理也。圮，坏也。族者，类也。人之类，彼且坏之，恃己而离其类也。鲧非无治水之才，但性狠戾，自谓在廷之臣，无出其右者，逆其正理，坏其族类，恃私见而独立也。夫治水者，智者之无事也，鲧之"咈哉"其不顺理可知，而又加之以"方命圮族"，矜材恃能，不能安于无事，必矣。"四岳曰：异哉"，固也，然在廷之臣，果无出鲧之右者。洪水之患方迫，佥之所许可不试乎？故曰"试可乃已"。"帝曰：往，钦哉"。夫尧苟不知鲧，则为不明。既知之，而复从四岳之言，则是不断。当以"孟子去齐"之事观之。方孟子之见齐王也，不遇故去。夫孟子之至于去，则灼知齐王之不足用矣。方且三宿而后出昼。此心犹庶几而不舍。孟子之不速去，所以诲齐王而使之动也。观"往，钦哉"之命，见鲧非无治水之材，所以"方命圮族"，本于忽视天下，以理为不足循，以类为不足比。惟"钦"之一字，可以治鲧之病，使其降志下心，知天下有所当敬，则命何敢方，族何敢圮，自然成功而有余矣。圣贤所以为圣贤者，"钦"而已。一念之"钦"，圣贤事业。鲧而领"往，钦"之意，安知其不可用乎？尧之所以复用鲧者，犹孟子之庶几齐王足用为善也。虽然洪水之害其急如此，而尝试用鲧，乃曰"试可乃已"。民命所系岂尝试之地乎？盖鲧之才足以治水，所少者此心之"钦"耳。故尧之命曰"往，钦哉"。钦，则可往矣，非尝试也。"九载绩用弗成"，鲧往而不钦也。

然言"绩用弗成"，九年之间，亦有可观，岂无功哉？盖绩则有之，但终不能成功也。要知鲧非无才，无功，心之忽实坏之也。尧之时在位，无非君子，而独举此三者，盖当时贤人君子，视以为常。至汉唐往往称德业，人盖为恶者多，亦视以为常。使汉唐作史，恶无不纪，唐虞作史悉录善人，当不胜其繁，故各举其异者而书之。春秋所谓"常事不书"也。尧之时，此三者以若异而书之，此作史之妙。

## 7. 《尚书说》卷一

（宋）黄度

（归善斋按，黄度此段综合解说）

帝曰：咨！四岳。汤汤洪水方割，荡荡怀山襄陵，浩浩滔天。下民其咨。有能俾乂？佥曰：於！鲧哉。帝曰：吁！咈哉。方命圮族。岳曰：异哉，试可乃已。帝曰：往，钦哉。九载绩用弗成。

四岳，孔氏曰，羲和四子，分掌四岳诸侯，故称四岳。四子分掌诸侯则是，即以四子为四岳则不然。《周官》内有百揆、四岳。四岳只一人居中，总四子所掌诸侯。四岳与羲和合职。命官详略，古今之变也。四岳之后，申甫齐许，姜姓。治水专咨四岳，以其典主四方，能知其人也。众举故称"佥曰"。佥，皆也。"登庸"、"若采"，皆非其人。故直以水患使举贤而治之。

鲧，崇伯。《史记》，鲧，帝颛顼子。《汉书》，颛顼五代而生鲧。据《左氏》，梼杌（táo wù）为鲧。崇国，在今永兴鄠（hù）县。四岳众举鲧，鲧才高也。于！叹之，见其为可表异也。咈，戾。方命，方执不顺理也。天命之性，物理具焉。穷理尽性，以至于命理、性命同也。圮，毁族类也。箕子曰："鲧堙洪水。汨陈其五行。帝乃震怒，不畀《洪范》九畴，彝伦攸致（dù）"。水失其性，而五行皆乱，彝伦由是而致，是之谓毁其类。尧见微知著，众人固不识也。夫有材而不知"道"，逆而施之，鲜不败其类者。异，已。鲧世称其材，故四岳欲尧姑自沮止而试之。共工"静言庸违"，驩兜犹保任之而得不废，鲧固命圮族，四岳佥举而遂试之。圣人不敢以独智高天下也。丹朱"嚚讼"，共工"象恭"，鲧"方命"，圣人观人之法详其心，而略其事，非有聪明天德，不能如是。

## 8.《增斋家塾书钞》卷一

（宋）袁燮

（归善斋按，袁燮此段综合作解，见前文"畴咨若时登庸"）

## 9.《书经集传》卷一

（宋）蔡沈

帝曰：咨！四岳，汤汤洪水方割，荡荡怀山襄陵，浩浩滔天，下民其咨，有能俾乂？佥曰：於！鲧哉。帝曰：吁！咈哉，方命圮族。岳曰：异哉，试可乃已。帝曰：往，钦哉！九载绩用弗成。

汤，音伤。于，音乌。鲧，古本反。咈，符勿反。圮，部鄙反。异，音异。四岳，官名，一人而总四岳诸侯之事也。汤汤，水盛貌。洪，大也。《孟子》曰："水逆行谓之洚水，洚水者，洪水也"。盖水涌出而未泄，故泛滥而逆流也。割，害也。荡荡，广貌。怀，包其四面也。襄，驾出其上也。大阜曰陵。浩浩，大貌。滔，漫也，极言其大，势若漫天也。俾，使。乂，治也。言有能任此责者，使之治水也。佥，众共之辞。四岳与其所领诸侯之在朝者，同辞而对也。于，叹美辞。鲧，崇伯名，叹其美而荐之也。"咈"者，甚不然之之辞，"方命"者，逆命而不行也。王氏曰，圆则行，方则止。方命，犹今言废阁诏令也。盖鲧之为人，悻戾自用，不从上令也。圮，败。族，类也，言与众不和，伤人害物，鲧之不可用者，以此也。《楚辞》言鲧婞（xìng）直，是其"方命圮族"之证也。"岳曰"，四岳之独言也。异，义未详，疑是已废而复强举之之意。"试可乃已"者，盖廷臣未有能于鲧者，不若姑试用之，取其可以治水而已，言无预他事，不必求其备也。尧于是遣之往治水，而戒以"钦哉"。盖任大事不可以不敬。圣人之戒辞，约而意尽也。载，年也。九载三考，功用不成，故黜之。

## 10.《尚书精义》卷二

（宋）黄伦

帝曰：咨！四岳。汤汤洪水方割，荡荡怀山襄陵，浩浩滔天。下民其咨，有能俾乂？佥曰：於！鲧哉。帝曰：吁！咈哉，方命圯族。岳曰：异哉，试可乃已。帝曰：往，钦哉。九载绩用弗成。

东坡曰，孔安国以四岳为羲和四子，而太史公以羲和为司马氏之先，以四岳为齐太公之祖，则四岳非羲和也。当以史为正。

荆公曰，山高而陵下，陵言襄，山言怀，何也？地高则襄陵，地下则怀山。又曰，尧知鲧之"方命圯族"，然卒使之，何也？曰方，是之时舜禹皆未闻于世也，在朝廷所与者，鲧而已。圣人虽有过人之明，然不自用也，故曰，稽于众，舍己从人，虽疑其不可任，苟众之所与，亦不废也。故曰，谁毁，谁誉，如有所誉者，其有所试矣。誉人尚必有所试，则其废人也，亦必有所试而不胜任，然后废之耳。鲧既未尝试，又众之所与，尧虽独见其不可任，敢不试而逆度以废之乎？敢违众而自用乎？圣人之立法，皆以众人为制。中才之君，独见其所见，不从众人之所见，逆度其不可任，而不待其有所试，则其为失也多矣。故尧之聪明，虽足以逆知来物，明见鲧之不可任，犹不敢自用，所以为中人法也。夫利一时，而其法不可以推之万世者，圣人不为也。此所谓圣人之仁也。用己，则圣人有所殆；用众，则虽中人，可以无为而治也。故尧之用鲧也，以四岳之佥同。其用舜也，亦以四岳之"师锡"，所以为圣人者，以其善用众也。"天聪明，自我民聪明"，"唯天为大，唯尧则之"，于试鲧与舜见之矣。

## 11.《尚书详解》卷一

（宋）陈经

（归善斋按，陈经三段综合解说，见"帝曰：畴咨若时登庸"）

## 12. 《融堂书解》卷一

（宋）钱时

帝曰：咨！四岳。汤汤洪水方割，荡荡怀山襄陵，浩浩滔天。下民其咨。有能俾乂？佥曰：於！鲧哉。帝曰：吁！咈哉，方命圮族。岳曰：异哉，试可乃已。帝曰：往，钦哉。九载绩用弗成。

洪水之势，以其方为民害，则统而言之曰"汤汤"；以其包没山陵，荡然无有限隔，则曰"荡荡"；以其势泛滥"滔天"，则曰"浩浩"。详味上文一"方"字，及下文一"其"字，则知民在尧春风和气中，方被水害，亦未至于怨咨。此殆洪水之始欤。得其本心，则谓之顺；失其本心，则谓之逆。顺则为吉，逆则为凶。前章有所谓"钦若"，有所谓"若时"，有所谓"若予采"，谆谆然提一"若"字。后世论禹之行水，谓行其所无事。"咈"者，逆也。与无事正相反。"方命圮族"，乃咈逆之事也。人之一身，凡所云为，孰非天命，先觉者觉此者也。日用而不知者，不知此者也。故曰"不知命无以为君子"，"若小人则不知天命而不畏也"。方命是己宗族，吾之同气，谓之天属。治国平天下之道，必自此始。尧亲九族，皋陶亦谓厚叙九族。圮，毁也。岂待相戕相贼，若夷狄禽兽，然而后谓之"圮"哉？才不亲之，才不厚叙之，即谓之圮矣。异，已也，犹言已矣乎。古者三载考绩，三考黜陟幽明，九载是三考也。此上凡举荐者三，尧皆不然之，至此段末，独书"绩用弗成"一语，以著帝尧知人之明，此史氏书法之妙。

## 13. 《尚书要义》卷一

（宋）魏了翁

四十、上宅嵎夷朔方等，知四岳即羲和

上列羲和所掌，云宅嵎、夷、朔方，言四子居治四方，主于外事。岳者，四方之大山。今王朝大臣皆号称四岳，是与羲和所掌其事为一。以此知四岳即上羲和之四子也。又解谓之岳者，以其分掌四岳之诸侯，故称焉。《舜典》称"巡守至于岱宗，肆觐东后"，《周官》说巡守之礼云，诸侯各朝于方岳之下。是四方诸侯分属四岳也。计尧在位六十余年，乃命羲和，盖应早矣。若使成人见命，至此近将百岁，故马、郑以为羲和皆死；孔以为四岳即是羲和，至今仍得在者。以羲和世掌天地，自当父子相承，不必仲叔之身皆悉在也。

## 14. 《书集传或问》卷上

（宋）陈大猷

（归善斋按，未解）

## 15. 《尚书详解》卷一

（宋）胡士行

帝曰：咨！四岳（羲和四子），汤汤（水流貌）洪（大）水方割（害），荡荡（水奔突有涤除）怀（包）山（高）襄（上）陵（平丘），浩浩（盛大）滔天（漫天）。下民其咨（嗟），有能（能治者）俾（使）乂（治）？佥（四岳皆）曰：于（美）！鲧（崇伯）哉。帝曰：吁！咈（逆）哉（治水者，行其无事也，拂逆则非无事矣），方（逆也，物圆则行，方则止）命（教命。吕曰天之正理）圮（坏）族（善类）。岳曰：异（已）哉（已乎哉，在朝未见贤于鲧者），试（试用之）可（治水）乃已（止，无求其他）。（故）帝曰：往，钦哉。九载（年）绩（功）用（鲧有才，非全无功也）弗成（终不钦，故不底于成）。

鲧非无治水之才，惟其忽视天下事，故至方命。"钦"之一字尧心法也。可以治鲧之病矣。使鲧能领此教，安知其不可用乎。《记》曰"禹能修鲧之功"，则鲧非无功者。四岳之举，未为无见也。惟尧深烛其恃才方命之病，然犹以岳之言试用之，所谓舍己从人，此尧公天下之心也。

## 16. 《书纂言》卷一

（元）吴澄撰

帝曰：咨！四岳。汤汤洪水方割，荡荡怀山襄陵，浩浩滔天。下民其咨，有能俾乂？佥曰：於！鲧哉。帝曰：吁！咈哉，方命圮族。岳曰：异哉，试可乃已。帝曰：往，钦哉。九载，绩用弗成。

四岳，官名，一人而总四岳诸侯之事也。汤汤，水盛貌；洪，大也。

《孟子》曰："水逆行谓之洚水，洚水者洪水也"。盖下流不泄，泛滥上涌而逆行也。割，害也。荡荡，广貌。怀，包其四傍也。襄，驾，出其上也。大阜曰陵；浩浩，大貌。滔，漫也。极言其大，势若漫天也。下民，居处卑下之民也。咨嗟，怨也。能者，谓其才足以办此事。俾，使；乂，治也。佥，众共之辞。鲧，崇伯名。先言"于"者，叹美其才而荐之也。"咈"者，其不然之辞。方，逆也。命，上之令也。言恣己自专，违逆上命也。圮，败；族，类也。言与众不和，伤害同类也。鲧之不可用者，以此《楚辞》，言鲧悻直，"方命圮族"之证也。"岳曰"，四岳独言也。异，置也。已也，试尝而验之也，言鲧不可用则已之哉。或姑试其可，见其不可乃已之也。盖当时治水之才，亦未有能过于鲧者。故四岳之意，欲尧且试之也，于是遣鲧往治水，而戒以"钦"者。凡事不可不敬，况治水之事，任大责重乎。帝朝用人，三载一考其绩。九载，则三考矣。成，犹完也。《礼记》言"禹修鲧之功"，则鲧之治水，非无小小之功，但至于三考，而其功不成完耳。邵子《皇极经世书》，帝尧六十一载命鲧治水；六十九载，其绩弗成。或疑"绩用弗成"，盖在舜既征庸之后，史言之于此，以终上事也。朱子曰，自"畴咨若时登庸"以下，皆为禅位设也。一举而放齐举胤子；再举而驩兜举共工；三举而四岳举鲧，皆不得其人，故卒以天下授舜。陈氏曰，朱、共、鲧，皆有过人之才，尧独察其非贤。盖世大奸，举不能欺。史备载之，以表尧知人之明，以示万世人主择人之法。

## 17. 《尚书集传纂疏》卷一

（元）陈栎

帝曰：咨！四岳。汤汤洪水方割，荡荡怀山襄陵，浩浩滔天。下民其咨，有能俾乂？佥曰：於！鲧哉。帝曰：吁！咈哉，方命圮族。岳曰：异哉，试可乃已。帝曰：往，钦哉。九载，绩用弗成。

四岳，官名，一人而总四岳诸侯之事也。汤汤，水盛貌；洪，大也。《孟子》曰："水逆行谓之洚水，洚水者，洪水也。"盖水涌出而未泄，故泛滥而逆流也。割，害也。荡荡，广貌。怀包其四面也。襄驾出其上也。大阜，曰陵；浩浩，大貌；滔，漫也。极言其大势，若漫天也。俾，使；

义，治也。言有能任此责者，使之治水也。"佥"，众共之辞，四岳与其所领诸侯之在朝者，同辞而对也。于，叹美辞；鲧，崇伯名，叹其美而荐之也。"咈"者，甚不然之之辞。方命者，逆命而不行也。王氏曰，圆则行，方则止。方命，犹今言废阁诏令也。盖鲧之为人，悻戾自用，不从上令也。圮，败；族，类也。言与众不和，伤人害物。鲧之不可用者，以此也。《楚辞》言鲧"悻直"，是其"方命圮族"之证也。"岳曰"，四岳之独言也。异，义未详，疑是已废而复强举之之意。"试可乃已"者，盖廷臣未有能于鲧者，不若姑试用之，取其可以治水而已，言无预他事，不必求其备也。尧于是遣之往治水，而戒以"钦哉"。盖任大事，不可以不敬。圣人之戒辞约，而意尽也。载，年也。九载，三考功用不成，故黜之。

纂疏：《语录》，四岳管领十二牧者，通九官、十二牧，为二十二人，则四岳为一人矣，尧欲巽以位，不成是与四人。问：尧既知鲧，如何又用之？曰：鲧也是有才智，想只执拗自是。所以《楚辞》说"鲧悻直以亡身"。他治水，必有不依道理处，弄了八九年，无收杀。故舜殛之。

孔氏曰，异，己也，言余人尽已，惟鲧可试。吕氏曰，鲧非无才，恃才而不顺理，不能行所无事耳。惟钦可治其病，鲧不能用也。尧时，天下皆君子，惟此三小人，故书之，乃《春秋》常事不书之意。陈氏大猷曰，《祭法》云禹能修鲧之功，鲧非无功，但不成耳。陈氏经曰，圣人观人，观其心术，不观其才，朱之启明，共之僝功，鲧之试可，其才岂无所长，心术不正，才适足为为恶之资耳。

# 18. 《读书丛说》卷二

（元）许谦
（归善斋按，见前文"畴咨若时登庸"）

# 19. 《书传辑录纂注》卷一

（元）董鼎
帝曰：咨四岳！汤汤洪水方割，荡荡怀山襄陵，浩浩滔天，下民其咨，有能俾乂？佥曰：於！鲧哉。帝曰：吁！咈哉，方命圮族。岳曰：异哉，试可乃已。帝曰：往，钦哉。九载，绩用弗成。

四岳，官名，一人而总四岳诸侯之事也。汤汤，水盛貌；洪，大也。《孟子》曰："水逆行，谓之洚水。洚水者，洪水也"。盖水涌出而未泄，故泛滥而逆流也。割，害也。汤汤，广貌；怀包其四面也。襄，驾出其上也。大阜曰陵；浩浩大貌；滔，漫也。极言其大，势若漫天也。俾，使；乂，治也。言有能任此责者，使之治水也。佥，众共之辞。四岳与其所领诸侯之在朝者，同辞而对也。于，叹美辞。鲧，崇伯名。叹其美而荐之也。咈者，甚不然之之辞。方命者，逆命而不行也。王氏曰，圆则行，方则止。方命，犹今言废阁诏令也。盖鲧之为人，悻戾自用，不从上令也。圮，败；族，类也。言与众不和，伤人害物。鲧之不可用者，以此也。《楚辞》言鲧婞直，是其"方命圮族"之证也。"岳曰"，四岳之独言也。异，义未详，疑是已废而复强举之之意。"试可乃已"者，盖廷臣未有能于鲧者，不若姑试用之，取其可以治水而已，言无预他事，不必求其备也。尧于是遣之往治水，而戒以"钦哉"。盖任大事不可以不敬。圣人之戒辞约而意尽也。载，年也。九载，三考功用不成，故黜之。

**辑录**

问：四岳是十二牧之长否？先生曰：《周官》言"内有百揆四岳"，则百揆是朝廷官之长；四岳乃管领十二牧者。四岳通九官十二牧，为二十有二人，则四岳为一人矣。又尧咨四岳，以"汝能庸命巽朕位"，不成尧欲以天下与四人也。人杰。问：尧既知鲧，如何犹用之？曰：鲧也是有才智，想见只是很拗自是，所以弄得恁地狼狈，所以《楚辞》说鲧悻直以亡身。必是他去治水，有不依道理坏事处，弄了八九年，无收煞了，故舜殛之。义刚。异哉，是不用亦可试可乃已，言试而可则用之，亦可已而已之也。广。庸命、方命之"命"，皆谓命令也。"庸命"者，言能用我之命以巽朕位也。"方命"者，言止其令而不行也。广。

**纂注**

孔氏曰，异，已也，言余人尽已，惟鲧可试。吕氏曰，鲧非无治水之才，其"方命圮族"，乃恃才而不顺理，不能行其所无事必矣。惟"钦"字可治鲧之病。鲧不能用也。尧时天下皆君子，惟此二人与众异，为小人，故书之，乃《春秋》常事不书之意。陈氏大猷曰，《祭法》云，禹能修筑之功，鲧非无功，但不成尔。于人所共贤，而贤之，易；于人所共贤，而知其非贤，难。二人当时所贤，尧犹知其不然。此可见尧之知人也。

## 20.《尚书句解》卷一

（元）朱祖义

帝曰（尧言）：咨！四岳（命主四方方岳之职）。

## 21.《尚书日记》卷一

（明）王樵

（归善斋按，见前文"畴咨若时登庸"）

## 22.《御制日讲书经解义》卷一

帝曰：咨！四岳。汤汤洪水方割，荡荡怀山襄陵，浩浩滔天。下民其咨。有能俾乂？佥曰：於！鲧哉。帝曰吁！咈哉，方命圮族。岳曰：异哉，试可乃已。帝曰：往，钦哉。九载，绩用弗成。

此一节书是求治水之职也。四岳，一人而总四岳之事者。割，犹言害也。包其外曰"怀"；驾其上曰"襄"。俾，使之也。乂，治也。佥，众也。圮族，伤害侪类也。"异哉"，强举之辞。帝尧访问四岳、大臣曰，方今天下，汤汤洪水流为民害，荡荡然汗漫无际，怀高山而包其四面，襄大陵而驾出其上，浩浩然，泛滥不止，势若漫天。下民不得安居粒食，皆困苦嗟怨。汝诸臣中，有能顺水之性，除民之患者，我将任以治水之职。四岳与诸侯在朝者，同辞叹美，曰，当今之时，能治水者，其惟鲧哉。尧乃叹息而甚不然。其言曰，鲧之为人悻悻自用。上逆君命而不行；下败族类而不和。既拂人性，必不能顺水性以治之也。四岳又强举之，曰"异哉"。廷臣未能如鲧之才，不若姑试用之，取其可以治水而已。帝不得已，而戒之曰：汝往治水，其敬之哉。既而鲧不用命，九岁考绩，卒无成效，帝尧之言验矣。盖天为天下而生圣人；圣人为天下而求贤才。尧知鲧之不可用者，知人之智；知其不可，而姑试用之者，忧民之仁也。

## 《尚书疑义》卷一

（明）马明衡

"四岳"，文公以为只是一人。愚窃以为，至周有三公六卿。此之四岳，其即周之三公欤。

## 《尚书砭蔡编》卷一

（明）袁仁

咨四岳。

四岳者，四方诸侯之长。按《左传》，许为太岳之后，明矣。"佥曰：鲧哉"，其非一人可知。孔平仲乃谓四岳为一人，掌知四方之事，而蔡传因之，谬矣。

## 《尚书注考》

（明）陈泰交

同字异解者三百二十三条。

咨四岳，训四岳，官名，一人而总四方诸侯之事者也；乃日觐四岳，训四岳，四方之诸侯；内有百揆四岳，训四岳，总其方岳者。

## 《尚书稗疏》

（清）王夫之

**四岳**

朱子言，四岳乃管领十二牧者，故通九官十二牧为二十二人。《周官》言内有百揆、四岳，则百揆是朝廷九官之长，四岳乃十二牧之长。尧咨四岳巽朕位不成，尧欲以天下与四人，其说本于苏氏《古史》，而蔡氏因之。以实求之，四岳实四人，而非一也。十二牧分治诸侯，而统于一人。则此一人者，岂不代持天子之权哉。帝王命官，法函三为一之义，而以一统三，则以四统十二，主于一人，则公天下之心，亦于是而可见矣。

## 《尚书埤传》

（清）朱鹤龄

### 《书经考异》

咨四岳，汤汤洪水方割（《史记》"咨"作"嗟"；"岳"作"嶽"，下同。"洪"作"鸿"，《益稷》同。）

### 卷一

四岳，鲧哉，异哉，九载绩用弗成

《左传》许太岳之胤也。杜预注，太岳，神农之后，尧四岳也。楼钥曰，春秋时，申、吕、齐、许，皆四岳之后。愚按《国语》太子晋曰，工之从孙四岳（韦昭注工，共工也。古诸侯，黄帝之后，姜姓，尧时共工与此异。）佐禹，高高下下，疏川导滞，钟水丰物，皇天嘉之，命为侯伯，赐姓曰姜（韦昭注，姜，四岳之先，炎帝姓也。炎帝世衰，其后变易，至四岳帝复赐祖姓），氏曰有吕，谓其能为禹股肱心膂，以养物丰民人也。据此文，则四岳举舜之后，又佐禹治水有功。禹之自序，止言暨益暨稷，而不及四岳，何与？尧舜求禅命官，皆咨四岳，当时职任甚重。其贤当不下皋、益诸人，而止以官称，其名竟莫可考。

《史记索隐》、《汉书·律历志》谓颛顼五代而生鲧。按，太史公以鲧为颛顼子，鲧仕尧舜，朝代系殊悬。舜为颛顼六代孙，则鲧必非颛顼之子。班氏近得其实。顾大韶曰，《家语·五帝德》篇太史公采为本纪，谓黄帝生二子，一曰玄嚣，是为帝喾高辛氏之祖；二曰昌意，是为颛顼高阳氏之父。帝喾生尧及稷契。颛顼生鲧，鲧生禹。黄帝至禹，皆同姓而异其国号。夫三皇五帝之事，若存若亡。《诗》、《书》之传所不载，间可推寻，必于《左氏》内外传求之。《左传》郯（tán）子之言曰，炎帝以火纪，故为火师而火名；黄帝以云纪，故为云师而云名；少昊氏之立也，凤鸟适至，故为鸟师而鸟名。自颛顼以来，乃纪于近。由此言之，少昊在黄帝之后，颛顼之前，明矣。今《本纪》，五帝不数少昊，而直曰黄帝崩，其孙昌意之子颛顼立，则将置少昊氏于何地乎？生民以来，一治一乱。《国语》，少昊氏之衰也，九黎乱德，颛顼乃命重黎，绝地天通。颛顼氏之衰也，共工氏霸九州，帝喾伐之，而序正星辰。皆其子孙失德衰败，而异姓代兴。若黄帝之后，即少昊；少昊之后，即颛顼；颛顼之后，即帝喾，数百年常治不乱，则九黎、共工安所厕足于其间乎？左氏所云，高辛氏有才子，帝鸿氏有不才子，皆言其苗裔耳，非必指其身也。而读者不察，以鲧为颛顼之亲子，稷、契俱帝喾之亲子。于是《竹书纪年》谓鲧一百九十岁而诛，推其受命治水之年，盖已一百八十一矣。世必无一百八十之人犹膺重任者。八十、九十曰耄，有罪不加刑焉，亦必无一百九十而犹诛殛之者。尧未举舜之先，《书》称百姓昭明，庶绩咸熙。稷、契果亲弟，百八十年，而不知尧岂若是之暗，而羲和、四岳诸人岂蔽贤若是哉？《本纪》以稷、契皆帝喾子，已未可信。以鲧为颛顼子，斯断断不然。《礼记》疏引《春秋序》命历曰，炎帝号大庭氏，传八世，合五百二十岁。次黄帝，曰轩辕氏，传十世，一千五百二十岁。次少昊，曰金天氏，传八世五百岁。次颛顼，即高阳氏传二十世（《左传》疏引此云传九世），三百五十岁。次帝喾，即高辛氏，传十世（《左传》疏云传八世），四百岁。郑康成尝据之，以绌本纪。纬书虽不可信，此说近之。愚按《左传》子产谓鲧化黄熊以入羽渊，实为夏郊，三代举之。《鲁语》及《祭法》皆云，夏后氏郊鲧而宗禹。夫禹受天下于舜，犹舜受天下于尧也。舜不郊瞽瞍而禹独郊鲧焉，此必无之事。韦昭曰，《鲁语》有虞氏郊尧而宗舜。《祭法》又云，有虞氏郊喾而宗尧。盖舜在时则宗尧，舜崩而子孙宗舜，故郊尧耳。愚谓鲧之得郊，当亦如是。禹能修鲧之功，夏之子孙因禹而追鲧，于义无害。若当禹之身，而直以其父配天，则何以处夫殛之羽山者也。

异，孔传训"已"也，"退"也，疏云，异声近已，故为已也。《说文》音异，训"举"也。蔡传已，废而复强举。盖兼取二义。袁黄曰，当从《说文》训"举"。《列子》"因累柽何以异哉"，即以"举"释之，何不可？曰举哉，便见不得已之意。

金履祥曰，周汉以来多称尧有九年之水，今考自"洪水方割"，即举鲧俾乂，九载无成，而后举舜，舜举禹，禹八年于外，而后成功，前后几二十年。曰九年者，以鲧九载言之耳。洪水盖如后世，岁有河决之患，鲧多为隄防以障之，而患日甚。然必待九载始易之何也？九载之间非尽无功，但无成耳。禹之不谏其父何也？禹必常谏，鲧必不从，舜之知禹亦以此也。

# 汤汤洪水方割

## 1. 《尚书注疏》卷一

（汉）孔氏传，（唐）陆德明音义、孔颖达疏

传：汤汤，流貌；洪，大；割，害也。言大水方方为害。

音义：汤，音伤。洪，户工反。

疏：今汤汤流行之水，所在方方为山。

传正义曰：汤汤波动之状，故为流貌。洪，大，《释诂》文。刀割为"割"，故"割"为"害"也。言大水方方为害，谓其遍害四方也。

## 2. 《书传》卷一

（宋）苏轼

汤汤洪水方割。荡荡怀山襄陵，浩浩滔天。汤汤、荡荡、浩浩皆水之状也。割，害也。怀，包也。襄，上也，水逆流曰襄。

## 3. 《尚书全解》卷一

（宋）林之奇

（归善斋按林之奇此段连解）

汤汤洪水方割，荡荡怀山襄陵，浩浩滔天。下民其咨，有能俾乂？佥曰：於！鲧哉。帝曰：吁！咈哉，方命圮族。岳曰：异哉，试可乃已。帝曰：往，钦哉。九载绩用弗成。

曾氏曰：《氓》之诗曰"淇水汤汤"，《鼓钟》之诗曰"淮水汤汤"，《江汉》之诗曰"江汉汤汤"，故传曰"汤汤"者，水盛貌，言其逆行而沸腾之谓也。《诗》曰"荡荡上帝"，又云"荡荡无纲纪文章"，则荡荡者，言其泛滥然，无畛域之谓也。孟子言，善养气塞乎天地之间而谓之浩然之气。则浩浩然者，言其汗漫浩然，无涯涘之谓也。此论皆是。盖尧将访问能治水者，则咨四岳，言洪水之害，曰"汤汤洪水方割，荡荡怀山襄陵"，言此大水逆流而沸腾，方且为害，谓其泛滥然，无有畛域。山之高

者，则怀而包之；陵之卑者，则襄而上之，汗漫浩然，而无有涯涘也。浩浩滔天者，言其浸至几天也。

洪水为害如此，则斯民之被其害也为甚，故"下民其咨"。此咨与"民咨胥怨"同。孔氏云，咨嗟忧愁，病水困苦，故问四岳，有能治此大水者，将使治之。故曰"有能俾乂"，于是四岳同辞嗟叹荐鲧也。佥曰"於！鲧哉"，以谓鲧能治此洪水之害也。夫谓之佥曰，则四岳为四人也。《春秋外传》云，姬姜之胤出于禹、四岳，而曰一王四伯，谓之四伯，则四岳为四人也必矣。说者必欲为一人。故韦昭曰，四岳，官名，掌四岳之事，为诸侯伯，故曰四伯。此盖未尝深考书史所载，而曲为之说。既曰"佥曰"，又谓之"师锡"，则四岳为四人无可疑者，何必曲为之说哉？

四岳虽同辞荐鲧，以为可治水而尧知其不可用，故疑怪之曰"吁！咈哉"，言其人违戾而不可用也。所以违戾不可用者，以其"方命圮族"而已。方命者，孔氏云，鲧性很戾，好此方直之名，命而行事辄毁败善类。以"方"字为一义，以"命"字连"圮族"之文，非语辞也。《孟子》云"方命虐民"，赵氏注云，方，犹放也，谓放弃不用先王之命，但为虐民之政。其说可通。圮族者，程氏云，毁败族类，倾陷忌刻之人也。如《左氏传》云"不可教训，不知话言，告之则顽，舍之则嚚"，即此所谓"方命"是也。傲很明德，以乱天常，此所以圮族也。

"岳曰：异哉"，异，已也。异哉，言"已矣乎"。孔子每言未见其人，必曰"已矣乎"，如曰"已矣乎，吾未见好德如好色者也"；又曰"已矣乎，吾未见能见其过而内自讼者也"，皆叹其未见其人也。此岳曰"异哉"，谓其当时之人未有贤于鲧者也，故曰"异哉，试可乃已"。苏氏曰："可以治水则已，无求其他"。盖四岳之荐鲧治水，尧知其方命圮族不可用，而四岳之心未足以信此，故谓其可以治水而已，安可以方命圮族而废之哉？四岳既以鲧为可用，尧勉而从之，以顺四岳之意而试之也，故继之曰"往，钦哉"，盖顺四岳之意而试鲧也。夫尧之聪明，既知鲧为不可用，而四岳之请又从之者，李颙（yóng）曰，尧虽独明于上，众多不达于下，故不得不副倒悬之望，以供一切之求耳。此论甚当。

九载绩用弗成者。鲧以方命圮族之故，尧勉顺四岳之请，试使之治水。然以岁月之久，至于三考而终不能成。谓之弗成者，非无功也，但无所成耳。唐孔氏云，鲧之治水，非无小益。众人见其有益，谓鲧实能治之，日复一日，以终乎三考之无成，众人乃服，然后退之，故至九年。《祭法》云，鲧障洪水而殛死，得禹能终鲧之功，然则禹之大功颇亦因鲧。是治水有益，但不能成功，故诛殛之。此论善矣，然未若程氏之说为尽。程氏云，舜禹未显，当时之人其才智，未有出鲧之右故也。四岳举之，虽无成功，见其所治亦非他人之所及，惟其功用有序，故自任以强暴，很戾圮族愈甚，故恶愈显，而功不能成矣。当时大臣举之，天下信之，而其才力又有过人者，则尧不得不任之矣。使其当时大臣有过鲧者，则尧亦不任矣。此说得之矣。"静言庸违，象恭滔天"与夫"九载绩用弗成之"，下文无所总者，为《舜典》诛四凶张本也。

## 4. 《尚书讲义》卷一

（宋）史浩

（归善斋按，史浩整段综合解说，见"畴咨，若时登庸"）

## 5. 《尚书详解》卷一

（宋）夏僎

（归善斋按，夏僎此段综合解说，见前文"帝曰：咨！四岳"）

## 6. 《增修东莱书说》卷一

（宋）时澜

（归善斋按，时澜此段综合解说，见前文"咨！四岳"）

## 7. 《尚书说》卷一

（宋）黄度

（归善斋按，黄度此段综合解说，见前文"咨！四岳"）

## 8. 《絜斋家塾书钞》卷一

（宋）袁燮

（归善斋按，袁燮此段综合作解，见前文"畴咨若时登庸"）

## 9. 《书经集传》卷一

（宋）蔡沈

（归善斋按，此段蔡沈连解，见前文"帝曰：咨！四岳"）

## 10. 《尚书精义》卷二

（宋）黄伦

（归善斋按，见前文"帝曰：咨！四岳"）

## 11. 《尚书详解》卷一

（宋）陈经

（归善斋按，陈经三段综合解说，见"帝曰：畴咨若时登庸"）

## 12. 《融堂书解》卷一

（宋）钱时

（归善斋按，此段钱时连解，见前文"帝曰：咨！四岳"）

## 13. 《尚书要义》卷一

（宋）魏了翁

（归善斋按，未引）

## 14. 《书集传或问》卷上

（宋）陈大猷

（归善斋按，未解）

## 15. 《尚书详解》卷一

（宋）胡士行

（归善斋按，见前文"帝曰：咨！四岳"）

## 16. 《书纂言》卷一

（元）吴澄撰

（归善斋按，此段吴澄连解，见前文"帝曰：咨！四岳"）

## 17. 《尚书集传纂疏》卷一

（元）陈栎

（归善斋按，见前文"帝曰：咨！四岳"）

## 18. 《读书丛说》卷二

（元）许谦

（归善斋按，未解）

## 19. 《书传辑录纂注》卷一

（元）董鼎

（归善斋按，见前文"帝曰：咨！四岳"）

## 20. 《尚书句解》卷一

（元）朱祖义

汤汤洪水方割（大水汤汤，逆流沸腾，方为世害）。

## 21. 《尚书日记》卷一

（明）王樵

（归善斋按，见前文"畴咨若时登庸"）

## 22. 《御制日讲书经解义》卷一

（归善斋按，连解，见前文"帝曰：咨！四岳"）

## 《尚书注考》

（明）陈泰交

同字异解者三百二十三条。

洪水方割，训割，害也；割正夏，训割，断也；率割夏邑，训割，剧，割夏邑之割。

《尚书埤传》

（清）朱鹤龄

《书经考异》

（归善斋按，见上句）


# 荡荡怀山襄陵，浩浩滔天

## 1. 《尚书注疏》卷一

（汉）孔氏传，（唐）陆德明音义、孔颖达疏

传：荡荡，言水奔突，有所涤除。怀，包；襄，上也。包山上陵，浩浩盛大，若漫天。

音义：浩，胡老反。涤，大历反，上，时掌反。俾，必尔反。

疏：又其势奔突荡荡然，涤除在地之物，包裹高山，乘上丘陵，浩浩盛大，势若漫天。

传正义曰，荡荡，广平之貌。言水势奔突，"有所涤除"，谓平地之水，除地上之物，为水漂流，无所复见，荡然惟有水耳。怀，藏，包裹之义。故怀为包也。《释言》以"襄"为"驾"。驾乘牛马，皆车在其上，故"襄"为上也。"包山"谓绕其傍；"上陵"谓乘其上。平地已皆荡荡，又复绕山上陵，故为盛大之势。总言"浩浩盛大，若漫天"然也。天者无上之物，漫者加陵之辞，甚其盛大，故云"若漫天"也。

## 2. 《书传》卷一

（宋）苏轼

（归善斋按，苏轼分句不同，见上句）

## 3. 《尚书全解》卷一

（宋）林之奇

（归善斋按，林之奇此段连解，见"汤汤洪水方割"）

## 4. 《尚书讲义》卷一

（宋）史浩

（归善斋按，史浩整段综合解说，见"畴咨，若时登庸"）

## 5. 《尚书详解》卷一

（宋）夏僎

（归善斋按，夏僎此段综合解说，见前文"帝曰：咨！四岳"）

## 6. 《增修东莱书说》卷一

（宋）时澜

（归善斋按，时澜此段综合解说，见前文"帝曰：咨！四岳"）

## 7. 《尚书说》卷一

（宋）黄度

（归善斋按，黄度此段综合解说，见前文"咨！四岳"）

## 8. 《絜斋家塾书钞》卷一

（宋）袁燮

（归善斋按，袁燮此段综合作解，见前文"畴咨若时登庸"）

## 9. 《书经集传》卷一

（宋）蔡沈

（归善斋按，此段蔡沈连解，见前文"帝曰：咨！四岳"）

## 10. 《尚书精义》卷二

（宋）黄伦

（归善斋按，见前文"帝曰：咨！四岳"）

## 11. 《尚书详解》卷一

（宋）陈经

（归善斋按，陈经三段综合解说，见"帝曰：畴咨若时登庸"）

## 12.《融堂书解》卷一

（宋）钱时

（归善斋按，此段钱时连解，见前文"帝曰：咨！四岳"）

## 13.《尚书要义》卷一

（宋）魏了翁

四一、怀山襄陵，谓包绕乘驾

怀藏包裹之义，故怀为包也。《释言》以襄为驾，驾乘牛马，皆车在其上，故襄为上也。包山，谓绕其傍，上陵，谓乘其上。

## 14.《书集传或问》卷上

（宋）陈大猷

（归善斋按，未解）

## 15.《尚书详解》卷一

（宋）胡士行

（归善斋按，见前文"帝曰：咨！四岳"）

## 16.《书纂言》卷一

（元）吴澄撰

（归善斋按，此段吴澄连解，见前文"帝曰：咨！四岳"）

## 17.《尚书集传纂疏》卷一

（元）陈栎

（归善斋按，见前文"帝曰：咨！四岳"）

## 18.《读书丛说》卷二

（元）许谦

（归善斋按，未解）

## 19. 《书传辑录纂注》卷一

（元）董鼎

（归善斋按，见前文"帝曰：咨！四岳"）

## 20. 《尚书句解》卷一

（元）朱祖义

荡荡怀山襄陵（荡荡然泛滥，山之高者怀而包之，陵之卑者襄而上之），浩浩滔天（其声浩浩然，有滔天之势）。

## 21. 《尚书日记》卷一

（明）王樵

（归善斋按，见前文"畴咨若时登庸"）

## 22. 《御制日讲书经解义》卷一

（归善斋按，连解，见前文"帝曰：咨！四岳"）

## 《尚书注考》

（明）陈泰交

同字异解者三百二十三条。

荡荡怀山，训荡荡，广貌；王道荡荡，训荡荡，广远也。

怀山，训怀，包其四面也；邦之荣怀，训怀，安也。

襄陵，训襄，驾出其上也；赞赞襄哉，训襄，成也。


# 下民其咨，有能俾乂


## 1. 《尚书注疏》卷一

（汉）孔氏传，（唐）陆德明音义、孔颖达疏

传：俾，使；乂，治也。言民咨嗟忧愁，病水困苦。故问四岳，有能

治者，将使之。

疏：在下之人，其皆咨嗟，困病其水矣。有能治者，将使治之。

俾，使；乂，治；佥，皆，《释诂》文。

## 2.《书传》卷一

（宋）苏轼

下民其咨，有能俾乂。俾，使也。乂，治也。

## 3.《尚书全解》卷一

（宋）林之奇

（归善斋按，林之奇此段连解，见"汤汤洪水方割"）

## 4.《尚书讲义》卷一

（宋）史浩

（归善斋按，史浩整段综合解说，见"畴咨，若时登庸"）

## 5.《尚书详解》卷一

（宋）夏僎

（归善斋按，夏僎此段综合解说，见前文"帝曰：咨！四岳"）

## 6.《增修东莱书说》卷一

（宋）时澜

（归善斋按，时澜此段综合解说，见前文"帝曰：咨！四岳"）

## 7.《尚书说》卷一

（宋）黄度

（归善斋按，黄度此段综合解说，见前文"咨！四岳"）

## 8.《絜斋家塾书钞》卷一

（宋）袁燮

（归善斋按，袁燮此段综合作解，见前文"畴咨若时登庸"）

## 9. 《书经集传》卷一

（宋）蔡沈

（归善斋按，此段蔡沈连解，见前文"帝曰：咨！四岳"）

## 10. 《尚书精义》卷二

（宋）黄伦

（归善斋按，见前文"帝曰：咨！四岳"）

## 11. 《尚书详解》卷一

（宋）陈经

（归善斋按，陈经三段综合解说，见"帝曰：畴咨若时登庸"）

## 12. 《融堂书解》卷一

（宋）钱时

（归善斋按，此段钱时连解，见前文"帝曰：咨！四岳"）

## 13. 《尚书要义》卷一

（宋）魏了翁

（归善斋按，未引）

## 14. 《书集传或问》卷上

（宋）陈大猷

（归善斋按，未解）

## 15. 《尚书详解》卷一

（宋）胡士行

（归善斋按，见前文"帝曰：咨！四岳"）

## 16. 《书纂言》卷一

（元）吴澄撰

（归善斋按，未解）

## 17. 《尚书集传纂疏》卷一

（元）陈栎

（归善斋按，见前文"帝曰：咨！四岳"）

## 18. 《读书丛说》卷二

（元）许谦

"下民其咨"，"其"之为言，意之之辞也。圣人治天下，民生富赡而水旱有备。斯时虽有水灾，民未病也。然圣人爱民之心，如慈母之于子，岂待饥寒叫号，而后衣食之邪。故其咨之，言先己意之矣。

（归善斋按，另见前文"畴咨若时登庸"）

## 19. 《书传辑录纂注》卷一

（元）董鼎

（归善斋按，见前文"帝曰：咨！四岳"）

## 20. 《尚书句解》卷一

（元）朱祖义

下民其咨（天下之民皆咨嗟困苦），有能俾乂（有能治水者，将使治之）。

## 21. 《尚书日记》卷一

（明）王樵

（归善斋按，见前文"畴咨若时登庸"）

## 22. 《御制日讲书经解义》卷一

（归善斋按，连解，见前文"帝曰：咨！四岳"）

### 《尚书注考》

（明）陈泰交

同字异解者三百二十三条。

有能俾乂，训俾，使；罔不率俾，训俾，《广韵》曰从也。

有能俾乂，训乂，治也；从作乂，训乂，条理也。

# 佥曰：於！鲧哉

## 1. 《尚书注疏》卷一

（汉）孔氏传，（唐）陆德明音义、孔颖达疏

传：佥，皆也。鲧，崇伯之名，朝臣举之。

音义：佥，七廉反，又七剑反。於，音乌。鲧，故本反。马云"禹父也。"朝，直遥反。

疏：群臣皆曰"呜呼"。叹其有人之能。"惟鲧堪能治之。"

《周语》云"有崇伯鲧"，即鲧是崇君，伯爵，故云"鲧崇伯之名"。帝以岳为朝臣之首，故特言"四岳"。其实求能治者，普问朝臣，不言岳对，而云皆曰，乃众人举之，非独四岳，故言"朝臣举之"。

## 2. 《书传》卷一

（宋）苏轼

佥曰：於！鲧哉。佥，皆也。鲧，崇伯之名。

## 3. 《尚书全解》卷一

（宋）林之奇

（归善斋按，林之奇此段连解，见"汤汤洪水方割"）

## 4. 《尚书讲义》卷一

（宋）史浩

（归善斋按，史浩整段综合解说，见"畴咨，若时登庸"）

## 5. 《尚书详解》卷一

（宋）夏僎

（归善斋按，夏僎此段综合解说，见前文"帝曰：咨！四岳"）

## 6. 《增修东莱书说》卷一

（宋）时澜

（归善斋按，时澜此段综合解说，见前文"帝曰：咨！四岳"）

## 7. 《尚书说》卷一

（宋）黄度

（归善斋按，黄度此段综合解说，见前文"咨！四岳"）

## 8. 《絜斋家塾书钞》卷一

（宋）袁燮

（归善斋按，袁燮此段综合作解，见前文"畴咨若时登庸"）

## 9. 《书经集传》卷一

（宋）蔡沈

（归善斋按，此段蔡沈连解，见前文"帝曰：咨！四岳"）

## 10. 《尚书精义》卷二

（宋）黄伦

（归善斋按，见前文"帝曰：咨！四岳"）

## 11. 《尚书详解》卷一

（宋）陈经

（归善斋按，陈经三段综合解说，见"帝曰：畴咨若时登庸"）

## 12. 《融堂书解》卷一

（宋）钱时

（归善斋按，此段钱时连解，见前文"帝曰：咨！四岳"）

## 13. 《尚书要义》卷一

（宋）魏了翁

（归善斋按，未引）

## 14. 《书集传或问》卷上

（宋）陈大猷

（归善斋按，未解）

## 15. 《尚书详解》卷一

（宋）胡士行

（归善斋按，见前文"帝曰：咨！四岳"）

## 16. 《书纂言》卷一

（元）吴澄撰

（归善斋按，此段吴澄连解，见前文"帝曰：咨！四岳"）

## 17. 《尚书集传纂疏》卷一

（元）陈栎

（归善斋按，见前文"帝曰：咨！四岳"）

## 18. 《读书丛说》卷二

（元）许谦

（归善斋按，未解）

## 19. 《书传辑录纂注》卷一

（元）董鼎

（归善斋按，未解）

### 20. 《尚书句解》卷一

（元）朱祖义

金曰：於（四岳于是采众人之言，先叹而美之。於，乌）！鲧哉（然后荐鲧，谓其才可用。鲧，音衮）。

### 21. 《尚书日记》卷一

（明）王樵

（归善斋按，见前文"畴咨若时登庸"）

### 22. 《御制日讲书经解义》卷一

（归善斋按，连解，见前文"帝曰：咨！四岳"）

### 《书蔡传旁通》卷一上

（元）陈师凯

鲧崇伯名。

疏云，崇，国。伯，爵。《史》正义引皇甫谧云，崇，夏鲧封，虞、夏、商、周皆有崇国。殷之崇国，文王所伐者。《寰宇记》在京兆鄠县。

鲧婞直。

《楚辞》注，婞，胡冷反，很也。

### 《尚书注考》

（明）陈泰交

同字异解者三百二十三条。

金曰於鲧哉，训金，众共之辞，四岳与其所领诸侯之在朝者，同辞而对也；金曰伯禹，训金，众也，四岳所领四方诸侯有在朝者也。

### 《尚书埤传》卷一

（清）朱鹤龄

（归善斋按，见前文"咨四岳"）

### 《尚书七篇解义》卷一

（清）李光地

金曰：於！鲧哉。帝曰：吁！咈哉，方命圮族。岳曰：异哉，试可乃已。帝曰：往，钦哉。九载，绩用弗成。

知其不可而用之者，鲧在时有能名也。"绩用弗成"，应在舜摄位之后，此究言之耳。史者见尧已辨在廷三凶之奸，至舜而始正其罪。

# 帝曰：吁！咈哉，方命圮族

## 1. 《尚书注疏》卷一

（汉）孔氏传，（唐）陆德明音义、孔颖达疏

传：凡言吁者，皆非帝意。咈（fú），戾（lì）；圮（pǐ），毁；族，类也。言鲧性狠戾，好此方名，命而行事，辄毁败善类。

音义：咈，扶弗反，怂戾也。方如字，马云："方，放也。"徐云："郑、王音放。"圮，皮美反。戾，力计反。

疏：帝又疑怪之曰："吁！其人心很戾哉，好此方直之名，命而行事辄毁败善类。"言其不可使也。

自上以来，三经求人。所举者，帝言其恶，而辞皆称"吁"。故知凡言"吁"者皆非帝之所当意也。"咈"者，相乖诡之意，故为"戾"也。圮，毁，《释诂》文。《左氏》称"非我族类，其心必异"。族、类义同，故"族"为"类"也。言鲧性很戾，多乖异众人，好此方直之名，内有奸回之志，命而行事，辄毁败善类。何则？心性很戾，违众用己，知善不从，故云"毁败善类"。《诗》称"贪人败类"，与此同。郑、王以"方"为"放"，谓放乘教命。《易·坤卦》六二"直、方、大"。是"直方"之事，为人之美名。此经云"方"，故依经为说。

## 2. 《书传》卷一

（宋）苏轼

帝曰：吁！咈哉，方命圮族。咈，戾也。方命，负命也。族，类也。

圮族，败类也。

### 3.《尚书全解》卷一

（宋）林之奇

（归善斋按，林之奇此段连解，见"汤汤洪水方割"）

### 4.《尚书讲义》卷一

（宋）史浩

（归善斋按，史浩整段综合解说，见"畴咨，若时登庸"）

### 5.《尚书详解》卷一

（宋）夏僎

（归善斋按，夏僎此段综合解说，见前文"帝曰：咨！四岳"）

### 6.《增修东莱书说》卷一

（宋）时澜

（归善斋按，时澜此段综合解说，见前文"帝曰：咨！四岳"）

### 7.《尚书说》卷一

（宋）黄度

（归善斋按，黄度此段综合解说，见前文"咨！四岳"）

### 8.《絜斋家塾书钞》卷一

（宋）袁燮

（归善斋按，袁燮此段综合作解，见前文"畴咨若时登庸"）

### 9.《书经集传》卷一

（宋）蔡沈

（归善斋按，此段蔡沈连解，见前文"帝曰：咨！四岳"）

## 10. 《尚书精义》卷二

（宋）黄伦

（归善斋按，见前文"帝曰：咨！四岳"）

## 11. 《尚书详解》卷一

（宋）陈经

（归善斋按，陈经三段综合解说，见"帝曰：畴咨若时登庸"）

## 12. 《融堂书解》卷一

（宋）钱时

（归善斋按，此段钱时连解，见前文"帝曰：咨！四岳"）

## 13. 《尚书要义》卷一

（宋）魏了翁

四二、方命孔谓好方直，郑王为放

鲧，性狠戾，多乖异众人，好此方直之名，内有奸回之志，命而行事，辄毁败善类。郑王以方为放，谓放弃教命。

## 14. 《书集传或问》卷上

（宋）陈大猷

（归善斋按，未解）

## 15. 《尚书详解》卷一

（宋）胡士行

（归善斋按，见前文"帝曰：咨！四岳"）

## 16. 《书纂言》卷一

（元）吴澄撰

（归善斋按，此段吴澄连解，见前文"帝曰：咨！四岳"）

## 17. 《尚书集传纂疏》 卷一

（元）陈栎

（归善斋按，见前文"帝曰：咨！四岳"）

## 18. 《读书丛说》 卷二

（元）许谦

（归善斋按，未解）

## 19. 《书传辑录纂注》 卷一

（元）董鼎

（归善斋按，见前文"帝曰：咨！四岳"）

## 20. 《尚书句解》 卷一

（元）朱祖义

帝曰：吁（尧吁而疑怪之曰）！咈哉（言其违戾，而不可用），方命圮族（《孟子》云"方命虐民"，赵氏注，方，犹放，放弃教命。圮，坏；族，类。倾陷忌刻之人也。圮，音痞）。

## 21. 《尚书日记》 卷一

（明）王樵

（归善斋按，见前文"畴咨若时登庸"）

## 22. 《御制日讲书经解义》 卷一

（归善斋按，连解，见前文"帝曰：咨！四岳"）

## 《尚书砭蔡编》 卷一

（明）袁仁

方命圮族。

"方"字，古"放"字，盖二字通用者。《蜀志》、《晋书》引《古文尚书》并作"放命圮族"。郑康成谓"放弃君命"是矣。今云"圆则行，方则止"，恐太穿凿。

### 《尚书注考》

（明）陈泰交

同字异解者三百二十三条。

咈哉，训咈者，甚不然之辞；罔咈百姓，从谏弗咈，咈其耇（gǒu）长，训咈，逆也。

方命圮族，训族，类也；罪人以族，训族，亲族也；官伯族姓，训族，同族也。

### 《尚书埤传》

（清）朱鹤龄

#### 《书经考异》

方命圮族（《史记》作"负命毁族"。）

### 《尚书七篇解义》 卷一

（清）李光地

（归善斋按，见前文"佥曰：於！鲧哉"）

# 岳曰：异哉！试可乃已

## 1. 《尚书注疏》 卷一

（汉）孔氏传，（唐）陆德明音义、孔颖达疏

传：异，已也，退也，言余人尽已，唯鲧可试，无成乃退。

音义：异，徐云："郑音异，孔、王音怡、已也。"

疏：朝臣已共荐举，四岳又复然之。岳曰："帝若谓鲧为不可，余人悉皆已哉。"言不及鲧也。"惟鲧一人，试之可也。试若无功，乃黜退之。"言洪水必须速治，余人不复及鲧，故劝帝用之。

异，声近"已"，故为"已"也。"已"训为"止"，是停住之意，故为"退"也。

## 2.《书传》卷一

（宋）苏轼

岳曰：异哉！试可乃已。异，举也。时未有贤于鲧者，故岳曰举而试之。可以治水则已，无求其他。

## 3.《尚书全解》卷一

（宋）林之奇

（归善斋按，林之奇此段连解，见"汤汤洪水方割"）

## 4.《尚书讲义》卷一

（宋）史浩

（归善斋按，史浩整段综合解说，见"畴咨，若时登庸"）

## 5.《尚书详解》卷一

（宋）夏僎

（归善斋按，夏僎此段综合解说，见前文"帝曰：咨！四岳"）

## 6.《增修东莱书说》卷一

（宋）时澜

（归善斋按，时澜此段综合解说，见前文"帝曰：咨！四岳"）

## 7.《尚书说》卷一

（宋）黄度

（归善斋按，黄度此段综合解说，见前文"咨！四岳"）

## 8.《絜斋家塾书钞》卷一

（宋）袁燮

（归善斋按，袁燮此段综合作解，见前文"畴咨若时登庸"）

## 9. 《书经集传》卷一

（宋）蔡沈

（归善斋按，此段蔡沈连解，见前文"帝曰：咨！四岳"）

## 10. 《尚书精义》卷二

（宋）黄伦

（归善斋按，见前文"帝曰：咨！四岳"）

## 11. 《尚书详解》卷一

（宋）陈经

（归善斋按，陈经三段综合解说，见"帝曰：畴咨若时登庸"）

## 12. 《融堂书解》卷一

（宋）钱时

（归善斋按，此段钱时连解，见前文"帝曰：咨！四岳"）

## 13. 《尚书要义》卷一

（宋）魏了翁

（归善斋按，未引）

## 14. 《书集传或问》卷上

（宋）陈大猷

（归善斋按，未解）

## 15. 《尚书详解》卷一

（宋）胡士行

（归善斋按，见前文"帝曰：咨！四岳"）

## 16. 《书纂言》卷一

（元）吴澄撰

（归善斋按，此段吴澄连解，见前文"帝曰：咨！四岳"）

## 17. 《尚书集传纂疏》卷一

（元）陈栎

（归善斋按，见前文"帝曰：咨！四岳"）

## 18. 《读书丛说》卷二

（元）许谦

（归善斋按，未解）

## 19. 《书传辑录纂注》卷一

（元）董鼎

（归善斋按，见前文"帝曰：咨！四岳"）

## 20. 《尚书句解》卷一

（元）朱祖义

岳曰（四岳言）：异哉（然则已矣乎。异，音异），试可乃已（但试其可治水则已，无求其他）。

## 21. 《尚书日记》卷一

（明）王樵

（归善斋按，见前文"畴咨若时登庸"）

## 22. 《御制日讲书经解义》卷一

（归善斋按，连解，见前文"帝曰：咨！四岳"）

### 《尚书埤传》卷一

（清）朱鹤龄

（归善斋按，见前文"咨四岳"）

### 《尚书七篇解义》卷一

（清）李光地

（归善斋按，见前文"佥曰：於！鲧哉"）

# 帝曰：往，钦哉

## 1. 《尚书注疏》卷一

（汉）孔氏传，（唐）陆德明音义、孔颖达疏

传：敕鲧往治水，命使敬其事。尧知其性很戾垢族，未明其所能，而据众言可试，故遂用之。

疏：帝以群臣固请，不得已而用之。乃告敕鲧曰："汝往治水，当敬其事哉。"

传解鲧非帝所意而命使之者，"尧知其性很戾垢族，未明其所能"。夫管氏之好奢尚僭，翼赞霸图；陈平之盗嫂受金，弼谐帝业。然则，人有性虽不善，才堪立功者。而众皆据之，言鲧可试，冀或有益，故遂用之。孔子此说，据迹立言，必其尽理而论，未是圣人之实。何则？禹称"帝德广运，乃圣乃神。"夫以圣神之资，聪明之鉴，既知鲧性狠戾，何故使之治水者？马融云："尧以大圣，知时运当然，人力所不能治。下民其咨，亦当忧劳。屈己之是，从人之非，遂用于鲧。"李颙（yóng）云："尧虽独明于上，众多不达于下，故不得不副倒悬之望，以供一切之求耳。"

## 2. 《书传》卷一

（宋）苏轼

（归善斋按，苏轼分句不同，见下句）

## 3. 《尚书全解》卷一

（宋）林之奇

（归善斋按，林之奇此段连解，见"汤汤洪水方割"）

## 4.《尚书讲义》卷一

（宋）史浩

（归善斋按，史浩整段综合解说，见"畴咨，若时登庸"）

## 5.《尚书详解》卷一

（宋）夏僎

（归善斋按，夏僎此段综合解说，见前文"帝曰：咨！四岳"）

## 6.《增修东莱书说》卷一

（宋）时澜

（归善斋按，时澜此段综合解说，见前文"帝曰：咨！四岳"）

## 7.《尚书说》卷一

（宋）黄度

（归善斋按，黄度此段综合解说，见前文"咨！四岳"）

## 8.《絜斋家塾书钞》卷一

（宋）袁燮

（归善斋按，袁燮此段综合作解，见前文"畴咨若时登庸"）

## 9.《书经集传》卷一

（宋）蔡沈

（归善斋按，此段蔡沈连解，见前文"帝曰：咨！四岳"）

## 10.《尚书精义》卷二

（宋）黄伦

（归善斋按，见前文"帝曰：咨！四岳"）

## 11.《尚书详解》卷一

（宋）陈经

（归善斋按，陈经三段综合解说，见"帝曰：畴咨若时登庸"）

## 12.《融堂书解》卷一

（宋）钱时

（归善斋按，此段钱时连解，见前文"帝曰：咨！四岳"）

## 13.《尚书要义》卷一

（宋）魏了翁

（归善斋按，未引）

## 14.《书集传或问》卷上

（宋）陈大猷

（归善斋按，未解）

## 15.《尚书详解》卷一

（宋）胡士行

（归善斋按，见前文"帝曰：咨！四岳"）

## 16.《书纂言》卷一

（元）吴澄撰

（归善斋按，此段吴澄连解，见前文"帝曰：咨！四岳"）

## 17.《尚书集传纂疏》卷一

（元）陈栎

（归善斋按，见前文"帝曰：咨！四岳"）

## 18.《读书丛说》卷二

（元）许谦

（归善斋按，未解）

## 19.《书传辑录纂注》卷一

（元）董鼎

（归善斋按，见前文"帝曰：咨！四岳"）

## 20.《尚书句解》卷一

（元）朱祖义

帝曰（尧姑顺四岳之意而戒之曰）：往，钦哉（可往治水，当处之以敬）。

## 21.《尚书日记》卷一

（明）王樵

（归善斋按，见前文"畴咨若时登庸"）

## 22.《御制日讲书经解义》卷一

（归善斋按，连解，见前文"帝曰：咨！四岳"）

# 九载，绩用弗成

## 1.《尚书注疏》卷一

（汉）孔氏传，（唐）陆德明音义、孔颖达疏

传：载，年也。三考，九年，功用不成，则放退之。

疏：鲧治水九载，已经三考，而功用不成。言帝实知人，而朝无贤臣，致使水害未除。待舜乃治。此经三言求人，未必一时之事。但历言朝臣不贤，为求舜张本故也。

《释天》云："载，岁也。夏曰岁，商曰祀，周曰年，唐虞曰载。"李巡云："各自纪事，示不相袭也。"孙炎曰"岁取岁星行一次也。祀取四时祭祀一讫也。年取米谷一熟也。载取万物终而更始。是载者年之别名，故以载为年也。"《舜典》云"三载考绩，三考，黜陟（zhì）幽明。"是"三考，九年"也。功用不成，水害不息，故放退之。谓退使不复治水。至明年，得舜，乃殛之羽山。《周礼·大宰》职云："岁终，则令百官各正其治，而诏王废置。三年则大计群吏之治而诛赏。"然则考课功绩必在岁终。此言"功用不成"，是九年岁终三考也。下云"朕在位七十载，而求得虞舜，历试三载，即数登用之年，至七十二年为三载，即知七十载者

与此异年。此时尧在位六十九年。鲧初治水之时，尧在位六十一年。若然鲧既无功，早因黜废。而待九年无成始退之者，水为大灾，天之常运，而百官不悟，谓鲧能治水，及遣往治，非无小益。下人见其有益，谓鲧实能治之。日复一日，以终三考。三考无成，众人乃服，然后退之。故至九年。《祭法》云："鲧障洪水而殛死。禹能修鲧之功。"然则禹之大功，顾亦因鲧，是治水有益之验，但不能成功，故诛殛之耳。若然，灾以运来，时不可距。假使兴禹，未必能治。何以治水之功不成而便殛鲧者，以鲧性傲很，帝所素知，又治水无功，法须贬黜。先有很戾之恶，复加无功之罪，所以殛之羽山，以示其罪。若然，禹既圣，当知洪水时未可治，何以不谏父者？梁主以为"舜之怨慕，由己之私，鲧之治水，乃为国事。上令必行，非禹能止，时又年小，不可干政也。"

## 2. 《书传》卷一

（宋）苏轼

帝曰：往！钦哉。九载，绩用弗成。载，年也。九年三考而功不成。

## 3. 《尚书全解》卷一

（宋）林之奇

（归善斋按，林之奇此段连解，见"汤汤洪水方割"）

## 4. 《尚书讲义》卷一

（宋）史浩

（归善斋按，史浩整段综合解说，见"畴咨，若时登庸"）

## 5. 《尚书详解》卷一

（宋）夏僎

（归善斋按，夏僎此段综合解说，见前文"帝曰：咨！四岳"）

## 6. 《增修东莱书说》卷一

（宋）时澜

（归善斋按，时澜此段综合解说，见前文"帝曰：咨！四岳"）

## 7.《尚书说》卷一

（宋）黄度

（归善斋按，黄度此段综合解说，见前文"咨！四岳"）

## 8.《絜斋家塾书钞》卷一

（宋）袁燮

（归善斋按，袁燮此段综合作解，见前文"畴咨若时登庸"）

## 9.《书经集传》卷一

（宋）蔡沈

（归善斋按，此段蔡沈连解，见前文"帝曰：咨！四岳"）

## 10.《尚书精义》卷二

（宋）黄伦

（归善斋按，见前文"帝曰：咨！四岳"）

## 11.《尚书详解》卷一

（宋）陈经

（归善斋按，陈经三段综合解说，见"帝曰：畴咨若时登庸"）

## 12.《融堂书解》卷一

（宋）钱时

（归善斋按，此段钱时连解，见前文"帝曰：咨！四岳"）

## 13.《尚书要义》卷一

（宋）魏了翁

四三、九载殛鲧，盖小有益，待三考退之

夏曰岁，商曰祀，周曰年，唐虞曰载。李巡云，各自纪事，示不相袭也。孙炎曰，岁，取岁星行以次也；祀，取四时祭祀一讫也；年，取禾谷一熟也；载取万物终而更始。是载者，年之别名。功用不成，水害不息，故放退之。谓退使不复治水。至明年得舜，乃殛之羽山。《周礼·大宰》

职曰："岁终，则令百官各正其治，而诏王废置，三年则大计群吏之治而诛赏"。然则，考课功绩必在岁终，此言功用不成，是九年岁终三考也。下云朕在位七十载，而求得虞舜，历试三载，即数登用之年，至七十二年为三载，即知七十载者与此异年。比时尧在位六十九年，鲧初治水之时，尧在位六十一年。然若鲧既无功，早应黜废，而待九年，非无小益，下人见其有益，谓鲧实能治之。日复一日，以终三考。三考无成，众人乃服，然后退之，故至九年。《祭法》云："鲧障洪水而殛死，禹能修鲧之功"。然则，禹之大功，颇亦因鲧，是治水有益之验，但不能成功．先有狠戾之恶，复加无功之罪，所以殛之羽山，以示其罪。若然，禹既圣人，当知洪水时未可治，何以不谏父者：梁主以为"舜之怨慕，由己之私；鲧之治水，乃为国事。上令不行，非禹能止，时又年少，不可干政"。

## 14. 《书集传或问》卷上

（宋）陈大猷

（归善斋按，未解）

## 15. 《尚书详解》卷一

（宋）胡士行

（归善斋按，见前文"帝曰：咨！四岳"）

## 16. 《书纂言》卷一

（元）吴澄撰

（归善斋按，此段吴澄连解，见前文"帝曰：咨！四岳"）

## 17. 《尚书集传纂疏》卷一

（元）陈栎

（归善斋按，见前文"帝曰：咨！四岳"）

## 18. 《读书丛说》卷二

（元）许谦

（归善斋按，未解）

## 19.《书传辑录纂注》卷一

（元）董鼎

（归善斋按，见前文"帝曰：咨！四岳"）

## 20.《尚书句解》卷一

（元）朱祖义

九载，绩用弗成（其功用，果历九年而弗成）。

## 21.《尚书日记》卷一

（明）王樵

（归善斋按，见前文"畴咨若时登庸"）

## 22.《御制日讲书经解义》卷一

（归善斋按，连解，见前文"帝曰：咨！四岳"）

### 《尚书注考》

（明）陈泰交

同字异解者三百二十三条。

九载绩用弗成，训载，年也；熙帝之载，祇载见瞽瞍，训载，事也；载采采，训载，行也；乃赓载歌，训载，成也；既载壶口，训经始治之谓之载。

### 《尚书埤传》卷一

（清）朱鹤龄
（归善斋按，见前文"咨四岳"）

### 《尚书七篇解义》卷一

（清）李光地
（归善斋按，见前文"佥曰：於！鲧哉"）

# 五
# 择人逊位

## 帝曰：咨！四岳，朕在位七十载

### 1. 《尚书注疏》卷一

（汉）孔氏传，（唐）陆德明音义、孔颖达疏

传：尧年十六，以唐侯升为天子，在位七十年，则时年八十六。老将求代。

音义：朕，直锦反，马云："我也"。

疏：正义曰，帝以鲧功不成，又已年老，求得授位明圣，代御天灾。故咨嗟汝四岳等，我在天子之位七十载矣。言已年老不堪在位。

传正义曰，遍检今之《书》传，无尧即位之年。孔氏博考群书，作为此传。言尧年十六以唐侯升为天子，必当有所按据。未知出何书？计十六为天子，其岁称元年。在位七十载，应年八十五。孔云八十六者，《史记》诸书皆言，尧帝喾之子，帝挚之弟。喾崩挚立，挚崩乃传位于尧。然则尧以弟代兄，盖逾年改元。据其改元年，则七十载，数其立年，故八十六。下句求人巽位，是老将求代也。此经文承"绩用不成"之下。计治水之事，于时最急。不求治水之人，而先求代己者，尧以身既年老，臣无可任治水之事，非己所能，故求人代己，令代者自治。是虞史盛美舜功，言尧不能治水，以大事付舜，美舜能消大灾，成尧美也。

## 2.《书传》卷一

（宋）苏轼

帝曰：咨！四岳，朕在位七十载。尧年十六，以唐侯为天子，在位七十年，时年八十六。

## 3.《尚书全解》卷一

（宋）林之奇

帝曰：咨！四岳，朕在位七十载。

此序尧将禅位于舜，所以为舜张本也。朕在位七十载。孔氏云："尧年十六，以唐侯升为天子，在位七十年，则时年八十六，老将求代。"此论尧之年数，不知出于何书？然而，在汉之时，去古未远，帝王遗书犹有存者，孔氏必有所据而云。朕在位七十载，而年八十六，则耄期倦于勤矣。

## 4.《尚书讲义》卷一

（宋）史浩

（归善斋按，史浩整段综合解说，见"畴咨，若时登庸"）

## 5.《尚书详解》卷一

（宋）夏僎

（归善斋按，夏僎此段连解）

帝曰：咨！四岳，朕在位七十载，汝能庸命巽朕位？岳曰：否德忝帝位。曰：明明扬侧陋。师锡帝曰：有鳏在下，曰虞舜。帝曰：俞！予闻，如何？岳曰：瞽子，父顽、母嚚、象傲，克谐以孝，烝烝乂，不格奸。帝曰：我其试哉。女于时，观厥刑于二女。釐降二女于妫汭，嫔于虞。帝曰：钦哉。

此序尧禅舜之由，所为舜张本也。盖尧在位七十载，耄期倦于勤，将使四岳代己摄天子之事，故咨而访之，曰，朕在位七十载，汝能用我之命，我将巽之以朕位。巽与逊同。故马氏亦云，巽，让也。王氏乃谓，自下升曰"陟"，自外入曰"巽"。遂以巽朕之位，为尧将使四岳自外入居帝位，与下文言陟帝位同意。盖巽之为字，于《释文》未有训焉。自外而入内者，不若以"巽"为"逊"，而《尧典》之书亦有将逊于位之言，则王氏之说为未安也。

孔氏谓，尧年十六，自唐侯陟天子之位，七十年则时年八十六。此说虽不知出于何书，要之，在汉之时，去古未远，帝王遗书犹有存者，孔氏必有据而云也。

尧既使四岳用命巽朕位，四岳辞让不敢当，乃告于尧曰"否德忝帝位"，言己之不德，万一受之，适所以忝辱帝位也。陈少南又以为，岳谓帝德重矣，无有德可以辱之者，此说亦通。四岳既辞"其否德忝帝位"，尧于是使之举其所知，即"明明扬侧陋"者是也。明明，谓其"高明"者。扬侧陋，举扬其在侧陋者，盖欲不择贵贱，凡可以当此位者，虽贵而群臣，贱而庶民，皆举之也。

一说以明明扬侧陋，乃尧使四岳，明明然举扬侧僻贱陋之处，苟有贤者举而用之。其意盖谓，上既让四岳，则已求之于贵者矣。至此扬侧陋，则又及于贱者也。况尧既使之扬侧陋，而岳果告之曰"有鳏在下曰虞舜"。则此说亦自有理。尧既使明明扬侧陋，故四岳亲往方岳之下求之，果得众人共锡帝尧之言曰"有鳏在下曰虞舜"。虞，其氏也。舜其名也。舜时年三十，尚未娶，故称鳏。唐孔氏引《诗》"何草不玄"，"何人不鳏"，谓暂离室家尚谓之鳏，不独老而无妻始称之也。薛氏谓举而言其鳏，欲帝妻之也。此说虽可喜，然下文云"我其试哉，女于时则妻舜乃出于帝意。若如薛氏之言，则妻舜乃出于四岳之请。夫岳举舜于侧微之中，未知尧之用否，而先请以女妻之，非人情也。但舜时适未娶也，四岳荐之，因言之耳，岂有言以鳏而欲尧妻之理哉。

四岳既以舜锡，尧然其举，曰，俞！我已闻其名矣，但未知其人何如"。尧上圣之君，既闻舜名于未锡之先，又问其为人于已锡之后者，所以尽众心，不敢决于一己也。说者谓，尧有"予闻"之言，则尧之知舜已久矣。知而不即举，乃以礼让四岳，四岳既辞，然后使之举侧陋，则必及舜。是尧之意实欲让舜，但舜时微贱，恐一旦让之，人必议之。故尧让四岳，使岳自举舜，为出于众议而非己私。故唐孔氏谓，尧知有舜而不召以禅之，而信四岳，今令众举者，以舜在卑微，未有名闻，卒暴禅之，则下人不服。郑玄《六艺论》亦谓尧之命在舜，舜之命在禹，犹信群臣举于侧陋，上下相让，务在服人。苏氏亦谓，以天下与庶人，古无是理，故必自岳始，岳必不敢当也，岳不敢当，则必举舜。尧之知舜至矣，而天下不足知之，故将授之天下，必使其事发于众，不发于尧，故舜受之也安。

是说美则美矣，但圣人之作事，直己而行，无事私曲，使其果欲禅舜，则直禅舜矣，又何必先以礼让四岳，而为此不情之举乎？其实以四岳，尧之辅臣，故贤者也。尧将禅位，故宜先于四岳，岳不敢当，则使明明扬以下之可当者，宜得圣人。四岳实闻舜贤，方欲荐之，适尧已闻，乃举以对。尧时亦闻舜之玄德，而未知其详，故因四岳之荐而审其何如，初非有意禅舜，恐人议己，故阳以礼让四岳也。伊川之意出此。

曾氏亦云，唐虞建官内有百揆、四岳，尧得舜而纳于百揆，则前此百揆之官未备也。建官惟贤，官无隆于四岳，则其贤可知矣。德未足以宅百揆，则庸命有所不能矣。故四岳言舜可受天下之事，曰舜乃瞽者之子，其父则心不则德义之经，其母则口不道忠信之言，其弟象则又傲慢而不恭。有此三恶，而舜能谐之以孝，使烝烝乂不格奸，此实人情之至难，而舜能之，故知其可以受尧之天下也。

"烝烝"，孔氏谓"进进于善"，不若曾氏谓，若烝之浮，浮之烝，盛德之气，有以上达，化而熟之，使不自知。故烝烝于乂，不至于格奸。"瞽"，无目之称也。汉孔氏谓，舜父有目，以其不能分别善恶，故时人谓之瞽。唐孔氏从而广其说，引《论语》"未见颜色而言谓之瞽"，言瞽者非果无目也。况《史记》载，瞽瞍使舜上廪，从下纵火；使舜穿井，下土实井。若其身自能为之，不得为无目，但不识善恶，故称瞽耳。至林少颖则引《史记》云，盲者子，父顽、母嚚、象傲。则舜父之无目也审矣。夫盲之为痼疾，固非善恶之事。然有目而顽，犹可言，无目而顽岂不愈难言哉。要之二说，少颖为长。

说者又谓，"烝烝乂，不格奸"，则舜未登庸之时，瞽瞍焚廪，使浚井，出，从而掩之；象曰"谟盖都君咸我绩，牛羊父母，仓廪父母，干戈朕，琴朕，弤朕，二嫂使治朕栖"，则舜登陟天朝之后，三恶尚谋杀舜，为奸之大，莫甚于此，安得为不格奸。余谓，舜处父子兄弟之不幸，虽尧既妻舜，三恶尤有杀舜之心，则当未举之前，其欲害舜之心为如何，惟舜以孝克谐之，虽顽如瞽，无杀子之慾；傲如象无害兄之罪，则不格奸之言为可信也。

四岳既言舜克谐三恶，烝烝乂，不格奸，以此为可授以天下。尧犹以为未也，且曰"我其试哉"，盖以试舜以考其行绩也。试之如何，妻以二女，观其礼法刑制二女而已。盖能制二女，则夫妇之道正。夫夫妇妇，则家正而天下定。此尧所以试之也。《春秋传》曰"宋雍氏女女于郑"，则知以女适人皆谓之"女"。谓之"女于时"者，犹言于是时，以二女女之也。古者庶士，人一妻一妾。今尧以二女妻舜，切意二女，当有贵贱、长幼。其一为妻，一为媵，非皆为妻也。故刘向《烈女传》云，舜为天子，娥皇为后，女英为妃，则非皆为妻也。吴孜谓，尧舜同姓，俱出于黄帝之后，不应以嫡女妻之。所谓二女者，人君天下父母，民皆臣妾，尧于天下取二女妻之，以观其治天下之本，故知二女非尧女也。殊不知《世本》之旧，出于后世，岂可据哉。尧既妻二女，以观其礼法刑二女，而舜于此，果能以义理下降二女于妫水之北，使帝女虽贵必从夫，而俱行妇道于有虞之族。故尧叹曰"钦哉"，美舜也。

王氏以釐降为下嫁，此说虽通，然以釐降为下嫁，则一篇之载，惟及乎尧之妻舜，不及舜之刑二女。孔氏云，釐降乃舜能以义理下二女之心。然经言釐降二女于妫汭，则降又非降其心，故不若合二说为一，谓舜能以义理下降二女，虽帝女之贵，亦使下降而居妫汭也。水北曰汭，妫汭为水之北，即舜所居之地也。既言妫汭，又言嫔于虞，妫言其地，虞言其族也。

曾氏云，动容周旋中礼者，圣人之钦也。若有人则作，无人则辍，其钦但可掩涂人耳目耳。若在其室，而与之居者不可欺也。舜能釐二女而使之嫔于虞，非能动容周旋中礼以行之，不能如此。故以"钦哉"美之也。李校书谓，"钦哉"，为帝戒饬二女之言。其意盖谓，舜以微贱能釐降二女，不可不敬其夫，故以钦戒之。此说亦通。

周泰叔谓，尧禅舜，必试之，舜禅禹，不言试者，当尧之时，洪水横流，天下愁叹，帝命治之，由是疏九州，导九河，驱水怪之属而放之海，汲汲尽力乎外，三过其门而不入。水功既成，民然后获陆行而土居。禹之功被乎天下，民之视禹，无异于舜。故，泽水儆予，成允成功，惟汝贤，予嘉乃绩。天之历数在尔躬，终陟元后。盖禹之功，被民也大；民之归禹也顺，不待舜试，而天下安之也。

林少颖，四岳荐舜，将使尧授以天下，而其荐之者不言其他，而惟曰父顽、母嚚、象傲，烝烝乂，不格奸。尧之试舜，将授以天下，而其所以观之者，不观其他，而惟曰女于时，观厥刑于二女者，盖夫夫妇妇而家道正，家道正而天下定矣。

## 6. 《增修东莱书说》卷一

（宋）时澜

帝曰：咨！四岳，朕在位七十载，汝能庸命巽朕位？岳曰：否德忝帝位。

自"咨！四岳"以下，叙"将逊于位，让于虞舜"之事。"汝能庸命巽朕位"，或言尧已知舜，姑逊于四岳，而听其自推，此后世之机心耳。帝者之道，直以大事之次序，各有当然，且尧欲逊位，必先于本朝择贤，亦其理也。尧之逊，非虚逊；四岳之辞，非虚辞也。尧知四岳之可以当天下，而实欲逊。四岳言"否德"，盖自揆于心，有毫厘之未尽，而实不敢当以天下，与以天下辞，各实动其心之所安，此直大之象也。夫四岳果不足以居帝位，则尧若不知人，四岳果足以居帝位而固辞，则四岳为不情，是又当以夫子漆雕开之事观之，孔子使漆雕开仕，对曰"吾斯之未能信"。谓孔子不知漆雕开，不可；谓漆雕开诬孔子，亦不可。盖孔子实见漆雕开可以入仕，漆雕开亦实有所未能自惬。洙泗之象，唐虞之象也。

## 7. 《尚书说》卷一

（宋）黄度

（归善斋按，黄度此段连解）

帝曰：咨！四岳。朕在位七十载，汝能庸命，巽朕位？岳曰：否德忝帝位。曰：明明扬侧陋。师锡帝曰：有鳏在下，曰虞舜。帝曰：俞！予闻，如何？岳曰：瞽子，父顽、母嚚、象傲，克谐以孝，烝烝乂，不格奸。帝曰：我其试哉。女于时，观厥刑于二女。釐降二女于妫汭，嫔于虞。帝曰：钦哉！

共工不修其官；鲧特命无功，于是举舜。是则昏垫巢穴，禽兽食人，尧之忧诚不能已也。四岳能用天命，故欲让之以位。巽卑，降，伏藏也。尧在位久，高而能降，显而知晦，故欲以位巽四岳。《易》"巽"彖（tuàn）曰"以木巽火"，火出而木泯也。明明，明其明者也。举朱，举共工，举鲧，皆其明者。而既无其人，故使之"扬侧陋"，必又曰"明明"者，犹冀其有人也。师，众。锡，予。"师锡"，公举也。谓之锡，尊贤也。虞，今解州安邑县。舜，黄帝子昌意七世孙。昌意，帝颛顼父也。按《左氏》，因生赐姓，胙（zuò）之土而命之氏。舜生于妫水，故赐姓妫；封虞，故氏虞。四岳举舜。已称虞，不知何也？岂以其居于虞，故以名系地欤？不然则自穷蝉、敬康以来，有胙土命氏者矣。无妻曰鳏，言此者有二义，一见告不得娶；二见未有以观厥刑也。孝、友已著，此独未有睹焉。俞，然也。或吁，或俞，予夺素定，聪明之德也。心不则德义之经，为顽。傲，慢。谐，和。烝，进。乂，治。和之以孝，而进进治理，不至奸恶。女，妻。刑，法。釐，理。降，下也。贵贱之势，可以言降也。釐降，则妇从夫，理之不可易者也。后世直改为下嫁。《孟子》"舜尚见帝"，尚，犹上也。虽贵而上之，夫妇后先之义也。后世训其义为"配"，皆失理。《孟子》，帝使九男事之，二女女焉，百官牛羊仓廪备，以事舜于畎（quǎn）亩之中。嫔，妇也。《易》二女同居为睽（kuí）。二女能执妇道于顽、嚚、傲慢之间，尧于是以舜为果可敬也。孔氏曰，言能修己以敬。《诗》首《关雎》，正始之道，王化之基。治天下，必有其本也。故尧以此首试舜。妫，水名，水北曰汭。郦道元注《水经》妫、汭水出蒲坂县，南流曰妫，北流曰汭，异源合流，西入河。其说与古不同。蒲坂，今河中府河东县。

## 8. 《絜斋家塾书钞》卷一

（宋）袁燮

（归善斋按，袁燮此段综合解说）

帝曰：咨！四岳，朕在位七十载，汝能庸命巽朕位？岳曰：否德忝帝位。曰：明明扬侧陋。师锡帝曰：有鳏在下，曰虞舜。帝曰：俞！予闻，如何？岳曰：瞽子，父顽、母嚚、象傲，克谐以孝，烝烝乂，不格奸。帝曰：我其试哉。女于时，观厥刑于二女。釐降二女于妫汭，嫔于虞。帝曰：钦哉。

虞舜侧微，尧闻之聪明，则尧固深知舜。而天位之逊，盖属意于舜也。然舜隐于耕稼陶渔，一旦授之天位亦难，故逊于四岳，曰汝能庸命巽朕位。前辈以为求能庸命者，将巽朕位，亦不必如此说。四岳，尧朝之大臣，盖一时之贤也，自可任天下之重。尧欲逊位，既未有人，自然先于四岳。若谓尧固知四岳决不敢，当姑试巽焉，尧之意却不如此。四岳既谓"否德忝帝位"，尧乃使之明扬侧陋之人，于是众人翕然举舜。

"瞽子，父顽、母嚚、象傲，克谐以孝"，"谐"之一字最要看。大抵处天伦之间，使粗不得，须是由细密工夫在里面调停谐和。工夫既到自然感格。盖处父子兄弟间，与外面事不同。外面做事果决，有才力者，皆能为之。父子兄弟间，所有果决才力都使不着。舜在顽、嚚、傲弟之间，此心不敢有一毫放逸，只看"谐"之一字，是多少工夫。后伯益言曰"祗载见瞽瞍，夔夔齐栗，瞽瞍亦允若"。孟子曰"人悦之、好色、富贵，无足以解其忧者。惟顺于父母可以解忧。"若使舜有一毫粗心，如何能感格。《记》曰"父母有过，下气怡色，柔声以谏"。又曰"孝子之有深爱者，必有和气。有和气者，必有愉色，有愉色者，必有惋容"。观"谐"之一事，想见舜处顽、嚚之间，所谓下气怡色柔声，所谓和气愉色惋容，无所不用其至。若是常人处，此必将归过于父母兄弟，以为顽、嚚、傲慢，不可训化，而有忿疾之心。舜都无这一点心。此心不特舜有之，人皆有之。所谓孩提之童无不知爱其亲者，盖降衷而生，此正是人秉彝之良心，但人有此心不能保养。孩提之童，所以爱其亲如此之切者，本心之良未丧，而得于天者全也，后来外物汩之，是以良心昏塞。舜之所以为圣，只是不失其良心而已。故曰大人者，不失其赤子之心者也。

四岳举舜，而惟言其闺门间事，可谓能举人矣。帝曰："我其试哉"，女于时，观厥刑于二女。尧谓舜处父母兄弟间虽如此，未见其处夫妇间如何？故试之以二女。所谓历试诸难，此是第一件事。二女，虽云尧所自出，毕竟是天子之女。舜乃实一匹夫，而舜能使二女忘了为天子女底骄贵，釐降于妫汭。"釐"者，理也。"降"者，降心以相从也。"嫔于虞"

者，尽妇道于有虞氏也。所以能釐降，所以能使之嫔于虞，只缘舜之心便是前日"克谐以孝"之心。舜之心不曾被妻变易了。若使舜此心变动，定不能感动二女。夫观其处父母兄弟之间，既是能如此"克谐以孝"；观其处夫妇之间，又能釐降二女，如此是朴实有工夫矣，是果可以授天位。帝曰"钦哉"，言其所以能如此，只是一个"钦"字。

今观尧之用人，放齐举嗣子朱启明，尧以其"嚚讼"而不用。驩兜举共工"方鸠僝功"，尧以其"静言庸违，象恭滔天"而不用。四岳举鲧，尧以为"方命圮族"。至于师锡帝以舜，尧便曰"我其试哉"，略不疑而遂信之。观其取舍用否，尧果何意？大抵常人之观人也，观其外；圣人之观人也，察其心。丹朱之启明，今之所谓明敏者是也。共工之"方鸠僝功"，今之所谓能办事者是也。众人观其外，似若可喜。圣人察其心，实不可用。至如舜之兢兢业业，尽诚于闺门之间，尧却遽授以天下。大抵外面事皆可伪为，惟闺门之间，不容一毫之伪。如启明如鸠功皆可，外为以欺人，至笃实处却未见得。处父子兄弟间，非此心无一毫放逸，朴实头有工夫者，如何做得？

今读尧典一篇，虽有许多事，然其纲领不过有二：曰修己，曰用人而已。自"钦明文思"至"黎民于变时雍"，是说尧之修己。自"乃命羲和"至终篇，是说尧之用人，必是果然如此。钦明文思，允恭克逊，方才是修己；必是贤不肖之情伪，灼然如辩黑白，方才是用人。内而修己、外而用人二者，既尽治道大端，复有何事？人主之修己，当如尧之修己。人主之用人当如尧之用人。盖这个方才是朴实头处。

## 9. 《书经集传》卷一

（宋）蔡沈

帝曰：咨！四岳，朕在位七十载，汝能庸命巽朕位？岳曰：否德忝帝位。曰：明明扬侧陋。师锡帝曰：有鳏在下，曰虞舜。帝曰：俞！予闻，如何？岳曰：瞽子，父顽、母嚚、象傲，克谐以孝，烝烝乂，不格奸。帝曰：我其试哉。女于时，观厥刑于二女，釐降二女于妫汭，嫔于虞。帝曰：钦哉。

妫，俱为反。汭，如税反。嫔，音并。朕，古人自称之通号。吴氏曰，巽，逊，古通用。言汝四岳能用我之命。而可逊以此位乎？盖丹朱既不肖，群臣又多不称，故欲举以授人，而先之四岳也。"否"、"不"通。忝，辱也。明明，上"明"谓明显之；下"明"谓已在显位者。扬，举也。侧陋，微贱之人也，言惟德是举，不拘贵贱也。师，众。锡，与也。四岳、群臣、诸侯同辞以对也。鳏，无妻之名。虞，氏。舜，名也。俞，应许之辞。"予闻"者，我亦尝闻是人也。"如何"者，复问其德之详也。"岳曰"，四岳独对也。瞽，无目之名，言舜乃瞽者之子也。舜父号瞽瞍。心不则德义之经为顽。母，舜后母也。象，舜异母弟名。傲，骄慢也。谐，和。烝，进也。言舜不幸遭此，而能和以孝，使之进进以善，自治而不至于大为奸恶也。女，以女与人也。时，是。刑，法也。二女，尧二女，娥皇、女英也。此尧言其将试舜之意也。《庄子》所谓"二女事之，以观其内"是也。盖夫妇之间，隐微之际，正始之道，所系尤重。故观人者，于此为尤切也。釐，理。降，下也。妫，水名。在今河中府河东县，出历山入河。《尔雅》曰，水北曰汭，亦小水入大水之名。盖两水合流之内也，故从水从内，盖舜所居之地。嫔，妇也。虞，舜氏也。史言，尧治装下嫁二女于妫水之北，使为舜妇于虞氏之家也。"钦哉"，尧戒二女之辞，即礼所谓"往之女家必敬必戒"者，况以天子之女嫁于匹夫，尤不可不深戒之也。

## 10. 《尚书精义》卷一

（宋）黄伦

帝曰：咨！四岳。朕在位七十载，汝能庸命，巽朕位？岳曰：否德忝帝位。

无垢曰，孔氏注，尧年十六以唐侯升为天子，在位七十年，则时年八十六矣。七十年为天子数，亦过矣，而忽有洪水之灾，此天意也。其丹朱不肖，亦天意也。有舜抱玄德在下，亦天意也。此乾上九时也。于此而不知进退存亡，则为亢龙矣。尧大圣人也，知时，知数，知天意，知进退、存亡，故咨四岳以禅位之说焉。又曰，尧意虽知德莫如舜，圣莫如舜，得天历数莫如舜。然而天下至重，一旦不询于众，不考之公论，断以己意，遽以一匹夫为天子，此皆怪异不常，惊骇观听之事，圣人所不喜也。盖君子言必虑其所终，行必稽其所敝，使尧不先委四岳，遽以与匹夫，使后世庸君效之，得以奋其私意，至有欲以天位与董贤，如哀帝者，故必先委四岳，以顺天下之常情，然后听其辞，受以卜天之历数焉。岳曰"德忝帝位"，此非谦辞也。天下至重，岂可不量力，不度德，遽欲当之乎？

荆公曰，尧固已闻舜矣，然且谓"岳汝能庸命巽朕位"，然则尧之出此，伪欤？曰非然也。四岳者，皆大贤人，故尧任之，以与之厘百工熙庶绩者矣。尧虽闻舜，然未敢自用其所闻也，以为四岳亦能庸命，虽与之天下，亦可以朝诸侯，一天下也。此四人，苟有贤于己者，宜亦知之；苟知之，宜亦推之，故推四岳之功善，而云欲予之天下。四人者知足以知圣人，而其污不至乎贪天下也。舜诚圣人而在下，则四人宜知之矣，知之则宜言之矣。其肯相为比党，而蔽在下之贤于己者乎？此尧稽于众，舍己从人，不敢自用其耳目之聪明也，必待四岳师锡己以舜，而后征庸之耳。然则，四岳何以不蚤举舜欤？曰阴虽有美，含之以从王事，必待上之唱也，然后发。故四岳，虽知舜，必待尧之唱也，然后锡。

## 11. 《尚书详解》卷一

（宋）陈经

帝曰：咨！四岳。朕在位七十载，汝能庸命巽朕位？岳曰：否德忝帝位。曰：明明扬侧陋。师锡帝曰：有鳏在下，曰虞舜。帝曰：俞！予闻，如何？岳曰：瞽子，父顽、母嚚、象傲，克谐以孝，烝烝乂，不格奸。帝曰：我其试哉。女于时，观厥刑于二女。釐降二女于妫汭，嫔于虞。帝曰：钦哉。

此一段，尧老，舜摄之事。《易》所谓知进退存亡，不失其正者也。尧既知有舜，复欲先逊四岳，何也？以天下而与人，古无是理。四岳朝之大臣，总摄百僚，而居其上。观其"否德忝帝位"之言，度德量力于此，则四岳之贤亦非庸流。尧于逊其位，必先四岳，如其四岳不敢当，且推逊于舜，而后尧始及舜，其次序自当如此。以是知尧之授舜也，出于众人之情，以人情而卜天意向背。尧何尝容一毫私心。孟子识此意，则曰天与贤，则与贤。设若尧于此时，已知舜之圣，舍四岳而遽授之舜，不询之大臣，不考之公论，不由其次序，是私意也。是乃启后世人主之私心，不得与人燕者，私以与之人。其为害岂不多哉。"庸"者，用也。"巽"者，顺也。汝四岳，既能用吾之命，必能顺吾之位。曰"巽朕位"，则凡居天子之位，行天子之事者，无一而不顺理也。岳自知其否德辱帝之位，以言其德之不足也。

"曰：明明扬侧陋"，尧于是命四岳，明其贵显，扬其侧陋之微者，谓不择贵贱。"师锡帝"，众人同辞而与帝曰，"有鳏在下，曰虞舜"。舜时年三十未娶，故曰"鳏"。帝曰"予闻，如何"，"予闻"者，尧已知其人久矣；"如何"者，未知其果何如也。当此之时，朝廷清明，上下无壅士。修于草野之中，而名已达于朝廷之上，又见得尧未尝不留意于人才，虽侧微之贤，犹自知之。如汉尚有遗意焉。武帝先识儿宽，宣帝知东海萧生，皆此意也。尧既闻其名，又问其如何者，将以考其实，不专于传闻之可信也。岳于是举其人所难能者以对，曰瞽瞍之子，以父则顽，以母则嚚，以弟象则傲。盖慈爱之父母，友顺之兄弟，人之所易处也。顽、嚚父母，很傲之弟，日以杀舜为事，岂易处哉。今也，能和以孝，孝敬之心动于中，负罪归己，夔夔齐慄，至诚不已。如此虽顽、嚚、很傲之亲，亦能烝烝乂，不格奸。烝，进也。进进于治，不至于奸恶。孟子所谓"舜尽事亲之道，而瞽瞍底豫"是也。"帝曰：我其试哉"，观此一句，可见古人用人，如此其不轻，如此其不骤。四岳举鲧，尧已知其"方命"，必曰"试可乃已"；四岳举舜，尧已知其可用，又曰"我其试哉"。后世有以一言悟意遂至宰相，用人如此其轻易，何足以得人才。尧之试舜者，欲妻之二女，以观其齐家也。舜处人伦之变，未有妻子犹可言也，妻子具而孝或衰于亲者有之，贵骄之女或以陵人者有之。今也，二女之在妫汭，能自治而不易其节；能降下而不恃其势。嫔，妇也，执妇道于虞氏之族。呜呼！此岂常人所能为哉。"帝曰：钦哉"，谓舜虽已尽其道，钦敬之道尤不可忘，盖斯须有怠忽之心焉，则不足为圣人矣。

观此一段，虽见尧所以授舜有次第履历，不轻以天下与人，又见得四岳所以称舜，与尧所以试舜，不在其他，而在齐家之一节，盖一家者，一国与天下之则也。《易》卦家人，《诗》之二南，无非正家之道。自此而推之，治国平天下者，特余事耳。然则，君子欲齐其家者，岂家自能齐哉？《孟子》曰"身不行道，不行于妻子；使人不以道，不能行于妻子"。

身之不修而能齐家者，妄人也。唐世，人主无正家之法，父子、兄弟、夫妇之间渎人伦者多矣。三纲既不正，虽一时之治若可喜，而不足以传远，所以或再传而遂乱，或中衰而卒不振。治少乱多，学者可不推原其故哉。

## 12. 《融堂书解》卷一

（宋）钱时

帝曰：咨！四岳。朕在位七十载，汝能庸命巽朕位？岳曰：否德忝帝位。曰：明明扬侧陋。师锡帝曰：有鳏在下，曰虞舜。帝曰：俞！予闻，如何？岳曰：瞽子，父顽、母嚚、象傲，克谐以孝，烝烝乂，不格奸。帝曰：我其试哉。女于时，观厥刑于二女。釐降二女于妫汭，嫔于虞。帝曰：钦哉。

尧十六岁，自唐侯升为天子，在位又七十载，是八十六矣。巽，顺也。"庸命"与"方命"正相反，惟"咈"，故方命，能"庸命"则足以顺帝位矣。父则顽矣，母则嚚矣，其弟则又傲矣，一家之中都是乖戾，略无一点和气。常情处此，殆不可"一朝居"。舜处其间，能以孝道谐和之，薰烝不已，乖戾之气，化为乂治。烝者，如甑（zèng）之炊物也。

## 13. 《尚书要义》卷一

（宋）魏了翁

四三、尧咨岳求代，年八十六

帝曰：咨！四岳。朕在位七十载。尧年十六，以唐侯升为天子，在位七十，年八十六，老将求代。

## 14. 《书集传或问》卷上

（宋）陈大猷

（归善斋按，未解）

## 15. 《尚书详解》卷一

（宋）胡士行

帝曰：咨！四岳。朕在位七十载（尧年十六，以唐侯为天子，至此年八十六），汝能庸（用）命巽（顺）朕位？岳曰：否（不）德忝（辱）帝位。曰（帝）：明（明显）明（高明者）扬（称）侧（僻）陋（浅）。师（众）锡（与）帝曰：有鳏（老而无妻）在下，曰虞（氏）舜（名）。帝曰：俞（然）！予闻（亦闻），如何（果何如）？岳曰：瞽（瞽瞍，瞽无目之称）子，父顽（心不则德义之经）、母嚣、象（弟）傲（慢），克（舜能）谐（和父母）以孝（孝道），烝烝（如炊熏蒸）乂（治），不格（至）奸（瞽瞍厎豫不至终恶）。帝曰：我其试哉。女（嫁女）于时（是），观厥刑（示法）于二女（娥皇女英）。釐（理也。舜能以理）降（下）二女（止）于妫（水）汭（此舜所居），嫔（尽妇道）于虞。帝曰：钦哉（美舜钦之工夫也）。

治国平天下之道，于齐家卜之。顽、嚣、傲，处父母兄弟之难也；帝女至贵，易致骄怨，处夫妇之难也。烝乂、釐降，何道以致然哉，曰"钦"是已。此尧心法也。舜之心，即尧之心。斯其为授受之懿欤。

## 16.《书纂言》卷一

（元）吴澄撰

帝曰：咨！四岳。朕在位七十载，汝能庸命巽朕位？岳曰：否德忝帝位。曰明明扬侧陋。师锡帝曰：有鳏在下，曰虞舜。帝曰：俞！予闻，如何？岳曰：瞽子，父顽、母嚣、象傲，克谐以孝，烝烝乂，不格奸。帝曰：我其试哉。

朕，我也。古者，上下得通称朕。至秦定为天子之称。按，《史记》，尧年十六自唐侯为天子，在位七十载，则年八十六矣。巽、逊通。尧嗣子丹朱既不肖，群臣又多不称。当时百揆虚职。在朝之臣，四岳独尊。居是官者，必世族重臣，才德出于群臣之上。故尧欲以天下授人，而先语四岳，谓汝能用我之命，今巽我之位于汝也。否、不通。忝，辱也。四岳谓己不德不足以当帝位之重，受之适为辱耳。故辞而不受也。"曰"者，尧言也。明明，普照精察之意。重言二字，犹前言安安也。扬，举也。侧陋偏僻之处也。四岳既辞，尧使之举人自代，谓在朝无其人，则明明扬偏僻微贱之人也。师，众；锡，与也。"师锡帝曰"，缘四岳未对，而众臣先与帝言也。鳏，无妻也。在下，在民间未仕也。虞，氏；舜，名也。俞，应许也。"予闻"者我亦尝闻是人也。"如何"者，复问其人之详也。瞽，无目也。舜父号瞽瞍。顽，心无知觉也。母，舜后母也。象，舜异母弟名。傲，倨慢也。谐，和也。孝，善事父母，而推之为友悌也。烝，进也。如火气之烝而上也。奸，恶而为乱也。尧问舜之为人如何，四岳乃独对，谓舜乃瞽者之子，父既顽，母又嚚，弟又傲，而舜能谐和以孝，使进进于治，而不至于为大恶也。"其"者，将然之辞。四岳既详言舜之为人，尧谓我将以事试之也。试之之目见下文。

## 17.《尚书集传纂疏》卷一

（元）陈栎

帝曰：咨！四岳。朕在位七十载，汝能庸命巽朕位？岳曰：否德忝帝位。曰：明明扬侧陋。师锡帝曰：有鳏在下，曰虞舜。帝曰：俞！予闻，如何？岳曰：瞽子，父顽、母嚚、象傲，克谐以孝，烝烝乂，不格奸。帝曰：我其试哉。女于时，观厥刑于二女，釐降二女于妫汭，嫔于虞。帝曰：钦哉。

朕，古人自称之通号。吴氏曰，巽、逊古通用。言汝四岳能用我之命，而可逊以此位乎。盖丹朱既不肖，群臣又多不称，故欲举以授人，而先之四岳也。"否"、"不"通。忝，辱也。明明，上明谓明显之；下明，谓已在显位者。扬，举也。侧陋，微贱之人也。言惟德是举，不拘贵贱也。师，众；锡，与也，四岳、群臣、诸侯，同辞以对也。鳏，无妻之名。虞，氏；舜，名也。俞，应许之辞。"予闻"者，我亦尝闻是人也。"如何"者，复问其德之详也。"岳曰"，四岳独对也。瞽，无目之名，言舜乃瞽者之子也。舜父号瞽瞍。心不则德义之经为顽。母，舜后母也。象，舜异母弟名。傲，骄慢也。谐，和；烝，进。言舜不幸遭此，而能和以孝，使之进进以善自治，而不至于大为奸恶也。女，以女与人也。时，是；刑，法也。二女，尧二女，娥皇、女英也。此尧言其将试舜之意也，《庄子》所谓"二女事之，以观其内"是也。盖夫妇之间，隐微之际，正始之道，所系尤重，故观人者，于此为尤切也。釐，理；降，下也。妫，水名，在今河中府河东县，出历山入河。《尔雅》曰，水北曰汭，亦小水入大水之名，盖两水合流之内也，故从水从内，盖舜所居之地。嫔，妇也。虞，舜氏也。史言，尧治装下嫁二女于妫水之北，使为舜妇，于虞氏之家也。钦哉，尧戒二女之辞。即《礼》所谓"往之女家必敬必戒"者，况以天子之女嫁于匹夫，尤不可不深戒之也。

纂疏：《语录》，"我其试哉"，至于"二女"，皆尧言。"厘降"至于"虞"，乃史官之辞。"帝曰钦哉"是尧戒二女之辞。如所谓"往之女家，必敬必戒"是也。若如此看，不解亦自分明。"厘"训"治"。厘降，只是经理二女下降时事。

孔氏曰，以女妻舜，以治家观治国。周子曰，家难而天下易；家亲而天下疏也。家人离必起于妇人。故暌次家人，以二女同居，而志不同行也。尧所以厘降二女于妫汭，舜可禅乎？吾兹试矣。是治天下观于家，治家观身而已矣。张氏曰，刑，谓以身仪之，如《诗》"刑于寡妻"。曾氏巩曰，烝，如"烝之浮浮"之"烝"，盛德上达化而熟之，使不自知也。吕氏曰，烝烝有熏灌意，如甑炊物，薪然不继，则气息不腾，烝烝之功，间断不能熟物。火既不歇，自然烝烝，以至于熟。舜处顽、嚚、傲之间，彼为恶之力，日日不已，非孝诚熏灌，工夫源源力量，安能胜之。舜已居父母、兄弟之至难，尧又置之天下尤难之地。"平常"、"俯育"、"易分"、"仰事"之力，况顽、嚚、傲之间，以骄贵之二女处之，此天下之至难。舜无难焉，使恶者不至于恶，而贵者忘其为贵，非至圣孰能之。《尧典》一篇，始终莫非"钦"、"敬"。始曰"钦明"，终曰"钦哉"，中曰"允恭"、"钦若"、"敬授"、"寅宾"、"寅饯"、"敬致"、"往钦"，谆谆言之，尤一书之纲领，不但一篇之纲领也。陈氏大猷曰，舜自处顽、嚚、傲之间，而尽其道固难；使二女处焉，而尽其道尤难。使非化二女与己同德，安能如此。二女，其亦舜之俦欤。

## 18. 《读书丛说》卷二

（元）许谦

（归善斋按，见前文"畴咨若时登庸"）

## 19. 《书传辑录纂注》卷一

（元）董鼎

帝曰：咨！四岳朕在位七十载，汝能庸命巽朕位？岳曰：否德忝帝位。曰：明明扬侧陋。师锡帝曰：有鳏在下，曰虞舜。帝曰：俞！予闻，如何？岳曰：瞽子，父顽、母嚚、象傲，克谐以孝，烝烝乂，不格奸。帝曰：我其试哉。女于时，观厥刑于二女，釐降二女于妫汭，嫔于虞。帝曰：钦哉。

朕，古人自称之通号。吴氏曰，巽、逊，古通用。言汝四岳能用我之命，而可巽以此位乎？盖丹朱既不肖，群臣又多不称，故欲举以授人，而先之四岳也。"否"、"不"通。忝，辱也。明明，上"明"谓明显之；下"明"谓已在显位者。扬，举也。侧陋，微贱之人也。言惟德是举，不拘贵贱也。师，众；锡，予也，四岳群臣诸侯，同辞以对也。鳏，无妻之名。虞，氏；舜，名也。俞，应许之辞。"予闻"者我亦尝闻是人也。"如何"者，复问其德之详也。"岳曰"，四岳独对也。嚚，无目之名。言舜乃瞽者之子也。舜父号瞽瞍。心不则德义之经为顽。母，舜之后母也。象，舜异母弟名。傲，骄慢也。谐，和也。烝，进也。言舜不幸遭此，而能和以孝，使之进进以善自治，而不至于大为奸恶也。女，以女与人也。时，是；刑，法也。二女，尧二女，娥皇、女英也。此尧言其将试舜之意也。庄子所谓"二女事之，以观其内"是也。盖夫妇之间，隐微之际，正始之道，所系尤重。故观人者，于此为尤切也。釐，理；降，下也。妫，水名，在今河中府河东县，出历山入河。《尔雅》曰水北曰汭，亦小水入大水之名。盖两水合流之内也，故从水，从内。盖舜所居之地。嫔，妇也，虞，舜氏也。史言尧治装下嫁二女于妫水之北，使为舜妇，于虞氏之家也。"钦哉"，尧戒二女之辞，即《礼》所谓"往之女家，必敬必戒"者，况以天子之女，嫁于匹夫，尤不可不深戒之也。

**辑录**

先儒多疑舜乃前世帝王之后，在尧时不应在侧陋。此恐不然。若汉光武，只是景帝七世孙，已在民间耕稼了。况上古人寿长，传数世之后，经历之远，自然有微而在下者。烝烝，东莱说亦好。"帝曰：我其试哉。女于时，观厥刑于二女"，皆尧之言。"釐降二女于妫汭，嫔于虞"，乃史官之辞。言尧以女下嫁于舜尔。"帝曰：钦哉"是尧戒其二女之辞。如所谓"往之女家，必敬必戒"也。若如此说，不解亦自分明。但今解者，便添入许多字了说。釐则训治，釐降只是他经理二女下降时事尔。并广。

**纂注**

孔氏曰，尧年十六以唐侯升为天子，在位七十年，则时年八十六。以二女妻舜，以治家观治国。吕氏曰，"烝烝"二字，舜之工夫在此。"烝烝"者，有熏灌之意。《诗》曰"烝之浮浮"，如甑之炊物，薪然不继，则气息不腾。烝烝之工，间断不能熟物。火既不歇，则自然烝烝，以至于熟。舜处顽父、嚚母、傲弟之间，彼为恶之力，日日不已，苟非孝诚，熏灌工夫源源，安能至于不格奸之地。若有间断，则无以胜其为恶矣。盖为善为恶，各有力量，力者胜。此烝烝不格奸之意。

唐孔氏曰，按《世本》尧是黄帝玄孙，舜是黄帝八代孙，计尧女于舜之曾祖，为四从姊妹，以之为妻，于义不可。《世本》之言未可据信。孙氏曰，刑谓以身仪之，与《诗》"刑于寡妻"之"刑"同。周子曰，家难而天下易，家亲而天下疏也。家人离，必起于妇人。故睽次家人，以二女同居而志不同行也。尧所以釐降二女于妫汭，舜可禅乎？吾兹试矣。是治天下观乎家；治家观身而已矣。《地志》河东郡青山中，有二泉，下南流者曰妫；下北流者曰汭。二水异泉，而合流出西，注于妫。陈氏大猷曰，舜自处顽、嚚、傲之间，而尽其道固难；使二女处焉，而亦尽其道，尤难。使非化二女与己同德，安能如此。二女亦舜之俦也欤。

武夷熊氏曰，孔子定《书》，断自唐虞以下，《尧典》是第一篇书，以前更有文字。韩子曰，尧以是道传之舜，舜以是道传之禹、汤、文、武、周公、孔子。则《尧典》是第一传道之祖。以前虽有伏羲、神农、黄帝三圣人者作，孔子作《易》大传，不过略述其开物成务大概而已，创制立法，盖未详也。《尧典》曰"放勋"，孔子称之亦曰，巍巍乎其有成功，焕乎其有文章。盖涸沌既判，至尧适当一元文明之会。读书者不可不熟玩而深求也。此一篇当作五截看，首至"黎民于变时雍"，此第一节是言尧之德于万世圣学源流皆起于此。自"羲和钦若昊天"至"庶绩咸熙"，此第二节，是言尧之理会天道一截。自"畴咨若时"至"象恭"，此第三节，是言理会人道一截。自"帝曰言四岳汤汤洪水"至"绩用弗成"，此第四节，是理会地道一截。又自"帝曰咨四岳"至"钦哉"，此第五节，是言禅让之事。人君之职，以用人为重，以知人为难。一"咨若时"，而得丹朱之顽；再"咨若采"，而得共工之"静言庸违"；三咨治水，而得鲧之"方命圮族"。直至四咨岳举舜，为天下得人。命益、命稷、命皋，皆是举舜以后事。人君以一身，出而为天地人物之宗主，不过为生民立极，尽其辅相载成之道。以立人极之责、三才之责既尽，则圣人之能事毕矣。《舜典》言摄位，亦只是此三事，首言璿玑玉衡，是理会天道；次言朝觐巡狩，是理会人道；次言封山濬川，是理会地道。此后不过去四凶、咨岳牧、命九官而已。此外无余事也，盖人君职分之大纲，不过如此。

愚谓，帝尧，为五帝之盛帝；《尧典》为百篇之首篇。吕氏谓《书》首二典，犹《易》首乾坤。乾君道，坤臣道也。天地之道备于乾坤；而君臣之道见于二典，至当之论也。然《尧典》篇中不过三大节，修、齐、治、平，一也；治历、明时，二也；知人举舜，三也。节目有三，而纲领惟一。一者"钦"而已。"钦敬"者，一心之主宰，而万世之根本。见于修、齐、治、平者，此敬；见于治历、明时者，亦此敬；见于知人传贤而不溺于亲爱之子，不遗于疏贱之舜者，亦此敬。一篇之中言"钦"不一，曰恭，曰寅，何往非一"敬"所贯通者。先儒谓"敬"者，百圣传心之法，而实自尧启其端焉。读是书者，宜亦曰毋不敬。

## 20. 《尚书句解》卷一

（元）朱祖义

帝曰（尧言）：咨！四岳（命主四方方岳之官），朕在位七十载（尧年十六，自唐侯，陟天子之位，在位七十年，时年八十六）。

## 21. 《尚书日记》卷一

（明）王樵

"帝曰：咨！四岳。朕在位七十载"至"嫔于虞。帝曰：钦哉"。凡泛"咨"，有独对者，有佥对者。"咨若时"，放齐对；"咨若采"，驩兜对。此独对者也。咨"若予工"，咨"若予上下草木鸟兽"，则佥对者也。"咨四岳"则皆佥对。咨治水，佥举鲧；咨百揆，佥举禹，此二者大事也，大任也。咨典礼，佥举伯夷，重事神也。惟禅位，四岳独对者，以帝先之四岳故也。至举舜，则"师锡帝"者，以为天下得人，其事之大，尤非治水、百揆比也。四岳宣通内外之任，故大事必咨焉。此处"金曰"，传以为所领诸侯同辞而对，百揆亦然。至举垂、举益与伯夷，则恐止是朝臣，未必有诸侯也。

载，年也。唐虞曰载，夏曰岁，商曰祀，周曰年。李巡曰，各自纪事，示不相袭也。孙炎曰，岁，取岁星行一次也；祀，取四时祭祀一讫也；年，取禾谷一熟也；载，取万物终而更始也。孔氏曰，尧年十六，以唐侯升为天子，在位七十年，则时年八十六，老将求代。正义曰，遍检《书》传，无尧即位之年。孔氏博考群书，作为此传，言尧年十六以唐侯升为天子。必当有据。

孔氏曰，尧知子不肖，有禅位之志，故明举明人在侧陋者，广求贤也。按，明明之说，当从订传。当时在显位者，固皆尧之所已知，恐在侧陋者，容有人焉而未知，故欲广明扬之道，令毋拘明与侧陋，有则举之，故四岳承之而曰"有鳏在下，曰虞舜"，正与上相应处。"帝曰：予闻"，则已尝知之，特未有人举之，及得其详尔。此一段叙事，曲折如画。否、不通，谓二字通用，非训"否"为"不通"也。

古经，文字真不可及。舜之履历，只数字间，尽其曲折，是鳏夫，是瞽子。父母、兄弟，各以一字，见其所处之难。"克谐以孝"又以一字，尽其善处之道，妙不容言，语简意详。在他人，不费辞不能达意。纵有奇古，亦不脱史家风，无此典重也。此玩经与阅史之法也。

正义曰，王肃云，虞，地名。皇甫谧曰，尧以二女妻舜，封之于虞，今河东太阳山西，虞地是也。然则，舜居虞地，以虞为氏。尧封之虞为诸侯，及有天下，遂以为号虞与。妫、汭，一也。妫水，在河东虞乡县，历山西，西流至蒲坂县，南入于河。舜居其旁。周武王赐陈胡公之姓为妫，以舜居妫水故也。又曰，按《世本》尧是黄帝玄孙，舜是黄帝八代孙，尧女于舜之曾祖，为四从姊妹，以之为妻，于义不可。《世本》之言未可遽信。

金氏曰，尧舜之不同出于黄帝，以《书》决之，《书》无明文，以尧之妻舜决之也。又曰，"予闻"者，已知其人也。"如何"者，更详其实也。以舜之玄德，年二十而闻于天下。以尧之明思，天下固无遗照也。然闻之而不自举之，盖为天下得人，必尽天下之议。圣人目大心平，大公无我，气象可以想见。

心不则德义之经为"顽"，口不道忠信之言为"嚚"。左氏解此二字，亦非后人所及，虽有恶人，于人情不能甚相远也。惟心不则乎德义之经，则好恶失其正，喜怒无其常，爱憎将倒置。此，后母、傲弟之谗言，所以得入也。观一"嚚"字，则后世后母之情状，举在焉。象介母之爱，而不克恭厥兄，"傲"之一字是其本根。凡此三言，而舜家庭所遭之变，不烦详述而可以意知。

问，舜非致曲而至于圣人，何为以孝闻？张子曰，不幸舜之父母异于人之父母，故以孝著也。按，舜处顽嚚之间，非可以谏诤回父母之心，非可以言语谕父母于道，加之傲弟，又岂声音笑貌，可以得其欢心哉，"克谐以孝"而已矣。"克谐"中有象，而总曰以孝者，《周书》曰"惟孝友于兄弟"，是"孝"可以该"友"也。语曰"舜业业日致其孝"，此业业而日致之不已，故彼烝烝而日变之，有渐至诚充积之效也。舜无他，尽其在我而已矣。苏子由古史曰，《孟子》曰尧将举舜，妻以二女，瞽瞍不顺，不告而娶，既而犹欲杀舜，而分其室，舜终不以为怨。余考之书，四岳之荐舜，曰"烝烝乂，不格奸"，益之称舜曰"夔夔斋慄，瞽亦允若"，则舜之为庶人，既已能顺其亲，使不至于奸矣。按，孟子因流俗所传，而发明圣人之心以垂教。若曰，使其有是，则圣人所以处之者如此尔。而其事之有无，固不足辨也。《书》之所载则事实也。

正义曰，"我其试哉"，郑玄云，试以为臣之事。王肃云，试之以官。郑、王，皆以《舜典》合于此篇，故指历试之事充此试哉之言。按，"我其试哉"尧言欲授之以事，以试其治天下也。"女于时，观厥刑于二女"，又言将以女事之，以观其所以仪刑之者，何如也？二句似各一意。订传，以妻之二女，即为试之之事实，本孔传及周子，舜可禅乎，吾兹试矣之意。以文义观之，尧既闻舜之贤于平时，今又得其践履之详于四岳，舜之为人，固已了然于尧之心，而不待试矣，次第便当言征用之意。"我其试哉"，正欲用之也。"历试诸艰"，"试"字正本之此。亦玩夫《舜典》所谓"询事考言，乃言底可绩，三载，汝陟帝位"者乎？尧初于四岳也，曰"汝能庸命巽朕位"，即欲以位授之，及举舜也，何乃三载之久，而后使之"陟帝位"乎？实试之也。"询事考言，乃言底可绩"，正与"我其试哉"意相始终，而语相照应。盖古文《舜典》合于《尧典》，则"慎徽五典"以下，正为试之之事，郑王之说已然。今以分为二篇，而《尧典》止言"釐降"、"嫔虞"之事，故先儒偏重之，而不知试之为历试也。然则，所谓"观厥刑于二女"者，亦岂无试之之意乎？曰，夫妇之间，隐微之际，正始之道所系，尤重于此，可以观人而益见其贤，非谓于此可以试人，而才见其实也。

古次女有从行之礼，不用二女同居，志不同行之说。"嫔于虞"者，使为舜妇，于虞氏之家，执妇道以事舅姑。盖二女不在京师。观"釐降"则曰于"妫汭"，可见后人泥"不告而娶"之文，以为舜受室于京师，则大非事之实矣。经文字字分明，言言垂教，非深玩不能见也。"釐降二女于妫汭"，孔氏谓，舜于二女，能以义理下其心，使行妇道。"帝曰：钦哉"，孔氏谓叹舜能修己行敬，以安人。蔡氏以"釐降"为治装下嫁；"钦哉"为戒二女之辞，惬人心，合经理，不解亦自分明。帝女下嫁，不足书；因禅位而见"钦哉"，戒女之辞亦常事，不必书。因嫔虞而录。

罗文庄公曰，《尧典》有知人之道四：嚚讼，一也；"静言庸违，象恭"，二也；"方命圮族"，三也，皆所以知小人。"克谐以孝"四也，所以知君子。"嚚讼"、"圮族"，刚恶也；"静言庸违，象恭"，柔恶也，小人之情状，固不止此。然即此三者，亦足以概之。孝乃百行之首。汉去古未远，犹以孝廉取士。然能使顽父、嚚母、傲弟相与感化而不格奸，则天下无不可化之人矣，非甚盛德，其孰能之。《尧典》所载历象授时外，惟此四事，乃其举措之大者。所举若此，所措若彼，非万世君天下之法乎？苟能取法于斯，虽欲无治，不可得已．

薛文清公曰，《书》载尧、舜之事，皆先德行，而后事功。事功之大者，莫大于用人之一事。按，尧为天下，得舜；而舜为尧，得禹，得皋陶。舜之明尧之明，舜之仁尧之仁也。故此篇只言不用丹朱、共、鲧与举舜之事，而尧之全德足以具见。盖尧知四族之奸，而其恶未形，不欲遽治之也，惟举舜，而四族之治付之于舜矣。尧欲尽用天下之贤，而莫先于舜也。举舜，而禹、稷、皋陶之任用，付之于舜矣。

张子曰，以知人为难，故不轻去未彰之罪；以安民为难，故不轻变未厌之君。尧君德，故得以厚吾终。舜臣道，故不敢不虔其始。此最说得好，最得尧舜心事。

左氏以举十六相、去四凶，为舜之大功二十。至云尧所不能举而去者，待舜乃举之去之，由不知《尧典》之义也。《舜典》流放，盖承尧之意，终尧之事而已。二典相起毕，盖使人自得之。曾子固谓，秉笔者，皆皋、夔之流，并其深微之意而传之，此类可见也。

## 22. 《御制日讲书经解义》卷一

帝曰：咨四岳，朕在位七十载，汝能庸命巽朕位？岳曰：否德忝帝位。曰：明明扬侧陋。师锡帝曰，有鳏在下，曰虞舜。帝曰：俞！予闻，如何？岳曰：瞽子，父顽、母嚚、象傲，克谐以孝，烝烝乂，不格奸。帝曰：我其试哉。女于时，观厥刑于二女。釐降二女于妫汭，嫔于虞。帝曰：钦哉。

此一节书是帝尧为天下得人也。巽，即逊。明明，上"明"言明显之；下"明"言在显位者。扬，荐举也。侧陋，是微贱者。师锡，犹言众与也。俞，应许之辞。女，以女妻之。刑，法则也。厘，治装也。降，下嫁也。妫水名，在今山西蒲州。水之北曰"汭"。嫔，为妇也。二女，娥皇、女英也。虞，舜氏也。帝尧欲以天下与贤，而未得其人，乃访问于四岳，曰，朕在帝位已七十载，倦于勤劳，汝能用我典礼命讨之命，朕将让之以位。四岳对曰，天位至重，惟有德者乃能当之。臣无德不敢忝辱帝位。帝曰，有德之人不拘贵贱。如已居显位者，固当明显之，即有德在侧陋微贱者，亦当荐扬之。于是众臣同辞对曰，有鳏夫居处下位，曰虞舜者，德可以堪此。帝即应而然之曰，予尝闻其人，但不知其实德何如？四岳独对曰，虞舜是瞽者之子，其父则心非德义而顽，继母则言不忠信而嚚，继母所生之弟名象，又傲慢不恭。此天伦之变，人所难堪者，舜却能谐和之以孝道，供人子之职，以事其亲，体父母之心，以及其弟负罪引慝，至诚感动，使之进进以善自治，父母渐化而为慈，傲弟渐化而为友，不至于大为奸恶，非盛德其孰能之？尧曰，我既闻其名，尚试之。以实嫁女与舜，观其仪刑二女何如。盖人之常情，或勉强于父母兄弟之间，而不能掩饰于夫妇隐微之际。若能正始有道，则舜德益徵，而四岳之所荐为不虚矣。于是治装下嫁二女于妫水之北，使为舜妇，于虞氏之家。尧又训戒

687

二女曰"钦哉"，当兢业以执妇道。以天子之女下嫁匹夫，骄慢易生故也。

粤稽帝尧为五帝之盛，《尧典》为百篇之首。篇中所载不过三大节，先之以修、齐、治、平，继之以治历、明时，终之以知人举贤。节目有三，而纲领总归一"钦"。诚以"钦"者一心之主宰，而万事之根本。见于修、齐、治、平者，此敬；见于治历，明时者，此敬；见于知人举贤，而不溺于亲爱，不遗于疏贱者，亦此敬。后之人主，欲法尧者，其亦敬以作所而已。

## 《尚书埤传》 卷一

（清）朱鹤龄

七十载，否德，忝忝乂，釐降二女于妫汭，嫔于虞

《孔传》尧年十六，以唐侯升为天子，在位七十年，则时年八十六。疏云，遍检书传，无尧即位之年。孔氏必当有据。

（附考）《蔡传》否、不通，谓与"不"字通用也。古"不"字，本俯九切。

曾氏曰，忝，如"忝之浮浮"之"忝"。盛德上达，化而熟之，使不自知也。

袁黄曰，"釐降"之"釐"，与"允釐"之"釐"不同，不宜同训为"治"。蔡云治装，陋矣。《诗·既醉》篇"釐尔士女"，孔传云，釐，予也。此当依《诗》诂无疑。

孔疏，《列女传》云，二女长曰娥皇，次曰女英。舜即位，娥皇为后，女英为妃。郑氏注《礼记》乃云，舜不告而娶，不立正妃。此郑所自说，未有书传云然。愚按《檀弓》云舜崩于苍梧之野，盖三妃未之从也。疏引《帝王世纪》云长妃娥皇无子，次妃女英生商均，三妃癸比生二女宵明、烛光。癸比，他书未闻。当以二女为正。

金履祥曰，《史记》称黄帝曾孙喾，喾之子尧。则尧是黄帝玄孙。又称黄帝生昌意，昌意生颛顼，历穷蝉、敬康、句望、蟜牛，以至瞽瞍而生舜，则舜是黄帝八世孙。尧、舜俱出于黄帝。则二女之妻，不亦渎姓无别已乎？世系之传，《史记》之失考也。昔欧阳修谓，司马迁、汉史，其纪汉之初，已不知高祖之世系。父曰太公，而犹不知其名；母曰刘媪，而犹

不知其氏。而其上纪五帝之世，母妻、嫡庶、子孙，名氏一无所遗。耳目所及尚如此，则二千余年所传闻者，其详果足信乎？或曰《世本》也，非迁所自言也。抑《世本》果出于三代之时乎，以《世本》为三代之书，犹以《尔雅》为周公之书也。故朱子谓《世本》出于附会假托，不可凭据。今以叙舜之次推之，其不可凭也，审矣。曰，然则，舜果何出乎？考之于《书》曰虞舜，曰嫔于虞，是虞者有国之称也。参之《国语》史伯之言，曰成天地之大功者，其子孙未尝不章，虞夏商周是也。虞幕能听协风，以成乐物生者也；夏禹能平水土，以品处庶类者也；商契能和合五教，以保于百姓者也；周弃能播殖谷疏，以衣食民人者也。其后皆为王公侯伯。夫以虞幕并契、稷而言，则幕为始封有虞之君，而舜所自出，以王天下者也。愚按《左传》云，陈，颛顼之族也。自幕至于瞽瞍，无违命，是幕乃颛顼之后无疑。《史·本纪》不载幕名，未知去舜几世。然幕既祖颛顼，而颛顼乃黄帝之孙，帝喾之父也。谓舜与尧非同出黄帝可乎？《祭法》云，有虞氏禘黄帝而郊喾，祖颛顼而宗尧。《世本》固未可信，《祭法》亦不可信乎？意者，上古质野，礼制未备，虽所出同，而姓各别者，皆得通婚姻。夏商以后始严矣（本孔疏）。

孔疏，妫汭在河东虞乡县历山西，西流至蒲坂县，南入于河，舜居其旁。周武王赐陈胡公姓为"妫"，为舜居妫水故也。金履祥曰，舜生于姚墟，因生为"姚"姓，居于妫汭，后世复因居为"妫"姓，非舜有二姓也。诸冯妫汭，皆在今河中府河东县。孟子以为东夷之人，盖对文王岐周而言。自河中至岐周千余里也，说者指齐之历山、濮之雷泽为舜侧微畎渔之地，特因《孟子》之言而附会之耳。《史记正义》，《括地志》故虞城在陕州河北县东北五十里虞山之上。郦道元注《水经》云轵桥东北有虞城，尧以女嫔于虞之地也。


# 汝能庸命，巽朕位

## 1.《尚书注疏》卷一

（汉）孔氏传，（唐）陆德明音义、孔颖达疏

传：巽（xùn），顺也。言四岳能用帝命，故欲使顺行帝位之事。

音义：巽，音逊，马云："让也"。

疏：汝等四岳之内，有能用我之命，使之顺我帝位之事。言欲让位与之也。

巽，顺，《易·说卦》文。帝呼四岳，言汝能庸命？四岳自谦言己否德，故知汝四岳。言四岳能用帝命，故帝欲使之顺行帝位之事，将使摄也。在位之臣，四岳为长，故让位于四岳也。

## 2. 《书传》卷一

（宋）苏轼

汝能庸命，巽朕位。巽，受也。

## 3. 《尚书全解》卷一

（宋）林之奇

汝能庸命，巽朕位。

将使四岳代已摄行天子之事，故曰"汝能庸命，巽朕位"，犹言陟帝位也。王荆公曰：自下升则曰陟，自外入则曰巽。"汝能庸命，巽朕位"，谓汝能庸我之命，居帝之位，摄行天子之事也。

## 4. 《尚书讲义》卷一

（宋）史浩

（归善斋按，史浩整段综合解说，见"畴咨，若时登庸"）

## 5. 《尚书详解》卷一

（宋）夏僎

（归善斋按，夏僎此段连解，见前文"朕在位七十载"）

## 6. 《增修东莱书说》卷一

（宋）时澜

（归善斋按，见上句）

## 7. 《尚书说》 卷一

（宋）黄度

（归善斋按，黄度此段连解，见前文"朕在位七十载"）

## 8. 《絜斋家塾书钞》 卷一

（宋）袁燮

（归善斋按，袁燮此段综合解说，见前文"朕在位七十载"）

## 9. 《书经集传》 卷一

（宋）蔡沈

（归善斋按，蔡沈此段连解，见前文"朕在位七十载"）

## 10. 《尚书精义》 卷一

（宋）黄伦

（归善斋按，见上句）

## 11. 《尚书详解》 卷一

（宋）陈经

（归善斋按，陈经此段连解，见"朕在位七十载"）

## 12. 《融堂书解》 卷一

（宋）钱时

（归善斋按，钱时此段连解，见"朕在位七十载"）

## 13. 《尚书要义》 卷一

（宋）魏了翁

（归善斋按，未引）

### 14. 《书集传或问》卷上

（宋）陈大猷

（归善斋按，未解）

### 15. 《尚书详解》卷一

（宋）胡士行

（归善斋按，见前文"朕在位七十载"）

### 16. 《书纂言》卷一

（元）吴澄撰

（归善斋按，此段吴澄连解，见前文"朕在位七十载"）

### 17. 《尚书集传纂疏》卷一

（元）陈栎

（归善斋按，见前文"朕在位七十载"）

### 18. 《读书丛说》卷二

（元）许谦

（归善斋按，未解）

### 19. 《书传辑录纂注》卷一

（元）董鼎

（归善斋按，见前文"朕在位七十载"）

### 20. 《尚书句解》卷一

（元）朱祖义

汝能庸命（汝四岳能用我之命），巽朕位（我将巽汝以朕位）。

## 21.《尚书日记》卷一

（明）王樵

（归善斋按，见前文"朕在位七十载"）

## 22.《御制日讲书经解义》卷一

（归善斋按，连解，见前文"朕在位七十载"）

# 岳曰：否德忝帝位

## 1.《尚书注疏》卷一

（汉）孔氏传，（唐）陆德明音义、孔颖达疏

传：否，不；忝，辱也。辞不堪。

音义：否，方久反，不也；又音鄙。忝，他簟反，辱也。

疏：四岳对帝曰：我等四岳皆不有用命之德，若使顺行帝事，即辱于帝位。言己不堪也。

传正义曰，否，古今不字。忝，辱，《释言》文。己身不德，恐辱帝位，自辞不堪。岳为群臣之首，自度既不堪意，以为在位之臣，皆亦不堪，由是自辞而已，不荐余人，故帝使之明举侧陋之处。

## 2.《书传》卷一

（宋）苏轼

岳曰：否，德忝帝位。否，不也。忝，辱也。

## 3.《尚书全解》卷一

（宋）林之奇

岳曰："否德忝帝位"。尧虽使四岳庸命，巽朕位，而四岳辞让不敢当，则曰"否德"言己之不德，适所以辱帝位也。说者谓，尧欲禅位于四岳，而四岳曰"否德忝帝位"，则谓四岳只是一人，以尧之禅位不应让

于四人也。夫既以丹朱嚚讼为不可以受天下，盖欲使四岳自相推举一人，以授帝位也。如汉文帝时，有司请建太子，帝曰：楚王季父也，吴王于朕兄也，淮南王弟也，皆秉德以陪朕。诸侯王昆弟，有功贤臣及有德义者，若举有德。谓楚王、吴王、淮南王皆秉德以陪朕，正如尧之欲禅位于四岳也。谓诸侯王宗室昆弟，有功贤臣及有德义者，皆举有德，正如尧之使四岳明明扬侧陋也。又何害于四岳之为四人哉？

## 4. 《尚书讲义》卷一

（宋）史浩

（归善斋按，史浩整段综合解说，见"畴咨，若时登庸"）

## 5. 《尚书详解》卷一

（宋）夏僎

（归善斋按，夏僎此段连解，见前文"朕在位七十载"）

## 6. 《增修东莱书说》卷一

（宋）时澜

（归善斋按，见前句）

## 7. 《尚书说》卷一

（宋）黄度

（归善斋按，黄度此段连解，见前文"朕在位七十载"）

## 8. 《絜斋家塾书钞》卷一

（宋）袁燮

（归善斋按，袁燮此段综合解说，见前文"朕在位七十载"）

## 9. 《书经集传》卷一

（宋）蔡沈

（归善斋按，蔡沈此段连解，见前文"朕在位七十载"）

## 10. 《尚书精义》卷一

（宋）黄伦

（归善斋按，见前句）

## 11. 《尚书详解》卷一

（宋）陈经

（归善斋按，陈经此段连解，见"朕在位七十载"）

## 12. 《融堂书解》卷一

（宋）钱时

（归善斋按，钱时此段连解，见"朕在位七十载"）

## 13. 《尚书要义》卷一

（宋）魏了翁

（归善斋按，未引）

## 14. 《书集传或问》卷上

（宋）陈大猷

（归善斋按，未解）

## 15. 《尚书详解》卷一

（宋）胡士行

（归善斋按，见前文"朕在位七十载"）

## 16. 《书纂言》卷一

（元）吴澄撰

（归善斋按，此段吴澄连解，见前文"朕在位七十载"）

## 17.《尚书集传纂疏》卷一

（元）陈栎

（归善斋按，见前文"朕在位七十载"）

## 18.《读书丛说》卷二

（元）许谦

（归善斋按，未解）

## 19.《书传辑录纂注》卷一

（元）董鼎

（归善斋按，见前文"朕在位七十载"）

## 20.《尚书句解》卷一

（元）朱祖义

岳曰（四岳言）：否德忝帝位（己之不德，适所以忝辱帝位）。

## 21.《尚书日记》卷一

（明）王樵

（归善斋按，见前文"朕在位七十载"）

## 22.《御制日讲书经解义》卷一

（归善斋按，连解，见前文"朕在位七十载"）

## 《尚书砭蔡编》卷一

（明）袁仁

否德忝帝位。

注，否、不通，谓"否"与"不"相通也。欠一"与"字，学者遂误认不通为否。昔讲官在经筵上讲此书，云否是不通的意思。闻者不觉失笑。

## 《尚书注考》

（明）陈泰交

同字异解者三百二十三条。

否德，训"否"、"不"通；朕志若否，训否者，非我之意。

## 《尚书埤传》

（清）朱鹤龄

### 《书经考异》

否德忝帝位（《史记》"否"作"鄙"，正义云"鄙俚无德"）。

（归善斋按，另见前文"朕在位七十载"）

## 《尚书大传》卷一

（清）孙之騄辑

否，不也（《文选》注引《大传》）。

# 曰：明明扬侧陋

## 1. 《尚书注疏》卷一

（汉）孔氏传，（唐）陆德明音义、孔颖达疏

传：尧知子不肖，有禅位之志，故明举明人在侧陋者，广求贤也。

音义：肖，音笑，《说文》云："肖，骨肉相似也。"不似其先，故曰不肖。

疏：帝又言曰：汝当明白，举其明德之人于僻隐鄙陋之处，何必在位之臣乃举之也。

传正义曰，此经"曰"上无"帝"，以可知而省文也。传解四岳既辞，而复言此者，尧知子不肖，不堪为主，有禅位与人之志，故令四岳明举明人。令其在侧陋者，欲使广求贤也。郑注《杂记》云："肖，似也。"

言不如人也。《史记·五帝本纪》云："尧知子丹朱之不肖，不足授天下，于是权授舜。授舜，则天下得其利而丹朱病；授丹朱，则天下病而丹朱得其利。尧曰：'终不以天下之病而利一人。'而卒授舜以天下。"是尧知子不肖，而禅舜之意也。《文王世子》论举贤之法云："或以事举，或以言扬。"扬，亦举也。故以"举"解"扬"。经之"扬"字在于二"明"之下。传进"举"字于两明之中，经于明中宜有"扬"字，言明举明人于侧陋之处。明下有"扬"，故上阙"扬"文，传进"举"于"明"上，互文以足之也。侧陋者，僻侧浅陋之处，意言不问贵贱，有人则举。是令朝臣广求贤人也。尧知有舜，而朝臣不举，故令广求贤以启之，臣亦以尧知侧陋有人，故不得不举舜耳。此言尧知子不肖，有志禅位。然则，自有贤子必不禅人。授贤爱自上代，尧舜而已，非尧舜独可，彼皆不然。将以子不肖，时无圣者，乃运值污隆，非圣有优劣。而纬候之书附会其事，乃云："河洛之符，名字之录。"何其妄且俗也。

考证：曰：明明扬侧陋。传故明举明人在侧陋者。

臣召南按，传作一气顺解，于理亦通。但中脱扬字，虽孔疏曲为之说，终觉未协。《史记·五帝本纪》曰：悉举贵戚及疏远隐匿者，则经义毕显矣。

## 2.《书传》卷一

（宋）苏轼

曰：明明扬侧陋。明其高明者，扬其侧陋者。言不择贵贱也。

## 3.《尚书全解》卷一

（宋）林之奇

曰：明明扬侧陋。

曰，明明扬侧陋者，盖四岳既辞不敢当帝位，尧于是使之举其所知，贵而群臣，贱而庶民。苟可以当此位者，则将受之也。《史记》曰，悉举贤臣及疏远隐匿者。苏氏曰，明其高明，扬其侧陋，言不择贵贱也。其说皆是。

## 4. 《尚书讲义》卷一

（宋）史浩

（归善斋按，史浩整段综合解说，见"畴咨，若时登庸"）

## 5. 《尚书详解》卷一

（宋）夏僎

（归善斋按，夏僎此段连解，见前文"朕在位七十载"）

## 6. 《增修东莱书说》卷一

（宋）时澜

曰：明明扬侧陋。

唐虞之朝，君臣皆以实相遇，故一言而意孚。四岳之辞，尧诚信视之。即使之以公而举贤，天下至重也。尧度其子不足嗣位，即逊四岳。四岳既辞，即使遍求。至公之流行，彼此响答，无疑嫌，无留难也。"明明扬侧陋"，见尧为天下，得人之意，广大无间，自朝廷，自草野，自幽隐，自远僻，明者可举则明之，侧陋者可举则扬之，其公天下之道如此。

## 7. 《尚书说》卷一

（宋）黄度

（归善斋按，黄度此段连解，见前文"朕在位七十载"）

## 8. 《絜斋家塾书钞》卷一

（宋）袁燮

（归善斋按，袁燮此段综合解说，见前文"朕在位七十载"）

## 9. 《书经集传》卷一

（宋）蔡沈

（归善斋按，蔡沈此段连解，见前文"朕在位七十载"）

## 10. 《尚书精义》卷二

（宋）黄伦

曰：明明扬侧陋。师锡帝曰：有鳏在下，曰虞舜。帝曰：俞！予闻，如何？岳曰：瞽子，父顽、母嚚、象傲，克谐以孝，烝烝乂，不格奸。

东坡曰，明其高明；扬其侧陋，言不择贵贱也。举舜而言其鳏者，欲帝妻之也。然余观众人举舜之意，非特欲帝妻之而已，且欲更试舜以妻子之难也。彼其未娶而处父母兄弟之间，孝友之心尚未散。古人云，妻子具而孝衰于亲。以匹夫之贱，更以天子之女处之顽、嚚、傲很之间，而又在父母、兄弟、妻子之列，爱妻子则于父母、兄弟必有所不终；爱父母必于妻子有所未尽。此天下之最难处也。众人举舜之意，亦岂轻以天下予舜哉。

无垢曰，天下非一人之天下，乃天下之天下也。必尽天下之公议，乃可以与之。尧不尽天下之公议，遽欲与四岳，何也？曰四岳，宰相也，宰相为人臣之师，为天下之表。德不足以先天下，才不足以济天下，其可当此位哉？是位至宰相，天下之所心服者也。使尧子贤则已，如其不贤，必举位以授下之贤者。使不欲禅位则已，如其禅位，非自四岳始，将谁始乎？夫舜之处顽、嚚、傲很之间，而克尽为人子，为人兄之道，尧亦知之久矣，乃有如何之问，何也？曰此欲显舜之德于天下也。为人子而父心不则德义之经，母口不道忠信之言；为人兄而弟傲慢不恭，舜之不幸可知矣。夫在他人，有顽、嚚、傲很者，远之可也，绝之可也。父母、兄弟岂有远之、绝之之理乎？然则，将何以得其心哉？欲合其心欤，必同其顽、嚚、傲很可也。此岂可为耶？将洁其身欤，此吾父母、吾弟也，吾何忍于父母兄弟，问取名乎？此所谓天下之难处也。观舜之用心，真可以为天下法矣。舜如之何，曰天下自见其顽、嚚、傲很，吾止见其为吾父母、兄弟矣。以事父母之道事之，以友弟之道友之。以吾之爱，起父母、弟之爱；以吾之敬，起父母、弟之敬。父子天性也，兄弟天伦也。天性、天伦之中，无他物也，爱敬而已。特为顽、嚚、傲很，所乱未有以发之耳，使吾以爱，以敬，日渐月摩，时行时止，则顽、嚚、傲很之气散，而爱敬之心见矣。此"克谐以孝，烝烝乂，不格奸"之意也。烝烝，进也，以言其渐也。爱敬亦不可急也，当优而柔之，使自得之；餍（yàn）而饫（yù）之，使自趋之。若江海之浸，膏泽之润，有不知所以然者，"烝烝"之义也。益曰，"日号泣于旻天，于父母"；"夔夔斋慄，瞽亦允若"。号泣，爱也。斋慄，敬也。允，信也。若，顺也。以爱敬发之，而顽、嚚一变为信、顺，此不格奸之说也。呜呼，处父母兄弟之间，一有不得其所，使父母、兄弟有恶名著见者，皆人子不孝之罪也。

胡氏曰，自上古以来，君天下者，父子相继，惟尧禅舜，舜禅禹。禹乃传子，商周遂然。故《韩诗外传》曰，五帝官天下，三王家天下。官以传贤，家以传子，传贤为民也，传子为民也。故尧之将禅也，先求登庸，则嗣子嚚讼；次求若采，则共工象恭；巽位，则四岳否德；明扬，则虞舜在下。舜德未举，尧聪已闻，故曰"明明扬侧陋"，使明明举侧陋之人，必虞舜也。师锡乃曰"有鳏在下，曰虞舜"，此则侧陋之人明举之也。

周氏范曰，唐虞之际，君臣之间，何其德之盛，而道之公欤？尧为天子不以传之子，而逊于四岳；四岳不以逊位为得，而曰"否德忝帝位"；师锡于帝者，不以有位之大臣，而以侧微之虞舜。盖是时天下之人，不以天下为可欲，而以天下为不得已。茅茨（cí）土阶，非有后世之富贵也；君臣简易，非有后世之崇高也。有天下之忧，而无天下之乐；有天下之劳，而无天下之佚。故以天子之尊，而授天下于在下之匹夫，天下不以为异，而大臣亦无觊觎羡慕之心。惟其有至德者，则天下相与推尊之，以为君，而无私天下之心。此后世所以不及也。

司马温公曰，所贵于舜者，为其能以孝和谐其亲，使之进进以善自治，而不至于恶也。如是，则舜为子，瞽瞍必不杀人矣。若不能正其未然，使至于杀人，执于有司，乃弃天下，窃之以逃，狂夫且犹不然。而谓舜为之乎，是特委巷之言也，殆非《孟子》之言也。且瞽瞍既执于皋陶矣，舜恶得而窃之，虽负而逃于海滨，犹可执也。若曰皋陶外虽执之，以正其法，而内实纵之以与舜，是君臣相与为伪，以欺天下也。恶得为舜与皋陶哉。又舜既为天子矣，天下之民戴之如父母，虽欲遵海滨而处，民岂听之哉。是皋陶之执瞽瞍，得法而忘舜也，所亡益多矣。

## 11. 《尚书详解》卷一

（宋）陈经

（归善斋按，陈经此段连解，见"朕在位七十载"）

## 12. 《融堂书解》卷一

（宋）钱时

（归善斋按，钱时此段连解，见"朕在位七十载"）

## 13. 《尚书要义》卷一

（宋）魏了翁

（归善斋按，未引）

## 14. 《书集传或问》卷上

（宋）陈大猷

（归善斋按，未解）

## 15. 《尚书详解》卷一

（宋）胡士行

（归善斋按，见前文"朕在位七十载"）

## 16. 《书纂言》卷一

（元）吴澄撰

（归善斋按，此段吴澄连解，见前文"朕在位七十载"）

## 17. 《尚书集传纂疏》卷一

（元）陈栎

（归善斋按，见前文"朕在位七十载"）

## 18. 《读书丛说》卷二

（元）许谦

（归善斋按，未解）

## 19. 《书传辑录纂注》卷一

（元）董鼎

（归善斋按，见前文"朕在位七十载"）

## 20. 《尚书句解》卷一

（元）朱祖义

曰（尧言）：明明扬侧陋（如此则汝当明明然，举扬僻侧浅陋之处贤者）。

## 21. 《尚书日记》卷一

（明）王樵

（归善斋按，见前文"朕在位七十载"）

## 22. 《御制日讲书经解义》卷一

（归善斋按，连解，见前文"朕在位七十载"）

### 《尚书注考》

（明）陈泰交

同字异解者三百二十三条。

明明扬侧陋，训上明，谓明显之，下明，谓已在显位者；明明我祖，训明明，明而又明也；明明在下，训明明者，精白之容也。

明明扬侧陋，我武惟扬，训扬，举也；敢对扬天子，训扬者，扬于众。

### 《尚书大传》卷一

（清）孙之騄辑

古之王者，必有命民。民能敬长怜孤，取舍好让，举事力者，于其君得命，然后得乘饰车骈马，衣文锦。未有命者，不得衣，不乘车。车衣者有罚（《艺文类聚》）。

《玉藻》疏《唐传》云，古者有命民，有饰车骈马衣锦。未命为士，不得朱轩车，不得有飞铃（《文选》注）。

郑玄曰，轩，舆也。士以朱饰之飞铃。如今窗车。

士乘饰车两马，庶人单马，木车，衣布帛（《选》注，《公羊》疏）。

《硕人》诗曰衣锦尚褧（jiǒng）（《说文》引《大传》）。

尧时，麒麟在郊薮（《选注》《诗疏》引《唐传》）。

# 师锡帝曰：有鳏在下，曰虞舜

## 1. 《尚书注疏》卷一

（汉）孔氏传，（唐）陆德明音义、孔颖达疏

传：师，众；锡，与也。无妻曰鳏。虞，氏；舜，名。在下民之中，众臣知舜圣贤，耻己不若，故不举。乃不获已而言之。

音义：锡，星历反。鳏，故顽反。虞舜，虞，氏；舜，名也。马云："舜，谥也。"舜死后，贤臣录之，臣子为讳，故变名，言谥。

疏：于是朝廷众臣乃与帝之明人，曰：有无妻之鳏夫，在下民之内，其名曰虞舜。言侧陋之处有此贤人。

传正义曰，师，众；锡，与，《释诂》文。无妻曰鳏，《释名》云："愁悒（yì）不寐，目恒鳏鳏然。故鳏字从鱼。鱼目恒不闭。"《王制》云："老而无妻曰鳏。"舜于时年未三十，而谓之鳏者，《书传》称孔子对子张曰："舜父顽母嚚，无室家之端，故谓之鳏。"鳏者，无妻之名，不拘老少。少者无妻可以更娶，老者即不复更娶，谓之天民之穷。故《礼》举老者耳。《诗》云："何草不玄，何人不鳏。"暂离室家尚谓之鳏，不独老而无妻始称鳏矣。《书传》以舜年尚少，为之说耳。虞，氏；舜，名者，舜之为虞，犹禹之为夏。《外传》称"禹氏曰有夏"。则此舜氏曰"有虞"。颛顼已来，地为国号，而舜有天下，号曰"有虞氏"，是地名也。王肃云："虞，地名也。"皇甫谧云："尧以二女妻舜，封之于虞。今

河东太阳山西虞地是也。"然则，舜居虞地，以虞为氏，尧封之虞，为诸侯，及王天下，遂为天子之号。故从微至著，常称虞氏。舜为生号之名，前已具释。

传又解众人以舜与帝，则众人尽知有舜。但舜在下人之中，未有官位，众臣德不及之，而位居其上，虽知舜实圣贤，而耻己不若，故不举之。以帝令举及侧陋，意谓帝知有舜，乃不获已而言之耳。知然者，正以初不荐举，至此始言，明是耻己不若，故不早举。舜实圣人，而连言贤者，对则事有优劣，散即语亦相通。舜谓禹曰"惟汝贤"，是言圣德称贤也。传以"师"为"众"，臣为朝臣之众，或亦通及吏人。王肃云："古者将举大事，讯群吏，讯万人。尧将让位，咨四岳使问群臣，众举侧陋众皆愿与舜。尧计事之大者，莫过禅让，必应博询吏人，非独在位。"王氏之言得其实矣。郑以师为诸侯之师，帝咨四岳遍访群臣，安得诸侯之师独对帝也。

## 2. 《书传》卷一

（宋）苏轼

师锡帝曰：有鳏在下，曰虞舜。师，众也。锡，予也，无妻曰鳏。举舜而言其鳏者，欲帝妻之也。帝知岳不足禅而禅之，岳知舜可禅而不举，何也？以天下予庶人，古无是道也。故必先自岳始，岳必不敢当也。岳不敢当，而后及其余，曰吾不择贵贱也，而众乃敢举舜，理势然也。尧之知舜至矣，而天下不足以尽知之，故将授之天下，使其事发于众，不发于尧，故舜受之也安。

## 3. 《尚书全解》卷一

（宋）林之奇

师锡帝曰：有鳏在下，曰虞舜。

尧既使四岳明明扬侧陋，于是四岳同辞而称荐，不言"佥曰"而言"师锡帝曰"者，重其事也。鳏者，无妻之称。舜年三十尚未娶，故曰"有鳏在下"。薛氏曰，举舜而言其鳏者，欲帝妻之也。此说虽可喜，然据下文"女于时，观厥刑于二女"，即是妻舜之事出于尧之意，将试舜以所甚难者。若"以有鳏在下"为信，则是以女妻舜者，出于四岳之请，非尧意也。夫岳举舜于侧陋之中，未知尧之用否，而先请以女妻之，非人情也。窃谓此史臣增加润色之辞。因尧以女妻舜，遂加"有鳏在下"于上，以见其未娶尔。正如《汤誓》、《泰誓》称"予一人"，当桀纣在上，汤武济否，时未可知，岂宜遽称予一人也哉？窃谓皆是史官增加润色之辞。学者以意逆志可也。虞，氏也；舜，名也。而或者乃以尧舜为谥。故《谥法》曰，翼善传圣曰尧，仁义盛明曰舜，渊泉流通曰禹。幼名、冠字、五十以伯仲、死谥，周道也。自周以前盖未有谥。以尧舜为谥者，皆是附会之说也。

## 4. 《尚书讲义》卷一

（宋）史浩

（归善斋按，史浩整段综合解说，见"畴咨，若时登庸"）

## 5. 《尚书详解》卷一

（宋）夏僎

（归善斋按，夏僎此段连解，见前文"朕在位七十载"）

## 6. 《增修东莱书说》卷一

（宋）时澜

师锡帝曰：有鳏在下，曰虞舜。

夫举朝皆知有舜，尧亦自知有舜，必待"明明扬侧陋"而后言此，深见唐虞广大气象。后世固有名震京师声动天下者，举世之间，一贤所居，头角即露，众目共指。况如虞舜之圣，居之侧微，岂不张皇。惟尧时，比屋可封。虽圣如舜，天下不以为异。譬如太山巨麓，众木森森，虽有出林之木，不见其表表。若培塿之下，卒然有之，必以为奇，学者当知四岳举舜之时，气象不同。故曰"惟天为大，惟尧则之"。

## 7. 《尚书说》卷一

（宋）黄度

（归善斋按，黄度此段连解，见前文"朕在位七十载"）

## 8. 《絜斋家塾书钞》卷一

（宋）袁燮

（归善斋按，袁燮此段综合解说，见前文"朕在位七十载"）

## 9. 《书经集传》卷一

（宋）蔡沈

（归善斋按，蔡沈此段连解，见前文"朕在位七十载"）

## 10. 《尚书精义》卷二

（宋）黄伦

（归善斋按，见"曰：明明扬侧陋"）

## 11. 《尚书详解》卷一

（宋）陈经

（归善斋按，陈经此段连解，见"朕在位七十载"）

## 12. 《融堂书解》卷一

（宋）钱时

（归善斋按，钱时此段连解，见"朕在位七十载"）

## 13. 《尚书要义》卷一

（宋）魏了翁

四五、无室家，名鳏，不独老无妻

无妻曰鳏。《释名》云：愁悒不寐，目恒鳏鳏然。故鳏字，从鱼，鱼目恒不闭。《王制》云：老而无妻曰鳏。舜于时年，未三十而谓之鳏者。《书》传称，孔子对子张：舜父顽、母嚚，无室家之端，故谓之鳏。鳏者，无妻之名，不拘老少。少者无妻可以更娶；老者即不复更娶，谓之天民之穷，故《礼》举老者耳。《诗》云何草不？何人不鳏。暂离室家，尚谓之鳏，不独老而无妻。

四六、众人虽知舜，不得已而后举

皇甫谧云，尧以二女妻舜，封之于虞，今河东太阳山西，虞地是也。及王天下，遂为天子之号，故从微至著常称虞氏。舜为生号之名前已具释。传又解，众人虽知舜实圣贤，而耻己不若，故不举之。以帝令举及侧陋，意谓帝知有舜，乃不获已而言之耳。知其然者，正以初不荐举，至此始言。

## 14. 《书集传或问》卷上

（宋）陈大猷

（归善斋按，未解）

## 15. 《尚书详解》卷一

（宋）胡士行

（归善斋按，见前文"朕在位七十载"）

## 16. 《书纂言》卷一

（元）吴澄撰

（归善斋按，此段吴澄连解，见前文"朕在位七十载"）

## 17. 《尚书集传纂疏》卷一

（元）陈栎

（归善斋按，见前文"朕在位七十载"）

## 18. 《读书丛说》卷二

（元）许谦

金先生曰，史称黄帝生玄嚣，玄嚣生蟜极，蟜极生喾，喾生子尧，则尧黄帝之玄孙也。又称黄帝生昌意，昌意生颛顼，历穷蝉、敬康、句芒、蟜牛，以至瞽瞍而生舜，则舜黄帝八世孙也。尧、舜俱出于黄帝，则二女之妻，不亦亡宗、嬻（dú）姓、乱序无别乎？世系之传，《史记》失考。司马迁汉史也，其纪汉之初，已不知高祖之世系，父曰太公，而不知名；母曰刘媪，而不知氏耳。目所及尚如此，传闻者其足信乎？考之《书》

曰"虞舜",曰"嫔于虞",是"虞"者,有国之称也。《国语》史伯曰:成天地之大功者,其子孙未尝不章,虞夏商周是也。虞幕能听协风,以成乐物生;夏禹平水土,以处庶类;商契和合五教,以保百姓;周弃播殖谷疏,以衣食民人,其后皆为王公侯伯。夫以虞幕并契、稷而言,则幕为有功始封之君。虞为有国之号。《左氏》史赵曰,自幕至瞽瞍,无违命,舜重之以明德。自幕至瞽瞍,则非自黄帝、昌意、颛顼、穷蝉、敬康、句芒、蟜牛以至瞽瞍也。或曰《国语》不曰"幕能帅颛顼",《左氏》不曰"陈,颛顼之族"乎?曰,幕之出于颛顼,《左氏》、《国语》之说固足征;谓颛顼必出于黄帝,《史记》之说,果足征乎?黄帝氏殁,则少昊氏作,是为五帝之首。《国语》称"少昊之衰,九黎乱德,颛顼受之",则少昊似一代之通称,后世始衰,非少昊帝之世即衰。而《史记》于黄帝之后,不及少昊,悬纪颛顼,指为黄帝之孙,隔远无序,少昊之代何所往,而黄帝之孙何其寿?莫难明者谱谍,莫易知者朝代。《史记》序朝代尚有遗,则其序谱谍岂足信乎?《书》称帝尧"明俊德,以亲九族"。使尧、舜果同出于黄帝,则为同高祖之族也。舜在九族内,为父母弟所恶,屡濒于死,而不一顾省,岂足谓之"亲九族"?迨四岳明扬,而直妻以二女,岂足谓之"克明俊德"?以天下之大圣人,推而纳诸天下之大恶,则《史记》、《世本》诬陷圣人,罪不胜诛矣。

舜父不知其名,瞽者,无目之称也。古注谓不能分别好恶,故谓之瞽,非也。《史记》作盲者子。舜母,名握登,舜生而母死。瞽瞍更娶而生象,象傲。瞽瞍爱后妻子,常欲杀舜。盖瞽瞍,有虞之国君。欲杀舜者,爱象而欲夺嫡也,然欲杀之。乃嫔虞以前事舜。以孝感,"烝烝乂,不格奸"。然后嫔之也。孟子不辩世俗之讹,唯在发明圣人之心耳。

## 19. 《书传辑录纂注》 卷一

(元) 董鼎

(归善斋按,见前文"朕在位七十载")

## 20. 《尚书句解》 卷一

(元) 朱祖义

师锡帝曰(四岳遂率众人共与帝尧言之):有鳏在下,曰虞舜(有无妻而鳏者在下，谓之虞舜，可以当帝位。虞，其氏；舜，其名。后因以虞为国号）。

## 21.《尚书日记》卷一

（明）王樵
（归善斋按，见前文"朕在位七十载"）

## 22.《御制日讲书经解义》卷一

（归善斋按，连解，见前文"朕在位七十载"）

### 《读书管见》卷上

（元）王充耘
尧禅舜。

尧欲得可禅之人，而放齐举胤子朱。盖父有天下传之子，此亲亲之常道。丹朱不称，然后骓兜举共工，而云"方鸠僝功"，盖以为亲者不足，取则莫若视有功者与之，尚功次于尚亲故也。共工以"静言庸违"弃；则因洪水，而曰"有能俾乂"；让于四岳则否德。盖功不足取，则尚能；能不足取，则尚德。尚德以为传贤，贤者有德故也。然尚亲、尚功、尚能，皆不及舜，惟尚德而后舜不得辞焉。盖舜虽侧微，而其声实已孚于上下，尧固已心拟之矣。然草茅微贱，无因而至前。固虽加访，而众论之所举者，皆通显在位。及其有扬侧陋之命，然后众始举之。此见圣人作事周密，授舜虽出乎己意，而举舜必待于众言。盖举天下授之匹夫，非询谋佥同，未有不基祸乱者，子之子哙是也。

### 《尚书注考》

（明）陈泰交
同字异解者三百二十三条。

师锡帝，震惊朕师，班师振旅，用爽厥师，答其师，出入自尔师虞，师听五辞，受王嘉师，其归视尔师，训师，众；德无常师，师汝昌言，训师，法也；官师相规，训师，以道言；八曰师，训师者，除残禁暴也；太师，训师，道之教训。

师锡帝，训锡，与；禹锡玄圭，训锡，与师锡之"锡"同；天乃锡禹，训锡，赐也；橘柚锡贡，训锡者，必待锡命而后贡，非岁贡之常也；九江纳锡，训锡者，下与上之辞，重其事也。

### 《尚书七篇解义》卷一

（清）李光地

师锡帝曰：有鳏在下，曰虞舜。帝曰：俞！予闻，如何？岳曰：瞽子，父顽、母嚚、象傲。克谐以孝，烝烝乂，不格奸。帝曰：我其试哉。女于时，观厥刑于二女。釐降二女于妫汭，嫔于虞。帝曰：钦哉。

将逊以天下，不论其才，而以行举。故《孟子》曰"尧舜之道，孝弟而已矣"。四岳以舜之孝弟闻，尧犹谓其未有妻室，故也而降之二女以试之。传曰，孝衰于妻子。《孟子》曰："有妻子则慕妻子"。《诗·小雅》言，兄弟之爱，以妻子好合为先。《大雅》言，刑于寡妻，至于兄弟。盖未见不弟而能孝，不孚于妻子而能弟者。惟圣人察于人伦，故于此尽心焉。

### 《尚书大传》卷一

（清）孙之騄辑

外无旷夫，内无怨女（《诗疏》）。

孔子对子张曰，舜父顽、母嚚，无室家之端，故谓之鳏（《尚书正义》《诗》疏引《唐传》）。

# 帝曰：俞，予闻，如何

### 1. 《尚书注疏》卷一

（汉）孔氏传，（唐）陆德明音义、孔颖达疏

传：俞，然也。然其所举，言我亦闻之。其德行如何？

音义：俞，羊朱反。行，下孟反，下"其行"同。

疏：帝曰：然，我亦闻之，其德行如何？

传正义曰：俞，然，《释言》文。然其所举，言我亦闻也。其德行如何？恐所闻不审，故详问之。尧知有舜，不召取禅之，而访四岳，令众举荐者，以舜在卑贱，未有名闻，率暴禅之，则下人不服。故郑玄《六艺论》云："若尧知命在舜，舜知命在禹，犹求于群臣，举于侧陋，上下交让，务在服人。孔子曰'民可使由之，不可使知之'，此之谓也。"是解尧使人举舜之意也。

## 2. 《书传》卷一

（宋）苏轼

帝曰：俞，予闻，如何？俞，然也。曰然，予亦闻之，其德果何如哉？

## 3. 《尚书全解》卷一

（宋）林之奇

帝曰：俞！予闻，如何？

四岳既举舜以授帝位，故帝曰"俞"，然其举也。与曰"吁"者异矣。"予闻，如何"，然我亦闻之，其人果如何也。司马文正公有言曰，舜自修于畎亩之中而闻于尧，此舜之所难也。舜在畎亩之中，而尧闻之，此尧之所难也。或者以尧有"予闻"之言，意欲禅舜，故以礼让四岳，四岳不受，而乃授于舜，此乃史官润色之辞也。因尧以女妻舜，遂加"有鳏在下"，故孔氏于"明明扬侧陋"注云"明举明人在侧陋者"。信斯言也，则是尧之意欲其举舜也。于"有鳏在下"注云"舜在下民之中，众臣知舜圣贤，耻己不若"，乃不得已而举之。信斯言也，则四岳固不利于尧之禅舜也。夫古之圣人作事，直己而行，无事曲折，使其果欲禅舜，则直禅舜矣，又何必以礼让四岳，而为此不情之事乎。盖尧闻舜之玄德而未知其详，故因四岳之荐而审其如何。四岳闻舜之贤，方欲荐之，适值尧之问，而遂举之矣。故程氏云，四岳，尧之辅臣，固贤者也。尧将禅位固宜先四岳，四岳不可当，乃使明扬其可当者。而或者多疑，以为四岳可受，则合授之，不可授则何命之。夫尧以天下之公器授人，岂宜独为之哉，故必先命大臣百官，以及天下有能过己者，必见举矣。更相推举，卒将得最

贤者。然后授以天下。曾氏曰，唐虞建官，内有百揆、四岳。尧得舜而纳
于百揆，则前此百揆之官未备也。建官惟贤，时无百揆，则官无隆于四
岳。四岳之贤于群臣可知矣。想其德未足以宅百揆，故但为四岳而已，则
于庸命有所不能，亦可知矣。古之人，自知甚明，其所不当受者，虽与之
天下不受也。此二说者足以先补先儒之失。

## 4.《尚书讲义》卷一

（宋）史浩

（归善斋按，史浩整段综合解说，见"畴咨，若时登庸"）

## 5.《尚书详解》卷一

（宋）夏僎

（归善斋按，夏僎此段连解，见前文"朕在位七十载"）

## 6.《增修东莱书说》卷一

（宋）时澜

帝曰：俞！予闻，如何？

尧始但知四岳之可逊，四岳当时亦未尝以舜为荐，及命其扬侧陋，理
到事及，推至于舜。舜隐于侧陋之间，不闻于时亦有年矣。一旦四岳推拔
所及，始不可掩圣人之出，盖有其时。尧曰"予闻，如何？"其言平缓，
未尝有得之若惊之意。以此知非尧时宽大气象，亦无以容舜也。尧曰"予
闻"者，不过亦尝闻舜之名，非先有欲逊舜之心。学者因"予闻"之说，
以谓尧已知有舜，欲用之久矣。先逊四岳，料其必辞，待其荐而后用舜，
此后世之心也。盖尧虽闻舜贤，舜为人果如何，尧亦未知也。观"如何"
二字，足以见尧之心。虽然尧既逊于四岳，四岳推舜，尧虽未详舜之为
人，亦自知此时必将有圣人者出，能体会尧意者知之。

## 7.《尚书说》卷一

（宋）黄度

（归善斋按，黄度此段连解，见前文"朕在位七十载"）

## 8. 《絜斋家塾书钞》卷一

（宋）袁燮

（归善斋按，袁燮此段综合解说，见前文"朕在位七十载"）

## 9. 《书经集传》卷一

（宋）蔡沈

（归善斋按，蔡沈此段连解，见前文"朕在位七十载"）

## 10. 《尚书精义》卷二

（宋）黄伦

（归善斋按，见"曰：明明扬侧陋"）

## 11. 《尚书详解》卷一

（宋）陈经

（归善斋按，陈经此段连解，见"朕在位七十载"）

## 12. 《融堂书解》卷一

（宋）钱时

（归善斋按，钱时此段连解，见"朕在位七十载"）

## 13. 《尚书要义》卷一

（宋）魏了翁

四七、郑谓尧知命在舜犹使人举之

舜在卑贱，未有名闻，率暴禅之则下人不服。故郑玄《六艺论》
云：若尧知命在舜，舜知命在禹，犹求于群臣举于侧陋，上下交让务在
服人。孔子曰"民可使由之不可使知之"此之谓也。是解尧使人举舜之
意也。

## 14. 《书集传或问》卷上

（宋）陈大猷

（归善斋按，未解）

## 15. 《尚书详解》卷一

（宋）胡士行

（归善斋按，见前文"朕在位七十载"）

## 16. 《书纂言》卷一

（元）吴澄撰

（归善斋按，此段吴澄连解，见前文"朕在位七十载"）

## 17. 《尚书集传纂疏》卷一

（元）陈栎

（归善斋按，见前文"朕在位七十载"）

## 18. 《读书丛说》卷二

（元）许谦

（归善斋按，见前文"有鳏在下，曰虞舜"）

## 19. 《书传辑录纂注》卷一

（元）董鼎

（归善斋按，见前文"朕在位七十载"）

## 20. 《尚书句解》卷一

（元）朱祖义

帝曰：俞（尧答曰然）！予闻，如何（我亦闻其名，但未知为人何如）？

### 21.《尚书日记》卷一

（明）王樵

（归善斋按，见前文"朕在位七十载"）

### 22.《御制日讲书经解义》卷一

（归善斋按，连解，见前文"朕在位七十载"）

## 《尚书注考》

（明）陈泰交

同字异解者三百二十三条。

帝曰俞予闻，训俞，应许之词；俞汝往哉，训俞者，然其举也。

予闻如何，训如何者，复问其德之详也。吁如何，训如何者，皋陶问其孜孜者何如也。

## 《尚书七篇解义》卷一

（清）李光地

（归善斋按，见前文"师锡帝曰：有鳏在下"）

# 岳曰：瞽子，父顽，母嚚，象傲

### 1.《尚书注疏》卷一

（汉）孔氏传，（唐）陆德明音义、孔颖达疏

传：无目曰"瞽"。舜父有目不能分别好恶，故时人谓之"瞽"，配字曰"瞍（sǒu）"。"瞍"无目之称。心不则德义之经为顽。象，舜弟之字，傲慢不友，言并恶。

音义：瞽，音古。傲，五报反。瞍，素后反。称，尺证反，又如字。

疏：四岳又对帝曰：其人愚瞽之子。其父顽母嚚；其弟，字象，性又傲慢。

传正义曰，《周礼·乐官》有瞽蒙之职，以其无目，使眠瞭相之，是无目曰瞽。又解称瞽之意，舜父有目，但不能识别好恶，与无目者，同故时人谓之"瞽"，配字曰"瞍"，"瞍"亦无目之称，故或谓之为瞽。瞍，《诗》云："矇瞍奏公"，是瞍为瞽类。《大禹谟》云："祗载见瞽瞍"，是相配之文。《史记》云："舜父瞽瞍盲"，以为瞽瞍是名，身实无目也。孔不然者，以经说舜德行，美其能养恶人。父自名瞍，何须言之。若实无目，即是身有固病，非善恶之事。辄言舜是盲人之子，意欲何所见乎？《论语》云："未见颜色而言，谓之瞽"，则言瞽者非谓无目。《史记》又说瞽瞍，使舜上廪，从下纵火焚廪；使舜穿井，下土实井。若其身自能然，不得谓之无目，明以不识善恶，故称瞽耳。"心不则德义之经为顽"，僖三十四年《左传》文。象，舜弟之字，以字表象，是人之名号，其为名字，未可详也。《释训》云："善兄弟为友。"《孟子》说象与父母共谋杀舜，是"傲慢不友"，言舜父母与弟并皆恶也。此经先指舜身，因言瞽子。又称父顽者，欲极其恶，故文重也。

## 2. 《书传》卷一

（宋）苏轼

岳曰：瞽子，父顽母嚚，象傲，克谐以孝，烝烝乂，不格奸。

瞽，舜父名也，其字瞍。心不则德义之经为顽。象，舜弟也。谐，和也。烝，进也。奸，乱也。舜能以孝和谐父母、昆弟，使进于德不及于乱。而孟子、太史公皆言，象日以杀舜为事，涂廪浚井，仅脱于死。至欲室其二嫂，其为格奸也。甚矣。故凡言舜之事不告而娶，避尧之子于南河之南举，皆齐东野人之语，而二子不察也。

## 3. 《尚书全解》卷一

（宋）林之奇

岳曰：瞽子，父顽、母嚚、象傲，克谐以孝，烝烝乂，不格奸。

尧既审问四岳，舜为人果如何？故四岳曰："瞽子，父顽、母嚚、象傲，克谐以孝，烝烝乂，不格奸"，言舜所以可授天下者，此也。瞽者，无目称也。盖舜父名曰"瞽瞍"。《诗》曰"矇瞍奏公"，则瞍亦无目称也。以其无目，故名曰瞽瞍。犹云黑臀、黑肩之类。《史记》云，盲者之子，父顽、母嚚、象傲，则舜父之无目也审矣。而孔氏谓舜父亦有目，以其不能分别善恶，故时人谓之瞽。唐孔氏曰孔不然者，以经说舜德行，美其能养恶人。父自名瞍，何须言之。若实无目，则是身有痼疾，非善恶之事。辄云盲者之子，欲何所见乎。此说非也。四岳举舜于侧陋之中，故将言其为谁氏之子也。若言其恶，则下文曰"父顽、母嚚、象傲"已见之矣，不应于上独言不能分别善恶也。夫盲之为痼疾，固非善恶之事。然有目而顽，犹可言也，无目而顽，岂不愈难言哉。"父顽、母嚚、象傲"，谓舜之家有此三恶也。其父则心不行德义之经，其母则口不道忠信之言，其弟则又傲慢而不友。

有此三恶，而舜则能克谐其弟，以孝于父母，烝烝义，不格奸，此实人情之至难也。烝烝者，曾氏云，烝，如"烝之浮浮"之"烝"，盛德之气可以上达，化而熟之，使不自知。故曰"烝烝义，不格奸"，谓烝烝于义，而不至于奸恶也。据此言，"烝烝义，不格奸"，则是舜未登庸之时，瞽瞍与弟已能以善自治，不至于奸恶矣。彼谓"父母使舜完廪、捐阶，瞽瞍焚廪，使浚井，出，从而掩之。象曰：谟盖都君咸我绩，牛羊父母，仓廪父母，干戈朕，琴朕，弤朕，二嫂使治朕栖"者，此盖《万章》传闻之误也。

## 4. 《尚书讲义》卷一

（宋）史浩
（归善斋按，史浩整段综合解说，见"畴咨，若时登庸"）

## 5. 《尚书详解》卷一

（宋）夏僎
（归善斋按，夏僎此段连解，见前文"朕在位七十载"）

## 6. 《增修东莱书说》卷一

（宋）时澜
岳曰：瞽子，父顽、母嚚、象傲，克谐以孝，烝烝义，不格奸。

四岳称舜可以当天下之实，独于家庭中言之，治天下之能，一语不及，而独举其父母弟何也？盖舜瞽瞍之子，父既顽，母既嚚，弟复傲，日居死亡之地。而舜"克谐以孝"，事难事之亲，化顽、嚚、傲之风，悉归于春风和气。始也，怨怒忌克，乖争陵犯，一家之中，无所不有。"克谐以孝"之后，悉变为和柔、雍容、悦豫之象，和气烝烝，父、母、弟不至于顽、嚚、傲之奸。治家如此，移以治天下，则投之繁剧纷扰之地而不乱，处之奸宄凶险之时而不慑。四岳可谓善观人，推其治家以见其治天下也。"烝烝"二字，舜之工，天在此。"烝烝"者，有熏灌之意。《诗》曰"烝烝浮浮"。如甑（zèng）之炊物，薪燃不继，则气息不腾。烝烝之工，间断不能熟物。火既不歇，则自然烝烝，以至于熟。舜处顽父、嚚母、傲弟之间，彼为恶之力，日日不已。苟非孝诚熏灌，工夫源源，安能至于不格奸之地。若有间断，则无以胜其为恶矣。盖为善为恶，各有力量，力强者胜，此烝烝不格奸之意。

## 7.《尚书说》卷一

（宋）黄度
（归善斋按，黄度此段连解，见前文"朕在位七十载"）

## 8.《絜斋家塾书钞》卷一

（宋）袁燮
（归善斋按，袁燮此段综合解说，见前文"朕在位七十载"）

## 9.《书经集传》卷一

（宋）蔡沈
（归善斋按，蔡沈此段连解，见前文"朕在位七十载"）

## 10.《尚书精义》卷二

（宋）黄伦
（归善斋按，见"曰：明明扬侧陋"）

## 11. 《尚书详解》卷一

（宋）陈经

（归善斋按，陈经此段连解，见"朕在位七十载"）

## 12. 《融堂书解》卷一

（宋）钱时

（归善斋按，钱时此段连解，见"朕在位七十载"）

## 13. 《尚书要义》卷一

（宋）魏了翁

四四、舜父有目，时谓之瞽，字瞍

岳曰：瞽子，父顽、母嚚、象傲。无目曰瞽。舜父有目不能分别好恶，故时谓之"瞽"，配字曰瞍。瞍无目之称。心不则德义之经为顽。象，舜，弟之字，傲慢不友，言并恶。

四八、《史记》谓瞽瞍无目，与孔传异

《史记》云"舜父瞽瞍，盲"，以为瞽瞍是名，身实无目也。孔不然者，以经说舜德行，美其能养恶人。父自名瞍，何须言之。若实无目，即是身有固疾，非善恶之事。辄言舜是盲人子之，意欲何所见乎？《论语》云"未见颜色而言，谓之瞽"，则言瞽者，非谓无目。《史记》云说，瞽瞍使舜上廪，从下纵火焚廪；使舜穿井，下土实井。若其身自能然，不得谓之无目。

## 14. 《书集传或问》卷上

（宋）陈大猷

或问：林氏祖《史记》以瞽瞍为真无目，而病孔说，何也？

曰：孔说恐必有据。若果无目，则何以能肆其顽恶？所谓"只载见瞽瞍，夔夔斋栗瞍"，亦何自见之而"允若"邪？

## 15. 《尚书详解》卷一

（宋）胡士行

（归善斋按，见前文"朕在位七十载"）

## 16. 《书纂言》卷一

（元）吴澄撰

（归善斋按，此段吴澄连解，见前文"朕在位七十载"）

## 17. 《尚书集传纂疏》卷一

（元）陈栎

（归善斋按，见前文"朕在位七十载"）

## 18. 《读书丛说》卷二

（元）许谦

（归善斋按，见前文"有鳏在下，曰虞舜"）

## 19. 《书传辑录纂注》卷一

（元）董鼎

（归善斋按，见前文"朕在位七十载"）

## 20. 《尚书句解》卷一

（元）朱祖义

岳曰（四岳言）：瞽子（舜乃瞽者之子。舜父本有目，以其不能分别善恶，时人谓之瞽），父顽（舜父心不则德义之经）、母嚚（舜母口不道忠信之言）、象傲（舜弟，名象，又傲慢而不恭）。

## 21. 《尚书日记》卷一

（明）王樵

（归善斋按，见前文"朕在位七十载"）

## 22. 《御制日讲书经解义》卷一

（归善斋按，连解，见前文"朕在位七十载"）

### 《尚书注考》

（明）陈泰交

同字异解者三百二十三条。

瞽子，训瞽，无目之名；瞽奏鼓，训瞽，乐官。

### 《尚书七篇解义》卷一

（清）李光地

（归善斋按，见前文"师锡帝曰：有鳏在下"）

# 克谐以孝，烝烝乂，不格奸

## 1. 《尚书注疏》卷一

（汉）孔氏传，（唐）陆德明音义、孔颖达疏

传：谐，和；烝，进也。言能以至孝和谐顽嚚昏傲。使进进以善自治，不至于奸恶。

音义：谐，户皆反。烝，之丞反。奸，古颜反，女于之。

疏：家有三恶，其人能谐和，以至孝之行，使此顽嚚傲慢者，皆进于善以自治，不至于奸恶。言能调和恶人，是为贤也。

传正义曰，谐，和；烝，进，《释诂》文。上历言三恶，此美舜能养之。言舜能和之，以至孝之行，和顽嚚昏傲，使皆进进于善道，以善自治，不至于奸恶。以下愚难变，化令慕善，是舜之美行，故以此对尧。按《孟子》及《史记》称，瞽瞍纵火焚廪，舜以两笠自扞而下；以土实井，舜从旁空井出；象与父母共分财物。舜之大孝，升闻天朝，尧妻之二女，三恶尚谋杀舜。为奸之大，莫甚于此，而言不至奸者：此三人，性实下愚，动罹刑网，非舜养之，久被刑戮，犹尚有心杀舜，余事何所不为。舜以权谋，自免厄难，使瞽无杀子之愆，象无害兄之罪，不至于奸恶，于此益验。终令瞽亦允若，象封有鼻，是"不至于奸恶"也。

## 2. 《书传》卷一

（宋）苏轼

（归善斋按，苏轼分句不同，见上句）

## 3. 《尚书全解》卷一

（宋）林之奇

（归善斋按，林之奇分句不同，见上句）

## 4. 《尚书讲义》卷一

（宋）史浩

（归善斋按，史浩整段综合解说，见"畴咨，若时登庸"）

## 5. 《尚书详解》卷一

（宋）夏僎

（归善斋按，夏僎此段连解，见前文"朕在位七十载"）

## 6. 《增修东莱书说》卷一

（宋）时澜

（归善斋按，见上句）

## 7. 《尚书说》卷一

（宋）黄度

（归善斋按，黄度此段连解，见前文"朕在位七十载"）

## 8. 《絜斋家塾书钞》卷一

（宋）袁燮

（归善斋按，袁燮此段综合解说，见前文"朕在位七十载"）

### 9.《书经集传》卷一

（宋）蔡沈

（归善斋按，蔡沈此段连解，见前文"朕在位七十载"）

### 10.《尚书精义》卷二

（宋）黄伦

（归善斋按，见"曰：明明扬侧陋"）

### 11.《尚书详解》卷一

（宋）陈经

（归善斋按，陈经此段连解，见"朕在位七十载"）

### 12.《融堂书解》卷一

（宋）钱时

（归善斋按，钱时此段连解，见"朕在位七十载"）

### 13.《尚书要义》卷一

（宋）魏了翁

（归善斋按，未引）

### 14.《书集传或问》卷上

（宋）陈大猷

（归善斋按，未解）

### 15.《尚书详解》卷一

（宋）胡士行

（归善斋按，见前文"朕在位七十载"）

### 16.《书纂言》卷一

（元）吴澄撰

（归善斋按，此段吴澄连解，见前文"朕在位七十载"）

## 17.《尚书集传纂疏》卷一

（元）陈栎

（归善斋按，见前文"朕在位七十载"）

## 18.《读书丛说》卷二

（元）许谦

（归善斋按，见前文"有鳏在下，曰虞舜"）

## 19.《书传辑录纂注》卷一

（元）董鼎

（归善斋按，见前文"朕在位七十载"）

## 20.《尚书句解》卷一

（元）朱祖义

克谐以孝（舜皆能谐和之以孝道），烝烝乂（使之进进以善而自治），不格奸（不至于为奸恶以害舜）。

## 21.《尚书日记》卷一

（明）王樵

（归善斋按，见前文"朕在位七十载"）

## 22.《御制日讲书经解义》卷一

（归善斋按，连解，见前文"朕在位七十载"）

### 《尚书砭蔡编》卷一

（明）袁仁

烝烝乂不格奸。

决当主王伯安之说，烝谓以诚意，薰薰之"烝"。烝者，薰而又薰也。乂，治也。格，正也。不格奸者，不去正他奸恶也。大人正己而物正，并无正物工夫。此最可为处顽之法。若云不至大为奸恶，则舜娶尧女之后，象犹日以杀舜为事，其奸恶何大耶？

## 《尚书注考》

（明）陈泰交

同字异解者三百二十三条。

烝烝乂，不蠲烝，训烝，进也；永底烝民之生，烝民乃粒，训烝，众也。

## 《尚书埤传》

（清）朱鹤龄

### 《书经考异》

克谐以孝，烝烝乂，不格奸（《史记》"克谐"作"能和"，"乂"作"治"，"格"作"至"）。

## 《尚书七篇解义》卷一

（清）李光地

（归善斋按，见前文"师锡帝曰：有鳏在下"）

# 帝曰：我其试哉

## 1. 《尚书注疏》卷一

（汉）孔氏传，（唐）陆德明音义、孔颖达疏

传：言欲试舜，观其行迹。

疏：帝曰：其行如此，当可任用，我其召而试之哉。

言"欲试舜"者，下言妻舜以女，观其治家，是试舜观其行迹也。马、郑、王本说此经，皆无"帝曰"当时庸生之徒漏之也。郑玄云："试以为臣之事。"王肃云："试之以官。"郑、王皆以《舜典》合于此篇，故

指历试之事，充此"试哉"之言。孔据古今别卷，此言试哉，正谓以女试之，既善于治家，别更试以难事，与此异也。

## 2. 《书传》卷一

（宋）苏轼

帝曰：我其试哉。女于时，观厥刑于二女，釐降二女于妫汭，嫔于虞。帝曰：钦哉。刑，法也。釐，理也。妫，水名也。妇敬曰嫔。虞，其族也。舜能以理下二女于妫水之阳，耕稼陶渔之地，使二女不独敬其亲，而通敬其族。舜之所谓诸难，无难于此者也。虽付之天下可也。尧以是信之矣。而人未足以信之，故复试之以五典、百揆、四门、大麓之事。

## 3. 《尚书全解》卷一

（宋）林之奇

帝曰：我其试哉。

四岳既言舜能克谐三恶，"烝烝乂，不格奸"，以此为可授以天下，而尧犹以为未也，且曰"我其试哉"，将欲试舜以考其行迹也。

## 4. 《尚书讲义》卷一

（宋）史浩

（归善斋按，史浩整段综合解说，见"畴咨，若时登庸"）

## 5. 《尚书详解》卷一

（宋）夏僎

（归善斋按，夏僎此段连解，见前文"朕在位七十载"）

## 6. 《增修东莱书说》卷一

（宋）时澜

帝曰：我其试哉。女于时，观厥刑于二女。釐降二女于妫汭，嫔于虞。帝曰：钦哉。

尧既已闻舜之贤，四岳又已述其至孝之实，尧复曰"我其试哉"，非有疑也。其意以谓，天下者，天下之天下也。今欲以天下而付之人，审重之意，自不可不尽见尧有天下而不与也。尧之试舜，独以二女而观之，何哉？舜之事父母、友兄弟至矣。夫妇之道，犹未著见，故以二女妻之。圣人观人必于实行。观厥刑于二女，此实行也。舜于此，能以义理，降二女之心于妫水之汭，而使尽妇道于虞。尧于是以"钦哉"之言告之，使舜愈致其敬。且舜既克敬矣，敬之工夫无穷纯，亦不已之意也。四岳之举舜，指家庭之事而言之，尧之试舜，亦于家庭之事而观之，可以见身修而后家齐，家齐而后国治，国治而后天下平之理。虽然舜已居父母兄弟之难，尧又举而置之天下至难之地，何则？仰事之工夫方纯一而烝烝，加之以俯育亦或足以分其力。顽嚚之父母一毫不至，则怨随之；天子之女一毫不满，则怨随之。致顽嚚于其前，致贵骄于其后，左右前后皆陷阱也。尽力于父母，则妻子之间容有未尽；垂情于妻子，则父母之间必有不满。此人情之至难。舜能使二女行妇道，相与以致其孝，而事父母之道益至。所居愈难，功用愈到，奸者可乂，贵者可降。尧观之详矣。故叹曰"钦哉"，美其工夫尽出于"钦"，而钦之理，无可已之时也。

《尧典》一篇，始终无非"钦"也。始之"钦明"终之"钦哉"。其中曰"允恭"，曰"钦若"，曰"敬授"，曰"寅宾"、"寅饯"，曰"敬致"，曰"往，钦哉"，皆以敬为辞。味尧之"钦"，想其动容貌，而暴慢自远；正颜色，而信者自近；出辞气，而鄙倍自远。奸宄阴消潜化，尧之盛德如此欤。

自"克明俊德"以下，皆命官求贤以为治，外此无所设施，尧之为君，若果无所为也。尧尽君之道，得君之体，若"克明"，若"乃命"，若"畴咨"，若"咨四岳"，君之道在于此，君之体止于此耳。

《尧典》大略先言尧尽天下之常，自"畴咨"以下，言尧处天下之变。盖尧朝无非君子，而有小人，是变也。尧朝无非嘉祥，而有洪水，是变也。常变俱尽，君责以满，逊于人而无愧矣。尧、舜二典与它篇不同，它篇或说一事，二典毕备，如《易》之乾坤，宽大简易，即之可见。《孟子》言必称尧舜，非谆谆于尧舜也，所言无非尧舜之道也。观《虞书》五篇，可以观《孟子》。

## 7. 《尚书说》卷一

（宋）黄度

（归善斋按，黄度此段连解，见前文"朕在位七十载"）

## 8. 《絜斋家塾书钞》卷一

（宋）袁燮

（归善斋按，袁燮此段综合解说，见前文"朕在位七十载"）

## 9. 《书经集传》卷一

（宋）蔡沈

（归善斋按，蔡沈此段连解，见前文"朕在位七十载"）

## 10. 《尚书精义》卷二

（宋）黄伦

帝曰：我其试哉。女于时，观厥刑于二女。釐降二女于妫汭，嫔于虞。帝曰：钦哉。

无垢曰，夫父顽、母嚚、弟傲，而克谐以孝，使之不格奸，则天所以试舜者至矣。尧方曰：我其试哉。夫近之则不逊，远之则怨，天下之最难处者，莫如妇人、女子也。贫贱之女尚难调和，而况天子之女，贵骄难下乎。以匹夫之贱，而娶天子之女，自难处矣。况置之于父母、兄弟顽、嚚、傲很之间，其难处益甚矣。向来至孝，未有妻子，孝心天全也。今以贵骄之女，颜色之私，杂于至孝之中，能保其无疵乎？于此而无疵，则天下难事不足为矣。尧曰"女于时"，谓以女妻于是人也。"观厥刑于二女"，谓观二女之从舜，以卜舜之家法也。舜以烝烝之法，行于二女，下意于妫汭之陋，不堪处之中，克行妇道，嫔服于虞氏之族，而不恃其贵骄，不鄙其微陋，则舜之德，真有大过于人矣。推此以治天下，盖所优为也。

吕氏曰，夫以舜之治家，整齐如此，尧复以"钦哉"戒之，可见圣人不已之意。如天之于穆不已，文王之纯亦不已。此篇自"放勋"以下，是举尧德之大概。自"乃命羲和"以下，是举尧用人，一件大处，以见其余；后乃说逊位。大率前面，皆是尧尽天下之常。自"畴咨"以下，见尧所以处天下之变，盖尧朝尽君子，今有小人，是变也。尧朝尽嘉祥，今有洪水，是变也。既尽常，又尽变，如此可以逊位与人矣。

## 11. 《尚书详解》卷一

（宋）陈经

（归善斋按，陈经此段连解，见"朕在位七十载"）

## 12. 《融堂书解》卷一

（宋）钱时

（归善斋按，钱时此段连解，见"朕在位七十载"）

## 13. 《尚书要义》卷一

（宋）魏了翁

（归善斋按，未引）

## 14. 《书集传或问》卷上

（宋）陈大猷

（归善斋按，未解）

## 15. 《尚书详解》卷一

（宋）胡士行

（归善斋按，见前文"朕在位七十载"）

## 16. 《书纂言》卷一

（元）吴澄撰

（归善斋按，此段吴澄连解，见前文"朕在位七十载"）

## 17. 《尚书集传纂疏》卷一

（元）陈栎

（归善斋按，见前文"朕在位七十载"）

## 18. 《读书丛说》卷二

（元）许谦

（归善斋按，未解）

## 19. 《书传辑录纂注》卷一

（元）董鼎

（归善斋按，见前文"朕在位七十载"）

## 20. 《尚书句解》卷一

（元）朱祖义

帝曰（尧言）：我其试哉（我且试舜，以考其行绩）。

## 21. 《尚书日记》卷一

（明）王樵

（归善斋按，见前文"朕在位七十载"）

## 22. 《御制日讲书经解义》卷一

（归善斋按，连解，见前文"朕在位七十载"）

## 《读书管见》卷上

（元）王充耘

尧试舜。

尧欲试舜，独不可使臣下妻之以女，而妻以己二女，何哉？盖道不出乎五伦，其处父母兄弟则善矣，未知其处妻妾何如也。故复以此试之。夫身不行，道不行于妻子，况以匹夫而妻帝女，又且二人焉。此其难处，有甚于顽父、嚚母、傲弟者。于此而能使之和洽焉，则推之天下，无难处之事矣。凡人处顺境易，处逆境难。尧盖悉以逆境觇（chān）之也。

## 《尚书注考》

（明）陈泰交

同字异解者三百二十三条。

观厥刑于二女，训刑，法也；考朕昭子刑，训刑，仪刑也。

## 《尚书七篇解义》卷一

（清）李光地

（归善斋按，见前文"师锡帝曰：有鳏在下"）

# 女于时，观厥刑于二女

## 1. 《尚书注疏》卷一

（汉）孔氏传，（唐）陆德明音义、孔颖达疏

传：女，妻；刑，法也。尧于是以二女妻舜。观其法度接二女。以治家观治国。

音义：女，而据反。妻，千计反。

疏：欲配女与试之也，即以女妻舜。于是欲观其居家治否也。

《左传》称"宋雍氏女于郑庄公""晋伐骊戎，骊戎男女以骊姬"。以女妻人，谓之女。故云女，妻也。刑，法，《释诂》文。此已下，皆史述尧事，非复尧语。言女于时，谓妻舜于是。故传倒文以晓民。尧于是以二女妻舜。必妻之者，舜家有三恶，身为匹夫，忽纳帝女，难以和协，观其施法度于二女。以法治家观治国，将使治国，故先使治家。敌夫曰妻，不得有二女。言"女于时"者，总言之耳。二女之中，当有贵贱长幼。刘向《列女传》云："二女，长曰娥皇，次曰女英。舜既升为天子，娥皇为后，女英为妃。"然则，初适舜时，即娥皇为妻。郑不言妻者，不告其父，不序其正。又注《礼记》云"舜不告而娶，不立正妃。"此则郑自所说，未有《书》传云然。按《世本》，尧是黄帝玄孙，舜是黄帝八代之孙。计尧女于舜之曾祖，为四从姊妹，以之为妻，于义不可。《世本》之言，未可据信，或者古道质故也。

## 2. 《书传》卷一

（宋）苏轼

（归善斋按，苏轼分句不同，见上句）

### 3.《尚书全解》卷一

（宋）林之奇

女于时，观厥刑于二女。

其所以试之者，以女而妻之也。"女于时"，《孟子》所谓"二女女焉"者是也。曾氏云，以女归人谓之女。《春秋传》曰"宋雍氏女于郑庄公"，又曰"晋伐骊戎，骊戎男女以骊姬"，皆非为之妻也，故称焉。盖古者，士庶人一妻一妾，舜以尧归之二女，其一以为媵，非皆为之妻。刘氏《列女传》云，舜升为天子，娥皇为后，女英为妃。以是知二女一为嫡，一为妃，非皆为之妻。是以谓之"女"而不谓之"妻"。

观厥刑于二女。刑，法也，与"刑于寡妻"之"刑"同。唐孔氏曰："舜家有三恶，身为匹夫，忽纳帝女，难以和协。观其施法度于二女。"薛氏曰，舜之所谓诸难者，无难于此。

### 4.《尚书讲义》卷一

（宋）史浩

（归善斋按，史浩整段综合解说，见"畴咨，若时登庸"）

### 5.《尚书详解》卷一

（宋）夏僎

（归善斋按，夏僎此段连解，见前文"朕在位七十载"）

### 6.《增修东莱书说》卷一

（宋）时澜

（归善斋按，时澜此段连解，见"我其试哉"）

### 7.《尚书说》卷一

（宋）黄度

（归善斋按，黄度此段连解，见前文"朕在位七十载"）

## 8. 《絜斋家塾书钞》卷一

（宋）袁燮

（归善斋按，袁燮此段综合解说，见前文"朕在位七十载"）

## 9. 《书经集传》卷一

（宋）蔡沈

（归善斋按，蔡沈此段连解，见前文"朕在位七十载"）

## 10. 《尚书精义》卷二

（宋）黄伦

（归善斋按，见"帝曰：我其试哉"）

## 11. 《尚书详解》卷一

（宋）陈经

（归善斋按，陈经此段连解，见"朕在位七十载"）

## 12. 《融堂书解》卷一

（宋）钱时

（归善斋按，钱时此段连解，见"朕在位七十载"）

## 13. 《尚书要义》卷一

（宋）魏了翁

四九、郑谓舜不立正妃，《书》传未有

二女之中，当有贵贱长幼。刘向《列女传》云："二女，长曰娥皇，次曰女英。舜既升为天子，娥皇为后，女英为妃。"然则，初适舜时，即娥皇为妻。郑不言妻者，不告其父，不序其正。又注《礼记》云"舜不告而娶，不立正妃"，此则郑自所说，未有《书》传云然。按《世本》尧是黄帝玄孙，舜是黄帝八代之孙。计尧女于舜之曾祖，为四从姊妹，以之为妻于义不可。《世本》之言未可据信，或者古道质故也。

## 14. 《书集传或问》卷上

（宋）陈大猷

（归善斋按，未解）

## 15. 《尚书详解》卷一

（宋）胡士行

（归善斋按，见前文"朕在位七十载"）

## 16. 《书纂言》卷一

（元）吴澄撰

女于时，观厥刑于二女，釐降二女于妫汭，嫔于虞，帝曰钦哉。

女，以女与人也。刑，仪法也。二女，尧二女，娥皇、女英也。尧以二女女舜。于是，娥皇为妻，女英为妾，而观舜所以示仪法于妻妾者。此史臣述尧试舜之意。厘，理也。降，下也。妫，水名，在今河东县，出历山，入河内。汭，两水合流之内也。妫汭，舜所居之地。嫔，妇也，谓尧治装下嫁二女于妫水之内，使为妇于虞氏之家也。此史臣述尧嫁女之事。钦哉，尧戒二女之辞，即《礼》所谓"往之女家，必敬必戒"者。周子曰："治天下有则，家之谓也"。家难而天下易，家亲而天下疏也。尧所以釐降二女于妫汭，舜可禅乎？吾兹试矣。按此一节，尧试舜以齐家之事。

## 17. 《尚书集传纂疏》卷一

（元）陈栎

（归善斋按，见前文"朕在位七十载"）

## 18. 《读书丛说》卷二

（元）许谦

（归善斋按，见前文"有鳏在下，曰虞舜"）

### 19.《书传辑录纂注》卷一

（元）董鼎

（归善斋按，见前文"朕在位七十载"）

### 20.《尚书句解》卷一

（元）朱祖义

女于时（于是以二女女之。以女适人谓之女。女，去），观厥刑于二女（观其如何以礼法刑制二女）。

### 21.《尚书日记》卷一

（明）王樵

（归善斋按，见前文"朕在位七十载"）

### 22.《御制日讲书经解义》卷一

（归善斋按，连解，见前文"朕在位七十载"）

## 《尚书疏衍》卷二

（明）陈第

女于时，观厥刑于二女。

按，尧之妻舜，在克谐以孝之后，象之化诲久矣，安至杀舜为事，而欲室其二嫂乎？故齐东野人之语，皆不足辨也。愚读封禅书，武帝好神仙，燕齐言怪诞者不可殚纪。战国道丧，人好造言，若大浸滔天，茫无津岸，舜所以塈（jí）谗说殄行也。又《史记·帝纪》黄帝生玄嚣，玄嚣生蟜极，蟜极生帝喾，帝喾生放勋，是为帝尧。黄帝又生昌意，昌意生颛顼，颛顼生穷蝉，穷蝉生敬康，敬康生句望，句望生桥牛，桥牛生瞽瞍，瞽瞍生重华，是为帝舜。则尧之二女，乃舜之从曾祖姑也，岂可以通婚媾乎？故经有明文。《帝纪》之世次不足信矣。《庄子》曰六合之外，圣人存而不论。岂惟六合之外，唐虞以上存之可也。

### 《尚书七篇解义》卷一

（清）李光地

（归善斋按，见前文"师锡帝曰：有鳏在下"）

# 釐降二女于妫汭，嫔于虞

## 1. 《尚书注疏》卷一

（汉）孔氏传，（唐）陆德明音义、孔颖达疏

传：降，下；嫔，妇也。舜为匹夫，能以义理下帝女之心于所居妫（guī）水之汭（ruì），使行妇道于虞氏。

音义：妫，居危反。汭，如锐反，水之内也。杜预注《左传》云："水之隈（wēi）曲，曰汭。"嫔，毗人反。

疏：舜能以义理下二女之心于妫水之汭，使行妇道于虞氏。

传正义曰，降，下，《释诂》文。《周礼》九嫔之职"掌妇学之法"。嫔，是妇之别名，故以"嫔"为"妇"。釐降，谓能以义理下之，则女意初时不下，故传解之。言舜为匹夫，帝女下嫁，以贵适贱，必自骄矜，故美舜能以义理下帝女尊亢之心，于所居妫水之汭，使之服行妇道于虞氏。虞与妫汭为一地，见其心下，乃行妇道。故分为二文。言匹夫者，士大夫已上，则有妾媵（yìng）。庶人无妾媵，惟夫妻相匹。其名既定，虽单亦通，谓之匹夫、匹妇。妫水在河东虞乡县历山西，西流至蒲坂县，南入于河。舜居其旁。周武王赐陈胡公之姓为"妫"，为舜居妫水故也。舜仕尧朝，不家在于京师，而令二女归虞者，盖舜以大孝示法，使妻归事于其亲。以帝之贤女，事顽嚚舅姑，美其能行妇道，故云"嫔于虞"。

## 2. 《书传》卷一

（宋）苏轼

（归善斋按，苏轼分句不同，见"我其试哉"）

### 3. 《尚书全解》卷一

（宋）林之奇

釐降二女于妫汭，嫔于虞。

釐降二女于妫汭者，王氏以釐降为下嫁，此说亦可通。然而以釐降为下嫁，则是此一篇所载，惟及乎尧之妻舜，而不及乎舜也，"刑于二女"而便与《舜典》"慎徽五典"之文相接，甚为不备。故不若从孔氏之说，云舜能以义理下帝女之心，而不若曾氏之说为尤善。曾氏曰，釐，理也；降，下也。二女之偶，理之使有别，故曰釐。帝女之贵，下之使不骄，故曰降。妫水，名也，汭水之北也，舜之所居在是也，时舜未登庸也。虽帝女之贵，必使之从夫而居，《孟子》所谓使二女事舜于畎（quǎn）亩之中者是也。嫔于虞者，如《大明》诗云"挚仲氏任，自彼殷商，来嫁于周，曰嫔于京"。盖行妇道于虞氏也。以其地名而言之，则曰妫汭。以其氏族而言之，则曰虞舜，其实一也。

### 4. 《尚书讲义》卷一

（宋）史浩

（归善斋按，史浩整段综合解说，见"畴咨，若时登庸"）

### 5. 《尚书详解》卷一

（宋）夏僎

（归善斋按，夏僎此段连解，见前文"朕在位七十载"）

### 6. 《增修东莱书说》卷一

（宋）时澜

（归善斋按，时澜此段连解，见"我其试哉"）

### 7. 《尚书说》卷一

（宋）黄度

（归善斋按，黄度此段连解，见前文"朕在位七十载"）

## 8. 《絜斋家塾书钞》卷一

（宋）袁燮

（归善斋按，袁燮此段综合解说，见前文"朕在位七十载"）

## 9. 《书经集传》卷一

（宋）蔡沈

（归善斋按，蔡沈此段连解，见前文"朕在位七十载"）

## 10. 《尚书精义》卷二

（宋）黄伦

（归善斋按，见"帝曰：我其试哉"）

## 11. 《尚书详解》卷一

（宋）陈经

（归善斋按，陈经此段连解，见"朕在位七十载"）

## 12. 《融堂书解》卷一

（宋）钱时

（归善斋按，钱时此段连解，见"朕在位七十载"）

## 13. 《尚书要义》卷一

（宋）魏了翁

五十、釐降谓以义理下帝女之心

釐降，谓能以义理下之，则女意初时不下，故传解之，言舜为匹夫，帝女下嫁，以贵适贱，必自骄矜。故美舜能以义理下帝女尊亢之心，于所居妫水之汭，使之服行妇道于虞氏。虞与妫汭为一地。见其心下，乃行妇道，故分为二文。

五一、庶人通谓匹夫匹妇

匹夫者，士大夫已上，则有妾媵。庶人无妾媵，惟夫妻相匹。其名既定，虽单，亦通谓之匹夫匹妇。

五二、妫汭，舜所居，嫔虞谓能行妇道

妫水在河东虞乡县历山西，西流至蒲坂县，南入于河，舜居其旁。周武王赐陈胡公之姓为妫，为舜居妫水故也。舜仕尧朝，不家在于京师，而令二女归虞者，盖舜以大孝示法，使妻归事于其亲，以帝之贤女，事顽嚚舅姑，美其能行妇道，故云嫔于虞。

## 14.《书集传或问》卷上

（宋）陈大猷

或问：曾氏说釐降，谓舜于二女嫡庶之分理之，使有辨帝女之贵，下之使不骄，如何？

曰：釐者，凡事理之，使皆当然也。降者，使降心下意，以相从也，非止正嫡庶，去其骄而已。

或问：王氏以釐降为下嫁；李氏以钦若为尧戒女。晦庵兼取其说，如何？

曰：林氏谓此说亦通。但如此说，则一篇所载，惟及尧之妻舜，而不及乎舜，此说是也。曰：吕氏说，嫔虞之事不载，何也（吕曰，以顽嚚之亲，少有不到则贻其怒；以天子之女，少有不尽，则贻其不足。一则至亲在前，一则至贵在后，左右皆陷阱。事父母则妻子之间必有不尽，安妻子则父母之间必有不足。此人之至难处处）？

曰：此但说得舜自身中所处之事，未说得舜能使二女亦会处此事也。故移注于"我其试哉"之下注，"嫔于虞"之下则未尽也。

## 15.《尚书详解》卷一

（宋）胡士行

（归善斋按，见前文"朕在位七十载"）

## 16.《书纂言》卷一

（元）吴澄撰

（归善斋按，此段吴澄连解，见上句）

## 17. 《尚书集传纂疏》卷一

（元）陈栎

（归善斋按，见前文"朕在位七十载"）

## 18. 《读书丛说》卷二

（元）许谦

（归善斋按，见前文"有鳏在下，曰虞舜"）

## 19. 《书传辑录纂注》卷一

（元）董鼎

（归善斋按，见前文"朕在位七十载"）

## 20. 《尚书句解》卷一

（元）朱祖义

釐降二女于妫汭（舜果能以礼法制之，降下二女于妫水北而居之。妫，龟。汭，音芮），嫔于虞（帝女虽贵，从夫而居，行妇道于有虞之族也）。

## 21. 《尚书日记》卷一

（明）王樵

（归善斋按，见前文"朕在位七十载"）

## 22. 《御制日讲书经解义》卷一

（归善斋按，连解，见前文"朕在位七十载"）

### 《尚书注考》

（明）陈泰交

同字异解者三百二十三条。

釐降二女，德乃降用，降我凶德，训降，下；予大降尔四国民命，训降，犹今法降等云者。

妫汭，训水北曰"汭"；泾属渭汭，训汭，水名。

## 《尚书稗疏》

（清）王夫之

**妫汭**

蔡注引《尔雅》曰水北曰汭。今按《尔雅》并无此文。盖孔氏"泾属渭汭"之传有此言，而蔡氏误识之也。《金史·地理志》蒲州有妫水、汭水。《汉·郡国志》云南流者妫，北流者汭，妫汭异源同归，混流西注，而入于河，则是妫汭，固为二水也。又许慎说汭水，相入也，故言雒汭者，雒入河也。渭汭者，渭入河也。然则妫汭者，亦妫水入河之称。乃水之以汭名者，若《周礼》其川泾汭，亦以汧源之汭水，与泾并流而入渭，则两水相入之间，中复有一水附入焉，则谓之汭。此亦妫水入河之介，别有一水从中附入，而为汭也。蔡氏抑云，妫水出河东历山入海，不知妫汭去海且数千里，由河达海，而非竟入于海。蔡氏生长东南，目所未见，更不留心参考。其卤莽乃有如此者。又此釐降二女于妫汭，嫔于虞，于文似复《尧典》文，极严简，不当作此赘句。孔传谓舜以义礼下二女之心，解殊迂谬。考之《后汉·郡国志》河东太阳吴山上有虞城。皇甫谧《世纪》曰舜嫔于虞，虞城是也。太阳在今平陆县直涑水之东南。而妫汭水自蒲州入河，在涑水之西北，相去盖三百余里。舜之室二女也，在平陆；而尧之降二女也，于蒲州。盖"降"犹"昌意降于若水"之"降"。尧以妫汭二水之地为二女食邑。使即封于彼，而其归而为嫔，则在舜所复封先代虞幕之旧邑，平陆之虞城也。则所言"降于"、"嫔于"，词意各别，不嫌赘矣。

## 《尚书地理今释》

（清）蒋廷锡

妫汭，在今山西平阳府蒲州界。按孔安国传云，舜所居妫水之汭，《经典释文》云汭水之内也，皆不以汭为水名。而《水经注》云历山有舜井，妫水出焉，南曰妫水，北曰汭水，异源同归，浑流南入于河。《史记正义》亦引《地记》云，河东郡青山东山中，有二泉，南流者，妫水，北流者汭水。今考山西平阳府蒲州，南有妫、汭二水，皆南注大河，与《水经注》、《地记》二书合。盖"汭"本训"北"，训"内"，又为小水入大水之名，或后人见妫水北有一小水入妫，遂蒙《尧典》文而加名耳。

### 《尚书七篇解义》卷一

（清）李光地

（归善斋按，见前文"师锡帝曰：有鳏在下"）

# 帝曰：钦哉

### 1.《尚书注疏》卷一

（汉）孔氏传，（唐）陆德明音义、孔颖达疏

传：叹舜能修己、行敬以安人，则其所能者大矣。

疏：帝叹曰：此舜能敬其事哉。叹其善治家，知其可以治国。故下篇言其授以官位，而历试诸难。

传正义曰，二女行妇道，乃由舜之敬，故帝言"钦哉"，叹能修己行敬，以安民也。能修己及安人，则是所能者大，故叹之。论语云："修己以安百姓。尧舜其犹病诸。"传意出于彼也。

### 2.《书传》卷一

（宋）苏轼

（归善斋按，苏轼分句不同，见"我其试哉"）

### 3.《尚书全解》卷一

（宋）林之奇

帝曰：钦哉。

舜既能釐降二女于妫汭，尧曰钦哉，美舜之辞也。曾氏曰，动容周旋中礼者，圣人之钦也。若有人则作，无人则辍者，此其为钦但可以掩涂人

之耳目。若在其室而与之居者，则不可欺也。故能釐降帝女，而使之嫔于虞，非能动容周旋中礼以刑之，则不能与于此。夫四岳之荐舜，将使尧授以天下，而其荐之者，不言其他，而惟曰父顽、母嚣、象傲，克谐以孝，烝烝乂，不格奸。尧之试舜，将授以天下。而其所以观之者，不观其他，而唯曰女于时，观厥刑于二女者，盖夫夫妇妇，而家道正，家道正而天下定矣。

### 4. 《尚书讲义》卷一

（宋）史浩

（归善斋按，史浩整段综合解说，见"畴咨，若时登庸"）

### 5. 《尚书详解》卷一

（宋）夏僎

（归善斋按，夏僎此段连解，见前文"朕在位七十载"）

### 6. 《增修东莱书说》卷一

（宋）时澜

（归善斋按，时澜此段连解，见"我其试哉"）

### 7. 《尚书说》卷一

（宋）黄度

（归善斋按，黄度此段连解，见前文"朕在位七十载"）

### 8. 《絜斋家塾书钞》卷一

（宋）袁燮

（归善斋按，袁燮此段综合解说，见前文"朕在位七十载"）

### 9. 《书经集传》卷一

（宋）蔡沈

（归善斋按，蔡沈此段连解，见前文"朕在位七十载"）

## 10. 《尚书精义》卷二

（宋）黄伦

（归善斋按，见"帝曰：我其试哉"）

## 11. 《尚书详解》卷一

（宋）陈经

（归善斋按，陈经此段连解，见"朕在位七十载"）

## 12. 《融堂书解》卷一

（宋）钱时

（归善斋按，钱时此段连解，见"朕在位七十载"）

## 13. 《尚书要义》卷一

（宋）魏了翁

（归善斋按，未引）

## 14. 《书集传或问》卷上

（宋）陈大猷

（归善斋按，见上句）

## 15. 《尚书详解》卷一

（宋）胡士行

（归善斋按，见前文"朕在位七十载"）

## 16. 《书纂言》卷一

（元）吴澄撰

（归善斋按，此段吴澄连解，见前句）

## 17. 《尚书集传纂疏》卷一

（元）陈栎

（归善斋按，见前文"朕在位七十载"）

## 18.《读书丛说》卷二

（元）许谦

（归善斋按，未解）

## 19.《书传辑录纂注》卷一

（元）董鼎

（归善斋按，见前文"朕在位七十载"）

## 20.《尚书句解》卷一

（元）朱祖义

帝曰（尧美之曰）：钦哉（果能相敬也）。

## 21.《尚书日记》卷一

（明）王樵

（归善斋按，见前文"朕在位七十载"）

## 22.《御制日讲书经解义》卷一

（归善斋按，连解，见前文"朕在位七十载"）

## 《尚书注考》

（明）陈泰交

同字异解者三百二十三条。

钦哉，训尧戒二女之辞；钦哉，慎乃有位，训钦哉，言不可不谨也。

## 《尚书七篇解义》卷一

（清）李光地

（归善斋按，见前文"师锡帝曰：有鳏在下"）

中国社会科学院创新工程学术出版资助项目

# 归善斋《尚书》二典章句集解

## 下卷

尤韶华◎纂

SENTENTIAL VARIORUM ON YAODIAN
AND SHUNDIAN IN SHANGSHU

社会科学文献出版社
SOCIAL SCIENCES ACADEMIC PRESS (CHINA)

# ▋目　录

·上　卷·

## 第一编　四库全书提要

# 第二编　传注序言

# 第三编　《尧典》章句集解

## ·下 卷·

### 第四编 《舜典》章句集解

第四编

《舜典》章句集解

# 《虞书》

## 《尚书全解》卷二

（宋）林之奇

《尧典》、《舜典》皆《虞书》也。《尧典》序云"昔在帝尧，聪明文思，光宅天下，将逊于位，让于虞舜，作《尧典》"。《舜典》序言"虞舜侧微，尧闻之聪明，将使嗣位，历试诸难，作《舜典》"。考其文意，若终始相因之辞也。盖《尧典》终于四岳荐舜，尧妻之二女，将授以天下，接于《舜典》，历试诸难，以受尧之禅，故其序如此。

## 《尚书句解》卷一

（元）朱祖义

《舜典》第二

此书所载，皆舜之常行，可以为万世之常法，故谓之《舜典》。

# 一

# 《舜典》序

## 虞舜侧微

### 1. 《尚书注疏》卷二

（汉）孔氏传，（唐）陆德明音义、孔颖达疏

序：虞舜侧微。

传：为庶人故微贱。

疏：正义曰，虞舜所居侧陋，身又微贱。

传正义曰，此云侧微，即《尧典》侧陋也。不在朝廷谓之侧；其人贫贱谓之微；居处褊（biǎn）隘，故言陋。此指解微，故云为庶人，故微贱也。《帝系》云，颛顼生穷蝉，穷蝉生敬康，敬康生句芒，句芒生蟜牛，蟜牛生瞽瞍，瞽瞍生舜。昭八年《左传》云，自幕至于瞽瞍，无违命，似其继世相传，常有国土。孔言为庶人者，《尧典》云"有鳏在下"，此云"虞舜侧微"，必是为庶人矣。盖至瞽瞍，始失国也。

《尚书注疏》卷二考证

《舜典》序疏，敬康生句芒，句芒生蟜牛。

臣召南按，此文据《帝系》，与《大禹谟》疏所引正同。句芒，《史记》作"句望"。蟜牛，《史记》作"桥牛"，《汉书》亦作"蟜牛"。师古曰，蟜，音矫。

## 2.《书传》卷二

（宋）苏轼

虞舜侧微，尧闻之聪明，将使嗣位，历试诸难，作《舜典》。

（归善斋按，苏轼未解此句。）

## 3.《尚书全解》卷二

（宋）林之奇

虞舜侧微，尧闻之聪明，将使嗣位，历试诸难，作《舜典》。

侧微者，孔氏云，不在朝廷谓之侧，其人贫贱谓之微。《孟子》曰，舜居深山之中，与木石居，与鹿豕游，其所以异于深山之野人者，几希。又曰，舜之饭糗茹草，若将终身焉。以是观之，则知舜之其居侧，其人微，一匹夫耳。而《史记》按《世本》、《帝系》以为尧与舜同出于黄帝。黄帝生颛顼，颛顼生穷蝉，穷蝉生敬康，敬康生勾望，勾望生蟜牛，蟜牛生瞽瞍，瞽瞍生舜。如此则舜者，黄帝之八代孙。盖帝之族姓也，岂有帝之族姓而谓之侧微者哉。《左氏传》载史赵之言曰，自幕至于瞽瞍，无违命，舜重之以明德。置德于遂，遂世守之。信斯言也，则是自瞽瞍而上，皆有国邑以相传袭，尤不可谓之侧微也。故当以《孟子》及书序之言为证。"历试诸难"者，自《舜典》而下是也。舜之釐降二女事之至难，莫难于此。尧将授以天下，固断然无疑矣。而将协天人之望，故历试焉。

## 4.《尚书讲义》卷二

（宋）史浩

虞舜侧微，尧闻之聪明，将使嗣位，历试诸难，作《舜典》。

《孟子》曰"舜为法于天下，可传于后世"，此天意也。夫自开辟以来，天地广大，纯厚之气停蓄于上下，历鸿荒至三皇四帝，而有舜。舜得其气之大全，盖欲使之为天下后世作法，不得不生于侧微。侧微者，隐陋也。夫既起于隐陋，则万古耕稼陶渔者，皆得以取法。夫既父顽、母嚚、象傲，则万古处父子兄弟之间者，皆得以取法。夫既百官事之，二女女焉，则万古为朋友、长幼、夫妇者皆得以取法。夫既齐七政，颁五瑞，巡守以觐诸侯，协时月正日，同律度量衡，举贤去不肖，则万古为君者，皆得以取法。向使舜不生于侧微，则人伦五者，政化百为，可以为法尔，耕稼、陶渔何所法乎？是故孰不为耕，使人逊畔者，舜也；孰不为渔，使人逊居者，舜也。然则，天固生舜于侧微之中，其意盖为天下后世作大模楷，欲使天下后世，自天子至于庶人，皆当法舜也。呜呼，非《孟子》不能形容大舜，非深明大舜者，不能知天意之所在也。前言侧陋者，其地也；此言侧微者，其人也。尧曰"予闻之"。安有以天下与人，闻之不熟，而轻授乎？君人之德，唯在聪明。"聪明"者，与天地同体，故曰"惟天聪明，惟圣时宪"。是故尧、舜以聪明在上。而仲虺称汤，亦曰"惟天生聪明时乂"。穆王称文武亦曰"聪明齐圣"。序《书》者，以"聪明"包括舜之大德，当矣。夫以侧微一介之野人，而使之当五典、百揆、四门、大麓。上而钦天事神；中而黜陟幽明；下而至于夷蛮、鸟兽、鱼鳖，皆获其所，岂不为甚难哉？惟其难而能为之，使天下之人皆知之，皆见之，皆以莫能及，而心服焉。此舜之所以终，能享无为之治也。

## 5. 《尚书详解》卷二

（宋）夏僎

虞舜侧微，尧闻之聪明，将使嗣位，历试诸难，作《舜典》。

孔子序《书》，于《尧典》序言"昔在帝尧，聪明文思，光宅天下，将逊于位，让于虞舜，作《尧典》"；于《舜典》序言"虞舜侧微，尧闻之聪明，将使嗣位，历试诸难，作《舜典》。"考其文意，常若终始相因者，盖《尧典》，终于四岳荐舜，尧妻二女之事，与舜历试诸艰，以受尧之禅，文义相接，故如此。"侧微"，正义谓"不在朝廷谓之侧；其人贫贱谓之微"。《孟子》曰"舜居深山之中，与木石居，与鹿豕游，其所以异于深山之野人者，几希"。以是观之，则舜在侧微之中，一匹夫耳。而《史记》按《世本》、《帝王世系》谓尧、舜出黄帝，则舜，盖帝之族姓也。既为帝王之族姓，不应谓之侧微。今书序言"虞舜侧微"则知《世本》为附会之说，而《孟子》之言为可据矣。《舜典》之书，载徽五典、纳百揆、宾四门、纳大麓，皆尧历试诸艰之事。孔子作序，将以包括一篇大意，故言舜在侧微，而聪明之德，尧每闻之，虽闻之未知其实行，故先既试以二女。至此，则又历历以诸艰试之。盖所以明《舜典》之所由作也。然诸艰之下，至于篇终，此陟帝位，治天下之事。然序不及者，举其大略也。夫尧之于舜，试以二女，见其能釐降二女子妫汭，已知其正家矣。能正家者，必可以正天下。故至此，历试诸艰，则又试以天下事也。陈少南有言曰，尧之得舜，由于师锡，而序篇乃以尧闻断之，则尧之得舜，故不在师锡之后也。人君苟无先见之明，而惟左右近习之人是听，其辅于治也，亦末矣。司马文公有言曰，舜自修于畎亩之中，而闻于尧，此舜之难也。舜在畎亩之中，而尧闻之，此尧之难也。二说尤可取，故特存之。

## 6. 《增修东莱书说》卷二

（宋）时澜

虞舜侧微，尧闻之聪明，将使嗣位，历试诸难，作《舜典》。

聪明，舜生知之德也。舜居草野，可谓侧微矣。尧居朝廷，何以闻之？尧、舜二圣人，会遇于一世，精神之相通，气类之相感，不可以言述。以《尧典》考之，舜之闻，本于师锡耳。而此言"尧闻"者，人君以天下为耳目，四岳之荐，即尧之闻，君臣一体也。圣人序书，盖有深意。自"历试诸难"至"陟方乃死"皆舜之事，而序止言"历试诸难"，摄位事何以不纪，盖此乃开端造始，任诸难事，即位以后事，皆不外此。说者谓，尧已知舜，又观刑于二女矣。复历试诸难者，使舜出临事，欲天下共知之，亦以安排之心量圣人也。尧之知舜，岂待于试。然循天理之正，行人事之宜，次序自当如此经历。如谷在田，刈之、舂之、炊之，一节不可少。况以天下授之人，其事至重，尧之详于试舜，亦此心之钦也。

## 7. 《尚书说》卷一

（宋）黄度

虞舜侧微，尧闻之聪明，将使嗣位，历试诸难，作《舜典》。

舜自虞即帝位，都安邑，或曰蒲坂，或曰平阳。自釐降以至宾门、纳麓皆试也。必试而后让。司马子长尝云。

## 8. 《絜斋家塾书钞》卷一

（宋）袁燮

虞舜侧微，尧闻之聪明，将使嗣位，历试诸难，作《舜典》。

侧者，远也；微者，贱也。《孟子》曰"舜生于诸冯，迁于负夏，卒于鸣条，东夷之人也"，既说东夷，则可谓僻远。又曰"自耕稼陶渔，以至为帝"，既说耕稼陶渔，则可见其微贱。夫以舜如此僻远微贱，而尧闻其聪明，且夫士大夫在近者，人主犹不得而知之，至于远者，人主必无自而知。士大夫且尔，况侧微之人乎？舜处深山之中，尧居九重之上，而其聪明，尧实闻之。此处便当思量，尧何以知舜，舜何以取知于尧，此无他，只缘尧之聪明与舜之聪明同。惟尧有此聪明，是以舜虽在下，实闻知之。惟舜聪明与尧一般，是以虽处侧微，而其德上达于九重。若使二圣人聪明有一毫不同，必无由而闻。"聪明"二字，不可不子细思量。此心之中，六通四辟，无一些障蔽，这是聪明。尧、舜二典，之所谓"聪明"，即《论语》之所谓"仁仁"，与"聪明"若不相似，然其实一也。四肢偏痹，谓之不仁。此心有毫厘窒碍，便是不仁，便是不聪明。孔门学者，急于求仁。求仁，所以求"聪明"也。此是学问最亲切处。今当详玩如何是"聪明"。然舜虽是如此聪明，尧虽是如此知舜。至于将授以天下，必先历试诸难。"观厥刑于二女"，已试之矣，曰"我其试哉"，可见此是第一件难事。尧犹以为未，又遍以天下难事皆试之。"慎徽五典"以下是也。孔子序书，下一"难"字，见其众人所谓"难"者皆做了，则其易者可见矣。

## 9. 《书经集传》卷一

（宋）蔡沈
（归善斋按，蔡沈未解）

## 10. 《尚书精义》卷三

（宋）黄伦
虞舜侧微，尧闻之聪明，将使嗣位，历试诸难，作《舜典》。

无垢曰，舜之德大矣。而孔子序《书》，止曰"尧闻之聪明"，何也？曰聪明，不可以小观也。舜之聪明，如天之聪明也。聪，以言其疏通也。理至于前，无不察其曲折，知其始终者，此聪也。明，以言其高远也。理隐于微，无不灼其久近，判其是非者，此明也。惟聪明如此，则足以履天下而运四海，识贤否而辨几微。尧欲禅位，舍舜其谁乎？

张氏曰，舜有聪明之德，上达于尧，而尧闻之。此尧所以举天下而让之也。虽然尧之闻舜，固有素矣，其以天下授之，可以无疑，必曰"历试诸难"者，何也？孔子曰"如有所誉者，其有所试矣"。试之者，又将以为天下后世之法也。夫事不难，无以见君子。此尧之试舜，必以诸难。谓之诸难，见其所试之非一事可知矣。是故观厥刑于二女，试之以治家之事也；"慎徽五典"，试之以司徒之事也；纳于百揆，试之以百揆之事也。以至宾于四门，纳于大麓，则尧之所以试舜者可见矣。

## 11. 《尚书详解》卷二

（宋）陈经

虞舜侧微，尧闻之聪明，将使嗣位，历试诸难，作《舜典》。

聪明者，君德之大。《仲虺》曰"惟天生聪明时乂"，传《说》曰"惟天聪明，惟圣时宪"；武王曰"亶聪明"，故序《书》者称舜之德惟曰"聪明"。侧微，草野之中，而聪明之德上达于尧。尧自信之矣，而天下未之信；尧自知之矣，而天下未之知。以天下与人，望实未孚，而使人犹未之知，未之信，则不惟人情有所不安，虽舜亦不敢安。故将使嗣位，则必"历试诸难"。曰"历试"，曰"诸难"，则其所以试之者，非一事也。举"诸难"则足以该一篇之义。

## 12. 《融堂书解》卷一

（宋）钱时

虞舜侧微，尧闻之聪明，将使嗣位，历试诸难，作《舜典》。

虞，氏也。舜，谥也。或者因"有鳏在下，曰虞舜"之语，遂疑其为名。先儒谓书作于后世，故变名书谥。此说是已。不然，则孔子序《书》，禹、汤、文、武，皆称谥，而于虞舜，独以名斥之，可乎？按，此段当系《舜典》字之解。《永乐大典》误系于《舜典》序之后，而转于《书》序，原解弃而不录，盖编纂者之疏失也。今《书》序原解，不可得见，姑仍其旧。

## 13. 《尚书要义》卷二

（宋）魏了翁

（归善斋按，未引）

## 14. 《书集传或问》卷上

（宋）陈大猷

（归善斋按，未解）

## 15. 《尚书详解》卷一

（宋）胡士行

虞舜侧（地偏）微（人微）。

## 16. 《书纂言》卷一

（元）吴澄

（归善斋按，未解）

## 17. 《书集传纂疏》卷一

（元）陈栎

（归善斋按，未解）

## 18. 《读书丛说》卷二

（元）许谦

（归善斋按，未解）

## 19. 《书传辑录纂注》卷一

（元）董鼎

（归善斋按，未解）

## 20. 《尚书句解》卷一

（元）朱祖义

虞舜侧微（虞其氏，舜其名，后因以虞为国号。舜初处僻侧之地，微贱之中）。

# 尧闻之聪明，将使嗣位，历试诸难

## 1. 《尚书注疏》卷二

（汉）孔氏传，（唐）陆德明音义、孔颖达疏

尧闻之聪明，将使嗣位，历试诸难。

传：嗣，继也。试以治民之难事。

音义：难乃丹反。

疏：尧闻之有聪明圣德，将使之继己帝位，历试于诸所难为之事。

嗣，继，《释诂》文。经所云"慎徽五典"，"纳于百揆"，"宾于四门"，皆是试以治民之难事也。

## 2. 《书传》卷二

（宋）苏轼

（归善斋按，见上句）

## 3. 《尚书全解》卷二

（宋）林之奇

（归善斋按，见上句）

## 4. 《尚书讲义》卷二

（宋）史浩

（归善斋按，见上句）

## 5. 《尚书详解》卷二

（宋）夏僎

（归善斋按，见上句）

## 6. 《增修东莱书说》卷二

（宋）时澜

（归善斋按，见上句）

## 7. 《尚书说》卷一

（宋）黄度

（归善斋按，见上句）

## 8. 《絜斋家塾书钞》卷一

（宋）袁燮

（归善斋按，见上句）

## 9. 《书经集传》卷一

（宋）蔡沈

（归善斋按，未解）

## 10. 《尚书精义》卷三

（宋）黄伦

（归善斋按，见上句）

## 11. 《尚书详解》卷二

（宋）陈经

（归善斋按，见上句）

## 12. 《融堂书解》卷一

（宋）钱时

（归善斋按，见上句）

### 13. 《尚书要义》卷二

（宋）魏了翁

（归善斋按，未引）

### 14. 《书集传或问》卷上

（宋）陈大猷

或问，历试诸说如何？曰，东莱之说至矣。陈氏及新安王氏之说，虽未免以后世事体论圣人，亦不可不知（陈曰，吉人、爵人于朝，犹曰与众共之。况举天下而授之匹夫，不求先有以服天下之心，安得天下之无异哉。王曰，历试之后，德业彰著，天下心服，则授之者公，而居之者安）。

### 15. 《尚书详解》卷一

（宋）胡士行

尧闻之聪明（生知之德），将使嗣位，历（件件）试诸难（难事）。

### 16. 《书纂言》卷一

（元）吴澄

（归善斋按，未解）

### 17. 《书集传纂疏》卷一

（元）陈栎

（归善斋按，未解）

### 18. 《读书丛说》卷二

（元）许谦

（归善斋按，未解）

### 19. 《书传辑录纂注》卷一

（元）董鼎

（归善斋按，未解）

### 20. 《尚书句解》卷一

（元）朱祖义

尧闻之聪明（尧闻其听聪，其视明），将使嗣位（将使继帝位），历试诸难（历历以诸难行之事试之）。

# 作《舜典》

### 1. 《尚书注疏》卷二

（汉）孔氏传，（唐）陆德明音义、孔颖达疏

作《舜典》

疏：史述其事，故作《舜典》

### 2. 《书传》卷二

（宋）苏轼

（归善斋按，见前句）

### 3. 《尚书全解》卷二

（宋）林之奇

（归善斋按，见前句）

### 4. 《尚书讲义》卷二

（宋）史浩

（归善斋按，见前句）

### 5. 《尚书详解》卷二

（宋）夏僎

（归善斋按，见前句）

### 6. 《增修东莱书说》卷二

（宋）时澜

（归善斋按，见前句）

## 7. 《尚书说》卷一

（宋）黄度

（归善斋按，见前句）

## 8. 《絜斋家塾书钞》卷一

（宋）袁燮

（归善斋按，见前句）

## 9. 《书经集传》卷一

（宋）蔡沈

（归善斋按，未解）

## 10. 《尚书精义》卷三

（宋）黄伦

（归善斋按，见前句）

## 11. 《尚书详解》卷二

（宋）陈经

（归善斋按，见前句）

## 12. 《融堂书解》卷一

（宋）钱时

（归善斋按，见前句）

## 13. 《尚书要义》卷二

（宋）魏了翁

（归善斋按，未引）

## 14. 《书集传或问》卷上

（宋）陈大猷

（归善斋按，未解）

## 15. 《尚书详解》卷一

（宋）胡士行

作《舜典》。

（归善斋按，未解）

## 16. 《书纂言》卷一

（元）吴澄

（归善斋按，未解）

## 17. 《书集传纂疏》卷一

（元）陈栎

（归善斋按，未解）

## 18. 《读书丛说》卷二

（元）许谦

（归善斋按，未解）

## 19. 《书传辑录纂注》卷一

（元）董鼎

（归善斋按，未解）

## 20. 《尚书句解》卷一

（元）朱祖义

作《舜典》（于是作《舜典》书）。

# 《舜典》

## 《尚书注疏》卷二

（汉）孔氏传，（唐）陆德明音义、孔颖达疏

《舜典》

传：典之义与尧同。

## 《书经集传》卷一

（宋）蔡沈

《舜典》

今文古文皆有。今文合于《尧典》而无篇首二十八字。唐孔氏曰，东晋梅赜上孔传，阙《舜典》自"乃命以位"以上二十八字，世所不传，多用王范之注补之，而皆以"慎徽五典"以下，为《舜典》之初。至齐萧鸾建武四年，姚方兴于大航头得孔氏传古文《舜典》乃上之。事未施行，而方兴以罪致戮。至隋开皇初，购求遗典，始得之。今按古文孔传《尚书》有"曰若稽古"以下二十八字。伏生以《舜典》合于《尧典》，只以"慎徽五典"以上接"帝曰钦哉"之下，而无此二十八字。梅赜既失孔传《舜典》，故亦不知有此二十八字，而"慎徽五典"以下则固具于伏生之书，故传者用王、范之注以补之，至姚方兴乃得古文孔传《舜典》。于是始知有此二十八字，或者由此乃谓古文《舜典》一篇皆尽亡失，至是方全得之，遂疑其伪，盖过论也。

## 《尚书要义》卷二

（宋）魏了翁

《舜典》

舜世有国土，孔云庶人，以瞽瞍失国。

虞舜侧微，为庶人，故微贱。正义曰，《帝系》云，颛顼生穷蝉，穷蝉生敬康，敬康生勾芒，勾芒生蟜牛，蟜牛生瞽瞍，瞽瞍生舜。昭八年

《左传》云，自幕至于瞽瞍无违命，以其继世相传，常有国土。孔言为庶人者，《尧典》云"有鳏在下"，此云"虞舜侧微"，必是为庶人矣。盖至瞽瞍始失国也。

二、孔氏传，古文自东晋初，至隋始备。昔东晋之初，豫章内史梅赜，上孔氏传，犹阙《舜典》，自此"乃命以位"已上二十八字，世所不传，多用王、范之注补之，而皆以"慎徽"已下为《舜典》之初。至齐萧鸾建武四年，吴兴姚方兴，于大航头得孔氏传古文《舜典》，亦类太康中书，乃表上之。事未施行，方兴以罪致戮。至隋开皇初，购求遗典，始得之。

## 《书集传纂疏》卷一

（元）陈栎

《舜典》

今文、古文皆有。今文合于《尧典》篇，无篇首二十八字。唐孔氏曰，东晋梅赜上孔传，阙《舜典》。自"乃命以位"以上二十八字世所不传，多用王、范之注补之，而皆以"慎徽五典"以下为《舜典》之初。至齐萧鸾建武四年，姚方兴大航头得孔氏传古文《舜典》，乃上之。事未施行，而方兴以罪致戮。至隋开皇初，购求遗典，始得之。今按古文孔传《尚书》有"曰若稽古"以下二十八字。伏生以《舜典》合于《尧典》，只以"慎徽五典"以上接"帝曰：钦哉"之下，而无此二十八字。梅赜既失孔传《舜典》，故亦不知有此二十八字。而"慎徽五典"以下，则固具于伏生之书，故传者用王、范之注以补之。至姚方兴乃得古文孔传《舜典》，于是始知有此二十八字。或者由此，乃谓古文《舜典》一篇皆尽亡失，至是方全得之，遂疑其伪。盖过论也。

纂疏

程子曰，《舜典》篇末载舜死，是夏时所作可知，与《尧典》虞时所作同。

## 《书传辑录纂注》卷一

（元）董鼎

《舜典》

今文、古文皆有。今文合于《尧典》，而无篇首二十八字。唐孔氏曰，东晋梅赜上孔传，阙《舜典》。自"乃命以位"以上二十八字世所不传，多用王、范之注补之，而皆以"慎徽五典"以下为《舜典》之初。至齐萧鸾建武四年，姚方兴于大航头得孔氏传古文《舜典》乃上之。事未施行，而方兴以罪致戮。至隋开皇初，购求遗典，始得之。今按，古文孔传《尚书》有"曰若稽古"以下二十八字，伏生以《舜典》合于《尧典》，只以"慎徽五典"以上接"帝曰：钦哉"之下，而无此二十八字。梅赜既失孔传《舜典》，故亦不知有此二十八字。而"慎徽五典"以下，则固具于伏生之书，故传者用王、范之注以补之。至姚方兴乃得古文孔传《舜典》，于是始知有此二十八字。或者由此乃谓古文《舜典》一篇皆尽亡失，至是方全得之，遂疑其伪。盖过论也。

辑录

东莱谓，《舜典》止载舜元年事，则是。若说此是作史之妙，则不然。焉知当时别无文字在。广。

纂注

程子曰，《舜典》篇末载舜死，是夏时所作可知，与《尧典》虞时所作同。

## 《尚书句解》卷一

（元）朱祖义

《舜典》（此二字史官之旧题）。

## 《尚书日记》卷二

（明）王樵

《舜典》

古无《舜典》，合于《尧典》。今自上篇"帝曰：钦哉"接"慎徽五典"以下读之，文甚相续，盖本一书也。特以编简重大，故分为二篇，以"将逊"以前属尧，以"历试"以后属舜。序《书》者，因各于篇首说其意，而后人遂以末世本纪之例视之，以为各当别著帝德于篇首，而不知尧之崩年，乃在下篇《舜典》之内也。陆德明《释文》言，《舜典》本文初无"曰若稽古帝舜曰重华协于帝"一十二字，乃姚方兴所上也。后人更增"濬哲文明，温恭允塞，玄德升闻，乃命以位"一十六字，亦曰此方兴别本（姚方兴，齐萧鸾时人）。

## 《御制日讲书经解义》卷一

《舜典》

帝舜绍尧致治，历试诸艰躬膺。历数摄政以前考言询事，所以见臣道之劳。即位以后，分职命官，所以见君道之逸，君臣之常法，备于此书，故曰《舜典》。

## 《书蔡氏传旁通》卷一中

（元）陈师凯

《舜典》

东晋梅赜上孔传。按，此注全用孔氏疏，检《晋书》无之，惟《隋书·经籍志》有此事，而以姚方兴为姚兴，以方字读连下文；又以大航为大桁，未知孰是。

王、范之注。王肃、范甯（níng）也。《隋志》有王肃注《古文尚书》十一卷，范甯注《古文尚书·舜典》一卷。陆氏《释文》云，《舜典》王氏注相承云，梅赜上孔氏传《古文尚书》，亡《舜典》一篇。时以王肃注颇类孔氏，故取王注。从"慎徽五典"以下为《舜典》，以续孔传。徐仙民亦音此本。今依旧音之。"曰若稽古帝舜曰重华协于帝"此十二字，是姚方兴所上《孔氏传》本无。阮孝绪《七录》亦云然。方兴本或此下更有"濬哲文明，温恭允塞，玄德升闻，乃命以位"，凡二十八字异，聊出之，于王注无施也。愚按，此前题云王氏注，又云今依旧音之，又云"聊出之，于王注无施"，则陆氏似谓此注仍是王氏本，特附入方兴所上二十八字，或十二字又按序录云，《舜典》一篇仍用王肃本，则今古注《舜典》是王氏注明矣。

齐萧鸾。南朝齐明帝。

隋开皇初购求遗典。开皇三年因祕书牛宏上表言，典籍散逸，诏献书，一卷赉缣一匹。

## 《读书管见》卷上

（元）王充耘

《舜典》

《舜典》与《尧典》本合为一篇，篇首二十八字，盖后人伪增也。故其文上下皆不相蒙。

## 《尚书考异》卷二

（明）梅鷟

《舜典》

《孟子》引《尧典》曰："二十有八载，放勋乃徂落"。邹鲁相去地近，孟子生距孔子时未远。子思、曾子又逓传，岂《孟子》所传《尚书》顾脱《舜典》二字，必俟秦火之余数百年后土壁所藏之本，然后增此二字邪？且伏生年已九十，当其传晁错时，固在文景世，考其生之辰，犹在秦火未燃之前。今马迁《史记》亦以"慎和五典"接于"尧善之"之下未尝分，则伏生所传之本，正孟子所读之本。而安国所传之本，决非孔壁所藏之本。安国所传之本，既非孔孟相传之本，则《舜典》二字决为赝增可知矣。或曰科斗字难写，故多脱误，而引经遗忘，谅读不精熟耳。子不古文之信壁藏之据，何哉？曰，吾子挟古文以劫伏生，据壁藏而禽孟子似也。不曰壁藏，乃东晋所上古文，亦宵夫谖说者乎。当汉之初，唯张霸伪《泰誓》盛行，而群儒哗而攻之焉耳。其他古文，假云出于壁藏者，实岂与晋古文同者哉？马迁博极群书，考据精深，所作《本纪》亦同今文《尚书》也。间或掇拾先汉古文耳。何有一言一字及此晋人之古文邪？然方其造意增此二字之时，特不过如《皋陶谟》复出"益稷"二字。盖曰简册重大然也，初未尝伪为。"曰若稽古"以下二十有八字，犹有使人合前段，而观其文理血脉之意。及姚方兴增二十有八字之后，而《舜典》遂与《尧典》抗而分为二篇。愈远愈失真矣。学者当知张霸、孔安国等增《舜典》二字，赝也。其为圣经之害，犹浅也。至姚方兴增"曰若"以下二十有八字，赝之赝也，则其为圣经之害，益以深矣。所谓弥近理而大乱真者也。世之儒者，何苦信此假饰之浮云，以蔽离吾圣经之白日也邪？

"曰若"以下二十有八字。

古文分"慎徽五典"以下为《舜典》，而姚方兴者云，得此二十八字于大航头，上之。自今观之，盖仿《尧典》首章而为之也。幸其间纰缪显然，有可得而指言者何也？尧吁驩兜之荐共工而未去也，其后曰"流共工于幽洲"，所以终此文意。尧咈鲧之荐鲧而未去也，其后曰"殛鲧于羽山"，所以终此文意。尧曰"我其试哉"，其后"历试诸难"，又所以终此文意。舜大功二十，尧大功一，舜之功皆尧之功也。《孟子》曰，尧舜之知不遍知，仁不遍爱，急先务，急亲贤，可谓深知尧舜者。此可见虞夏史臣之善观尧舜也。以尧舜为一体也。离而二之，不见史臣之本意矣，一可疑。又篇首即曰"允恭克让"，而"克让"之实，正在"三载，汝陟帝位"之言及"受终文祖"之事。离而二之，则"克让"之言为无征虚设；"受终之事"为无首突出矣，二可疑。依古文分之，则篇名《尧典》而讫于戒二女"钦哉"之语，于尧不得考其终。篇名《舜典》而首"慎徽五典"之语，于舜不得考其始。依伏生《书》读之，至"二十有八载，放勋乃徂落"，而后尧之终，血脉贯于前，而不可截"钦哉"以上为《尧典》矣。起有"鳏在下曰虞舜"，而后舜之始，文理通于后，而不可截"慎徽"以下为《舜典》矣。其文理接续首尾，一事如此，则尧舜诚为一人，《舜典》不必别出矣。且既曰"虞舜"，而改曰"帝舜"；既曰"帝舜"而犹未陟帝位，非经文简质之体，三可疑。其曰"濬哲"云者，"玄王相土"之德也，是在《商颂·长发》。其曰"文明"云者，大人德普之天下也，是在《乾卦·文言》。又二字已见篇首，以言尧也。曰"温恭"云者，古昔先民之传也，是在《那》之四章。曰"允塞"云者，周宣王之猷也，是在《大雅·常武》。曰"玄德"云者，玄王之德也，亦在《长发》，又见《淮南子·鸿烈训》。舜为大圣人，固无待于丛集古今之美德衣被而说合之也。若果如方兴所言，吾将求其备。世未有"濬哲"而不"文明"者，亦未有"文明"而不"濬哲"者。四字长二字，盖仿篇首"明文思"三字而不觉其重复也。世未有"温恭"而非基众德者，亦未有"允塞"而非备天道者。四字亦长二字，盖效篇首"钦"之一字而不觉其繁芜也。苟为不然，则商之孝子顺孙，窃取二字，以颂始祖，而默寓其不足于文明、温恭、允塞之意，以示讥讽；周之忠臣义士，窃取二字，以美宣王，而默寓其不足于濬哲、文明、温恭之意，以示讥讽，岂诗人忠厚之旨哉？乾之大人，止文明，而尚欠六德。古之先民，止温恭而欠六德，是诗人、孔子吐辞为经者，尚犹有欠缺不完之处，不如方兴之善观圣人善言德行也，四可疑。"乃"者继事之辞，《史记·伯夷列传》"乃试之于位"缀于"岳牧咸荐"之下与经合。今"乃命以位"之"乃"字实出《伯夷传》，而失其旨。何者？"帝曰：俞！予闻"，未尝即命以位，必曰"我其试哉"，必曰"询事考言，乃言底可绩"。今以"乃命以位"缀于"玄德升闻"之下，不见帝尧慎重历试之意，五可疑。凡其可疑者如此，而彼且晏然居之不自疑者，其心必曰，吾世高曾，吾地至圣，吾文古，吾势便，虽略取众美，以无道行之，其谁敢不畏。故也吾固以为伏生《书》，独得其本真。或者乃起而叹曰，子之言诚与孟轲合。蔡传中觉其"位"字之失，遂以职位为之分疏，不知方兴之意因下文"汝陟帝位"之"位"而言也。否则章首既言帝舜，而下文方言命以臣位邪？且一篇大事，莫过禅位一节，岂方兴之言及于职位而止邪？盖蔡沈之意，不过区区为方兴将顺之忠臣，不敢明指其伪，故如此耳。真所谓"局促如辕下驹"者也。吾无取乎尔。

## 《尚书疑义》卷一

（明）马明衡

《舜典》

梅赜上孔传《尚书》既缺《舜典》，故篇首二十八字，世所不传，而只别出伏生所传《尧典》"慎徽"以下为《舜典》之初，至齐姚方兴，始得孔传古文《舜典》，遂传篇首二十八字，而《舜典》方全，似皆可疑。夫以上古之书，几更明晦，梅赜所传，既有端绪，何尚有缺，而又直至南齐之时，始获唐虞之全书乎？今以"慎徽五典"接"帝曰钦哉"之下，亦自相续。且《孟子》引《尧典》"二十有八载"不言《舜典》是皆不能不致疑者也，姑录以俟知者。

## 《尚书砭蔡编》

（明）袁仁

《舜典》

东晋梅赜一段，全用孔氏疏，检《晋书》无之，惟隋《经籍志》载此事。又查"姚"，乃"姚兴"，其"方"字连下读。"大航"，原作"大桁"，其谬误如此。

## 《尚书埤传》卷二

（清）朱鹤龄

《舜典》

按伏生经文，无篇首"曰若稽古"以下二十八字。东晋梅赜上古文孔传，亦无之。今此二十八字，乃萧齐姚方兴得之大航头者。其传又云，王肃、范宁所补，则此二十八字，诚可疑。陈振孙曰，《孟子》引"二十有八载，放勋徂落"之文，曰《尧典》，则知古无《舜典》篇名也。

## 《书经衷论》卷一

（清）张英

《舜典》首节统论其德，"慎徽"以下，言历试之事；"正月上日"以下，言摄位之事；"月正元日"以下，言在位之事；"舜生"一节，总言帝之始终。摄位之事，如观天，祭祀，朝觐，巡狩，赏功罚罪，次第举行，声明文物，视《尧典》时又不侔矣。在位之事，询岳咨牧，行政之大者也。咨四岳以下，用人之大者也。百揆以纲之，纳言以维之，教养，兵刑，工虞，礼乐，灿然有章，秩然有序。慎简于其始，考绩于其终。一堂交让，君明臣良。其言古穆冲和，所谓大含元气，细入无间者也。

# 二

# 帝舜濬哲之德

## 曰若稽古帝舜

### 1. 《尚书注疏》卷二

（汉）孔氏传，（唐）陆德明音义、孔颖达疏

曰若稽古帝舜。

传：亦言其顺考古道而行之。

疏：正义曰，昔东晋之初，豫章内史梅赜，上《孔氏传》犹阙《舜典》。自此"乃命以位"已上二十八字，世所不传，多用王、范之注补之。而皆以"慎徽"已下为舜典之初。至齐萧鸾建武四年，吴兴姚方兴，于大航头得孔氏传古文《舜典》，亦类太康中书，乃表上之。事未施行，方兴以罪致戮。至隋开皇初，购求遗典，始得之。史将录舜之美，故为题曰之辞，曰能顺而考按古道而行之者，是为帝舜也。

### 2. 《书传》卷二

（宋）苏轼

曰若稽古帝舜，曰重华，协于帝。

重，袭也。华，文也。袭尧之文也。

### 3.《尚书全解》卷二

（宋）林之奇

曰若稽古帝舜，曰重华，协于帝。

《尧典》曰"光被四表，格于上下"，《舜典》曰"重华，协于帝"，二典相因而成书也。盖尧、舜之德充实，辉光之德充塞乎天地之间，初无异也。而史官欲经纬错综以成文体，故于《尧典》先言"钦明文思，安安，允恭克让"，而后言"光被四表，格于上下"，盖言尧有如是之德，故能有如是之辉光也。《舜典》先言"重华，协于帝"，而后言"濬哲文明"，盖言所以有如是之辉光也，以其有如是之德也。是皆错综其体以成文，以见尧、舜一道。非善形容圣人之德美者，岂足及此也？

### 4.《尚书讲义》卷二

（宋）史浩

曰若稽古帝舜，曰重华，协于帝，濬哲文明，温恭允塞，玄德升闻，乃命以位。慎徽五典，五典克从；纳于百揆，百揆时叙；宾于四门，四门穆穆；纳于大麓，烈风雷雨弗迷。帝曰：格汝舜，询事考言，乃言底可绩，三载汝陟帝位。舜让于德弗嗣。

"粤若稽古帝舜"。此不谓之"虞舜"而曰"帝舜"者，舜已为帝也，服尧之服，诵尧之言，行尧之行。谓之"重华"，宜矣。然非其心，协于尧，则非所谓重也。"重"者言其施为，皆由尧之本意也。濬，深也；哲，深于内，而文明温恭笃实，见于外者，皆合尧之钦明文思也。幽微之德既上闻于帝聪，则尧之信舜者久矣。夫天下之至难者，莫若叙彝伦，明百度，怀万邦，格皇天。尧使舜敬徽五典，五典克从者，彝伦叙也。"纳于百揆，百揆时叙"者，百度明也。宾四门，以礼外客，四门穆穆然和敬者，万邦怀也。"纳于大麓"，行深山大泽中，虽烈风雷雨而不变，皇天格也。此皆舜受命之符，而天下于此亦必皆知舜之可以为吾君也。然则，尧之所以稔（rěn）舜之德者，至矣尽矣。格，来也，呼之辞也。"询事考言"者，虽以尧之圣，其观人也，亦必先询其行事而后考其言。"历试诸难"，询其行事也。至是，足以验其言矣。"乃言底可绩"者，知其言之必可行，非若共工之"静言庸违"也。告之以三载，汝当陟帝位，舜犹自以为德不足以嗣尧，而辞焉。则受尧之位，其敢慢命而违其言乎？故韩愈曰，"尧以是传之舜"，岂非授受一道，而不可以差殊观乎？呜呼，此其所以为尧、舜也。

## 5. 《尚书详解》卷二

（宋）夏僎

曰若稽古帝舜，曰重华，协于帝，濬哲文明，温恭允塞，玄德升闻，乃命以位。

此盖作史者总序舜之德也。典谟之体，皆如此。如《尧典》之首言"若稽古帝尧，曰放勋，钦明文思"，《大禹谟》之首言"若稽古大禹，曰文命，敷于四海，祗承于帝"，《皋陶谟》之首言"若稽古皋陶，曰允迪，厥德谟明弼谐"。盖为此人作此书，必先叙此人有此德。体制自应如此也。盖作《书》者之意，谓我顺理而考于上古，得帝舜之行事，而载于《书》。《书》曰，尧有此文德之光华，舜能重之，协合于帝尧而无异。不惟能"重华"而已，而且有"濬哲文明，温恭允塞"之德。濬，深宏也；哲，睿知也；文，文章也；明，聪明也；温，粹和也；恭，恭敬也；允，信当也；塞，充实也；凡此八者，即玄德也。玄，幽远之称，言舜有德，而潜修于幽远之处。然舜之德，虽韬藏于幽隐之中，而实升闻于天朝，故尧命以位，使之摄行天子之事，即下文所谓徽五典之属也。夫作史者，先言"重华协于帝，濬哲文明，温恭允塞"，而后言"玄德升闻，乃命以位"，则舜于未登庸之前，其光辉之德，固已能重尧之华矣。德既不约而契宜，其虽处侧微，而尧独闻而知之也。由是观之，则尧之知舜非闻于言语物色之间也。尧有是德，而舜重之，以心相知，则若契券焉。盖有非耳之所能闻，目之所能见者。程氏曰，"濬哲文明，温恭允塞"八者以形容其圣德，如称尧曰"钦明文思，安安"；称文王曰"徽柔懿恭"；称仲尼曰"温良恭俭让"，皆圣人之德美。此论甚当。王氏云，尧言"钦明文思"为成德之序，舜言"濬哲文明"为修为之序。此凿说也。林少颖皆以为尧、舜之德。此说殊可喜。

## 6.《增修东莱书说》卷二

（宋）时澜

曰若稽古帝舜，曰重华，协于帝，濬哲文明，温恭允塞。玄德升闻，乃命以位。

华，光华也。重华者，尧、舜并出，盛德辉光，前后相映，重光合照，如日月递明，常有光辉。正乾之二五，大人交相见之时也。虽然此特舜之华，与尧协耳。有华必有实，当知其所以光华与尧实相合者，本聪明之德，昭然无间。而"濬哲文明，温恭允塞"与"钦明文思，允恭克逊"，亦无少异。是以见诸光华，自然而与帝协。"濬"者，宏深，与"濬川"之"濬"相近，有疏通不滞之意，工夫之深也。"哲"与"明"若相近，而似有体用之意，"哲"者，心之觉明者，其发见也。温，良；恭，敬；允，信；塞，实。观此八字，舜德可见。圣人之德，随人所见而名之。尧曰"钦明文思"，非与此异。如文王之德，人见其"徽柔懿恭"，孔子之德，人见其"温良恭俭逊"也。"玄德"者，幽潜之德，即"濬哲文明，温恭允塞"之实。舜抱幽潜之德于侧陋之间，其居之陋，其德之潜，若无升闻之理，德盛而发越光辉，乃自有不可掩者，此舜之德所以不可及也。舜之德闻于上，尧之闻逮于下，二圣人之德交感其中，自不容间，则知"命以位"无私于其间也。"位"者，爵位之位，盖将试以诸难之事，故授以爵位也。"乃"者深见圣人公平之象。

## 7.《尚书说》卷一

（宋）黄度

曰若稽古帝舜，曰重华，协于帝，濬哲文明，温恭允塞，玄德升闻，乃命以位。慎徽五典，五典克从；纳于百揆，百揆时叙；宾于四门，四门穆穆；纳于大麓，烈风雷雨弗迷。

华，光之辉彩也，以圣继圣，是谓重华。协，合也，与尧合德也。史称舜之德，其凡如此。濬，深；塞，实；玄，幽，是侧微升闻于上。徽典，司徒；百揆，冢宰；宾门，四岳诸侯长也，皆位也。五典，五常，父子、君臣、夫妇、兄弟、朋友之交也。慎，厥身修而致美焉。使各由其理分，是谓克从，人人亲其亲，长其长也。孟子曰"瞽瞍底豫而天下化"，瞽瞍底豫而天下之为父子者定。穆穆，美也，言四方诸侯来朝觐者，以宾礼接于四门，而皆穆穆有美德也。麓，孔氏改为"录"，言大录万几之政。阴阳和，风雨时，是盖三公燮（xiè）调之职也。改"麓"为"录"固未可据。《论语》"迅雷风烈必变"，越裳氏曰，天无烈风暴雨。此言风烈，非和风矣，何以言燮调？烈风雷雨，则必陵震可畏惧，而能不迷，故为异耳。《史记》尧使舜入山林川泽，暴风雷雨，舜行不迷。此亦《尚书》家所传，未可废也。纳麓，在诸难之后，盖其最难者。禹治水，随山刊木；益焚山泽，禽兽逃匿，驱龙蛇放之菹（zū）。神奸物怪，固当有之，禹、益有不能为者。尧纳舜，于是而其患息，此事本无足怪。今释老氏宫室，或言本蛟龙之居，驯服道德，委之而去，人不以为怪也。《十三州志》曰，麓，林之大者也。其后，秦置钜鹿郡。尧将禅舜，合诸侯群臣百姓，纳之大麓，风雨不迷，致之以昭华之玉。此出纬书，虽难尽据，而与《史记》相符。

## 8. 《絜斋家塾书钞》卷一

（宋）袁燮

曰若稽古帝舜，曰重华，协于帝，濬哲文明，温恭允塞，玄德升闻，乃命以位。

华者，光华也。舜之华，即尧之光也。重华是明两作离之意。尧有此光华，舜亦有此光华，故与帝相合无间，今试以身体之。圣人何故有此光华，而众人何独无此光华？人受天地之中以生，既有此秉彝良心，便有此光华，但渺乎其小耳，更为物欲所蔽，昏塞之者多矣。要之，本来光华自在，惟圣人功夫既到，胸中无一毫蔽塞，见诸政事，一一皆当道理皆合人心，举天下皆尊仰之，皆称颂之，是以其光华充塞天地。今须是将他发见于政事处看，方见他光华弥满宇宙处。濬，是常常去疏浚，不使有一毫障塞，如"浚川"之"浚"。"哲"者，智也。人岂可以无智，禹之治水只是一个智。所谓智，若禹之行水。《中庸》曰"舜其大智也欤。舜好问而好察迩言，隐恶而扬善，执其两端，用其中于民，其斯以为舜乎？""人皆曰予知，驱而纳诸罟，擭陷阱之中而莫之知避也；人皆曰予知，择乎中庸而不能期月守也"。学者但玩味《中庸》说舜大知处，如何是知，则可以见得这"哲"

字。"文"，是粲然有文可观。只如这一"文"字，须是子细思索，如何是"文"，如所谓仁、义、礼、智，根于心，其生色也；睟（suì）然见于面，盎于背，施于四体，如所谓美在其中，而畅于四肢，发于事业。夫是之谓"文"。今人有"文"者能几何，纵有之，而亦甚微。色相杂，谓之"文"，《周礼》亦言"青与赤谓之文"。古人多说这"文"字，称尧曰"焕乎其有文章"，言夫子曰"文章可得而闻"。《记》言"文王之所以为文也，纯亦不已"。《棫朴》一诗，诗人美文王，而比之以天之云汉。其诗曰"倬彼云汉，为章于天"，可见其文矣。《易》又曰"内文明，而外柔顺"。盖刚健文明之德，这个断少不得。"明"者，高明也。玄，有妙意。老氏曰"玄之又玄，众妙之门"。庄老言语虽差，然毕竟下一"玄"字，亦是圣人神妙不可测处。丁尧，言俊德；于舜，言玄德，一也。《孟子》曰"大而化之之谓圣；圣而不可知之谓神"。《孟子》之"神"字，即《舜典》之"玄"字。伯益言尧之德亦说"乃圣乃神，乃武乃文"。至于变化无方，不可测识，方是圣人之盛。今业一艺之精者，犹能造微妙处。如弈秋之弈，轮扁之轮，痀瘘之承蜩，皆造于神，况圣人日夜在这里理会做人。舜之所以谐顽嚚，友傲弟，是做多少工夫，他直至于神妙不可测处，所以能感化嚚，与做烝烝于乂。德若未至于神，何以受得尧之天下？

## 9. 《书经集传》卷一

（宋）蔡沈

曰若稽古帝舜，曰重华，协于帝，濬哲文明，温恭允塞，玄德升闻。乃命以位。

濬，音浚。华，光华也。协，合也。帝，谓尧也。濬，深；哲，智也；温，和粹也。塞，实也。玄，幽潜也。升，上也。言尧既有光华，而舜又有光华，可合于尧，因言其目，则深沉而有智，文理而光明，和粹而恭敬，诚信而笃实。有此四者，幽潜之德，上闻于尧，尧乃命之以职位也。

## 10. 《尚书精义》卷三

（宋）黄伦

曰若稽古帝舜，曰重华，协于帝，濬哲文明，温恭允塞，玄德升闻，乃命以位。

荆公曰,玄德,亦俊德也。自其著者言之,则谓之俊;自其妙者言之,则谓之玄。于圣人在上者,称其著;于圣人在下者,称其妙。

无垢曰,舜重华,即放勋也。勋,则有功而可见;华,则有文而可观。又曰乾之九二、九五皆曰"利见大人"。孔子发之曰"同声相应,同气相求。水流湿,火就燥,云从龙,风从虎。"又曰"本乎天者亲上,本乎地者亲下,则各从其类也"。余于是晓然见"协于帝"之说矣。夫尧之有舜,所谓同声、同气,水火之于燥湿,云风之于龙虎。性之上者,亲天;性之下者,亲地。其相协之意,岂可以诂训名之哉。盖情异则对面而若江湖肝胆,而成楚越同心,则千岁如一日,千里如同堂。想其相协之心,有未言而信,未占而孚者也。此岂偶然也哉。

张氏曰,夫天下无二道,圣人无两心。又况舜之于尧,以帝继帝,故其心迹之契,无毫发之间,谓之协帝,不亦宜乎?夫华者,草木之末也。圣人涉迹于人间世者,特其末而已。至其彫瘁,而反本根,则向之所谓华者,不可得而形容之也。濬哲、文明、温恭、允塞,舜之四德也。"濬哲"者,思也;"温恭允塞"者,钦也。"濬"与"濬川"之"濬"同。"哲"与"命哲"之"哲"同。哲,出于性濬之者。人而已哲而能濬,则疏通于内,而无茅塞之患也。濬哲而谓之思者,盖"思曰睿,睿作圣"。所贵于睿者,亦欲其损实致虚,以深通之而已。此濬哲之所以为思也。温恭允塞而谓之钦者,温恭则钦之,所以接物者也。允塞则钦之,所以直内者也。于尧,言"钦明文思",则德之出于所性,自诚而明之者也。所性者,天也;修为者,人也。尧行天道以治人,故典之所载者,天也。舜行人道以奉天,故典之所载者,皆人也。语其至,则天也,人也,其实一也,是道也。以此处上,帝王天子之德也;以此处下,玄圣素王之道也。尧圣人之在上者也,故其德谓之俊;舜圣人之在下者也,故其德谓之玄。玄者,言其圣而不可知之谓也,至于俊,则自可见之行而已。虽然,有诸中者,必形诸外;修诸己者,必著于人。舜虽居侧微,而其德有以升闻于上,故不期于尧闻,而尧闻之。然而有是德者,然后可以居是位,故"玄德升闻",于是继之以"乃命以位"。

陈氏曰,尧有光华之德,舜亦有光华之德。以舜之光华,合尧之光华,故曰重华,协于帝。

### 11.《尚书详解》卷二

（宋）陈经

曰若稽古帝舜，曰重华，协于帝，濬哲文明，温恭允塞，玄德升闻，乃命以位。

"曰若稽古帝舜，曰重华，协于帝"，此见"明两作离"，圣人继出，不谋而合，不约而同。尧谓之"勋"，舜谓之"华"，圣人表里如一，"勋"、"华"即其可见而言之也。濬，深也；哲，智也；文，华也；明，达也；温，和也；恭，敬也；允，信也；塞，实也。自内而形之外，则濬哲之发，固所以为文明。由外而本乎内，则温恭之实，乃所以为允塞，其实一德也而异名也。与尧之"钦明文思，允恭克让"者，初无以异，特称之之辞，自不同。玄，幽隐也。幽潜之德，升闻于尧，乃命之以官位。此"二五，大人交相见"之时也。有尧之"钦明文思"，自然光被四表；有舜之"濬哲文明"，自然升闻于尧。

### 12.《融堂书解》卷一

（宋）钱时

曰若稽古帝舜，曰重华，协于帝，濬哲文明，温恭允塞，玄德升闻，乃命以位。

首言协于帝，则尧之德，皆舜之德也。行德于下，而升闻于上，见当时上下之相孚。命以位，为一篇之纲领。

### 13.《尚书要义》卷二

（宋）魏了翁

（归善斋按，未引）

### 14.《书集传或问》卷上

（宋）陈大猷

（归善斋按，未解）

## 15.《尚书详解》卷一

（宋）胡士行

曰若稽古帝舜，曰重（并）华（光）协（合）于帝（尧），濬（宏深）哲（智也，明之体）文明，温（和）恭允塞（实），元（幽潜）德升（上）闻（闻于天朝）乃命以位。

舜于尧，如日月递明，自然吻合，有是华，必有是实。"濬哲文明，温恭允塞"与"钦明文思"，"允恭克让"亦无少异。此圣人气象，如文之"徽柔懿恭"，夫子之"温良恭俭让"，此史笔形容之妙。尧之知舜，非闻于言语物色间也，以德合德，以心合心，二圣同时，自有感动处。

## 16.《书纂言》卷一

（元）吴澄

（归善斋按，未解）

## 17.《书集传纂疏》卷一

（元）陈栎

曰若稽古帝舜，曰重华，协于帝，濬哲文明，温恭允塞，玄德升闻，乃命以位。

华，光华也；协，合也；帝，谓尧也；濬，深；哲，智也；温，和粹也；塞，实也；玄，幽潜也；升，上也。言尧既有光华，而舜又有光华，可合于尧。因言其目，则深沉而有智，文理而光明，和粹而恭敬，诚信而笃实。有此四者，幽潜之德上闻于尧，尧乃命之以职位也。

纂疏

语录："濬哲"至"允塞"，细分是八德，合而言，只是四事。"玄德"难晓，《书传》中无言玄者，今避讳以"玄"为"元"，甚非。如"玄黄"之"玄"，本黑色。

孔氏曰，舜有深智文明，温恭之德信，充塞上下。程子曰，此八事也。凡论圣人必取其德之焕发者称之，随其所取，不必同也。故称尧曰"钦明文思"，称文王曰"徽柔懿恭"，称孔子曰"温良恭俭让"。譬论玉之美，或取其色之温润，或取其质之坚正，或取其声之清越。举其一，则知其为宝矣。陈氏经曰，重华协帝，如明两作离，圣人继出，不约而同。自内形之外，则"濬哲"之发，所以为"文明"。由外本乎内，则"温恭"之实，所以为"允塞"。王氏炎曰，"濬哲"存于内，发于外，则为"文明"；"温恭"形于外，根于内，则为塞实。此则光华之所从生者也。

愚谓，舜德之光华，与尧德之光华重，故曰"重华"。舜继尧曰"重华"，如武继文曰"重光"。"濬哲"至"允塞"之盛德，自其光辉莫掩言之，则曰"重华"；自其幽潜未见言之，则曰"玄德"，幽潜之中，光华出焉。此与"暗然而日章"同意。

## 18.《读书丛说》卷二

（元）许谦

（归善斋按，未解）

## 19.《书传辑录纂注》卷一

（元）董鼎

曰若稽古帝舜，曰重华，协于帝，濬哲文明，温恭允塞，玄德升闻，乃命以位。

华，光华也；协，合也；帝，谓尧也；濬，深；哲，智也；温，和粹也；塞，实也；玄，幽潜也；升，上也。言尧既有光华，而舜又有光华，可合于尧。因言其目，则深沉而有智，文理而光明，和粹而恭敬，诚信而笃实。有此四者，幽潜之德，上闻于尧，尧乃命之以职位也。

**辑录**

"濬哲文明，温恭允塞"，细分是八字，合而言之，却只是四字。濬，是明之发处；哲，则见于事也；文，是文章；明，是明著。《易》中多言"文明"，此是就事上说。塞，是其中实处。广。《舜典》自"虞舜侧微"至"乃命以位"，一本无云，直自《尧典》"帝曰：钦哉"而下接起"慎徽五典"。所谓伏生以《舜典》合于《尧典》也。"玄德"难晓，《书传》中亦无言玄者。今人避讳，以"玄"为"元"，如"玄黄"之"玄"，本黑色，若云"元黄"，是"子畏于正"之类也。人杰。

**纂注**

孔氏云，舜有深智文明，温恭之德信，允塞上下。王氏日休曰，"濬哲"继以"文明"，若曰"濬哲"而不文明，则若深藏智巧者，岂圣人之深智？"温恭"继以"允塞"，若曰"温恭"而不允塞，则若徒事外貌者，岂圣人之温恭？程子曰，此八事也。凡论圣人者，必取其德之焕发者称之，随其所取不必同也。故称尧曰"钦明文"，称文王曰"徽柔懿恭"，称孔子曰"温良恭俭让"。譬论玉之美者，或取其色之温润，或取其质之坚正，或取其声之清越。举其一，则知其为宝矣。陈氏经曰，"重华"、"协帝"，此见明两作离，圣人继出，不约而同。自内形之外，则"濬哲"之发，乃所以为"文明"。由外本乎内，则"温恭"之实，乃所以为"允塞"。新安陈氏曰，尧德光华，舜德之光华与之重，故曰"重华"。舜继尧曰"重华"，如武继文曰"重光"。"濬哲文明，温恭允塞"之盛德，由其光辉而不可掩言之，则曰"重华"；本于幽潜而未见言之，则曰玄德。幽潜之中，光华出焉，此与"暗然而日章"同意。又按，"允塞"当从信实之说。然孔注，亦当存，盖如《孟子》。则塞于天地之间，与格于上下同意。

## 20. 《尚书句解》卷一

（元）朱祖义

曰（史官之言）若稽古帝舜（顺考古道而行之者帝舜）。

## 21. 《尚书日记》卷二

（明）王樵

"曰若稽古帝舜"至"乃命以位"，此节与《尧典》首节相似，而实不同。"放勋"至"格于上下"此一段实足以该括尧之始终，乃《尧典》一篇之纲领也。此节不过舜初年事，乃《舜典》一篇之起语尔。

《传》云，言尧既有是光华，而舜又有是光华，可合于尧，此须知得他本原处。盖圣人所存处不可见，恒于其发处见之。其所存皆至于所谓本心莹然，一疵不存，万理明尽之地，故其发处无不同。舜处侧微，其于尧未尝得亲炙而利见之，而光华如是之合者，以其本原之同也。本言二圣之合德，却言其光华者，所谓以其发处见之也。然此句亦只据舜在侧微而言不通，后有天下而说。观"玄德升闻"句可见"重华"与"放勋"亦稍别。彼总言尧之德业，此只以德言。

尧德至盛，难乎其继。今曰"重华"，又曰"协于帝"者，见其合德之至也。武之继文，亦曰"重光"矣。然而《孟子》则曰，尧舜性之，汤武反之。程子则曰，文王之德似尧舜，禹之德似汤武，是曰重者。凡圣皆可以同符。而曰协者，非尧舜文王不足以语此也。

"濬哲文明，温恭允塞"四德，各以两字相配为义。朱子曰，细分是八字，合而言之却只是四事。濬，是明之发处；哲，则见于事也；文，是文章；明是明著。《易》中多言文明。允，是就事上说；塞，是其中实处。当知朱子细分是八字，合之只是四事之意。濬哲合言是一事，文明合言是一事，温恭合言是一事，允塞合言是一事。四德各以两字合言，乃见圣人之德。黄叔度人以比颜子气象，大段深潜，但不知聪明视颜子何如耳。颜子以下，孔门推颖悟，莫如子贡，然于颜子之深潜，默而识之，语之而不惰，恐未逮也，故濬哲合焉，惟圣人，而颜子气象最近。

诗人之咏文王于不可形容之中，每以"穆穆"二字尽之。穆穆，和敬也，深远之意，濬哲、温恭气象可得于言表也。诗曰"温温恭人"，温恭二字，最见有德者气象。温恭合德，非圣人不能尽，史以称舜，子贡以称孔子。

钦明合言，则明为通明，文明合言，则明为光明，指发于外者。而濬哲之哲，却为钦明之明。允，信，塞，实也。允以事言，塞以心言。皋陶曰"刚而塞"，《诗》曰"秉心塞渊"。凡言"塞"者皆心也。刚而塞冀缺，因阳处父刚而不实，知其不免。"钦明文思"虽四字，然敬体而明用也，文著见而思深远也，是亦有合言之意。曰哲而又曰明，犹《尧典》曰明而又曰思，周礼六德曰智而又曰圣。哲圣思为一义，明智为一义，哲圣思潜而明智显也，圣如颜子，智如子贡。玄德，潜德也，潜者，未见之称。程子以乾之初二为舜之侧微耕渔时。

## 22.《御制日讲书经解义》卷一

若稽古帝舜，曰重华，协于帝。濬哲文明，温恭允塞，玄德升闻，乃命以位。

此记舜德之盛，以见升闻之所自也。华，光华也。协，合也。帝，指尧也。深沉莫测曰濬；神智通微曰哲。文者，条理秩然之谓；明者，虚灵无蔽之谓。温，和粹也。塞，笃实也。幽深之德曰元德。史臣稽考古之帝舜，曰，尧德显著，既有光华，舜德又有光华，与尧吻合。其德何如，凡人，智者，或失之浅露；明者，或过于伺察。惟舜之智，深潜不露，而沈几先物；舜之明，经纬内含，而虚灵不昧，与尧之"钦明文思，安安"无异。常人恭以持己者，或过于严峻；实以待人者，或出于矫饰。惟舜之恭，则和粹可亲，而著肃雍之度。舜之塞，则表里如一，而昭笃实之容，与尧之"允恭克让"无异。有此四者，幽深之德，自畎亩而令闻上达，尧乃命以司徒、百揆、四岳之位，历试诸艰，以验其德也。盖《书》首尧、舜二典，犹《易》首乾坤二卦。天地之道，备于乾坤，君臣之道备于唐虞。帝舜绍尧立极，君临天下，皆由盛德大业与尧相符，故能后先媲美，炳耀千古也与。

# 曰重华，协于帝

## 1. 《尚书注疏》卷二

（汉）孔氏传，（唐）陆德明音义、孔颖达疏

曰重华，协于帝。

传：华，谓文德，言其光文，重合于尧，俱圣明。

疏：又申具顺考古道之事，曰此舜能继尧，重其文德之光华，用此德合于帝尧，与尧俱圣明也。

## 2. 《书传》卷二

（宋）苏轼

（归善斋按，见上句）

## 3. 《尚书全解》卷二

（宋）林之奇

（归善斋按，见上句）

## 4.《尚书讲义》卷二

（宋）史浩

（归善斋按，见前文"曰若稽古帝舜"）

## 5.《尚书详解》卷二

（宋）夏僎

（归善斋按，见前文"曰若稽古帝舜"）

## 6.《增修东莱书说》卷二

（宋）时澜

（归善斋按，见前文"曰若稽古帝舜"）

## 7.《尚书说》卷一

（宋）黄度

（归善斋按，见前文"曰若稽古帝舜"）

## 8.《絜斋家塾书钞》卷一

（宋）袁燮

（归善斋按，见前文"曰若稽古帝舜"）

## 9.《书经集传》卷一

（宋）蔡沈

（归善斋按，见前文"曰若稽古帝舜"）

## 10.《尚书精义》卷三

（宋）黄伦

（归善斋按，见前文"曰若稽古帝舜"）

## 11.《尚书详解》卷二

（宋）陈经

（归善斋按，见前文"曰若稽古帝舜"）

## 12. 《融堂书解》卷一

（宋）钱时

（归善斋按，见前文"曰若稽古帝舜"）

## 13. 《尚书要义》卷二

（宋）魏了翁

（归善斋按，未引）

## 14. 《书集传或问》卷上

（宋）陈大猷

或问，三山陈氏勋华之说如何（陈曰，尧谓之勋，舜谓之华，皆即其可见者言之也）？曰，林少颖谓"舜言华，尧言光"，此说已善。尧居帝位，成功为大，故先言"放勋"。舜方登庸，未有功可言，故不言"勋"，而先言"华"也。

## 15. 《尚书详解》卷一

（宋）胡士行

（归善斋按，见前文"曰若稽古帝舜"）

## 16. 《书纂言》卷一

（元）吴澄

（归善斋按，未解）

## 17. 《书集传纂疏》卷一

（元）陈栎

（归善斋按，见前文"曰若稽古帝舜"）

## 18. 《读书丛说》卷二

（元）许谦

"濬哲"体，而"文明"用。存于中者，深沉而智哲；则见于外者，文理而光明。温恭用而允塞体。见于外者，知粹而恭敬，则知存于中者，诚信而充实。此即玄德而重华，协于帝者也。

## 19.《书传辑录纂注》卷一

（元）董鼎
（归善斋按，见前文"曰若稽古帝舜"）

## 20.《尚书句解》卷一

（元）朱祖义
曰（又言）重华，协于帝（尧有此光华之德。舜能重之，亦有此光华之德，合协于尧而无异）。

## 21.《尚书日记》卷二

（明）王樵
（归善斋按，见前文"曰若稽古帝舜"）

## 22.《御制日讲书经解义》卷一

（归善斋按，见前文"曰若稽古帝舜"）

## 《读书管见》卷上

（元）王充耘
重华协于帝。

重华协于帝一句，是总言，下文是申说。"濬哲文明，温恭允塞"，是以八字赞舜之四德，故云重华，与钦、明、文、思，齐、圣、广、渊，徽、柔、懿、恭、聪、明、齐、圣之类，皆以一字为义者不同。下文"玄德升闻，乃命以位"，此"协于帝"之实也，盖非谓其光华可合于尧，言其德有契乎尧之心，不然何故命以职位也？此是古文《尚书》手脚，如所谓允德、协于下亦然，下文实之以"子惠困穷，民服厥命，罔有不悦"。盖子惠，即所以为"允德"，民无不悦，即所以为"协下"也。

## 《书义断法》卷一

（元）陈悦道

曰重华，协于帝。濬哲文明，温恭允塞，玄德升闻，乃命以位。

四者，幽潜之玄德，无愧于其位，故其终身光华之盛德，无间于其君。盖舜之协帝，如尧之则天。谓之重华，史臣纪其终身之盛德如此，指其发外言之也。然其玄德之升闻，职位之历试，其德之积中，固已非一朝夕之故。至于重华，则亦其积中发外之不可掩者耳。《舜典》之书以"重华"二字，提其纲；而以"玄德"四者，列其目，可谓深知舜者。

## 《尚书注考》

（明）陈泰交

"重华"训"华"，光华也。"华玉仍几"训"华"，彩色也。

"重华协于帝"，"协于克一"，"相协厥居"训"协"，合也。"毕协赏罚"训"协"，和也。

"重华协于帝"，"惟帝其难之"训"帝"谓"尧"也。"祗承于帝"，"帝初于历山"，训"帝"谓"舜"。

# 濬哲文明，温恭允塞

## 1. 《尚书注疏》卷二

（汉）孔氏传，（唐）陆德明音义、孔颖达疏

濬哲文明，温恭允塞。

传：濬（jùn），深；哲，智也。舜有深智文明，温恭之德信，允塞上下。

疏：此舜性有深沉智慧，文章明鉴，温和之色，恭逊之容。由名闻远达，信能充实上下。

传正义曰，濬，深；哲，智，皆《释言》文。舍人曰，濬，下之深也。哲，大智也。舜有深智，言其智之深，所知不浅近也。经纬天地，曰文；照临四方，曰明。《诗》云"温温恭人"，言其色温，而貌恭也。舜既有深远之智，又有文明温恭之德，信能充实上下也。《诗》毛传，训

"塞"为"实"，言能充满天地之间。《尧典》所谓格于上下是也。不言四表者，以四表外无限极，非可实满，故不言之。尧、舜道同，德亦如一。史官错互为文，故与上篇相类，是其所合于尧也。

《尚书注疏》卷二考证

温恭允塞传疏，毛传训塞为实。

实监本讹贲，今改正。

## 2. 《书传》卷二

（宋）苏轼

濬哲文明，温恭允塞。

濬，深也；哲，智也；塞，实也。《书》曰"刚而塞"，《诗》曰"秉心塞渊"。

## 3. 《尚书全解》卷二

（宋）林之奇

濬哲文明，温恭允塞。程氏曰，濬，深宏也；哲，睿知也；文，文章也；明，聪明也；温，粹和也；恭，恭钦也；允，信义也；塞，充实也。凡论圣人者，必取其德之焕发者而称之，随其所取，不必同也。故尧曰钦明文思，夫子温良恭俭让，要之，皆是圣人之德美也，称之所以见其为圣。譬如论玉之美者，或取其色之温润，或取其质之坚正。要之举其一，则知其为宝矣。此说甚善。而王氏以谓，尧曰"钦明文思"者，成德之序也，舜曰"濬哲文明，温恭允塞"者，修为之序也。故于尧，则言性之所有，于舜，则言学以成之。此凿说也，据龟山李校书已言其非矣。

## 4. 《尚书讲义》卷二

（宋）史浩

（归善斋按，见前文"曰若稽古帝舜"）

## 5. 《尚书详解》卷二

（宋）夏僎

（归善斋按，见前文"曰若稽古帝舜"）

## 6. 《增修东莱书说》卷二

（宋）时澜

（归善斋按，见前文"曰若稽古帝舜"）

## 7. 《尚书说》卷一

（宋）黄度

（归善斋按，见前文"曰若稽古帝舜"）

## 8. 《絜斋家塾书钞》卷一

（宋）袁燮

（归善斋按，见前文"曰若稽古帝舜"）

## 9. 《书经集传》卷一

（宋）蔡沈

（归善斋按，见前文"曰若稽古帝舜"）

## 10. 《尚书精义》卷三

（宋）黄伦

（归善斋按，见前文"曰若稽古帝舜"）

## 11. 《尚书详解》卷二

（宋）陈经

（归善斋按，见前文"曰若稽古帝舜"）

## 12. 《融堂书解》卷一

（宋）钱时

（归善斋按，见前文"曰若稽古帝舜"）

## 13. 《尚书要义》卷二

（宋）魏了翁

（归善斋按，未引）

## 14. 《书集传或问》卷上

（宋）陈大猷

（归善斋按，未解）

## 15. 《尚书详解》卷一

（宋）胡士行

（归善斋按，见前文"曰若稽古帝舜"）

## 16. 《书纂言》卷一

（元）吴澄

（归善斋按，未解）

## 17. 《书集传纂疏》卷一

（元）陈栎

（归善斋按，见前文"曰若稽古帝舜"）

## 18. 《读书丛说》卷二

（元）许谦

（归善斋按，见上句）

## 19. 《书传辑录纂注》卷一

（元）董鼎

（归善斋按，见前文"曰若稽古帝舜"）

## 20. 《尚书句解》卷一

（元）朱祖义

濬哲文明（其德濬深宏也。哲，睿哲也；文，文章也；明，聪明也），温恭允塞（温，粹和也；恭，恭敬也；允，信当也；塞，充实也）。

## 21. 《尚书日记》卷二

（明）王樵

（归善斋按，见前文"曰若稽古帝舜"）

## 22. 《御制日讲书经解义》卷一

（归善斋按，见前文"曰若稽古帝舜"）

### 《书义断法》卷一

（元）陈悦道

（归善斋按，见上句）

### 《尚书疑义》卷一

（明）马明衡

"濬哲文明，温恭允塞"，亦总是形容盛德之光，如是，与"钦明文思"同。圣人盛德之至，自难以言语分析形容。程子谓，凡论圣人者，必取其德之焕发者称之。称文王曰"徽柔懿恭"，称孔子曰"温良恭俭让"亦是此意。蔡传以四者为"重华"之目，又是太刻画也。

### 《尚书注考》

（明）陈泰交

"濬哲文明"，"明"作"哲"。"兹四人迪哲"，训"哲""智"。"知人则哲"，训"哲""智之明"也。"弗造哲"，训"哲"者"明哲"也。

### 《尚书埤传》卷二

（清）朱鹤龄

允塞。袁黄曰，《易曰》"有孚盈缶（fǒu）"，缶至虚，而吾之诚信，足以满之，正是"塞"义。

### 《书经衷论》卷一

（清）张英

圣人之德，非明，无以临下；沕（mì）穆，既远人情，诈伪日滋。

况居天位之尊，驭万方之众，非至明之极，何以烛其幽隐，决其壅蔽，故赞尧，首曰"钦明"；赞舜，首曰"濬哲"，明乎其所重也。圣人之德，无加于恭，故尧曰"允恭"，舜亦曰"温恭"，赞两圣人之德，词虽异，而旨则一也。推之千百世圣人，亦无不一也。

尧舜之时，中天之时也。从前浑浑噩噩，熙熙攘攘，制作文章之事，待圣人而后兴；天时人事，俱不能安于简朴，故尧曰"文思"；舜曰"文明"；禹曰"文命"。三圣人，不能违时而行，邃古之事，亦可知矣。岂至周而始尚文哉。

### 《尚书七篇解义》卷一

（清）李光地

曰若稽古帝舜，曰重华，协于帝。濬哲文明，温恭允塞，玄德升闻，乃命以位。

"濬哲文明"，亦言存诸心者；"温恭允塞"，亦言著诸身者。然濬之深而哲，文之盛而明，则外者备矣。温而本于恭，信而出于实，则内者形矣。

# 玄德升闻，乃命以位

## 1. 《尚书注疏》卷二

（汉）孔氏传，（唐）陆德明音义、孔颖达疏

玄德升闻，乃命以位。

传：玄，谓幽潜，潜行道德，升闻天朝，遂见征用。

疏：潜行道德，升闻天朝，尧乃征用，命之以位，而试之也。

《老子》云"玄之又玄，众妙之门"，则玄者，微妙之名，故云玄谓幽潜也。舜在畎（quǎn）亩之间，潜行道德，显彰于外，升闻天朝。天朝者，天子之朝也，从下而上，谓之为升。天子闻之，故遂见征用。

## 2. 《书传》卷二

（宋）苏轼

玄德升闻。

玄，幽也。

### 3. 《尚书全解》卷二

（宋）林之奇

玄德升闻，乃命以位。

"父顽、母嚚、象傲，克谐以孝，烝烝乂，不格奸"，此所谓玄德也。"岳曰，有鳏在下，曰虞舜。帝曰，俞！予闻，如何"，此所谓升闻也。自"慎徽五典"而下，是所谓"乃命以位"也。孔氏曰，玄谓幽潜，潜行道德，升闻天朝，遂见征用，盖谓修之于此，而升闻于彼也。《庄子》曰，以此处上，圣王天子之德也；以此处下，元圣素王之道也。亢仓子曰，舜之德之盛，为天下君，善事父母所致也。刘晏曰，舜耕，而田者相逊；钓，而渔者相与。当是时，口不设言，手不指麾，执玄德于心而化驰若神，此皆玄德之证也。

### 4. 《尚书讲义》卷二

（宋）史浩

（归善斋按，见前文"曰若稽古帝舜"）

### 5. 《尚书详解》卷二

（宋）夏僎

（归善斋按，见前文"曰若稽古帝舜"）

### 6. 《增修东莱书说》卷二

（宋）时澜

（归善斋按，见前文"曰若稽古帝舜"）

### 7. 《尚书说》卷一

（宋）黄度

（归善斋按，见前文"曰若稽古帝舜"）

### 8. 《絜斋家塾书钞》卷一

（宋）袁燮

（归善斋按，见前文"曰若稽古帝舜"）

## 9. 《书经集传》卷一

（宋）蔡沈

（归善斋按，见前文"曰若稽古帝舜"）

## 10. 《尚书精义》卷三

（宋）黄伦

（归善斋按，见前文"曰若稽古帝舜"）

## 11. 《尚书详解》卷二

（宋）陈经

（归善斋按，见前文"曰若稽古帝舜"）

## 12. 《融堂书解》卷一

（宋）钱时

（归善斋按，见前文"曰若稽古帝舜"）

## 13. 《尚书要义》卷二

（宋）魏了翁

（归善斋按，未引）

## 14. 《书集传或问》卷上

（宋）陈大猷

（归善斋按，未解）

## 15. 《尚书详解》卷一

（宋）胡士行

（归善斋按，见前文"曰若稽古帝舜"）

## 16. 《书纂言》 卷一

（元）吴澄

（归善斋按，未解）

## 17. 《书集传纂疏》 卷一

（元）陈栎

（归善斋按，见前文"曰若稽古帝舜"）

## 18. 《读书丛说》 卷二

（元）许谦

（归善斋按，见前句）

## 19. 《书传辑录纂注》 卷一

（元）董鼎

（归善斋按，见前文"曰若稽古帝舜"）

## 20. 《尚书句解》 卷一

（元）朱祖义

玄德升闻（凡八者，即元德也。舜虽潜幽远处，而实升闻于天朝），
乃命以位（尧乃命之以官位）。

## 21. 《尚书日记》 卷二

（明）王樵

（归善斋按，见前文"曰若稽古帝舜"）

## 22. 《御制日讲书经解义》 卷一

（归善斋按，见前文"曰若稽古帝舜"）

## 《书义断法》卷一

（元）陈悦道

（归善斋按，见前句）

## 《尚书注考》

（明）陈泰交

"玄德升闻"，训"玄""幽潜"也，"厥篚玄纤缟"训"玄""赤黑"，色币也。

# 三
# 历试诸难

## 慎徽五典，五典克从

### 1. 《尚书注疏》卷二

（汉）孔氏传，（唐）陆德明音义、孔颖达疏

慎徽五典，五典克从。

传：徽，美也。五典，五常之教，父义、母慈、兄友、弟恭、子孝。舜慎美，笃行斯道，举八元，使布之于四方，五教能从，无违命。

音义：徽，许韦反。王云"美"，马云"善"也。从，才容反。八元，《左传》高辛氏有才子八人：伯奋、仲堪、叔献、季仲、伯虎、仲熊、叔豹、季狸。忠肃恭懿，宣慈惠和，天下之民，谓之八元。

疏：正义曰，此承"乃命以位"之下，言命之以位，试之以事也。尧使舜慎美，笃行五常之教，而五常之教皆能顺从而行之，无违命也。

传正义曰，《释诂》云，徽，善也，善亦美也。此"五典"与下文五品、五教其事一也。一家之内，品有五。谓父、母、兄、弟、子也。教此五者，各以一事。教父以义，教母以慈，教兄以友，教弟以恭，教子以孝。是为五教也。五者，皆可常行，谓之五典。是五者同为一事所从，言之异耳。文十八年《左传》曰，昔高辛氏有才子八人：伯奋、仲堪、叔献、季仲、伯虎、仲熊、叔豹、季狸。忠肃恭懿，宣慈惠和，天下之民谓之八元。舜臣

尧，举八元，使布五教于四方，父义、母慈、兄友、弟恭、子孝。以此知五典是五常之教。谓此父义之等五事也。《皋陶谟》云"天叙有典，敕我五典五惇哉"。惇，厚也。行此五典，须厚行之。笃，亦厚也，言舜谨慎美善，笃行斯道，举八元，使布之于四方，命教天下之民。以此五教，能使天下皆顺从之，无违逆舜之命也。《左传》又云，故《虞书》数舜之功，曰"慎徽五典，五典克从"，无违教也。父母于子并宜为慈。今分之者，以父主教训，母主抚养。抚养，在于恩爱，故以慈为名；教训，爱而加严，故以义为称。义者，宜也，理也。教之以义，方使得事理之宜，故为义也。《释训》云"善兄弟为友"，则兄弟之恩，俱名为友。今云兄友弟恭者，以其同志曰友，友是相爱之名。但兄弟相爱，乃有长幼，故分其弟使之为恭，恭敬于兄，而兄友爱之。

## 2. 《书传》卷二

（宋）苏轼

乃命以位，慎徽五典，五典克从；纳于百揆，百揆时叙；宾于四门，四门穆穆。

徽，和也。五典，五教也，司徒之事也。揆，度也。《书》曰"有能奋庸熙帝之载，使宅百揆，亮采惠畴。金曰：伯禹作司空"。而《左氏传》亦云，使主后土，以揆百事。则百揆，司空之事也。四门，四方之门也。穆穆，美也。诸侯之来朝者，舜宾迎之，宗伯之事也。

## 3. 《尚书全解》卷二

（宋）林之奇

慎徽五典，五典克从；纳于百揆，百揆时叙；宾于四门，四门穆穆；纳于大麓，烈风雷雨弗迷。

伏生以《舜典》合于《尧典》"慎徽五典"而下，合于《尧典》"帝曰钦哉"之文，共为一篇。至孔安国纂壁中《书》，始厘而为二，加"乃命以位"上二十八字。由是，始为二篇。虽厘为二篇，然"慎徽五典"之文，与"帝曰钦哉"之文，辞意相接，其实一篇也。故序言"历试诸难"，篇中言"乃命以位"，盖尧试舜以难事，凡历数职，皆能其官也。慎徽五典，司徒之事也。为司徒而"慎徽五典"，则"五典克从"。宅百揆，奋庸熙载之任也。使揆度百事，而百事莫不时序。宾于四门，使典领方岳诸侯之事，四岳之职也。宾诸侯于四方之门，而四方诸侯来朝者，莫不和睦。如《诗》所谓"有来雍雍，至止肃肃"是也。凡此所谓使之主事，而事治也。纳于大麓，所谓荐之于天是也。"烈风雷雨弗迷"，所谓使之主祭，而百神享之是也。孔氏曰，麓，录也，纳舜使大录万机之政。此说不然。《周官》曰，唐、虞稽古，建官惟百，内有百揆、四岳。则是当尧之时，官无尊于百揆者，大录万机之政，非百揆而何？既已纳于百揆矣，又纳于大麓，必无此理。说者以谓，麓，地名也，即《禹贡》所谓"大陆既作"也。又说者以谓麓，泰山之足，若梁父之类。然经无明文，不可得而见。据上文"慎徽五典"而下，既是主事而事治，此必是主祭之事，但不知大麓之祭，果何祭也？王氏云"古者易姓告代"，必无是理。要之，世代绵远，大麓之地，与夫祭于大麓，皆不可考，惟《孟子》使之主祭之言，为可凭尔。"烈风雷雨，弗迷"有二说，孔氏谓阴阳和，风雨时，各以其节，无有迷错愆伏。王氏因之，遂以谓，风之烈而雷雨；弗迷者，则阴阳不失序，可知矣。太史公以谓，山林、川泽，烈风雷雨，舜行不迷。而苏氏因之，遂以为，洪水为患，使舜入山林，相视原隰。雷雨大至，众惧失常，而舜不迷。其度量有绝人者，天地、鬼神亦或有以相之与。此二说不同。太史公之言涉于神怪，然而以理揆之，亦有未安。夫自"慎徽五典"而下，皆试舜之事，则纳于大麓者，是亦将试之。试之时，使入山林、川泽，安知天之必有烈风雷雨，而视其迷与不迷乎？孔氏谓"阴阳和，风雨时"，则合乎百神之说，但既曰"阴阳和，风雨时"，则不应又有"烈风雷雨"也。程氏曰"无烈风雷雨之迷错"，其辞亦不顺。惟孙博士推广王氏之说，曰上天之载，无声无臭，所可推者，阴阳之气矣。阴阳以散而生风，至于烈风，则阴阳之极也。阴阳薄而成雷；阴阳亨而成雨。雷雨则阴阳相成之极也。阴阳之极多迷而不复常，则为物之害。圣人在上，德足以当天心，虽风之烈，而雷雨不至于迷而害物，则阴阳之不失其序。此说粗通矣。

## 4. 《尚书讲义》卷二

（宋）史浩

（归善斋按，见前引）

## 5. 《尚书详解》卷二

（宋）夏僎

慎徽五典，五典克从；纳于百揆，百揆时叙；宾子四门，四门穆穆；纳于大麓，烈风雷雨弗迷。

伏生以《舜典》合于《尧典》，故以"慎徽五典"，接《尧典》"帝曰钦哉"之文而为一篇。至孔氏纂壁中《书》，始厘为二，加"乃命以位"以上二十八字，由是始为二篇。正义谓东晋之初，豫章内史梅赜上孔氏传犹阙《舜典》。自"乃命以位"以上二十八字，世所不传，多用王、范之注补之，而皆以"慎徽五典"以下为《舜典》之初。至齐萧鸾建武四年，吴兴姚方兴于大航头得孔氏传古文《舜典》亦类太康之书，乃表上之。事未施行，方兴以罪致戮。至隋开皇初求遗典，始得之。是《舜典》之书，前此实以"慎徽五典"为首也。"慎徽五典"司徒之职也，"纳于百揆，奋庸熙载"之任也。"宾于四门"，典领方岳诸侯之事，四岳之职也。"纳于大麓"，所谓荐之于天是也。凡此，盖舜玄德声闻于尧，尧将命之以位，使之兼统众职，以验其能否，即上所谓"历试诸艰"是也。程氏谓，"五典克从"，无违教，而后浸至于百揆之任；礼待四方，诸侯协和，而后至于大麓之任。其意盖谓，先使之徽五典，五典从；而后使之宅百揆；百揆序，而后使之宾四门；四门穆，而后使之纳大麓。殊不知上言"乃命以位"，而继以"慎徽五典"，"纳于百揆"等事。则是，尧既命以位，则五典等事无所不统。舜既兼统庶事，则以之慎美五典之教，而五典克从，无违教；以之纳于百揆，而百揆时叙，无违事；以之宾迎诸侯于四门，而四方诸侯来朝者莫不和穆；以之纳于大麓，则虽烈风雷雨，不至迷错而害物。是皆帝舜兼统庶事，随所施设，各底成劝，初无浸至之理。故唐孔氏曰，舜既臣尧，无所不统，非五典克从之后，方始纳于百揆，非百揆时叙之后，方始宾于四门。此说甚当。按《左传》文十八年载，高辛氏有才子八人，伯奋、仲堪、叔献、季仲、伯虎、仲熊、叔豹、季狸，忠肃恭懿，宣慈惠和，天下谓之八元。舜臣尧，举八元，使布五教于四方，内平外成。高阳氏有才子八人，苍舒、颓敳、梼戭、大临、龙降、庭坚、仲容、叔达，齐圣广渊，明允笃诚，天下谓之八凯。舜臣尧，举八凯，使主后土，以揆百事，莫不时叙。则徽五典、宅百揆，虽尧以是试舜，舜实举元凯以为之，安得为试诸艰哉？盖将以天下授舜，并以是类事付之，以观舜所以处之之术如何，非欲舜一一躬亲其事也。舜之于此，果能登庸，众贤分治其事，则舜所以处之者，盖有道矣，宜乎尧以天下授之也。纳于大麓，说者不同。孔氏谓，纳舜，使大录万几之政，即百揆之职也。前既纳于百揆，则此大麓，有当为大录万几。说者又谓麓，地名，即《禹贡》所谓大陆既作。

## 6. 《增修东莱书说》卷二

（宋）时澜

慎徽五典，五典克从；纳于百揆，百揆时叙；宾于四门，四门穆穆；纳于大麓，烈风雷雨弗迷。

"慎徽"两字最宜详玩。慎，如敬敷之意；徽，如在宽之意。若以礼乐体之，礼近慎，乐近徽。非谓礼乐可以比慎徽，特借气象以观之耳。"徽"固训"美"，然言美，则无精神。所谓"徽"者，非法制束缚之谓也。舜察于人伦五典之任，举而措之耳。圣人无所不敬，况于五典，不可以容一毫之人伪。尧之试舜，莫先于此。"克从"，言相感之速也。"百揆"者，繁剧之任。"四门"者，接四方诸侯之来朝。纳百揆，内治也，宾四门，外治也。慎徽五典，五典则克从；纳于百揆，百揆则时叙；宾于四门，四门则穆穆。如夫子之"绥斯来，动斯和"也。春风和气，何物不生。大麓之说不同。曰太山之麓者，颇近，但非如太史公所谓送之于太山之中也，意尧使舜摄行祭事于太山之麓。《孟子》云"使之主祭而百神享之"，言主祭而风雨不迷，阴阳和调也。此非有意，以此为难而试舜，一时因事任之耳。后世以此分三卿之职，亦近于凿。圣人分位，何施不可。五典从，百揆叙，四门穆，人事之和也。和气既形，缪戾之气不作，阴阳协应而无迷错之灾，天人之和会也。

## 7. 《尚书说》卷一

（宋）黄度

（归善斋按，见前文"曰若稽古帝舜"）

## 8.《絜斋家塾书钞》卷一

（宋）袁燮

慎徽五典，五典克从；纳于百揆，百揆时叙；宾于四门，四门穆穆；纳于大麓，烈风雷雨弗迷。

自此以下，历试诸难之事。《孟子》曰"使契为司徒，教以人伦。父子有亲，君臣有义，夫妇有别，长幼有序，朋友有信"。此是五典。徽者，美也，粲然其可观也。从者，顺也，各顺其道也。君得其所以为君，臣得其所以为臣。父子、夫妇、长幼、朋友，莫不各顺其理而无咈戾，故曰"从"。若夫君侵臣之职，臣僭君之权，父子、夫妇、长幼、朋友一乖其理，非从也。谓之慎徽，舜在这里大做，有工夫，使天下之为君臣、父子、夫妇、长幼、朋友者，皆尽其道而粲然可观，是谓"慎徽"。典，常也，万世常行而不可易，故曰"典"。今观尧之试舜，亦自有次第。方其取舜也，以其能谐顽嚚、友傲弟也。既又试之二女，观其处夫妇之间。舜既能釐降二女矣，于此历试，又以徽五典为首。圣人修身，把这个做本，朝廷用人亦把这个做急，何故视此事为最急之务，只缘天下之理，不出乎人伦。人之所以异于禽兽者，以其有此伦也。今试思之，日用周旋，只在人伦里面，舍着人伦，更有甚事。释氏之教，所以得罪于吾儒者，正谓其绝灭天伦也。自绝灭其天伦，而以涂之人劝法眷天下，岂有是理哉。此《孟子》所谓"夷子二本"也。虽然舜所以能使"五典克从"，只是一个感化，今人处家庭间，犹有难处者，况于天下。今谓之"五典克从"，是天下之为君臣、父子、夫妇、长幼、朋友者，皆顺其道也。此岂是易事，必是在我无毫发欠缺处，然后方能感化得如此，盖此非与寻常仕宦出来做些少事相似。欲做些少事，有才智者皆能为之，惟此事才智都使不着。五常之道，舜既自尽于己，而天下无不克从。故曰"瞽瞍底豫而天下之为父子者定"，此之谓欤。"纳于百揆"，百揆，宰相之任也。以道而揆度百事，故谓之道揆。三公之官，不累以事，惟以道揆于上而已。时叙者，事事皆有次序也。当先者先，当后者后，秩然不乱。"宾于四门"，使之接见四方诸侯，诸侯感舜之德，莫不穆穆而和。"纳于大麓"，使之主祭也。古者，因山而祭，《礼》

所谓"因名山升中于天"也。"烈风雷雨弗迷"者，所谓"春无凄风，秋无苦雨"之类是也。迷，是迷错。且如怒号之风，惟冬宜有之。春夏之烈风，非迷乎？雷乃收声之后，雷风发作，亦迷也。《洪范》八庶征，曰雨，曰旸，曰燠，曰寒，曰风，曰时。五者来备，各以其叙。既备而叙，夫是之谓"时"。《洪范》之"时"字，即《舜典》"弗迷"字。苏氏以为"弗迷"乃舜"弗迷"，却似不然。说风雨以时，这意思，自尽好此许多，皆是感化。且如"百揆时叙"，岂是事事去理会。宰相以道揆于上，而有法定于下者，皆趋时赴功，百僚师师，百工惟时。无先时而为者，亦无后时而不为者，无当先而后者，亦无当后而先者，此全是感化在我者。德盛仁熟，不待瞻其颜色，望其容貌，而人自感动，所以不特明而为人感，虽鬼神之幽，亦无不格焉。曰"乃言底可绩"，"五典克从"，"百揆时叙"，"四门穆穆"，"烈风雷雨弗迷"，皆其成绩也。若如苏氏谓"舜自弗迷"，则"烈风雷雨弗迷"可言绩乎？

## 9. 《书经集传》卷一

（宋）蔡沈

慎徽五典，五典克从；纳于百揆，百揆时叙；宾于四门，四门穆穆；纳于大麓，烈风雷雨弗迷。

徽，美也。五典，五常也，父子有亲，君臣有义，夫妇有别，长幼有序，朋友有信是也。从，顺也，《左氏》所谓无违教也，此盖使为司徒之官也。揆，度也。百揆者，揆度庶政之官，惟唐、虞有之，犹周之冢宰也。时叙，以时而叙，《左氏》所谓无废事也。四门，四方之门。古者以宾礼亲邦国，诸侯各以方至，而使主焉，故曰宾。穆穆，和之至也，《左氏》所谓无凶人也。此盖又兼四岳之官也。麓，山足也。烈，迅；迷，错也。《史记》曰尧使舜入山林川泽，暴风雷雨舜行不迷。苏氏曰，洪水为害，尧使舜入山林，相视原隰（xí），雷雨大至，众惧失常，而舜不迷。其度量有绝人者，而天地鬼神亦或有以相之欤。愚谓，遇烈风雷雨，非常之变，而不震惧失常，非固聪明诚智，确乎不乱者不能也。《易》"震惊百里，不丧匕鬯（chàng）"，意为近之。

## 10.《尚书精义》卷三

（宋）黄伦

慎徽五典，五典克从；纳于百揆，百揆时叙；宾于四门，四门穆穆；纳于大麓，烈风雷雨弗迷。帝曰：格！汝舜，询事考言，乃言底可绩，三载，汝陟帝位。舜让于德，弗嗣。

东坡曰，巧言令色，帝之所畏也。故以言取人，自孔子不能无失。然圣贤之在下也，其道不效于民，其才不见于行事，非言无自而出之，故以言取人者，圣人之所不能免也。纳之以言，试之以功，自尧舜以来，未之有改者。尧将禅舜也，曰"询事考言，乃言底可绩"。"底"之为言，极也。《易》曰"穷理尽性，以至于命"，可谓极矣。君子之于事物也，原其始，不要其终，知其一，不知其二，见其偏，不得其全，则利害相夺，华实相乱焉。能得事之真见，物之情也哉。故言可听，而事不可行；事可行，而功不可成，功可成而民不可安。夫功成而民不安，是功未始成也。舜、禹、皋陶之言，皆成功而民安之者也。

无垢曰，既历试诸难，三年于此矣。凡所谋议，施之有为，无不成功者，天意人心已尽归之矣。尧知天人交归，位有不可久居者，所以不俟九年三考，而有禅位之命也。又曰，"濬哲文明，温恭允塞"所以能应五典、百揆、四门、大麓之变者，以其发用在让也。惟让则退，退则静而能观，惟让则平，平则安而能定。所以成功者，正在此。欲知"濬哲文明，温恭允塞"，试于让而体之。

## 11.《尚书详解》卷二

（宋）陈经

慎徽五典，五典克从；纳于百揆，百揆时叙；宾于四门，四门穆穆；纳于大麓，烈风雷雨弗迷。

此以下皆历举舜之事。常人之情，得其一，未得其二，知于此，不知于彼。以舜之圣，无所不能，盖其"濬哲文明，温恭允塞"之德，其功用如此。慎，敬也。徽，美也。君臣、父子、夫妇、长幼、朋友，人所常行，谓之五典。舜能敬五典之美，而五伦无不顺从，《左氏》谓"无违教"也。百揆者，揆度百官之事，尧时，宰相之职。纳于百揆，则百揆之事，井井有条而不紊，《左氏》谓"无废事"也。宾，迎也。四门者，四方诸侯来朝，而舜宾迎之，莫不穆穆而和，《左氏》谓"无凶人"也。感化之速，与帝尧之"九族既睦，百姓昭明"同，至诚而不动者，未之有也。"纳于大麓"，按《史记》，尧使舜入山林川泽，暴风雷雨而弗迷。观此，则知事出非常，变起意外，盖卒然临之，而不惊不震者也。险夷一节，自非诚之至者，其孰能然？

## 12.《融堂书解》卷一

（宋）钱时

慎徽五典，五典克从；纳于百揆，百揆时叙；宾于四门，四门穆穆；纳于大麓，烈风雷雨弗迷。

此节史氏凡两书"纳于"二字，见得投之所向，无所不可。

## 13.《尚书要义》卷二

（宋）魏了翁

（归善斋按，未引）

## 14.《书集传或问》卷上

（宋）陈大猷

或问，《左氏传》高辛氏有才子八人，天下谓之八元。舜臣尧，举八元，布五教于四方，内平外成。高阳氏有才子八人，天下谓之八凯。舜臣尧，举八凯，使主后土，以揆百事。此事当在历试之时，而《书》以为舜自为之何也？曰，尧以五典、百揆之事试舜，而舜能举贤以为之，则亦无异于舜之自为也。

## 15.《尚书详解》卷一

（宋）胡士行

慎（谨也，敬敷之意）徽（美也，在宽之意）五典（常教也。孔云，父义、母慈、兄友、弟恭、子孝），五典克从（无违教也）；纳于百揆（度百官总百事），百揆时叙（无废事也）；宾（接）于四门（四方诸侯来朝见），四门穆穆（和也，无凶人）；纳于大麓（太史公云，送之大山之中。意尧使舜摄祭事，于大山之麓。孔云，麓，录也，使录万几之政），烈风雷雨弗迷（错也，阴阳和，风雨时，所谓使之主祭，而百神享之也）。

此所谓诸难也。从、叙、穆，人事之和也，不迷，天人之和会也。舜历试气象，如春气至随，其枝叶脉络，生意自然发越，与《尧典》克明一章相似。

## 16.《书纂言》卷一

（元）吴澄

慎徽五典，五典克从；纳于百揆，百揆时叙；宾于四门，四门穆穆；纳于大麓，烈风雷雨弗迷。帝曰：格！汝舜，询事考言，乃言厎可绩，三载，汝陟帝位。舜让于德，弗嗣。

慎，谨也。徽，以绳纠约之意。五典，父子、君臣、夫妇、长幼、朋友，五者之常道也，盖使为司徒之官。从，顺也，左氏所谓"无违教"是也，此试之以教万民之事也。纳，入，居其位也。百揆，揆度百事之官，犹周之冢宰也。叙，各循伦次也，左氏所谓"无废事"是也，此试之以总百官之事也。四门，四方之门，诸侯各以方至，而使主焉，故曰宾，盖使兼四岳之职。穆穆，敬也，左氏所谓"无凶人"是也，此试之以临诸侯之事也。麓，山足也。烈，迅也。迷，错也。《记》曰，因名山升中于天，尧使舜主祭，将升大山，方入于其麓而偶遭烈风雷雨，众惧失常，舜行独不迷错。遇非常之变，而不为动，非固聪明诚智确乎不乱者，不能也。《易》"震惊百里，不丧匕鬯"，近之。此试之以摄祭主之事也。格，来；询，访；乃，汝；厎，致；陟，升也。让，辞，逊也。尧谓，询舜行事，而考所言，则见汝之言致之，可以有功，于今三年矣，汝宜升帝位。舜谦逊辞，避以其德不能嗣尧也。按此一节尧试舜以治国之事。

此第二章尧禅位之事。

## 17.《书集传纂疏》卷一

（元）陈栎

慎徽五典，五典克从；纳于百揆，百揆时叙；宾于四门，四门穆穆；

纳于大麓，烈风雷雨弗迷。

徽，美也。五典，五常也，父子有亲，君臣有义，夫妇有别，长幼有序，朋友有信是也。从，顺也，《左氏》所谓"无违教"也。此盖使为司徒之官也。揆，度也。百揆者，揆度庶政之官，惟唐、虞有之，犹周之冢宰也。"时序"，以时而叙，《左氏》所谓"无废事"也。四门，四方之门。古者，以宾礼亲邦国诸侯，各以方至而使主焉，故曰"宾"。穆穆，和之至也，《左氏》所谓"无凶人"也。此盖又兼四岳之官也。麓，山足也。烈，迅；迷，错也。《史记》曰，尧使舜入山林川泽，暴风雷雨，舜行不迷。苏氏曰，洪水为害，尧使舜入山林，相视原隰，雷雨大至，众惧失常，而舜不迷，其度量有绝人者，而天地、鬼神，亦或有以相之欤？愚谓，遇烈风雷雨，非常之变，而不震惧失常，非固聪明诚智确乎不乱者，不能也。《易》"震惊百里，不丧匕鬯"，意为近之。

**纂疏**

语录：问，纳大麓，恐是为山虞之官。曰，若此，则其职益卑，且合从《史记》说，虽遇烈风雷雨，弗迷其道也。若主祭之说，某不敢信。若是舜主祭，而乃有风雷之变，岂是好事？夏氏曰，"徽典"以下即"命以位"之事。吕氏曰，"慎徽"二字当玩味。"慎"，有"敬敷"意；"徽"，有"在宽"意。王氏曰，大麓，泰山之麓也。后世封禅之说，傅会于此。李氏曰，《孟子》谓使主事而事治，即典从以下是也，使主事而神享，即纳大麓而弗迷是也。《孟子》之言《书》之义疏也。吕氏曰，此处与尧"以亲"至"时雍"同，有夫子立斯立，道斯行，绥斯来，动斯和之意。愚按主祭之说姑存之，以备参考。

## 18. 《读书丛说》卷二

（元）许谦

（归善斋按，未解）

## 19. 《书传辑录纂注》卷一

（元）董鼎

慎徽五典，五典克从；纳于百揆，百揆时叙；宾于四门，四门穆穆；

纳于大麓，烈风雷雨弗迷。

徽，美也。五典，五常也，父子有亲，君臣有义，夫妇有别，长幼有序，朋友有信是也。从，顺也，《左氏》所谓无违教也。此盖使为司徒之官也。揆，度也。百揆者，揆度庶政之官。惟唐、虞有之，犹周之冢宰也。时叙，以时而叙，《左氏》所谓无废事也。四门，四方之门。古者，以宾礼亲邦国诸侯，各以方至而使主焉，故曰"宾"。穆穆，和之至也，《左氏》所谓无凶人也。此盖又兼四岳之官也。麓，山足也。烈，迅；迷，错也。《史记》曰，尧使舜入山林、川泽，暴风雷雨，舜行不迷。苏氏曰，洪水为害，尧使舜入山林，相视原隰，当雨大至，众惧失常，而舜不迷。其度量有绝人者，而天地、鬼神亦或有以相之与。愚谓，遇烈风雷雨，非常之变，而不震惧失常，非固聪明诚智，确乎不乱者，不能也。《易》"震惊百里，不丧匕鬯"，意为近之。

**辑录**

人杰问，"慎徽五典"是使之掌教，"纳于百揆"是使之宅百揆，"宾于四门"，是使之为行人之官，"纳大麓"恐是为山虞之官。先生曰，若为山虞，则其职益卑，且合从《史记》说，使之入山，虽遇烈风雷雨，弗迷其道也。"纳于大麓"，当以《史记》为据，谓如治水之类。"弗迷"，谓舜不迷于风雨也。若主祭之说，某不敢信。且雷雨在天，如何解迷？若是舜在主祭，而乃有风雷之变，岂得是好义？刚。"烈风雷雨弗迷"，只当从太史公说，若从主祭说，则"弗迷"二字说不得。"弗迷"乃指人而言。广。显道问，"纳于大麓，烈风雷雨弗迷"，说者或谓"大录万机之政"，或谓"登封泰山"。二说如何？先生曰，《史记》载，使舜入山林，烈风雷雨弗迷其道。当从《史记》。

**纂注**

吕氏曰，"慎徽"二字，当玩味。慎，有"敬敷"之意，徽，有"在宽"之意。夏氏曰，五典之属，即命以位之事。孔氏曰，麓，录也。纳舜，使大录万机之政。阴阳和，风雨时，各以其节，不有迷错愆伏，舜之德合于天。苏氏曰，汉以来有大录万机之说，故章帝始置太傅录尚书事。晋以后，强臣将篡者，多为之考其所由，盖古文麓作蔍，故误尔。林氏曰，尧时，官莫尊于百揆者，大录万机之政，非百揆而何？可证孔注之非。李氏曰，胡不以孟年考之，所谓主事而事治，即典从、揆叙、穆穆之类是也。所谓主祭而百神享，即纳大麓风雨弗迷是也。《孟子》之说，《书》之义疏也。新安陈氏曰，主祭录万机之说姑并存之。愚谓，此一节与《尧典》"以亲九族"，而九族睦，至"协和万邦"而民时雍，语意气象相似，分明上句是感，下句是应。见二圣人随感随应，功用神速处。

## 20. 《尚书句解》卷一

（元）朱祖义

慎徽五典（以之任司徒之职，而谨慎。徽，美。君臣、父子、兄弟、夫妇、朋友五常之教），五典克从（五典之教皆能顺从初，无违教之人也）。

## 21. 《尚书日记》卷二

（明）王樵

"慎徽五典"至"烈风雷雨弗迷"。徽，美也。五典，五常也，父子有亲，君臣有义，夫妇有别，长幼有序，朋友有信。五者人之常性也。"慎徽"者，有教以使之不失其常也。从，顺也，《左氏》所谓"无违教"也。揆，度也。"百揆"者，揆度庶政之官，犹周之冢宰也。"纳"者，尧尝使为是官，或摄其职，皆不可知，此著官名，则上"慎徽五典"是为司徒矣，互见之也。尧以舜善于人伦，首使为司徒，以典教化。何以知之，以经知之。夫"克谐以孝"，舜为父子、兄弟足法也。"瞽瞍底豫而天下化"，瞽瞍底豫，而天下之为父子者定，民从之也。自圣王不作，无"无违教"矣；自王政不行，无教矣。舜由司徒，禹由司空，皆晋为百揆。时叙，以时而叙，《左氏》所谓"无废事"也。舜起侧微，其于天下之事，不历而知，所临而治者，明德明于我而已矣。宾，以宾接之也。上下之交，来者曰宾，受者曰主，故觐礼、聘礼谓之宾礼。四门，四方之门，诸侯各以方至，使四岳主之，故曰"宾于四门"。穆穆，和之至也。诸侯接于舜之德，无不化也。《易》曰"盥而不荐，有孚颙若，下观而化"，言不待观其行事而化也。观此，舜又尝为四岳矣。五典、四门不著官名，可以意知，《左氏》曰"无凶人"，释"穆穆"也。此经三事而六句，《左氏》各以三字说之，此古人说经之法也。山足曰麓，"纳于大麓"，盖治水时，尧尝使舜行视山林川泽，至止山麓有烈风雷雨弗迷之事，史臣因而记之，亦以见舜之德耳。吕氏曰，此处与尧"以亲"至"时雍"同，有夫子"立斯立，道斯行，绥斯来，动斯和"之意。

## 22.《御制日讲书经解义》卷一

慎徽五典，五典克从；纳于百揆，百揆时叙；宾于四门，四门穆穆；纳于大麓，烈风雷雨弗迷。

此一节书，见帝舜历试诸艰，功用神速也。慎，敬也。徽，美也。五典，即父子、君臣、夫妇、长幼、朋友五常之道。从，顺也。百揆，官名，取揆度庶务之义。时叙，以时秩序也。四门，四方诸侯来朝之门；穆穆，和顺之意。麓，山足也。尧将禅位于舜，先试之事，以观其德。初命为司徒之官职，掌五常之教，舜则小心敬畏，以美人伦，由是百姓亲，五品逊，人人无不顺从其德，足以敦典庸礼可知。进命为百揆之官，统领庶务，舜则以时整理，由是礼乐、政刑、工虞、水火，事事无不修举，其德足以统理万几可知。又命兼四岳之官，宾接四方来朝之诸侯，舜则以礼感化，由是四方诸侯，有来雍雍，至止肃肃，无不和顺恭敬，其德足以仪刑百辟可知。当洪水为灾，尧又命舜入山林，相视原隰，适遇烈风雷雨，变出非常，舜则神明泰定，度量绝人，初不惊惧迷惑，其德足以当大任而不慑可知。盖圣人德盛化神，无往不宜，及人而人化之，感天而天相之，功用神速，至诚不贰，真与尧之峻德，光昭万世也与。

## 《书蔡氏传旁通》卷一中

（元）陈师凯

《左氏》所谓无违教也。见文十八年。

## 《读书管见》卷上

（元）王充耘

慎徽五典。

"慎徽五典，五典克从"，非是为司徒。盖此两句，接连试以二女之文，通上文父母、兄弟、妻妾而言。舜能使瞽叟底豫，象不格奸，二女协和，家道雍睦，是舜能"慎徽五典"而"五典克从"者也。盖人道不出乎五常，居家理，则治可移于官矣。"纳于百揆"，百揆，非一官也，即后面九官之事，以其为事不一，故云百揆耳，司徒固在其中也。尧以朝廷之事，悉委诸舜，是纳于百揆也。舜任贤使能，而无事不理，是百揆时叙也。尧以统御诸侯责之舜，舜委任四岳得其人，是宾于四门而四门穆穆也。盖尧知有舜而已，舜自择岳、牧、九官与共事，及其成功，则固舜之功也。

## 《书义断法》卷一

（元）陈悦道

慎徽五典，五典克从；纳于百揆，百揆时叙；宾于四门，四门穆穆；纳于大麓，烈风雷雨弗迷。

古之圣人，其德业，随地而可见；其德量，则与天而相通。舜之作司徒，总百揆，兼四岳职，任之无旷，而德业之有成，亦其职分之所当为者。至于入山林之深，遇风雨之变，而聪明诚智，确乎不乱，非甚盛德何以臻此？故非可以寻常功业配之也。

## 《尚书注考》

（明）陈泰交

"五典克从"，言曰"从"训"从顺"也。"恒卫既从"，训"从"者，从其道也。"漆沮既从"训"从"者，从于渭也。

## 《尚书埤传》卷二

（清）朱鹤龄

慎徽五典，大麓。袁黄曰，徽，孔传训"美"，蔡因之。按字书，"三纠绳"为"徽"。又"琴节"曰"徽"，《淮南子》鼓琴循弦谓之徽。五臣曰调也，三纠绳亦有调义，不调则缓急不均，故须"慎"之。下之"克从"者，从其所调也。《左传》播五教于四方，父义、母慈、兄友、弟恭、子孝，孔传用之。蔡传则用《孟子》。

811

大麓，自应据《史记》。蔡传，尧使舜入山林，是用《史》本纪语。孔传，大录万几之政，盖因录、鹿音同而误耳（《集韵》麓，古作禁，通作鹿）。王氏曰，大麓，太山之麓也，后世封禅之说，傅会于此。黄度曰，阚骃《十三州志》，麓，林之大者，其后，秦置钜鹿郡。尧将禅舜，合诸侯群臣百姓，纳之大麓，风雨不迷，致之以昭华之玉。此出纬书，难尽据，而与《史记》相符。

## 《书义矜式》卷一

（元）王充耘

慎徽五典，五典克从；纳于百揆，百揆时叙；宾于四门，四门穆穆；纳于大麓，烈风雷雨弗迷。

克尽乎人事之常，而不乱乎天道之变，此圣人之能事也。盖圣人必有过人之才，亦必有绝人之量。以过人之才，而治天下之事，事未见其有不治者也；有绝人之量，而遇非常之变，亦未见其有震惧失常者矣。古之人有能者，其惟舜乎。是以帝尧使之慎徽五典，而五典以之而克从；使之揆度庶政，而庶政以之而时叙；宾于四方之门，而四方由是而穆穆；纳于大麓之间遇烈风雷雨之变，而行亦不迷焉。吁！主天下之事，而各得其治，遇天道之变而不失其常，非固聪明诚智，确乎其不乱者，其孰能与于斯《舜典》（云云）。其意以此尝谓天下之事至难治也，非圣人则不足以临其治。上天之变亦非常也，非圣人则必至于失其常。盖圣人之才，固众人之所难能也，圣人之量，尤众人之所不可及也。何以言之？常人之于五典也，或欲其从而不获其从；宅于百揆也，或欲其叙而不得其叙；宾于四门而或不能致其穆穆之和；遇烈风雷雨之变，而或不能不失其常，惟圣人则异于人也。事之所肇者，屡试而屡得其效；理之所在者，随感而随致其休。此天之所以与圣人者，岂偶然哉？今夫父子之有亲，君臣之有义，夫妇之有别，长幼之有序，朋友之有信，此五典也，即所谓五常也。人之所以为人，圣人之所以为教，皆不出乎此五者之常道也。夫惟慎之而不敢忽，美之而尽其道，则"敬敷在宽"之意得矣。而掌教之实亦无怍于人矣，克从而不能违之，盖有不期然而然者也。此言圣人能尽其司徒之教者如此，夫所谓揆者度也。百揆者，度庶政之官，其制始于唐、虞，而亦犹周之冢宰也。事之至繁，任之至重，亦孰有加于此哉。纳于百揆之职，而百揆以时而叙，此言圣人之能尽其庶政之道者如此。古者以宾礼亲邦国诸侯，各以方至而使主焉，故谓之曰宾。四门者，四方之门也。宾四方之门，而诸侯之至者，莫不穆穆其容而和之至焉。此盖又言其兼四岳之官而能尽其职如此。昔者，洪水之害，而尧独忧之，使舜入于山林，相视原隰。烈风雷雨，众惧失常，而舜行独不迷焉。吾于此，见圣人不特有过人之材能，尤有绝人之度量也。"宾于四门，四门穆穆"者，即左氏所谓"无凶人"也。"纳于大麓，烈风雷雨弗迷"者，亦犹《易》之所谓"震惊百里，不丧匕鬯"之类是也。噫！圣人，吾不得而见之矣。观于史臣纪载之书，而圣人之材之美，犹可追想于数千载之上也。《孟子》言必称尧舜，良有以哉。抑此章之旨蔡氏传之明矣。间尝参诸注疏之说，而训"大麓"之义则异焉。孔氏曰，麓，录也。纳舜，使大录万几之政，阴阳和，风雨时，各以其节，不有迷错愆伏，而舜之德合于天也。观其所言，与蔡传之旨，有不侔者，且尧时之官，莫尊于百揆。大麓万几之政，非百揆而何？"麓"以"山足"训之明矣。孔氏之说，于经意有未合者，故不可强而从也。

## 《书经衷论》 卷一

（清）张英

顽嚚，蒸乂，二女观刑，试之于家也。"慎徽五典"，命之为司徒之官；"纳于百揆"，命之以百揆之长；"宾于四门"，兼之以四岳之任试之于国也。尧之三载试舜者如此。舜以匹夫登庸视天下事，若然而解，无足为我难者，盛德大业不异光被之体，所谓"重华协于帝"也。《孟子》曰，饭糗茹草，若将终身，袗衣鼓琴，若固有之，盖亦神游于其气象，而不能名，言其德也夫。

## 《尚书七篇解义》 卷一

（清）李光地

慎徽五典，五典克从；纳于百揆，百揆时叙；宾于四门，四门穆穆；纳于大麓，烈风雷雨弗迷。

"五典克从"，则齐家之效；"百揆时叙"则治国之征；"四门穆穆"，则又足以平天下之验也，与《尧典》之义同。"烈风雷雨弗迷"者，因适有是事，见舜之事天者如事亲，威怒之加，敬而不失其度，是孝之成也。

# 纳于百揆，百揆时叙

## 1. 《尚书注疏》卷二

（汉）孔氏传，（唐）陆德明音义、孔颖达疏

纳于百揆，百揆时叙。

传：揆，度也。度百事，总百官，纳舜于此官。舜举八凯，使揆度百事。百事时叙，无废事业。

音义：揆，葵癸反。凯，开在反。《左传》高阳氏有才子八人：苍舒、颓敳、梼戤、大临、龙（méng）降、庭坚、仲容、叔达。齐圣广渊，明允笃诚，天下之民谓之八凯。

疏：又纳于百官之事，命揆度行之。而百事所揆度者，于是皆得次序，无废事也。

揆，度，《释言》文。百揆者，言百事皆度之，国事散在诸官，故度百事为总百官也。《周官》云"唐虞稽古建官惟百，内有百揆四岳"，则百揆为官名，故云纳舜于此官也。文十八年《左传》云，昔高阳氏有才子八人：苍舒、颓敳、梼戤、大临、龙降、庭坚、仲容、叔达，齐圣广渊，明允笃诚，天下之民谓之八凯。舜臣尧，举八凯，使主后土，以揆百事，莫不时叙，地平天成。又云，《虞书》数舜之功曰"纳于百揆，百揆时叙"，无废事也，是言百官于是得其次序皆无废事。业舜既臣尧，乃举元凯主后土，布五教，同时为之史官立文，自以人事外内为次，故孔先言八元。若《左传》据所出代之先后，故先举八凯。尧既得舜，庶事委之。舜既臣尧，任无不统，非五典克从之后，方始纳于百揆；百揆时叙之后方始宾于四门。四门穆穆，谓流四凶。流放四凶，最在于前矣。《洪范》云"鲧则殛死，禹乃嗣兴"，是先诛鲧而后用禹。明此言三事皆同时为之。但言"百揆时叙"，故言"纳于百揆"，其实

"纳于百揆"初得即然，由舜既居百揆，故得举用二人，若偏居一职不得分使元、凯。

## 2. 《书传》卷二

（宋）苏轼

（归善斋按，见上句）

## 3. 《尚书全解》卷二

（宋）林之奇

（归善斋按，见前文"慎徽五典"）

## 4. 《尚书讲义》卷二

（宋）史浩

（归善斋按，见前文"曰若稽古帝舜"）

## 5. 《尚书详解》卷二

（宋）夏僎

（归善斋按，见前文"慎徽五典"）

## 6. 《增修东莱书说》卷二

（宋）时澜

（归善斋按，见前文"慎徽五典"）

## 7. 《尚书说》卷一

（宋）黄度

（归善斋按，见前文"曰若稽古帝舜"）

## 8. 《絜斋家塾书钞》卷一

（宋）袁燮

（归善斋按，见前文"慎徽五典"）

## 9. 《书经集传》卷一

（宋）蔡沈

（归善斋按，见前文"慎徽五典"）

## 10. 《尚书精义》卷三

（宋）黄伦

（归善斋按，见前文"慎徽五典"）

## 11. 《尚书详解》卷二

（宋）陈经

（归善斋按，见前文"慎徽五典"）

## 12. 《融堂书解》卷一

（宋）钱时

（归善斋按，见前文"慎徽五典"）

## 13. 《尚书要义》卷二

（宋）魏了翁

（归善斋按，未引）

## 14. 《书集传或问》卷上

（宋）陈大猷

（归善斋按，见上句）

## 15. 《尚书详解》卷一

（宋）胡士行

（归善斋按，见前文"慎徽五典"）

## 16. 《书纂言》卷一

（元）吴澄

（归善斋按，见前文"慎徽五典"）

**17.《书集传纂疏》卷一**

（元）陈栎

（归善斋按，见前文"慎徽五典"）

**18.《读书丛说》卷二**

（元）许谦

（归善斋按，未解）

**19.《书传辑录纂注》卷一**

（元）董鼎

（归善斋按，见前文"慎徽五典"）

**20.《尚书句解》卷一**

（元）朱祖义

纳于百揆（纳之于宰相之职，而揆度百官之事），百揆时叙（百揆之事，一时皆得其次序而无废事）。

**21.《尚书日记》卷二**

（明）王樵

（归善斋按，见前文"慎徽五典"）

**22.《御制日讲书经解义》卷一**

（归善斋按，见前文"慎徽五典"）

**《书蔡氏传旁通》卷一中**

（元）陈师凯

此盖又兼四岳之官。四岳，主四方之诸侯。经云"宾于四门"故知舜以百揆兼四岳也。

### 《读书管见》卷上

（元）王充耘
（归善斋按，见上句）

### 《书义断法》卷一

（元）陈悦道
（归善斋按，见前文"慎徽五典"）

### 《尚书疑义》卷一

（明）马明衡

"百揆"，蔡以为揆度庶政之官，犹周家之冢宰，而以"百揆"为官名。愚谓以"百揆"为官名，则承云"百揆时叙"亦不通，岂可云"冢宰时叙"耶？且舜时，既有此官，其任又如是之重，何下文所询、所咨只是四岳，不见咨询于百揆也，恐"百揆"所指之官非一。当时，或令舜一一检校之，故云"时叙"也。

### 《尚书注考》

（明）陈泰交

"纳于百揆"，训"百揆"者，揆度庶政之官。"内有百揆四岳"训"百揆""无所不总"者。

### 《书义矜式》卷一

（元）王充耘
（归善斋按，见前文"慎徽五典"）

### 《书经衷论》卷一

（清）张英
（归善斋按，见上句）

## 《尚书七篇解义》卷一

（清）李光地

（归善斋按，见前文"慎徽五典"）

# 宾于四门，四门穆穆

## 1. 《尚书注疏》卷二

（汉）孔氏传，（唐）陆德明音义、孔颖达疏

宾于四门，四门穆穆。

传：穆穆，美也。四门，四方之门。舜流四凶族，四方诸侯来朝者，舜宾迎之，皆有美德，无凶人。

音义：朝，直遥反。

疏：又命使宾迎诸侯于四门，而来入者穆穆然，皆有美德，无凶人也。

穆穆，美也，《释诂》文。四门，四方之门，谓四方诸侯来朝者，从四门而入。文十八年《左传》历言四凶之行，乃云舜臣尧，流四凶族浑敦、穷奇、梼杌（táo wù）、饕餮，投诸四裔，以御螭魅（chī mèi）。又曰《虞书》数舜之功曰"宾于四门，四门穆穆"，无凶人也。是言皆有美德，无凶人也。按验四凶之族，皆是王朝之臣，舜流王朝之臣。而言诸侯无凶人者，以外见内，诸侯无凶人，则王朝必无矣。郑玄以"宾"为"摈"，谓舜为上摈，以迎诸侯。今孔不为摈者，则谓舜既录摄事无不统，以诸侯为宾，舜主其礼迎而待之，非谓身为摈也。

## 2. 《书传》卷二

（宋）苏轼

（归善斋按，见前句）

## 3. 《尚书全解》卷二

（宋）林之奇

（归善斋按，见前文"慎徽五典"）

### 4.《尚书讲义》卷二

（宋）史浩

（归善斋按，见前文"慎徽五典"）

### 5.《尚书详解》卷二

（宋）夏僎

（归善斋按，见前文"慎徽五典"）

### 6.《增修东莱书说》卷二

（宋）时澜

（归善斋按，见前文"慎徽五典"）

### 7.《尚书说》卷一

（宋）黄度

（归善斋按，见前文"曰若稽古帝舜"）

### 8.《絜斋家塾书钞》卷一

（宋）袁燮

（归善斋按，见前文"慎徽五典"）

### 9.《书经集传》卷一

（宋）蔡沈

（归善斋按，见前文"慎徽五典"）

### 10.《尚书精义》卷三

（宋）黄伦

（归善斋按，见前文"慎徽五典"）

### 11.《尚书详解》卷二

（宋）陈经

（归善斋按，见前文"慎徽五典"）

## 12. 《融堂书解》卷一

（宋）钱时

（归善斋按，见前文"慎徽五典"）

## 13. 《尚书要义》卷二

（宋）魏了翁

三、四门穆穆有美德无凶人。

穆穆，美也，《释诂》文。四门，四方之门，谓四方诸侯来朝者，从四门而入。文十八年《左传》历言四凶之行，乃云舜臣尧，流四凶族，浑敦、穷奇、梼杌、饕餮投诸四裔以御螭魅。又曰，《虞书》数舜之功，曰宾于四门，四门穆穆，无凶人也。是言皆有美德，无凶人也。按验四方之族，皆是王朝之臣，舜流王朝之臣而言诸侯无凶人者，以外见内，诸侯无凶人则王朝必无矣。

## 14. 《书集传或问》卷上

（宋）陈大猷

（归善斋按，未解）

## 15. 《尚书详解》卷一

（宋）胡士行

（归善斋按，见前文"慎徽五典"）

## 16. 《书纂言》卷一

（元）吴澄

（归善斋按，见前文"慎徽五典"）

## 17. 《书集传纂疏》卷一

（元）陈栎

（归善斋按，见前文"慎徽五典"）

## 18.《读书丛说》卷二

（元）许谦

（归善斋按，未解）

## 19.《书传辑录纂注》卷一

（元）董鼎

（归善斋按，见前文"慎徽五典"）

## 20.《尚书句解》卷一

（元）朱祖义

宾于四门（以之宾迎诸侯于四门），四门穆穆（四方诸侯来朝者，皆和穆而又穆）。

## 21.《尚书日记》卷二

（明）王樵

（归善斋按，见前文"慎徽五典"）

## 22.《御制日讲书经解义》卷一

（归善斋按，见前文"慎徽五典"）

## 《读书管见》卷上

（元）王充耘

（归善斋按，见前句）

## 《书义断法》卷一

（元）陈悦道

（归善斋按，见前文"慎徽五典"）

## 《书义断法》卷一

（元）陈悦道

（归善斋按，见前文"慎徽五典"）

### 《尚书注考》

（明）陈泰交

"四门穆穆"，训"穆穆""和之至"也，"旁作穆穆"训"穆穆""和敬"也，"亦则以穆穆"训"穆穆""和敬貌"，"穆穆在上"，训"穆穆"者"和敬之容"也。

### 《书义矜式》卷一

（元）王充耘
（归善斋按，见前文"慎徽五典"）

### 《书经衷论》卷一

（清）张英
（归善斋按，见前句）

### 《尚书七篇解义》卷一

（清）李光地
（归善斋按，见前文"慎徽五典"）

## 纳于大麓，烈风雷雨弗迷

### 1. 《尚书注疏》卷二

（汉）孔氏传，（唐）陆德明音义、孔颖达疏

纳于大麓，烈风雷雨弗迷。

传：麓，录也。纳舜，使大录万几之政，阴阳和，风雨时，各以其节，不有迷错愆伏，明舜之德合于天。

音义：麓音鹿，王云"录"也，马、郑云"山足"也。愆起虔反。

疏：又纳于大官，总录万几之政，而阴阳和，风雨时，烈风雷雨不有迷惑错谬，明舜之德合于天。天人和协，其功成矣。

麓，声近录，故为录也。《皋陶谟》云"一日二日万几"，言天下之事，事之微者有万，喻其多无数也。纳舜，使大录万几之政，还是纳于百揆，揆度百事，大录万几，总是一事不为异也。但此言德合于天，故以大录言耳。《论语》称孔子曰"迅雷风烈"，必变书。传称越裳之使久矣，天之无烈风淫雨，则烈风是勐（měng）疾之风，非善风也。经言"烈风雷雨弗迷"，言舜居大录之时，阴阳和，风雨时，无此勐烈之风，又雷雨各以其节，不有迷错愆伏也。迷错者，应有而无，应无而有也。昭四年《左传》云，冬无愆阳，夏无伏阴。无愆伏者，无冬温夏寒也。舜录大政，天时如此，明舜之德合于天也。此文，与上三事亦同时也，上为变人，此为动天，故最后言之，以为功成之验。王肃云，尧得舜，任之事，无不统。自慎徽五典以下是也。其言合孔意。

《尚书注疏》卷二考证

纳于大麓传，麓，录也，纳舜，使大录万几之政。

臣召南按，以"录"训"麓"，义终未安。《史记》曰尧使舜入山林川泽，可谓确当。且录尚书之名，起于成帝时，王凤至东京。每帝初立，辄置太傅一人，录尚书事。魏晋以来，遂称录公。沈约《宋志》引王肃注"纳于大麓"曰，尧纳舜于尊显之官，大录万几之政也。先儒每谓王肃尝见孔传，此亦一证。但舜已宅百揆，即是大录万几之政，何必复见此文乎？林之奇辨传误，是也。

## 2. 《书传》卷二

（宋）苏轼

纳于大麓，烈风雷雨弗迷。

旧说，麓，录也，舜大录万机之政，阴阳和，风雨时。自汉以来有是说，故章帝始置太傅录尚书事。而晋以后，强臣将篡者为之，其源出于此。考其所由，盖古文麓作蔡，故学者误以为录耳。或曰大麓，太山麓也。古者，易姓告代，必因泰山，除地为墠（shàn），以告天地，故谓之禅其礼。既不经见，而考《书》之文，则尧见舜为政三年，而五典从，百揆叙，四门穆，风雨不迷，而后告舜以禅位，而舜犹让不敢当也。而尧乃于未告舜禅之前，先往太山，以易姓告代，岂事之实也哉。《书》云烈风雷雨弗迷，是天有烈风、雷雨，而舜弗迷也。今乃以为阴阳和、风雨时逆其文矣。太史公曰，尧使舜入山林、川泽，暴风雷雨，舜行不迷，此其实也。尧之所以试舜者，亦多方矣。洪水为患，使舜入山林相视原隰（xí）。雷雨大至，众惧失常，而舜不迷。其度量有绝人者，而天地、鬼神亦或有以相之欤。且帝王之兴，其受命之祥，卓然见于《书》、《诗》者多矣，河图、洛书，"玄鸟生民"之诗，岂可谓诬也哉。恨学者推之太详，谶纬而后之君子，亦矫枉过正，举从而废之，以为王莽、公孙述之流沿此作乱。使汉不失德，莽、述何自而起？而归罪三代受命之符亦过矣。故夫君子之论，取其实而已矣。

### 3. 《尚书全解》卷二

（宋）林之奇
（归善斋按，见前文"慎徽五典"）

### 4. 《尚书讲义》卷二

（宋）史浩
（归善斋按，见前文"曰若稽古帝舜"）

### 5. 《尚书详解》卷二

（宋）夏僎
（归善斋按，见前文"慎徽五典"）

### 6. 《增修东莱书说》卷二

（宋）时澜
（归善斋按，见前文"慎徽五典"）

### 7. 《尚书说》卷一

（宋）黄度
（归善斋按，见前文"曰若稽古帝舜"）

### 8. 《絜斋家塾书钞》卷一

（宋）袁燮

（归善斋按，见前文"慎徽五典"）

### 9. 《书经集传》卷一

（宋）蔡沈

（归善斋按，见前文"慎徽五典"）

### 10. 《尚书精义》卷三

（宋）黄伦

（归善斋按，见前文"慎徽五典"）

### 11. 《尚书详解》卷二

（宋）陈经

（归善斋按，见前文"慎徽五典"）

### 12. 《融堂书解》卷一

（宋）钱时

（归善斋按，见前文"慎徽五典"）

### 13. 《尚书要义》卷二

（宋）魏了翁

（归善斋按，未解）

### 14. 《书集传或问》卷上

（宋）陈大猷

或问，《史记》载烈风雷雨弗迷如何（《史记》谓，山林川泽，暴风雷雨，舜行弗迷。苏氏因之，以为洪水为患，尧使舜入山林相视，雷雨大至，众皆失常，而舜不迷，其度量有绝人者）？林氏曰，《史记》言涉于妄怪。自"慎徽五典"以下皆是试舜之事，则"纳于大麓"，亦是试之。

则试之时，安知天之必有烈风雷雨，而视其迷与不迷者乎？（吴才老曰，天欲显舜，则当使风伯清尘，雨师洒道，休光景星，上下相应，何至为烈风雷雨，使其狼狈，仅至不迷而后显异之，人且将以舜为得罪于天矣。）要之，必是如《孟子》所说主祭之事，但世代久远，不知大麓为何地耳。

## 15. 《尚书详解》卷一

（宋）胡士行

（归善斋按，见前文"慎徽五典"）

## 16. 《书纂言》卷一

（元）吴澄

（归善斋按，见前文"慎徽五典"）

## 17. 《书集传纂疏》卷一

（元）陈栎

（归善斋按，见前文"慎徽五典"）

## 18. 《读书丛说》卷二

（元）许谦

（归善斋按，未解）

## 19. 《书传辑录纂注》卷一

（元）董鼎

（归善斋按，见前文"慎徽五典"）

## 20. 《尚书句解》卷一

（元）朱祖义

纳于大麓（尧以水为患，使舜入山林，相视原隰也），烈风雷雨弗迷（暴风雷雨大至，而舜不迷惑。天地鬼神，亦或有相之者。太史公亦谓，山林川泽，烈风雷雨，舜行弗迷）。

## 21. 《尚书日记》卷二

（明）王樵

（归善斋按，见前文"慎徽五典"）

## 22. 《御制日讲书经解义》卷一

（归善斋按，见前文"慎徽五典"）

### 《书蔡氏传旁通》卷一中

（元）陈师凯

《易》"震惊百里，不丧匕鬯"，意为近之。

程子曰，雷之震动，惊及百里，人无不惧而自失。唯宗庙祭祀，执匕鬯者，则不致于丧失。人之致其诚敬，莫如祭祀，则虽雷震之威，不能使之惧而失守，故临大震惧，能安而不自失者，唯诚敬而已。朱子曰，匕，所以举鼎实，鬯，以秬黍酒和郁金，所以灌地降神者也。

### 《书义断法》卷一

（元）陈悦道

（归善斋按，见前文"慎徽五典"）

### 《书义断法》卷一

（元）陈悦道

（归善斋按，见前文"慎徽五典"）

### 《尚书疑义》卷一

（明）马明衡

"纳于大麓"，如注家云"大录万几之政，阴阳和，风雨时，以见其德之动天"，亦觉牵强。然马、郑相传，皆以"麓"为山足，自是皆以舜为入山主山虞之事，而烈风雷雨弗能迷，蔡引《易》"不丧匕鬯"之言，以为得其说。夫以不震惧于风雷之变，此常人皆能之，以是形容圣人之德，亦是细事，似不足以言圣人者，而乃特言之，何耶？此皆是难晓处。或者当时偶有是事，而并叙之耳，非以是为足以尽圣人也。若必为之解意，当洪水为害之时，有大深山之中，气候不常，风雷骤雨，漂荡震溺，民苦其害而不能平，使舜治之，而其害息差，为圣人之事耳。

## 《尚书砭蔡编》

（明）袁仁

纳于大麓，烈风雷雨弗迷。

孔传云，麓，录也，纳舜使大麓万机之政，阴阳和，风雨时，各以其节，不有迷错愆伏，明舜之德合于天。此非安国之臆说也。《孔丛子》载宰我问云，纳于大麓，烈风雷雨弗迷，何谓也？孔子曰，此言人事之应乎天也。尧既得舜历试诸难，已而纳之于尊显之官，使大麓万机之政，是故阴阳清和，五气来备，烈风雷雨，各以其应，不有迷错愆伏，明舜之行合于天也，安国正本其说。蔡不从，而据《史记》，以为纳山麓。按桓谭《新语》，昔尧试舜于大麓者，顾录天下事，若今之尚书矣。王充《论衡》云，大麓，三公之位也。居一公之位，大总录三公之事。长广王《禅广陵文》云允执其中入光大麓，皆明证也。程伊川亦云，若司马迁谓纳舜于山麓，岂有试人而纳于山麓耶？此只是历试舜也。

## 《尚书注考》

（明）陈泰交

"雷雨弗迷"，训"迷""错"也。"昏迷不恭"训"迷""惑"也。"政乃不迷"训"迷""错谬"也。

## 《尚书疏衍》卷二

（明）陈第

纳于大麓，烈风雷雨弗迷。按《孔丛子》，宰我问《书》"纳于大麓，烈风雷雨弗迷"何谓也？孔子曰，此言人事之应乎天也。尧既得舜，历试诸艰，已而纳之于尊显之官，使大录万机之政。是故阴阳清和，五星不悖，烈风雷雨各以其应，不有迷错愆伏，明舜之行合乎天也。孔安国主此说。孔颖达曰，麓，声近录，此与上三事亦同时也。上为变人，此为动天，故最后言之，以为成功之验。《史记》曰，尧使舜入山林川泽，暴风雷雨，舜行不迷。蔡、苏氏，皆主此说，苏且以是为受命之祥也。愚谓上古用字，惟取同音，不似后世之按字分义，故以“麓”为“录”，义自可通。如必泥其字，马、郑云麓足也，纳于大山之足而风雨不迷，似亦无足怪者。故《孔丛子》之说，意似滋长。

## 《尚书稗疏》卷一

（清）王夫之

四门、大麓。

孔传云，诸侯来者，舜宾迎之。朱子亦以为，使为行人之职。而蔡氏乃谓兼四岳之官。盖疑行人职卑，非百揆所宜下兼。今按古今官制之隆杀，因时为上下，不可以今例古。若《礼记》所云，建天官六，大之大史、大祝、大士、大卜。天子五官之司士，在殷则与大宰、司徒、司马、司空并列，而周则下大夫之职。殷周相踵，其异已然，况唐虞乎？考舜所命之九官，当时之所重而大司乐，在周则中大夫。司服、司兵，在周则中士。虞在周为中士，衡则下士。乃以命夔垂、伯益者，如彼其郑重。然则，官之贵于虞而贱于周者，岂但行人？且周之大行人为中大夫，汉之谒者为九卿。而国初至列之杂职。其员至百余人，逮后屡升，不过从七品。以古况今，贵贱自殊。盖古者，天子于诸侯，敦舅父之谊，则往礼而宾者，所使必贵。觐礼，使大行人劳卿；戒，大宗伯摈。固不如后世郡县建，而天子尊，可抑行人而卑之也。是宾四门者，固无嫌，其为大行人矣。倘以为四岳，则尧廷固有其人，师锡帝尧者是也，未闻旷职，胡为使舜兼之？而舜摄政之初日，觐四岳又岂更有一人也耶？此蔡说之不可从者也。若大麓之纳，古今积疑。以理求之，孔传所谓“大录万几之政”者是已。其以为主祭者，不知所主何祭？小祭祀之事，本有司之职，纳者非所职。而纳之谓小祀，不得言纳。若大祭祀，则惟天地之祭，不于庙中，按礼郊祀社稷，在丧犹越绋而行。事天子岁一见，帝固不容摄，其有摄者，则后世，一切苟简之焉。尧未毫，舜未摄，即欲试舜，其奈何亵天地而趋苟简乎？以人事言之，则试舜为重；以事天较之，则试舜为轻矣。且麓者，山足也。圜丘、方泽坛，皆在郊。郊者，坰之外也。为高，必因丘陵；为下，必因川泽。山既非下，足抑非高，安得即坡陀，以为坛乎？王氏曰，大麓，泰山之麓，后世封禅之说，附会于此。封禅之说，虽出不经，然且陟泰山之巅，升中而告成，犹依附于本天亲上之义。奈何圣人之于大礼，反面高山而祀于其足耶？若司马迁、苏辙以为入山林相视原隰，则于时鲧方治水不当，命舜侵官使然，则鲧罪亦有所分，而羽山之殛，独委之鲧，以冀天下之咸服，难矣。又天下之大，洪水之滥，禹八年而始得其条理。舜三年之中，最后纳麓，计其为期，不满一岁，安得尽穷原隰之形势？且洪水怀山，何有于麓，即云水所不至，而麓处势卑下，林木郁葐，所视不能及远，不登其巅，乃循其麓，曾何异于面墙。况乎，遇烈风雷雨而惧者，圣人之所以敬天威也。若登高山，入深林，曾无惧于风雷者，血气之勇，矫饰之士皆能为之。蔡氏醇谨之儒，或所未辨。而谓非聪明，诚一确乎，不乱者不能，则夏侯玄胜于孔子，而唐庚贤于王吉矣。司马迁好言機（jī）祥，而后世儒者又因六代，闰主假录《尚书》之名，文致其攘夺，因绌大麓，而从山麓之说。不知尧且以天下与舜，而何有于大录惩篡夺者之逼上，并欲灭帝迁天下之迹，将后世有罗吉之钳网，遂谓孔子之不为司寇；有八王之擅争，遂谓周公之未辅成王诛二叔。若遇风雷不迷，固不如孔传"阴阳和，风雨时"之说为得正。而无事以椒邱訢之勇，张绪之达，拟大舜之德也。

## 《尚书广听录》卷一

（清）毛奇龄

纳于大麓。孔传作大录，官名，使大录万机之政，阴阳和，风雨时，各以其节不令迷错愆伏，谓之不迷。此说固谬。大录机政，与百揆何异，且烈风雷雨，非泛指阴阳愆伏言也。故《史记》云，尧使舜入山林、川泽，烈风雷雨，舜往勿迷。而郑玄直云入麓伐木，差可解说。第"伐木"二字无据，尧纳舜于山麓亦无谓，且与上纳于百揆诸文不合耳。徐仲山《日记》谓，大麓，官名，特非是大录机政之官，是必当时洪水未平，或间试之，作司空，官有名为大麓者，如《周礼》衡名川林，虞名山泽之类，以此乘载，而遇风雨，理故有之。若孔传，则大有所本，非杜撰语。王充《论衡》云，大麓，三公之位，以一公之位而统录三公之事。桓谭《新论》亦云，昔尧试舜于大麓者，领录天下事，如今之尚书官。班固纪窦宪功德曰"纳于大麓，惟清缉熙"。且前此，《孔丛子》亦有之宰我问孔子《书》云"纳于大麓，烈风雷雨弗迷"何谓也？曰此言人事之应乎天也。尧既得舜历试诸难，已而纳于尊显之官，使大麓万机之政，是故阴阳清和，五星来备，烈风雷雨，各以其应，不有迷错。明舜之行，合乎天也。则孔传纯袭《孔丛子》以为言。又《王莽传》"予前在大麓，至于摄假"，师古曰，谓为大司马，宰衡时。

## 《尚书埤传》卷二

（清）朱鹤龄

（归善斋按，见前文"慎徽五典"）

## 《书义矜式》卷一

（元）王充耘

（归善斋按，见前文"慎徽五典"）

## 《尚书大传》卷一

（清）孙之騄辑

尧推尊舜，属诸侯，致天下于大麓之野（《路史》引《虞夏传》）。

郑玄曰，山足曰麓。麓者，录也。古者，天子命大事，命诸侯，则为坛国之外。尧聚诸侯，命舜陟位居摄，致天下之事，使大录之。

## 《尚书七篇解义》卷一

（清）李光地

（归善斋按，见前文"慎徽五典"）

# 四

# 摄　政

## 帝曰：格！汝舜，询事考言，乃言底可绩，三载，汝陟帝位

### 1. 《尚书注疏》卷二

（汉）孔氏传，（唐）陆德明音义、孔颖达疏

帝曰：格！汝舜，询事考言，乃言底可绩，三载，汝陟帝位。

传：格，来；询，谋；乃，汝；底，致；陟，升也。尧呼舜曰，来，汝所谋事，我考汝言，汝言致，可以立功，三年矣。三载考绩，故命使升帝位，将禅之。

音义：询，音荀。底，之履反。王云"致"也。马云"定"也。本或作（扩互），非。

疏：帝尧乃谓之曰：来！汝舜有所谋之事，我考验汝舜之所言，汝言致，可以立功。于今三年。汝功已成，汝可升处帝位。告以此言，欲禅之也。

格，来，《释言》文。询，谋；陟，升，《释诂》文。"底"声近"致"，故为"致"也。经传言，"汝"多呼为"乃"，知"乃"、"汝"义同。凡事之始，必先谋之，后为之。尧呼舜曰"来！汝舜"，呼使前而与之言也。汝所谋事，我考汝言；汝所为之事，皆副汝所谋，致可以立功，

于今三年矣。从征得至此，为三年也。君之驭臣，必三年考绩。考既有功，故使升帝位，将禅之也。鲧三考乃退，此一考使升者，鲧待三考，冀其有成。无成功乃黜，为缓刑之义。舜既有成，更无所待，故一考即升之。且大圣之事，不可以常法论也。若然《禹贡》兖州作十有三载，乃同是禹治兖州之水，乃积十有三年，此始三年已言地平天成者。《祭法》云，鲧障洪水而殛死，禹能修鲧之功。先儒马融等，皆以为鲧既九年，又加此三年为十二年。惟兖州未得尽平，至明年乃毕。八州已平，一州未毕，足以为成功也。

## 2.《书传》卷二

（宋）苏轼

帝曰：格！汝舜，询事考言，乃言底可绩，三载，汝陟帝位。

格，来也。询，谋也。底，致也，犹受命而往，返而致命也。陟，升也。舜之始见尧也，必有以论天下之事。其措置当尔，其成当如何，考三年而其言验，乃致其功。

## 3.《尚书全解》卷二

（宋）林之奇

帝曰：格！汝舜，询事考言，乃言底可绩，三载，汝陟帝位。舜让于德，弗嗣。

既以历试诸难，荐之于天，而天受之；暴之于民，而民受之矣。于是摄行天子之事，而陟帝位者焉。故且曰"格！汝舜"。格，来也，犹云，"来，汝说"也。"询事考言，乃言底可绩，三载"，孔氏云，汝言致可以立功，三年矣。薛氏言，舜之始见尧也，必有以论天下之事，其措置当尔，而其成当如何者，三年而其言验，乃致其功。盖唐虞官人之法，必先察其言，然后考其成功之称否，而加黜陟焉。此所谓"敷奏以言，明试以功，车服以庸"是也。曾氏谓，以事考言之道，以理言之，则底可以效言之，则考不害绩，绩不害考。此说虽然，非《书》之意也。询事考言，底可绩，犹行之必可言，言之必可行，岂有考与绩之异哉。王氏云，让于德者，有德之人也。弗嗣，弗肯陟帝位以嗣尧也。盖以舜之命禹宅百揆，而禹让于稷、契、皋陶。命垂作共工，而垂让殳斨、伯与。命益作朕虞，而益让朱虎、熊罴。命伯夷典礼，而伯夷让于夔、龙。盖济济相让者，唐虞之风也。

## 4.《尚书讲义》卷二

（宋）史浩

（归善斋按，见前文"曰若稽古帝舜"）

## 5.《尚书详解》卷二

（宋）夏僎

帝曰：格！汝舜，询事考言，乃言底可绩，三载，汝陟帝位。舜让于德，弗嗣。

尧既试舜以诸艰，舜随施试各底成功。至此，特俾之陟帝位，故命之曰"格！汝舜"。格，来也，言来汝舜。尧呼舜来，谓之曰：来！汝舜，我常询汝以天下之事，与汝反覆辩论，以考汝之言，其措置当尔，其成谋当尔。今三年矣，而汝向来所言，皆以底行，而可以立功。则汝可谓能言而又能行矣。汝其不可庸命，以登天子之位乎？底绩，即上徽五典、宅百揆、宾四门、纳大麓，皆舜底行之实迹也。尧即命舜陟帝位，而舜乃辞不敢当，故曰让于德，弗嗣。王氏谓，让于德者，逊于有德之人也。弗嗣者，弗肯陟帝位以嗣尧也。沈氏谓，舜以其德不能继尧，故辞让不敢当。二说皆通，故两存之。正义曰，君之驳臣，必三年考绩。考既有功，故使升帝位，将禅之也。夫鲧三考乃退，此一考使升者何也？鲧待三考，冀其成功，无成乃黜之，缓刑之义。舜既有成，他无所待，故一考即升。且大圣之事，不可以常法论也。

## 6.《增修东莱书说》卷二

（宋）时澜

帝曰：格！汝舜，询事考言，乃言底可绩，三载，汝陟帝位。

四岳之举如此，尧之试又如此，知舜审矣。方且询其事，考其言诚可底绩至三载之久，方命以位者，盖位非尧之位，乃天位也。尧虽知舜，节次经历皆不可少。时到，理到，以及于用，尧顺之而已。舜历试气象，如春气所至，随其枝叶脉络，自然生意发越也。

## 7.《尚书说》卷一

（宋）黄度

帝曰：格！汝舜，询事考言，乃言底可绩，三载，汝陟帝位。舜让于德，弗嗣。正月上日，受终于文祖。

舜于是摄行天子之事。孔氏曰舜让，尧不听，使摄位，恐不然。尧在，舜固当摄耳。摄，则犹在臣位也。舜让禹率百官，若帝之初，经文可见，盖权制也。此义不明，故其乖忤，甚者则有咸丘蒙之论。受终于文祖，尧不得专与，舜亦不敢辄受也。尧于是不为政，故曰终。

## 8.《絜斋家塾书钞》卷一

（宋）袁燮

帝曰：格！汝舜，询事考言，乃言底可绩，三载，汝陟帝位。舜让于德，弗嗣。

尧之于舜，始也，试之以二女，既又试之以诸难。而舜遍历诸事，皆有成绩，故曰"乃言底可绩"，舜在尧之前，必须时有谟猷，特不见于书耳。听其所言，既说得是；考其所行，又不违于所言，可以陟帝位矣。唐虞用人之法也，大抵能言者常多，而言之底可绩者常少。共工以"静言庸违"所以不用。后世用人，只缘但听他说后便用，是以多败事。言苟可取，固在所用，但未可大用耳。必是卓然有成功，方可大用。虽舜之圣，亦俟其言之底绩，然后始陟帝位。然则，岂徒空言而已哉。

## 9.《书经集传》卷一

（宋）蔡沈

帝曰：格！汝舜，询事考言，乃言底可绩，三载，汝陟帝位，舜让于德，弗嗣。

格，来；询，谋；乃，汝；底，致；陟，升也。尧言询舜所行之事，而考其言，则见汝之言致可有功，于今三年矣，汝宜升帝位也。让于德，让于有德之人也。或曰谦逊，自以其德不足为嗣也。

## 10. 《尚书精义》卷三

（宋）黄伦

（归善斋按，见前文"慎徽五典"）

## 11. 《尚书详解》卷二

（宋）陈经

帝曰格！汝舜，询事考言，乃言底可绩。三载，汝陟帝位。舜让于德，弗嗣。

尧呼舜而来，谓谋汝以事，考汝之言，既能致其功矣。帝尧虽号知人，亦不以空言取士，既询事以考言，又因言以责其功，则舜之所以言于尧者，皆其胸中之规画，素定终身，所行无一不合者。韩信北取燕赵，东击齐南，绝楚之粮道；范文正公上宰相书，皆以一言决定他日之所为。而况舜大圣人，而言有不合于所行者乎？"三载，汝陟帝位"，唐虞考绩，例以三考九载。而此云"三载"者，盖九载常法也。以舜之历试诸难，随试随效，天与人归，有不可已，岂常法之所能拘哉。"舜让于德，弗嗣"非备礼而为。此谦让，诚以神器之重，而不敢以轻易而居；而舜之度德，亦不敢自以为足也。德冠一世，而不自以为德；能盖天下，而不自以为能。舜之"让于德"者，岂非诚之不已者乎。

## 12. 《融堂书解》卷一

（宋）钱时

帝曰：格！汝，舜，询事考言，乃言底可绩，三载，汝陟帝位，舜让于德，弗嗣。正月上日，受终于文祖。

舜逊让之后，其辞旨往复，必更有节奏，但既不可得而终辞，故史氏略之。即书受终之事，直使付讬得人，仰不愧，俯不怍，方无余责，方无负于祖宗尔。

### 13. 《尚书要义》卷二

（宋）魏了翁

四、鲧九载，禹十三载，而舜一考即升。

鲧待三考，冀其有成，而无成功，乃黜，为缓刑之义。舜既有成，更无所待，故一考即升之。且大圣之事，不可以常法论也。若然，《禹贡·兖州》作十有三载，乃同。是禹治兖州之水，乃积十有三年，此始三年，已言地平天成者，《祭法》云"鲧障洪水而殛死，禹能修鲧之功"。先儒马融等，皆以为鲧既九年，又加此三年，为十二年，惟兖州未得尽平，至明年乃毕。八州已平，一州未毕，足以为成功也。

### 14. 《书集传或问》卷上

（宋）陈大猷
（归善斋按，未解）

### 15. 《尚书详解》卷一

（宋）胡士行

帝曰：格（来），汝舜询（问）事考言，乃言底可绩（功）三载，汝陟（升）帝位。

岳举，尧试，知舜审矣。方询焉，考焉，诚底绩，至三载之久焉，乃命陟位者。位也，非尧之位。

### 16. 《书纂言》卷一

（元）吴澄
（归善斋按，见前文"慎徽五典"）

### 17. 《书集传纂疏》卷一

（元）陈栎

帝曰：格！汝舜，询事考言，乃言底可绩，三载，汝陟帝位。舜让于德，弗嗣。

格，来；询，谋；乃，汝；底，致；陟，升也。尧言，询舜所行之事，而考其言，则见汝之言，致可有功。于今三年矣，汝宜升帝位也。"让于德"，让于有德之人也。或曰谦逊，自以其德不足为嗣也。

**纂疏**

吕氏曰，敷言试功，此唐虞观人之成法。舜登庸之初，非特历试以事，必当敷陈以言。故尧于此，美其言与实称也。

## 18.《读书丛说》卷二

（元）许谦

（归善斋按，未解）

## 19.《书传辑录纂注》卷一

（元）董鼎

帝曰：格！汝舜，询事考言，乃言底可绩，三载，汝陟帝位。舜让于德，弗嗣。

格，来；询，谋；乃，汝；底，致；陟，升也。尧言询舜所行之事，而考其言，则见汝之言致可有功，于今三年矣。汝宜升帝位也。让于德，让于有德之人也。或曰谦逊，自以其德不足为嗣也。

**辑录**

陆农师点"乃言底可绩三载"句，当如此。格，言尧命舜曰，三载，汝陟帝位。"舜让于德，弗嗣"，则是不居其位也。其曰"受终于文祖"，则是摄行其事也。故舜之摄，不居其位，不称其号，只是摄行其职事尔。到得后来，舜逊于禹，不复言位，止曰"总朕师"尔。其曰"汝终陟元后"，则今不陟也。"率百官若帝之初"者，但率百官如舜之初尔。广。舜居摄时，不知称号，谓何观受命，则是已将天下分付他了。广。

**纂注**

吕氏曰，敷言、试功，此唐、虞观人之成法。舜登庸之初，非特历试以事，必尝敷陈以言。故尧于此，美其言与实相称也。

## 20. 《尚书句解》卷一

（元）朱祖义

帝曰（尧言）：格汝舜（至汝）！询事考言（舜，谋汝以事，而察汝之言），乃言底可绩（汝之言皆能致行，而可以立功），三载，汝陟帝位（三年，使汝舜升帝位）。

## 21. 《尚书日记》卷二

（明）王樵

"帝曰：格！汝舜"至"舜让于德，弗嗣"。询，咨也，《诗》曰"周爰咨询"。"咨事考言"者，咨舜以职事，而考其言也。"乃言底可绩"者，其事皆如其言，而致有功也。盖"敷奏以言，明试以功"，唐虞观人之成法也。尧贤舜曰"乃言底可绩"，舜贤禹曰"成允成功"，其义一也。鲧亦能言矣，及试之而"九载，绩用弗成"。故观人者，观其用之效与弗效而已矣。宋神宗以王安石为圣人，听其言，鄙薄汉唐，将为三代而有余；求其功，垂涎富强，尾窃管商而不足。故考功核实，乃大君智临之要，万世不易之道也。

尧于舜，以圣知圣，岂待考而后见，久而始决，而必曰底绩，必曰三载，使其功效已著，人所共见而后举，而加诸上位，则莫不宜之。此圣人举人之道也。人无圣人之明，而欲舍功能之实，信心任耳，岂不难哉。

"舜让于德"，或说是也。盖舜以德不足以代尧，故但摄行其事，若作让于有德之人，泛言则不成为让，有所指则为何人乎？"舜让于德，弗嗣"之下，无再命之辞，无丁宁告戒之语，而即继以受终文祖，疑有阙文。金氏以《论语》补之曰"帝曰：咨，汝舜，天之历数在尔躬"，不允其让也。"允执其中"，授以治天下之道也。"四海困穷，天禄永终"，戒之也。然后，舜以"正月上日，受终于文祖"。按经之阙文多矣，惟此幸存于《论语》而人莫之觉，金氏始表而出之，只此可谓有功于圣经矣。载此，然后禹谟十六字有所本，而三圣授受之旨始完。

## 22. 《御制日讲书经解义》卷一

帝曰，格！汝，舜，询事考言，乃言底可绩，三载，汝陟帝位，舜让于德，弗嗣。

此一节书，是舜德既验，而命以摄位也。格，来也；咨谋，曰询；"乃"解作"汝"；"底"犹"致"也；陟，升也。帝尧试舜之后，乃呼而命之曰，来，汝舜，当汝前日进用之初，我常询汝以所行之事，而考其所奏之言，凡所以敷典、揆政、亲侯，汝固历历有以陈之我矣。历三载之久，五典从，百揆叙，四门穆，见汝之言皆致，可有功，随用随效，言行相符，初终不渝。观其事业，则素蕴可知。汝之德，真足以付讬天下，其代我升陟帝位可乎？舜犹让于有德之人，不敢承嗣，诚不以天下为乐，而以天下为忧也。盖敷言试功，乃唐虞观人之成法。尧贤舜曰"乃言底可绩"，舜贤禹曰"成允成功"，其义一也。故课功核实，为国家用人之要。

## 《读书管见》卷上

(元) 王充耘

询事考言，乃言底可绩（止）舜让于德弗嗣。

"询事考言"，言可底绩，则尧初得舜，亦必使敷奏以言，然后历试以功，但其言不可考耳。舜让于德弗嗣，传引后说为优，若云让于有德之人而"弗嗣"，则不应即以"受终"继其后。

## 《尚书注考》

(明) 陈泰交

"乃言底可绩"，"三邦底贡厥名"，"底慎财赋，"乃底灭亡"，"我祖底遂陈于上"，"底天之罚"，训"底""致"也。"底商之罪"训"底""至"也。

"汝陟帝位"，"陟方乃死"，"陟禹之迹"，训"陟""升"也。"故殷礼陟配天"，"惟新陟王"，训"陟""升遐"也。

## 《书经衷论》卷一

(清) 张英

古人观人，未有不观其实事，而仅听其空言者。如尧之观舜，曰"乃言底可绩"；舜之观禹，亦曰"成允成功，惟汝贤"；皋陶之论，亦曰

"载采采"。故"静言庸违"，为圣人之大戒。后世观人之识，万不及古人，乃徒以一时之言语取之，其何以收人才之用哉？

# 舜让于德，弗嗣

## 1.《尚书注疏》卷二

（汉）孔氏传，（唐）陆德明音义、孔颖达疏

舜让于德，弗嗣。

传：辞让于德不堪，不能嗣成帝位。

疏：舜辞让于德，言己德不堪嗣成帝也。

## 2.《书传》卷二

（宋）苏轼

舜让于德，弗嗣。

以德不能继为让。

## 3.《尚书全解》卷二

（宋）林之奇

（归善斋按，见上句）

## 4.《尚书讲义》卷二

（宋）史浩

（归善斋按，见前文"曰若稽古帝舜"）

## 5.《尚书详解》卷二

（宋）夏僎

（归善斋按，见上句）

## 6.《增修东莱书说》卷二

（宋）时澜

舜让于德，弗嗣。

舜逊，非文具之逊，亦非自揆其德不足以当天下而逊。当是时也，足以受尧之天下者，无以易。舜让德弗嗣，盖一旦将任天下万物之责，圣人之心自有惕然如不胜之意。此尧之兢兢，舜之业业，文王之纯，亦不已也。下文若不相接意，必有舜再逊之辞，史官阙焉。即言受终之意何也，当有如《大禹谟》所载，舜命禹之辞曰"惟汝谐"者。盖《舜典》不载，即《大禹谟》可以互见，史官省文之体，读书者当知之。

## 7. 《尚书说》卷一

（宋）黄度

（归善斋按，见上句）

## 8. 《絜斋家塾书钞》卷一

（宋）袁燮

（归善斋按，见上句）

## 9. 《书经集传》卷一

（宋）蔡沈

（归善斋按，见上句）

## 10. 《尚书精义》卷三

（宋）黄伦

（归善斋按，见前文"慎徽五典"）

## 11. 《尚书详解》卷二

（宋）陈经

（归善斋按，见上句）

## 12. 《融堂书解》卷一

（宋）钱时

（归善斋按，见上句）

### 13.《尚书要义》卷二

（宋）魏了翁

（归善斋按，未引）

### 14.《书集传或问》卷上

（宋）陈大猷

（归善斋按，未解）

### 15.《尚书详解》卷一

（宋）胡士行

舜让于德弗嗣。

天地万物之责，一旦将任之，惕然如不胜。此尧之兢兢，舜之业业。文王之纯亦不已，非具文之逊也。

### 16.《书纂言》卷一

（元）吴澄

（归善斋按，见前文"慎徽五典"）

### 17.《书集传纂疏》卷一

（元）陈栎

（归善斋按，见上句）

### 18.《读书丛说》卷二

（元）许谦

"让德，弗嗣"之下，王鲁斋先生谓，尧试舜如此之详，而"让德弗嗣"之下，无再命之辞。巽位之际，亦无丁宁告戒之语，何也？按《论语·尧曰》篇首二十字，乃此脱文也。

### 19.《书传辑录纂注》卷一

（元）董鼎

（归善斋按，见上句）

## 20. 《尚书句解》卷一

（元）朱祖义

舜让于德弗嗣（舜乃逊于有德之人，不冒陟帝位以继尧）。

## 21. 《尚书日记》卷二

（明）王樵

（归善斋按，见上句）

## 22. 《御制日讲书经解义》卷一

（归善斋按，见上句）

### 《读书管见》卷上

（元）王充耘

（归善斋按，见上句）

### 《尚书埤传》卷二

（清）朱鹤龄

舜让于德弗嗣。

孔传，辞让于德不堪，不能嗣帝位。愚按，此即蔡传所引或说也。若作"让于有德之人"，泛言则不成，为让有所指，则为何人乎？王樵曰，"舜让于德勿嗣"之下，无再命之辞，而即继以"受终文祖"，疑有阙文。仁山金氏以《论语》补之曰，帝曰，"咨！汝舜，天之历数在尔躬"，不允其让也；"允执其中"，授以治天下之道也；"四海困穷，天禄永终"，戒之也。然后舜以"正月上日，受终于文祖"，如此文义方完。

### 《尚书大传》卷一

（清）孙之騄辑

舜让于德不怡（《索隐》引今文）。

### 《尚书七篇解义》卷一

（清）李光地

帝曰：格！汝舜，询事考言，乃言底可绩，三载，汝陟帝位。舜让于德弗嗣。

"于德弗嗣"，其让之辞也，犹言"朕德罔克"。

# 正月上日，受终于文祖

## 1.《尚书注疏》卷二

（汉）孔氏传，（唐）陆德明音义、孔颖达疏

正月上日，受终于文祖。

传：上日，朔日也。终，谓尧终帝位之事。文祖者，尧文德之祖庙。

音义：正，音政，又音征。王云，文祖，庙名。马云，天也。天为文，万物之祖，故曰文祖。

疏：正义曰，舜既让而不许，乃以尧禅之明年正月上日，受尧终帝位之事于尧文祖之庙。

传正义曰，月之始日谓之朔日。每月皆有朔日，此是正月之朔，故云上日，言一岁日之上也。下云元日亦然。郑玄以为帝王易代，莫不改正。尧正建丑，舜正建子。此时未改尧正，故云正月上日；即位乃改尧正，故云月正元日，故以异文。先儒王肃等以为，惟殷、周改正，易民视听。自夏已上，皆以建寅为正。此篇二文不同，史异辞耳。孔意亦然。下云岁二月，传云，既班瑞之明月，以此为建寅之月也。受终者，尧为天子于此事终，而授与舜，故知，终谓尧终帝位之事。终，言尧终，舜始也。《礼》，有大事行之于庙，况此是事之大者，知文祖者，尧文德之祖庙也。且下云归格于艺祖。艺、文义同。知文祖是庙者，《咸有一德》云"七世之庙可以观德"，则天子七庙，其来自远。尧之文祖，盖是尧始祖之庙，不知为谁也？《帝系》及《世本》皆云黄帝生玄嚣，玄嚣生侨极，侨极生帝喾，帝喾生尧。即如彼言，黄帝为尧之高祖，黄帝以上，不知复祭何人，充此七数。况彼二书，未必可信。尧之文祖，不可强言。

## 2. 《书传》卷二

（宋）苏轼

正月上日，受终于文祖。

上日，上旬日也。太史公曰，文祖尧之太祖也。不于其所祖，受尧之终，必于尧之祖庙。有事于祖庙，则余庙可知。

## 3. 《尚书全解》卷二

（宋）林之奇

正月上日，受终于文祖。

舜既不获让矣，故于是以正月上日受终于文祖，摄行天子之事也。上日，孔氏以谓朔日；王氏谓上旬之日。曾氏云所谓上辛、上丁、上戊之类。此二说不同。据下文"月正元日，舜格于文祖"，《大禹谟》言"正月朔旦，受命于神宗"，则此"上日"宜为"朔旦"，特史官变其辞而云尔。犹正月朝会，谓之元会。元会，亦朔日也。岂有受命于神宗，独用朔日，而受终于文祖，独不用朔日乎？然《月令》仲春之月，择元日，命民社，则元日亦不必为朔日也。元日既不必为朔日，则上日亦不必为上旬之日也。曾氏以谓，舜之受终，其日不可以不卜，卜之而朔日不吉，则用上旬之日。下言用朔日，盖朔既吉，不须用他日。此说虽长，然而世代久远，时日之详不可得而考。曾氏之说亦不敢以为必然之论。"受终于文祖"者，舜受尧之禅，终于文祖之庙。受终而不言舜者，蒙上之文也。王氏徒见此文不加舜字，遂以谓尧受终于文祖。李校书云，信如王氏之说，则下文"在璿玑玉衡以齐七政"亦当属之尧矣。《孟子》曰，尧老而舜摄也。又曰，舜相尧二十有八载。始尧命舜云，汝陟帝位，而又言受终于文祖，则是自此以后，尧不复有庶政矣。此论是也。文祖者，尧之太祖也。薛氏云，受天下于人，必告于其人之所从受者。此论当矣。然而所祖之人，不可得而知也。《祭法》曰，有虞氏禘（dì）黄帝而郊喾，祖颛顼而宗尧。《舜典》、《大禹谟》皆《虞书》也。既是《虞书》，则所称祖宗，必自虞世言之，神宗即尧也。神宗为尧，则文祖，亦可指为颛顼。然而去古远矣，不可以为必然之论。唐孔氏云，尧之文祖不可强言。此亦慎言。阙疑之义，先儒忠厚，盖见于此。

## 4. 《尚书讲义》卷二

（宋）史浩

正月上日，受终于文祖。

正月，一月也。上日，非朔日，乃吉日也。文祖，其始祖庙也，有事于祖庙，则余庙可知矣。古者，人君受命告于文祖，受终亦然。"受终"者，明尧犹在御而倦勤退位，终天子之事尔。至是，舜始摄也。古之圣人，求与天地相似者，惟尧与舜。此孔子定书，独首二典也。尧之有天下，黄屋非心，心乎道也。尧、舜以治天下，为有道者之细事，故视此身如寄逆旅，无一分留恋，举而与贤，初无吝色，原其本心，无偏无党，合乎道耳。是以孔子取为万古帝王之轨范。后世虽有巧辩，不得少訾焉也。

## 5. 《尚书详解》卷二

（宋）夏僎

正月上日，受终于文祖。

正义谓，舜既让而尧不许，乃以尧禅之。明年正月上日受尧终帝位之事于尧文祖之庙。盖尧为天子于此事终，而授与舜，舜受之而不更始也。王氏徒见此文，不加舜字，遂谓尧受终于文祖。故李校书辨之谓，信如王氏之说，则下文言"在璇玑玉衡"之属，亦岂属尧乎？正月，李校书谓岁之首。为之正月，犹"正贰"之"正"，盖亦训"长"。王氏谓政事当岁易者，妄也。下文"格文祖"言"月正"者，亦正月也，时变文耳。王氏谓，舜避尧之子，方其未践位，天下无政，故此格文祖，即月而后有政，故言"月正"，亦凿也。"上日"，谓朔日。孔氏谓上旬之日。曾氏谓上辛、上丁、上戊之日类。三说不同。林少颖谓下文言"月正元日"、"正月朔旦"，此则云"上日"，亦宜是"朔旦"。盖禹受命于神宗，既用朔日，则舜受终于文祖，亦应用"朔日"，不应独用上旬与上丁之类。其曰上，曰日者，特变文耳。故唐孔氏谓，月之始日谓之朔。每月皆有朔日，此是正月之朔，故云上日，言其于一岁，是上日也。但元日说者，泥《月令》"择元日命民社"之言，谓元日乃所择吉日非朔日，殊不知月朔谓之言择而用之，亦谓之吉。《论语》有"吉月必朝服而朝"，则月朔，亦有言吉者矣。吾安知《书》所谓元日，非月旦乎？文祖，尧之太祖也。苏氏谓，尧之所从受天下者，文祖。舜所从受天下者，文宗。授天下于人必告于我所从受之人，则文祖，实尧之祖也。特不知所祖果何人耳？按《祭法》曰有虞氏禘黄帝，而郊喾；祖颛顼而宗尧，则神宗即尧也。神宗为尧，则文祖可指为颛顼矣。但去古既远，不可以为必然之论。故唐孔氏谓，尧之文祖，不可强实，亦多闻阙疑意。李校书谓，孔氏以文祖为尧文德之祖。以"艺祖"为即下"文祖"。文祖又即艺祖也。故知艺祖即文祖。此说甚当。但神宗亦以为文祖，则有可论者。盖舜受尧之天下，于受终与告即政之事，皆宜就尧之祖庙。至禹则受天下于舜矣，则舜命当于舜之祖庙，岂宜亦就尧之祖庙哉？故知神宗，即有虞氏神宗之庙。所谓祖颛顼而宗尧者是也。

### 6.《增修东莱书说》卷二

（宋）时澜

正月上日，受终于文祖。

言受终，则舜正始之意可知。必于文祖之庙者，以见尧不敢私以天下与人。盖天下者，文祖之天下，示不敢专也。"受终"二字尤宜深味。尧平时治民，兢兢业业，不敢有一毫怠忽之心。想其在文祖之庙，欲脱释天下，惕然免于天地万物之责；舜在文祖之庙，受尧之付讬，惕然受责，如有所不能。《书》曰"受终"辞意至重。想象在庙之时尧舜之心，则万世为君之道著矣。尧为天下得人，其责方塞。正如《易》"视履考祥，其旋元吉"。曾子所谓，而今而后，吾知免夫小子者也。尧与舜受终于文祖之庙，此时此意，不可不深体。

### 7.《尚书说》卷一

（宋）黄度
（归善斋按，见前句）

### 8.《絜斋家塾书钞》卷一

（宋）袁燮

正月上日，受终于文祖。

"受终"者，尧受终也。文祖者，尧之祖庙也。尧将禅位于舜，故受终于文祖之庙，以为君临天下，许多时节至于今日，方保得彻头彻尾，可以无憾。自古人主有终者极鲜。"靡不有初，鲜克有终"，甚矣，有终之难也。唐可称者，三君。明皇、宪宗，皆不克其终。自古人君，岂惟不克厥终，在位稍久，便异于始。唐太宗践阼未几，郑公已有"十渐不克终"之戒。尧至于此，方敢说有始有卒。呜呼，难哉。方其受终也，意必告之曰，此皆宗庙之力也。自有许多事辞，特不见于此耳。

## 9. 《书经集传》卷一

（宋）蔡沈

正月上日，受终于文祖。

上日，朔日也。叶氏曰上旬之日；曾氏曰如上戊、上辛、上丁之类，未详孰是。受终者，尧于是终帝位之事，而舜受之也。文祖者，尧始祖之庙，未详所指为何人也。

## 10. 《尚书精义》卷三

（宋）黄伦

正月上日，受终于文祖。

无垢曰，尧禅位于舜，故受终于文祖庙也。"受终"之义，其亦深矣。夫人主上受皇天祖宗之托，下膺臣民社稷之寄，岂易事哉。奢泰逸游，苛刻柔懦，固不可为。至于事一失其几，法一爽其节，民情隐微或不加察，奸人计虑或不灼知，则足以招非意之辱，作大祸之基。今尧在位七十余年矣，兢兢业业，幸上当天意，下合民心。祖宗之业不衰，社稷之基不坠。几务清肃，法度森严，物情妥安，奸宄消殒。其保守先祖之德，今日方知免矣，所以受终于始祖之庙，而以此重任付之舜也。又曰，人主即位改元肇正，所以受终，必在正月上日。此《春秋》书元年春王正月之意也。上日，或以谓朔日，以谓一岁日之上也；或以谓上旬之日。以意逆志，朔日之说为长。

## 11. 《尚书详解》卷二

（宋）陈经

正月上日，受终于文祖。在璿玑玉衡，以齐七政。肆类于上帝，禋于六宗，望于山川，遍于群神。辑五瑞，既月，乃日觐四岳、群牧，班瑞于群后。

尧既不听舜之逊，舜亦不可得而辞矣。"正月上日"，犹曰"朔日"也。"受终于文祖"，乃尧"受终"也。终始之义甚重，使帝尧在位，政事有阙，民物失所，有私毫之愧心，则不足为善始善终。今也，由即位而至于今日，无一不尽其善，帝尧之责塞矣。文祖者，尧之祖庙有文德，故谓之"文祖"。尧于此而受终，则舜于此而受始可知。曰受者，如有所受，然非己之所得专也。璿玑玉衡，正天文之器，如后世之浑仪。玑，可以运转；衡，如箫管之状。璿、玉者，天象尊严，以珠、玉为饰。七政，日、月、五星，在天之政也。在，察也。璿玑、玉衡，观七政之运，循其常度，无有差错，此所谓齐也。人君为天地星辰之主，君有阙政，则日月薄蚀，星辰变动，安得而齐。其意与《尧典》钦若历象同。"肆类于上帝"，肆，遂也。类者，祀昊天上帝，并与五帝而祀之。其牲、其器，各依其方之色，故曰类。"禋于六宗"者，精意以享也。六宗，三昭、三穆，天子七庙祀。五帝时，其祖已配天矣，故只言六宗。先儒之说不一，欧阳及大小夏侯云，上不谓天，下不谓地，旁不谓四方，在六者之间，助阴阳变化，实一而名六。孔光、刘歆则云，乾坤六子。孔安国则云，四时、寒暑、日、月、星、水旱。贾逵则云，日、月、星、河、海、岱。马融则云，天、地、春、夏、秋、冬。郑康成则云，星、河、司中、司命、风师、雨师。惟张髦则以为三昭、三穆。今以文势考之，舜即位之初，上告天神，中告人鬼，下告地祇，则六宗当从张髦之说。"望于山川"者，天子祭四望，名山、大川、五岳、四渎，既远则望而祭之。"遍于群神"，则不特以死勤事能御大灾者祀之。虽祀典不载，如《祭法》，谓有天下者，祭百神皆遍及之也。曰类，曰禋，曰望，曰遍，各随其宜也。"辑五瑞"而下，所以觐诸侯之事也。人君为神人之主，即位之初，既致告于神矣。故自此，觐诸侯以理人事。五等诸侯，所执之玉，如桓圭、信圭之类，曰五瑞。辑，敛也。既月，尽正月也。"乃日觐四岳群牧"，日日朝觐四岳群诸侯，欲其上下情亲，以观群诸侯之能否，其果皆贤，无所贬黜也。于是以五瑞复还之，故曰"班"。既辑之，复班之，予夺自我故也，此一段自"在璿玑"而下，见舜之不敢自专也。舜不自专，一听命于天地鬼神。诸侯不自专一，听命于君之辑瑞班瑞，然后见有天下，有一国者，皆循天理而无一毫之私矣。

## 12. 《融堂书解》卷一

（宋）钱时

（归善斋按，见前句）

## 13. 《尚书要义》卷二

（宋）魏了翁

六、受终、齐政，知其可受，遂遍告上下。

舜既让而不许，乃以尧禅之明年正月上日，受尧终帝位之事于尧文祖之庙。虽受尧命，犹不自安，又以璿为玑，以玉为衡者，是为王者正天文之器也。乃复察此璿玑、玉衡，以齐整天之日、月、五星七曜之政，观其齐与不齐。齐则受之，是也；不齐则受之，非也。是七政皆齐，知己受为是，遂行为帝之事，而以告摄事。类祭于上帝，祭昊天及五帝也，又禋祭于六宗等尊卑之神，望祭于名山、大川、五岳、四渎，而又遍祭于山川、丘陵、坟衍、古之圣贤之群神，以告己之受禅也。

七、上日，即元日，郑谓改尧正，故异辞。

月之始日，谓之朔日。每月皆有朔日，此是正月之朔，故云“上日”，言一岁日之上也。下云“元日”亦然。郑玄以为帝王易代，莫不改正。尧正建丑，舜正建子。此时未改尧正，故云“正月上日”。即位乃改尧正，故云“月正元日”，故以异文。先儒王肃等，以为惟殷周改正，易民视听。自夏已上，皆以建寅为正。此篇二文不同，史异辞耳，孔意亦然。下云“岁二月”，传云既班瑞之明月，以此为建寅之月也。

八、文祖不知何人，七庙其来已远。

文祖者，尧文德之祖庙也，且下云“归，格于艺祖”，艺、文义同。知文祖是庙者，《咸有一德》云“七世之庙，可以观德”，则天子七庙，其来自远。尧之文祖，盖是尧始祖之庙，不知为谁也。《帝系》及《世本》皆云，黄帝生玄嚣，玄嚣生蟜极，蟜极生帝喾，帝喾生尧。即如彼言，黄帝为尧之高祖。黄帝以上不知复祭何人，充此七数。况彼二书，未必可信。

## 14. 《书集传或问》卷上

（宋）陈大猷

（归善斋按，未解）

## 15. 《尚书详解》卷一

（宋）胡士行

正月上日（朔日），受终于文祖（颛顼）。

尧不许舜辞，乃与舜受终于祖庙。盖天下，文祖之天下。尧平时兢兢，不敢有一毫忽心，今为天下得人，其责方塞。曾子所谓"吾知免夫"者也。尧受终，则舜之正始可知。其在祖庙，受尧付托，惕然甚于当让之时。想象尧舜在庙之心，而万世为君之道著矣。

## 16. 《书纂言》卷一

（元）吴澄

（归善斋按，见前文"慎徽五典"）

## 17. 《书集传纂疏》卷一

（元）陈栎

正月上日，受终于文祖

上日，朔日也。叶氏曰，上旬之日。曾氏曰，如上戊、上辛、上丁之类。未详孰是。受终者，尧于是终帝位之事而舜受之也。"文祖"者，尧始祖之庙，未详所指为何人也。

纂疏

唐孔氏曰，受尧终帝位之事，于尧文德之祖庙。王氏炎曰，文祖，尧所从受天下者也。吕氏曰，尧为天下得人，其责塞矣，故曰"受终"。言受终，则舜正始可知。

## 18. 《读书丛说》卷二

（元）许谦

（归善斋按，见前文"慎徽五典"）

## 19.《书传辑录纂注》卷一

（元）董鼎

正月上日，受终于文祖。

上日，朔日也。叶氏曰，上旬之日。曾氏曰，如上戊、上辛、上丁之类。未详孰是。"受终"者，尧于是终帝位之事而舜受之也。"文祖"者，尧始祖之庙，未详所指为何人也。

**纂注**

唐孔氏曰，上日，言一岁日之上也。受尧终帝位之事，于尧文德之祖庙也。王氏炎曰，文祖，尧所从受天下者也。吕氏曰，尧已为天下得人，则尧之责塞矣，故曰"受终"。言"受终"则舜正始可知。愚谓，尧老舜摄，尧之为帝自若也。而遽以受终告祖者，盖天子之有天下，当以其身为始终。昔由祖以有其始，今告祖以受其终。此为告摄，而谓之"受终"，盖以重舜之责也。

## 20.《尚书句解》卷一

（元）朱祖义

正月上日（舜既让，而尧不许。舜乃以正月初一日），受终于文祖（受尧终帝位之事于尧文德之祖宗庙）。

## 21.《尚书日记》卷二

（明）王樵

正月上日，受终于文祖。正义曰，月之始日，谓之朔日。每月皆有朔日，此是正月之朔，故云"上日"，言一岁日之上也。下云"元日"亦然。郑玄以为帝王易代，莫不改正。尧正建丑，舜正建子。此时未改尧正，故云"正月上日"；即位乃改尧正，故曰"月正元日"。王肃等以为，惟殷改正，易民视听。自夏以上，皆以建寅为正。此篇二文不同，史异辞耳。

愚按，尧老舜摄，尧之为帝自若也。而遽以受终告祖者，天子之于天下，以身任其事为始终。尧老而得舜，则尧事终矣。授之于舜，故舜告祖，以受其终。告摄而谓之受终，盖以重舜之责也。言"受终"，则舜正始可知。文祖，尧所从受天下者，不直曰尧祖，难质言也。《帝系》、《世本》之言，皆不可信。

## 22.《御制日讲书经解义》卷一

正月上日，受终于文祖。

此一节书，是记舜之受摄也。上日，朔也。文祖，尧之始祖。舜既不嗣帝位，而尧之命终不可辞，于是但受摄位之命，权管国事。乃以正月朔日，受尧终帝位之事于文祖之庙，以摄位告也。盖天位至重，正始之际，尤当致谨。观舜受尧之终，而必告于文祖，所以明得统之正，且以见古帝王遗大投艰，实有敬畏不遑之意也。

### 《读书管见》卷上

（元）王充耘

受终文祖，齐七政（止）类上帝，辑五瑞。

舜以正月朔日受终，即观象祭告，然后会诸侯。先神后人，其序自当如此。然以事理推之，新君摄位，重事也，四岳必先期遍告于诸侯。诸侯必豫期会集于京师，以受命于新主，故云，既月，乃日觐岳牧，颁瑞群后。盖既近月终，乃以一日受朝贺之礼，即散遣诸侯。至二月，则东巡狩矣。辑五瑞，虽言于祭告之后，盖作文序事，不得不尔，然岂待此时而后发命征召邪？豫期召集，一日受朝，以后世大聚会朝贺推之可见，岂有以一人之尊，而逐日与诸侯相见，以尽询察礼意，则为其上者，不亦劳乎？

### 《尚书疑义》卷一

（明）马明衡

"正月上日"，谓正月之朔日也。郑玄以为，帝王易代，莫不改正。尧正建丑，舜正建子，此时未改尧正，故云"正月上日"。即位及改尧正，故云"月正元日"，故以异文。此自以后世改正朔之事拟议而为之说耳。王肃以为，惟殷周改正，易民视听。自夏以上，皆以建寅为正。二文不同，史异词耳。此说为是。至于文祖之说，关系甚大，而说者不一。马氏以文祖为天；孔氏以为尧文德之祖庙；王炎氏以为尧所从受天下者而蔡氏以为尧始祖之庙，但不知所指何人。此祖，正义之说若是，则文祖，黄帝以上之人。如史迁之说，舜亦出于黄帝，至桥玄，方与尧分，是文祖者亦即舜之祖也。文祖去舜虽远，尧既立庙，在舜祖之，亦为有理。但史迁世次之说，决不可信，则所谓尧之始祖者，安在其为舜之祖乎？舜既受尧居摄之命，事莫大焉，不告祖庙，安在其为舜乎？使舜告于祖庙，而史略不纪，独纪其告于尧之祖者，是以尧之授天下为重，故重尧之祖而轻其祖，将何以示天下？史臣纪录如此，又安在其为史乎？夫事之变者，反诸心；说之淆者，折以理。万古而上，有圣人出焉，此心同也，此理同也。万古而下，有圣人出焉，此心同也，此理同也。子张问百世可知，夫子谓礼必相因，其所损益不过制度文为之间耳。夫知礼之必相因而不变，非以此心、此理之根于天，而决不可易者乎？夫诚知此心、此理之根于天而决不可易，则可以论文祖之事矣。文祖者，不知其为文之义。

愚窃以为，舜之祖也。舜在侧微，岂能无祖庙之尊奉，况至此，登庸底绩已三载矣。则其遡世立庙，必已有加。舜有大事，不告于庙，将谁告乎？夫不告而娶者，舜权其轻重之宜，不得已也，稍有可告，舜岂得而不告哉。今受终之事，比之娶妻，则大小又有间矣，告于祖庙，则非告则不得娶之伦矣。而舜乃独告于尧之祖庙，而于己之祖庙寂然无闻，是以己受人之大恩而不敢自有其祖也。尧听其然而安之，是以己与人有大恩而不欲使人有其祖也，是岂足以论圣人哉？圣人之心至公至大，无有人已之间，故以天下之大，授之而不为德，受之而不为恩，当父则父之，当祖则祖之，当贤则贤之，当子则子之，何嫌何疑，而不行其所当行之事耶？故愚决以为文祖者，必舜之祖。以舜此时，决当行其所当行之事，莫有大焉者也。况由此，类上帝，禋六宗，望山川，遍群神，无一不举，独于祖不列，史氏纪事，岂独宜缺？或曰，子之论则善矣，然亦何据？曰，据诸吾心与理而已。万古之迹，已不可传，诸儒之论已不可稽，若又不据吾心与理，是又安所折衷乎？曰，心与理之足稽也。如是，夫则往昔耳目所不记睹者，何其舛也。曰，此纲常之大者，非纷纷琐琐事迹者同也。事迹之繁乱，无预人心天理之大端，非有所据，诚亦不能知也。若事关纲常之大，则不必待有所据而后能知也。故火不待有所据，知其必热也；冰不待有所据知其必寒也。今试以身处舜之地，不待有所据必告其祖也。以身处史臣之任，不待有所据必纪其事也。子之心即舜之心也，子之理即舜之理也。求子之心与理得其安，则舜之心与理可识矣。其又非足据之大者乎？曰，然则尧之祖庙，舜独不告之耶？曰，舜此是摄政，尧尚为天子，尧之祖庙，固自若也。舜尊奉之礼，岂得有间，即往告之理不可无。而史臣之所纪，犹当以舜之祖为重也。至于"二十有八载，帝乃殂落"之后，舜格于文祖，是又以即位而告其祖也。当其时，尧之祖庙，想应尊奉不缺，但不知当时所处之详何如？且尧以诸侯升为天子，亦不知当时立庙之制何如？追王之礼，至周始有。唐、虞事尚简略，或尧虽为天子，而立庙则只尽其尊奉之礼。尧崩之后，则使尧之子孙尊奉之耳。若尧之自庙，又自不同。朱子以为，尧当立庙于丹朱之国，谓神不歆非类，民不祀非族。愚则以为，丹朱为尧之子，岂得不立尧之庙。然舜受尧之天下，虽非后世之比，亦安得而不祀尧乎？盖古者，道统即君统，道之所在，而位属焉；位之所在，而道存焉。其相与授受，其来已久。自尧以前皆然，此固非后世所可得而议拟者。故虽有天下，立其私亲，而于所从受之君，亦庙奉之不废，不得以非类、非族为嫌也。曰，在古之时，既有授受之统，而必庙奉其所从受天下之君，则所谓文祖者，安知其非若人耶？曰，若如此说，却亦有理，但祖字未安，然道自大胜于以为尧之祖也。

或曰，文祖以为舜之祖，子之论详矣。然又是其所从受天下者之说，二者又将何所取中乎？曰，古人事迹既远，不可得而知矣。所可知者，只有大道理，在古今而不变者，可以据守笃信而不疑也。夫天生圣人，具聪明睿智之资，而任君师之责。于是以天下相传者，有其统，立庙以祀之，虽非族属之亲，礼不可废。以授受大事而告之，礼亦所宜，此大道理之可知者也。宗庙之礼，自天子达于庶人，虽有降杀之差，然事死如事生，有事必告，此亦大道理之可知者也。若以受人之天下为大恩，而遂告其祖，既非帝统之大义，又非天性之至亲，此则道理之不可知者也。故若舜之受终文祖，虽不可的知其为何人，然亦不出此大道理，可知者二端而已。礼家《祭义》又谓，有虞氏禘黄帝而郊喾，祖颛顼而宗尧，不知其何所本。愚观唐、虞之事，其与三代已自不同。尧舜气象何其宏大，观其以天下授受，均之以一介与人，后来便有辛勤保守基业之意。至周弥文追王之典，夏商所无，况尧舜乎？由是观之，尧舜时，郊禘之礼亦与周时不同。其所谓禘黄帝而郊喾，祖颛顼而宗尧者，盖皆以帝统大义言之，而非若后世必由乎私亲也。汉儒既不知大统之义，而徒以后世私亲之礼，胶固牵扯于其间，遂以舜告尧之祖，而谓与尧同祖，大义不明，天亲亦远，盖两失之矣。

"受终"者，终其命也。前尧命"陟帝位"，舜"让于德弗嗣"，其中必更有说话情节，但史略不具。如禹则加详矣。舜既辞，至此乃受其终命也。如今亦言乃终命之，乃终教之。受终之后，舜已许尧受天下矣。但尧尚在，故但摄耳，未称帝，想亦未履位也。至尧崩之后，乃称帝。

## 《尚书埤传》卷二

（清）朱鹤龄

正月上日。

"正月上日"与"月正元日"皆谓建寅之月。王肃云，惟殷周改正，易民视听。自夏而上，皆以建寅为正。

## 《尚书大传》卷一

（清）孙之騄辑

正月上日，受终于文祖。作璿玑玉衡，以齐七政。璿玑者，何也？曰，璿者，还也。玑者，几也，微也。其变几微，而所动者大，谓之璿玑。是故，璿玑谓之北极。受，谓舜也。上日，元日也。文祖，尧文德之祖庙。

郑玄曰，转运者为玑，持正者为衡（《索隐》郑注大传云，浑仪中筩为璇玑，外规为玉衡也）。文祖，五府之大名，犹周之明堂也。

七政，谓春、秋、冬、夏、天文、地理、人道，所以为政也。人道正，而万事顺成。又七政布位日月时之正，五星时之纪。日月有薄食，五星有错聚。七者得失，在人君之政，故谓之为政（《玉海》引大传）。

## 《尚书七篇解义》卷一

（清）李光地

正月上日，受终于文祖。

舜于是始居摄也。

# 在璿玑玉衡，以齐七政

## 1.《尚书注疏》卷二

（汉）孔氏传，（唐）陆德明音义、孔颖达疏

在璿玑玉衡，以齐七政。

传：在，察也。璿（xuán），美玉。玑（jī）、衡，王者正天文之器，可运转者。七政，日月五星，各异政。舜察天文，齐七政，以审己当天心与否。

音义：璿，音旋。

疏：虽受尧命犹不自安，又以璿为玑，以玉为衡者，是为王者正天文之器也，乃复察此璿玑玉衡，以齐整天之日月五星七曜之政，观其齐与不齐。齐则受之，是也；不齐则受之，非也。

在，察，《释诂》文。《说文》云，璿，美玉也。玉是大名，璿是玉之别称。玑、衡俱以玉饰，但史之立文，不可以玉玑、玉衡一指玉体，一指玉名。犹《左传》云"琼弁玉缨"，所以变其文。传以璿言玉名，故云美玉。其实玉衡亦美玉也。《易》贲卦彖云，观乎天文以察时变；日月星宿，连行于天。是为天之文也。玑、衡者，玑为转运，衡为横箫。运玑，使动于下，以衡望之。是玉者，正天文之器。汉世以来，谓之浑天仪者是也。马融云，浑天仪可旋转，故曰玑、衡。其横箫所以视星宿也，以璿为玑，以玉为衡，盖贵天象也。蔡邕云，玉衡长八尺，孔径一寸，下端望之，以视星辰。盖悬玑以象天，而衡望之，转玑窥衡，以知星宿，是其说也。七政，其政有七，于玑衡察之，必在天者，知七政谓日月与五星也。木曰岁星，火曰荧惑星，土曰镇星，金曰太白，星水曰辰星。《易·系辞》云，天垂象见吉凶，圣人象之。此日月五星，有吉凶之象，因其变动，为占七者，各自异政，故为七政。得失由政，故称政也。舜既受终，乃察玑衡，是舜察天文，齐七政，以审己之受禅当天心与否也。马融云，日月星皆以璿玑玉衡度，知其盈缩进退，失政所在。圣人谦让，犹不自安，视璿玑玉衡以验齐日月五星行度，知其政是与否，重审己之事也。上天之体，不可得知，测天之事见于经者，唯有此璿玑玉衡一事而已。蔡邕

《天文志》云言，天体者，有三家，一曰周髀，二曰宣夜，三曰浑天。宣夜绝无师说。周髀术数具在，考验天象，多所违失，故史官不用。惟浑天者近得其情，今史所用候台铜仪，则其法也。虞喜云，宣，明也。夜，幽也。幽明之数，其术兼之，故曰宣夜，但绝无师说，不知其状如何。周髀之术，以为天似覆盆，盖以斗极为中，中高而四边下，日月旁行绕之。日近而见之为昼，日远而不见为夜。浑天者，以为地在其中，天周其外，日月初登于天，后入于地。昼则日在地上，夜则日入地下。王蕃《浑天说》曰，天之形状似鸟卵，天包地外，犹卵之裹黄，圆如弹丸，故曰浑天，言其形体浑浑然也。其术以为，天半覆地上，半在地下。其天居地上，见有一百八十二度半强，地下亦然。北极，出地上三十六度；南极，入地下亦三十六度。而嵩高正当天之中极。南五十五度，当嵩高之上。又其南十二度，为夏至之日道；又其南二十四度，为春秋分之日道；又其南二十四度，为冬至之日道，南下去地三十一度而已。是夏至，日北去极六十七度；春、秋分，去极九十一度；冬至，去极一百一十五度。此其大率也。其南北极，持其两端。其天与日月星宿，斜而回转，此必古有其法，遭秦而灭。扬子《法言》云，或问浑天，曰洛下闳营之，鲜于妄人度之。耿中丞象之几乎，几乎莫之能违也。是扬雄之意，以浑天而问之也。闳与妄人，武帝时人。宣帝时，司农中丞耿寿昌，始铸铜为之象，史官施用焉。后汉张衡作灵宪，以说其状。蔡邕、郑玄、陆绩，吴时王蕃，晋世姜岌、张衡、葛洪，皆论浑天之义，并以浑说为长。江南宋元嘉年，皮延宗又作是《浑天论》，太史丞钱乐铸铜作浑天仪，传于齐梁。周平江陵，迁其器于长安。今在太史书矣。衡长八尺，玑径八尺，圆周二丈五尺强，转而望之，有其法也。

《尚书注疏》卷二考证

在璿玑玉衡以齐七政传，王者，正天文之器。

“王者”监本讹“玉者”，今改正。

又传七政，日月五星各异政。

李光地曰，七政之行不齐，而一政之行又自不齐，故日则有赢缩，月五星则有迟疾，而五星且有留退。虞、周步推之法不可闻已，后代考测至今日而始明。其说曰七政皆终古平行也。因有高卑远近而生迟疾，皆视行也。天以圆而运，七政逐天，亦以圆而运。如丸珠之随盘，皆自作回环之势，非径行也。故因行而生轮，因轮而生高下远近。仰而视之，赢缩迟疾以至留退，皆由于此矣。然日者从天，其轮一而已。月、五星从天，又从日，故有随天之轮，又有逐日之轮。两者相加，然后高下之视迄，迟疾之视差，一一可以筹策运算而坐致之。盖虽古所未讲，而其理不诬也。臣召南按，孔传解政字，即天官家日德、月刑、木仁、火礼、金义、水智、土信之说，故下文云以审已当天心与否也。但经文正与《尧典》"历象日月星辰"意同，传说非是。

又疏天包地外，犹卵之裹黄。

晋志本文"卵"作"壳"。

又疏晋世姜岌、张衡、葛洪皆论浑天之义。

臣召南按，"张衡"二字衍文也。《玉海》引此疏，直云姜岌、葛洪，甚是。

又疏太史丞钱乐铸铜作浑天仪。

陈师凯曰，钱乐，本名乐之。孔疏脱"之"字耳。

## 2. 《书传》卷二

（宋）苏轼

在璿玑玉衡，以齐七政。

在，察也。璿，美玉也。玑、衡，王者正天文之器可运转者。七政，日、月、五星也。

## 3. 《尚书全解》卷二

（宋）林之奇

在璿玑玉衡，以齐七政。

在者，察也。盖与"平在朔易"之"在"同。"璿玑玉衡"，汉孔氏传云"王者正天文之器可运转者"，正后世之浑仪也。璿玑者，以璿为玑也；玉衡者以玉为衡也。玑，径八尺，圆周二丈五尺，象天可以运转也。玉衡，横箫也，长八尺，孔径一寸，下端望之以视星辰。盖悬玑以象天，而衡望之，转玑窥衡，以知星宿。曾氏云，步七政之轨度时数，而以转玑窥衡，两不差焉。故曰齐其不齐者，为陵历斗食，盈缩犯守者也。盖玑衡之所见者，皆其轨度时，数之当然，不如玑衡，则为变异。此说是也。浑仪，自汉以来，相承用之，以至于今，实唐虞之遗法也。沈存中云，天文象有浑仪，测天之器，置于崇德以候垂象。盖古之玑衡也。熙宁中，予受诏典历官，考察星历，以玑衡求极星，初夜在窥管中，少时复出，窥管候之。凡历三月，极星方常循窥管之中，夜夜不差。窥管即玉衡也。璇，孔氏云，美玉也。王氏云，美珠谓之璇。唐孔氏从先儒之说，以璇为美玉，则从《左传》琼弁玉缨为证。孙氏从王氏之说，以璇为宝珠，引《列子》有玉者方流，有珠者圜折之言。古诗云，玉水记方流，璇源载圜折。《穆天子传》云，天子之宝璇珠。以是璇为美珠。此说不同。然后世之浑仪，既不用珠玉，而用铜为之。则古之璇玑，或以玉为之，或缀珠于其上，皆不可得而知。孔氏云，舜察天文，齐七政，以审己当天心与否，此说不然。夫舜既受尧之终于文祖之庙矣，乃始"在璇玑玉衡，以齐七政"，以审己之当天心与否，使其七政有失度，则将奈何？古之人授受之义，自不然也。使其不当天心，不符人望，则不授之而已。既已授之，而方且察天心之当否，进退无所据矣。孔氏于"烈风雷雨弗迷"下注云"明舜德之合于天心"，则是舜未受终以前，已当天心矣。至此又曰审已当天心与否，其说亦自相违戾。舜之受终，则"在璇玑玉衡，以齐七政"者，盖既摄帝位，则将巡狩于方岳，以考制度，协时月正日，同律度量衡也。七政者，日、月、五星也。尧之"历象日月星辰"，命羲和之四子，方且考四方之中星而已。至舜，考察日月之行，加之以五纬之躔度，然后其法加密也。日行一度，月行十三度十九分度之七。岁星，日行千七百二十八分度之百四十五；荧惑星，日行一万三千八百二十四分度之七千二百五十五；太白、辰星，日各行一度；镇星，日行四千三百二十分度之百四十五。惟其七政之躔度，其多寡长短之不同如此，故必以璇玑玉衡，然后立法无差忒矣。而王氏云，《尧典》言历象，《舜典》言玑衡。玑衡者，器也。《尧典》言日月星辰，此言七政。七政者，事也。《尧典》所言者，皆道也。于此所言，皆器也，事也。此说殊不然。夫《尧典》所谓历象，即《舜典》之所谓玑衡也。《舜典》所谓七政，即《尧典》所谓日月星辰，皆在其中矣。岂有道与器与事之异哉。

## 4. 《尚书讲义》卷二

（宋）史浩

在璿玑玉衡，以齐七政。

此舜作体天之法也。尧有历象，舜则玑衡。历象，以数推也；玑衡，以形求也，其实均于体天以布政也。璿为阴类，故玑在上；玉为阳类，故衡在下。天气下降，地气上腾之象也，日、月、五星于是不得遁矣。然而人君一事之乖宜，一物之失所，则日、月为之薄蚀，五星为之谪见，谓之七政，舜亦视之而立政也。后世帝王，其有即政之初，不知应天以立政者，是不法舜也，而能治天下乎？

## 5. 《尚书详解》卷二

（宋）夏僎

在璿玑玉衡，以齐七政。

璿玑，以璿为玑。玉衡，以玉为衡。唐孔氏谓是（天文之）器，汉世谓之浑天仪者是也。玑径八尺，圆周二丈五尺强，以一人可以运转，故曰玑衡。横箫，长一尺，孔径一寸。将考天象，先悬玑于上，运转之，以象天之运，转然后以衡从下望之，以知星宿。此玑衡之制也。在，察也。七政，日、月、五星。唐孔氏谓，日月五星有吉凶之象，因其变动为占七者，各有异政，故谓七政。不若沈博士，谓君政得于下，天文序于上，自然之应，故以政言之。此说是也。然七政，在天躔度长短多寡不同，然必谓之齐者，曾氏谓步七政之轨度时数，以转玑窥衡而不差焉。故曰齐其不齐者，乃陵历斗食、盈缩犯守者也。盖玑衡所见皆时数轨度之当然，不知玑衡则为异变。此说是也。沈存中谓，熙宁中，受诏典领历官，考察星辰，以玑衡求极星，从窥管候之凡三月，极星常循窥管之中，夜夜不差。则窥管，即玉衡也。但璿玑，孔氏云美玉，王氏云美珠，二说不同。后世浑仪既不用珠玉，用铜为之。则古之玑衡，或以玉为之，或缀珠其上，皆不可得而知。孔氏曰，舜察天文，齐七政，以审已当天心与否。此说不然。夫舜既受尧之终于文祖之庙矣，乃始"在璿玑玉衡，以齐七政"，以审已之当天与否，使七政有愆，则将奈何？古人授受之义必不然也。使其不审天心，不符人望，则不受之。既已受之，而方且察天心之当否，岂理也哉。然则，舜受终，必"在璇玑玉衡，以齐七政"者，盖既摄帝位，将巡狩方岳，以考制度，"协时月正日，同律度量衡"也。

## 6.《增修东莱书说》卷二

（宋）时澜

在璇玑玉衡，以齐七政。

尧既"历象日月星辰"矣，舜复何所在，何所齐哉？盖观天象运行，足以卜一身之得失。舜摄位之后，未有以验此身之当天意与否，故求之历象之间，以见天心之逆顺。苟天象有一之不顺，则是己之不足当帝位也。虽然舜之事，天亦有自矣。如纳麓之时，风雨弗迷，天已享舜矣，而又何疑耶？盖昔者，尧之试舜；今也，舜亦欲自试，以验其身之何如也。故察玑衡，以齐七政。

## 7.《尚书说》卷一

（宋）黄度

在璇玑玉衡，以齐七政。

在，察。玑、衡器也。璇，美玉。敬之斯，宝之矣。日、月、五星之行，度玑、衡可以察之，而可以齐之。《洪范》五纪岁日月星辰历数，尧传舜，舜传禹，皆曰"天之历数在尔躬"。是故圣人在上，日不食，星不孛。占候，虽有器齐，平必以德也。此治历本论。

## 8.《絜斋家塾书钞》卷一

（宋）袁燮

在璇玑玉衡，以齐七政。

璇玑、玉衡，正天文之器也。璇玑，画其象，而以玉衡望之。七政，日、月、五星也。"在璇玑玉衡"，所以治历明时，亦所以观天文而察时变。玑衡之日月星辰乃一定而不变者，天之日月星辰却有时乎变。以玑衡而验诸天，有一毫不合便是灾异，便是人主失德之所致。人主于此，便当惕然内顾，恐惧修省，以答天心，以消变异也。大抵天人本只是一件物事，故人君失德，天变随应，非天变也，我先自变也。在天，许多祥善，便由在我有许多善政；在天，许多变异，便由在我许多过失。三光全，寒暑平，我实为之也。日月薄蚀，星辰失行，我实先变也。此无他，只缘天人本是一理。今须是晓得真是一理始得。

## 9. 《书经集传》卷一

（宋）蔡沈

在璇玑玉衡，以齐七政。

璇音旋。在，察也。美珠谓之璇。玑，机也。以璇饰玑，所以象天体之转运也。衡，横也，谓衡箫也。以玉为管，横而设之，所以窥玑，而齐七政之运行，犹今之浑天仪也。七政，日、月、五星也。七者运行于天，有迟有速，有顺有逆，犹人君之有政事也。此言舜初摄位，整理庶务，首察玑衡，以齐七政。盖历象授时，所当先也。按浑天仪者，《天文志》云，言天体者三家：一曰周髀，二曰宣夜，三曰浑天。宣夜，绝无师说，不知其状如何。周髀之术，以为天似覆盆。盖以斗极为中，中高而四边下，日、月旁行绕之。日近而见之为昼；日远而不见为夜。蔡邕以为考验天象，多所违失。浑天说曰，天之形状似鸟卵，地居其中，天包地外，犹卵之裹黄，圆如弹丸，故曰浑天，言其形体浑浑然也。其术以为，天半覆地上，半在地下。其天居地上见者，一百八十二度半强，地下亦然。北极出地上三十六度，南极入地下亦三十六度，而嵩高正当天之中极。南五十五度，当嵩高之上。又其南十二度，为夏至之日道；又其南二十四度，为春秋分之日道；又其南二十四度，为冬至之日道；南下去地三十一度而已。是夏至，日北去极六十七度，春秋分去极九十一度，冬至去极一百一十五度。此其大率也。其南北极，特其两端。其天与日月星宿，斜而回转。此必古有其法，遭秦而灭。至汉武帝时，落下闳始经营之，鲜于妄人又量度之。至宣帝时，耿寿昌始铸铜而为之象。宋钱乐又铸铜作浑天仪。衡长八尺，孔径一寸。玑，径八尺，圆周二大五尺强。转而望之，以知日、月、星辰之所在，即璇玑玉衡之遗法也。历代以来，其法渐密，本朝因之为仪三重。其在外者，曰六合仪，平置黑单环，上刻十二辰八干四隅在地之位，以准地面而定四方。侧立黑双环，背刻去极度数，以中分天崎，直跨地平，使其半入地下，而结于其子午，以为天经。斜倚赤单环，背刻赤道度数，以平分天腹，横绕天经，亦使半出地上，半入地下，而结于其卯酉，以为天纬。三环表里，相结不动，其天经之环，则南北二极皆为圆轴，虚中而内向，以挈三辰、四游之环，以其上下四方于是可考，故曰六合仪。其内曰三辰仪，侧立黑双环，亦刻去极度数，外贯天经之轴，内挈黄、赤二道。其赤道，则为赤单环，外依天纬，亦刻宿度，而结于黑双环之卯酉。其黄道，则为黄单环，亦刻宿度，而又斜倚于赤道之腹，以交结于卯酉，而半入其内，以为春分后之日轨；半出其外，以为秋分后之日轨。又为白单环，以承其交，使不倾。垫下设机轮，以水激之，使其日夜随天东西运转，以象天行。以其日、月、星辰于是可考，故曰三辰。其最在内者，曰四游仪，亦为黑双环，如三辰仪之制，以贯天经之轴。其环之内，则两面当中各施直距，外指两轴，而当其要中之内面又为小窾，以受玉衡要中之小轴，使衡既得随环东西运转，又可随处南北低昂，以待占候者之仰窥焉。以其东西南北无不周遍，故曰四游。此其法之大略也。沈括曰，旧法，规环一面刻周天度，一面加银丁，盖以夜候天晦不可目察，则以手切之也。古人以璿饰玑，疑亦为此。今太史局秘书省，铜仪制极精致，亦以铜丁为之。历家之说，又以北斗魁四星为玑，杓三星为衡，今详经文简质，不应北斗二字，乃用寓名，恐未必然。姑存其说，以广异闻。

## 10. 《尚书精义》卷三

（宋）黄伦

在璿玑玉衡，以齐七政。

胡氏曰，璿生于渊之蚌，而与月亏盈，阴精之纯也。玉生于山之石，而气白如虹，阳精之纯也。传曰，玉能除水之灾，珠能御火之灾，故宝之以为阴阳之精，则其为物神故也。故玑衡之器，运者为玑，则以璇饰之；观者为衡，则以玉饰之，非以为侈也。盖于此，以在七政而齐之。其物非阴阳之精，则有所不神，而不足在故也。又曰，尧言"历象日月星辰"，而此言"在璿玑玉衡，以齐七政"，何也？历象者，象也；而玑衡者，器也。见，乃谓之象；形，乃谓之器。尧行天道以治人，故占象以授人时；

舜行人道以奉天，故制器以齐七政。于《尧典》，则言"日、月、星"，于此则言"七政"。政者，事也。而《尧典》之所言者，道也。

无垢曰，余昔在史馆，常观浑仪之制，始信玑衡之法为不谬也。其制为三大轮，其中空，其外圆。每轮画分黄道、赤道，又画二十八宿分野，又画为三百六十五度四分度之一。春、秋通为一轮，冬、夏各为一轮，交分于台上，以分日之短长也。台下为柱，以金龙绕之。半在地上，半在地下之说，非谓置之于地也。轮半画为昼，半画为夜。昼，则转在夜之轮于上；夜，则转在昼之轮于下。以此为地下之说尔。轮即所谓玑也，古以璿玉为之。而王雱以美珠为璿，璿玑者以珠为玑也。以珠以玉，皆不可判。使以珠为之，不过以为饰尔，非以珠为日月五星。天象尊严，故以璿玉为之。玉衡之制，其状如今之所谓箫管也。欲验天文者，先正玑轮，乃以箫制轮中，于箫管下，上望其空，直观天星。如《尧典》星鸟、星火之制，万不差一。傥日、月薄蚀，五星失度，以箫置玑轮于其度中望之，盖无毫发之差，其制精密，非圣人能为此制乎？舜既受终，未知天象如何，故察玑衡以观日、月、五星焉。又曰，天子者，乃日、月、五星之主也。使主非其人，其象必变，是七政待人主而齐也。今察玑衡七政皆齐，然后知洪水之灾，以见尧大数已过，不得不退也。七政既齐，又以见舜历数在躬，不得而辞也。

张氏曰，日、月、五星，运行变动，人所取正也。故谓之七政。是故，人事修于下，则天意应于上。王政失于此，则天谴形于彼。此舜于即政之初，所以察玑衡而齐之也。玑运乎上，而以璿为之，取阴之精也。衡望乎下，而以玉为之，取阳之精也。盖天地之精为阴阳，阴阳之气为日月，阴阳之散为五行。而其象在五星，必取是以为器者，盖以类求之者也。《尧典》言"历象日月星辰"，于此言"在璿玑玉衡以齐七政"者，历象，以数推之者也；玑衡，以器得之者也。数出于天，故推之以授人时；器出于人，故占之以齐七政。尧以道在天下，故以历象言之；舜以政事治之，特见诸形气而已。此璿玑玉衡之所由作也。

## 11.《尚书详解》卷二

（宋）陈经

（归善斋按，见前文"正月上日，受终于文祖"）

## 12.《融堂书解》卷一

（宋）钱时

在璿玑玉衡，以齐七政。

谓之政者，天文之休咎，君政得失之符也，人君与天一体无二，其所感召，如响应声。古圣因名以政，见得一躔一度，皆是自家切己事，非徒课星翁历史一艺之疏密而已也。齐者，各得其躔度之正也。一有不齐，责将孰归？舜摄位之初，以此为第一段事，其旨微矣。不然则七政在天，而所以齐之者，断断在我，岂璿玑玉衡一器物之微所可辨哉？

## 13.《尚书要义》卷二

（宋）魏了翁

九、璿玑、玉衡，犹琼弁、玉缨变文。

《说文》云，璿，美玉也，玉是大名，璿是玉之别称。玑、衡俱以玉饰，但史之立文，不可以玉玑、玉衡，一指玉体，一指玉名，犹《左传》云琼弁、玉缨，所以变其文。

十、玑为转运，衡为横箫，即浑天仪。

玑、衡者，玑为转运，衡为横箫。运玑，使动于下，以衡望之。是王者正天文之器。汉世以来，谓之浑天仪者是也。马融云，浑天仪可旋转，故曰"玑衡"。其横箫，所以视星宿也。以璿为玑，以玉为衡，盖贵天象也。蔡邕云，玉衡长八尺，孔径一寸。下端望之，以视星辰。盖悬玑以象天，而衡望之。转玑窥衡，以知星宿。是其说也。七政以政有七，于玑衡察之。

十一、宣夜无传，周髀术在，惟浑仪为长。

蔡邕《天文志》云，言天体者有三家，一曰周髀，二曰宣夜，三曰浑天。宣夜绝无师说。周髀术数具在，考验天象多所违失，故史官不用。惟浑天者，近得其情。今史所用，候台铜仪，则其法也。虞喜云，宣，明也。夜，幽也。幽明之数，其术兼之，故曰宣夜，但绝无师说，不知其状如何。周髀之术，以为天似覆盆，盖以斗极为中，中高而四边下，日月旁行绕之。日近而见之为昼；日远而不见为夜。浑天者，以为地在其中，天周其外，日月初登于天，后入于地。昼，则日在地上；夜，则日入地下。王蕃浑天说曰，天之形状似鸟卵，天包地外，犹卵之裹黄，圆如弹丸，故曰浑天，言其形体浑浑然也。其术以为，天半覆地上，半在地下。其天居地上，见有一百八十二度半强，地下亦然。北极出地上三十六度，南极入地下亦三十六度。而嵩高正当天之中极。南五十五度当嵩高之上；又其南十二度，为夏至之日道；又其南二十四度，为春秋分之日道；又其南二十四度，为冬至之日道。南下去三十一度而已。是夏至，日北去极六十七度；春秋分，去极九十一度；冬至，去极一百一十五度。此其大率也。其南北极，持其两端。其天与日、月、星宿，斜而回转。此必古有其法，遭秦而灭。扬子《法言》云，或问浑天，曰，洛下闳营之，鲜于妄人度之，耿中丞象之几乎，几乎莫之能违也。是扬雄之意以浑天而问之也。闳与妄人，武帝时人。宣帝时，司农中丞耿寿昌，始铸铜为之象，史官施用焉。后汉张衡，作《灵宪》以说其状。蔡邕、郑玄、陆绩、吴时王蕃，晋世姜岌、张衡、葛洪皆论浑天之义，并以浑说为长。江南宋元嘉年，皮延宗又作是浑天论。太史丞钱乐铸铜作浑天仪，传于齐梁。周平江陵，迁其器于长安。今在太史书矣。衡长八尺，玑径八尺，圆周二丈五尺强，转而望之，有其法也。

（归善斋按，另见前文"正月上日，受终于文祖"）

## 14. 《书集传或问》卷上

（宋）陈大猷

或问，孔氏以在玑衡为审已当天心与否，如何？曰，林氏谓，历试诸事已足以验天人之并与矣。使其不当天心，不符人望，则不授之而已。既已受终文祖，乃始审天心，使七政有失度，则将奈何？古人授受之义不然也。此说是。此后有去取，昭然可见者，不复尽辨。

或问，七政诸说如何（三山陈氏曰，日、月、五星，在天之政也。唐孔氏曰，言吉、凶各有异政，得失由于君之政也。王氏曰，以人之所取正也。叶氏曰，七者，所以正四时，作万事也）？曰，陈说、叶说主天而言政，唐孔说、王说主人而言政。然主人而言，要不若主天而言，但叶谓正四时作万事，则不然。日、月、五星所以成岁功，岂止正四时而已。不若陈说为当然。犹未明，故推其意而足之。曰人有政耳，天岂有政乎？曰此，但譬喻之辞，犹曰五星谓之五纬，星岂有纬乎？以其变动，异于经星，故谓之纬。北斗，谓之天枢。天岂有枢乎？以其持造化之纲，故谓之枢。日、月、五星，司天之政，亦犹人之有政也，故以政言之耳。唐孔氏说亦微有意，故附见之。

或问，日、月、星之所以光者何如？曰，凡气之积，英者必有光。日、月、星，盖精气之上浮者也，且人之目亦然。日、月者，阴阳之精气也。五星者，五行之精气也。张衡《灵宪》曰，星也者，体生于地，精成于天，列居错峙，各有攸属。

或问，浑天之说如何？曰，王蕃浑天说曰，天之形状似鸟卵。天包地外，犹卵之裹黄，圆如弹丸，故曰浑天，言其形体浑浑然也。其术以为，天半覆地上，半在地下，其天居地上，见有一百八十二度半强，地下亦然（晦庵曰，天实浑沦之气，其行度本不可知。但星宿分为度限，每宿各有度数，合为三百六十五度四分度之一）。北极出地上三十六度，南极入地下亦三十六度，而嵩高正当天之中极。南五十五度，当嵩高之上；又其南十二度，为夏至之日道；又其南二十四度，为春秋分之日道；又其南二十四度，为冬至之日道。南下去地三十一度而已。是夏至日道，北去极六十七度，春秋分去极九十一度，冬至去极一百一十五度。南北极，持其两端。天与日、月、星斜而回转。此其大率也。陈祥道曰，天绕地而转一昼一夜，适周一匝又超一度。天左旋，日月违天而右转。日，一日行天一度；月，一日行天十二度强。天之旋，如磨之左转，日月如蚁行磨上而右转。磨转疾，而蚁行迟，故日月为天所牵转。至于日没、日出，非日之行，而天运于地外，而日随之出没也。朱氏《楚辞》注曰，天积气耳，形圆如弹丸，朝夜运转其中，乃枢轴不动之处，其运转者，亦无形质，但如劲风，旋转无穷，是为天体，而实非有体也。地则气之渣滓，聚成形质者，但以其束于劲风旋转之中，故兀然浮空，久而不坠。黄帝问于岐伯曰，地何凭乎？岐伯曰，大气举之，亦谓此也。其曰九天，其圜九重，则自地之外，气之旋转，益远益大，益清益刚，究阳之数，而至于九，则无复有涯矣。河南邵氏曰，或问天何依，曰依乎地。地何附，曰附乎天。天地何所依附，曰自相依附，天依形，地依气。其形也有涯，其气也无涯。

或问，舜继尧，不应遽废羲和之职。《舜典》止及四牧、九官，羲和职兼天人，反不与，何邪？曰，典、谟皆彼此互见。舜"在璿玑玉衡"，则命羲和可知。且九官十二牧，尧时岂应无，然略不及者，以《舜典》见之也。然则《尧典》不载九官、十二牧，《舜典》不载羲和，皆互见耳。

## 15.《尚书详解》卷一

（宋）胡士行

在（察）璿（珠）玑（浑天仪，象天形，以璿为之）玉衡（管，以玉为之），以齐七政（日、月、五星，与君政通，各有异，曰七政）。

考天文者，悬玑于上，运转如天，以衡从下望之。玑衡异见，皆日、月、五星时数轨度之当然。不知玑衡，则为变易而不齐矣。此舜受尧命摄位，审己之当天心与否也。夏云，如《尧典》历象，将协时月正日也。

## 16.《书纂言》卷一

（元）吴澄

在璿玑玉衡，以齐七政。璿，美珠。玑、衡，皆观天之器。以璿饰玑，所以象天也。有机运转，故曰玑。以玉为管，所以窥天也。横设于玑，故曰衡。齐者，测验推步之不差也。七政，日、月、五星也，其行或迟或速各有限节度数，如国家之政然，故曰七政。常星为天定体者，谓之经；七政与天各行者，谓之纬。故必察于玑衡之器，以齐其行度。尧之命官，先命羲和；舜之摄位，先齐七政，盖治历明时，君道所当先也。玑衡之制，盖如后世之浑天仪云。自古言天者三家，曰宣夜，曰周髀，曰浑天。宣夜无师说，不知其何如。周髀之说，谓天似覆盆，斗极为中，中高，四边下，日月旁行绕之。蔡邕以为考验天象，多所违失。浑天之说，谓天浑浑然，圆如弹丸，地居其中，如鸟卵中黄，天包地外，半覆地上，半在地下。地上见者，百八十二度半强；地下不见者，亦百八十二度半强。其南北两端，枢纽不移处为极。北极，出地上三十六度；南极，入地下三十六度。其天体经星，与日月五纬，斜而回转。北极之南五十五度，当嵩高之上，正为天中。又其南十二度，为夏至之日道。又其南二十四度，为春、秋分之日道。又其南二十四度，为冬至之日道。南下去地三十一度而已。夏至之日，北去极六十七度。春、秋分之日，去极九十一度。

冬至之日，去极北一十五度。此其大率也。古者，观天之器，其法无传。汉武帝时，洛下闳始经营之，鲜于妄人又量度之。宣帝时，耿寿昌以铜铸为天象。刘宋时，钱乐以铜铸为浑天仪。历代相因，由唐至宋，渐加精致。为仪三重，其外第一重曰六合仪，平置黑单环，名地平环，上列壬子、癸丑、艮寅、甲卯、乙辰、巽巳、丙午、丁未、坤申、庚酉、辛戌、乾亥二十四字。一名阴浑，一名单横规，一名阴纬单环。此地面四方四纬之象也。又侧立黑双环，名天经环，横刻二极相去度数，直跨地平环，相衔于子午。半出地上，半入地下。子以上出地平三十六度，为北极枢孔；午以下入地平三十六度，为南极枢孔。一名外双规，一名阳经双规，此天峰从布之象也。又斜倚赤单环，名天纬环，互刻赤道周天宿度，上下与天经环相衔，去南北极各九十一度少弱；东西与地平环相衔，当卯酉之位，此天腰横绕之象也。三环表里相结不动，上下四方之定位，于是可考，故曰六合。其内第二重，曰三辰仪。侧立黑双环，亦刻去极度数，制如天经黑双环，在内而差小，但彼不可动，而此衔附黄、赤二环，以转动尔。其赤道环，则为赤单环，亦刻宿度，制如天纬赤单环，在内而差小，上下与三辰双环相衔，去南北极各九十一度少弱。其黄道环，则为黄单环，亦刻宿度，上下亦与三辰黑双环相衔，而南出赤道环二十四度弱，北入赤道环二十四度弱，东西与赤道环相衔。在环上所刻卯酉春秋二分之处，又为白单环，承其交，锁定黄、赤二环，使不倾垫，或不用。下设机轮，以水激之，可省人运，亦或不用。日、月、星辰之运行，于是可考，故曰三辰。又其内第三重，曰四游仪，亦为黑双环，制如三辰仪之黑双环。在内而又小，以揭直距。直距者，铜板二，从置于四游仪内，上属北极，下属南极，而横夹望筒于其腰中，内面为小孔，以受望筒腰中之小轴望筒者，古所谓玉衡也，一名窥筒，一名窥管，一名横箫。其筒中空，两端各为方掩，方掩中各开圆孔，以俟仰窥。腰中两面各为小轴，以贯直距腰中之小孔。东西既得，随环运转，南北又可随处低昂，故曰四游。第一重六合天经双环，衔附地平天纬二单环；第二重三辰双环，衔附黄、赤道二单环；第三重四游双环，衔附直距与望筒。六合之规大于三辰，三辰之规大于四游。双环，双铸一样，二合而为一，故厚，可贯管轴。单环，单铸，故薄。其六合天经双环，南北二极之处有孔，衔轴以穿三辰、四游二双环。

于内,轴如管虚中,其外有脐两层,以间隔三辰、四游之位次。其尺度,则地平单环,径八尺,阔五寸,厚一寸半。天经双环,径八尺,阔五寸,厚八分,两环合一寸六分。天纬单环,径七尺八寸一分,阔九分,厚五分。三辰双环,径七尺四寸八分,阔一寸八分,厚七分,两环合一寸四分。黄赤二道单环,径七尺二寸八分,阔九分,厚六分。四游双环,径六尺二寸八分,阔一寸八分,厚八分半,两环合一寸七分。直距二长各如。四游环内,径阔一寸六分,厚八分。望筒长随直距,方一寸六分,两端方掩,方一寸七分,中间圆孔径七分半。地平之下,檠(qíng)以龙柱四,各高七尺七寸,植于水槽上,一名水跌,或名水平。其台为十字,或为方井,中凿水道,相通行水,以激机轮。沈括曰,旧法,规环,一面刻周天度,一面加银丁,盖以夜候天晦,不可目察,则以手切之也。古人以璿饰玑,疑亦为此。

## 17. 《书集传纂疏》卷一

(元) 陈栎

在璿玑玉衡,以齐七政。

在,察也。美珠,谓之璿。玑,机也。以璿饰玑,所以象天体之转运也。衡,横也,谓衡箫也,以玉为管,横而设之,所以窥玑,而齐七政之运行,犹今之浑天仪也。七政,日、月、五星也。七者运行于天,有迟有速,有顺有逆,犹人君之有政事也。此言舜初摄位,整理庶务,首察玑衡,以齐七政。盖历象授时所当先也。按,浑天仪者,《天文志》云,言天体者三家,一曰周髀,二曰宣夜,三曰浑天。宣夜绝无师说,不知其状如何。周髀之术,以为天似覆盆,盖以斗极为中。中高而四边下,日月傍行绕之。日近而见之,为昼;日远而不见,为夜。蔡邕以为考验天象,多所违失。浑天说曰,天之形状如鸟卵,地居其中,天包地外,犹卵之裹黄,圆如弹丸,故曰浑天,言其形体浑浑然也。其术以为,天半覆地上,半在地下。其天居地上,见者一百八十二度半强,地下亦然。北极出地上三十六度,南极入地下亦三十六度。而嵩高正当天之中极。南五十五度当嵩高之上,又其南十二度为夏至之日道,又其南二十四度为春秋分之日道,又其南二十四度为冬至之日道。南下去地三十一度而已。是夏至,日北去极六十七度，春、秋分去极九十一度，冬至去极一百一十五度。此其大率也。其南北极，持其两端。其天与日、月、星宿，斜而回转。此必古有其法，遭秦而灭。至汉武帝时，洛下闳始经营之，鲜于妄人又量度之。至宣帝时，耿寿昌始铸铜而为之象。宋钱乐又铸铜作浑天仪。衡长八尺，孔径一寸，玑径八尺，圆周二丈五尺强。转而望之，以知日、月、星辰之所在，即璇玑玉衡之遗法也。历代以来，其法渐密，本朝因之，为仪三重，其在外者，曰六合仪，平置黑单环，上刻十二辰八干四隅在地之位，以准地面，而定四方。侧立黑双环，背刻去极度数，以中分天脊，直跨地平，使其半入地下，而结于其子午，以为天经。斜倚赤单环，背刻赤道度数，以平分天腹，横绕天经，亦使半出地上，半入地下，而结于其卯酉，以为天纬。三环表里，相结不动。其天经之环，则南北二极皆为圆轴，虚中而内向，以挈三辰、四游之环，以其上下四方于是可考，故曰六合。次其内曰三辰仪，侧立黑双环，亦刻去极度数，外贯天经之轴，内挈黄、赤二道。其赤道则为赤单环，外依天纬，亦刻宿度，而结于黑双环之卯酉。其黄道则为黄单环，亦刻宿度，而又斜倚于赤道之腹，以交结于卯酉，而半入其内，以为春分后之日轨；半出其外，以为秋分后之日轨。又为白单环，以承其交，使不倾。垫下设机轮，以水激之，使其日夜随天东西运转，以象天行，以其日、月、星辰于是可考，故曰三辰。其最在内者，曰四游仪，亦为黑双环，如三辰仪之制，以贯天经之轴。其环之内，则两面当中，各施直距，外指两轴，而当其要中之内面，又为小款，以受玉衡要中之小轴，使衡既得随环东西运转，又可随处南北低昂，以待占候者之仰窥焉。以其东西南北无不周遍，故曰四游。此其法之大略也。沈括曰，旧法，规环一面刻周天度，一面加银丁，盖以夜候天晦，不可目察，则以手切之也。古人以璇饰玑，疑亦为此。今太史局秘书省铜仪，制极精致，亦以铜丁为之。历家之说，又以北斗魁四星为玑，杓三星为衡。今详经文，简质不应北斗二字，乃用寓名，恐未必然。姑存其说，以广异闻。

**纂疏**

语录：孔注谓，舜察天文，齐七政，以审己当天心与否，未必然。只是从新整理起，此是最先当理会者。《书》正义玑衡处，说天体极好。先说个天，看得此亦可想象天之形，与日、月、星辰之运，进退疾徐之度，皆有分数，而历数大概，亦可知矣。愚按正义传已采之，但略节。林氏曰，玑运转，衡下望之，以步七政之轨度时数，转玑窥衡，两不差焉，故曰"以齐"。其有不齐，乃陵历斗食盈缩犯守者也。玑之所见，皆轨度时数之当然，不如玑，则为异矣。日、月、五星，其灾祥，与政事相应，故曰七政。陈氏经曰，七者，在天之政也。君为天与日、月、星辰之主。君有缺政，则日、月薄蚀，星辰变动，安得而齐意，与钦若历象同。真氏曰，舜初摄，察玑衡，以揆七政，如人子事亲，候伺颜色，惟恐少咈于亲心。此舜事天之敬也。唐孔氏曰，《说文》璿，美玉也。玉是大名，璿其别称。玑、衡俱饰以玉。史之立文，犹《左氏》"琼弁玉缨"。虞喜云，宣，明也。夜，幽也。幽明之数，其术兼之，故曰"宣夜"。髀，音俾，股也。股者，表也。其治始于包羲，周人志之，故曰周髀。蔡邕云，即盖天也。浑天者，以为地在其中，天周其外，日、月初登于天，后入于地。昼则日在地上，夜则日入地下。太史所用候台铜仪，则其法也。宋太史丞钱乐铸铜仪，传于齐梁。周平江陵，器迁长安，今在太史。

## 18. 《读书丛说》卷二

（元）许谦

（归善斋按，未解）

## 19. 《书传辑录纂注》卷一

（元）董鼎

在璿玑玉衡，以齐七政。

在，察也。美珠谓之"璿"；玑，机也。以璿饰玑，所以象天体之转运也。衡，横也，谓衡箫也。以玉为管横，而设之，所以窥玑，而齐七政之运行，犹今之浑天仪也。七政，日、月、五星也。七者运行于天，有迟有速，有顺有逆，犹人君之有政事也。此言舜初摄位，整理庶务，首察玑衡，以齐七政。盖历象授时，所当先也。按，浑天仪者，《天文志》云，言天体者三家，一曰周髀，二曰宣夜，三曰浑天。宣夜绝无师说，不知其状如何。周髀之术，以为天似覆盆盖，以斗极为中，中高而四边下，日、月傍行绕之。日近而见之，为昼；日远而不见，为夜。蔡邕以为考验天象多所违失。浑天说曰，天之形状似鸟卵，地居其中，天包地外，犹卵之裹黄，圆如弹丸，故曰浑天，言其形体浑浑然也。其术以为，天半覆地上，半在地下。其天居地上，见者一百八十二度半强，地下亦然。北极，出地上三十六度；南极，入地下亦三十六度。而嵩高正当天之中。极南五十五度，当嵩高之上。又其南十二度，为夏至之日道。又其南二十四度，为春、秋分之日道。又其南二十四度，为冬至之日道。南下去地三十一度而已。是夏至日，北去极六十七度，春、秋分去极九十一度，冬至去极一百一十五度。此其大率也。其南北极，持其两端。其天与日、月、星宿斜而回转。此必古有其法，遭秦而灭。至汉武帝时，洛下闳始经营之，鲜于妄人又量度之。至宣帝时，耿寿昌始铸铜，而为之象。宋钱乐又铸铜作浑天仪，衡长八尺，孔径一寸，玑径八尺，圆周二丈三尺强。转而望之，以知日、月、星辰之所在。即璇玑玉衡之遗法也。历代以来，其法渐密。本朝因之，为仪三重。其在外者曰六合仪，平置黑单环，上刻十二辰，入于四隅在地之位，以准地面而定四方。侧立黑双环，背刻去极度数，以中分天嵴，直跨地平，使其半入地下，而结于其子午，以为天经。斜倚赤单环，背刻赤道度数，以平分天腹，横绕天经，亦使半出地上，半入地下，而结于其卯酉，以为天纬。三环表里相结，不动其天经之环，则南北二极，皆为圆轴，虚中而内向，以挈三辰、四游之环，其上下四方于是可考，故曰六合。次其内曰三辰仪，侧立黑双环，亦刻去极度数，外贯天经之轴，内挈黄、赤二道。其赤道则为赤单环，外依天纬，亦刻宿度，而结于黑双环之卯酉。其黄道，则为黄单环，亦刻宿度，而又斜倚于赤道之腹，以交结于卯酉，而半入其内，以为春分后之日轨，半出其外，以为秋分后之日轨。又为白单环，以承其交，使不倾。垫下设机轮，以水激之，使其日夜随天东西运转，以象天行。以其日、月、星辰于是可考。故曰三辰。其最在内者曰四游仪，亦为黑双环，如三辰仪之制，以贯天经之轴。其环之内，则两面当中，各施直距，外指两轴，而当其要中之内面又为小款，以受玉衡要中之小轴，使衡既得随环东西运转，又可随处南北低昂，以待占候者之仰窥焉。以其东西南北无不周遍，故曰四游。此其法之大略也。沈括曰，旧法，规环一面刻周天度，一面加银丁，盖以夜候天，晦不可目察，则以手切之也。古人以璿饰玑，疑亦为此。今太史局秘书省铜仪，制极精致，亦以铜丁为之。历家之说，又以北斗魁四星为玑，杓三星为衡。今详经文，简质不应北斗二字，乃用寓名，恐未必然，姑存其说，以广异闻。

**辑录**

孔注谓，舜察天文，齐七政，以审己当天心与否，未必然。只是从新整理起，此是最先当理会者，故从此理会去。广。《书》正义璿玑玉衡处说天体极好。闳祖。《书》疏载"在璿玑玉衡"处，先说个天，今人读著亦无甚紧要。以某观之，若看得，此亦可以想象天之形，与日、月、星辰之运，进退疾徐之度，皆有分数，而历数大概亦可知矣。道夫。先生一日论及玑衡及黄赤道，日月躔度。潘子善。曰，嵩山本不当天之中，为是天形欹侧遂当其中耳。先生曰，嵩山不是天之中，乃是地之中，黄道、赤道皆在嵩山之北。南极、北极，天之枢纽，只此处不动，如磨脐然。此是天之中至极处，如人之脐带也。历法要当先论太虚，以见三百六十五度四分度之一，一一定位，然后论天行，以见天度，加损虚度之岁分。岁分既定，然后七政乃可齐耳。《精语》。

**纂注**

唐孔疏大要已见传中。林氏曰，玑衡以步七政之轨度时数，两不差谬，故曰"以齐"。日、月、五星在天有常度，其灾祥与政事相应，故曰"七政"。真氏曰，舜受终之初，察璿玑以揆七政之运，正如人子之事亲，候伺颜色，惟恐一毫少咈于亲心。此大舜事天之敬也。

## 20. 《尚书句解》 卷一

（元）朱祖义

在璿玑玉衡（以璿玉为玑，以玉为衡。玑，画天文于其上，可以运转。衡，如箫管之状。舜察玑衡），以齐七政（以齐上天日、月、五星之七事，使如玑衡所画之轨度，不如则为变异，而不齐也）。

## 21. 《尚书日记》 卷二

（明）王樵

在璿玑玉衡，以齐七政。孔氏曰，在，察也。璿，美玉；玑、衡，王者正天文之器可运转者（蔡传美珠谓之璿，误）。正义曰，玑、衡者，玑为转运，衡为横箫。运玑使动于下，以衡望之，是王者正天文之器。汉世以来，谓之浑天仪者是也。马融云，浑天仪可旋转，故曰玑。衡，横箫，所以视星宿也。以璿为玑，以玉为衡，盖贵天象也。蔡邕云，玉衡长八尺，孔径一寸，下端望之，以视星辰。盖璿玑以象天，而衡望之，转玑窥衡，以知星宿，是其说也。七政，其政有七，于玑、衡察之，日、月与五星也。

按，尧在位，而首命羲和历象授时，盖敬天勤民，事莫先于此也。舜摄位，而首察玑衡以齐七政，盖历象授时，事莫先于此也。二十八宿，附天不动。动者，日、月、五星。其行历处，即为历数，故谓之政。天积气无形，二十八宿分之为限。每宿各有度数，合为三百六十五度有余。日、月、五星循此宿度，随天转行，以成人间岁、时、月、日之候。历数所以算之，仪象所以观而察之，迟速顺逆，合其常度而不差，所谓齐也。七政齐，而四时正，故曰此历象授时所当先也。古法遭秦而灭，汉武帝时，落下闳始经营之；宣帝时，耿寿昌始铸铜为之象。

## 22.《御制日讲书经解义》卷一

在璿玑玉衡，以齐七政。此一节书，是政先观象也。在，察也。璿，美珠也。玑，观天之器；衡，即玑中之管；齐，考验也。七政，谓日、月、五星，七者运行于天，随时布令，犹人君之有政也，故曰七政。历象之职，羲和世掌，舜之去尧已久，能必其在器者，果与天准哉，故当摄位之初，未遑他务，首先整理观天之器。美珠饰玑，东西转运，所以象天而载日、月、五星之躔度者，以玉为管横而设之，所以窥玑。而齐日、月、五星之运行者，在器有隐见完否之弊，而在天亦有转移进退之差。舜则精以察之，由衡以窥玑，由玑以审象，即在器之七政，以齐在天之七政，使或迟，或速，或顺，或逆之数，无不与天吻合也。盖天运难见，审诸器而可求；法制易湮，验诸天而益合一。推步之间，而天时以定，历法以审。此固体帝尧"钦若昊天"之心，为"敬授人时"之地也。

### 《尚书通考》卷三

（元）黄镇成

在璿玑玉衡，以齐七政。

朱子曰，璿玑，所以象天体之转运；玉衡，所以窥玑而齐七政之运行，犹今之浑天仪也。历家又以北斗魁四星为玑，杓三星为衡。今详经文简质，不应"北斗"二字，独用寓名，姑存其说，以广异闻。

鲁斋王氏曰，尧取南面之中，以正四时之中气。至舜，又取北面之星，以定岁时之分，日月之合，比尧时尤为简明而精密。夫列星之所以名，亦人自名之耳，何以知璿玑玉衡与北斗孰先而孰后也。

《天文志》云，言天体者三家，一曰周髀，二曰宣夜，三曰浑天。宣夜绝无师说，不知其状。周髀之术，以为天似覆盆，盖以斗极为中，中高而四边下，日月傍行绕之。日近而见之，为昼；日远而不见，为夜。蔡邕以为考验天象，多所违失。浑天说，曰天之形状似鸟卵，地居其中，天包地外，犹卵之裹黄，圆如弹丸，故曰浑天，言其形体浑浑然也。其术以为天半覆地上，半在地下。其天居地上见者，一百八十二度半强，地下亦然。北极出地上三十六度，南极入地下亦三十六度。而嵩高正当天之中极，南五十五度当嵩高之上，又其南十二度，为夏至之日道；又其南二十四度，为春秋分之日道；又其南二十四度，为冬至之日道。南下去地三十一度而已。是夏至，日北去极六十七度；春秋分去极九十一度；冬至去极一百一十五度。其南北极，持其两端。其天与日、月、星宿。斜而回转。此必古有其法，遭秦而灭，至汉武帝时，洛下闳始经营之，鲜于妄人，亦量度之。至宣帝时，耿寿昌始铸铜而为之象。

按浑仪言，北极出地上三十六度，南极入地下亦三十六度。但据阳城而言，其交州望极，高二十度；林邑，望极高十七度。海上见老人星下，众星粲然，皆古所未名。则地形高下，难以概论。又嵩高，特中国测候之中直，谓正当天中，则不可矣。

大元至元十六年，太史郭守敬奏，唐一行开元间，令南宫说天下测景，书中见者凡十三处，星辰去天高下不同。即日测验，人少可先南北立表，取直测景。遂设监候官一十四员，分道相继而出，先测得：

南海，北极出地一十五度，夏至景在表南，长一尺一寸六分，昼五十四刻，夜四十六刻。衡岳，北极出地二十五度，夏至日在表端，无景，昼五十六刻，夜四十四刻。岳台，北极出地三十五度，夏至晷景，长一尺四寸八分，昼六十刻，夜四十刻。和林，北极出地四十五度，夏至晷景，长三尺二寸四分，昼六十四，刻夜三十六刻。铁勒，北极出地五十五度，夏至晷景，长五尺一分，昼七十刻，夜三十刻。北海，北极出地六十五度，夏至晷景，长六尺七寸八分，昼八十二刻，夜一十八刻。大都，北极出地四十度太强，夏至晷景，长一丈二尺三寸六分，昼六十二刻，夜三十八刻。继又测得，上都，北极出地四十三度少。北京，北极出地四十二度强。益都，北极出地三十七度少。登州，北极出地三十八度少。高丽，北极出地三十八度少。西京，北极出地四十度少。大原，北极出地三十八度少。安西府，北极出地三十四度半强。兴元，北极出地三十三度半强。成都，北极出地三十一度半强。西凉州，北极出地四十度强。东平，北极出地三十五度太。大名，北极出地三十六度。南京，北极出地三十四度太强。河南府阳城，北极出地三十四度太弱。扬州，北极出地三十三度。鄂州，北极出地三十一度半。吉州，北极出地二十六度半。雷州，北极出地二十度太。琼州。北极出地一十九度太。

（归善斋按，浑仪图略）

黄道，日之所行，以定南北二至，及昼夜东西出没，嵩高当地平之中。赤道当二极之中。

右浑天仪，为仪三重。其在外者，曰六合仪。平置黑单环，上刻十二辰、八干、四隅在地之位，以准地面而定四方。愚按，所刻方位，即如今术家罗经所定二十四向者是也。侧立黑双环，背刻去极度数，以中分天嵴，直跨地平，使其半入地下，而结于其子午以为天经。愚按，其者指地平之环而言，盖定结于地平，子午之位也。斜倚赤单环，背刻赤道度数，以平分天腹。横绕天经，亦使半出地上，半入地下，而结于其卯酉，以为天纬。三环表里相结，不动其天经之环，则南北二极，皆为圆轴，虚中而内向，以挈三辰、四游之环，以其上下四方于是可考，故曰六合。

次其内曰三辰仪。侧立黑双环，亦刻去极度数，外贯天经之轴，内挈黄、赤二道。其赤道，则为赤单环，外依天纬，亦刻宿度，而结于黑双环之卯酉。其黄道，则为黄单环，亦刻宿度，而斜倚于赤道之腹，以交结于卯酉，而半入其内，以为春分后之日轨；半出其外，以为秋分后之日轨。又为白单环，以承其交，使不倾。垫下设机轮，以水激之，使其日夜随天东西运转，以象天行。愚按，《唐书·天文志》一行与梁令瓒铸铜仪，以木柜为地平，令仪半在地下，注水激轮。立木人二于地平上，每刻击鼓，每辰撞钟，皆于柜中。各施轮轴，钩键关锁，交错相持，则所设机轮，皆在木柜之中。以其日、月、星辰于是可考，故曰三辰。

其最在内者曰四游仪。亦为黑双环，如三辰仪之制，以贯天经之轴。其环之内，则两面当中，各施直距，外指两轴，而当其要中之内面，又为小款，以受玉衡要中之小轴，使衡既得随环东西运转，又可随处南北低昂以待占候者之仰窥焉。以其东西南北无不周遍，故曰四游。

吴氏《书纂言》曰，地平单环，径八尺，阔五寸，厚一寸半。天经双环，径八尺，阔五寸，厚八分。两环合一寸六分。天纬单环，径七尺八寸一分，阔九分，厚五分。三辰双环，径七尺四寸八分，阔一寸八分，厚七分。两环合一寸四分。黄赤二道单环，径七尺二寸一分，阔九分，厚六分。四游双环，径六尺二寸八分，阔一寸八分，厚八分半。两环合一寸七分，直距铜板，二长各如四游环内径，阔一寸六分，厚八分。望筒长随直距，方一寸六分。两端方掩，方一寸七分。中间圆孔，径七分半。地平之下，檠（qíng）以龙柱四，各高七尺七寸，植于水槽上，一名水趺（fū），或名水平。其台为十字，或为方井，中凿水道相通行，水以激机轮。

历代浑仪

前汉洛下闳，为汉武帝于地中转浑天，定时节，作太初历。东汉延熹中，张衡以铜制于密室中，具内外规，南北极，黄赤道，列二十四气，二十八宿中外星官，及日、月、五纬，以漏水转之于殿上，室内令司之者闭户而唱，以告灵台之观天者，璇玑所加某星始加，某星已中，某星已没，皆如合符。

吴，王藩制仪，立论考度曰，前儒旧说，天地之体，状如鸟卵，天包地外，犹壳之裹黄，周旋无端，其形浑浑然，故曰浑天。周天三百六十五度五百八十九分度之百四十五，半覆地上，半在地下。其二端谓之南北极。北极出地三十六度，南极入地三十六度。两极相去一百八十二度半强。绕北极，径七十二度，常见不隐，谓之上规；绕南极，七十二度，常隐不见，谓之下规。赤道，带天之纮，去两极各九十一度少强。黄道，日之所行也，半在赤道外，半在赤道内，与赤道东交于角五少弱，西交于奎十五少强。其黄道外极远者，去赤道二十四度，斗二十一度是也。其入赤道，内极远者，亦二十四度，井二十五度是也。北极规道之行度，日南至在斗二十一度，去极百十五度少强是也。日最南，去极最远，故景最长。黄道，斗二十一度出辰入申，故日亦出辰入申。日昼行地上百四十六度强，故日短；夜行地下二百一十九度少弱，故夜长。自南至之后，日去极稍近，故景稍短。日昼行地上度稍多，故日稍长；夜行地下度稍少，故夜稍短。日所在度稍北，故日稍北，以至于夏至日在井二十五度，去极六十七度少强，是日最北去极最近，景最短。黄道井二十五度出寅入戌，故日亦出寅入戌。日昼行地上二百一十九度少弱，故日长；夜行地下百四十六度强，故夜短。自夏至之后，日去极稍远，故景稍长。日昼行地上度稍少，故日稍短；夜行地下度稍多，故夜稍长。日所在度稍南，故日出稍南，至于南至而复初焉。此日冬夏至之度，斗二十一，井二十五，南北相应四十八度。春分日在奎十四少强，秋分日在角五少弱，此黄赤二道之交中也。去极俱九十一度少强，南北处斗二十一，井二十五之中，故景居二至长短之中，奎十四，角五，出卯入酉，日亦出卯入酉。日昼行地上，夜行地下，俱百八十二度半强，故日见伏之漏，俱五十刻，谓之昼夜同。此日二分之度。

宋元嘉中，钱乐之铸铜作浑天仪。衡，长八尺，孔径一寸；玑，径八尺，圆周二丈五尺强，转而望之，以知日、月、星辰之所在，即璿玑玉衡之遗法也。后魏永兴中，诏造太史候部铁仪，其制并以铜铁，惟星度以银错之。

唐贞观初，李淳风作浑仪，至七年而成，表里三重，一曰六合仪，二曰三辰仪，三曰四游仪，皆用铜。帝称善，置于凝晖阁。玄宗开元九年，一行受诏改治新历，欲知黄道进退，而太史无黄道仪。梁令瓒以木为游仪，一行是之，乃请更铸以铜铁。十一年仪成，又以灵台铁仪后魏所作制度不均，赤道不动如胶柱，以考月，行迟速多差，更造游仪，使黄道运行，以追列舍之变，因二分之，中以立黄道，交于奎轸（zhěn）之间，二至、陟、降各二十四度，黄道内，施白道月环，用究阴阳朓朒（tiǎo nù），动合天运，简而易从。又一行、令瓒等，更铸浑天铜仪，圆天之象，具列宿道，及周天度数，注水激轮，令其自转，一昼夜而天运周外络二轮，缀以日月，令得运行，每天西旋一周。日，东行一度，月行十三度十九分度之七，二十九转有余而日月会，三百六十五转而日周天。以木柜为地平，令仪半在地下，晦明朔望，迟速有准。立木人二于地平上，一刻则击鼓，一辰则撞钟，皆于柜中，各施轮轴，钩键关锁，交错相持。

宋太平兴国四年正月，司天监学生张思训，造新浑仪，为七直人，左撼铃，右扣钟，中击鼓，以定刻数。又十二神，报十二时刻数，定昼夜短长，上列三百六十五度，紫微宫及周天列象、井斗，建黄赤二道太阳行度，定寒暑进退。又以古之制作，运动以水，疏略既多，寒暑无准，今以水银代水，运动不差。且冬至之日，在黄路表，去北极最远，谓之寒，昼短夜长。夏至之日，在赤路表，去北极最近，谓之暑，昼长夜短。春秋二分，日在两交，春和秋凉，昼夜复等，寒暑进退，皆由于此。大中祥符三年，冬官正韩显符，造铜浑仪。其制为天轮二，一平一侧，各分三百六十五度。又为黄、赤道，立管于侧轮中，以测日、月、星辰，行度皆无差。元祐中，苏颂上《仪象法要》，有曰古人测候天数，其法有二，一曰浑天仪，二曰铜候仪。又按，吴王藩云，浑天仪者，羲和之旧器，又有浑天象者，以著天体，以布星辰，二者以考于天，盖密矣。详此，则浑天仪、铜候仪之外，又有浑天象，凡三器也。浑天象，历代罕传。惟隋书志称，梁祕府有之，云元嘉中所造。由是言之，古人候天具此三器，乃能尽妙。今惟一法，诚恐未得精密。

大元至元十三年，太史郭守敬，言历之本在于测验，测验之器，莫先仪表。今司天浑仪，宋皇祐中汴京所造，不与此处天度相符，比量南北二极，约差四度。表石年深，亦复欹（qī）侧，乃尽考其失，而移置之，既又别图爽垲，以木为重棚，创作简仪高表，用相比覆。又以为天枢附极而动。昔人尝展管望之，未得其的，作候极仪。极辰既位，天体斯正，作浑天象。象虽形似，莫适所用，作玲珑仪以表之。矩方测天之正圆，莫若以圆求圆，作仰仪。古有经纬，结而不动，今则易之，作立运仪。日有中道，月有九行，今则一之，作证理仪。表高景虚，罔象非真，作景符。月虽有明，察景则难，作窥几。历法之验在于交会，作日食月食仪。天有赤道，轮以当之，两极低昂，标以指之，作星晷定时仪。以上凡十三等。又作正方案、丸表、悬正仪、座正仪凡四等，为四方行测者所用。又作仰规覆矩图、异方浑盖图、日出入永短图，凡五等，与上诸仪，互相参考。

又唐一行作大衍历，诏太史测天下之晷，求其地中，以为定数。其议曰，《周礼》大司徒，以土圭之法，测土深日至之景，尺有五寸，谓之地中。郑氏以为日景于地千里，而差一寸。南宫说择河南平地度之，大率五百余里，晷差一寸。而旧说谓，王畿千里，景差一寸，妄矣。原古人所以步圭景之意，将以节宣和气，辅相物宜，不在于辰次之周径。其所以重历数之意，将以恭授人时，钦若乾象，不在于浑盖之是非。若乃述无稽之法，于视听之所不及，则君子当阙疑而不议也。而或者各守所传之器，以术天体。谓浑元可任数而测，天象可运算（suàn）而窥，迭为矛盾。诚以为盖天邪，则南方之度渐狭；果以为浑天邪，则北方之极浸高此二者。又浑盖之家，尽智毕议，未有能通其说也。

愚按，《书》所载者，南面以考中星，北面以察斗建，宅四方以测日景。占候合天，不凭一器，非若宣夜浑盖之说，专弊神于私智也。先儒独取浑天家，岂不以验之天象，而不违揆之圣经，而有合者乎？汉唐以来，并守其制。然天无形也，其运固有常，以其动而无息，则亦未始有常也。而所谓器者，又特形而下之迹也。以有迹之粗，而模写无形之妙，是非有以变而通之者，又孰能尽求其必合也哉？故今特取一行之议，附见于后，学者由是又当触类而长之，固不可以按图而胶柱也。

## 《书蔡氏传旁通》卷一中

（元）陈师凯

《天文志》云，言天体者三家。

按此段注，全据孔氏疏。此所谓《天文志》乃蔡邕所作，非诸史之志也。

一曰周髀（傍米切），二曰宣夜，三曰浑天。

《晋书》云，一曰"盖天"。蔡邕所谓"周髀"者，即"盖天"之说也。其本包牺氏立周天历度。其所传，则周公受于殷商，周人志之，故曰周髀。

宣夜，绝无师说，不知其状如何。

孔疏云，宣，明也。夜，幽也。幽明之数，其术兼之，但绝无师说。今按《晋志》云，宣夜之书云，惟汉秘书郎郗萌记先师相传，云天了无质，仰而瞻之，高远无极，眼瞀精绝，故苍苍然也。譬之旁望远道之黄山而皆青，俯察千仞之深谷而窈黑。夫青非真色，而黑非有体也。日月众星，自然浮生虚空之中。其行其止，皆须气焉。是以七曜，或逝，或住，或顺，或逆，伏见无常，进退不同，由乎无所根系，故各异也，故辰极常居其所，而北斗不与众星西没也。摄提、填星皆东行，日行一度，月行十三度，迟疾任情，其无所系著可知矣。若缀附天体不得尔也。愚按，此说颇似朱子所谓天无形质，只是气旋转之说。

周髀之术。

《晋志》云，髀，股也。股者，表也。其言天似盖笠，地法覆槃，天地皆中高外下。北极之下为天地之中，其地最高，而滂沲四隤（tuí），三光隐映，以为昼夜。天中高于外衡冬至日之所在六万里。北极下地高于外衡下地亦六万里。外衡高于北极下地二万里。天地隆高相从，日去地恒八万里。日丽天而平转，分冬夏之间行道为七衡六间。每衡周径里数，各依算术，用句股重差推晷景极游，以为远近之数，皆得于表股者也。故曰周髀。汉王仲任据盖天之说，日随天而转，非入地。夫人目所望不过十里。天地合矣，实非合也，远使然耳。今视日入，非入也，亦远耳。当日入西方之时，其下之人，亦将谓之为中也。四方之人，各以其近者为出，远者为入矣。何以明之，今试使一人，把大炬火，夜行于平地，去人十里，火光灭矣。非灭也，远使然耳。今日西转不复见，是火灭之类也。愚按，孔疏下"天似"下脱"盖笠地法"四字，蔡传亦脱之当补。

浑天说曰，天包地外，犹卵之里黄圆如弹丸。

此说是吴中常侍庐江王蕃所作也，《晋志》亦引之。又按《晋志》及孔疏，"里"字皆作"裹"，取包裹之义。今蔡传诸本并讹作"里"字。又《隋书》谓如卵则稍长，不若如弹丸为是。

其天居地上见者，一百八十二度半强。

此度是自东数向西去"直排"定者，如机上数经丝也。北极出地上三十六度，南极入地下亦三十六度。

此下数句，论度数直，至冬至去极一百一十五度，皆是自北数向南，去"横布"定者，如机上数纬丝也。愚按，在天度数，其初止以为日行之限，布在黄道上，斜绕天腹，其三百六十五度，如甜瓜文，北极如甜瓜蒂。其后浑天家见天体圆如弹丸，南北东西纵广如一，遂借三百六十五度阔狭之限，横布于天，以记三极相去及出地入地，冬夏二至、春秋二分，日行相去中间所隔广狭多寡之数。是以浑天说中所论度数，有以纵言者，有以横言者，读者宜别之。

洛下闳始经营之，鲜于妄人又量度之，至宣帝时耿寿昌始铸铜为之象。

此皆据孔疏，《汉志》不载。今按《晋志》云，汉太初初，洛下闳、鲜于妄人、耿寿昌等造圆仪，以考历度。又按《隋志》云，浑天仪者，羲和之旧器，积代相传，谓之机衡。又有浑天象者，以著天体，以布星辰。古旧浑象，以二分为一度，周七尺三寸半，而莫知何代所造。今按《历喜》云，洛下闳为武帝于地中转浑天，定时节，作泰初历，或其所制也（一云，洛下闳，姓姚氏，字长公，隐于洛下，巴人也）。愚按，《隋志》分仪象为二篇，谓机衡为仪，谓有机无衡者为象。故注疏及传，亦或言象，或言仪，各有所指也。

宋钱乐又作浑天仪，衡长八尺，孔径一寸；玑径八尺，圆周二丈五尺强。

钱乐，本名"乐之"，孔疏脱"之"字。《南史》无传。《隋志》言径八尺者，汉候台铜仪也。又梁华、林重云，殿前所置铜仪，亦径八尺，检其镂题，是刘曜光初六年，史官丞孔挺所造。又云，宋文帝元嘉十三年，太史令钱乐之采效仪象，铸铜为之，径六尺八分少，周一丈八尺二寸六分少，地在天内不动，以为浑仪。则内缺衡管，以为浑象，则地不在外，是别为一体。愚按，孔疏与正史大同小异，蔡传正据疏义耳。

历代以来其法渐密，本朝因之，为仪三重，其在外曰六合仪，次其内曰三辰仪，最其内曰四游仪。

浑仪至唐李淳风、一行而法甚密。"本朝因之"者，言宋亦因用旧仪之法，不曾改创法度也。按《新唐书·天文志》，贞观初李淳风上言，舜"在璿玑玉衡，以齐七政"，则浑天仪也。太宗因诏为之，七年仪成，表里三重，下据准基，状如十字，末树鳌足，以张四表。一曰六合仪，有天经双规，金浑纬规，金常规，相结于四极之内，列二十八宿，十日，十二辰，经纬三百六十五度。二曰三辰仪，圆径八尺，有璿玑规，月游规，列宿距度七曜所行，转于六合之内。三曰四游仪，玄枢为轴，以连结玉衡游筒，而贯约规矩。又玄枢北树北辰，南距地轴，傍转于内，玉衡在玄枢之间而南北游，仰以观天之辰宿，下以识器之晷度，皆用铜。帝称善，置于凝晖阁。又《旧唐书·天文志》云，开元九年，诏一行与梁令瓒，更造浑仪，铸铜为圆天之象，上具赤道、黄道，周天度数，注水激轮，令其自转,一日一夜,天转一周,命之曰水运浑天俯视图,置于武成殿前。其规环尺寸,具载《唐志》,文多不录。宋太宗更名太平浑仪。

四游仪。

《尔雅》疏云,地与星辰,俱有四游升降。立春西游,春分正中;立夏北游,夏至极下;立秋东游秋,分正中;立冬南游,冬至极上。夏至之时,地下万五千里;冬至,上游万五千里,升降于三万里之中。愚谓,天动地静,地气虽升降,而地之体则隤然不动,所谓四游,决无此理辄据此以释四游仪之所以得名耳。

黑双环所刻去极度数。

皆是自北数向南去之度。

赤单环、黄单环所刻度数。

皆是自西数向东去之度。

历家之说,又以北斗魁四星为玑,杓三星为衡。

《史记·天官书》云,北斗七星,所谓"琁玑玉衡以齐七政"。《索隐》曰,《春秋运斗枢》云,斗第一天枢,第二璇,第三玑,第四权,第五衡,第六开阳,第七摇光。第一至第四为魁,第五至第七为杓。《晋志》云,魁四星为琁玑,杓三星为玉衡。

## 《书义断法》卷一

(元)陈悦道

在璇玑玉衡,以齐七政。

虞廷占天之器,以璇饰玑,以玉饰衡,固非为是过侈也。天之日、月、五星,运行不齐,而齐其不齐,实有宰物者司乎其间,是天之政,无大于此。而圣人裁成辅相之政,亦莫先于此。其于推步占验,非圣人之政,而天之政也。以身代天之政,其于占天之器,可不慎之重之乎?

## 《尚书疑义》卷一

(明)马明衡

"在璇玑玉衡,以齐七政"。玑衡之说,注家甚详,但历家以斗魁为玑,斗杓为衡,其说恐亦不可弃。盖斗所建之辰,乃岁星与日同次之月,则为十有二岁之太岁；每月指一辰，则为十有二月；指两辰之间，则为闰日；月所会则为辰。魁枢机，权衡开摇。属九州，则为星土。是皆关系人事甚重者。七政，注疏皆云，是日、月、五星。今亦依之。但冯相掌十有二岁，十有二月，十有二辰，十日，二十有八星之位，是依常度不动者。保章氏掌天星，以志日、月、星辰之变动，是察其与常不同，以见吉凶者。今七政，只云五星，则二十八星不言矣，岂五星与二十八星相为经纬。言五星，则二十八星与所谓十有二岁之类者，皆举之欤。

## 《尚书砭蔡编》

（明）袁仁

在璿玑玉衡，以齐七政。按《释诂》以璿为美玉。正义谓璿是玉之别称，注美珠谓之璿，误也。又言天体者三家，一曰周髀，二曰宣夜，三曰浑天。此当以周髀为最。其本庖牺氏立周天历。度其所传，则周公受于殷人者，故曰周髀。髀者，股也。今所传勾股法是已。算天必用勾股，虽浑天不能废也。宣夜，孔疏云，宣，明也。夜，幽也。幽明之数，其术兼之。按汉秘书郎郗萌曾传其术，记其师说，云天无质，仰而瞻之，高远无极，眼瞀精绝，故苍苍然也；譬之旁望，远道之黄山而皆青；俯察，千仞之深谷而窈黑。夫青非真色，而黑非有体也。日月众星，浮生虚空之中，其行其止，皆须气焉。是以七曜，或逝，或住，或顺，或逆，伏现无常，进退不同，由乎无所根系也。故辰极常居其所，不与众星西没也。摄提、填星皆东行，日行一度，月行十三度，迟疾任情，无所系著。《晋志》载之甚详。今曰宣夜绝无师说，不知其状如何，则浅陋甚矣。

## 《尚书注考》

（明）陈泰交

"在璿玑"，训"玑""机"也。"玄纁玑组"，训"玑""珠不圆者"。"玉衡"，训"衡""横"也。"不惠阿衡"，训"衡""平"也。

## 《尚书埤传》卷二

（清）朱鹤龄

在璿玑玉衡，七政。

孔疏，马融云，浑天仪可旋转，故曰璿衡。衡，箫，所以视星宿也。蔡邕云，玉衡长八尺，孔径一寸，下端望之，以视星宿。盖璿玑以象天，而衡望之，转玑窥衡，则知星宿。王应麟曰，张文饶云，尧之历象，盖天法也。舜之玑衡，浑天仪也。信都芳云，浑天覆观，以灵宪为文，盖天仰观，以周髀为法（唐孔氏曰，髀，股也。股者，表也。其法始于庖羲，周人志之，故曰周髀。蔡邕云，即盖天也）。刘智谓，黄帝为盖天，颛顼造浑仪。《春秋纬·文曜钩》谓，帝尧时，羲和立浑仪。而韩显符《浑仪法要序》以为伏羲立浑仪，未详所出。

袁黄曰，《尧典》曰日月星辰，此止及七政者，经星丽天不动，十二辰无迟速顺逆之殊，故略之。（附考）蔡传，六合仪刻十二辰、八干、四隅。邹季友曰，八干谓，壬、癸、甲、乙、丙、丁、庚、辛；四隅谓，艮、巽、坤、乾。

## 《书义矜式》卷一

（元）王充耘

在璿玑玉衡，以齐七政。肆类于上帝，禋于六宗，望于山川，遍于群神。

圣人审观天之器，以齐其运，又必举秩祀之典而周其礼。此圣人受命之始，而严其奉天之道也。夫圣人之有天下也，天与之也。天运之不可以不审，祀礼之之不可以不举，皆政之大者也。故璿玑玉衡，观天之器也。而七政在天，日、月、五星是也。察玑衡，以齐七政，其观天之术审矣。于是，类祀于上帝，禋祀于六宗。山川，则望而祀之；群神，则遍而祀之。凡其祭祀，各有秩序，则事神之礼，皆举矣。然则天运无不齐，而祀礼无不周。圣人奉天之道，不可详乎（云云）。尝谓圣人之有天下，未有不受命于天者也。命既出于天，则吾所以奉乎天者，可不尽其道哉。故不惟审夫观天之器，以齐其运，又且举秩祀之典而周其礼焉。诚以日、月、五星之运行于天者，乃"敬授人时"之本，而百神之来享者，然后可以章天与之符，则政孰有大于此者乎？此舜摄位之初，而有致意于二者之务，良有以哉察夫璿玑，而所以象天体之运转也。玉衡者，以玉为管横，而设之，又所以窥玑，而齐七政之运行也。七政运行于天，非日、月、五

889

星之谓乎？不曰日、月、五星，而曰"七政"者，以其运行之有迟速顺逆，犹人君之有政事也。七政以玑衡而齐。齐七政者，必先于察玑衡也。玑衡所以为观天之器，则察玑衡者，即所以齐七政也。七政既齐，则历象以成，天时以定，而观天之术于是乎审矣。观天之术既审，而事神之礼尤不可后。上帝则类而祭之，其礼依郊祀为之也。六宗则禋而祭之，精意以享之也。名山、大川、五岳、四渎，非山川之当祭者乎？望而祭之，故曰"望"。丘陵、坟衍、古昔圣贤，非群神之当祭者乎？遍而祭之，故曰"遍"。不惟类于上帝，而且禋六宗焉。不惟望于山川，而且遍群神焉。则上下神祇，罔有不祭。而祭祀荐享，礼序秩然殆见。郊焉而格，庙焉而享，而事神之礼于是乎至矣审。观天之术于先，而举祀神之礼于后，圣人所以奉天者盖如此，而政事之大宜，莫先于斯焉。尝考历象授时，尧之所先也，昭告上天神后。而类于上帝，宜于冢土，汤武之所不废也。大舜摄位之初，首必于二者之务，人君奉天之道，不过在是矣。嗟夫圣人之所奉者天，故天之眷佑者亦在圣人。然则，舜之有天下也，孰与之？曰，天与之。天与之者，谆谆然命之乎？曰，天不言以行，与事示之而已。

## 《书经衷论》卷一

（清）张英

唐虞之圣人，为治皆取法于天，故《尧典》首言"钦若昊天"；舜摄位之初，首齐七政。经星之丽于天者，终古不易。历法之参差，仪器之转运，惟在日、月、五星耳，故七政齐，而经星不必言也。

## 《尚书大传》卷一

（清）孙之𫘬辑

（归善斋按，见上句）

## 《尚书七篇解义》卷一

（清）李光地

在璿玑玉衡，以齐七政。

玑，机也，转动之名也，以璿饰玑，象天之器。衡，箫也，以玉为箫，窥天之用也。七政，日、月、五星也。此亦尧首钦天授时之意，然尧历象者，日、月、星、辰耳，未及五纬。盖至舜而法加密也。璿玑，如后世盖天，浑天之类。盖天之术，以为天如盖笠，地如覆槃，北极居中，日月绕而行之。不言南极者，阙于所不见。其又曰，天如倚盖，则就中国言之也。浑天之说，则所谓如卵裹黄是也。自汉以来，皆尊浑而黜盖。然周髀，周公遗书也，言形，则浑为肖；言法，则盖为详。何则？以覆槃象地，中高四颓，明地圆体也。惟体圆，故变动不居，朝莫时刻，与东西迁寒暑之候极，乃南北相反。其半年昼夜，一岁再熟之说，皆疑异不经。而其故，乃察于今日浑天，虽有卵黄之喻，然传者犹以平体言地，故意为万里同晷者有之。今日盖合浑盖而通之，其理斯得矣。七政之行不齐，而一政之行又自不齐。故日则有赢缩，月、五星则有迟疾。而五星且有留退。虞周推步之法，不可闻已。后代考测，但据视行以分段目亦至今日而始明其故。其说曰七政，皆终古平行也。因有高卑远近，而生迟疾，皆视行也。天以圆而运，七政逐天，亦以圆而运。喻之丸珠之随盘，皆自作回环之势，非径行也。故因行而生轮，因轮而生高下远近。仰而视之，赢缩迟疾，以至留退，皆由于此矣。然日者从天，其轮一而已。月、五星从天，又从日，故有随天之轮，又有逐日之轮，两者相加，然后高下之视径，迟疾之视差，一一可以筹策运算而坐致之。盖虽古所未讲，而其理不诬。羲和复生，其必有取焉。

# 肆类于上帝

## 1.《尚书注疏》卷二

（汉）孔氏传，（唐）陆德明音义、孔颖达疏

肆类于上帝。

传：尧不听舜，让使之摄位。舜察天文，考齐七政而当天心，故行其事。肆，遂也。类，谓摄位事类，遂以摄告天及五帝。

音义：王云，上帝，天也。马云，上帝，太一神，在紫微宫，天之最尊者。

疏：见七政皆齐，知己受为是，遂行为帝之事，而以告摄事类，祭于

上帝，祭昊天及五帝也。

　　传以既受终事，又察玑衡，方始祭于群神，是舜察天文，考齐七政，知己摄位而当于天心，故行其天子之事也。《祭法》云，有天下者，祭百神，遍祭群神，是天子事也。肆，是，纵缓之言。此因前事而行后事，故以肆为遂也。类，谓摄位事类。既知摄当天心，遂以摄位事类告天帝也。此类与下禋、望相次，当为祭名。《诗》云"是类是祃"，《周礼·肆师》云"类造上帝"，《王制》云"天子将出，类乎上帝"，所言类者，皆是祭天之事，言以事类而祭也。《周礼·小宗伯》云，天地之大灾类社稷，则为位。是类之为祭所及者，广而传之。类谓摄位事类者，以摄位而告祭，故类为祭名。《周礼·司服》云王祀昊天上帝，则服大裘而冕祀，五帝亦如之。是昊天外，更有五帝。上帝可以兼之，故以告天及五帝也。郑玄笃信谶纬，以为昊天上帝谓天皇大帝，北辰之星也；五帝谓灵威仰等，太微宫中，有五帝座星是也。如郑之言，天神有六也。《家语》云，季康子问五帝之名，孔子曰天有五行，金木水火土，分时化育以成万物，其神谓之五常。王肃云，五行之神，助天理物者也。孔意亦当然矣。此经惟有祭天，不言祭地及社稷，必皆祭之，但史略文耳。

　　《尚书注疏》卷二考证

　　肆类于上帝。

　　音义：王云，上帝，天也。马云，上帝太一神，在紫微宫，天之最尊者。

　　监本误以此二十四字为孔传，今改正。

## 2. 《书传》卷二

（宋）苏轼

肆类于上帝。

　　肆，遂也。类，事类也，以事告，非常祀也。凡祀上帝，必及地祇。何以知其然也，以"郊之有望"知之。《春秋》书"不郊犹三望"，传曰，望，郊之细也。《书》曰"庚戌，柴望，大告武成"。柴，祀天也。望，祀山川也。而礼成于一日，祀山川而不及地，此理之必不然者也。是以知祀天必及地也。《诗》曰昊天有成命，郊祀天地也。汉以来学者考之不详。而世主或出其私意，五畤祭帝，汾阴祀后土。而王莽始合祭天地。世祖以来，或合或否。而唐明皇始下诏合祀。至于今者疑焉，以为莽与明皇始变礼，而不知祀天之必及地，盖自舜以来见于经矣。

## 3.《尚书全解》卷二

(宋) 林之奇

肆类于上帝，禋于六宗，望于山川，遍于群神。

肆，遂也。程氏云，犹后世作文者言"于是"也。"类于上帝，禋于六宗，望于山川，遍于群神"，皆以摄位告也。类者，孔氏云"摄位事类"，其说不然。《周礼·肆师》"类造上帝"注云，类，祈，因郊祀而为之。盖郊祀者，祭昊天之常祭也。非常祭而祭告于天，则其礼依郊祀而为之，故谓之类。武王伐商，类于上帝；《王制》曰"天子将出，类于上帝"，皆非常祭是也。谓之"类上帝"者，孔氏云"以摄位告天及五帝"。盖五天之说，起于汉，而出于纬书，详于郑康成。康成之说曰，昊天上帝，天皇大帝，北辰之星也；五帝，五行精气之神也。东方青帝，灵威仰；南方赤帝，赤熛怒；中央黄帝，含枢纽；西方白帝，白招拒；北方黑帝，叶光纪。孔氏谓告天及五帝，皆本于此，而王肃诸儒皆以为不然。王肃之言是也。士无二王，家无二主，尊无二上。天即帝也，帝即天也，二犹不可，况于五乎。天苍苍而在上，不可得而名言也。自其形体而言之，则谓之天；自其主宰而言之，则谓之帝，其实一也。必欲指其孰为天孰为帝，抑何不思之甚也。然而有曰昊天、上帝，又有曰五帝。五帝者，赵伯循曰，凡帝必及于五帝者，五帝之功多，遂为五方之主，即《月令》其帝太皞等是也。以其功高，故历代肇于四郊而祀之，次于天帝。此说甚是。类于上帝，但谓摄位告天矣，而曰告天及五帝，此皆汉儒之失。"禋于六宗"，禋者，精意以享之之谓也。六宗先儒有九说。孔氏曰四时也，寒暑也，日月也，星辰也，水旱也。而欧阳、大小夏侯皆云，上不谓天，下不谓地，旁不谓四方，在六者之间，助阴阳变化，实一而名六宗。孔光、刘歆谓，乾坤六子：水、火、雷、风、山、泽也。贾逵以谓，天宗，日月星辰；地宗，河海岱。马融曰，天地四时。郑玄以谓，星、辰、司中、司命、风师、雨师。司马彪谓，天宗，日、月、星辰、寒暑之属也；地宗，社稷、五祀之属也；四方之宗，四时、五帝之属。其说近于马融。而孟康谓，天地间游神也。纷纷异同，几于聚讼。惟张髦谓三昭三穆，学者多从其说，王氏、程氏亦皆从之。而二苏独取于孔氏而为之说。曰，谓古者郊祭天地，必及于天地间，所谓尊神者，此"禋于六宗，望于山川，遍于群神"，盖与类于上帝，为一礼耳。《祭法》曰，燔柴于泰坛，祭天也；瘗埋于泰折，祭地也，则此所谓"类于上帝"者也。埋少牢于泰昭，祭时也；相近于坎坛，祭寒暑也；王宫，祭日也；夜明，祭月也；幽宗，祭星也；雩宗，祭水旱也，则此所谓"禋于六宗"也。四坎坛，祭四方也。山林、川谷、邱陵能出云，为风雨，见怪物，皆曰神。有天下者祭百神，此所谓"望于山川，遍于群神"也。《祭法》所叙郊祀天地，从祀诸神之坛位者，《舜典》之章句义疏也。此说为得之。而谓从祀天地诸神之坛位则不然。夫舜之以摄位告，是亦即其常事而告耳。若以谓从祀天地，则泰坛、坎坛之类，皆当合为一处，恐无是理也。三昭三穆然，愚亦知其不然者，盖七世之庙，自太祖而下谓之六宗则不可。古者，祖有功，宗有德，必有德者而宗之，如云周之六宗是也。若以三昭、三穆为六宗，则七世之庙皆宗古，无是理也。而苏氏谓，受终之初，既有事于文祖，其势必及余庙。岂有独祭文祖于齐七政之前，而祭余庙于"类上帝"之后者乎？以此观之，则张髦之说，虽近似，不可从也。"望于山川，遍于群神"，孔氏云，九州名山大川、五岳四渎之属，皆一时望祭之。群神，谓邱陵坟衍、古之圣贤，皆祭之。此亦本于《祭法》而为之说也。

## 4. 《尚书讲义》卷二

（宋）史浩

肆类于上帝，禋于六宗，望于山川，遍于群神。

此舜作事天之法也。肆，遂也。类，祭也。上帝，天也。天，夫道也。地，妻道也。举天则地必从矣。《昊天有成命》之诗曰"郊祀天地"者，以此也。禋，亦祭也。"六宗"者，《祭法》所谓时也，寒暑也，日也，月也，星也，水旱也。四坎坛之祭四方，山林、川谷之见怪物者，皆得为之神，以其幽远，望而祭之，故曰"望于山川，遍于群神"也。后世帝王其有为社稷主，即位之初而不能告天地神明者，是不法舜也而能治天下乎？

## 5. 《尚书详解》卷二

（宋）夏僎

肆类于上帝，禋于六宗，望于山川，遍于群神。

肆，遂也。程氏云，犹后世作文者言"于是"也。盖舜摄位，既齐天文，于是乃类上帝，禋六宗，望山川，遍群神，而告以摄位之事。类、禋、望、遍，唐孔氏谓，皆祭名也。所谓类，孔氏谓类以摄位事告，故谓之"类"。苏氏亦谓以事告，非常礼。"肆师类造上帝"注曰，六宗之祭不见于经，诸儒皆意度之，诚可疑。晋张髦为三昭三穆，学者多从之。然以《书》考之，受终之初，既有事于文祖，其势必及余庙，岂有独祭文祖于齐七政之前，而祭余庙于类上帝之后乎？以此推之，则齐七政之后，所祭者天神，非人鬼也。孔安国曰，六宗，四时也，寒暑也，日也，月也，星辰也，水旱。其说自西汉有之，意其必有传受，非臆度也。其神名坛位，皆不可以理推，犹秦八神，汉太乙之类，岂区区曲学以私意所能损益哉。《春秋》"不郊，犹三望分野之星与国中山川"，乃知古者郊祀天地，必及于天地之间，所谓尊神者。鲁，诸侯也，故三望而已。则此"禋于六宗，望于山川，遍于群神"，盖与"类于上帝"为一礼耳。又以《祭法》考之，则曰，燔柴于太坛。况《祭法》谓星为幽宗，水旱为雩宗，合于所谓六宗者。但郑玄曲为异说，而改"宗"为"禜"，未可信也。至望山川、遍群神，林少颖则依孔氏传而为之说，曰山川为九州名山大川、五岳四渎之属，至此时而望祭之。群神为邱陵坟衍、古之圣贤有功者，亦皆祭之。此亦本于《祭法》而为之说也。

## 6. 《增修东莱书说》卷二

（宋）时澜

肆类于上帝，禋于六宗，望于山川，遍于群神。辑五瑞，既月乃日，觐四岳群牧，班瑞于群后。

人君之于天下，曰神，曰民而已。舜既受天下，类上帝，以至遍群神，所以致神主之职也。六宗，三昭三穆也。类、禋、望、遍，非徒祭之名。舜之心，盖历历而对越也。"辑五瑞"以下，即位之初政治，不可不一而与之更始也。以是知诸侯不敢自有其土，乃天子之土也。受终文祖，类、禋、望、遍，知天子亦不敢自有其天下，乃天下之天下也。诸侯之行赏罚，当以奉天为心。盖赏罚，天之权也。"既月乃日"者，尽此一月。次月然后日日觐见四岳群牧，以观人之贤否，以审天下之治、民情休戚、风俗利病、政事得失也。"班瑞于群后"者，欲命令之出于一也。想当时，群后亦不敢以班瑞而取必于舜，必视其田野辟、人民育，然后班之。亦以见古者诸侯不敢认土地以为己有也。"辑五瑞"以下，皆有实迹。"遍群神"以上，似无迹可见。要之，学者须知，皆圣人之实政。盖人君之职，事神、治民。"在璿玑"以下，事神也；"辑瑞"以下，治民也。

## 7.《尚书说》卷一

（宋）黄度

肆类于上帝，禋于六宗，望于山川，遍于群神。

肆，遂也，遂使主祭也。以事祭天谓之类，告摄位也。宗，尊也。六宗，孔氏曰，四时、寒暑、日、月、星、水旱。虽不见所据，而孔氏《书》出于屋壁，本有传，恐其说或有所自也。诸家皆后出臆断，与不得已，宁从孔氏。郑康成曰，星辰、司中、司命、风师、雨师。此据《周礼》，实柴祀日月星辰，樢（chǎo）燎祀司中、司命、风师、雨师也。是皆天神，故称宗。《月令》"祈年于天宗"是也。然去"日月"，恐不可。或曰，日一，月二，星三，辰四，司中、司命五，风师、雨师六。此恐当是。

## 8.《絜斋家塾书钞》卷一

（宋）袁燮

肆类于上帝，禋于六宗，望于山川，遍于群神。

肆，遂也。舜"在璿玑玉衡，以齐七政"，既无变矣，然后始敢举祭祀之礼，为天地百神之主。若使观乎天文，有一毫不合天意，定不敢祭。何故不敢？此当思之。经曰"自成汤至于帝乙，罔不明德恤祀"。又曰

"予冲子，夙夜毖祀"。古人于祭祀甚重，人主朝夕从事，惟以此为务。观乎天文而有变动，则是在我者未能无愧，何以交乎神明。虽致崇极以祀之，神亦不我飨也。惟此心无一毫之愧，仰足以当乎天心，然后始敢交乎神明，为天地百神之主。史臣下一"肆"字，写出大舜之心。

## 9.《书经集传》卷一

（宋）蔡沈

肆类于上帝，禋于六宗，望于山川，遍于群神。

禋，音因。肆，遂也。类、禋、望，皆祭名。《周礼》"肆师类造于上帝"注云，郊祀者，祭昊天之常祭。非常祀而祭告于天，其礼依郊祀为之，故曰类。如《泰誓》武王伐商，《王制》言天子将出，皆云"类于上帝"，是也。禋，精意以享之谓。宗，尊也，所尊祭者。其祀有六。《祭法》曰，埋少牢于泰昭，祭时也；相近于坎坛，祭寒暑也；王宫，祭日也；夜明，祭月也；幽宗，祭星也；雩宗，祭水旱也。山川，名山大川、五岳四渎之属，望而祭之，故曰望。遍，周遍也。群神，谓邱陵坟衍、古昔圣贤之类，言受终观象之后，即祭祀上下神祇，以摄位告也。

## 10.《尚书精义》卷三

（宋）黄伦

肆类于上帝，禋于六宗，望于山川，遍于群神。

无垢曰，人主乃天地、日月、五星、祖宗、神明之主也，岂可轻易哉。主得其人，则天清地宁，日光月明，五星顺轨，祖宗神明各安其分。苟非其人，则天变地动，日月薄蚀，五星失度，祖宗神明皆失其所矣。今舜受终，方察玑衡七政齐矣。是非特五典从，百揆叙，四门穆而已，人意天心一切归之舜，知天位不可辞也，然后肆类于上帝，以告天神；禋于六宗，以告祖宗；望于山川，以告地祇；遍于群神，以告有功于社稷者，言己所以受终之意也。又曰，言上帝，则日月、星辰、司中、司命、风师、雨师，皆在其中矣；言六宗，则文祖在其中矣；言山川，则社稷五祀四方百物在其中矣；言群神，则法施于民，以劳定国，以死勤事，能御大灾，能捍大患者，在其中矣。

胡氏曰，万物本乎天，人本乎祖，则尊尊者所以为义，亲亲者所以为仁。仁义之道无他，报本反始而已。此宗庙之制所由设也。盖有天下者，祀七世。所谓六宗，三昭三穆也。

## 11. 《尚书详解》卷二

（宋）陈经

（归善斋按，见前文"正月上日，受终于文祖"）

## 12. 《融堂书解》卷一

（宋）钱时

肆类于上帝，禋于六宗，望于山川，遍于群神。

舜受终之后，都未他及，且先去察璇玑、齐七政，然后方告天地鬼神。盖上天之载，无声无臭。其从违向背，吉凶祸福之机，独于垂象可验耳。圣人致察于此，正是尽恐惧、修省之端。肆，遂也。其事不容缓也。类，先儒以为非常祭。然《周官》有类社稷则为位之文，是社稷亦有类祭也。《皇矣》诗"是类是祃"，注谓师祭，是出师亦有类祭也，岂皆非常之祭欤。六宗，三昭三穆，精意以享。曰"禋"固善，岂享六宗之外皆非精意欤？类即禋，禋即望，望即遍，名不同耳。圣人有二心哉？《周官》谓以禋礼祀昊天上帝，是不独六宗为然也。按此解本张髦之说。

## 13. 《尚书要义》卷二

（宋）魏了翁

十二、类，祭，义广。此传以摄位事类告。

《诗》云"是类是祃（mà）"，《周礼》"肆师云类造上帝"，《王制》云"天子将出，类乎上帝"，所言"类"者，皆是祭天之事，言以事类而祭也。《周礼·小宗伯》云"天地之大灾，类社稷则为位"，是类之为祭，所及者广。而传之类为摄位事，类者以摄位而告祭，故类为祭名。

十三、《周礼》有天、有帝。此上帝兼之。

《周礼·司服》云"王祀昊天上帝，则服大裘，而冕祀五帝亦如之"，是昊天外，更有五帝。上帝可以兼之，故以告天及五帝也。郑玄笃信谶纬，以为昊天上帝谓天皇大帝、北辰之星也；五帝，谓灵威仰等太微宫中，有五帝座星是也。如郑之言，天神有六也。《家语》云，季康子问五帝之名。孔子曰，天有五行，金、木、水、火、土；分时化育，以成万物，其神谓之五帝。王肃云，五行之神，助天理物者也。孔意亦当然矣。

（归善斋按，见前文"正月上日，受终于文祖"）

## 14. 《书集传或问》卷上

（宋）陈大猷

或问，汉儒六天之说，谓天皇大帝，又有五帝及五行精气之神。夫土无二王，尊无二上。二犹不可，况于六乎？曰，赵伯循曰，禘（dì）必及五帝者，五帝功多，遂为五方之主，即《月令》其神太皞、炎帝、黄帝、少皞、颛帝是也，以其功高，故历代肇于四郊祀之，次于天也。

或问，禘上帝不言地祇，何也？曰，苏氏曰，凡祀上帝必及地祇。《春秋》书，不郊，犹三望。《书》曰"庚戌柴望，大告武成"，柴，祀天也；望，祀山川也。而礼成于一日，祀山川而不及地，理必不然。是知祀天必及地。《诗》曰"昊天有成命"，郊祀天地也。汉以来学者考之而不详，而世主或出其私意。五畤（zhì）祭帝，汾阴祀后土。王莽始合祭天地。世祖以来，或合或否。唐明帝始下诏合祀，以至于今学者疑焉，不知祀天必及地，盖舜以来即然矣。

## 15. 《尚书详解》卷一

（宋）胡士行

肆（遂）类（祭天以苍璧，礼天，因天，事天）于上帝（以形体谓之天，以主宰谓之帝），禋（精意以享）于六宗。

孔氏说六宗：四时、寒暑、日、月、星辰、水旱。刘歆说六宗：乾坤六子，水、火、风、雷、山、泽。贾逵说六宗：天宗，日、月、星辰；地宗，河、海、岱。马融说六宗：天、地、四时。郑玄说六宗：星（五纬）、辰（谓十二次）、司中（文昌第四星）、司命（文昌第五星）、风师（箕星）、雨师（毕星）。张髦说六宗：三昭、三穆。

以祭义考之，祭时，祭寒暑，祭日，祭月，祭星，祭水旱，与孔说合。意安国必有传授，非臆说者。

## 16. 《书纂言》卷一

（元）吴澄

肆类于上帝，禋于六宗，望于山川，遍于群神。

肆，遂也。类、禋、望，皆祭名。郊者，祭昊天之常祀。非常祭而祭告于天，其礼依郊祀为之，故曰类。精意以享，曰禋。宗，尊也。所尊祀者有六，曰日，曰月，曰星，曰四时，曰寒暑，曰水旱。远望而祭之，曰望。山川，名山大川。遍，周遍也。群神者，天神自六宗之外；地祇自山川之外，以次神祇皆祭之也。言受终、观象之后，即祭祀上下神祇，以摄位告也。

## 17. 《书集传纂疏》卷一

（元）陈栎

肆类于上帝，禋于六宗，望于山川，遍于群神。

肆，遂也。类、禋、望，皆祭名。《周礼》"肆师类造于上帝"注云，郊，祀者，祭昊天之常祭。非常祀而祭告于天，其礼常依郊祀为之，故曰"类"，如《泰誓》武王伐商，《王制》言天子将出，皆云"类于上帝"是也。禋，精意以享之谓。宗，尊也。所尊祭者，其祀有六。《祭法》曰，埋少牢于泰昭，祭时也；相近于坎坛，祭寒暑也；王宫，祭日也；夜明，祭月也；幽宗，祭星也；零宗，祭水旱也。山川，名山大川，五岳四渎之属，望而祭之，故曰"望"。遍，周遍也。群神，谓丘陵、坟衍、古昔圣贤之类。言受终、观象之后，即祭祀上下神祇，以摄位告也。

**纂疏**

语录：六宗，古注说得自好。郑氏"宗"读为"禜"，即《祭法》所谓祭时与寒暑、日、月、星、水旱者。如此则先祭上帝，次六宗，次山川，然后遍群神，次序皆顺。问张髦之说，曰，古昭穆不尽称宗，惟宗有德。至唐庙尽称宗，不可为据。王氏十朋曰，肆，遂也，因前事而起后事之辞。郑氏曰，泰昭，昭明也，亦坛也。时，四时也，亦谓阴阳之神。埋之者，阴阳出入于地中也。凡此以下，皆祭，用少牢，相近读为禳祈，却也，求也。寒于坎，暑于坛。王宫，日坛。夜明，月坛。"宗"读为"禜"，幽禜，星坛。雩禜，水旱坛。苏氏曰，《祭法》所叙，《舜典》之章句义疏也。但郑玄曲说，改"宗"为"禜"，不可信耳。

## 18. 《读书丛说》卷二

（元）许谦

以形体谓之天，以主宰谓之帝。上帝者，昊天上帝也。昊，广大也，言广大之天，主宰之帝也。《祭法》曰，燔柴于泰坛，祭天也；瘞埋于泰折，祭地也；用骍犊埋少牢于泰昭，祭时也。相近于坎坛，祭寒暑也；王宫，祭日也；夜明，祭月也；幽宗，祭星也；雩（yú）宗，祭水旱也。四坎坛，祭四方也。山林、川谷、丘陵能出云，为风雨，见怪物，皆曰神。有天下者，祭百神。蔡传全用此语释"肆类"至"群神"四句。祭天，即"类上帝"，所以于泰昭以下，至雩宗，释六宗。至于四方以下，皆该在群神中。相近当为禳祈，宗当为禜，皆误字也。泰昭，王宫，夜明，幽宗，雩宗，皆坛名。坎坛，则坎为下地，而坛封土也。时，四时，谓阴阳之神。阴阳之气出入地中，故埋其牲。寒暑不时，或禳之，或祈之。祭暑，必于国南之坛；祭寒，必于国北之坎，求其类也。王，尊名，宫坛之营域。天以日为君，故号之曰君，而为宫以祭之。夜之有明者，月也，故以名月坛，荣营也，亦谓营为坛也。幽者，暗也，星见于夜，为幽暗之时，故祭星之坛，为幽禜。星，五纬也，或司中、司命之类，亦是于昏始见，禜之。雩，吁嗟而祭龙也。建巳之月，龙星见之时，于北祭之，或水或旱，亦于此祭。言骍犊于上，以见祭天之用特。埋少牢冠于泰昭之上，则以下皆用少牢可知。群神，如山林、川谷、丘陵、坟衍，民所取财用，又如法施于民，以死勤事，以劳定国，能御大灾，能捍大患，则祀之之类。然此皆常祀，舜盖特祭之，而告摄位也。

## 19. 《书传辑录纂注》卷一

（元）董鼎

肆类于上帝，禋于六宗，望于山川，遍于群神。

肆，遂也。类、禋、望，皆祭名。《周礼》"肆师类造于上帝"注云，郊祀者，祭昊天之常祭，非常祀而祭告于天，其礼依郊祀为之，故曰"类"，如《泰誓》武王伐商，《王制》言天子将出，皆云"类于上帝"是也。禋，精意以享之谓。宗，尊也。所尊祭者，其祀有六。《祭法》曰，埋少牢于泰昭，祭时也；相近于坎坛，祭寒暑也；王宫，祭日也；夜明，祭月也；幽宗，祭星也；雩宗，祭水旱也。山川，名山大川，五岳四渎之属，望而祭之，故曰"望"。遍，周遍也。群神，谓邱陵、坟衍、古昔圣贤之类，言受终观象之后，即祭祀上下神祇，以摄位告也。

**辑录**

类，只是祭天之名。其义则不可晓，与所谓"旅上帝"同，皆不可晓。然决非是常祭。广。雉问六宗。先生曰，古注说得自好。郑氏宗读为"禜"，即祭注中所谓祭时，祭寒暑，祭日，祭月，祭星，祭水旱者。如此说，则先祭上帝，次禋六宗，次望山川，然后遍及群神，次序则皆顺。又问，五峰取张髦之说如何？先生曰，非惟用改，《易》经文兼之。古者昭穆不尽称宗，惟祖有功，宗有德，故曰祖文王而宗武王。且如西汉之庙，惟文帝称太宗，武帝称世宗。至唐庙乃尽称宗，此不可以为据。

**纂注**

王氏十朋曰，肆，遂也。因前事而起后事之辞。郑氏曰，泰昭，昭者，明也，亦坛也。时，四时也，亦谓阴阳之神也。埋之者，阴阳出入于地中也。凡此以下，皆祭用少牢。相近读为禳祈，却也，求也。寒于坎，暑于坛，王宫日坛，夜明月坛。宗读为禜，幽禜星坛，雩禜水旱坛。苏氏曰，晋张髦以六宗为三昭、三穆。受终之初，既有事于文祖，其事必及余庙矣。春秋不郊，犹三望。三望分野之星与国中山川，乃知古者郊天，必及天地间尊神。鲁，诸侯，故三望而已。此之"禋六宗，望山川，遍群神"，盖与"类上帝"为一礼尔。考之《祭法》，其泰坛祭天，即此"类上帝"也。祭时、寒暑、日、月、星、水旱，即此禋六宗也。四坎坛，祭四方与山林、川谷、邱陵能出云，为风雨，见怪物，皆曰"神"。有天下者，祭百神，即此"望山川，遍群神"也。《祭法》所叙，《舜典》之章句义疏也，但郑玄曲为之说，改宗为禜，不可信耳。

## 20.《尚书句解》卷一

（元）朱祖义

肆类于上帝（遂以物之类天者祀上天，而告以陟位之事。如天之色苍，则祀以苍璧；天之体圆，则祀以圜丘）。

## 21.《尚书日记》卷二

（明）王樵

"肆类于上帝"至"遍于群神"。肆，遂也。类、禋、望，皆祭名。祭天谓之类者，因事祭告，依郊祀之礼，故曰类。禋，王肃云，洁祀也。马融云，精意以享也。宗，尊也。所尊祭者有六，次于上帝，而在山川之前。古今说者不同，未有定论。山川，名山大川。五岳四渎之属，不能亲诣，望所在而祭之，故曰"望"。群神，丘陵、坟衍、古先圣贤之类，祀典众多。按，所有而及之，故曰"遍"，皆以摄位告也。自此至四罪，事虽行于舜，而命必受于尧，此所谓使之主祭者也。按，汉世以来，说六宗者多矣，其颇近者三家。晋张髦以六宗为三昭、三穆。受终之初，既有事于文祖，势必及余庙。然古者昭穆不尽称宗，惟祖有功，宗有德。故商有三宗。周人祖文王，而宗武王。下至汉世，犹止文帝称太宗，武帝称世宗。至唐乃尽称宗，此岂可以为据哉。郑玄以六宗皆天神，近是。但以为星、辰、司中、司命、风师、雨师似未尽。司马彪言，天宗者，日、月、星、辰、寒、暑之属也；地宗者，社稷、五祀之属也。四方之宗，四时、五帝之属也。按《月令》，孟春，祈谷于上帝；孟冬，祈来年于天宗，是天宗明有其文，但所称数者之属，则未见的有所据耳。惟孔安国据《祭法》，王肃据《家语》以四时、寒暑、日、月、星、水旱六者之祭当之。此视诸家差为有据。然郑玄以彼皆为祈祷之祭，因事而行，今告摄，须有六宗，常礼何为祭及水旱哉，是亦未得为定论也。又按，近儒有云，类，合也，合祭天地。此妄解经文，以证成其说，固不足据。但天地之分祭、合祭为历代不决之疑，有不可以不辩者。《礼》曰，享帝于郊，祀社于国；又曰，郊所以明天道，社所以神地道；又曰，郊社所以事上帝；又曰，明乎郊社之礼。或以社对禘，或以社对郊，可见古者天地之祭，只有郊社而已，安得南郊之外，复有北郊以祭地乎？郊自郊，社自社，又安得天地合祀于南郊乎？皇天上帝，至尊无对。今主分者，崇北郊以抗天；主合者，则谓若人道考妣，然皆非礼也。王莽谄事元后，傅会"昊天有成命"之诗，始合祀天地，同牢而食，其为渎亵不经甚矣。类，依郊祀为之。郑氏"春官肆师"注，本《尚书》夏侯、欧阳之说，后人解"类"为"合"。又谓，本乎天者，咸在其中。皆谬也。

许氏曰，以形体谓之天，以主宰谓之帝。上帝者，昊天上帝也。《祭法》曰"燔柴于泰坛"祭天也；瘗埋于泰折，祭地也；用骍犊埋少牢于泰昭，祭时也；相近于坎坛，祭寒暑也；王宫，祭日也；夜明，祭月也；幽宗，祭星也；雩宗，祭水旱也，四坎坛，祭四方也。山林、川谷、丘陵能出云，为风雨，见怪物，故曰神。有天下者，祭百神。《蔡传》全用此语，释"肆类"至"群神"四句。泰坛，即圜丘。泰者，尊之之辞。泰折，即方丘，折如磬折、折旋之义，喻方也。相近，当为禳祈；宗，当为禜，皆误字也。泰昭、王宫、夜明，皆坛名也。禜，"縣蔬为营"也。时，四时，谓阴阳之神。阴阳之气出入地中，故埋其牲少牢，冠于泰昭之上，则以下皆用少牢可知。寒暑不时，或禳之，或祈之。祭暑，必于国南之坛；祭寒，必于国北之坎，求其类也。王，有日之象，而宫乃其居，故以名日坛。夜之有明者，月，故以名月坛。幽，为隐小之义，星明而小，故祭星之所为幽禜。雩，吁而求雨也，主祭旱，言之兼祭水者，雨以时，至则亦无水患也。

## 22. 《御制日讲书经解义》卷一

肆类于上帝，禋于六宗，望于山川，遍于群神。

此一节书，是祀群神也。"肆"解作"遂"。类、禋、望，皆祭名。类，比类也，郊天有常礼，仿其礼以行，故曰类也。精诚以享曰"禋"。宗，尊也。四时、寒暑、日、月、星辰、水旱，皆所当尊，故曰"六宗"也。遥祭曰"望"；遍，周遍也。舜受终观象之后，即大举祀典，以告摄位。上帝，乃天神之至尊者。正月，非郊祀之时。其礼与郊祀同，勿敢略也。四时、日、月、星辰、寒暑、水旱，乃神之丽于天者，亦必精意以享之。推敬天之心，以及在天之神，而告摄之意，仰焉有以达于天矣。山川在地之祇，不能亲至其地，则随其方向遥望而祭。丘陵、坟衍、古昔圣贤，乃群神之丽于地者，亦必周遍祭告，推敬地之心，以及在地之神，而告摄之意，俯焉有以达于地矣。盖天子受命于天，为天地百神之主，惟祀典备举，馨香上达，则天神格，地祇享，孰非诚敬一念之所感哉。

## 《尚书通考》卷三

（元）黄镇成

肆类于上帝。

《周礼》"肆师类造于上帝"注云，郊祀者，祭昊天之常祭。非常祀而祭告于天，其礼依郊祀为之，故曰"类"。

《记·郊特牲》曰，郊之祭也，迎长日之至也（建子之月也）。大报天而主日也，兆于南郊（兆域也），就阳位也，扫地而祭于其质也，器用陶匏以象天地之性也。于郊，故谓之郊牲。用骍（xīng）尚赤也（象阳之色），用犊贵诚也。郊之用辛也（冬至日，未必皆辛，但用此月辛日）。周之始郊日以至。卜郊，受命于祖庙，作龟于祢宫（卜于祢），尊祖亲考之义也。卜之日，王立于泽（泽，宫也，所以择士），亲听誓命，受教谏之义也。献命库门之内，戒百官也。大庙之命，戒百姓也。祭之日，王皮弁以听，祭报（如小宗伯所谓"告时于王，告备于王"）示民，严上也。祭之日，王被衮以象天，戴冕璪十有二旒，则天数也。乘素车，贵其质也。旂十有二旒，龙章而设日月，以象天也。天垂象，圣人则之，郊所以明天道也。万物本乎天，人本乎祖，此所以配上帝也。郊之祭也，大报本反始也。

《通典》曰，有虞氏禘（dì）黄帝（《尔雅·释天》云，禘，大祭也。虞氏冬至大祭天于围丘，以黄帝配坐。）而郊喾（夏至之日，祭感生帝于南郊，以喾配焉）；夏后氏禘黄帝而郊鲧（gǔn）；商人禘喾而郊冥。周制，《大司乐》云，冬日至祀天于地上之圜丘。又《大宗伯》职曰，以禋祀，祀昊天上帝。礼神之玉，以苍璧。其牲及币，各随玉色。牲用一犊，币用缯，长丈八尺。王服大裘，其冕无旒，尸服亦然。乘玉辂，锡繁缨十有再就，建太常十有二旒，以祀樽及荐菹醢器，并以瓦爵，以匏片为之，以藁（gǎo）秸及蒲，但剪头不纳，为藉神席（藁秸藉天神，蒲越藉配帝），配以帝喾。其乐，《大司乐》云，凡乐，圜钟（夹钟）为宫，黄钟为角，太蔟为征，姑洗为羽。雷鼓雷鼗（táo），孤竹之管，云和之琴瑟，云门之舞。冬日至，于地上之圜丘奏之。若乐六变，则天神皆降，可得而礼矣。其感生帝，《大传》曰，礼，不王不禘。王者禘其祖之所自出，以其祖配之（凡大祭，曰禘，大祭其先祖所由生。谓郊，祭天也）。因以祈谷，其坛名泰坛，在国南五十里。礼神之玉用四珪，有邸，尺有二寸（见《周礼·考工》王人及典瑞。郑司农云，中央为璧，圭著其四面，圭本著于璧，圭末四出于外）。牲用骍犊，青币配以稷（《祭法》云，周人禘喾而郊稷。《孝经》曰，郊祀后稷，以配天。《左传》曰，郊祀后稷，以祈农事），其配帝牲亦骍犊。其乐，《大司乐》云，乃奏黄钟，歌大吕，舞云门，以祀天神。日用辛，祭前期十日，王亲戒百官及族人。大宰又总戒群官曰，某日有事于昊天上帝，各扬其职，百官废职服大刑。乃习射于泽宫，选可与祭者。其日，王乃致斋于路寝之室。祭日之晨，鸡人夜呼晨以叫百官，巾车鸣铃以应鸡人。典辂乃出玉辂，建太常。大司乐既宿悬，遂以声展之知完否。王将出，大司乐令奏《王夏》。王所过处之人，各于田首，设烛以照于路。又丧者不敢哭，凶服者不敢入国门。祭前，掌次先于丘东门外道北，设大次小次（次，谓帷幄退俟之处）。掌次张毡，案设皇邸（谓于次中张毡床，床上设板屏风。其上染鸟羽，象凤凰色以为饰）。王服大裘，而立于丘之东南，西面大司乐奏圜钟，为宫以下之乐，以降神。次则，积柴于丘坛上（谓积柴，实牲体与玉帛），王亲牵牲而杀之。次则，实牲体、玉帛而燔之，谓之禋祀。次乃扫于丘坛上而祭，尸服裘而升丘也。王及牲尸入时，乐章奏《王夏》、《肆夏》、《昭夏》（但用夹钟为宫）。就坐时，尸前置苍璧，又荐笾豆及血腥等，为重古之荐。王乃以匏片为爵，酌瓦瓬（wǔ）之泛齐以献尸，为朝践之献（不用圭瓒，而用陶匏者，物无以称天地之德，故但取天地之性）。五齐之名，一曰泛齐（成而滓 zǐ 浮泛泛然。五齐之中，泛齐味尤浊重，古贵质，故于大祭用之），二曰醴齐（成而汁滓相将，上下一体，尤浊故也），三曰盎齐（成而蓊 wěng 盎然葱色），四曰缇齐（成而红赤色，稍清。缇，音体），五曰沈齐（成而滓沉转清。郊无裸礼，宗庙有裸。天地至尊不裸，以其莫可称焉）。七献（宗庙九献者，尸未入前，王及后于奥中先二裸。天是外神无

裸，故七献而已。），七献者，荐血腥后，王以匏爵酌泛齐以献尸，所谓朝
践是也，此为一献。次大宗伯摄王后之事，亦以匏爵酌醴齐亚献，亦为朝
践，是二献。每献奏乐一成。次荐熟于神前，荐毕，王乃以匏爵酌盎齐以
献尸。大宗伯以匏爵酌缇齐以亚献，所谓馈献也。通前凡四尸乃食，食
讫，王更酌朝践之泛齐，以酳（yìn）尸，所谓朝献。大宗伯更酌馈献之
缇齐以亚酳，所谓再献。通前凡六。又有诸臣为宾之一献，凡七。其尸酢
（zuò）诸臣之酒，皆用三酒（《酒正》云，事酒、昔酒、清酒），其法如
祫祭之礼。毕献之后，天子舞六代之乐，若感帝及迎气，即天子舞当代之
乐。其乐章，用《昊天有成命》也。

愚按，天子祭天地，郊祀，祭之常也。郊迎长日之至，冬至，祭之时
也。今以摄告，则非常也。以正月有事，则非时也。然祀天之礼，不可以
不备，故依郊祀为之而曰"类"。"类"犹"似"也。然虞礼略而不传。
至于"类"，礼又不可考。今所记者，大抵止据周制而言。虽三代而下损
益不同，读《书》者亦不可以不之考也。

## 《书蔡氏传旁通》 卷一中

（元）陈师凯

郊祀者，祭昊天之常祭。

古者，天子以冬至日，于国之南郊祭天。于圜丘，于郊，故谓之郊。
郑氏《通志略》云，祀昊天上帝，礼神之玉以苍璧；其牲及币，各随玉
色。牲用一犊，币用缯，长丈八尺。王服大裘，其冕无旒。尸服亦然。乘
玉辂，锡繁缨十有再就，建太常十有二旒。樽及菹醢之器以瓦，爵以匏；
藉神之席以藁秸及蒲，蒻而不纳，配以帝喾。

## 《书义断法》 卷一

（元）陈悦道

肆类于上帝，禋于六宗，望于山川，遍于群神。

圣人一身中两间而立，既已胜天下之重任，必思举天下之重祭，然其
逐事举礼，必有类、禋、望、祭之异名，以顺其事，随事定名，必合天
神、地祇、人鬼之异等，以周其敬。如郊祀昊天之祭，礼之最重者也，次

及于时，寒暑，日月，幽宗，雩宗，则天神无不及矣。九州之名山大川，望祀之，所先者也。及于丘陵、坟衍与夫先师圣贤，则礼无不周矣。由始焉之特举，以至终焉之，咸秩其轻重先后，史臣以数语该之，以见圣人承上下神祇，而至諴（xián）之感神如此。

## 《尚书注考》

（明）陈泰交

"肆类于上帝"，训"肆"，"遂"也。"肆台小子"，"肆予小子发"，"肆予告我友邦君"训"肆""故"也。"肆王惟德用"，训"肆""今"也。"眚灾肆赦"，"淫酗肆虐"，训"肆""纵"也。"昏弃厥肆祀"训"肆""陈"也。"肆哉"训"肆""放"也。"肆汝小子封"，训"肆"未详。"肆尔多士"训"肆""与"，"肆汝小子封"同。"肆其监于兹，"训"肆""大"也。

## 《尚书稗疏》 卷一

（清）王夫之

类上帝、遍群神。

"类"之为祭，在周为祈。太祝掌六祈，一曰类。《诗》云"是类是祃"，《尔雅》曰"师祭"者，是已。又《小宗伯》"兆五帝于郊，四望四类"，亦如之。郑司农众以四类为三皇、五帝、九皇、六十四代。郑康成以为日月星辰。盖以事类祈告，而非岁事之经祀也。周之郊祀，一曰禋祀，以祀昊天上帝。蔡邕《独断》云，昊天有成命，郊祀之所歌也；桓，类祃之所歌也；时迈，巡狩告祭柴望之所歌也。此周禋类告祭之别也。今考之经传，陶唐无郊祀之文。其曰有虞氏禘黄帝而郊喾者，舜即位以后之事。摄政之初，自当一循尧制，故此于上帝言"类"，六宗言"禋"。然则，周之"禋"非唐之"禋"；周之"类"，亦非唐之"类"矣。"类于上帝"者，即陶唐郊祀之名，文质异制，名实异称。五礼之沿革，盖多有之，不但禋类为然也。虞之祭六宗者，周以祀上帝；则唐之祭上帝者，周以为师祭，亦不足疑，固不得泥类帝为巡狩之告祭也。类，似也，又聚也。古以类似为义。天神远而求之髣髴（fǎng fú），周以类聚为义，萃群神而合祈也。缘经文言"肆"者，承上言七政既齐之后，岁时有恒，因以定一岁之祀典，则上帝、六宗、山川、群神，次第举行实，非谓舜以摄政故告而祭之。下纪辑瑞、巡狩、封山、濬川、明五刑、放四罪，统此二十八载之政，而非一时之事。非一时之事，则类岂非岁事之尝乎？天曰神，地曰祇，人曰鬼。三者之异名，古今无异词也。"遍于群神"，而言神其为天神可知。孔氏乃云邱陵、坟衍、古之圣贤，则乱祇鬼于神矣。群神者，风伯、雨师、司中、司命、司民、司禄、灵星、龙星之属，从乎天之类者也。祇与鬼之不可言神，非但其名而已。燎瘗沈埋腥熟之物各异焉。周大祝之所为辨六号也。今乱地祇、人鬼于一坛，反绌天神不使与。孔氏之谬，而蔡氏从之，亦未顾名而思义矣。苏氏《古史》乃以类、禋、望、遍合为一祭，神祇杂乱，地天交通，为风雨见怪物之精灵，亦俨然与上帝同坛合享，乱而不经，莫此为甚。后世圜丘有列星从祀之坛，固不以地祇、人鬼黩配上帝，识者犹讥其非礼。况于古之祀典，惟宗庙焉有合食。而三辰、四方，群祀百物，各以其利，见之时坛于相称之位。物昭其德，礼杀其文，自非水旱兵戎，急遽疾告，断无越礼逾时之祭。而虽在六祈之造次者，犹必从其方位，各为营兆，安有如苏氏之乱而无别者乎？饮客者，不以其类，则既醉而争。况圣人之以接天地鬼神者乎？"类于上帝"，周之禋祀也。"禋于六宗"，周之实柴也。"望于山川"，周之血祭沈埋也。"遍于群神"，周之槱燎也。坛异地，祭异时，一岁一遍，舜摄尧而定其典也。

## 《尚书埤传》卷二

（清）朱鹤龄

肆类于上帝，禋于六宗。

孔疏，经言祭天不及地与社稷，必皆祭之，但史文略耳。王樵曰，类，依郊祀为之。郑氏"春官肆师"注，本《尚书》夏侯、欧阳之说。近儒有云，类，合也，合祭天地也。妄解经文，以证其说，固不足辟。但天地之分祭、合祭，为历代不决之疑，有不容不辨者。《礼》曰，享帝于郊，祀社于国。又曰，郊所以明天道，社所以神地道。又曰，郊社，所以祀上帝。可见古者天地之祭，只有郊社而已，安得南郊之外复有北郊以祭地乎？郊自郊，社自社，又安得天地合祀于南郊乎？皇天上帝，至尊无对，今主分者崇北郊以抗天；主合者则谓人道若考妣。然皆非礼也。王莽谄事元后，傅会《昊天有成命》之诗，始合祀天地。同牢而食，其渎亵不经甚矣。此岂可据耶（此主胡五峰之说，予有辨，详《毛诗通义》）？上帝，孔传云，告天及五帝。愚按，此据《周礼》之文。《家语》季康子问五帝，孔子曰，天有五行，金、木、水、火、土，分时化育，以成万物。其神谓之五帝。然昊天上帝一而已，岂有五哉？五行之神，助天理物，安得与上帝并称。汉人笃信谶纬，故有五方五色帝及五人帝之说。至宋儒，始黜之。

邹季友曰，六宗，汉晋诸儒之说最繁杂（伏生、马融，以天地四时为六宗。刘歆谓水、火、雷、风、川、泽。贾逵谓日、月、星、河、海、岳。郑玄谓星、辰、司中、司命、风伯、雨师。晋司马彪以六宗不应独立，表驳之。幽州秀才张髦上疏谓，祀文祖之庙，六宗者，三昭三穆也。十一家皆非，见《后汉书》注），惟王肃同孔传。孔传谓，四时也，寒暑也，日也，月也，星也，水旱也。根据《祭法》故蔡传从之。泰昭，坛名。相近当从王肃作"祖迎"。往者，祖送之；来者，迎迓之也。幽宗、雩宗之"宗"读如字。郑氏读作"禜"，非（《孔丛子》载宰我问答，与孔传同）。

苏传，古者郊天必及天地间尊神。考之《祭法》其泰坛祭天，即此类上帝也。祭四时、寒暑、日、月、星、水旱，即此"禋六宗"也。四坎坛，祭四方，与山林、川谷、丘陵能出云，为风雨，见怪物，皆曰神，即此"望山川遍群神"也。《祭法》所序《舜典》之章句义疏也。

## 《书义矜式》卷一

（元）王充耘
（归善斋按，见前文"在璇玑玉衡"）

## 《书经衷论》卷一

（清）张英
类帝，禋宗，辑瑞，颁瑞，示与天下更始，为神人之主也。律、度、量、衡、五玉、三帛，煌煌典礼，焕然一新，此之谓文明。

## 《尚书大传》卷一

（清）孙之騄辑

类，祭天名也，以祀类祭之，奈何天位在南方，就南郊祭之事也（今文《尚书》夏侯、欧阳说。《月令》疏引）。

## 《尚书七篇解义》卷一

（清）李光地

肆类于上帝，禋于六宗，望于山川，遍于群神。

首上帝，次以六宗者，在天之属也。继山川，次以群神者，在地之属也。

# 禋于六宗

## 1. 《尚书注疏》卷二

（汉）孔氏传，（唐）陆德明音义、孔颖达疏

禋于六宗。

传：精意以享，谓之禋。宗，尊也。所尊祭者，其祀有六，谓四时也，寒暑也，日也，月也，星也，水旱也。祭亦以摄告。

音义：禋，音阴。王云，洁祀也。马云，精意以享也。六宗，王云，四时、寒暑、日、月、星、水旱也。马云，天地，四时也。

疏：又禋祭于六宗等尊卑之神。

《国语》云"精意以享禋也"。《释诂》云，禋，祭也。孙炎曰，禋，洁敬之祭也。《周礼·大宗伯》云，以禋祀祀昊天上帝；以实柴祀日月星辰；以槱（yǒu）燎祀司中、司命、风师、雨师。郑云，禋之言烟，周人尚臭，烟气之臭闻者也。郑以禋祀之文，在燎柴之上，故以禋为此解耳。而《洛诰》云"秬（jù）鬯（chàng）二卣（yǒu），曰明禋"；又曰"禋于文王武王"；又曰"王宾杀禋咸格"。经传之文，此类多矣，非燔柴祭之也，知"禋"是精诚洁敬之名耳。宗之为尊，常训也。名曰六宗，明

是所尊祭者有六。但不知六者为何神耳。《祭法》云，埋少牢于太昭，祭时；相近于坎坛，祭寒暑；王宫，祭日；夜明，祭月；幽禜，祭星；雩禜，祭水旱也。据此言，六宗彼祭六神，故传以彼六神，谓此六宗，必谓彼之所祭，是此六宗者。彼文，上有祭天祭地，下有山谷丘陵。此六宗之文，在上帝之下，山川之上。二者次第相类，故知是此六宗。王肃亦引彼文，乃云禋于六宗，此之谓矣。郑玄注彼云，四时，谓阴阳之神也。然则阴阳、寒暑、水旱各自有神，此言"禋于六宗"，则六宗，常礼也。《礼》无此文，不知以何时祀之。郑以彼皆为祈祷之祭，则不可用郑玄注以解此传也。汉世以来，说六宗者多矣。欧阳及大小夏侯说《尚书》皆云所祭者六，上不谓天，下不谓地，旁不谓四方。在六者之间，助阴阳变化实一，而名六宗矣。孔光、刘歆以六宗谓乾坤六子，水火、雷风、山泽也。贾逵以为六宗者，天宗三，日、月、星辰；地宗三，河、海、岱也。马融云，万物非天不覆，非地不载，非春不生，非夏不长，非秋不收，非冬不藏。此其谓六也。郑玄以六宗言禋，与祭天同名，则六者皆是天之神祇，谓星、辰、司中、司命、风师、雨师。星，谓五纬也；辰谓日月所会十二次也；司中、司命，文昌第五、第四星也；风师，箕也；雨师，毕也。晋初，幽州秀才张髦（máo）上表云，臣谓"禋于六宗"，祀祖考所尊者六，三昭、三穆是也。司马彪又上表云，历难诸家，及自言己意，天宗者，日月星辰寒暑之属也；地宗，社稷五祀之属也；四方之宗，四时五常之属。惟王肃据《家语》，六宗与孔同。各言其志，未知孰是。司马彪《续汉书》云，安帝元初六年，立六宗祠于洛阳城西北亥地，祀比大社。魏亦因之。晋初，荀顗（yǐ）定新祀，以六宗之神诸说不同废之。挚虞驳之，谓宜依旧。近代以来皆不立六宗之祠也。

## 2. 《书传》卷二

（宋）苏轼

禋于六宗，望于山川，遍于群神。

"精意以享"曰"禋"。宗，尊也。六宗，尊神也。所祭不经见，诸儒各以意度之，皆可疑。惟晋张髦以为三昭三穆，学者多从其说。然以《书》考之，受终之初，既有事于文祖，其势必及余庙，岂有独祭文祖于齐七政之前，而别祭余庙于类上帝之后者乎？以此推之，则齐七政之后，所祭皆天神，非人鬼矣。孔安国，六宗，四时也，寒暑也，日也，月也，星也，水旱也。其说自西汉有之，意其必有所传受，非臆度者。其神名坛位，皆不可以礼推。犹秦八神、汉太乙之类，岂区区曲学所能以私意损益者哉。《春秋》不郊，犹三望，三望分野之星与国中山川，乃知古者郊祭天地，必及于天地之间，所谓尊神者。鲁，诸侯也，故三望而已，则此"禋于六宗，望于山川，遍于群神"，盖与"类上帝"为一礼耳。又以《祭法》考之，其曰，燔柴于泰坛，祭天也；瘗（yì）埋于泰折，祭地也。则此所谓类于上帝者也。埋少牢于泰昭，祭时也。相近于坎坛，祭寒暑也。王宫，祭日也。夜明，祭月也。幽宗，祭星也。雩（yú）宗，祭水旱也。则此所谓禋于六宗也。四坎坛，祭四方也。山林、川谷、丘陵能出云，为风雨，见怪物，皆曰神。有天下者祭百神，则此所谓"望于山川，遍于群神"也。《祭法》所叙，盖郊祀天地，从祀诸神之坛位。而《舜典》之章句义疏也，故星为幽宗，水旱为雩宗，合于所谓六宗者。但郑玄曲为异说，而改宗为禜（yíng），不可信也。

## 3. 《尚书全解》卷二

（宋）林之奇
（归善斋按，见上句）

## 4. 《尚书讲义》卷二

（宋）史浩
（归善斋按，见上句）

## 5. 《尚书详解》卷二

（宋）夏僎
（归善斋按，见上句）

## 6. 《增修东莱书说》卷二

（宋）时澜
（归善斋按，见前文"肆类于上帝"）

## 7.《尚书说》卷一

（宋）黄度

（归善斋按，见上句）

## 8.《絜斋家塾书钞》卷一

（宋）袁燮

（归善斋按，见上句）

## 9.《书经集传》卷一

（宋）蔡沈

（归善斋按，见上句）

## 10.《尚书精义》卷三

（宋）黄伦

（归善斋按，见上句）

## 11.《尚书详解》卷二

（宋）陈经

（归善斋按，见前文"正月上日，受终于文祖"）

## 12.《融堂书解》卷一

（宋）钱时

（归善斋按，见上句）

## 13.《尚书要义》卷二

（宋）魏了翁

十四、精意以享为禋，不必烟祭。

《周礼·大宗伯》云"以禋祀，祀昊天上帝；以实柴，祀日月星辰；以槱燎，祀司中、司命、风师、雨师"。孔子"精意以享谓之禋"。郑云，禋之言烟，周人尚臭，烟气之臭闻者也。郑以禋祀之文，在燎柴之上，故以禋为此解耳。而《洛诰》云"秬（jù）鬯（chàng）二卣（yǒu），曰明禋"，又曰"禋于文王武王"，又曰"王宾杀禋咸格"。经传之文，此类多矣，非燔柴祭之也，知烟是精诚絜敬之名耳。

十五、六宗之说八，孔、王据《祭法》。

宗之为尊，常训也。名曰六宗，明是所尊祭者有六，但不知六者为何神耳。《祭法》云，埋少牢于大昭，祭时；相近于坎坛，祭寒暑；王宫，祭日；夜明，祭月；幽禜，祭星；雩（yú）禜，祭水旱也。据此言，六宗彼祭六神，故传以彼六神谓此六宗，必谓彼之所祭，是此六宗者。彼文上有祭天、祭地，下有山谷、丘陵，此六宗之文在上帝之下，山川之上，二者次第相类，故知是此六宗。王肃亦引彼文，乃云禋于六宗，此之谓矣，郑玄注彼云，四时谓阴阳之神也。然则阴阳，寒暑，水旱，各自有神，此言禋于六宗，则六宗常礼也。礼无此文，不知以何时祀之。郑以彼皆为祈祷之祭，则不可用。郑玄注以解此传也。汉世以来说六宗者多矣。欧阳及大小夏侯说《尚书》皆云所祭者六，上不谓天，下不谓地，旁不谓四方，在六者之间，助阴阳变化，实一而名六宗矣。孔光、刘歆以六宗为乾坤六子，水火、雷风、山泽也。贾逵以为六宗者，天宗三，日、月、星也；地宗三，河、海、岱也。马融云，万物非天不覆，非地不载，非春不生，非夏不长，非秋不收，非冬不藏。此其谓六也。郑玄以六宗言禋，与祭天同名，则六者皆是天之神祇，谓星、辰、司中、司命、风师、雨师。星，谓五纬也；辰，谓日、月所会十二次。司中、司命，文昌第五、第四星也。风师，箕也。雨师，毕也。晋初幽州秀才张髦上表云，臣谓"禋于六宗"，祀祖考所尊者六，三昭三穆是也。司马彪又上表云，历难诸家，及自言己意。天宗者，日、月、星、辰、寒、暑之属也；地宗，社稷、五祀之属也；四方之宗，四时、五帝之属。惟王肃据《家语》六宗与孔同。各言其志，未知孰是。司马彪《续汉书》云，安帝元初六年，立六宗祠于洛阳城西北亥地，祀北大社。魏亦因之。晋初荀顗（yǐ）定新祀以六宗之神，诸说不同废之。挚虞驳之，谓宜依旧。近代以来，皆不立六宗之祠也。

（归善斋按，另见前文"正月上日，受终于文祖"）

### 14. 《书集传或问》卷上

（宋）陈大猷

或问，六宗，诸家多取张髦之说（新安王氏曰，《洛诰》言禋于文王、武王，则宗伯亦可言禋。孙氏曰，类上帝，祀天神也；禋六宗享人鬼也；望山川，祭地祇也。王氏曰，天子事七庙，于地不言大祇，于人不言太祖，于天不言日月星辰，以地祇、人鬼之及六宗山川，则天地之及日、月、星辰可知也。以天帝之及上帝，则人鬼、地祇之及太祖大祇，亦可知也。于天，则举尊以见卑；于人，于地，则举卑以见尊）。林氏、苏氏取孔氏之说（林曰，七世之庙，自太祖而下，谓之六宗，则不可。古者，祖有功，宗有德，必有德者始宗之。如商之三宗是也。若以三昭、三穆为六宗，则七世之非宗，古无是理也。苏曰，受终之初，既有事于文祖，其势必及于余庙，岂有独祭太祖于齐七政之前，而祭余庙于类帝之后乎）如何？曰，林氏以昭穆不可言宗，夫祖宗专言而分别之，则有功德之辨。泛言之，则自祖而上，皆可谓之祖宗，如大宗小宗，皆称宗祖，庙则称宗庙，器则称宗彝，岂必有德然后始谓之宗乎？以三昭三穆为六宗，于义亦通。苏氏谓，受终祭太祖，而不及六宗；类帝之后祭六宗，而不及太祖，以是为疑。夫谓受终祭太祖，则并告六宗，可知后祭六宗，则并祭太祖可知。盖先后互见耳。苏氏不疑类帝而不及地祇，谓可以类推于文祖。六宗疑之何也？曰，若是，则受终与禋为两祭宗庙，不几于渎乎？曰，先是受终，后是告摄，或是二事，亦犹今士大夫，前是受差除告庙，后是交割庙祭，亦何嫌乎□此二论，皆未足以病张髦之说。要之，以昭穆为六宗，终是经无明据。而孔氏之说，有合于《祭法》及《家语》，故以孔氏为主，而附以张说焉。

### 15. 《尚书详解》卷一

（宋）胡士行

（归善斋按，见上句）

### 16. 《书纂言》卷一

（元）吴澄

（归善斋按，见上句）

## 17. 《书集传纂疏》卷一

（元）陈栎

（归善斋按，见上句）

## 18. 《读书丛说》卷二

（元）许谦

六宗，疏中名不一，今记于此，以广异闻。欧阳、大小夏侯皆云所祭者六，上不谓天，下不谓地，旁不谓四方，在六者之间，助阴阳变化，实一而名六宗。孔光、刘歆谓乾坤六子，水、火、雷、风、山、泽。贾逵谓，天宗三，日、月、星；地宗三，河、海、岱。马融云，天地、春夏、秋冬。郑玄云，禋与祭天同名，六者皆天神，谓星（五纬）、辰（十二次），司中，司命（文昌第五第四星），风师（箕），雨师（毕）。张髦云，祀祖考，三昭、三穆。司马彪云，天宗，日、月、星辰、寒暑之属；地宗，社稷、五祀之属；四方之宗，四时，五帝之属。

（归善斋按，另见上句）

## 19. 《书传辑录纂注》卷一

（元）董鼎

（归善斋按，见上句）

## 20. 《尚书句解》卷一

（元）朱祖义

禋于六宗（精意以享。四时也，寒暑也，日也，月也，星辰也，水旱也。六者之可尊者）。

## 21. 《尚书日记》卷二

（明）王樵

（归善斋按，见上句）

## 22. 《御制日讲书经解义》卷一

（归善斋按，见上句）

## 《尚书通考》卷三

（元）黄镇成

禋于六宗。

蔡氏因古注曰，禋精意以享之谓"宗"，尊也。所尊祭者，其祀有六：《祭法》曰埋少牢于泰昭，祭时也；相近于坎坛，祭寒暑也；王宫，祭日也；夜明，祭月也；幽宗，祭星也；雩宗，祭水旱也。

郑玄曰，泰昭，昭者明也，亦坛也。时，四时也，亦谓阴阳之神也。埋之者，阴阳入于地中也。凡此以下，皆祭用少牢。"相近"读为"禳祈"，郄（qiè）也，求也。寒于坎，暑于坛。王宫，日坛；夜明，月坛。"宗"读为"禜"。幽禜，星坛；雩禜，水旱坛。

苏氏曰，此之禋六宗，望山川，遍群神，盖与类上帝为一礼尔。考之《祭法》，其泰坛，祭天，即此类上帝。祭时、寒暑、日、月、星、水旱，即此禋六宗也。四坎坛，祭四方与。山林、川谷、丘陵能出云，为风雨，见怪物，皆曰神。有天下者，祭百神，即此望山川，遍群神也。《祭法》所叙，《舜典》之章句义疏也。

颖达曰，欧阳及大小夏侯说《尚书》皆云，所祭者六，上不谓天，下不谓地，旁不谓四方，在六者之间，助阴阳变化，实一而名六宗。孔光、刘歆以六宗谓乾坤六子，水、火、雷、风、山、泽。贾逵以为六宗者，天宗三，日、月、星；地宗三，河、海、岱。

马融云，万物，非天不覆，非地不载，非春不生，非夏不长，非秋不收，非冬不藏，此其谓六也。

郑玄以六宗言禋，与祭天同名，则六者，皆是天之神祇，谓星、辰、司中、司命、风师、雨师（星，五纬也。辰，十二次也。司中、司命，文昌第五、第四星也。风师，箕也。雨师，毕也）。

晋张髦谓，祀祖考所尊者六，三昭、三穆是也。

司马彪云，天宗者，日、月、星辰、寒暑之属；地宗者，社稷，五祀之属。

愚按，六宗诸说各异，虽未能的见舜之所尊祭者，果为何祀？但谓是日、月、星、辰之类，则《祭法》所谓王宫、夜明、幽禜者，可以该之矣；谓是山泽、河海之类，则"望于山川"，又在六宗之外；谓是昭穆，则古者昭穆，不尽称宗，皆不可据。独孔氏旧说，有合于《祭法》，于义为优。而颖达尚谓各言其志，未知孰是。独朱蔡从古注，盖以虞礼无传，《书》言简略，后世纷纷得以肆其臆说。然以先后文义考之唐虞旧典，亦可以见其次第之略。《祭法》所述又安知非三代以来相传之礼邪？由是论之，孔说为正审矣。

## 《书蔡氏传旁通》卷一中

（元）陈师凯

禋，精意以享之谓。

见《国语》。

所尊祭者，其祀有六。

《礼记》疏云，埋少牢于泰昭，祭时也者，谓祭四时阴阳之神也。泰昭，坛名也。昭，取明也。春夏为阳，秋冬为阴。若祈阴，则埋牲；祈阳，则不应埋之。今总云埋者，以阴阳之气俱出入于地中而生万物，故并埋之，以享阴阳为义也。用少牢者，降于天地也。自此以下，及日月，至山林，并少牢也。先儒并云不荐熟，唯杀牲埋之也。相近于坎坛祭寒暑也者，相近当为攘祈，攘郤也。寒暑之气应退而不退，则祭攘郤之，令退也。祈，求也。寒暑之气应至而不至，则祭求之，令至也。寒则于坎，寒阴也；暑则于坛，暑阳也。王宫祭日也者，王，君也；宫，亦坛也，营域如宫也。日神尊，故其坛曰君，宫也。夜明祭月也者，祭月，坛名也。月明于夜，故谓其坛为夜明也。幽宗祭星也者，祭星，坛名也。幽，暗也。宗当为禜。禜，坛域也。星至夜而出，故曰幽也；为营域而祭之，故曰幽禜也。雩宗祭水旱也者，亦坛名也。雩，吁嗟也，水旱为人所吁嗟。禜，亦营域也，为营域而祭之，故曰雩禜也。

## 《书义断法》卷一

（元）陈悦道

（归善斋按，见上句）

## 《尚书疑义》卷一

（明）马明衡

六宗之说，自汉以来说者不一，当依《祭法》，为得其义。

## 《尚书砭蔡编》

（明）袁仁

禋于六宗。

欧阳及大小夏侯说《尚书》皆云，所祭者六，上不谓天，下不谓地，旁不谓四方，在六者之间，助阴阳变化，实一而名六宗矣。孔光、刘歆以六宗谓乾坤六子，水、火、雷、风、山、泽也。贾逵谓六宗，天宗三，日、月、星辰；地宗三，河、海、岱也。马融云，万物非天不覆，非地不载，非春不生，非夏不长，非秋不收，非冬不藏。此谓六宗。郑玄以六宗言禋与祭天同名，则六者，皆是天之神祇，谓星、辰、司中、司命、风师、雨师也。晋初幽州秀才张髦上表称，宗祀祖考，所尊者六，乃三昭、三穆也。司马彪又上表，以为天宗者，日、月、星、辰、寒、暑之属；地宗社稷，五祀之属。纷纷异说。蔡传宗孔，以《祭法》六者当之。按《祭法》所云，郑以为皆祈祷之祭，则不可用以解此经，宜依欧阳、大小夏侯，庶为近之。

## 《尚书注考》

（明）陈泰交

"禋于六宗"，"则禋于文王武王"训"禋""祭名"。"明禋"训"禋""敬"也。

"禋于六宗"，训"宗""尊"也。"汝作秩宗"训"宗"祖庙也。"惇宗将礼"，训"宗""功宗之宗"也。"江汉朝宗"，训"夏见曰宗"。

## 《尚书疏衍》 卷二

（明）陈第

禋于六宗。

六宗之说，自汉以来纷然矣。《祭法》曰，埋少牢于泰昭，祭时也；相近于坎坛，祭寒暑也；王宫，祭日也；夜明，祭月也；幽宗，祭星也；雩宗，祭水旱也。《孔丛子》载宰我问答与此同。故孔安国、王肃、孔颖达、苏子瞻、蔡仲默皆主是说，意近之矣。或疑水旱、寒暑乃祈祷之祭，非有当于摄位之事也。郑玄则谓，星、辰、司中、司命、风师、雨师。星，五纬也。辰，日月所会十二次也。司中、司命，文昌第五、第四星也。风师，箕也。雨师，毕也。按《周官·大宗伯》，以实柴祀日月星辰，以槱燎祀司中、司命、风师、雨师。今以《周礼》解《虞书》，恐未必其合也。况去日月，独数星辰以下为六，可乎？欧阳、大小夏侯皆云，所祭者六，上不谓天，下不谓地，旁不谓四方，在六者之间，助阴阳变化，实一而名六宗矣。孔光、刘歆以六宗为乾坤六子，水、火、风、雨、山、泽也。贾逵以为，六宗，天宗三，日、月、星辰；地宗三，河、海、岱也。马融云，万物非天不覆，非地不载，非春不生，非夏不长，非秋不收，非冬不藏，此其谓六宗。张髦以为，三昭三穆。司马彪谓，天宗者，日、月、星、辰、寒、暑之属；地宗，社稷、五祀之属；四方之宗，四时，五帝之属。刘邵谓，万物负阴而抱阳，冲气以为和。六宗者，太极冲和之气，为六宗之气也。张迪以为，六代帝王。杜佑以为，昊天上帝与五帝为六。近代周尧弼力驳诸家，而以时也，日也，月也，星辰也，社稷也，宗庙也，为六宗。噫，何其杂扰而不一也。孰是孰非，不能起虞史于地下而质之，姑从《祭法》之言可也，阙之亦可也。

## 《尚书稗疏》卷一

（清）王夫之

（归善斋按，见上句）

## 《尚书埤传》卷二

（清）朱鹤龄

（归善斋按，见上句）

## 《书义矜式》卷一

（元）王充耘

（归善斋按，见前文"在璿玑玉衡"）

## 《书经衷论》卷一

（清）张英

"正月上日，受终于文祖"，恐只是告庙摄位之礼，而非致祭于群庙也。类上帝之后，礼宜禋祀祖考矣。舜自摄位以来，礼仪备举，文物焕然，未有独略于庙祀者。恐六宗，正所谓三昭三穆也。蔡氏释宗为尊，其祀有六，曰时，曰寒暑，曰日，曰月，曰星，曰水旱。夫日、月、星宜从祀于类帝之时，余亦当在群神之列，不应特举而言之。胡五峰取张髦之说，恐未可尽非也。

（归善斋按，另见前文"肆类于上帝"）

## 《尚书大传》卷一

（清）孙之騄辑

万物非天不生，非地不载，非春不动，非夏不长，非秋不收，非冬不藏。故书曰"禋于六宗"此之谓也（生一作覆）。

郑玄曰，六宗，星、辰、司中、司命、风伯、雨师也。星，五纬也。辰，谓日月所会十二次也。司中、司命、文昌第五，第四星也。风师，箕也。雨师，毕也。欧阳和伯、夏侯建曰，六宗，上不谓天（一作及），下不谓地，傍不谓四方，在六者之间，助阴阳变化者也。

## 《尚书七篇解义》卷一

（清）李光地

（归善斋按，见上句）

# 望于山川，遍于群神

## 1. 《尚书注疏》卷二

（汉）孔氏传，（唐）陆德明音义、孔颖达疏

望于山川，遍于群神。

传：九州名山大川五岳四渎之属，皆一时望祭之。群神，谓丘陵坟衍，古之圣贤皆祭之。

音义：坟，扶云反。衍，音演。辑，徐音集；王云合；马云敛也。

疏：望祭于名山大川五岳四渎；而又遍祭于山川丘陵坟衍，古之圣贤之群神，以告己之受禅也。

"望于山川"大总之语，故知九州之内，所有名山大川、五岳四渎之属，皆一时望祭之也。《王制》云，名山大川，不以封，山川大，乃有名，是"名"、"大"互言之耳。《释山》云，泰山为东岳，华山为西岳，霍山为南岳，恒山为北岳，嵩高山为中岳。《白虎通》云，岳者何？桷（jué）也，桷考功德也。应劭《风俗通》云，岳者，桷考功德，黜陟也。然则，四方方有一大山，天子巡守至其下，桷考诸侯功德，而黜陟之，故谓之"岳"。《释水》云，江、河、淮、济为四渎。四渎者，发源注海者也。《释名》云，渎，独也，各独出其水，而入海也。岳是名山，渎是大川。故先言名山大川，又举岳渎以见。岳、渎之外，犹有名山大川，故言之属以包之。《周礼·大司乐》云，四镇、五岳崩，令去乐。郑云，四镇，山之重大者，谓扬州之会稽山、青州之沂山、幽州医无闾山、冀州之霍山，是五岳之外名山也。《周礼·职方氏》每州云"其山"、"其浸"。若雍州云"其川泾汭，其浸渭洛"。如此之类，是四渎之外大川也。言遍于群神，则神无不遍，故群神，谓丘陵坟衍，古之圣贤皆祭之。《周礼·大司乐》云，凡六乐者，一变而致川泽之祇；再变而致山林之祇；三变而致丘陵之祇；四变而致坟衍之祇。郑玄《大司徒》注云，积石曰山，竹木曰林。注渎曰，川水钟曰泽；土高曰丘；大阜曰陵；水崖曰坟；下平曰衍。此传举丘陵坟衍，则林泽亦包之矣。古之圣贤，谓《祭法》所云，在祀典者，黄帝颛顼句龙之类，皆祭之也。

## 2. 《书传》卷二

（宋）苏轼

（归善斋按，见上句）

## 3. 《尚书全解》卷二

（宋）林之奇

（归善斋按，见前句）

## 4.《尚书讲义》卷二

（宋）史浩

（归善斋按，见前句）

## 5.《尚书详解》卷二

（宋）夏僎

（归善斋按，见前句）

## 6.《增修东莱书说》卷二

（宋）时澜

（归善斋按，见前文"肆类于上帝"）

## 7.《尚书说》卷一

（宋）黄度

（归善斋按，见前句）

## 8.《絜斋家塾书钞》卷一

（宋）袁燮

（归善斋按，见前句）

## 9.《书经集传》卷一

（宋）蔡沈

（归善斋按，见前句）

## 10.《尚书精义》卷三

（宋）黄伦

（归善斋按，见前句）

## 11. 《尚书详解》卷二

（宋）陈经

（归善斋按，见前文"正月上日，受终于文祖"）

## 12. 《融堂书解》卷一

（宋）钱时

（归善斋按，见前句）

## 13. 《尚书要义》卷二

（宋）魏了翁

十六、望于山川，谓岳渎外，犹有名山大川。

《释山》云，泰山为东岳，华山为西岳，霍山为南岳，恒山为北岳，嵩高山为中岳。《释水》云，江、河、淮、济为四渎。四渎者，发原注海者也。岳渎之外，犹有名山大川，故言之属以包之。《周礼·大司乐》云"四镇五岳崩，令去乐"。郑云，四镇，山之重大者，谓扬州之会稽山，青州之沂山，幽州医无闾山，冀州之霍山，是五岳之外名山也。《周礼·职方氏》每州云其川、其浸，若雍州云，其川泾汭，其浸渭洛。如此之类，是四渎之外大川也。

（归善斋按，另见前文"正月上日，受终于文祖"）

## 14. 《书集传或问》卷上

（宋）陈大猷
（归善斋按，未解）

## 15. 《尚书详解》卷一

（宋）胡士行

望（望祭）于山（五岳）川（四渎），遍（皆祭）于群神（丘陵、坟衍、古之圣贤）。

五岳，岱（东）、衡（南）、嵩（中）、华（西）、恒（北）；四渎，江、河、淮、济。

## 16.《书纂言》卷一

（元）吴澄

（归善斋按，见前句）

## 17.《书集传纂疏》卷一

（元）陈栎

（归善斋按，见前句）

## 18.《读书丛说》卷二

（元）许谦

（归善斋按，见前句）

## 19.《书传辑录纂注》卷一

（元）董鼎

（归善斋按，见前句）

## 20.《尚书句解》卷一

（元）朱祖义

望于山川（山川既远，则望而祭之），遍于群神（以至祀典不载，皆遍及之）。

## 21.《尚书日记》卷二

（明）王樵

（归善斋按，见前句）

## 22.《御制日讲书经解义》卷一

（归善斋按，见前句）

## 《书蔡氏传旁通》卷一中

（元）陈师凯

群神，谓丘陵、坟衍、古昔圣贤之类。

《周礼·大司徒》"辨其山林、川泽、丘陵、坟衍、原隰之物"注云，积石曰山，竹木曰林，注渎曰川，水钟曰泽，土高曰丘，大阜曰陵，水涯曰坟，下平曰衍，高平曰原，下湿曰隰。愚谓，地有十等，蔡传止云丘陵、坟衍者。又按《小宗伯》"兆山川、丘陵、坟衍，各因其方"，山川，已见上文，故此止称丘陵、坟衍也。"古昔圣贤"者，《小宗伯》注云"三皇、五帝、九皇、六十四民，咸祀之"。愚谓，如《祭法》，有功烈于民者，皆是也。

## 《书义断法》卷一

（元）陈悦道

（归善斋按，见前句）

## 《尚书注考》

（明）陈泰交

"望于山川"，训"望而祭之故曰望"。"柴望秩于山川"，训"望""望秩以祀山川"。"惟二月既望"，训"日月相望。谓之望"。

## 《尚书稗疏》卷一

（清）王夫之

（归善斋按，见前句）

## 《尚书埤传》卷二

（清）朱鹤龄

（归善斋按，见前句）

## 《书义矜式》卷一

（元）王充耘

（归善斋按，见前文"在璿玑玉衡"）

## 《尚书七篇解义》卷一

（清）李光地

（归善斋按，见前句）

# 辑五瑞，既月，乃日觐四岳群牧，班瑞于群后

### 1.《尚书注疏》卷二

（汉）孔氏传，（唐）陆德明音义、孔颖达疏

辑五瑞，既月，乃日觐四岳群牧，班瑞于群后。

传：辑，敛；既，尽；觐，见；班，还；后，君也。舜敛公、侯、伯、子、男之瑞圭璧。尽以正月中，乃日日见四岳及九州牧监，还五瑞于诸侯，与之正始。

音义：瑞，乖伪反，信也。牧，牧养之牧，徐音目。

疏：告祭既毕，乃敛公、侯、伯、子、男五等之瑞玉，其圭与璧，悉敛取之，尽以正月之中，乃日日见四岳及群牧。既而更班所敛五瑞于五等之群后，而与之更始。见已受尧之禅，行天子之事也。

觐，见；后，君，《释诂》文。《释言》云，辑，合也。辑是合聚之义，故为敛也。日月食尽谓之"既"，是"既"为"尽"也。《释言》云，班，赋也。孙炎曰，谓布，与也。辑是敛聚，班为散布，故为"还"也。下云"班瑞于群后"，则知辑者，从群后而敛之，故云"舜敛公、侯、伯、子、男之瑞圭璧"也。《周礼·典瑞》云，公执桓圭，侯执信圭，伯执躬圭，子执谷璧，男执蒲璧。是圭璧，为五等之瑞，诸侯执之以为王者瑞信，故称瑞信。舜以朔日受终于文祖，又遍祭群神，及敛五瑞，则入月以多日矣。"尽以正月中"，谓从敛瑞以后，至月末也；"乃日日见四岳及九州牧监"，舜初摄位，当发号出令，日日见之，与之言也。州牧各监一州诸侯，故言监也。更复还五瑞于诸侯者，此瑞本受于尧，敛而又还之，若言舜新付之，改为舜臣，与之正新君之始也。

## 2. 《书传》卷二

（宋）苏轼

辑五瑞，既月，乃日觐四岳群牧，班瑞于群后。

辑，敛也。班，还也。五瑞，五玉也。公执桓（huán）圭，侯执信圭，伯执躬圭，子执谷璧，男执蒲璧。既，尽也。正月之末，尽。盖齐七政、类上帝，无暇日见诸侯。既月无事，则四岳、群牧，可以日觐矣。古者朝觐贽玉，已事则还之。故始辑而终班。

## 3. 《尚书全解》卷二

（宋）林之奇

辑五瑞。

敛五等诸侯之瑞也。按《周礼·王人》云"天子执瑁（mào）圭以朝诸侯"，郑康成云，名玉曰冒者，言德能覆盖天下也。诸侯始受命，天子锡以命圭，圭头斜锐，其冒当下斜刻之。其刻长短广狭如圭头。诸侯来朝，以圭授天子，天子以圭冒之刻处，冒此圭头。其小大相当，则是本所赐，其有不同，则圭是伪作，以是知诸侯信与不信，犹今之合符也。又曰，天子以瑁，冒天下之圭，则与公、侯、伯之圭等也。此瑁，惟冒圭耳，不得冒璧。璧亦称瑞。不知所以齐信。此说为尽。舜既居摄，辑诸侯所执之瑞以冒之，验其信伪，为之更始也。

既月，乃日觐四岳群牧。

既月，尽二月也。程氏云，既月，则四方诸侯至矣。远近不同，来者有先后，故以既月，而日日见之。非如常朝会期于一日也。此论甚当。四岳，则尽率方岳之诸侯；群牧，则各率其方之诸侯，以从四岳。犹《康王之诰》云，太保率西方诸侯入应门左；毕公率东方诸侯入应门右。盖于是，始见四方之诸侯也。

班瑞于群后。

言既已合符矣，于是颁而还之，使归其国也。唐孔氏谓，此瑞本受于尧，敛而又还之，若言舜新付之，今为舜臣，与之正新君之始。此说固是。然谓与之正始，则可；与之正新君之始，则不可。咸邱蒙曰，舜南面

而立，尧率诸侯北面而朝之。《孟子》曰，此非君子之言，齐东野人之语
也。尧老而舜摄也。《舜典》曰，二十有八载，放勋乃殂落，百姓如丧考
妣，三载四海遏密八音。孔子曰，天无二日，民无二王。舜既为天子矣，
又率天下诸侯，以为尧三年丧，是二天子矣。盖舜虽受终于文祖，其实摄
行天子之事，未尝正名以为新君。使舜正名以为新君，诸侯皆改为舜臣，
则将何以处尧乎？孔氏此言，正齐东野人之语。

## 4.《尚书讲义》卷二

（宋）史浩

辑五瑞，既月，乃日觐四岳群牧，班瑞于群后。

此舜作合符节之法也。辑，合也。公、侯、伯、子、男五等诸侯，皆
有所执之玉，即政之始，而合敛之。既，尽也。既月乃日，觐受命之后，
班于群后，以明天子之赐，而诸侯执之，安有不知所自者乎。后世帝王，
即政之始，不能班瑞，而使诸侯不知其命，维新者，是不法舜也。而可以
治乎？

## 5.《尚书详解》卷二

（宋）夏僎

辑五瑞，既月，乃日觐四岳群牧，班瑞于群后。

辑之，为言敛也。五瑞，五等诸侯之瑞玉也。舜既敛诸侯之五瑞，而
四方诸侯以舜居摄，来朝贺，远近不同，来有先后，故"既月乃日，觐四
岳群牧"。然"既月"说者不同。孔氏谓，尽正月中，乃日见四岳群牧。
林少颖以既月为二月。刘敞则谓，正月之明日，乃二月朔。陈少南因谓
之，既，尽也，尽一月，乃以是觐诸侯，亦谓二月朔也。三说不同，此皆
未尽。余谓三说，虽不同，然孔氏徒见下文言"二月东巡狩"，遂以"既
月"为正月，殊不知觐岳、班瑞，果在正月中，则其文当与辑五瑞相接，
不应加"既"、"月乃"二字。盖谓舜五载一巡狩，于其当巡之岁，故二
月往东巡守，五月南，八月西，十有一月朔，则自"岁二月"以下乃作
书者载舜巡狩之岁月，本不与上连文，不可泥此"二月"，即以"既月"
为"正月"也。况上文言正月受终于文祖，在璿玑玉衡，以至辑五瑞，

而后言既月乃日，觐四岳群牧而班瑞，实二月事也。但少颖谓尽二月之日，亦不可。盖觐岳、班瑞应用许多日。刘敞、陈少南谓二月朔，亦不可。盖舜摄位，四方诸侯远近不同，故闻有先后，而来贺必不能如他朝会，同于一日。余谓"既月"当为一句，"乃日觐四岳群牧"为一句。盖舜自正月受终，继而察玑衡，祭群神，辑五瑞，行是类事月既尽矣，乃于月尽之后日，觐见四岳群牧。既见群牧，乃还以其所辑之瑞，班而还之，使归于国。盖此瑞本与舜居摄，班还于诸侯，若舜亲授，故为舜臣，所以与之正始也。

## 6.《增修东莱书说》卷二

（宋）时澜
（归善斋按，见前文"肆类于上帝"）

## 7.《尚书说》卷一

（宋）黄度

辑五瑞，既月，乃日觐四岳群牧，班瑞于群后。

后，君也。群后，诸侯。周初，诸侯犹称后。四岳统群牧，敛公侯、伯、子、男之圭璧。岳、牧各统率之。既，尽；乃，有，继之辞。正月上日受终，尽其月，乃日日见岳牧与群后，而班瑞焉。班瑞，即"黄帝合符釜山"也。自后朝觐，皆行之见觐礼。

## 8.《絜斋家塾书钞》卷一

（宋）袁燮

辑五瑞，既月，乃日觐四岳群牧，班瑞于群后。

"辑"之为言，"集"也。新天子即位，五等诸侯皆纳其宝，逾月而后班还之，便如今节帅始莅事，僚属皆纳其印记相似。既月而后班，则此一月之内，必大加询访考察，方其始来见也，与之讲论。敷奏以言，即可见矣。而一月之内，询访考察其政治之得失，才德之高下，必实是一个人，足以君国子民者，然后归其瑞。如其不然，定不复班。夫诸侯之所以君其国者，以其有此宝也，执之足以君其国，一旦失之，何以君国。然则，诸侯于此，谁敢不益自勉。学者读书，观"在璿玑玉衡，以齐七政，肆类于上帝"，当想大舜之心是如何？观"辑五瑞"，亦当想当时诸侯之心是如何？想诸侯必惕然内惧，惟恐其有所不逮矣。

## 9. 《书经集传》卷一

（宋）蔡沈

辑五瑞，既月，乃日觐四岳群牧，班瑞于群后。

辑，敛；瑞，信也。公执桓圭，侯执信圭，伯执躬圭，子执谷璧，男执蒲璧。五等诸侯执之，以合符于天子，而验其信否也。《周礼》"天子执冒，以朝诸侯"，郑氏注云，名玉以冒，以德覆冒天下也。诸侯始受命天子，锡以圭。圭头斜锐，其冒下斜，刻小大、长短、广狭如之。诸侯来朝，天子以刻处，冒其圭头，有不同者则辨其伪也。既，尽；觐，见；四岳，四方之诸侯；群牧，九州之牧伯也。程子曰，辑五瑞，征五等之诸侯也。此已上皆正月事。至尽此月，则四方之诸侯有至者矣。远近不同，来有先后，故日日见之，不如他朝会之同期于一日。盖欲以少接之，则得尽其询察礼意也。班、颁同。群后，即侯牧也。既见之后，审知非伪，则又颁还其瑞，以与天下正始也。

## 10. 《尚书精义》卷三

（宋）黄伦

辑五瑞，既月，乃日觐四岳群牧，班瑞于群后。

无垢曰，辑有收敛之义。舜正月受终，乃察玑衡，乃类上帝，禋六宗，望山川，遍群神。又考验五瑞，一月之间，事已众矣。"既月乃"，尽正月也。于正月终日，觐四岳群牧。日觐者，引之使前，以新君即位，人情未洽，与之周旋款洽，使上下之情通，因以觐其德性，察其智识，询土风之异同，防民情之好恶，考人材之短长，称与不称，以待巡守而黜陟焉。既贤者，无可废置，乃班瑞而复之，使各安其位焉。又见舜之安静不扰，亹（wěi）亹乎，有垂衣拱手之象焉。其盛矣哉。

刘氏曰，收诸侯之圭瑞，还之王府，必俟二月朔颁之诸侯者，以新历数也。

## 11.《尚书详解》卷二

（宋）陈经

（归善斋按，见前文"正月上日，受终于文祖"）

## 12.《融堂书解》卷一

（宋）钱时

辑五瑞，既月，乃日觐四岳群牧，班瑞于群后。

止言群牧者，岂群牧来觐而诸侯不皆至欤？观"班瑞于群后"可见。若诸侯皆至，自当并言，侯牧不应独言群牧，而下文"班瑞"却言群后也。况五瑞，诸侯所执以见天子者。今未觐群牧，先辑五瑞，则是但敛而归之上，非诸侯执之以至明矣。舜既致告天地、鬼神，即敛五瑞，及群牧来觐之后，乃始班之。盖诸侯统属于群牧，群牧来觐，舜所以访问贤否，及政治之得失者，必有权度矣，非苟然辑之，又苟然班之也。五等圭璧，君上所赐。舜既摄政，宜有以正，大权之所自出。一辑一班，阳开阴阖，敛散予夺制之自我，使天下耸然，不敢自必，岂苟然也哉。

## 13.《尚书要义》卷二

（宋）魏了翁

五、既月，乃日觐岳牧，还五瑞与之正始。

"辑五瑞，既月，乃日觐四岳群牧，班瑞于群后"注，辑，敛；既，尽；觐，见；班，还；后，君也。舜敛公侯伯子男之瑞，归璧尽以正月中。乃日日见四岳及九州牧监，还五瑞于诸侯，与之正始。

十七、辑五瑞以还岳牧，若新付之。

舜以朔日受终于文祖，又遍祭群神，及敛五瑞则入月。以多日矣，尽以正月中，谓从敛瑞以后至月末也，乃日日见四岳及九州牧监。舜初摄位，当发号出令，日日见之与之言也。州牧各监一州诸侯，故言监也。更复还五瑞于诸侯者，此瑞本受于尧，敛而又还之，若言舜新付之，改为舜臣，与之正新君之始也。

### 14.《书集传或问》卷上

（宋）陈大猷

或问，程说曰觐四岳、群牧如何（程曰，既月，则四方诸侯至矣。远近不同来，有先后，故曰月见之，非如常朝期会于一日也）？曰，四岳，在朝之大臣。群牧不过十余人，所以曰觐者，非止为其来之不齐，盖数朝见，以图政也。林氏非唐孔氏正新君之说甚善，附见于此（林曰，唐孔氏谓，五瑞敛而还之，若言舜亲付之，改为舜臣，与之正新君之始。此说固善。然谓之正始则可，谓之正新君之始则不可。《孟子》言，舜相尧二十有八载，天无二日，民无二王，使舜正名为新君，将何以处尧乎？孔氏此说，盖进于《孟子》所谓齐东野人之语也）。

### 15.《尚书详解》卷一

（宋）胡士行

辑（敛）五瑞，既月（孔云，尽正月中。夏云，正月尽后），乃日（日日）觐（见）四岳（掌四方诸侯者）群牧（九州牧），班（以所敛玉颁还之也）瑞于群后。

五瑞：公桓圭，侯信圭，伯躬圭，子谷璧，男蒲璧。兹者，七政齐，既当天心，乃举祭礼也。人君之有天下，曰神，曰民而已。类至遍对神天也。天子不敢自有其天下，天之天下也。辑而班新，民听也。诸侯不敢自有其土，天子之土也。

### 16.《书纂言》卷一

（元）吴澄

辑五瑞，既月，乃日觐四岳群牧，班瑞于群后。

辑，敛也。瑞，玉也。《周官》典瑞，公执桓圭，侯执信圭，伯执躬圭，子执谷璧，男执蒲璧。执之以为符信，故曰瑞。既月，尽此月也。觐，见也。四岳，在朝之臣，统群牧者；群牧，九州之伯，统诸侯者。班，分也。群后，众国君也。程子曰，辑五瑞，征五等诸侯也。此上皆正月事。尽此月，则四方诸侯有至者，远近不同，至有先后，故每日接见。

岳牧率诸侯以见。见者，分还所辑之瑞与之，使之归国也。陈氏曰，自"正月上日"至此，述摄位初事。

## 17.《书集传纂疏》卷一

（元）陈栎

辑五瑞，既月，乃日觐四岳群牧，班瑞于群后。

辑，敛；瑞，信也。公执桓圭，侯执信圭，伯执躬圭，子执谷璧，男执蒲璧。五等诸侯执之，以合符于天子，而验其信否也。《周礼》"天子执冒以朝诸侯"，郑氏注云，名玉以冒，以德覆冒天下也。诸侯始受命，天子锡以圭，圭头斜锐，其冒下斜，刻小大、长短、广狭如之。诸侯来朝，天子以刻处冒其圭头，有不同者，则辨其伪也。既，尽；觐，见；四岳，四方之诸侯；群牧，九州之牧伯也。程子曰，辑五瑞，征五等诸侯也。此已上，皆正月事。至尽此月，则四方诸侯有至者矣。远近不同，来有先后，故日日见之，不如他朝会之同期于一日，盖欲以少接之，则得尽其询察礼意也。班、颁同。群后，即侯牧也。既见之后，审知非伪，则又颁还其瑞，以与天下正始也。

**纂疏**

语录：问，恐是王畿诸侯，辑敛瑞玉，是命圭合信，如点检牌印之属。曰，不当指杀王畿。如《顾命》太保率西方诸侯，毕公率东方诸侯。不数日，诸侯皆至，如此之速。陈氏大猷曰，类帝而下见，君受命于天；辑五瑞而下见，臣受命于君。

## 18.《读书丛说》卷二

（元）许谦

凡数，天子用十二，天地之极数也。自上公以降，则用九，以至于二，凡八等。君用其奇，而臣用其偶，阴阳之义也。故上公九，而侯伯七，子男五。天子之三公八，卿六，而大夫四。凡车旗、冠服、圭璧、器用，皆以此为节。上可以兼下，随所宜而用也。君则兼其奇，臣则兼其偶。

圭制，博三寸，厚半寸，上剡（yǎn）寸半，其长则随命数。惟天子之大圭，长三尺。盖天子之圭有二，搢（jìn）大圭，而执镇圭也。桓双植也，象宫室为桓楹，以宫室，须桓楹乃安。天子在上，得诸侯乃安。故桓圭有文，如重立状。桓或作瓛。信，直也。躬，曲也。信者，尊足，以侯外而蔽内；躬者，卑足，以长人而已。一说信圭之体直，躬圭之体曲。一说圭皆直，而瑑（zhuàn）人形于其上，信者直，而躬者曲。璧，则体圆而径五寸，肉倍好，则好一寸，而肉两旁，共四寸也。《礼》注疏曰，谷，所以养人；蒲为席，所以安人。故瑑为谷蒲之形为饰。又曰子男不执圭者，未成国也。圭者，天之用；璧者，天之体。尽其用者，必尽其体。得其体，未必尽其用。圭璧所以不同也。愚谓，子、男之国，止五十里，所以谓之未成国。圭，为天之用，其数奇也；璧，为天之体，其形圆也。

## 19.《书传辑录纂注》卷一

（元）董鼎

辑五瑞，既月，乃日觐四岳群牧，班瑞于群后。

辑，敛；瑞，信也。公执桓圭，侯执信圭，伯执躬圭，子执谷璧，男执蒲璧。五等诸侯执之，以合符于天子，而验其信否也。《周礼》"天子执冒以朝诸侯"，郑氏注云，名玉以冒，以德覆冒天下也。诸侯始受命天子，锡以圭，圭头斜锐，其冒下斜，刻小大、长短、广狭，如之。诸侯来朝，天子以刻处，冒其圭头，有不同者，则辨其伪也。既，尽；觐，见；四岳，四方之诸侯；群牧，九州之牧伯也。程子曰，辑五瑞，征五等诸侯也。此已上，皆正月事。至尽此月，则四方诸侯有至者矣。远近不同来，有先后，故日日见之，不如他朝会之，同期于一日。盖欲以少接之，则得尽其询察礼意也。班、颁同。群后，即侯牧也。既见之后，审知非伪，则又班还其瑞，以与天下正始也。

**辑录**

问，"辑五瑞，既月，乃日觐四岳群牧，班瑞于群后"，恐只是王畿之诸侯，辑敛瑞玉，是命圭合信，如点检牌印之属。如何？先生曰，不当指杀王畿，如《顾命》太保率东方诸侯，毕公率西方诸侯，不数日间，诸侯皆至，如此之速。人杰。觐是正君臣之礼较严，天子当依而立，不下堂而见诸侯。朝是讲宾主之礼，天子当宁而立，在路寝门之外，相与揖逊而入。《精语》。

**纂注**

陈氏大猷曰，类帝而下见，君受命于天；辑五瑞而下见，臣受命于君。陈氏曰，瑞玉，尧所赐也，舜敛而复班之。然是玉也，在尧则为尧赐，在舜则为舜赐矣。

## 20. 《尚书句解》卷一

(元) 朱祖义

辑五瑞（辑，敛，收聚五等诸侯所执之玉），既月（尽正月一月），乃日觐四岳群牧（乃日朝觐四岳群诸侯以观其能否），班瑞于群后（果皆贤，无所贬黜，然后以五瑞复还诸侯）。

## 21. 《尚书日记》卷二

(明) 王樵

"辑五瑞"至"班瑞于群后"，此代尧朝诸侯也。辑，敛也。瑞，符信也。此征召五等之诸侯，而谓之"辑五瑞"者，各执命圭璧为信，以合符于天子也。曰五瑞，则见合万国而皆至。曰辑，则见奉命于一人也。五瑞者，公执桓圭，侯执信圭，伯执躬圭，子执谷璧，男执蒲璧。双植，谓之桓。桓，宫室之象，所以安其上也。圭长九寸。信，伸也。躬，象人形少俯，皆七寸，而以直俯为辨。璧形圆，其中虚。谷，所以养人，蒲为席，所以安人，皆以为瑑（zhuàn）饰，皆径五寸。不执圭者，未成国也。礼，天子执冒以朝诸侯。冒，圭之冒也，冒下斜刻如圭，大小牉合不差，以合符也。既，尽；觐，见；四岳，四方之诸侯；群牧，九州之牧伯也。盖五瑞以正月辑，至尽正月，则群后以次而来，于是日觐四岳、群牧，不同期于一日，而日日见之者。顺其远近先后，以少接之，则得尽其询察，以知其方俗利弊之详尽。其礼，意以昭吾接遇绥怀之道也。此等既毕，乃班还其瑞与，天下正摄代之始焉。

## 22. 《御制日讲书经解义》卷一

辑五瑞，既月，乃日觐四岳群牧，班瑞于群后。

937

此一节书，是觐诸侯也。辑，敛也。五瑞，即五等诸侯所执之圭璧也。既，尽也。四岳，四方诸侯。群牧，九州牧伯。班，赐也。群后，即岳牧也。舜既摄位，不可不与天下正始，于是正月之内，先征召公、侯、伯、子、男五等诸侯，令其各执符瑞来朝。盖诸侯始封，天子授之圭璧以为瑞信，至朝见之时，乃合符于天子而验其真伪也。至正月尽闲，则四岳群牧，远近不同，先后而至，舜则日日见之。礼意既得曲尽，询察又得周详，既见之后，真知非伪，然后仍旧班还其瑞，使知封爵之等，昔固受之于尧，而统摄之权今固归之于舜与，天下正始，以示更新也。盖天子为百辟之主，必大权操之自上，而后礼乐、政刑归于一尊，爵赏予夺，定于一统。此圣人临御天下之要道也。

## 《尚书通考》卷三

（元）黄镇成

辑五瑞。

《周礼·大宗伯》以玉作六瑞，以等邦国。王执镇圭（尺有二寸）。公执桓圭，注云，公者，二王之后及王之上，公也。双植谓之“桓”。桓，宫室之象，须桓楹乃安。天子在上，须诸侯乃安，盖亦以桓为瑑（zhuàn）饰。圭长九寸。侯伯七寸，博三寸，厚半寸，剡上。左礼书云，桓强立不挠而以安上为义，故公圭瑑之。侯执信圭，七寸。伯执躬圭，七寸。注云，信当为身，身主躬圭，盖皆象以人形，为瑑饰，文有粗缛耳，欲其慎行以保身。陆农师《新图》云，信圭直，躬圭屈，为人形，误矣。子执谷璧。男执蒲璧。注云，谷所以养人，蒲为席，所以安人。二玉盖或谷为饰，或以蒲为瑑饰，皆径五寸，不执圭者未成国也。《尔雅》云，肉倍好谓之“璧”。此五等诸侯各执圭璧，朝于王及自相朝所用也。

又《典瑞》云，公执桓圭，侯执信圭，伯执躬圭。缫（读曰藻）皆三采三就。子执谷璧，男执蒲璧，缫皆二采再就。“以朝、觐、宗、遇、会、同于王”，注云，三采，朱白苍；二采，朱绿也。郑司农云，以圭璧见于王。《觐礼》曰，侯氏入门右坐，奠圭再拜稽首。侯氏见于天子，春曰朝，夏曰宗，秋曰觐，冬曰遇，时见曰会，众见曰同。缫有五采，文所以荐玉，木为中干，用韦衣而画之。就，成也，一匝为一就。贾释曰，圭

之广长，木板亦如之，然后用韦衣之，而画于上，一采为一匝，一匝为一
就。蒲谷之璧，缫藉之形，亦如之。采，以象德之文；就，以象文之成。
内刚外顺，于此可见矣。又有五采组绳以为系，上以玄为天下，以绛为
地，用以系玉，长尺藉玉不坠，因以为饰。

蔡氏曰，五等诸侯执之，以合符于天子，而验其信否也。《周礼》天
子执冒以朝诸侯。郑氏注云，名玉以冒，以德覆冒天下也。诸侯始受命，
天子锡以圭，圭头斜锐，其冒下斜，刻小大、长短、广狭如之。诸侯来
朝，天子以刻处冒其圭头，有不同者，则辨其伪也。

愚按，诸侯执玉以朝天子，天子以冒合之，以见爵命出于天子，而不可
二。又取德能冒下之义。至如《左氏》所载，邾子朝鲁执玉之事，其亦上
替下陵，又奚取于分符冒下之旨哉。而曰诸侯自相朝所用，吾不知其可也。

## 《书蔡氏传旁通》卷一中

（元）陈师凯

桓圭。

《周礼》疏云，桓，若屋之桓楹。桓，宫室之象，所以安其上也。四
植，谓之桓柱之竖者，竖之则有四稜也。桓圭，盖以桓为琢饰，长九寸。

信圭、躬圭。

《周礼》注云，信当作身，皆象，以人形为琢饰，欲其慎行保身，皆
长七寸。

谷璧、蒲璧。

《周礼》注云，谷所以养人，蒲为席所以安人。二玉盖以谷、蒲为琢
饰，皆径五寸。不执圭者未成国也。愚按，《大宗伯》云"七命赐国"，
子男五命，故云"未成国"也。

天子执冒。

《周礼》疏云，方四寸，邪刻之。

## 《读书管见》卷上

（元）王充耘

（归善斋按，见前文"受终文祖"）

## 《尚书疑义》卷一

（明）马明衡

辑五瑞者，非因舜正始而辑之，以验其伪与否也。当时，尧尚为天子，而舜特摄事耳，必以正始言之，于义未安。但舜既摄政，诸侯自当来见。诸侯执瑞以朝，天子执冒四寸以朝诸侯，乃常礼也。今诸侯既来见，则其辑五瑞者，亦礼之常耳，非谓舜以正始为重，凡事更新一番也。下文"巡守"、"协时月正日"之类，亦是巡守之常礼也。观大行人"七岁属象胥，谕言语，协辞命；九岁属瞽史，谕书名，听音声；十有一岁，达瑞节，同度量，成牢礼，同数器，修法则"之类，皆是一定之制。

四岳群牧，是东西南北四岳之群牧也。群后，即群牧之后也。上文所咨四岳，是必在朝统领四岳之事者，或四人或二人，其数皆不可知，然必不止一人也。故遂以四岳名官，与此四岳连群牧言之不同。

## 《尚书注考》

（明）陈泰交

"辑五瑞"，训"辑""敛"。"辑宁尔邦家"，训"辑""和"。"班瑞于群后"，训"班、颁同"。"班师振旅"训"班还"。

## 《尚书疏衍》卷二

（明）陈第

辑五瑞。

愚谓，理道可千载而互思，制度不可异时而悬断。孔子曰"多闻阙疑""吾犹及史之阙文也"，旨哉言矣。故五瑞、五礼、五玉、三帛、二生、一死，五器之类，《虞书》未尝悉数其目也。汉儒悉以周制当之，虽其意不远，而其事则非。故《礼》曰，鸾车，有虞氏之路也；钩车，夏后氏之路也；大路，殷路也；乘路，周路也。有虞氏之旂，夏后氏之绥，殷之大白，周之大赤。泰，有虞氏之尊也。山罍（léi），夏后氏之尊也；著，殷尊也；牺象，周尊也。有虞氏瓦棺，夏后氏堲周，殷人棺椁，周人墙置翣。又曰，五帝殊时不相沿乐；三王异世不相袭礼。又曰，圣人南面而治天下，必自人道始矣。立权度量，考文章，改正朔，易服色，殊徽号，异器械，别衣服，此其所得与民变革者也。其不可得变革者，则有矣。亲亲也，尊尊也，长长也，男女有别也，此其不可得与民变革者也。剖判古今，胪（lú）列度数，亦云辨矣。今解经者，于五瑞，则曰，公执桓圭，侯执信圭，伯执躬圭，子执谷璧，男执蒲璧，据《周礼》典瑞之文也。于五礼，则曰，吉、凶、军、宾、嘉，据《周礼·宗伯》之文也。于三帛，则曰，诸侯世子执纁，公之孤执玄，附庸之君执黄，据《周礼·典命》之文，而增其帛之色也。二生、一死，则曰，卿执羔，大夫执雁，士执雉，据《周礼·六挚》之文，而去其孤执皮帛，庶人执鹜，工商执鸡也。是言周制则备，而于《虞书》岂其持符节合乎？且虞之职官，有百揆，有四岳，有司空，有后稷，有司徒，有士，有工，有虞，有秩宗，有典乐，有纳言，外有十二牧，与周之六卿，分职各率其属者不同也，况于礼乐制度乎？然则，必何如而后可？曰，存狐疑之意于稽古之中。五瑞则曰，若《周礼》公执桓圭等之数；五礼则曰，若《周礼》吉、凶、军、宾、嘉之类，是能达乎四代，所以异同，而传信传疑，庶其是矣。然此犹就《周礼》可据者言之也。若五玉所以为贽，五器所以行礼，似与五瑞不同。今解者曰，五玉，即五瑞；五器，即五玉。夫瑞者，天子之命圭，诸侯所世守。前既辑而班之矣，又名之为玉、为器，不几于复乎？《周礼》，以玉作六器，以礼天地四方；以苍璧，礼天；以黄琮，礼地；以青圭，礼东方；以赤璋，礼南方；以白琥，礼西方；以玄璜，礼北方。虞制未必同也。愚谓，读《虞书》者，在得其君臣之精神，所以运量民物，而鼓舞元化者，可贵也。若夫器数之类，知之，无能为益；不知，无能为损，阙之可矣。《诗》曰"我思古人，实获我心"。

## 《尚书广听录》卷一

（清）毛奇龄

五瑞，为公侯伯子男所执之圭璧，与《周礼》典瑞文同。五礼，为吉、凶、军、宾、嘉，与《周礼·宗伯》文同。二生、一死，为卿执羔，大夫执雁，士执雉，与《周礼》六挚文同。说者遂谓此是以《周礼》解虞礼，而陋学纷起，并谓古自有五瑞、五礼及生死等物，并非此数。予谓此皆不读书人所言。向使此注出于马融、郑玄，诸儒则所据者是《周礼》，此注出于安国，则所据者是真正虞礼。何则，以安国不曾见《周礼》也。《周礼》出于武帝末，裁经进献，而国家多事，遽收入秘府。虽五家礼儒，尚不得见，他儒亦安从见之？是以西汉学人，并无一语一字及《周礼》者。至汉成校书，始颁于世。安国作书传，则正当汉武末《周礼》秘藏之际。其偶与《周礼》同者，必《尚书》旧来原有是说。斯时去古未远，得以袭入。此正见唐虞典礼，与三代同，亦正见《周礼》一书犹得存前代之旧，互相照证。而不读书人反攻以为伪，亦可憾矣。是以正义所疏，皆《周礼》原文，而安国所传，则其义与《周礼》同，而其文并异，此亦不袭《周礼》之一验耳。

若谓唐虞有四岳、九官、十二牧诸名，并无五等公侯之爵，不当以公侯圭璧，妄释五瑞，则"望秩山川"，安国亦即以五岳视三公，四渎视诸侯为解。其时《周礼》、《礼记》俱未出也，此必古来释文如是矣。盖虞廷二十二人，皆六官之列，而五爵通于邦国，当在州十二牧之外，安见当时群牧不即以五等列封爵者？观其曰"班瑞群后"，又曰"肆觐东后"，则群牧之下，已皆称后。既称后，则五等爵矣。是以《帝王世纪》云，帝挚封异母弟放勋为唐侯。《国语》称鲧封于崇，为崇伯。《尚书》逸篇谓，尧子不肖，舜使居丹渊，为诸侯。则侯、伯封爵，早有明证，谁谓始《周礼》乎？

况《周礼》典瑞、典命诸文，在《大戴礼·朝事篇》有之，原杂参前代之礼。故三帛在《周礼》亦有诸侯世子、公之孤执皮帛二物。而惟帛无色，孔传直注以缥玄黄三色，此皆据《朝事篇》文，明有所受。是以王肃注此，亦有诸侯适子执缥，公之孤、卿执玄，附庸执黄之说，此正虞礼与周礼相表里者。

只五瑞、五玉似有分别。周礼六瑞、六挚，原属两事。瑞是天子所颁，故辑以为信玉，是诸臣所将，故执以行礼。五瑞是瑞，五玉是贽，似不可溷。但六瑞不及卿、大夫、士，以非五等也。六挚竟不及公、侯、伯、子、男，只以孤、卿、附庸及诸侯世子为言，岂五等不当贽与？按《春秋》，相见皆以五瑞为执见之礼，则即此五瑞，原可为贽。如《左传》，郊子执玉高其容仰，鲁侯执玉卑其容俯。奉圭、秉璧，此并非朝觐辑瑞时也。是以《周礼》于六瑞、四圭、二璧之后，直接六挚，谓挚同此瑞，而于典瑞职云，执此五瑞，以朝觐、宗遇、会同。诸侯相见，亦如之。则明以此圭璧之瑞，作相见礼矣。若近代儒者，又有引《礼》注五等，享天子用璧，享后用琮，大小各如其瑞。诸侯相享之玉，大小各降其瑞一等，以明别有五玉，不是五瑞。然此是享玉，非相见执玉也。《典瑞》曰，诸侯相见，而此曰诸侯相享，可误用耶？

乃蔡传遵朱元晦说，改本文"五玉、三帛、二生、一死贽"移之"如五器"之下，"卒乃复"之上，则于经文，"五玉、三帛、二生、一死贽，如五器卒乃复"一十五字相仍解释，为不通矣。

经文谓东后来觐者，凡玉帛、生死一齐来贽，但玉则礼毕还之，余不还耳。此与《聘义》已聘而还其圭璧礼同，盖器即是玉。《典瑞》，掌玉器之藏，大宗伯职，以玉作六器。《聘礼》以圭、璧、璋、琮为四器。"如五器"者，"如"语词，谓若是五器也。自蔡传，割截"如五器"三字，则于"卒乃复"句，不得不以礼毕而复还，故所为解夫以一岁周四岳。而必一岳一还朝，则于时有不给。若以后岳还前岳，则于事理又未通。且"归格艺祖"，明云巡毕始归，此时未复也。如曰又至一岳名复，则前行非反步也；如曰诸侯复去，则以东后觐东岳，行不出境未可言复，且诸侯可先去乎？

## 《尚书埤传》卷二

（清）朱鹤龄

辑五瑞。

陈第曰，五瑞及五礼、三帛、二生之类，汉儒悉以周制当之，虽其意不远，而其事无稽。当于释义之中寓存疑之意。五瑞则曰，若《周礼》，公执桓圭，侯执信圭等之类。五礼则曰，若《周礼》吉、凶、军、宾、嘉。

## 《书经衷论》卷一

（清）张英

（归善斋按，见前文"肆类于上帝"）

### 《尚书大传》卷一

（清）孙之騄辑

古者，圭必有冒（一作瑁），言下之必有冒，不敢专达也。天子执冒（瑁），以朝诸侯，见则覆之，故冒圭者，天子所与诸侯为瑞也。瑞也者，属也，无过行者，得复其圭，以归其国。有过行者，留其圭；能改过者，复之。三年，圭不复，少黜以爵；六年，圭不复，少黜以地；九年，圭不复而地毕削。此谓诸侯之于天子也，义则见属，不义则不见属（《周礼疏》《白虎通》及《山堂考索》）。

郑玄曰，君恩覆之，臣敢进。

### 《尚书七篇解义》卷一

（清）李光地

辑五瑞，既月乃日，觐四岳群牧，班瑞于群后。

言朝觐之事也。乃日读断，言以次辑瑞，至于既月则来者齐矣，乃择日以觐之而班瑞焉。

## 岁二月，东巡守，至于岱宗，柴

### 1. 《尚书注疏》卷二

（汉）孔氏传，（唐）陆德明音义、孔颖达疏

岁二月，东巡守，至于岱宗，柴。

传：诸侯，为天子守土，故称守。巡，行之。既班瑞之，明月，乃顺春东巡。岱宗泰山，为四岳所宗，燔柴祭天，告至。

音义：巡，似遵反，徐养纯反。守，诗救反，或作狩。岱音代，泰山也。柴，士皆反。《尔雅·祭天》曰燔柴。马曰，祭时，积柴加牲其上而燔之。行，下孟反。燔，扶袁反，又扶云反。

疏：正义曰，舜既班瑞群后，既以其岁二月，东行巡省守土之诸侯。至于岱宗之岳，燔柴告至。

传正义曰，王者所为巡守者，以诸侯自专一国，威福在己，恐其拥遏上命，泽不下流。故时自巡行，问民疾苦。《孟子》称，晏子对齐景公云，天子适诸侯曰巡守。巡守者，巡所守也。是言天子巡守，主谓巡行诸侯，故言诸侯为天子守土，故称守，而往巡行之。定四年《左传》祝鮀（tuó）言，卫国取相土之东都，以会王之东搜。搜，是猎之名也。王者因巡诸侯，或亦猎以教战。其守，皆作"狩"。《白虎通》云，王者所以巡守者也。巡者，循也。狩者收也，为天子循收养人。彼因名以附说，不如晏子之言得其本也。正月班瑞，二月即行，故云既班瑞之，明月乃顺春东巡。春位在东，故顺春也。《尔雅》泰山为东岳。此巡守至于岱。岱之与泰，其山有二名也。《风俗通》云，泰山，山之尊者，一曰岱宗。岱，始也。宗，长也。万物之始，阴阳交代，故为五岳之长。是解岱即泰山，为四岳之宗，称岱宗也。《郊特牲》云，天子适四方先柴。是燔柴为祭天告至也。

《尚书注疏》卷二考证

至于岱宗，柴。

朱子曰，注家以"至于岱宗柴"为句，某谓当以"柴望秩于山川"为句。如"柴望大告武成"。《汉·郊祀志》亦云"柴望秩于山川"。臣召南按，传云燔柴祭天告至，则是"至于岱宗（句）柴（句）望秩于山川（句）"，于义自通。

## 2. 《书传》卷二

（宋）苏轼

岁二月，东巡守，至于岱宗，柴。

巡守者，巡行诸侯之所守也。岱宗，泰山也。柴，燔（fán）柴祭天，告至也。

## 3. 《尚书全解》卷二

（宋）林之奇

岁二月，东巡守。

孔氏云，既颁瑞之明月，乃东巡。此说不然。据上文云"正月上日，受终于文祖。在璿玑玉衡，以齐七政，肆类于上帝，禋于六宗，望于山川，遍于群神，辑五瑞"，而后曰"既月乃日，觐四岳群牧，颁瑞于群后"，则是，觐岳牧而颁瑞者，二月之事也。孔氏于觐岳牧颁瑞，以为尽正月内，故以此，既颁瑞之明月。夫苟颁瑞，果在正月中，则其文当与辑五瑞相接，何须更加"既月乃"三字。曾氏知其说不通，遂为之说曰，觐岳牧颁瑞二月之事也。而此须言正月者，正朔三而改。尧正丑，舜正子。舜未改尧正，则载二月者，正之二月也。犹《周官·凌人》言"正岁十有二月"同意。此说虽顺经文，然改正朔之事，出于周时。唐、虞、夏之世，惟以建寅为正，非有岁与年之异。若《周礼》之所言也，曾氏之说亦不可为据。窃谓，岁二月者，来岁之二月，故加"岁"一字于其中。盖前一年群后来朝，故至明年，舜乃巡狩，考制度于四岳，非与觐岳牧颁瑞同在一年之中。"岁二月东巡狩"，狩者，巡诸侯之所守也。必以岁二月东巡者，朱博士曰，天子巡守，必顺阴阳之气以出入。春则之乎东；夏则之乎南；秋则之乎西；冬则之乎北。而又以地言之，自东徂南，自南徂西，自西徂北，然后自北而归京师，亦其理也。此说尽之。

至于岱宗，柴。望秩于山川。

岱者，东岳，泰山之别名也。以其为四岳之长，故谓之曰岱宗。柴者，燔柴祭天，以告至也。既柴而望秩其序然也。《时迈》之诗曰"巡狩告祭柴望也"，盖巡狩之礼如此。"望秩于山川"者，望于山川而必秩之者，盖有当祭而不祭者，有不当祭而祭者，与其品位之高下，牲礼之厚薄，莫不各得其所也。

## 4. 《尚书讲义》卷二

（宋）史浩

岁二月，东巡狩，至于岱宗，柴，望秩于山川，肆觐东后，协时月正日，同律度量衡，修五礼、五玉、三帛、二生、一死贽。如五器，卒乃复。

此舜作率诸侯之法也。天子适诸侯曰巡狩。"巡狩"者，巡所守也，无非事者。盖巡狩者，天子有事于四方，所以省方观民设教也。舜不待稍久而遽出者，知国家之纲纪有在于是，岂不谓之急先务乎。舜都平阳，而二月远至东岳者，春行东方，不敢紊也。岱宗，泰山也。燔柴而祭天，告至也。望而秩于山川，遂觐东方之诸侯。"协时月正日"，所以一正朔也。同律，十二律也。度，丈尺也。量，斗斛也。衡，权衡也。所以齐不齐也。修五礼，吉、凶、军、宾、嘉也。五玉，五瑞也。三帛，即纁、玄、黄也。二生，羔、雁也。一死，雉也。诸侯各以其等而行赘见之礼也。五器，五瑞也。执而归之天子，毕礼则复还之也。舜以是而率诸侯，诸侯敢不虔恭而奉命乎？后世帝王，于即政之始，不知考礼正刑一德，以自尊者，是不法舜也，而可以治乎？

## 5.《尚书详解》卷二

（宋）夏僎

岁二月，东巡守，至于岱宗，柴，望秩于山川，肆觐东后，协时月正日，同律度量衡。修五礼、五玉、三帛、二生、一死赘。如五器卒乃复。

"岁二月，东巡守"，二孔皆谓舜既班瑞于群后，即以其岁二月东巡守，省守土之诸侯。此说不然。盖上文觐岳、班瑞，乃二月事。前于"既月"解辨之详矣。觐岳、班瑞既为二月事，此则二月不应为当年二月事。少颖以此二月加"岁"字于中，乃岁之二月，盖前一年群后来朝，故至明年，舜乃巡守考制度于四岳。此说虽顺经文，而经无明文，又安知岁二月为明年之二月哉。盖经但云岁二月，未尝言来岁之二月，岂可直指此岁字为来岁乎？余谓舜之居摄，先既辑，当次之班瑞。自是之后，必有一岁，往巡狩四方。故此直云岁二月东巡守必是居摄之后，于中有一岁二月巡东，五月巡南，八月巡西，十一月巡北也。岱宗，唐孔氏谓，岱之与泰，其山有二名。引《风俗通》云泰山，山之尊也。一曰岱宗，其说以泰宗，即泰山也。舜既巡狩，故先王东岳之下燔柴祭天以告至。既燔柴祭告至，乃望祭山川。而秩者，盖有当祭而不祭者，有不当祭而祭者，与其品位之高下，牲礼之厚薄莫不各有其序，故山川不可不尽其秩序也。舜既燔柴告天，望祭山川，即于东岳之下，遂见东方之诸侯，而与之考制度。自"协时月正日"以下，皆考制度之事也。孔氏谓"协时月正日"，合时之节气，月之大小，日之甲乙，使齐一也。盖古者，天子、诸侯国，皆有掌历之官，天子历官，主颁朔于诸侯，若尧之命羲和四子是也。诸侯则不得自为正，乃受历于天子，还以天子之历颁受其民。故尧命羲和四子定律类，既颁朔于诸侯矣。至舜居摄，恐诸侯国异或不齐同，故因巡守，而协之。"协之"为言"合"也。盖以王朝之正朔，考而合之。然"时、月"言"协"，而"日"言"正"者，盖时之差，常起于日之不正，故日，尤不可不正也。时、月、日，既协而正之，则历法定矣。历法既定，然后律度衡量可考而知焉。盖度量衡生于律，而律之十二又生乎历之十二辰。班孟坚《律历志》云，推历、生律、制器，规圆矩方，权重衡平，准成度量，探赜索隐，钩深致远，莫不用焉。则律度量衡，实本于历矣。律度量衡，既本于历，则舜于巡狩之际，欲"同律度量衡"，所以必先"协时月正日"欤。同之如何？盖考而校之，使远近内外，均同如一也。既同律度量衡，于是又修吉凶军宾嘉之五礼，欲礼乐征伐自天子出焉。盖礼，随时损益，久而不修，必有偏而不起之处。故巡狩之际，所以修之五玉、三帛、二生、一死贽者，巡防于四岳之下，觐诸侯，考正制度。故五等诸侯与其国之卿大夫士，各以其所执之玉帛、生死，以贽见于天子。郑玄谓，贽之言致，所执以自致也。此说是也。但孔氏以五帛连上修五礼之文。唐孔氏谓，不言修者，蒙上之修字。此说不然。夫礼，固有因革捐益，谓之修可也。五等诸侯，执圭璧来朝，不过正品秩而已，何修之有。张横渠以修五礼为一句。今按《周礼》，典命虽只云诸侯之适子，未誓于天子，以皮帛继子男。公之孤，四命以皮帛，眡小国之君。窃意，孔氏亦有所据，但不知出何书。二生，谓卿执羔，大夫执雁是也。一死，谓士执雉是也。郑玄谓，羔，取其群而不失其类；雁，取其候时而不知其形；雉，取其守死而不失其节。恐或如此。至林少颖，则所谓贽之物，量其贵贱轻重，以寓其等差，非有义理于其间。王氏曲生义训，穿凿之甚，皆无取焉。夫既云五玉、三帛、二生、一死贽，又加"五器卒乃复"者，盖三帛、二生、一死，天子受之，惟五玉，礼终则复还诸侯。程氏谓，诸侯尊而至重，已觐复还其玉，所以礼答列辟。此说是也。按《聘义》云，聘，重礼也，已聘而还圭璋，轻财重礼也。此虽主于聘礼，窃意朝礼亦然。又按《周礼·司仪》云，诸公相见为宾，还圭将币之仪，是圭璧皆还之也。士相见礼，大夫以下见国君之礼。若他邦之人，则使摈者还贽；已臣，皆不还其贽。是三帛、二生、一死，则不还也。又按《周礼·膳夫》云，凡祭祀致福者，受而膳之。以贽见者，亦如之。郑司农注云，以羔雁雉见者亦受，以给王膳。则三帛、二生、一死，不还也明矣。河南刘敞，不深求其故，乃谓五器为吉、凶、礼、乐、戎器。陈少南和之，乃谓如同也。巡狩之时，同吉、凶、礼、乐、戎器，巡狩既毕，乃自方岳反还。盖谓巡狩，既修五礼，又修五玉，又修三帛，又修二生、一死。至此，又同五器卒事乃复还。此皆徒见前言五瑞，又云五玉，又云五器，辞异如此，遂生分别，不足取也。程氏谓，五器即五瑞，五瑞即五玉。以其物言，则曰玉；以其宝言，则曰瑞；以其形言，则曰器。此说是矣。

## 6. 《增修东莱书说》卷二

（宋）时澜

岁二月，东巡守，至于岱宗，柴，望秩于山川。肆觐东后，协时月正日，同律度量衡。修五礼、五玉、三帛、二生、一死贽。如五器，卒乃复。

"东巡守"以下，至"遏密八音"以前，皆史官杂载舜摄位二十八年中之事。大抵即位之初，政令不可不一与之更始，此乃圣人鼓舞天下常新之道也。五器，即五玉也。三帛、二生，微物也，故受之。五玉，乃群臣所执之物，不可废者，故复之。时日月，易于迁移；法度，易于弛玩。必时时协之、同之，则常新而无弊。《易》曰"通其变，使民不倦；神而化之，使民宜之"，此其义也。观"卒乃复"之意，见诸侯不敢私有爵土。又观"至于岱宗，柴，望秩于山川"之意，见舜亦不敢私有其天下。盖唐、虞君臣，皆不认天下为己有，故无一不出于至公。"岱宗，柴"至"卒乃复"，皆即位初规模，想尧时亦然，舜则因之。

## 7. 《尚书说》卷一

（宋）黄度

岁二月，东巡守，至于岱宗，柴，望秩于山川，肆觐东后，协时月正日，同律度量衡。修五礼、五玉、三帛、二生、一死贽。如五器，卒乃复。五月南巡守，至于南岳，如岱礼。八月西巡守，至于西岳，如初。十有一月朔巡守，至于北岳，如西礼。归，格于艺祖，用特。五载一巡守，群后四朝，敷奏以言，明试以功，车服以庸。

孔氏曰"律，法制"，非也。度、量、衡，皆生于律，与历通。后世历犹有传律无传矣，故历亦难精。律、历本一学。同律，为考乐也。东岳，岱，即泰山，在今袭庆府乾封县。南岳衡山，在潭州湘潭县。西岳华山，在华州华阴县。北岳恒山，在定州曲阳县。王文中子曰，舜巡守一岁遍历四岳，仪卫简而征求寡也。至周改为十二载，事稍繁矣。然成王作洛，宣王会诸侯于东都，亦未见一岁遍巡也。敷奏、明试，《大行人》春朝图事，秋觐比功，夏宗陈谟，冬遇协虑，本此。《史记》黄帝东至海，西至空同，南至江，是为巡守事。如舜巡守，正为观省诸侯职业，将行黜陟。五载一巡，三考再巡，则功罪皆见。巡守制度，至此始详。

## 8. 《絜斋家塾书钞》卷一

（宋）袁燮

岁二月，东巡守，至于岱宗，柴，望秩于山川，肆觐东后，协时月正日，同律度量衡。修五礼、五玉、三帛、二生、一死贽。如五器，卒乃复。

前面是诸侯朝天子，此是天子巡守诸侯。岱宗，泰山也。柴，焚柴而祭也。巡守方岳，亦必且先祭天。"望秩于山川"，望于山川也。此即是"肆类于上帝"等事。前内事，此外事也。"协时月正日"，"时"谓春、夏、秋、冬四时也。月，十二月也。度、量、衡，皆起于律。律同，则度、量、衡皆同矣。律起于黍，以黍之长短而为度，以黍之多寡而为量，以黍之轻重而为衡。自唐以后，律既亡，所谓度、量、衡者，皆意为之，而亦参差不齐矣。夫诸侯禀命于天子，所谓时、月、日、度、量、衡，不容有毫厘之异。故当巡守之际，而协之、正之、同之。凡此者，所以一人心也。此即春秋大一统之义。六合同风，九州共贯也。若使天下诸侯各自为正朔，各自为度、量、衡，则国异政，家殊俗，变风、变雅之所由作也。天无二日，民无二王，家无二主，尊无二上。苟国自为政，则所谓尊者不胜其多矣。协时月正日，同律度量衡，古人此意甚深远。其所以巡守，无非是理会事，故曰"天子适诸侯曰巡守"。巡守者，巡所守也。诸侯朝于天子曰"述职"。述职者，述所职也，无非事者，甚么不是理会事。五礼，吉、凶、军、宾、嘉是也；五玉，公执桓圭，侯执信圭，伯执躬圭，子执谷璧，男执蒲璧是也；三帛，诸侯世子执纁，公之孤执玄，附庸之君执黄；二生卿执羔，大夫执雁；一死，士执雉是也。以为贽，故曰"贽"。与之整顿，教他皆合道理，故曰修。"修五礼"当绝句。"如五器，卒乃复"，五器，即五玉也，已事而还之也。三帛、二生、一死，则不复焉。诸侯执此宝，然后可以治其国，故卒乃复。此固是一义，然读古人书，不可专于一义。《记》曰，已事而还圭璋，此轻财重礼之义也。虽是诸侯欲执之，以君其国。然轻财重礼之义，亦在其中。

## 9. 《书经集传》卷一

（宋）蔡沈

岁二月，东巡守，至于岱宗，柴，望秩于山川，肆觐东后，协时月正日，同律度量衡。修五礼、五玉、三帛、二生、一死贽。如五器，卒乃复。五月南巡守，至于南岳，如岱礼。八月西巡守，至于西岳，如初。十有一月，朔巡守，至于北岳，如西礼。归，格于艺祖，用特。

《孟子》曰，天子适诸侯，曰巡守。巡守者，巡所守也。岁二月，当巡守之年二月也。岱宗，泰山也。柴，燔柴以祀天也。望，望秩以祀山川也。秩者，其牲币祝号之次第。如五岳，视三公；四渎，视诸侯。其余视伯子男者也。东后，东方之诸侯也。时，谓四时；月，谓月之大小；日，谓日之甲乙。其法，略见上篇。诸侯之国，其有不齐者，则协而正之也。律，谓十二律，黄钟、太簇、姑洗、蕤宾、夷则、无射、大吕、夹钟、仲吕、林钟、南吕、应钟也。六为律，六为吕，凡十二。管皆径三分有奇，空围九分。而黄钟之长九寸。大吕以下，律吕相间，以次而短，至应钟而极焉。以之制乐，而节声音，则长者声下，短者声高。下者，则重浊而舒迟；上者，则轻清而剽疾。以之审度，而度长短，则九十分黄钟之长。一为一分，而十分为寸，十寸为尺，十尺为丈，十丈为引。以之审量，而量多少，则黄钟之管，其容子谷秬黍中者，一千二百以为龠，而十龠为合，十合为升，十升为斗，十斗为斛。以之平衡而权轻重，则黄钟之龠，所容千二百黍，其重十二铢。两龠，则二十四铢为两，十六两为斤，三十斤为钧，四钧为石。此黄钟所以为万事根本。诸侯之国，其有不一者，则审而同之也。时、月之差，由积日而成，其法则先粗而后精。度、量、衡受法于律，其法则先本而后末。故言正日，在协时月之后；同律，在度量衡之先，立言之叙，盖如此也。五礼，吉、凶、军、宾、嘉。修之所以同天下之风俗。五玉，五等诸侯所执者，即五瑞也。三帛，诸侯世子执纁，公之孤执玄，附庸之君执黄。二生，卿执羔，大夫执雁。一死，士执雉。五玉、三帛、二生、一死，所以为贽而见者，此九字当在"肆觐东后"之下，"协时月正日"之上，误脱在此。言东后之觐，皆执此贽也。如五器，刘侍讲曰，如，同也。五器，即五礼之器也。《周礼》六器六贽，即舜之遗法也。"卒乃复"者，举祀礼，觐诸侯，一正朔，同制度，修五礼，如五器，数事皆毕，则不复东行，而遂西向，且转而南行也，故曰"卒乃复"。南岳衡山，西岳华山，北岳恒山。二月东，五月南，八月西，十一月北，各以其时也。格，至也，言至于其庙，而祭告也。艺祖，疑即文祖。或曰文祖，艺祖之所自出，未有所考也。特，特牲也，谓一牛也。古者，君将出，必告于祖祢；归又至其庙而告之。"孝子不忍死其亲，出告反面"之义也。《王制》曰"归格于祖祢"，郑注曰，祖下及祢，皆一牛。程子以为但言艺祖，举尊尔，实皆告也。但止就祖庙，共用一牛，不如时祭，各设主于其庙也。二说未知孰是，今两存之。

## 10. 《尚书精义》卷三

（宋）黄伦

岁二月，东巡守，至于岱宗，柴，望秩于山川，肆觐东后，协时月正日，同律度量衡。修五礼、五玉、三帛、二生、一死贽。如五器，卒乃复。五月南巡守，至于南岳，如岱礼。八月西巡守，至于西岳，如初。十有一月朔巡守，至于北岳，如西礼。归，格于艺祖，用特。

伊川曰，自"岁二月"已下，言巡守之事，非是当年二月便往，亦非一岁之中，遍历五岳也。

范氏曰，古者，天子巡守至于方岳，必告祭柴望，所以尊天，而怀柔百神也。后世学礼者，失其传。而诸儒之谄谀者，为说以希世主。谓之封禅，实自秦始，古无有也。且三代不封禅而王，秦封禅而亡，人主不法三代，而法秦，以为太平盛事，亦已谬矣。

胡氏曰，孔子云，谨权量，审法度，四方之政行焉。夫政事出于法度，而法度出于权量。宫室舟车之制，衣服器用之等，分田制禄之限，敛财用物之法，未有舍度数而能定者。其同律度量衡，为是故也。则知"协时月正日，同律度量衡"者，所以齐政事也。又曰，昔者，君子比德于玉焉。而玉者，天下莫不贵有道之象，故人君执焉。然天子用全，公用龙，侯用瓒，伯用将。至于子男，则二玉，而二玉道德之杀也。然皆以其贵美者若之，故曰五玉。《小行人》曰成六瑞，王用镇圭，公用桓圭，侯用信圭，伯用躬圭，子用谷璧，男用蒲璧。以其为用者命之，故又皆曰五器。辑之则皆有所命验，故曰瑞；贽则自有其美，故曰玉；还之则不废其用，故曰器，所以备其名也。

荆公曰，岁月日时之所能齐，律度量衡之所能一，先王详而谨之。故居，则"历象日月星辰"；出，则"同律度量衡"，而天下治。

无垢曰，二月东巡，五月南巡，八月西巡，十有一月朔巡，盖随天道运行，而合春分、夏至、秋分、冬至之节，以有事也。天道一变而运于上，君道一变而运于下。天人交际，辅相裁成，弥纶范围于不言之中，而四时成矣，万国宁矣。诸侯之贤不肖，风俗之媺（měi）恶，土地之有无，民情之好尚，无不知矣。参稽审证，立一代新政，为群圣祖，为后世法，则是行也，岂固为是逸游哉。及其归也，以一特牛，告至于艺祖之庙，以见舜之为是巡守者，盖奉祖宗之命以行。其出入往来无不以祖宗为念，而非出于私意也。然而，巡守，祭四岳以柴，山川以望，归祭艺祖以特，亦可谓简易矣。于事神简易如此，则夫道路奉给，寝膳共须，想一切简易而不为是烦费也。后世人主，不知此义，乃千乘万骑，巡海求神仙，于民事何益。少君方士，望蓬莱而见太一，于天道何补哉？可胜叹也。

张氏曰，巡守，分、至之方虽不同，然其理则一而已。曰"如岱礼"者，言岳事之同也。曰"如初"者，言时事之同也。曰"如西礼"者，言方事之同也。先岳事，而时事次之，方事又次之，此其叙也。巡守必始于二月，所以象雷之动，而于卦为豫，所谓以豫顺动是也。然而四时之出，又必以四仲之月者，盖取阴阳之中。巡守将以正其过、不及故也。

"归，格于艺祖"者，反必面之谓也。其曰"用特"者盖祭以特牲，所以见其约。则巡守之，不为烦费可知也。

薛氏曰，格庙用特，其礼俭也。庙礼从俭，制度可知矣。必其用有度，而后可以巡守。

## 11.《尚书详解》卷二

（宋）陈经

岁二月，东巡守，至于岱宗，柴，望秩于山川，肆觐东后。协时月正日，同律度量衡。修五礼、五玉、三帛、二生、一死贽。如五器，卒乃复。五月南巡守，至于南岳，如岱礼。八月西巡守，至于西岳，如初。十有一月朔巡守，至于北岳，如西礼。归，格于艺祖，用特。

自此以下，舜巡守四岳之事。二月、五月、八月、十一月，皆取四时之中正。二月而东，五月而南，八月而西，十一月而北，以其四方，顺其四时，以见圣人举动无一而不则天。与尧命羲和，东作、西成，以殷仲春，以正仲夏同义。巡守东方，至于岱山之下。东岳，岱山，为众山之所尊也，故曰岱宗。燔柴，以告至。若《武成》所谓"柴望告武成"。既燔柴告天，乃望东方山川而祭之。秩，序也。五岳牲礼，视三公；四渎，视诸侯；其余视伯子男，各有次序。故曰"秩"。"肆觐东后"，柴望既毕，乃见东方之诸侯，先神而后人也。"协时月正日"而下，皆所以正诸侯之法度。"时月正日"者，正朔之所自出；"律度量衡"者，制度之所自始。五礼者，名分上下之所由以正。《中庸》曰"非天子，不议礼，不制度，不考文。"《公羊春秋》，王正月为大一统。天无二日，民无二王，家无二主，尊无二上，道无二致，政无二门，言致治者，欲令政事皆出于一。而变礼、易乐、革制度，国异政，家殊俗者，流、放、窜、殛、贬削之，以刑随其后，此国政之归于一也。故舜之巡守，时月必协之，日必正之。盖积日而成月，积月而成时。日于时月为详，故特言正。度者，分寸尺丈；量者，龠合升斗；衡者，铢两斤钧。度、量、衡，皆本于律。盖度，起于黄钟之长；量，起于黄钟之龠；衡，起于黄钟之重也。律、度、量、衡，皆欲其同。五礼，吉、凶、军、宾、嘉，因而修之。凡此，皆欲制度出于一，则上下无异政，而臣民无二心故也。五玉者，即五等诸侯所执之玉；三帛者，诸侯世子、公之孤、附庸之君所执；二生者，卿执羔，大夫执雁；一死者，士执雉。玉、帛、生、死，所以为贽。五器，即五玉，礼毕复还之，其余皆受之，所以际其礼意。五器复之，所以昭俭德也。五月南巡守，至于南岳，即衡山也。西巡至于西岳，即华山也。北巡至于北岳，即恒山也。如岱礼、如初、如西礼，皆古人作文之法，初无他义。"归，格于艺祖"，即文祖也。归而告至，则一出而必告可知矣。"用特"，一牛也。事神之礼贵简，不贵繁。观其事神如此，则舜之道途所以供给者，皆简易可知。文中子曰，舜一岁而巡守四岳，国不费，而民不劳，何也？仪卫少，而征求寡也。古之圣人，以一岁之间而遍行四方，其意欲以省方观民，考察风俗，正其制度，岂于以逞己之侈心哉。后世不明此意，借指圣经以文，其侈封泰山，禅梁父，以是为告成功。千乘万骑，望蓬莱，望太乙，其失圣人之意亦远矣。

## 12.《融堂书解》卷一

（宋）钱时

岁二月，东巡守，至于岱宗，柴，望秩于山川，肆觐东后，协时月正日，同律度量衡。修五礼、五玉、三帛。二生、一死贽。如五器，卒乃复。五月南巡守，至于南岳，如岱礼。八月西巡守至于西岳，如初。十有一月朔巡守，至于北岳，如西礼。归，格于艺祖，用特。

观"肆觐东后"之文，则上文群牧来觐之时，非是诸侯皆至，意义愈明。自此以后，直至"归，格艺祖"，方是了毕。看得此番，止是摄位后，大率提点一过。若奏言、试功、黜陟幽明，却是后来"五载一巡守"之事。观时月曰协，日曰正，律、度、量、衡曰同，五礼至一死贽曰修，都不他及，可概见矣。礼，虽有定式，不修则恐其废坠；贽，虽有定制，不修则恐其僭差，故五等之礼，玉帛、生死之贽，于是皆修明之也。后世礼废，风俗日坏皆上之人不能修之。事之始，则受终于文祖；事既毕，则归格于艺祖，见得此事，不是舜事，亦不是尧事，乃祖宗之事，始终敬此一事也。一岁之久，上自朝廷，下至方岳，享祀鬼神，觐见侯牧，以至历象日月礼乐法度，周旋上下，纤悉委曲，非徒应故事为文具而已。凡一事一物之微，皆吾祖宗之所在也。使舜一毫有歉于心，则临之在上，质之在旁，盖有凛然不能以终日者，何以归格于庙也哉。

## 13. 《尚书要义》卷二

（宋）魏了翁

十九、巡守者，巡所守，比他义为得。

《孟子》称，晏子对齐景公云，天子适诸侯曰巡守。巡守者，巡所守也，是言天子巡守，主谓巡行诸侯故言。诸侯为天子守土，故称守而往巡行之。定四年《左传》祝鲍言，卫国取相土之东都，以会王之东搜（sōu）。搜，是猎之名也。王者因巡诸侯，或亦猎以教战。其守皆作"狩"。《白虎通》云，王者所以巡守者也。巡者，循也。狩者，收也。为天子循收养人，彼因名以附说，不如晏子之言得其本也。

## 14. 《书集传或问》卷上

（宋）陈大猷

（归善斋按，未解）

## 15. 《尚书详解》卷一

（宋）胡士行

岁二月，东巡守（适诸侯，巡所守），至于岱宗（即泰山，东岳，山之大者），柴（燔柴祭天），望秩（以序）于山川，肆觐东（东方）后（诸侯），协（合，使齐一）时（四时节气）月（小大）正日（甲乙），同律（十二律）度（尺度）量（斗斛）衡（斤两）。修（明）五礼（吉、凶、军、宾、嘉）、五玉（以宝言曰瑞，以物言曰玉）、三帛、二生、一死贽（执以见），如五器，卒乃复（礼终则还玉，帛生死则否）。

三帛：诸侯世子执纁，公之孤执玄，附庸之君执黄。二生：卿执羔，大夫执雁。一死：士执雉。

协，同，不使国异政也。天子颁朔于诸侯，诸侯受历于天子，以授其民。此尧授时法也。律十二，生于历之十二辰。《前汉志》云，推历生律，而度、量、衡又生于律。修五礼，欲礼乐征伐自天子出也。此规模，想尧时亦然。舜摄位，举而治之耳。

## 16. 《书纂言》卷一

（元）吴澄

岁二月，东巡守，至于岱宗，柴，望秩于山川。肆觐东后。五玉、三帛、二生、一死贽。协时月正日，同律度量衡。修五礼、如五器，卒乃复。五月南巡守，至于南岳，如岱礼。八月西巡守，至于西岳，如初。十有一月，朔巡守，至于北岳，如西礼。归，格于艺祖，用特。

岁二月，当巡守之年之二月也。巡守，行视诸侯所守之土也。岱宗，东岳泰山也。柴，燔柴祭天也。望，望祭山川也。秩者，品等其尊卑先后之次序，一一皆祭之也。东后，东方诸侯也。五玉，即五等诸侯所执之瑞玉也。三帛，诸侯世子执纁；公之孤执玄；附庸之君执黄；二生，卿执羔；大夫执雁。一死，士执雉。五玉、三帛、二生、一死，诸国君臣所以为贽而见者。时，谓岁之四时；月，谓月之大小；日，谓每岁、每月之积日。诸侯之国，皆禀天子。正朔岁月日，有不合者，则协而正之，以节气定四时，所以正一岁之日；以晦朔定大小，所以正一月之日。时日协，则日正也。律，谓十二律。黄钟、太簇、姑洗、蕤宾、夷则、无射六阳律，为律；大吕、夹钟、仲吕、林钟、南吕、应钟六阴律，为吕。凡十二管皆空围九分有奇，径三分。而黄钟之长九寸，大吕以下，律、吕相间，以次而短，至应钟而极。以之制乐，而节声音，则长者，声下而重浊；短者，声高而轻清。以之审度，而度长短，则九十分黄钟之长，其一为一分，十分为寸，十寸为尺，十尺为丈，十丈为引。以之审量，而量多少，则黄钟之管，容千二百黍为龠，十龠为合，十合为升，十升为斗，十斗为斛。以之平衡，而权轻重，则黄钟之龠，所容千二百黍，其重十二铢，两龠则二十四铢为两，十六两为斤，三十斤为钧，四钧为石。诸侯之国，皆遵天子法制。四器有不一者，则审而同之。度、量、衡其起于律，律同，则度、量、衡亦同也。修，完整之也。五礼，吉、凶、军、宾、嘉之礼。其有废缺者，则完整之也。如，犹"同"也。五器，即五礼之器。盖犹《周官》所谓"同数器"也。卒，终，毕也。复，回，还也。此数事，皆毕则回还，而他向也。二月东，五月南，八月西，十有一月北。各以其方所属之时也。南岳衡山，西岳华山，北岳恒山。如岱礼、如初、如西礼，谓祭秩、觐见、协正、同、修等事，皆如东巡守之礼也。归，巡守既毕，而归至于国也。格，至也，至其庙而告祭也。艺祖，疑即文祖，或云文祖之所自出也。《王制》曰"归格于祖祢"。古者，君行必告于祖祢，归又至其庙而告。盖"孝子不忍死其亲，出告反面"之义也。程子曰，言艺祖，举尊尔，实皆告也。但止就祖庙，共用一牛，不如时祭，各于其庙也。文中子曰，舜一岁而巡四岳，国不费而民不劳，何也？仪卫少，而征求寡也。林氏曰，汉武帝元朔初，东巡海上，还封泰山并北海之碣石，历朔方、九原以至甘泉。武帝仪卫征求多矣。八月之间，尚行一万八千里，则舜一岁而巡四岳可知也。

## 17.《书集传纂疏》卷一

（元）陈栎

岁二月，东巡守，至于岱宗，柴，望秩于山川，肆觐东后。协时月正日，同律度量衡。修五礼、五玉、三帛、二生、一死贽。如五器，卒乃复。五月南巡守，至于南岳，如岱礼。八月西巡守，至于西岳，如初。十有一月，朔巡守，至于北岳，如西礼。归，格于艺祖，用特。

《孟子》曰，天子适诸侯，曰巡守。巡守者，巡所守也。岁二月，当巡守之年二月也。岱宗，泰山也。柴，燔柴以祀天也。望，望秩以祀山川也。秩者，其牲币祝号之次第。如五岳视三公，四渎视诸侯，其余视伯、子、男者也。东后，东方之诸侯也。时谓四时，月谓月之大小，日谓日之甲乙。其法略见上篇。诸侯之国，其有不齐者，则协而正之也。律，谓十二律，黄钟、太蔟、姑洗、蕤宾、夷则、无射、大吕、夹钟、仲吕、林钟、南吕、应钟也。六为律，六为吕。凡十二管，皆径三分有奇，空围九分。而黄钟之长九寸，大吕以下，律吕相间，以次而短，至应钟而极焉。以之制乐，而节声音，则长者声下，短者声高。下者，则重浊而舒迟；上者，则轻清而剽疾。以之审度，而度长短，则九十分，黄钟之长。一为一分，而十分为寸，十寸为尺，十尺为丈，十丈为引。以之审量，而量多少，则黄钟之管，其容子谷秬黍中者，一千二百以为龠，而十龠为合，十合为升，十升为斗，十斗为斛。以之平衡而权轻重，则黄钟之龠，所容千二百黍，其重十二铢，两龠则二十四铢为两，十六两为斤，三十斤为钧，四钧为石。此黄钟所以为万事根本。诸侯之国，其有不一者，则审而同之也。时月之差，由积日而成，其法则先粗而后精。度、量、衡，受法于律，其法则先本而后末，故言"正日"，在"协时月"之后，"同律"在"度、量、衡"之先。立言之叙，盖如此也。五礼，吉、凶、军、宾、嘉也。修之，所以同天下之风俗。五玉，五等诸侯所执者，即五瑞也。三帛，诸侯世子执纁，公之孤执玄，附庸之君执黄。二生，卿执羔，大夫执雁。一死，士执雉。五玉、三帛、二生、一死，所以为贽而见者，此九字，当在"肆觐东后"之下，"协时月正日"之上，误脱在此。言东后之觐，皆执此贽也。如五器，刘侍讲曰，如，同也。五器，即五礼之器也。《周礼》六器、六贽，即舜之遗法也。"卒乃复"者，举祀礼，觐诸侯，一正朔，同制度，修五礼，如五器。数事皆毕，则不复东行，而遂西向，且转而南行也，故曰"卒乃复"。南岳衡山，西岳华山，北岳恒山。二月东，五月南，八月西，十一月北，各以其时也。格，至也，言至于其庙，而祭告也。艺祖，疑即文祖。或曰文祖，艺祖之所自出，未有所考也。特，特牲也，谓一牛也。古者，君将出，必告于祖祢，归又至其庙而告之。孝子不忍死其亲，出告反面之义也。《王制》曰"归，格于祖祢"，郑注曰，祖下及祢，皆一牛。程子以为，但言艺祖，举尊尔，实皆告也。但止就祖庙，共用一牛，不如时祭，各设主于其庙也。二说未知孰是，今两存之。

**纂疏**

语录：巡守，亦非舜创此制，盖亦循袭将来。《黄帝纪》亦云，披山通道，未尝宁居。注以"柴"字为句，某谓当以"柴望秩于山川"为句。汉《郊祀志》亦云"协时月正日"，只是合同其时月日耳，非作历也。每遇巡守，凡事理会一遍。此段有错简。"卒乃复"是事毕而归，非是以贽为复。问，一年中，遍四岳否？曰，观末后载"归，格艺祖"，则是一年遍巡四岳矣。四岳惟衡山最远。唐虞时，以潜山为南岳。林氏曰，律之十二，又生于历之十二。前《律历志》云，推历成律，故"同律度量衡"必先"协时月正日"。礼有因革损益，故曰"修"。陈氏经曰，时、月、日，正朔所出；律、度、量、衡，制度所自始。五礼，名分所由正，非天子，不议礼、制度、考文，此所以大一统，而无国异政之患也。先言

"复"，自方岳返也。后言"归"，至帝都也。《春秋》书"公子遂如齐，至黄乃复"，自彼返也。书"季子来归"，至国都也。归而告至，则出告可知。郑氏曰，羔，取其群而不失类；雁，取其候时而行；雉，取其守，介死不失节。吕氏曰，巡守而归，苟民物有一不得其所，其见祖庙有愧必矣。想舜归格之时，此心无愧，对越在庙，慰惬可知也。陈氏大猷曰，天下非一人所能独治，于是有封建。诸侯不能保其常治，于是有巡守。巡守，所以维持封建也。岁月易流，人心易懈，法度易弛，上下易隔，非时巡考，察作新之，岂能久而无弊哉？吕氏曰，自此以下，至"遏密八音"以前，皆史臣杂载舜摄位二十八年中事。

## 18. 《读书丛说》卷二

（元）许谦

燔柴以祀天，盖以牲燔其香气，上达于天也。"柴"字，古注、蔡传，皆作祭天。若巡狩四岳，一岁四祭，不亦渎乎。金先生谓，祭山则埋祭，水则沉，礼也。今不能遍沉埋，故亦柴之，使气旁达。旧说，柴作一句，非当连下读。

## 19. 《书传辑录纂注》卷一

（元）董鼎

岁二月，东巡守，至于岱宗，柴，望秩于山川，肆觐东后，协时月正日，同律度量衡。修五礼、五玉、三帛、二生、一死贽。如五器，卒乃复。五月南巡守，至于南岳，如岱礼。八月西巡守，至于西岳，如初。十有一月，朔巡守，至于北岳，如西礼。归，格于艺祖，用特。

《孟子》曰，天子适诸侯曰巡守。巡守者，巡所守也。岁二月，当巡守之年二月也。岱宗，泰山也。柴，燔柴以祀天也。望，望秩以祀山川也。秩者，其牲币、祝号之次第，如五岳视三公，四渎视诸侯，其余视伯子男者也。东后，东方之诸侯也。时，谓四时；月，谓月之大小；日，谓日之甲乙。其法略见上篇。诸侯之国，其有不齐者，则协而正之也。律，谓十二律，黄钟、大簇、姑洗、□宾、夷则、无射、大吕、夹钟、仲吕、林钟、南吕、应钟也。六为律，六为吕，凡十二管，皆径三分有奇，空围九分。而黄钟之长九寸，大吕以下，律吕相间，以次而短，至应钟而极焉。以之制乐，而节声音。则长者声下，短者声高。下者，则重浊而舒迟；上者，则轻清而剽疾。以之审度，而度长短，则九十分黄钟之长。一为一分，而十分为寸，十寸为尺，十尺为丈，十丈为引。以之审量而量多少，则黄钟之管，其容子谷秬黍中者一千二百以为龠，而十龠为合，十合为升，十升为斗，十斗为斛。以之平衡而权轻重，则黄钟之龠，所容千二百黍，其重十二铢，两龠则二十四铢为两，十六两为斤，三十斤为钧，四钧为石。此黄钟所以为万事根本。诸侯之国，其有不一者，则审而同之也。时、月之差，由积日而成，其法则先粗而后精。度、量、衡，受法于律，其法则先本而后末。故言"正日"，在协时月之后；"同律"在度、量、衡之先，立言之叙盖如此也。五礼，吉、凶、军、宾、嘉也。修之，所以同天下之风俗。五玉，五等诸侯所执者，即五瑞也。三帛，诸侯世子执纁，公之孤执玄，附庸之君执黄。二生，卿执羔，大夫执雁。一死，士执雉。五玉、三帛、二生、一死，所以为贽而见者，此九字，当在"肆觐东后"之下，"协时月正日"之上，误脱在此，言东后之觐，皆执此贽也。"如五器"，刘侍讲曰，如、同也。五器，即五礼之器也。《周礼》六器、六贽，即舜之遗法也。"卒乃复"者，举祀礼，觐诸侯，一正朔，同制度，修五礼，如五器，数事皆毕，则不复东行，而遂西向，且转而南行也，故曰"卒乃复"。南岳衡山，西岳华山，北岳恒山。二月东，五月南，八月西，十一月北，各以其时也。格，至也，言至于其庙而祭告也。艺祖，疑即文祖。或曰文祖，艺祖之所自出，未有所考也。特，特牲，谓一牛也。古者，君将出，必告于祖祢，归又至其庙而告之。"孝子不忍死其亲，出告反面"之义也。《王制》曰"归格于祖祢"，郑注曰，祖下及祢，皆一牛。程子以为，但言艺祖，举尊尔，实皆告也。但止就祖庙共用一牛，不如时祭，各设主于其庙也，二说未知孰是，今两存之。

### 辑录

问先生，建牧立伯，小大相维，自可以垂拱无为矣，何故复有巡守之举，岂牧伯不足任邪？或云因以祭天，且朝诸侯，又云君民一体，不可邈然不相接，故必躬亲巡抚，然后上下情通而教化洽矣，此先王之诚心，二说孰是？先生曰，建牧立监，与巡守之义，并行不悖。祭天，朝诸侯，巡抚之意，皆在其中矣。先王之政，体用兼举，本末备具，非若后世儒者一偏之说。有体而无用，得本而遗末也。《精语》。巡守亦非舜创立，此制盖亦循袭将来，故《黄帝纪》亦云"披山通道，未尝宁居"。注家以至岱宗柴为句，某谓当以"柴望秩于山川"为一句，如"柴望大告武成"。汉《郊祀志》亦云"柴望秩于山川"。"协时月正日"，只是去合同其时、月、日尔，非谓作历也。每遇巡守，凡事理会一遍，如文字之类。广。问，修五礼，吴才老以为只是五典之礼。唐虞时无此，因说《舜典》此段疑有错简，当云，肆觐东后，五玉、三帛、二生、一死贽，协月正日，同律度量衡，修五礼，如五器，卒乃复。"如"者，齐一之义。"卒乃复"者，事毕复归也，非谓复归京师，只是事毕还归，故亦曰"复"。前说班瑞于群后，则是还之也。此二句本横渠说。又曰，"卒乃复"是事毕而归，非是以贽为复也。义刚。人杰问，舜之巡守，是一年中遍四岳否？曰，观其末后载"归，格于艺祖，用特"一句，则是一年遍巡四岳矣。问，四岳惟衡山最远，先儒以为非今之衡山，别自有衡山，不知在甚处。曰，恐在嵩山之南。若如此，则四岳相去甚近矣。又云，唐虞时，以潜山为南岳。五岳亦近，非是一年往一处。然古之天子，一岁不能遍及四岳，则到一方境上会诸侯亦可，《周礼》有此礼。广。

**纂注**

林氏曰，律之十二，又生于历之十二。前《律历志》云，推历成律，故"同律度量衡"，必先"协时月正日"。礼有因革损益，故谓之"修"。陈氏经曰，时、月、日，正朔所自出。律、度、量、衡，制度所自始。五礼，名分上下所由正。非天子，不议礼，不制度，不考文。此所以大一统，而无国异政之患也。夏氏曰，以物言则曰玉，以宝言则曰瑞，以形言则曰器。郑氏曰，羔，取其群而不失其类；雁，取其候时而行；雉，取其守介死不失节也。孔氏曰，器，谓圭、璧，礼终则还之。三帛、生、死则否。陈氏曰，此言"复"，后言"归"，"复"自方岳返也；"归"至帝都也。《春秋》书"公子遂如齐，至黄乃复"，书自彼返也。又书"季子来归"，书至国都也。陈氏经曰，归而告至，则出告可知。吕氏曰，巡守而归，苟民物有一不得其所，其见祖庙，有愧必矣。想舜归格之时，此心无愧，对越在庙，慰惬可知也。林氏曰，胡旦疑一岁不能周万五千里，此不然。叔恬问王通舜，一岁而巡守四岳，国不费，而民不劳，何也？曰仪卫少而征求寡也。陈氏大猷曰，天下非一人所能独治，于是有封建。诸侯不能保其常治，于是有巡守。巡守，所以维持封建也。岁月易流，人心易懈，法度易弛，上下易隔，非天子时巡考察，作新之治，岂能久而无弊哉。吕氏曰，自此以下，至"遏密八音"以前，皆史杂载舜摄位二十八年中之事。

## 20. 《尚书句解》卷一

（元）朱祖义

岁二月，东巡狩（舜乃于一年之间二月，春之仲月，春之中也，往东方巡省守土诸侯），至于岱宗，柴（至于东岳岱山，为众山之尊者，燔柴以告至，所以告天也）。

## 21. 《尚书日记》卷二

（明）王樵

"岁二月东巡守"至"归，格于艺祖，用特"。此代尧巡守也。正朔、制度、礼器，尧所颁也。一之、同之、修之、如之、从尧事也。"岁二月"者，当巡守之年二月也。巡守当何年？意必摄代之次年也。孔氏以"二月"为"颁瑞"之明月者，非是。观本文于"二月"之上加一"岁"字则更端之辞，非承上月而言，且"既月"方"日觐群后"，安暇便巡守哉？岱，泰山也。泰山，四岳所宗，故称"岱宗"。柴，孔氏曰，燔柴祭天，告至。山川如其秩次望祭之，谓五岳，牲，礼视三公，四渎视诸侯，其余视伯子男者也。金氏曰，"柴望秩于山川"，《礼记》作"柴而望祀山川"。盖古者，祭山狸之，祭川沈之。今于东岳之下，祀东岳，而及东方山川，不能遍狸沈也。故柴而望祭，取其气之旁达也。旧说柴句，谓燔柴祭天，古者祭天必于郊，有大事特告，则仿郊礼，而谓之类。"天子将出，类于上帝"，未闻至岱宗，而始祭告也。余三岳皆如岱礼，则一岁而四祭天不已渎乎？合龠为合，合龠两龠也，作十龠者，非。

五礼，吉、凶、军、宾、嘉也，修之所以同天下之风俗。五玉，按《周礼·小行人》注，诸侯享天子用璧，享后用琮。其大各如其瑞，皆有庭实。诸侯相享之玉，各降其瑞一等，则瑞自是瑞，玉自是玉。传疏相承，以五玉即五瑞，误也。三帛，诸侯世子执纁，公之孤执玄，附庸之君执黄。二生，卿执羔（取其群而不失其类），大夫执雁（取其候时而行），士执雉（取其守介死不失节）。羔、雁可以生得，而雉不能生得，故以死者为贽。贽之言至也，所执以自致也。"五玉、三帛、二生、一死贽"，此九字，蔡氏谓当在"肆觐东后"之下言，东后贽此以觐。愚谓，此即五礼、五器中事也，故错于二句之中。古人行文固有如此者。"如岱礼"举山，"如初"举时，"如西礼"举方，亦互文以见。考礼同制，正因觐东后而行之，故不妨如此序述也，似不须移动，文势自通。"如"亦"同"也。五器，五礼之器，如胡簋、笾豆之属，为吉礼之器；衰绖冠屦之属，为凶礼之器；旗物铎铙之属，为军礼之器；玉帛、生死之属，为宾礼之器；琴瑟、钟磬、射侯、投壶之属，为嘉礼之器是也。礼必有器，古人不苟于礼，是以不苟于器。后世礼文灭裂，而器亦从之。

## 22. 《御制日讲书经解义》卷一

岁二月，东巡守，至于岱宗，柴，望秩于山川，肆觐东后。五玉、三帛、二生、一死贽。协时月正日同律度量衡。修五礼，如五器，卒乃复。五月南巡守，至于南岳，如岱礼。八月西巡守，至于西岳，如初。十有一月，朔巡守，至于北岳，如西礼。归，格于艺祖，用特。

此一节书，是巡守方岳也。东岳，泰山，曰岱宗，在今山东济南府泰安州。燔柴以祀天曰"柴"。秩者，具牲币祝号之次第。东后，即东方诸侯。五玉，即所谓五瑞。三帛，诸侯世子以下所执之币。帛有纁、元、黄三者之别。二生，卿执羔，大夫执雁也。一死，士所执之雉也。南岳，衡山，在今湖广衡州府。西岳，华山，在今陕西西安府华阴县。北岳，恒山，在今山西浑源州。艺祖，即文祖。特，特牲也，一牛曰"特"。舜当巡守之年，遂举行巡守之礼。二月先往东方，至于东岳泰山，礼先告至，则燔柴以祀天，望秩以祀名山大川；次重觐臣，遂接见东方诸侯。凡来朝者皆执五玉、三帛、二生、一死，以为贽见之仪。祀觐既举，大政斯行。时、月、日，正朔之所自出，则先协四时先后，与月之大小，使寒暑晦朔不差。而日固时、月所由成者，又从而正之，使永短甲乙，不异朝廷所颁也。律、度、量、衡，制度之所自始，则先同阴阳十二律，使高下清浊，皆有准则。而度、量、衡，又受法于律者，凡丈尺之长短，斗斛之大小，权衡之轻重，亦从而同之，不异朝廷所制也。吉礼，以事神；凶礼，以致哀；军礼，以平邦国；宾礼，以亲邦国；嘉礼以亲万民。五礼自有隆杀，修之使亲疏厚薄不失其宜也。簠（fǔ）簋用之于吉；衰绖（dié）用之于凶；干戈为军器；旌节为宾器；章甫为嘉器。五器各有规制，如之，使尊卑上下，不违其度也。数事皆毕，则转而南行，五月南巡守至于南岳衡山，凡举祀礼，觐诸侯，一正朔，考制度，同风俗，一礼器，一如岱宗之礼。八月西巡守，至于西岳华山，一如初时之礼。十一月北巡守，至于北岳恒山，一如西方之礼。巡守既毕，乃归京师，至于艺祖之庙，用特牛，以祭复命所尊，因以告成也。盖正朔之建，法度之详，与夫风俗之好尚，礼器之等级，皆出自天朝而班诸侯国者。苟不时巡而考验之，则积久生玩，易至废弛。故巡守者，所以维持封建之深意。然一岁历巡四岳，而国不费，民不劳者，从卫少而征求寡也。

## 《尚书通考》卷三

（元）黄镇成

巡守

岱宗（泰山也，在兖州奉符县），南岳（衡山也，在湖南潭州衡山县。郭璞《尔雅》注云，霍山在庐江灊县，汉武帝以衡山辽旷，故移于此），西岳（华山也，在华州华阴县），北岳（恒山也，在定州常山县）。柴（祀天），望（祀山川，又秩者，其牲币祝号之次第），觐东后（西南北皆然），协时（四时），月（大小），正日（甲乙）。

## 《书蔡氏传旁通》卷一中

（元）陈师凯

燔柴以祀天。

《礼记》燔柴于泰坛。燔音烦。疏云，燔柴于泰坛者，谓积薪于坛上，而取玉币及牲，置柴上燔之，使气达于天也。《祭礼通解》云，阳祀自烟始，阴祀自血起。

## 《尚书疑义》卷一

（明）马明衡

巡守之礼，非舜始创，必古有此典，但尧既老或不行，故舜摄位，遂举行之，想亦一年而遍。文中子谓，仪卫少，而征求寡。大抵唐虞之时，君臣之分，比后世自不可同日语。

## 《尚书稗疏》卷一

（清）王夫之

巡守。

巡守之不可一年而遍，势之必然。虽有给辨，无所取也。朱子以末载"归，格艺祖，用特"，证其必然，遂以衡山为非今之衡山，而谓在嵩山之南，既惑于汉武易天柱为南岳之邪说，而不思《禹贡》岷山之阳，至于衡山，过九江，至于敷浅原，地脉井井，不可乱也。嵩山之南，是为唐邓冥陬，以北熊耳，以东一望平原。朱子欲指何者，培塿（lǒu）以配泰华耶？且即移南岳而近之，乃由河东以至泰安，由泰安以至嵩县，由华州以至易北，皆千里而遥，吉行五十里必三旬而后达。祁寒暑雨，登顿道路，天子即不恤己劳，亦何忍于劳人耶？往还之外，馆于方岳，不过浃月，一方诸侯沓至朝请，唯日不给，况能详讨其所守而黜陟之乎？则亦急遽涂饰以塞责而已矣。《易》曰，至日闭关，后不省方。北岳之守，独非省方之谓与？此所谓尽信《书》则不如无《书》也。其或然者，《周易》所云，商周之礼。唐虞则不以冬至省方为嫌。而一岁遍至四岳，则必不尔。抑或五载之内，初季春东巡，次季夏南巡，又次季秋西巡，又次季冬北巡。而以其一年即冀州而治中国。其云"归，格于艺祖，用特"者，举一以该三。系于北巡之后，于文宜省，可以例推也。《王制》亦有一岁四巡之说，要出于汉儒，不足深信。

## 《尚书埤传》卷二

（清）朱鹤龄

岁二月，柴望，律度量衡，五玉，五礼，五器，艺祖。

王樵曰，蔡传，当巡守之年二月也。巡守当何年，意必摄位之次年也。孔传以二月为瑞班之明月，非是。观经文，加"岁"字于二月之上，则更端之辞，非蒙上月而言。且既月，方日觐群后，安暇便巡守哉？

邹季友曰，《朱子语录》云，注家以"至于岱宗，柴望"为句。某谓，当以"柴望秩于山川"为句，如"柴望大告武成"。今按上章，有"望于山川"之语，则"柴"字自为句，尤妥。《说文》引《书》亦"柴"字绝句（按后汉张纯引《书》曰"岁二月，东巡狩，至于岱宗，柴"，亦"柴"字为句）。"柴"，言祭天；"望"，言祭山川；《武成》以二字该二祭，则又当二字自为句也。

林之奇曰，律之十二，又生于历之十二。班固曰，推历成律，故"同律度量衡"，必先"协时月正日"也。金履祥曰，十二律以配十二月，盖日月会于十二次而右转，圣人制六吕（阴律）以象之。斗柄运于十二辰而左旋，圣人制六律（阳律）以象之。故阳律左旋，以合阴；阴律右转以合阳，而天地、四方，阴阳之声出焉。史迁序律书，所谓"律居阴而治阳，历居阳而治阴"。律历更相治，间不容忽者也。方回曰，古律用竹，又用玉，汉末以铜为之，吕亦称同，故有六律六同之说，元间大吕，二间夹钟是也。又曰，井田六尺为步，秦孝公初为赋，平斗桶、权衡、丈尺行之，改周制也。今其分寸不可考。汉大率依秦。《律历志》所书秬黍之法，乃是王莽时刘歆之说。王应麟曰，《皇祐新乐序》云，古者黄钟为万事根本，故度量、权衡，皆起于黄钟。至晋隋间，累黍为尺，而以制律容受，卒不能合，及平陈得古乐，遂用之。唐兴因其声，以制乐。其器虽无法而其声犹不失古。王朴始用尺定律，而器与声皆失之。太祖患其声高，特减一律。至是又减半律。然太常乐，比唐之声犹高。五律比今燕乐高三律，失在于尺而生律也。司马公谓，胡李之律，生于尺；房庶之律，生于量，皆难以定是非。蔡季通谓，律、度、量、衡，言盖有序。若以尺寸求之，是律生于度，若以累黍为之，是律生于量。皆非也。故自为律以吹之，而得其声。（附考）蔡传，十龠为合。邹季友曰，合，音阁。蔡西山《燕乐本原嘉量》篇云，合龠为合。注云，两龠也。又云，十合为升。注云，二十龠也。蔡氏家学，相承不应有异。况合龠为合，乃汉《律历志》本文。龠，即管也。黄钟之律，管容秬黍一千二百，谓之一龠。合者，并也。取并合两龠之义以为名也。宋皇祐间造新乐，阮逸、胡瑗尝驳今文十龠为合之误。沙随程氏《三器图义》亦尝辨之云，《汉书》合龠为合，俗人误以上"合"字为"十"字也。此篇集传，经朱子订定，不应有误，必传写之讹耳。

五玉。孔传，五等诸侯执其玉。疏云，即五瑞也。蔡传因之。邹季友曰，按《周礼·小行人》注，五等诸侯享天子用璧，享后用琮。其大各如其瑞，皆有庭实圭以马璋，以皮之类也。诸侯相享之玉，大小各降其瑞一等。据此，则瑞自瑞，玉自玉。五瑞乃天子所颁，以锡命诸侯者，诸侯执之以见。五玉，乃诸侯所奉以进献天子者，朝享则实之在庭。《周礼·典瑞》注云，瑞，符信也。故天子冒而还之。凡言贽则受之而已。若五玉即五瑞，则是以天子锡命之圭璧，与三帛二生一死俱为贽矣。注家承误已久，故详辨之。

孔疏，《周礼》，大宗伯以吉礼事邦国之鬼神祇，以凶礼哀邦国之忧，以宾礼亲邦国，以军礼固邦国，以嘉礼亲万民之昏姻。此篇，类于上帝，吉也；如丧考妣，凶也；群后四朝，宾也；《禹谟》徂征三苗，军也；《尧典》釐降二女，嘉也。五礼之事，并见于经，知与后世不异也。

五器，注疏谓，以玉作五器，即上五玉。蔡传以五玉三帛二生一死贽九字作错简（本吴才老说），而云五器，即五礼之器也（本朱子说）。如吉礼之器为簠簋，军旅之器为干戈之类。此解不易，但复云，《周礼》六器、六贽即舜之遗法也。此句当删。《周礼·大宗伯》以玉作六器，以礼天地四方；以禽作六贽，以等诸侯。此岂足该五礼之器乎？

艺祖，孔传，以为文祖之庙，"艺"即"文"也。疏云，此时舜始摄位，未自立庙，故知告尧之文祖也。愚按经文，止言祖，不及称。蔡传引《王制》，虽本注疏，亦可删。

孔疏，南之如岱，西之如初，北之如西，见四时之礼，皆同互文以明耳。不巡中岳者，盖近京师者，有事必闻，不虑枉滞，且诸侯分配四方，无属中岳，故不须巡之也。文中子曰，舜一岁巡五岳，国不费，而民不劳，无他道也，兵卫少而征求寡也。朱子曰，古之天子一岁，不能遍及五岳，则到一方境上会诸侯，亦可。周礼有此礼。

## 《尚书大传》卷一

（清）孙之騄辑

惟元祀巡守（一作狩）四岳、八伯，坛四奥，沉四海，封十有二山，兆十有二州。乐正定乐名，元祀代泰山，贡两伯之乐焉。东岳阳伯之乐，舞侏（一作株）离。其歌声比余谣，名曰皙阳。仪伯之乐，舞鼚（chāng）哉，其歌声比大南，名曰南阳。中祀大交、霍山，贡两伯之乐焉。夏伯之乐，舞谩哉（一作或），其歌声比中谣，名曰初虑。羲伯之乐，舞将阳，其歌声比大谣，名曰朱干（干一作于）。秋祀柳谷华山，贡两伯之乐焉。秋伯之乐，舞蔡俶，其歌声比小谣，名曰苓落。和伯之乐，舞玄鹤，其歌声比中谣，名曰归来。祀幽都宏山，贡两伯之乐焉。冬伯之乐，舞齐落（齐一作济），歌曰缦缦。并论八音四会，归格于祢祖，用特。五载一巡守，群后德让，贡正声，而九族（奏）具成。

郑玄曰，沉，祭名，祭水曰沉；兆，域也，为营域，以祭十二州之分星也。阳伯，春伯，秩宗伯夷为之（《路史》引《大传》曰，伯夷之子为西岳）。株离，舞曲名，言象物生株离也。仪伯，羲仲之后。鼚，动貌哉，始也。南，任也。夏伯，夏官，司马弃为之。羲伯，羲叔之后。秋伯，秋官，士也，皋陶为之。和伯，和叔之后。蔡，哀也。俶，始也。宏山，即恒山。冬伯，冬官司空垂为之。

乐者，人性所自有也。故圣王巡十有二州，观其风俗，习其情性。因论十有二俗，定以六律、五声、八音七始。五音，天音也。八声，天化也。七始，天统也（《选注》《北堂书抄》《诗谱》）。

见诸侯，问百年，太师陈诗，以观民命风俗；命市纳贾，以观民好恶。山川神祇，有不举者为不敬，不敬者削以地。宗庙，有不顺者为不孝，不孝者黜以爵。变礼易乐为不从，不从者君流。改制度衣服为畔，畔者君讨。有功者赏之（《白虎通》引《尚书大传》）。

天子命诸侯辅助为政，所以通贤共治，示不独尊，重民之至。大国举三人，次国举二人，小国举一人（《公羊》疏云《书传》文）。

矜寡孤独，天民之穷而无告者，皆有常饩（《诗疏》）

### 《尚书地理今释》

（清）蒋廷锡

岱宗，《鲁颂》作泰山，《周礼》作岱山，在今山东济南府泰安州北五里。

### 《尚书七篇解义》卷一

（清）李光地

岁二月，东巡守，至于岱宗，柴，望秩于山川，肆觐东后。协时月正日，同律度量衡，修五礼。五玉、三帛、二生、一死贽。如五器，卒乃复。五月南巡守，至于南岳，如岱礼。八月西巡守，至于西岳，如初。十有一月，朔巡守，至于北岳，如西礼。归，格于艺祖，用特。

言巡守之事也。

# 望秩于山川

## 1. 《尚书注疏》卷二

（汉）孔氏传，（唐）陆德明音义、孔颖达疏

望秩于山川。

传：东岳诸侯境内，名山大川，如其秩次，望祭之。谓五岳牲礼视三公；四渎视诸侯；其余视伯、子、男。

音义：渎，徒木反。

疏：又望而以秩次，祭于其方岳山川。

四时各至其方岳，望祭其方岳山川，故云东岳诸侯境内，名山大川，如其秩次望祭之也。言秩次而祭，知遍于群神，故云五岳牲礼视三公，四渎视诸侯，其余视伯、子、男也。其尊卑所视，《王制》及书传之文，"牲礼"二字孔增之也。诸侯五等，三公为上等，诸侯为中等，伯、子、男为下等。则所言诸侯，惟谓侯爵者耳。其言所视，盖视其祭祀。祭五岳，如祭三公之礼；祭四渎，如祭诸侯之礼；祭山川，如祭伯、子、男之

礼。公、侯、伯、子、男，尊卑既有等级，其祭礼必不同。但古典亡灭，不可复知。郑玄注《书传》云，所视者，谓其牲帛、粢盛、笾豆、爵献之数。按五等诸侯适天子，皆膳用太牢；礼诸侯，祭皆用太牢，无上下之别。又《大行人》云，上公九献，侯、伯七献，子、男五献。掌客上公，饔饩九牢，飧五牢；侯、伯，饔饩七牢，飧四牢；子、男，饔饩五牢，飧三牢。又上公，豆四十；侯、伯，三十二；子男，二十四，并伯与侯同。又郑注《礼器》，四望五献。据此诸文，与孔传、《王制》不同者，掌客、行人，自是周法，孔与《王制》，先代之礼。必知然者，以《周礼》侯与伯同；公羊及左氏传，皆以公为上，伯、子、男为下，是其异也。

## 2. 《书传》卷二

（宋）苏轼

望秩于山川。

东岳，诸侯境内名山大川，如其秩次望祭之。五岳牲祀，视三公；四渎，视诸侯；其余视伯、子、男。

## 3. 《尚书全解》卷二

（宋）林之奇

（归善斋按，见上句）

## 4. 《尚书讲义》卷二

（宋）史浩

（归善斋按，见前文"岁二月，东巡狩"）

## 5. 《尚书详解》卷二

（宋）夏僎

（归善斋按，见前文"岁二月，东巡狩"）

## 6. 《增修东莱书说》卷二

（宋）时澜

（归善斋按，见前文"岁二月，东巡狩"）

### 7. 《尚书说》卷一

（宋）黄度

（归善斋按，见前文"岁二月，东巡狩"）

### 8. 《絜斋家塾书钞》卷一

（宋）袁燮

（归善斋按，见前文"岁二月，东巡狩"）

### 9. 《书经集传》卷一

（宋）蔡沈

（归善斋按，见前文"岁二月，东巡狩"）

### 10. 《尚书精义》卷三

（宋）黄伦

（归善斋按，见前文"岁二月，东巡狩"）

### 11. 《尚书详解》卷二

（宋）陈经

（归善斋按，见前文"岁二月，东巡狩"）

### 12. 《融堂书解》卷一

（宋）钱时

（归善斋按，见前文"岁二月，东巡狩"）

### 13. 《尚书要义》卷二

（宋）魏了翁

二十、岳渎，牲礼视公侯，古典不存。

诸侯境内，名山大川，如其秩次，望祭之也。言秩次而祭，知遍于群神，故云，五岳，牲礼视三公；四渎，视诸侯；其余视伯子男也。其尊卑所视，《王制》及书传之文，"牲礼"二字孔增之也。诸侯五等，三公为上等；诸侯为中等；伯子男为下等，则所言诸侯惟谓侯爵者耳。其言所视，盖视其祭祀。祭五岳，如祭三公之礼；祭四渎，如祭诸侯之礼；祭山川，如祭伯子男之礼。公侯伯子男，尊卑既有等级，其祭礼必不同。但古典亡灭，不可复知。郑玄注《书传》云，所视者，谓其牲帛、粢盛、笾豆、爵献之数。按五等诸侯适天子，皆膳用太牢；礼诸侯，祭皆用太牢，无上下之别。又《大行人》云，上公九献，侯伯七献，子男五献。掌客，上公，饔饩九牢，飧五牢；侯伯饔饩七牢，飧四牢；子男，饔饩五牢，飧三牢。又，上公豆四十，侯伯三十二，子男二十四，并伯与侯同。又郑注，礼器，四望五献。据此诸文，与孔传、《王制》不同者，掌客、行人自是周法。孔与《王制》，先代之礼，必知然者，以《周礼》侯与伯同；《公羊》及《左氏传》皆以公为上，伯子男为下是其异也。

## 14. 《书集传或问》卷上

（宋）陈大猷
（归善斋按，未引）

## 15. 《尚书详解》卷一

（宋）胡士行
（归善斋按，见前文"岁二月，东巡狩"）

## 16. 《书纂言》卷一

（元）吴澄
（归善斋按，见前文"岁二月，东巡狩"）

## 17. 《书集传纂疏》卷一

（元）陈栎
（归善斋按，见前文"岁二月，东巡狩"）

## 18. 《读书丛说》卷二

（元）许谦
望者，巡狩至方岳，不能遍祭群神，止于岳下，总望而祭之，秩则随所祭之神品秩高下，如岳视三公，渎视诸侯，余视伯子男。疏家谓，牲币、粢盛（zīchéng）笾豆（biāndòu）、爵献之数，引大行人云，上公九献，侯伯七献，子男五献。掌客，上公饔饩（yōngxì）九牢，飧（sūn）五牢。侯伯，饔饩七牢，飧四牢；子男，饔饩五牢，飧三牢。又上公豆四十，侯伯三十二，子、男二十四，此即秩之类也。但恐唐虞、《周礼》有不同耳。至于天子祭之，则祀四望山川毳冕；群小祀玄冕，亦如其秩。

## 19.《书传辑录纂注》卷一

（元）董鼎
（归善斋按，见前文"岁二月，东巡狩"）

## 20.《尚书句解》卷一

（元）朱祖义
望秩于山川（又望东方山川之神，以序而祭之）。

## 21.《尚书日记》卷二

（明）王樵
（归善斋按，见前文"岁二月，东巡狩"）

## 22.《御制日讲书经解义》卷一

（归善斋按，见前文"岁二月，东巡狩"）

## 《尚书通考》卷三

（元）黄镇成
（归善斋按，见前文"岁二月，东巡狩"）

## 《书蔡氏传旁通》卷一中

（元）陈师凯
五岳视三公，四渎视诸侯，其余视伯子男者也。
《王制》疏云，五岳视三公，四渎视诸侯，其余山川视伯，小者视子男。郑注云，谓其牲币、粢盛、笾豆、爵献之数，非谓尊卑。刘向《说苑》曰，五岳何以视三公，能大布云雨焉，能大敛云雨焉，触石而出，肤寸而合，不崇朝而雨天下，施德博大，故视三公也。四渎何以视诸侯，能荡涤垢浊焉，能通（yù）百川于海焉，能出云雨千里焉，为施甚大，故视诸侯也。山川何以视子男也，能出物焉，能润泽物焉，能生云雨，为恩多，然品类以百数，故视子男也。

## 《尚书埤传》卷二

（清）朱鹤龄

（归善斋按，见前文"岁二月，东巡狩"）

## 《尚书大传》卷一

（清）孙之騄辑

江、河、淮、济为四渎（《风俗通》引《大传》）。

五岳，视三公；四渎，视诸侯；其余山川视伯，小者视子男（《尚书正义》云，其尊卑所视。《王制》及《书传》之文。）。

郑玄曰，谓视其牲币、粢盛、笾豆、爵献之数。

五岳皆触石出云，扶寸而合，不崇朝而雨天下（《后汉·章帝纪》注《艺文类聚》引《大传》）。

郑玄曰，四指为寸。扶音肤。

（归善斋按，另见前文"岁二月，东巡狩"）


# 肆觐东后


## 1. 《尚书注疏》卷二

（汉）孔氏传，（唐）陆德明音义、孔颖达疏

肆觐东后。

传：遂见东方之国君。

疏：柴望既毕，遂以礼见东方诸侯诸国之君于此。

## 2. 《书传》卷二

（宋）苏轼

肆觐东后。

东方诸侯也。

## 3. 《尚书全解》卷二

（宋）林之奇

肆觐东后，协时月正日。

肆，与"肆类于上帝"之"肆"同。盖于是始见东方之诸侯也。"协时月正日，同律度量衡"者，盖所以考制度也。汉孔氏曰，合四时之气节，月之大小，日之甲乙，使齐一也。此说为备，而唐孔氏所说甚略。曾氏之说尤详，可以补正义之未备者。曾氏曰，治历之法，协时月为最难。又曰，三百六十当期之日，然时之为九十日，常有余。故四时之周三百六十五日四分日之一，则常期为有余。月之为三十日常不足，故月一小一大。而十有二月，或但三百五十四日而已，则常期为不足，四时常期为有余。十有二月常期为不足，故协之为难审也。如此，并时之有余，月之不足而协之，故十九年而七闰谓之章，二十七章谓之会，三会谓之统，三统合为一元。时首，月者也；月首，朔者也。时月之朔，由章会。至于统元，则至与朔合焉。此之谓协时月。时月既协，则日不可不正。盖日，在天为度，在历为日，则时月由此积焉，故正之。此说为尽。舜之巡狩也，必协时月正日者，《春秋左氏传》曰，天子有日官，诸侯有日御。日官，居卿以视日，礼也。日御，不失日以受百官于朝。盖古者，天子、诸侯国，皆有掌历之官。天子历官，主颁朔于诸侯，若尧之命羲和四子是也。诸侯之历则不得自为历，必受历于天子之国，以其历颁授于万民。尧既命羲和四子定闰余，而四时成岁矣。故舜之居摄，则巡狩而考制度于四岳。考制度而先言"协时月正日"者，惧时月之有差也。周室衰，巡狩之礼不讲，天子不颁历于诸侯，诸侯亦自为历。哀公十二年十一月朔，日有食之，于是辰在申，司历过也，再失闰矣。明年春无冰。杜元凯曰，欲置两闰以应天正，故正月建子，无冰为灾。夫周不颁历而鲁自为历，当其无也，则至再失闰；及其有也，则欲置两闰以求合。舜之考制度，而先"协时月正日"者，盖虑此也。

### 4. 《尚书讲义》卷二

（宋）史浩

（归善斋按，见前文"岁二月，东巡狩"）

### 5. 《尚书详解》卷二

（宋）夏僎

（归善斋按，见前文"岁二月，东巡狩"）

### 6. 《增修东莱书说》卷二

（宋）时澜

（归善斋按，见前文"岁二月，东巡狩"）

### 7. 《尚书说》卷一

（宋）黄度

（归善斋按，见前文"岁二月，东巡狩"）

### 8. 《絜斋家塾书钞》卷一

（宋）袁燮

（归善斋按，见前文"岁二月，东巡狩"）

### 9. 《书经集传》卷一

（宋）蔡沈

（归善斋按，见前文"岁二月，东巡狩"）

### 10. 《尚书精义》卷三

（宋）黄伦

（归善斋按，见前文"岁二月，东巡狩"）

## 11.《尚书详解》卷二

（宋）陈经

（归善斋按，见前文"岁二月，东巡狩"）

## 12.《融堂书解》卷一

（宋）钱时

（归善斋按，见前文"岁二月，东巡狩"）

## 13.《尚书要义》卷二

（宋）魏了翁

（归善斋按，未引）

## 14.《书集传或问》卷上

（宋）陈大猷

（归善斋按，未解）

## 15.《尚书详解》卷一

（宋）胡士行

（归善斋按，见前文"岁二月，东巡狩"）

## 16.《书纂言》卷一

（元）吴澄

（归善斋按，见前文"岁二月，东巡狩"）

## 17.《书集传纂疏》卷一

（元）陈栎

（归善斋按，见前文"岁二月，东巡狩"）

## 18.《读书丛说》卷二

（元）许谦

（归善斋按，未解）

## 19. 《书传辑录纂注》卷一

（元）董鼎

（归善斋按，见前文"岁二月，东巡狩"）

## 20. 《尚书句解》卷一

（元）朱祖义

肆觐东后（肆觐见东方之诸侯）。

## 21. 《尚书日记》卷二

（明）王樵

（归善斋按，见前文"岁二月，东巡狩"）

## 22. 《御制日讲书经解义》卷一

（归善斋按，见前文"岁二月，东巡狩"）

## 《尚书通考》卷三

（元）黄镇成

（归善斋按，见前文"岁二月，东巡狩"）

## 《书蔡氏传旁通》卷一中

（元）陈师凯

肆觐东后。

《王制》疏曰，觐，见也，谓见东方诸侯。按《觐礼》云，诸侯觐于天子，为宫方三百步，四门，坛十有二寻，深四尺。郑注云，王巡守至于方岳之下，诸侯会之，亦为此宫以见之。王升立于坛上，南面；诸公中阶之前，北面；诸侯东阶之东，西面；诸伯西阶之西，东面；诸子门东，北面；诸男门西，北面，王降阶南面而见之。三揖既升坛，使诸侯升，公拜于上等，侯伯于中等，子男于下等。

### 《尚书埤传》卷二

（清）朱鹤龄

（归善斋按，见前文"岁二月，东巡狩"）

### 《尚书大传》卷一

（清）孙之騄辑

（归善斋按，见前文"岁二月，东巡狩"）

# 协时月正日，同律度量衡

## 1. 《尚书注疏》卷二

（汉）孔氏传，（唐）陆德明音义、孔颖达疏

协时月正日，同律度量衡。

传：合四时之气节，月之大小，日之甲乙，使齐一也。律，法制，及尺、丈、斛、斗、斤、两皆均同。

音义：同律，王云，同，齐也。律，六律也。马云，律，法也。郑云，阴吕，阳律也。度，如字，丈尺也。量，力尚反，注同，斗斛也。衡，称也。

疏：诸国协其四时气节，月之大小，正其日之甲乙，使之齐一均同。其国之法制，度之丈尺，量之斛斗，衡之斤两，皆使齐同，无轻重大小。

合四时之气节，上篇已训"协"为"合"，故注即以合言之也，他皆仿此。《周礼》太史云"正岁年颁告朔于邦国"，则节气晦朔，皆天子颁之。犹恐诸侯国异或不齐同，故因巡守而合和之。节，是月初，气是月半也。《世本》云，容成作历，大挠作甲子。二人皆黄帝之臣，盖自黄帝已来，始用甲子纪日。每六十日，而甲子一周。《史记》称纣为长夜之饮，忘其日辰。恐诸侯或有此之类，故须合日之甲乙也。时也，月也，日也，三者皆当勘校诸国，使齐一也。律者，侯气之管。而度量衡三者法制，皆出于律，故云律法制也。度有丈尺；量有斛斗；衡有斤两，皆取法于律。故孔解律为法制，即云及尺丈、斛斗、斤两，皆均同之。《汉书·律历志》

云，度、量、衡，出于黄钟之律也。度者，分、寸、尺、丈、引，所以度长短也。本起于黄钟之管长，以子谷秬黍中者，以一黍之广度之，千二百黍为一分，十分为寸，十寸为尺，十尺为丈，十丈为引，而五度审矣。量，谓龠（yuè）、合（gě）升、斗、斛，所以量多少也。本起于黄钟之龠，以子谷秬黍中者，千有二百，实为一龠，十龠为合，十合为升，十升为斗，十斗为斛，而五量嘉矣。权者，铢、两、斤、钧、石，所以称物知轻重也。本起于黄钟之龠，一龠容千二百黍，重十二铢，两铢为两，十六两为斤，三十斤为钧，四钧为石，而五权谨矣。权衡一物。衡，平也。权，重也。称上谓之衡，称锤谓之权，所从言之异耳。如彼志文，是量度衡，本起于律也。时月言协，日言正，度量衡言同者，以时月须与他月和合，故言协；日有正与不正，故言正；度量衡俱是民之所用，恐不齐同，故言同。因事宜而变名耳。

《尚书注疏》卷二考证

疏，以一黍之广度之，千二百黍为一分。

臣照按，《汉志》本文云，一黍之广度之，九十分黄钟之长，为一分，不云千二百黍也。宋皇祐中，房庶言，得古本《汉志》，云一黍之起积一千二百黍之广度之，九十分。今文脱"起积一千二百黍之"八字。当时范镇力主其说，而司马光极辟之。此疏引《汉志》云云，然则唐初本固有不同，但以千二百黍为一分，则分固不得若是广。如读去声，谓是黄钟之一分，则语固欠明，又不得接下十分为寸句，当必有讹脱字也。

又疏十龠为合。

臣召南按，《汉志》本文作"合龠为合"。宋祁曰，合龠当为十龠。据此疏，则孔氏所见汉志作十龠矣。蔡传即据此疏亦作十龠。

## 2. 《书传》卷二

（宋）苏轼

协时月正日，同律度量衡。

合四时之气节，月之大小，日之甲乙，使齐一也。律，十二律也。

## 3. 《尚书全解》卷二

（宋）林之奇

同律度量衡。

律者，十二律也。六律，黄钟、太蔟、姑洗为阳，蕤（ruí）宾、夷则、无射为阴。六吕，大吕、夹钟、中吕为阳，林钟、南吕、应钟为阴。十二月之气同，类娶妻隔八生子：黄钟生林钟，林钟生太蔟，太蔟生南吕，南吕生姑洗，姑洗生应钟，应钟生蕤宾，蕤宾生大吕，大吕生夷则，夷则生夹钟，夹钟生无射，无射生中吕。十二律既备，文之以五声，播之以八音而乐成焉。度者，所以度长短也，千二百黍为分，十分为寸，十寸为尺，十尺为丈，十丈为引，谓之五度。量者，所以量多寡也，千二百黍为龠，十龠为合，十合为升，十升为斗，十斗为斛，谓之五量。衡者，所以知轻重也，千二百黍，重十二铢，二十四铢为两，十六两为斤，三十斤为钧，四钧为石，谓之五权。同律度量衡者，所以齐民信也。老苏《权衡论》云，先王欲杜天下之欺也，为之度，以一天下之长短；为之量，以齐天下之多寡；为之权衡，以信天下之轻重。故度量权衡法，必资之官，而后天下同。今也，庶民之家，刻木比竹，绳丝槌石以为之。富商大贾，内以大，出以小。齐人适楚，不知其孰为斗，孰为斛。持东家之尺，而较之西邻，则若十指然。以此观之，则舜之同律度量衡，其急务也。夫命羲和四子，历象日月星辰，敬授人时。至舜，巡守考制度于四岳，而又加之以"同律度量衡"者，班孟坚《律历志》云，推历、生律、制器，规圜矩方，权重衡平，准绳嘉量，探赜索隐，钩深致远，莫不用焉。盖律历之法，同起于数。洛下闳曰，律容一龠，积八十一寸，则一日之分也，以是知律历皆自数而起。既自数而起，故度起于黄钟之长，量起于黄钟之龠，衡起于黄钟之重。由衡生规，由规生矩，由矩生绳，由绳生准，而天下制度，举不出于此矣。尧历象之时，制度已备；舜之时，不过同之、协之而已。以此观之，则四岳为羲和之四子信矣。

（归善斋按，另见上句）

## 4.《尚书讲义》卷二

（宋）史浩

（归善斋按，见前文"岁二月，东巡狩"）

## 5.《尚书详解》卷二

（宋）夏僎

（归善斋按，见前文"岁二月，东巡狩"）

## 6. 《增修东莱书说》卷二

（宋）时澜

（归善斋按，见前文"岁二月，东巡狩"）

## 7. 《尚书说》卷一

（宋）黄度

（归善斋按，见前文"岁二月，东巡狩"）

## 8. 《絜斋家塾书钞》卷一

（宋）袁燮

（归善斋按，见前文"岁二月，东巡狩"）

## 9. 《书经集传》卷一

（宋）蔡沈

（归善斋按，见前文"岁二月，东巡狩"）

## 10. 《尚书精义》卷三

（宋）黄伦

（归善斋按，见前文"岁二月，东巡狩"）

## 11. 《尚书详解》卷二

（宋）陈经

（归善斋按，见前文"岁二月，东巡狩"）

## 12. 《融堂书解》卷一

（宋）钱时

（归善斋按，见前文"岁二月，东巡狩"）

## 13. 《尚书要义》卷二

（宋）魏了翁

十八、总释时月日律度量衡五礼玉帛。

"协时月正日，同律度量衡"，合四时之气节，月之大小，日之甲乙，使齐一也。律，法制，及尺丈斛斗斤两，皆同。"修五礼、五玉"，修吉、凶、宾、军、嘉之礼，五等诸侯，执其玉。"三帛、二生、一死贽"，三帛，诸侯世子执纁，公之孤执玄，附庸之君执黄；二生，卿执羔，大夫执雁；一死，士执雉。玉、帛生死，所以为贽，以见之。"如五器，卒乃复"，卒，终；复，还也。器，谓圭璧。如五器，礼终则还之。三帛、生死则否。

二一、黄帝以来，始用甲子纪日，协之使一。

《周礼》太史云"正岁年颁告朔于邦国"，则节气晦朔，皆天子颁之，犹恐诸侯国异或不齐同，故因巡守而合和之。节，是月初；气，是月半也。《世本》云，容成作历，大挠作甲子，二人皆黄帝之臣。盖自黄帝已来，始用甲子纪日，每六十日而甲子一周。史纪称纣为长夜之饮，忘其日辰，恐诸侯或有此之类，故合日之甲乙也。

二二、度量衡起于黄钟之律。

律者，候气之管，而度、量、衡三者法制，皆出于律，故云，律，法制也。度，有丈尺；量，有斛斗；衡，有斤两。故取法于律，故孔解"律"为"法制"，即云，及尺丈、斛斗、斤两，皆均同之。《汉书·律历志》云，度量衡出于黄钟之律也。度者，分、寸、尺、丈、引，所以度长短也。本起于黄钟之管长，以子谷秬黍中者，以一黍之广度之，千二百黍，为一分；十分，为寸；十寸，为尺；十尺，为丈；十丈，为引，而五度审矣。量，谓龠、合、升、斗、斛，所以量多少也。本起于黄钟之龠，以子谷秬黍中者，千有二百实为一龠，十龠，为合；十合，为升；十升，为斗；十斗，为斛，而五量嘉矣。权者，铢、两、斤、钧、石，所以称物之轻重也。本起于黄钟之龠，一龠，容千二百黍，重十二铢，两铢之为两，十六两为斤，三十斤为钧，四钧为石，而五权谨矣。权衡一物，衡，平也。权，重也。称上谓之衡；称锤谓之权。所从言之异耳，如彼志文是度量衡，本起于律也。

## 14. 《书集传或问》卷上

（宋）陈大猷

（归善斋按，未解）

## 15. 《尚书详解》卷一

（宋）胡士行

（归善斋按，未解）

## 16. 《书纂言》卷一

（元）吴澄

（归善斋按，见前文"岁二月，东巡狩"）

## 17. 《书集传纂疏》卷一

（元）陈栎

（归善斋按，见前文"岁二月，东巡狩"）

## 18. 《读书丛说》卷二

（元）许谦

（归善斋按，"律吕相生图"略。）

天地果有初乎？凡有形者，必由始以终，由成而败。天地亦囿于形者也。恶得无初？然则孰始而孰终之？理为之体而气为之用也。盈天地之间者唯万物。其能生物者，气也。其所以生物者，理也。人为万物之灵而用物者也，故可以参天地而赞化育。然天地因气而成，人物凭气而生，气不可以目见耳闻也。而有形者必有声，声则可以耳闻而不可以目见，此用之微者也。故近于气者，莫若声。声之发，虽出于一，而其高下、清浊亦莫不有节焉。自阴阳分而为五，五而为十二。五与十二，相因而为六十，而阴阳之用周矣。故声之条理，亦在五与十二尔。万物之声，未有外于此者也。人为物灵，故其声独著而多变。有哀、乐、喜、怒、敬、爱之感，则有噍杀（jiào shā）、啴缓（tān huǎn）、发散、粗厉、直廉、和柔之应。其感也无穷，则声之变也多矣。圣人以物之声皆出于自然，而人之声乃发于有意，出于自然则合于道者多，发于有意则违道或远，故合人物之声，制为之节。因人之所本有而易求者，以协之，以尽其用。自圣人之明哲，声律身度，岂不能自为之制，而必取物之无知者，谓之声之和，反以协人之声，宁智不及之邪？盖不自用聪明，而任道因物之自然，而节人之有意，皆欲归于中而已。故声之妙，可以动天地，感鬼神，和人心，协物类。自载籍所纪声之用、之效、之感不可胜数。其应之善恶有殊，则系乎声之中正、淫邪。其所以能感，则为声与气为最近故也，是以圣人慎之而立法焉。自伏羲有网罟之咏，伊耆有苇籥之音，葛天之八阕，神农之五弦，古之制声也尚矣。然以圣哲自为之，而法未立也。黄帝氏欲立宪，以垂万世，故使伶伦，自大夏之西，昆仑之阴，取竹之嶰（xiè）谷生而窍厚薄均者（竹孔与肉厚薄均等者，截以为筒，不复加削刮也），断两节之间，而为黄钟之宫。因制十二筩（dòng），吹其六以应凤鸣，为阳；六应凰鸣，为阴。比黄钟之宫，而皆可以生之，是为律本，定六律、六吕之制，以候气之应，而调宫、商、角、徵、羽之声，故能协和中声。候气不爽五声，六律旋相为宫，而声不穷矣。然律之制，岂惟用于乐而已，故又因以起度，而度长短焉。又因以为量，而量多少焉。又因以为权衡，而平轻重焉。故备数和声、审度、嘉量、权衡，而圣人治天下之具，无违声之妙用，与天地侔（móu）矣。

数始于一。物必有对待，有阳则有阴；有天则有地，故有二。天地之体圆方。圆者径一而围三，故有三。一倚二，亦三也。方者，径一而围四，故有四。一倚三，亦四也。围三者，以一为一，而用其全，见其三而不可（阙）；围四者，以二为一，而用其半，见其二而（阙）析也。故二所谓参天两地也。合三与二则五也。一倚四，亦五也。天地之数五而已。以此为不足以尽天下之数，故又以一二三四因于五，而为六七八九。五五自相因，而为十。以一倚六七八九亦七八九十。故天地之数，各以奇偶，亦止于十焉。然一函三，三而三之，则为九。故九为阳之盛，而十则复为一矣。阳统夫阴者也，故用数止用九焉。又以九因三，则为十二，故十二又为天地之用数也。天有十二次，地有十二位。天地之数止于一元，而元有十二会，运有十二世，岁有十二月，日有十二时，夫寒暑一周，而为一岁，不可诬也。而一周之间，日月之会必十二度，此象著于天者也。斗杓之指，必十二方，此象著于地者也。故十二者，又天地之用数也。然数止于是而已，过此以往，虽百千万，皆积而至者也。然则数衍于三而盛于九，合于五而极于十，其始皆原于一也。一者太极也。太极者，何理而已矣？今夫黄钟亦始于一尔，以次而言，则位固居一矣，一则函三，故三为其径之数，径一围三，则九乃其围之数，以九伸之而自相因，为长九寸之数，故黄钟为众律之原，百度之本也。阳至于此，不可复加，而阴亦不可先阳，故有减而退，无益而进，三分损其一。以下生林钟，由是而三分益之损之，上生、下生，至于仲吕而止，皆原于一而莫非阳九之用也。

汉《律历志》曰，数者一十百千万也，本起于黄钟之数，始于一而三之，三三积之，历十二辰之数，十有七万七千一百四十七，而五数备矣。律十有二，阳六，为律；阴六，为吕。律，以统气类物；吕，以旅阳宣气。黄钟，黄者，中之色。钟者，种也。阳气施种于黄泉，孳萌万物，为六气元始。于子在十一月大吕。吕，旅也，言阴大旅，助黄钟宣气，而芽物。位于丑，在十二月太簇。簇，奏也，言阳气大奏地而达物。位于寅，在正月夹钟，言阴夹助太簇，宣四方之气，而出种物。位于卯，在二月姑洗。洗，絜也，言阳气洗物辜絜之也。位于辰。在三月仲吕。言微阴始起，未成著于其中旅，助姑洗宣气齐物。位于巳，在四月蕤宾。蕤，继；宾，导也，言阳始导阴气，使继养物。位于午，在五月林钟。林，君也，言阴气受任，助蕤宾君主种物，使长大茂盛。位于未，在六月夷则。则，法也，言阳气正法度，而使阴气夷当伤之物。位于申，在七月南吕。南，任也，言阴气旅，助夷则任成万物。位于酉，在八月亡射。射，厌也，言阳气究物，而使阴气毕剥落之，终而复始，亡厌也。位于戌，在九月应钟，言阴气应亡射，该藏万物，而杂阳阂种。位于亥，在十月，有三统之义焉。十一月，乾之初九，阳始著为一，万物萌动，钟于太阴，故黄钟为天统，律长九寸。九者，所以究极中和，为万物元也。《易》曰立天之道，曰阴与阳。六月，坤之初六，阴气受任于太阳，万物生长，茂之于未，令种刚强大。故林钟为地统，律长六寸。六者，所以合阳之施，茂之于六合之内，令刚柔有体也。立地之道，曰柔与刚。正月，乾之九三，万物簇出于寅，人奉而成之，仁以养之，义以行之。寅，木也，为仁；其声商也，为义。故太簇为人统，律长八寸，象八卦，所以顺天地，通神明，类万物之情也。立人之道，曰仁与义，是为三统（三律皆整寸，无余分）。

《周礼》"大师掌六律、六同，以合阴阳之声"。郑玄注曰，黄钟，初九也，下生林钟之初六，林钟上生太簇之九二，太簇下生南吕之六二，南吕上生姑洗之九三，姑洗下生应钟之六三，应钟上生蕤宾之九四，蕤宾又上生大吕之六四，大吕下生夷则之九五，夷则上生夹钟之六五，夹钟下生无射之上九，无射上生仲吕之上六。同位者，象夫妻；异位者，象子母。

十二律起算成法（一寸十分法）

黄钟九寸（九，阳之盛也。自一而函三，故黄钟位居一，而径三分。径一者围三，则其围九分。九其九，故八十一，为黄钟之长。数起于一，一则含三，故三者，数之用，是以十二律皆以三损益之。阳不可过，故先损三分之一，而下生林钟）；林钟六寸（以三分黄钟之九寸，三为十分，三分损一，去其三寸，得林钟之数。三分益一，上生太簇）；太簇八寸（以三分林钟之六寸，二为一分，三分益一，则加二寸，而得太簇之数。三分损一，下生南吕）；南吕五寸三分寸之一（自此以下，析寸为分，皆以三加之。以三分太簇之八寸，为二十四，以三约之八，为一分，三分损一，得一十六，以三约其十五为五，而余一，是为南吕之数。三分益一，上生姑洗）；姑洗七寸九分寸之一（以九分南吕之五寸，为四十五，又以三乘其余一为三，合四十八，以三约之十六为一分。三分益一，共得六十四，以九约其六十三，为七而余一。是为姑洗之数。三分损一，下生应钟）；应钟四寸二十七分寸之二十（以二十七分姑洗之七寸，为百八十九，又以三乘其余一，为三分一百九十二，以三约之，六十四为一分，三分损一，得一百二十八，以二十七约其一百八为四，而余二十，是为应钟之数。三分益一上生蕤宾）；蕤宾六寸八十一分寸之二十六〡（以八十一分应钟之四寸，为三百二十四，又以三乘其余二十，为六十，合三百八十四，以三约之，一百二十八为一分，三分益一，共得五百一十二，以八十一约其四百八十六为六，而余二十六。是为蕤宾之数。三分益一，上生大吕）；大吕八寸二百四十三分寸之一百四（以二百四十三分蕤宾之六寸，为一千四百五十八，又以三乘其余二十六，为七十八，合一千五百三十六，以三约之，五百一十二为一分。三分益一，共得二千四十八，以二百四十三约其一千九百四十四，为八，而余一百四，是为大吕之数。三分损一，下生夷则）；夷则五寸七百二十九分寸之四百五十一（以七百二十九分大吕之八寸，为五千八百三十二，又以三乘其余二百四，为三百一十二，合六千一百四十四，以三约之，二千四十八为一分，三分损一，得四千九十六，以七百二十九约其三千六百四十五，为五，而余四百五十一，是为夷则之数。三分益一，上生夹钟）；夹钟七寸二千一百八十七分寸之一千七十五（以二千一百八十七分夷则之五寸，为一万九百三十五，又以三乘其余四百五十一，为一千三百五十三，合一万二千二百八十八，以三约之，四千九十六为一分，三分益一，共得一万六千二百八十四，以二千一百八十七约其一万五千三百九，为七，而余一千七十五，是为夹钟之数。三分损一，下生无射）；无射四寸六千五百六十一分寸之六千五百二十四（以六千五百六十一分夹钟之七寸，为四万五千九百二十七，又以三乘其余一千七十五，为三千二百二十五，合四万九千一百五十二，以三约之，一万六千三百八十四为一分，三分损一，得三万二千七百六十八，以六千五百六十一约其二万六千二百四十四，为四，而余六千五百二十四，是为无射之数。三分益一，上生中吕）；中吕六寸一万九千六百八十三分寸之一万二千九百七十四（以一万九千六百八十三分无射之四寸，为七万八千七百三十二，又以三乘其余六千五百二十四，为一万九千五百七十二，合九万八千三百四，以三约之，三万二千七百六十八为一分，三分益一，共得十三万一千七十二，而以一万九千六百八十三约其十一万八千九十八，为六，而余一万二千九百七十四，是为中吕之数也）。

《汉志》又曰，黄钟三分损一，下生林钟；三分林钟益一，上生太簇；三分太簇损一，下生南吕；三分南吕益一，上生姑洗；三分姑洗损一，下生应钟；三分应钟益一，上生蕤宾；三分蕤宾损一，下生大吕；三分大吕益一，上生夷则；三分夷则损一，下生夹钟；三分夹钟益一，上生亡射；三分亡射损一，下生中吕。阴阳相生，自黄钟始，而左旋，八八为伍。

《史记·律书》生钟分曰，子二分，丑三分二，寅九分八，卯二十七分十六，辰八十一分六十四，巳二百四十三分一百二十八，午七百二十九分五百一十二，未二千一百八十七分一千二十四，申六千五百六十一分四千九十六，酉一万九千六百八十三分八千一百九十二，戌五万九千四十九分三万二千七百六十八，亥十七万七千一百四十七分六万五千五百三十六。术曰，以下生者，倍其实，三其法；以上生者，四其实，三其法。

西山蔡先生《律吕本原》曰，按黄钟九寸，以三分为损益，故以三历十二辰，得一十七万七千一百四十七，为黄钟之实。其十二辰所得之数。在子、寅、辰、午、申、戌六阳，辰为黄钟寸分厘毫丝之数（子为黄钟之律，寅为九寸，辰为八十一分，午为七百二十九厘，申为六千五百六十一毫，戌为五万九千四十九丝）；在亥、酉、未、巳、卯、丑六阴，辰为黄钟寸分厘毫丝之法（亥为黄钟之实。酉之一万九千六百八十三为寸，未之二千一百八十七为分，巳之二百四十三为厘，卯之二十七为毫，丑之三为丝）。其寸、分、厘、毫、丝之法，皆有九数。故九丝为毫。九毫为厘。九厘为分。九分为寸。九寸为黄钟。盖黄钟之实，一十七万七千一百四十七之数，以三约之，为丝者，五万九千四十九；以二十七约之，为毫者，六千五百六十一；以二百四十三约之，为厘者七百二十九；以一千一百八十七约之，为分者八十一；以一万九千六百八十三约之，为寸者九。由是三分损益，以生十一律焉（愚按，数止于丝，以十七万七千一百四十七三约之也。然则十七万七千一百四十七者，一为三忽也，衍之，则五十三万一千四百四十一者，忽之数也）。

又曰，黄钟生十一律，子、寅、辰、午、申、戌六阳，辰皆下生；丑、卯、巳、未、酉、亥六阴，辰皆上生。其上，以三历十二辰者，皆黄钟之全数；其下，阴数以倍者（即算法倍其实），三分本律而损其一也；阳数以四者（即算法四其实），三分本律而增其一也。六阳，辰当位自得；六阴，辰则居其冲。林钟、南吕、应钟三吕在阴，无所增损。大吕、夹钟、仲吕三吕在阳，则用倍数，方与十二月之气相应。盖阴之从阳，自然之理也（其上昂，十二辰分字以上，子一，丑三，寅九是也。其下，则十二辰分字以下，二八十六是也）。

又十二律起算成法（一寸九分法）

黄钟九寸（一，数之始。九阳之盛也。故黄钟位居一而围九分。九其九，故八十一分为黄钟之长。九分为寸，八十一分为九寸也。百一而以三历十二辰，其数一十七万七千一百四十七，为黄钟之实。而以寸法一万九千六百八十三约之，得九，亦为九寸。数起于一，一则含三，故三者数之用，是以十二律皆以三而损益之。阳不可过，故先损三分之一，而下生林钟）；林钟六寸（法曰，丑三分，二以三分黄钟之长，一为三寸，得其二，为林钟之六寸。三分黄钟之九寸，则三寸为一，损一，亦得六寸。二黄钟之九寸，为十八寸，倍其实也。以三约之，为六寸，三其法也。阴辰居其冲，故林钟居未，下酉、亥、丑、卯、巳，故此。以黄钟之实一十七万七千一百四十七，三分损一，得十一万八千九十八，为林钟之实。三分益一上，生太簇）；太簇八寸（法曰，寅九分，八以九分黄钟之长，一寸为一，得其八，为太簇之八寸。三分林钟之六寸，则一为二寸，益一亦得八寸。四林钟之六寸，为二十四寸。四其实也，以三约之，为八寸，三其法也。阳辰当位，自得，故太簇居寅下，辰、午、申、戌仿此。以林钟之实十一万八千九十八，三分益一，得十五万七千四百六十四，为太簇之实。三分损一，下生南吕）；南吕五寸三分（自此以下，析寸为分，九分为寸。黄钟分法，二千一百八十七。法曰，卯二十七分，十六以二十七分黄钟之长，一为三分，得其十六，以三为一寸，则十五，为五寸，一为三分，故南吕之长五寸三分。三分太簇之八寸。则二寸六分为一，损一，亦得五寸三分。二太簇之八寸，为一百四十四分，倍其实也。以三约之，得四十八分，是为五寸三分，三其法也。以太簇之实十五万七千四百六十四，三分损一，得十万四千九百七十六，为南吕之实。三分益一，上生姑洗）；姑洗七寸一分（法曰，辰八十一分，六十四以八十一分黄钟之长，一为一分，得其六十四，以九为一寸，则六十三为七寸，一为一分，故姑洗之长七寸一分。三分南吕之五寸，三分则一寸，七分为一，益一，亦得七寸一分。四南吕之五寸三分，为一百九寸二分，四其实也。以三约之，得六十四分，是为七寸一分。三其法也。以南吕之实十万四千九百七十六，三分益一，得十三万九千九百六十八，为姑洗之实。三分损一，下生应钟）；应钟四寸六分六厘（自此以下析分为厘，比厘为分。黄钟厘法，二百四十三。法曰，巳二百四十三分，一百二十八以二百四十三分黄钟之长，一为三厘，得其一百二十八，则二十七分为一寸，一百八为四寸，三为一分，十八为六分，二为六厘，故应钟之长四寸六分六厘。三分姑洗之七寸一分，则二寸三分三厘为一，损一亦得四寸六分六厘。二姑洗之七千，一分为一千一百五十二厘，倍其实也。以三约之，得三百八寸四厘，又约之，为四十二分六厘，是为四寸六分六厘。三其法也。以姑洗之实十三万九千九百六十八，三分损一，得九万三千三百一十一，为应钟之实。

三分益一，上生蕤宾）。

蕤宾六寸二分八厘（法曰，午七百二十九分，五百一十二以七百二十九分黄钟之长，一为一厘，得其五百一十二，则八十一为一寸，四百八十六为六寸，九为一分，十八为二分，八为八厘，故蕤宾之长六寸二分八厘。三分应钟之四寸六分六厘，则一寸五分二厘为一，益一，亦得六寸二分八厘。四应钟之四寸六分六厘，为一千五百三十六厘，四其实也。以三约之，得五百一十二，又约之，为五十六分八厘，是为六寸二分八厘，三其法也。以应钟之实九万三千三百一十二，三分益一，得十二万四千四百一十六，为蕤宾之实。三分损一，下生大吕）；（以下原阙）；（钟之实，本数七万三千七百二十八，三分益一，得九万八千三百四，为亡射之实。三分损一，下生仲吕）；仲吕六寸五分八厘三毫四丝六忽（此当折丝为忽，九忽为丝。黄钟之数一为三忽。法曰，亥一十七万七千一百四十七分。六万五千五百三十六以一十七万七千一百四十七分黄钟之长，一为三忽，得其六万五千五百三十六，则一万九千六百八十三为一寸，五万九千四十九为三寸，二千一百八十七为一分，四千三百七十四为二分，二百四十三为一厘，一千九百四十四为八厘，二十七为一毫，一百六十二为六毫，三为一丝，六为二丝，一为三忽，是为三寸二分八厘六毫二丝三忽。三分无射之四寸八分八厘四毫八丝，则一寸五分八厘七毫五丝六忽为一，损一亦得三寸二分八厘六毫二丝三忽。二亡射之四寸八分六厘四毫八丝，三而衍之，五十八万九千八百二十四忽，倍其实也。以三约之，得一十九万六千六百八忽，是为三十二分八厘六毫二丝三忽。三其法也。阴位倍之，为六寸五分八厘三毫四丝六忽。以无射之实六万八千三百四，三分损一，得六万五千五百三十六，倍之为十三万一千七十二，为中吕之实。以中吕之实本数六万五千五百三十六三分之余一，算倍之，亦余二。算不能相生，故律止于中吕）。

蔡先生曰，按《吕氏春秋》、《淮南子》上下相生与司马氏《律书》、汉前志不同，虽大吕、夹钟、仲吕用倍数则一。然《吕氏》、《淮南》不过以数之多寡为生之上下，律吕阴阳皆错乱而无伦，非其本法也。今按郑康成注礼上下相生之说，即本《吕氏》、《淮南》之论。又按《国语》韦昭注，于大吕、夹钟、中吕三吕下，皆有本数，又有倍数。虽用郑氏十分寸之法，而加倍之说，又不全与郑氏同。但未发明，阳皆下生，阴皆上生之义，又若未尽了然尔。

阳生于子之半，而极于午；阴生于午之半，而极于子。黄钟应乾之初九，故位居子。林钟应坤之初六，当位居午，而午亦阳也，故避而居未。黄钟隔八而下生林钟，林钟隔八而上生太蔟。三者皆全寸，故为三统。天阳也，地阴也，而人亦阳也。人虽生于地，而上同于天之阳，此见天人之合，而人可与天比德也。

六律，亦谓之六始；六吕，亦谓六间。夹钟，又曰圜钟；林钟又曰函钟；南吕又曰南事；仲吕又曰小吕。

《汉志》曰，度者，分、寸、尺、丈、引，本起黄钟之长。以子谷秬黍中者，一黍之广度之，九十分，黄钟之长，一为一分，十分为寸，十寸为尺，十尺为丈，十丈为引。而五度审法，用铜高一寸，广二寸，长一丈，而分、寸、尺、丈存焉。用竹为引，高一分，广六分，长十丈。量者，龠、合、升、斗、斛，本起于黄钟之龠，用度数审其容，以子谷秬黍中者，千有二百实其龠合，为龠合，十合为升，十升为斗，十斗为斛。而五量嘉法，用铜方尺，而圜其外，旁有庣（tiāo）焉（庣，吐凋反，方一尺过九厘五毫，然后成斛）。上为斛，下为斗，左耳为升，右耳为合。龠状似爵，上三下二，三天两地。圜而函方，左一右二，阴阳之象。圜象规，重二钧，声中黄钟。衡权者，铢、两、斤、钧、石。本起于黄钟之重，一龠容千二百黍，重十二铢，两之为两，十六两为斤，三十斤为钧，四钧为石（此法乃古法，而度量之器，乃汉制）。

## 19. 《书传辑录纂注》卷一

（元）董鼎

（归善斋按，见前文"岁二月，东巡狩"）

## 20. 《尚书句解》卷一

（元）朱祖义

协时月正日（因而于四时之节气，月之小大，必以王朝之正朔考而合之；日之甲乙，必以王朝之正朔辨而正之，则历法定矣），同律、度、量、衡（然后律、度、量、衡可考而知。度、量、衡生乎律，而律之卜二，如黄钟、太簇、姑洗、蕤宾、夷则、无射、林钟、南吕、应钟、大吕、夹钟、中吕，又生乎律之十二辰。班孟坚《律历志》云，推历生律，故舜欲律之十二度之分、寸、丈、尺，量之龠、合、升、斗，衡之铢、两、斤、钧，考而校之，使远近内外均同如一，必先协时月正日也）。

## 21. 《尚书日记》卷二

（明）王樵

（归善斋按，见前文"岁二月，东巡狩"）

## 22. 《御制日讲书经解义》卷一

（归善斋按，见前文"岁二月，东巡狩"）

### 《尚书通考》卷三

（元）黄镇成

律

《汉志》曰，五声之本，生于黄钟之律，九寸为宫，或损或益，以定商、角、徵、羽，九六相生，阴阳之应也。律有十二，阳六为律，阴六为吕。律，以统气类物；吕，以旅阳宣气。其传曰，黄帝使泠（líng）纶，自大夏之西，昆仑之阴，取竹之解谷（孟康曰，解，脱也。谷，竹沟也。取竹之脱无沟节者，一说谷名也），生其窍，厚均者，断两节，间而吹之，以为黄钟之宫。制十二筒，以听凤之鸣。其雄鸣为六，雌鸣亦六，比黄钟之宫，而皆可以生之，是为律本（师古曰，比，合也。生，谓上下相生）。至治之世，天地之气，合以生风。天地之风气正，十二律定。黄钟，黄者中之色。钟，种也，阳气施种于黄泉，孳萌万物，为六气元也，以黄色名元气。律者著宫声也，始于子，在十一月。大吕，吕，旅也，言阴大旅，助黄钟宣气，而牙物也，位于丑，在十二月。大蔟，蔟，奏也，言阳气大奏地而达物也，位于寅，在正月。夹钟，言阴夹，助大蔟，宣四方之气而出种物也，位于卯，在二月。姑洗，洗，絜也，言阳气洗物，辜絜之也，位于辰，在三月。中吕，言微阴始起未成，著于其中旅，助姑洗宣气齐物也，位于巳，在四月。蕤宾，蕤，继也；宾，导也，言阳始导阴气，使继养物也，位于午，在五月。林钟，林，君也，言阴气受任，助蕤宾，君主种物，使长大楙盛也，位于未，在六月。夷则，则，法也，言阳气正法度，而使阴气夷当伤之物也，位于申，在七月。南吕，南，任也，言阴气旅，助夷则任成万物也，位于酉，在八月。无射，射，厌也，言阳气究物，而使阴气毕剥落之终而复始无厌已也，位于戌，在九月。应钟，言阴气应无射，该藏万物，而杂阳阂种也，位于亥，在十月。三统者，天施、地化、人事之纪也。黄钟为天统，律长九寸；林钟为地统，律长六寸；太蔟为人统，律长八寸。三正，黄钟，子，为天正；林钟，未之冲；丑，为地正；太蔟，寅，为人正。及黄钟为宫，则太蔟、姑洗、林钟、南吕，皆以正声应，无有忽微，不复与他律为役者，同心一统之义也。非黄钟而他律，虽当其月，自宫者，则其和应之律，有空积忽微（孟康曰，忽微，若有若无，细于发者。空积，若郑氏，分一寸为数千），不得其正。此黄钟至尊，无与并也。三统相通，故黄钟、林钟、太蔟，律长皆全寸，而亡余分也。太极元气，函三为一极中也。元，始也，行于十二辰始动。于子，参之；于丑，得三又参之；于寅，得九又参之；于卯，得二十七又参之；于辰，得八十一又参之；于巳，得二百四十三又参之；于午，得七百二十九又参之；于未，得二千一百八十七又参之；于申，得六千五百六十一又参之；于酉，得万九千六百八十三又参之；于戌，得五万九千四十九又参之；于亥，得十七万七千一百四十七。此阴阳合德，气钟于子，化生万物者也。故孳萌于子，纽牙于丑，引达于寅，冒茆于卯（师古曰，茆谓丛生也），振美于辰，已盛于巳，咢布于午，昧薆于未，中坚于申，留孰于酉，毕入于戌，该阂于亥，出甲于甲，奋轧于乙，明炳于丙，大盛于丁，丰楙于戊，理纪于己，敛更于庚，悉新于辛，怀壬于壬，陈揆于癸。故阴阳之施，化万物之终始。既类旅于律吕，又经历于日辰，而变化之情可见矣。阴阳相生，自黄钟始，而左旋，八八为伍。其法皆用铜，职在太乐，太常掌之。

蔡传曰，凡十二管，皆径三分有奇，空围九分，而黄钟之长九寸，大吕以下，律吕相间，以次而短，至应钟而极焉。以之制乐，而节音。声则长者声下，短者声高；下者，则重浊而舒迟；上者，则轻清而剽疾。

《通典》曰，六律者，阳月之管。律者，法也，言阳气施生，各有其法。又律者，帅也，所以帅导阳气，使之通达。六吕者，阴月之管。吕者，助也，所以助阳成功也。

《周礼·春官》太师掌六律六同，以合阴阳之声，皆文之以五声，宫、商、角、徵、羽；播之以八音，金、石、土、革、丝、木、匏、竹。注云，合阴阳之声者，声之阴阳，各有合辰与建交错贸处，如表里然，是其合也。

辰建交贸图

黄钟，子之气也，十一月建焉，而辰在星纪；大吕，丑之气也，十二月建焉，而辰在玄枵（太蔟以下类是，即子与丑合，寅与亥合之类）。

黄钟（子之气十一月建）辰在玄枵；　太蔟（寅之气正月建）辰在析木

大吕（丑之气十二月建）辰在星纪；　应钟（亥之气十月建）辰在娵訾

姑洗（辰之气三月建）　辰在寿星；　蕤宾（午之气五月建）辰在鹑火

南吕（酉之气八月建）　辰在大梁；　林钟（未之气六月建）辰在鹑首

夷则（申之气七月建）　辰在实沈；　无射（戌之气九月建）辰在降娄

中吕（巳之气四月建）　辰在鹑尾；　夹钟（卯之气二月建）辰在大火

班志隔八相生图

（归善斋按，图略）

右图，同位者，象夫妻；异位者，象子母。所谓律娶妻，而吕生子，此阴阳相生之正也。其法，皆阳下生阴，阴上生阳。下生者，皆三分去一；上生者，皆三分益一。此马迁、班固所生之寸数也。

（图）

《周礼·太师》郑氏注云，黄钟长九寸，其实一龠下生者，三分去一；上生者，三分益一。五下六上，乃一终矣（此京房以来，自蕤宾已后，阳反上生，阴反下生。盖以仲春、孟夏，正生养之时，其气舒缓，不容短促，故上生大吕，而倍其数）。右图自黄钟隔八相生，至蕤宾与班志所载同。自蕤宾又重上生大吕，为三分益一，盖前图一上一下者相生之道也。后图，重上生者，按月候气，律管以次而短，吹候之用也。

996

郑氏律管长短忽微之图

黄钟（长九寸，其实一龠）；大吕（长八寸二百四十三分寸之一百四）；大蔟（长八寸长）；夹钟（七寸二千一百八十七分寸之一千七十五）；姑洗（长七寸九分寸之一）；中吕（长六寸万九千六百八十三分寸之万二千九百七十四）；蕤宾（长六寸八十一分寸之二十六）；林钟（长六寸）；夷则（长五寸七百二十九分寸之四百五十一）；南吕（长五寸三分寸之一）；无射（长四寸六千五百六十一分寸之六千五百二十四）；应钟（长四寸二十七分寸之二十）。

愚按，十二律以隔八生子，上下计之，则三分损益之法，秩然不紊。以一律一吕，配之十二辰之次，则自黄钟至应钟之管，以渐而短，周旋经纬，各有条理。此见律法之妙，有非出于人为私意之所为也。

五声十二律还相为宫。

《周礼》曰"文之以五声"郑注云，"文之"者，以调五声，使之相次如锦绣之有文章。《通典》曰先以本管为均，八音相生，或上或下，取五声，令足黄钟之均（以黄钟为宫，黄钟下生林钟为徵，林钟上生太蔟为商，太蔟下生南吕为羽，南吕上生姑洗为角。此黄钟之调。至姑洗，皆三分之次，故用正律之声洗为角。此黄钟之调。至姑洗，皆三分之次，故用正律之声），大吕之均（以大吕为宫，大吕下生夷则为徵，夷则上生夹钟为商，夹钟下生无射为羽，无射上生中吕为角。此大吕之调，至中吕皆三分之次，故用正律之声），太蔟之均（以太蔟为宫，太蔟下生南吕为徵，南吕上生姑洗为商，姑洗下生应钟为羽，应钟上生蕤宾为角，此太蔟之调，至蕤宾皆三分之次，故用正律之声），夹钟之均（以夹钟为宫，夹钟下生无射为徵，无射上生中吕为商，中吕上生黄钟为羽，黄钟正律长，非商损益之次，此用子声，黄钟下生林钟为角。林钟子声，短于中吕，故还用林钟正管。此调有四正声，一子声），姑洗之均（以姑洗为宫，姑洗下生应钟为徵，应钟上生蕤宾为商，蕤宾上生大吕为羽，正声长，故用子声。大吕下生夷则为角，夷则子声短，还用正声。此调亦四正声，一子声），中吕之均（以中吕为宫，中吕上生黄钟为徵，正声长，故用子声。黄钟下生林钟为商，子声短，还用正声。林钟上生太蔟为羽，正声长，非林钟三分去一之次，用子声。太蔟下生南吕为角，此调正声三，子声二也），蕤宾之均（以蕤宾为宫，蕤宾上生大吕为徵，大吕下生夷则为商，夷则上生夹钟为羽，正声长，用子声。夹钟下生无射为角，子声短，还用正声。此调亦二子声，三正声也），林钟之均（以林钟为宫，林钟上生太蔟为徵，正声长，故用子声。太蔟下生南吕为商，南吕上生姑洗为羽，正声长，用子声。姑洗下生应钟为角，子声短，还用正声。此调亦子声二，正声三也），夷则之均（以夷则为宫，夷则上生夹钟为徵，正声长，用子声。夹钟下生无射为商，子声短，还用正声。无射上生中吕为羽，正声长，用子声。中吕上生黄钟为角，正声长，用子声。此调正声二，子声三也），南吕之均（以南吕为宫，南吕上生姑洗为徵，正声长，用子声。姑洗下生应钟为商，子声短，用正声。应钟上生蕤宾为羽，亦正声长，用子声。蕤宾上生大吕为角，正声长，用子声。此调正声二，子声三也），无射之均（以无射为宫，无射上生中吕为徵，用子声。中吕上生黄钟为商，用子声。黄钟下生林钟为羽，用子声。林钟上生太蔟为角，用子声。此调正声一，子声四也），应钟之均（以应钟为宫，应钟上生蕤宾为徵，用子声。蕤宾上生大吕为商，用子声。大吕下生夷则为羽，用子声，夷则上生夹钟为角，用子声。此调亦正声一，子声四也）。

愚按，十二均，即五声十二律还相为宫。《周官·太师》所谓“文之以五声”者也。其律为均者为宫，宫生徵，徵生商，商生羽，羽生角。一均五声，十二均合为六十律，京房所谓，十二律之变于六十，犹八卦之变至于六十四也。然有正声，有子声者，《通典》谓，非三分去一之次，则用子声。朱子谓“乐中最忌臣陵君”是也。盖宫为君，商为臣，角为民，徵为事，羽为物，但所生之律长于为均之宫，则当用子声，至其用子声也。又于三分损益之法，亦各有条而不紊。是以五声相间，清浊高下，自无相夺，故有十二正声，十二子声。子声者，皆以相生所得之律寸数半之。《通典》曰，正管长者为均之时，则自用正声。五音正管短者为均之时，则通用子声。五音亦皆三分益一减一之次，还以宫、商、角、徵、羽之声得调。此乐律与易数，皆出于天，而非人力之所能与者也。

变宫变徵

（图）

《东汉志》曰，伏羲氏作《易》纪阳气之初，以为律法；建冬日至之声，以黄钟为宫，太蔟为商，姑洗为角，林钟为徵，南吕为羽，应钟为变宫，蕤宾为变徵，此声之元，五声之正也，故各统一日。其余以次运行，当日者，各自为宫，而商、徵以类从焉（日有五，声亦有五，甲已角，乙庚商，丙辛徵，丁壬羽，戊癸宫。十二律，主十二辰，子为黄钟之类）。

隋文帝开皇二年，郑译考寻乐府，钟石律吕皆有宫。商殷已前，但有五音。此二者，自周以来，加文武二声，谓之为七。其五声为正，二声为变。变者，和也。角、徵、羽变宫变徵之名，初周武帝时，有龟兹人曰苏祗婆，从突厥皇后入国，善胡琵琶，听其所奏，一均之中，间有七声。译因习而弹之，始得七声之正。

《考索》曰，夫五音相生，而独宫徵有变声，何也？宫为君，商为臣，角为民，徵为事，羽为物。君者，法度号令之所自出也。宫故生徵，法度号令所以授臣，臣所以奉承者也。徵故生商，君臣一德，以康庶务，则万物得所，民遂其生矣，故商生羽，羽生角也。然臣有常职，民有常业，物有常形，不可以迁。迁则失其常矣。商、羽、角三声，此其无所变也。故君总万务，不可以执于一方。事通万务，不可以滞于一隅。故宫、徵二声必有变也。

新安陈氏曰，宫声浊而长，以渐而清且短之序，则为宫、商、角、徵、羽。如黄钟为宫，太蔟为商，相去一律；又姑洗为角，至林钟为徵，则相去二律；南吕至黄钟，亦相去二律。相去一律则和，二律则远，故近徵稍下为变徵，近宫稍下为变宫（又见律吕新书）。

苏夔驳郑译曰，《韩诗外传》所载"乐声感人"及《月令》所载"五音所中"并皆有五，不言变宫、变徵。又《左氏》所云七音六律，以奏五声，准此而言，每宫应立五调，不闻更加变宫、变徵二调为七调。七调之作所出未详。译答曰，周有七音之律。《汉书·律历志》天地人及四时谓之"七始"，黄钟为天始，林钟为地始，太蔟为人始，是为三始。姑洗为春，蕤宾为夏，南吕为秋，应钟为冬，是为四时。四时、三始，是以为七。今若不以二变为调曲，则是冬、夏声阙，四时不备。是故每宫须立七调，于是众从译议。

京房六十律法

《东汉志》，元帝时郎中京房，字君明，受学故小黄令焦延寿。六十律相生之法，以上生下，皆三生二；以下生上，皆三生四。阳下生阴，阴上生阳，终于中吕。而十二律毕矣。中吕上生执始，执始下生去灭，上下相生，终于南事，六十律毕矣。以黄钟为宫，太蔟为商，姑洗为角，林钟为徵，南吕为羽，应钟为变宫，蕤宾为变徵，此声气之元，五音之正，故各统一日。其余以次运行，当日者各自为宫，而商、徵以类从焉。《礼运》曰，五声、六律、十二管还相为宫，此之谓也。又以竹声不可以度调，故作准，以定数准之状，如瑟长丈，而十三弦，隐间九尺，以应黄钟之律九寸，中央一弦，下有画分寸，以为六十律清浊之节。其相生也，皆三分而损益之。故十二律之得十七万七千一百四十七，是为黄钟之实；又以二乘而三约之，为下生林钟之实；又以四乘而三约之，为上生太蔟之实。推此上下，以定六十律之实。律为寸于准，为尺不盈者，十之；所得为分又不盈，十之；所得为小分，以其余正其强弱，截管为律，吹以考声，列以物气，道之本也。术家以其声微而体难知，其分数不明，故作准以代之。准之声，明畅易达，分寸又粗。然弦以缓急清浊，非管无以正也。均，其中弦令与黄钟相得，按画以求，诸律无不如数而应者矣。

黄钟，色育，执始，丙盛，分动，质末；大吕，分否，凌阴，少出；太蔟，未知，时息，屈齐，随期，形晋；夹钟，开时，族嘉，争南；姑洗，南授，变虞，路时，形始，依行；中吕，南中，内负，物应；蕤宾，南事，盛变，离宫，制时；林钟，谦待，去灭，安度，归嘉，否与；夷则，解形，去南，分积；南吕，白吕，结躬，归期，未卯，夷汗；无射，闭掩，邻齐，期保；应钟，分乌，迟内，未育，迟时。

律法上下相生损益之次

黄钟（下生），林钟（上生），太蔟（下生），南吕（上生），姑洗（下生），应钟（上生），蕤宾（上生），大吕（下生），夷则（上生），夹钟（下生），无射（上生），中吕（上生），执始（下生），去灭（上生），时息（下生），结躬（上生），变虞（下生），迟内（上生），盛变（上生），分否（下生）解形（上生），开时（下生），闭掩（上生），南中（上生），丙盛（下生），安度（上生），屈齐（下生），归期（上生），路时（下生），未育（上生），离宫（上生），凌阴（下生），去南（上生），族嘉（下生），邻齐（上生），内负（上生），分动（下生），归嘉（上生），随期（下生），未卯（上生），形始（下生），迟时（上生），制时（上生），少出（下生），分积（上生），争南（下生），期保（上生），物应（上生），质末（下生），否与（上生），形晋（下生），夷汗（上生），依行（上生），色育（下生），谦待（上生）未知（下生），白吕（上生），南授（下生），分乌（上生），南事（下生，穷）。

愚按，京房以黄钟之实十七万七千一百四十七为律本，其法始于子，历十二辰，以参乘之，得此数，以其实上下相生。下生者，倍其数，以三约之，而用其一；上生者，四其数，亦以三约之，而用其一。所谓以上生下，皆三生二；以下生上，皆三生四，所谓二乘而三约之，是谓下生四乘，而三约之，是为上生。故黄钟全数十七万七千一百四十七，律长九寸，准九尺；下生林钟十一万八千九十八，律六寸，准六尺；上生太蔟十五万七千四百六十四，律八寸，准八尺；下生南吕十万四千九百七十六，律长五寸三分小分三强，准长五尺三寸六千五百六十一；上生姑洗十三万九千九百六十八，律长七寸一分小分一微强，准长七尺一寸二千一百八十七。推此上下，以定六十律之实，故律一寸于准长一尺，于数九分，黄钟之实得一万九千六百八十三。惟黄钟、林钟、太蔟三律无余分，其余以一万九千六百八十三为一寸之法，二千一百八十七为一分之法，计其余分，以定准尺之余数。不盈寸者，十之为律分。不盈分者，又十之为小分，以定律寸之强弱。《汉志》谓，房言律详于前《志》，刘歆所奏然。至章帝元和元年，官已无晓六十律以准调音者，灵帝熹平六年，召典律者张光等，已不知准意，其可以相传者，惟大推常数，及候气而已。今姑撮其大旨，著于此编，使初学者有考焉。

朱子曰，乐之六十声，如六十甲子，以十干、十二支而成六十甲子，以五声合十二位而成六十声。若不相属，而实相为用也。然十二律取法天地之气，古者于三重密室，以木为案，取律吕之管，随十二辰，置于案上，以土埋之，上与地平，中实葭莩（jiā fú）之灰，以轻缇素覆律口，每地气至，律冥符，则灰飞冲素，散出于外。十二律，隔八相生。自黄钟之管，阳皆下生，阴皆上生；自蕤宾之管，阴反下生，阳反上生，以象天地之气也。若拘古法，而以阳必下生，阴必上生，则以之候气，而气不应，以之制乐，而乐不和。此郑氏重上生法，所以为不易之论也。五声，宫为君，商为臣，角为民，徵为事，羽为物。自上而下降杀，有等级，故君有常尊，若臣陵君，则失其卑高之位矣。故黄钟最长，若自用其宫，则止用正律；若他律为宫，而管短，则生次之律，不可长于为均之宫，故用其子声，则三分损益，皆得其次。臣不陵君，子不过母。此杜氏减半律之法，所以为有用之乐也。

又曰，管有长短，声有清浊。黄钟管最长，应钟管最短。长者声浊，短者声清。乐中最忌臣陵君，故有四清声。减正律之半，如应钟为宫声最短而清。或蕤宾为商，则商音高如宫声，是臣陵君，不可用，遂用蕤宾减半律，以应之。虽减半律，然只是此律，故亦自能相应也。

## 《尚书通考》卷四

（元）黄镇成

蔡西山黄钟生十一律解

（本文出司马《律书》。生钟分一为九寸之类，出西山。律吕新书解，则愚说也）

子一分：一为九寸。一为九寸者，一分全用，十七万七千一百四十七为九寸全数，故黄钟之管长九寸，而上下损益，以生十一律也。右阳辰当位自得，故子为黄钟，居子，他仿此。

丑三分二（分字以上皆黄钟全数，分字以下乃本律所得之数，后皆仿此）：以十七万七千一百四十七全数，分为三分。丑得其二分，为十一万八千九十八，乃子之十七万七千一百四十七，三分去一之数也。一为三寸。一为三寸者，丑三每以一为三寸，则得三个三为九寸全数，右丑三分得其二分，以一为三寸，则二为六寸，故林钟之管长六寸，为黄钟三分去一下生之律。右阴辰则居其冲，故丑为林钟居未，乃丑之冲后仿此。

寅九分八：以十七万七千一百四十七全数分为九分，寅得八分为十五万七千四百六十四，乃丑之十一万八千九十八三分益一之数也。一为一寸。一为一寸者，寅九每以一为一寸，则得九个一，为九寸全数。右寅九分，得其八分，以一为一寸，则八为八寸，故太蔟之管长八寸，为林钟三分益一上生之律。

卯二十七分十六：以十七万七千一百四十七全数，分为二十七分，卯得十六分为十万四千九百七十六，乃寅之十五万七千四百六十四三分去一之数也。三为一寸。三为一寸者，卯二十七，以三为一寸，则得九个三，为九寸全数。一为三分。一为三分者，卯二十七，每以一为三分，则得二十七个三分，为八十一分，即寸有九分之全数也。右卯二十七分，得十六分，以三为一寸，则十五为五寸，又以一为三分，则合十六为五寸三分。故南吕之管长五寸三分，为太蔟三分去一下生之律也。

辰八十一分六十四：以十七万七千一百四十七全数分为八十一分，辰得六十四分，为十三万九千九百六十八，乃卯之十万四千九百七十六，三分益一之数也。九为一寸。九为一寸者，辰八十一每以九为一寸，则得九个九为九寸全数。一为一分。一为一分者，辰八十一，每以一为一分，则得八十一个一，为八十一分全数。右辰八十一分，得六十四分，以九为一寸，则六十三为七寸，又以一为一分，则合六十四为七寸一分，故姑洗之管长七寸一分，为南吕三分益一上生之律也。

已二百四十三分一百二十八：以十七万七千一百四十七全数，分为二百四十三分，已得一百二十八分，为九万三千三百一十二，乃辰之十三万九千九百六十八，三分去一之数也。二十七为一寸。二十七为一寸者，已二百四十三，每以二十七为一寸，则得九个二十七，为九寸全数。三为一分。三为一分者，已二百四十三，每以三为一分，则得八十一个三，为八十一分全数。一为三厘。一为三厘者，已二百四十三，每以一为三厘，则三个二百四十三，得七百二十九厘，为分有九厘全数。右已二百四十三分，得一百二十八，以二十七为一寸，则一百八为四寸。以三为一分，则十八为六分。以一为三厘，则二为六厘，合一百二十八，则为四寸六分六厘，故应钟之管长，四寸六分六厘，为姑洗三分（以下阙文）。

益一，得十六万五千八百八十八为蕤宾重上生之数也。二百四十三为一寸。二百四十三为一寸者，未二千一百八十七，每以二百四十三为一寸，则得九个二百四十三，为九寸全数。二十七为一分。二十七分为一分者，未二千一百八十七，每以二十七为一分，则得八十一个二十七，为八十一分全数。三为一厘。三为一厘者，未二千一百八十七，每以三为一厘，则得七百二十九个三，为七百二十九厘全数。一为三毫。一为三毫者，未二千一百八十七，每以一为三毫，则得六千五百六十一毫，为厘有九毫全数。右未二千一百八十七分，得一千二十四以二百四十三为寸，则九百七十二为四寸，又以二十七为一分，又以三为一厘，则二十四，为八厘，又以一为三毫，合一千二十四，则为四寸一分八厘三毫。然大吕在阳，则用倍数，方与气应，故大吕之管长八寸三分七厘六毫，为蕤宾三分益一重上生之律。

申六千五百六十一分四千九十六：以十七万七千一百四十七全数，分作六千五百六十一分，申得四千九十六分，为十一万五千九十二，乃未之十一万五千八百八十八，三分去一之数也。七百二十九为一寸。七百二十九为一寸者。申六千五百六十一，每以七百二十九为一寸，则得九个七百二十九，为九寸全数。八十一为一分。八十一为一分者，申六千五百六十一，每以八十一为一分，则得八十一个八十一，为八十一分全数。九为一厘。九为一厘者，申六千五百六十一，每以九为一厘，则得七百二十九个九，为七百二十九厘全数。一为一毫。一为一毫者，申六千五百六十一，每以一为一毫，则得六千五百六十一毫，为厘有九毫全数。右申六千五百六十一分，得四千九十六，以七百二十九为寸，则三千六百四十五为五寸，以八十一为分，则四百五为五分；以九为厘，则四十五为五厘；又以一为一毫，合四千九十六，则为五寸五分五厘一毫。故夷则之管长，五寸五分五厘一毫，为大吕三分去一下生之律。

酉一万九千六百八十三分八千一百九十二：以十七万七千一百四十七全数，分作一万九千六百八十三分，酉得八千一百九十二分，为十四万七千四百五十六，乃申之十一万五百九十二，三分益一之数也。二千一百八十七为一寸。二千一百八十七为一寸者，酉一万九千六百八十三，每以二千一百八十七为一寸，则得九个二千一百八十七，为九寸全数。二百四十三为一分。二百四十三为一分者，酉一万九千六百八十三，每以二百四十三为一分，则得八十一个二百四十三，为八十一分全数。二十七为一厘。二十七为一厘者，酉一万九千六百八十三，每以二十七为一厘，则得七百二十九个二十七，为七百二十九厘全数。三为一毫。三为一毫者，酉一万九千六百八十三，每以三为一毫，则得六千五百六十一个三，为六千五百六十一毫全数，一为三丝。一为三丝者，酉一万九千六百八十三，每以一为三丝，则得五万九千四十九，为毫有九丝全数。右酉一万九千六百八十三分，得八千一百九十二，以二千一百八十七为寸，则六千五百六十一为三寸；以二百四十三为一分，则一千四百五十八为六分；以二十七为一厘，则一百六十二为六厘；以三为一毫，则九为三毫；以一为三丝，则二为六丝，合八千一百九十二，则为三寸六分六厘三毫六丝。然夹钟在阳，则用倍数，方与气应，故夹钟之管长，七寸四分三厘七毫三丝，为夷则三分益一上生之律。

戌五万九千四十九分三万二千七百六十八：以十七万七千一百四十七全数，分作五万九千四十九分，戌得三万二千七百六十八分，为九万八千三百四，乃酉之十四万七千四百五十六，三分去一之数也。六千五百六十一为寸。六千五百六十一为一寸者，戌五万九千四十九，每以六千五百六十一为一寸，则得九个六千五百六十一，为九寸全数。七百二十九为一分。七百二十九为一分者，戌五万九千四十九，每以七百二十九为一分，则得八十一个七百二十九为八十一分全数。八十一为一厘。八十一为一厘者，戌五万九千四十九，每以八十一为一厘者，得七百二十九个八十一，为七百二十九厘全数。九为一毫。九为一毫者，戌五万九千四十九，每以九为一毫，则得六千五百六十一个九，为六千五百六十一毫全数。一为一丝。一为一丝者，戌五万九千四十九，每以一为一丝，则得五万九千四十九丝全数。右戌五万九千四十九，得三万二千七百六十八，以六千五百六十一为一寸，则二万六千二百四十四为四寸；以七百二十九为一分，则五千八百三十二为八分；以八十一为一厘，则六百四十八为八厘；以九为一毫，则三十六为四毫；以一为一丝，则八为八丝，合三万二千七百六十八，则为四寸八分八厘四毫八丝。故无射之管长四寸八分八厘四毫八丝，为夹钟三分去一，下生之律。

亥一十七万七千一百四十七分六万五千五百三十六：以一十七万七千一百四十七全数分之，亥得六万五千五百三十六分，仲吕用倍数，故为十三万一千七十二，乃戌之九万八千三百四，三分益一之数也。一万九千六百八十三为一寸。一万九千六百八十三为一寸者，亥一十七万七千一百四十七，每以一万九千六百八十三为一寸，则得九个一万九千六百八十三，为九寸全数。二千一百八十七为一分。二千一百八十七为一分者，亥一十七万七千一百四十七，每以二千一百八十七为一分，则得八十一个二千一百八十七，为八十一分全数。二百四十三为一厘。二百四十三为一厘者，亥一十七万七千一百四十七，每以二百四十三为一厘，则得七百二十九个二百四十三，为七百二十九厘全数。二十七为一毫。二十七为一毫者，亥一十七万七千一百四十七，每以二十七为一毫，则得六千五百六十一个二十七，为六千五百六十一毫全数。三为一丝。三为一丝者，亥一十七万七千一百四十七，每以三为一丝，则得五万九千四十九个三，为五万九千四十九丝全数。一为三忽。一为三忽者，亥一十七万七千一百四十七，每以一为三忽，则五十三万一千四百四十一忽为丝，有九忽，合黄钟九寸之全数。右亥一十七万七千一百四十七，得六万五千五百三十六，以一万九千六百八十三为一寸，则五万九千四十九为三寸；以二千一百八十七为一分，则四千三百七十四为二分；以二百四十三为一厘，则一千九百四十四为八厘；以二十七为一毫，则一百六十二为六毫；以三为一丝，则六为二丝；又以一为三忽，合六万五千五百三十六，为三寸二分八厘六毫二丝三忽。然仲吕在阳，则用倍数，方与气应，故仲吕之管长，六寸五分八厘三毫四丝六忽，为无射三分益一上生之律。

西山曰，按黄钟生十一律，六阳，辰当位自得（子、寅、辰、午、申、戌为阳辰）；六阴，辰则居其冲（丑、卯、巳、未、酉、亥为阴辰）。其林钟、南吕、应钟三吕在阴，无所增损（未、酉、亥月之管。此所谓阴者，以自午至亥，皆阴生之月也），其大吕、夹钟、仲吕三吕在阳，则用倍数，方与十二月之气应，盖阴之从阳，自然之理也（丑、卯、巳月之管，此所谓阳者，以自子至巳皆阳生之月也）。又曰，按十二律之实，至仲吕，十三万一千七十二，以三分之不尽二算，其数不行，此律之所以止于十二也。

实谓本律所得之数，如丑三分二，则二乃实也，下同。

十二正律管相生长短图

（黄钟生十一律，全者。半律，半者，正半律，所谓子声也）

（归善斋按，图略）

变律（以下并见《律吕新书》）

黄钟十七万四千七百六十二（小分四百八十六）。全八寸七分八厘一毫六丝二忽，不用，半四寸三分八厘五毫三丝一忽。

林钟十一万六千五百（阙）八（小分三百二十四）。全五寸八分二厘四毫一丝一忽三初，半二寸八分五厘六毫五丝六初。

太蔟十五万五千三百四十四（小分四百三十二）。全七寸八分二毫四丝四忽七初，不用，半三寸八分四厘五毫六丝六忽八初。

南吕十（阙）万三千五百六十三（小分四十五）。全五寸二分三厘一毫六丝一初六秒，半二寸五分六厘七丝四忽五初三秒。

姑洗十三万八千（阙）八十四（小分六十）。全七寸一厘二毫二丝一初二秒，不用，半三寸四分五厘一毫一丝一初一秒。

应钟九万二千（阙）五十六（小分四十）。全四寸六分七毫四丝三忽一初四秒（余一算），半二寸三分三毫六丝六忽六秒强，不用。

按十二律各自为宫，以生五声二变，其黄钟、林钟、太蔟、南吕、姑洗、应钟六律，则能具足。至蕤宾、大吕、夷则、夹钟、无射、仲吕六律，则取黄钟、林钟、太蔟、南吕、姑洗、应钟六律之声，少下不和，故有变律。变律者，其声近正律，而少高于正律也。然仲吕之实，一十三万一千（阙）七十二，以三分之不尽二算，既不可行，当有以通之律，当变者有六，故置一而六，三之得七百二十九，以七百二十九因仲吕之实十三万一千（阙）七十二，为九千五百五十五万一千四百八十八，三分益一，再生黄钟、林钟、太蔟、南吕、姑洗、应钟六律，又以七百二十九归之，以从十二律之数，纪其余分，以为忽秒，然后洪纤高下，不相夺伦。至应钟之实六千七百一十（阙）万八千八百六十四，以三分之又不尽一算，数又不可行，此变律之所以止于六也。变律非正律，故不为宫也。

律生五声（《礼运》郑玄注，附）

宫声八十一（宫数八十一，黄钟长九寸，九九八十一也。三分宫去一，生徵），商声七十二（商数七十二，太蔟长八寸，八九七十二也，三分商去一，生羽），角声六十四（角数六十四，姑洗长七寸九分寸之一，七九六十三，九分寸之一为六十四也，三分角去一，生变宫，三分变宫益一，生变徵，自此以后，随月而变，所谓还相为宫也），徵声五十四（徵数五十四，林钟长六寸，六九五十四也，三分徵益一，生商），羽声四十八（羽数四十八，南吕长五寸三分寸之一，五九四十五，又三分寸之一，为四十八也，三分羽益一生角）。

按黄钟之数九九八十一，是为五声之本，三分损一以下生徵，徵三分益一以上生商，商三分损一以下生羽，羽三分益一以上生角，至角声之数六十四，以三分之不尽一算，数不可行，此声之数，所以止于五也。或曰此黄钟一均五声之数，他律不然。曰，置本律之实，以九九因之，三分损一，以为五声，再以本律之实约之则宫固八十一，商亦七十二，角亦六十四，徵亦五十四，羽亦四十八矣（假令应钟九万三千三百一十二，以八十一乘之，得七百五十五万八千二百七十二，宫以九万三千三百一十二约之，得八十一。三分宫损一，得五百〔阙〕三万八千八百四十八；为徵以九万三千三百一十二约之，得五十四，三分徵益一，得六百七十二万八千四百六十四；为商以九万三千三百一十二约之，得七十二，三分商损一，得四百四十七万八千九百七十六；为羽，以九万三千三百一十二约之，得四十八，三分羽益一，得五百九十七万一千九百六十八；为角，以九万三千三百一十二约之得六十四）。

变声

变宫声四十二（小分六），变徵声五十六（小分八）。按五声，宫与商，商与角，徵与羽，相去各一律。至角与徵，羽与宫，相去乃二律。相去一律则音节和，相去二律则音节远。故角、徵之间，近徵收一声，比徵少下，故谓之变徵。羽、宫之间，近宫收一声，少高于宫，故谓之变宫也。角声之实六十有四，以三分之，不尽一算，既不可行，当有以通之声之变者二，故置一而两，三之得九，以九因角声之实六十有四，得五百七十六，三分损益，再生变徵、变宫二声，以九归之，以从五声之数，存其余数，以为强弱。至变徵之数五百一十二，以三分之，又不尽二算，其数又不行，此变声所以止于二也。变宫、变徵，宫不成宫，徵不成徵，古人谓之和缪。又曰，所以济五声之不及也。变声非正，故不为调也。

杜佑《通典》曰，十二律相生之法，自黄钟始三分损益，下生林钟，林钟上生太蔟，太蔟下生南吕，南吕上生姑，洗姑洗下生应钟，应钟上生蕤宾，蕤宾上生大吕，大吕下生夷则，夷则上生夹钟，夹钟下生无射，无射上生仲吕（仲吕之管长六寸，一万九千六百八十三分寸之万二千九百七十四）。此谓十二律，长短相生，一终于仲吕之法。又制十二钟，以准十二律之正声。又凫氏为钟，以律计自倍半。以子声比正声，则正声为倍；

以正声比子声，则子声为半。但先儒释用倍声有二义。一义云，半十二律正律，为十二律之子声之钟。二义云，从于仲吕之管寸数，以三分益一，上生黄钟，以所得管之寸数，然后半之，以为子声之钟。其为半，黄钟之管九寸，正声之法者，以黄钟之管正声九寸，子声则四寸半，又上下相生之法者，以仲吕之管长六寸一万九千六百八十三分寸之万二千九百七十四，上生黄钟，三分益一，得八寸五万九千（阙）四十九分寸之五万一千八百九十六，半之，得四寸五万九千（阙）四十九分寸之二万五千九百四十八以为黄钟。又上下相生，以至仲吕，皆以相生所得之律寸数半之，以为子声之律。

按此说，黄钟九寸，生十一律，有十二子声，即谓正律正半律也。又自仲吕上生黄钟，黄钟八寸五万九千（阙）四十九分寸之五万一千八百九十六，又生十一律，亦有十二子声，即所谓变律变半律也。正律及半，凡四十八声，上下相生，最得《汉志》所谓黄钟不复为他律役之意，与律书五声小大次第之法，但变律止于应钟，虽设而无所用，则其实三十六声而已。其间阳律不用变声，而黄钟又不用正半声，阴律又不用正半声，而应钟又不用变半声，其实又二十八声而已。又曰，律吕散亡，其器不可复见，然古人所以制作之意，则犹可考也。太史公曰，细若气，微若声。圣人因神而存之，虽妙必效，言黄钟始于声气之元也。班固所谓使伶伦取竹断两节，间吹之，以为黄钟之宫。又曰，天地之风气正，而十二律定，刘昭所谓宓羲纪阳气之初以为律法。又曰，吹以考声，律以候气，皆以声之清浊，气之先后，求黄钟者也，是古人制作之意也。夫律长，则声浊而气先至，极长则不成声，而气不应；律短，则声清而气后至，极短则不成声而气不应。此其大凡也。今欲求声气之中，而莫适为准，则莫若且多截竹，以拟黄钟之管，或极其短，或极其长，长短之内，每差一分，而为一管，皆即以其长，权为九寸，而度其围径，如黄钟之法焉。如是而更迭以吹，则中声可得，浅深以列，则中气可验。苟声和气应，则黄钟之为黄钟者，信矣。黄钟者信，则十一律与度量衡权者，得矣。后世不知出此，而唯尺之求。晋氏而下，则多求之金石。梁隋以来，又参之秬黍。下至王朴，刚果自用，遂专恃累黍，而金石亦不复考矣。夫金石真伪，固难尽信。若秬黍则岁有丰凶，地有肥瘠，种有长短大小圆妥不同，尤不可恃。

况古人谓子谷秬黍中者，实其龠，则是先得黄钟，而后度之以黍，不足则易之以大，有余则易之以小，约九十黍之长，中容千二百黍之实，以见周径之广，以生度量衡权之数而已，非律生于黍也。百世之下，欲求百世之前之律者，其亦求之于声气之元，而毋必之于秬黍，则得之矣。

愚按，黄钟为万事根本，律、度、量、衡，皆由此始。其长九寸，阳数之极也。分、厘、毫、丝、忽，咸以九为度。故九寸，八十一分，七百二十九厘，六千五百六十一毫，五万九千四十九丝，五十三万一千四百四十一忽者，黄钟一律之长也。又置一而三乘之三者，天地人之定位也。故子一，丑三，寅九，卯二十七，辰八十一，巳二百四十三，午七百二十九，未二千一百八十七，申六千五百六十一，酉一万九千六百八十三，戌五万九千四十九，亥十七万七千一百四十七者，黄钟一律之实也。以此十七万七千一百四十七全数，三分损益，以生十一律，而各得其管之长短。由是而被之以五声，则为六十调。然十二律，各自为均之时，宫长于众律，则用正律；他律长于宫，则陵犯而不和，故又有正半律，所谓子声也。又黄钟君象，不为他律役，故自仲吕再生黄钟，不及九寸，为变律六。然其管长于宫者，亦止用其半，故又有变半律。五声，九九八十一以为宫，亦三分损益，以生徵、商、羽、角。周加文武二声，故又有变宫、变徵。由是均之，为八十四调，清浊高下，相济相成，所谓"八音克谐，无相夺伦"者也。然《易》该阴阳之妙，律统天地之和，故二者之数，皆出自然。是以三分之法，正律止于十二，变律止于六，五声止于五，变声止于二。自此以上，其数不行，亦犹揲扐（shé lè）之变，参伍错综，有非人力所能与于其间也。然自秦汉以来，去古逾邈（miǎo），尺度堕废，而中声不定，累黍有圆椭之殊，指尺有短长之异，是以，代变新乐，议论纷纭，卒无以追还雅正。予尝考夫二帝三王之盛，皆以仁义教化，涵濡天下。及其久也，充畅浃洽，阴阳调，风雨时，无一民一物，不遂其性。陵犯之风绝，乖戾之气消，君臣上下，翕然大和。由是，而播之歌咏，被之声音，施之郊庙、朝廷、乡党，无一而不得其宜。故曰，乐有本，有文。以和为本，则天地之和应，而候气之法可用；气正而尺度均；尺度均，而中声得乐之文，无不协矣。斯义也，惟太史公知之，其论律，至文帝，曰，百姓无内外之徭，得息肩于田亩，天下殷富，粟至十余钱，鸡鸣犬吷，烟火万里，可谓和乐者乎。其次则班固，因之曰，至治之世，天地之气合以生风，天地之风气正，而十二律定。渊哉言矣，世之作者，有能求人心之和，以得天地之和。使黄钟一律既定，而他律无不定，度量权衡，亦犹是而协矣。心和则气和，气和则律和。天地之大和交应，天下其有不长治久安也哉？

历代乐名

伏羲乐名扶来，亦曰立基。神农乐名扶持，亦曰下谋。黄帝作咸池（咸，皆也。池，施也，言德无不施也）。少昊作大渊。颛帝作六茎（茎，根也）。帝喾作五英（英，茂也）。尧作大章（章明也）。舜作大韶（韶，绍也言能继尧之德）。禹作大夏（夏，大也，言能大尧舜之德）。汤作大濩（言濩救于人也）。

周武王作大武（以武功定天下）。周公作勺（言勺取先祖之道），又有房中之乐，歌后妃之德。《春官·大司乐》以乐舞教国子，舞云门，大卷、大咸、大韶、大夏、大濩（huò）、大武，此周所存六代之乐，以六律、六吕、五声、八音、六舞大合乐以致鬼神祇，以和邦国，以谐万民，以安宾客，以说远人，以作动物。

秦始皇时，六代庙乐，唯韶、武存焉。二十六年。改周大武曰五行，房中曰寿人，衣服同五行乐之色。

汉乐家有制氏，以雅乐声律，世世在大乐官，但能纪其铿锵鼓舞，而不能言其义。高帝时，叔孙通因秦乐人，制宗庙乐。太祝迎神于庙门，奏嘉至，犹古降神之乐也。皇帝入庙门，奏永至，以为行步之节，犹古采荠、肆夏也。乾豆上奏登歌，独上歌，不以管弦乱人声，欲在位者遍闻之，犹古清庙之歌也。登歌再终，下奏休成之乐，美神明既飨也。皇帝就酒东厢，坐定奏永安之乐，美礼已成也。又有房中祠乐，高帝唐山夫人所作也。凡乐，乐其所生，礼不忘本。高祖乐楚声，故房中乐楚声也。六年又作昭容乐、礼容乐。昭容者，犹古之昭夏也，主出武德舞。礼容者，主出文始、五行舞。舞入无乐者，至至尊之前不敢以乐也。出用乐者，以舞不失节，能以乐终也，大抵皆因秦旧焉。文始舞者，本舜韶舞也。高祖更名文始，以示不相袭也，而五行仍旧。孝惠二年，使乐府令夏侯宽，备其箫管，更名房中乐曰安世乐。孝文作四时舞，以示天下之安和也。孝景采武德舞以为昭德，以尊大宗庙文帝也。孝武立乐府，采诗夜诵，有赵代秦楚之讴，以李延年为协律都尉，举司马相如等造为诗赋，略论律吕，以合八音之调，作十九章之歌，然未有本于祖宗之事，八音调均，又不协于钟律，而内有掖庭才人，外有上林乐府，皆以郑声施于朝廷。是时，河间献王有雅才，亦以治道非礼乐不成，与毛生等，共采《周官》及诸子之乐事者，以著《乐记》因献所集雅乐，天子下太乐官，常存。隶之岁时以备数，然不常御。成帝时，谒者常山王禹世，受河间乐，能言其义，其弟子宋晔等上书言之，下大夫博士平当等考试。以为河间修兴雅乐，大儒公孙弘、董仲舒皆以为音中正雅，立之太乐。春秋乡射于学官，希阔不讲。故自公卿大夫，观听者，但闻铿锵，不晓其意，而欲风谕众庶，其道无由。是以行之，百有余年，德化至今未成，宜风示海内。事下公卿以为久远难明，当议复寝。是时，郑声尤甚，黄门名倡，贵戚五侯，淫侈过度，至与人主争女乐。哀帝自为定陶王，时疾之，及即位，罢乐府官，在经非郑卫之音者条奏，别属他官。丞相孔光、大司马何武奏，乐人员大凡八百二十九人，其三百八十八人不可罢，可领属太乐。其四百四十一人不应经法，咸郑卫之声，皆可罢。奏可。然百姓渐渍日久，又不制雅乐以相变，豪富吏民，沉湎自若，陵夷至于王莽也。

后汉光武，平陇蜀，增广郊祀。高帝配食，乐奏青阳、朱明、西皓、玄冥、云翘、育命之舞。北郊及祀明堂并奏乐如南郊。迎时气五郊，春歌青阳，夏歌朱明，并舞云翘之舞；秋歌西皓，冬歌玄冥，并舞育命之舞；季夏歌朱明，并舞二舞。明帝东平王苍，总定公卿之议，曰，宗庙宜各奏乐，不宜相袭，所以明功德也，遂采文始、五行、武德为大武之舞，荐之光武之庙。时乐四品，一曰大予乐，郊庙上陵之所用焉。二曰雅颂乐，辟雍乡射之所用焉。三曰黄门鼓吹乐，天子宴群臣之所用也。四曰短箫铙（náo）歌乐，军中之所用也。又采百官诗诵，以为登歌。章帝籍田，玄武司马班固奏，籍田，歌辞用《商颂·载芟》祠先农。自东京大乱，绝无金石之乐，乐章亡缺，不可复知矣。

魏武帝，平荆州，获杜夔，善八音，尝为汉雅乐郎，尤悉乐事，于是使创定雅乐。又散骑郎邓静、尹商，善调雅乐；歌师尹胡，能歌宗庙郊祀之曲；舞师冯肃，能晓知先代诸舞。夔悉领之，考会古乐，始设轩。悬钟磬，复先代古乐，自夔始也。而柴玉、左延年之徒，妙善郑声被宠，唯夔好古存正。文帝改汉巴渝舞，曰昭武舞；安世乐，曰正世之乐；嘉至乐，曰迎灵乐；武德，曰武颂；昭容，曰昭业；云翘，曰凤翔；育命舞，曰灵应舞；武德舞，曰舜颂；文始舞，曰大韶；五行舞，曰大武舞。其众歌诗，多则前代之旧，使王粲改作登歌、安世、巴渝诗而已。明帝太和初，诏曰，凡音乐，以舞为主，所司之官，皆曰太乐。汉依谶改大予，至是复旧名。于是公卿奏请，太祖武皇帝，宜曰武始之舞；高祖文皇帝，曰咸熙之舞。夫歌以咏德，舞以象事。于文，文武为斌。臣等谨制舞名，章斌之舞有事于天地宗庙，此三舞宜并荐飨，临朝大享宜并舞之。三舞宜有总名，可名大钧之乐。侍中缪袭又奏，往昔以房中歌后妃之德，以风天下，正夫妇，宜改安世之名，为正始之乐。袭又省安世歌诗，有后妃之义，今享先祖，恐失礼意，可改歌曰享神歌，奏可。王肃议，高皇至高祖，文昭庙，皆宜兼用先代及武始、大钧之舞，又使缪袭改汉铙歌十二曲为词，述以功德，言代汉之意。

晋武帝，礼乐权用魏仪，但使傅玄改乐章词，又令荀勖（xù）、张华等造郊庙诸乐歌词。荀勖以杜夔所制律吕乖错，依古尺作新律吕以调声韵，造正德、大悦二舞。张华作乐章，又改魏昭武舞曰宣武舞，羽籥舞曰宣文舞（羽籥，本魏武始、咸熙、章斌三舞）。又命傅玄改汉鼓吹铙歌，还为二十二曲。怀帝永嘉末，伶官乐器，皆没于刘石。

东晋，江左初立宗庙，尚书下太常祭祀所用乐名，太乐贺循答以旧京荒废，今既散亡，音韵曲折，又无识者，于今难以意言。于时，以无雅乐器及伶人，省太乐并鼓吹令。是后颇得登歌，食举之乐，犹有未备。成帝咸和中，复置太乐官，以戴绥为令，鸠集遗逸，而尚未有金石。惠帝元康三年，诏荀勖子蕃，修定金石，以施郊庙。寻遇丧乱，庾亮为荆州，与谢尚共修复雅乐。亮寻毙，庾翼、桓温等事军旅，乐器在库，遂至朽坏。谢尚镇寿阳，采拾乐人，以备大乐，并制石磬，雅乐始颇具。孝武大元中，破苻坚，得乐工杨蜀等，闲习旧乐，于是四厢金石始备，乃使曹毗、王珣等增造宗庙歌诗，然郊祀遂不设乐。

宋武帝庙祀用晋乐，永初元年，撰立新歌词，改正德舞曰前舞，大悦舞曰后舞。文帝元嘉二十年，南郊始设登歌，诏颜延之造歌诗，庙乐犹缺。孝武帝孝建元年，建平王宏议以凯容为韶舞，宣烈为武舞。祖宗庙乐，总以德为名。祠南郊及庙迎送神，并奏肆夏。皇帝入庙门，奏永至。南郊初登坛，及庙门中，诣东壁，奏登歌。初献，奏凯容、宣烈之舞；终献，奏永安之乐。又使谢庄造郊庙乐舞、明堂诸乐歌辞。又公卿行事亦奏登歌。废帝元徽中，大乐雅郑，共千余人，后堂杂伎，不在其数。

齐武帝，有司参议，郊庙，雅乐歌辞，太庙登歌，用褚彦回辞，余悉用谢超宗辞；太庙二室及郊，配用王俭辞。祀南郊，群臣出入，奏肃咸之乐；牲出入，奏引牲之乐；荐笾豆毛血，奏嘉荐之乐；迎送神，奏昭夏之乐；皇帝入东门，奏永至之乐；升坛，奏登歌；初献，奏文德宣烈之乐；次奏武德宣烈之乐；太祖配享，奏高德宣烈之乐；饮福，奏嘉胙之乐；就燎位，奏昭远之乐；还便殿，奏休和之乐。北郊，初献，奏地德凯容之乐；次奏昭德凯容之乐；瘗埋，奏隶幽之乐；余同南郊明堂初献奏凯容宣烈之乐。余与南北郊同，祠庙，皇帝入庙门，奏永至；太祝裸地，奏登歌；诸皇祖，各奏凯容；帝上福酒，奏永胙；送神，奏肆夏；余同明堂。

梁武帝，自制四器名之为通，以定雅乐，以武舞为大壮舞；文舞为大观舞。国乐以雅为称，止乎十二，则天数也。皇帝出入，奏皇雅；郊庙同用。皇太子出入，奏胤雅。王公出入，奏寅雅。上寿酒，奏介雅。食举，奏需雅。彻馔，奏雍雅。三朝用之牲出入，奏牷雅。降神迎送，奏诚雅。饮福酒，奏献雅。北郊明堂太庙同用。燎埋，俱奏禋雅。众官出入，奏俊雅。二郊太庙、明堂、三朝同用。并沈约制辞。是时，礼乐制度，粲然有序。又去鼓吹充庭十六曲为十二，合四时也。又制正乐十篇，皆述佛法。又有法乐歌，梵呗设无遮会，则为之。其后台城沦没，简文帝、王僧辨破侯景，诸乐并在荆州，经乱，工器颇阙。元帝诏有司补缀方备。荆州陷没，周人不知用工人，并入关中，随例多没为奴婢。

陈武帝初，并用梁乐，唯改七室舞辞。文帝天嘉元年，始定圆丘、明堂、宗庙乐。众官出入，奏肃；咸牲出入，奏相和、五引；荐血毛，奏嘉荐；迎送神，奏昭夏；皇帝入坛，奏永至；升陛，奏登歌；皇帝初献，太尉亚献，光禄勋终献，并奏宣烈；皇帝饮福，奏嘉胙；就燎位，奏昭远；还便殿奏休成。宣帝大建元年，定三朝之乐，采梁故事，奏相和、五引辞用宋曲。宴准梁乐，取神人不杂也。五年定南北郊明堂仪，改齐乐，以韶为名。其鼓吹杂伎，取晋宋之旧，微更附益。

后主沉荒于酒，使宫女习北方箫鼓，谓之代北，又于清乐中造黄鹂留、玉树后庭花、金钗两臂垂等曲，男女倡和甚众。

后魏道武帝天兴元年诏邓彦诲定律吕，协音乐，追尊祖考。诸帝用八佾舞、皇始舞。更制宗庙，入庙门迎神，乾豆上奏登歌，曲终下奏神祚；出门奏总章八佾舞，次送神曲。南郊用皇矣，奏灵和之舞；事讫，奏维皇。北郊乐用神祚，奏大武之舞。正月上日，飨群臣，备列宫悬正，乐兼用燕赵吴秦之音，五方殊俗之曲。六年诏太乐总章鼓吹，增修杂伎，以备百戏。大飨设于殿庭，如汉晋之旧。大武帝破赫连，获古乐平凉州，得伶人器服，并择而存之。后通西域，又以般悦国鼓吹，设于乐部署。其后古乐音制，罕复传习，旧工更尽，声曲多亡。孝文帝太和初，诏议定乐事，率无洞晓音律，乐部不能立其事，弥有残缺。然方乐之制，及四夷歌舞，稍列于大乐，金石羽旄之饰，为壮丽于往时矣。宣武帝正始中，诏太常修营乐器，时张阳子等七人，颇解雅乐正声，八佾、文武二舞，钟磬管弦，登歌声调，皆令教习。孝明帝，先是陈仲儒，自江南归国，颇闲乐事，请依京房立准，以调八音，诏不许。正光中，诏王延明与门生信都芳，博采古今乐事。芳后集余器物，准图二十余事，而不得在乐署。武帝永熙二年，祖莹请改韶武舞名宗庙，用宫悬舞人，冠服诏乐，以大成为名，二舞依旧为文武。

北齐文宣帝初，尚未改旧章，后祖珽采魏王延明信都芳等所著乐说，而定正声，始具宫悬之器，仍杂西凉之曲，乐名广成，而无所号，所谓洛阳旧乐也。武成帝始定四郊宗庙之乐。群臣入出，奏肆夏；牲入出荐毛血，奏昭夏；迎送神及皇帝初亚献，礼五方上帝，并奏高明之乐，为覆焘之舞；皇帝入坛门，升坛，饮福，就燎位，还便殿，并奏皇夏；以高祖配享，奏武德之乐，为昭烈之舞；裸地，奏登歌；四时祭庙，禘祫（dìxiá）六代、五代诸神室，并奏始陛之乐，为恢祚之舞；神武神室，奏武德，舞昭烈；文襄神室，奏文德，舞宣政；文宣神室，奏文正，舞光大；孝昭神室，奏文明，舞休德。余同四郊礼。其时，郊庙宴享，皆魏代故西凉伎，即晋初旧声，魏太武平凉所得也。鼓吹朱鹭等二十曲，皆改古名，以叙功德。诸州镇戍，各给鼓吹乐人，多少各以大小等级为差。其杂乐琵琶五弦歌舞之伎，自文襄已来，皆所爱好。至河清以后，传习尤盛。后主唯赏胡戎乐，耽爱无已，自能度曲，亲执乐器，别采新声，为无愁曲，极于哀思。

后周文帝平江陵，大获梁氏乐器，及建六官，乃令有司详定郊庙乐歌舞，各有差。武帝天和初，造山云舞，以备六代。南北郊、雩坛、太庙、禘祫、时享、朝日、夕月、降神、献熟，以次用大夏、大濩、大武、正德、武德、山云之舞。建德二年六代乐成，奏于崇德殿，宫悬依梁三十六架。皇帝出入，奏皇夏；太子出入，奏肆夏；王公出入，奏骜夏；五等诸侯元日献玉帛，奏纳夏；宴族人，奏旅夏；大会至尊执爵，奏登歌十八曲；食举，奏深夏，舞六舞。于是正定雅音，为郊庙乐，创造钟律，颇得其宜。其后又得康国龟兹等乐，更杂以高昌之旧，并于大司乐习焉。宣帝改前代鼓吹制，为十五曲，述受魏禅及战功事。帝每晨出夜还，恒陈鼓吹，公私顿弊，以至于亡。

隋文帝初因周乐，俄沛公郑译，请更修正声律，诏太常牛弘博士何妥等议正乐。然沦谬既久，积年议不定。九年平陈，获宋齐旧乐，诏于太常置清商署以受之，求得陈太乐令蔡子元、于普明等，复居其职。隋代雅乐，唯奏黄钟一宫。郊庙、朝享，用一调；迎气，用五调。旧工更尽，其余声律皆不复通。牛弘又修皇后房内之乐，文帝尝作歌二首，名地厚天高，讬言夫妻之义，因取为房内曲。于是牛弘、姚察、虞世基等共议周制，通为六代之乐，四时祭祀，分而用之，以六乐配十二调。今既与祭法有别，乃以神祇位次，分乐配焉。乃奏黄钟，歌大吕，以祀圆丘；奏太蔟，歌应钟，以祭方泽；奏姑洗，歌南吕，祀五郊神州；奏蕤宾，歌林钟，以享宗庙；奏夷则，歌小吕，以祭社稷先农；奏无射，歌夹钟，以祭巡守方岳，同用文武二舞。圆丘、降神八变；宗庙、禘祫、降神，九变，皆用昭夏，其余享祀皆一变。皇帝出入，奏皇夏；群官出入，奏肆夏；举酒上寿，奏需夏；迎送神，奏昭夏；荐献郊庙，奏咸夏；宴享殿上，奏登歌，并文武舞，合为八曲。又迎气五郊，奏宫、商、角、征、羽五引，《月令》所谓"孟春其音角"是也。合天高地厚，通为十五曲。人君食用当月之律，以调畅四体，令得时气之和。祭祀既已，分乐迎气，临轩朝会，并用当月之律，欲感人君性情，允协阴阳之序。并撰歌诗三十首，诏令施用。炀帝诏修高祖庙乐，唯新造高祖歌九首，礼乐之事竟无成功。帝颇耽淫曲，搜周齐梁陈乐工子弟三百余人，倡优杂揉，哀管淫弦，皆出邺城之下，高齐旧曲也。

唐太宗留心雅正，贞观之初，合考隋氏南北之乐，乃命太常祖孝孙正宫调，吕才习音韵。张文收考律吕，平其散滥，为之折衷。汉已来，郊社、明堂，有夕牲、迎神、登歌等曲，近代加祼地、迎性、饮福酒。今夕牲、祼地不用乐。公卿摄事，又去饮福之乐。周享神，以夏为名；宋以永为名；梁以雅为名；后周亦以夏为名；隋氏因之。今国家以和为名。旋宫之乐久丧，汉章帝时，鲍邺始请用之。顺帝阳嘉中复废。累代为黄钟一均，变极七音，则唯击七钟。五钟废而不击，反谓之哑钟。祖孝孙始为旋宫之法，造十二和乐，合四十八曲，八十四调。初太宗为秦王，破刘武周，军中作秦王破阵乐，名七德舞。又太宗生于庆善宫，正观二年幸之，宴从臣，赏赐同里，作功成庆善乐，号九功舞。元日、冬至朝会庆贺，同奏二舞。高宗作上元舞。其乐有上元、二仪、三才、四时、五行、六律、七政、八风、九宫、十洲、得一、庆云之曲，通文武二舞，谓之三大舞。玄宗开元中，又造三和，共十五和，曰元和、顺和、永和、肃和、雍和、寿和、太和、舒和、休和、昭和、祴和、正和、承和、丰和、宣和。又制文舞，朝廷谓之九功舞；武舞，谓之七德舞。乐用钟磬、柷敔等，谓之雅乐。唯郊庙、元会、冬至及册命大礼，则辨其曲，度章服，而分始终之次。初，高祖即位，仍隋制，设九部乐，曰燕乐伎、清商伎、西凉伎、天竺伎、高丽伎、龟兹伎、安国伎、疏勒伎、康国伎。及太宗平高昌，收其乐，总为十部乐。开元中，升胡部于堂上，又作龙池乐。以初赐第隆庆坊，坊南地变为池。又作圣寿乐、小破阵乐，舞者被甲胄。又作光圣乐，以歌王迹所兴。又作夜半乐、还京乐，以自潞州还京，夜半诛韦后。凡乐人，音声，太常子弟生数万人，教于梨园，谓之梨园弟子。自周陈已后，雅郑涽杂，至隋始分雅俗二部。唐自高祖、太宗，作三大舞，杂用于燕乐。其他诸曲，出于一时之作，虽非纯尚，不至于淫放。玄宗以散乐分为二部，堂下立奏，谓之立部伎；堂上坐奏，谓之坐部伎。因以生日名节，君臣共为荒乐。

五代之乱，礼乐之制寂然无闻。

周世宗留意雅乐，时王朴、窦俨俱号知音。显德六年，诏朴俨考正雅乐。朴以为十二律管互吹莫得其真，乃依京房为准，以九尺之弦十三，依管长短寸分设柱，用七声为均，其乐乃和。朴复以古累黍法，审度造律，以定六律、六吕旋相为宫之义。

宋太祖建隆三年，有司请改一代乐名，并太庙四室酌献、迎送神乐章，诏窦俨撰进。四月俨新定舞曲乐章，文，为文德之舞；武，为武功之舞。祭天，用高安之曲；祭地，用靖安之曲；宗庙，用理安之曲；天、地、宗庙登歌，用嘉安之曲；皇帝临轩，用隆安之曲；王公出入，用正安；皇帝饮食，用和安；皇帝受朝，皇后入宫，用顺安；皇太子出入，用良安；正冬朝会登歌，用永安；郊庙俎入，用丰安；祭享、酌献、饮福、受胙，用禧安。五月，俨上庙室舞名，并登歌辞。僖祖，舞大善，奏大善之曲；顺祖，舞太宁，奏太宁之曲；翼祖，舞大顺，奏大顺之曲；宣祖，舞大庆，奏大庆之曲。乾德元年，陶谷上祀感生帝乐曲。降神，用大安；太尉行礼，用保安；奠玉币，用庆安；司徒奉俎；用咸安；酌献，用崇安；饮福，用广安；亚终献，用文安；送神，用普安。四年和岘言，郊庙殿庭，通用文德、武功之舞，其缀兆未称武德之形容。陛下以揖逊受禅，宜先奏文舞，殿庭所用文舞，请改为玄德升闻之舞。又陛下以神武定海内，次奏武舞，请改为天下大定之舞。而文德、武功二舞，请于郊庙仍旧通用。又按唐正观中张文收采古朱雁天马之义，制景云清河歌，名曰宴乐，元会第二奏是也。伏见今春有进甘露、嘉禾、紫芝、绿毛龟、白兔，欲依月律，撰五瑞各一曲，朝会登歌首奏之。先是，帝每谓雅乐声高不合中和，因诏和岘讨论。岘以王朴律尺短于景表铜臬，知今乐声之高，皆由于此。帝乃令依古法，别造新尺，并黄钟九寸管，令工人品校其声，果下于朴管一律，乃下尚书，集官议定，重造十二律管取声，自此雅音和畅。后岘又作四瑞乐章，以备登歌。太宗集万国朝天乐曲，平晋乐曲，同和之舞，定功之舞，二曲乐谱、二曲乐章。至道元年，新增琴为九弦，曰君臣、文武、礼乐、正民、心阮为五弦，曰金、木、水、火、土，别造新谱，俾太常乐工肄习之，以备登荐。淳化三年，和㟎上言，兄岘请改定殿庭舞名。今登歌五瑞之曲已从改制，请改玄德升闻之舞为天下化成之舞，天下大定为威加海内之舞。舞有六变，每变各有乐章，歌咏太祖功德。诏可。真宗景祐中，先是，太常燕肃建言，金石不调，愿以王朴律准，更加考校。诏李照、宋祁共领其事。明年，金石一部成。照因言，金石之音，与朴律准已协然，比古乐差高五律，比禁坊乐差高二律，臣愿制管以调度，尺成乃下太常四律。于是，诏邓保信与照改作金石，命聂冠卿检阅相府总领焉。帝乃亲制雅乐声谱及郊庙乐章二十一曲。又诏吕夷简等，分造乐章，参施郊祀。其后议者，以李照立黍累尺为非，乃于乐书删去李照乐事一节，诏张方平与宋祁同共删润。仁宗皇祐中，王尧臣等议国朝乐，宜名曰大安。其祀感生帝大安曲，请更为元安。又诏胡瑗、范镇、司马光考正大乐。镇上疏论律尺之法。神宗元丰中，诏范镇与刘几定乐。镇曰，定乐当先正律。又乞访求真黍，以定黄钟。而刘几即用李照乐，加用四清声，而奏乐成。诏罢局。哲宗即位，镇欲造乐献之，乃先请致仕得谢，请太府铜为之，逾年乃成，比李照乐下一律有奇。诏以乐下太常。实元祐三年也。

　　愚按，乐者，圣王所以象功德，移风俗，动天地，而感鬼神者也。故声音之和怨，系邦国之治乱，岂徒以悦耳目，娱心志而已哉。三代以降，帝王雅乐不行于天下。齐王对孟子，已谓直好世俗之乐。魏文侯听古乐，则惟恐卧。圣人所以放郑声，正雅颂，其以是欤。然则汉世惟以郑声施朝廷，河间雅乐存而不御，非一日之故矣。吁！礼乐不兴，则刑罚不中；刑罚不中，则民无所措手足。后世奸声靡乐，流为教坊倡优之一技，而欲求治古，若奚可哉。故历代乐名，虽非此书所系，亦备抄录。有志于礼乐者，得以考世变之所趋焉。

　　度

　　度亦以丝起。《隋志》曰，蚕所吐丝为忽，十忽为杪，十杪为毫，十毫为厘，十厘为分。《周礼·玉（sù）人》"璧羡度尺，好三寸以为度"。蔡西山曰，其好三寸，所以为璧也。裁其两旁，以益上下，所以为羡也。羡十寸，广八寸，所以为度尺也。则周家十寸、八寸皆为尺矣。陈氏曰，以十寸之尺起度，则十尺为丈，十丈为引。以八寸之尺起度，则八尺为寻，倍寻为常。《说文》曰，周制寸、咫、尺、寻、常、仞，皆以人体为法。又周以八寸为尺，人长八尺，故曰丈夫。《说苑》曰，一粟为一分，十分为一寸。《易纬通卦验》以十马尾为一分（又九十黍，度黄钟之长，凡黍实于管中，则十三黍三分黍之一而满一分，积九十分，则千有二百黍矣）。

度者，分、寸、尺、丈、引也，谓之五度，本起黄钟之长，以子谷秬黍中者（孟康曰，子，北方黑，谓黑黍。颜师古曰，子谷，犹言谷子。秬，即黑黍，无取北方为号。中者不大不小也），一黍之广度之，九十分。黄钟之长，一为一分，十分为寸，十寸为尺，十尺为丈，十丈为引。而五度审矣（见《汉志》）。

周尺说（古钱并尺图附）武夷清碧杜氏刻本

（归善斋按，图略）

尺以五寸为准两之则一尺。

形而上者，谓之道；形而下者，谓之器。何器非道，何道非器，初未尝以精粗别也。土龙固可弃于既祷之余，而筌蹄不可遽忘于求鱼兔之始。予作律本义，欲各从诸法，裁管候气，以求其应。然必度知长短之梗概，而制之可也。自汉亡，世无正尺，于今千有余载矣。律、度、量、权衡，靡有孑遗，度无自而起。《汉志》所谓秬黍之中者，空言虽存，定形何在。诸儒心竭于思，口弊于议，卒不能决。盖不得古物，终不复见古人之制，理势然也。惟晋太始中，中书监荀勖，尺校古物，七品多合。一曰姑洗玉律，二曰小吕，三曰西京铜望臬，四曰金错望臬，五曰铜斛，六曰古钱，七曰建武铜尺。依尺铸律时，得汉时故钟，吹律命之皆应。然时好推迁，诸代异制亦莫永传。《隋书》载，尺有十五等，以荀尺为本，大概周尺，汉刘歆尺，建武铜尺，宋祖冲之所传尺，皆与荀氏一体。晋田父玉尺，得一尺二分二厘一毫；汉官尺，得一尺三分七毫（晋时，始平掘地，得古尺以校荀尺，短四分与汉官尺相近。先是，阮咸谓荀尺短管声高，后得此尺，世遂称咸为神解。然识者议之曰，据无闻之一尺，驳周之二器）；魏杜夔尺，得一尺四分七厘（魏陈留王景元四年。刘徽注九章云，王莽时刘歆斛尺，弱于今尺四分五厘。比魏尺，其斛深九寸五分五厘，即晋荀勖所云杜夔尺，长于今尺四分半也）；晋后尺，得一尺六分二厘（江东所用）；魏前尺，得一尺二寸七厘；中尺，得一尺二寸一分一厘；后尺，得一尺二寸八分一厘（即开皇官尺及后周市尺）；东魏后尺，得一尺五分八毫；银错铜龠尺及后周玉尺，得一尺一寸五分八厘；宋氏尺，得一尺六分四厘；万宝常水尺，得一尺一寸八分六厘；刘曜浑仪尺，得一尺五分；梁朝俗闲尺，得一尺七分一厘。自时厥后，荀尺亦莫传用。唐有张文收律

尺，有景表尺。五代有王朴律尺，虽皆见称于时，而非古物。宋则太府寺
有尺四等。又高若讷尝校古尺十五等，李照、胡翼之、邓保信各有黍尺。
崇宁中，魏汉律乞用圣上指尺。绍兴中，内出金字牙尺二十八，遂以其中
皇祐二年所造大乐，中黍尺作景钟，然不知以何法累黍。伊川程氏定周
尺，以为当省尺五寸五分弱，而省尺之度，卒难考详。紫阳朱氏《家礼》
载司马氏及考定雅乐黄钟尺，不明言长短，则周尺之制迄无成说。独丁度
建言，历代尺度屡改，惟刘歆制铜斛之世，所铸错刀、大泉五十。王莽天
凤中，铸货布、货泉之类，不闻后世。有铸者，遂以此四物参校，分寸正
同。伏况经籍制度皆起周世，刘歆术业之博，祖冲之算数之妙，晋荀氏之
详密，既合姬周之尺，则最为可法者焉（唐景表尺，以货布等校之，则景
表尺长六分有奇，王朴律尺又比汉钱，尺长二分有奇。其阮逸、胡氏、邓
保信并李照，用太府寺等尺，其制弥长）。今据丁议，则与荀尺同，而周
汉之制可考，但惜其事寻罢，今不见此四物，则丁尺亦无传。予偶得大泉
五十、货布、货泉三品，按汉制，王莽更造大钱，径寸二分，文曰大泉五
十。天凤五年，作货布，长二寸五分，广一寸，首长八分有奇，广八分，
其圜好径二分半，足枝长八分，间广二分。其文，右曰货，左曰布。货
泉，径一寸，文右曰货，左曰泉，试以货布一分为率，参较其首身足枝长
广之数，以为尺，又以大泉之寸二分，货泉之径寸较之，彼此毫发无差，
乃始自信。按庆元令，诸度量衡，以北方秬黍中者为准，调钟律，测晷
景，合药剂，制冠冕，则准式用之。计此，则为丁尺，荀尺，汉尺，周
尺，而钟律可作矣。嗟夫，晋荀氏得古物七，而尺初定；丁氏得古物四，
而尺再定；予又得古物三，而尺三定。夫荀氏之尺，不能寿于今，而寿荀
丁之尺者，又上于荀氏数百载以议者。考古，若是之难也，又知遗物之不
易得。或者乃曰，《逸巡守礼》云八寸为尺。许氏《说文》云，周制以八
寸为尺。今以十寸为周尺可乎？曰，《周官·玉人》镇圭，尺有二寸。亘
圭九寸。使八寸为尺，当云亘圭尺有一寸。按郑氏注，《王制》云，周以
十寸为尺。盖六国时，多变乱法度，或云周尺八寸，则《逸礼》、《说文》
失于未审。郑氏为得之。或又曰，《王制》云，古者以周尺八尺为步，今
以周尺六尺四寸为步。《白虎通》云八寸为尺，则汉尺当周八寸，今以周
汉同度可乎？曰《王制》虽汉儒所录，然考其文义，乃言步之长短，谓

周以八十寸为步，汉以六十四寸为步，非以是论尺，则二代之度，本不殊也。况荀氏尝以周汉七物较之乎。因为之记，将有用于协律焉。

量

其法用铜为之，外圆内方，上为斛，下为斗，左耳为升，右耳为合龠。量者，龠、合、升、斗、斛也，谓之五量，所以量多少也。本起于黄钟之龠，以子谷秬黍中者千有二百实其龠，以井水准其概，十龠为合，十合为升，十升为斗，十斗为斛，而五量加矣（按十龠当作合龠）。《仪礼·聘礼》云，十斗曰斛，十六斗曰籔（色缕切），十籔曰秉，秉十六斛。《左氏》昭三年，齐旧四量，豆、区、釜、钟。四升为豆，各自其四以登于釜，釜十则钟（注云，四豆为区，区斗六升，四区为釜。釜，六斗四升；钟，六斛四斗）。

衡

衡者，铢、两、斤、钧、石也，谓之五权，所以称物平施、知轻重也。本起于黄钟之重。一龠，容千二百黍，重十二铢，两之得二十四铢为两（象二十四气），十六两为斤（得三百八十四铢，象《易》二篇之），三十斤为钧（象一月），四钧为石（象四时）。权与物钧而生衡，衡运生规，规圆生矩，矩方生绳，绳直生准，准正则平衡而钧权矣。是谓五，则大小有准，轻重有数，各应其象，五权谨矣。

（归善斋按，又见前文"岁二月，东巡狩"）

## 《书蔡氏传旁通》卷一中

（元）陈师凯

律，凡十二管皆径三分有奇，空（音孔）围九分，而黄钟之长九寸。

《律吕本原》云，天地之数始于一，终于十。其一、三、五、七、九为阳，九者阳之成也；其二、四、六、八、十为阴，十者阴之成也。黄钟者，阳声之始，阳气之动也。故其数九分寸之数，具于声气之元，不可得而见。及断竹为管，吹之而声和，候之而气应，而后数始形焉。均其长，得九寸；审其围，得九分；积其实，得八百一十分，是为律本。度、量、权衡，于是而受法，十一律由是而损益焉。

大吕以下，律吕相间，以次而短，至应钟而极焉。

《律吕本原》云，黄钟九寸，大吕八寸三分七厘六毫，太蔟八寸，夹钟七寸四分三厘七毫三丝，姑洗七寸一分，仲吕六寸五分八厘三毫四丝六忽，蕤宾六寸二分八厘，林钟六寸，夷则五寸五分五厘一毫，南吕五寸三分，无射四寸八分八厘四毫八丝，应钟四寸六分六厘。

以之制乐而节声音。

《律吕本原》云，黄钟之数，九九八十一，是为五声之本，故宫声八十一，三分损一，以下生徵。徵声五十四，三分益一，以上生商。商声七十二，三分损一，以下生羽。羽声四十八，三分益一，以上生角。角声六十四，以三分之不尽一算，数不可行，此声之数，所以止于五也。朱子曰，五声之序，宫最大而沉浊，羽最细而轻清，商之大次宫，徵之细次羽，而角居四者之中焉。愚谓，五声之大小，出于五行之生数，数少者清，数多者浊。天一生水，数最少，故羽最清。天五生土，数最多，故宫最浊。地二生火。故徵之清次羽。地四生金，故商之浊次宫。天三生木，居四者之中，故角音之清浊亦居四者之中也。实本于河洛之自然，岂人力之所强为哉。

以之审度而度长短。

《律吕本原》云，度者，分、寸、尺、丈、引，所以度长短也。生于黄钟之长，以子谷秬黍中者九十枚度之，一为一分，十分为寸，十寸为尺，十尺为丈，十丈为引。注云。凡黍实于管中，则十三黍三分黍之一而满一分，积九十分，则千有二百黍矣。故此九十黍之数，与下章千二百黍之数，其实一也。《前汉律历志》云"以子谷秬黍中者一黍之广度之"。蔡元定云，一黍之广为分，故累九十黍为黄钟之长，积一千二百黍为黄钟之广。愚按，孔疏云以一黍之广度之千二百黍为一分，非也。

以之审量而量多少。

《律吕本原》云，量者，龠、合、升、斗、斛，所以量多少也，生于黄钟之容，以子谷秬黍中者一千二百实其龠，以井水准其概，以度数。审其容，合龠为合。注云，两龠也，十合为升，二十龠也；十升为斗，二百龠也；十斗为斛，二千龠也。愚按，元定《律吕书》以合龠为合，而蔡传谓十龠为合，盖误于孔疏也。孔疏谓，十龠为合，非也。《汉志》亦谓合龠为合，盖合者，取合并二龠之义，故一升该二十龠，一斛该二千龠也。若谓十龠为合，则一斛该万龠，而量过于大矣。西山父子以律吕名家，不应相反，是殆误录疏文，而失于检正也。据《朱子文集》亦作合龠为合，《洪范内篇》亦作合龠为合。蔡传之讹，当改。

以之平衡而权轻重。

《律吕本原》云，权衡者，铢、两、斤、钧、石，所以权轻重也，生于黄钟之重，以子谷秬黍中者一千二百实其龠，百黍重一铢，一龠重十二铢，二十四铢为一两。注云，两龠也。十六两为斤，三十二龠也；三十斤为钧，九百六十龠也；四钧为石，三千八百四十龠也。孔疏云，衡，平也。权，重也。称上谓之衡，称锤谓之权。

黄钟所以为万事根本。

《史记·律书》王者制事立法，物度轨则，壹禀于六律。六律为万事根本焉。蔡氏又推黄钟为六律之元，故曰黄钟为万事根本也。

### 《尚书埤传》卷二

（清）朱鹤龄

（归善斋按，见前文"岁二月，东巡狩"）

### 《书经衷论》卷一

（清）张英

（归善斋按，见前文"肆类于上帝"）

### 《尚书大传》卷一

（清）孙之𫘤辑

（归善斋按，见前文"岁二月，东巡狩"）


# 修五礼五玉


## 1. 《尚书注疏》卷二

（汉）孔氏传，（唐）陆德明音义、孔颖达疏

修五礼五玉。

传：修吉、凶、宾、军、嘉之礼五等，诸侯执其玉。

疏：又修五礼：吉、凶、宾、军、嘉之礼；修五玉，公、侯、伯、子、男，所执之圭璧也。

《周礼·大宗伯》云，以吉礼事邦国之鬼神祇；以凶礼哀邦国之忧；以宾礼亲邦国；以军礼同邦国；以嘉礼亲万民之婚姻。知五礼谓此也。帝王之名既异，古今之礼或殊。而以周之五礼，为此五礼者，以帝王相承，事有损益，后代之礼，亦当是前代礼也。且历验此经，亦有五事。此篇类于上帝，吉也；如丧考妣，凶也；群后四朝，宾也。《大禹谟》云"汝徂征"，军也。《尧典》云"女于时"，嘉也。五礼之事，并见于经，知与后世不异也。此云五玉，即上文五瑞，故知五等诸侯，执其玉也。郑玄云，执之曰瑞，陈列曰玉。

## 2. 《书传》卷二

（宋）苏轼

修五礼、五玉、三帛、二生、一死贽。

五礼，吉、凶、军、宾、嘉也。五玉，五瑞也。三帛，孔安国曰，诸侯世子执纁，公之孤执玄，附庸之君执黄。二生，卿执羔，大夫执雁。一死，士执雉。执以见曰贽。

## 3. 《尚书全解》卷二

（宋）林之奇

修五礼。

五礼者，吉、凶、军、宾、嘉也。唐孔氏谓，历验此经，亦有五事：类于上帝者，吉也；百姓如丧考妣，凶也；群后四朝，宾也；《大禹谟》云"禹徂征"，军也；《尧典》云"女于时"，嘉也。其意盖谓当尧之时，此五礼已备，亦不必如此分别也。要之，人之交接，不出于五者而已。上言"同律度量衡"，此言"修五礼"者，盖礼乐征伐自天子出故也。伊川云，正五等诸侯之秩序制度之等差，是修五礼也。五等之制，古有之矣。防其差乱，故巡守所至，必修明也。正其五等制度并其君臣所执圭币，皆使合礼也。

（归善斋按，另见下句）

### 4. 《尚书讲义》卷二

（宋）史浩

（归善斋按，见前文"岁二月，东巡狩"）

### 5. 《尚书详解》卷二

（宋）夏僎

（归善斋按，见前文"岁二月，东巡狩"）

### 6. 《增修东莱书说》卷二

（宋）时澜

（归善斋按，见前文"岁二月，东巡狩"）

### 7. 《尚书说》卷一

（宋）黄度

（归善斋按，见前文"岁二月，东巡狩"）

### 8. 《絜斋家塾书钞》卷一

（宋）袁燮

（归善斋按，见前文"岁二月，东巡狩"）

### 9. 《书经集传》卷一

（宋）蔡沈

（归善斋按，见前文"岁二月，东巡狩"）

### 10. 《尚书精义》卷三

（宋）黄伦

（归善斋按，见前文"岁二月，东巡狩"）

## 11. 《尚书详解》卷二

（宋）陈经
（归善斋按，见前文"岁二月，东巡狩"）

## 12. 《融堂书解》卷一

（宋）钱时
（归善斋按，见前文"岁二月，东巡狩"）

## 13. 《尚书要义》卷二

（归善斋按，见前文"协时月正日"）

## 14. 《书集传或问》卷上

（宋）陈大猷

或问，五礼，孔氏以为吉、凶、宾、军、嘉之五礼。诸儒多从之。今从程说何也？曰，陈少南推程说曰，修五等诸侯之秩序，故以贽定其差，非谓修五礼，而又修五玉也。愚按，五礼，依程说，则于下文义顺。如孔说，非惟下文断续，而于诸侯事，亦不甚相切。夫既定诸侯五等之礼，则吉、凶、军、宾、嘉之五礼，皆在其中。而变礼易乐，改制度，易服色之事，皆可推矣。

或问，五玉，孔程诸家，皆谓即五等诸侯所执之瑞。而新安王氏则以五玉为贽，而与五器共为一物，何也？曰，以理推之，不应以所执之瑞而为贽。新安王氏辨据已详。按《周礼·大宗伯》及《小行人》言，五瑞，则曰元圭、信圭、躬圭、谷璧、蒲璧。而《大宗伯》言以玉作六器，则曰苍璧、黄琮、青圭、赤璋、白琥、元璜，与《小行人》所言六币，圭、璋、璧、琮、琥、璜同。注云，六币所以享也，则五器非五瑞明矣。

## 15. 《尚书详解》卷一

（宋）胡士行
（归善斋按，见前文"岁二月，东巡狩"）

### 16. 《书纂言》卷一

（元）吴澄

（归善斋按，见前文"岁二月，东巡狩"）

### 17. 《书集传纂疏》卷一

（元）陈栎

（归善斋按，见前文"岁二月，东巡狩"）

### 18. 《读书丛说》卷二

（元）许谦

五礼，见《周礼·大宗伯》（正文按《周礼》注，字取郑玄、王昭禹《礼》注、《通典》、《春秋纂例》礼书）。

以吉礼事邦国之鬼神祇（其别有十二）。

以禋祀，祀昊天上帝〔禋之为言烟，燔燎升烟，所以报阳。又曰，精意以享，为禋昊天上帝。冬至于圜丘祭之。又以春孟祈谷于上帝，礼神之玉以苍璧，牲用一犊，币用缯（zēng）丈八尺。牲币各随玉色，器以瓦爵，以匏、稿、秸及蒲为藉神席〕；以实柴，祀日、月、星辰（积柴以实牲体上下，三祀皆同。日坛、王宫、月坛、夜明，牲币俱赤，玉以圭、璧。凡祭日月，岁四迎气之时，祭日于东郊，祭月于西郊一也。二分祭日、月，二也。郊之祭，大报天而主日，配以月，三也。十月祭天宗，合祭日、月四也。四时之祭，二分二合。星，谓五纬；辰，谓日、月所会十三次。星辰，盖于祭天宗时祭之。天宗，谓日、月、星辰之类，天之宗也。又周仲秋祭灵星；秋分享寿星，南郊亦是）；以槱（yǒu）燎，祀司中、司命、风师、雨师（槱，积也。积薪而燎牲同上。司中，三能。司命，文昌宫星。或曰，司中、司命，文昌第五、第四星。或曰中能、上能。风师，箕星。雨师，毕星。立春后，丑日祭风师于国城东北。立夏后，申日，祀雨师于国城西南。立冬后，亥日，祀司中、司命于国城西北）。以上祀天神。

以血祭，祭社稷、五祀、五岳〔阴祀自血起，贵气臭也。不言祭地，此皆地祇，祭地可知。夏后氏，以五月祭地祇。殷以六月祭。周，夏日至礼地祇于泽中之方丘，在国北，黄琮、黄犊、黄币。其神州地祇，谓王者所居吉土。两圭五寸有邸，黝犊、黑币。北郊筑坛，名泰折。社者，五土之神。五土者，山林、川泽、丘陵、坟衍、原隰，各吐生物，群生赖之。又曰，土地之神，能生五谷。稷者，五土之中，特以原隰，以此生五谷功多。稷为五谷之长，故名其神，表言其处能生谷也。共工氏子勾龙，能平水土，故祀配社。烈山氏子柱，能殖百谷，故祀配稷。汤迁柱而祀弃。周制，天子三社，大社、王社、亳社；诸侯三社，国社、侯社、亳社；大夫一社。社稷，坛皆北面，函圭有邸。天子太牢，诸侯少牢，黝色黑币，日用甲三献。王昭禹曰，门户，司出入之神；中霤司居处之神；灶，司饮食；行司道路。人资之以安，故祀之。户以羊，灶以鸡，中霤以牛，门以犬，行以豕。岁遍五岳，升血，两圭有邸五寸；少牢牲币，各随方色，器用蜃（shèn）五献。不言四渎，或省文]；以狸沈，祭山林川泽（祭山林，狸；祭川泽，沈）；以疈（pì）辜，祭四方百物（疈辜，疈，牲胸而磔之，以十二月合聚万物而索享之，即蜡祭也。八蜡以记四方，一曰，先啬田祖也，若神农为王。二曰司啬，若后稷为位。三曰，农田畯也，古之先教田者。四曰，邮表畷田畯，为邮亭督约百姓处。五曰，猫虎，迎猫为食田鼠也，迎虎为食田豕也。六曰，防，为障水也。七曰，水庸，沟也。八曰，昆虫螟蚣之属，能为谷害者。索鬼神而致百物。百物，谓岳镇、海渎、五土、井泉，能云雨，有功益于人者。动物，羽、蠃、毛、鳞介四灵等）。以上祭地祇。

以肆献祼，享先王[肆者，进所解牲体，谓荐熟时也。献，献醴，谓荐血腥也。祼之言灌也，以郁鬯（yù chàng）灌地，谓始献尸求神也。此禘祭也，以夏之孟月为之，不知年数]；以馈食，享先王[馈食，主于有黍稷，互相备也。肆献，以牲体为主；馈食，以熟食为主。凡祭者，必祼下。四者皆同。此祫（xiá）祭也，三年一祭，行于冬]。以祠春，享先王；以禴（yuè）夏，享先王；以尝秋，享先王；以烝冬，享先王。（此四时常祭）。以上享人鬼。

以凶礼哀邦国之忧（其别有五）：以丧礼哀死亡（亲者服马，疏者含襚 suì）；以荒礼哀凶札（荒，人物有害也。《礼》曰，岁凶，年谷不登，君膳不祭肺，马不食谷，驰道不除，祭事不县，大夫不食粱，士饮酒不乐）；以吊礼哀祸灾（神所示为祸；天所毁为灾。吊以慰之也）；以襘

（guì）礼哀围败（国见围，师败绩，同盟者会合财货，以更其所丧）；以恤礼哀寇乱（兵作于外为寇，作于内为乱。恤以救之）。

以宾礼亲邦国（其别有八）：春见曰朝（此以下六礼以诸侯见王为文。朝在春，东方诸侯朝，犹早朝之朝，欲其来之早）；夏见曰宗（南方诸侯。宗，尊也）；秋见曰觐（西方诸侯。觐，勤也）；冬见曰遇（北方诸侯。遇，偶也。若不期而俱至）；时见曰会（无常期。诸侯有不服，王将征讨。既朝觐王，为坛于国外，合诸侯而命事）；殷见曰同（殷，众也。十二岁王不巡狩，则六服尽朝，既毕，为坛合诸侯，以命政）；时聘曰问（天子有事乃聘之）；殷眺曰视（一服朝之，岁以朝者少。诸侯使卿以大礼，众聘焉）。

以军礼同邦国（其别有五）：大师之礼用众也（用其义勇）；大均之礼恤众也（其地，政地，守地贡之赋，所以忧民）；大田之礼简众也（因田习兵，简阅车徒）；大役之礼任众也（筑宫室，任其力）；大封之礼合众也（正封疆沟涂，所以合聚其民）。

以嘉礼亲万民（其别有六）：以饮食之礼亲宗族兄弟（有食宗族饮酒之礼，所以亲之）；以昏冠之礼亲成男女；以宾射之礼亲故旧朋友（射礼，虽王亦立宾主。天子在学时，亦有朋友）；以飨燕之礼亲四方宾客（朝聘者）以脤膰（shèn fán）之礼亲兄弟之国（脤膰，社稷宗庙之肉，以赐同姓之国，同福禄）；以贺庆之礼亲异姓之国（异姓王，婚姻舅甥）。

右五礼皆周制，其随时损益，虽不尽与唐虞同，然亦皆其遗法也。今存者惟周礼耳，观此则可见古礼之大概矣。

（归善斋按，另见前文"肆类于上帝"）

## 19.《书传辑录纂注》卷一

（元）董鼎
（归善斋按，见前文"岁二月，东巡狩"）

## 20.《尚书句解》卷一

（元）朱祖义
修五礼（修明吉凶宾军嘉之五礼）、五玉（公执桓圭，九寸；侯执信圭，伯执躬圭，各七寸；子执谷璧，男执蒲璧，各五寸）。

## 21. 《尚书日记》卷二

（明）王樵

（归善斋按，见前文"岁二月，东巡狩"）

## 22. 《御制日讲书经解义》卷一

（归善斋按，见前文"岁二月，东巡狩"）

## 《尚书通考》卷五

（元）黄镇成

五礼

吉、凶、军、宾、嘉（修之，所以同天下之风俗）。孔颖达曰，《周礼·大宗伯》云，以吉礼，事邦国之鬼神祇；以凶礼，哀邦国之忧；以宾礼亲邦国；以军礼，同邦国；以嘉礼，亲万民之婚姻。知五礼谓此也。帝王之名，古今之礼或殊，而以周之五礼为此。五礼者，以帝王相承，事有损益，后代之礼，亦当是前代礼也。

吉礼之别十有二：以禋祀，祀昊天上帝；以实柴，祀日月星辰；以槱燎祀（司中、司命、风师、雨师）；以血祭，祭社稷五祀五岳；以狸沈祭山林川泽；以疈（pì）辜，祭四方百物；以肆献祼，享先王；以馈食，享先王；以祠春，享先王；以禴夏，享先王；以尝秋，享先王；以烝冬，享先王。

凶礼之别有五：以丧礼，哀死亡；以凶礼，哀凶札；以吊礼，哀祸灾；以禬（guì）礼，哀围败；以恤礼，哀寇乱。

宾礼之别有八：春见曰朝，夏见曰宗，秋见曰觐，冬见曰遇，时见曰会，殷见曰同，时聘曰问，殷覜（fù）曰视。

军礼之别有五：大师之礼，用众也；大均之礼，恤众也；大田之礼，简众也；大役之礼，任众也；大封之礼，合众也。

嘉礼之别有六：以饮食之礼，亲宗族兄弟；以冠昏之礼，亲成男女；以宾射之礼，亲故旧朋友；以飨燕之礼，亲四方之宾客；以脤膰之礼，亲兄弟之国；以贺庆之礼，亲异姓之国。

愚按，《周礼》五礼，吴才老以为唐虞时无此，只是五典之礼。然吉、凶、军、宾、嘉，有天下者不能一日阙此。如律、度、量、衡之类，修之恐其废坠也。但其目之凡，则或损或益未可知耳。

五玉（五等诸侯所执者，即五瑞也）。

## 《书蔡氏传旁通》卷一中

（元）陈师凯

五礼，吉、凶、军、宾、嘉。

《周礼·大宗伯》以吉礼，事邦国之鬼神示（祇）；以禋祀，祀昊天上帝；以实柴，祀日、月、星辰；以槱燎，祀司中、司命、飌（风）师、雨师；以血祭，祭社稷、五祀、五岳；以狸（埋）沈（沉）祭山林川泽；以疈（僻）辜，祭四方百物。以肆（剔）献祼享先王，以馈食享先王，以祠春享先王，以禴（yuè）夏享先王，以尝秋享先王，以烝冬享先王。以凶礼，哀邦国之忧，以丧礼，哀死亡；以荒礼，哀凶札；以吊礼，哀祸灾；以禬礼，哀围败；以恤礼，哀寇乱。以宾礼亲邦国，春见曰朝，夏见曰宗，秋见曰觐，冬见曰遇，时见曰会，殷见曰同，时聘曰问，殷覜曰视。以军礼同邦国：大师之礼，用众也；大均之礼，恤众也；大田之礼，简众也；大役之礼，任众也；大封之礼，合众也。以嘉礼亲万民，以饮食之礼亲宗族兄弟；以昏冠之礼亲成男女；以宾射之礼亲故旧朋友；以飨燕之礼亲四方之宾客；以脤膰之礼亲兄弟之国；以贺庆之礼亲异姓之国。注云，禋祀，烟气之臭闻者。槱，积也，《诗》"薪之槱之"。三祀，皆积柴实牲体焉，或有玉帛，燔燎而升烟，所以报阳也。司中，三能（台）；司命，文昌宫；风师，箕也。雨师，毕也。阴祀自血起，贵气臭也。社稷，土谷之神，社祀勾龙，稷祀弃。五祀，五官之神。少昊氏之子曰重，为勾芒，食于木；该，为蓐收，食于金；修及熙，为玄冥，食于水；颛顼氏之子曰黎，为祝融后土，食于火土。五岳，东岱，南衡，西华，北恒，中嵩高。祭山林曰埋，川泽曰沈。疈辜，疈，牲胸也，谓磔攘，及蜡祭。肆进所解牲体，谓荐孰时也。献，献醴，谓荐血腥也。祼，灌以郁鬯，谓始献尸求神也。祫（xiá），言肆献祼；禘言馈食著，有黍稷，互相备也。札，疫疠也。祸灾，水火也。禬（guì）礼，同盟者，合会财货，以更其所丧。恤，邻国相忧也。殷见，殷，犹众也。殷覜诸侯，使卿以大礼众聘。大师用其义勇。大均，均其地政、地守、地职，所以忧民。大田，简车徒；大役，筑宫室；大封，正封疆。嘉，善也，所以因人心之善者，而为之制。脤膰，社稷、宗庙之肉。

### 《读书管见》卷上

（元）王充耘

修五礼、五玉、三帛、二生、一死。

此仍旧文，为是传者，欲移置"肆觐东后"之下，恐未然。盖圣人巡守，所至之处，祀神祇，朝诸侯，考正朔，同制度，正礼乐，使诸侯不得变易礼乐，改制度耳。故《舜典》所纪，皆其大凡，未暇及其细碎。若东后执贽之物，悉书于册，则当时柴望，祭告，笾豆，鼎俎之类，何不亦纪之乎？

### 《尚书砭蔡编》

（明）袁仁

五玉。

注谓五玉，即上文五瑞，误矣。盖此五玉，乃诸侯所执以为贽者。若五瑞则天子之命圭，诸侯世守以为瑞信者，岂有贽见之礼，而乃献其世守之圭耶？

### 《尚书广听录》卷一

（清）毛奇龄
（归善斋按，见前文"辑五瑞"）

### 《尚书埤传》卷二

（清）朱鹤龄
（归善斋按，见前文"岁二月，东巡狩"，另见前文"辑五瑞"）

### 《书经衷论》卷一

（清）张英
（归善斋按，见前文"肆类于上帝"）

# 三帛、二生、一死贽

## 1. 《尚书注疏》卷二

（汉）孔氏传，（唐）陆德明音义、孔颖达疏

三帛、二生、一死贽。

传：三帛，诸侯世子执纁（xūn），公之孤执玄，附庸之君执黄；二生，卿执羔，大夫执雁；一死，士执雉。玉帛、生死所以为贽，以见之。

音义：贽，音至，本又作挚。纁，许云反。

疏：又修三帛，诸侯世子，公之孤，附庸之君，所执玄、纁、黄之帛也。又修二生，卿所执羔，大夫所执雁也。又修一死，士所执雉也。自五玉至于一死，皆蒙上修文总言所用。玉帛、生、死皆为贽以见天子也。

《周礼·典命》云，凡诸侯之适子，誓于天子，摄其君，则下其君之礼一等。未誓，则以皮帛，继子、男之下；公之孤四命，以皮帛，视小国之君。是诸侯世子、公之孤执帛也。附庸虽则无文，而为南面之君，是一国之主。春秋时，附庸之君适鲁，皆称来朝，未有爵命，不得执玉，则亦继小国之君，同执帛也。经言三帛，必有三色。所云纁、玄、黄者，孔时或有所据，未知出何书也。王肃云，三帛，纁玄黄也。附庸与诸侯之适子、公之孤，执皮帛。其执之色，未详闻。或曰，孤执玄，诸侯之适子执纁。附庸执黄。王肃之注《尚书》，其言多同孔传。《周礼》，孤与世子皆执皮帛。郑玄云，皮帛者，束帛而表之，以皮为之饰。皮，虎豹皮也。此三帛，不言皮。盖于时，未以皮为饰。卿执羔，大夫执雁，士执雉，此皆《大宗伯》文也。郑玄曰，羔，小羊，取其群而不失其类也。雁取其候时而行也。雉取其守介，死不失节也。《曲礼》云，饰羔雁者以缋（huì），谓衣之以布，而又尽之。雉执之无饰，士相见之礼。卿大夫饰贽，以布不言缋，此诸侯之臣与天子之臣异也。郑之此言，论周之礼耳。虞时，每事犹质，羔雁不必有节。《曲礼》云，贽，诸侯圭，卿羔，大夫雁，士雉。雉不可生，知一死是雉。二生是羔、雁也。郑玄云，贽之言至，所执以自

致也。自五玉以下，蒙上修文者执之，使有常也。若不言贽，则不知所用。故言贽，以结上文。见玉、帛、生、死皆所以为贽，以见君与自相见其贽同也。

## 2. 《书传》卷二

（宋）苏轼

（归善斋按，见上句）

## 3. 《尚书全解》卷二

（宋）林之奇

五玉、三帛、二生、一死贽。如五器，卒乃复。

五玉，五等诸侯所执之圭璧也。孔氏以"五玉"连上"修五礼"之文，故唐孔氏谓，不言修者，蒙上之"修"字也。此说不然。夫礼固有因革损益，谓之修可也。五等诸侯执圭璧来朝，方岳之下，不过正品秩而已，何修之有？张横渠以"修五礼"为一句，"五玉、三帛、二生、一死贽"为一句，盖得之矣。按《周礼》，公执桓圭，侯执信圭，伯执躬圭，子执谷璧，男执蒲璧。其短长之数，皆如其命。桓圭长九寸，信圭、躬圭长七寸，谷璧、蒲璧皆径五寸。此之谓五玉。三帛，孔氏谓，诸侯世子执纁，公之孤执玄，附庸之君执黄。按《周礼》典命诸侯适子，未誓于天子，则以皮帛，继子、男之下。公之孤，四命以皮帛，眂小国之君。据此文，但有诸侯世子、公之孤执帛之文，而不言其色。至于附庸之君，所执则全不见于经。而孔氏云尔者，孔氏采撷群言。古人忠厚，信以传信，疑以传疑。彼其于三帛，断然明言所执之人与其色。其与卿执羔，大夫执雁，士执雉同称，略不致疑于其间，必有所据而云耳。郑氏谓，三帛者，荐玉也，必致三者之帛。高阳氏之后用赤缯（zēng）；高辛氏之后用黑缯，其余诸侯用白缯。此臆说也。夫既已言五等诸侯所执圭璧于其上，而又言荐玉帛于其下，文岂不重复也。曾氏以为皮帛、羔帛、雁帛。其说皆不通。二生者，卿执羔，大夫执雁是也。一死者，士执雉也。自五玉至于一死贽，皆其所贽之物，量其贵贱轻重以寓其等差而已，非有义理于其间。王氏曲生义训，皆从而为之辞，穿凿为甚。如此等说，皆无取焉。三帛、二生、一死贽，则受之。惟五玉，则礼毕而复还之者。《聘义》云，以圭璋聘，重礼也。已聘而还圭璋，此轻财而重礼之义也。五器卒乃复，亦犹是也。而王氏谓，诸侯有不能臣之义，复之，所以宾之也。其说非也。有曰五瑞，有曰五玉，有曰五器，其实一也。盖史官之变文也。

## 4.《尚书讲义》卷二

（宋）史浩

（归善斋按，见前文"岁二月，东巡狩"）

## 5.《尚书详解》卷二

（宋）夏僎

（归善斋按，见前文"岁二月，东巡狩"）

## 6.《增修东莱书说》卷二

（宋）时澜

（归善斋按，见前文"岁二月，东巡狩"）

## 7.《尚书说》卷一

（宋）黄度

（归善斋按，见前文"岁二月，东巡狩"）

## 8.《絜斋家塾书钞》卷一

（宋）袁燮

（归善斋按，见前文"岁二月，东巡狩"）

## 9.《书经集传》卷一

（宋）蔡沈

（归善斋按，见前文"岁二月，东巡狩"）

## 10.《尚书精义》卷三

（宋）黄伦

（归善斋按，见前文"岁二月，东巡狩"）

## 11. 《尚书详解》卷二

（宋）陈经

（归善斋按，见前文"岁二月，东巡狩"）

## 12. 《融堂书解》卷一

（宋）钱时

（归善斋按，见前文"岁二月，东巡狩"）

## 13. 《尚书要义》卷二

二三、三帛，纁、玄、黄，孔或有据，王肃多同。

《周礼·典命》云，凡诸侯之适子，誓于天子，摄其君，则下其君之礼一等，未誓则以皮帛，继子男之下。公之孤四命，以皮帛，视小国之君。是诸侯世子、公之孤执帛也。附庸，虽则无文，而为南面之君，是一国之主。春秋时，附庸之君适鲁，皆称来朝，未有爵命不能执玉，则亦继小国之君，同执帛也。经言三帛，必有三色。所云纁、玄、黄者，孔时或有所据，未知出何书也。王肃云，三帛，纁、玄、黄也。附庸与诸侯之适子、公之孤执皮帛，其执之色未详闻。或曰，孤执玄，诸侯之适子执纁，附庸执黄。王肃之注《尚书》，其言多同孔传。《周礼》孤与世子皆执皮帛。郑玄云，皮帛者，束帛而表之，以皮为之饰。皮，虎豹皮也。此三帛不言皮，盖于时，未以皮为饰。

（归善斋按，另见前文"协时月正日"）

## 14. 《书集传或问》卷上

（宋）陈大猷

（归善斋按，未解）

## 15. 《尚书详解》卷一

（宋）胡士行

（归善斋按，见前文"岁二月，东巡狩"）

## 16.《书纂言》卷一

（元）吴澄

（归善斋按，未解）

## 17.《书集传纂疏》卷一

（元）陈栎

（归善斋按，见前文"岁二月，东巡狩"）

## 18.《读书丛说》卷二

（元）许谦

《典命》云，诸侯之适子，誓于天子，摄其君，则下其君之礼一等，未誓则以皮帛继子男。誓，谓天子命之为树子也。降一等，谓公子如侯；侯子，如伯之类。今注，世子执缥，以未誓者言也。公之孤，四命以皮帛，眡小国之君。今不言皮，虞、周礼异也。凡帛其长一丈八尺，两而合之为卷，五卷凡十端，共为一束，三入为缥，浅绛也，赤与黄色。六入为玄黑而有赤色。玄（以下原阙）

## 19.《书传辑录纂注》卷一

（元）董鼎

（归善斋按，见前文"岁二月，东巡狩"）

## 20.《尚书句解》卷一

（元）朱祖义

三帛（诸侯世子执缥，公之孤执玄，附庸之君执黄）、二生（卿执羔，取其群而不失其类；大夫执雁，取其候时而不失其时）、一死（士执雉，取其守死而不失其节）贽（五等诸侯，与其国之卿大夫、士，各以其所执贽，见于天子。贽，犹言至，执之以自至也。贽，至）。

## 21.《尚书日记》卷二

（明）王樵

（归善斋按，见前文"岁二月，东巡狩"）

## 22.《御制日讲书经解义》卷一

（归善斋按，见前文"岁二月，东巡狩"）

### 《尚书通考》卷五

（元）黄镇成

三帛

诸侯世子执𬘓（xūn），公之孤执玄，附庸之君执黄。颖达曰，《周礼·典命》凡诸侯之适子誓于天子，摄其君，则下其君之礼一等，未誓，则以皮帛，继子男之下。公之孤，四命以皮帛，眡小国之君，是诸侯世子、公之孤执帛也。附庸，虽则无文，而为南面之君，是一国之主。春秋时，附庸之君适鲁，皆称来朝，未有爵命，不得执玉，则亦继小国之君，同执帛也。经言，三帛必有三色，所云𬘓、玄、黄者，孔云或有所据，未知出何书也。王肃云，三帛，𬘓、玄、黄也。附庸与诸侯之适子、公之孤，执皮帛，其执之帛，未详闻。或曰孤执玄，诸侯之适子执𬘓，附庸执黄。王肃之注《尚书》其言多同孔传。《周礼》孤与世子，皆执皮帛。郑玄云，皮帛者，束帛而表之，以皮为之饰。皮，虎豹皮也。此三帛不言皮，于时未以皮为饰。

二生

卿执羔，大夫执雁。颖达曰，此皆《大宗伯》文也。郑玄曰，羔，小羊，取其群而不失其类也。雁，取其候时而行也。雉，取其守介，死不失节也。《曲礼》云，饰羔、雁者以缋（huì），谓衣之以布，而又画之。雉执之无饰，士相见礼。卿大夫饰贽以布，不言缋，此诸侯之臣，与天子之臣异也。郑之此言，论周之礼耳。虞时，每事犹质，羔、雁不必有饰。一死。贽（总言六贽）。

士执雉。颖达曰，《曲礼》云，诸侯圭，卿羔，大夫雁，士雉。雉不可生，知一死是雉，二生是羔、雁也。郑玄云，贽之言至，所执以自至也。

### 《书蔡氏传旁通》卷一中

（元）陈师凯

纁、玄、黄。

不见《礼经》，蔡传只据古注；孔疏亦云，未知出何书，王肃所注同。

羔、雁、雉。

疏云，羔，取其群而不失其类；雁，取其候时而行；雉，取其守介死不失节。雉不可生，知一死是雉也。

### 《读书管见》卷上

（元）王充耘

（归善斋按，见上句）

### 《尚书广听录》卷一

（清）毛奇龄

（归善斋按，见前文"辑五瑞"）

### 《尚书埤传》卷二

（清）朱鹤龄

（归善斋按，见前文"岁二月，东巡狩"）

### 《书经衷论》卷一

（清）张英

（归善斋按，见前文"肆类于上帝"）

# 如五器，卒乃复

## 1. 《尚书注疏》卷二

（汉）孔氏传，（唐）陆德明音义、孔颖达疏

如五器，卒乃复。

传：卒，终；复，还也。器，谓圭璧，如五器，礼终则还之。三帛、生、死则否。

音义：复，扶又反，下同。还，音旋。

疏：其贽之内，如五玉之器，礼终乃复还之，其帛与生、死，则不还也。

卒，终，《释诂》文。《释言》云，还，复返也。是"还"、"复"同义，故为"还"也。五器，文在贽下，则是贽内之物。《周礼·大宗伯》云，以玉作五器，知器谓圭璧，即五玉是也。如，若也。言诸侯贽之内，若是五器，礼终乃还之。如三帛、生、死则不还也。《聘义》云，以圭璋聘，重礼也。已聘而还圭璋，此轻财而重礼之义也。《聘义》主于说聘。其朝礼亦然。《周礼·司仪》云，"诸公相见为宾，还圭如将币之仪"，是圭璧皆还之也。士相见礼，言大夫以下见国君之礼。云若他邦之人，则使摈者还其贽；己臣皆不还其贽，是三帛、生、死则否。

## 2. 《书传》卷二

（宋）苏轼

如五器，卒乃复。

五器，五玉也。帛、生、死则否。

## 3. 《尚书全解》卷二

（宋）林之奇

（归善斋按，见上句）

## 4. 《尚书讲义》卷二

（宋）史浩

（归善斋按，见前文"岁二月，东巡狩"）

## 5. 《尚书详解》卷二

（宋）夏僎

（归善斋按，见前文"岁二月，东巡狩"）

## 6. 《增修东莱书说》卷二

（宋）时澜

（归善斋按，见前文"岁二月，东巡狩"）

## 7. 《尚书说》卷一

（宋）黄度

（归善斋按，见前文"岁二月，东巡狩"）

## 8. 《絜斋家塾书钞》卷一

（宋）袁燮

（归善斋按，见前文"岁二月，东巡狩"）

## 9. 《书经集传》卷一

（宋）蔡沈

（归善斋按，见前文"岁二月，东巡狩"）

## 10. 《尚书精义》卷三

（宋）黄伦

（归善斋按，见前文"岁二月，东巡狩"）

## 11. 《尚书详解》卷二

（宋）陈经

（归善斋按，见前文"岁二月，东巡狩"）

## 12. 《融堂书解》卷一

（宋）钱时

（归善斋按，见前文"岁二月，东巡狩"）

## 13. 《尚书要义》卷二

（宋）魏了翁

二四、五器，礼终乃还；三帛、生、死则否。

诸侯贽之内，若是五器，礼终，乃还之；如三帛、生死，则不还也。《聘义》云，以圭璋聘，重礼也。已聘而还圭璋，此轻财而重礼之义也。《聘义》，主于说聘；其朝礼亦然。《周礼·司仪》云"诸公相见为宾，还圭如将币之义"，是圭璧皆还之也。士相见礼，言大夫以下见国君之礼。云见他邦之人，则使摈者还其贽。己臣皆不还其贽，是三帛、生死则否。

（归善斋按，另见前文"协时月正日"）

## 14. 《书集传或问》卷上

（宋）陈大猷

（归善斋按，未解）

## 15. 《尚书详解》卷一

（宋）胡士行

（归善斋按，见前文"岁二月，东巡狩"）

## 16. 《书纂言》卷一

（元）吴澄

（归善斋按，见前文"岁二月，东巡狩"）

## 17. 《书集传纂疏》卷一

（元）陈栎

（归善斋按，见前文"岁二月，东巡狩"）

## 18. 《读书丛说》卷二

（元）许谦

（归善斋按，未解）

## 19. 《书传辑录纂注》卷一

（元）董鼎

（归善斋按，见前文"岁二月，东巡狩"）

## 20. 《尚书句解》卷一

（元）朱祖义

如五器（亦如辑五瑞之器），卒乃复（终乃复还之）。

## 21. 《尚书日记》卷二

（明）王樵

（归善斋按，见前文"岁二月，东巡狩"）

## 22. 《御制日讲书经解义》卷一

（归善斋按，见前文"岁二月，东巡狩"）

## 《尚书通考》卷五

（元）黄镇成

如五器

刘侍讲曰，如，同也。五器，即五礼之器也。《周礼》六器、六挚，即舜之遗法也。愚按，颖达曰，器谓圭璧，即五玉是也。夏氏曰，以物言，则曰玉；以宝言，则曰瑞；以形言，则曰器。今云《周礼》六器，则此五器当是柴、望礼神之物，经文序于五礼之下，非其次矣。《周礼》六器，礼天地四方，今阙其一，非其比矣。且如者，亦审其同，而辨其伪之意。盖诸侯以五玉来见天子，而天子又合符之，班瑞受终之事也，如器巡狩之事也。

## 《尚书疏衍》卷二

（明）陈第

如五器，卒乃复。

孔颖达曰，如，若也，言诸侯贽之内，若是五器，礼终乃还之。如三帛、生死则不还也。此盖惑于班瑞，而附会其说。不知贽者，所以通于上下交际之礼也，恐其不齐，故如之。如者，同之也。曰"同律度量衡"，曰"修五礼"，曰"如五器"，义正相类。蔡注曰，"卒乃复"者，举祀礼，觐诸侯，一正朔，同制度，修五礼，如五器，数事皆毕，则不复东行，而遂西向，且转而南行也。此解甚当，无容喙矣。

## 《尚书广听录》卷一

（清）毛奇龄

（归善斋按，见前文"辑五瑞"）

## 《尚书埤传》卷二

（清）朱鹤龄

（归善斋按，见前文"岁二月，东巡狩"）

# 五月南巡守，至于南岳，如岱礼

## 1.《尚书注疏》卷二

（汉）孔氏传，（唐）陆德明音义、孔颖达疏

五月，南巡守，至于南岳，如岱礼。

传：南岳衡山，自东岳南巡，五月至。

疏：东岳礼毕，即向衡山，五月南巡守至于南岳之下，柴望以下，一如岱宗之礼。

《释山》云，河南，华；河东，岱；河北，恒；江南，衡。李巡云，华，西岳华山也。岱，东岳，泰山也。恒，北岳恒山也。衡，南岳衡山也。郭璞云，恒山，一名常山，避汉文帝讳。《释山》又云，泰山为东岳；华山为西岳；霍山为南岳；恒山为北岳。岱之与泰，衡之与霍，皆一山而有两名也。张揖云，天柱谓之霍山。《汉书·地理志》云，天柱在庐江灊县，则霍山在江北，而与江南衡为一者。郭璞《尔雅》注云，霍山今在庐江灊县，潜水出焉，别名天柱山。汉武帝以衡山辽旷，故移其神于此。今其彼土俗人皆呼之为南岳。南岳本自以两山为名，非从近来也。而学者多以霍山不得为南岳。又云，汉武帝来始乃名之，即如此言，谓武帝在《尔雅》前乎？斯不然矣。是解衡、霍二名之由也。《书》传多云，五

岳以嵩高为中岳。此云四岳者，明巡守至于四岳故也。《风俗通》云，泰山，山之尊者，一曰岱宗。岱，始也。宗，长也。万物之始，阴阳交代，故为五岳之长。王者受命，恒封禅之。衡山，一名霍山，言万物霍然大也。华，变也，万物变由西方也。恒，常也，万物伏，北方有常也。二月至于岱宗，不指岳名者，巡守之始，故详其文。三时言岳名，明岱亦是岳，因事宜而互相见也。四巡之后，乃云"归格"，则是一出而周四岳，故知自东岳而即南行，以五月至也。王者，顺天道以行人事，故四时之月各当其时之中，故以仲月至其岳上。云"岁二月东巡守"，以二月始发者。此四时巡守之月，皆以至岳为文。东巡以二月至，非发时也。但舜以正月有事，二月即发行耳。郑玄以为每岳礼毕而归，仲月乃复更去。若如郑言，当于东巡之下，即言"归格"，后以"如初"包之，何当北巡之后始言归乎？且若来而复去，计程不得周遍，此事不必然也。其经南云"如岱礼"；西云"如初"；北云"如西礼"者，见四时之礼皆同，互文以明耳。不巡中岳者，盖近京师有事必闻，不虑枉滞，且诸侯分配四方，无属中岳，故不须巡之也。《释训》云，朔，北方也。故《尧典》及此，与《禹贡》皆以朔言，此史变文耳。

## 2. 《书传》卷二

（宋）苏轼

五月南巡守，至于南岳，如岱礼。八月西巡守，至于西岳，如初。十有一月朔巡守，至于北岳，如西礼。

南岳衡山，西岳华山，北岳恒山。

## 3. 《尚书全解》卷二

（宋）林之奇

五月南巡守，至于南岳，如岱礼。八月西巡守，至于西岳，如初。十有一月朔，巡守至于北岳，如西礼。归，格于艺祖，用特。

岱宗礼毕，则南巡守，以五月至于南岳。其"柴，望秩于山川"以下，皆如岱宗之礼。八月西巡，十有一月朔巡，礼亦皆然。曰岱礼，曰西礼，曰如初，皆史官之变文也。北岳礼毕，然后归于京师。盖一岁而巡四岳也。胡舍人则疑之，以谓，计其地理，考其日程，岂有万乘之尊，六军之卫，百官之富，一岁而周万五千里哉。此说殊不然。叔恬问于文中子曰，舜一岁而巡守四岳，国不费而民不劳，何也？文中子曰，仪卫少，而征求寡也。夫惟仪卫少而征求寡，故国不费而民不劳。元朔六年冬十月勤兵十余万，北巡朔方，东望缑（gōu）山，登中岳少室，东巡海上，还封泰山、禅梁父，复之海上，并海北之碣石，历西朔，方九原，以五月至于甘泉，周万八千里。夫武帝仪卫可谓多矣，征求可谓众矣，尚能八月之间，周历万八千里。而舜则仪卫少，而征求寡，岂不能周历万五千里乎？胡氏之说不可为据。既巡四岳而归，于是告祭于艺祖之庙。艺祖，即文祖也。或曰艺祖，或曰文祖，特史官之变文也。《春秋》桓二年公及戎盟于唐。冬，公至自唐。左氏曰，告于庙也。凡公行，告于宗庙；反行，饮至、舍爵、策勋，礼也。"归，格于艺祖，用特"，则是礼也。用特者，用特牛以祭也。薛氏云，格庙用特，其礼俭也。庙礼从俭，制度可知矣。必俭其用度，而后可以巡守。此说为善。据此云，巡守四岳既毕，然后"归，格于艺祖，用特"，则是一年而周四岳，然后归也。郑氏以孟月礼毕，而归，仲月复往。夫一年而巡四岳，胡舍人尚计其地理，考其日程，而谓不能周历万五千里。若巡一岳归，至于仲月复往，则一岁间，周数万里，此必无之理也。

## 4.《尚书讲义》卷二

（宋）史浩

五月南巡守至于南岳，如岱礼。八月西巡守，至于西岳，如初。十有一月朔巡守，至于北岳，如西礼。归，格于艺祖，用特。

此舜作行幸之法也，五月必至南方，八月必至西方，十有一月必至北方，各以其时也，以其时者顺天道也。如岱礼，如初，如西礼，其实无异也。及其告归，"用特"者，牲用一牛。"格于艺祖"，艺祖，太祖庙也。一牛，戋（chǎn）事告至之礼。如是其俭，则道路之供亿菲薄可知矣。舜非不知千乘万骑可以自奉；三牲九鼎可以奉祖庙也。盖以谓五载一巡，苟作法于丰，天下萧然烦费矣。子孙宁无起封泰山，而禅梁父之说者乎。谨始之道，舜其得之。后世帝王，疲民以事，游观之美，是不法舜也，而可以治乎？

## 5.《尚书详解》卷二

（宋）夏僎

五月，南巡狩，至于南岳，如岱礼。八月，西巡守，至于西岳，如初。十有一月，朔巡守，至于北岳，如西礼。归，格于艺祖，用特。

舜之巡守，既以二月有事于岱宗。岱宗礼毕，因而南巡，以五月至于南岳衡山，其"燔柴望秩山川"以下皆如岱宗之礼。南岳礼毕，因而西巡，以八月至于西岳华山，其礼亦如初时。西岳礼毕，因而北巡，而以十有一月至于北岳恒山，其礼同于西岳之礼。四方巡行，其礼如一。然必曰"如岱礼"、"如初"、"如西礼"者，特作史者变文耳，本无别义。北岳礼毕，然后复于京师，格于文祖之庙。其牲，用特牛告于文祖，以其归之既至，故曰"格"。《春秋》桓十有二年，公及戎盟于唐。冬，公至自唐。左氏曰，告于庙也。凡公行，告于庙。反行，饮至、舍爵、策勋焉。则舜之"格艺祖"，即此所谓"饮至"之礼也。孔云，云艺祖即文祖，以文之与艺，其义相同，故知其必尔也。朱博士曰，天子巡守，必顺阴阳之气以出入。春东而夏南，秋西而冬北。又以地言之，则自东徂南，自南徂西，自西徂北，然后由此以入京师。盖理当然。此说得之。据此云，巡北岳既毕，然后"归，格于艺祖，用特"。则是一岁周四岳，然后归也。胡舍人疑之，以谓计其地里，恐不相及。郑玄乃以谓，每岳礼毕而归，仲夏乃复更出。夫一出而巡四岳，胡舍人尚计以地里，考其日程，谓不能周万五千里。若巡一岳归至，仲月再出，则一岁出入往来，不啻类万里。此必无是理也。故孔氏有言曰，四巡之后乃云"归格"则是一出而周四岳。若如郑言，当于每巡之下即言"归格"，后以"如初"包之，何当北巡之后始言归乎？且若归而复去，计程不能周遍，此未必然也。是说甚当。

## 6.《增修东莱书说》卷二

（宋）时澜

五月南巡守，至于南岳，如岱礼。八月西巡守，至于西岳，如初。十有一月朔巡守，至于北岳，如西礼。

史官省文之辞。

## 7. 《尚书说》 卷一

（宋）黄度

（归善斋按，见前文"岁二月，东巡狩"）

## 8. 《絜斋家塾书钞》 卷一

（宋）袁燮

五月南巡守，至于南岳，如岱礼。八月西巡守，至于西岳，如初。十有一月，朔巡守，至于北岳，如西礼。归，格于艺祖，用特。

艺祖，文祖也。天下事皆有本，万物本乎天，人本乎祖。出则奉艺祖之命而出，反则告焉，道理亦当如此。这个道理亦只是日用底道理。

## 9. 《书经集传》 卷一

（宋）蔡沈

（归善斋按，见前文"岁二月，东巡狩"）

## 10. 《尚书精义》 卷三

（宋）黄伦

（归善斋按，见前文"岁二月，东巡狩"）

## 11. 《尚书详解》 卷二

（宋）陈经

（归善斋按，见前文"岁二月，东巡狩"）

## 12. 《融堂书解》 卷一

（宋）钱时

（归善斋按，见前文"岁二月，东巡狩"）

## 13. 《尚书要义》 卷二

（宋）魏了翁

二五、南岳自以衡、霍两山名，非从汉武。

张揖云，天柱谓之霍山。《汉书·地理志》云，天柱在庐江灊县，则霍山在江北，而与江南衡为一者。郭璞《尔雅》注云，霍山，今在庐江灊县，潜水出焉，别名天柱山。汉武帝以衡山辽旷，故移其神于此。今其彼土俗人，皆呼之为南岳。南岳本自以两山为名，非从近来也。而学者多以霍山不得为南岳。又云，汉武帝来始乃名之。即如此言，谓武帝在《尔雅》前乎？斯不然矣。

二六、四巡毕乃归。郑谓归而复出者，不然。

四巡之后，乃云"归格"则是一出而周四岳。故知自东岳而即南行，以五月至也。王者，顺天道以行人事，故四时之月，各当其时之中，故以仲月至其岳上。云"岁二月东巡守"，以二月始发者，此四时巡守之月，皆以至岳为文。东巡以二月至，非发时也。但舜以正月有事，二月即发行耳。郑玄以为每岳礼毕而归，仲月乃复更去。若如郑言，当于东巡之下，即言"归格"，后以"如初"包之，何当北巡之后，始言归乎？且若来而复去，计程不得周遍。此事不必然也。

## 14. 《书集传或问》卷上

（宋）陈大猷
（归善斋按，未解）

## 15. 《尚书详解》卷一

（宋）胡士行
五月南巡守，至于南岳（衡山），如岱（东）礼。八月西巡守，至于西岳（华山），如初（东）。十有一月，朔（北）巡守，至于北岳（恒山），如西礼。
史官省文。

## 16. 《书纂言》卷一

（元）吴澄
（归善斋按，见前文"岁二月，东巡狩"）

## 17. 《书集传纂疏》卷一

（元）陈栎

（归善斋按，见前文"岁二月，东巡狩"）

## 18. 《读书丛说》卷二

（元）许谦

（归善斋按，未解）

## 19. 《书传辑录纂注》卷一

（元）董鼎

（归善斋按，见前文"岁二月，东巡狩"）

## 20. 《尚书句解》卷一

（元）朱祖义

五月南巡守（五月，夏时之中，舜往南方巡省守土诸侯），至于南岳（至于南岳衡山），如岱礼（其燔柴，以至于诸侯、卿大夫、士贽见于方岳之下，皆如岱宗之礼）。

## 21. 《尚书日记》卷二

（明）王樵

（归善斋按，见前文"岁二月，东巡狩"）

## 22. 《御制日讲书经解义》卷一

（归善斋按，见前文"岁二月，东巡狩"）

## 《尚书通考》卷三

（元）黄镇成

（归善斋按，见前文"岁二月，东巡狩"）

### 《尚书埤传》卷二

（清）朱鹤龄

（归善斋按，见前文"岁二月，东巡狩"）

### 《尚书埤传》卷二

（清）朱鹤龄

（归善斋按，见前文"岁二月，东巡狩"）

### 《尚书大传》卷一

（清）孙之騄辑

（归善斋按，见前文"岁二月，东巡狩"）

### 《尚书地理今释》

（清）蒋廷锡

南岳，《周礼》作衡山，《山海经》作岣嵝（gǒu lǒu）山，在今湖广衡州府衡山县西北三十里，接衡阳县及长沙府界。

# 八月西巡守，至于西岳，如初

## 1. 《尚书注疏》卷二

（汉）孔氏传，（唐）陆德明音义、孔颖达疏

八月，西巡守，至于西岳，如初

传：西岳，华山。初，谓岱宗。

音义：华，户化反，华山，在弘农。

疏：南岳礼毕，即向华山，八月西巡守至于西岳之下，其礼如初时，如岱宗所行。

（归善斋按，另见上句）

## 2. 《书传》卷二

（宋）苏轼

（归善斋按，见上句）

## 3. 《尚书全解》卷二

（宋）林之奇

（归善斋按，见前文"五月南巡守"）

## 4. 《尚书讲义》卷二

（宋）史浩

（归善斋按，见前文"五月南巡守"）

## 5. 《尚书详解》卷二

（宋）夏僎

（归善斋按，见前文"五月南巡守"）

## 6. 《增修东莱书说》卷二

（宋）时澜

（归善斋按，见上句）

## 7. 《尚书说》卷一

（宋）黄度

（归善斋按，见前文"岁二月，东巡狩"）

## 8. 《絜斋家塾书钞》卷一

（宋）袁燮

（归善斋按，见前文"五月南巡守"）

## 9. 《书经集传》卷一

（宋）蔡沈

（归善斋按，见前文"岁二月，东巡狩"）

## 10. 《尚书精义》卷三

（宋）黄伦

（归善斋按，见前文"岁二月，东巡狩"）

## 11. 《尚书详解》卷二

（宋）陈经

（归善斋按，见前文"岁二月，东巡狩"）

## 12. 《融堂书解》卷一

（宋）钱时

（归善斋按，见前文"岁二月，东巡狩"）

## 13. 《尚书要义》卷二

（宋）魏了翁

（归善斋按，未引）

## 14. 《书集传或问》卷上

（宋）陈大猷

（归善斋按，未解）

## 15. 《尚书详解》卷一

（宋）胡士行

（归善斋按，见上句）

## 16. 《书纂言》卷一

（元）吴澄

（归善斋按，见前文"岁二月，东巡狩"）

## 17. 《书集传纂疏》卷一

（元）陈栎

（归善斋按，见前文"岁二月，东巡狩"）

## 18. 《读书丛说》卷二

（元）许谦

（归善斋按，未解）

## 19. 《书传辑录纂注》卷一

（元）董鼎

（归善斋按，见前文"岁二月，东巡狩"）

## 20. 《尚书句解》卷一

（元）朱祖义

八月西巡守（八月，秋时之中，舜往西方巡省守土之诸侯），至于西岳（至于西岳华山），如初（如其初岱宗之所行）。

## 21. 《尚书日记》卷二

（明）王樵

（归善斋按，见前文"岁二月，东巡狩"）

## 22. 《御制日讲书经解义》卷一

（归善斋按，见前文"岁二月，东巡狩"）

## 《尚书埤传》卷二

（清）朱鹤龄

（归善斋按，见前文"岁二月，东巡狩"）

## 《尚书大传》卷一

（清）孙之騄辑

（归善斋按，见前文"岁二月，东巡狩"）

### 《尚书地理今释》

（清）蒋廷锡

西岳，《禹贡》作太华，《周礼》作华山，在今陕西西安府华阴县南十里。

# 十有一月，朔巡守，至于北岳，如西礼

## 1. 《尚书注疏》卷二

（汉）孔氏传，（唐）陆德明音义、孔颖达疏

十有一月，朔巡守，至于北岳，如西礼。

传：北岳恒山。

音义：有，如字，徐于救反。"如西礼"，方兴本同。马本作"如初"。

疏：西岳礼毕，即向恒山，朔北也。十有一月，北巡守至于北岳之下，一如西岳之礼。

（归善斋按，另见前句）

## 2. 《书传》卷二

（宋）苏轼

（归善斋按，见前句）

## 3. 《尚书全解》卷二

（宋）林之奇

（归善斋按，见前文"五月南巡守"）

## 4. 《尚书讲义》卷二

（宋）史浩

（归善斋按，见前文"五月南巡守"）

## 5. 《尚书详解》卷二

（宋）夏僎

（归善斋按，见前文"五月南巡守"）

## 6. 《增修东莱书说》卷二

（宋）时澜

（归善斋按，见前句）

## 7. 《尚书说》卷一

（宋）黄度

（归善斋按，见前文"岁二月，东巡狩"）

## 8. 《絜斋家塾书钞》卷一

（宋）袁燮

（归善斋按，见前文"五月南巡守"）

## 9. 《书经集传》卷一

（宋）蔡沈

（归善斋按，见前文"岁二月，东巡狩"）

## 10. 《尚书精义》卷三

（宋）黄伦

（归善斋按，见前文"岁二月，东巡狩"）

## 11. 《尚书详解》卷二

（宋）陈经

（归善斋按，见前文"岁二月，东巡狩"）

## 12. 《融堂书解》卷一

（宋）钱时

（归善斋按，见前文"岁二月，东巡狩"）

### 13. 《尚书要义》卷一

（宋）魏了翁

（归善斋按，未引）

### 14. 《书集传或问》卷上

（宋）陈大猷

（归善斋按，未解）

### 15. 《尚书详解》卷一

（宋）胡士行

（归善斋按，未解）

### 16. 《书纂言》卷一

（元）吴澄

（归善斋按，见前文"岁二月，东巡狩"）

### 17. 《书集传纂疏》卷一

（元）陈栎

（归善斋按，见前文"岁二月，东巡狩"）

### 18. 《读书丛说》卷二

（元）许谦

（归善斋按，未解）

### 19. 《书传辑录纂注》卷一

（元）董鼎

（归善斋按，见前文"岁二月，东巡狩"）

### 20. 《尚书句解》卷一

（元）朱祖义

十有一月，朔巡守（十一月，冬时之中，舜往北方巡省守土之诸侯），至于北岳（至于北岳恒山），如西礼（又如西岳之礼）。

## 21.《尚书日记》卷二

（明）王樵

（归善斋按，见前文"岁二月，东巡狩"）

## 22.《御制日讲书经解义》卷一

（归善斋按，见前文"岁二月，东巡狩"）

## 《尚书埤传》卷二

（清）朱鹤龄

（归善斋按，见前文"岁二月，东巡狩"）

## 《尚书大传》卷一

（清）孙之騄辑

（归善斋按，见前文"岁二月，东巡狩"）

## 《尚书地理今释》

（清）蒋廷锡

北岳，《禹贡》作恒山。汉避文帝讳，改常山，在今山西大同府浑源州南二十里，接直隶真定府界。按恒山，自班固《汉志》载于上曲阳（今真定府曲阳县），郦道元《水经注》以下咸宗之。然今曲阳县治去山趾一百四十里，不若浑源之近。本朝厘正祀典，祠恒山于浑源州，当主浑源为是。

# 归，格于艺祖，用特

## 1.《尚书注疏》卷二

（汉）孔氏传，（唐）陆德明音义、孔颖达疏

归格于艺祖，用特。

1059

传：巡守四岳，然后归告至文祖之庙。艺，文也。言祖则考著。特，一牛。

音义：艺，鱼世反。马、王云，祢也。

疏：巡守既周，乃归京师。艺，文也。至于文祖之庙，用特牛之牲，设祭以告巡守归至也。

承四巡之下，是巡守既遍，然后归也。以上受终在文祖之庙，知此以告至文祖之庙。才艺、文德，其义相通，故"艺"为"文"也。文祖、艺祖，史变文耳。《王制》说"巡守之礼云，归，格于祖祢（mí），用特"此不言祢，故传推之。言祖则考著，考近于祖，举尊以及卑也。特者，独也。故为一牛。此惟言文祖，故云一牛。遍告诸庙，庙用一牛。故郑注彼云，祖下及祢皆一牛也。此时舜始摄位，未自立庙，故知告尧之文祖也。

## 2. 《书传》卷二

（宋）苏轼

归，格于艺祖，用特。

艺祖，文祖也。特，一牛也。

## 3. 《尚书全解》卷二

（宋）林之奇

（归善斋按，见前文"五月南巡守"）

## 4. 《尚书讲义》卷二

（宋）史浩

（归善斋按，见前文"五月南巡守"）

## 5. 《尚书详解》卷二

（宋）夏僎

（归善斋按，见前文"五月南巡守"）

## 6.《增修东莱书说》卷二

（宋）时澜

归，格于艺祖，用特。

深味此语，可以见圣人之用心。夫舜负天地万物之责，持业业危惧之心，遍巡天下诸侯。既无不顺，然后舜归见于祖庙而无愧。使巡守之时，有一民之未遂，一物之未宜，其归格艺祖为如何？舜之心慊然而有愧，艺祖之灵歉然而不满。隐显之间，无以称惬，则此身将若无所容想。舜归格艺祖之时，此心无愧，肃肃在庙，洋洋如在其上，如在其左右，纯于敬而已。

## 7.《尚书说》卷一

（宋）黄度

（归善斋按，见前文"岁二月，东巡狩"）

## 8.《絜斋家塾书钞》卷一

（宋）袁燮

（归善斋按，见前文"五月南巡守"）

## 9.《书经集传》卷一

（宋）蔡沈

（归善斋按，见前文"岁二月，东巡狩"）

## 10.《尚书精义》卷三

（宋）黄伦

（归善斋按，见前文"岁二月，东巡狩"）

## 11.《尚书详解》卷二

（宋）陈经

（归善斋按，见前文"岁二月，东巡狩"）

## 12.《融堂书解》卷一

（宋）钱时
（归善斋按，见前文"岁二月，东巡狩"）

## 13.《尚书要义》卷二

（宋）魏了翁
二七、归格于艺祖，此告尧之文祖。

《王制》说"巡守之礼云，归，格于祖祢用特"，此不言祢，故传推之。言祖则考著，近于祖，举尊以及卑也。特者，独也，故为一牛。此唯言文祖，故云一牛。遍告诸庙，庙用一牛，故郑注彼云，祖下及祢，皆一牛也。此时舜始摄位，未自立庙，故知告尧之文祖也。

## 14.《书集传或问》卷上

（宋）陈大猷
（归善斋按，未解）

## 15.《尚书详解》卷一

（宋）胡士行
归，格（告至）于艺祖（文庙），用特（一牛，有以少为贵者）。
舜负艺祖天地民物之托，惕然恐不胜，遍巡天下，礼举政行，无不顺序，乃可以妥艺祖之灵矣，此与受终首尾同，此一念之敬。

## 16.《书纂言》卷一

（元）吴澄
（归善斋按，见前文"岁二月，东巡狩"）

## 17.《书集传纂疏》卷一

（元）陈栎
（归善斋按，见前文"岁二月，东巡狩"）

## 18. 《读书丛说》卷二

（元）许谦

（归善斋按，未解）

## 19. 《书传辑录纂注》卷一

（元）董鼎

（归善斋按，见前文"岁二月，东巡狩"）

## 20. 《尚书句解》卷一

（元）朱祖义

归，格于艺祖，用特（巡守四岳既毕，然后归还京师，至于文祖之庙，其牲用牛，以告至也）。

## 21. 《尚书日记》卷二

（明）王樵

（归善斋按，见前文"岁二月，东巡狩"）

## 22. 《御制日讲书经解义》卷一

（归善斋按，见前文"岁二月，东巡狩"）

## 《读书管见》卷上

（元）王充耘

格于艺祖。

"文"即"艺"，"艺"即"文"，故"艺祖"即"文祖"，非二人也。作书者变文言之耳。

## 《尚书疑义》卷一

（明）马明衡

艺祖，今亦不知何人。先儒以为，即文祖，云"艺"、"文"同，亦是杜撰。今当以大道理看。想亦即舜之祖，但未是文祖耳。程子谓，艺祖举尊，其实皆告，则亦以为舜之祖庙耳。

### 《尚书埤传》卷二

（清）朱鹤龄

（归善斋按，见前文"岁二月，东巡狩"）

### 《尚书大传》卷一

（清）孙之騄辑

（归善斋按，见前文"岁二月，东巡狩"）

# 五载一巡守，群后四朝

## 1. 《尚书注疏》卷二

（汉）孔氏传，（唐）陆德明音义、孔颖达疏

五载一巡守，群后四朝。

传：各会朝于方岳之下，凡四处，故曰四朝。将说敷奏之事，故申言之。尧、舜同道。舜摄则然，尧又可知。

音义：四朝，马、王皆云，四面朝于方岳之下。郑云，四朝，四季朝京师也。朝，直遥反，注同。

疏：从是以后，每五载一巡守。其巡守之年，诸侯群后，四方各朝天子于方岳之下。

总说巡守之事，而言群后四朝，是言四方诸侯，各自会朝于方岳之下，凡四处别朝，故云四朝。上文"肆觐东后"是为一朝，四岳礼同，四朝见矣。计此不宜须重言之。

《尚书注疏》卷二考证

群后四朝传，各会朝于方岳之下，凡四处故曰四朝。

臣召南按，如孔传，是天子有巡守，诸侯无述职也。《史记》注引郑康成曰，巡守之年，诸侯见于方岳之下，其间四年，四方诸侯分来朝于京

师也。其说远胜孔传。乃《释文》引郑云，四朝，四季朝京师也。说又微异，然亦胜孔传矣。

## 2.《书传》卷二

（宋）苏轼

五载一巡守，群后四朝，敷奏以言，明试以功，车服以庸。

敷，陈也。奏，进也。庸，用也。诸侯四朝，各使陈其言，而试其功，则赐以车服而用之。

## 3.《尚书全解》卷二

（宋）林之奇

五载一巡守，群后四朝，敷奏以言，明试以功，车服以庸。

孔氏云，各会朝于方岳之下，凡四处，故曰四朝。此说不然。诸侯朝于方岳之下，于上文"肆觐东后"、"如岱礼"、"如初"、"如西礼"已备言之矣，不应于此又言之也。郑氏云，巡守之年，诸侯来朝于方岳之下，其间四年，则四方诸侯分来朝京师。此说乃得之。《周官》之六年，五服一朝。又六年，王乃时巡考制度于四岳，诸侯各朝于方岳，大明黜陟。此则唐虞之礼也，但其年岁久近之不同耳。胡氏既疑舜之时，不能一载而巡四岳，遂以五载而巡守，谓一年而东，一年而南，一年而西，一年而北，此群后所以四朝也。五载之中，一岁息驾，行李往来之费，皆可备也。信如此说，则是诸侯惟朝天子于方岳之下，而未尝朝于京师也，必无是理。五载一巡守，盖言巡守于方岳之下，以"协时月正日，同律度量衡"，以至于"如五器，卒乃复"之事。而诸侯来朝京师，则有此"敷奏以言，明试以功，车服以庸"之三事也。盖诸侯来朝，则访问之，使陈其言。既言之矣，则明试其言，以考其功。功之既著者，则庸之以车服。此但不止一时之事，一人之身，于其来朝，敷奏以言，使试其功，便庸以车服。盖待之以岁月之久，则其未来朝也，敷奏以言；其既来朝也，则或考其功。功之有效者，则旌其车服。盖是总众诸侯而言之，于朝有此三者之事也。庸，与"格则承之庸之""庸"同，盖言通用之也。《采菽》之诗曰，君子来朝，何以予之？虽无予之，路车乘马。又何予之？玄衮及黼。此"车服以庸"之事也。而王氏必以《周官》六功之说。于放勋，则引"王功曰勋"；于此，则引"民功曰庸"。夫六功之说，出于《周官》，以是而见于《尧典》、《舜典》之言，非正义矣。至知其说不通，则迂阔而求合。于放勋，则曰功向于王；于此，则曰六功，皆曰上之所报，以民功为主。薛氏所谓，人本无病，病从药生，此类是也。然唐、虞之用刑赏，有黜陟。谓之"明试以功"，是有其效也。若其幽而宜黜者鲜矣，罚不足道也。以舜之三考黜陟，而分北之止于三苗而已。则宜黜者少，于此可见。此说为美。传曰，尧、舜临民有五。盖言唐、虞之治，惟此五者为临民之政。所谓五者，"五载一巡守，群后四朝"之谓也。盖苟以封建为国，则巡守朝觐之时，不可以不严。舜五载一周四岳，觐诸侯，考制度，定礼乐，以一四方之视听。其间四年，则使四方之诸侯，分来朝于京师，考试其言行，而黜陟之。于是诸侯皆奉天子之政令，莫敢有异议者，兹其所以为唐、虞之治也。及成周之时，设官分职，虽号祖述唐、虞，然而王乃时巡考制度于四岳，则其法已不如唐、虞之密。东迁之后，此礼皆废，天子不巡守，诸侯不朝觐。于是强陵弱，众暴寡，大并小，而周道陵夷，不可复振。论者不探其本，如柳子厚，则以封建为不可行。此盖未尝深考唐、虞致治之绩也。

## 4.《尚书讲义》卷二

（宋）史浩

五载一巡守，群后四朝，敷奏以言，明试以功，车服以庸。

此舜作选诸侯之法也。天子巡守诸侯，各朝于方岳之下，"群后四朝"是也。既使之"敷奏"，而观其言；又使之"明试"而责其功；然后锡之车服。民功，曰庸。以车服而赏庸，所以表凡我之行皆为民也。诸侯以民功而受赏，其谁不劝乎。然天子之赐，山川、土田，皆在所锡而，而必曰车服者，以车服为赐予之大也。《采菽》"先王能锡命"之诗也。而曰"君子来朝，何锡予之？虽无予之，路车乘马。又何予之？玄衮及黼车。"服之重也如此。后之帝王，苟不先明试之法，而与以私恩，假以名器，是不法舜也而可以治乎？

## 5.《尚书详解》卷二

（宋）夏僎

五载一巡狩，群后四朝，敷奏以言，明试以功，车服以庸。

前既载舜巡狩四岳之事，至此则又总结前言，故言"五载一巡守"，谓此巡守四岳之礼，盖五载而一行也。"群后四朝"，说者不同。孔氏谓，群后各朝于方岳之下，凡四处，故曰"四朝"。胡舍人既疑其一载而不能巡守四岳，遂以五载一巡守，一年而东，一年而南，一年而西，一年而北，此群后之所以四朝，五年之中一岁息驾。二说皆不然。盖上文言"肆觐东后"，而南、西、北觐礼又皆"如岱"、"如初"、"如西"，则巡守之际，诸侯朝于方岳之下，上文已备言之，不应于此又言诸侯朝于方岳之下，凡四处。则孔氏之说，所以不然者此也。天子适诸侯，曰"巡守"；诸侯朝于天子曰"述职"，是诸侯未尝不来朝于京师。今若胡氏谓四年巡四岳，诸侯四朝方岳，则诸侯惟朝天子于方岳之下而已，未尝朝京师，必无此理，则胡氏之说不然矣。惟郑玄谓巡守之年，诸侯各朝于方岳，其间四年，则四方诸侯来朝于京师，此说得之。盖唐、虞分天下为五服，其在畿内甸服之君，则皆执事之臣，朝夕见焉，不特朝觐。至于侯服，当一年一朝；绥服当二年一朝；要服当三年一朝；荒服当四年一朝。四年朝毕，则五载天子巡守。若《周官》六年五服一朝，又六年，王乃时巡，考制度于方岳，即此礼也。但时有先后，故礼有详略。则巡守、来朝，年岁不无久近之不同耳。既言"群后四朝"，下又言"敷奏以言，明试以功，车服以庸"者，盖天子五载一巡守，但协时月，同律度，修五礼之类而已，未暇黜陟也。五载一巡守之后，其间四年，四方诸侯来朝京师，则访问之，使陈其言。既言矣，则明试其言，以考其功。功之既著，则庸以车服也。"庸"与"格则承之庸之"之"庸"同。盖言用之也。《采菽》之诗曰"君子来朝，何锡予之，虽无予之，路车乘马。又何予之，玄衮及黼"，此即"车服以庸"之事也。而王氏乃以为民功之庸，谓上之所用，用民功为主。此附会之说也。唐孔氏既以"四朝"为四朝方岳之下，遂以"敷奏以言"以下，亦巡守之所行。其说谓，诸侯四处来朝，每朝之处，舜使自说己之治政，依其言，明试之，以要其功，如其言则赐以车服。余谓，四朝既不依孔氏之所说，则此说亦不可从。

## 6.《增修东莱书说》卷二

（宋）时澜

五载一巡守，群后四朝，敷奏以言，明试以功，车服以庸。

五年复巡守四方诸侯，各朝于方岳，是五年一整肃也。所至之方，则一方诸侯来朝。故谓之四朝。于是奏进其言，而试其可以成功与否，可则以车服而庸之。圣人操大权、总大纲，治天下之妙用如此。大抵人情久则玩，多怠废而不振。五年一致，提警之功，使制度井然，复如其初，以时而新，不至有废置更改之患。

## 7.《尚书说》卷一

（宋）黄度

（归善斋按，见前文"岁二月，东巡狩"）

## 8.《絜斋家塾书钞》卷一

（宋）袁燮

五载一巡守，群后四朝，敷奏以言，明试以功，车服以庸。

四年之内，五服诸侯来朝，皆遍至。五载则天子巡遍四岳。所谓诸侯来朝，亦非同时。圣人缘人情而制礼，随其道里之远近，亦有一年一朝者，亦有间岁、三岁一朝者。所以四时之见，各异其名。《周礼》侯服岁一见，甸服二岁一见，男服三岁一见。虞、周之制虽不同，然亦见其来朝之时，各自不同也。但言四年之内五服皆遍，无有不来朝者耳。夫以五年之内，诸侯既皆朝于天子，天子又巡守诸侯，王者诸侯常常相见，政治之得失，人材之优劣，民情之幽隐，皆得悉考而周知焉。间阎隐微，无不达于九重。后世诸侯朝天子之礼，犹不废。至天子巡守之制，则全无矣。古之人君甚劳。后世惟秦始皇、汉武帝往来巡守，然不过极耳目之观而已。大抵古之巡守，为民也；后世之巡守，悦己也。所谓车服以庸，非谓至此而始锡之以车服也。既为诸侯，君临一国，岂有不乘车，亦岂有无其服者。此所谓"车服以庸",乃《记》所谓有功德于民者,加地进律是也。车服,如《周礼》言夏篆、夏缦、鷩冕、毳冕之类。因其所言,考其所行,确然有成功者,从而加宠命焉。如子、男则升为侯、伯,侯、伯则升而为公,是谓"车服以庸",却非始锡之也。

## 9.《书经集传》卷一

（宋）蔡沈

五载一巡守,群后四朝,敷奏以言,明试以功,车服以庸。

五载之内,天子巡守者一,诸侯来朝者四。盖巡守之明年,则东方诸侯来朝于天子之国;又明年则南方之诸侯来朝;又明年则西方之诸侯来朝;又明年则北方之诸侯来朝;又明年则天子复巡守。是则天子、诸侯虽有尊卑,而一往一来,礼无不答,是以上下交通,而远近洽和也。敷,陈;奏,进也。《周礼》曰"民功曰庸"。程子曰,"敷奏以言"者,使各陈其为治之说,言之善者则从;而明考其功,有功则赐车服以旌异之,其言不善,则亦有以告饬之也。林氏曰,天子巡守,则有"协时、月、日"以下等事。诸侯来朝,则有"敷奏以言"以下等事。

## 10.《尚书精义》卷三

（宋）黄伦

五载一巡守,群后四朝,敷奏以言,明试以功,车服以庸。

刘氏曰,唐虞氏分天下五服。在其畿内,甸服之君,则皆执事之人也,朝夕见焉,故不待修朝觐之礼。至于侯服,当朝一年;绥服,当朝二年;要服,当朝三年;荒服,当朝四年,则天下诸侯毕皆一朝。一朝则天子巡守,故五载一巡守也。

无垢曰,尝考易象,上地下天,易位矣,乃谓之泰。上天下地,奠位也,乃谓之否。夫天,君也;地,臣也,民也。臣民之情得以上通于君;君之情得以下通于民,故为泰。泰者,通也。君民限隔,绝然不相通,故为否。否者,闭也。圣人恶其否,故每岁一服入朝,以尽诸侯之情。通五年,而群后四朝矣。故天子五载一巡守,又以观察天下,以尽万国之情焉。又曰,巡守来朝,皆欲知诸侯之贤、不肖,而行黜陟以竦动之也。何以知其贤、不肖乎？使其敷奏以言，论国计之大体，陈民情之利害。吾则因其所奏之言，以明试之，观其有功无功，而为之赏罚耳。当时，诸侯贤者，何其众也。何以知之？其曰车服以庸，而不及责罚，以是知诸侯贤者之众也。必旌之以车服者，车服华美显然著见，使人观瞻咏叹，而知所爱慕焉。此圣人变移耳目之一术也。

## 11.《尚书详解》卷二

（宋）陈经

五载一巡守，群后四朝，敷奏以言，明试以功，车服以庸。

天子五年一巡守，诸侯四年而各一朝。唐、虞分天下为五服。畿内甸服之诸侯，执事于王庭，朝夕见焉，无俟于朝。至于侯服，当朝一年；绥服，朝二年；要服，朝三年；荒服，朝四年。群后四朝之礼既毕，而天子复出巡守。是五年之间，天子与诸侯之相见者凡二，然后君臣上下之情，得以交通浃洽，无有间隔；朝廷之德意志虑，下达而无隐情；郡国之休戚利害，上闻于朝廷，而无壅蔽。所谓山东之祸二世不觉，南诏之败明皇不知者，无有也。然则巡守朝觐，岂徒为是礼哉？帝舜于其中，又有以使之敷奏以言，而明试其功。盖有言者必有功，亦有徒能言而无功者，圣人责实之政，不使夫人以利口空言者获进，必因言以试其功焉。言在是，而功在是，然后锡之以车服，以显其可用。《诗》云"路车乘马"，又云"玄衮及黼"，盖车服者，彰著人之耳目。古之所以锡有功者，皆以是。读《四牡》之诗，有以见成周之臣，所以展布四体，尽心于国者，抑有由矣。其道路之勤苦，人情之曲折，无不周知。有功者，既悦于见知，则无功者愈知所愧；有功者愈知所劝。圣人砺世磨钝之具，盖在此。观此一章，又当知圣人处治安之世，人情怠惰之时，其考察之精，振励之严如此。盖世治无虞，则天子养尊，群臣养安。人情既久而易玩，玩则弛，弛则纪纲法度废而不举者多矣。圣人忧其玩而弛，弛而不举也。于是时时有以振作，时时有以警厉，使人情不敢有所玩弛，则治可以常治，安可以常安。成周之制，六年五服一朝，又六年，王乃时巡考制度，明黜陟，至抚万邦，巡侯甸，征弗庭，其与帝舜之制一也。泰之九二，言治泰之道曰"包荒，用冯河，不遐遗，朋亡，得尚于中行"。当泰之时，治泰之道，若立志之不勇，而事有所遐遗，则泰安可保哉？观虞周之治，则知所以"用冯河，不遐遗"者矣。

## 12.《融堂书解》卷一

（宋）钱时

五载一巡守，群后四朝，敷奏以言，明试以功，车服以庸。

观此一节，见得"岁二月东巡守"以下是受终后当年，有此一出甚明。此后所书，却是舜后来巡守定式，故自此方有奏言、试功之事。受终之始末，有此施行也。"敷奏以言"，若曰某田野如何而辟，某人民如何而育，某风俗所以教化者何，某法度所以修明者何，凡其职业，一一陈述。舜于是，按其所言，试验其功，功与言合，则车服以庸之，所以旌赏也。此正是考绩黜陟之法。如何只说"庸"，而不言"黜"？庸，用也。功不副言，则黜而不用，明矣。故观"明"、"试"二字可见圣人在上，如青天白日，的的诣实，不容一毫诈妄。

## 13.《尚书要义》卷二

（宋）魏了翁

（归善斋按，未引）

## 14.《书集传或问》卷上

（宋）陈大猷

或问，群后四朝，孔云，各朝方岳之下，凡四处，故曰四朝，何如？曰，林氏曰，诸侯各朝方岳，上文"肆觐东后"、"如岱礼"、"如初"、"如西礼"已备言矣，不应于此又言。信如此说，则是诸侯惟朝天子于方岳，而未尝朝京师也。必无是理。曰四朝为四年一朝，固然矣。然三说不同何也？曰，叶氏谓，侯绥要荒，各年一朝，四年而周，是一岁朝一服之侯也。夫圣人详内略外，要荒之君，政事尚从疏阔，岂与侯绥之诸侯均责，其四岁一朝乎。《周官》止言六年五服一朝，而不及于四服。《记》言"四塞世告至"，正为此也。孙氏谓，甸服之君，朝夕见焉，故无朝觐之礼。夫唐虞，甸服不以封，至侯服始有采。谓甸服之有君，已不合矣。

至谓侯服一年一朝，则是侯服四年之间四朝也。以绥服二年一朝，则是四年两朝也。要服三年一朝，则不及四年而朝也。惟荒服为四年一朝耳。概之，四朝之数皆不合，兼荒要必无四年一朝之理。曰，然则，郑氏所谓其间四年，四方诸侯来朝于京师，其详可得闻软？曰此固不可强为之说，或是一年朝一方之诸侯。如巡狩之分四方，亦未可知。而要荒恐未必与也。此当阙疑。曰，孔氏谓，尧舜同道，舜摄如此，则尧可知。曰，舜摄位之政凡三事，定巡狩朝觐之礼，肇十二州封域之制，正刑、流、赦、赎之法。以后二事参之，疑巡狩朝觐，亦有所参定也。

## 15.《尚书详解》卷一

（宋）胡士行

五载（年）一（一番）巡守，群后四朝（甸服，朝夕见；侯服，一年一朝；要服，三年一朝；荒服，四年一朝。四年朝毕，则五载天子巡守。四朝者，朝京师。巡守之年，则朝于方岳之下）。敷（陈）奏（进）以言，明试以功，车服以庸（民功曰庸，以车服赏其功）。

五年以提警之，使人不倦也。"车服以庸"，即《诗》路车乘马，玄衮及黼之意。

## 16.《书纂言》卷一

（元）吴澄

五载一巡守，群后四朝。

郑氏曰，巡守之年，诸侯各朝于方岳，其间四年，则诸侯来朝于京师。蔡氏曰，五载之内，天子巡守者一，诸侯来朝者四。盖巡守之明年，东方诸侯来朝；又明年，南方诸侯来朝；又明年，西方诸侯来朝；又明年，北方诸侯来朝；又明年，则天子复巡守。天子、诸侯，虽有尊卑，而一往一来，礼无不答，是以上下交通，而远近协和也。

## 17.《书集传纂疏》卷一

（元）陈栎

五载一巡守，群后四朝。敷奏以言，明试以功，车服以庸。

五载之内，天子巡守者一，诸侯来朝者四。盖巡守之明年，则东方诸侯来朝于天子之国，又明年则南方之诸侯来朝，又明年则西方之诸侯来朝，又明年则北方之诸侯来朝，又明年则天子复巡守。是则天子诸侯，虽有尊卑，而一往一来，礼无不答。是以上下交通，而远近洽和也。敷，陈；奏，进也。《周礼》曰，民功，曰庸。程子曰，"敷奏以言"者，使各陈其为治之说，言之善者则从，而明考其功，有功则赐车服，以旌异之。其言不善，则亦有以告饬之也。林氏曰，天子巡守，则有协时月日以下等事。诸侯来朝，则有"敷奏以言"以下等事。

纂疏

语录：巡守，是去回礼一番。孔氏曰，功成则赐车服，以表显其能用。郑氏曰，巡守之年，诸侯各朝于方岳。其间四年，诸侯来朝于京师，以庸表显其才能可用也。《觐礼》云"天子赐侯氏以车服"，《采菽》云"君子来朝，何以予之，路车乘马，玄衮及黼"，皆庸以车服之证也。

## 18. 《读书丛说》卷二

（元）许谦
（归善斋按，未解）

## 19. 《书传辑录纂注》卷一

（元）董鼎

五载一巡守，群后四朝，敷奏以言，明试以功，车服以庸。

五载之内，天子巡守者一诸，侯来朝者四。盖巡守之明年，则东方诸侯来朝于天子之国。又明年，则南方之诸侯来朝。又明年，则西方之诸侯来朝。又明年，则北方之诸侯来朝。又明年，则天子复巡守。是则天子诸侯虽有尊卑，而一往一来，礼无不答。是以上下交通，而远近洽和也。敷，陈；奏，进也。《周礼》曰"民功曰庸"。程子曰，"敷奏以言"者，使各陈其为治之说，言之善者，则从而明考其功，有功则赐车服以旌异之。其言不善，则又有以告饬之也。林氏曰，天子巡守，则有协时月日以下等事；诸侯来朝，则有敷奏以言以下等事。

**辑录**

五载一巡守，此是立法。如此若一岁间行一遍，则去一方近处，会一方之诸侯。如《周礼》所谓十二岁巡守殷国。殷国，则是会一方之诸侯。使来朝也，则巡守去回礼一番。义刚。

**纂注**

孔氏曰，功成，则赐车服，以表显其能用。郑氏曰，巡守之年，诸侯各朝于方岳。其间四年，诸侯来朝于京师，以庸表显其人有才能可用也。人以车服为荣，故天子之赏诸侯，皆以车服赐之。《觐礼》云"天子赐侯氏以车服"是也。又如《采菽》诗云"君子来朝，何以予之？虽无予之，路车乘马。又何予之，玄衮及黼。"皆庸以车服之证也。

## 20.《尚书句解》卷一

（元）朱祖义

五载一巡守（五年之间，天子以一年出巡守四岳之诸侯），群后四朝（由四年，侯、绥、要、荒之诸侯，各以一年朝天子于京师。惟畿内甸服之诸侯，执事于王庭，朝夕见焉，故无俟于朝）。

## 21.《尚书日记》卷二

（明）王樵

"五载一巡守"至"车服以庸"。此定朝巡之制。盖亦尧意，而舜承以行之者。下封山、浚川、象刑、四罪俱仿此。按孔子曰，舜临民以五，尧临民以十二，言尧时十二载一巡守也。则五载之制，乃舜所定。其后，成周复十二年一时巡。尧上古事简也。周世文，天子不能频出也。舜五载勤民也，文中子曰，舜一岁而巡五岳，国不费而民不劳，无他道也，兵卫少，而征求寡也。

## 22.《御制日讲书经解义》卷一

五载一巡守，群后四朝。敷奏以言，明试以功，车服以庸。

此一节书，是定朝巡之期，而详述职之事也。敷，陈也。试，考验也。车，路车；服，章服；庸，有功于民也。舜既举行朝觐巡守之礼，遂立为定制，每五年内天子巡守，以一岁之四仲，遍天下之四方诸侯，朝见以四年之定期，配四方之定，所不疏不数，所以达上下之情，通往来之礼也。当诸侯来朝之时，各陈为治之说，奏闻于上。言之善者，犹恐所行未必尽符，将治国之功绩，又从而明白考验之。若果能修举职业，有功于民，则赐路车以安其体；章服以华其躬。旌异之典行，使善者愈劝而不善者知勉也。盖天子之与诸侯乃共理天下者，不巡守，则主德无由下究；不朝觐，则民情无由上达。古之君臣，上下交而情志孚，劝赏行而功能效，诚可为万世法也。

## 《尚书通考》卷五

（元）黄镇成

五载一巡守，群后四朝。一年（天子巡守四岳，四方诸侯各觐于方岳之下），二年（东方诸侯来朝于天子之国），三年（南方诸侯来朝于天子之国），四年（西方诸侯来朝于天子之国），五年（北方诸侯来朝于天子之国）。

林氏曰，天子巡狩，则有协时月日以下等事；诸侯来朝，则有敷奏以言以下等事。

## 《书义断法》卷一

（元）陈悦道

五载一巡守，群后四朝，敷奏以言，明试以功，车服以庸。

五载之内，君之巡守者一，臣之来朝者四，此来往之礼也。来朝之后，必听其言，而后功可试；考其功，而后车服以庸。此考绩之法也，情不可以不洽，故礼无不答；赏不可以妄得，故功无不劝。盖蔼然之交孚，而昭然言行之可考。盖古者，君臣之相与如此，言必有功，功必有赏，《周礼》所谓"民功曰庸"是也。

## 《尚书疑义》卷一

（明）马明衡

五载一巡守，群后四朝。注家以"四朝"为各会朝于方岳之下。郑氏以为，四季朝京师。蔡氏以为，巡守之明年，则东方诸侯来朝；又明年，南方来朝；又明年，西方来朝；又明年，北方来朝，则是以四方分四岁而来朝也。考之《周礼》，侯服，岁一见；甸服，二岁一见；男服，三岁一见；采服，四岁一见；卫服，五岁一见；要服，六岁一见。又天子岁遍存；三岁，遍頫；五岁，遍省；七岁，属象胥，谕言语，协辞命；九岁，属瞽史，谕书名，听声音；十有一岁，达瑞节，同度量，成牢礼，同数器，修法则；十有二岁，王巡守。殷国盖皆与此不同，计周之时制度亦稍文，故巡守之礼亦不能数行，如舜之世。然其所谓间岁而见者，则量其地之远近，以为朝之疏数，理应不异。则如《周礼》，四时分选而来，岁终则遍，与此"日觐四岳群牧"者，亦可参互而知。而蔡氏之说恐亦未必然也。

## 《尚书埤传》卷二

（清）朱鹤龄

五载一巡守，四朝，明试以功。

王樵曰，孔子曰"舜临民以五，尧临民以十二，言尧时十二载一巡守也"，则五载之制，乃舜所定。其后成周复十二年一巡守。尧上古事简，周世文天子不能频出也。舜五载勤民也。

四朝，孔传，会朝于方岳之下，凡四处。《礼记》疏引郑玄云，四方诸侯，分四年来朝京师。蔡传引之。盖仿《周礼》为说。苏轼曰（见文集），自古用人必须历试，虽有卓异之材，必观积劳之效，一则使其更变而知难，事不轻作；一则待其功高而望重，人自无辞。

## 《尚书大传》卷一

（清）孙之騄辑

古者，诸侯之于天子，五年一朝。朝，见其身，述其职。述其职者，述其所职也。（选注）

五年一朝王者，亦贵得天下之欢心，以事其先王，因助祭以述其职，故分四方诸侯为四辈，辈主一时（《公羊疏》引《虞传》）。五岳，谓岱山、霍山、华山、恒山、嵩山也（《白虎通·大传》，又《尔雅》疏引《虞夏传》霍山为南岳）。

### 《尚书七篇解义》卷一

（清）李光地

五载一巡守，群后四朝，敷奏以言，明试以功，车服以庸。

总前朝觐、巡守两事言之，为之常期定制。

## 敷奏以言，明试以功，车服以庸

### 1. 《尚书注疏》卷二

（汉）孔氏传，（唐）陆德明音义、孔颖达疏

敷奏以言，明试以功，车服以庸。

传：敷，陈；奏，进也。诸侯四朝，各使陈进治理之言，明试其言，以要其功。功成则赐车服，以表显其能用。

音义：敷，音孚。

疏：其朝之时，各使自陈进其所以治化之言。天子明试其言，以考其功。功成有验，则赐之车服，以表显其有功能用事。

为将说敷奏之事，敷奏因朝而为，故申言之。申，重也。此是巡守大法，文在舜摄位之时，嫌尧本不然，故云，尧舜同道，舜摄则然，尧又可知也。尧法已然，舜无增改，而言此以美舜者，道同于尧，足以为美，故史录之。敷者，布散之言，与陈设义同，故为陈也。奏是进上之语，故为进也。诸侯四处来朝，每朝之处，舜各使陈进其治理之言，令自说己之治政。既得其言，乃依其言，明试之，以要其功，必如其言，即功实成，则赐之车服，以表显其人有才能可用也人。以车服为荣，故天子之赏诸侯，皆以车服赐之。《觐礼》云"天子赐侯氏以车服"是也。

### 2. 《书传》卷二

（宋）苏轼

（归善斋按，见上句）

### 3.《尚书全解》卷二

（宋）林之奇

（归善斋按，见上句）

### 4.《尚书讲义》卷二

（宋）史浩

（归善斋按，见上句）

### 5.《尚书详解》卷二

（宋）夏僎

（归善斋按，见上句）

### 6.《增修东莱书说》卷二

（宋）时澜

（归善斋按，见上句）

### 7.《尚书说》卷一

（宋）黄度

（归善斋按，见前文"岁二月，东巡狩"）

### 8.《絜斋家塾书钞》卷一

（宋）袁燮

（归善斋按，见上句）

### 9.《书经集传》卷一

（宋）蔡沈

（归善斋按，见上句）

### 10.《尚书精义》卷三

（宋）黄伦

（归善斋按，见上句）

### 11. 《尚书详解》卷二

（宋）陈经

（归善斋按，见上句）

### 12. 《融堂书解》卷一

（宋）钱时

（归善斋按，见上句）

### 13. 《尚书要义》卷一

（宋）魏了翁

（归善斋按，未引）

### 14. 《书集传或问》卷上

（宋）陈大猷

（归善斋按，未解）

### 15. 《尚书详解》卷一

（宋）胡士行

（归善斋按，见上句）

### 16. 《书纂言》卷一

（元）吴澄

敷奏以言，明试以功，车服以庸。

敷，广，布也。奏，进也。车服，谓命之仕而赐以车服也。《周官》一命受则，再命受服，三命受器，盖因古制也。此承上文，言诸侯贡士于天子者，先广进之以言，复明试之以功，必施之于事功如其言，而后用之也。

### 17. 《书集传纂疏》卷一

（元）陈栎

（归善斋按，见上句）

1079

### 18. 《读书丛说》卷二

（元）许谦

（归善斋按，未解）

### 19. 《书传辑录纂注》卷一

（元）董鼎

（归善斋按，见上句）

### 20. 《尚书句解》卷一

（元）朱祖义

敷奏以言（诸侯来朝者，各敷陈进奏其言），明试以功（因其言而明审，以试其果有功），车服以庸（然后锡之车与服，以显其可用。如《采菽》之诗曰"君子来朝，何以予之？路车乘马，玄衮及黼"是也）。

### 21. 《尚书日记》卷二

（明）王樵

（归善斋按，见上句）

### 22. 《御制日讲书经解义》卷一

（归善斋按，见上句）

#### 《书蔡氏传旁通》卷一中

（元）陈师凯

民功曰庸。

《夏官·司勋》文。王功曰勋，若周公；国功曰功，若伊尹；民功曰庸，若后稷；事功曰劳，若禹；治功曰力，若咎繇；战功曰多，若韩信。

### 《读书管见》卷上

（元）王充耘

敷奏以言。

奏言试功，旌以车服，此特总叙圣人统摄诸侯之道，非必并用于来朝之时也。古者三载考绩，岂得言下即考其功？且试以事功，亦非考功之谓也。

### 《书义断法》卷一

（元）陈悦道

（归善斋按，见上句）

### 《尚书注考》

（明）陈泰交

"敷奏以言"训"敷"。"陈禹敷土"训"敷""分"也。"敬敷五教"，"篠荡既敷"，"敷贲"，训"敷""布"。"敷求哲人"训"敷""广"也。"敷重蒧席"，训"敷""设"。

### 《尚书埤传》卷二

（清）朱鹤龄

（归善斋按，见上句）

### 《书义矜式》卷一

（元）王充耘

敷奏以言，明试以功，车服以庸。

圣人因诸侯之朝而察之者，其法详；因诸侯之功而报之者，其礼厚。即其奏言试功，而旌以车服可见矣。在昔，帝舜于诸侯之来朝，使各陈其为治之说，而听其言，复从而明考其功，以观其行。所以察之者如是其详。诸侯而有功于民，则赐之以车，又旌之以服，所以报之者如是其厚。然则决择之必审，待遇之必隆，盛时述职之法盖如此也（云云）。夫上之待下，决择之法，固不可以不严，而待遇之礼，亦不可以不厚。苟无其法，则贤否无由而可知；有其法而无其礼，则有功者，亦何由而加勉。然则礼也，法也，二者可相有而不可相无者也。诚哉是言也。今夫有德者必有言，言者行之表也。故其人之能否不可知，即其所言之得失而可见，于是而敷奏以言。然言之非艰，行之惟艰。君子不以言，取人必也听其言而观其行，于是而明试以功。奏言而有以得其施设之方，试功而有以验其操履之实。苟言之如其所行，行之如其所言，所谓"成允成功"，所谓"乃言底可绩"，则其人之贤否，昭然不可掩矣。斯其察之之详也如此。然察之固不可不详也，待之亦不可不厚也。且夫列爵分土，树屏建侯，岂为安逸之计而已哉，惟以治民而已，故民功谓之"庸"。有能御大灾，捍大患，兴利除害，使匹夫匹妇咸乐其生，则有功于民者也，何以与之路车乘马，又何与之玄衮及黼。车，以安其体，而无负乘之讥；服，以华其躬，而无不称之诮，斯其报功之厚也如此。虽然帝舜不特以此待诸侯，其待黎献之士，亦曰"敷纳以言，明庶以功，车服以庸"。其所以选贤才，励臣下，同此一道也。此其所以考绩于三载之后，黜陟于三考之余，而庶绩为之咸熙。厥后成周之制，六年五服一朝，大明黜陟，盖亦损益有虞之制而为之者也。此成周太和之治所以亦无愧于有虞也欤。

# 肇十有二州

## 1. 《尚书注疏》卷二

（汉）孔氏传，（唐）陆德明音义、孔颖达疏

肇十有二州。

传：肇，始也。禹治水之后，舜分冀州为幽州、并州，分青州为营州，始置十二州。

音义：肇，音兆。十有二州，谓冀、兖、青、徐、荆、扬、豫、梁、雍、并、幽、营也。

疏：正义曰，史言舜既摄位，出行巡守，复分置州域，重慎刑罚。于禹治水后，始分置十有二州。

传正义曰，肇，始，《释诂》文。《禹贡》治水之时，犹为九州，今始为十二州，知禹治水之后也。禹之治水，通鲧九载，为作十有三载，则舜摄位元年。九州始毕，当是二年之后，以境界太远，始别置之。知分冀州为幽州、并州者，以王者废置，理必相沿。《周礼·职方氏》，九州之名有幽，并无徐梁。周立州名，必因于古。知舜时当有幽、并。《职方》幽、并山川，于《禹贡》皆冀州之域，知分冀州之域为之也。《尔雅·释地》，九州之名，于《禹贡》无梁、青，而有幽、营。云燕曰幽州，齐曰营州。孙炎以《尔雅》之文，与《职方》、《禹贡》并皆不同，疑是殷制。则营州亦有所因，知舜时亦有营州。齐即青州之地，知分青州为之。于此居摄之时，始置十有二州。盖终舜之世常然。宣三年《左传》云昔夏之方有德也，贡金九牧，则禹登王位，还置九州，其名盖如《禹贡》，其境界不可知也。

## 2. 《书传》卷二

（宋）苏轼

肇十有二州。

肇，始也。禹治水之后，舜分冀州为幽州、并州，分青州为营州。

## 3. 《尚书全解》卷二

（宋）林之奇

肇十有二州。

典之所载，虽纪舜事，而先后不以相属。此又言，舜既使禹治水之后，更定疆界，分天下为十二州也。十二州者，于九州之地，择其疆理阔远者，又增置三州。三州，先儒谓，舜分冀州为幽州、并州，分青州为营州。盖《周礼·职方氏》载，九州有并、幽，而无徐、梁。《尔雅》载九州，无梁、青，而有幽、营。先儒于此三者，参较《禹贡》，而于九州之外，又得三州焉，曰幽，曰并，曰营，故遂以此充为十二州。然而世代久远，是非不可得而知。马融云，舜以冀州之地广大，分置并州。燕、齐辽远，分燕置幽州，分齐置营州。此说虽善，亦是本《职方氏》、《尔雅》而为之说，未必有据。然或近之矣。

## 4.《尚书讲义》卷二

（宋）史浩

肇十有二州，封十有二山，浚川。

此舜作养民之法也。盖洪水既平之后，民日繁庶，分州所以均户口也。然既庶矣，又何加焉，曰富之，封山浚川，富其民也。肇，始也。舜始分冀为幽、并，分青为营也。封十有二州之山，则斧斤以时而材木不可胜用；濬十有二州之川，则旱暵（hàn）有储，而粒米不狼戾矣。苟不治之于安平无事之日，事至而为之备，亦已晚矣。民何所仰乎？后之帝王，苟不留意于养民，是不法舜也，而可以治乎？

## 5.《尚书详解》卷二

（宋）夏僎

肇十有二州，封十有二山，浚川。

沈博士谓，尧遭洪水，天下分绝，故舜始分为十二州。禹平水土，然后更别九州。其说盖谓肇十二州乃在禹平水土之前。反复考之，沈氏于经，初无明文可据。彼徒见《商诗》言"九围"，《商书》言"九有"，《王制》、《杂记》商周之制亦称九州。而十二州之名未闻于夏、商之时。兼又《周官·职方》、《尔雅》亦只载九州，遂谓十二州，乃洪水前权宜分置。禹既平水土，乃复旧制为九州。夏、商承之，故亦为九州。殊不知舜居摄二十八载，尧殂落之后，是时水平已久，舜尚有"咨十二牧"之言，安得为洪水之前舜分十二，洪水之后禹复正而为九，而不复为十二哉。兼《周官·职方》载九州，有幽、并，而无徐、梁。《尔雅》载九州，有幽、营、并。而无梁、青。幽、营、并三州，本皆舜时分置之州名。若使洪水之前有此名，洪水之后禹重正之，使复于旧，如禹所载，则幽、并、营之名，至禹平水土之后已无闻矣，岂至商、周而犹有存者。余窃谓，洪水之初，禹别九州而治之，既平之后，舜乃分为十二，故于九州之外，别立幽、并、营三名，夏、商、周承之，故幽、并、营之名犹存。然《诗》、《书》、《职方》、《尔雅》只载九州者，盖舜于平水土之后，实分为十二。至夏、商时，或有重合而为九；或去徐、梁，而存幽、并之名；或去梁、青，而存幽、营之号，不可得而知。惟唐孔氏，按《左传》宣三年云，昔夏之方有德也，贡金九牧，则禹登王位，还置九州。此说似乎有理。故汉孔氏亦直谓禹治水后，舜分冀州为并州、幽州，分青州为营州，置十二州。程氏、林少颖皆依此说。但唐孔氏谓《禹贡》治水，通鲧为十三载，则舜摄位元年治水，功毕二年之后，分十二州。林少颖此说甚合《禹贡》作"十有三载乃同"之说，与《孟子》八年于外之说。但少颖既有此说，自信不笃，及疑舜居摄次年，则巡守朝诸侯、考制度，使洪水未平，则此礼不可得而讲。观此，则治水功毕又当在居摄之前。数说皆龃龉，学者当阙之。原少颖之意，若谓如前之说，治水功毕，故在居摄数年之后。今考之经，前既载舜居摄之事，次载舜"岁二月东巡守"之文，是巡守近在居摄之二年矣。巡守欲周行四方，若时洪水犹未平，舜如何巡守。今舜既以二年巡守，则治水之治，当先二年而毕。由前说，则功毕于数年之后；由后说，则功毕于二年之先。故少颖以为龃龉不合，学者当阙而不论。余谓，少颖前说极当，后说乃考之未深，论之未熟耳。何以知之？盖典谟所载尧舜之事，虽因其事之先后次第载之，然实非一时事，或近在一日，或远间数十载。作史者因其先后而次第录之，以成文理，正不可联为一时之事。若《尧典》既载命羲和，即及"若时登庸"，即及"若予采"，即及鲧治水，命舜禅位，岂可联为一时之事，谓尧既命羲和，即行下数事哉。今《舜典》，前既载舜居摄之事，次即载舜"二月东巡守"之文，窃意，舜之居摄，既辑瑞为诸侯正始矣，数岁之后，洪水既平，于其中间，以岁之二月、五月、八月、十一月，巡守四岳，又岂可联为一时之事？谓舜既居摄，即以次年巡守，遂以此疑治水功毕于舜居摄之前乎？学者当精思也。"封十有二山，浚川"者，洪水之后，舜既分十二州，又封殖十二州之山与其川，而深浚之。封山，所以禁采伐；浚川，所以除壅蔽，恐其后为水害也。孔氏乃以"封"训"大"，每州取山之殊大者，以为一州之镇。按《左传》云"封豕长蛇"，则"封"可训"大"矣。但此"封"若训"大"，当言"大十有二山"，其文不顺。故不若训以"封殖"之"封"。十二山，诸儒皆以为十有二州，各封一山之大者，以为镇，亦不若凡十二州之山，皆封殖之；川皆深浚之。如《禹贡》"九山刊旅"，谓九州之山皆刊木而旅祭；"九川涤源"，谓九州之川皆疏涤其根源也。山言十二，而川不言者，胡益之云，川之交会，非若山之可以州别，故不言十二。观此说似有理，故时存之。

## 6. 《增修东莱书说》卷二

（宋）时澜

肇十有二州，封十有二山，浚川。

史官总记舜经纶天下之大纲也。经略土地，表其州之镇，濬治其川，使无壅塞泛滥之患。可以见唐虞广大气象，与三代不同矣。禹治水之后，始分九州为十二州，故谓之肇也。每州择其山之大者，为祭之主，故谓之封也。夫尧命禹治水川，尝浚矣，复言浚何耶？居安不忘危，工夫承续，而舜之心纯，亦不已也。

## 7. 《尚书说》卷一

（宋）黄度

肇十有二州，封十有二山，浚川。

舜十二州，冀、并、幽、青、营、兖、豫、徐、荆、扬、雍、梁。肇，始也。黄帝置左右监，尧四宅。舜始置十二州，州置牧。封山，言有厉禁也。濬川，使通流。曲防遏泽，皆在所禁。禹曰"州十有二师，外薄四海，咸建五长，各迪有功"，于是告成功矣。

## 8. 《絜斋家塾书钞》卷一

（宋）袁燮

肇十有二州，封十有二山，浚川。

九州而肇为十二，此盖因禹治水，见州有太大者，隔绝之远，耳目有所不及，故分为十二，而更建三州牧焉。庶几，地近而民皆被其泽，是当时肇之之意也。十二山者，十二川之山也。川者，十二州之川也。封，如《周礼》所谓厉禁，官司有职掌，不得非时入焉，故谓之"封"。山泽之利，古人与民共之，此非夺民之利而归于官也。夺民之利，固不可。苟荡然无禁，亦不可。《孟子》曰"不违农时谷不可胜食也。数罟不入洿池，鱼鳖不可胜食也。斧斤以时入山林，材木不可胜用也"。论材木之用，而与谷与鱼鳖并言，盖此皆是民生所日用者。其所以至于不可胜用，亦缘斩伐以时故也。古者，木不中杀，不鬻于市。草木黄落，然后入山林。其所以封植培养之者如此。"浚"者，疏浚也。必须是常常疏浚，则无壅塞之患。农田可资之以灌溉，商旅可资之以往来。稍不疏浚，便壅遏而不通矣。今看二典，但将后世并看，后世如山川之类，皆不曾去理会。只如河渠壅塞，旱无所蓄，水无所泄，才有水旱。农田便被其害。至于舟楫不通，商旅不至，皆是不曾疏浚之故，为害甚不小。由此观之，则唐虞之际，以此事为至急之务者，其意岂不甚深哉。大抵后世以为缓而不切者，古人视之为甚急。

## 9. 《书经集传》卷一

（宋）蔡沈

肇十有二州，封十有二山，浚川。

肇，始也。十二州，冀、兖、青、徐、荆、扬、豫、梁、雍、幽、并、营也。中古之地，但为九州，曰冀、兖、青、徐、荆、扬、豫、梁、雍。禹治水作《贡》，亦因其旧。及舜即位，以冀、青地广，始分冀东恒山之地为并州，其东北医无闾（lǘ）之地为幽州；又分青之东北辽东等处，为营州。而冀州止有河内之地，今河东一路是也。封，表也。"封十二山"者，每州封表一山，以为一州之镇，如《职方氏》言"扬州其山，镇曰会稽"之类。浚川，浚导十二州之川也。然舜既分十有二州，而至商时，又但言九围、九有；《周礼·职方氏》亦止列为九州，有扬、荆、豫、青、兖、雍、幽、冀、并，而无徐、梁、营也，则是为十二州，盖不甚久，不知其自何时复合为九也。吴氏曰，此一节在禹治水之后，其次序不当在四罪之先，盖史官泛记舜所行之大事，初不记先后之序也。

## 10. 《尚书精义》卷三

（宋）黄伦

肇十有二州，封十有二山，浚川。

无垢曰，舜巡守四方，遍历天下，其身亲目睹利害，皎然不疑。想东北二方诸侯，敷奏之余，必以冀与青二州疆理太大，山川太远，人民稀阔，号令隔疏，而当洪水之后，田赋有当检治，贡篚有当劝督，非异时无事，可守常法也。将欲为之，力有所不及；将欲已之事，有所不可。舜乃创为新政，分冀为三，而有幽、并；分青为二，而有营州。一州之间，当各有名山大川为之表识，故亦分山为十二。山言封，为之厉禁也。川言浚，使之流行也。非舜巡守，何以见四方利害，而敢为此举哉。

胡氏曰，夫州本九，则十有二者，以事言之。天，有九野，有十二次。州合而九者，象九野也；州分而为十二者，象十二次也。以理考之，则乾元用九，乃见天则，九天德也。六阴、六阳，所以分天道之大数，不过十二则，十二天道也。盖其象义取诸此也。

## 11.《尚书详解》卷二

（宋）陈经

肇十有二州，封十有二山，浚川。象以典刑，流宥五刑，鞭作官刑，扑作教刑，金作赎刑。眚灾肆赦，怙终贼刑。钦哉，钦哉，惟刑之恤哉。

九州之说，其来已久。至舜而始分十有二州，此水土既平之后也。《禹贡》之书，乃在尧时，故以九州制贡。至舜时，知冀、青二州，其境土阔远，难以总摄。故分冀为幽，为并；分青为营。封十有二山，取其十二州之山，至大者，以为封域。若《职方》所载"扬州其山，镇曰会稽"之类是也。浚川，谓深其十二州之川，以通其流，使无壅塞之患。如所谓涤源是也。分州、封山、浚川，皆圣人防患之意，为后世虑也。"象以典刑"，舜于此，始轻刑也。《吕刑》曰"刑罚世轻世重"，自尧至舜，民尽于变俗，皆可封，罔干予正，不犯有司，则刑可措矣。于是制为轻刑，以待其有时而丽于法，若下文所谓流、鞭、扑、赎是也。典刑，谓墨、劓、剕、宫、大辟之常刑也。常刑既不用，则象以示乎民。然则舜以流、鞭、扑、赎而轻其五刑，则五刑可以去矣，曷为象示乎民？盖民习乎刑之重，耳之所闻，目之所见者在是，一旦而骤去之，得无启奸人之心而自去其隄防也哉。于是象示乎民，使知所畏，而不敢骤去，于是尤见圣人思虑周密。其爱民之至如此，刑之轻重，盖无常时，圣人因时以为政。自舜轻刑之后，至于夏有乱政，而作九刑；商有乱政，而作汤刑。是夏、商之刑，又重于唐、虞也。周公因之犹未之改，至于穆王，享国百年，始复唐、虞之法，而名训夏赎刑，是夏、商之刑，至穆王而始轻也。"流宥五刑"者，宥，宽也。设为五流之法，以宽其五刑，随其情而为之远近也。在官者之刑，以其罪未入于五刑，则为鞭以警之；教者之刑，以其罪未入于五刑，则为之扑以警之。情之可疑者，置之刑则不忍，释之则不可，于是乎有金以赎之，随其罪而为之轻重多寡，《吕刑》所谓百锾、千锾之类是也。"眚灾肆赦，怙终贼刑"，此二句该括上面四五句，谓舜之所以用刑者，大概不出此。"眚灾肆赦，宥过无大"也。"怙终贼刑"者，则"刑故无小"也。无目，曰眚；天灾，曰灾。凡有灾眚，皆出于过，故肆赦。怙，恃也，恃其终，于为害者，刑之可也。"钦哉，钦哉，惟刑之恤哉"，曰钦，曰恤，作书者所以形容帝舜用刑之心，谓舜之轻刑如此，原情以定罪如此，而钦恤之念未尝忘钦者敬也，以言其不敢忽也。恤者，忧也，以言"得其情，则哀矜而勿喜"也。《吕刑》曰"朕敬于刑"，又曰"朕言多惧"，皆此意也。然则刑之用，岂圣人得已而不已也哉。观此一章，又当知舜之于尧，虽是袭其爵，循其道，重其华，至于事有损益。可益则益之，如尧时九州，舜肇十二州；可损则损之，如尧时五刑，舜则轻之，而为鞭、扑、流、赎，初非徇其陈迹，祖其故事，而后谓循尧道，袭尧爵，重尧华也。文王耕者九一，周公则更为彻；文王关市讥而不征，周公则征之。武王克商，乃反商政，政由旧。至周公，而制礼，作乐，前日之政安在哉？圣人观时会通，以行典礼。前人之所以望于后人者，亦欲其如此也。

## 12. 《融堂书解》卷一

（宋）钱时

肇十有二州，封十有二山，浚川。

此事当在水平之后，或谓"鲧既殛死，禹始嗣兴"，今殛鲧之文在此事之下，遂疑十有二州，非在后事。殊不知，肇十有二州，附巡守后，"四罪而天下咸服"，附恤刑后，各以类从，非编年循次序也。若禹之治水在肇十有二州后，则《禹贡》不应独别九州。若谓禹后独并九州，则尧殂落时，水平已久，曷为有咨十二牧之文乎？况自言其"荒度土功"，亦继之曰"州十有二师"，意愈明矣。封者，封殖之，禁采伐也。山言十有二，而川不言者，山有定，而川之所经历，不止一州，故止曰濬川也。川流滔滔何待疏浚，岂水平之后，尚有未尽之功欤？

## 13. 《尚书要义》卷二

（宋）魏了翁

二八、分冀为幽、并，分青为营，封山浚川。

"肇十有二州"，肇，始也。禹治水之后，舜分冀州为幽州、并州；分青州为营州，始置十二州。"封十有二山，浚川"，封，大也。每州之名山殊大者，以为其州之镇；有流川，则深之，使通利。

二九、舜二年后分九州为十二，禹还为九。

《禹贡》治水之时，犹为九州，今始为十二州，知禹治水之后也。禹之治水，通鲧九载，为作十有三载，则舜摄位元年，九州始毕。当是二年之后，以境界太远，始别置之。知分冀州为幽州、并州者，以王者废置，理必相沿。《周礼·职方氏》九州之名，有幽、并，无徐、梁。周立州名，必因于古，知舜时当有幽、并。《职方》幽、并山川，于《禹贡》皆冀州之域，知分冀州之域为之也。《尔雅·释地》九州之名，于《禹贡》无梁、青，而有幽、营，云燕曰幽州，齐曰营州。孙炎以《尔雅》之文与《职方》、《禹贡》并皆不同，疑是因制，则营州亦有所因，知舜时亦有营州。齐即青州之地，知分青州为之。于此居摄之时，始置十有二州。盖终舜之世常然。宣三年《左传》云，昔夏之方有德也，贡金九牧，则禹登王位，还置九州，其名盖如《禹贡》其境界不可知。

## 14. 《书集传或问》卷上

（宋）陈大猷

或问，王氏说，封山川，则材木不可胜用；浚川，则谷米不可胜食。张氏推其说，以为此王道之始，正合《孟子》之言，如何？曰，合孔、陈二说已善。肇州、封山、浚川，皆疆理地势之事，故连言之。王说乃虞衡之职，不应言于肇州之后，兼如王说，则是尽禁天下之山，而非止于名山。濬川，亦止说得兴利一边。若以为王道之始，何不及分田、制产之事乎？

### 15. 《尚书详解》 卷一

（宋）胡士行

肇（始）十有二州（禹治水后，分冀为幽、并；分青为营），封（殖也，禁樵采）十有二（州）山（孔云，封，大也。每州择山之大者为州镇），浚（导深之，使为利不为害）川（治水时，川尝浚矣。复言浚者，安不忘危，工夫承续，纯亦不已之心也）。

经略土地，表州镇，涤川源，此舜经纶天下之大纲也。十二州，冀、兖、青、徐、扬、荆、豫、梁、雍、营、幽、并。

### 16. 《书纂言》 卷一

（元）吴澄

肇十有二州，封十有二山，浚川。

肇，始也。古者，中国之地为九州，冀、兖、青、徐、扬、荆、豫、梁、雍。禹治水作贡，亦因其旧。大河以北为冀州，而帝都在焉。禹既作贡之后，舜以冀、青地太广，始分冀东恒山之地为并州，东北医无闾之地为幽州；又分青之东北辽东等处为营州。而冀州止有河内之地，今河东一路是也。然舜既分十二州，而商时但言九围、九有，《周官·职方氏》亦止列九州，有扬、青、荆、豫、兖、雍、幽、冀、并，而无徐、梁、营，则十二州，盖不甚久。或谓禹即位后复合为九，然未有考也。封，表也。每州表识一山，以为一州之镇，如《职方氏》言"扬州其山，镇曰会稽"之类。浚川，浚导十二州之川也。山言十二，盖一州止封一山，而余山不封。浚川不言十二，则川无大小，皆浚也。曾氏曰，冀之北边与狄接，故分正北为幽，西北为并，东北为营。陈氏曰，既分此三州，然后冀中立于诸州之内，故三代后复为九州，而幽、并不革。

### 17. 《书集传纂疏》 卷一

（元）陈栎

肇十有二州，封十有二山，浚川。

肇，始也。十二州，冀、兖、青、徐、荆、扬、豫、梁、雍、幽、并、营也。中古之地，但为九州，曰冀、兖、青、徐、荆、扬、豫、梁、雍。禹治水作贡，亦因其旧。及舜即位，以冀、青地广，始分冀东恒山之地为并州，其东北医无闾之地为幽州，又分青之东北辽东等处为营州。而冀州止有河内之地，今河东一路是也。封，表也。封十二山者，每州封表一山，以为一州之镇。如《职方氏》言，扬州其山镇曰会稽之类。浚川，浚道十二州之川也。然舜既分十有二州，而至商时，又但言九围、九有。《周礼·职方氏》亦止列为九州，有扬、荆、豫、青、兖、雍、幽、冀、并，而无徐、梁、营也。则是为十二州，盖不甚久，不知其自何时复合为九也。吴氏曰，此一节在禹治水之后，其次序不当在四罪之先，盖史官泛记舜所行之大事，初不计先后之序也。

**纂疏**

语录：仲默解《书》云，禹即位后，又并作九州。先生曰，也见不得，但后面皆只说九围、九有，不知其时又复并作九州。唐孔氏曰，《尔雅》无梁、青，而有幽、营。孙炎以《尔雅》与《禹贡》、《职方》皆不同，疑是殷制。刘氏夏曰，帝都冀，冀北接狄，而其域大，分冀为幽、并，以此二州捍狄，所以壮帝畿之翼卫也。陈氏经曰，《禹贡》之作，乃在尧时，至舜时，分九州为十二州。吕氏曰，禹治水尝浚川，今复浚之，安不忘危也。川不言十二川，无小大，皆浚也。愚按，舜即位之初，咨十有二牧后，又曰州十有二师，则舜世分九州为十二州，审矣。《左氏》宣三年"昔夏之方有德也，贡金九牧"，则至夏禹之世，又并十二州为九州亦审矣。

## 18. 《读书丛说》卷二

（元）许谦

（归善斋按，未解）

## 19. 《书传辑录纂注》卷一

（元）董鼎

肇十有二州，封十有二山，浚川。

肇，始也。十二州，冀、兖、青、徐、荆、扬、豫、梁、雍、幽、并、营也。中古之地，但为九州，曰冀、兖、青、徐、荆、扬、豫、梁、雍。禹治水作贡，亦因其旧。及舜即位，以冀、青地广，始分冀东恒山之地为并州，其东北医无闾之地为幽州，又分青之东北辽东等处为营州。而冀州止有河内之地，今河东一路是也。封，表也。"封十二山"者，每州封表一山，以为一州之镇。如《职方氏》言"扬州其山，镇曰会稽"之类。浚川，浚导十二州之川也。然舜既分十有二州，而至商时又但言九围、九有。《周礼·职方氏》亦止列为九州，有扬、荆、豫、青、兖、雍、幽、冀、并，而无徐、梁、营也。则是为十二州盖不甚久，不知其自何时复合为九也。吴氏曰，此一节在禹治水之后，其次叙不当在四罪之先，盖史官泛记舜所行之大事，初不计先后之叙也。

**辑录**

"肇十有二州"，冀州，尧所都此地，已狭，若又分而为幽、并二州，则三州疆界极不多了。青州分为营州亦然。叶氏曰，分冀州，西为并州，北为幽州。青州又在帝都之东，分其东北为营州。广。蔡仲默《集注尚书》至"肇十有二州"，因云禹即位后，又并作九州。先生曰，也见不得，但后面皆只说，帝命式于九围，以有九有之师。不知是甚时，又复并作九州。义刚。

**纂注**

孔氏曰，封，大也。唐孔氏曰，《尔雅·释地》九州之名于《禹贡》无梁、青，而有幽、营。孙炎以《尔雅》与《禹贡》、《职方》皆不同，疑是殷制。新安陈氏曰，舜即位初，"咨十有二牧"，后又曰"州十有二师"，则终舜之世，分九州为十二州可见矣。又曰，禹又并为九州，有《左传》可证。宣三年，昔夏之方有德也，贡金九牧。龟山杨氏曰，十二州、九州，或分或合，因时而已，不必强为之说。刘氏贞曰，帝都冀州，冀州北接北狄，而其域大于九州，分冀为幽、并，以此二州捍狄，使不得接畿甸，所以壮帝畿之翼卫，而御外夷之轻侮也。曾氏曰，舜分冀州之正北为幽州，西北为并州，东北为营州。王氏炎曰，孔氏谓分青为营，非也。姑备二说。吕氏曰，禹治水，尝浚川，今水平复浚，安不忘危也。川不言十二川，无大小皆浚也。

## 20. 《尚书句解》卷一

（元）朱祖义

肇十有二州（洪水之初，禹别九州；水土既平，舜始分为十二。分冀为圙（幽），为并；分青，为营）。

## 21. 《尚书日记》卷二

（明）王樵

肇十有二州，封十有二山，浚川。孔氏曰，肇，始也。禹治水之后，舜分冀州为幽州、并州，分青州为营州，始置十二州。正义曰，舜摄位元年，九州始毕，后以境界太远，始别置之。按，古冀州北抵沙漠，东、西、南三面皆尽河为界，是兼有今河北、河东之地，于九州为最大。夫分州置牧，所以联属诸侯，董正治功也。地太广，则有所不及，此冀、青之所以分，十二州之所以肇也。封，表也，表以为其州之镇，且以为疆域之辨也。《周礼·职方氏》每州皆云其山镇曰某山，是其遗意也。每州名山，曰冀、兖、青、徐、扬、荆、豫、梁、雍、幽、并、营，惟取其最高大者为镇，故云"封十有二山"。川无大小，皆深通之，使无壅决，故云"浚川"。《职方氏》每州皆云其川、其浸，亦举其大者。但今小大皆通不复举其大者，故直云"浚"之而已。畎浍之水泄于川，川之水通于海，舜浚川，禹尽力乎沟洫，其意一也。川治，则经界亦修；沟洫治，则水患亦少。其事正相首尾也。后世野废不经，河决不治，一废则两害，其势然也。

冀州，帝都所在，而北边于狄。舜立，幽、并二州亦以外厚藩屏，而内尊王畿。此尤其深远之意。古青州之境，先儒皆以为越海而有辽东。汉末有公孙度窃据辽东，自号青州刺史，越海收东莱诸郡。然稽之于经，青州贡道自汶达泲（jǐ），别无海外贡道，而冀州岛夷皮服，夹石、碣石入河，正辽东入冀之贡道，乃青州北境所至之海也，则辽属冀，非属青。营自冀而分，非青之所分也。《尔雅》有徐、幽、营，而无青、梁、并。青入于徐，梁入于雍，并入于冀也，此殷制也。《职方》有青、幽、并，而无徐、梁、营，盖周又分冀为并，而并营于幽，复禹之青，而省徐入青也。

州域山川，疆理之大纲，禹尽力乎沟洫，则又疏剔其细目也。后世不复有浚川功夫，只随决修治，或筑堤障之而已。"封十二山，浚川"，九川涤源，惟圣人才有此一番大经理也。

## 22.《御制日讲书经解义》卷一

肇十有二州，封十有二山，浚川。

此一节书，是舜经理天下之政也。肇，始也。封，表也。浚，开导也。冀、兖、青、徐、荆、扬、豫、梁、雍九州之制，自昔已然。至舜摄位，以冀、青幅员辽阔，始分冀东恒山之地为并州，东北医无间之地为幽州；青之东北辽东等处为营州。九州虽无改于昔，而三州实创辟于今。以新分合于故土，故曰肇十有二州。九山之奠，在昔已定，舜以为冀、青既分州，镇当识，于是封恒山以主并州，医无间以主幽州，营丘以主营州。九山仍乎其故，而三山又因以更新。以新封合于旧识，故曰"封十有二山"。九川涤源，水患已平，舜又以为浚导之功不可不继，于是或疏其源，或浚其流。川无大小皆深通之，使无壅决，水患永宁，故曰"浚川"。盖肇州所以广德化，封山所以慎封疆，浚川所以防民患。此皆经理之大者也。

## 《尚书通考》卷五

（元）黄镇成

肇十有二州，封十有二山，浚川。冀州（其山镇曰霍山。分东恒山之地为并州；分东北医无间之地为幽州），并州（其山镇曰恒山），幽州（其山镇曰医无间），兖州（其山镇曰岱山），青州（其山镇曰沂山。分东北辽东等处，为营州），营州，徐州，荆州（其山镇曰衡山），扬州（其山镇曰会稽），豫州（其山镇曰华山），梁州，雍州（其山镇曰岳山）。《周礼·职方氏》有九州，无徐、梁、营。《尔雅》有幽、营，无梁、青。龟山杨氏曰，十二州、九州，或分或合，因时而已，不必强为之说。

## 《书蔡氏传旁通》卷一中

（元）陈师凯

中古之地，但为九州。

中古，指禹治水以前，《朱子大全集》作"古者，中国之地。"

始分冀东恒山之地为并州。

"东"字误。《夏官职方氏》云，正北曰并州，其山镇曰恒山。《朱子语类》云分冀州西为并州。今按《长安禹迹图》及东坡《地理指掌图》，皆以并州在冀州之西。《通典》云，并州，左有恒山之险，右有大河之固，则在冀之西明矣。

其东北医无闾之地为幽州。

《职方氏》云，东北曰幽州，其山镇曰医无闾。注云，医无闾在辽东。《书》疏云，知分冀州为并州者，以《职方》有幽、并。周立州名，必因于古，知舜时当有幽、并。且《职方》幽、并山川，于《禹贡》，皆冀州之域，知分冀州为之也。

又分青之东北辽东等处为营州。

《尔雅》曰，齐曰营州。疏云，齐有营丘，岂是名乎？《书》疏云，齐即青州之地，知分青州为之。董氏《辑纂》引曾氏谓分冀为营，又引王氏谓非分青为营，二说皆非。又按杜氏《通典》，以安东府属古青州。《指掌图》云，以青州越海，析辽东之地为营州。注云，今安东府，与《通典》合。营，非分于冀明甚。又按《指掌图》云，舜肇分为十二州，盖以古冀州南北阔大，分卫水为并州，卫水在真定。分燕以北为幽州。又按，尧都平阳，后为唐国，唐后为晋，今为平阳路。舜都蒲坂，为今河中府。禹都晋阳，又徙安邑。安邑属解州，在《禹贡》时皆属冀州。在舜分十二州时，皆属并州。《通典》言左有恒山，右有大河，则唐虞夏所都皆在并州之域。但并州设未久，后复合于冀。故《五子之歌》曰"惟彼陶唐，有此冀方"。后世地理书，皆以《禹贡》为定，莫能别此三都为并州尔。

冀州止有河内之地，今河东一路是也。

按《地理指掌图》，宋河东路所管，平阳、隆德、威胜、平定、太原、大通、宁化、岢岚、汾、辽、绛、隰、火山、靖康、代、忻、石、宪、麟、丰、保德二十一郡，然皆正并州之境，不知何以指为冀州之地，恐以《职方》有"其浸汾潞"之文，而并州浸涞、易，故以河东为冀州欤。然汾，晋之地，自史汉而下，皆以为并舆地，所载沿革甚详。尚再思之。

然舜既分十有二州，至商时，又但言九围、九有。《周礼·职方氏》亦止列为九州，则是十二州盖不甚久。不知其自何时复合为九也。

《周礼》疏云，此州界扬、荆、豫、兖、雍、冀，与《禹贡》略同者，不失本处，虽得旧处，犹有相侵入，不得正。若周之兖州，于《禹贡》侵青徐之地。周之青州，于《禹贡》侵豫州之地。周之雍、豫，于《禹贡》，兼梁州之地。周之冀州，小于《禹贡》时冀州，以其北有幽、燕、并州，故知也。周之九州，无徐、梁；《禹贡》有徐、梁，无幽、并。《尔雅》云，两河间有冀州，河南曰豫州，济东曰徐州，河西曰雍州，汉南曰荆州，江南曰扬州，燕曰幽州，济河间曰兖州，齐曰营州。《诗谱》曰雍、梁、荆、豫、徐、扬之民，咸被其化。数不同者，《禹贡》所云尧舜法；《尔雅》所云似夏法；《诗谱》所云似殷法。自古以来，皆有九州。惟舜时暂置十二州，至夏时还为九州。故《春秋》云"夏之方有德也，贡金九牧"是也。愚按，十二州至禹即位时，必复为九州，而其州名，必合《尔雅》而不合《禹贡》。《尔雅》又云，从释地以下，至九河，皆禹所名。既为禹所名，乃有幽、营，而无青、梁，是不用《禹贡》旧名也。谓禹时未复九州欤，则既有十二州，何为贡金九牧，而所铸者九鼎邪？何为《五子之歌》以所都为冀方邪？可以知省十二为九者，必禹时无疑也。

然舜既分十有二州，至商时，又但言九围、九有。《周礼·职方氏》亦止列为九州，则是十二州盖不甚久。不知其自何时复合为九也。

《周礼》疏云，此州界扬、荆、豫、兖、雍、冀，与《禹贡》略同者，不失本处，虽得旧处，犹有相侵入，不得正。若周之兖州，于《禹贡》侵青徐之地。周之青州，于《禹贡》侵豫州之地。周之雍、豫，于《禹贡》，兼梁州之地。周之冀州，小于《禹贡》时冀州，以其北有幽、燕、并州，故知也。周之九州，无徐、梁；《禹贡》有徐、梁，无幽、并。《尔雅》云，两河间有冀州，河南曰豫州，济东曰徐州，河西曰雍州，汉南曰荆州，江南曰扬州，燕曰幽州，济河间曰兖州，齐曰营州。《诗谱》曰雍、梁、荆、豫、徐、扬之民，咸被其化。数不同者，《禹贡》所云尧舜法；《尔雅》所云似夏法；《诗谱》所云似殷法。自古以来，皆有九州。惟舜时暂置十二州，至夏时还为九州。故《春秋》云"夏之方有德也，贡金九牧"是也。愚按，十二州至禹即位时，必复为九州，而其州名，必合《尔雅》而不合《禹贡》。《尔雅》又云，从释地以下，至九河，皆禹所名。既为禹所名，乃有幽、营，而无青、梁，是不用《禹贡》旧名也。谓禹时未复九州欤，则既有十二州，何为贡金九牧，而所铸者九鼎邪？何为《五子之歌》以所都为冀方邪？可以知省十二为九者，必禹时无疑也。

## 《尚书砭蔡编》

（明）袁仁

肇十有二州。

注称，始分冀恒山之地为并州。按《夏官·职方氏》云，正北曰并州，山镇曰恒山。《朱子语类》云分冀州西为并州。考《禹迹图》及《地理指掌图》并州皆在冀州之西。《通典》云，并州左有恒山之险，右有大河之图，则在冀西明矣。今曰冀东，误也。注又称，其分东北医无闾之地为幽州，分青之东北辽东等处为营州。按，医无闾（lú）在辽东。今云分医无闾之地为幽州，即辽东之地矣。又云分辽东等处为营州，不可解。《尔雅》曰，齐曰营州。《指掌图》云，舜肇分为十二州，盖以古冀州南北阔大，分卫水为并州。卫水在今真定府。分燕以北为幽州，今密云等处，正是幽州。邹衍吹律处，及其工城皆在密云。当依《指掌图》为正。其曰，冀州止河东一路，尤谬。按宋河东路，所管平阳、隆德、平定、太原府、泽、宁化、岢岚、汾、辽、绛、隰、火山、靖康、代、忻、石、宪、麟、丰、保德二十一郡，皆并州之境。且汾晋之地，自《史》、《汉》而下，皆以为并，舆地所载沿革甚详，何其不考之，甚也。

## 《尚书注考》

（明）陈泰交

"肇十有二州"，"肇我邦于有夏"，训"肇""始"也。"肇牵车牛"，训"肇""敏"。

### 《尚书埤传》卷二

(清) 朱鹤龄

肇十有二州，浚川。

孔疏，《周礼·职方氏》有幽、并，而无徐、梁。周立州名，必因于古，知舜时当有幽、并。《职方》幽、并山川，于《禹贡》皆冀州之域，知分冀为之也。《尔雅·释地》九州之名无梁、青而有幽、营。孙炎以《尔雅》之文与《职方》、《禹贡》并不同，疑是殷制，则营州亦有所因，知舜时亦有营州。齐即营州之地，知分青为之也。刘德曰，冀州北接沙漠，其地于九州为最大，分冀为幽、并以此二州捍北狄，使不得内接畿甸，所以壮京师之翼卫，御外夷之侵陵也。邹季友曰，孔传分青州为营州，蔡传亦用其说。按辽东与冀州接壤，西至青州，隔越巨海，道里殊远，若以属青，则非所谓高山大川以为限之意。盖幽、并、营三州，皆分冀州之地耳（顾炎武曰，幽在今桑乾河以北，至山后诸州。并在今石岭关以北，至丰胜二州。营在今辽东大宁，并有塞外之地，其山川皆不载之《禹贡》，故靡得而传）。王樵曰，分州置牧，意在联属侯服，董正治功也。地太广，则有所不及。此冀、青之所以分也。又曰，《尔雅》有徐、幽、营，而无青、梁，并青入于徐，梁入于雍，并入于冀也，此殷制也。《职方》有青、幽、并，而无徐、梁、营，盖周又分冀为并，而并营于幽，复禹之青，而省徐入青也。

吕祖谦曰，禹治水尝浚川，今水平复浚，安不忘危也。川不言十二，水无大小皆濬之也。陈雅言曰，山之表识，无待于致详，水之疏导，则不容以或略。

### 《尚书七篇解义》卷一

(清) 李光地

肇十有二州，封十有二山，浚川。

舜居摄之初，鲧犹治水也，绩用弗成，故舜殛之而兴禹焉。此言摄政而经理地域之事，与前齐七政者相首尾。中间则有祭祀朝觐巡守，盖三才之序也。州数与《禹贡》不同者，说者谓古分九州，舜增设三州，故曰肇。然幽、并、营者，徒以冀极塞，而青跨海，形势阔绝，作牧分治，殆如国有附庸之类。虽有州名，仍统于冀、青。故后禹成功，作贡亦止于九。而其言则曰，州十有二师也。蔡传从孔说，谓在禹治水之后者，非是。禹既"九山刊旅，九川涤源"，尚有未封，未浚者乎？

### 《尚书七篇解义》卷一

（清）李光地

肇十有二州，封十有二山，浚川。

舜居摄之初，鲧犹治水也，绩用弗成，故舜殛之而兴禹焉。此言摄政而经理地域之事，与前齐七政者相首尾。中间则有祭祀朝觐巡守，盖三才之序也。州数与《禹贡》不同者，说者谓古分九州，舜增设三州，故曰肇。然幽、并、营者，徒以冀极塞，而青跨海，形势阔绝，作牧分治，殆如国有附庸之类。虽有州名，仍统于冀、青。故后禹成功，作贡亦止于九。而其言则曰，州十有二师也。蔡传从孔说，谓在禹治水之后者，非是。禹既"九山刊旅，九川涤源"，尚有未封、未浚者乎？

# 封十有二山，浚川

## 1. 《尚书注疏》卷二

（汉）孔氏传，（唐）陆德明音义、孔颖达疏

封十有二山，浚川。

传：封，大也。每州之名山殊大者，以为其州之镇；有流川，则深之，使通利。

音义：浚，荀俊反。

疏：每州以大山为镇。殊大者，十有二山。深其州内之川，使水通利。

《释诂》云冢，大也。舍人曰，冢，封之大也。定四年《左传》云"封豕长蛇"相对，是封为大也。《周礼·职方氏》每州皆云其山镇曰某山：扬州会稽，荆州衡山，豫州华山，雍州吴山，冀州霍山，并州恒山，

幽州医无闾，青州沂山，兖州岱山。是周时九州之内最大之山。舜时十有二山，事亦然也。州内虽有多山，取其最高大者，以为其州之镇，特举其名，是殊大之也。其有川无大无小，皆当深之，故云浚川，有流川则深之，使通利也。《职方氏》每州皆云"其川"、"其浸"，亦举其州内大川，但令小大俱通，不复举其大者，故直云浚之而已。

## 2. 《书传》卷二

（宋）苏轼

封十有二山，浚川。

封，封殖也。十二州之名山，皆禁采伐也。

## 3. 《尚书全解》卷二

（宋）林之奇

封十有二山，浚川。

孔氏云，每州之名山，殊大者，以为其州之镇。封，大也。据《左氏传》云"封豕长蛇"，则"封"固可以训"大"也。《周礼·职方氏》，每州皆取其大者以为镇。若扬州山镇，曰会稽；荆州山镇，曰衡山之类耳。先儒之说，未为无据。然"封十有二山"而言"大十有二山"，则其为文不顺。据《左氏传》曰"将善是封殖"，《易》曰"不封不殖"，则"封"之为言，"封殖"之谓也。盖洪水既平之后，封殖其山，而加树艺焉。谓之封殖者，非必于每州封一山之最大者。凡十有二州之山，皆封殖之。如"九山刊旅"者，谓凡九州之山，皆得刊木而旅祭也。浚川者，洪水既平，不可不时而疏导之也。唐孔氏谓，禹之治水，通鲧为十三载。则舜摄位元年，九州始毕，当是二年之后，始封为十二州也。窃谓，去古已远，时月之详，不可得而考。然学者于圣人之经，但求其意而已。至于时月，则不可设为一定之论。如禹之治水，其时月最难考信。《洪范》曰"鲧则殛死，禹乃嗣兴"。《左传》云"舜之罪也殛鲧，其举也兴禹"。又曰"鲧殛而禹兴"。《祭法》曰"鲧鄣洪水而殛死"。顾此数说，则是鲧既殛于羽山，已死，然后举禹而治水也。《益稷》曰"予创若时，娶于涂山，辛壬癸甲，启呱呱而泣，予弗子"，则是鲧既死之后。禹终三年之丧，既娶而后治水也，则舜摄之元年，安得洪水之功毕乎？观此，则治水功毕，当在舜居摄以后数年也。然舜之居摄次年，则巡守，朝诸侯，考制度。使洪水未平，则此礼亦不可得而讲也。观此，则知治水功毕，又当居摄之前。而《孟子》又谓，禹八年于外，三过其门而不入。凡此数说，求之皆龃龉。学者当阙之。

### 4.《尚书讲义》卷二

（宋）史浩

（归善斋按，见上句）

### 5.《尚书详解》卷二

（宋）夏僎

（归善斋按，见上句）

### 6.《增修东莱书说》卷二

（宋）时澜

（归善斋按，见上句）

### 7.《尚书说》卷一

（宋）黄度

（归善斋按，见上句）

### 8.《絜斋家塾书钞》卷一

（宋）袁燮

（归善斋按，见上句）

### 9.《书经集传》卷一

（宋）蔡沈

（归善斋按，见上句）

## 10. 《尚书精义》卷三

（宋）黄伦

（归善斋按，见上句）

## 11. 《尚书详解》卷二

（宋）陈经

（归善斋按，见前文"肇十有二州"）

## 12. 《融堂书解》卷一

（宋）钱时

（归善斋按，见上句）

## 13. 《尚书要义》卷二

（宋）魏了翁

（归善斋按，见上句）

## 14. 《书集传或问》卷上

（宋）陈大猷

（归善斋按，见上句）

## 15. 《尚书详解》卷一

（宋）胡士行

（归善斋按，见上句）

## 16. 《书纂言》卷一

（元）吴澄

（归善斋按，见上句）

## 17. 《书集传纂疏》卷一

（元）陈栎

（归善斋按，见上句）

## 18. 《读书丛说》卷二

（元）许谦

（归善斋按，未解）

## 19. 《书传辑录纂注》卷一

（元）董鼎

（归善斋按，见上句）

## 20. 《尚书句解》卷一

（元）朱祖义

封十有二山（取十二州之山至高大者，以为疆域之表识），浚川（深十二州之川，以通其流，使无壅塞）。

## 21. 《尚书日记》卷二

（明）王樵

（归善斋按，见上句）

## 22. 《御制日讲书经解义》卷一

（归善斋按，见上句）

### 《尚书通考》卷五

（元）黄镇成

（归善斋按，见上句）

### 《书蔡氏传旁通》卷一中

（元）陈师凯

每州封表一山，为一州之镇，如《职方氏》。

《职方氏》云，东南曰扬州，其山镇曰会稽，泽薮曰具区，川三江，浸五湖。正南曰荆州，山镇曰衡山，泽薮曰云梦，川江汉，浸颍湛。河南曰豫州，山镇曰华山，泽薮曰圃田，川荥雒，浸波溠。正东曰青州，山镇曰沂山，泽薮曰望诸，川淮泗，浸沂沭。河东曰兖州，山镇曰岱山，泽薮曰大野，川河沛，浸卢维。正西曰雍州，山镇曰岳山，泽薮曰弦蒲，川泾汭，浸渭洛。东北曰幽州，山镇曰医无闾，泽薮曰貕（xī）养，川河沛（jǐ），浸淄时。河内曰冀州，山镇曰霍山，泽薮曰杨纡，川漳，浸汾潞。正北曰并州，山镇曰恒山，泽薮曰昭余祈，川虖池、呕夷，浸涞易。

## 《尚书注考》

（明）陈泰交

"封十有二山"，训"封""表"也。"小子封"训"封""康叔名"。

## 《尚书埤传》 卷二

（清）朱鹤龄

（归善斋按，见上句）

## 《尚书七篇解义》 卷一

（清）李光地

（归善斋按，见上句）

# 象以典刑

## 1. 《尚书注疏》 卷二

（汉）孔氏传，（唐）陆德明音义、孔颖达疏

象以典刑。

传：象，法也。法用常刑，用不越法。

疏：又留意于民，详其罪罚，依法用其常刑。使罪各当刑，不越法。用流放之法，宽宥五刑。五刑虽有犯者，或以思减降，不使身服其罪。

《易·系辞》云，象也者，象此者也。又曰，天垂象，圣人则之，是象为仿法，故为法也。五刑虽有常法，所犯未必当条，皆须原其本情，然

后断决。或情有差降，俱被重科，或意有不同，失出、失入，皆是违其常法。故令依法用其常刑，用之使不越法也。

## 2.《书传》卷二

（宋）苏轼

象以典刑。

典刑，常刑也。杀人者死，伤人者刑。象其所犯。

## 3.《尚书全解》卷二

（宋）林之奇

象以典刑。

此又言舜明慎用刑之道也。王氏云，象者垂以示人之谓。若《周官》"垂法象魏"是也。此说比先儒为长。盖王者之法，如江河，必使易避而难犯，故必垂以示之，使知避之。苟不垂以示之，使知所避，及陷于罪，然后从而刑之，是罔民也。《周官·司寇》，正月之吉，始和布刑于邦国都鄙，乃悬象刑之法于象魏，使万民观象，挟日而敛之。此则唐、虞之"象以典刑"之意也。而说者多以"象刑为画象刑"，其说皆出于大传与汉帝之诏。此说虽近似，然以象刑为画象，而解"象以典刑"之句，其辞为不顺。而象刑亦有难治者。《荀子》曰，世俗之说曰，治古无肉刑，而有象刑，是不然。以为治邪，则人固莫触罪，非独不用肉刑，亦不用象刑矣。以为人或触罪矣，而直轻其刑，然则是杀人者不死，伤人者不刑也。罪至重而刑至轻，庸人不知恶也，乱莫大焉。薛氏又论，世俗以为"画衣冠，异章服"为"象刑"，岂非读《舜典》而误与。此说有理。

## 4.《尚书讲义》卷二

（宋）史浩

象以典刑，流宥五刑，鞭作官刑，扑作教刑，金作赎刑。眚灾肆赦，怙终贼刑。钦哉，钦哉，惟刑之恤哉。

此舜作恤刑之法也。盖民得所养，又何加焉，曰教之；教之不从，设刑以纠，亦不屑之教诲也。及其至也，刑不用而天下化矣。典刑，常刑也。杀人者死，伤人抵罪，各象其所犯。五刑：墨、劓、剕、宫、大辟。"流"者屏之远方，纳之圜土，冀其自新，而不残其支体也。鞭、扑亦所以缓肉刑。而赎刑则终之以恕也。又时有"眚灾肆赦"之举。此刑之所以无刑也。至于终以怙恃而不悛革，始不容于世矣。《康诰》曰，人有小罪，非眚，乃惟终，自作不典，式尔，不可不杀。此其意也。"钦哉，钦哉，惟刑之恤哉"，哀矜恻怛之意，备见于此。后之帝王，不养其民而虐之，不教其民而刑之，是不法舜也，而可以治乎？

## 5.《尚书详解》卷二

（宋）夏僎

象以典刑。流宥五刑，鞭作官刑，扑作教刑，金作赎刑，眚灾肆赦，怙终贼刑。钦哉，钦哉，惟刑之恤哉。流共工于幽州，放驩兜于崇山，窜三苗于三危，殛鲧于羽山。四罪而天下咸服。

此又言舜明慎用刑之道也。"象以典刑"，汉孔氏以"象"训"法"。苏氏亦依其说。唐孔氏遂引《易·系辞》云，"象"者，"像此"者也。是"象"为"仿法"，故以"象"训"法"，谓"各象其所犯"。程氏亦谓，象罪之轻重，立为常刑。而《说文》谓"象刑为画象之刑"，其说盖出于《大传》与汉帝之诏。虽若相似，然以"象"为"画象"而解"象以典刑"之句，其辞不顺。兼又《荀子》谓世俗之说曰，治古无肉刑，而有象刑，是不然。以为治，则人民莫触罪，非时不用肉刑，亦不用象刑矣。或触罪而直轻其刑，是杀人者不死，伤人者不刑，乱莫大乎此。惟薛氏云，世俗谓画衣冠异服章，为象刑，岂非读《舜典》而误欤。历考数说，惟王氏之说为长。王氏之说曰，"象"者，垂以示人之谓，若《周官》"垂刑象于象魏"是也。盖王者之法，如江河，必使易避而难犯，故必垂以示人，使知所避。苟不垂以示人，使知所避，及陷于罪，然后从而刑之，是罔民也。此舜所以"象以典刑"者，盖示民以常刑之法，使知所避也。《周官·太宰》"正月之吉，始知布治于邦国都鄙，乃悬，使万民观治象，挟日而敛之"，此即所谓"象以典刑"者也。林少颖谓，此"象以典刑"一句，乃统说其事，自"流宥五刑"至"怙终贼刑"乃垂示典则之目也。此说虽可喜，然"象以典刑"为统说，以"流宥五刑"以下为象刑之目，则是舜刑特有流、鞭、扑、赎数等，无五刑正法。按《大禹谟》，舜美皋陶作士有曰"五刑有服，五服三就，五流有宅，五宅三居"，皆先言五刑，而后言五流，则此不应只说五流以下，而不言五刑正法。余谓"象以典刑"，是舜示民以常刑。常刑，即五刑也。既言五刑，故下言"流宥五刑"，即是五流。此说与帝舜之言合，故此说以少颖为长。"流宥五刑"，汉孔氏，谓流放之法，宥五罪。唐孔氏广其说，谓据其状，合刑而情差可恕，全赦则太轻，致刑则太重，不忍依例刑杀，故完全其体，流之远方。王氏诸儒皆同此说，其说极当。舜既以五流宥五刑之轻者，至于官事不治其罪，至轻又不应致以五刑五流之法，亦不应宥而赦之者，故舜又立鞭棰之法以为治官之刑。《周礼·条狼氏》誓大夫曰，敢不关鞭三百，即鞭作官刑是也。其有学校之间，不勤学道者即扑之，以为学道之刑。《记》曰"榎楚二物，收其威也"，即"扑作教刑"是也。然舜又谓人有过误入罪，罪涉疑，似鞭之，刑之，宥之，赦之，皆所不可，故又作赎刑是也。但孔氏谓金为黄金，唐孔氏谓安国以此金为黄金，以《吕刑》其罚千锾为黄铁。俱是赎罪，金铁不同者，古之金银铜铁，总号为金。《周官·考工》，金之工七，其所为者，有铜，有铁，是铜铁皆为金。则此黄金，《吕刑》黄铁，是皆今之铜也。古之赎罪者，皆用铜，后始改用黄金，但少其斤两，令与铜相敌。此说亦有理。舜垂刑象，既立五刑、五流、鞭扑，与金赎之法矣，故于下文言，"眚灾肆赦，怙终贼刑"以见用上数等刑罚，皆原其情而为轻重也。汉孔氏谓过而有害，乃缓赦之。程氏谓，眚，过也。过失而入于罪者，灾害，非人所致而至者。眚则纵肆宽缓之，灾则赦而除释之。林少颖谓，"眚灾"者，不幸而入于罪戾，其罪非己作，或为人罟误而入于刑。如《论语》所谓虽在缧绁之中，非其罪也。如此之人，情在所恕，逋逃未获，则肆之；已获而囚系，则赦之。曹氏又谓，自生谓之眚，天火谓之灾。眚灾，虽有所肆，亦赦焉。"怙终贼刑"，汉孔氏谓，怙奸自终，当刑杀之。程氏谓，怙恃其恶与终，固为非者，残害之以刑。苏氏谓，恃恶不悛以害人，则刑之。曾氏谓，内怙财，外怙宠，谓之"怙"；成而不肯改者，谓之"终"，怙终而有贼，则刑之。数家之说皆有可取。惟林少颖谓孔氏以贼刑为刑之杀，岂有圣人用刑所以贼人，故引《左传》叔向曰己恶而掠美，为昏；贪以败官为墨；

杀人不忌为贼。昏、墨、贼杀，皋陶之刑也。少颖引此，盖谓《左传》所言昏者，墨者，贼者，即杀之。其文势与"怙终贼刑"相似，故其说谓"怙"，乃怙恃其恶；"终"乃为恶而终不改；"贼"乃贼害人者。此三者情重，故皆刑之。夫少颖解此，既谓"怙终贼刑"，三者情重当刑，则上"眚灾肆赦"，不当谓"眚灾"者则肆缓而赦宥之，亦当谓眚者，灾者，肆者，三者情轻，皆赦之。盖自己所误为，谓之眚；因人而致罪，谓之灾，纵缓自怠，于事不勤，谓之肆，三者情轻，是舜所以赦之也。鄙见如此，更在学者精思去取之。"钦哉，钦哉，惟刑之恤哉"，程氏谓，史官既载舜制刑之法，而重明舜之意曰，舜之用刑，"钦哉，钦哉，惟刑之恤哉"，言其敬慎哀矜之至也。孔氏云，舜陈典刑之义，敕天下，使敬忧，欲得中。以此为舜言，非也。史官既言慎用刑，于是又论诛四凶之罪，以见其用刑之当也。舜臣尧，宾于四门，流四凶族，投诸四裔，以御魑魅。杜注以浑敦为驩兜，穷奇为共工，梼杌为鲧，饕餮为三苗。据此而言，舜流四凶，在历试之初。

"肇十二州，封十二山，浚川"乃在禹平水土之后。而作典者，载前后之辞如此者，盖史官因言舜之明慎用刑，遂援其诛四凶之事以为证，非谓肇十二州而后诛四凶也。唐孔氏亦云，此四凶者，征用之初即流之，居摄之后追论成功之状，故作《书》先叙典刑，言舜重刑之事，而连引四罪，验其刑当之实。此说得之。但郑氏徒见此经先言"肇十二州"，而后言诛四凶，以为治水既毕，乃流四凶。王肃难之曰，若待禹治水功成，而后以鲧为无功而殛之，是为用人之子，而流放其父，则禹之勤劳，适足以致父之殛。于舜失"五典克从"之义，禹陷三千莫大之罪，进退无据，岂不迂哉？唐孔氏亦谓，流者移其居处，若水之流；然放者使之自治；窜者投弃之名；殛者诛责之称，俱是流徙，异其述作之文体耳。此说得之。但"殛鲧羽山"说者，孔氏因太公有变北狄、南蛮、西戎、东夷之说，遂以幽州为北裔，崇山为南裔，三危为西裔，羽山为东裔。窃意二公所以有此说者，徒见《左传》有投诸四裔之言，遂分东、西、南、北之异。要之，左传所谓"四裔"，亦犹言"四处"而已。非有南、北、东、西之异也。况四凶之恶贯盈，故投之远恶之地，其何以变东夷、南蛮、西戎、北狄哉？此必无之理也。四凶不诛于尧世，而诛于舜时，纷纷之说多矣。

惟周恭叔谓四凶皆有过人之才，在尧之时，朝廷清明，皋陶、稷、契之徒，相与弥缝，无所肆其恶，则尧虽欲诛之，其可得乎？况"静言庸违"，"方命圮族"，尧已知其恶，非尧不能知也。及一旦舜举于侧微，使四凶北面而臣，然后始有不平之心，其罪己著，舜虽欲不诛，其可得乎？四凶之恶，其始也，见用于尧；其终也，见罪于舜，皆自为之。尧、舜岂容心于其间哉。此说尽之。既言诛四罪，而继以"天下咸服"，盖言罚有罪，而天下心服也。

## 6. 《增修东莱书说》卷二

（宋）时澜

象以典刑，流宥五刑，鞭作官刑，扑作教刑，金作赎刑。眚灾肆赦，怙终贼刑。

象，非画象之象，乃象示之象。盖布象其法，以示民，使晓然可见也。贼刑者，戕贼之刑，古之所谓肉刑也。夫肉刑之制，自后世观之，疑古人立法之不仁矣。胡不考舜制刑之本心，象以示之，复开流宥之门，施鞭扑之宽，又继之以眚灾肆赦，可谓待之以君子长者之厚矣。有怙终之人，然后不得已而有贼刑焉。以此见唐、虞虽有五刑，本未尝用，至长恶不悛，而后用也。然则舜有肉刑之制，乃所以深爱天下后世也。

## 7. 《尚书说》卷一

（宋）黄度

象以典刑，流宥五刑，鞭作官刑，扑作教刑，金作赎刑，眚灾肆赦，怙终贼刑。钦哉，钦哉，惟刑之恤哉。流共工于幽洲，放驩兜于崇山，窜三苗于三危，殛鲧于羽山。四罪而天下咸服。

象者，像也，像其事也。典，常也。刑有轻重，像其事而用之，是谓常刑。宥，宽也。舜作五流之法，以宽肉刑。肉刑，圣人之所甚不忍也，故宽之。其所不忍而不废，禁暴诘奸为不可已也。而谓之常刑，肉刑之行于世久矣，不得已而存之，而使其民迁善远罪，则有其道焉。禹、益、皋陶，陈谟为可求也。鞭扑之施，犹非得已。汉孝文帝能知尧舜之用心也，虽公用为不足，而犹能使黎民醇厚，海内富庶，兴于礼义，公卿耻言人过失，少近古矣。汉魏诸儒，诐（bì）狭之见，安能识此。鞭，《周官·条狼氏》"鞭五百"，"鞭三百"，官刑也。扑，比长，《小胥》"觥"、"挞"，教刑也。金，职金，受士罚金，赎刑也。眚灾，《司徒》"荒政"，缓刑也。天患民病不幸而陷于辜，则缓而赦之。肆，缓也。《春秋》"肆大眚"。怙终，三谤，三罚，教之不悛者也。贼，害也。《司寇》所谓害人者也。舜刑典历三代至于今，虽因革不同，而大意常在。流宥、鞭扑、金赎，多为之制，可谓尽其心矣。方且儆戒，钦恤形于辞旨，惓（quán）惓焉。刑典既修，乃正四罪。共工伪，驩兜党，且狠苗、顽鲧，庆其事，皆由治水。治水绩效未著，则共工自以为有鸠僝之功；驩兜自以为有举贤之功；苗自以为有能治其国之功；鲧自以为有陻塞之功，其罪不可得而正也。土平水清，吾事已定，则其所谓象恭比周，顽弗即工，汩陈五行，凡作于其心，害于其事；发于其事，害于其政者，始可见，故正其罪以谢天下，而天下服。彼四人者，亦奚辞焉。此用刑之法也。何以知水土已平，而后行四罪之诛也，曰其事载于封山、浚川之后，而又敷奏、明试，先赏功而后罚罪，先进贤而后黜不肖。圣人行事皆有次第也。然则自"受终"至此，皆为治水，他事则其相因者也。放重于流，窜重于放，殛重于窜，皆行其流宥之法，而轻重有权。流有舍法，《大司寇》其能改者，反于中国，三年不齿，今法编配放还是也。放，屏废，今法永不放还是也。窜，投之荒远，今法配远恶是也。殛，罚作。《多方》曰"我乃其大罚殛之"，今法重役居作是也。驩兜之罪，如经文，不应重于共工，而禹曰"何忧乎驩兜"。《左氏》"掩义隐贼。好行凶德"，则其强悍暴横，敢为患害，为可忧矣，独力保任共工亦可见。三苗恃险不禀，政教欲自用其国，其罪为叛，故窜于荒远，以见其自绝于中国也。鲧大兴民力，壅塞水道，九载绩用弗成，故罚作，以苦之。驩兜举共工抵罪，四岳举鲧而不坐，四岳贤，举鲧非私天下。以鲧为材，四岳达天下之情，使尧试之也，此定罪重轻之权也。三苗，姜姓国，左洞庭，右彭蠡。洞庭湖在今岳州巴陵县。彭蠡，鄱阳湖，在南康军都昌县。苗境，东西横亘千余里，为山泽林薮，富饶之国。幽州，《史记》作幽陵。崇山，在澧州澧阳县，或曰今驩州，恐非。三危，山名，在沙州炖煌县。羽山，在海州朐（qú）山县。

## 8.《絜斋家塾书钞》卷一

（宋）袁燮

象以典刑，流宥五刑，鞭作官刑，扑作教刑，金作赎刑。眚灾肆赦，怙终贼刑。钦哉，钦哉，惟刑之恤哉。流共工于幽洲，放驩兜于崇山，窜三苗于三危，殛鲧于羽山。四罪而天下咸服。

"象以典刑"者，象其所犯之罪，而加之刑也，言刑之与罪正相当也。《易》曰象也者，像此者也。象，有似之义。其罪大者，加之重典，罪小者加之平典，罪轻者加之轻典。刑与罪对，无毫厘之差，故谓之"象以典刑"。后世用刑，多是过差，何尝与罪相对。才是过差，便至于有罪者幸免，无辜者滥及。刑非其罪，非"象"也；难以常行，非"典"也。惟是恰好相当，无毫厘之差，故谓之"象"；可以万世常行，故谓之"典"。"流宥五刑"，有疑者，罪疑惟轻，故为流以宥之。"鞭作官刑"，"官刑"，谓庶人在官者，府史胥徒之类是也。既是庶人在官，必是才智过于凡民，与田野间庶人不同。故不施肉刑，而以鞭代之。"扑作教刑"，"扑"者，榎楚也。扑又与鞭不同。"金作赎刑"，使之输金以赎罪也。"眚灾肆赦，怙终贼刑"，"无目"者，谓之"眚"，言小民无知，误触刑宪，非其本情，有如眚者。如此者，直赦之。至于"怙终"者，为恶不悛，诚不可赦，然后加之以刑。前面"象以典刑"亦未曾用。至于此，则有所不赦矣。"钦哉，钦哉，惟刑之恤哉"，史臣叹舜之于刑，如此其忧恤。"恤"者，忧也。流、窜、放、殛，此事本在舜摄位之初，涉日已久，而载于此者，盖史臣因论舜钦恤刑章，故缀此事于后，以明其四罪，而天下咸服者，正以其忧恤之所致也。此作文之法也。何以知在摄位之初，只看十二州可见。禹治水，方分为十二。鲧殛而禹兴，则肇十二州时，鲧之死已久矣。而今序于下，以是知其在摄位之初也。今读二典，《舜典》比《尧典》加详，如巡守，如朝觐，如用刑，皆在于《舜典》，岂尧之时，无巡守、朝觐之制，而刑罚有不用哉？盖至舜而始备，故载于此耳。如唐虞之时，岂无贡赋。而贡赋之制，见于《禹贡》者，纤细曲折，至禹而始大备故也。凡读书皆当如此看。

## 9. 《书经集传》卷一

（宋）蔡沈

象以典刑，流宥五刑，鞭作官刑，扑作教刑，金作赎刑。眚灾肆赦，怙终贼刑。钦哉，钦哉，惟刑之恤哉。

宥，音又。眚，音省。象，如天之垂象以示人。而典者，常也，示人以常刑，所谓墨、劓、剕、宫、大辟五刑之正也，所以待夫元恶大憝，杀人伤人，穿窬淫放，凡罪之不可宥者也。"流宥五刑"者，流遣之，使远去，如下文流、放、窜、殛之类也。宥，宽也，所以待夫罪之稍轻，虽入于五刑，而情可矜，法可疑与。夫亲、贵、勋、劳而不可加以刑者，则以此而宽之也。"鞭作官刑"者，木末垂革，官府之刑也。"扑作教刑"者，夏楚二物，学校之刑也，皆以待夫罪之轻者。"金作赎刑"者，金，黄金；赎，赎其罪也。盖罪之极轻，虽入于鞭扑之刑，而情法犹有可议者也。此五句者，从重入轻，各有条理法之正也。肆，纵也。"眚灾肆赦"者，眚，谓过误；灾，谓不幸，若人有如此，而入于刑，则又不待流宥、金赎，而直赦之也。贼，杀也。"怙终贼刑"者，怙，谓有恃；终，谓再犯。若人有如此，而入于刑，则虽当宥、当赎，亦不许其宥，不听其赎，而必刑之也。此二句者，或由重而即轻，或由轻而即重，盖用法之权衡，所谓法外意也。圣人立法制刑之本末，此七言者大略尽之矣。虽其轻重取舍，阳舒阴惨之不同，然"钦哉，钦哉，惟刑之恤"之意，则未始不行乎其间也。盖其轻重毫厘之间，各有攸当者，乃天讨不易之定理，而钦恤之意行乎其间，则可以见圣人好生之本心也。据此经文，则五刑，有流宥而无金赎。《周礼·秋官》亦无其文。至《吕刑》乃有五等之罚疑，穆王始制之，非法之正也。盖当刑而赎，则失之轻；疑赦而赎，则失之重，且使富者幸免，贫者受刑，又非所以为平也。

## 10. 《尚书精义》卷三

（宋）黄伦

象以典刑，流宥五刑，鞭作官刑，扑作教刑，金作赎刑。眚灾肆赦，怙终贼刑。钦哉，钦哉，惟刑之恤哉。

荆公曰，先王以为人之罪，有被之五刑为已重，加之以宥鞭扑为已轻。已轻则不足以惩，已重则吾有所不忍。于是又为之制五流之法，以宥五刑之轻者。此则先王之仁。以鞭扑、五刑为未足以尽出入之差故也。

杨氏曰，昔舜命皋陶作士，而曰"五刑有服，五服三就；五流有宅，五宅三居"者，凡以用刑，有就轻，有就重，有就轻重之中。宅流，有居近，有居远，有居远近之中。凡以宥五刑之轻者而已，且先王制刑，有墨、劓、剕、宫、大辟，此五刑也。自此而下，有"鞭作官刑"，以治在官者焉；有"扑作教刑"，以治在学者焉。苟惟人之有罪，有被之五刑为已重，加之鞭扑为已轻。已重则在此者，有所不忍；已轻则在彼者有所不畏。于是又为五流之法，以宥五刑之轻者焉，于戏盛哉。其谓之祥刑，谓之明刑者，职此之由耳。

张氏曰，《易》曰"天垂象，见吉凶"，又曰"见乃谓之象"，则象者，垂以示人，使人见之之谓也。象以典者，所以治之也。象以刑者，所以制之也。典，如太宰之《六典》；刑，如司寇之五刑，皆有以示之，使之知所避就，则人之犯禁也鲜矣。人之罪，有加之刀锯，则为太重；有施之鞭扑，则为太轻。故于是，又制五流之法，所以宥五刑之轻者而已。流，如水之流也，或近或远，各因其罪之轻重而为之所也。"鞭作官刑"，所以治在官之贱者；"扑作教刑"，所以治在学之少者。在官、在学皆士也，其有不率者，则为之鞭扑以治之。所以儆其怠也。"金作赎刑"者，使之出金以赎其罪。盖五刑之有疑者，赦而从赎。《吕刑》所谓"其罚百锾"是也。"灾眚肆赦"者，所以宥"过"也；"怙终贼刑"者，所以刑"故"也。《康诰》曰"乃有大罪，非终，乃惟眚灾，适尔，既道极厥辜，时乃不可杀"，此"眚灾肆赦"之谓也。"人有小罪，非眚，乃惟终，自作不典，不可不杀"，此"怙终贼刑"之谓也。又曰"钦者，敬之至；恤者，忧之深"。重言"钦哉"，尤当钦其钦，而不敢忽也。曾子曰，如得其情，则哀矜而勿喜。《吕刑》曰"哀敬折狱"，则古人之于刑，未尝不钦恤之矣。

陈氏曰，古人有言曰，立大事必用铁钺。立大事不用铁钺，唯至敬者能之。舜之本心，钦谨在上，欲天下各安其所，而五刑不用。不幸而有败常乱俗者，舜不得已而用刑，则是舜之所忧也。恤，忧也。孔子曰"修己以安百姓，尧舜其犹病诸"。夫惟不得已而用刑，则民有不安者矣。民之有不安，宜舜之所以忧也。

## 11. 《尚书详解》卷二

（宋）陈经

（归善斋按，见前文"肇十有二州"）

## 12. 《融堂书解》卷一

（宋）钱时

象以典刑，流宥五刑，鞭作官刑，扑作教刑，金作赎刑。眚灾肆赦，怙终贼刑。钦哉，钦哉，惟刑之恤哉。

象者，所以示民也，若曰，犯某罪者，丽其法，昭然条列，揭而示之。司寇垂刑象之法于象魏，使万民观刑象，挟日而敛之，即其遗意也。官刑、教刑不涉五刑。于五刑之外，又别作鞭、扑之刑也。肆，遂也。刑降而有流，流降而有赎，赎降而又有赦。好生之德，恩被万世。天下之事，惟恤与不恤而已。民吾赤子也，其肢体，吾之肢体也。不幸而入于罪，哀矜恻怛（dá）惟恐伤之，而忍不恤乎？然而有莫之恤，皆不敬之故也。敬则本心无蔽，物我一体，其于刑自然知恤。舜之刑，全在一"恤"字上。欲知舜之"恤"全在一"钦"字上。"钦哉，钦哉，惟刑之恤哉"，辞气温厚，优游讽咏，使人哀矜之心油然而生。此民所以不犯有司钦。

## 13. 《尚书要义》卷二

（宋）魏了翁

三十、典刑是其身流宥离乡，典与五互见。

"象以典刑"，法用常刑，用不越法。"流宥五刑"，以流放之法宽五刑。流，谓徙之远方，放使生活，以流放之法宽纵五刑也。此惟解以流宽之刑，而不解宥宽之意。郑玄云，其轻者或流放之，四罪是也。王肃云，谓君不忍刑杀，宥之以远。然则应刑者，其法是常，其数是五。"象以典刑"，谓其刑之也。"流宥五刑"，谓其远纵之也。流，言五刑，则典刑亦五，其文互以相见。王肃云，言宥五刑，则五刑见矣，是言二文相通之意也。典刑是其身，流宥离其乡，流放致罪为轻，比鞭为重，故次典刑之下，先言流宥。鞭扑虽轻，犹亏其体，比于出金赎罪又为轻，且《吕刑》五罚，虽主赎五刑，其鞭扑之罪亦容输赎，故后言之。此正刑五，与流宥鞭扑，俱有常法。"典"字可以统之，故发首言"典刑"也。

## 14. 《书集传或问》卷上

（宋）陈大猷

或问，子既从吴说，以五刑非肉刑，则典刑果何刑乎？曰，自汉文除肉刑，至今日，自死刑之外，所用止笞杖。窃意唐虞之制，亦犹是欤。曰，林氏说，肆赦，谓未获者纵之，已获者赦之，如何？曰，纵，谓释其身；赦，谓除其罪。纵者必赦，赦而后纵，故连言之，非谓已获与未获也。永嘉郑氏虽以典刑为肉刑，然大意条达附见于此（郑曰，古有肉刑，非圣人忍于杀戮也。民习乎重，不可遽轻者，势也。时雍之世，刑措不用。舜始制为轻典，以养其自爱重犯法之心，为五刑以宥其大者，为鞭、为扑以待其小者，犹以为未也，又为赎、为赦，以恕具法之可疑，情之可矜者。肉刑盖将无用矣，而不敢废也。象以示民，使之知所避耳，所谓画象而民不犯者欤）。

## 15. 《尚书详解》卷一

（宋）胡士行

象（孔云，法也，法用常刑。王云，象者，垂以示人。《周官》"垂之象魏"是也。王者之法，如江河，必使易避而难犯。《荀子》云治古无肉刑而有象法。世俗谓，画衣冠，易章服而民不犯是也）以（用）典（常）刑（肉刑，墨、劓、剕、宫、大辟），流（放）宥（宽恕）五刑（宥而不刑则放之），鞭作官（官事）刑，扑（夏楚）作教刑（不勤学业则朴之），金（黄金）作赎刑（误则入金赎刑），眚（自己误犯）灾（因人致罪）肆（未获则宽纵之）赦（已获则除释之），怙（有所恃而为恶）终（不悛）贼刑（杀刑之）。

肉刑，疑不仁者。然垂示之，使不犯，又流以宥之，鞭扑以警之，又于眚灾者肆赦之，必怙终而后贼刑焉。则刑之所及者，长恶不悛之人而已，若严而实宽也。林云，肆，纵缓不勤事者。《左传》，杀人不忌为贼，三赦、三刑。

## 16. 《书纂言》卷一

（元）吴澄

象以典刑，流宥五刑，鞭作官刑，扑作教刑，金作赎刑。眚灾肆赦，怙终贼刑。钦哉，钦哉，惟刑之恤哉。

象图所用五刑之象以示人，所谓唐虞画衣冠，而民不犯也。《周官》悬刑象之法于象魏，使万民观之，盖亦由是。典刑，谓墨、劓、剕、宫、大辟五等重刑，典章所载之常法也。流，谓徙之远方，若水之流去然。宥，宽之也。五刑，即典刑。鞭，木末垂革。官刑，官府之刑。扑，夏楚二物。教刑，教学之刑也。金，赤金，铜也。赎，赎其罪也。古者赎罪用铜，汉及后魏用黄金，唐宋复用铜。盖寇贼奸宄之大恶，宜服五等之重刑。但圣人至仁，不忍轻用，故图象以示，使之知畏，而不敢犯。如此而犹有犯者，乃不得已而刑之也。五者之刑至重，然苟其罪之可疑，与夫不当施刑之人，则以五流之法宥之。至于官府、学校之间，或有慢令、违令者，既不可待以五刑，又不可无以惩戒，故设鞭扑之轻刑，使之知愧而不欲犯。《周官》条狼氏掌执鞭以趋辟。《誓大夫》曰，敢不关，鞭五百。《仪礼·乡射记》楚扑长如笴射者，有过则挞之，即此官刑、教刑也。二者之刑虽轻，然苟其情之可矜，与夫不堪受刑之人，则以罚金之法赎之。此五句者，有重有轻，各有攸当，法之正也。眚，过误也。灾，殃祸也。肆，纵之也。赦，除释也。怙，恃也。终，不悛也。贼，以寇贼治之也。承上文而言，所犯轻刑之可矜者，虽在罚赎之法例，然或其人因过误致灾而丽于刑，则又不令罚赎，而直纵肆以赦之；所犯重刑之可疑者，虽在议宥之科，然或其人因怙恃不悛而丽于刑，则又不令议宥，而如寇贼以刑之。此二句者，或由重而即轻，或由轻而即重，盖用法之权衡，法外意也。通前后七句，圣人立法制刑之本末具矣。而主之以敬慎，重详审，常以慈祥恻怛之意行乎其中，故曰"钦哉，钦哉，惟刑之恤哉"。恤，谓怜悯之也。程子曰，《史记》载舜制刑之法，重明舜之意，言敬谨哀矜之至。朱子曰，古所谓赎刑者，赎鞭扑。五刑有流宥，而无金赎。《周官》亦无其文。至《吕刑》乃有五等之罚，疑穆王始制之，非先王之法也。

## 17. 《书集传纂疏》卷一

（元）陈栎

象以典刑，流宥五刑，鞭作官刑，扑作教刑，金作赎刑。眚灾肆赦，怙终贼刑。钦哉，钦哉，惟刑之恤哉。

象如天之垂象以示人，而典者，常也。示人以常刑，所谓墨、劓、荆、宫、大辟，五刑之正也。所以待夫元恶大憝，杀人伤人，穿窬淫放，凡罪之不可宥者也。"流宥五刑"者，流，遣之使远去，如下文流、放、窜、殛之类也。宥，宽也，所以待夫罪之稍轻，虽入于五刑，而情可矜，法可疑与。夫亲、贵、勋、劳，而不可加以刑者，则以此而宽之也。"鞭作官刑"者，木末垂革，官府之刑也。"扑作教刑"者，夏楚二物，学校之刑也，皆以待夫罪之轻者。"金作赎刑"者，金，黄金；赎，赎其罪也。盖罪之极轻，虽入于鞭扑之刑，而情法犹有可议者也。此五句者，从重入轻，各有条理，法之正也。肆，纵也。"眚灾肆赦"者，眚，谓过误；灾，谓不幸。若人有如此而入于刑，则又不待流宥金赎，而直赦之也。贼，杀也。"怙终贼刑"者，怙，谓有恃；终，谓再犯。若人有如此而入于刑，则虽当宥、当赎，亦不许其宥，不听其赎，而必刑之也。此二句者，或由重而即轻，或由轻而即重，盖用法之权衡，所谓法外意也。圣人立法制刑之本末，此七言者大略尽之矣。虽其轻重取舍，阳舒阴惨之不同，然"钦哉，钦哉，惟刑之恤"之意，则未始不行乎其间也。盖其轻重毫厘之间，各有攸当者，乃天讨不易之定理，而"钦恤"之意行乎其间，则可以见圣人好生之本心也。据此经文，则五刑有流宥，而无金赎。《周礼·秋官》亦无其文。至《吕刑》乃有五等之罚，疑穆王始制之，非法之正也。盖当刑而赎，则失之轻，疑赦而赎，则失之重，且使富者幸免，贫者受刑，又非所以为平也。

**纂疏**

语录：象者，如悬象魏之象，或谓画为五刑之状，亦可。此段极有条理，又轻重平实。流以宥五刑，赎以宥鞭扑，如此乃平正精详，真舜之法也。象者，象其人所犯之罪，而加以所犯之刑，即墨至大辟之常刑也。
"象以典刑"一句，乃五句之纲领，诸刑之总括，犹今之刑，皆结于笞、
杖、徒、流、绞斩也。"流宥五刑"者，犯此五刑，而情轻可恕，则流以
宥之。如"五流有宅，五宅三居"是也。"鞭作官刑"，此官府之刑，如
今鞭挞吏人。《周礼》治胥史，鞭五百、三百之类。"扑作教刑"，此学官
之刑，犹今之学舍榎楚、侯明、挞记之类是也。"金作赎刑"，谓鞭扑二
刑之可恕者，许用金以赎罪也。如此解释，则五句之义，岂不粲然明白。
"象以典刑"之轻者，有流以宥之；鞭扑之刑之轻者，有金以赎之。流
宥，所以宽五刑；赎，所以宽鞭扑。圣人斟酌损益，低昂轻重，莫不合天
理人心之当然，而无毫厘杪忽之差，所谓既竭心思，继以不忍人之政者，
如何说圣人专意教化，刑非所急。圣人固以教化为急，若有犯者，须以此
刑治之，岂得置而不用。赎五刑，起周穆王。古赎刑，赎鞭扑耳，夫既已
杀伤人，又使得以金赎，则有财者皆可杀伤人，无辜被害者，何大不幸
也。且杀人者，安居乡里，彼孝子顺孙，岂肯安于此乎？所以屏之远方，
彼此两全之也。"象以典刑"者，画象而示民以五等肉刑之常法也。"流
宥五刑"者，放之于远，以宽犯此肉刑，而情轻之人也。"鞭作"至"教
刑"者，官府、学校之刑，以驭夫罪之小，而未丽于五刑者也。"金作赎
刑"者，使入金而免其罪，以赎犯鞭扑之刑，而情之又轻者也，此五者刑
之法也。"眚灾肆赦"者，言不幸而触罪者，则肆而赦之。"怙终贼刑"
者，言有恃而不改者，则贼而刑之。此二者法外之意，犹今律令之名例
也。"钦哉"至"恤哉"者，则圣人畏刑之心，闵死者不可复生，刑者不
可复续，惟恐察之有不审，刑之有不当，虽已得其情，犹矜其不教无知，
而抵冒至此也。详此数言，圣人制刑之意可见，而其轻重浅深，出入取舍
之际，亦已审矣。虽其重者，或至诛斩断割而不少贷，然本其所以至此，
则其施于人者，已先有如是之酷。是以圣人不忍被酷者，衔冤负痛，而为
是以报之。虽情甚惨，而语其实，则为适得其宜。虽以不忍之心，畏刑之
甚，而不得赦也。惟情之轻者，乃得于此施其不忍严刑之意，而有以宥
之，然亦必投之远方，以御魑魅。盖以此等所犯，非杀伤人，则必或淫，
或盗，情虽轻，而罪实重。若使既免于刑，又得还乡，复为平民，则被害
者之寡妻、弱子，将何面目见之。而此幸免之人，了无所伤，又将遂其恶

而不悔，所以必流以宥之也。若鞭扑之刑，虽刑至轻，而情之轻者，亦许入金以赎，而不忍辄以真刑加之，意亦仁矣。然流专以宥肉刑，而不下及于鞭扑；赎专以宥鞭扑，而不上及于肉刑。轻重之间，又未尝不致详也。至于过误必赦，故犯必诛，则又权衡乎五者之内。钦钦，恤刑之旨，则常贯通乎七者之中。此圣人制刑明辟之意，所以虽或至于杀人，而其反覆表里，至精至密之妙，一一皆从广大虚明心中流出，而非私智之所为也。或者乃谓，上古惟有肉刑，舜之为流、赎、鞭、扑，乃不忍而始为轻刑，则是自尧以上，虽犯鞭扑之刑者，亦使从墨劓之坐，而舜乃不忍于杀伤凶贼，而反忍于见杀伤之良民也。圣人之心，其不如是之偏倚失正明矣。又谓，周穆五刑皆赎，为能复舜之旧者，则亦不察夫舜之赎，初不上及于五刑，又不察穆之法亦必疑而后赎也。且汉宣之世，张敞以兵食不继，建入谷赎罪之法，初未尝及杀伤与盗也。萧望之等犹以为，如此则富者得生，贫者独死，恐开利路，以伤治化。曾谓帝世之隆，而以是为得哉。若穆王之事，殆必由巡游财匮，末年无以为计，为此权宜之术以自丰，又讬于轻刑之说以干誉。夫子存之，盖以示戒焉耳。又象刑说辨郑景望轻刑论，多有人解"钦恤"为"宽恤"之"恤"，如被杀者不令偿命，死者何辜，乃"矜恤"之"恤"耳。问，五刑，吴才老说是五典之刑，如所谓不孝、不弟之刑。曰，此是乱说。人有罪，合用五刑，如何不用。

## 18.《读书丛说》卷二

（元）许谦

（归善斋按，未解）

## 19.《书传辑录纂注》卷一

（元）董鼎

象以典刑，流宥五刑。鞭作官刑，扑作教刑，金作赎刑。眚灾肆赦，怙终贼刑。钦哉，钦哉，惟刑之恤哉。

象，如天之垂象以示人。而"典"者常也。示人以常刑，所谓墨、劓、荆、宫、大辟。五刑之止也，所以待夫元恶大憝。杀人，伤人，穿窬淫放，凡罪之不可宥者也。"流宥五刑"者，流遣之，使远去，如下文流、放、窜、殛之类也。宥，宽也，所以宽夫罪之稍轻，虽入于五刑而情可矜，法可疑，与夫亲贵、勋、劳，而不可加以刑者，则以此而宽之也。"鞭作官刑"者，木末、垂革，官府之刑也；"扑作教刑"者，夏楚二物，学校之刑也，皆以待夫罪之轻者。"金作赎刑"者，金，黄金；赎，赎其罪也。盖罪之极轻，虽入于鞭扑之刑，而情法犹有可议者也。此五句者，从重入轻，各有条理，法之正也。肆，纵也。"眚灾肆赦"者，眚，谓过误；灾，谓不幸，若人有如此而入于刑，则又不待流、宥、金赎，而直赦之也。贼，杀也。"怙终贼刑"者，怙，谓有恃；终，谓再犯。若人有如此而入于刑，则虽当宥、当赎，亦不许其宥，不听其赎，而必刑之也。此二句者，或由重而即轻，或由轻而即重，盖用法之权衡，所谓法外意也。圣人立法制刑之本末，此七言者，大略尽之矣。虽其轻重取舍，阳舒阴惨之不同，然"钦哉，钦哉，惟刑之恤"之意，则未始不行乎其间也。盖其轻重毫厘之间，各有攸当者，乃天讨不易之定理，而钦恤之意行乎其间，则可以见圣人好生之本心也。据此经文，则五刑有流、宥，而无金赎。《周礼·秋官》亦无其文。至《吕刑》乃有五等之罚，疑穆王始制之，非法之正也。盖当刑而赎，则失之轻，疑赦而赎，则失之重，且使富者幸免，贫者受刑，又非所以为平也。

**辑录**

云云，夫岂一于轻而已哉，又以舜命皋陶之辞考之，士官所掌，惟象、流二法而已。其曰"惟明克允"则或刑，或宥，亦惟其当，而无以加矣，又岂一于宥，而无刑哉。今必曰尧舜之世有宥而无刑，则是杀人者不死，而伤人者不刑也。是圣人之心不忍于元恶大憝，而反忍于衔冤抱痛之良民也。是所谓"怙终贼刑"，"刑故无小"者，皆为空言，以误后世也。其必不然也，亦明矣。夫刑，虽非先王所恃以为治，然以刑弼教，禁民为非，则所谓伤肌肤以惩恶者，亦既竭心思，而继之以不忍人之政之一端也。今徒、流之法，既不足以止穿窬淫放之奸。而其过于重者，则又有不当死而死，如强暴贼满之类者。苟采陈群之议，一以宫、刖之辟当之，则虽残其支体，而实全其躯命，且绝其为乱之本，而使后无以肆焉，岂不仰合先王之意，而下适当时之宜哉。况君子得志而有为，则养之之具，教之之术，亦必随力之所至而汲汲焉。固不应因循，苟且直以不养、不教为当然，而熟视其争夺相杀于前也。《答郑景望书》后一半。前一半蔡传全用，正好生之本心。象者，象其人所犯之罪而加之以所犯之刑。典，常也，即墨、劓、剕、宫、大辟之常刑也。"象以典刑"此一句，乃五句之纲领，诸刑之总括，犹今之刑皆结于笞、杖、徒、流、绞斩也。凡人所犯合墨，则加以墨刑；所犯合劓，则加以劓刑；剕、宫、大辟皆然，犹夷人定法，伤人者偿创折人手者，亦折其手；伤人目者，亦伤其目之类。"流宥五刑"者，其人所犯合此五刑，而情轻可恕，或因过误，则全其支体，不加刀锯，但流以宥之，屏之远方，不与同齿，如"五流有宅，五宅三居"之类是也。"鞭作官刑"者，此官府之刑，犹今之鞭挞吏人，盖自有一项刑，立以治官府之胥史，如《周礼》治胥史，鞭五百，鞭三百之类。"扑作教刑"此一项，学官之刑，犹今之学舍夏楚，如习射、习艺，春秋教以礼乐，冬夏教以诗书。凡教人之事，有不率者，则用此刑扑之，如侯明、挞记之类是也。"金作赎刑"，谓鞭扑二刑之可恕者，则许用金以赎其罪。如此解释，则五句之义，岂不粲然明白。"象以典刑"之轻者，有流以宥之；鞭扑之刑之轻者，有金以赎之。流宥，所以宽五刑；赎刑，所以宽鞭扑。圣人斟酌损益、低昂、轻重，莫不合天理人心之自然，而无毫厘秒忽之差，所谓"既竭心思焉，继之以不忍人之政"，如何说圣人专意只在教化，刑非所急。圣人固以教化为急，若有犯者，须以此刑治之，岂得置而不用。问，赎刑非古法？曰，然，赎刑起周穆王。古之所谓赎刑者，赎鞭扑耳。夫既以杀人伤人矣，又使之得以金赎，则有财者皆可以杀人伤人，而无辜被害者，何其大不幸也。且杀人者，安然居乎乡里，彼孝子顺孙之欲报其亲者，岂肯安于此乎？所以屏之四裔，流之远方。彼此两全之也。僩。圣人之心未感于物，其体广大而虚明，绝无毫发偏倚，所谓天下之大本者也。及其感于物也，则喜怒哀乐之用，各随所感而应之，无一不中节者，所谓天下之达道也。盖自本体而言，如镜之未有照，则虚而已矣，如衡之未有所加则平而已矣。至语其用，则以其至虚，而好丑无所遁其形；以其至平，而轻重不能违其则，此所以致其中和，而天地位万物育。虽以天下之大，而不外乎吾心造化之中也。以此而论，则知圣人之于天下，其所以庆赏威刑之具者，莫不各有所由。而《舜典》所论"敷奏以言，明试以功，车服以庸"，与夫制刑明辟之意，皆可得而言矣。虽然，喜而赏者，阳也，圣人之所欲也；怒而刑者，阴也，圣人之所恶也。是以圣人之心，虽曰至虚至平无所偏倚，而于此二者之间，其所以处之，亦不能无少不同者。故其言又曰"罪疑惟轻，功疑惟重"，此则圣人之微意。然其行之也，虽曰好赏，而不能赏无功之士；虽曰恶刑，而不敢纵有罪之人。而功罪之实，苟已晓然而无疑，则虽欲轻之重之而不可得，是又未尝不虚不平。而大本之立，达道之行，固自若也。故其赏也，必察其言，审其功，而后加以车服之赐。其刑也，必曰"象以典刑"者，画象而示民，以墨、劓、剕、宫、大辟五等肉刑之常法也。其曰"流宥五刑"者，放之于远，所以宽夫犯此肉刑而情轻之人也。其曰"鞭作官刑，扑作教刑"者，官府、学校之刑，所以驭夫罪之小而未丽于五刑者也。其曰"金作赎刑"者，使之入金而免其罪，所以赎夫犯此鞭扑之刑而情之又轻者也。此五者，刑之法也。其曰"眚灾肆赦"者，言不幸而触罪者，则肆而赦之。其曰"怙终贼刑"，言有恃而不改者，则贼而刑之。此二者，法外之意，犹今律令之名例也。其曰"钦哉，钦哉，惟刑之恤哉"者，此圣人畏刑之心，闵夫死者之不可复生，刑者之不可复续，惟恐察之有不审，施之有不当，又虽已得其情，而犹必矜其不教无知而抵冒至此也。呜呼，详此数言，则圣人制刑之意可见。而其于轻重，浅深，出入，取舍之际，亦已审矣。虽其重者，或至于诛斩断割而不少贷。然本其所以至此，则其所以施于人者，亦必尝有如是之酷矣。是以圣人不忍其被酷者衔冤负痛，而为是以报之。虽若甚惨，而语其实，则为适得其宜。虽以不忍之心，畏刑之甚，而不得赦也。惟其情之轻者，圣人于此，乃得以施其不忍畏刑之意，而有以宥之，然亦必投之远方，以御魑魅。盖以此等所犯，非杀伤人，则亦或淫，或盗，其情虽轻，而罪实重，若使既免于刑，而又得使还乡，复为平民，则彼之被其害者寡妻孤子，将何面目以见之。而此幸免之人，发肤支体了无所伤，又将得以遂其前日之恶而不悔。此所以必曰流以宥之，而又有"五流有宅，五宅三居"之文也。若夫"鞭扑之刑"，则虽刑之至小，而情之轻者，亦必许其入金以赎，而不忍辄以真刑加之，是亦仁矣。然而流专以宥肉刑，而不下及于鞭扑；赎专以待鞭扑，而不上及于肉刑。则其轻重之间，又未尝不致详也。至于过误必赦，故犯必诛之法，则又权衡乎五者之内。"钦哉，钦哉，惟刑之恤"之旨，则常通贯乎七者之中。

此圣人制刑明辟之意，所以虽或至于杀人，而其反覆表里，至精至密之妙，一一皆从广大虚明心中流出，而非私智之所为也。而或者之论，乃谓上古惟有肉刑，舜之为流，为赎，为鞭，为扑，乃不忍民之斩戮，而始为轻刑者，则是自尧以上，虽犯鞭扑之刑者，亦必使从墨劓之坐，而舜之心乃不忍于杀伤淫盗之凶贼，而反忍于见杀见伤为所侵犯之良民也。圣人之心，其不如是之残忍偏倚而失其正，亦已明矣。又谓周之穆王，五刑皆赎，为能复舜之旧者，则固不察乎舜之赎，初不上及五刑；又不察乎穆王之法，亦必疑而后赎也。且以汉宣之世，张敞以讨羌之役，兵食不罗，建为入谷赎罪之法，初亦未尝及夫杀人及盗之品也。而萧望之等犹以为如此，则富者得生，贫者独死，恐开利路以伤治化，曾谓三代之隆，而以是为得哉。呜呼。世衰学绝，士不闻道，是以虽有粹美之资，而不免一偏之弊。其于圣人公平正大之心，有所不识，而徒知切切焉饰其偏见之私，以为美谈。若此多矣，可胜辨哉。若夫穆王人事，以予料之，殆必由其巡游无度，财匮民劳，至其末年无以为计，乃特为此一切权宜之术以自丰，而又讬于轻刑之说，以违道而干誉耳。夫子存之，盖以示戒。而程子策试尝发问焉，其意亦可见矣。或者又谓，四凶之罪不轻于少正卯，舜乃不诛而流之，以为轻刑之验。殊不知，共兜朋党，鲧功不就，其罪本不至死。三苗拒命，虽若可诛，而蛮夷之国，圣人本以荒忽不常待之，虽有负犯，不为畔臣，则姑窜之远方，亦正得其宜耳，非故为是，以轻之也。若少正卯之事，则予尝窃疑之。盖《论语》所不载，子思、孟子所不言，虽以《左氏春秋》内外传之诬且驳，而犹不道也，乃独荀况言之，是必齐鲁陋儒愤圣人之失职，故为此说，以夸其权。吾又安敢信其言，遽稽以为决乎？聊并记之，以俟来者。《象刑说》。问，吴才老云，是五典之刑，如所谓不孝之刑，不悌之刑。先生曰，此是乱说。凡人有罪，合用五刑，如何不用。荀子有一篇专论此意说得甚好。铢。或问，"钦哉，钦哉，惟刑之恤哉"。先生曰，多有人解《书》做"宽恤"之"恤"。某之意不然。若作"宽恤"，如被杀者不令偿命，死者何辜？大率是说，刑者，民之司命，不可不谨，如断者不可续，乃"矜恤"之"恤"耳。友仁。今之法家，多惑于报应祸福之说，故多出人罪以求福报。夫使无罪者不得直，而有罪者反得释，是乃所以为恶耳，何福报之有？《书曰》"钦哉，钦哉，惟刑之恤哉"，所谓"钦恤"云者，正以详审曲直，令有罪者不得免，而无罪者不得滥刑也。今之法官，惑于"钦恤"之说，以为当宽人之罪，而出其法，故凡罪之当杀者，莫不多为可出之涂，以俟奏载。既云奏载，则大率减等，当斩者配，当配者徒，当徒者杖，当杖者笞，是乃卖弄条贯，侮法而受赇者耳，何"钦恤"之有？古之律令，谓法不能决者，则俟奏载。今乃明知其罪之当死，亦莫不为可生之涂，以生之。惟寿皇不然，其情理重者皆杀之。偶。参用《格言》。

## 20. 《尚书句解》卷一

（元）朱祖义

象以典刑（象者，垂以示人，盖示民以常刑，使知所避，即《周官》垂刑象于象魏）。

## 21. 《尚书日记》卷二

（明）王樵

"象以典刑"至"惟刑之恤哉"。常刑有五，墨，黥也，先刻其面，以墨窒之。劓，截其鼻也。宫，男割势，妇幽闭。刖，断足也，周改膑，作刖。大辟，死刑也。流，远放之名。宥，宽也，所以待夫罪之稍轻，虽入于五刑，而情可矜，法可疑与。夫亲、贵、贤、能、功、勤之当议者，则以此而宽之也。鞭，木末垂革，施于官府。扑，夏楚二物，施于学校。金，黄金；赎，赎其罪也。此待夫虽入于鞭扑，而情法犹有疑者也。此五者，从重入轻，各有条理，法之正也。眚，过也，如所谓过失、遗忘之类。灾，谓不幸，如因水火、亡失官物之类。肆，犹"肆大眚"之"肆"，谓不待流宥、金赎而直赦之也。怙者，有恃而故犯；终者，不悛而再犯。情若如此，则不许其宥、赎而必刑之也。此二者，用法之权衡，所谓法外意也。圣人立法制刑之本末，此七言者，大略尽之。终之曰"钦哉，钦哉，惟刑之恤哉"者，此圣人畏刑之心，闵夫死者之不可复生，刑者之不可复续，惟恐察之有不审，施之有不当，又虽已得其情，而犹必矜其不教无知，而抵冒至此也。盖轻重毫厘之间，各有攸当者，乃天讨不易之定理，而钦恤之意行乎其间，则可以见圣人好生之本心也。或者之论，乃谓上古惟有肉刑，舜之为流，为赎，为鞭，为扑，乃不忍民之斩戮，而始为轻刑者，则是自尧以上，罪无轻重，无降等之坐，而舜之心乃独不忍于为恶之凶人，而反忍于被害之良民也。其不然亦已明矣。又谓，周之穆王，五刑皆赎，为能复舜之旧者，则固不察乎舜之赎，初不上及于五刑；又不察乎穆王之法，亦必疑而后赎也。且以汉宣之世，张敞以讨羌之役，兵食不继，建为入谷赎罪之法，初亦未尝及夫杀人及盗之品也，而萧望之等犹以为，如此则富者得生，贫者独死，恐开利路，以伤治化，曾谓帝王之世而有是哉。正义曰，舜既制此典刑，又陈典刑之义，以敕天下百官，使敬之哉，敬之哉，惟此刑罚之事最须忧念之哉，忧念此刑，恐有滥失，欲使得中也。

朱子曰，多有人解《书》，做"宽恤"之"恤"。某之意不然。若做"宽恤"，如被杀者不令偿命，死者何辜。大率是说，刑者，民之司命，不可不谨耳。又曰，所谓钦恤者，欲其详审曲直，令有罪者不得免，而无罪者不得滥刑也。

愚按，皋陶言"帝好生之德洽于民心"，此经二句，乃是描写出舜好生之心也。按，自汉文帝除肉刑，后世之五刑降死一等，则流、徒、笞、杖而已。生刑、死刑，轻重相悬，不能使民无犯，善乎。胡仁仲之言曰，生刑轻则易犯，是教民以无耻也；死刑重则难悔，是绝民自新之路也。生刑、死刑，轻重不相悬，然后民知所避，而风化兴矣。

朱子曰，刑虽非先王所恃以为治，然以刑弼教，禁民为非，则所谓伤肌肤以惩恶者，亦既竭心思而继之以不忍人之政之一端也。今徒流之法，既不足以止穿窬淫放之奸；而其过于重者，则又有不当死而死。如强暴赃满之类者，苟采陈群之议，一以宫、刖之辟当之，则虽残其肢体，而实全其躯命，且绝其为乱之本，而使后无以肆焉，岂不仰合先王之意，而下适当时之宜哉。况君子得志而有为，则养之之具，教之之术，亦必随力之所至而汲汲焉。固不应因循苟且，直以不教不养为当然，而熟视其争夺相杀于前也。

## 22.《御制日讲书经解义》卷一

象以典刑，流宥五刑。鞭作官刑，扑作教刑，金作赎刑。眚灾肆赦，怙终贼刑。钦哉，钦哉，惟刑之恤哉。

此一节书，是舜维持天下之法也。象，如天之垂象以示人。典，常也。迁徙远方曰流。宥，宽也。无心之过，误谓之眚；不幸而获过，谓之灾。肆，释也。怙，倚恃也。终，再犯也。贼，杀也。恤，悯恻之意。舜摄位时，设为墨、劓、剕、宫、大辟五等之常刑，以明示天下，如日月星辰，天之垂象，使人晓然共知，所以待夫罪之重者。然虽入五刑，而情犹可疑，法犹可议，则发遣远方，以宽宥之，此重中之轻。五刑之外，有鞭刑，用之官府；有扑刑，施之学校，所以待夫罪之轻者。然入是刑，而情犹可矜，法犹可恕，则又许出金以赎之。此轻中之轻，所谓法之经也。若入于五刑、鞭扑之中，或眚而过误，灾而不幸，此情轻可矜者，则不待流宥、金赎而直赦之。或藉宠而有恃不悛而再犯，此情重可恶者，则不许流宥、金赎而刑杀之，所谓法之权也。因罪重轻，立于常法之中；因情取舍，通于常法之外。圣人之制刑如此，然其心果何心哉，盖其错综斟酌，敬之又敬，虽经权并行，而不敢遂以为当罪；惨舒并用，而不敢自以为得。情戚戚然，惟以刑为民命之所关，而无所不致其忧也。盖死者不可复生，断者不可复续，稍失其平，所关匪细。虞帝用威之中，而益见其仁恩之至，故好生之心，千载而下如或见之。

## 《尚书通考》卷五

（元）黄镇成

象以典刑，流宥五刑。鞭作官刑，扑作教刑，金作赎刑。眚灾肆赦，怙终贼刑。钦哉，钦哉，惟刑之恤哉。

（图）

蔡氏曰，象如天之垂象以示人。示人以常刑，五刑之正也，所以待夫元恶大憝，杀人、伤人、穿窬淫放，凡罪之不可宥者也。"流宥五刑"，所以待夫罪之稍轻，虽入于五刑，而情可矜，法可疑，与夫亲贵、勋劳而不可加以刑者，则以此而宽之也。"鞭作官刑"者，木末垂革，官府之刑也（朱子曰，自有一项刑，治官府之胥吏，如《周礼》治胥吏，鞭五百，鞭三百之类）。"扑作教刑"者，夏楚二物，学校之刑也（朱子曰，凡教人之事，有不率者，则用此刑鞭扑之，如侯明挞记之类）。皆以待夫罪之轻者。"金作赎刑"者，盖罪之极轻，虽入于鞭扑之刑，而情法犹有可议者也。此五句者，从重入轻，各有条理法之正也。"眚灾肆赦"者，过误而不幸入于刑，则不待流宥、金赎而直赦之也。"怙终贼刑"者，有恃而再犯，则虽当宥、当赎，亦必刑之。此二句，或由重而即轻，或由轻而即重，盖用法之权衡，所谓法外意也。其轻重取舍不同，然钦恤之意，则未始不行乎其间也。盖其轻重毫厘之间，各有攸当者，乃天讨不易之定理，而钦恤之意行乎其间，则可以见圣人好生之本心也。

朱子曰，流专以宥肉刑，而不下及于鞭扑；赎专以待鞭扑，而不上及于肉刑，则其轻重之间，未尝不致详也。至于过误必赦，故犯必诛之法，则又权衡夫五者之内。钦恤之旨，则常通贯乎七者之中。此圣人制刑明辟之意，至精至密，一一皆从广大虚明心中流出，而非私智之所为也。

## 《读书管见》卷上

（元）王充耘

象以典刑。

象，非如天之垂象以示人。盖罪有小大，故刑有轻重，刑所以仿象其罪，而加之耳。

"象以典刑"一段是立格例，"流共工"一段是断例。

舜受终之后，观象以齐七政，是整齐天时；祭告是交神明；朝觐巡守，是整齐人事；封山浚川，是理地道。末后至制刑用法而终焉。见舜自得位之后，天、地、神、人之事，一切经理皆遍。其规模广大，综理周密，真所谓上下与天地同流，岂曰小补之哉？

## 《尚书疑义》卷一

（明）马明衡

"象以典刑"一节，文公先生解说亦明。盖五刑即典刑也。谓之象者，如"布法象魏"之"象"，明以示之，使人知而不敢犯。既知而犹犯焉，则不得已而施刑，又以警其后也。是圣人虽用刑，而其心欲期无刑也。然于犯五刑之中，或有不幸而入于此，如叔向之类，则又当宥之。盖据其迹，虽丽于刑，原其心实无为恶。如《周礼》调人使辟之说，所以表其不能安居之意，而亦以伸孝子悌弟之情，所谓"流宥五刑"也，五刑乃肉刑也，此外又有所当惩而不可加以肉刑者，则有官刑、教刑、赎刑焉。是五刑所以待夫为恶，刑之正者也。而三刑者，则以振作其政事，弥缝其教令者也。于此可以见圣人之政，无一不当其可。而又有"肆赦贼刑"以权之；"钦恤"以主之，可谓尽矣。盖圣人之心至仁，而其流行，普遍纤悉精密，皆合乎当然之则，学者潜心而实体之，则可以知内外合一之道矣。

## 《尚书砭蔡编》

（明）袁仁

象以典刑。

注谓象如天之垂象以示人，似也。至以墨、劓、剕、宫、大辟为五刑，则误矣。《吕刑》谓苗民始作五虐之刑，爰始淫为劓、刵、椓、黥，则舜时无是法也。特画象于服以辱之耳。《慎子》云有虞之诛，以幪巾当墨，草缨当劓，菲履当剕，靴（阙）当宫，布衣无领当大辟。汉武诏曰，尧舜画衣冠，而民不犯，正谓此也。

## 《尚书疏衍》卷二

（明）陈第

象以典刑。

《虞书》五刑，汉孔安国、马融、郑玄，魏王肃，唐孔颖达，宋蔡仲默皆以墨、劓、剕、宫、大辟当之。愚窃以为不然。夫以至德禅让之际，时雍风动之时，乃制肉刑以待天下，岂理也哉？故"怙终贼刑"，杀也。降此，则有流，有鞭，有朴，有赎。是以四凶之罪，流之，放之，窜之，殛之。庶顽谗说，挞之，书之，此其彰彰，悬象若日月也。肉刑之设，不知所起。《吕刑》云苗民弗用灵，爰始淫为劓、刵、椓、黥。至《周礼》，司刑掌五刑之法，以丽万民之罪。于是，墨、劓、剕、宫、杀之文，始明征可考。周之盛时，刑措不用，有五声听之，八议宽之，太和元气，未始不洋诩于宇宙间也。汉文帝深伤"夫死者，不可复生；刑者，不可复续"。于是遂除肉刑。千古之至仁也。惟黥、劓、剕虽除，而宫刑尚在。

是以史迁之贤，不得全肢体于世，君子悲之矣。虽然刑以弼教，闲邪息暴乱也。古之圣人兢兢然，不敢以意重之以伤民命，亦不敢以意轻之以失奸宄。汉文帝诏云，有虞氏之时，画衣冠，异章服，以为戮，而民弗犯。此亦形容其从欲之治云尔。乃儒者矫为之说，曰五帝画衣冠，而民知禁。犯墨者，皂其巾；犯劓者，丹其服；犯膑者，墨其体；犯宫者，杂其屦；大辟之罪，布其衣裾而无颜。缘此其言之过也。丹朱，亲帝尧子，而且傲虐朋淫，岂以有虞氏之世，无一丹朱乎？画衣服足以儆之乎？四凶之罪，亦可屏流殛而弗庸乎？皋陶曰"宥过无大，刑故无小"，中正之轨也。然则"明于五刑"，以何者为五乎？曰鞭、朴、赎、流、杀，意亦似之，未可知也。然而断非肉刑可知也。夫肉刑不作于尧舜之世也。"遏绝苗民，无世在下"，所以惩奸禁暴，使天下日迁善远罪，而不知为之者，故曰后有作者弗可及已。愚读扬子云《法言》曰"唐虞象刑惟明，夏后肉辟三千"，《汉书·刑法志》曰，禹承尧舜之后，自以德衰而制肉刑，汤武顺而用之者，以俗薄于唐虞故也。由此观之，其作于禹乎？然禹亲见唐虞之治？固祗德以先天下者，岂忍为此断肢体绝嗣胤之刑也。《法言》、《汉志》不足尽信。汉武策制曰，殷人执五刑以督教；伤肌肤，以惩恶。考之六经，罔有的据。惟《伊训》"臣下不匡，其刑墨"，墨似五刑之一。解者引叔向之言曰"贪以败官为墨，昏墨贼杀，皋陶之刑也"。然则禹汤之盛，其犹用尧舜之遗乎？叔向又曰"夏有乱政而作禹刑；商有乱政而作汤刑"。意者起于夏商之季世，而周官采之耶？夫圣人制刑，所以惩恶，恶而能改，复为全人。乃败坏其四体，毁裂其面目，而断绝其生生，使不得遗育于后世，虽欲改过自新，其道何由？故缇萦之语，今古之至悲也。迨至隋唐，创法定制，以笞、杖、徒、流、死为五刑，至今用之不废。此与唐虞之流、窜、鞭、朴，何以异乎。嗟夫，以汉之贤人君子不能言，而女子实言之，殆天启其衷，以造万世之民命，非偶然也。《诗》曰"先民有言，询于刍荛"，谅哉，谅哉。

## 《尚书广听录》卷一

（清）毛奇龄

象以典刑，即五刑也。故次于五刑者，则流以宥之。于是以鞭，以

扑，以赎，由渐而轻。然总以五刑为之准。观其后曰"象刑"，曰"五刑
五用"，则唐虞自有五刑可知也。自后儒好为仁者之言，谓五刑始于苗民
之恶，实造五虐之刑以为法，唐虞未必有此，因以画衣、菲屦、蒙巾、截
领为"象刑"。此在《荀子》已早辨之。即班固《刑法志》亦论及之，不
必赘矣。近复有舍画衣、菲屦而取本文所列者，定为五刑，曰鞭、扑、
赎、流、杀。夫大刑惟杀，则其可蔽斯刑者，何容指数，而乃举怙终一例
以当之，固不伦矣。且向惟五刑甚于流，故作流以宥五刑，今五刑只鞭
扑，而反作流罪以宥鞭扑，世无是理。且流为五刑之一，即有所宥，只四
刑耳。况赎则不必宥矣。曰宥五刑，则以流宥流，犹阙一刑。又况帝有后
命，明曰"五刑有服，五服三就；五流有宅，五宅三居"。其为五刑、五
流者，有名有位，有次有地，未可冒昧并抹去也。

或谓，扬子《法言》曰，唐虞象刑惟明，夏后肉刑三千；汉《刑法
志》曰，禹承尧舜之后，自以德衰而制肉刑，汤武顺而用之者，以俗薄于
唐虞故也。信此，则肉刑始夏后氏矣，得非唐虞无五刑乎？曰，此则据
《左传》而误解之者。《左传》昭六年，子产铸刑书，叔向诒书曰，夏有
乱政而作禹刑，商有乱政而作汤刑，周有乱政而作九刑。三辟之兴皆叔世
也。此明言三代末王，因乱作刑而冒为先世之名以诬之，非谓禹汤文武作
乱刑也。汉人据其语，而不解其意，且见《虞书》五刑，但有五数，而
无其名，至商周之书，然后《太甲》有墨刑，《盘庚》有劓刑，《康诰》
有劓刑、刵刑，至《吕刑》而五名俱全，因谓禹创，而商周顺用之。吾
尝读《国语》而稍悟其说。《国语》与《左传》同出策书，而《国语》
论五刑，则直为《虞书》作解，有曰刑五而已。大刑用甲兵，次刑斧钺，
中刑刀锯，其次钻笮，薄则鞭扑。故大者，陈之原野，小者致之市朝，谓
之三次。则是前古五刑，并及肤肉，名虽小变，而刺杀并同，故"三就"
之名更为"三次"孔氏即取其说以作传。然且劓、墨未形，而反多刀锯
钻笮之具，一似苗民之造椓、黥，商君之增凿颠与抽胁者。然则"五刑三
就"，其不能离肉刑以为说，有如是也。

自是之后，汉文除肉刑，而宫刑未除。是以孝武时，司马迁犹罹其
法。至隋开皇年，则并宫刑亦除之。于是隋唐至今，皆以笞、杖、徒、
流、死改作五刑，而天下未尝不治。此正今法之胜古者。乃新安朱氏又

谓，伤肌肤以惩恶，亦王政之一端，意欲采陈群之议，复宫、剕二刑，使淫盗二罪可绝祸本，虽残其肢体，而仍全躯命，为上合先王之意。则以狱市烦多，请谒、货赂。无所不极，如斯世，而断肌伤体，一不当，而计无复之。斯又为前说者所不道也。

## 《尚书埤传》卷二

（清）朱鹤龄

象以典刑，流宥五刑，金作赎刑，怙终贼刑。

《汉·刑法志》世之说者，以为治古无肉刑，有象刑，墨黥之属，扉屦、赭衣而不纯，是不然矣。所谓"象刑惟明"者，言象天道而作刑，安有扉屦赭衣者哉？程大昌曰，汉文帝《除肉刑诏》云，有虞氏画衣冠，具章服，而民不犯。今法有肉刑三，而奸不止。武帝《策贤良》亦然。《白虎通》曰，画象者，其衣服象五刑也。犯墨者，蒙巾；犯劓者，衣赭；犯髌者（剕，《汉志》改为髌，师古注，髌，去膝骨头），以墨蒙其髌而画之；犯宫者，履扉；犯大辟者，布衣无领。盖谓别异服以愧辱之，而不至于用刑。此远古而讹传也。经曰，怙终贼刑，刑故无小，何尝置刑不用哉。况象刑之次，降而下之，方有流、鞭、扑、挞。若谓象刑止于受辱，则是正丽五刑者，反可以异服当刑，而恶未入刑者，乃真加之流、鞭、扑、挞焉。何其不伦也。然则象刑谓何？是必图写用刑物象，以明示民，使知愧畏而不犯也。尝观《周礼》布刑象之法，有执木铎以警众者；有属民而读者；又有书五禁于门闾，谕刑罪于邦国者。上下相承，极其详复，正恐不知者之误触耳。由此言之，则藉形象以图示其可愧，可畏。正圣人忠厚之意也。魑魅魍魉，人固不愿与相直，然天地间，不能无圣人范金、肖物、铸鼎以示之，则山行草茇者知畏而预为之避。此画象而期不犯之意，与铸鼎象物之意，不正同哉。愚谓，墨刑，见于《太甲》；劓、殄，见于《盘庚》；劓、刵，见于《康诰》，可证五刑自古而有，帝王不能废，苗民特淫虐用之耳。丁谧谓，肉刑兴蚩尤之代，而尧舜以流放代之，其意是矣，其说则非也。

流宥，王肃谓，在八议之列。八议者，《周礼》议亲，议故，议贤，议能，议功，议贵，议勤，议宾是也。朱子曰，流宥五刑，如流、放、窜、殛加之四凶者。今以舜命皋陶之辞考之，士官所掌，惟象、流二法。鞭、扑以下随事施行，不领于士官。其曰"惟明克允"，则或刑，或宥，惟其当而已，又岂一于宥而无刑哉。今必曰，尧舜之世，有宥而无刑，则是杀人者不死，而伤人者不诛也。是圣人之心不忍于元恶大憝，而反忍于衔冤负痛之良民也。其必不然矣。夫刑虽非可恃以为治，然以刑弼教，禁民为非，则伤肌肤以惩恶，亦王政之一端也。今徒流之法，既不足以止穿窬淫放之奸，而其过于重者，则又有不当死而死。苟采陈群之议，一以宫、荆之辟当之，则虽残其肢体，仍全其躯命。且绝其为乱之本，而使后无以肆焉，岂不上合先王之意，而下适当世之宜哉？或者谓四凶之罪不轻于少正卯，舜乃不诛而流之，以是为轻刑之证。不知共、兜朋党，鲧功不成，其罪本不至死。三苗虽若可诛，而蛮夷之国，圣人本以荒忽，不常待之，则窜徙正得其宜，非故为是以轻之也。若少正卯之事，则经典不载，独荀况言之，吾亦安能轻信其言，遽援以为断乎？愚按，朱子此论，大全亦引之，然肉刑可行于古，而不可行于后者。末世狱繁吏浊，施之一不当，则徒伤肌体，而恶无所惩。吕正献（公著）之言至矣。

孔疏传以金为黄金，《吕刑》传又为黄铁。盖古之金、银、铜、铁，总号为金也。《考工记》攻金之工，筑氏为削，冶氏为杀矢，凫（fú）氏为钟，栗氏为量，段氏为镈（tuán），桃氏为剑。其所为者，皆铜铁。是铜铁俱名为金，则铁名亦包铜矣。此传黄金，《吕刑》黄铁，皆是今之铜也。古之赎罪者皆用铜，汉始改用黄金，但少其斤两，令与铜相敌。愚按，《周礼》听讼入束矢钧金，注亦以金为铜。

陈启源曰，《旧注》贼，杀也。怙终之罪，亦有差等，安得概杀之乎？《路史》解云，恃其诈力，遂恶不悛，贼害于人三者，罪必刑而不赦也。文法与《左传》引《夏书》"昏墨贼杀"相似。此说可从。

## 《书义矜式》卷一

（元）王充耘

象以典刑，流宥五刑，鞭作官刑，扑作教刑，金作赎刑。眚灾肆赦，怙终贼刑。钦哉，钦哉，惟刑之恤哉。

圣人之制刑，虽有轻重之殊；圣人之用刑，常存敬慎之意。盖刑者，民命所关，圣人不得已而用之，使无敬恤之意，则刑罚不中，而民无所措手足矣。是故舜摄位之初，即示人五常之刑，以待夫罪之重者；稍轻，则流以宥之；鞭扑以待夫罪之轻者；又轻，则金以赎之。五者，法之正也。无意而误犯者赦，所以宥其过；有意而故犯者刑，所以诛其心。二者，法之权也。圣人立法制刑，其详如此。然岂恃以求逞哉。敬之而又敬之，其心未尝或轻，盖其中有所不忍故也。故轻重各有攸当者，乃天讨不易之定理；而钦恤常行乎其间者，可以见圣人之本心（云云）。圣人有不忍人之心，斯有不忍人之政。为政且尔，而况于用刑乎？轻则鞭扑，伤人之肌肤；重则鈇钺，戕人之性命。死者不可复生，断者不可复续，一失其当，而民有不得其死者矣。故刑以辅治，虽圣人有所不可废，然刑期无刑，乃圣人之用心。固非众人之所可同尽此道也，吾于大舜见之矣，是故"象以典刑"。象者，垂象以示人；而典者，其常也，示民以常刑，使民知所畏，所谓墨、劓、剕、宫、大辟是也。此五者，刑之正也，所以待夫元恶大憝，杀人伤人，穿窬淫放，罪之不可宥者也。"流宥五刑"者，所犯虽入于五刑，而情可矜，法可疑，与夫亲、贵、勋、劳之不可加刑者，则放之远以宽之，如"五刑有宅，五宅三居"是也。"鞭作官刑"者，木末垂革，施之官府，以惩其怠惰。"扑作教刑"者，夏楚二物，用诸学校，以警其怠荒。斯二者，所以待夫罪之轻者也。罪入于鞭扑，其刑可谓轻矣，而其刑又有可矜、可疑者焉，则使人入金以赎其罪，盖不忍轻刑，而亦不欲以直赦之也。五者，从重以入轻，法之正也。"眚灾肆赦"者，眚，谓过误；灾，谓不幸。如是而犯法者，不待流宥、金赎而直赦之也，所谓赦过无大。"怙终贼刑"，怙，谓有所恃；终，谓再犯。如是而丽刑者，则虽当宥、当赎，亦不许其宥，亦不听其赎，而必刑之，刑故无小之谓也。此二者，或从重以即轻，或由轻而即重，盖用法之权衡，所谓法外意也。圣人立法，制刑之本末，此六者大略尽之。虽其轻重取舍，阳舒阴惨之不同。然"钦哉，钦哉，惟刑之恤"之意，未始不行乎其间也。钦，则有敬谨之意；恤，则有哀矜之心。圣人于事，固无不敬，而用刑者，尤圣人之所慎。圣人于民，固无所不恤，而有罪者，尤圣人之所矜。圣人岂乐于刑哉，盖有所不得已也。使有一毫怠忽之心存于中，则轻重失其宜，操舍失其当，舍彼有罪，刑及无辜矣。圣人以不得已而用刑，夫岂有残民以逞之意哉。故轻重有伦，有以见圣人之法，而钦恤无间者，足以见圣人之心。譬之天地四时之运，虽有寒凉肃杀之不同，然其涵养以发生之意，未尝不流行乎其间也。此其好生之德，洽于民心，而民自不犯于有司，至于刑措不用，以成垂拱无为之治也。虽然舜制五刑，有流宥而无金赎。所谓赎者，止鞭扑之刑耳。至《吕刑》始有五等之罚，疑穆王始制之，非法之正也。盖当刑而赎，则失之轻，疑赦而罚，则失之重，且使富者获免，贫者受刑，又非所以为平也。然而穆王所谓哀矜折狱，所谓敬五刑，则其钦恤之意，犹知古人之用心，夫子所以取之也。呜呼，天下之广，掌刑者，民之司命，任用可不重乎。

## 《书经衷论》卷一

（清）张英

"象以典刑"一句，五刑之正者也；"流宥五刑"一句，五刑之疑者也；"鞭作官刑"一句，五刑之外，又有此轻刑也。"金作赎刑"一句，轻刑之中又有其当轻者也；"眚灾肆赦"二句，又原其情之故误，而权衡轻重于其间也；"钦哉"二句，总言慎刑之心，有加无已也。文止三十七字，而仁至义尽，曲折周详，不复不漏。后世刑书繁重，不能出其范围，洵化工之笔也。

## 《尚书大传》卷一

（清）孙之騄辑

唐虞象刑而民不敢犯，苗民用刑而民渐兴犯。唐虞之象刑，上刑赭衣不纯，中刑杂屦，下刑墨幪（《公羊》疏引《唐传》今入《虞传》）。

郑玄曰，纯，缘也。时人尚德义，犯刑者但易之衣服，自为大耻。屦，履也。幪巾也，使不得冠饰。

子张曰，尧舜之圣，一人不刑而天下治，何则？教诚而爱深也。一夫而被此五刑，子龙子曰，未可谓能为《书》。孔子不然也。五刑有此教（《路史》注引《大传》子赣曰，尧舜之王，一人不刑，而天下治，敬诚而爱深也）。

郑玄曰，二人俱罪，吕侯之说刑也。被此五刑，喻犯数罪也。故子曰教然耳。犯数罪犹以上一罪刑之。

### 《尚书七篇解义》卷一

（清）李光地

象以典刑，流宥五刑，鞭作官刑，扑作教刑，金作赎刑。眚灾肆赦，怙终贼刑。钦哉，钦哉，惟刑之恤哉。

朱子曰，象刑者，五刑，国之常刑也。其可矜者，则以流宥之。鞭扑，官府学校之刑也，其可矜者，则金以赎之。过误不幸者，纵赦；有恃不悛者，加刑。所以权衡于五者之内，钦慎哀恤之意，则常流通于七者之中。愚按，末二语，史者赞舜之仁也。


# 流宥五刑


## 1. 《尚书注疏》卷二

（汉）孔氏传，（唐）陆德明音义、孔颖达疏

流宥五刑。

传：宥，宽也，以流放之法宽五刑。

音义：宥，音又。马云，宥，三宥也。

疏：所以流放宥之。

宥，宽，《周语》文。流，谓徙之远方，放使生活，以流放之法宽纵五刑也。此惟解以流宽之刑，而不解宥宽之意。郑玄云，其轻者或流放之，四罪是也。王肃云，谓君不忍刑杀，宥之以远方。然则知此是据状合刑，而情差可恕，全赦则太轻，致刑则太重，不忍依例刑杀，故完全其体，宥之远方，应刑不刑，是宽纵之也。上言典刑此言五刑者，其法是常，其数则五象。以典刑谓其刑之也，"流宥五刑"谓其远纵之也。流言五刑，则典刑亦五。其文互以相见。王肃云，言宥五刑，则正五刑见矣。是言二文相通之意也。典刑是其身，流宥离其乡。流放，致罪为轻，比鞭为重，故次典刑之下，先言流宥。鞭扑虽轻，犹亏其体，比于出金赎罪又为轻。且《吕刑》五罚虽主赎五刑，其鞭扑之罪，亦容输赎，故后言之。此正刑五，与流宥鞭扑，俱有常法。典字可以统之，故发首言典刑也。

## 2. 《书传》卷二

（宋）苏轼

流宥五刑。

五刑，墨、劓、剕、宫、辟也。作五流之法，以宥五刑之轻者。墨，薄刑也，其宥乃至于流乎？曰，刑者，终身不可复，而流者，有时而释，不贤于刑之乎？

## 3. 《尚书全解》卷二

（宋）林之奇

流宥五刑。

此盖象刑之目也。五刑，墨、劓、剕、宫、大辟也。"流宥五刑"者，王氏谓，制五流之法，以宥五刑之轻者。盖人之罪，有被之五刑为已重，加之鞭扑为已轻，故制为流法以宥焉。

## 4. 《尚书讲义》卷二

（宋）史浩

（归善斋按，见前文"象以典刑"）

## 5. 《尚书详解》卷二

（宋）夏僎

（归善斋按，见前文"象以典刑"）

## 6. 《增修东莱书说》卷二

（宋）时澜

（归善斋按，见前文"象以典刑"）

## 7. 《尚书说》卷一

（宋）黄度

（归善斋按，见前文"象以典刑"）

## 8. 《絜斋家塾书钞》卷一

（宋）袁燮

（归善斋按，见前文"象以典刑"）

## 9. 《书经集传》卷一

（宋）蔡沈

（归善斋按，见前文"象以典刑"）

## 10. 《尚书精义》卷三

（宋）黄伦

（归善斋按，见前文"象以典刑"）

## 11. 《尚书详解》卷二

（宋）陈经

（归善斋按，见前文"肇十有二州"）

## 12. 《融堂书解》卷一

（宋）钱时

（归善斋按，见前文"象以典刑"）

## 13. 《尚书要义》卷二

（宋）魏了翁

（归善斋按，未引）

## 14. 《书集传或问》卷上

（宋）陈大猷

（归善斋按，未解）

## 15. 《尚书详解》卷一

（宋）胡士行

（归善斋按，见前文"象以典刑"）

## 16. 《书纂言》卷一

（元）吴澄

（归善斋按，见前文"象以典刑"）

## 17. 《书集传纂疏》卷一

（元）陈栎

（归善斋按，见前文"象以典刑"）

## 18. 《读书丛说》卷二

（元）许谦

（归善斋按，未解）

## 19. 《书传辑录纂注》卷一

（元）董鼎

（归善斋按，见前文"象以典刑"）

## 20. 《尚书句解》卷一

（元）朱祖义

流宥五刑（人有罪，据其状合刑，而情差可恕，全赦则太轻，致刑则太重，不忍依例刑杀，故完全其体，流之远方，以宽墨、劓、剕、宫、大辟之五刑）。

## 21. 《尚书日记》卷二

（明）王樵

（归善斋按，见前文"象以典刑"）

## 22.《御制日讲书经解义》卷一

（归善斋按，见前文"象以典刑"）

## 《尚书通考》卷五

（元）黄镇成

（归善斋按，见前文"象以典刑"）

## 《尚书埤传》卷二

（清）朱鹤龄

（归善斋按，见前文"象以典刑"）

## 《书义矜式》卷一

（元）王充耘

（归善斋按，见前文"象以典刑"）

## 《书经衷论》卷一

（清）张英

（归善斋按，见前文"象以典刑"）

## 《尚书七篇解义》卷一

（清）李光地

（归善斋按，见前文"象以典刑"）

# 鞭作官刑

## 1.《尚书注疏》卷二

（汉）孔氏传，（唐）陆德明音义、孔颖达疏

鞭作官刑。

传：以鞭为治官事之刑。

疏：五刑之外，更有鞭作治官事之刑。

此有鞭刑，则用鞭久矣。《周礼·条狼氏》誓大夫曰，敢不关，鞭五百。《左传》有鞭徒人费、圉（yǔ）人荦，是也。子玉使鞭七人，卫侯鞭师曹三百，曰来亦皆施用。大随造律方使废之。治官事之刑者，言若于官事不治，则鞭之，盖量状加之，未必有定数也。

## 2.《书传》卷二

（宋）苏轼
鞭作官刑。

官刑，以治庶人在官，慢于事而未入于刑者。

## 3.《尚书全解》卷二

（宋）林之奇
鞭作官刑，扑作教刑。

"鞭作官刑"者，以鞭为治官之刑也。"扑作教刑"者，不勤道业则挞之。《唐·刑法志》曰，唐用刑有五。一曰笞。笞，耻也。罪之小者，则加鞭挞以耻之。此《舜典》所谓"扑作教刑"是也。二曰杖。杖，持也，可持以击之，此《舜典》所谓"鞭作官刑"是也。要之，此二者，皆鞭挞之刑。有轻有重之不同。其曰官刑、教刑者，此亦据大凡而言。盖教刑多用轻者，故以朴系之，其实二者皆通用也。

## 4.《尚书详解》卷二

（宋）夏僎
（归善斋按，见前文"象以典刑"）

## 5.《尚书讲义》卷二

（宋）史浩
（归善斋按，见前文"象以典刑"）

### 6.《增修东莱书说》卷二

（宋）时澜

（归善斋按，见前文"象以典刑"）

### 7.《尚书说》卷一

（宋）黄度

（归善斋按，见前文"象以典刑"）

### 8.《絜斋家塾书钞》卷一

（宋）袁燮

（归善斋按，见前文"象以典刑"）

### 9.《书经集传》卷一

（宋）蔡沈

（归善斋按，见前文"象以典刑"）

### 10.《尚书精义》卷三

（宋）黄伦

（归善斋按，见前文"象以典刑"）

### 11.《尚书详解》卷二

（宋）陈经

（归善斋按，见前文"肇十有二州"）

### 12.《融堂书解》卷一

（宋）钱时

（归善斋按，见前文"象以典刑"）

## 13. 《尚书要义》卷二

（宋）魏了翁

三一、《周礼》、《春秋传》皆有鞭，隋造律废之。

"鞭作官刑"注，以鞭为治官事之刑，此有鞭刑，则用鞭久矣。《周礼·涤狼氏》誓大夫曰"敢不关，鞭五百"，《左传》有鞭徒人费、圉人牵（luò），是也。子玉使鞭七人，卫侯鞭师曹三百，曰来亦皆施用。大隋造律方使废之。治官事之刑者，言若于官事不治，则鞭之。盖量状加之，未必有定数也。

## 14. 《书集传或问》卷上

（宋）陈大猷

（归善斋按，未解）

## 15. 《尚书详解》卷一

（宋）胡士行

（归善斋按，见前文"象以典刑"）

## 16. 《书纂言》卷一

（元）吴澄

（归善斋按，见前文"象以典刑"）

## 17. 《书集传纂疏》卷一

（元）陈栎

（归善斋按，见前文"象以典刑"）

## 18. 《读书丛说》卷二

（元）许谦

（归善斋按，未解）

## 19. 《书传辑录纂注》卷一

（元）董鼎

（归善斋按，见前文"象以典刑"）

## 20. 《尚书句解》卷一

（元）朱祖义

鞭作官刑（官事不治则立鞭棰之法。以为治官之刑，即《周礼·涤狼氏》誓大夫曰"敢不关，鞭五百"是也）。

## 21. 《尚书日记》卷二

（明）王樵

（归善斋按，见前文"象以典刑"）

## 22. 《御制日讲书经解义》卷一

（归善斋按，见前文"象以典刑"）

## 《尚书通考》卷五

（元）黄镇成

（归善斋按，见前文"象以典刑"）

## 《尚书埤传》卷二

（清）朱鹤龄

（归善斋按，见前文"象以典刑"）

## 《书义矜式》卷一

（元）王充耘

（归善斋按，见前文"象以典刑"）

## 《书经衷论》卷一

（清）张英

（归善斋按，见前文"象以典刑"）

### 《尚书七篇解义》卷一

（清）李光地

（归善斋按，见前文"象以典刑"）

## 扑作教刑

### 1. 《尚书注疏》卷二

（汉）孔氏传，（唐）陆德明音义、孔颖达疏

扑作教刑。

传：扑，榎（jiǎ）楚也。不勤道业则挞之。

音义：扑，普卜反。徐敷卜反。榎，皆雅反。

疏：有扑作师儒教训之刑。

《学记》云，榎楚二物，以收其威。郑玄云，榎，楸（tāo）也。楚，荆也。二物可以扑挞犯礼者，知扑是榎楚也。既言以收其威，知不勤道业则挞之。《益稷》云，挞以记之。又大射、乡射皆云司马搢扑，则扑亦官刑。惟言作教刑者，官刑鞭扑俱用，教刑惟扑而已，故属扑于教，其实官刑亦当用扑。盖重者鞭之，轻者挞之。

### 2. 《书传》卷二

（宋）苏轼

朴作教刑。

朴，榎楚也。教学者所用也。

### 3. 《尚书全解》卷二

（宋）林之奇

（归善斋按，见上句）

### 4. 《尚书讲义》卷二

（宋）史浩

（归善斋按，见前文"象以典刑"）

### 5.《尚书详解》卷二

（宋）夏僎

（归善斋按，见前文"象以典刑"）

### 6.《增修东莱书说》卷二

（宋）时澜

（归善斋按，见前文"象以典刑"）

### 7.《尚书说》卷一

（宋）黄度

（归善斋按，见前文"象以典刑"）

### 8.《絜斋家塾书钞》卷一

（宋）袁燮

（归善斋按，见前文"象以典刑"）

### 9.《书经集传》卷一

（宋）蔡沈

（归善斋按，见前文"象以典刑"）

### 10.《尚书精义》卷三

（宋）黄伦

（归善斋按，见前文"象以典刑"）

### 11.《尚书详解》卷二

（宋）陈经

（归善斋按，见前文"肇十有二州"）

### 12.《融堂书解》卷一

（宋）钱时

（归善斋按，见前文"象以典刑"）

## 13. 《尚书要义》卷二

（宋）魏了翁

三二、属扑于教刑，其实官刑鞭扑俱用。

"扑作教刑"，《学记》云，榎楚二物，以收其威。郑玄云，榎，榎也。楚，荆也。二物可以扑挞犯礼者，知扑是榎楚也。既言以收其威，知不勤道业则挞之。《益稷》云，挞以记之。又大射、乡射皆云司马晋扑，则扑亦官刑。惟言作教刑者，官刑鞭扑俱用，教刑惟扑而已。故属扑于教，其实官刑亦当用扑。盖重者鞭之，轻者挞之。

## 14. 《书集传或问》卷上

（宋）陈大猷

（归善斋按，未解）

## 15. 《尚书详解》卷一

（宋）胡士行

（归善斋按，见前文"象以典刑"）

## 16. 《书纂言》卷一

（元）吴澄

（归善斋按，见前文"象以典刑"）

## 17. 《书集传纂疏》卷一

（元）陈栎

（归善斋按，见前文"象以典刑"）

## 18. 《读书丛说》卷二

（元）许谦

（归善斋按，未解）

### 19.《书传辑录纂注》卷一

（元）董鼎

（归善斋按，见前文"象以典刑"）

### 20.《尚书句解》卷一

（元）朱祖义

扑作教刑（有学校之间不勤学道，则扑之，以为教导之刑。《记》曰，夏楚二物，收其威也。扑，普卜反）。

### 21.《尚书日记》卷二

（明）王樵

（归善斋按，见前文"象以典刑"）

### 22.《御制日讲书经解义》卷一

（归善斋按，见前文"象以典刑"）

### 《尚书通考》卷五

（元）黄镇成

（归善斋按，见前文"象以典刑"）

### 《书蔡氏传旁通》卷一中

（元）陈师凯

夏楚二物。

《学记》注云，夏，榎（tāo）也，古雅反。楚，荆也。《尔雅》注云，榎，今之山楸。

### 《尚书埤传》卷二

（清）朱鹤龄

（归善斋按，见前文"象以典刑"）

## 《书义矜式》卷一

（元）王充耘

（归善斋按，见前文"象以典刑"）

## 金作赎刑

### 1. 《尚书注疏》卷二

（汉）孔氏传，（唐）陆德明音义、孔颖达疏

金作赎刑。

传：金，黄金。误而入刑，出金以赎罪。

音义：赎，石欲反，徐音树。

疏：其有意善功恶，则令出金赎罪之刑。

此以金为黄金，《吕刑》"其罚百锾"，传为黄铁，俱是赎罪，而金铁不同者，古之金银铜铁，总号为金，别之四名耳。《释器》云，黄金谓之璗（dàng），白金谓之银，是黄金白银俱名金也。《周礼·考工记》攻金之工，筑氏为削，冶氏为杀矢，凫氏为钟，㮚氏为量，段氏为镈（tuán），桃氏为剑。其所为者，有铜，有铁。是铜铁俱名为金，则铁名亦包铜矣。此传黄金，《吕刑》黄铁，皆是今之铜也。古之赎罪者，皆用铜。汉始改用黄金，但少其斤两，令与铜相敌。故郑玄《驳异义》言，赎死罪千锾。锾，六两大半两，为四百一十六斤十两大半两铜。与金赎死罪金三斤为价相依附，是古赎罪皆用铜也。实谓铜，而谓之金、铁，知传之所言，谓铜为金、铁耳。汉及后魏，赎罪皆用黄金。后魏以金难得，合金一两，收绢十匹。今律乃复依古，死罪赎铜一百二十斤。于古称为三百六十斤。孔以锾为六两，计千锾，为三百七十五斤，今赎轻于古也。误而入罪，出金以赎，即律过失杀伤人，各依其状以赎论是也。《吕刑》所言疑赦乃罚者，即今律，疑罪各从其实以赎论是也。疑，谓虚实之证等，是非之理均，或事涉疑似，旁无证见，或虽有证见，事非疑似。如此之类，言皆为疑。罪疑而罚赎，《吕刑》已明。言误而输赎，于文不显。故此传指言误而入罪，以解此赎。鞭扑加于人身，可云"扑作教刑"。金非加人之物，

而言"金作赎刑"，出金之与受扑，俱是人之所患，故得指其所出，以为刑名。

## 2. 《书传》卷二

（宋）苏轼

金作赎刑。

过误而入于刑，与罪疑者，皆入金以赎。

## 3. 《尚书全解》卷二

（宋）林之奇

金作赎刑。

盖谓人有过误入罪，与事涉疑似者，使之以金赎其罪。孔氏以谓黄金，而唐孔氏谓古之赎罪皆用铜，汉始用黄金，但少其斤两，令其与铜相敌，后魏以金为难得，故大辟之罪，其罚千锾，赎铜三百七十五斤，然或用金，亦不可得而知之也。

## 4. 《尚书讲义》卷二

（宋）史浩

（归善斋按，见前文"象以典刑"）

## 5. 《尚书详解》卷二

（宋）夏僎

（归善斋按，见前文"象以典刑"）

## 6. 《增修东莱书说》卷二

（宋）时澜

（归善斋按，见前文"象以典刑"）

## 7. 《尚书说》卷一

（宋）黄度

（归善斋按，见前文"象以典刑"）

## 8. 《絜斋家塾书钞》卷一

（宋）袁燮

（归善斋按，见前文"象以典刑"）

## 9. 《书经集传》卷一

（宋）蔡沈

（归善斋按，见前文"象以典刑"）

## 10. 《尚书精义》卷三

（宋）黄伦

（归善斋按，未解）

## 11. 《尚书详解》卷二

（宋）陈经

（归善斋按，见前文"肇十有二州"）

## 12. 《融堂书解》卷一

（宋）钱时

（归善斋按，见前文"象以典刑"）

## 13. 《尚书要义》卷二

（宋）魏了翁

三三、孔传黄金，《吕刑》黄铁，皆铜。汉改黄金。

此以金为黄金，《吕刑》"其罚百锾"，传为黄铁，俱是赎罪。而金铁不同者，古之金银铜铁，总号为金，别之四名耳。《释器》云，黄金谓之璗，白金谓之银，是黄金、白银俱名金也。《周礼·考工记》攻金之工，筑氏为削，冶氏为杀矢，凫氏为钟，㮚氏为量，段氏为镈，桃氏为剑。其所为者，有铜，有铁，是铜铁俱名为金，则铁名亦包铜矣。此传黄金，《吕刑》黄铁，皆是今之铜也。古之赎罪者，皆用铜。汉始改用黄金，但少其斤两，令与铜相敌。故郑玄《驳异义》言，赎死罪千锾。锾，六两大半两，为四百一十六斤十两大半两铜。与金赎死罪金三斤为价相依附，是古赎罪皆用铜也。实为铜，而谓之金、铁，知传之所言谓铜，为金铁耳。汉及后魏赎罪，皆用黄金。后魏以金难得，合金一两收绢十匹。今律及复依古，死罪赎铜一百二十斤。于古称为三百六十斤，孔以锾为六两计，千锾为三百七十五斤，金赎轻于古也。误而入罪，出金以赎，即律过失杀伤人，依其状以赎论是也。《吕刑》所言疑赦乃罚者，即今律疑罪各从其实以赎论是也。疑，谓虚实之证等，是非之理均，或事涉疑似，旁无证见，或虽有证见，事非疑似，如此之类，言皆为疑。罪疑而罚赎，《吕刑》已明言，误而输赎，于文不显，故此传指言误而入罪，以解此赎。鞭扑加于人身，可云"扑作教刑"。金非加人之物，而言"金作赎刑"，出金之与受扑俱是人之所患，故得指其所出，以为刑名。

## 14. 《书集传或问》卷上

（宋）陈大猷

（归善斋按，未解）

## 15. 《尚书详解》卷一

（宋）胡士行

（归善斋按，见前文"象以典刑"）

## 16. 《书纂言》卷一

（元）吴澄

（归善斋按，见前文"象以典刑"）

## 17. 《书集传纂疏》卷一

（元）陈栎

（归善斋按，见前文"象以典刑"）

## 18. 《读书丛说》卷二

（元）许谦

（归善斋按，未解）

## 19. 《书传辑录纂注》卷一

（元）董鼎

（归善斋按，见前文"象以典刑"）

## 20. 《尚书句解》卷一

（元）朱祖义

金作赎刑（人有过误，又作赎刑，使入金以赎罪，若《吕刑》所谓"大辟疑赦，其罚千锾"等。所罚之金，即今之铜。古者金银、铜铁，总号为金。《周官》攻金之工六，其所为者，有铜，有铁，是皆金名。赎，音蜀）。

## 21. 《尚书日记》卷二

（明）王樵

（归善斋按，见前文"象以典刑"）

## 22. 《御制日讲书经解义》卷一

（归善斋按，见前文"象以典刑"）

## 《尚书通考》卷五

（元）黄镇成

（归善斋按，见前文"象以典刑"）

## 《书蔡氏传旁通》卷一中

（元）陈师凯

金，黄金；赎，赎其罪。

黄金，依孔氏传疏云，黄金，铜也。古之赎罪，皆用铜，汉始用黄金，但少其斤两，令与铜相敌。愚谓赎者，赎鞭扑之罪。

此五句从重入轻。

典刑最重，流宥次之，鞭轻，扑又轻，赎又轻。

据此经文，则五刑有流宥而无金赎。

金赎在鞭扑之下，鞭扑已在五刑之外，以待罪之轻者，金赎又在鞭扑之外，则轻之又轻者。盖典刑至重，鞭扑至轻。流宥以待典刑之稍轻，金赎以待鞭扑之尤轻者，当分作三段看：典刑流宥为一段，所以言其重也；鞭扑金赎为一段，所以言其轻也；眚灾怙终为一段，所以言法外意也。

## 《尚书疑义》卷一

（明）马明衡

金作赎刑。文公以为，赎鞭朴二刑，非赎五刑也。愚窃详之，或亦未然。盖五刑是刑之正，故曰典刑。流宥虽完其肢体，然亦重矣，是所以佐夫五刑者。至于鞭、朴、赎三刑者，则五刑正刑之外制。此三刑，所以权其轻重之宜，以尽夫事变者也。夫事虽当刑，心则无过，当刑，则不能不丽于五刑之条；无过，则不可遂入于一概之典，即流，亦稍重矣，故令出金以赎之。是圣人之心何等委曲，岂贫独死富独生，所可同年语哉？若以为赎鞭朴二刑，则鞭朴乃刑之轻者，所以警肃人心，岂可若后世令出金以赎，而遂至于废弛哉？且赎者，赎其罪之重而疑，而不忍遽加刑者，故赎之为言，所以行其不忍之心也。若眼前鞭朴轻罪，方在振作立事之时，必是事体肯綮，不可放过之际，何待有疑从容而论赎哉？此《吕刑》赎刑虽或与圣人少异，然亦未可如先儒之说，全非之也。况在末世，犹有恻怛（cè dá）不忍之真耶？古注疏亦以赎刑为赎五刑，惟宋诸公不然。余并论之以俟知者。

## 《尚书砭蔡编》

（明）袁仁

金作赎刑。

孔氏传云，黄金，铜也。《吕刑》"其罚千锾"注曰，黄铁亦是铜。

古之赎罪者，皆用铜。汉始用黄金，但少其斤两，令与铜相敌。按，金通五金。古者，黄金谓之澹，白金谓之银，故以铜为黄金。今宜直注曰铜。

## 《书义矜式》卷一

（元）王充耘
（归善斋按，见前文"象以典刑"）

## 《书经衷论》卷一

（清）张英
（归善斋按，见前文"象以典刑"）

## 《尚书七篇解义》卷一

（清）李光地
（归善斋按，见前文"象以典刑"）

# 眚灾肆赦，怙终贼刑

## 1. 《尚书注疏》卷二

（汉）孔氏传，（唐）陆德明音义、孔颖达疏
眚灾肆赦，怙终贼刑。

传：眚，过；灾，害；肆，缓；贼，杀也。过而有害，当缓赦之；怙奸自终，当刑杀之。

音义：眚，所景反；怙，音户。

疏：若过误为害，原情非故者，则缓纵而赦放之；若怙恃奸诈，终行不改者，则贼杀而刑罪之。

《春秋》言，肆眚者，皆谓缓纵过失之人。是肆，为缓也；眚为过也。《公羊传》曰，害物曰灾，是为害也。宣二年《左传》，晋侯患赵盾，使钼麑（chú ní）贼之，是贼为杀也。此经二句，承上"典刑"之下，总言用刑之要。过而有害，虽据状合罪，而原心非故。如此者，当缓赦之。

小则恕之，大则宥之。上言流宥赎刑是也。怙恃奸诈，欺罔时人，以此自终，无心改悔。如此者，当刑杀之。小者刑之，大者杀之。上言典刑及鞭扑皆是也。经言"贼刑"，传云刑杀，不顺经文者，随便言之。

## 2. 《书传》卷二

（宋）苏轼

眚灾肆赦，怙终贼刑。《易》曰"无妄行有眚"，眚亦灾也。眚灾者，犹曰不幸，非其罪也。肆，纵也。《春秋》"肆大眚"是也。怙，恃也，终不改也。贼，害也。不幸而有罪，则纵舍之；恃恶不悛以害人，则刑之。

## 3. 《尚书全解》卷二

（宋）林之奇

眚灾肆赦。

自"流宥五刑"至"金作赎刑"，此象刑之目也。自"鞭作官刑"至于"眚灾肆赦"，盖量人情之轻重也。昔者，圣人虽设为常法，然必原人情之轻重，然后用其常刑，故能刑期于无刑，使过误者得罚金，而故犯者必不赦。君子不陷于无辜；小人不至于苟免。人将迁善远罪，日趋于君子之域。此则"刑期无刑"之谓也。眚灾者，不幸而入于罪戾也。李校书曰，《周官》甸师之职，"丧事代王受眚灾"。"眚灾"古语有是尔，犹言天作孽云耳。其罪非己作，或为人罣（guà）误而入于刑，犹《论语》所谓"虽在缧绁之中非其罪也"。如此之人，其情在所可恕，故其逋逃而未获，则肆纵之，已获而系囚则赦宥之也。《春秋》言"肆大眚"，其实盖本诸此。

怙终贼刑。

孔氏谓，怙，奸自终，当刑杀之。此说不然。夫以"贼刑"为"刑杀之"，则是圣人用刑所以贼人也。《左传》载叔向之言曰"己恶而掠美为昏，贪以败官为墨，杀人不忌为贼。昏、墨、贼，杀，皋陶之刑也"。杜元凯云，三者皆死刑。"昏、墨、贼，杀"与"怙终贼刑"文势正同。盖怙恃其恶者，与终不能改者，与贼害人者，皆律家所谓情重，故刑之。

## 4. 《尚书讲义》卷二

（宋）史浩

（归善斋按，见前文"象以典刑"）

## 5. 《尚书详解》

（宋）夏僎

（归善斋按，见前文"象以典刑"）

## 6. 《增修东莱书说》卷二

（宋）时澜

（归善斋按，见前文"象以典刑"）

## 7. 《尚书说》卷一

（宋）黄度

（归善斋按，见前文"象以典刑"）

## 8. 《絜斋家塾书钞》卷一

（宋）袁燮

（归善斋按，见前文"象以典刑"）

## 9. 《书经集传》卷一

（宋）蔡沈

（归善斋按，见前文"象以典刑"）

## 10. 《尚书精义》卷三

（宋）黄伦

（归善斋按，见前文"象以典刑"）

### 11.《尚书详解》卷二

（宋）陈经

（归善斋按，见前文"肇十有二州"）

### 12.《融堂书解》卷一

（宋）钱时

（归善斋按，见前文"象以典刑"）

### 13.《尚书要义》卷二

（宋）魏了翁

三四、总言眚灾者肆赦，怙终者贼刑。

《春秋》言，肆眚者，皆谓缓纵过失之人，是肆为缓也，眚为过也。《公羊传》云，害物曰灾，是为害也。宣二年《左传》晋侯患赵盾，使钮麑贼之，是贼为杀也。此经二句，承上"典刑"之下，总言用刑之要，过而有害，虽据状合罪，而原心非故，如此者当缓赦之。小则宥之，上言流宥赎刑是也。怙恃奸诈，欺罔时人，以此自终，无心改悔，如此者当刑杀之。小者刑之，大者杀之。上言典刑及鞭扑皆是也。

### 14.《书集传或问》卷上

（宋）陈大猷

（归善斋按，未解）

### 15.《尚书详解》卷一

（宋）胡士行

（归善斋按，见前文"象以典刑"）

### 16.《书纂言》卷一

（元）吴澄

（归善斋按，见前文"象以典刑"）

## 17. 《书集传纂疏》卷一

（元）陈栎

（归善斋按，见前文"象以典刑"）

## 18. 《读书丛说》卷二

（元）许谦

（归善斋按，未解）

## 19. 《书传辑录纂注》卷一

（元）董鼎

（归善斋按，见前文"象以典刑"）

## 20. 《尚书句解》卷一

（元）朱祖义

眚灾肆赦（己所误为，为眚；因人致罪，为灾；纵缓自怠于为事，为肆。三者情轻，舜赦之。眚，省），怙终贼刑（怙恃其恶，终于为恶，贼害其人，此三者情重，舜刑之。怙，户）。

## 21. 《尚书日记》卷二

（明）王樵

（归善斋按，见前文"象以典刑"）

## 22. 《御制日讲书经解义》卷一

（归善斋按，见前文"象以典刑"）

## 《尚书通考》卷五

（元）黄镇成

（归善斋按，见前文"象以典刑"）

### 《书蔡氏传旁通》卷一中

（元）陈师凯

二句或由重而即轻。

指"眚灾肆赦"，所犯虽重，然出于过误不幸，直赦之也。

或由轻而即重。

指"怙终贼刑"，所犯虽轻，然有所倚恃，故意再犯，必贼杀之也。

### 《尚书注考》

（明）陈泰交

"怙终贼刑"，训"终谓再犯"。"乃有大罪非终"，训"终""故犯"。
"怙终贼刑"，训"贼""杀"也。"寇贼奸宄"，训"杀人曰贼"。

### 《尚书埤传》卷二

（清）朱鹤龄

（归善斋按，见前文"象以典刑"）

### 《书义矜式》卷一

（元）王充耘

（归善斋按，见前文"象以典刑"）

### 《书经衷论》卷一

（清）张英

（归善斋按，见前文"象以典刑"）

### 《尚书大传》卷一

（清）孙之騄辑

子曰，古之听民者，有过必赦，小罪勿增，大罪勿累，老弱不受刑，有过不受罚。是故老而受刑谓之悖，弱而受刑谓之剋，不赦有过谓之贼，率过以小谓之枳。故与其杀不辜，宁失有罪；与其增以有罪，宁失过以有赦。

郑玄曰，延罪无辜曰累。

### 《尚书七篇解义》卷一

（清）李光地

（归善斋按，见前文"象以典刑"）

## 钦哉，钦哉，惟刑之恤哉

### 1. 《尚书注疏》卷二

（汉）孔氏传，（唐）陆德明音义、孔颖达疏

钦哉，钦哉，惟刑之恤哉。

传：舜陈典刑之义，敕天下使敬之，忧欲得中。

音义：恤，峻律反，忧也。

疏：舜慎刑如此，又设言以诫百官曰，敬之哉，敬之哉，惟此刑罚之事最须忧念之哉。令劝念刑罚，不使枉滥也。

"钦哉，钦哉，惟刑之恤哉"。此经二句，舜之言也。不言舜曰，以可知而略之。舜既制此典刑，又陈典刑之义，以敕天下百官，使敬之哉，敬之哉，惟刑之忧哉。忧念此刑，恐有滥失，欲使得中也。

### 2. 《书传》卷二

（宋）苏轼

钦哉，钦哉，惟刑之恤哉。

恤，忧也。

### 3. 《尚书全解》卷二

（宋）林之奇

钦哉，钦哉，惟刑之恤哉。

孙氏云，史官既言舜用刑之目，于是又言其明德、慎罚、恤刑之意。

曰舜之用刑也，"钦哉，钦哉"是刑之为忧恤哉，言其哀矜忧恤之至，而或以为舜语，非也。此说为是。

### 4.《尚书讲义》卷二

（宋）史浩

（归善斋按，见前文"象以典刑"）

### 5.《尚书详解》卷二

（宋）夏僎

（归善斋按，见前文"象以典刑"）

### 6.《增修东莱书说》卷二

（宋）时澜

钦哉，钦哉，惟刑之恤哉。

史官叙舜制刑之法，叹曰"钦哉，钦哉"，深美舜用心之钦。而曰"惟"者，见恤刑之至，无以加也。

### 7.《尚书说》卷一

（宋）黄度

（归善斋按，见前文"象以典刑"）

### 8.《絜斋家塾书钞》卷一

（宋）袁燮

（归善斋按，见前文"象以典刑"）

### 9.《书经集传》卷一

（宋）蔡沈

（归善斋按，见前文"象以典刑"）

## 10. 《尚书精义》卷三

（宋）黄伦

（归善斋按，见前文"象以典刑"）

## 11. 《尚书详解》卷二

（宋）陈经

（归善斋按，见前文"肇十有二州"）

## 12. 《融堂书解》卷一

（宋）钱时

（归善斋按，见前文"象以典刑"）

## 13. 《尚书要义》卷二

（宋）魏了翁

（归善斋按，未引）

## 14. 《书集传或问》卷上

（宋）陈大猷

（归善斋按，未解）

## 15. 《尚书详解》卷一

（宋）胡士行

钦哉，钦哉，惟刑之恤哉。

孔云，舜敕天下使敬。吕云，史叙舜制刑之法，叹美其恤刑之至也。

## 16. 《书纂言》卷一

（元）吴澄

（归善斋按，见前文"象以典刑"）

## 17.《书集传纂疏》卷一

（元）陈栎

（归善斋按，见前文"象以典刑"）

## 18.《读书丛说》卷二

（元）许谦

（归善斋按，未解）

## 19.《书传辑录纂注》卷一

（元）董鼎

（归善斋按，见前文"象以典刑"）

## 20.《尚书句解》卷一

（元）朱祖义

钦哉，钦哉（敬而又敬），惟刑之恤哉（惟刑之忧恤，惟恐其或滥）。

## 21.《尚书日记》卷二

（明）王樵

（归善斋按，见前文"象以典刑"）

## 22.《御制日讲书经解义》卷一

（归善斋按，见前文"象以典刑"）

## 《尚书通考》卷五

（元）黄镇成

（归善斋按，见前文"象以典刑"）

## 《书义矜式》卷一

（元）王充耘

（归善斋按，见前文"象以典刑"）

## 《书经衷论》卷一

（清）张英

（归善斋按，见前文"象以典刑"）

## 《尚书大传》卷一

（清）孙之騄辑

惟刑之谧哉（今文）。

## 《尚书七篇解义》卷一

（清）李光地

（归善斋按，见前文"象以典刑"）

# 流共工于幽洲

## 1. 《尚书注疏》卷二

（汉）孔氏传，（唐）陆德明音义、孔颖达疏

流共工于幽洲。

传：象恭滔天，足以惑世，故流放之。幽洲，北裔。水中可居者曰洲。

音义：共，音恭。《左传》少皞氏有不才子，毁信废忠，崇饰恶言，靖谮（zèn）庸回，服谗搜慝，以诬盛德。天下之民谓之穷奇。杜预云，即共工。裔，以制反。

疏：又言舜非于摄位之后，方始重慎刑罚，初于登用之日，即即用刑当其罪。流徙共工于北裔之幽洲。

《尧典》言共工之行，云"静言庸违，象恭滔天"，言貌象恭敬，傲很漫天，足以疑惑世人，故流放也。《左传》说此事，言投诸四裔。《释地》云，燕曰幽州，知北裔也。水中可居者曰洲，《释水》文，李巡曰，四方有水，中央高独可居，故曰洲，天地之势，四边有水。邹衍《书说》

九州之外，有瀛海环之，是九州居水内，故以州为名。共在一州之上，分之为九耳。州取水内为名，故引《尔雅》解州也。投之四裔。裔，训"远"也当在九州之外。而言于"幽州"者在州境之北边也。《禹贡》，羽山在徐州，三危在雍州，故知北裔在幽州，下三者所居皆言山名，此共工所处，不近大山，故举州言之。此流四凶在治水前，于时未作十有二州，则无幽州之名，而云幽州者，史据后定言之。共工象恭滔天，而驩兜荐之，是党于共工，罪恶同，故放之也。《左传》说此事，云流四凶族，投诸四裔，则四方，方各有一人。幽州在北裔，雍州三危在西裔，徐州羽山在东裔。三方既明，知崇山在南裔也。《禹贡》无崇山，不知其处。盖在衡岭之南也。昭元年《左传》说，自古诸侯不用王命者，虞有三苗，夏有观扈，知三苗是国，其国以三苗为名，非三国也。杜预言，三苗地阙，不知其处。三凶皆是王臣，则三苗，亦应是诸夏之国入仕王朝者也。文十八年《左传》言缙云氏，有不才子，贪于饮食，冒于货贿，侵欲崇侈，不可盈厌，聚敛积实，不知纪极，不分孤寡，不恤穷匮。天下之民以比三凶，谓之饕餮。即此三苗是也。知其然者，以《左传》说此事，言舜臣尧，流四凶族，浑敦、穷奇、梼杌、饕餮，投诸四裔，以御螭魅，谓此驩兜、共工、三苗与鲧也。虽知彼言四凶，此等四人，但名不同，莫知孰是，惟当验其行迹，以别其人。《左传》说穷奇之行，云"靖谮庸回"；《尧典》言共工之行，云"静言庸违"，其事既同，知穷奇是共工也。《左传》说浑敦之行，云"丑类恶物，是与比周"；《尧典》言驩兜荐举共工与恶比周，知浑敦是驩兜也。《左传》说梼杌之行言"不可教训不知话言"，"傲很明德，以乱天常"；《尧典》言鲧之行，云"咈哉，方命圮族"，其事既同，知梼杌是鲧也。惟三苗之行，《尧典》无文。郑玄具引《左传》之文，乃云，命驩兜举共工，则驩兜为浑敦也；共工为穷奇也；鲧为梼杌也；而三苗为饕餮，亦可知。是先儒以书传相考，知三苗是饕餮也。《禹贡》雍州，言"三危既宅，三苗丕叙"，知三危是西裔也。"方命圮族"是其本性，绩用不成，试而无功，二者俱是其罪，故并言之。《释言》云，殛，诛也。传称，流四凶族者，皆是流。而谓之殛、窜、放、流皆诛者，流者移其居处，若水流。然罪之正名，故先言也。放者，使之自活；窜者，投弃之名；殛者，诛责之称，俱是流徙。异其文，述作之体也。四者之次，盖以罪重者先，共工滔天为罪之最大；驩兜与之同恶，故以次之。《祭法》以鲧障洪水，故列诸祀，典功虽不就，为罪最轻，故后言之。《禹贡》徐州，云"蒙羽其艺"，是羽山为东裔也。《汉书·地理志》，羽山在东海郡祝其县西南，海水渐及，故言在海中也。

## 2. 《书传》卷二

（宋）苏轼

流共工于幽洲。

幽洲，北裔。洲，水中可居者。

## 3. 《尚书全解》卷二

（宋）林之奇

流共工于幽洲，放驩兜于崇山，窜三苗于三危，殛鲧于羽山。四罪而天下咸服。

史官既言明慎用刑，于是又论诛四凶之罪，以见其用刑之当也。共工"象恭滔天"，足以惑世，故流之幽州。幽州者，先儒谓在州境之北边也。驩兜党共工，其罪同，故放之于崇山。崇山者，先儒谓《禹贡》无崇山，未知其处，盖在衡山之阳。"盖"者疑之之辞也。三苗，国名也，缙云氏之后，贪冒无厌，不恤其民，故窜之于三危。三危在雍州也。鲧九载绩用弗成，违庚圮族益甚，故殛之于羽山。羽山即徐州，所谓"蒙羽其艺"也。流、放、窜、殛，皆是屏之远方也。《左氏传》所谓流四凶族，投诸四裔，以御魑魅是也。而有放、流、窜、殛之异者，孔氏曰异其文述作之体，其说是也。凡典之所载，有一言而再言之者，则必变其文。如既曰"正月上日"，又曰"月正元日"，而又曰"正月朔旦"；既曰"五瑞"，又曰"五玉"，又曰"五器"；既曰"文祖"，又曰"艺祖"；南岳曰"如岱礼"，西岳曰"如初"，北岳曰"如西礼"。及此，流、放、窜、殛，皆是经纬其语，以成文体，非有异义也。"殛鲧于羽山"，说者多以为杀之，遂举《洪范》"鲧则殛死"之言为证，是不然。使鲧之罪果在所当杀，则直杀之矣，何必殛之羽山。《洪范》所谓"殛死"者，正如后世史传言"贬死"也。太祖皇帝读《书》叹曰，尧舜之世，四凶之罪，止从投窜，何近代法网之密也。太祖之言，可谓得圣人之意矣。盖舜之制为流法以宥五刑，四凶之罪可谓大矣，而止于从殛窜，则终舜之世，死刑未尝用也。《史记》云，以见舜之盛德云耳。四凶不诛于尧世，而诛于舜之时，何也？程氏曰，四凶在尧之朝，知其恶之不可行，则能隐其恶，立尧之朝，以助尧之治。尧何因而诛之。及舜登庸于侧隐之中，而居其上，始有不平之心，而肆其恶，故舜诛之耳。幽州、崇山、三危、羽山，皆是弃之远恶之地。《左氏传》云"投诸四裔"，谓之四裔，则亦是犹四处而言，非必有南、北、东、西之异。太史公曰，流共工于幽州，以变北狄；放驩兜于崇山，以变南蛮，窜三苗于三危，以变西戎，殛鲧于羽山，以变东夷。孔氏因此说，遂以幽州为北裔，崇山为南裔，三危为西裔，羽山为东裔。夫四凶之罪，贯盈而不可赦，故投于远恶之地而绝之。其何以变东夷、西戎、南蛮、北狄哉。孔子曰，言忠信行笃敬，虽蛮貊（mò）之邦行矣。见弃于中国而可以变于蛮貊，无是理也。"四罪而天下咸服"者，罚既当罪，而天下心服之也。据舜诛四凶，在于历试之初。"肇十有二州，封十有二山浚川"，在命禹平水土之后。而作典者，载先后之辞如此者，盖史官因言舜之明慎用刑，遂援其诛四凶之事以为证，非谓先肇十有二州，而后诛四凶也。

## 4. 《尚书讲义》卷二

（宋）史浩

流共工于幽洲，放驩兜于崇山，窜三苗于三危，殛鲧于羽山，四罪而天下咸服。

此舜作用刑之法也。幽洲，北裔；崇山，南裔；三危，西裔；羽山，东裔。流之，放之，窜之，皆迁也。殛，则死矣。夫共工氏有"静言庸违，象恭滔天"之罪；驩兜氏有丑类恶物，是与比周之罪；三苗氏有不分孤寡，不恤穷匮之罪；鲧则有方命圮族，彝伦攸斁（dù）之罪。在尧之时，所谓四凶族，实众所弃者，弃之矣，宜乎天下之咸服也。夫贤者在位，乃能成治，然而不肖者不去，贤者其肯进乎？舜先去四凶，得用贤之要术也。后之帝王，知不肖而不能退，退而不能远，是不法舜也，而可以治乎？

## 5.《尚书详解》卷二

（宋）夏僎

（归善斋按，见前文"象以典刑"）

## 6.《增修东莱书说》卷二

（宋）时澜

流共工于幽州，放驩兜于崇山，窜三苗于三危，殛鲧于羽山。四罪而天下咸服。

四罪必于恤刑之后言之，见史官深识唐、虞用刑之意。以舜象刑条目观之，必至于是，事势穷极，然后加之以贼刑。既钦且恤，则知舜于四罪之诛，亦可谓大不得已也。肉刑尚尔，况于流、放、窜、殛，又重于肉刑者乎。"四罪而天下咸服"，舜自即位以来，止于四罪之诛，故史官特叙于《舜典》之篇，抑以见用刑之简也。虽然四凶之恶，非一日矣，尧不能去而留以遗舜何也？圣人于天下之善恶，行此心之至公，而顺是理之所到。尧之时，四凶之恶未成，尧无忿嫉之心。至舜之时，四凶之恶已著，舜不得而已也。舜之诛凶，与尧之用舜，其道一也。

## 7.《尚书说》卷一

（宋）黄度

（归善斋按，见前文"象以典刑"）

## 8.《絜斋家塾书钞》卷一

（宋）袁燮

（归善斋按，见前文"象以典刑"）

## 9.《书经集传》卷一

（宋）蔡沈

流共工于幽洲，放驩兜于崇山，窜三苗于三危，殛鲧于羽山。四罪而天下咸服。

流，遣之远去如水之流也，放置之于此，不得他适也。窜，则驱逐禁锢之。殛，则拘囚困苦之。随其罪之轻重而异法也。共工、驩兜、鲧，事见上篇。三苗，国名，在江南荆扬之间，恃险为乱者也。幽洲，北裔之地，水中可居曰洲。崇山，南裔之山，在今澧（lǐ）州。三危，西裔之地，即雍之所谓"三危既宅"者。羽山，东裔之山，即徐之"蒙羽其艺"者。服者，天下皆服其用刑之当罪也。程子曰，舜之诛四凶，怒在四凶，舜何与焉？盖因是人有可怒之事而怒之。圣人之心，本无怒也。圣人以天下之怒为怒，故天下咸服之。《春秋传》所记四凶之名，与此不同。说者以穷奇为共工，浑敦为驩兜，饕餮为三苗，梼杌为鲧，不知其果然否也。

## 10. 《尚书精义》卷三

（宋）黄伦

流共工于幽洲，放驩兜于崇山，窜三苗于三危，殛鲧于羽山。四罪而天下咸服。

东坡曰，舜诛四凶而天下服，何也？此四族者，天下之大族也。夫惟圣人为能击天下之大族，以服小民之心。故其刑罚，至于刑措不用。又曰，此皆世家巨室，其执政用事也久矣，非尧始举而用之。第其存心不正，圣人在上，明照四海，方且承明效职之不暇，岂得肆其奸乎？一旦尧老禅位，舜乃以匹夫而摄天子，自畎亩而位岩廊，此四人者必愤悒不平，凡前日尧之所吁而称其恶者，今则一皆著见，不可掩没矣。倘舜不于历试时，按其罪恶，或流，或窜，或放，或殛，则其祸有不可胜言者，岂不为尧舜之玷乎？

周氏曰，舜之时，四凶皆在其朝，而尧未之去，舜既即位，始正其罪，投之四裔，而天下咸服。岂尧之知人不若舜之明欤？且尧为天子，舜为匹夫，一旦举而授以天下之重，尧非有知人之明，其孰能断之而不疑哉？夫天下之事，其有难于以天子之位与人，而必得其人者哉。故曰，以天下与人易，为天下得人难。尧既能知舜矣，而谓其不能知四凶也，可乎哉？盖四凶至此，其罪已大著耳。或曰，尧非不知四凶也，尧以舜兴于侧微之中，天下之心未尽厌服，故留遗此大功焉耳。呜呼，亦未必然也。

黄氏君俞曰，孔子曰"善不积不足以成名，恶不积不足以灭身"。小人以小善为无益，而弗为也；以小恶为无伤，而弗去也。故恶积而不可掩，罪大而不可解，此四凶之所以诛也。四凶于尧之末，其恶已萌矣。尧冀其迁善远罪，而未之诛也。于舜之摄，恶积而不可解，所以见诛也。尧、舜之刑，不刑其过，刑其迹也。尧、舜之赏，不赏其功，赏其心也。故三载考绩，三考黜陟幽明。

## 11. 《尚书详解》卷二

（宋）陈经

流共工于幽州，放驩兜于崇山，窜三苗于三危，殛鲧于羽山。四罪而天下咸服。

流、放、窜、殛，不必皆死刑也。特置之远方，使不与中国齿也。何以知之？《左氏》曰"投诸四裔"。而此经上文言"象以典刑"，"钦哉，惟刑之恤"，则知舜当轻刑之际，犹怀钦恤之念。四凶虽剧恶，岂遽致之死哉？此四凶者，《左氏》所载甚详。幽州、崇山、三危、羽山，即四裔也。尧不能去，至舜而始去之，以见帝尧圣明在上，四凶之奸谋邪心，不敢发露，而才谋知略，足以立功。及舜以匹夫而为天子，四凶乃于此时，忌嫉之心生，而奸邪发露，不能掩其恶故也。"四罪而天下咸服"，舜之心，即天下之心也。舜以公天下为心，而无所容其私。可罪者在彼，而舜无与焉。天下虽欲不服，乌得而不服。舜摄位之初，"车服以庸"则赏足以劝善；"四罪而天下咸服"，则罚足以惩恶。此舜所以为能用其权也。或曰，不赏而民劝，不怒而民威。于斧钺，圣人之极至也。以舜之圣，固足以潜消奸宄，而兴起斯人之善心，又何以赏罚焉。曾不思圣人之威，天下本不以兵革也，而弧矢之利未尝废。圣人之固国本，不以山溪之险也，而王公设险以守国者未尝废。圣人之化民，本不以声色也，而三令五申者未尝废。呜呼，此圣人吉凶与民同患难之心，必如是而后道与法并行，化与政并立。不然，则亦徒善而已矣。

## 12. 《融堂书解》卷一

（宋）钱时

流共工于幽州，放驩兜于崇山，窜三苗于三危，殛鲧于羽山。四罪而天下咸服。

据流四凶在宾四门之时，而史氏记之于此，盖因叙舜制刑条目，特书此事为舜用刑之证欤。反覆详玩，见得"象以典刑"，在当时未必用也。何也？典刑降而后有流，是不伤其肌体，从轻之名也。四凶之罪如此，而止于流，则舜之用刑，他可概见。史氏书此，所以示后世之意深矣。舜摄政二十八载，其所施设何啻一端。史之所记，自五载一巡守后，大旨只在赏罚，而其赏罚，的的施行处又只在"明试以功"，"四罪而天下咸服"二语。鸣呼至哉。

## 13. 《尚书要义》卷二

（宋）魏了翁

三五、水中可居曰洲。幽州在北裔。

《左传》说此事，言投诸四裔。《释地》云，燕曰幽州，知北裔也。水中可居者曰洲，《释水》文。李巡曰，四方有水，中央高独可居，故曰洲。天地之势，四边有水。邹衍《书说》九州之外有瀛海环之，是九州居水内，故以州为名。共在一洲之上，分之为九州。州取水内为名，故引《尔雅》解州也。投之四裔，裔训远也。当在九州之外，而言于幽州者，在州境之北边也。《禹贡》羽山在徐州，三危在雍州，故知北裔在幽。

三八、此四凶则浑敦、穷奇等。

《左传》说此事言，舜臣尧，流四凶族，浑敦、穷奇、梼杌、饕餮，投诸四裔，以御螭魅，谓此驩兜、共工、三苗与鲧也。虽知彼言四凶，此等四人，俱名不同，莫知孰是。惟当验其行迹，以别其人。《左传》说穷奇之行云"靖谮庸回"，《尧典》言共工之行云"静言庸违"，其事既同，知穷奇是共工也。《左传》说浑敦之行云"丑类恶物，是与比周"，《尧典》言驩兜荐举共工，与恶比周，知浑敦是驩兜也。《左传》说梼杌之行，言不可教训，不知话言，傲狠明德，以乱天常，《尧典》言鲧之行云"咈哉，方命圮族"，其事既同，知梼杌是鲧也。惟三苗之行，《尧典》无文。郑玄具引《左传》之文，乃云，命驩兜举共工，则驩兜为浑敦也，共工为穷奇也，鲧为梼杌也，而三苗为饕餮，亦可知。是先儒以《书》传相考，知三苗是饕餮。

三九、流、放、窜、殛俱流徙，鲧最轻，故后言。

《释言》云，殛，诛也。传称流四凶族者，皆是流，而谓之殛、窜、放、流皆诛者。流者，移其居处，若水流，然罪之正名，故先言也；放者，使之自活；窜者，投弃之名；殛者，诛责之称，具是流徙，异其文，述作之体也。四者之次，盖以罪重者先。共工滔天，为罪之最大。驩兜与之同恶，故以次之。《祭法》以鲧障洪水，故列诸祀，典功虽不就，为罪最轻，故后言之。《禹贡》"徐州"云"蒙羽其艺"，是羽山为东裔也。《汉书·地理志》羽山，在东海郡祝其县西南，海水渐及，故言在海中也。

## 14.《书集传或问》卷上

（宋）陈大猷

或问，苏氏谓，四凶之罪莫得其详。林氏谓，四凶之恶，其始见用于尧，其终见罪于舜，皆自为之。尧舜岂容心哉。叶氏谓，三苗见于经者凡三，《吕刑》谓"遏绝苗民"，在"命羲和"之先，此所窜窜，在禹治水之前；《大禹谟》，征苗在禹摄政之始（《舜典》"分北三苗"，意其在禹徂征之后欤）。盖世济其恶，非一人也。林氏谓，说者以《洪范》言鲧则殛死，遂以殛为杀，非也。使其当杀，直肆诸市朝足矣，何必于羽山。所谓殛死，正如后世史传言贬死也。当从本传所言。数说皆善。

## 15.《尚书详解》卷一

（宋）胡士行

流共工（穷奇）于幽洲（北裔，水中可居曰洲），放驩兜（浑敦）于崇山（南裔），窜三苗（饕餮）于三危（西裔），殛鲧（梼杌）于羽山（东裔）。四罪而天下咸服。

《左传》云（见文公十八年），舜流四凶族，投诸四裔，以御魑魅。流、放、窜、殛，一也。天下皆曰可放，而放之，故服。太祖读书叹曰，尧舜之世，四凶之罪止从投窜，何后世法网之密。非圣人不足以知圣人之心也。史叙之肉刑之后，是舜之刑仅见之流耳，肉刑未始用也。

## 16.《书纂言》卷一

（元）吴澄

流共工于幽州，放驩兜于崇山，窜三苗于三危，殛鲧于羽山。四罪而天下咸服。

流，即"流宥五刑"之流，放、窜、殛，亦流也。放，弃置于此，不得他适。窜，捕匿于此，如穴中鼠。三苗，国名，在江南荆、扬之间，恃险为乱。窜者，窜其君也。殛，谓待死于此，以终其身。流、放、窜、殛四者，陈氏谓有重轻，如今世编管、羁管、安置居住之类。澄谓，罪既重轻，则地宜有远近。幽州，北裔；崇山，南裔。不知的在何处？三危，在雍州。羽山，在徐州。今以四凶之罪论之。后篇，于共工，言畏；于驩兜，言忧；于有苗，言迁。其辞盖有轻重。鲧以治水之绩不成，故废黜，而用其子代之，罪比三凶为轻。而说者不明"殛"字之义，以殛为诛死。果若是，则四罪，鲧乃最重，误矣。又以四裔之地论之，羽山去帝都差近，三危稍远，崇山盖又远，幽州盖最远。或谓，崇山，即今澧州慈宁县之崇山；幽州，即其后所分幽州之北鄙，未详是否。若以罪之重轻，度地之远近，则北流，宜在荒服二百里流之地；南放，宜在荒服三百里蛮之地；西窜，宜在要服二百里蔡之地；东殛，宜在要服三百里夷之地。但疑当时水土未平，五服地里未定，则未能尽然也。陈氏曰，言四罪，见当时无犯者，罚当其罪明也。法行权贵，公也；刑止流放，仁也。允惬人心，故天下咸服。史载于钦恤之后，见用法之审。林氏曰，殛鲧、窜三苗，当在水未平之前；巡守、肇十二州，当在禹平水之后。史因言舜之谨刑，遂举诛四凶之事，系于下尔。吴氏曰，史泛记舜所行之大事，初不记先后之序也。

## 17.《书集传纂疏》卷一

（元）陈栎

流共工于幽洲，放驩兜于崇山，窜三苗于三危，殛鲧于羽山。四罪而天下咸服。

流，遣之远去如水之流也。放，置之于此不得他适也。窜，则驱逐禁锢之。殛，则拘囚困苦之。随其罪之轻重而异法也。共工、驩兜、鲧，事见上篇。三苗，国名，在江南荆、扬之间，恃险为乱者也。幽洲，北裔之地，水中可居曰洲。崇山，南裔之山，在今澧州。三危，西裔之地，即雍之所谓"三危既宅"者。羽山，东裔之山即"徐之蒙羽其艺"者。服者，天下皆服其用刑之当罪也。程子曰，舜之诛四凶，怒在四凶，舜何与焉。盖因是人有可怒之事而怒之，圣人之心本无怒也。圣人以天下之怒为怒，故天下咸服之。《春秋传》所记四凶之名，与此不同，说者以穷奇为共工，浑敦为驩兜，饕餮为三苗，梼杌为鲧，不知其果然否也。

**纂疏**

语录：崇山，或云在今澧州慈利县。殛鲧羽山，想偶在彼，而殛之。殛非杀也。殛死，如言贬死。四凶缘尧举舜逊之位，故不服而抵罪。在尧时，其罪未彰。孙氏觉曰，放重于流，窜重于放，殛重于窜。林氏曰，四罪当在洪水未平前，巡守、肇十二州，当在禹平水后。史因言舜恤刑，遂举四凶事系于下耳。世徒见四凶得罪不在尧，世遂谓尧不能去，不知舜去四凶，乃在历试之时，实受尧命。如禹居摄时，亦受舜命征苗也。王氏炎曰，四罪所谓"流宥五刑"也。四人得罪先后不同，史因言舜用刑，故比事属辞书之。

## 18. 《读书丛说》

（元）许谦

（归善斋按，未解）

## 19. 《书传辑录纂注》卷一

（元）董鼎

流共工于幽洲，放驩兜于崇山，窜三苗于三危，殛鲧于羽山，四罪而天下咸服。

流，遣之远去如水之流也。放，置之于此不得他适也。窜，则驱逐禁锢之。殛，则拘囚困苦之。随其罪之轻重而异法也。共工、驩兜、鲧，事见上篇。三苗，国名，在江南荆、扬之间，恃险为乱者也。幽洲，北裔之地，水中可居曰"洲"。崇山，南裔之山，在今澧州。三危，西裔之地，即雍之所谓"三危既宅"者。羽山，东裔之山，即徐之"蒙羽其艺"者。服者，天下皆服其用刑之当罪也。程子曰，舜之诛四凶，怒在四凶，舜何与焉。盖因是人有可怒之事而怒之，圣人之心本无怒也。圣人以天下之怒为怒，故天下咸服之。《春秋传》所记四凶之名，与此不同。说者以穷奇为共工，浑敦为驩兜，饕餮为三苗，梼杌为鲧，不知其果然否也。

**辑录**

"放驩兜于崇山"，或云在今澧州慈利县。义刚。"殛鲧于羽山"，想是偶然在彼，而殛之。程子谓，时适在彼是也。若曰罪之彰著，或害功败事于彼，则未可知也。大抵此等隔绝遥远，又无证据，只说得个大纲，如此便了，不必说杀了，便受折难。广。四凶只缘尧举舜，而逊之以位，故不服而抵于罪。在尧时，则其罪未彰，又他毕竟是个世家大族，又未有过恶，故动他不得。广。殛非杀也。《洪范》云殛死，犹言贬死。问，舜不惟德盛，又且才高，嗣位未几，如齐七政，觐四岳，协时月正日，同律度量衡，肇十二州，封十二山，及四罪而天下服，一齐做了，其功用神速如此。曰，圣人作处自别，故《书》称"三载底可绩"。德明。

**纂注**

孙氏觉曰，放重于流，窜重于放，殛重于窜。林氏曰，殛鲧窜苗，当在洪水未平之前；巡守、肇十二州，当在禹平水之后。史因言舜言之恤刑，遂举四凶事系于下耳。世徒见四凶得罪不在尧世，则谓尧不能去，不知舜之去四凶，乃在历试之时，实受尧命。如禹居摄时，亦受舜命征苗也。新安胡氏曰，观此，在帝乃殂落之前，则可见矣。

## 20.《尚书句解》卷一

（元）朱祖义

流共工于幽洲（共工象恭滔天，故放流之幽洲之地。流者，移其居处，若水之流）。

## 21.《尚书日记》卷二

（明）王樵

"流共工于幽洲"至"四罪而天下咸服"。孔氏曰，共工静言庸违，

象恭；驩兜党乎共工，罪恶同，故流放之。幽洲，北裔，水中可居曰
"洲"。崇山，南裔；三苗，国名；三危，西裔。殛、窜、放、流，皆诛，
异其文。羽山，东裔。按左氏说，此事曰流四凶族投诸四裔，然则皆流
也，异其文尔。四者之次，盖以罪重者先，共驩居三苗之先者，先朝廷，
而后四国；先臣工，而后夷狄也。四人之罪，鲧、三苗于经已详，共工、
驩兜未知所坐，惟尧尝言其"象恭"等事，朱子谓所坐即此。凡《尧典》
所言，皆为后事张本也。四人罪状于经可据，《左氏》叙四凶事，皆言之
过，乃史克为季孙行父游辞侈说，以欺宣公不足信也。金氏曰，此系诸
象，以典刑之后，盖因类而附记之，非摄位季年之事也。若果季年之事，
则是崇鲧羽山之殛，稽诛于三考之后，而追罪于三十年之余也，且是时禹
已成功，而罪鲧，人情之必不然者。

## 22.《御制日讲书经解义》卷一

流共工于幽洲，放驩兜于崇山，窜三苗于三危，殛鲧于羽山。四罪而
天下咸服。

此一节书，是记舜用刑之当也。流，发遣也。幽洲，北裔之地，洲水
中可居者。放，安置也。崇山，南裔之山，在今湖广澧州。窜，驱逐也。
三苗，南蛮之君。三危，西裔之地，在今陕西肃州卫西八百里沙州之地。
殛，拘囚也。羽山，东裔之山，在今海州赣榆县。共工，"静言庸违"，
得罪于己，故流遣于北边幽洲；驩兜，同恶相济，得罪于人，故放置于南
边崇山；三苗，负固不服，得罪朝廷，故窜逐于西裔三危；鲧，治水无
功，得罪万民，故殛困于东裔羽山。此四人，是人心所共恶者。舜各因其
罪而罪之。罪有大小，是以法有轻重。天下之人皆以为当，而无不心服
也。盖圣人心本无怒，以天下之怒为怒。正天下之法，义也；除天下之
害，仁也。仁至义尽，益可以见虞帝钦恤之实矣。

## 《尚书通考》卷五

（元）黄镇成

流共工于幽洲，放驩兜于崇山，窜三苗于三危，殛鲧于羽山。

流（如水之流也），共工（"静言庸违，象恭滔天"。《左传》文，十

八年少皞氏有不才子，毁信废忠，崇饰恶言，靖谮庸违，服谗搜慝，以诬盛德天下之民，谓之穷奇。杜预云，即共工），幽洲（北裔之地水中可居曰洲。《史记》作幽陵。《括地志》云，故龚城在檀州燕乐县界，故《左传》，舜流共工于此）。颖达曰，《释水》文，李巡曰，四方有水，中央高独可居，故曰洲。天地之势，四边有水。《邹衍》书说，九州之外，有瀛海环之，是九州居水内，故以州为名，共在一洲之上，分之为九耳。州取水内为名，故引《尔雅》解州也。投之四裔，"裔"训"远"也，当在九州之外，而言于幽州者，在州境之北边也。《禹贡》羽山在徐州，三危在雍州，故知北裔在幽州。流四凶，在治水前，于时，未作十二州，而云幽州者，史据后定言之。

放（置之于此，不得他适也），驩兜（"驩兜曰，共工方鸠僝功"。孔氏曰，党于共工，罪恶同。《左传》曰帝鸿氏有不才子，掩义隐贼，好行凶德，丑类恶物，顽嚚不友，是与比周。天下之民谓之浑沌。杜预曰，即驩兜也。帝鸿，黄帝也），崇山（南裔之山，在今澧州。朱子曰，或云在今澧州慈利县）。颖达曰，《禹贡》无崇山，不知其处，盖在衡岭之南也。

窜（则驱逐禁锢之），三苗（国名，在江南荆、扬之间，恃险为乱者也。孔氏曰，缙云氏之后，为诸侯，号饕餮。《左传》缙云氏有不才子贪于饮食，冒于货贿，侵欲崇侈，不可盈厌，聚敛积实，不知纪极，不念孤寡，不恤贫匮。天下之民以比三凶，谓之饕餮。杜预曰，缙云，黄帝时官名，非帝子孙，故以比三凶。贪财曰饕；贪食曰餮。吴起云，三苗之国，左洞庭，右彭蠡。今江州鄂州、岳州三苗之地也），三危（西裔之地，即雍之所谓三危既宅者。《括地志》云，三危山有三峰，故曰三危，俗亦名卑羽山，在沙州炖煌县东南三十里）。

殛（则拘囚困苦之），鲧（"方命圮族，绩用弗成"。《左传》颛顼氏有不才子，不可教训，不知话言，告之则顽，舍之则嚚，傲狠明德，以乱天常。天下之民谓之梼杌。杜预云，即鲧也。梼杌，凶顽无俦匹之谓）。颖达曰，《祭法》以鲧障洪水，故列诸祀典，功虽不就，为罪稍轻，故后言之。羽山（东裔之山即"徐之蒙羽其艺"者。《括地志》云，在沂州临沂县界）。颖达曰，《汉书·地理志》云，羽山在东海郡祝其县西南，海水渐及，故言在海中也。

## 《尚书疑义》卷一

（明）马明衡

舜之流共工，放驩兜，窜三苗，殛鲧，诸家论说多端，或以尧不能去，至舜乃能去之，是以舜之才，乃胜于尧也。或以尧能容之，舜独不能容，是以尧之德为盛于舜也，是皆出于揣量事迹，而不得圣人之心。圣人之心，可容则容之，可去则去之，何尝有一毫著意于其间哉？在尧之时，虽知其不才，然恶迹未著，尧则容之。尧何尝有一毫著意，而恐人议己不能去也。在舜之时亦知其才有可用，但必恶迹已著，舜则去之，舜何尝有一毫著意于其间，而惧人议己不能容也。使尧之时恶已著，尧亦必去之矣。尧之不去，所以知其恶之未著也。使舜之时，恶未形，舜亦必容之矣。舜之不容，所以知其恶之已著也。或曰，若程子之说，谓尧之时圣人在上，皆以其才任大位，而不敢露其不善之心，及尧举舜匹夫之中而禅之位，则是四人者始怀愤怨之心，而显其恶，故舜得以因其迹而诛窜之，其亦然乎？曰，此必非程子之言，其记《语录》者，自以其意而为之说也。程子见道，当必识得圣人之心。圣人之心不如世俗之心也。以舜之盛德而授位，天下之人皆能知之。四凶之才，而有不知耶？天下皆帖然服之，四凶其有不服耶？特其恃才妄作，无能改于其德，才之大，则其为害亦大。故舜不得不去之耳。然舜此时，是摄政，自然禀尧之命也。大抵观圣人之事，须要得圣人之心，不得其心而徒揣摩其迹，虽穷岁月，费辞说，何自而能明哉？今观四凶之事，亦不必论其摄政、不摄政，不必究其怀愤、不怀愤，不必疑其能去、不能去，不必揣其才胜与德优，只是有罪则当去，未有罪则当容。圣人之心，鉴空衡平，随物应之而已。尧固如是，舜亦如是。虽千万世之心，亦如是也。如此看书，多少光明洁净，要于心地，亦自有益。故曰，人皆可以为尧舜。

## 《尚书埤传》卷二

（清）朱鹤龄

幽洲，崇山，四罪咸服。

《括地志》故龚城在檀州燕乐县界，故老传云，舜流共工幽州，居此城。

孔疏，《禹贡》无崇山，不知其处。盖在衡岭之南。朱子曰，或云在澧州慈利县。

程子曰，四凶之才，皆可用尧之时。圣人在上，皆以其才任大位，而不敢露其不善之迹。尧非不知其不善也，罪状尚伏，圣人亦不得而诛之。及尧举舜于匹夫之中而禅以位，于是，四人者，始怀愤怨不平之心，而显其恶，故舜得以因其迹，而诛窜之也。苏轼曰，天下之所谓权豪贵显而难令者，此乃圣人之所借以徇天下也。舜诛四凶而天下服何也？此四族者，天下之大族也。夫惟圣人为能击天下之大族，以服小民之心，故其刑罚至于措而不用。

林之奇曰，舜诛四凶，当在洪水未平之前；朝巡、肇州，当在禹平水土之后。史因言舜之恤刑，遂举四凶系之于下耳。世徒见四凶得罪不在尧世，遂谓尧不能去，不知舜之去四凶，乃历试之时，实受尧命。如禹居摄时，亦受命征苗也（史本纪，舜归而言于帝，请流共工于幽陵云云）。

## 《尚书地理今释》

（清）蒋廷锡

幽洲，按《说文》，洲通作州。《括地志》云，故龚城在檀州燕乐县界（今顺天府密云县东北塞外地），故孔传云，舜流共工幽州，居此城。

### 《尚书七篇解义》卷一

（清）李光地

流共工于幽州，放驩兜于崇山，窜三苗于三危，殛鲧于羽山，四罪而天下咸服。

系四罪于明刑之后者，见四凶之恶，舜犹流而宥之。盖在朝有议亲、议贵之礼；蛮夷则悯其荒忽而无知也。抑共、驩、伯鲧不能辨，则舜不能；举四凶不能去，则二十二人者不能登。舜者继尧之志而已。此又二典相形之意。


# 放驩兜于崇山

## 1. 《尚书注疏》卷二

（汉）孔氏传，（唐）陆德明音义、孔颖达疏

放驩兜于崇山。

传：党于共工，罪恶同。崇山，南裔。

音义：驩，呼端反。兜，丁侯反。《左传》帝鸿氏有不才子，掩义隐贼，好行凶德，丑类恶物，顽嚚不友，是与比周。天下之民谓之浑敦。杜预云，即驩兜也。帝鸿，黄帝也。

疏：放逐驩兜于南裔之崇山。

（归善斋按，另见"流共工于幽洲"）

## 2. 《书传》卷二

（宋）苏轼

放驩兜于崇山。

崇山，南裔。

## 3. 《尚书全解》卷二

（宋）林之奇

（归善斋按，见前文"流共工于幽洲"）

## 4. 《尚书讲义》卷二

（宋）史浩

（归善斋按，见前文"流共工于幽洲"）

## 5. 《尚书详解》卷二

（宋）夏僎

（归善斋按，见前文"象以典刑"）

## 6. 《增修东莱书说》卷二

（宋）时澜

（归善斋按，见前文"流共工于幽洲"）

## 7. 《尚书说》卷一

（宋）黄度

（归善斋按，见前文"象以典刑"）

## 8. 《絜斋家塾书钞》卷一

（宋）袁燮

（归善斋按，见前文"象以典刑"）

## 9. 《书经集传》卷一

（宋）蔡沈

（归善斋按，见前文"象以典刑"）

## 10. 《尚书精义》卷三

（宋）黄伦

（归善斋按，见前文"流共工于幽洲"）

## 11. 《尚书详解》卷二

（宋）陈经

（归善斋按，见前文"流共工于幽洲"）

## 12. 《融堂书解》卷一

（宋）钱时

（归善斋按，见前文"流共工于幽洲"）

## 13. 《尚书要义》卷二

（宋）魏了翁

三六、流凶在治水前，时无幽州，史追书。

流凶在治水前，于时未作十有二州，则无幽州之名，而云幽州者，史据后定言之。

三七、三裔既明，知崇山在南裔。

《左传》说此事，云流四凶族，投诸四裔，则四方之各有一人。幽州在北裔，雍州三危在西裔，徐州羽山在东裔。三方既明，知崇山在南裔也。《禹贡》无崇山，不知其处，盖在衡岭之南也。

## 14. 《书集传或问》卷上

（宋）陈大猷

（归善斋按，见前文"流共工于幽洲"）

## 15. 《尚书详解》卷一

（宋）胡士行

（归善斋按，见前文"流共工于幽洲"）

## 16. 《书纂言》卷一

（元）吴澄

（归善斋按，见前文"流共工于幽洲"）

## 17. 《书集传纂疏》卷一

（元）陈栎

（归善斋按，见前文"流共工于幽洲"）

## 18. 《读书丛说》卷二

（元）许谦

（归善斋按，未解）

## 19. 《书传辑录纂注》卷一

（元）董鼎

（归善斋按，见前文"流共工于幽洲"）

## 20. 《尚书句解》卷一

（元）朱祖义

放驩兜于崇山（驩兜，党共工，其罪同，故放之崇山。放者，使之自治）。

## 21. 《尚书日记》卷二

（明）王樵

（归善斋按，见前文"流共工于幽洲"）

## 22. 《御制日讲书经解义》卷一

（归善斋按，见前文"流共工于幽洲"）

## 《尚书通考》卷五

（元）黄镇成

（归善斋按，见前文"流共工于幽洲"）

## 《尚书疑义》卷一

（明）马明衡

（归善斋按，见前文"流共工于幽洲"）

## 《尚书埤传》卷二

（清）朱鹤龄

（归善斋按，见前文"流共工于幽洲"）

## 《尚书地理今释》

（清）蒋廷锡

崇山，在今湖广永定卫西大庸所东。


# 窜三苗于三危

## 1. 《尚书注疏》卷二

（汉）孔氏传，（唐）陆德明音义、孔颖达疏

窜三苗于三危。

传：三苗，国名，缙云氏之后，为诸侯，号饕餮。三危，西裔。

音义：窜，七乱反。三苗，马王云，国名也，缙云氏之后，为诸侯，盖饕餮也。《左传》缙云氏有不才子，贪于饮食，冒于货贿，侵欲崇侈，不可盈厌，聚敛积实，不知纪极，不分孤寡，不恤穷匮。天下之民，以比三凶，谓之饕餮。杜预云，缙云，黄帝时官名，非帝子孙，故以比三凶也。贪财曰饕，贪食曰餮。缙，音晋。饕，土刀反。餮，他节反。

疏：窜三苗于西裔之三危。

（归善斋按，另见"流共工于幽洲"）

## 2. 《书传》卷二

（宋）苏轼

窜三苗于三危。

三苗，缙云氏之后，为诸侯。三危，西裔。

## 3. 《尚书全解》卷二

（宋）林之奇

（归善斋按，见前文"流共工于幽洲"）

## 4. 《尚书讲义》卷二

（宋）史浩

（归善斋按，见前文"流共工于幽洲"）

## 5. 《尚书详解》卷二

（宋）夏僎

（归善斋按，见前文"象以典刑"）

## 6. 《增修东莱书说》卷二

（宋）时澜

（归善斋按，见前文"流共工于幽洲"）

## 7. 《尚书说》卷一

（宋）黄度

（归善斋按，见前文"象以典刑"）

## 8. 《絜斋家塾书钞》卷一

（宋）袁燮

（归善斋按，见前文"象以典刑"）

## 9. 《书经集传》卷一

（宋）蔡沈

（归善斋按，见前文"象以典刑"）

## 10. 《尚书精义》卷三

（宋）黄伦

（归善斋按，见前文"流共工于幽洲"）

## 11. 《尚书详解》卷二

（宋）陈经

（归善斋按，见前文"流共工于幽洲"）

## 12. 《融堂书解》卷一

（宋）钱时

（归善斋按，见前文"流共工于幽洲"）

## 13. 《尚书要义》卷二

（宋）魏了翁

（归善斋按，见前文"流共工于幽洲"）

## 14. 《书集传或问》卷上

（宋）陈大猷

（归善斋按，见前文"流共工于幽洲"）

## 15.《尚书详解》卷一

（宋）胡士行

（归善斋按，见前文"流共工于幽洲"）

## 16.《书纂言》卷一

（元）吴澄

（归善斋按，见前文"流共工于幽洲"）

## 17.《书集传纂疏》卷一

（元）陈栎

（归善斋按，见前文"流共工于幽洲"）

## 18.《读书丛说》卷二

（元）许谦

（归善斋按，未解）

## 19.《书传辑录纂注》卷一

（元）董鼎

（归善斋按，见前文"流共工于幽洲"）

## 20.《尚书句解》卷一

（元）朱祖义

窜三苗于三危（三苗，贪冒无厌，故窜之三危之地。窜者，投弃之名）。

## 21.《尚书日记》卷二

（明）王樵

（归善斋按，见前文"流共工于幽洲"）

## 22.《御制日讲书经解义》卷一

（归善斋按，见前文"流共工于幽洲"）

## 《尚书通考》卷五

（元）黄镇成

（归善斋按，见前文"流共工于幽洲"）

## 《尚书疑义》卷一

（明）马明衡

（归善斋按，见前文"流共工于幽洲"）

## 《尚书地理今释》

（清）蒋廷锡

三苗，今湖广武昌、岳州二府，江西九江府地。《史记正义》曰，吴起云，三苗之国，左洞庭而右彭蠡，今江州、鄂州、岳州也。

三危，在今陕西嘉峪关外废沙州卫界。《括地志》云山有三峰，故曰三危，俗亦名卑羽山，在沙州敦煌县东南三十里（归善斋按蔡传云，三危西裔之地，即《禹贡》所谓"三危既宅"者是矣。若导川，黑水所经之三危，自在大河之南，与此为二，详《禹贡·三危下》）。

# 殛鲧于羽山

## 1.《尚书注疏》卷二

（汉）孔氏传，（唐）陆德明音义、孔颖达疏

殛鲧于羽山。

传：方命圮族，绩用不成。殛、窜、放、流皆诛也，异其文，述作之体。羽山，东裔，在海中。

音义：殛，纪力反。鲧，故本反。《左传》颛顼氏有不才子，不可教

训，不知话言，告之则顽，舍之则嚚，傲很明德，以乱天常。天下之民谓之梼杌。杜预云，即鲧也。梼杌，凶顽无俦匹之貌。

疏：诛殛伯鲧于东裔之羽山。

（归善斋按，另见"流共工于幽洲"）

## 2. 《书传》卷二

（宋）苏轼

殛鲧于羽山。

羽山，东裔，在海中。殛，诛死也。流、放、窜皆迁也。

## 3. 《尚书全解》卷二

（宋）林之奇

（归善斋按，见前文"流共工于幽洲"）

## 4. 《尚书讲义》卷二

（宋）史浩

（归善斋按，见前文"流共工于幽洲"）

## 5. 《尚书详解》卷二

（宋）夏僎

（归善斋按，见前文"象以典刑"）

## 6. 《增修东莱书说》卷二

（宋）时澜

（归善斋按，见前文"流共工于幽洲"）

## 7. 《尚书说》卷

（宋）黄度

（归善斋按，见前文"象以典刑"）

## 8.《絜斋家塾书钞》卷一

（宋）袁燮

（归善斋按，见前文"象以典刑"）

## 9.《书经集传》卷一

（宋）蔡沈

（归善斋按，见前文"象以典刑"）

## 10.《尚书精义》卷三

（宋）黄伦

（归善斋按，见前文"流共工于幽洲"）

## 11.《尚书详解》卷二

（宋）陈经

（归善斋按，见前文"流共工于幽洲"）

## 12.《融堂书解》卷一

（宋）钱时

（归善斋按，见前文"流共工于幽洲"）

## 13.《尚书要义》卷二

（宋）魏了翁

（归善斋按，见前文"流共工于幽洲"）

## 14.《书集传或问》卷上

（宋）陈大猷

（归善斋按，见前文"流共工于幽洲"）

## 15.《尚书详解》卷一

（宋）胡士行

（归善斋按，见前文"流共工于幽洲"）

## 16.《尚书纂言》卷一

（元）吴澄

（归善斋按，见前文"流共工于幽洲"）

## 17.《书集传纂疏》卷一

（元）陈栎

（归善斋按，见前文"流共工于幽洲"）

## 18.《读书丛说》卷二

（元）许谦

（归善斋按，未解）

## 19.《书传辑录纂注》卷一

（元）董鼎

（归善斋按，见前文"流共工于幽洲"）

## 20.《尚书句解》卷一

（元）朱祖义

殛鲧于羽山（鲧九载绩用不成，故殛之羽山）。

## 21.《尚书日记》卷二

（明）王樵

（归善斋按，见前文"流共工于幽洲"）

## 22.《御制日讲书经解义》卷一

（归善斋按，见前文"流共工于幽洲"）

## 《尚书通考》卷五

（元）黄镇成

（归善斋按，见前文"流共工于幽洲"）

## 《书蔡氏传旁通》卷一中

（元）陈师凯

殛，则拘囚困苦之。

《朱子语录》云，殛，非杀也。《洪范》云，殛死，犹今言贬死。又云，"殛鲧于羽山"，想是偶然在彼而殛之。

随其罪之轻重而异法。

《辑纂》引孙氏云，放重于流，窜重于放，殛重于窜。

怒在四凶，舜何与焉。

可怒者，在四凶，非舜之私意怒之也。程子云，喜怒在事，则理之当喜怒者也。又云，如鉴之照物，妍媸在彼，随物应之而已。

《春秋传》所记四凶之名，与此不同。说者以穷奇为共工，浑敦为驩兜，饕餮为三苗，梼杌为鲧。

文公十八年注云，浑敦，不开通之貌；穷奇，其行穷，其好奇；梼杌，顽凶无俦匹之貌；贪财为饕，贪食为餮。

## 《尚书疑义》卷一

（明）马明衡

窃以殛鲧之事，亦有可疑。先儒谓《禹贡》之书作于尧世，若果尔，则禹有安天下之大功，而不保其父，岂所以为子？舜亦知其有大功矣，而不能遂人爱父之心，亦岂善处人父子之间哉？瞽瞍杀人，皋陶但知有法，舜但知有父。鲧之"方命圮族"未至于明杀人也。殛之羽山，可谓行其法矣。禹乃依依任职而不去，至卒受天下而不辞，是禹知有天下之为荣，而不知有父之为重矣。其视舜，窃负而逃以得全其天性之真者，不亦有间耶？而天下后世，卒无以议禹者何耶？去古已远，此等事迹先后皆不可知。但禹之心，必不异于舜之心也。使去天下而可以全其父，禹当无异于舜之窃负而逃也。禹之依依任职不去，卒受天下而不辞者，必其当时，所处自有以不伤孝子之心者，而后禹始无愧于为子也。今以大略推之，鲧之治水，禹当未任职也。"方命圮族"，绩既弗成，显戮之加，天罚所不赦者。禹时，固不得而窃之逃夫。禹既任职之后，光昭先德，其勤至于启呱呱而泣，弗子，惟"荒度土功"者，禹之心不无有所为也。既而功既大成，天下怀之，禹之孝道已显，而元后之陟，亦有不得而辞者。此时不知鲧尚在否？若其尚在，则当有荡涤之典；若其已死，则当有表异之恩夫，然后禹始可以无终天之恨，而安受元后之陟矣。然此今，皆不可知，惟以事理推之如此，姑记以俟正云。

（归善斋按，又见前文"流共工于幽洲"）

## 《尚书地理今释》

（清）蒋廷锡

羽山，在今山东兖州府沂水东南一百里，接郯城县及江南淮安府海州赣榆县界。

# 四罪而天下咸服

## 1.《尚书注疏》卷二

（汉）孔氏传，（唐）陆德明音义、孔颖达疏

四罪而天下咸服。

传：皆服舜用刑当其罪，故作者先叙典刑，而连引四罪，明皆征用所行，于此总见之。

疏：刑此四罪，各得其实，而天下皆服从之。

此四罪者，征用之初，即流之也。舜以微贱，超升上宰，初来之时，天下未服。既刑四罪，故天下皆服舜用刑，得当其罪也。自"象以典刑"以下，征用而即行之，于此居摄之后追论成功之状，故作者先叙典刑，言舜重刑之事，而连引四罪，述其刑当之验。明此诸事，皆是征用之时所行，于此总见之也，知此等诸事，皆征用所行者。《洪范》云，鲧则殛死，禹乃嗣兴。僖三十三年《左传》云，舜之罪也，殛鲧；其举也，兴禹。襄二十一年《左传》云，鲧殛而禹兴。此三者，皆言殛鲧，而后用禹为治水，是征用时事。四罪在治水之前，明是征用所行也。又下云，禹让稷、契、皋陶，帝因追美三人之功。所言稷播百谷，契敷五教，皋陶作

士，皆是征用时事。皋陶所行五刑有服，五流有宅，即是"象以典刑流宥五刑"，此为征用时事，足可明矣。而郑玄以为禹治水事毕，乃流四凶。故王肃难郑言，若待禹治水功成而后，以鲧为无功殛之，是为舜用人子之功，而流放其父，则禹之勤劳，适足使父致殛，为舜失五典克从之义，禹陷三千莫大之罪，进退无据，亦甚迂哉。

## 2. 《书传》卷二

（宋）苏轼

四罪而天下咸服。

此四凶族也，其罪则莫得详矣。至于流且死，则非小罪矣。然尧不诛而待舜，古今以为疑。此皆世家巨室，其执政用事也久矣。非尧始举而用之，苟无大故，虽知其恶，势不可去。至舜为政，而四人者不利，乃始为恶于舜之世。如管蔡之于周公也欤。

## 3. 《尚书全解》卷二

（宋）林之奇

（归善斋按，见前文"流共工于幽洲"）

## 4. 《尚书讲义》卷二

（宋）史浩

（归善斋按，见前文"流共工于幽洲"）

## 5. 《尚书详解》卷二

（宋）夏僎

（归善斋按，见前文"象以典刑"）

## 6. 《增修东莱书说》卷二

（宋）时澜

（归善斋按，见前文"流共工于幽洲"）

### 7. 《尚书说》卷一

（宋）黄度

（归善斋按，见前文"象以典刑"）

### 8. 《絜斋家塾书钞》卷一

（宋）袁燮

（归善斋按，见前文"象以典刑"）

### 9. 《书经集传》卷一

（宋）蔡沈

（归善斋按，见前文"象以典刑"）

### 10. 《尚书精义》卷三

（宋）黄伦

（归善斋按，见前文"流共工于幽洲"）

### 11. 《尚书详解》卷二

（宋）陈经

（归善斋按，见前文"流共工于幽洲"）

### 12. 《融堂书解》卷一

（宋）钱时

（归善斋按，见前文"流共工于幽洲"）

### 13. 《尚书要义》卷二

（宋）魏了翁

四十、治水是征用时事，四罪在治水前。

此四罪者，征用之初即流之也。舜以微贱，超升上宰，初来之时，天下未服，既行四罪，故天下皆服。如此等诸事，皆征用所行者。《洪范》

云，鲧则殛死，禹乃嗣兴；僖三十三年《左传》云，舜之罪也殛鲧，其举也兴禹；襄二十一年《左传》云，鲧殛而禹兴。此三者皆言殛鲧而后用禹为治水，是征用时事。四罪在治水之前，明征用所行也。又下云禹让稷、契、皋陶，帝因追美三人之功，所言稷播五谷，契敷五教，皋陶作士，皆是征用时事。皋陶所行"五刑有服，五流有宅"，即是"象以典刑，流宥五刑"，此为征用时事，足可明矣。而郑玄以为禹治水事毕，乃流四凶，故王肃难郑言，若待禹治水功成，而后以鲧为无功殛之，是为舜用人子之功，而流放其父，则禹之勤劳，适足使父致殛。为舜，失五典克从之义，禹陷三千莫大之罪，进退无据，亦甚迂哉。

## 14. 《书集传或问》卷上

（宋）陈大猷

（归善斋按，未解）

## 15. 《尚书详解》卷一

（宋）胡士行

（归善斋按，见前文"流共工于幽洲"）

## 16. 《书纂言》卷一

（元）吴澄

（归善斋按，见前文"流共工于幽洲"）

## 17. 《书集传纂疏》卷一

（元）陈栎

（归善斋按，见前文"流共工于幽洲"）

## 18. 《读书丛说》卷二

（元）许谦

（归善斋按，未解）

## 19.《书传辑录纂注》卷一

（元）董鼎

（归善斋按，见前文"流共工于幽洲"）

## 20.《尚书句解》卷一

（元）朱祖义

四罪而天下咸服（罚此四罪而得其当，故天下皆心服）。

## 21.《尚书日记》卷二

（明）王樵

（归善斋按，见前文"流共工于幽洲"）

## 22.《御制日讲书经解义》卷一

（归善斋按，见前文"流共工于幽洲"）

## 《尚书注考》

（明）陈泰交

"四罪而天下咸服"，训"服者天下皆服其用刑之当罪也"。"五刑有服"，训"服""服其罪"也。"五百里甸服"，"先王有服"，"以常旧服"，"乃服惟弦王"，"远服贾"，训"服""事"也。"说乃言惟服"，训"服""行"也。"嗣无疆大历服"，训"服""五服"也。"时乃大明服"，训"服"者"服其民"也。

## 《尚书埤传》卷二

（清）朱鹤龄

（归善斋按，见前文"流共工于幽洲"）

# 五
# 即　位

## 二十有八载，帝乃殂落

### 1.《尚书注疏》卷二

（汉）孔氏传，（唐）陆德明音义、孔颖达疏

二十有八载，帝乃殂落。

传：殂（cú）落，死也。尧年十六即位，七十载求禅，试舜三载，自正月上日至崩，二十八载，尧死寿一百一十七岁。

音义：殂，才枯反。

疏：正义曰，舜受终之后，摄天子之事二十有八载，帝尧乃死。

传正义曰，殂落，死也，《释诂》文。李巡曰，殂落，尧死之称。郭璞曰，古死尊卑同称。故《书》尧曰殂落，舜曰陟方，乃死谓之殂落者。盖殂为往也，言人命尽而往落者，若草木叶落也。尧以十六即位，明年乃为元年，七十载求禅，求禅之时八十六也。试舜三年，自正月上日至崩二十八载，总计其数，凡寿一百一十七岁。按《尧典》，求禅之年，即得舜而试之，求禅试舜，共在一年也。更得二年，即为历试三年。故下传云，历试二年，与摄位二十八年，合得为三十在位，故王肃云征用三载，其一在征用之年，其余二载与摄位二十八年，凡三十岁也。故孔传云，历试二年，明其一年在征用之限，以此计之，惟有一百一十六岁，不得有七，盖误为七也。

## 2. 《书传》卷二

（宋）苏轼

二十有八载，帝乃徂落。百姓如丧考妣，三载，四海遏密八音。

徂落，死也。考妣，父母也。遏，绝也。密，静也。尧年十六即位，七十载求禅，试三载，自正月上日至崩，二十八载，凡寿一百一十七岁。

## 3. 《尚书全解》卷二

（宋）林之奇

二十有八载，帝乃殂落，百姓如丧考妣，三载，四海遏密八音。

言舜之居摄二十有八年，而后尧死也。殂落，死也。盖人之死也，魂气归于天，故谓之殂体魄降于地，故谓之落。"百姓如丧考妣"，言百姓之失尧，如失父母也。孔氏云，言百官感德思慕，非也。夫百姓，有指百官而言之者，若《尧典》"平章百姓"是也；有指民而言之者，若《论语》"修己以安百姓"是也。此百姓，盖指民而言之，言尧之德及于民也，深且久，其崩也，百姓若失父母，无小大，无远近皆然，非独百官而已。"三载，四海遏密八音"，指其地而言之，则曰四海；指其人而言之，则曰百姓，其实不异也。而王氏云，圣人之政，其施不能无厚薄，则其报施之义，亦不能无厚薄也。此盖曲生穿凿，无义理也。夫谓"百姓如丧考妣"者，非是处苫（shān）块真如居父母之丧也，但谓忧愁不乐也。惟忧愁不乐，则于三年之间，遏密八音。此盖相因之辞，无有臣与民之异也。遏，绝也。密，静也。八音，金、石、丝、竹、匏、土、革、木也。凡音之起，由人心生。人心欢乐，则八音之奏和悦而无有厌斁（yì）。苟其心一有所不乐，则虽八音陈于前，而心不在焉，不知其为乐也。尧之崩也，百姓哀慕，如丧考妣，至于"三载，四海遏密八音"，此盖至诚所感，自然而然，非有刑政以驱之也。窃惟尧舜之世有，后世所不可跂（qí）及者，二事。驩兜、共工之徒，皆世之所谓大奸大恶，立于其朝，非惟不逞其奸，而反为世所用，此其所不可跂而及者，一也。尧老而舜摄者，二十八年，尧以天子之尊，不复以庶政自闻，而退处于上；舜以匹夫之贱，摄行天子之事，历年如是之久，而谗间不生，及尧崩，舜率天下诸侯以为尧三年之丧，然后即天子之位，内外大小无有纤毫之隙者，此后世所不可跂而及者，二也。且如唐明皇、肃宗亲父子之间，及肃宗即位，明皇处西内，而程元振之徒，一肆其谗间，则父子之间不啻如仇雠。尧与舜初非有天属之亲，而舜能率天下以事尧，使斯民戴尧之心，无有厌斁，及其崩也。"百姓如丧考妣，三载，四海遏密八音"此其为难，盖本试于谐顽、嚚、刑二女也。柳子厚智不足以知此，且谓尧不能使民忘之，不能以天下授舜；舜不能自陷于民，不能以受尧之天下。且谓，"如丧考妣，三载，四海遏密八音"，乃是舜归德于尧，史尊尧之辞。此盖以一己之私意，测度圣人者也。子厚之心术，盖可见矣。

## 4.《尚书讲义》卷二

（宋）史浩

二十有八载，帝乃殂落，百姓如丧考妣，三载，四海遏密八音。

尧寿百一十七岁。以经考之，十六岁即位，七十载使舜居摄，历试三载，自正月上日二十八载矣。《礼》曰，大德者，必得其寿。昔华封人祝尧，曰使圣人寿，尧曰辞。夫尧岂不知寿之可尚，盖以尧自揆，其德必可得寿，无所事祝也。然而封人之心，则不然，有君如尧，使千万年在位，人心犹未厌也。彼百姓四海，攀号慕念，至三载之久。其以父母事尧也，宜矣。

## 5.《尚书详解》卷二

（宋）夏僎

二十有八载，帝乃殂落，百姓如丧考妣，三载，四海遏密八音。

汉孔氏，谓尧年十六即位，七十载求禅，试舜三年。自正月上日至崩，凡寿一百一十七岁。唐孔氏按尧禅之年，即得舜而试之，求禅试舜，共在一年，更得二年，即为历试三年，更加舜居摄二十八年，合后舜三十在位之数，是尧寿实一百一十六岁，孔云一百一十七者，误也。舜摄二十八载，而尧崩。不曰"崩"，而曰"殂落"，汉孔氏谓，即死也。唐孔氏广其说，谓殂，往也，言命尽而往落者，若草木之落也。故王氏诸儒从而为之说，曰，魂气归于天，故谓之殂；体魄降于地，故谓之落。此说极当。尧之盛德，浃洽人心，今既殂落，百姓思之，如失父母。三年之间，四海之内皆尽绝八音，而不复作乐。盖思尧而不忍闻也。

### 6. 《增修东莱书说》卷二

（宋）时澜

二十有八载，帝乃殂落。百姓如丧考妣，三载，四海遏密八音。

舜历位二十八年。当时号令，舜之号令也，当时德泽，舜之德泽也，尧与百姓相忘二十八年矣。何帝乃殂落，而百姓如考妣之丧，天下乃不忘尧，如此见尧德在民之深也。大抵人情，初则思，中则厌，久则忘。二十八年之久，宜其厌而忘矣。尧之德泽，沦浃渐渍，在人之深，历年之久，百姓虽不见尧，而常见尧之德泽，是以尧之殂，而百姓思之，不能已也。大抵刑政非不可以治天下，但一时之间整肃而有条理，久则必弛。若德泽之柔，抚久而愈新。此百姓思尧之义也。虽然又足以见舜摄尧位，二十八年之久，凡一政事，一号令，皆遵尧之法而不变。是以天下闻舜之号令，如亲闻尧之号令；乐舜之德泽，如亲承尧之德泽。舜承尧之心，可体而见矣。自此以前，舜之治甚详，事皆自为。自此以后，舜之治甚略，任九官、十二牧之外，事若有所不亲者，盖尧在上，舜虽受位，犹臣道也。尧崩之后，舜始即位行君道，故命官而不亲。于前，可以观"坤作成物"之义；于后，可以观"乾知太始"之义。

### 7. 《尚书说》卷一

（宋）黄度

二十有八载，帝乃殂落，百姓如丧考妣，三载，四海遏密八音。

臣为君服三年，始于此。未尝不本于人心也。孔氏曰，四夷绝音，则华夏可知，言盛德恩化，所及者远。

### 8. 《絜斋家塾书钞》卷一

（宋）袁燮

二十有八载，帝乃殂落，百姓如丧考妣，三载，四海遏密八音。

舜摄位二十八载，而尧乃殂落。尧曰"殂落"，舜曰"陟方"，后世人主亦曰"崩"，此皆不与死字相似。《檀弓》载，子张死召申祥，而语之曰"君子曰终，小人曰死，吾今日其庶几乎"，言庶几其可谓之终也。众人皆只是死，圣人则否。"三载，四海遏密八音"，非有所禁制，而不敢也，生乎其心，而自有所不忍。今且谓尧何故使如此？学者便当如此致思。此无他，只缘尧平日治天下，见于发号施令，立纲陈纪，事事物物，皆契人心。吾之所为，既有契于人心，故人心自无时而能忘，非不能忘尧也，不能自忘其心也。《孟子》曰，"以力服人者，非心服也，力不赡也。以德服人者，中心悦而诚服也。如七十子之服孔子也"。盖缘孔子一言一动，皆合乎人心，求其毫厘之失，而不可得，故七十子直是中心悦而诚服。尧舜之治天下，亦是如此。后世虽有贤主，亦是非相半。是，则人斯服焉；非，则人皆得以指而议之矣。若是尧舜之时，安得有一事之不是，安得有一人议其毫厘之失。既如此，宜其深结乎人心，虽久而不忘也。若是结之以区区之惠，一时间固感我惠，尽则忘之。厚者，稍久亦忘之矣。若事事契合人心，却不解忘。盖缘我所做底，便是他底心。

## 9.《书经集传》卷一

（宋）蔡沈

二十有八载，帝乃殂落，百姓如丧考妣，三载，四海遏密八音。

殂落，死也。死者魂气归于天，故曰殂；体魄归于地，故曰落。丧为之服也。遏，绝；密，静也。八音，金、石、丝、竹、匏、土、革、木也。言尧圣德广大，恩泽隆厚，故四海之民，思慕之深，至于如此也。《仪礼》圻内之民，为天子齐衰（zī cuī）三月；圻外之民无服。今应服三月者，如丧考妣；应无服者，遏密八音。尧十六即位，在位七十载，又试舜三载，老不听政二十八载乃崩，在位通计，百单一年。

## 10.《尚书精义》卷三

（宋）黄伦

二十有八载，帝乃殂落。百姓如丧考妣，三载，四海遏密八音。

无垢曰，《释地》云"九夷、八狄、七戎、六蛮，谓之四海"，最难遍及也。彼亦何为而静绝八音哉？此以见尧恩之远及，使辽远如四海，亦皆知愁苦，而不忍闻丝竹之音、金石之奏也。夫不忍闻者，以其心愁苦也。一日如此已足可夸，而况三年之久乎。夫其所以愁苦，必有以也。一方如此，且足以为美谈，而况四海皆如此。呜呼！尧之德，其大矣哉。

## 11.《尚书详解》卷二

（宋）陈经

二十有八载，帝乃殂落，百姓如丧考妣。三载，四海遏密八音。

舜历试三年，而尧始逊位，舜摄位二十八年，而尧始崩。百姓追慕尧之德，如父母三年。四海皆止绝八音。其情之伤痛于中，至于如此，一以见尧之德泽存，人为甚深；一以见舜于二十八载之间，其号令政事无时而不禀命于尧，亦无往而不称道尧之德，意以达于下。所以尧虽退而自忘，天下盖未始忘尧也。尧自即位，以至于殂落，其寿数之永，先儒论之详矣，故不复叙。

## 12.《融堂书解》卷一

（宋）钱时

二十有八载，帝乃殂落。百姓如丧考妣。三载，四海遏密八音。

愚观"百姓如丧考妣"，不觉怆然感叹。"元后作民父母"，百年之间，蒙被圣化，则其依依慕恋，何异赤子之怀父母也。一旦失之，哀号痛裂，真怀所发，有不知其然而然者，此岂可以伪为也哉。

## 13.《尚书要义》卷二

（宋）魏了翁

四一、殂落，尧死之称，谓往落。

殂落，死也，《释诂》文。李巡曰，殂落，尧死之称。郭璞曰，古死尊卑同称，故书尧曰"殂落"，舜曰"陟方乃死"。谓之"殂落"者，盖殂为往也，言人命尽而往落者，若草木叶落也。

四二、尧十六即位，终舜摄，计一百十六岁。

尧以十六即位，明年乃为元年。七十载求禅，求禅之时八十六也。试舜三年，自正月上日，至崩二十八载，总计其数，凡寿一百一十七岁。按《尧典》求禅之年，即得舜而试之。求禅试舜，共在一年也，更得二年，即为历试三年。故下传云，历试二年，与摄位二十八年，合得为三十在位。故王肃云，征用三载，其一在征用之年。其余二载，与摄位二十八年，凡三十岁也。故孔传云，历试二年，明其一年在征用之限。以此计之，惟有一百一十六岁，不得有七，盖误为七也。

## 14. 《书集传或问》卷上

（宋）陈大猷

（归善斋按，未解）

## 15. 《尚书详解》卷一

（宋）胡士行

二十有八载（舜摄位二十八年），帝（尧）乃殂（魂气归天）落（体魄降地）。百姓如丧考妣（父母亡曰考妣）。三载，四海遏（绝）密（静）八音（金、石、丝、竹、匏、土、革、木）。

舜摄，则尧与民相忘久矣。何百姓念之深也。此可见尧之德在民深，亦见舜遵尧法，虽摄也，而犹臣道焉。尧之为天下君，自若也。

## 16. 《书纂言》卷一

（元）吴澄

二十有八载，帝乃殂落。百姓如丧考妣，三载，四海遏密八音。

尧在位七十载，而征庸舜；试舜三载而老。舜以尧七十三载之正月上日，受终于文祖，摄位之二十八载，尧在位一百载矣。殂落，死也。死者魂气升于天，故曰殂；体魄降于地，故曰落。丧，为之服也。父曰考，母曰妣。三载，子为父服，则斩衰三年；为母服，则齐衰三年也。四海，甸服千里之外，四方诸侯之民也。遏，绝；密，静也。八音，金、石、丝、竹、匏、土、革、木，八音之乐器也。按《仪礼》，圻内之民，为天子服齐衰三月；圻外之民，无服。今百姓应服三月者，如服考妣三年之丧；四海应无服者，耳不听乐，盖虽无服而若有心丧者焉。此尧圣德广大，恩泽隆厚。故近，而国中之民；远，而天下之民，思慕之深，至于如此也。

此第三章舜摄位之事。

## 17. 《书集传纂疏》卷一

（元）陈栎

二十有八载，帝乃殂落。百姓如丧考妣。三载，四海遏密八音。

殂落，死也。死者，魂气归于天，故曰"殂"；体魄归于地，故曰"落"。丧，为之服也。遏，绝；密，静也。八音，金、石、丝、竹、匏、土、革、木也。言尧圣德广大，恩泽隆厚，故四海之民，思慕之深，至于如此也。《仪礼》圻内之民为天子齐衰三月，圻外之民无服。今应服三月者，如丧考妣；应无服者，遏密八音。尧十六即位，在位七十载，又试舜三载，老不听政二十八载乃崩，在位通计百单一年。

**纂疏**

语录：林氏解"殂落"，云"魂殂魄落"，说得好，便是魂升于天，魄降于地底意。唐孔氏曰，尧寿百十六岁，注"六"误为"七"。王氏炎曰，此言天下哀慕之情，非言丧服之礼也。

## 18. 《读书丛说》卷二

（元）许谦

（归善斋按，未解）

## 19. 《书传辑录纂注》卷一

（元）董鼎

二十有八载，帝乃殂落。百姓如丧考妣。三载，四海遏密八音。

殂落，死也。死者，魂气归于天，故曰"殂"；体魄归于地，故曰"落"。丧，为之服也。遏，绝；密，静也。八音，金、石、丝、竹、匏、土、革、木也。言尧圣德广大，恩泽隆厚，故四海之民，思慕之深，至于如此也。《仪礼》圻内之民，为天子齐衰三月；圻外之民，无服。今应服三月者，如丧考妣；应无服者，遏密八音。尧十六即位，在位七十载，又试舜三载，老不听政，二十八载乃崩。在位通计百单一年。

**辑录**

林少颖解"殂落"，云魂殂而魄落，说得好。便是魂升于天，魄降于地底意思。方子。尧崩，"百姓如丧考妣，三载，四海遏密八音"，"百姓如丧考妣"，此是本分。"四海遏密八音"，以礼论之，则为过。为天子服三年之丧只是圻内，诸侯之国，则不然。为君，为父，皆服斩衰。君，谓天子。诸侯及大夫之有地者，大夫之邑，以大夫为君；大夫以诸侯为君；诸侯以天子为君。各为其君服斩衰。诸侯之大夫，却为天子服齐衰三月，礼无二斩故也。公之丧，诸达官之长杖。达官，谓通于君得奏事者，各以其长杖。其下者不杖可知。文蔚。问，后世不封建诸侯，天下一统，百姓当为天子何服？曰，三月天下服。地虽有远近，闻丧有先后，然亦不过三月。文蔚。

**纂注**

孔氏曰，尧凡寿一百一十七年。唐孔氏曰，计尧之寿，惟有一百一十六岁，盖误为七也。王氏炎曰，此言哀慕之情，非言丧服之礼也。

## 20.《尚书句解》卷一

（元）朱祖义

二十有八载（尧年十六即位，在位七十年，求禅试舜三年，一在七十年之中。自正月上日，舜居摄，至尧崩，又二十八年，凡寿一百二十四岁），帝乃殂落（尧乃魂气升于天而殂，体魄降于地而落）。

## 21.《尚书日记》卷二

（明）王樵

"二十有八载"至"遏密八音"。舜摄位之二十八载也。殂落，死也。丧，为之服也。父死曰考，母死曰妣。遏，绝；密，静也。八音谓，金，钟也；石，磬也；丝，琴瑟也；竹，箫笛也；匏，笙也；土，埙也；革，鼓也；木，柷敔（zhù yǔ）也。徂落，盖当时语。唐虞曰殂落，三代曰崩。死者，魂徂于天，故曰"殂"；魄降于地，故曰"落"。"崩"者，上坠之形。皆臣子施于君上之辞，不忍斥言其死也。然即"殂落"二字，可以悟死生之理焉，通幽明之故焉。人生始化，曰魄；既生魄阳曰魂。又曰，心之精爽是谓魂魄。圣之所以为圣，贤之所以为贤，百姓之所日用而不知者，皆此阴阳之合也。合必有散，生必有死。清者，归天；浊者，归地。得之太虚，还之太虚。虽神圣不能外，此常理焉。恶有所谓不死而常存者耶。世主知考法典、谟，则可以无汉武帝之惑矣。

"百姓如丧考妣，三年四海遏密八音"，此言哀慕之情，非言丧服之礼也。礼，为君，为父，皆服斩衰。君，谓天子、诸侯及大夫之有地者。大夫之邑，以大夫为君；大夫，以诸侯为君；诸侯，以天子为君。各为其君服斩衰。诸侯之大夫，却为天子服齐衰三月，礼无二斩故也。民，则畿内之民，为天子齐衰三月。畿外无服。封建之时，诸侯各君其国，天子与亲贤共天下，不私其尊亲于己也。故畿外之民，于天子无服。若郡县之时，则朱子以为亦当三月也。朱子又尝为君丧服议曰，自汉以来，所以不能复行君父三年之丧者，一则，以人主自无孝爱之心，而不能力行以率于上；二则，虑夫臣民之众，冠昏祠享，会聚之有期，而不欲以是夺之也。国家自祖宗以来，三年通丧，实行于内，则其所以立极导民者，已无所难矣。独所以下为臣民之虑者，未有折衷，是以依违于此，而未敢轻议，此亦虑之过矣。夫古之所谓方丧三年者，盖曰比方于父母之丧云尔。盖事亲者，亲死而致丧三年，情之至，义之尽者也。事师者，师死而心丧三年，谓其哀如父母而无服，情之至，而义有所不得尽者也。事君者，君死而方丧三年，谓其服如父母，而分有亲疏，此义之至，而情或有不至于其尽者也。然则，所谓方丧者，岂曰必使天下之人寝苫，枕块，饮水，食粥，泣血三年，真若居父母之丧哉。

愚按，分有亲疏，如公之丧，诸达官之长杖，其下者不杖可知。达官，谓通于君得奏事者。臣民之中又分别贵贱、亲疏，为隆杀之节。有君如尧，应三月者，如丧考妣，应无服者。"遏密八音"，情之所至是，亦礼之所宜也，岂为过哉。然史臣特记尧德如此，非记丧礼也。至周时，始立方丧之制耳。自成周制礼，已不能以尧为限。至后世，君德益衰，君臣之义益薄，视成周方丧之制，复不能逮而渐废焉，可胜慨哉。

孔氏以百姓为百官，疏言诸经传言，百姓或为百官，或为万民。知此百姓是百官者，以丧服庶民为天子齐衰三月，畿外之民无服，不得如考妣，故知百官也。按百官如丧考妣，此自是常事，又何俟乎？《书》注疏拘于《仪礼》，以说《尧典》，而不知史臣之记此，非谓丧礼，乃见尧德，在人思慕之深耳。孔氏谓，四夷绝音三年，则华夏可知。夫经自谓四海之内耳，何及四夷。但"三载"属下为句，则是盖"遏密"不连"三载"为句，则不见其哀思之久也。

## 22.《御制日讲书经解义》卷一

二十有八载，帝乃殂落。百姓如丧考妣，三载，四海遏密八音。月正元日，舜格于文祖。

此一节书，记尧终而舜始也。殂落，崩也。遏，绝也。密，静也。八音，金、石、丝、竹、匏、土、革、木之音。月正，正月也。元日，朔日；格，至也。舜摄位二十八年，尧乃殂落。畿内之民，哀痛深切，如丧父母。至于三年之久，四海之民，亦皆不忍作乐，绝静八音。帝尧德泽深远，所以人心思慕如此之甚。尧崩之后，舜以除丧之明年正月朔日，复至文祖之庙，始告即位，与天下更始，重其事也。以尧之德，启舜于前；以舜之德，绍尧于后。一以见帝尧之正其终；一以见帝舜之正其始。

### 《尚书通考》卷五

（元）黄镇成

二十有八载，帝乃殂落。

尧十六岁自唐侯升为天子，在位七十载，试舜三载，又老不听政二十有八载，在位通计一百单一年，寿一百十六岁。

### 《书蔡氏传旁通》卷一中

（元）陈师凯

尧十六即位。

在位七十载，该八十六年，又试舜三载，该八十九年，又不听政二十八载，该一百一十七年。《稽古录》云，寿百一十七岁而崩。

### 《尚书广听录》卷一

（清）毛奇龄

《孟子》"《尧典》曰，二十有八载，放勋乃殂落"，此是《舜典》文，而曰《尧典》者以《尧典》止于此节。萧齐时，误以"曰若稽古帝舜"节冠之"慎徽五典"之上。观《五帝·尧本纪》，实以"曰放勋"起，至"帝乃殂落"节止，可验也。其后《舜典》末节与《尧典》同。"舜生三十，征庸三十，在位五十载"，即二十有八载也。"陟方乃死"，即"帝乃殂落"也。第"陟方"二字，世多不解。一以"陟方"为死，犹言升遐也，则"乃死"二字赘矣。一以"陟"为"死"，犹言"新陟王"也，则"方乃死"，尤赘矣。惟孔传曰升道南方，以巡狩而死于苍梧之野，此是正解。而或反疑之曰，道何以升？则《商书》曰"若陟遐"，遐亦升，升不必高也。曰"陟"何以方？则《周书》诸侯朝于方岳，又曰"以陟禹之迹，方行天下巡行"，曰"陟四方"。曰"方"，犹言巡方、省方也。然则，舜以巡行死矣，是以《檀弓》曰"舜葬于苍梧之野"；《史记》曰"舜巡狩，崩于苍梧之野"；《国语》"舜勤事而野死"，皆与孔传合。而或又曰，《孟子》谓"舜卒鸣条"，何以不信《孟子》耶？曰，鸣条不知在何所，世久疑之矣。且经无见文，始信《孟子》，"陟方"者，经文也。舍经文何信焉。

# 百姓如丧考妣

## 1. 《尚书注疏》卷二

（汉）孔氏传，（唐）陆德明音义、孔颖达疏

百姓如丧考妣。

传：考妣，父母。言百官感德思慕。

音义：丧如字。又，息浪反。妣，必履反。父曰考，母曰妣。

疏：百官感德思慕，如丧考妣。

《曲礼》云，生曰父母，死曰考妣。郑玄云，考，成也，言其德行之成也。妣之言媲（pì）也，媲于考也。《丧服》为父、为君同服斩衰（cuī）。《檀弓》说事君之礼云，"服勤至死，方丧三年"。郑玄云，方丧资于事父。凡此以义为制，义重则恩轻，其情异于父。"如丧考妣"，言百官感德，情同父母，思慕深也。诸经传言百姓，或为百官，或为万民。知此百姓是百官者，以丧服，庶民为天子齐衰三月，畿外之民无服，不得如考妣，故知百官也。

## 2.《书传》卷二

（宋）苏轼

（归善斋按，见前文"二十有八载，帝乃殂落"）

## 3.《尚书全解》卷二

（宋）林之奇

（归善斋按，见前文"二十有八载，帝乃殂落"）

## 4.《尚书讲义》卷二

（宋）史浩

（归善斋按，见前文"二十有八载，帝乃殂落"）

## 5.《尚书详解》卷二

（宋）夏僎

（归善斋按，见前文"二十有八载，帝乃殂落"）

## 6.《增修东莱书说》卷二

（宋）时澜

（归善斋按，见前文"二十有八载，帝乃殂落"）

## 7.《尚书说》卷一

（宋）黄度

（归善斋按，见前文"二十有八载，帝乃殂落"）

## 8.《絜斋家塾书钞》卷一

（宋）袁燮

（归善斋按，见前文"二十有八载，帝乃殂落"）

## 9.《书经集传》卷一

（宋）蔡沈

（归善斋按，见前文"二十有八载，帝乃殂落"）

### 10. 《尚书精义》卷三

（宋）黄伦

（归善斋按，见前文"二十有八载，帝乃殂落"）

### 11. 《尚书详解》卷二

（宋）陈经

（归善斋按，见前文"二十有八载，帝乃殂落"）

### 12. 《融堂书解》卷一

（宋）钱时

（归善斋按，见前文"二十有八载，帝乃殂落"）

### 13. 《尚书要义》卷二

（宋）魏了翁

四三、百姓如丧考妣，谓百官。

诸经传言，百姓或为百官，或为万民。如此，百姓是百官者，以丧服，庶民为天子齐衰三月，畿外之民无服，不得如考妣。

### 14. 《书集传或问》卷上

（宋）陈大猷

（归善斋按，未解）

### 15. 《尚书详解》卷一

（宋）胡士行

（归善斋按，见前文"二十有八载，帝乃殂落"）

### 16. 《书纂言》卷一

（元）吴澄

（归善斋按，见前文"二十有八载，帝乃殂落"）

## 17. 《书集传纂疏》卷一

（元）陈栎

（归善斋按，见前文"二十有八载，帝乃殂落"）

## 18. 《读书丛说》卷二

（元）许谦

（归善斋按，未解）

## 19. 《书传辑录纂注》卷一

（元）董鼎

（归善斋按，见前文"二十有八载，帝乃殂落"）

## 20. 《尚书句解》卷一

（元）朱祖义

百姓如丧考妣（百姓思之如失父母），三载（三年之间），四海遏密八音（四海之内，皆遏绝金、石、丝、竹、匏、土、革、木之八音）。

## 21. 《尚书日记》卷二

（明）王樵

（归善斋按，见前文"二十有八载，帝乃殂落"）

## 22. 《御制日讲书经解义》卷一

（归善斋按，见前文"二十有八载，帝乃殂落"）

### 《尚书注考》

（明）陈泰交

"如丧考妣"，训"丧""为之服"也。"剥丧元良"，训"丧""去"也。

### 《尚书埤传》卷二

（清）朱鹤龄

"百姓"至"八音"。

百姓，注疏言百官。朱子曰，百官如丧考妣，此是本分。"四海遏密八音"，以礼论之，则为过也。为天子服三年之丧，只是坼内，诸侯之国则不然。礼，为君，为父，俱服斩衰。君，谓天子、诸侯及大夫之有地者。大夫之邑，以大夫为君；大夫以诸侯为君；诸侯以天子为君。各为其君服斩衰。诸侯之大夫，却为天子服齐衰三月。礼无二斩故也。民，则畿内者，为天子齐衰三月，畿外无服。封建之时，诸侯各君其国。天子与亲贤共天下，不私其尊亲于己也。故畿外无服。三载，当从孔传，属下为句。陆德明《释文》，八音，金，钟也；石，磬也；丝，琴瑟也；竹，篪笛也；匏，笙也；土，埙也；革，鼓也；木，柷敔也。

### 《尚书七篇解义》卷一

（清）李光地

二十有八载，帝乃殂落。百姓如丧考妣。三载，四海遏密八音。

"如丧考妣"，"遏密八音"，皆言人情自然，非以礼令之也。

# 三载，四海遏密八音

### 1. 《尚书注疏》卷二

（汉）孔氏传，（唐）陆德明音义、孔颖达疏

三载，四海遏密八音。

传：遏，绝；密，静也。八音：金、石、丝、竹、匏（páo）、土、革、木。四夷绝音三年，则华夏可知。言盛德恩化，所及者远。

音义：遏，安葛反，或音谒。八音谓，金，钟也；石，磬也；丝，琴瑟也；竹，篪（chí）笛也；匏，星也；土，埙（xūn）也；革，鼓也；木，柷敔（zhù yǔ）也。匏，白交反。

疏：三载之内，四海之人，蛮、夷、戎、狄，皆绝静八音，而不复作乐。是尧盛德恩化所及者远。

密，静，《释诂》文。遏，止绝之义，故为绝也。《周礼·大师》云，播之以八音：金、石、土、革、丝、木、匏、竹。郑云，金，钟镈也；石，磬也；土，埙也；革，鼓鼗（táo）也；丝，琴瑟也；木，柷敔也；匏，笙也；竹，管箫也。传言八音，与彼次不同者，随便言耳。《释地》云，九夷、八狄、七戎、六蛮，谓之四海。夷狄尚绝音三年，则华夏内国可知也。《丧服》诸侯之大夫，为天子正服繐（suì）衰，既葬除之。今能使四夷三载绝音，言尧有盛德，恩化所及远也。

## 2. 《书传》卷二

（宋）苏轼

（归善斋按，见前文"二十有八载，帝乃殂落"）

## 3. 《尚书全解》卷二

（宋）林之奇

（归善斋按，见前文"二十有八载，帝乃殂落"）

## 4. 《尚书讲义》卷二

（宋）史浩

（归善斋按，见前文"二十有八载，帝乃殂落"）

## 5. 《尚书详解》卷二

（宋）夏僎

（归善斋按，见前文"二十有八载，帝乃殂落"）

## 6. 《增修东莱书说》卷二

（宋）时澜

（归善斋按，见前文"二十有八载，帝乃殂落"）

## 7. 《尚书说》卷一

（宋）黄度

（归善斋按，见前文"二十有八载，帝乃殂落"）

## 8. 《絜斋家塾书钞》卷一

（宋）袁燮

（归善斋按，见前文"二十有八载，帝乃殂落"）

## 9. 《书经集传》卷一

（宋）蔡沈

（归善斋按，见前文"二十有八载，帝乃殂落"）

## 10. 《尚书精义》卷三

（宋）黄伦

（归善斋按，见前文"二十有八载，帝乃殂落"）

## 11. 《尚书详解》卷二

（宋）陈经

（归善斋按，见前文"二十有八载，帝乃殂落"）

## 12. 《融堂书解》卷一

（宋）钱时

（归善斋按，见前文"二十有八载，帝乃殂落"）

## 13. 《尚书要义》卷二

（宋）魏了翁

四四、三载，四海遏密八音，谓四夷。

《释地》云，九夷、八狄、七戎、六蛮，谓之四海。夷狄尚绝音三年，则华夏内国可知也。丧服，诸侯之大夫，为天子正服繐衰，既葬除之。今能使四夷三载绝音，言尧有盛德，恩化所及远也。

## 14. 《书集传或问》卷上

（宋）陈大猷

（归善斋按，未解）

## 15. 《尚书详解》卷一

（宋）胡士行

（归善斋按，见前文"二十有八载，帝乃殂落"）

## 16. 《书纂言》卷一

（元）吴澄

（归善斋按，见前文"二十有八载，帝乃殂落"）

## 17. 《书集传纂疏》卷一

（元）陈栎

（归善斋按，见前文"二十有八载，帝乃殂落"）

## 18. 《读书丛说》卷二

（元）许谦

（归善斋按，未解）

## 19. 《书传辑录纂注》卷一

（元）董鼎

（归善斋按，见前文"二十有八载，帝乃殂落"）

## 20. 《尚书句解》卷一

（元）朱祖义

（归善斋按，见前文"百姓如丧考妣"）

## 21. 《尚书日记》卷二

（明）王樵

（归善斋按，见前文"二十有八载，帝乃殂落"）

## 22. 《御制日讲书经解义》卷一

（归善斋按，见前文"二十有八载，帝乃殂落"）

### 《尚书稗疏》卷一

（清）王夫之

百姓、遏密。孔传以百姓为百官，朱蔡以为圻内之民。孔说是也。《论语》所云"百姓足"，自春秋时语，不可通于往古。春秋之始，无骇、挟、柔、溺，皆仅称名，则大夫而有无姓者，非命官也，况于民乎？《尧典》以百姓、黎民分言之，圻内之民岂独不谓之黎民？"周余黎民"，圻内之民也，足知百姓非民也。众仲曰，天子建德，因生以赐姓，其制始自黄帝。春秋之季，上下相僭，不赐而自为姓，或附姓于他族。附姓于他族者，《诗》所谓"谓他人父"是也。《仪礼》，臣为君，诸侯为天子斩衰；庶人为国君，齐衰三月。唐虞丧礼，大略皆简于周，棺椁葬祭，古质后文，丧服不宜独重。且庶人者，在官之称，犹今律所谓"无禄人"也。春秋下士称"人"，人，固别于"民"矣。庶人，则服齐衰，黎民则否。周制且然，况唐虞乎？诸侯轩县，八音始备。大夫无备乐。士唯琴瑟。黎民不得有乐。非犹今之皂隶仆厮，凡婚葬而鼓吹竞奏。民无八音，而亦何所遏密？遏密者，诸侯也。以此知，周之诸侯服天子斩衰，而唐虞不尔。诸侯之丧，天子止乐而已，不似王朝百官之如丧考妣也。至于黎民，则虞周，固皆无服。是以《孟子》言帅天下诸侯，为尧三年丧，而不及民，盖以义言之，卑不敢与至尊为礼；以情言之，生不服，勤不传，赉不见，疾不养，死不临，则哀亦无从而生。倘以帝德广被，民报以厚，则是人用其私情之厚薄，以违礼而事主。民即欲行之，舜亦得而裁之，臣不得以非所得而加之君，此之谓也。黎民而为天子服，盖自秦始。秦强天下以不及情之哀。汉文知其失，而不能为之，等杀概降，为二十七日之丧。亲若子，贵若臣，而一与民同，其已悖矣。矫枉过正，则得枉。唯虞周之典，亲疏贵贱之间，一天秩也。

### 《尚书埤传》卷二

（清）朱鹤龄

（归善斋按，见前文"百姓如丧考妣"）

# 月正元日，舜格于文祖

## 1. 《尚书注疏》卷二

（汉）孔氏传，（唐）陆德明音义、孔颖达疏

月正元日，舜格于文祖。

传：月正，正月；元日，上日也。舜服尧丧三年毕，将即政，故复至文祖庙告。

音义：复，扶又反。

疏：正义曰，自此已下，言舜真为天子，命百官受职之事，舜既除尧丧，以明年之月正元日，舜至于文祖之庙，告己将即正位为天子也。

传正义曰，正，训长也。月正，言月之最长。正月，长于诸月。月正，还是正月也。上日，日之最上；元日，日之最长。元日，还是上日。王肃云"月正元日"，犹言"正月上日"，变文耳。《礼》云，"令月吉日"，又变文，言吉月令辰，此之类也。知舜服尧丧三年毕，将即政者，以尧存，且摄其位，尧崩，谦而不居。《孟子》云，尧崩三年，丧毕，舜避丹朱于南河之南。天下诸侯朝觐者，不之尧子，而之舜。狱讼者不之尧子，而之舜。讴歌者，不之尧子，而讴歌舜。曰天也。然后之中国，践天子位。既言然矣。此文又承三载之下，故知舜服尧丧三年毕，将欲即政，复至文祖庙告。前以摄位告；今以即位告也。此犹是尧之文祖。自此以后，舜当自立文祖之庙。尧之文祖，当迁于丹朱之国也。

## 2. 《书传》卷二

（宋）苏轼

月正元日，舜格于文祖。

月正，正月也。元日，朔日也。向告摄，今告即位。

## 3. 《尚书全解》卷三

（宋）林之奇

月正元日，舜格于文祖，询于四岳，辟四门，明四日，达四聪。

月正，即正月也。李校书曰，月朔，或谓之朔月。《诗》所谓"朔月辛卯"是也。"月吉"，或谓之"吉月"，传所谓"吉月朝服而朝"是也。以此观之，则月正之为正月也，必矣。夫学者之于经，惟本于求其意而已。不必区区于物色牝牡（pìn mǔ）之间。如二典之所载，皆史官变其文，以成经纬。苟得其大意足矣。如必较量轻重而为之说，则将不胜其凿。如《舜典》言"舜受终"，则曰"正月"；"格于文祖"，则曰"月正"，必欲从而为之说。此王氏之所以有"即是月而后有政"之论也。元日，朔日也。朔日，而谓之元日，犹人君即位之始年，谓之元年也。舜既终三年之丧，于是始告庙。既告于庙，然后即于天子之位也。自此而下，皆纪舜询访群臣之事也。"询于四岳"者，所谓谋于四岳也。"辟四门，明四目，达四聪"，此其所以谋四岳之事也。唐孔氏云，告庙既讫，乃谋政治于四岳之官。所谋开四方之门，大仕路，致众贤也。明四方之目，使为己远视四方也。达四方之聪，使为己远听四方也。恐远有所壅蔽，令为己悉闻之。此说甚善。盖四岳之职，主招延众贤，以待上之所求，为天子之耳目也。故天子求贤，必咨访询问之。如典所载者多矣。此言"询于四岳"，亦咨访询问而求贤也。"辟四门"者，盖所以广仕路也。《孟子》曰，义，路也；礼，门也。惟君子能由是路，出入是门也。惟其辟四方之门，则天下之仕者，皆愿立于朝矣。明四目，达四聪，不言四明，而言四目者，皆史官错综其文，以成义也。

## 4. 《尚书讲义》卷二

（宋）史浩

月正元日，舜格于文祖，询于四岳，辟四门，明四目，达四聪。

（四库）按，此段讲义原阙。盖《永乐大典》割截以归各韵，间有脱佚也。今无可复考，姑从阙文。

## 5. 《尚书详解》卷二

（宋）夏僎

月正元日，舜格于文祖。

"月正"，即正月也。"元日"，即"上日"也。舜前以正月上日受终文祖，乃是摄位，未尝即政。今尧既崩，三年丧毕，故以正月复至文祖之庙告己践天子之位也。前言"正月上日"，此言"月正元日"，特史家变文耳，初无别义。王氏乃谓，"既月"而后有政，故言"正"。曾氏广其说，舜之中国，践天子位之月格正，以更一代之始，建元以更一君之始，故言"月正元日"。夫舜前虽受终天下，乃尧之天下，故用尧之正元。尧丧毕，践天子位，于是月则始用舜之正元也。殊不知，改正朔，易服色，以顺天命，故王氏、曾氏所以藉为曲说，非通论也。惟唐孔氏谓，"正"训"长"，"月正"言月之最长，即是正月上日，日之最上；"元日"即是"上日"，且引王肃云，"月正元日"，犹言"正月上日"，若孔云令月吉日，又变言吉月令辰，此说如何。汉孔氏与诸儒皆谓，此"月正"，乃舜服丧三年既毕之正月。按《孟子》曰，尧崩三年之丧毕，舜避尧之子于南河之南，天下诸侯朝觐讼狱者，不之尧之子，而之舜，故曰天也。夫然后之中国，践天子位。《孟子》既言如此，而此又承"三载，四海遏密八音"之下，故知此"月正"，即服尧丧毕之正月也。

## 6.《增修东莱书说》卷二

（宋）时澜

月正元日，舜格于文祖。

舜既即位，告于文祖之庙，亦示不敢专也。

## 7.《尚书说》卷一

（宋）黄度

月正元日，舜格于文祖。

孔氏曰，舜服尧丧毕，将即政，故复至文祖庙，告有终，斯有始也。后世逾年即位，免丧即政，皆用明年正旦，其事始见于此。

## 8.《絜斋家塾书钞》卷一

（宋）袁燮

月正元日，舜格于文祖。

三年之丧既毕，舜乃至文祖之庙而告焉。这三年中，舜皆不做事。孔子曰，何必高宗，古之人皆然。君薨，百官总己以听冢宰。唐、虞之时，虽未必有冢宰，然亦是当时大臣，如四岳、百揆之类。曰三载、四海，可见"格于文祖"，在三年丧毕之后。三年皆不纪事，可见其无所施为也。《孟子》曰，"尧崩，舜避尧之子于南河之南"，想三年之内，舜必曾避丹朱。

## 9. 《书经集传》卷一

（宋）蔡沈

月正元日，舜格于文祖，询于四岳，辟四门，明四目，达四聪。咨十有二牧，曰，食哉惟时，柔远能迩，惇德允元，而难任人，蛮夷率服。舜曰：咨！四岳，有能奋庸熙帝之载，使宅百揆，亮采惠畴？佥曰：伯禹作司空。帝曰：俞！咨，禹，汝平水土，惟时懋哉。禹拜稽首，让于稷、契暨皋陶。帝曰：俞！汝往哉。

月正，正月也。元日，朔日也。汉孔氏曰，舜服尧丧三年毕，将即政，故复至文祖庙告。苏氏曰，受终告摄，此告即位也。然，《春秋》国君，皆以遭丧之明年正月即位于庙而改元。孔氏云，丧毕之明年，不知何所据也。询，谋；辟，开也。舜既告庙即位，乃谋治于四岳之官，开四方之门，以来天下之贤俊，广四方之视听，以决天下之壅蔽。牧，养民之官，十二牧，十二州之牧也。王政以食为首，农事以时为先。舜言足食之道，惟在于不违农时也。柔者，宽而抚之也。能者，扰而习之也。远近之势如此，先其略而后其详也。惇，厚；允，信也。德，有德之人也。元仁厚之人也。难，拒绝也。任，古文作壬，包藏凶恶之人也。言当厚有德，信仁人，而拒奸恶也。凡此五者，处之各得其宜，则不特中国顺治，虽蛮夷之国，亦相率而服从矣。契，音泄。陶，音遥。奋，起；熙，广；载，事；亮，明；惠，顺；畴，类也。一说，亮，相也。舜言，有能奋起事功，以广帝尧之事者，使居百揆之位，以明亮庶事而顺成庶类也。佥，众也，四岳所领四方诸侯有在朝者也。禹，姒姓，崇伯鲧之子也。平水土者，司空之职。时，是；懋，勉也，指百揆之事以勉之也。盖四岳及诸侯，言伯禹见作司空，可宅百揆。帝然其举，而咨禹，使仍作司空而兼行百揆之事，录其旧绩，而勉其新功也，以司空兼百揆，如周以六卿兼三公，后世以他官平章事知政事，亦此类也。稽首，首至地。稷，田正官。稷，名弃，姓姬氏，封于邰（tái）。契，臣名，姓子氏，封于商。稷、契皆帝喾之子。暨，及也。皋陶，亦臣名。俞者，然其举也。"汝往哉"者，不听其让也。此章称"舜曰"，此下方称"帝曰"者，以见尧老舜摄。尧在时，舜未尝称帝。此后，舜方真即帝位而称帝也。

## 10.《尚书精义》卷四

（宋）黄伦

月正元日，舜格于文祖，询于四岳，辟四门，明四目，达四聪。

无垢曰，夫天下之情，多乐因循而安怠惰，所以祸每藏于细微而变，或起于肘腋，非特有以耸动之，则不足以兴天下之治也。舜历试，而先黜四凶；摄位，而先巡守；即位，而先询四岳。"辟四门，明四目，达四聪"者，是皆耸动天下之道也。不如是，治必不兴，祸必不弭。《周官》曰，"惟周王抚万邦，巡侯甸，四征弗庭，绥厥兆民。六服群辟，罔不承德，归于宗周，董正治官"，乃知自古圣王，未有不为此举，而后能成天下之治也。"询于四岳"，谓舜与四岳谋，所以耸动天下之道也。"辟四门，明四目，达四聪"，此与四岳所谋之事也。四门尝辟矣，何待于即位乎？曰所谓辟者，谓不为深闭固拒，尊严扞卫。凡四方有郁结之事，素不快于心者，于即位之时，使四面皆至，尽得以上达也。所谓"明四目，达四聪"者，谓舜不自用其明，用四方之视，以为明；不自用其聪，用四方之听，以为聪。庶几端拱于一堂，而天下之事，洪纤曲折，至闾巷之态，小人妇女之情，无不坐列于目前也。后世置御史以为朝廷耳目之官，置外台以为天下耳目之官，使内自宫闱廉陛之间，外达四方万里之外，无不尽见其底蕴者。此盖得舜之遗意也。

张氏曰，尧崩三年之丧毕，舜避尧之子于南河之南，至于朝觐讼狱讴歌者，不之尧之子而之舜，不得已然后之中国，践天子位。方其践位也，必格庙，所以受命于祖也。盖舜之未践位，天下无政，则即是月而后有正，此所以不谓之"正月"，而谓之"月正"也。"元日"者，日之吉也。舜之始，盖尝受命，至是复之中国，践天子位，故其格庙，不必朔旦，特用元日而已。又曰，遍而问之之谓"询"；开而通之之谓"辟"。"询四岳",所以谋之于迩,而迩臣之虑,得以上闻矣。"辟四门",所以求之于远,而远人之志,得以内达矣。墙之外,目所不见矣,"明四目",然后足以广览;里之前,耳所不闻也,"达四聪",然后足以兼听。目,欲其照察者也,故曰明;听,欲其疏通者也,故曰"达"。

吕氏曰,《舜典》一篇,自此以前,舜之于治甚详;自此以后,舜之于治甚略。盖当尧在上,舜虽受位,犹臣道也。自尧崩,始行君道焉。观书者,于此以前,当知坤作成物;于此以后,当知乾知大始。自正月元日舜即位,而至文祖之庙始。然舜之继尧,非有积蔽而不通下情者。盖圣人初兴,自当如此。譬如日之朝升,日日如此。当阴雨之后,日出固如此;当晴时,日出亦如此。舜之通下情,虽首于治天下,然不无其序。四岳累朝之耆老旧德,故先询之。

## 11.《尚书详解》卷二

(宋)陈经

月正元日,舜格于文祖,询于四岳,辟四门,明四目,达四聪。

此尧崩舜服丧三年已毕,而即位者也。"月正元日"即正月之初一也。国君逾年改元,必于正月之初,示谨始之义。或曰月正上日,或曰月正元日,或月正朔旦,其实一也。作史者欲备众义,作文之体,自如此可见其简古也。格,至也。舜于是至文祖之庙,而告即位。观《书》者,当于自此以前,识得尧之尽君道。自此以后,识得舜之所以尽臣道。盖君臣各有体。自此以前,尧犹在上,舜方摄位,故其事不得不详。自此以后,舜已为君,故其事不得不简。"询于四岳"者,四岳,朝之大臣,故有事则必先与之谋。"辟四门"者,四方之门,所以来天下之贤,开众正之路也。"明四目"者,舜不以一己之明为明,而以四方之目为明。"达四聪"者,舜不以一己之聪为聪,而以四方之耳为聪。此帝舜即位之初,首通下情,其事有次,故必先谋之四岳,而后辟四门,以至明目达聪也。唐、虞之世,君臣上下已无隐情,则下情未尝不通,舜亦不恃其既通,而遽忘之也。以舜之聪明有余,智虑有余,四门四方之贤,与夫四目四聪,必非有加乎舜也。舜之意,若曰吾自恃其聪明智虑,而使夫人不得以尽其情,则门庭万里,主势万钧,天下之利害休戚安危,岂予一人所能周知遍览。今也，退然自处于无所能、无所闻见之地，使在朝及四方，凡有所能所闻见焉者，咸造焉。则天下之利害休戚安危，可以灼见。不出户而知天下，坐于室而见四海者，用此道也。窃尝观古之治天下者，莫不以是为要道，盖使吾身立于无蔽之地，如人之养生，然关节脉理，必欲其无所凝滞。一节不通，则身受其病矣。古之王者，所以使工执艺，瞽诵诗，士传言，庶人谤，商旅议者，亦欲使天下之匹夫、匹妇，不得隐其情，然后君臣上下，得以无壅。以汉之武帝观之，其征伐，其重敛，其好大喜功，不减于秦皇，而得为七制之主，所以与秦皇异者，徒以下情通故也。观主父之徒上书者，朝奏暮召。轮台之诏，其所以败亡者，无不悉之。以此见通下情乃治国家之要道也。

## 12.《融堂书解》卷一

（宋）钱时

月正元日，舜格于文祖，询于四岳，辟四门，明四目，达四聪。

"月正元日"，即"正月上日"。史变文耳。受终于庙，归格于庙，及即位又格于庙，无一事不出于祖宗者。即位之初，只以通下情为第一事。

## 13.《尚书要义》卷二

（宋）魏了翁

四五、舜格于文祖，谓丧毕即政，复以告。

"月正元日，舜格于文祖"注，月正，正月；元日，上日也。舜服尧丧三年毕，将即政，故复至文祖庙告。

四六、尧存，舜且摄位；尧崩，避丹朱而后即政。

知舜服尧丧三年毕，将即政者，以尧存，且摄其位。尧崩，谦而不居。《孟子》云，尧崩三年丧毕，舜避丹朱于南河之南。天下诸侯朝觐者，不之尧子，而之舜。狱讼者不之尧子，而之舜。讴歌者不之尧子，而讴歌舜，曰天也。然后之中国，践天子位。孟子既言然矣。此文又承"三载"之下，故知舜服尧丧三年毕，将欲即政，复至文祖庙告，前以摄位告，今以即政告也，此犹是尧之文祖。自此以后，舜当自立文祖之庙。尧之文祖，当迁于丹朱之国也。

### 14. 《书集传或问》卷上

（宋）陈大猷

（归善斋按，未解）

### 15. 《尚书详解》卷一

（宋）胡士行

月正（正月）元日（上日），舜格（至）于文祖。

三年之丧毕，始告庙即位，不敢专也。

### 16. 《书纂言》卷一

（元）吴澄

月正元日，舜格于文祖。月正，正月也。元日，上日也，盖舜摄位三十有一载之正月朔。孔传曰，舜服尧丧三年毕，将即政，故复至文祖之庙告疏。曰，既除丧，以明年之正月告庙，即正位，为天子。苏氏曰，受终告摄；此告即位也。然《春秋》，国君皆以遭丧之明年正月即位于庙而改元。孔氏云，丧毕之明年，不知何据。澄按，《孟子》言，尧老，而舜摄；尧崩，而舜帅天下诸侯为尧三年丧，三年之丧毕，舜避尧之子于南河之南。天下诸侯朝觐者，不之尧之子，而之舜；讼狱者，不之尧之子，而之舜；讴歌者，不讴歌尧之子，而讴歌舜矣。然后之中国，践天子位焉。子嗣父位者，虽以遭丧之明年正月即位，然国事则总于大臣，丧毕，而嗣君始亲政，此常礼也。舜以大臣摄天子事，在尧生存之时，尧崩之后，尧之子居丧，舜摄事如故。盖天子崩，世子听于冢宰三年者，礼也。丧既毕，则尧之子可以嗣尧为天子矣。故舜避之而去。天下臣民，皆就舜，而不就尧之子。尧之子，亦不敢当，而舜不得辞。于是，乃还国中，告祖庙而践帝位，与嗣君逾年即位之常礼不同也。

### 17. 《书集传纂疏》卷一

（元）陈栎

月正元日，舜格于文祖。

月正，正月也。元日，朔日也。汉孔氏曰，舜服尧丧三年毕，将即政，故复至文祖庙告。苏氏曰，受终告摄，此告即位也。然，春秋国君，皆以遭丧之明年正月即位于庙而改元。孔氏云，丧毕之明年，不知何所据也。

## 18.《读书丛说》卷

（元）许谦

（归善斋按，未解）

## 19.《书传辑录纂注》卷一

（元）董鼎

月正元日，舜格于文祖。

月正，正月也。元日，朔日也。汉孔氏曰，舜服尧丧三年毕，将即政，故复至文祖庙告。苏氏曰，受终告摄，此告即位也。然，《春秋》国君，皆以遭丧之明年即位于庙而改元。孔氏云，丧毕之明年，不知何所据也。

**辑录**

尧舜之庙，虽不可考，然以义理推之，尧之庙当立于丹朱之国，所谓"修其礼物，作宾于王家"。盖"神不歆非类，民不祀非族"，故《礼记》"有虞氏禘黄帝而郊喾，祖颛顼而宗尧"。伊川以为可疑。方子。

## 20.《尚书句解》卷一

（元）朱祖义

月正元日（舜服尧丧三年已毕，乃于正月初一日），舜格于文祖（舜至文德之祖庙，告以即位）。

## 21.《尚书日记》卷二

（明）王樵

月正元日，舜格于文祖。孔氏曰，月正，正月；元日，上日也。舜服尧丧三年毕，将即政，故复至文祖庙告。苏氏曰，受终，告摄；此告即位也。然《春秋》国君，皆以遭丧之明年正月即位于庙而改元。孔氏云，丧毕之明年，不知何所据也。今按，孔氏所据，据《孟子》也。《孟子》固言尧崩三年之丧毕，舜尚欲避尧之子，况遭丧之明年，遽自同于嗣子之礼乎。《春秋》之法，嗣子之礼也。《公羊》云，天子三年，然后称王，亦知诸侯于其封内，三年称子也，逾年称公矣。则曷为于其封内三年称子，缘臣民之心，不可一日无君；缘始终之义，一年不二君，不可旷年无君；缘孝子之心，则三年不忍当也。胡康侯曰，缘始终之义，一年不二君，故不改元于柩前。定位之初，缘臣民之心不可旷年无君，故不待于三年丧毕之后。逾年春正月，乃谨始之时，得礼之中者也。舜不同于嗣子之礼，故三年丧毕而后即位，然如旷年无君，何曰孝子，三年不忍当摄，而听政者，冢宰也。若舜摄位，则身即冢宰也。政自之出，故无旷年无君之嫌。据经则服尧丧毕，已格于文祖，以即位告，恐无避而之南河之事。但舜虽不敢辞天下之重，理亦未遽居尧之宫，逼尧之子。是之曰避耳。若曰解政事之重，遁于南河，则无是理也。

又按，摄也，受终于文祖；巡守归也，格于艺祖；即位也，格于文祖。此舜代尧守宗庙社稷，为祭主之明文也。尧祔于庙，舜以大义主其祭，群公百辟，肃雍显相，与天下共尽追思享格之义，此亦不易之礼也。然则，如非族，何曰神不歆非类，民不祀非族。舜与尧虽"非族"也，非"非类"也。圣人之德也。君臣之契也，禅受之义也，类莫如尧与舜也。精神相系属感通焉者，尤莫切于此也。庙号曰神宗，自官天下视之，万世之宗也。尧之祀，非舜主之而谁也？然则，于瞽瞍如何曰其生也？以天下养其死也。自为虞氏之庙，故曰宗庙享之，子孙保之，此于尧以天下相传之大义，固不得有所相妨者也。禹之于鲧也，亦然矣。然则，丹朱不祀尧乎？曰，先儒谓，尧庙当立于丹朱之国，修其礼物，作宾王家。愚谓，此商周革命之礼，非舜、禹禅承之礼也。以经考之，祖考来格，虞宾在位，群后德让，此非舜祭于庙，而丹朱与有事之明征乎？丹朱，尧之胤子，舜所宾而不臣，故曰宾其位。不班于群后，故曰在位，群后不敢视为同列，而丹朱自与群后以德相让。一时太和气象可想矣。祖考下系虞宾，则考者尧也。若谓舜祭其祖考，而丹朱在位，是与殷之孙子侯服骏奔于周庙同也。其必不然矣。

## 22. 《御制日讲书经解义》卷一

（归善斋按，见前文"二十有八载，帝乃殂落"）

### 《书蔡氏传旁通》卷一中

（元）陈师凯

孔氏云，丧毕之明年，不知何所据。

盖以上文有"三载"字，此系以"月正元日"，故意为百姓既丧三载，则舜亦为丧毕之明年也。《孟子》云，"尧崩三年之丧毕，舜避尧之子于南河之南"是也。

### 《尚书疑义》卷一

（明）马明衡

舜格于文祖者，是告即位也。若复以为尧之祖，是舜类后世，与尧为嗣矣；必不得已，则以为所从受天下者，古人帝统相传，立庙而祀之，故以即位告之，犹胜于以尧之祖为祖，而忘其祖也。禹之受命神宗，其亦若此类也欤？大抵由今观千古之上，何从而得其为某人，是某人。只以大段道理观之，古今当亦不异。如受命告祖，理之正也。以天下相传而立庙以祀之，理之正也。受命而告其所从受天下之人之庙，亦理之正也。史官纪之，必纪其重者耳。如此观书，亦觉简易明白。

### 《尚书稗疏》卷一

（清）王夫之

文祖。朱子谓，尧庙当立于丹朱之国。神不歆非类，民不祀非族。今按，舜始摄政，受终于文祖。受终云者，受之于尧也，其不当于舜之私庙明矣。唐虞夏后之先，同出于黄帝。唐，玄嚣之族也；虞、夏，颛顼之族也。故唐虞泊夏，皆以轩辕为祖。推本所同出，则此云祖者，盖黄帝之庙也。故虞夏皆禘黄帝。而《祭法》所谓"祖颛顼"者，则商均、夏启以后之事。观《祭法》言宗禹可见。黄帝始正姓氏，定昏姻。玄嚣、昌意，各为一族。唐、虞族别，故二女可嫔虞。而舜之受终也于黄帝。虞夏同为一族，故昏姻不通。而禹之受命也，不必于文祖，而仅于神宗。然则神宗者，其颛顼乎？若有虞之后，以尧为宗，则以虞氏衰微，待尧而兴。郑氏所谓尚德者是已。虞夏以黄帝为祖，而以颛顼为宗。宗者，即后世所谓大宗也。故舜娶尧女不为无别，以其同出者在黄帝定姓氏之先。而受命之所格，追所同出，则以著受终之有本。斯以析群疑亡惑矣。

## 《尚书广听录》卷一

（清）毛奇龄

舜"格于文祖"，此与"受终文祖"，"归格艺祖"同一尧祖庙。"艺"即"文"也。特是尧三年丧毕，舜始即位，则此时，应有尧主入庙，可就庙受命，而仍称文祖者，统所尊也。盖尧是黄帝之玄孙，玄嚣之曾孙，蟜极之孙，帝喾之子。此七庙，不知谁是祖庙？五帝首黄帝，其前不可考矣。禹受命于神宗，是舜祖庙。其称神宗，亦统舜祖庙言之。但其庙甚备。正义据《帝系》谓，舜亦黄帝之后，黄帝是始祖，昌意其迁祖也，颛顼、穷蝉为二祧，敬康、勾芒、蟜牛、瞽瞍为四亲。此七庙皆具者。

蔡注据苏轼之说，谓神宗尧庙，且谓尧之所从受天下者，文祖；舜之所从受天下者，神宗；受天下于人，必告于其人之所从受者，殊不知尧既已天下与人，则此时，天下非尧天下矣。此所谓公天下也。若犹是尧之天下，则私天下矣，且其意不过谓舜受尧禅，则舜一代不当立庙。此皆小人之腹，妄测大典。天下岂有身为天子，而不为宗祖立庙者？若然，则孔子所谓宗庙飨之者安在？若谓宗庙飨，子孙保，皆指商均以后言，则天子不事七世，而欲使诸侯事五世，巨通之论也。且蔡注引《祭法》有虞氏禘黄帝，而郊喾；祖颛顼，而宗尧，证尧庙矣。正惟此时，舜自立有虞氏七庙，故得禘黄帝，祖颛顼。禘与祖，皆庙中之祭。黄帝与颛顼，皆舜之亲。尧未尝与颛顼有统系也。此舜立庙也，其不得不郊喾而宗尧者，以舜不宗，舜不得不以郊祀配天属之喾宗祀明堂属之尧耳。故宗禹，宗汤，宗武王，皆继世之主所宗。舜无继世也。然且其所郊所宗，皆无庙之主，但有特设而不得移主于庙者，而蔡氏以宗尧证帝尧之庙，则但见宗字相同，便强引作据，又何曾于宗法一考究乎？

### 《尚书埤传》卷二

（清）朱鹤龄

格于文祖。

孔传，丧毕之明年，告庙即政。邹季友曰，按《孟子》言，尧崩三年丧毕，舜避尧之子，天下归之而后践天子位。孔传本此，蔡传云，不知何所据，岂偶未之思欤？王樵曰，舜服尧丧毕，已格于文祖，告即位，恐无避于南河之事。盖舜虽不敢辞天子之重，理亦未忍遽居尧宫，逼尧子，是之曰避耳。若曰躬解几务，遁于南河，则无是理也。又曰，按摄位"受终于文祖"，巡守"归格于艺祖"，即位"格于文祖"，此舜代尧守宗庙社稷，为祭主之明文也。尧祔于庙，舜以大义主其祭，与臣工共尽享格之义，此不易之礼也。然则，如非族，何曰神不歆非类，民不祀非族。舜与尧虽非族也，非非类也。圣人之德也，君臣之契也，禅受之统也，类莫如尧与舜也。庙号神宗，自官天下视之，万世之宗也。尧之祀，非舜主之而谁也。然则，于瞽瞍如何？曰其生也，以天下养其死也，自为虞氏之祖，故曰宗庙飨之，子孙保之。此于尧以天下相传之义，固不相妨也。禹之于鲧亦然矣。然则，丹朱不祀尧乎？曰，朱子谓，尧庙当立于丹朱之国，修其礼物，作宾王家。愚谓，此商周革命之礼，非虞禹禅承之礼也。以经考之，"祖考来格，虞宾在位，群后德让"，此非舜祭于庙，而丹朱与有事之明征乎？"祖考"下系"虞宾"，则"考"者尧也。若谓舜祭其祖考，而丹朱在位，是与殷之孙子侯服骏奔于周庙者同也，其必不然矣。

### 《尚书七篇解义》卷一

（清）李光地

月正元日，舜格于文祖。

"月正元日"，犹"正月上日"也，因居摄、嗣位而变文耳。

# 询于四岳，辟四门

## 1. 《尚书注疏》卷二

（汉）孔氏传，（唐）陆德明音义、孔颖达疏

询于四岳，辟四门。

传：询，谋也，谋政治于四岳，开辟四方之门未开者，广致众贤。

音义：辟，婢亦反，徐甫亦反。

疏：告庙既讫，乃谋政治于四岳之官，所谋开四方之门，大为仕路，致众贤也。

询，谋，《释诂》文。辟，训"开"，开四方之门，谓开仕路引贤人也。《论语》云"从我于陈蔡者，皆不及门也"。门者，行之所由，故以门言仕路，以尧、舜之圣求贤久矣，今更言开门，是开其未开者，谓多设取士之科，以此广致众贤也。

### 2. 《书传》卷二

（宋）苏轼

询于四岳，辟四门，明四目，达四聪。

广视听于四方。

### 3. 《尚书全解》卷三

（宋）林之奇

（归善斋按，见上句）

### 4. 《尚书讲义》卷二

（宋）史浩

（归善斋按，见上句）

### 5. 《尚书详解》卷二

（宋）夏僎

询于四岳，辟四门，明四目，达四聪。

舜既即政之后，询谋于大臣，求所以治天下之事也。曾彦和谓，"于"者，往之之词。大有为之君，必有所不召之臣，欲有谋焉，则就之。"询于四岳"者，谓往就四岳，特为谋于四岳而已。若十二牧，则咨诲之而已，无所往，故不言"于"。余窃谓，此所谓"询于四岳"特为谋于四岳而已。下所谓"辟四门，明四目，达四聪"者，乃其所以谋四岳之事也，不必曲为之说。惟唐孔氏解此言，达而得理，谓舜告庙既讫，乃谋政治于四岳之官。所谋者为辟四方之门，使为己广大仕路，招置众贤；明四方之目，使为己远视四方；达四方之聪，使为己达听于四方。恐远有所蔽塞，故令为己悉闻见之。此说甚善。一说又谓，天下之利害，生民之休戚，君门万里黼座，九重不能遍知，故舜即政之初，首询四岳，使之辟四门，所以来此；明四目者，所以视此；达四聪者，所以听此。盖欲四方之情，虽至远，常不越乎庑（wǔ）陛之下耳目之间焉。此说亦然。夫四方之来，各由其门而入，则门固以四言，若耳目者，特人君之两耳目之聪明耳，何言四目、四聪哉。盖人君端处一堂，览观四方，四方之情，皆欲耳闻而目见，故言四目、四聪，盖欲耳目之力，常遍察四方故也。

## 6. 《增修东莱书说》卷二

（宋）时澜

询于四岳，辟四门，明四目，达四聪。

舜之继尧法度，彰礼乐著，野无遗贤，嘉言罔攸伏，明目达聪之事，尧已尽之矣。舜复询、辟、明、达何哉？如日之升，何日不然，积阴之后，卒然出日，光明精彩。若以阳继阳，所谓光明精彩者，不减于前，亦不以其光之不减，而废升中之常度也。舜之通下情，出治之首也。然亦有序，四岳累朝之元老，当代之蓍龟。故先询之辟四门，所以来天下之贤也。明目达聪，以天下之耳目为耳目也。上下远近，俱无壅蔽。圣人作而万物睹矣。继乱者，急于下情之通。舜受于尧而先此四事，理之流通而不可壅，虽治世不可忽也。

## 7. 《尚书说》卷一

（宋）黄度

询于四岳，辟四门，明四目，达四聪。

四岳，耳目之官也。举贤命官，其四为可见。辟四门，受四方诸侯。行其职掌，以辟四门，而后明目、达聪。自国中以及四海，皆无壅塞也。古语，君门万里。

### 8.《絜斋家塾书钞》卷一

（宋）袁燮

询于四岳，辟四门，明四目，达四聪。

四岳，朝廷之大臣。舜初即位，首咨询焉。"辟四门"者，开辟四方之门，使民间之利病，人才之隐伏，嘉谋善论，皆得上达旁通而无碍也。"明四目，达四聪"者，广四方之视听，使凡有聪明者，无不来告，合众人之聪明，以为一人之聪明也。前乎此，舜尚摄位，至此，则舜始君天下矣。此是君天下第一件事。《易》以天地交为泰，不交为否。观否泰二卦，可见此是至急之务。上下不通，情意隔绝，闾阎隐微，无由上达；人才逸遗，无由上闻；休戚利害，皆不得知焉。此岂小事。"辟四门"，有公听并观之意。魏郑公有言，凡人主所以明，兼听；所以暗，偏听也。人主最不可偏听。惟近习小人是听，是信，而不能公听并观，利害不浅。故辟四门者兼听也。曰"辟四门足"矣，而又曰"明四目，达四聪"，盖只是我辟四门，犹未见得天下皆来告。至于"明四目，达四聪"，则天下之有聪明者无隐焉。这真个是上下相通，不与后世初即位，下求言之诏，徒为文具，而未尝求其实者侔矣。若如后世之文具，有聪明，亦未必来告。

### 9.《书经集传》卷一

（宋）蔡沈
（归善斋按，见前文"月正元日，舜格于文祖"）

### 10.《尚书精义》卷四

（宋）黄伦
（归善斋按，见上句）

### 11.《尚书详解》卷二

（宋）陈经
（归善斋按，见上句）

### 12.《融堂书解》卷一

（宋）钱时

（归善斋按，见上句）

### 13.《尚书要义》卷二

（宋）魏了翁

（归善斋按，未引）

### 14.《书集传或问》卷上

（宋）陈大猷

（归善斋按，未解）

### 15.《尚书详解》卷一

（宋）胡士行

询（谋）于四岳，辟（开）四（四方）门（广贤路），明四目（以天下之视为视），达（通）四聪（以天下之听为听）。

此新政第一义也。四岳，累朝元老。既询之矣，犹未也。辟焉，天下一家也，明达焉，天下一身也。此舜取人为善，公天下之大也。十二牧、九官之事，皆由此得之。

### 16.《书纂言》卷一

（元）吴澄

询于四岳，辟四门，明四目，达四聪。

询，谋也。辟，开也。帝朝大臣，百揆、四岳为尊。舜自百揆升为天子，则朝之大臣，惟有四岳而已。故舜践位之初，首谋治于四岳，开四方宾客之门，俾下之事情，无或壅蔽；广四方耳目之寄，俾上之视听，无不周遍也。盖四岳在内而统四方之诸侯者，故谋之以天子治天下之道。

## 17. 《书集传纂疏》卷一

（元）陈栎

询于四岳，辟四门，明四目，达四聪。

询，谋；辟，开也。舜既告庙即位，乃谋治于四岳之官。开四方之门，以来天下之贤俊，广四方之视听，以决天下之壅蔽。

**纂疏**

语录：问注言广视听于四方，曰亦是以天下之目为目，以天下之耳为耳之意。唐孔氏曰，明四方之目，使为己远视四方；达四方之聪，使为己远听四方也。恐远方有所壅塞，令为己悉闻见之。陈氏大猷曰，舜初摄位，则觐岳、牧；初即位，复询岳、咨牧，盖内外之要识莫先焉。愚谓，自此至"亮天功"纪舜初即位事。四岳总四方诸侯，故以辟贤路，广视听，询之辟四门，有以天下为一家之气象焉。"明四目，达四聪"，有以天下为一身之精神焉。

## 18. 《读书丛说》卷二

（元）许谦

（归善斋按，未解）

## 19. 《书传辑录纂注》卷一

（元）董鼎

询于四岳。辟四门，明四目，达四聪。

询，谋；辟，开也。舜既告庙即位，乃谋治于四岳之官，开四方之门，以来天下之贤俊，广四方之视听，以决天下之壅蔽。

**辑录**

问，"明四目，达四聪"，是达天下之聪明否？曰，固是。曰，孔安国言，广视听于四方，如何？曰，亦是以天下之目为目，以天下之耳为耳之意。人杰。

**纂注**

唐孔氏曰，明四方之目，使为己远视四方也；达四方之聪，使为己远听闻四方也。恐远方有所壅塞，令为己悉闻见之。陈氏大猷曰，舜初摄位，则觐岳牧；初即位，则复询岳咨牧，盖内外之要职，莫先焉。新安陈氏曰，自此至"惟时亮天功"，纪舜初即位事。四岳，总四方诸侯，故以辟四方之门，广视听于四方者咨询之。辟四门，有以天下为一家之气象焉。"明四目，达四聪"，有以天下为一身之精神焉。

## 20.《尚书句解》卷一

（元）朱祖义

询于四岳（有事，则询问于在内四岳之大臣），辟四门（辟四方之门，以来四方之贤者）。

## 21.《尚书日记》卷二

（明）王樵

"询于四岳"至"达四聪"。正义曰，自此以下，言舜真为天子，命百官受职之事。告庙既讫，乃咨治于四岳之官，开四方之门，大为仕路，致众贤也。明四方之目，使为己远视四方也；达四方之聪，使为己听远闻四方也，恐远方有壅塞，令为己悉闻见之。

愚按，舜摄位二十有八载，其于贤才知而举之，宜无遗，而于天下之情，照而览之，宜亦无不及矣。及其即位也，乃首询于四岳，而与之辟四门焉，将以尽来天下之贤材，而若惟恐有一人之不得以自见者，与之"明四目，达四聪"焉。将以尽见、尽闻天下之事，而若惟恐有一事之不得以自通者，盖天下之大，一日照察之不及，则一日有所遗，是以圣人常虑其不及也。况当初政之日乎？四岳，累朝元老，其职周知四方，故以来贤俊、去壅蔽二事属任之，非但询访而已。观二帝，每有大事，必咨四岳，可见古四岳之任矣。百揆总内，而不可以兼四方；州牧各总其州，而不可以兼内，故设四岳，所以关通内外，使上下之情无不达，远近之事无不知者也。《周官》曰"内有百揆四岳，外有州牧侯伯"。百揆总百官，成周冢宰之任也。四岳总方岳之事，成周二伯之任也。二伯者，《王制》谓天子千里之内，以为御千里之外，设方伯；二百一十国以为州。州有伯，八州八伯，各以其属，属于天子之老二人，分天下以为左右，曰二伯。周二伯处外以分领天下。唐虞四岳处内以总领十二牧。十二牧，又分领诸侯。牧者，窥远牧众也。天下之民，有饥寒不得衣食者，狱讼不平其冤者，失贤不举者，天子必知之。远方之民闻之，皆曰诚天子也。夫我居之僻，见我之近也；我居之幽，见我之明也，可欺乎哉？故牧者所以"明四目，达四聪"也。有诸侯而无十二牧，人自为政矣，有十二牧，而无四岳，则朝廷方岳，亦易以泮涣。观周世霸国，唐世藩镇，腹心不复归于朝。朝廷亦收摄他不得。此不惟王纲久弛，君权已失，陵夷致然，然亦坐无古人深虑处之乖，宜使内外势，偏重关通，统摄之无素尔。观虞廷"询四岳，辟四门，明四目，达四聪"，则天下如一家，中国如一人，岂当有是哉？

自秦以来，为人上者，深居穆清，而受事于妇寺，出令于房闼。其接士大夫，不过视朝数刻，欲四目、四聪之明达，岂可得乎？唐玄宗用李林甫为相，天下举人至京师者，林甫恐其攻己短，请试之一无所取，乃以野无遗贤为贺。杨国忠为相，南诏用兵败，死者数万人，更以捷闻。岂非人君用非其人，不能"辟四门，明四目，达四聪"之永鉴哉。

## 22.《御制日讲书经解义》卷一

询于四岳，辟四门，明四目，达四聪。

此一节书，是图治于四岳也。舜既告庙即位，先召四岳大臣，访问治道，以为天下贤才，或隐于山林，或居于下位，朝廷未必尽知，汝四岳乃贤才进退之所关，必总率群臣，大开四方登进之门，使有德者毕进，有能者咸事焉。天下民情，或暑雨祁寒，或流离困苦，人主无由尽知，汝四岳乃民情通塞之所系，必总率群臣，明四方之目，使民之利病无不见；达四方之聪，使民之休戚无不闻焉。盖人君图治之要，莫如用贤、理民二端，以天下为一家，而贤路无不广；以天下为一身，而民隐无不达。然非虚心谘访，多方采纳，则廉远堂高，安能尽天下之事，而周知乎？故好问、好察，为大知之本。

## 《读书管见》卷上

（元）王充耘

询于四岳。

"询于四岳"，非谋治于四岳之官，盖咨询皆命官之辞，作书者变文，错综用字耳。下文"辟四门，明四目，达四聪"，即四岳职事。盖四岳统四方，诸侯其来，各以方至，故当辟四门以接之，敷奏以言听之者，四岳也；明试以功察之者，四岳也。故当"明四目，达四聪"，不然则察于东，而昧于西；详于南，而略于北矣。若以询四岳，非命四岳以职事，则后面总命二十二人，无乃欠一人乎？

## 《读书管见》卷上

（元）王充耘

询于四岳。

"询于四岳"，非谋治于四岳之官，盖咨询皆命官之辞，作书者变文，错综用字耳。下文"辟四门，明四目，达四聪"，即四岳职事。盖四岳统四方，诸侯其来，各以方至，故当辟四门以接之，敷奏以言听之者，四岳也；明试以功察之者，四岳也。故当"明四目，达四聪"，不然则察于东，而昧于西；详于南，而略于北矣。若以询四岳，非命四岳以职事，则后面总命二十二人，无乃欠一人乎？

## 《书义断法》卷一

（元）陈悦道

询于四岳，辟四门，明四目，达四聪。

舜即位之初，开四方之门，以来天下之贤俊，广四方之视听，以决天下之壅蔽。其于人才之进用，人情之隐微，固已无不周遍矣。然非谋之重臣，则人之贤否，事之是非，孰从而知之，故必询于四岳，而后贤路愈广，视听愈公，谨之于谋虑之初，而充之于四方之远，岂有举措之不当，而幽微之不烛哉。

## 《尚书广听录》卷一

（清）毛奇龄

四岳，姜姓。伯夷亦姜姓，故《国语》曰"姜，伯夷之后也"，则伯夷与四岳只同姓耳。《世本》谓"祝融曾孙生伯夷，封于吕，为舜四岳"，则于舜之"咨！四岳，有能典朕三礼？佥曰：伯夷"为难通矣。历考《书》传，四岳为一人，为四人尚不能决，必求其人，以实之，亦何必然。

## 《尚书埤传》卷二

（清）朱鹤龄

询于四岳。

王樵曰，《周官》"内有百揆四岳，外有州牧侯伯"，百揆，总百官，成周冢宰之任也。四岳，总方岳之事，成周二伯之任也（《王制》，天子千里之内以为御，千里之外设方伯。二百一十国以为州，州有伯，八州八伯，各有其属，属于天子之老二人，分天下以为左右，曰二伯）。周二伯，处外以分领天下。唐虞四岳，处内以总领十二牧。十二牧又分领诸侯，所以外无偏重之势。愚按，周二伯，亦在京师。观周召二公主陕东、陕西，可见方麓以为处外，非也。

## 《书义矜式》卷一

（元）王充耘

询于四岳，辟四门，明四目，达四聪。咨十有二牧，曰，食哉惟时，柔远能迩，惇德允元，而难任人，蛮夷率服。

圣人咨内臣尽辅君之职，以图治；尤必咨外臣尽养民之政，以来远。盖图治，莫先于近臣；养民，莫切于群牧。圣人急于政治，安得不咨之耶？是以，帝舜即位之初，谋治于四岳之官，使其辟四方之门，以来天下之贤俊；"明四目，达四聪"，以广天下之视听。此岂非欲其尽辅君之职，以图治乎？然养民之政，不修则不足以成天下之治，必咨于州牧，使其重民食而一远迩，亲君子而远小人，则民遂安养之愿，虽蛮夷之国，亦相率而服从矣。此又岂非欲其尽养民之政，以来远乎？然则，四岳总于内，州牧总于外，内外相须，而治道备矣。《书》曰（云云），其旨如此。尝谓人君，以一身之微，莅万民之上，天下人才之贤否，四海生民之休戚，虽有知人之智，安民之惠，岂能尽遍耶？是以，内立四岳，则贤才举，而视听广；外立州牧，则百姓安，而四夷宾服。内外之职，举得其人，圣人复何为哉，不过垂衣、拱手、恭己、正南面而已尔。然使为四岳者，或不能尽其职，则贤才必隐遁于下，聪明必日蔽于上，又岂能成其在内之治乎？为州牧者，或不能修其政，则民既无以安其生，外夷且乘间而侵乱，又岂能致其在外之治乎？是则，岳牧之官，任大而责重，关政治之得失。此舜即位所以必先命之也欤。且夫人君之临莅天下也，资治莫急于贤才，然君门万里，出类拔萃之才，安得以自达乎？为四岳者，当辟四方之门，以广求贤哲，布于朝廷；旁招俊乂，列于庶位，使野无遗贤可也。耳目，固所以广视听也，然人君一身聪明有限，虽有"视远惟明，听德惟聪"之心，安能以达远乎？为四岳者，当明四方之目，为己远视而无所蔽；达四方之聪，为己远听而无所壅，使嘉言罔攸伏可也。然则，内焉之图治不咨于四岳，养民之政不咨于州牧可乎？夫以天下之大，分为十有二州。土地之广，人民之多，人君虽有子民之心，岂能家给而人赐之哉？为州牧者，当知以养民为务，不违农时，则烝民粒食矣。宽以抚之，则远者来矣。扰而习之，则近者悦矣。然非进贤，退不肖，则君子在野，小人在位，又何由成养民之政乎？必惇信仁德之士，屏弃凶恶之徒，则政无不举。岂特中国之民得其所养，虽要荒之远，亦为之来廷，戎狄之人亦为之宾服。噫，远人之格，孰非外臣养民之政所致哉惟然。唐虞之际，四门穆穆，则四岳之治非不举也；各迪有功，则州牧非不修也。而舜之即位，乃汲汲焉首询于岳牧何哉？盖舜绍尧之后，惟恐治道盛而或衰，人心久而或怠，所以奋庸熙帝之载，不得不然也。故当摄位之初，即日觐四岳、群牧者，特不过辑瑞、班瑞，以与之正始云尔。至此，则建官分职，欲其有以成天下之治也。厥后，成周称，唐虞内有百揆四岳，外有州牧侯伯，庶政惟和，万国咸宁，则知岳牧于内外之治者大矣。此其所以致雍熙太和之治也欤。

惇德允元，而难任人，蛮夷率服。

为民上者，能亲君子而远小人，则无远而不服矣。夫远人之服，岂有他哉？亦在举措得宜，有以当其心故耳，宜夫帝舜以为长民者告也。夫其有德者知所亲，仁人者知所信，而包藏凶恶者知所以拒绝也，则君子进，而小人退矣。诚如是，虽以蛮夷之远，亦相率而服从，中国其有不治者乎？帝舜以此而告十二牧焉，可谓得为治之本矣（云云）。昔者，鲁哀公尝问孔子，以何为，则民服？孔子告以"举直错诸枉，则民服；举枉错诸直，则民不服"，至哉斯言也。可谓得天理人情之至者矣。盖人情莫不好直而恶枉，故举错得宜，则犁然足以当人心，天下孰不为之悦服。一失其当，则好人所恶，恶人所好，是谓拂人之性矣。虽一夫犹不可强服，尚安能得天下之心哉。况夫亲贤臣，远小人，国之所以兴隆；亲小人，远贤智，国之所以倾覆。其所系者，尤重也。为十二牧者，各私一州之士，各子一州之民，于此宜何如其尽心哉？仁义礼智根于心，而令闻广誉施于身。此其为有德者也，吾则尊其位，重其禄，所以厚之者，无不至也。慈祥恻怛，能存不忍人之心；宽裕温柔，能行不忍人之政。此其为仁人也。吾则任之而勿贰，委之而勿疑，所以信之者，极其专也。虽然，有德者，在所亲矣，天下岂皆有德者乎？固有貌似庄重，而心实险狡者矣，谓之任人可也。仁厚者，在所信矣，天下岂皆仁厚者乎？固有外为温柔，而内实残酷者矣，谓之任人可也。彼固善于逢迎，而吾则听察必审，而不敢轻；彼固易于投合，而吾则遴选必严，而不敢忽，所谓难之者，此也。诚如是，而所用者，必君子，而天下得以被其休；所去者，必小人，而四方不至被其毒。朝廷清明，纪纲振举，治化洋溢乎中国，而施及于蛮貊。彼三百里蛮居乎，荒服之地，非可以政令整齐者也，今焉，亦安于邦域，而不敢怀反侧之心。三百里夷，居于要服之间，非可以威刑禁制者也，今焉，亦向风慕义，而不敢萌背叛之志。何者？内外之势虽殊，而好恶之情则一。为民上者，举错不谬，而有以服其心，此其所以率服也。其功足以柔远人，而恩不足以及百姓者，未之有也。为州牧者，若之何而不尽心哉？且舜举元恺，而天下称其能；诛四凶，而天下服其当。则舜于亲贤远佞之道，盖已行之矣。而又拳拳于十二牧告者，岂非治有小大，而其道无异同也钦。虽然牧以养民，而告之以此者，何也？盖足食，所以使之有所养；进贤退不肖，所以使之得以安于所养。不然，则君子在野，小人在位，恶政日加于民，虽有粟，乌得而食诸？故舜既告"以食哉惟时"，而必继之以亲贤远佞之道矣夫，然后足以成养民之功也。《孟子》曰"尧舜之仁，不遍爱人，急亲贤之为务"，其此之谓钦。

## 《书经衷论》卷一

（清）张英

询岳，辟门，明目，达聪，摄位三十年，何尝一日不如此，岂至即位后始然耶？治功盛矣，治化洽矣，犹恐幽隐未达，察之益加其详，访之益致其周也。询岳，辟门，明目，达聪，摄位三十年，何尝一日不如此，岂至即位后始然耶？治功盛矣，治化洽矣，犹恐幽隐未达，察之益加其详，访之益致其周也。

### 《尚书七篇解义》卷一

（清）李光地

询于四岳，辟四门，明四目，达四聪。

"询四岳"，亲大臣也。"辟四门"，来贤俊也。明目、达聪，通民情也。此在摄时已然。但彼则称尧命，此乃以新君之政行之。

# 明四目，达四聪

## 1. 《尚书注疏》卷二

（汉）孔氏传，（唐）陆德明音义、孔颖达疏

明四目，达四聪。

传：广视听于四方，使天下无壅塞。

疏：明四方之目，使为己远视四方也。达四方之聪使为己远听闻四方也。恐远方有所壅塞，令为己悉闻见之。

聪，谓耳闻之也。既云明四目，不云聪四耳者，目视，苦其不明；耳聪，贵其及远。明，谓所见博；达谓听至远。二者互以相见，故传总申其意，广视听于四方，使天下无壅塞。

## 2. 《书传》卷二

（宋）苏轼

（归善斋按，见上句）

## 3. 《尚书全解》卷三

（宋）林之奇

（归善斋按，见前句）

## 4. 《尚书讲义》卷二

（宋）史浩

（归善斋按，见前句）

## 5. 《尚书详解》卷二

（宋）夏僎

（归善斋按，见上句）

## 6. 《增修东莱书说》卷二

（宋）时澜

（归善斋按，见上句）

## 7. 《尚书说》卷一

（宋）黄度

（归善斋按，见上句）

## 8. 《絜斋家塾书钞》卷一

（宋）袁燮

（归善斋按，见上句）

## 9. 《书经集传》卷一

（宋）蔡沈

（归善斋按，见前文"月正元日，舜格于文祖"）

## 10. 《尚书精义》卷四

（宋）黄伦

（归善斋按，见前句）

## 11. 《尚书详解》卷二

（宋）陈经

（归善斋按，见前句）

## 12. 《融堂书解》卷一

（宋）钱时

（归善斋按，见前句）

## 13. 《尚书要义》卷二

（宋）魏了翁

（归善斋按，未引）

## 14. 《书集传或问》卷上

（宋）陈大猷

三山陈氏说，明目达聪，虽前辈所已言，然文意明畅，因附于此（陈曰，唐虞之世，下情未尝不通，而舜犹及此者，盖即位之初，天下之急务，莫急于此。虽其情未尝不通，舜亦不恃其遽通而忘之也。以舜之聪明，四目、四聪必非有加乎舜也。舜之意若曰，吾自恃其聪明，而使夫人不得以尽其情，则门庭万里，天下之利害休戚，岂一人所能周知。今退然处于无所闻见之地，使凡有闻见者咸造焉。则天下休戚利害可以灼见，不出户而知天下，坐于室而见四海者，用此道也古之治天下者，莫不以是为要道。盖天下犹一身也，关节脉理，必欲其无壅。一节不通，则身受其病矣。是知下情之通塞，乃治乱存亡之所由判也）。

或问，"明四目，达四聪"，诸家谓舜不自视，用四方之视以为视；舜不自听，用四方之听以为听，如何？曰，此说虽高，而未免于过。夫释经者，但当顺经文，以明正意。不及者，则有欠说之病。若本浅而凿之以为深，本近而迁之以为远，此衍说之病。夫"明四目，达四聪"，不过谓使四方之闻见，皆无壅于上耳。推其本，原固出于帝舜不自用其聪明之所致，然遽谓舜不自视听，用四方之视听以为视听，揆之经文，则本无此意，乃抗而过之者也，其意反差。释者此病多矣。

## 15. 《尚书详解》卷一

（宋）胡士行

（归善斋按，见上句）

## 16. 《书纂言》卷一

（元）吴澄

（归善斋按，见上句）

## 17. 《书集传纂疏》卷一

（元）陈栎

（归善斋按，见上句）

## 18. 《读书丛说》卷二

（元）许谦

（归善斋按，未解）

## 19. 《书传辑录纂注》卷一

（元）董鼎

（归善斋按，见上句）

## 20. 《尚书句解》卷一

（元）朱祖义

明四目（明四方之目，以视四方之事），达四聪（达四方之聪，以听四方之言）。

## 21. 《尚书日记》卷二

（明）王樵

（归善斋按，见上句）

## 22.《御制日讲书经解义》卷一

（归善斋按，见上句）

### 《书义断法》卷一

（元）陈悦道
（归善斋按，见上句）

### 《书义矜式》卷一

（元）王充耘
（归善斋按，见前文"询于四岳，辟四门"）

### 《书经衷论》卷一

（清）张英
（归善斋按，见上句）

### 《尚书七篇解义》卷一

（清）李光地
（归善斋按，见上句）

# 咨十有二牧，曰，食哉惟时

## 1.《尚书注疏》卷二

（汉）孔氏传，（唐）陆德明音义、孔颖达疏

咨十有二牧，曰，食哉惟时。

传：咨，亦谋也。所重在于民食，惟当敬授民时。

疏：既谋于四岳，又别敕州牧，咨十有二牧，曰人君最所重者，在于民之食哉，惟当敬授民之天时，无失其农要。

天子之闻见，在下必由近臣四岳亲近之官，故与谋此事也。咨，谋，

《释诂》文。以上"帝曰咨"，上连"帝曰"，故为"咨嗟"。此则上有"询于四岳"，言"咨十有二牧"，故为谋也。立君所以牧民，民生在于粒食。是君之所重。《论语》云"所重民食，谓年谷也"。种殖收敛及时乃获，故惟当敬授民时。

## 2.《书传》卷二

（宋）苏轼

咨十有二牧，曰，食哉惟时。

十二州之牧。所重民食惟是而已。

## 3.《尚书全解》卷三

（宋）林之奇

咨十有二牧，曰，食哉惟时，柔远能迩，惇德允元，而难任人，蛮夷率服。

此则咨在外之十有二牧也。《周官》曰"唐、虞稽古建官惟百，内有百揆四岳，外有州牧侯伯"，则是十二牧者，在外主诸侯者也。惟其在外，故其咨之之辞"曰，食哉惟时，柔远能迩，惇德允元，而难任人"，此皆在外之辞也。"食哉惟时"者，民之粒食当使之各得其时也。李校书曰，称惟时亮天功，惟时有苗弗率，皆以"时"训"是"。此"食哉惟时"亦应训"是"。而先儒乃谓当如"敬授民时"之"时"者，句自此绝，则训字当异此，盖与"直哉惟清"同句体也。此说甚善。"柔远能迩"者，孔氏曰"言当安远，乃能安近"，非也。《中庸》曰"君子之道，譬如行远必自迩"；《皋陶》曰"迩可远在兹"，是先"迩"而后"远"也。而孔氏谓"当安远，乃能安近"非也。李校书曰，能者，耐也，古者，能，耐同字。"能迩"者居上以宽之谓也。其意盖以"能迩"为"耐迩"者，若俗所谓忍耐得事，恐亦不然。耐、能二字，字通而义分。以"能"之字为"耐"之字则可，以"能"之义为"耐"之义则不可。谓"能迩"为"居上以宽"者，亦非也。某窃谓，下文言"蛮夷率服"，而上文曰"柔远能迩"，则是远迩虽皆当治，第欲柔远者，当先能治近也。"惇德允元，而难任人"，此"能迩"之道也。"惇德允元"者，如《武成》之

"惇信明义"，盖进德而用之也。德者，有德也。元者，善人也。曰惇，曰允，厚之、信之之谓也。"而难任人"者，退不肖而远任人也。任人，佞人也。佞人而谓任人者，盖其所包藏不可测知故也。谓之难者，遏绝之，使不得进也。进贤而用之，退不肖而远之，则内治举矣。此蛮夷所以相率而来服也。盖自古蛮夷所以敢凭陵中国者，皆由守土之臣，不能用宽厚长者之道，行优游宽大之政，以忠信镇服蛮夷，邀功生事，开边鄙之隙者众也。兹舜命十有二牧，其一言曰"食哉惟时"，又其一言曰"柔远能迩"，又从而申之曰"惇德允元，而难任人，蛮夷率服"知所先务矣。

## 4. 《尚书讲义》卷二

（宋）史浩

咨十有二牧，曰，食哉惟时，柔远能迩，惇德允元，而难任人，蛮夷率服。

此舜作自治之法也。夫蛮夷，不可以礼义化，不可以恩惠服。使吾自治，国势日强，自然畏而怀之。此攘夷狄之法也。夫外攘夷狄，在于内修政事，必求共理之贤，十二牧其人也。欲修政事，莫先于"食哉惟时"，莫大于"柔远能迩"，莫急于"惇德允元，而难任人"。何以言之？吾不能务农重谷，而夺其时，安得家给人足乎？吾不能抚宁近者，使之胥悦，安得远者闻风而慕义乎？吾不能崇尚有德，信用其善，则任人进矣。任人，小人也。君子、小人，趋操不同。使有德者进，必能为国远谋，无贪功喜杀之心，敌人亦必知我国有人，而不敢犯。至于任人，则狃于时论，不知上策在于自治，逞一人之私意，掠忠义之美名，动干戈，兴徭役，誓不与贼俱生。不知彼己者往往从而和之，以为当然。及其败事，忧在国家，吾奉身而退，官职犹昔也，名誉犹昔也，何惮而不为是说哉？其弊在于时尚高论，眩于名实，而信用之过也。苟难任人，则任人不得参于其间，蛮夷自然率服。何者？吾有自治之法，足以使之服也。率服足矣，何必穷兵而远讨耶？后之帝王，不先自治，而以征伐为务，是不法舜也，而可以治乎？

## 5.《尚书详解》卷二

（宋）夏僎

咨十有二牧，曰，食哉惟时，柔远能迩，惇德允元，而难任人，蛮夷率服。

《周官》曰，唐、虞稽古，建官惟百，内有百揆四岳，外有州牧侯伯。舜前询于四岳，则已询之在内之臣矣。此咨十有二牧，则又及于在外之臣焉。曰咨，曰询，皆是访问之意也。夫天生圣人为之司牧，则人君为天牧民也。人君绵地千里而寄之州牧，则牧守为君牧民也。牧民之道，以食为先言。食哉维时，欲民之粒食，当使之各得其时。李校书谓，《书》称"惟时亮天工"、"惟时有苗弗率"，皆以"时"训"是"，则"食哉惟时"，亦应训"是"。而先儒乃谓当以"敬授民时"之"时"者，以句自此绝，则训自当异，与"直哉惟清"同句体也。此说甚善。"柔远能迩"，孔氏谓，安远如安近。郑玄谓，能，犹如也，安远之国，顺如其近者。苏氏谓，"能"读如"不相能"之"能"。怀柔远者，使与近者相能。王氏谓，远者柔之而已，近者吾所治也，故当能之。曾彦和广其说，谓富之，教之，刑赏，因革无所不能，故曰能迩。此数说，皆费训释，不若李校书之说为近而易见。李校书曰，能者，耐也。古文"能"、"耐"皆同字，则"能迩"者，居上以宽之谓也。远人修文德以来之，所谓柔远也。至于迩人，尤在所能忍以有济，昔人所谓弗扰狱市。又言，不如是，何以为京师皆能迩之谓也。详考李氏之意，盖以能迩，若世俗所谓忍耐得事。况人之不能相容者，皆谓之"不相能"。"能"，则实"耐"之意。"惇德允元而难任人"，诸儒皆谓，有德，惇厚之；元善者，信任之。盖进德而用之也。任人，佞人也。佞人，谓之任人，谓其包藏不可测知。若妇人之妊娠焉。谓之任难者，遏绝之，使不得进，皆退不肖而远之也。此说虽善，未若毛李中谓，君子与小人势不两立，诚能于有德者惇之，元善者允之，是非取舍，足以服群小人之心，人君虽未尝求远而斥之，彼自不敢进。此"惇德允元"，乃是"难任人"之道。此说极善。自"食哉惟时"至"而难任人"，是数者诚能行之，则内治举矣；内治举，则蛮夷所以相率而来服也。胡益之谓，蛮夷以身率之则服。此说误矣。

### 6. 《增修东莱书说》卷二

（宋）时澜

咨十有二牧，曰，食哉维时，柔远能迩，惇德允元，而难任人，蛮夷率服。

食者，民之重也。不伤农时，则食自足。教十二牧以为治之大纲也。十二牧知此，则诸侯莫不然矣。此数语，如桑麻谷粟，初无惊人可喜之论，大略不过使民不失时。远者柔之，迩者能之，尊德信善，皆于根本求之耳。十二牧领此而归，守其土疆，岂有为国生事，如后世求边功者哉？此盖为治之当然。后之兴王，虽不能尽，亦有暗合而默契者。由是言之，百世可知也。而难任人，“难”之一字甚严。曰“难”者非持去之而已，常有戒谨恐惧之意。当时，既无任人，何难之有？盖此心不可以不常存也。少不戒谨恐惧，则任人或得乘其间矣。如人之身元气虽固，不废保护，则外邪客气无自而入。苟不于“难任人”留意，则虽为治品目如前，亦几成而败，将盛复衰，前功俱废矣。惟常难任人，然后可以成功，何者？无人间坏隳（huī）废之也。如此，则天下常治，蛮夷虽介在一隅，岂不犁然有当于心，其有不率服者乎？

### 7. 《尚书说》卷一

（宋）黄度

咨十有二牧，曰，食哉惟时，柔远能迩，惇德允元，而难任人，蛮夷率服。

咨，亦问也。天下万事，不问何由知之？《中庸》曰“舜好问”。“皇皇者华，君遣使臣”，咨事，咨难，咨义，咨亲。“柔远”，扰驯之也。“能迩”，教治之也。“惇德允元”，亲君子也；“难任人”，远小人也。洪水既平，治安之策，不过此数语。天下无事，起祸生乱，必自小人。询岳，君体；咨牧，治要。牧统理诸侯，故训告之如是。《颂》曰“无竞维人，四方其训之”。唐虞三代中国皆有戎夷杂居。

### 8. 《絜斋家塾书钞》卷一

（宋）袁燮

咨十有二牧，曰，食哉惟时，柔远能迩，惇德允元，而难任人，蛮夷率服。

二帝、三王，治道之隆，无他故焉，识其先后之序而已。后世治道，不如古亦无他故焉，失其先后之序而已。圣人岂不知礼乐教化为治之急务，而顾以民食为首者，衣食既足，然后教化，礼乐可兴。先后之序如此也。《孟子》所以告时君，首之以不违农时。文景务在养民，至于稽古礼文之事，犹多阙焉。汉之贤君，亦深烛此理，不然则所谓救死惟恐不赡，奚暇治礼义哉？今观舜嗣位之始，先之以求言；次之以民食。其所先者，惟此二事，治道纲领可识矣。"惟时"者，古人最以时为重，观《尧典》一篇可见。曰"食哉惟时"，举其纲也。其间条目，如耕耘收敛，不失其期；析、因、夷、隩，不愆其素；如用之，不妨其时；趋之，必尽其道，皆在其中矣。"柔远能迩"，"柔"者，怀柔也。远人不服，则修文德以来之、怀之。以德，以革其傲慢悖戾之心，是之谓柔。"惇德允元"，用贤人也；"而难任人"，远小人也。"难"者，阻抑。间阻之，艰其进也。十二牧，盖州牧侯伯，总帅诸侯于外者。《王制》建国之制，五国以为属，属有长；十国以为连，连有帅；三十国以为卒，卒有正；二百一十国以为州，州有伯。虽与唐虞之制不同。然唐、虞稽古建官惟百，内有百揆四岳，外有州牧侯伯。则十二牧，盖诸侯之长也。夫既为诸侯之长。则一州诸侯之贤、不肖，为州牧者，皆得以黜陟而进退之。后世帅臣，亦古州牧之任。是以一路官吏，贤者得以论荐；不贤者，得以按劾。以今准古，则知古亦然也。但后世帅权甚轻。帅臣之权轻，根于监司之权重也。古者，天子使其大夫为三监，监于方伯之国，国三人，亦是监司之意，然其权要不至太重。宋之盛时，止有转运使，提刑、提举皆未有也。自王荆公用事，监司之权始重。于是州县之间，知有监司，而不知有按抚。然按抚，犹得以进退一路之贤、不肖，则其权犹在也。十二牧得以进退诸侯；诸侯亦各得以进退其属，自下而上，递相统属，亦犹今监司帅臣，得举贤，劾不肖。而郡守自得以按察一郡之僚属也。然十二牧不特进退一州之诸侯，其下亦有许多官吏。夫为州牧，既能使民皆足衣食，能使贤者得志，不肖者不得以苟容一州之内，何患其不治。所以蛮夷率服者，盖彼虽蛮夷，然良心根于固有，见上之政治，无一毫之失。如此，夫安得而不心服。蛮夷，非如后世之夷狄。古者，自有九州之戎，观《禹贡》可见。冀州天子之都，而曰岛夷皮服，舜居深山之中，戎狄之与居，正冀州之地也。以此知，十二州皆与蛮夷相接。

## 9.《书经集传》卷一

（宋）蔡沈

（归善斋按，见前文"月正元日，舜格于文祖"）

## 10.《尚书精义》卷四

（宋）黄伦

咨十有二牧，曰，食哉惟时，柔远能迩，惇德允元，而难任人。蛮夷率服。

荆公曰，古人皆以治远自近始。至于言"柔远能迩"，则先言"柔远"者何也？不柔远，则远者将为己患，而近者不得安矣。虽欲善近不可得也。欲善近者，以柔远为始。乃若治之，则自身至于家，自家至于国，自国至于天下四海之外，未有不始乎近，而后及乎远也。

无垢曰，舜既即位，十有二牧皆来朝。舜既与四岳谋天下大务矣，又咨于十二牧以治国之道。夫侯服之外，绥服也；绥服之外，则要荒矣。密迩，蛮夷易以生患。然外患常起于内扰；内扰常迫于衣食。使十二牧知务农重谷，春耕秋敛，境内之民，仰事俯育，各得其所，外患何从而至乎？此告十二牧，所以首以"食哉惟时"也。又曰，来则以礼接之；去则以宽待之，不责以细故，不扰其封疆，使忿无自而作，衅无自而成者。此柔之之术也。至于待吾境内，则当有以作成之能者，作成之也。夫人各有能，非有以耸动之，则皆置于腐烂朽蠹之地。其作成之道，何自而入哉？曰有德者，有善者，吾则惇之，信之，使境内知所慕。外若有得，中实奸邪；外若向善，中实凶恶。如任人者，吾则防闲钤束，不为艰难，使境内知所畏。夫耸动境内之民，其道如此，是所谓折冲樽俎，运筹帷幄之几也，蛮夷乌能而不服乎？所谓"服"者，其心诚有所不敢也。以为刚乎，而宽厚之道，每有以注其心；以为柔乎，而耸动之风，每有以慑其势。此其所以率服也。借使鸟兽，其行豺虎其心，故犯吾圉，而干吾威者，吾用所以耸动之术，以应对之。将见触之者碎，婴之者断矣。

### 11. 《尚书详解》卷二

（宋）陈经

咨十有二牧，曰，食哉惟时，柔远能迩，惇德允元，而难任人，蛮夷率服。

舜之时，在朝则有百官，在外则有十二州之诸侯，可谓众矣。舜于内，则特询之四岳；于外，则咨十二牧，而百官诸侯无与焉。盖四岳者，百官之长；而十二牧者，诸侯之长也。吾从其长而责成委任，则其长之属者，自举矣。此见唐、虞之制，上下相维，大小相制，体统相承。人主之治，至简至要而不繁者也。国以民为本，民以食为天。十二牧之职在于养民，养民之急务，莫先于食，故戒之以食惟时，知所以重民之食，则知所以不夺民之时。"柔远能迩"者，五服诸侯自绥服之外，有要荒焉。要荒之服，盖与戎狄蛮夷相接者也，故戒以怀柔远人之道，在于能迩远，谓之柔，则来者不拒，去者不追。迩谓之能，则无所不尽其力。下云"惇德允元，而难任人，蛮夷率服"，即"柔远能迩"之道也。有德者，惇厚之；元善者，允信之。任佞之人，则难拒之，使不得进。自古蛮夷所以不服者，常生于中国之不振，小人乘间得以邀功生事，妄开边隙。今也，惟德之厚，惟善之信，而任人不得进焉，不惟示之以好恶，使蛮夷知所趋向，则小人虽欲生事，以开边衅者，无之矣。此蛮夷所以率服。宣王内修政事，外攘夷狄；而幽王之世，《小雅》尽废，则四夷交侵。谁谓中国安强无衅可乘，而变夷得以侵陵之哉。观此数句，而诸侯所以安民，所以怀远之道，先后之序，该括无遗矣。

### 12. 《融堂书解》卷一

（宋）钱时

咨十有二牧，曰，食哉惟时，柔远能迩，惇德允元，而难任人，蛮夷率服。

舜受终之初，群牧来觐。今即位之初，群牧复来觐，所以重初政与之更始也。

### 13. 《尚书要义》卷二

（宋）魏了翁

（归善斋按，未引）

### 14. 《书集传或问》卷上

（宋）陈大猷

（归善斋按，未解）

### 15. 《尚书详解》卷一

（宋）胡士行

咨十有二（州）牧（牧以养民为职），曰，食（民以食为天）哉惟时（农时）。柔（安）远能（读如"不相能"之"能"）迩，惇（厚）德（有德者）允（信）元（善之长者），而难（遏绝）任人（佞而包藏不测），蛮夷（四夷）率（相率）服（来服）。

牧之咨，治内焉耳。而蛮夷自服。牧然，则侯国皆然，岂有生事求边功者哉。难者，非特去之，常有戒谨恐惧之意。任人之可畏，甚于蛮夷之可畏。

### 16. 《书纂言》卷一

（元）吴澄

咨十有二牧，曰，食哉惟时。柔远能迩，惇德允元，而难任人。蛮夷率服。

十有二牧，十二州之牧也。牧，以养民为职。养民，在先足民食；足食，在不违农时。故曰"食哉惟时"。柔，谓抚绥之；能，谓和协之；惇，谓厚待之；德，有德之人也。允，谓信用之。元，仁者之人也。难，谓拒绝之。任、壬通。壬人，包藏凶恶之人也。率，犹"皆"也。养其身，怀其心者，安民也。亲君子，远小人者，知人也。如此，则不特中国顺治，虽蛮夷之国，亦率皆服从矣。盖十二牧，在外而长一州之诸侯者，故命之以诸侯治其国之道。

## 17. 《书集传纂疏》卷一

（元）陈栎

咨十有二牧，曰，食哉惟时，柔远能迩，惇德允元，而难任人，蛮夷率服。

牧，养民之官。十二牧，十二州之牧也。王政以食为首；农事以时为先。舜言，足食之道，惟在于不违农时也。柔者，宽而抚之也。能者，扰而习之也。远近之势如此，先其略而后其详也。惇，厚；允，信也。德，有德之人也。元，仁厚之人也。难，拒绝也。任，古文作壬，包藏凶恶之人也。言当厚有德，信仁人，而拒奸恶也。凡此五者，处之各得其宜，则不特中国顺治，虽蛮夷之国，亦相率而服从矣。

**纂疏**

语录：柔远，说得轻，能迩是奈何得他，使帖服之意。孔氏曰，柔，安，言能安远，乃能安近。厚，行德信，使足长善；任，佞；难，拒也。苏氏曰，能，如"不相能"之"能"。怀柔远者，使与近者相能。吕氏曰，难，非特去之，常有戒惧之意。吴氏曰，任，古文作壬，以孔壬观之可见。愚谓，重民食，一远近，亲君子，远小人，则内治举而外夷服。欲州牧以是为国，而率诸侯也。

## 18. 《读书丛说》卷二

（元）许谦

（归善斋按，未解）

## 19. 《书传辑录纂注》卷一

（元）董鼎

咨十有二牧，曰，食哉惟时，柔远能迩，惇德允元，而难任人。蛮夷率服。

牧，养民之官。十二牧，十二州之牧也。王政，以食为首；农事，以时为先。舜言足食之道，惟在于不违农时也。柔者，宽而抚之也；能者，扰而习之也。远近之势如此，先其略而后其详也。惇，厚；允，信也。

德，有德之人也。元，仁厚之人也。难，拒绝也。任，古文作"壬"，包藏凶恶之人也。言当厚有德，信仁人，而拒奸恶也。凡此五者，处之各得其宜，则不特中国顺治，虽蛮夷之国，亦相率而服从矣。

**辑录**

"柔远能迩"，柔远，却说得轻；能迩，是奈何得他使之帖服之意。人杰。"惇德允元"，只是说自己德，使之厚其德，信其仁。"难"字，只作平声。任如字。"难任人"，言不可轻易任用人也。广。与传异，姑存之。

**纂注**

孔氏曰，所重在民食，惟当"敬授民时"。柔，安，言当安远，乃能安近。厚行德信，使足长善。任，佞；难，拒也。苏氏曰，"能"读如"不相能"之"能"，怀柔远者，使与近者相能。陈氏曰，"能"者，驯服，其教化之意。吕氏曰，难，非特去之，常有戒惧之意。吴氏曰，任，古文作"壬"，以孔壬观之可见。新安陈氏曰，重民食，一遐迩，亲君子，远小人，则内治举，而外夷服，欲州牧以是为国，而率诸侯也。

## 20.《尚书句解》卷一

（元）朱祖义

咨十有二牧（咨命在外十有二牧养民之诸侯），曰（告之曰），食哉惟时（欲民之粒食足，当使之因时以趋农）。

## 21.《尚书日记》卷二

（明）王樵

"咨十有二牧"至"蛮夷率服"。咨、询，一也，文相变耳。牧养民之官，每州以诸侯之长为牧，专任养民之事。诸侯固各牧其民，然或私其国，曲防遏籴，州牧所以通济之也。"食哉惟时"者，言民食不可后时也。养民者，三时不失其务，三农各肆其力，又视年之上下，而为之备；视地之丰耗，而为之通；知民之贫困孤寡者，而为之恤，不使民食之后时也。古者，民三年耕，则余一年之食。衣食足而知荣辱，廉让生而争讼息。故三载考绩。孔子曰"苟有用我者期月而已可也，三年有成"，成此功也。三考黜陟，余三年食。进业曰登；再登，曰平，余六年食。三登，曰太平，二十七岁，余九年食。然后王德流洽，礼乐成焉。故曰如有王者，必世而后仁，繇此道也。舜咨州牧，与《洪范》八政，皆以食为首；而武王重民五教，惟食丧祭，皆以是故也。既言民政所重，因言邦国远近异齐，远者，宜柔而抚之，使向慕于德化；近者，宜扰而习之，使服安于政教。惇德，厚于有德之人也。允元，信于仁人也。高辛氏有才子，忠、肃、共、懿、宣、慈、惠、和，天下之民谓之"八元"。舜举而使布五教于四方。即允元之事难远而绝之之意。任，《释诂》曰佞也。亲君子，远小人，欲其以是为国，而帅诸侯也。率，循也，言内治举，而外夷服也。十二州，冀、豫为中，余州皆外边四裔。"蛮夷率服"，盖言其效也。九州时，冀亦边狄。舜立幽、并二州以外厚藩屏，内尊王畿，故冀为中州。冀为北土之中，豫为九土之中，并有中州之名焉。青，有嵎夷、莱夷；徐，有淮夷；扬，有岛夷；荆，有荆蛮；梁，有和夷；雍，西有戎，北有狄。可见边夷者多也。

## 22. 《御制日讲书经解义》卷一

咨十有二牧，曰，食哉惟时，柔远能迩，惇德允元，而难任人，蛮夷率服。

此一节书，是咨治于州牧也。牧，养民之官。宽以抚之曰"柔"；驯而习之曰"能"。惇，亲厚也。允，信任也。德，有德之人；元，仁厚之人。难，拒绝也。任人，包藏凶恶之人。舜访四岳之后，复呼十二州牧民之官，而告之曰，尔等为养民之官，食为民天，莫先足食，然必使三时不害，而人得尽力南亩。仓廪不匮，民食既足，教化可兴。远方之民，则当宽以抚之，使乐归德化；近处之民，则当驯而习之，使服行礼教。素行有德者，则尊位重禄以厚之；素性仁厚者，则推心委任以信之。至于包藏凶恶之壬人，则拒绝以难之，使不得徼幸进用，以贻害百姓。如是则不特中国之人时雍丕变，即蛮夷外国，慕生养、安全之乐，仰仁人君子之化，亦皆相率而服从矣。盖重民食，一遐迩，亲君子，远小人，则内治举，而外夷服。国家久安长治之道，莫逾于斯。

### 《书义断法》卷一

（元）陈悦道

咨十有二牧，曰，食哉惟时。柔远能迩。惇德允元，而难任人。

牧民之责重矣，故十二州牧，亦皆有知人安民之责。然欲安民者，必审轻重远近之势。盖农时在所重，而举远必自近也。欲知人者，必审忠邪贤否之别，盖所用惟有德仁人，而任人必抗绝也。安民各得其要，而民无不怀。知人各辨其实，而邪不干正。然后可以为民父母，而无愧于司牧之任矣。

### 《尚书注考》

（明）陈泰交

"咨十有二牧"，训"牧""养民之官"。《牧誓》，训"牧"地名。"准夫牧"训"牧""常伯"也。

### 《书义矜式》卷一

（元）王充耘

（归善斋按，见前文"询于四岳，辟四门"）

### 《书经衷论》卷一

（清）张英

"食哉惟时"养也；"柔远能迩"，教也；"惇德允元"，赏善也；"而难任人"，惩恶也。尧舜虽圣，岂能舍此而为治哉。

"食哉惟时，柔远能迩"，安民也；"敦德允元，而难任人"知人也。古帝之用心，不越此二者而已。

# 柔远能迩，惇德允元

## 1. 《尚书注疏》卷二

（汉）孔氏传，（唐）陆德明音义、孔颖达疏

柔远能迩，惇德允元。

传：柔，安；迩，近；惇（dūn），厚也。元，善之长，言当安远，乃能安近，厚行德信，使足长善。

音义：惇，音敦。长，之丈反，下同。

疏：为政务在安民，当安彼远人，则能安近人耳。远人不安，则近亦不安。欲令远近皆安之也。又当厚行德信，而使足为善长，欲令诸侯皆厚行其德，为民之师长。

柔，安；迩，近；惇，厚，皆《释诂》文。元，善之长，《易》文言也。安近，不能安远，远人或来扰乱，虽欲安近，近亦不安。人君为政，若其不能安近，但戒使之柔远，故能安近。言当安彼远人，乃能安近，欲令远近皆安也。王肃云，能安远者，先能安近。知不然者，以牧在远方，故据远近之。惇德者，令人君厚行德也。允元者，信使足为长善也。言人君厚行德之与信，使足为善长，民必效之，为善而行也。

## 2. 《书传》卷二

（宋）苏轼

柔远能迩，惇德允元，而难任人，蛮夷率服。

能，读如"不相能"之"能"。柔怀远者，使与近者相能。惇，厚也。元，善也。难，拒也。任人，佞人也。惇厚其德，信用善人，而拒佞人，则蛮夷服。盖佞人必好功名，不务德而勤远略也。

## 3. 《尚书全解》卷三

（宋）林之奇

（归善斋按，见上句）

## 4. 《尚书讲义》卷二

（宋）史浩

（归善斋按，见上句）

## 5. 《尚书详解》卷二

（宋）夏僎

（归善斋按，见上句）

## 6. 《增修东莱书说》卷二

（宋）时澜

（归善斋按，见上句）

## 7. 《尚书说》卷一

（宋）黄度

（归善斋按，见上句）

## 8. 《絜斋家塾书钞》卷一

（宋）袁燮

（归善斋按，见上句）

## 9. 《书经集传》卷一

（宋）蔡沈

（归善斋按，见前文"月正元日，舜格于文祖"）

## 10. 《尚书精义》卷四

（宋）黄伦

（归善斋按，见上句）

## 11. 《尚书详解》卷二

（宋）陈经

（归善斋按，见上句）

## 12. 《融堂书解》卷一

（宋）钱时

（归善斋按，见上句）

## 13. 《尚书要义》卷二

（宋）魏了翁

（归善斋按，未引）

## 14. 《书集传或问》卷上

（宋）陈大猷

（归善斋按，未解）

## 15. 《尚书详解》卷一

（宋）胡士行

（归善斋按，见上句）

## 16. 《书纂言》卷一

（元）吴澄

（归善斋按，见上句）

## 17. 《书集传纂疏》卷一

（元）陈栎

（归善斋按，见上句）

## 18. 《读书丛说》卷二

（元）许谦

（归善斋按，未解）

## 19. 《书传辑录纂注》卷一

（元）董鼎

（归善斋按，见上句）

## 20. 《尚书句解》卷一

柔远能迩（以柔道怀远人，则能治迩人）敦德允元（敦崇有德之人，信任元善之人）。

## 21.《尚书日记》卷二

（明）王樵

（归善斋按，见上句）

## 22.《御制日讲书经解义》卷一

（归善斋按，见上句）

## 《书蔡氏传旁通》卷一中

（元）陈师凯

能者，扰而习之也。

《左传》云"不相能也"，与此"能"字义相近。

## 《书蔡氏传旁通》卷一中

（元）陈师凯

能者，扰而习之也。

《左传》云"不相能也"，与此"能"字义相近。

## 《书义断法》卷一

（元）陈悦道

（归善斋按，见上句）

## 《尚书注考》

（明）陈泰交

"柔远能迩"，训"能"者"扰而习之"也。"惟其能"，训"官以任事故曰能"。"推贤让能"，训"能""有才者"也。

"惇德允元"训"德有德之人"也。"德惟治"训"德"者，"合敬仁诚之称"也。"德无常师"，训"德"者，"善之总称"。"同力度德"，训"德"者，"得"也，行道而有得于心也。"玩人丧德"，训"德"者"己之所得"。"惟德惟义"，训"德"者"心之理"。

"惇德允元"，训"元""仁厚之人"也。"一人元良"，训"元""大"。"其惟王位在德元"，训"元""首"也。

## 《尚书埤传》卷二

（清）朱鹤龄

能迩，惇德，允元，难壬人。

《朱子语录》，"能迩"之"能"，是奈何得他使之帖服。愚按，"能"之为言，耐也。古文"能"字与"耐"字通，见《礼运》及《汉书》。《荀子》云，若驭朴马（未调习之马），若养赤子，若食馁（饥馁）人，因其惧，因其忧，因其喜，因其怒，曲得所谓焉。此"能之"之说也。

德元之人，以朴略为治，以醇闷（bì）为功。以朴略为治，故治立而迹不见；以醇闷为功，故功成而人不知。古之圣人非不知滚（tū）刻之吏可以齐众；武健之才可以集事，忠厚近于迂阔。老成初若迟钝，然终不以彼而易此者，知其所得小，而所丧大也。刀笔吏不可为公卿，而房杜无赫赫之绩，知此者可以言用人矣。

孔传，难拒任佞也。愚按，古文"任"与"壬"同，故训"佞"。孙炎云，似可任之佞也，此义长。《朱子语录》云，"难"，平声；"任"如字，言不可轻易任人也。此未定之说，故仲默不取。

## 《书经衷论》卷一

（清）张英

（归善斋按，见上句）

# 而难任人，蛮夷率服

## 1.《尚书注疏》卷二

（汉）孔氏传，（唐）陆德明音义、孔颖达疏

而难任人，蛮夷率服。

传：任，佞；难，拒也。佞人斥远之，则忠信昭于四夷，皆相率而来服。

音义：难，乃旦反。任，音壬，又，而鸩反。

疏：而难拒佞人，斥远之，使不干朝政。如是则诚信昭于四夷，自然蛮夷皆相率而来服也。

任，佞，《释诂》文。孙炎云似可任之佞也。《论语》说为邦之法云，远佞人，佞人殆，故以难距佞人，为斥远之，令不干朝政。朝无佞人，则忠信昭于四夷，皆相率而来服也。举蛮夷，而戎狄亦见矣。

## 2. 《书传》卷二

（宋）苏轼

（归善斋按，见上句）

## 3. 《尚书全解》卷三

（宋）林之奇

（归善斋按，见前句）

## 4. 《尚书讲义》卷二

（宋）史浩

（归善斋按，见前句）

## 5. 《尚书详解》卷二

（宋）夏僎

（归善斋按，见前句）

## 6. 《增修东莱书说》卷二

（宋）时澜

（归善斋按，见前句）

## 7. 《尚书说》卷一

（宋）黄度

（归善斋按，见前句）

## 8. 《絜斋家塾书钞》卷一

（宋）袁燮

（归善斋按，见前句）

## 9. 《书经集传》卷一

（宋）蔡沈

（归善斋按，见前文"月正元日，舜格于文祖"）

## 10. 《尚书精义》卷四

（宋）黄伦

（归善斋按，见前句）

## 11. 《尚书详解》卷二

（宋）陈经

（归善斋按，见前句）

## 12. 《融堂书解》卷一

（宋）钱时

（归善斋按，见前句）

## 13. 《尚书要义》卷二

（宋）魏了翁

（归善斋按，未引）

## 14. 《书集传或问》卷上

（宋）陈大猷

（归善斋按，未解）

## 15. 《尚书详解》卷一

（宋）胡士行

（归善斋按，见前句）

## 16. 《书纂言》卷一

（元）吴澄

（归善斋按，见前句）

## 17. 《书集传纂疏》卷一

（元）陈栎

（归善斋按，见前句）

## 18. 《读书丛说》卷二

（元）许谦

（归善斋按，未解）

## 19. 《书传辑录纂注》卷一

（元）董鼎

（归善斋按，见前句）

## 20. 《尚书句解》卷一

（元）朱祖义

而难任人（以难任用人材，不敢轻易也），蛮夷率服（则南蛮、东夷莫不相率而来朝）。

## 21. 《尚书日记》卷二

（明）王樵

（归善斋按，见前句）

## 22. 《御制日讲书经解义》卷一

（归善斋按，见前句）

### 《书义断法》卷一

（元）陈悦道

（归善斋按，见前句）

### 《尚书疑义》卷一

（明）马明衡

舜曰：咨！四岳，有能奋庸熙帝之载，使宅百揆，亮采惠畴？愚意，以此为命九官之纲领，盖言有可用之才，使之分治百官之事，而顺成之也。是舜即位之初，即切切求贤以任事，与尧"畴咨若时登庸"，"畴咨若予采"，皆是一意。圣人之治天下，无有急于此。故《孟子》谓，尧舜急先务，亲贤者。以此百揆，自孔氏以来，皆以为官名，是统领百官之任，如后世宰相之类。愚以为，百揆只是百官，如下文司空、后稷、司徒、秩宗、典乐等，皆是。盖先总咨四岳以百官之事，而下文乃历命之也。禹平水土，是百揆之一，恐非以司空兼行百揆之任也。若果尔，则百揆至重矣，命之之辞，无有及百揆者，何其简耶？观尧舜之世，大事只咨四岳为首，则四岳者，即若统领百官之任者，若果另有百揆之任，则何不见有所咨之言耶？舜"纳于百揆，百揆时叙"，只是历试诸艰，百官之事，皆能叙而和之也。《周官》言"内有百揆四岳"，所谓百揆者，亦是指舜所命九人之等者也。历世诸儒相承，皆以另有百揆之任。余考于《书》又未见其然者，故录以俟正。禹让于稷、契暨皋陶者，亦非是以水土之任让之也。所谓让，亦是言己未贤，而更有某人可用之意。

### 《尚书注考》

（明）陈泰交

"而难任人"，训"难""拒绝"也。"其难其慎"，训"难"者，"难于任用"。"予告汝于难"，训"难""言谋迁徙之难"也。

## 《尚书埤传》卷二

（清）朱鹤龄

（归善斋按，见上句）

## 《书义矜式》卷一

（元）王充耘

（归善斋按，见前文"询于四岳，辟四门"）

## 《书经衷论》卷一

（清）张英

（归善斋按，见前句）

# 六命官

## 舜曰：咨，四岳！有能奋庸熙帝之载

### 1. 《尚书注疏》卷二

（汉）孔氏传，（唐）陆德明音义、孔颖达疏

舜曰：咨！四岳。有能奋庸熙帝之载。

传：奋，起；庸，功；载，事也。访群臣有能起发其功，广尧之事者。言"舜曰"，以别尧。

音义：奋，弗运反。

疏：正义曰，舜本以百揆摄位。今既即政，故求置其官。曰，咨嗟，四岳等，汝于群臣之内，有能起发其功，广大帝尧之事者，我欲使之居百揆之官。

传正义曰，奋，是起动之意，故为起也，《释诂》文。庸，劳也，劳亦功也。郑玄云，载，行也。王肃云，载，成也。孔以载为事也。各自以意训耳。舜受尧禅，当继行其道，行之在于任臣。百揆，臣之最贵，求能起发其功，广大帝尧之事者，欲任之。舜既即位可以称帝，而言"舜曰"者，承尧事下言"舜曰"以别尧。于此一别，以下称帝也。

### 2. 《书传》卷二

（宋）苏轼

舜曰：咨！四岳，有能奋庸熙帝之载，使宅百揆，亮采惠畴？

奋，立也。庸，功也。熙，光也。载，事也。有能立功，光尧之事者，当使宅百揆。其能信事而顺者，谁乎？

## 3. 《尚书全解》卷三

（宋）林之奇

舜曰：咨！四岳，有能奋庸熙帝之载，使宅百揆，亮采惠畴。

称"舜曰"者，所以别尧也。盖自此而上称"帝曰"者皆尧也，自此而下称"帝曰"者皆舜也。舜既终尧三年之丧，格于文祖，然后即天子之位，称帝也。《书》之所载，其于名分之际，最为谨严。盖惧其涉于疑似，有以起后世异同之论也。如舜之居摄，疑其遂称帝矣，故于命禹作司空，则称舜者，以见前此未尝称帝也。如成王幼冲，周公摄政，则疑于遂称王，以令天下之人。故作书者，于《多士》，则曰"周公初于新邑洛，用告商王士，王若曰"，于《多方》则曰"王来自奄至于宗周，周公曰王若曰"，以见周公虽居摄，凡有号令，皆称成王之命也。其于命名定分之际，谨严如此，而后世犹谓舜南面而立，尧率诸侯北面而朝之。又谓周公负黼扆（yǐ），南面而朝诸侯于明堂之上。此盖未尝深考《书》之所载，而妄为之说也。"有能奋庸熙帝之载"者，谓有能奋起其功，以广尧之事，见于已试之效者，将使之宅百揆也。盖舜未即位，凡在位者所以言事，无非尧之事也。薛云，帝载，犹云王事也。此说未通。谓帝载为王事则可；舜自称其事为帝载，则不可。既求其见于已试之效者，故以熙尧之载言之。"使宅百揆"者，将使之居度百官之任，犹后世之为宰相也。唐孔氏云，舜本以百揆摄位，今既即政，故求置其官。此说是也。盖舜虽受尧之禅，而其实尚居百揆之官，但摄行天子之政，代尧总领万机之务耳。而帝尧之在位，盖自若也。尧崩，三年之丧毕，然后舜告于尧文祖之庙，而即帝位，舜即帝位，方询于四岳，求其可为百揆者，以代己之位，则是舜居百揆之位，凡三十余年，而后禹代之。盖名分之际，不统于一，则虽尧之圣，不能一朝居也。"亮采惠畴"，孔氏云"信立其功，顺其事者，谁乎"，此说未通。谓畴咨为嗟谁则可，谓惠畴为顺其事者谁，且与上"亮采"为一句，则文势不顺。据上文，"有能"则是谁之义矣。而下言"谁"，其文亦不无重复。王氏云，亮采者，明其事也。惠畴者，惠其畴也。此说虽胜，然以畴为惠其畴，而引《周易》"畴离祉"为证，以为百工者，百揆之畴也，百揆得人，则百工皆畴离祉矣。以"畴离祉"证畴之义，而又以"离祉"为说，迂回甚矣。予窃谓"亮采"者，辅相之义，与"寅亮天工"、"弼亮四世"之"亮"同。《尔雅》曰，亮，左右也。以是知，"亮"有辅相之义。"亮采"者，辅相朝廷之事。"畴"，如"九畴"之"畴"，谓天下之事，各以其类，无不顺也。"惠畴"，此盖宰相之职也。载，事也。采，亦事也。既曰"熙载"，又曰"亮采"者，盖前之所言熙尧之事，见于已试之效也。后之所言者，则将责之以将来之效，以亮舜之事也。

## 4.《尚书讲义》卷二

（宋）史浩

舜曰：咨四岳。

此舜作建官之法也。夫建官而首询四岳，明无私意。矧舜之进用，实由四岳，舜无求举之意，已足以知四岳之公也。今也，建官可不咨其论乎？是故论相，必先伯禹。一相得人，则九官无不当其职者。岂不为得其要乎？故曰，尧舜之仁不遍爱人，急亲贤也。然不曰"帝"，而曰"舜"者，欲使后世知九官之贤，虽在尧朝，舜能用之，以尽其材，所以申尧未竟之志也。后之帝王不辨能否，而以私意建官，是不法舜也，而可以治乎？

（归善斋按，另见下句）

## 5.《尚书详解》卷二

（宋）夏僎

舜曰：咨，四岳！有能奋庸熙帝之载，使宅百揆，亮采惠畴？佥曰：伯禹作司空。帝曰：俞，咨！禹，汝平水土，惟时懋哉。禹拜稽首，让于稷、契暨皋陶。帝曰：俞，汝往哉。

舜既终尧三年之丧，格于文祖，然后即政而称帝。此称"舜曰"者，所以别尧也。盖自此而上称"帝曰"，属之尧；自此而下称"帝曰"者，皆以属舜也。故于此，特称"舜曰"，以别之。林少颖谓，《书》之所载，至为谨严，盖惧其涉于疑似，有以启后世异同之论也。舜既即政，咨于四岳，将求其可以宅百揆者。故咨以"有能奋庸熙帝之载，使宅百揆"。其意盖谓，百揆之职，其任至重，所以"亮采"者在是，所以"惠畴"者在是。非已试之效，不可居其职。故舜必欲求能奋起其功，广尧之事者，然使之宅之。以当尧之时，能奋功广事，则已有成效可验，故用之，则无不称其职。薛氏乃谓，"帝载"，犹云王事，殊不知"帝载"，自他人言之则可谓之王事，自舜言之则不应自指其事而谓之帝事。则"帝载"，实尧事也。"亮采惠畴"，"亮"，盖如"弼亮"之"亮"，"寅亮"之"亮"。"畴"，盖如"九畴"之"畴"，"畴"之为言"类"也，谓居百揆之职也，于弼亮朝廷之事，皆当各顺其类，而不至于倒行逆施也。孔氏乃以"畴"为"谁"，谓舜求人居百揆之官，咨于四岳，谓，信能立其功，顺其事者谁欤？以"亮采惠"为一句，以"畴"为一句，文势不顺。王氏以"亮采"为明其事，"惠畴"为顺其畴众。其意以"畴"为百官之畴众。夫以"畴"为百官之畴众，则不当言"惠"。"惠"之为言"顺"也。百官当禀命于百揆，岂有以百揆之尊，而反顺于百官之众，于理不通，皆不可取。唐孔氏按《国语》云，有崇伯鲧。贾逵云，崇，国名；伯，爵也。以伯禹必代鲧为崇伯，入为天子司空，以受其伯爵，故称伯禹，恐有此理。四岳，既采众议荐禹，舜于是俞而然其举，且称美禹曰，汝平水土，实有成绩，今居是职，可不勉哉，故曰"惟是懋哉"。舜既命禹，使居是任，禹则稽首而拜让于稷、契、皋陶。盖推贤逊能之事也。稽首，首至地也。唐孔氏谓，拜稽首，盖谓拜而稽首也。稷，官名也。契、皋陶，皆称名，而稷称官者，唐孔氏谓，出自禹意，不必注义。其说是也。禹既让于稷、契、皋陶，舜则俞而然之，直曰，汝往哉。盖谓所让之贤，非不当才，皆已各有职任，汝不可不往。下文言"汝后稷，播时百谷"，"汝作司徒"，"汝作士"，皆因禹之让，称美前功，以见其各有职任。禹不可固让也。

## 6. 《增修东莱书说》卷二

（宋）时澜

舜曰：咨，四岳！有能奋庸熙帝之载，使宅百揆，亮采惠畴？

"舜曰"者，史官记事之法。于舜即位之初，言"舜曰"，则自此以下，凡称帝者，皆帝舜也。百揆，重任也。故必咨于四岳。"奋庸"二字不可不深求。有能奋起事功，以熙我之事者，则使之宅百揆之职。夫奋励激昂之人，兴废补弊之时，用之可也。舜之时，天下已治矣，复奋其用，不几于生事乎？天下之理，不进则退，中间无可立之理，常存奋起之心，所以为生生不穷日新之道，一止则退，虽极治之时，此意常不可少。推之学者亦然。"亮采惠畴"为相之道也。"亮采"者，谓明天下之事，谋王体，断国论，必明于事而后可。"惠畴"者，谓顺天下人才而任之。人各有所长，顺而任之而已。"百揆"者，宰相之职。求相于四岳也。

## 7. 《尚书说》卷一

（宋）黄度

舜曰：咨！四岳，有能奋庸熙帝之载，使宅百揆，亮采惠畴。佥曰：伯禹作司空。帝曰：俞！咨，禹，汝平水土，惟时懋哉。禹拜稽首，让于稷、契暨皋陶。帝曰：俞！汝往哉。帝曰：弃，黎民阻饥，汝后稷，播时百谷。帝曰：契，百姓不亲，五品不逊。汝作司徒，敬敷五教，在宽。帝曰：皋陶，蛮夷猾夏，寇贼奸宄。汝作士，五刑有服，五服三就，五流有宅，五宅三居。惟明克允。

奋，起；庸，功。治道当有缉熙之功，常惧其颓堕委废，不能自起也。"有能奋庸"，则尧事可广矣。尧"若时登庸"，舜"有能奋庸"一意，是为君相之职。于是谋百揆之官。前此，舜盖以百揆摄行天下之事。舜既即位，乃复置此官。亮，明；采，事；惠，顺；畴，类。一事失纪，必咈其类，理势常相连属也。故其官名百揆。伯，长。禹，鲧子，赐姓姒，国于夏，今颍昌阳翟县也。河州大夏县，禹所出，故以氏其国。九官，惟禹与夷二人，以伯系名三公也。《史记》黄帝置左右大监，监万国，此即后世二伯也。《公羊春秋传》曰"自陕以东，周公主之；自陕以西，召公主之"。一相居于内，是则本三公也。故谓之王官之长，又谓之诸侯长。共工，司空，皆事官。共工未黜，故使禹以司空治水。稷播种，契敷教，皋陶明刑，皆有功。禹功最高，故卒令为百揆。其曰"汝平水土，惟时懋哉"，盖言水土已平，而后熙帝之载，为可勉也。稷、契，皆喾子。稷赐姓姬，国于邰，今永兴武功县。契，赐姓子，国于商，今商州商洛县。皋陶，《左氏》为庭坚。颛顼子，其后赐姓（女匽）封于六、蓼。六，寿春六安县。蓼，霍丘县。《史记》曰封英、六或在许。《春秋》有"英氏"，庐州庐江县。许。颍昌府也。品，程式也。厚薄、轻重各有成式。夷子，二本，不用其品矣。逊，顺。不顺，故不亲。本末舛也。敷教在宽，优而柔之，使自得之也。猾，乱。群行攻劫曰寇；杀人曰贼；在外曰奸；在内曰宄。中国五教所加，七政所施，不应有此。惟蛮夷猾夏，为当惩也。中国而为寇贼奸宄则夷，刑也，不待教令而诛之。五刑，墨、劓、剕、宫、大辟。服，言罪各有状，使服其刑，《司刺》"上服下服"是也。五刑以轻重为三等，曰三就。就，犹成也，成其罪也。大辟重，宫、剕次之，劓墨又次之。刑有五流，而宥之亦有五。若今所谓加役牢城、不刺面之等，当时宜有其名也，而亦以所居远近为三等，曰三居，约略《调人》"不同国"。千里之外，海外是也。然四凶皆居王略，则唐虞之世，无逾海之法。

## 8. 《絜斋家塾书钞》卷一

*（宋）袁燮*

舜曰：咨！四岳，有能奋庸熙帝之载，使宅百揆，亮采惠畴？佥曰：伯禹作司空。帝曰：俞！咨，禹，汝平水土，惟时懋哉。禹拜稽首，让于稷、契暨皋陶。帝曰：俞！汝往哉。

唐虞之时，百揆是宰相之任。舜摄位二十八载，虽曰有君道，然其实摄也。今既陟帝位矣，然后乃求百揆而用焉。名曰"百揆"以言，其揆度百事也。"帝之载"者，帝之事也。"熙"者，广也。帝尧作则，垂宪以贻于后。惟能恢洪而光大之，然后其事，始日熙于一日矣。然欲熙帝之载，非亮采惠畴者莫之能。亮，明也。采，事也。惠，顺也。畴，僚属也。宰相于天下事，虽不当以身亲之，然不可不心晓焉。苟一委之人，而此心懵然不明其故，何以揆度百事，内则洞烛天下之大政，外则总帅天下之百官。宰相为百官之长，则百官皆其属也。所谓统百官事也。惠者，使之皆相顺也。封殖善类，斥逐小人，则其畴始惠矣。盖宰相不可不明天下事，而亦非一人之所能自为，必有赖于僚属翊赞焉。傅说所谓"旁招俊乂，列于庶位"，此宰相之职也。吾心既晓然于天下之事，又得僚属相与协力，岂不足以宅百揆，岂不足以熙帝之载乎？"佥曰：伯禹作司空"，司空掌水土之官也。禹平水土，故为司空。"帝曰：咨！禹，汝平水土，惟时懋哉"，使居百揆之任，而领司空之官也。"时"者，"是"也。"懋"者，"勉"也，言今日宅百揆，当如平水土之懋也。禹所以治水，只是一个"懋"字。禹之所以"懋"，异乎常人之所谓"懋"。当其治水之时，此心更无一毫之间断。八年于外，三过其门而不入。"启呱呱而泣，予弗子"。只此观之，可见当时禹之心，专只是理会治水，无有间断，可见其所以"懋"矣。但人有此心，方患难未平，往往知所自勉；及治定功成，则此心易得散，便忘了前日许多艰难。舜命禹宅百揆，使其移前日治水之心，宅百揆，则何患不能熙帝之载。禹之"懋"，即帝舜之所谓"奋庸"也。"奋"者，起也。"庸"者，用也。居宰相之任，必须奋发，策厉振作，兴起用力出来做，岂可有一毫怠惰。最是舜能指点禹之心。以为前日治水之时，只是一个"懋"，今但能即以此心宅百揆足矣。此心汝之所自有也。圣人话言不与常人类，其所以命禹，真是能指点得禹之心。大抵人有此心，多是不能推。《孟子》曰"古之人所以大过人者，无他焉，善推其所为而已矣"。《诗》云"刑于寡妻，至于兄弟，以御于家邦"，言举斯心加诸彼而已矣。以"刑于寡妻"之心，处兄弟之心御家邦，只是举这里个，加在那边。舜命禹以"惟时懋哉"，是使之举治水之心，加诸宅百揆也。其戒谕臣下如此，岂与后世相似乎？"帝曰：俞！汝往哉"，盖当时朝廷大臣，亦无出禹之右者。宅百揆之任，须还是禹始得。

## 9. 《书经集传》卷一

（宋）蔡沈

（归善斋按，见前文"月正元日，舜格于文祖"）

## 10. 《尚书精义》卷四

（宋）黄伦

舜曰：咨！四岳，有能奋庸熙帝之载，使宅百揆，亮采惠畴？佥曰：伯禹作司空。帝曰：俞！咨，禹汝平水土，惟时懋哉。禹拜稽首，让于稷、契暨皋陶。帝曰：俞！汝往哉。

无垢曰，夫尧之事，盖皆"钦明文思，安安，允恭克让"中出也，岂因循、苟简、卤莽、阛茸者，所能广大其事哉。必须奋然自励，实有功名之心者，昼思夜虑，日参月考，及事与心对，几随事来。吾求所以应之之计，而未得焉，及见尧之施为，真有合天下之理，而遏未然之祸者。此所以言熙帝之载，而必曰"奋庸"也。诚能如此，使居宰相，则能明天下之事，顺众人之心矣。百揆者，宰相之职也。在廷之臣，其可以当此任，而合公论者，非禹不可。故众皆同声而举曰：伯禹作司空。舜之心亦谓非禹不可也。然而，退藏聪明，必待众人举之者，盖宰相之职，居百僚之上，非众心归服，其可以吾一己之见，以盖众人哉。第观其所举者如何耳，所举不当，吾则引尧故事，曰"吁"，曰"嚚讼可乎"，曰"静言庸违"，曰"方命圮族"，有何不可。而阿党比周，如驩兜者，吾方斥逐之矣。其谁敢为此乎？是其所举者，无非公论也。所举诚当吾正，当顺众人公心而用之。天下之人，见吾之不可欺。如此，则虽在幽荒僻陋之间，常若有执法御史在其前后，而不敢为欺罔也。今举伯禹，此舜所以不复疑难，而称禹曰"汝平水土，惟时懋哉"。

张氏曰，为而起之谓之"奋"；广而明之谓之"熙"。"有能奋庸"，言民功也；"熙帝之载"，言君事也。下能致力于民功；上能广明于君事，人臣之大也。故可使之居百揆之任。"百揆"者，统率百官，而以道揆之者也。又曰，"亮采"者，明其事也。"惠畴"者，惠其畴也。"亮采"，则其智足以有察，而百工之事获其治矣；"惠畴"，则其仁足以有爱，而百工之众赖其福矣。既仁且智，则百揆之任得其人可知矣。

## 11.《尚书详解》卷二

（宋）陈经

舜曰：咨！四岳，有能奋庸熙帝之载，使宅百揆，亮采惠畴？佥曰：伯禹作司空。帝曰：俞！咨，禹汝平水土，惟时懋哉。禹拜稽首，让于稷、契暨皋陶。帝曰：俞！汝往哉。

自此以下，皆舜之命九官，故言"舜曰"，所以别尧。奋，起也。庸，功也。熙，广也。帝，尧也。载，事也。舜之事，皆尧之事，以见顺天理之当然，非有一毫之私意也，虽是熙广帝尧之事，亦非阛茸委靡无志者之所能为，必得奋起治功者，乃能为之。故舜之意谓，有能奋庸熙帝之载者，吾将使之宅百揆，以"亮采惠畴"。百揆者，宰相之职。亮，明也。采，事也。惠，顺也。畴，类也。明其事，谓掌治典者，掌教典者，掌礼典者，吾能明之。顺其类，谓使率其属。治官，有治官之属；教典礼，亦有教典礼之属。宰相之职无所不统，故曰"亮采惠畴"。论相，本人主之职，故舜于此咨四岳，以求夫宅百揆之人，是论一相也。"金曰：伯禹作司空"，众人同辞而对曰，伯禹在尧时，已为司空，主平水土，已有功矣。其人则可以宅百揆。禹之治水也，随山浚川，行其无事，以之宅百揆，固所优焉。虽然禹之贤圣，舜岂不知，而必问焉，何也？盖舜于此，不敢以一己之意，用人必欲询之于众，采之公论，所谓天命有德者也。"帝曰：俞"，然其所举之人，于是"咨！禹，汝平水土惟时懋哉"，循前功以命之也。汝既有平水土之功，今使汝宅百揆，汝犹当加勉懋哉之言，舜所以勉禹也。使禹自恃其平水土之功，无自勉之志，则前功尽废，后患未已，何足以为禹，又何足以居百揆之任。尧、舜皆以司空居百揆，亦犹周制，以六卿兼三公。然禹拜手稽首，让于稷、契暨皋陶，此见更相汲引，济济相让，不矜己以忌人，不抑人以扬己。人之有善若己有之，安有稷、契、皋陶之贤，而禹不让之哉。"帝曰：俞！汝往哉"，然其所逊，不许其所辞，谓汝当宅百揆之任哉。

## 12. 《融堂书解》卷一

（宋）钱时

舜曰：咨！四岳，有能奋庸熙帝之载，使宅百揆，亮采惠畴？金曰：伯禹作司空。帝曰：俞！咨，禹，汝平水土，惟时懋哉。禹拜稽首，让于稷、契暨皋陶。帝曰：俞！汝往哉。

此以下是命九官以朝廷众务也。舜居摄，未称帝。史氏于是特书"舜曰"二字，以明此后，凡称"帝曰"皆谓舜也。若语中所称"帝"却是尧。如"熙帝之载"。惟帝时克是也。愚观此段，深见得百揆重大。《周书》云"唐、虞建官，内有百揆四岳"，是百揆为最长，欲有谋焉，宜首及之。如何尧朝，凡事只咨四岳，又直待得舜后，方有纳于百揆之事，是舜未历试之先，未尝命百揆也。舜此曰，亦只咨四岳，又却是即位后，方谋百揆之人，是舜居摄以来，未尝别命百揆也。岂舜二十八载之间，只以百揆摄政。今既即位，故欲得人，代以居百揆钦。熙，顺理也。禹尝代鲧为崇伯，故称伯禹。舜咨嗟，称赞禹平水土矣。今居是任，不可不勉。时，是也。指百揆而言。

## 13. 《尚书要义》卷二

（宋）魏了翁

（归善斋按，未引）

## 14. 《书集传或问》卷上

（宋）陈大猷

林氏曰，《书》所载于名分之际最严，盖惧其涉于疑似，以起后世异同之论也。如舜之居摄，疑其称帝，故于命禹称"舜曰"，以见前此未尝称帝也。周公摄政，疑其称王，故于《多方》言"周公曰"、"王若曰"，以见周公虽摄，而号令皆成王之命也。而后世犹有谓舜南面而立，尧率诸侯北面而朝之。周公负黼扆（yǐ）以朝诸侯于明堂者，盖妄说也。唐孔氏谓，舜本以百揆摄位，今既即位，故求置其官。此说是也。盖舜虽受禅，其实居百揆之官，但摄行天子之政耳。而尧之位自若也。尧崩毕丧，然后告庙即位，方访四岳，求其为百揆者，以代己之位，则是舜居百揆余三十年，然后禹代之。盖名分之际其严如此也。愚按，此说有补于名教，既载其要于《集传》，又附其详如此。

或问，"奋庸熙帝之载"，诸家多从孔氏，以庸为功，以载为事，如何？曰，下文"亮采"已为事矣。既言奋功而熙事，不应重言"亮采"。兼奋功而始及熙事，熙事而始及于明事，亦失其序。如今说则文义安顺，无上所云之病。林氏谓，百揆职重，以奋庸熙载，为有已试之效者，将用为百揆。"亮采惠畴"乃未试之效，其于"伯禹作司空"及"汝平水土"之语，皆相协此说亦通，但"有能"二字不顺耳。

## 15. 《尚书详解》卷一

（宋）胡士行

舜（称舜以别尧，此后言帝者皆舜）曰：咨！四岳，有能奋（起）

庸（功）熙（广）帝（尧）之载（事），使宅（居）百揆（相），亮（弼）采（事）惠（顺）畴（如九畴类也。顺其类，则不至倒行逆施。孔云，能顺其事者谁乎）。

天下之理，不进则退，奋者，日新之道所以生生不穷者也。人主所以论相者，在此。

### 16.《书纂言》卷一

（元）吴澄

舜曰：咨！四岳，有能奋庸熙帝之载，使宅百揆，亮采惠畴？佥曰：伯禹作司空。帝曰：俞！咨，禹，汝平水土，惟时懋哉。禹拜稽首，让于稷、契暨皋陶。帝曰：俞！汝往哉。

言"舜曰"者，别于尧也。此以前之"帝曰"皆尧；此以后之"帝曰"则舜也。奋，起也。奋庸，犹曰"登庸"。载，行事也。亮，明了之意。采，事治之意。惠，顺也，意与"若"相近，谓得事之理，称人之意，无所拂戾也。"亮采惠畴"，犹言"畴若予采"，而倒用其语也。伯，爵；禹，名。崇伯鲧之子，姒姓。司空，掌土之官。懋，勉也。舜问有能奋起升用于群臣之上，而广明帝尧所行之事者，使之居百揆之职，亮采而顺者，其谁乎？四岳与群臣同辞以对，谓崇伯名禹，见作司空之官，可当百揆之任也。俞者，帝然四岳群臣所举之当命。禹仍作司空，而兼行百揆之事，谓汝前有平水土之功矣，今惟于是，百揆之事而勉之哉。以司空兼百揆，如后世，以他官平章事知政事也。稽首，拜而首至地，臣拜君之礼也。稷，田正，官名。弃封于邰，姬姓。契，臣名，封于商，子姓。稷、契皆帝喾之子。皋陶亦臣名。稷、契二人，皋陶一人，故言暨以别之。下文爰、垐暨伯与，仿此。"俞"者，帝然伯禹所推之贤。"汝往哉"，谓汝其往宅百揆哉，不许其让也。舜登帝位，百揆职虚，故首择人，以居此职。

### 17.《书集传纂疏》卷一

（元）陈栎

舜曰：咨！四岳，有能奋庸熙帝之载，使宅百揆，亮采惠畴？佥曰：

伯禹作司空。帝曰：俞！咨，禹，汝平水土，惟时懋哉。禹拜稽首。让于稷、契暨皋陶。帝曰：俞！汝往哉。

奋，起；熙，广；载，事；亮，明；惠，顺；畴，类也。一说，亮，相也。舜言，有能奋起事功，以广帝尧之事者，使居百揆之位，以明亮庶事，而顺成庶类也。佥，众也。四岳所领四方诸侯，有在朝者也。禹，姒姓，崇伯鲧之子也。"平水土"者，司空之职。时，是；懋，勉也，指百揆之事，以勉之也。盖四岳及诸侯，言伯禹见作司空，可宅百揆。帝然其举，而咨禹，使仍作司空，而兼行百揆之事，录其旧绩，而勉其新功也。以司空兼百揆，如周以六卿兼三公，后世以他官平章事知政事，亦此类也。稽首，首至地。稷，田正官。稷，名弃，姓姬氏，封于邰。契，臣名，姓子氏，封于商。稷、契皆帝喾之子。暨，及也。皋陶，亦臣名。"俞"者，然其举也。"汝往哉"者，不听其让也。此章称"舜曰"，此下方称"帝曰"者，以见尧老舜摄，尧在时舜未尝称帝，此后，舜方真即帝位，而称帝也。

**纂疏**

林氏曰，《书》于名分之际最严。盖恐涉于疑似，而起后世之论也。如舜摄，疑其称帝，故于命禹称"舜曰"，以见前此未尝称帝也。周公摄政，疑其称王，故于《多方》言"周公曰"、"王若曰"，以见公虽摄，而号令皆成王之命也。后世尚有言舜南面，尧北面，及周公负黼扆以朝诸侯者。吕氏曰，当时绍尧极治，何用奋迅激昂，盖天下之治不进则退，必常存奋起之心，乃有日新不穷之理。虽极治之时，此意不可忘也。唐孔氏曰，禹代父鲧为崇伯，故称伯禹。孙氏曰，九官，咨而后命，逊而后受者，新命也；不咨而命，不逊而受者，皆申旧命也。刘氏向曰，舜命九官，济济相逊，和之至也。

## 18.《读书丛说》卷二

（元）许谦

（归善斋按，未解）

## 19.《书传辑录纂注》卷一

（元）董鼎

舜曰：咨！四岳，有能奋庸熙帝之载，使宅百揆，亮采惠畴？佥曰：

伯禹作司空。帝曰：俞！咨，禹，汝平水土，惟时懋哉。禹拜稽首，让于稷、契暨皋陶。帝曰：俞！汝往哉。

奋，起；熙，广；载，事；亮，明；惠，顺；畴，类也。一说，亮，相也。舜言，有能奋起事功，以广帝尧之事者，使居百揆之位，以明亮庶事，而顺成庶类也。佥，众也。四岳，所领四方诸侯之在朝者也。禹，姒姓，崇伯鲧之子也。"平水土"者，司空之职。时，是；懋，勉也，指百揆之事，以勉之也。盖四岳及诸侯，言伯禹见作司空，可宅百揆。帝然其举，而咨禹，使仍作司空，而兼行百揆之事。录其旧绩，而勉其新功也。以司空兼百揆，如周以六卿兼三公。后世以他官平章事知政事，亦此类也。稽首，首至地。稷，田正官。稷，名弃，姓姬氏，封于邰。契，臣名，姓子氏，封于商。稷、契皆帝喾之子。暨，及也。皋陶，亦臣名。"俞"者，然其举也。"汝往哉"者，不听其让也。此章称"舜曰"，此下方称"帝曰"，以见尧老舜摄，尧在，舜未尝称帝。此后舜方真即帝位而称帝也。

### 辑录

问"亮采惠畴"。先生云，畴，类也，与"俦"同。"惠畴"，顺众也。"畴咨若予采"，举其类而咨询也。人杰。禹以司空行宰相事。"汝平水土"，则是司空之职。"惟时懋哉"，则又勉以行百揆之事。广。禹以司空宅百揆，犹周以六卿兼三公，今以户部侍郎兼平章事模样。义刚。

### 纂注

林氏曰，《书》于名分之际最严。盖恐涉于疑似，而起后世之论也。如舜居摄，疑其称帝，故于命禹称"舜曰"以见前此未尝称帝也。周公摄政，疑其称王，故于《多方》言"周公曰"、"王若曰"，以见周公虽摄，而号令皆成王之命也。后世尚有言舜南面而立，尧北面而朝，及周公负黼扆以朝诸侯者。吕氏曰，当时绍尧极治，何用奋迅激昂，盖天下之治，不进则退，必常存奋起之心，乃有日新不穷之理。虽极治之时，此意不可忘也。陈氏曰，舜岂不知禹之必，询于众者，付之公论，而我无与也。唐孔氏曰，伯，爵也。禹代父鲧为崇伯，入为天子司空，故称伯禹。刘氏向曰，舜命九官，济济相让，和之至也。

## 20.《尚书句解》卷一

（元）朱祖义

舜曰（舜言）：咨，四岳（咨言四岳之大臣）！有能奋庸熙帝之载（有人能奋起其功，广尧之事者）。

## 21.《尚书日记》卷二

（明）王樵

"舜曰：咨！四岳，有能奋庸熙帝之载"至"帝曰：俞，汝往哉"。首称"舜曰"，见前此称帝者，尧也；以后称帝者，舜也。舜摄时，未尝称帝也。奋，起；庸，功；载，事也。嗟叹而问四岳，有能奋起于功，以广尧之事者，使居百揆之官，以亮采而惠畴。亮，明也。采，亦事也。惠，顺；畴，众也。道揆端于朝廷之上，而九州之物宜自遂；法守慎于官府之间，而兆民之分，愿咸得亮采，所以惠畴也。此百揆之职。佥，众也，四岳所领诸侯有在朝者也。禹，姒姓；伯，爵也，嗣鲧为崇伯也。此举禹可百揆，不曰禹哉，而曰禹作司空者，意以百揆非禹不可，但见作司空，司空之事又未可无禹。惟帝裁之也。帝然其举，因咨而谓"禹汝平水土，惟时懋哉"。时，是也，指百揆而言，盖使以司空兼百揆也。于时，水土虽平，而功绪未竟。盖禹之治水，不但疏瀹川泽，开通险阻而已。凡天下平土，皆制其井亩，疏为沟浍（kuài）以达于川。孔子所谓"尽力乎沟洫"者，皆创自荒度之时，计非八年之间可竟，故此特使禹不妨司空之务，以兼行相职，不然则司空何不别命他人，而必领之禹乎？此兼官之始，亦尊官下领庶职之始。稽首，首至地，臣事君之礼。《周礼·太祝》辨九拜，一曰稽首。稽首，是拜内之别名，为拜乃稽首，故曰"拜稽首"也。稷官，名名弃，姬姓，封于邰，周之祖也。独举官名者，郑玄云，时天下赖后稷之功，故以官名通称，或当然也。契，臣名，子姓，封于商，时为司徒，商之祖也。皋陶，亦臣名，时为士。刘向曰，舜命九官，济济相让，和之至也。禹让此三人，而"帝曰：俞"哉，是其所让也。曰"汝往哉"，不听其让也。是其所让，见让者非虚让；不听其让，见举者非轻举。

### 22. 《御制日讲书经解义》卷一

舜曰：咨！四岳，有能奋庸熙帝之载，使宅百揆，亮采惠畴？佥曰：伯禹作司空。帝曰：俞！咨，禹汝平水土，惟时懋哉。禹拜稽首，让于稷、契暨皋陶。帝曰：俞！汝往哉。

此一节书，是求总治之人也。奋，起也。熙，广也。载，即事；亮，明也。惠，顺也。类，曰畴；众，曰佥；懋，勉也。舜以相臣居百僚之首，非才全德备，难堪此任，故咨访四岳，曰，今之天下，乃帝尧之天下，今之事功，即帝尧之事功，汝廷臣有能奋起事功，以恢弘广大帝尧之事者，吾将使之居百揆之任，以明亮礼乐、刑政、工虞、教养庶事，因以顺成庶类，使天地民物，各得其宜，各遂其性，则帝载无不兴矣。如此重任，何人可以当之？四岳与朝臣同辞对曰，伯禹见作司空，可居此任。帝素知禹贤，即以群臣之举为然，而咨以命禹曰，汝仍为司空，以平水土，惟是百揆之职，兼而行之，当勉励不怠，以成熙载之功可也。禹拜稽首，不敢自任，让于稷、契暨皋陶，言三人才德可居是职。帝舜以三人固贤，而禹功冠群臣尤宜首用，故但然其举而不听其让，曰，百揆重任，非汝不可，汝其往就职事哉。盖天下之治，非忧患祸乱之足虞，而养安无事之可畏，必君相常存奋起之心，而后治道乃有日新之象。帝舜绍尧即位，世当极治，而犹虚怀咨询，求贤若渴者，诚以保邦制治，首在择相也。

## 《读书管见》卷上

（元）王充耘

奋庸熙载，使宅百揆。

舜即帝位，则天下事功，何乃欲求宅百揆，以熙帝之载，盖作书者纪其命官之辞于即位之后。而其咨命，实在登庸之时，其时尧为天子，而舜执政故也。且舜欲得人以宅百揆，而众推禹为司空，则司空以下百揆也，不然则自后稷以下，皆有所命之职业，而百揆独无职守何邪？传谓，禹以司空兼百揆，经无兼官明文，其所命不过曰"汝平水土"，其与"汝后稷，播时百谷"，"汝作司徒，敷五教"，"汝作士"，"汝共工"何以异哉？盖为治，莫先于平水土，以定民居；其次播百谷，以足食；敷五教，以成性；明五刑，以察奸；作什器，以利用。其余，功及于草木鸟兽，使亦得以遂其性。然后，节之以伯夷之礼，和之以后夔之乐，而终之纳言，以杜谗邪，以相与保治功于无穷而已。是此九官所职者不一，所以名之为百揆也。岂于九官之外，他有百揆者乎？尧纳舜于百揆而揆叙，即此九官，各称其职之效也。传者以为舜即位，而命官，故禹、稷、契、皋陶之命，有所不通。则以禹为司空兼百揆，余三人不咨而命者，申命旧职。其他咨于众而后命者为新命之官。益烈山泽，与禹治水同时，故禹自言暨益，奏庶鲜食。今益作朕虞，咨诸众而后命，岂亦申命旧职邪？稷、契、皋陶既久在位，而黎民之阻饥，蛮夷之猾夏，五品之不逊自若，乃犹申命，使仍其职，果何取于此三人邪？

## 《读书管见》卷上

（元）王充耘

奋庸熙载，使宅百揆。

舜即帝位，则天下事功，何乃欲求宅百揆，以熙帝之载，盖作书者纪其命官之辞于即位之后。而其咨命，实在登庸之时，其时尧为天子，而舜执政故也。且舜欲得人以宅百揆，而众推禹为司空，则司空以下百揆也，不然则自后稷以下，皆有所命之职业，而百揆独无职守何邪？传谓，禹以司空兼百揆，经无兼官明文，其所命不过曰"汝平水土"，其与"汝后稷，播时百谷"，"汝作司徒，敷五教"，"汝作士"，"汝共工"何以异哉？盖为治，莫先于平水土，以定民居；其次播百谷，以足食；敷五教，以成性；明五刑，以察奸；作什器，以利用。其余，功及于草木鸟兽，使亦得以遂其性。然后，节之以伯夷之礼，和之以后夔之乐，而终之纳言，以杜谗邪，以相与保治功于无穷而已。是此九官所职者不一，所以名之为百揆也。岂于九官之外，他有百揆者乎？尧纳舜于百揆而揆叙，即此九官，各称其职之效也。传者以为舜即位，而命官，故禹、稷、契、皋陶之命，有所不通。则以禹为司空兼百揆，余三人不咨而命者，申命旧职。其他咨于众而后命者为新命之官。益烈山泽，与禹治水同时，故禹自言暨益，奏庶鲜食。今益作朕虞，咨诸众而后命，岂亦申命旧职邪？稷、契、皋陶既久在位，而黎民之阻饥，蛮夷之猾夏，五品之不逊自若，乃犹申命，使仍其职，果何取于此三人邪？

## 《书义断法》卷一

（元）陈悦道

咨！四岳，有能奋庸熙帝之载，使宅百揆，亮采惠畴？

载与采，皆事也。事功至尧而极盛，后有作者，岂复有加于帝尧，故欲广其事者，虽不可无振起之意，深明其事者，惟顺庶类之常。盖百揆之事虽多，而一理之顺，初不在乎纷更激作也。舜命九官，百揆居其首。复咨四岳，以举其人。然其所以命百揆之意，则于奋扬振起之中，不过各顺其类而已。"畴"字诸说作"众"，今只从蔡氏解。

## 《书经衷论》卷一

（清）张英

舜之言曰"熙帝之载"，"时亮天工"，盖舜之有天下，上承之于天，前绍之于尧，故止曰天之事，尧之事而已，所谓"巍巍乎有天下而不与"者也。

## 《尚书七篇解义》卷一

（清）李光地

舜曰：咨！四岳，有能奋庸熙帝之载，使宅百揆，亮采惠畴。佥曰：伯禹作司空。帝曰：俞！咨，禹汝平水土，惟时懋哉。禹拜稽首，让于稷、契暨皋陶。帝曰：俞！汝往哉。

始即位，故犹称舜，下乃称帝，则别于尧矣。已成之功曰载，日为之绩曰采。熙帝之载。广尧之功也。亮采者，佐上事。惠畴者，顺同列也。曰"汝往"，而不曰"谐"，曰"钦"，知之有素也。余蔡传说备。

# 使宅百揆，亮采惠畴

## 1. 《尚书注疏》卷二

*（汉）孔氏传，（唐）陆德明音义、孔颖达疏*

使宅百揆，亮采惠畴。

传：亮，信；惠，顺也。求其人，使居百揆之官，信立其功，顺其事者谁乎？

疏：在官而信立其功，于事能顺者其是谁乎？

亮，信，《释诂》文。惠，顺，《释言》文。上云舜纳于百揆，百揆是官名，故求其人使居百揆之官。居官则当信立其功。能顺其事者谁乎？此官任重，当统群职，继尧之功，故历言所顺，而后始问谁乎，异于余官先言"畴"也。

## 2. 《书传》卷二

*（宋）苏轼*

（归善斋按，见上句）

## 3. 《尚书全解》卷三

*（宋）林之奇*

（归善斋按，见上句）

## 4. 《尚书讲义》卷二

*（宋）史浩*

有能奋庸熙帝之载，使宅百揆，亮采惠畴？佥曰：伯禹作司空。帝曰：俞，咨！禹汝平水土，惟时懋哉。禹拜稽首，让于稷、契暨皋陶。帝曰：俞，汝往哉。

言有能相我起大功业，光帝尧之行事者乎？当使之居道揆之地，以表百官也。亮，信也。采，任也。信任以惠畴人，敷锡天下也。非伯禹孰能当之。"佥曰：伯禹作司空。帝曰俞"者，允也，信也，且赞其已成之功，而用之也。禹之逊稷、契、皋陶，非虚逊也。必其人皆相才，然后可以言于帝也。及禹有天下，相不用他人，信乎当时所逊实一时之杰也。禹之所任，于此可见。夫一相得人，风虎云龙，其相应和如此。舜享无为之治，岂他求哉？

### 5.《尚书详解》卷二

（宋）夏僎

（归善斋按，见前文"舜曰：咨，四岳"）

### 6.《增修东莱书说》卷二

（宋）时澜

（归善斋按，见上句）

### 7.《尚书说》卷一

（宋）黄度

（归善斋按，见前文"舜曰：咨，四岳"）

### 8.《絜斋家塾书钞》卷一

（宋）袁燮

（归善斋按，见前文"舜曰：咨，四岳"）

### 9.《书经集传》卷一

（宋）蔡沈

（归善斋按，见前文"月正元日，舜格于文祖"）

### 10.《尚书精义》卷四

（宋）黄伦

（归善斋按，见前文"舜曰：咨，四岳"）

### 11.《尚书详解》卷二

（宋）陈经

（归善斋按，见前文"舜曰：咨，四岳"）

## 12.《融堂书解》卷一

（宋）钱时

（归善斋按，见前文"舜曰：咨，四岳"）

## 13.《尚书要义》卷二

（宋）魏了翁

（归善斋按，未引）

## 14.《书集传或问》卷上

（宋）陈大猷

（归善斋按，见上句）

## 15.《尚书详解》卷一

（宋）胡士行

（归善斋按，见上句）

## 16.《书纂言》卷一

（元）吴澄

（归善斋按，见前文"舜曰：咨，四岳"）

## 17.《书集传纂疏》卷一

（元）陈栎

（归善斋按，见前文"舜曰：咨，四岳"）

## 18.《读书丛说》卷二

（元）许谦

（归善斋按，未解）

## 19.《书传辑录纂注》卷一

（元）董鼎

（归善斋按，见前文"舜曰：咨，四岳"）

### 20. 《尚书句解》卷一

（元）朱祖义

使宅百揆（使之居宰相之职，以揆度百官之事），亮采惠畴（明其掌治、掌教、掌礼者之事，各顺其类而率属）。

### 21. 《尚书日记》卷二

（明）王樵

（归善斋按，见前文"舜曰：咨，四岳"）

### 22. 《御制日讲书经解义》卷一

（归善斋按，见前文"舜曰：咨，四岳"）

### 《读书管见》卷上

（元）王充耘

（归善斋按，见上句）

### 《书义断法》卷一

（元）陈悦道

（归善斋按，见上句）

### 《尚书疑义》卷一

（明）马明衡

（归善斋按，见上句）

### 《尚书注考》

（明）陈泰交

"亮采惠畴"，"惠迪吉"，"不惠阿衡"，"惠笃叙"，"胥保惠"，训"惠""顺"也。"安民则惠"，训"惠""仁之爱"也。"雀弁执惠"训"惠""三隅矛"。

"亮采惠畴"，训"亮""明"。一说"亮"，"相"也。"亮采有邦"，训"亮"亦"明"也。"亮阴"训"亮"，亦作谅。

## 《尚书七篇解义》卷一

（清）李光地

（归善斋按，见前文"舜曰：咨，四岳"）

# 佥曰：伯禹作司空

## 1.《尚书注疏》卷二

（汉）孔氏传，（唐）陆德明音义、孔颖达疏

佥曰：伯禹作司空。

传：四岳同辞而对，禹代鲧为崇伯，入为天子司空。治洪水有成功，言可用之。

疏：四岳皆曰，伯禹作司空。有成功，惟此人可用。

佥，训为"皆"，故云"四岳皆同辞而对"也。《国语》云，有崇伯鲧，尧殛之于羽山。贾逵云，崇，国名；伯，爵也。禹代鲧为崇伯，入为天子司空，以其伯爵，故称伯禹。言人之贤而举其为官，知禹治洪水有成功，言可用也。

## 2.《书传》卷二

（宋）苏轼

佥曰：伯禹作司空。帝曰：俞！咨禹汝平水土，惟时懋哉。

懋，勉也。

## 3.《尚书全解》卷三

（宋）林之奇

佥曰：伯禹作司空。帝曰：俞，咨！禹汝平水土，惟时懋哉。禹拜稽首，让于稷契暨皋陶。帝曰：俞，汝往哉。

舜既求其熙帝之载，见于已试之效者，于是四岳同辞荐禹曰，伯禹作司

空。盖禹于是时，以司空居平水土之任，已有成绩矣。故四岳举之，将使舜自司空擢升百揆之任也。薛氏以百揆为司空之职，其说失之矣。"俞"者，然其所举也。既然其所举，于是称美其平水土之功，而勉之曰"惟时懋哉"。懋，勉也。"惟时懋哉"，谓惟勉行居是百揆，盖于是从四岳之请，而使之宅百揆也。《郊特牲》曰，拜，服也，稽首，服之甚也。"禹拜稽首"，尽敬于君也。"让于稷契暨皋陶"，所谓推贤逊能也。稷，官名也。契、皋陶皆称其名，而稷独称其官者，唐孔氏曰，出自禹意，不必著义。其说是也。俞，然其所推之贤。"汝往哉"，不许其让也。圣人以公天下为心，一有所废置，必与众共之，未尝徇一己之私见。舜之元德，修于畎亩之中，尧已闻之矣，然必至于四岳举之，然后妻以二女，摄之以位，协之以天人之望，而后禅之。则是其事，若出于四岳，而非出于尧也。舜既即位，当时之人，有大功者，无出于禹之右，则百揆之任，非禹其孰宜之？犹必询于四岳，至于四岳举之，然后称其前功而命焉。则其事亦若出于四岳，而非出于舜也。非天下之至公，其孰能与此。

## 4. 《尚书讲义》卷二

（宋）史浩
（归善斋按，见前文"使宅百揆"）

## 5. 《尚书详解》卷二

（宋）夏僎
（归善斋按，见前文"舜曰：咨，四岳"）

## 6. 《增修东莱书说》卷二

（宋）时澜

佥曰：伯禹作司空。帝曰：俞，咨！禹，汝平水土，惟时懋哉。

佥曰：司空伯禹可以当百揆之任矣。"帝曰俞"深领四岳之言，亦知禹可以宅百揆也。所谓谋及乃心，谋及卿士矣。遂咨禹平水土之事，使之复加勤勉，以治百揆。"惟时懋哉"者，禹有平水土之功，至于为相治天下，亦勉此功而已，则知百揆之任，不可以苟得。或谓禹不可矜水土之功而忽天下之务，必加懋勉之功，然后称百揆之任。则知百揆之任，不可以苟居，其意一也。

### 7.《尚书说》卷一

（宋）黄度

（归善斋按，见前文"舜曰：咨，四岳"）

### 8.《絜斋家塾书钞》卷一

（宋）袁燮

（归善斋按，见前文"舜曰：咨，四岳"）

### 9.《书经集传》卷一

（宋）蔡沈

（归善斋按，见前文"月正元日，舜格于文祖"）

### 10.《尚书精义》卷四

（宋）黄伦

（归善斋按，见前文"舜曰：咨，四岳"）

### 11.《尚书详解》卷二

（宋）陈经

（归善斋按，见前文"舜曰：咨，四岳"）

### 12.《融堂书解》卷一

（宋）钱时

（归善斋按，见前文"舜曰：咨，四岳"）

### 13.《尚书要义》卷二

（宋）魏了翁

四七、禹代鲧为崇伯，入为司空，故称伯禹。

《国语》云，有崇伯鲧，尧殛之于羽山。贾逵云，崇，国名，伯爵也。禹代鲧为崇伯，入为天子司空，以其伯爵，故称伯禹。言人之贤而举其为官，知禹治洪水有成功，言可用也。

## 14. 《书集传或问》卷上

（宋）陈大猷

或问，叶氏、朱氏说伯禹作司空，如何（朱曰，使禹以司空行百揆之事，"汝平水土"，是司空之职；"惟时懋哉"，又勉百揆之事。叶曰，犹周以六卿摄三公事也）？曰，此说文义虽顺，但禹平水土，在舜征庸之初，八年而水土平。舜自摄位至此，已三十余年，谓禹以司空兼百揆，固无害，然以为复使之平水土，则不然。

## 15. 《尚书详解》卷一

（宋）胡士行

金曰：伯禹（鲧子）作司空（水土之官，治水有功）。帝曰：俞！咨，禹，汝平水土（美其前功），惟时懋（居是职勉百揆事）哉。

美之而且勉之，不矜之意也。

## 16. 《书纂言》卷一

（元）吴澄

（归善斋按，见前文"舜曰：咨，四岳"）

## 17. 《书集传纂疏》卷一

（元）陈栎

（归善斋按，见前文"舜曰：咨，四岳"）

## 18. 《读书丛说》卷二

（元）许谦

（归善斋按，未解）

### 19. 《书传辑录纂注》卷一

（元）董鼎
（归善斋按，见前文"舜曰：咨，四岳"）

### 20. 《尚书句解》卷一

（元）朱祖义
金曰（众人同词而言）：伯禹作司空（禹作司空，主平水土，已有功可用。按《国语》云有崇伯鲧。贾逵云，崇，国名；伯，爵也。必是禹代鲧为崇伯，故谓之伯禹）。

### 21. 《尚书日记》卷二

（明）王樵
（归善斋按，见前文"舜曰：咨，四岳"）

### 22. 《御制日讲书经解义》卷一

（归善斋按，见前文"舜曰：咨，四岳"）

### 《书蔡氏传旁通》卷一中

（元）陈师凯
金，众也，四岳所领四方诸侯有在朝者也。
舜问四岳，四岳止一人，而称金曰者，可知为四岳所领诸侯之辞也。
平水土者，司空之职。
《周官》云，司空掌邦土，居四民，时地利。
如周以六卿兼三公。
《辑纂》引傅良云，周召以师保为冢宰，是卿兼三公也。《顾命》自同召太保奭以下，皆卿也。是时，召公为保，兼冢宰。芮伯为司徒，彤伯为宗伯，毕公为司马，皆是以三公兼之。
后世以他官平章事知政事，亦此类也。
李沆制词，吕蒙正中书侍郎兼户部尚书平章事；郑獬制词，富弼尚书左仆射兼门下侍郎同中书门下平章事。

### 《尚书埤传》卷二

（清）朱鹤龄

伯禹作司空，稷、契暨皋陶。

孔疏，《国语》有崇伯鲧，尧殛之于羽山。贾逵云，崇国名，伯，爵也。禹代鲧为崇伯，入为天子司空，以其伯爵，故曰伯禹。黄度曰，禹赐姓姒，国于有夏，即今颍昌阳翟县，是（今钧州）岂自崇徙封欤？

《史记索隐》谯周云，稷、契生尧代，舜始举之，乃帝喾之胄，非子也。愚按，此据《左传》史克语，疑本纪非实。然古人年岁多期颐以上。舜乃受终申命，非真尧不能用，有待于舜也。史克之言，容有过辞（传云，舜举八恺，使主后土；举八元，使布五教于四方。《史记索隐》曰，禹为司空，司空主土，则禹在八恺之中。契为司徒，司徒敷教，则契在八元之列）。又按，史克所序，高阳氏才子有庭坚；而楚人灭六蓼，臧文仲云，皋陶庭坚不祀忽诸。杜预注，庭坚即皋陶，字则皋陶，在十六族无疑矣。或以皋陶刑官，故其后不甚长。然后夔典乐之官也，娶玄妻，生子伯封，一传而羿灭之（事见《左传》），此又何说。

### 《尚书七篇解义》卷一

（清）李光地

（归善斋按，见前文"舜曰：咨，四岳"）

## 帝曰：俞，咨！禹，汝平水土，惟时懋哉

### 1. 《尚书注疏》卷二

（汉）孔氏传，（唐）陆德明音义、孔颖达疏

帝曰：俞，咨！禹汝平水土，惟时懋哉。

传：然其所举称禹前功以命之。懋，勉也。惟居是百揆勉行之。

音义：俞，以朱反。懋，音茂。王云，勉也。马云，美也。

疏：帝曰，然，然其所举得人也。乃咨嗟，敕禹，汝本平水土，实有成功，惟当居是百揆，而勉力行哉。

禹平水土，往前之事，嫌其今复命之令平水土，故云，称禹前功以命之。懋，勉，《释诂》文。居稷官者，弃也。下文帝述三人，遂变稷为弃，故解之。独称官者，出自禹意耳，不必著义。郑云，时天下赖后稷之功，故以官名通称，或当然也。经因稷、契名单，共文言"暨皋陶"，为文势耳。三人为此次者，盖以官尊卑为先后也。

## 2. 《书传》卷二

（宋）苏轼

（归善斋按，见上句）

## 3. 《尚书全解》卷三

（宋）林之奇

（归善斋按，见前文"佥曰：伯禹作司空"）

## 4. 《尚书讲义》卷二

（宋）史浩

（归善斋按，见前文"使宅百揆"）

## 5. 《尚书详解》卷二

（宋）夏僎

（归善斋按，见前文"舜曰：咨，四岳"）

## 6. 《增修东莱书说》卷二

（宋）时澜

（归善斋按，见上句）

## 7. 《尚书说》卷一

（宋）黄度

（归善斋按，见前文"舜曰：咨，四岳"）

## 8. 《絜斋家塾书钞》卷一

（宋）袁燮

（归善斋按，见前文"舜曰：咨，四岳"）

## 9. 《书经集传》卷一

（宋）蔡沈

（归善斋按，见前文"月正元日，舜格于文祖"）

## 10. 《尚书精义》卷四

（宋）黄伦

（归善斋按，见前文"舜曰：咨，四岳"）

## 11. 《尚书详解》卷二

（宋）陈经

（归善斋按，见前文"舜曰：咨，四岳"）

## 12. 《融堂书解》卷一

（宋）钱时

（归善斋按，见前文"舜曰：咨，四岳"）

## 13. 《尚书要义》卷二

（宋）魏了翁

（归善斋按，无解）

## 14. 《书集传或问》卷上

（宋）陈大猷

（归善斋按，见上句）

## 15. 《尚书详解》卷一

（宋）胡士行

（归善斋按，见上句）

## 16. 《书纂言》卷一

（元）吴澄

（归善斋按，见前文"舜曰：咨，四岳"）

## 17. 《书集传纂疏》卷一

（元）陈栎

（归善斋按，见前文"舜曰：咨，四岳"）

## 18. 《读书丛说》卷二

（元）许谦

（归善斋按，未解）

## 19. 《书传辑录纂注》卷一

（元）董鼎

（归善斋按，见前文"舜曰：咨，四岳"）

## 20. 《尚书句解》卷一

（元）朱祖义

帝曰：俞（舜言俞，以然其举）！咨禹（于是咨命禹），汝平水土（汝平治水土，实有成绩），惟时懋哉（今居是百揆之职，必能勉）。

## 21. 《尚书日记》卷二

（明）王樵

（归善斋按，见前文"舜曰：咨，四岳"）

## 22. 《御制日讲书经解义》卷一

（归善斋按，见前文"舜曰：咨，四岳"）

## 《尚书疑义》卷一

（明）马明衡

舜"咨！禹平水土"以下，皆所谓"使宅百揆"而"亮采惠畴"者也。或咨或不咨，不必深滞。曾氏之论亦觉琐碎。考《周礼》，司徒、司空，已见于此。"秩宗"，即宗伯，"士"即司寇，而其名不同。若冢宰、司马，则未之见。而四岳之职，《周礼》亦无之。又典礼、典乐分命。而播百谷、虞与共工，在《周礼》皆司空冬官之事，今亦各分命。而纳言，又特命一官。圣人因时为治，不必其皆同也。

## 《尚书注考》

（明）陈泰交

"惟时懋哉"，"时乃功懋哉"，"懋迁有无化居"训"懋""勉"也。"予懋乃德"训"懋、楙，古通用。楙，盛大之意"。"惟公懋德"，训"懋""盛大之义，'予懋乃德'之'懋'"。

## 《尚书七篇解义》卷一

（清）李光地

（归善斋按，见前文"舜曰：咨，四岳"）

# 禹拜稽首，让于稷、契暨皋陶

## 1. 《尚书注疏》卷二

（汉）孔氏传，（唐）陆德明音义、孔颖达疏

禹拜稽首，让于稷契暨皋陶。

传：居稷官者，弃也。契、皋陶，二臣名。稽首，首至地。

音义：稽，音启。稽首，首至地，臣事君之礼。契，息列反。陶，音遥。

疏：禹拜稽首，让于稷契与皋陶。

《周礼·大祝》辨九拜，一曰稽首。稽首为敬之极，故为首至地。稽首，是拜内之别名，为拜乃稽首，故云"拜稽首"也。

## 2.《书传》卷二

（宋）苏轼

禹拜稽首，让于稷、契暨皋陶。

居稷官者，弃也。契、皋陶二臣名。

## 3.《尚书全解》卷三

（宋）林之奇

（归善斋按，见前文"佥曰：伯禹作司空"）

## 4.《尚书讲义》卷二

（宋）史浩

（归善斋按，见前文"使宅百揆"）

## 5.《尚书详解》卷二

（宋）夏僎

（归善斋按，见前文"舜曰：咨，四岳"）

## 6.《增修东莱书说》卷二

（宋）时澜

禹拜稽首，让于稷、契暨皋陶。帝曰：俞！汝往哉。

禹之逊，所谓九官济济相逊，和之至也。帝灼知稷、契皋陶可以宅揆，禹之逊也，出于诚实。既深领禹之言矣，而"往哉"之命终不可易，以是知舜、禹君臣之间，诚实相遇。禹不虚辞，舜不虚受。唐、虞之象可知。观舜之命禹，见舜有天下而不与焉。夫杀其父，而用其子，都俞一堂，舜无自疑之心，禹亦安受其位而不歉，不加一毫人伪，纯于天也。

## 7.《尚书说》卷一

（宋）黄度

（归善斋按，见前文"舜曰：咨，四岳"）

## 8. 《絜斋家塾书钞》卷一

（宋）袁燮

（归善斋按，见前文"舜曰：咨，四岳"）

## 9. 《书经集传》卷一

（宋）蔡沈

（归善斋按，见前文"月正元日，舜格于文祖"）

## 10. 《尚书精义》卷四

（宋）黄伦

（归善斋按，见前文"舜曰：咨，四岳"）

## 11. 《尚书详解》卷二

（宋）陈经

（归善斋按，见前文"舜曰：咨，四岳"）

## 12. 《融堂书解》卷一

（宋）钱时

（归善斋按，见前文"舜曰：咨，四岳"）

## 13. 《尚书要义》卷二

（宋）魏了翁

四八、禹让稷、契暨皋陶，稷独称官。

居稷官者，弃也。独称官者，出自禹意耳，不必著义。郑云，时天下赖后稷之功，故以官名通称，或当然也。经因稷、契名单共文，言"暨皋陶"为文势耳。三人为此次者，盖以官尊卑为先后也。《周礼·太祝》辨九拜，一曰稽首。稽首为敬之极，故为首至地。稽首是拜内之别名，为拜乃稽首，故云"拜稽首"也。

### 14.《书集传或问》卷上

（宋）陈大猷

（归善斋按，未解）

### 15.《尚书详解》卷一

（宋）胡士行

禹拜（手至首）稽首（首至地），让于稷（居稷官，名弃）、契暨（及）皋陶。帝曰：俞（然其所推之贤）！汝往哉（不许让，使就职）。

所谓九官济济相逊也。禹之逊，诚也；帝之俞，诚也。夫殛其父，而与其子一堂，都俞无少疑避，纯乎天也。

### 16.《书纂言》卷一

（元）吴澄

（归善斋按，见前文"舜曰：咨，四岳"）

### 17.《书集传纂疏》卷一

（元）陈栎

（归善斋按，见前文"舜曰：咨，四岳"）

### 18.《读书丛说》卷二

（元）许谦

（归善斋按，未解）

### 19.《书传辑录纂注》卷一

（元）董鼎

（归善斋按，见前文"舜曰：咨，四岳"）

## 20. 《尚书句解》卷一

（元）朱祖义

禹拜稽首（禹乃首至地，为稽首而拜），让于稷、契暨皋陶（让于稷契与皋陶。契，音薛）。

## 21. 《尚书日记》卷二

（明）王樵

（归善斋按，见前文"舜曰：咨，四岳"）

## 22. 《御制日讲书经解义》卷一

（归善斋按，见前文"舜曰：咨，四岳"）

## 《尚书埤传》卷二

（清）朱鹤龄

（归善斋按，见前句）

## 《书经衷论》卷一

（清）张英

观禹之让百揆，则在于稷、契、皋陶。其后受帝巽位之命，亦惟让于皋陶，则三臣之德之盛可知矣。舜之受禅也，在廷诸臣，无有如舜之德之盛者；禹之受禅也，在廷诸臣，如稷、契、皋陶，德皆足以相娣，而无有如禹之功之盛者，故曰舜之受禅也，以德；禹之受禅也，以功。是以，匹夫履天位，而与者不疑，受者不愧，旁观者不忌。易姓改物，而天下安之。后世之禅代，以权谋诡谲，夺玺绥于妇人之手，出诏书于谋臣之笔，其何以厌服天下后世哉。

# 帝曰：俞，汝往哉

## 1. 《尚书注疏》卷二

（汉）孔氏传，（唐）陆德明音义、孔颖达疏

帝曰：俞！汝往哉。

传：然其所推之贤，不许其让，敕使往宅百揆。

疏：帝曰然，然其所让实贤也。汝但往居此职，不许其让也。

《尚书注疏》卷二考证

帝曰：俞汝往哉。

顾炎武曰，古《尧典》、《舜典》合为一篇，故格于文祖之后，四岳之咨必称"舜曰"者，以别于上文之帝也。至其命禹，始称"帝曰"，问答之辞已明，则无嫌也。

## 2. 《书传》卷二

（宋）苏轼

帝曰：俞！汝往哉。

然其所推之贤，不许其让也。

## 3. 《尚书全解》卷三

（宋）林之奇

（归善斋按，见前文"佥曰：伯禹作司空"）

## 4. 《尚书讲义》卷二

（宋）史浩

（归善斋按，见前文"使宅百揆"）

## 5. 《尚书详解》卷二

（宋）夏僎

（归善斋按，见前文"舜曰：咨，四岳"）

## 6. 《增修东莱书说》卷二

（宋）时澜

（归善斋按，见上句）

## 7. 《尚书说》卷一

（宋）黄度

（归善斋按，见前文"舜曰：咨，四岳"）

## 8. 《絜斋家塾书钞》卷一

（宋）袁燮

（归善斋按，见前文"舜曰：咨，四岳"）

## 9. 《书经集传》卷一

（宋）蔡沈

（归善斋按，见前文"月正元日，舜格于文祖"）

## 10. 《尚书精义》卷四

（宋）黄伦

（归善斋按，见前文"舜曰：咨，四岳"）

## 11. 《尚书详解》卷二

（宋）陈经

（归善斋按，见前文"舜曰：咨，四岳"）

## 12. 《融堂书解》卷一

（宋）钱时

（归善斋按，见前文"舜曰：咨，四岳"）

## 13. 《尚书要义》卷二

（宋）魏了翁

（归善斋按，未引）

## 14. 《书集传或问》卷上

（宋）陈大猷

（归善斋按，未解）

## 15. 《尚书详解》卷一

（宋）胡士行

（归善斋按，见上句）

## 16. 《书纂言》卷一

（元）吴澄

（归善斋按，见前文"舜曰：咨，四岳"）

## 17. 《书集传纂疏》卷一

（元）陈栎

（归善斋按，见前文"舜曰：咨，四岳"）

## 18. 《读书丛说》卷二

（元）许谦

（归善斋按，未解）

## 19. 《书传辑录纂注》卷一

（元）董鼎

（归善斋按，见前文"舜曰：咨，四岳"）

## 20. 《尚书句解》卷一

（元）朱祖义

帝曰：俞（舜言俞，以然之），汝往哉（汝可往居百揆之职）。

## 21.《尚书日记》卷二

（明）王樵

（归善斋按，见前文"舜曰：咨，四岳"）

## 22.《御制日讲书经解义》卷一

（归善斋按，见前文"舜曰：咨，四岳"）

## 《尚书七篇解义》卷一

（清）李光地

（归善斋按，见前文"舜曰：咨，四岳"）

# 帝曰：弃，黎民阻饥，汝后稷，播时百谷

## 1.《尚书注疏》卷二

（汉）孔氏传，（唐）陆德明音义、孔颖达疏

帝曰：弃，黎民阻饥，汝后稷，播时百谷。

传：阻，难；播，布也。众人之难，在于饥。汝后稷布种是百谷以济之，美其前功，以勉之。

音义：阻，庄吕反，王云，难也。播，波左反。

疏：正义曰，帝因禹让三人而官不转，各述其功以劝之。帝呼稷曰，弃，往者洪水之时，众民之难，难在于饥。汝君为此稷之官，教民布种是百谷以济活之，言我知汝功当勉之。

传正义曰，阻，难，《释诂》文。播，是分散之义，故为布也。王肃云，播，敷也。尧遭洪水，民不粒食，故众民之难在于饥也。稷是五谷之长，立官主此稷事。后，训"君"也。帝言"汝君"此稷官，布种是百谷以济救之，追美其功，以劝勉之。上文"让于稷、契"；《益稷》云"暨稷"；《吕刑》云"稷降播种"；《国语》云"稷为天官"，单名为"稷"，尊而君之，称为"后稷"，故《诗传》、《孝经》皆以"后稷"为言，非官称"后"也。

## 2. 《书传》卷二

（宋）苏轼

帝曰：弃，黎民阻饥，汝后稷播时百谷。

阻，险难也。

## 3. 《尚书全解》卷三

（宋）林之奇

帝曰：弃，黎民阻饥，汝后稷播时百谷。

《孟子》曰，禹既疏为九河，瀹济漯而注诸海；决汝汉，排淮泗而注之江，然后中国可得而食也。后稷教民稼穑，树艺五谷。五谷熟而民人育。人之有道也。饱食、暖衣、逸居，无教，则近于禽兽，圣人有忧之，使契为司徒。观孟子之言，则是稷之播百谷，契之敷五教，皆在禹平水土之后，未即位之前。而舜乃列于九官之次者，舜特使禹宅百揆，禹让于稷契暨皋陶，将使舜以百揆之任授之也。舜既不许其让，而以百揆授禹矣。而稷、契、皋陶之位，皆已至无可迁者，但称美其前功，申儆之而已。曰稷者，时居稷官也。弃，稷也，时居稷官故禹称其官。弃，其名也，故舜称其名。曾氏云，弃者，以诞置之隘巷、寒冰、平林为名也。“黎民阻饥”者，众人之艰在于饥，此盖指洪水未平，民方艰食之时言之也。播时百谷，以济此烝民者，汝后稷之功也。谓之后稷者，盖虽在朝为公卿，而分土胙（zuò）民，为诸侯，尊而君之，故称后稷。盖当是时，称后非独后稷一人。如《吕刑》所称伯夷降典，禹平水土，皆可谓之“后”，而后世亦称夔为“后夔”。又皆尊而君之之称也。百谷者，所播非一种，故曰百谷。《生民》之诗曰“艺之荏菽，荏菽旆旆，禾役穟穟，麻麦幪幪，瓜瓞唪唪。”又曰“诞降嘉种，维秬维秠，维穈维芑”。惟后稷之粒食，烝民所播非一种，故谓之百谷，盖举其多而言之也。

## 4. 《尚书讲义》卷二

（宋）史浩

帝曰：弃，黎民阻饥，汝后稷，播时百谷。

弃，在尧朝已为稷官。民阨于饥，能播百谷。百谷之茂，以时而已。今而申之也。盖生民之本，有在于是。食为八政之先，舜命相之后，即申命稷，知所本矣。而稷亦自知，非吾播种，天下之饥亦将未艾，乃不辞而承命。夫稷，自孩童已能陈五种为戏事，是天生斯人，以养天下之人。则舜岂得不命之，而为天下后世法哉？

## 5.《尚书详解》卷二

（宋）夏僎

帝曰：弃，黎民阻饥，汝后稷，播时百谷。

舜命九官，或让，或不让，学者多疑之。沈博士谓，舜命九官，有知其人而命之者，有咨于众而命之者，已知其人则不复咨于众，而受其任者亦不辞；咨于众而得人，虽任之无疑，而受任者必辞逊而居职，所谓济济相逊也。此说虽有理，不若唐孔氏为有据。孔氏谓，帝因禹让三人，而官不转，各述前功，以劝之。故林少颖时从其说。且按《孟子》洪水横流，尧独忧之，举舜而敷治焉。舜使益掌火，禹疏九河，后稷教民稼穑，契为司徒，是皆在舜未即位之前，分列于九官之次者，特为禹既让之三人，舜不之许，姑称述其功而申儆之焉，且以见其各有职，任无可迁者也。由少颖此说以考之，则因让是劝，遂云《益稷》脱文重出于此。余谓，夔、龙之命，乃因伯夷之让而重述其功。夔亦因赞其所职之劝，正不可指为脱简也。弃，稷之名也。盖其生弃之隘巷、寒冰、平林，故以弃为名也。禹既让之，故舜称其名而美其功曰，洪水未平，黎民之艰阻而在于饥馁者，惟汝居稷官，教民敷播百谷，则汝功诚可嘉也。盖禹既让之，舜不从，故称其功以慰后稷之心也。谷品虽多，未应有百。言"百谷"者，以谷品茬粟麻麦与夫秬秠穈芑之类，其种非一，故取类多，以百言之。稷为五谷之长，故主谷之官以稷名之。谓之后稷者，官实名稷，特以弃居稷官，虽在朝为公卿，亦分土祚氏为诸侯，尊而君之，故尊为后稷。如《吕刑》称其三后。夔称后夔，皆尊而君之也。

## 6.《增修东莱书说》卷二

（宋）时澜

帝曰：弃，黎民阻饥，汝后稷，播时百谷。帝曰：契，百姓不亲，五品不逊。汝作司徒，敬敷五教，在宽。帝曰：皋陶，蛮夷猾夏，寇贼奸宄。汝作士，五刑有服，五服三就；五流有宅，五宅三居，惟明克允。

舜命此三人，而三人皆不辞，各自知其才果足以当此也。舜之时烝民乃粒矣，未尝阻饥。五典克从矣，未尝不亲不逊，蛮夷率服矣，未尝猾夏，圣人为治，常存不治之心也。命弃之言，至于播百谷，民已足食，则无阻饥之患。民不阻饥，百谷其可已于播乎？使弃常体阻饥之心，见乃粒之民，若见阻饥之民，则于百谷不期播而自播，而弃之事尽矣。于阻饥之言，见圣人乃粒烝民，有无穷之心。于"播"之一言，见弃精神运用，生生日新之意。契与皋陶之事，由此而可推矣。五典，天下之达道也，安可不敬？"在宽"者，见圣人度量涵容，如天地之大，令契大其规模，天下之众，尽置之五教之中，包含不遗，此在宽之意。况敬之中，恢廓广大，无有穷已也。"惟明克允"，允，当也。明，则当其情矣。"敬敷五教，在宽"，即"慎徽"之意也。详略不同者，圣贤之分也。圣人安而行之，故止言"慎徽"而已。"宽"者，则既言"敬敷"，又言"在宽"，大抵五典人心皆有，而教自我出，岂可不敬？然敬非拘迫之谓，宽者渐渍涵养，使自发也。古者，合兵刑为一官，兵即刑之大者。三就，轻、重与轻重之间；三居，远、近与远近之间也。"惟明克允"者，盖于三就、三居之间，恐有差舛。差舛则非允之谓也。

## 7.《尚书说》卷一

（宋）黄度

（归善斋按，见前文"舜曰：咨，四岳"）

## 8.《絜斋家塾书钞》卷一

（宋）袁燮

帝曰：弃，黎民阻饥，汝后稷，播时百谷。

伯禹治水时，"暨稷播奏庶艰食、鲜食"，则稷之播百谷为已久矣。今始命之者，未必是初命，或者舜既嗣位，从而申命之欤。此处皆难深考。"食"者，生民之大命。虽曰十二牧，各自理会。"食哉惟时"，然朝廷专设一官，总其纲于上，天下有一人不得食，皆后稷之责也。其任重矣。在后世，大司农之职，犹专设一司。况唐虞时乎？但后世所谓司农，惟以办财赋为任，以古者养民之官，移而为国，失古意矣。"播时百谷"，其中煞有事，如《周礼》六遂诸官，所谓授之田野，教之稼穑，趋其耕耨，行其秩序。必如此，方能"播时百谷"。"播"之一字最不易看。若只说是播种，有何难者，奚必后稷能之。"播"者，布也，布之天下，使皆勤于播种也。《思文》一诗，颂后稷之配天，其辞曰"思文后稷，克配彼天，粒我烝民，莫匪尔极。贻我来牟。帝命率育，无此疆尔界，陈常于时夏。"都无疆界之殊，陈这播种之道于天下，谓之"克配彼天"，言其所被，如天之无不覆也。此岂易事。学者当深味"播"之一辞。

### 9.《书经集传》卷一

（宋）蔡沈

帝曰：弃，黎民阻饥，汝后稷，播时百谷。

阻，厄；后，君也，有爵土之称。播，布也。谷非一种，故曰百谷。此因禹之让，而申命之，使仍旧职，以终其事也。

### 10.《尚书精义》卷四

（宋）黄伦

帝曰：弃，黎民阻饥，汝后稷，播时百谷。

无垢曰，因禹让百揆之职于稷、契、皋陶，故舜历称三人之功，而慰安之。此意未易言也。称弃之功曰"黎民阻饥，汝后稷，播时百谷"者，当洪水之作也，怀山襄陵，岂复有耕稼之地乎？观《益稷》之篇曰"予决九川，距四海，濬畎浍距川，暨稷播奏庶艰食、鲜食"，谓民以洪水，艰于粒食，而皆阻饥也。禹既"决九川距四海，浚畎浍距川"，则水复故道，昔时为水所浸没者，今皆可耕矣。稷于是时，随地可耕处，而为之播种百谷，挈（qiè）饥困之民于饱足之地。其心不已勤乎？又曰，夫"黎民阻饥"，弃乃有功。"蛮夷猾夏"，皋陶乃有功。"洪水滔天"，禹乃有功。使不遇大变，则贤者亦安常守分，与众人同耳，岂肯表表自将求异于人哉。商鞅不知此义，尽变先王之法以求功。宇文融不知此义，尽括天下之田以求功。此在先王之世，皆为可诛也。谓予不信，请观禹、稷、契、皋陶，所以为功者，岂若鞅、融辈生事要功哉！亦遇大变，不得已而有功尔。由是知，大人君子所为，古今一揆也。

张氏曰，弃，以名命之也；稷，以官称之也。因其生而有是名，因其事而有是官，此所以谓之"弃"，而又谓之"后稷"。洚水方平之初，民尚艰食，则黎民固阻饥矣。弃为后稷之官，播时百谷，则烝民乃粒，而民食足矣。《吕刑》曰"稷降播种，农殖嘉谷"。《孟子》曰"后稷教民稼穑，树艺五谷，五谷熟而民人育"，则稷之有功于民大矣。

## 11.《尚书详解》卷二

（宋）陈经

帝曰：弃，黎民阻饥。汝后稷，播时百谷。帝曰：契，百姓不亲，五品不逊。汝作司徒，敬敷五教，在宽。帝曰：皋陶，蛮夷猾夏，寇贼奸宄。汝作士，五刑有服，五服三就；五流有宅，五宅三居，惟明克允。

舜因禹荐此三人，遂称前功而申命之。弃者，名也。后稷，官也。黎民当洪水未平，其险阻艰难者，在于饥，故曰阻饥。汝后稷为能教民稼穑，使之得其粒食。百姓所以不相亲睦，为其五品不逊故也。君臣、父子、兄弟、夫妇、朋友，其品有五。谓之五品。五品不逊顺，谓为父子者，不知有父子之理，而至于相残；为兄弟者，不知有兄弟之理，而至于相贼。此皆不逊也。汝契为司徒之官，教以人伦处己者，敬不敢怠忽其事，教人者宽，优游而不迫也。盖不敬，则诚不足以感人；不宽，则急迫而使人难从。敬于己，宽于人，而敷教之道尽矣。蛮夷猾乱中国；群行攻劫曰寇；杀人曰贼；在外曰奸；在内曰宄，此皆蛮夷乱华之恶。汝皋陶为士师之官，掌刑以治之。"五刑有服"，服，从也。犯某罪者，服某刑，故曰有服。"五服三就"，就其所在也。大罪于原野，大夫于朝，士于市，故曰"三就"。"五流有宅"，宅，处也。五刑之流，各有以处之，故曰"五流有宅"。"五宅三居"，谓五流之宅，各有三居，大罪四裔，其次九州之外，其次千里之外，故曰"三居"。观圣人制，为五刑之外，既有五宅，又有三就、三居，如是纤悉者，皆所以曲尽人情，未尝执一定之法，以律人之罪也。"惟明克允"，汝皋陶之用刑也，惟明为能允当。人之罪，盖不明，则轻重大小，颠倒错谬，安足以允当人情。

《易》之卦言，用刑如噬嗑，如贲，如旅，或言"明慎用刑"，或曰"折狱致刑"，或曰"无敢折狱"，其象皆有取于离，则用刑者，惟明为要可知矣。此三段，虽是因禹之荐而申命之，亦有先后次序。富而后教，仓廪实而知礼节，使民救死不赡，奚暇治礼义？故先教民播百谷，而后敷五教。天下不能从吾教，而有强梗不服者焉，教之不从，圣人不如是而止也，必有刑以辅教，然后斯民见所畏，而知所爱；见所当避，而知所当趋。故先敷五教，而后明五刑。此为治之序也。余考此三段，见古之圣人，不以法之已至者为乐，常以治之未至者为忧；不以其常事为可喜，而以非常之变为可虑。尧、舜之时，既曰民于变如民可封者。今也，有所谓阻饥者焉，有所谓五品不逊者焉，有所谓猾夏、为寇、为贼、为奸、为宄者焉，虽大无道之世，亦不过于此也。何为尧舜之时，乃有此非常之变也？曰，尧舜之时，如"于变如可封"者，特常事耳。于其常事之中，而忽有此等之变，故舜以为虑。遗其常事，以为不足喜；举其非常者，以为可虑。圣人曷常以是为讳哉？后世之君，嘉祥美瑞则喜，称乐道之，以为非常之事，惟恐群臣之不称赞已。至于水旱、逆贼之变，讳而不言。作史者，亦记其嘉祥美瑞，以为治世之盛事。又岂知后世之所谓非常者，乃尧舜之所谓常事也哉。

## 12.《融堂书解》卷一

（宋）钱时

帝曰：弃，黎民阻饥。汝，后稷，播时百谷。

弃，名；稷，主稼穑之官也。虽居朝廷，亦分土为诸侯，故称后。"阻饥"者，民食艰阻而饥也。

## 13.《尚书要义》卷二

（宋）魏了翁

四九、弃为稷官，尊而君之，为后稷。

王肃云，播，敷也。尧遭洪水，民不粒食。故众民之难，在于饥也。稷是五谷之长，立官主此稷事。后，训"君"也。帝言，汝君此稷官，布种是百谷，以济救之。追美其功，以劝勉之。上文让于稷、契，《益稷》云"暨稷"，

《吕刑》云"稷降播种"，《国语》云稷为天官，单名为稷，尊而君之，称为后稷。故《诗》传、《孝经》皆以"后"称为言，非官称"后"也。

## 14. 《书集传或问》卷上

（宋）陈大猷

（归善斋按，未解）

## 15. 《尚书详解》卷一

（宋）胡士行

帝曰：弃，黎民阻（艰）饥（洪水艰食），汝后稷（稷五谷之长，故主谷之官，名稷）播（种）时（是）百谷。

## 16. 《书纂言》卷一

（元）吴澄

帝曰，弃，黎民阻饥，汝后稷，播时百谷。

帝因禹之让三臣，各申命之，使仍旧职，以终其事。阻，厄也。后，君也。有土之称，盖分土为诸侯，而仕于帝朝者也。稷，五谷之长，故主谷之官，以稷名。播，种也。谷品数多，故曰百谷。帝言，黎民或有厄於饥者，汝为后稷之官，其教民播是百种之谷，一年耕，有三年之食，则虽遇水旱凶荒不至厄于饥也。

## 17. 《书集传纂疏》卷一

（元）陈栎

帝曰：弃，黎民阻饥，汝后稷，播时百谷。

阻，厄；后，君也，有爵土之称。播，布也。谷，非一种，故曰"百谷"。此因禹之让而申命之，使仍旧职，以终其事也。

**纂疏**

唐孔氏曰，阻饥，谓往者洪水时。稷，五谷之长，故以名主谷官。孔氏曰，播百谷，美其前功以勉之。叶氏曰，《史记》言稷少好耕农，民皆法之，尧举为农师，使教民。弃之为稷，尧时已然。舜以旧官，申命之耳。

## 18. 《读书丛说》卷二

（元）许谦

（归善斋按，未解）

## 19. 《书传辑录纂注》卷一

（元）董鼎

帝曰：弃，黎民阻饥。汝后稷，播时百谷。

阻，厄；后，君也，有爵土之称。播，布也。谷非一种，故曰"百谷"。此因禹之让，而申命之，使仍旧职，以终其事也。

**纂注**

唐孔氏曰，"黎民阻饥"谓往者洪水时。张氏曰，弃，以名命之；稷，以官称之。唐孔氏曰，稷，五谷之长，故以名主谷之官。孔氏曰，播百谷，美其前功，以勉之。叶氏曰，《史记》言稷少好耕，农民皆法，则之尧举为农师，使教民稼穑，则弃之为稷，尧时已然。舜以旧官申命之耳。吕氏曰，阻饥、猾夏，当时岂有此事，然尚忧此，所以为唐虞也。

## 20. 《尚书句解》卷一

（元）朱祖义

帝曰：弃（弃，稷之名，因其生时弃之隘巷、寒冰、平林，故名以弃。舜命曰），黎民阻饥（黎民之艰阻者，在于饥馁），汝后稷，播时百谷（汝居稷官，当教民播种是百谷）。

## 21. 《尚书日记》卷二

（明）王樵

"帝曰：弃，黎民阻饥"至"播时百谷"。稷下不当，断当七字为一句。稷生而异，母尝弃之，故名弃。阻，厄也，言自洪水以来，民尚厄于饥，汝君为此稷之官，教民布种是百谷，以济。单名为稷，尊而君之，称为后稷，非官称后也。"后"配名而言，"后夔"是也；"后"配官而言，"后稷"是也；爵配名而言，伯禹、伯夷是也。《史记》言，稷少好耕农，民皆法则之。尧举为农，使教民稼穑，则弃之为稷，尧时已然。舜以旧官申命之尔。《舜典》凡不咨而命，命而不让者，皆申旧职也。稷，五谷之长，故以名主谷之官。上古，人食鸟兽血肉，神农氏始尝草别谷，而生民粒食百谷。说者云，三谷各二十种，为六十种。蔬、果各二十种，共为百谷。三谷者，曰梁者，黍稷之总名；稻者，溉种之总名；菽者，众豆之总名。三谷，各二十种为六十种。蔬熟可以助食，俭岁可以救饥；果熟可食，乾之可为粮，丰歉皆可充饥。二者辅谷之不及，故总曰百谷。

## 22.《御制日讲书经解义》卷一

帝曰：弃，黎民阻饥，汝后稷，播时百谷。

此一节书，是申命弃终养民之职也。弃，后稷之名。阻，困厄也。后，君也。封于邰为君，而居稷官，故谓之后稷。播，布种也。帝曰，洪水初平之后，地利未能尽兴，黎民容有困阨于饥饿者，今命汝仍为后稷之官，任养民之职，当教民因天时之早晚，审地势之燥湿，以播种此百谷，使人人无阻饥之患，以终司农之职可也。当时艰食已奏，烝民乃粒，而舜犹视民如伤，殷殷诰诫者，圣人爱民之心至无已也。

### 《尚书注考》

（明）陈泰交

"汝后稷"，"皇后凭玉几"，训"后""君"也。"后式典集"，训"后""后王"也。

"播时百谷"，"暨稷播"，训"播""布"。"播弃黎老"，训"播""放"也。

### 《尚书埤传》卷二

（清）朱鹤龄

播时百谷。

金履祥曰，《易大传》神农氏斲（zhuó）木为耜，揉木为耒，以教天下，则耕稼之制其来已久。《书》曰"播厥百谷"，《诗》曰"诞降嘉种，贻我来牟"，则百谷之备，自稷始也。赵过曰，后稷始甽田（古畎字，赵过行代田，一亩三甽，盖古法）则垅亩之修，自稷始也。晋董史曰，"辰以成善，后稷是相"，则农时之节，自稷始也。后稷之所以为天下烈也。

愚按，《国语》烈山氏之有天下也，其子曰柱，能殖百谷百蔬，周弃继之，故祀以为稷。盖播谷非始于后稷也。特洪水之后，树艺不明，稷复教之，故天赐以来麰（móu）耳（《国语》稷勤百谷而山死，韦昭注，死于黑水之山。《毛诗传》云）。

# 帝曰：契，百姓不亲，五品不逊

## 1. 《尚书注疏》卷二

（汉）孔氏传，（唐）陆德明音义、孔颖达疏

帝曰：契，百姓不亲，五品不逊。

传：五品，谓五常；逊，顺也。

疏：正义曰，帝又呼契曰，往者，天下百姓不相亲睦，家内尊卑五品不能和顺。

传正义曰，品，谓品秩，一家之内尊卑之差，即父母、兄弟、子是也。教之义、慈、友、恭、孝。此事可常行，乃为五常耳。传上云五典克从，即此五品。能，顺。上传以解"五典"为"五常"，又解此以同之，故云"五品，谓五常"。其实五常据教为言，不据品也。逊，顺，常训也。不顺谓不义、不慈、不友、不恭、不孝也。

## 2. 《书传》卷二

（宋）苏轼

帝曰：契，百姓不亲，五品不逊，汝作司徒，敬敷五教，在宽。

五教：父义、母慈、兄友、弟恭、子孝。以此教民，必宽而后可。亟，则以德为怨，否，则相率为伪。

## 3. 《尚书全解》卷三

（宋）林之奇

帝曰：契，百姓不亲，五品不逊。汝作司徒，敬敷五教，在宽。

此亦谓洪水未平民，未知教之时言之也。意以为百姓所以不亲于下者，由五品之不顺于上故也。人伦明于上，则小民亲于下矣。五品五典之

教，皆言人伦也。自其可以为万世常行之法而言之，谓之五品；自其设而为教言之，则谓之五教，其实一也，但史官异其文耳。《左氏传》与《孟子》论五典，皆本于《舜典》，而其文不同。《左氏传》云，舜举八元，使布五教于四方。父义、母慈、兄友、弟恭、子孝。而《孟子》曰，使契为司徒，教以人伦，使父子有亲，君臣有义，夫妇有别，长幼有序，朋友有信。此二说，皆本于《舜典》，而其文则大同小异。窃谓，《左传》之言不如《孟子》之说为尽。《中庸》论天下之达道五，曰君臣也，父子也，昆弟也，夫妇也，朋友之交也。盖人伦之道，尽于此五者。契为司徒，教天下以人伦，而君臣之义、夫妇之别，朋友之信，岂有忽而不教者哉。当以《孟子》之言为证。"汝作司徒"者，言汝为司徒之职，谨布五教于民，其有不率教者，又当宽以待之也。《诗》云"天生烝民，有物有则，民之秉彝，好是懿德"。秉彝之性，人之所同有也，其有至于丧其秉彝，而乱人伦之性者，未必其中心之诚然也。良由教化有所未明，习俗有所未成，则其固有之性，逐物而丧矣。惟教化已明，习俗已成，将见复其固有之性矣。故舜命契为司徒，教之以五典，其有不率教者，不与贼寇奸宄之人，同陷皋陶之刑，又命宽以待之，开其迁善远罪之路，而纳之于君子长者之域也。"在宽"者，《孟子》所谓"劳之，来之，匡之，直之，辅之，翼之，使自得之，又从而振德之"者也。汉韩延寿为冯翊（yì），民有昆弟相与讼田，延寿大伤之，曰幸得备位为民表率，不能宣明教化，全令有骨肉争讼，此咎在冯翊。因闭阁思过。于是两兄弟深自悔，皆自髡肉袒谢，愿以田相移，不敢复争。仇览为蒲亭吏人，有陈允独与母居，而母诣览告允不孝。览曰，前过舍，见庐落顿整，耕耘以时，此非恶人，当是教化有所未至。览因至允家，与其母子饮，因为陈人伦孝行，譬以祸福，允卒成孝子。惟其待之以宽，则五教可得而敷之。夫契为司徒，在禹平水土之后，至舜之即帝位，凡三十余年矣。而舜申命之言，犹有"在宽"之语，则其待之之厚也至矣。尧舜之教民，其优游不迫如此，宜其垂拱，坐视夫民之阜也。

## 4.《尚书讲义》卷二

（宋）史浩

帝曰：契，百姓不亲，五品不逊。汝作司徒，敬敷五教，在宽。

稷既播种，民富矣。又何加焉？曰教之。司徒，司民也。民之饱食逸居，苟无教焉，禽兽何异？此教之不可后也。夫百姓所以不亲，以人伦五者不逊。逊，顺也。契当敬敷此五者，以为教也。"在宽"者，不可急也，必劳之，来之，匡之，直之，辅之，翼之，使自得之也。盖孩提之童，无不知爱亲，及其长也，无不知敬兄。兄弟、夫妇、长幼、朋友、君臣之道，本其固，有迷而不觉耳。惟使其自得，然后知非外铄，而行之不疑。然则在宽善教也。善教得民心，自得之谓也。

## 5. 《尚书详解》卷二

（宋）夏僎

帝曰：契，百姓不亲，五品不逊。汝作司徒，敬敷五教，在宽。

此亦因禹让，称美前功，而申命之也。五品，谓父子、君臣、夫妇、朋友、长幼五者，各有尊卑品秩，故谓之五品。因其品秩而教之，故谓之五教。即父子教以亲，君臣以义，夫妇以别，长幼以序，朋友以信者也。要之，品，乃自然之秩；教，乃因其秩而施其教也。《左传》以父义、母慈、兄友、弟恭、子孝为五典，不若《孟子》以父子、君臣、夫妇、长幼、朋友为五典，足以尽人伦之道。舜之意谓往者，教化不明，百姓不相亲睦，五者尊卑品秩之序，皆不逊顺。吾既已受命汝作司徒，以掌是事，则汝往乃职，可不敬敷五典之教以教之乎？然虽教之，又须宽以居之，不可急迫。陈少南谓，亟则以德为怨，否则相率为伪。苏氏谓，敷此五教，以敬为主，以宽济之。以敬为主者，"匡之、直之"之谓；济之以宽者，使"自得之"之谓。二说虽美，惟少颖之说为详。

## 6. 《增修东莱书说》卷二

（宋）时澜

（归善斋按，见前文"帝曰：弃，黎民阻饥"）

## 7. 《尚书说》卷一

（宋）黄度

（归善斋按，见前文"舜曰：咨，四岳"）

## 8.《絜斋家塾书钞》卷一

（宋）袁燮

帝曰：契，百姓不亲，五品不逊。汝作司徒，敬敷五教，在宽。

此未必是初命。民以食为本，播时百谷，既使之足食矣。然所谓天生民，而立之君，使司牧之，勿使失性者，岂徒食之，衣之而已哉。要必能保养其良心，方无愧于司牧之责。所以保养其良心，岂有他道？不过即其人伦之间，教之而已。五品，亦只是五典。"敬敷五教，在宽"，敷五教，最不可不敬。战战兢兢，如执玉，如捧盈，此所谓敬也。以舜之圣，犹曰"慎徽五典"，舜之"慎"字，即此所谓"敬"字。一毫之不敬，在我者，既自有过失，何以施教于人？然"敬"以为主，又须"宽"以待之。盖人伦之间，不与其他事相似，办一件事便是果决，伤于速些，亦不甚害。若是敷五教，苟欲速焉，则必反至于相伤。自麁言之，子不孝，弟不悌，朝廷峻刑罚以治之，宁不甚快然。他父子、兄弟之间反不可相处，是欲速者，乃所以离其天属之亲也。孔子为司寇，有父子讼者，拘之三月。盖最是此事要紧不得，是故敬以为主，宽以待之，作司徒之法也。夫当唐、虞极治之朝，而犹有所谓黎民阻饥，百姓不亲，五品不逊者，何哉？盖圣人治天下，常若不足，未尝见天下之治。后世只缘是都不管，所以见其无事。圣人视天下有一人不顺其理，便自以为不足，何尝敢自以为治。凤凰来仪，百兽率舞之后，犹且敕天之命，惟时，惟几，此心未尝少息也。至诚无息，"天行健，君子以自强不息"。天之所以为天，以其自古至今，运行不已也。圣人之所以为圣，亦只是一个"不息"。才有一毫自己之心，便是息，便不是圣人矣。圣人只这一个"不息"，便是圣人之心，更把甚么做圣人。禹之戒舜曰"无若丹朱傲，惟慢游是好"。不是禹故意如此责难，以舜之圣，有一些自慢，便是丹朱。这有甚怪异。东坡谓，舜岂有是哉，却不如此。

## 9.《书经集传》卷一

（宋）蔡沈

帝曰：契，百姓不亲，五品不逊，汝作司徒，敬敷五教，在宽。

亲，相亲睦也。五品，父子、君臣、夫妇、长幼、朋友，五者之名位等级也。逊，顺也。司徒，掌教之官。敷，布也。五教，父子有亲，君臣有义，夫妇有别，长幼有序，朋友有信。以五者当然之理，而为教令也。敬，敬其事也。圣贤之于事，虽无所不敬，而此又事之大者，故特以敬言之，宽裕以待之也。盖五者之理，出于人心之本然，非有强而后能者。自其拘于气质之偏，溺于物欲之蔽，始有昧于其理，而不相亲爱，不相逊顺者。于是，因禹之让，又申命契仍为司徒，使之敬以敷教，而又宽裕以待之，使之优柔浸渍（jìn zì），以渐而入，则其天性之真，自然呈露，不能自已，而无无耻之患矣。《孟子》所引尧言劳来，匡直，辅翼，使自得之，又从而振德之，亦此意也。

## 10. 《尚书精义》卷四

（宋）黄伦

帝曰：契，百姓不亲，五品不逊。汝作司徒，敬敷五教，在宽。

无垢曰，因禹之让契，舜因称契之功，以安慰之也。夫"衣食足而后知礼节；仓廪足而后知荣辱"。无常产者无常心。此百姓自然之道也。民遭洪水，其日既久，艰于粒食，煎熬迫逐之态，日攒于心，其发于外也，躁急暴慢，不亲不逊于亲戚乡党之间者，固不足怪。禹治水，稷播种，已有生意矣。契于是乃因其自然之性，乘闲暇时，启发其亲逊之心，使之还其所固有，岂不美哉。夫所以启发之者，亦优而柔之，使自趣之，餍而饫之，使自得之。若江河之润，膏泽之浸，油然而不自知也。傥惟督迫之，驱逐之，则斯民将惊苦无聊，方昼思夜梦之不宁，何暇乐于从善乎？此《孟子·养气》所以有揠苗之喻。而契之敷教，所以有在宽之义也。

张氏曰，不亲者，以不能相亲也。不逊者，言其不能屈己以相与也。夫君臣、父子、夫妇、长幼、朋友之间，不能屈己以相与，此其所以不亲也。百姓之所以不亲，五品之所以不逊，则天与我之民彝，日将泯乱。此司徒之教所以不可缓也。教之所行，自其贵近者始，故特言百姓。盖百姓者，天下之所视效而听从者也。敷教之道，在夫率之以身，待之以久。率之以身，故戒之以敬敷；待之以久，故戒之以在宽。《记》曰"师严然后道尊"，"敬敷"之谓也。《诗》曰"载色载笑，匪怒伊教"，"在宽"之谓也。

### 11. 《尚书详解》卷二

（宋）陈经

（归善斋按，见前文"帝曰：弃，黎民阻饥"）

### 12. 《融堂书解》卷一

（宋）钱时

帝曰：契，百姓不亲，五品不逊。汝作司徒，敬敷五教，在宽。

自常情而观，百姓不亲，五品不逊，泰和之世，岂所宜有。圣人宜急急图之，不容一日缓者。

### 13. 《尚书要义》卷二

（宋）魏了翁

（归善斋按，未引）

### 14. 《书集传或问》卷上

（宋）陈大猷

（归善斋按，未解）

### 15. 《尚书详解》卷一

（宋）胡士行

帝曰：契（名）百姓不亲，五品（五常之教。孔说见"五典"注。《孟子》以为父子、君臣、夫妇、长幼、朋友。）不逊（顺），汝作司徒（掌教之官）敬敷（布）五教，在宽（五常之理，斯民秉彝之良心也。逐物而拂之者，非其中心诚然也。敬敷、在宽，慎徽之义也）。

### 16. 《书纂言》卷一

（元）吴澄

帝曰：契，百姓不亲，五品不逊。汝作司徒，敬敷五教，在宽。

亲，相亲睦也。五品，父子、君臣、夫妇、长幼、朋友，五者之名位等级也。逊，顺也。司徒，掌教之官。圣贤于事无所不敬，授人时，敷五教，事之重者，故特言敬。五教，以父子有亲，君臣有义，夫妇有别，长幼有序，朋友有信，五者为教也。宽，有容而不迫也。帝言，百姓，或有不相亲睦；而于五品之人伦，或有不顺者。汝为司徒之官，其敬敷此五教以教民，在乎宽以待之，使其优游浸渍以渐而至，则人不苦其难，而教易入也。《孟子》所引尧言曰，劳之，来之，匡之，直之，辅之，翼之，使自得之，又从而振德之，亦此意也。

## 17. 《书集传纂疏》卷一

（元）陈栎

帝曰：契，百姓不亲，五品不逊。汝作司徒，敬敷五教，在宽。

亲，相亲睦也。五品，父子、君臣、夫妇、长幼、朋友，五者之名位等级也。逊，顺也。司徒，掌教之官。敷，布也。五教，父子有亲，君臣有义，夫妇有别，长幼有叙，朋友有信，以五者当然之理，而为教令也。敬，敬其事也。圣贤之于事，虽无所不敬，而此又事之大者，故特以"敬"言之。宽，裕以待之也。盖五者之理，出于人心之本然，非有强而后能者。自其拘于气质之偏，溺于物欲之蔽，始有昧于其理，而不相亲爱，不相逊顺者。于是，因禹之让，又申命契仍为司徒，使之敬以敷教，而又宽裕以待之，使之优柔浸渍，以渐而入，则其天性之真，自然呈露，不能自已，而无无耻之患矣。《孟子》所引尧言，劳、来、匡、直、辅、翼，使自得之，又从而振德之，亦此意也。

**纂疏**

语录：问，尧德化如此久，何故至舜，犹曰不亲、不逊？曰，也只是怕恁地。"在宽"，只是不急迫，慢慢地养他。唐孔氏曰，命稷而后命契，富而后教之，序也。陈氏经曰，教以敬为主，而以宽济之。敬，匡之、直之之谓；宽，使自得之之谓。陈氏大猷曰，教以敬为主，又虑失之迫，故在宽。宽得无失之纵弛乎？曰，主于敬，而行之以宽，自不至于纵弛矣。愚谓，施教之道，敬、宽不可缺一。敬，有严谨意；宽，有优柔意。敬而不宽，失也迫切；宽不本于敬，失也纵弛。穆王命君牙，曰敬明乃训，曰弘敷五典，得敬、宽之意。朱子教学者曰，严立课程，宽著意思，亦此意欤。

## 18. 《读书丛说》卷二

（元）许谦

（归善斋按，未解）

## 19. 《书传辑录纂注》卷一

（元）董鼎

帝曰：契，百姓不亲，五品不逊。汝作司徒，敬敷五教，在宽。

亲，相亲睦也。五品，父子、君臣、夫妇、长幼、朋友，五者之名位等级也。逊，顺也。司徒，掌教之官。敷，布也。五教，父子有亲，君臣有义，夫妇有别，长幼有叙，朋友有信。以五者当然之理，而为教令也。敬，敬其事也。圣贤之于事，虽无所不敬，而此又事之大者，故特以"敬"言之，宽裕以待之也。盖五者之理，出于人心之本然，非有强而后能者。自其拘于气质之偏，溺于物欲之蔽，始有昧于其理，而不相亲爱，不相逊顺者。于是因禹之让，又申命契，仍为司徒，使之敬以敷教，而又宽裕以待之，使之优柔浸渍，以渐而入，则其天性之真，自然呈露，不能自已，而无无耻之患矣。《孟子》所引尧言，劳来、匡直、辅翼，使自得之，又从而振德之，亦此意也。

**辑录**

舜之命契，不过是欲使父子有亲，止有信，只是此五者，至于后来，圣贤千言万语，只是欲明此而已。《语略》。义刚问，尧德化如此久，何故至舜犹曰"百姓不亲，五品不逊"？先生曰：也只怕恁地。"敬敷五教，在宽"只是不急迫，慢慢地养他。节。古人为政，一本于宽。窃谓，今必须反之以严。盖必须如是矫之，而后有以得其当。今人为宽，至于事无统纪，缓急予夺之权，皆不在我，下稍却是奸豪得志，平民不蒙其惠，反受其殃矣。《语略》。今人说宽政，多是事事不管。某谓坏了这个"宽"字。格言。礼乐所以成教化，而兵刑辅之。当唐虞之时，礼乐之官，析为二，兵刑之官合为一，详略之意可见。《精语》。

**纂注**

唐氏曰，命稷而后命契，富而后教之序也。成四百家曰，不亲，由于不逊。陈氏大猷曰，以敬为主，则所以教之者，无不至，特虑其失之迫耳，故言"在宽"。宽得无纵弛之患乎？曰，主于敬而行之以宽，自不至于纵弛也。新安陈氏曰，施教之道"敬"、"宽"二字不可阙一。穆王命君牙曰"敬明乃训"，曰"弘敷五典"，得敬宽之意。舜此二义，上以尧之匡直自得为法，下可以为万世法。朱子教学者曰，严立课程，宽著意思，其亦此意也夫。

## 20. 《尚书句解》卷一

（元）朱祖义

帝曰：契（舜命契曰），百姓不亲（百姓不相亲睦），五品不逊（父子、君臣、夫妇、朋友、长幼，五者尊卑品秩之序，皆不相顺）。

## 21. 《尚书日记》卷二

（明）王樵

"帝曰：契，百姓不亲"至"五教在宽"。亲，相亲睦也。五品，君臣、父子、夫妇、长幼、朋友五者之名位等级也。"百姓不亲"，泛言之谓。民间礼俗不敦，不相亲爱也。"五品不逊"则指亲戚人伦而言。夫天合、人合所以相从者，有自然之定分；而恩义由之以相维。不逊则亦不亲矣。舜承尧后，民间岂有是哉，而云然者，圣人设官，所以治未乱；而立教常以防未然。一民饥，曰我饥之。又曰非予觉之，而谁也？此设官之意也。司，专主也。徒，人众也。掌教之官，曰司徒者，夫家徒役，井牧什伍，颁事任职，戒斜（tǒu）考比，凡治众之事，皆教也。而其所以为教者，不出于五。《孟子》尝言之曰，父子有亲，君臣有义，夫妇有别，长幼有序，朋友有信。又引尧言曰"劳之，来之，匡之，直之，辅之，翼之，使自得之，又从而振德之"。孟子时，古经尚全，此数言者，盖尧初命契之辞也。今舜则申之者也。敷，布也。"敬敷"者，性，天命也。率性者，道也。教以修之，使人践道，全其性，以奉天命。由吾之所布，敢不敬与？劳、来、匡、直、辅、翼，则布教之方也。"敬敷五教"，而或取必太过，攻治太深，则非所以使自得之也，故"在宽"焉。盖五者之理，出于天命之本然，人心之不容已，而非有待于外也。吾之为教，则因其本之不容昧者，使致其察识；因其心之不容已者，使尽其推行而亦非有所强于外也。则夫防范虽密，禁董虽严，而其意何尝不宽哉。敬、宽一事也。"敬敷五教，在宽"，其文势犹曰，敬典在德，非敬而又宽也。父子有亲，父慈于子，子孝于父，其相亲，天性也。庄周谓之不可解于心。君臣有义，义者，断制事宜也。义，有是非可否，故君有进退刑赏，臣有去就从违。君明于上，臣忠于下，无非以义相从事而已。大义既定，死生以之，故臣有杀身以为其君，皆义也，皆性也。庄周为我者也，故曰无所逃于天地。诚无所逃于天地也，君臣之合，可谓不得已，则其不择事而安之者，此心又孰使之耶？乾道成男，坤道成女。蠕动之物，莫不有男女焉。有男女，然后有夫妇。夫妇之合，取法天地。知有牝牡而无别者，禽兽也。故《诗》咏后妃，取兴关雎，生有定偶，而不相乱；偶常并游，而不相狎，以为挚而有别，此后妃之德。文王之刑家，所以为纲纪之首，王教之端也。故夫妇言有别。长幼之序，谓之天显。夫植物，先后相循也；动物，行列相次也，序之显然。彼犹然，而况人乎，乃有少长相凌者。土居四行之中，而信属焉，朋友居四伦之间，而信属焉。朋友者，人伦之所赖以正者也。故语恩，则不若天合之亲，足以相固；语义，则不若君臣、夫妇，情意势分，犹足以相维。而独以责善辅仁，与四伦者，敌而为五，而所以举其责善辅仁之职者，信而已。信者，实也，实心以相与，实事以相正，实德以相期。此所以能责善辅仁，而人伦无不厚也。此五言者，盖古圣人之言也。此五有者，性也，天命也，而或不能有其有焉，或一有一无焉，或至于人之所不忍言焉。圣人设教，还其有而已，畏天命也，尽人之性也。此所以"敬敷五教，在宽"也。

## 22.《御制日讲书经解义》卷一

帝曰：契，百姓不亲，五品不逊。汝作司徒，敬敷五教，在宽。

此一节书，是又申命契终教民之职也。五品，五伦之名位等级也。逊，顺也。司徒，掌教化之官。敷，宣布也。五教，即五品之教。宽，从容不迫之意。帝曰，契，平成甫奏，教化未洽，百姓容有恩义乖离，不相亲睦，以致五伦之品节，亦多不相逊顺。今命汝仍为司徒之官，任教民之职，必加意敬谨，以宣布五品之教，使人知所遵守，不可少有怠忽，又必宽裕不迫，徐俟民之自化，以复其天性之良，则亲逊成风矣。盖敷教之道，必主于敬，而尤在于宽。敬，则不慢；宽，则易从。二者不可偏废。敬以济宽，而宽不失于纵弛；宽以济敬，而敬不伤于急迫，诚万世掌教者之所不能易也。

## 《尚书通考》卷五

（元）黄镇成

五品

父子、君臣、夫妇、长幼、朋友（五者之名位等级也）。

唐圣任曰，命稷而后命契，富而后教之序也。

## 《书义断法》卷一

（元）陈悦道

帝曰：契，百姓不亲，五品不逊。汝作司徒，敬敷五教，在宽。

唐虞之时，岂有不亲不逊之事，其为此言者，虑其逸居而无教，而或至此也。然舜命契以掌教，不疾其民之不率教，而敬宽以施教，盖敬以持身，所谓正己而物正也。宽以治民，所谓优而柔之，使自得之也。布之以五教，重之以专职，而敬谨宽厚之至，无一毫忿疾于顽之心。唐虞之民，所以于变时雍，而比屋可封者，其不以此欤？

## 《尚书疑义》卷一

（明）马明衡

百姓不亲，五品不逊。"亲"字、"逊"字极好。盖人各自行其私意，故其忿厉忌嫉之心，浮于恻怛慈爱之实，于是，父子不得其为父子，君臣不得其为君臣，而兄弟、夫妇、朋友皆然，岂能相亲相爱，以归至治。故今不逊者，使之逊；不亲者，使之亲，则是去其私意，而皆真心以相与。忿厉忌嫉之私，不形；而慈爱恻怛之真，蔼然周流矣。此才是圣人之教。然此岂声音笑貌之所能哉？"敬敷"者，端其本以先之，不敢苟也。"在宽"者，和其心以待之，不可亟也。是亦重责己，而略责人之意。教何患有不行耶？

### 《尚书注考》

（明）陈泰交

"五品不逊"，"乃汝尽逊"，训"逊""顺"也。"惟学逊志"，训"逊""谦抑"也。

# 汝作司徒，敬敷五教，在宽

## 1.《尚书注疏》卷二

（汉）孔氏传，（唐）陆德明音义、孔颖达疏

汝作司徒，敬敷五教，在宽。

传：布五常之教，务在宽，所以得人心，亦美其前功。

疏：汝作司徒之官，谨敬布其五常之教，务在于宽，故使五典克从，是汝之功，宜当勉之。

文十八年《左传》云"布五教于四方：父义、母慈、兄友、弟恭、子孝"，是布五常之教也。《论语》云："宽则得众，故务在宽，所以得民心也"。治不逊之罪，宜峻法以绳之。而贵其务在宽者，此五品不逊，直是礼教不行，风俗未淳耳，未有杀害之罪，故教之务在于宽。若其不孝、不恭，其人至于逆乱，而后治之，于事不得宽也。

## 2.《书传》卷二

（宋）苏轼

（归善斋按，见上句）

## 3.《尚书全解》卷三

（宋）林之奇

（归善斋按，见上句）

## 4.《尚书讲义》卷二

（宋）史浩

（归善斋按，见上句）

## 5. 《尚书详解》卷二

（宋）夏僎

（归善斋按，见上句）

## 6. 《增修东莱书说》卷二

（宋）时澜

（归善斋按，见前文"帝曰：弃，黎民阻饥"）

## 7. 《尚书说》卷一

（宋）黄度

（归善斋按，见前文"舜曰：咨，四岳"）

## 8. 《絜斋家塾书钞》卷一

（宋）袁燮

（归善斋按，见上句）

## 9. 《书经集传》卷一

（宋）蔡沈

（归善斋按，见上句）

## 10. 《尚书精义》卷四

（宋）黄伦

（归善斋按，见上句）

## 11. 《尚书详解》卷二

（宋）陈经

（归善斋按，见前文"帝曰：弃，黎民阻饥"）

## 12. 《融堂书解》卷一

（宋）钱时

（归善斋按，见上句）

### 13.《尚书要义》卷二

（宋）魏了翁

（归善斋按，未引）

### 14.《书集传或问》卷上

（宋）陈大猷

或问，五典，苏氏从《左传》以为父义、母慈、兄友、弟恭、子孝，如何？曰，林氏谓，《中庸》论天下之达道五，曰君臣也，父子也，兄弟也，夫妇也，朋友之交也。人伦尽于此五者。敷五教于人，而君臣之义，夫妇之别，朋友之信，岂有忽而不教者哉。当以《孟子》之说为正。曰，孔氏以"敷"训"布"，而子谓敷者，宣而布之，何也？曰，敷，有敷宣、敷布二义。宣，谓阐明之；布，谓班行之。兼此二义，方能敷教。曰，苏氏谓，教民必宽而后可，亟则以德为怨，否则相率而为伪。此说如何？曰，此说亦可互相发明。若更添亟则拘迫不能有成之意，则尤善也。曰，教亦多术矣，岂专在于宽哉。曰，教人者，易以欲速；而受教者，难以速成。易于欲速，则忿疾厌倦之所自生；难于速成，则龃龉扞格之所自起。故夫子言诲人不倦，必世后仁，皆是贵宽之意。既以敬为主，则所以教之者，无不至，特虑其失之迫耳，故言在宽。曰，宽则得无纵弛之患乎？曰，主于敬，而行之以宽，自不至纵弛也。曰，子采吕氏之说，谓为含洪广大，渐渍涵养，辞不几于赘乎？曰，"含洪广大"，以度量之宽言之；"渐渍涵养"以时日之宽言之，意义方全也。

### 15.《尚书详解》卷一

（宋）胡士行
（归善斋按，见上句）

### 16.《书纂言》卷一

（元）吴澄
（归善斋按，见上句）

### 17.《书集传纂疏》卷一

（元）陈栎

（归善斋按，见上句）

### 18.《读书丛说》卷二

（元）许谦

（归善斋按，未解）

### 19.《书传辑录纂注》卷一

（元）董鼎

（归善斋按，见上句）

### 20.《尚书句解》卷一

（元）朱祖义

汝作司徒（命汝为司徒之官），敬敷五教，在宽（以敬敷布五常之教于天下，在于以宽待之，不可急迫）。

### 21.《尚书日记》卷二

（明）王樵

（归善斋按，见上句）

### 22.《御制日讲书经解义》卷一

（归善斋按，见上句）

### 《尚书通考》卷五

（元）黄镇成

五教

有亲、有义、有别、有序、有信（以五者当然之理而为教令也）。蔡氏曰，五者之理，出于人心之本然，非有强而后能者。自其拘于气质之偏，溺于物欲之蔽，始有昧于其理，而不相亲爱，不相逊顺者。于是使之敬以敷教，而又宽裕以待之，使之，优游浸渍，以渐而入，则其天性之真，自然呈露，不能自已，而无无耻之患矣。

## 《书义断法》卷一

（元）陈悦道

（归善斋按，见上句）

## 《尚书疑义》卷一

（明）马明衡

（归善斋按，见上句）

## 《尚书注考》

（明）陈泰交

"汝作司徒"，训"司徒""掌教之官"。《牧誓》训"司徒""主民治，徒庶之政令"。《洪范》"司徒"，"掌教，所以成其性"。

"敬敷五教"，训"敬""敬其事"也。"敬哉有土"训"敬心无所慢"也。"先土惟时懋敬"，训"敬"，即"克敬惟亲"之"敬"。

# 帝曰：皋陶，蛮夷猾夏，寇贼奸宄

## 1. 《尚书注疏》卷二

（汉）孔氏传，（唐）陆德明音义、孔颖达疏

帝曰：皋陶，蛮夷猾夏，寇贼奸宄。

传：猾，乱也。夏，华夏。群行攻劫，曰寇；杀人，曰贼；在外，曰奸；在内，曰宄。言无教所致。

音义：猾，户八反。寇，苦豆反。宄，音轨。

疏：正义曰，帝呼皋陶曰，往者，蛮夷戎狄猾乱华夏，又有强寇劫贼，外奸内宄者，为害甚大。

传正义曰，猾者，狡猾相乱，故猾为乱也。夏，训"大"也。中国有文

章光华礼义之大。定十年《左传》云"裔不谋夏，夷不乱华"，是中国为华夏也。寇者，众聚为之；贼者，杀害之称。故"群行攻劫，曰寇；杀人，曰贼"。成十七年《左传》云"乱在外为奸，在内为宄"，是在外曰奸，在内曰宄也。寇、贼、奸、宄，皆是作乱害物之名也。蛮夷猾夏，兴兵犯边，害大，故先言之。寇、贼、奸、宄，皆国内之害小，故后言之。《管子》曰，仓廪实，知礼节；衣食足，知荣辱。让生于有余，争生于不足。往者，洪水为灾，下民饥困，内有寇贼为害，外则四夷犯边，皆言无教之致也。唐尧之圣，协和万邦，不应末年顿至于此。盖少有其事，辞颇增甚，归功于人，作与夺之势耳。

## 2. 《书传》卷二

（宋）苏轼

帝曰：皋陶，蛮夷猾夏，寇贼奸宄。

猾，乱也。夏，华夏也。乱，在外曰奸；在内，曰宄。

## 3. 《尚书全解》卷三

（宋）林之奇

帝曰：皋陶，蛮夷猾夏。

皋陶作士，亦在舜未即位之前，此亦申儆之而已矣。"蛮夷猾夏"，王氏云，在周大司马之职，当舜之时，以士官兼之。其意以谓舜之时，不立大司马之官，其有蛮夷猾夏，则使皋陶治之。此说不然。夫蛮夷侵乱边境，将用兵以御之邪。不用兵以御之邪，不用兵以执之，则何以隶皋陶之刑。如其用兵，以士官为将帅，古无是理。唐、虞稽古建官惟百，典之所载。惟有九官，姑以见其得贤才而用之，以共致无为之治尔，非谓所命之官只此九人也。《甘誓》大战于甘，乃召六卿。在启时有六卿，则当舜之时，安知其无司马之职，而必以为兼于士官乎？然而舜告皋陶，则曰"蛮夷猾夏"，何也？此非境外之蛮夷，舜之世，九州之内，盖有蛮夷，与吾民错居境内。冀州、扬州之岛夷，青州之莱夷，徐州之淮夷，梁州之和夷是也。惟其与吾民杂居于境内，而能肆为侵叛，以为吾民之害，于是使皋陶辨华夷内外之分，以法绳治，而时取其尤桀黠者，而诛之尔。汉光武受南单于降，处之内地，其后华夷无辨，风俗杂揉，骎骎以成东晋五胡之乱，良由不能辨之于猾夏之初故也。

（归善斋按，另见下句）

## 4.《尚书讲义》卷二

（宋）史浩

帝曰：皋陶，蛮夷猾夏，寇贼奸宄。汝作士，五刑有服，五服三就，五流有宅，五宅三居，惟明克允。

教之不从，则有刑焉，扑作教刑也。皋陶明于五刑，墨、劓、剕宫、辟也，不得不并蛮夷寇贼而言也。其实所以弼五教也，刑以威四夷，诘奸慝，诛暴乱，则蛮夷之杀伐，寇贼之诛锄，皆隶之士师，实未尝用干戈以穷讨也。在舜之世，有司空、司徒而不立司马之官者，兵刑为后也。上刑适轻下服，下刑适重上服，刑之而服，轻重无私也。流，所以宥五刑。曰流矣，必有所止。所止，则为宅也。"五服三就"，则轻也，重也，轻重之间也。"五宅三居"，则近也，远也，远近之间也。舜之用刑如是之审，期于无刑之意见矣。兹其所以贵于明允也。皋陶之贤，宜不待告。舜之慎刑其至矣乎。

## 5.《尚书详解》卷二

（宋）夏僎

帝曰：皋陶，蛮夷猾夏，寇贼奸宄。汝作士，五刑有服，五服三就；五流有宅，五宅三居，惟明克允。

此亦因禹让，称述前功，以申警之也。按《孟子》之言，舜使益掌火，禹疏九河，稷播百谷，契敷五教。虽无用皋陶之文，然下继以"尧以不得舜为己忧，舜以不得禹皋陶为己忧"，则皋陶亦与稷、契同时登庸也。以此推之，可以知皋陶前此已为士师久矣。王氏见此"蛮夷猾夏"之言，遂谓是周大司马之官，当舜之时，以士师兼之。其意盖谓，"蛮夷猾夏"，非刑可制，必加以兵，故谓皋陶实兼掌兵刑之任。诸儒和之，以谓唐、虞兵刑之官，合而为一，成周分而为二。殊不知此言"蛮夷猾夏，寇贼奸宄，汝作士"之下特云"五刑有服，五流有宅"，未尝有兵也。兼后诛三苗之兵，而禹掌之，未尝用皋陶，则谓皋陶兼掌兵刑之任，其说非也。然而此必先言"蛮夷猾夏，寇贼奸宄"，考胡益之谓，天下本无事，蛮夏内侵，人民离散，常法一旷，则寇贼奸宄因而生焉。其意盖谓，前此蛮乱中国，中国之人因此而肆为，攻劫之寇，杀人之贼，在内之奸，在外之宄。故命皋陶作士，以治此寇、贼、奸、宄之人，而主意初不在"蛮夷猾夏"。林少颖求其说不得，乃谓此非境外之蛮夷，舜世九州之内，盖有蛮夷与吾民杂居。如扬州冀州之岛夷，青州之莱夷，徐州之淮夷，梁州之和夷之类，则"猾夏"者，盖此辈。此亦牵合之说也。唐孔氏谓，"蛮夷猾夏，寇贼奸宄"，唐尧之圣，协和万邦，不应末年顿至于此。盖少有其事，辞颇增甚，归功于人，作与夺之势耳。此说有理。士，理官也。郑玄谓，士，察也。主察刑狱之事，故谓之士。五刑，墨、劓、剕、宫、大辟也。有服，服其罪也。《吕刑》谓"上刑适轻下服，下刑适重上服"是也。五刑谓五流，不忍加诛，制为五等流法以宥之也。有宅者，居其所之谓也。盖皋陶作士，于五刑，则原其轻重而服其罪，而所服则有三就焉。于五流，则亦原其轻重而宅其地，而所宅则有三居焉。三就者，孔氏谓，行刑当就三处，大罪于原野，大夫于朝，士于市。此说甚善。盖五刑所服，其罪各有轻重；五流所居，其流各有远近。其说可以该五刑。此王氏为长。"惟明克允"者，盖五刑、五流，其用各有轻重、远近，"惟明"足以有察，则能原人之情而定其罪，故或刑之，或流之，斯能允当也。舜命契为司徒，教以一言曰"宽"；命皋陶作士，教以一言曰"明"。所在至重，而戒饬不过一言，此其所以简而易守欤。

### 6. 《增修东莱书说》卷二

（宋）时澜

（归善斋按，见前文"帝曰：弃，黎民阻饥"）

### 7. 《尚书说》卷一

（宋）黄度

（归善斋按，见前文"舜曰：咨，四岳"）

### 8. 《絜斋家塾书钞》卷一

（宋）袁燮

帝曰：皋陶，蛮夷猾夏，寇贼奸宄。汝作士，五刑有服，五服三就，五流有宅，五宅三居，惟明克允。

看二典，都不与后世相似。"蛮夷猾夏，寇贼奸宄"是甚次第事，而舜只命皋陶明刑，盖只消一个皋陶明刑，便自了得。所谓"蛮夷猾夏"，亦非必如后世之蛮夷。但远方之人，敢来中夏作过耳。"五刑有服"，言墨、劓、剕、宫、辟之五刑，其罪各有所服也。当劓者，服劓刑，当墨者服墨刑，如此等类，是之谓"服"。必其罪足以"服"此刑，必我有以服之，而彼无不服焉，斯可谓之服矣。若当轻者重，当重者轻，皆失其实。彼虽服此刑，然而非心服也。何以为服，惟刑当其罪，无毫厘之差，则彼被其刑者，自反于心，知吾所自取之也。其谁不心服乎。"五流有宅"，所谓流宥五刑也，亦须是轻重皆当，方可以言宅。三就，三居，先儒以为轻重与轻重之中，远近与远近之中，似亦无甚意。既有五等之别，则是三者在其中矣。此有用不尽之意，虽有五服，而所用者，止于三就；虽有五宅，而所用者止于三居。盖刑罚但设于此，曷尝一一用得尽。成周之时，刑措四十余年不用，汉文时，亦谓几致刑措，况于隆古盛时，安得用刑之尽乎。若谓五服、五宅皆用得尽，尚得谓之唐、虞之盛乎。大略五分中，只用得三分。"惟明克允"，"允"者，当也。"惟明"，然后能当。须是在我者，直是清明，方才轻重小大不至于差，可以言"允"矣。命禹只一个"懋"字，命弃只一个"播"字，命契只一个"敬"字。命皋陶只一个"明"字。子细玩味，这几个字。

## 9. 《书经集传》卷一

（宋）蔡沈

帝曰：皋陶，蛮夷猾夏，寇贼奸宄。汝作士，五刑有服，五服三就；五流有宅，五宅三居；惟明克允。

宄，音轨。猾，乱；夏，明而大也。曾氏曰，中国文明之地，故曰华夏。四时之夏，疑亦取此义也。劫人曰寇；杀人曰贼；在外曰奸；在内曰宄。士，理官也。服，服其罪也。《吕刑》所谓上服、下服是也。三就，孔氏以为大罪于原野，大夫于朝，士于市，不知何据？窃恐惟大辟弃之于市，宫辟则下蚕室，余刑亦就屏处，盖非死刑，不欲使风中其疮，误而至死。圣人之仁也。五流，五等象刑之当宥者也。"五宅三居"者，流，虽有五，而宅之但为三等之居。如列爵惟五，分土惟三也。孔氏以为大罪居于四裔，次则九州之外，次则千里之外，虽亦未见其所据，然大概当略近之。此亦因禹之让，而申命之，又戒以必当致其明察，乃能使刑当其罪，而人无不信服也。

## 10. 《尚书精义》卷四

（宋）黄伦

帝曰：皋陶，蛮夷猾夏，寇贼奸宄。汝作士，五刑有服，五服三就；五流有宅，五宅三居，惟明克允。

无垢曰，孔安国谓，群行攻劫曰寇，杀人曰贼，在外曰奸，在内曰宄。且梼杌、饕餮、浑沌、穷奇乃在朝廷，而蛮夷乃来乱中华之地。攻劫者，杀人者，为不正于内外者，又杂然四起，乱舜之治。是虽盛时，不免有小人也。皋陶之作士也，乃能处之，使终不能为吾患。郑玄曰，士，察也。孔安国曰，士，理官也。理官，以按狱为职也，处之如何？为墨、劓、剕、宫、大辟之刑以俟之，所谓"五刑有服"也。五刑所用，各有所犯之事，而定其罪服事也。然罪有轻重，则有陈于原野者，有刑于朝者，有刑于市者，所谓"五服三就"也。孔安国曰，大罪于原野，大夫于朝，士于市，意或然矣。事在五刑，而其情轻，未忍置之于死者，则有五流之法，屏之远方，以宥其罪焉，所谓"五流有宅"是也。流有轻重，有居四裔者，有居九州之外者，有居千里之外者，所谓"五宅三居"也。观"五刑有服，五服三就；五流有宅，五宅三居"之法，其亦深体物情，曲尽人意，使奸无所逃，情无所隐，非明见幽隐，信及豚鱼，何以能处之如此哉。夫伯禹让稷、契、皋陶，舜乃因禹之言，人人而称奖之。深玩其意，呜呼，舜之仁厚温晏如此，使人有悦而忘劳忘死之心矣。夫稷、契、皋陶，尽心职事，而舜乃深知其细微，乐见其功效，当朝廷之上，群臣在列之时，乃分别其事，条列其人，举其难，以嗟咨之；称其功，以慰勉之。千世之下，读其遗书，尚使人感慨不已。则当时稷、契、皋陶之乐于见知，其忻喜之情，又为何如也。

陈氏曰，居是官者，不明，则不足以尽人心；不允，则不足以当人罪。故戒皋陶曰"惟明克允"。

## 11. 《尚书详解》卷二

（宋）陈经

（归善斋按，见前文"帝曰：弃，黎民阻饥"）

## 12. 《融堂书解》卷一

（宋）钱时

帝曰：皋陶，蛮夷猾夏，寇贼奸宄。汝作士，五刑有服，五服三就；五流有宅，五宅三居；惟明克允。

舜命皋陶，乃首言"蛮夷猾夏"，而后方及乎此，是明猾夏之罪为尤重也。诸家之说，往往纷纭，或谓古者兵刑不分，所以"蛮夷猾夏"属于士官。是以"猾夏"为侵扰中国也。若是侵扰，则当如有苗之征，奉辞伐罪矣，岂五刑、五流所可治耶？或谓此蛮夷，乃杂居九州，如岛夷、莱夷之类。然舜之辞旨未尝如此分别。或谓寇贼奸宄，乃因蛮夷内侵，常法一旷，中国之人，乘衅为乱者。此等罪犯，盛世所不免，岂皆因蛮夷而后有之。况有虞之朝，未尝有此事变耶。是皆臆说，无足取者。愚读至此，见得圣人深识远虑，所以严夷夏之辨，谨之。按此下，原本有阙文于未形。中国，衣冠礼乐之地，三纲九法，所以扶持人道于不坏者，于是乎在。岂遐荒绝域之外，不正之气，所可乱哉。上四句，已备著用刑详曲，复断之曰"惟明克允"，盖罪因情伪，变态万端，智照微昏，轻重失实，安能允当人心乎？此一"明"字，如水镜烛物，无所遁藏。不是此心洞然无纤毫蔽碍，鲜有不临事而乱者。"皋陶迈种德"，安有此累。舜犹未免申"惟明"之戒。后之君子，庸可忽诸。

## 13. 《尚书要义》卷二

（宋）魏了翁

五一、蛮夷寇贼尧末年不应至此。

往者，洪水为灾，下民饥困，内有寇贼为害，外则四夷犯边，皆言无教之致也。唐尧之圣，协和万邦，不应末年顿至于此。盖少有其事，辞颇增甚，归功于人，作与夺之势耳。

## 14. 《书集传或问》卷上

（宋）陈大猷

（归善斋按，未解）

## 15. 《尚书详解》卷一

（宋）胡士行

帝曰：皋陶（名），蛮夷猾（乱）夏（中华），寇（攻劫）贼（杀）奸（在外）宄（在内）。汝作士（理官），五刑有服（已服其罪），五服三就（就轻，就重，就轻重之中）；五流（流宥五刑）有宅（居），五宅三居（居远，居近，居远近之中）。惟明（明则得其情）克（乃能）允（当）。

帝因禹让三人，而官不转，各述前功，以劝之。播，有生生日新之意，乃粒矣，而不忘阻饥也。敬，吾心之天也，乃可以还民心之天。宽者，渐渍涵养，使自发越，明刑而制猾夏者，在其中。古兵刑之大也。

## 16. 《书纂言》卷一

（元）吴澄

帝曰：皋陶，蛮夷猾夏，寇贼奸宄。汝作士，五刑有服，五服三就；五流有宅，五宅三居，惟明克允。

猾，乱也。夏，犹四时之夏，明而大也。中国，文明之地，故曰华夏。劫人曰寇，杀人曰贼，奸宄皆为乱也。士，理官也。服，犹“衣服”之“服”，谓刑加其身也。三就，朱子以为惟大辟弃之于市，宫刑则下蚕室。余刑亦就屏处，盖不欲风中其疮，误而至死，圣人之仁也。五流，五刑之当宥者也。“五宅三居”者，流虽有五，而宅之但为三等之居。如列爵五，而分土三也。孔氏以为，大罪居于四裔，次则九州之外，次则千里之外。明，谓照察精审；允，谓刑罚当罪。言蛮夷或有猾乱中夏者，寇贼或有为奸为宄者，不可以无刑也。汝为士官，五刑、五流，各有所宜。惟明而后能允也。

## 17.《书集传纂疏》卷一

（元）陈栎

帝曰：皋陶，蛮夷猾夏，寇贼奸宄。汝作士，五刑有服，五服三就；五流有宅，五宅三居，惟明克允。

猾，乱；夏，明而大也。曾氏曰，中国文明之地，故曰华夏，四时之夏，疑亦取此义也。劫人曰寇，杀人曰贼，在外曰奸，在内曰宄。士，理官也。服，服其罪也。《吕刑》所谓"上服"、"下服"是也。三就，孔氏以为大罪于原野，大夫于朝，士于市，不知何据？窃恐惟大辟弃之于市。宫辟，则下蚕室，余刑亦就屏处。盖非死刑，不欲使风中其疮，误而至死，圣人之仁也。五流，五等象刑之当宥者也。"五宅三居"者，流虽有五，而宅之但为三等之居。如列爵惟五，分土惟三也。孔氏以为大罪居于四裔，次则九州之外，次则千里之外。虽亦未见其所据，然大概当略近之。此亦因禹之让而申命之。又戒以必当致其明察，乃能使刑当其罪，而人无不信服也。

**纂疏**

语录：问，猾夏，是有苗否？曰，也不专指此，但官为此而设。三就，只是当从古注。宅，只训"居"。王氏十朋曰，命皋，次于契，刑所以弼教也。陈氏经曰，《易》卦言用刑者，如噬嗑贲旅，其象皆取于离，用刑在明可知矣。不明，不足以得人情；不允，不足以当人罪。夏氏曰，舜命契，教以一言，曰"宽"；命皋，教以一言曰"明"，简而易守也。陈氏大猷曰，帝世详于化，而略于政。王者详于政，而略于化。虞，兵刑之官合为一，而礼乐分为二。《周礼》，乐之官合为一，而兵刑分为二。

## 18.《读书丛说》卷二

（元）许谦

（归善斋按，未解）

## 19.《书传辑录纂注》卷一

（元）董鼎

帝曰：皋陶，蛮夷猾夏，寇贼奸宄。汝作士，五刑有服，五服三就；

五流有宅，五宅三居，惟明克允。

猾，乱；夏明而大也。曾氏曰，中国文明之地，故曰华夏。四时之夏，疑亦取此义也。劫人曰寇，杀人曰贼，在外曰奸，在内曰宄。士，理官也。服，服其罪也。《吕刑》所谓上服、下服是也。"三就"，孔氏以为大罪于原野，大夫于朝，士于市，不知何据。窃恐惟大辟弃之于市，宫、辟则下蚕室，余刑亦就屏处。盖非死刑不欲使风中其疮，误而至死，圣人之仁也。"五流"，五等象刑之当宥者也。"五宅三居"者，流虽有五，而宅之但为三等之居。如列爵惟五，分上惟三也。孔氏以为大罪居于四裔，次则九州之外，次则千里之外，虽亦未见其所据，然大概当略近之。此亦因禹之让而申命之，又戒以必当致其明察，乃能使刑当其罪，而人无不信服也。

### 辑录

义刚问，蛮夷猾夏，是有苗否？先生曰，也不专指此，但官为此而设。"五服三就"，若大辟则就市，宫刑则如汉时，就蚕室。其墨、劓刖三刑，度亦必有一所在。刑之既非死，刑则伤人之肌体，不可不择一深密之所。但不至如蚕室耳。广。"三就"，只当从古注。"五宅三居"，"宅"只训"居"。人杰。"五刑三就"，用五刑，就三处，故大辟弃于市，宫刑下蚕室，其他底刑，也是就个隐风处，不然牵去当风处，割了耳鼻，岂不害破伤风，胡乱死了人。义刚。

### 纂注

王氏十朋曰，命皋陶次于契，刑所以弼教也。王氏曰，"三就"，就轻，就重，与就轻重之中。"三居"，居远，居近，与居远近之中。姑备一说。陈氏曰，《易卦》言，用刑者，如噬嗑，如贲，如旅。其象皆有取于离，用刑在惟明可知矣。居刑官，不明，不足以尽人心；不允，不足以当人罪，故戒以"惟明克允"。夏氏曰，舜命契，教以一言曰"宽"；命皋，教以一言曰"明"，简而易守也。孙氏曰，"惟明"，则情伪毕；知"克允"，则轻重适当。复齐董氏曰，或言帝者之世，详于化，而略于政；王者之世，详于政，而略于化。虞时兵刑之官合为一，而礼乐分为二。成周礼乐之官合为一，而兵刑分为二。故此，蛮夷猾夏，亦以命皋。然经只言五刑、五流，未尝言兵也。后征苗之兵，禹实掌之，未尝用皋，则兵刑非兼掌矣。新安胡氏曰，一说有猾夏，则奸宄因以生。舜命皋掌刑治寇贼，主意不在蛮夷也。姑存之。

## 20. 《尚书句解》卷一

（元）朱祖义

帝曰：皋陶（舜命皋陶曰），蛮夷猾夏（今蛮夷猾乱华夏），寇贼奸宄（肆为攻劫之。寇杀人之贼，在内曰奸，在外曰宄）。

## 21. 《尚书日记》卷二

（明）王樵

"帝曰：皋陶"至"惟明克允"。猾，乱也。夏，华夏；群行攻劫曰寇；杀人曰贼；在外曰奸；在内曰宄。士，察也，理也，故治狱者谓之士。五刑，墨、劓、剕、宫、大辟。服，伏其法也。当就三处，大辟弃之于市，宫、辟则下蚕室，余刑亦就屏处。盖非死刑不欲使风中其创，误而至死。圣人之仁也。五流，五等象刑之当宥者，有三等之居。大罪四裔，次九州之外，次千里之外。夫"五刑三就"，则死者昭众弃之义，生者寓保全之仁。"五宅三居"则不同中国者，以其自绝于化外，不复州里者，以难复齿丁平民。圣人制此等级，无非开人迁善远罪之门而已。"惟明克允"，盖折狱不明，岂能当其罪，而服人心？此最圣人之要旨。《易》噬嗑贲旅，皆取象于离，用刑在明可知。明，则情伪毕知；允，则轻重适当。《吕刑》云"狱成而孚，输而孚"，所谓"克允"也。今狱事上于所司，而无违异者，谓之详允，犹古之意也。《易》象，多以明威并言，《尚书》只用一"明"字，盖刑本威也。威，用之当，即明也。明者，威断之所出。《易》取两象，故并言耳。《易》又言明、慎。明、慎并言，则慎有不恃其明之意。专言明，则慎亦在其中矣。离又象火，故旅曰不留狱。朱子曰，慎刑如山，不留如火，可见明必能断也。明之先，未得其情，则未敢折狱；明之后，已得其情，则不留狱。"象以典刑"一节，或曰此尧命皋陶之辞也。古经残阙。如命契之辞。不载于经。而见于《孟子》如是者多矣。尧言其要在钦、恤二字。舜言其要在明、允二字。钦恤者，圣人用刑之心也；明允者，圣人用刑之法也。士官所掌，惟象、流二法。盖鞭扑以下，官府学校随事施行，不领于士官也。命皋陶次于契，刑所以弼教也。此王龟龄语。命教一言曰"宽"；命刑一言曰"明"，简而易守也。

蛮夷，王教之所不加也，因其猾夏，则治之而已。若寇贼奸宄，乃吾民也，胡为至是哉？失之于井牧教化，而后有刑；刑之所不及，而后有兵。故豮（fén）豕之牙，圣人常治其本也。寇贼奸宄，是四事，孔氏以群行攻劫为寇。贼则凡杀人伤人皆是也。奸宄中事广，分在外曰奸，在内曰宄者，姑以盗官物为譬，在外，如常人盗官物之类，俗所谓外贼也；在内，如监守自盗官物之类，俗所谓内贼也。又如奸夫杀本夫，外贼也；奸妇知情，内贼也。王凤、曹操，汉之奸也。身为汉臣，党于王氏、曹氏，如谷永、杜钦、荀彧之流，汉之宄也。李林甫、杨国忠，奸也；杨太真、高力士，宄也。以对范阳之禄儿，则林甫、国忠又皆宄也，而范阳为在外之奸矣。人多言唐虞之时，礼乐之官析为二，兵刑之官合为一。成周之时，兵刑之官析为二，礼乐之官合为一。以"蛮夷猾夏"，命皋陶为兵合于刑官之证，然经惟言五刑、五流未尝言兵也。其于三苗，始亦止曰皋陶方施象刑而已。及犹不服，乃命禹征之，未尝用皋陶，则兵刑非兼掌明矣。盖上古无大夷狄，亦无大征伐，故外，以蛮夷委州牧，内以委刑官。其云猾夏，不过如汉人所言，行盗侵驱之类耳。故制以士官而有余，大刑甲兵，盖未尝用也。兵藏于田赋，徒众掌于司徒，戎器出于工，戎马出于虞，则兵无专官，自不废事。至成周时，则不同矣。经桀纣之乱。世变自启，四裔势滋。内，则强诸侯时时有之，故初伐商，即灭国五十。成王时，又践奄，事浸多矣。周、召二公每以"诘戎兵，张皇六师"为言，盖时宜实然，非周德衰于唐虞，故详于政，而略于化也。唐虞世质民淳，"百姓不亲，五品不逊"，使司徒教之，即克从矣，不待刑也。刑之设，为"蛮夷猾夏，寇贼奸宄"设耳，所谓不待教而诛者也。历二圣，二百年，象刑之施，惟苗民及流者四人耳。其余之时，固措而不用矣，呜呼盛哉。

## 22. 《御制日讲书经解义》卷一

帝曰：皋陶，蛮夷猾夏。寇贼奸宄。汝作士，五刑有服，五服三就；

五流有宅，五宅三居，惟明克允。

此一节书，是又申命皋陶终士师之职也。猾，乱也。士，士师也，掌刑之官。服，服其罪也。宅，居也。帝曰，平成方始，岂无蛮夷之人，猾乱中国；中国之人，乘间而为寇贼奸宄者乎？今命汝仍为士师之官，于寇贼奸宄罪之。不可宥者，则有墨、劓、剕、宫、大辟五等之刑，以服其罪。而服之，但有三等之就，惟死刑弃之于市，宫刑则下蚕室，余刑亦就屏处，以全其生也。于寇贼奸宄，情有可矜者，则制五等流刑，以宅其罪。而宅之，但为三等之居，大罪居于四裔，次则九州之外，次则千里之外，以差其等也。汝当尽心明察，当刑而刑不失乎轻重之则，当流而流适合乎远近之宜，必如是，则能刑当其罪，而人无不信服，诸夏之人，既已回心向道，远方之人，有不望风慕义者乎？盖司刑之官，不明，不足以尽人心；不允，不足以当人罪。惟明，则情伪毕知；允，则轻重适当。《易》卦言，用刑如噬嗑、如贲、如旅，皆取象于离，则用刑贵明可知矣。明，则未有不允服者也。

## 《尚书通考》卷五

（元）黄镇成

皋陶（臣名。《左传》文十八年，太史克曰，昔高阳氏有才子八人，苍舒、隤敳、梼戭、大临、尨降、庭坚、仲容、叔达。杜氏曰，此即垂、益禹、皋陶之伦。庭坚，即皋陶字）。

王十朋曰，命皋陶次于契，刑所以弼教也。夏氏曰，舜命契教，以一言曰"宽"，命皋陶教以一言曰"明"，简而易守也。

## 《尚书注考》

（明）陈泰交

"蛮夷猾夏"，训"夏""明而大"也。《夏书》训"夏禹""有天下之号"。

"寇贼奸宄"，训"劫人曰寇"。"司寇掌邦禁"，训"群行攻劫曰寇"。

## 《尚书稗疏》 卷一

（清）王夫之

猾夏。猾，无骨，展体见肉，以诱虎，虎吞而不能啮（niè），入虎腹中，自内噬穴虎腹而出，俗谓之"虎刺"。《春秋传》"无助狡猾"此之谓也。此言"蛮夷"者，如《诗》言"蛮荆"，《禹贡》"岛夷"、"莱夷"之属，非能称兵相向，但潜入腹里为奸窃如猾尔，故可以士师五刑流放治之，不劳征战。其有所犯而听之，不以明允，则有如近者杨应龙之事，祸亦从此而长，与盗贼之积小致大者盖同。故舜于皋陶申戒焉。唐虞之世，未有荒远之夷窥犯边陲之事。盖中国夷狄，消长不同时，以皋陶为兼主兵者，失之。舜所命主兵之官，不见于史。其后命禹徂征，则六师或统于百揆。而《南齐·职官仪》云虞夏以弃居夏官司马之职，未审所据，要非合兵刑而一之也。

## 《尚书埤传》 卷二

（清）朱鹤龄

蛮夷猾夏，汝作士，三就，三居，明允。

董鼎曰，或言虞时兵刑之官合为一，礼乐分为二。成周礼乐之官合为一，兵刑分为二。故此，蛮夷猾夏，亦以命皋陶。然经只言五刑、五流，未尝言兵也。后征苗之兵，禹实掌之，未尝用皋陶，则兵刑非兼掌矣。王樵曰，上古无大夷狄，亦无大征伐，故外以蛮夷委州牧，内以委刑官。其云猾夏，不过如汉人所言，行盗侵驱之类耳。故制以士师而有余，大刑甲兵盖未尝用也。兵藏于田赋，徒众掌于司徒，戎器出于工，戎马出于虞，则兵无专官，自无废事。至成周时，世变日滋，戎狄势盛，内则强诸侯，时时有之。故初克商，即灭国五十。成王即位，又践奄、伐淮夷，事浸多矣。周、召二公，每以诘戎兵，张皇六师为言，盖时实宜然，非周德衰于唐虞，故详于政，而略于化也。黄度曰，唐虞三代之时，中国皆有戎狄杂处。《左传》，周封鲁卫，疆以周索，封唐疆以戎索。以《禹贡》、《职方》参考之，唐虞所都冀州，正戎索之地也。帝都所在，而甸、侯二服，半为戎区，何也？鸿荒以来，天下崇山巨嶂陵原，险阻之处，草木蒙翳，狐狸所居，豺狼所嗥，戎狄生长其间，攘剔驱除，实赖其力，裂土胙国，固当与共之，而其地不可尽井牧。戎狄之饮食衣服，又不与华同，故因其所有，与其所能，使奉职贡。其侵略中国也，则以士师治之，否则与之相安于无事。盖当时事宜如此。虽其人鸷悍难驯，而尧舜盛德天覆，礼乐文明，咸服于圣人之化焉。若曰狼子野心，遗患肘腋，始别异之，遂屏攘之，又至于翦除之。如淮南厉王、贾捐之、虞诩、范晔之所虑，此后世之事，不可以论帝王之圣也。

孙奕《示儿编》，《尔雅》士，察也。《周礼》士师注，士，察也。主察狱讼之事。孔安国曰，士，理官也。理，盖狱官，欲得曲直之理，故谓之理。其谓之士者，则欲致其察也。

《鲁语》，刑五而已，无有隐者。大刑用甲兵，次刑斧钺，中刑刀锯，其次钻笮，薄刑鞭扑，以威民。故大者陈之原野，小者致之市朝。愚按，此所说五刑，与《吕刑》不同。然以经解经，当从《吕刑》无疑也。原野、市朝是孔传所据。朝与市二所，故分之为异耳。马、郑、王三家谓，三就者，原野也，市朝也，甸师氏也。甸师，见《周礼》。但唐虞时，未闻有此官。

三居，蔡传引孔氏，以为未见所据。愚谓，大罪四裔，如四凶是也，在五服之外。次则处之荒服，又次则处之要服。蔡与流是也。此岂非的证。

陈氏曰，《易》言，用刑者，如噬嗑，如贲，如旅，其象皆取于离，用刑在明可知矣。不明，不足以尽人心，不允不足以当人罪。

## 《书经衷论》卷一

（清）张英

虞廷命官兵统于刑，故曰"蛮夷猾夏"，又曰"寇贼奸宄"。禹曰"苗顽弗即工"，帝亦曰皋陶"方施象刑惟明"。盖古者寓兵于农，兵特刑之大者耳，不专设官也，有事则命在廷诸臣领之，故禹以百揆之任，受命而征有苗。夏之《甘誓》亦召六卿，谓六乡之卿也。至周始设司马统六师，平邦国。盖前此尚未有专官也。

# 汝作士，五刑有服

## 1. 《尚书注疏》卷二

（汉）孔氏传，（唐）陆德明音义、孔颖达疏

汝作士，五刑有服。

传：士，理官也。五刑，墨、劓、剕、宫、大辟。服，从也，言得轻重之中正。

音义：劓，鱼器反，截鼻也。剕，扶味反，刖足也。辟，婢亦反，死刑也。

疏：汝作士官治之，皆能审得其情，致之五刑之罪。受罪者，皆有服从之心。言轻重得中，悉无怨恨也。

士，即《周礼》司寇之属，有士师、乡士等，皆以士为官名。郑玄云，士，察也，主察狱讼之事。《月令》云命大理，昭十四年《左传》云叔鱼摄理，是谓狱官为理官也。准《吕刑》文，知五刑谓墨、劓、剕、宫、大辟也。人心服罪，是顺从之义，故为从也。所以服者，言得轻重之中正也，《吕刑》云"咸庶中正"是也。经言"五服"，谓皋陶所断五刑，皆服其罪。传既训"服"为"从"，故云"既从五刑，谓服罪也"。

## 2. 《书传》卷二

（宋）苏轼

汝作士，五刑有服，五服三就。

士，理官也。服，从也。三就，《国语》所谓三次也。大者，陈之原野；小者致之市朝。

## 3. 《尚书全解》卷三

（宋）林之奇

寇贼奸宄，汝作士。五刑有服，五服三就；五流有宅，五宅三居。

"寇贼奸宄"，乃吾民之犯法者也。群行攻劫曰寇。杀人曰贼。奸宄，说者不同。《左氏传》以谓，乱在外曰奸，在内曰宄。此说未知孰是。要之，奸宄亦是寇贼矣。夫"蛮夷猾夏，寇贼奸宄"，此《孟子》所谓"不待教而诛"也，故隶于皋陶之刑。"汝作士"，士，理官也。五刑，墨、劓、剕、宫、大辟。"有服"者，服其罪也。《孟子》所谓"善战者服上刑"也。"五流"，谓五刑不忍加诛，则制为五等，以宥之。"有宅"者，安其居也。盖刑而当其罪，则刑者服其罪。流而当其罪，则流者安其居也。"五服三就"，孔氏曰，行刑当就三处，大罪于原野，大夫于朝，士于市。其说出于《国语》。然经言五刑，是五刑皆然也。若以谓"大罪于原野，大夫于朝，士于市"，则是皆于大辟之一刑矣，墨、劓、剕、宫，必不然也。孔氏以"三就"为"朝"、"市"、"原野"，又以"三居"为大罪四裔，次九州之外，次千里之外，此说尤为无据。夫四凶流于四裔，盖在九州之内。今谓大罪四裔，次九州之外，无是理也。王氏云，行刑者，或就重，或就轻，或就轻重之中，此之谓"三就"。"流"者，或居远，或居近，或居远近之中，此之谓"三居"。此说为善。盖教皋陶原情而定罪耳。夫欲刑者之服其罪，流者之安其居，则必权人情之有宜轻者，有宜重者，有宜轻重之中者；其流罪，有宜居近者，有宜居远者，有宜居远近之中者，皆酌之以人情，而不背戾于法。此所贵于"惟明克允"也。

## 4.《尚书讲义》卷二

（宋）史浩

（归善斋按，见前文"帝曰：皋陶，蛮夷猾夏"）

## 5.《尚书详解》卷二

（宋）夏僎

（归善斋按，见前文"帝曰：皋陶，蛮夷猾夏"）

## 6.《增修东莱书说》卷二

（宋）时澜

（归善斋按，见前文"帝曰：弃，黎民阻饥"）

## 7. 《尚书说》卷一

（宋）黄度

（归善斋按，见前文"舜曰：咨，四岳"）

## 8. 《絜斋家塾书钞》卷一

（宋）袁燮

（归善斋按，见前文"帝曰：皋陶，蛮夷猾夏"）

## 9. 《书经集传》卷一

（宋）蔡沈

（归善斋按，见前文"帝曰：皋陶，蛮夷猾夏"）

## 10. 《尚书精义》卷四

（宋）黄伦

（归善斋按，见前文"帝曰：皋陶，蛮夷猾夏"）

## 11. 《尚书详解》卷二

（宋）陈经

（归善斋按，见前文"帝曰：弃，黎民阻饥"）

## 12. 《融堂书解》卷一

（宋）钱时

（归善斋按，见前文"帝曰：皋陶，蛮夷猾夏"）

## 13. 《尚书要义》卷二

（宋）魏了翁

五十、五刑之服三就，五流之宅三居。

"汝作士，五刑有服"注，士，理官也。五刑，墨、劓、剕、宫、大辟。服，从也，言得轻重之中正。"五服三就"，既从五刑，谓服罪也。行刑，当就三处。大罪于原野，大夫于朝，士于市。"五流有宅，五宅三居"，谓不忍加刑，则流放之，若四凶者。五刑之流，各有所居，五居之差，有三等之居，大罪四裔，次九州之外，次千里之外。

## 14. 《书集传或问》卷上

（宋）陈大猷

或问，苏、林氏言，兵、刑非一官，何如（苏曰，唐虞以德礼治天下，虽有蛮夷寇贼，时犯其法，然未尝命将命师，特使皋陶以五刑五流之法治之足矣。兵既不用，度其军政，必寓于农民。当是时，训农治兵之官，如十二牧、司徒、司空之流，当兼领其事。是以不复立司马也。或者因谓尧时，士与司马为一官，误矣。夫以将帅之任，而兼之于理官，无时而可也。林曰，夫蛮夷侵乱边境，不用兵执之，则何以隶于皋陶之刑？如其用兵，以士官为将帅，古无是理。舜之时，安知其无大司马，尧官偶不及之耳）？曰，兵乃刑之大者，唐虞以德化天下，士官之设，已非得已。隆古之时，兵既不常用，但领之于士官，兵刑合为一官，所以见圣人不求详如此。盖仁天下之深意也。苏、林疑其说者，以士师不可为将帅耳。夫为将者，非必尽是掌兵之官。如今之兵部枢密，皆掌兵，而未尝为将。意者，唐虞平时兵政，止以士官兼领，如今世之制。故征苗，自属之大禹，而不以命皋陶也。夫工虞之微且列于九官，使其果有司马，岂应置而不言乎？夫唐虞，兵、刑之官，合为一，而礼、乐分为二；成周，礼、乐之官合为一，而兵、刑分为二。盖帝者之世，详于化，而略于政。王者之世，详于政，而略于化。此世变升降之异也。

## 15. 《尚书详解》卷一

（宋）胡士行

（归善斋按，见前文"帝曰：皋陶，蛮夷猾夏"）

## 16. 《书纂言》卷一

（元）吴澄

（归善斋按，见前文"帝曰：皋陶，蛮夷猾夏"）

## 17.《书集传纂疏》卷一

（元）陈栎

（归善斋按，见前文"帝曰：皋陶，蛮夷猾夏"）

## 18.《读书丛说》卷二

（元）许谦

（归善斋按，未解）

## 19.《书传辑录纂注》卷一

（元）董鼎

（归善斋按，见前文"帝曰：皋陶，蛮夷猾夏"）

## 20.《尚书句解》卷一

（元）朱祖义

汝作士（汝为士师之官，掌刑以治之），五刑有服（墨、劓、剕、宫、大辟之五刑，各有所从。犯某罪者，从某刑）。

## 21.《尚书日记》卷二

（明）王樵

（归善斋按，见前文"帝曰：皋陶，蛮夷猾夏"）

## 22.《御制日讲书经解义》卷一

（归善斋按，见前文"帝曰：皋陶，蛮夷猾夏"）

## 《尚书通考》卷五

（元）黄镇成

五刑有服，五服三就（服，服其罪也，《吕刑》所谓上服、下服是也。孔氏曰，服，从也）。

孔氏曰，大罪于原野，大夫于朝，士于市。颖达曰，行刑当就三处，惟谓大辟罪耳。《鲁语》云，刑五而已，无有隐者。大刑用甲兵，次刑斧钺，中刑刀锯，其次钻笮，薄刑鞭扑，以威民。大者陈之原野，小者致之市朝。五刑三次是无隐也。孔用彼为说。蔡氏曰，孔氏不知何据，窃恐惟大辟弃之于市，宫辟则下蚕室，余刑亦就屏处。盖非死刑不欲使风中其疮，误而至死。圣人之仁也。

## 《书蔡氏传旁通》卷一中

（元）陈师凯

士，理官也。

《月令》注，理，狱官也，夏曰"大理"。《韵会》云，皋陶为大理。

《吕刑》所谓上服、下服是也。

《吕刑》云"上刑适轻下服，下刑适重上服"。蔡传云，事在上刑而情适轻，则服下刑，舜之宥过无大，《康诰》所谓"大罪非终"者是也。事在下刑而情适重，则服上刑，舜之刑故无小，《康诰》所谓"小罪非眚"者是也。

## 《尚书砭蔡编》

（明）袁仁

五刑有服，五服三就。

服，即幪巾之类，青绿一匝曰就。《周礼》大辂盘缨七就，可据也。若以服为服其罪，岂流者不应服罪耶？

## 《尚书注考》

（明）陈泰交

"汝作士"，训"士""理官"也。"见士于周"训"士""《说文》曰事也"。

## 《尚书疏衍》卷二

（明）陈第

五刑有服。

服者，刑当而服罪也。"五服三就"，《易》曰"革言三就"，如后世谳狱覆审之类，盖其慎也。孔氏谓，大罪于原野，大夫于朝，士于市，实本《鲁语》之文。然大罪原野者，征讨之兵，似不可列之于刑也。五流者，流虽五刑之一，而其目有五，如四凶之罪，或以"静言庸违"流；或以党比、象恭流；或以昏迷逆命流，或以绩用弗成流。今其详不可知矣。三居者，孔子谓大罪四裔，次九州之外，次千里之外，意亦近之。《禹贡》于荒服曰，二百里流，或于荒服而分为三居，亦未可定也。

## 《尚书广听录》卷一

（清）毛奇龄

作士，是官名。《尚书大传》注，于《夏书》云，所谓六卿者，一后稷，二司徒，三秩宗，四司马，五作士，六共工。其云"汝作士"者，与"汝后稷"、"汝共工"同，与"汝作司徒"、"汝作秩宗"不同。但《周语》云，稷为天官，此正大传所称"六卿之首"之证，然止"稷"一字是官名。虽他称"后稷"而"后"不必官，得毋作士亦如是乎？特其时。有以官称名者，稷，官稷，而名弃，故帝命曰弃。而史书曰，让于稷、契暨皋陶，官与名杂称，若共工、四岳则但有官，无名矣。古称名不一如此。

## 《尚书埤传》卷二

（清）朱鹤龄
（归善斋按，见前文"帝曰：皋陶，蛮夷猾夏"）

## 《尚书七篇解义》卷一

（清）李光地

帝曰：皋陶，蛮夷猾夏，寇贼奸宄。汝作士。五刑有服，五服三就；五流有宅，五宅三居，惟明克允。

皋陶，士师，所司者典刑、流宥而已，不及鞭扑也。以上三官，皆其旧职，故因禹让而申命之。盖教以继养，刑以弼教，皆事之最大而当先者。

1353

# 五服三就

## 1. 《尚书注疏》卷二

（汉）孔氏传，（唐）陆德明音义、孔颖达疏

五服三就。

传：既从五刑，谓服罪也。行刑当就三处：大罪于原野，大夫于朝，士于市。

音义：处，昌虑反，朝直遥反。

疏：五刑有服从者，于三处就而杀之。

行刑当就三处，惟谓大辟罪耳。《鲁语》云刑五而已无有隐者。大刑用甲兵；次刑斧钺；中刑刀锯；其次钻笮，薄刑鞭扑，以威民。故大者陈之原野，小者致之市朝。五刑三次，是无隐也。孔用彼为说，故以三就为原野与朝市也。《国语》贾逵注云，用兵甲者，诸侯逆命征讨之刑也；大夫已上于朝；士已下于市。传虽不言已上、已下，为义亦当然也。《国语》云五刑者，谓甲兵也，斧钺也，刀锯也钻笮也，鞭扑也，与《吕刑》之五刑异也。所言三次，即此三就是也。惟死罪当分就处所，其墨、劓、刖、宫无常处可就也。马、郑、王三家皆以“三就”为原野也、市朝也、甸师氏也。按，“刑于甸师氏”者，王之同族，刑于隐者，不与国人，虑兄弟耳，非所刑之正处。此言正刑不当数甸师也。又市、朝异所，不得合以为一。且皆《国语》之文，其义不可通也。

## 2. 《书传》卷二

（宋）苏轼

（归善斋按，见上句）

## 3. 《尚书全解》卷三

（宋）林之奇

（归善斋按，见上句）

## 4.《尚书讲义》卷二

（宋）史浩

（归善斋按，见前文"帝曰：皋陶，蛮夷猾夏"）

## 5.《尚书详解》卷二

（宋）夏僎

（归善斋按，见前文"帝曰：皋陶，蛮夷猾夏"）

## 6.《增修东莱书说》卷二

（宋）时澜

（归善斋按，见前文"帝曰：弃，黎民阻饥"）

## 7.《尚书说》卷一

（宋）黄度

（归善斋按，见前文"舜曰：咨，四岳"）

## 8.《絜斋家塾书钞》卷一

（宋）袁燮

（归善斋按，见前文"帝曰：皋陶，蛮夷猾夏"）

## 9.《书经集传》卷一

（宋）蔡沈

（归善斋按，见前文"帝曰：皋陶，蛮夷猾夏"）

## 10.《尚书精义》卷四

（宋）黄伦

（归善斋按，见前文"帝曰：皋陶，蛮夷猾夏"）

## 11.《尚书详解》卷二

（宋）陈经

（归善斋按，见前文"帝曰：弃，黎民阻饥"）

### 12.《融堂书解》卷一

（宋）钱时

（归善斋按，见前文"帝曰：皋陶，蛮夷猾夏"）

### 13.《尚书要义》卷二

（宋）魏了翁

五二、"五服三就"，孔用《鲁语》，与马、郑、王异。

行刑当就三处，惟谓大辟罪耳。《鲁语》云，刑五而已，无有隐者。大刑用甲兵，次刑斧钺，中刑刀锯，其次钻笮，薄刑鞭扑，以威民。故大者，陈之原野，小者致之市朝。五刑三次，是无隐也。孔用彼为说，故以三就为原野与朝市，与《吕刑》之五刑异也。所言三次，即此"三就"是也。惟死罪当分就处所。其墨、劓、刖、宫，无常处可就也。马、郑、王三家，皆以"三就"为原野也，市朝也，甸师氏也。按，刑于甸师氏者，王之同族，刑于隐者，不与国人，虑兄弟耳，非所刑之正处。此言正刑，不当数甸师也。又市朝，异所，不得合以为一，且皆《国语》之文，其义不可通也。

（归善斋按，另见上句）

### 14.《书集传或问》卷上

（宋）陈大猷

（归善斋按，未解）

### 15.《尚书详解》卷一

（宋）胡士行

（归善斋按，见前文"帝曰：皋陶，蛮夷猾夏"）

### 16.《书纂言》卷一

（元）吴澄

（归善斋按，见前文"帝曰：皋陶，蛮夷猾夏"）

### 17.《书集传纂疏》卷一

（元）陈栎

（归善斋按，见前文"帝曰：皋陶，蛮夷猾夏"）

### 18.《读书丛说》卷二

（元）许谦

（归善斋按，未解）

### 19.《书传辑录纂注》卷一

（元）董鼎

（归善斋按，见前文"帝曰：皋陶，蛮夷猾夏"）

### 20.《尚书句解》卷一

（元）朱祖义

五服三就（五刑既各有所从，则就所在者有三，大罪就原野，大夫就朝，士就市）。

### 21.《尚书日记》卷二

（明）王樵

（归善斋按，见前文"帝曰：皋陶，蛮夷猾夏"）

### 22.《御制日讲书经解义》卷一

（归善斋按，见前文"帝曰：皋陶，蛮夷猾夏"）

### 《尚书通考》卷五

（元）黄镇成

（归善斋按，见上句）

### 《书蔡氏传旁通》卷一中

（元）陈师凯

惟大辟弃之于市，宫刑则下蚕室，余刑亦就屏处。盖非死刑，不欲使风中其疮，误而至死。

宫刑，腐刑也，如草木腐而生意绝也。《前汉·司马迁传》"茸以蚕室"，师古云，茸，人勇反，推也。蚕室，初腐刑所居温密之室也。又卫宏《汉官旧仪》云，皇后亲桑于苑中蚕室，置蚕官令、丞，诸天下官下法，皆诣蚕室与妇人从事。又《三辅黄图》云，蚕室行腐刑之所。司马迁下蚕室。屏处，隐风处也。《朱子语录》云，宫刑下蚕室，其他底刑，也是就个隐风处，不然牵去当风割了耳鼻，岂不害破伤风，胡乱死了人。又《祭义》云，古者，天子诸侯必有公桑蚕室，近川而为之，筑宫仞有三尺，棘墙而外闭之。疏云，仞三尺，高一丈也。棘墙者，墙上置棘。外闭，谓扇在户外闭也。

### 《尚书砭蔡编》

（明）袁仁

（归善斋按，见上句）

### 《尚书疏衍》卷二

（明）陈第

（归善斋按，见上句）

### 《尚书埤传》卷二

（清）朱鹤龄

（归善斋按，见前文"帝曰：皋陶，蛮夷猾夏"）

# 五流有宅，五宅三居

### 1. 《尚书注疏》卷二

（汉）孔氏传，（唐）陆德明音义、孔颖达疏

五流有宅，五宅三居。

传：谓不忍加刑，则流放之，若四凶者。五刑之流，各有所居。五居之差有三等之居：大罪四裔；次九州之外；次千里之外。

疏：其有不忍刑其身者，则断为五刑而流放之；五刑之流各有所居处。五刑所居，于三处居之，所以轻重罪得其宜，受罪无怨者。

"五流有宅"，即"流宥五刑"也。当在五刑，而流放之，故知为不忍加刑，则流放之，若四凶也。郑玄云，舜不刑此四人者，以为尧臣，不忍刑之。王肃云，谓在八议之辟，君不忍杀，宥之以远。八议者，《周礼·小司寇》所云议亲、议故、议贤、议能、议功、议贵、议宾、议勤是也。以君恩不忍杀，罪重不可全赦，故流之也。五刑之流，各有所居，谓徙置有处也。五居之差，有三等之居，量其罪状为远近之差也。四裔最远，在四海之表，故大罪四裔，谓本犯死罪也。故《周礼·调人职》云"父之仇辟诸海外"，即与四裔为一也。次九州之外，即《王制》云"入学不率教者屏之远方，西方曰僰（bó），东方曰寄"，注云逼寄于夷狄也，与此九州之外同也。次千里之外者，即《调人职》云"兄弟之仇辟诸千里之外"也。《立政》云中国之外，不同者，言中国者，据罪人所居之国定千里也。据其远近其实一也。《周礼》与《王制》既有三处之别，故约以为言。郑玄云，三处者，自九州之外至于四海。三分其地，远近若周之夷、镇、蕃也。然罪有轻重不同，岂五百里之校乎，不可从也。

## 2. 《书传》卷二

（宋）苏轼

五流有宅，五宅三居，惟明克允。

三居，如今律五流，其详不可知矣。尧、舜以德礼治天下，虽有蛮夷寇贼时犯其法，然未尝命将出师。时使皋陶作士，以五刑三就，五流三居之法治之足矣。兵既不用，度其军政，必寓于农民。当时训农治民之官，如十二牧、司徒、司空之流，当兼领其事，是以不复立司马也。而或者因谓尧时，士与司马为一官，误矣。夫以将帅之任，而兼之于理官，无时而可也。尧独安能行之。

### 3. 《尚书全解》卷三

（宋）林之奇

（归善斋按，见上前句）

### 4. 《尚书讲义》卷二

（宋）史浩

（归善斋按，见前文"帝曰：皋陶，蛮夷猾夏"）

### 5. 《尚书详解》卷二

（宋）夏僎

（归善斋按，见前文"帝曰：皋陶，蛮夷猾夏"）

### 6. 《增修东莱书说》卷二

（宋）时澜

（归善斋按，见前文"帝曰：弃，黎民阻饥"）

### 7. 《尚书说》卷一

（宋）黄度

（归善斋按，见前文"舜曰：咨，四岳"）

### 8. 《絜斋家塾书钞》卷一

（宋）袁燮

（归善斋按，见前文"帝曰：皋陶，蛮夷猾夏"）

### 9. 《书经集传》卷一

（宋）蔡沈

（归善斋按，见前文"帝曰：皋陶，蛮夷猾夏"）

### 10. 《尚书精义》卷四

（宋）黄伦

（归善斋按，见前文"帝曰：皋陶，蛮夷猾夏"）

## 11. 《尚书详解》卷二

（宋）陈经

（归善斋按，见前文"帝曰：弃，黎民阻饥"）

## 12. 《融堂书解》卷一

（宋）钱时

（归善斋按，见前文"帝曰：皋陶，蛮夷猾夏"）

## 13. 《尚书要义》卷二

（宋）魏了翁

五三、五刑之流各有宅宅又有三等之居

此"五流有宅"，即"流宥五刑"也。当在五刑，而流放之，故知谓不忍加刑，则流放之，若四凶也。郑玄云，舜不刑此四人者，以为尧臣，不忍刑之。王肃云，谓在八议之辟，君不忍杀，宥之以远。八议者，《周礼·小司寇》所云，议亲，议故，议贤，议能，议贵，议宾，议功，议勤，是也。以君恩不忍杀，重罪不可全赦，故流之也。五刑之流，各有所居，谓徙置有处也。五居之差，有三等之居，量其罪状为远近之差也。四裔最远，在四海之表，故大罪四裔，谓本犯死罪也。故《周礼·调人职》云，父之雠辟诸海外，即与四裔为一也。次九州之外，即《王制》云，入学不率教者，屏之远方。西方曰棘，东方曰寄。注云，逼寄于夷狄也。与此九州之外同也。次千里之外者，即《调人职》云，兄弟之雠辟诸千里之外也。《立政》云中国之外，不同者，言中国者，据大罪所居之国，定千里也。据其远近，其实一也。《周礼》与《王制》既有三处之别，故约以为言。郑玄云，三处者，自九州之外，至于四海，三分其地，远近若周之夷、镇、蕃也。然罪有轻重不同，岂五百之校乎。不可从也。

（归善斋按，另见前句）

## 14. 《书集传或问》卷上

（宋）陈大猷

（归善斋按，未解）

### 15. 《尚书详解》卷一

（宋）胡士行

（归善斋按，见前文"帝曰：皋陶，蛮夷猾夏"）

### 16. 《书纂言》卷一

（元）吴澄

（归善斋按，见前文"帝曰：皋陶，蛮夷猾夏"）

### 17. 《书集传纂疏》卷一

（元）陈栎

（归善斋按，见前文"帝曰：皋陶，蛮夷猾夏"）

### 18. 《读书丛说》卷二

（元）许谦

（归善斋按，未解）

### 19. 《书传辑录纂注》卷一

（元）董鼎

（归善斋按，见前文"帝曰：皋陶，蛮夷猾夏"）

### 20. 《尚书句解》卷一

（元）朱祖义

五流有宅（有情可恕者，又制为五等流法以宥之，而各有所处），五宅三居（五流之所处有三居。大罪居四裔，其次居九州之外，其次居千里之外）。

### 21. 《尚书日记》卷二

（明）王樵

（归善斋按，见前文"帝曰：皋陶，蛮夷猾夏"）

### 22. 《御制日讲书经解义》卷一

（归善斋按，见前文"帝曰：皋陶，蛮夷猾夏"）

### 《尚书通考》卷五

（元）黄镇成

五流有宅，五宅三居（五等象刑之当宥者也。流虽有五，而宅之但为三等之居）。孔氏曰，大罪四裔，次九州之外，次千里之外。

### 《尚书疏衍》卷二

（明）陈第

（归善斋按，见前句）

### 《尚书埤传》卷二

（清）朱鹤龄

（归善斋按，见前文"帝曰：皋陶，蛮夷猾夏"）

# 惟明克允

## 1. 《尚书注疏》卷二

（汉）孔氏传，（唐）陆德明音义、孔颖达疏

惟明克允。

传：言皋陶能明信五刑，施之远近蛮夷猾夏，使咸信服，无敢犯者。因禹让三臣，故历述之。

疏：惟汝识见之明，能使之信服，故奸邪之人无敢更犯。是汝之功，宜当勉之。因禹之让，以次诫之。

"惟明"，谓皋陶之明；"克允"，谓受罪者信服。故王肃云，惟明其罪，能使之信服，是信施于彼也。但彼人信服，由皋陶有信，故传言，皋陶能明信五刑，施之远近蛮夷，使咸信服。主言"信"者，见其皋陶有信，故彼信之也。

## 2.《书传》卷二

（宋）苏轼

（归善斋按，见上句）

## 3.《尚书全解》卷三

（宋）林之奇

惟明克允。

理官惟明，故能允也。允，信于人也。盖欲刑者之服其罪，流者之安其居，非信于人不可。欲信于人，则在乎明，足以察人情之是非，而善权其轻重也。孔子曰"片言可以折狱者，其由也与"。盖惟信于人者，为可以折狱。非其明足以有察，则安能片言而折之哉。故片言折狱，非惟明且允者，有所不能也。舜命契为司徒，教以"在宽"；命皋陶作士，教之以一言，曰"明"。契与皋陶以是能其官，未有出于一言之外，其言可谓简而当矣。

## 4.《尚书讲义》卷二

（宋）史浩

（归善斋按，见前文"帝曰：皋陶，蛮夷猾夏"）

## 5.《尚书详解》卷二

（宋）夏僎

（归善斋按，见前文"帝曰：皋陶，蛮夷猾夏"）

## 6.《增修东莱书说》卷二

（宋）时澜

（归善斋按，见前文"帝曰：弃，黎民阻饥"）

## 7.《尚书说》卷一

（宋）黄度

（归善斋按，见前文"舜曰：咨，四岳"）

## 8. 《絜斋家塾书钞》卷一

（宋）袁燮

（归善斋按，见前文"帝曰：皋陶，蛮夷猾夏"）

## 9. 《书经集传》卷一

（宋）蔡沈

（归善斋按，见前文"帝曰：皋陶，蛮夷猾夏"）

## 10. 《尚书精义》卷四

（宋）黄伦

（归善斋按，见前文"帝曰：皋陶，蛮夷猾夏"）

## 11. 《尚书详解》卷二

（宋）陈经

（归善斋按，见前文"帝曰：弃，黎民阻饥"）

## 12. 《融堂书解》卷一

（宋）钱时

（归善斋按，见前文"帝曰：皋陶，蛮夷猾夏"）

## 13. 《尚书要义》卷二

（宋）魏了翁

（归善斋按，未引）

## 14. 《书集传或问》卷上

（宋）陈大猷

或问，"惟明克允"，夏氏谓，惟明，则能原情定罪，得其允当，文义为顺。今取孙说何也？曰，用刑者非但取其明而已。盖徒明则过于察，而流于苛。故悉其聪明，必致其忠爱，如得其情，则哀矜勿喜，故知孙说为善。

## 15. 《尚书详解》卷一

（宋）胡士行

（归善斋按，见前文"帝曰：皋陶，蛮夷猾夏"）

## 16. 《书纂言》卷一

（元）吴澄

（归善斋按，见前文"帝曰：皋陶，蛮夷猾夏"）

## 17. 《书集传纂疏》卷一

（元）陈栎

（归善斋按，见前文"帝曰：皋陶，蛮夷猾夏"）

## 18. 《读书丛说》卷二

（元）许谦

（归善斋按，未解）

## 19. 《书传辑录纂注》卷一

（元）董鼎

（归善斋按，见前文"帝曰：皋陶，蛮夷猾夏"）

## 20. 《尚书句解》卷一

（元）朱祖义

惟明克允（惟能审其刑，而后能允当人之罪）。

## 21. 《尚书日记》卷二

（明）王樵

（归善斋按，见前文"帝曰：皋陶，蛮夷猾夏"）

## 22. 《御制日讲书经解义》卷一

（归善斋按，见前文"帝曰：皋陶，蛮夷猾夏"）

### 《尚书埤传》卷二

（清）朱鹤龄

（归善斋按，见前文"帝曰：皋陶，蛮夷猾夏"）

# 帝曰：畴若予工？佥曰：垂哉

## 1. 《尚书注疏》卷二

（汉）孔氏传，（唐）陆德明音义、孔颖达疏

帝曰：畴若予工。佥曰：垂哉

传：问谁能顺我百工事者，朝臣举垂。垂，臣名。

音义：垂，如字，徐音睡。

疏：传正义曰，《考工》记云"国有六职，百工与居一焉"，工即百工，故云，问谁能顺我百工事者，直言"帝曰"无所偏咨，故知"佥曰"是朝臣共举垂也。

## 2. 《书传》卷二

（宋）苏轼

帝曰：畴若予工？佥曰：垂哉。帝曰：俞！咨垂，汝共工。

垂，臣名。

## 3. 《尚书全解》卷三

（宋）林之奇

帝曰：畴若予工？佥曰：垂哉。帝曰：俞！咨，垂汝共工。垂拜稽首，让于殳斨暨伯与。帝曰：俞！往哉，汝谐。

谓谁能顺我百工之事也。马氏云，司空兼理百工之事。盖禹既由司空以宅百揆，于是又求其可为司空以代禹者也。《周礼·考工记》曰"国有六职，百工居其一焉"。郑氏云，百工，司空事官之属。司空掌营城郭，建都邑，立社稷宗庙，造宫室、车旗、器械。"百工"者，唐、虞以上谓

之"共工"，郑氏此说亦未尽。唐、虞之世，虽谓之"共工"，然亦谓之"司空"，"伯禹作司空"是也。"佥曰：垂哉"，四岳见垂能任百工之事也。据上文言"畴若予工"，下文"佥曰：垂哉"，则是所询者，亦询四岳，而"佥曰"者，亦四岳荐之也。而不言"咨四岳"者，盖史官经纬其语以成文，以使文势上下互相发明也。垂有创物之巧，精于百工之技艺，故四岳荐之，使总领百工之事，盖其所制器，历代传之以为宝。故传所谓"垂之竹矢"是也。以一矢观之，有以见垂于百工技艺之事，无不精。以一垂观之，有以见舜之时，百工有司，莫不称其职也。"舜曰：俞"者，然其所举也。"汝共工"犹言"汝后稷，播时百谷"，谓使居是官也。孔氏见文无"作"字，遂云"共"谓共其职事。审如此说，则与《尧典》所称者乃为异文，无是理也。据下文"汝作秩宗"，古文亦无"作"字，但云"汝秩宗"与此同。"垂拜稽首，让于殳斨暨伯与"，孔氏以殳斨、伯与为二臣，非也。禹让稷、契、皋陶三人也，则曰"让于稷、契暨皋陶"；伯夷让于夔龙二人也，则曰"让于夔龙"。此之所让，与禹正同。然中加"暨"字则其为三人也无疑矣。殳，一也；斨，二也；伯与三也。"帝曰俞"者，然其让也。虽然其所让，然殳、斨、伯与，又未若垂之善于其职，故使往谐其官也。

## 4.《尚书讲义》卷二

（宋）史浩

帝曰：畴若予工？佥曰：垂哉。帝曰：俞，咨，垂汝共工。垂拜稽首，让于殳斨暨伯与。帝曰：俞！往哉，汝谐。

工宜后也。而舜命垂者，以垂能顺百工之事也。夫工虽贱事，而治天下者，于此考其成，是故纪治之成者，必曰吏称其职，民安其业，而赞之曰，技巧工匠，咸精其能。夫咸精其能，是于细事不敢欺也。而不谓之治成乎？垂之逊殳斨伯，与风化使然也。伯禹既逊，其下皆逊，以此知一相得人，不忧天下之不治也。"往哉，汝谐"，无出垂之右者，垂安得而辞乎？

## 5.《尚书详解》卷二

（宋）夏僎

帝曰：畴若予工？佥曰：垂哉。帝曰：俞！咨，垂，汝共工。垂拜稽首，让于殳斨暨伯与。帝曰：俞！往哉，汝谐。

禹既由司空以宅百揆，于是又求其可为司空，以代禹者也。《周礼·考工记》国有六职，百工居其一焉。郑氏曰，百工，司空事官之属。唐、虞以上谓之共工。此说恐未尽。唐、虞虽谓之共工，然亦谓之司空，伯禹作司空是也。"佥曰：垂哉"，四岳见垂能任百工之事，而荐之也。垂有创物之巧，精于制器，所谓垂之竹矢是也。"汝共工"，谓使汝居是官，犹"汝后稷，播时百谷"。意孔氏见无"作"字遂云"共"谓共其执事，则与《尧典》所称者异文，无是理。

## 6. 《增修东莱书说》卷二

（宋）时澜

帝曰：畴若予工？佥曰：垂哉。帝曰：俞！咨，垂，汝共工。垂拜稽首，让于殳、斨暨伯与。帝曰：俞！往哉，汝谐。

圣人事事物物，无不全备。工者，金工、土工、石工、木工、兽工、草工之类。与后世技巧工匠，咸精其能者，事同而意异也。学者又当于"若"字求之。"谐"之一字，生于"若"之一字也。

## 7. 《尚书说》卷一

（宋）黄度

帝曰：畴若予工。佥曰：垂哉。帝曰：俞！咨，垂，汝共工。垂拜稽首，让于殳、斨暨伯与。帝曰：俞！往哉，汝谐。

禹自司空为百揆，于是不复置司空官，故使垂掌百工，还其旧名与。三公举三公为工官，盖使兼之。禹百揆，伯夷秩宗，皆兼官。三代三公多兼官。命官选材，三公尚德。

## 8. 《絜斋家塾书钞》卷一

（宋）袁燮

帝曰：畴若予工？佥曰：垂哉。帝曰：俞！咨，垂，汝共工。垂拜稽首，让于殳、斨暨伯与。帝曰：俞！往哉，汝谐。

畴，众也。唐、虞用人，与后世不同。用一人焉，必采之公论，所与，则其人之贤可知矣，然后从而用之。此其与天下为公之意，安得一毫私意介乎其间。自后世揽权之说兴，人主举事，始欲皆自己出。唐、虞之时，但务吾事之归于是而已，揽权之说未之闻也。放齐举胤子朱，尧以其"嚚讼"而不用；驩兜举共工，尧以其"静言庸违"而不用。至金言举鲧，尧虽知其"方命圮族"，然且用之，是何尧果于前二人，而独依违于一鲧也。然则，圣人与天下为公之意，盖可识矣。胤子、共工，特放齐、驩兜举之。鲧乃金言所举者，夫既出于众人之公，尧安得而不用。圣人之心至公无私，可想而见。若，顺也。工，百工也。彼百工之事，皆顺道理，是谓"若予工"。前乎此，则是职也，共工实为之。舜既流共工，乃始更求其能"若予工"者。夫以百工之事，而特设一官。欲知兹事之重，观《周礼·考工记》可见。国有六职，百工与居一焉。轮、舆、弓、庐、匠、车、梓、筑、冶、凫、栗、段、桃，函、鲍、韗、韦、裘，画、缋、钟、筐、㡛，玉、椰、雕、矢、磬，以至于陶、旊，皆是百工之事，皆日用所不可一日阙者。故曰百工之事，皆圣人之作也。《易》言"斫（zhuó）木为耜，揉木为耒，刳（kū）木为舟，剡（shàn）木为楫"。无非圣人为之，夫如此，安得而不重。《孟子》曰"一人之身而百工之所为备"，今夫手之所用，身之所被，目之所视，耳之所听，皆百工之为也。日用之间，无非百工，但由之而不知耳。既是关民生之日用，宜其事之重也。抑又有甚重者，《月令》所谓"毋或作为淫巧，以荡上心"。物勒工名，以考其成功，有不当必行其罪。至于上关君心，岂可不顺道理。圣人必欲使之"若"者，正缘是关系人心，共敬也，敬以行其事也。

# 9.《书经集传》卷一

（宋）蔡沈

帝曰：畴若予工？金曰：垂哉。帝曰：俞！咨，垂，汝共工。垂拜稽首，让于殳斨暨伯与。帝曰：俞！往哉，汝谐。

殳，音殊；斨，千羊反；与，音余。若，顺其理，而治之也。《曲礼》六工，有土工、金工、石工、木工、兽工、草工；《周礼》有攻木之工，攻金之工，攻皮之工，设色之工，抟埴之工，皆是也。帝问，谁能顺治于百工之事者。垂，臣名，有巧思。《庄子》曰"擽工倕之指"，即此也。殳、斨、伯与，三臣名也。殳以积竹为兵，建兵车者。斨，方銎（qióng）斧也。古者多以其所能为名。殳、斨岂能为二器者欤。"往哉，汝谐"者，往哉汝和其职也。

## 10.《尚书精义》卷四

（宋）黄伦

帝曰：畴若予工？佥曰：垂哉。帝曰：俞！咨，垂，汝共工。垂拜稽首，让于殳、斨暨伯与。帝曰：俞！往哉，汝谐。

无垢曰，舜求百揆，则曰"有能奋庸"，而求共工则曰"畴若予工"者，意谓，谁能顺我考工之事。以《周官》考之，有攻木之工，攻金之工，设色之工，刮摩之工，以下皆工也。是工之为职，器械之所自出也。其曰"予工"者，圣人在上，则器械有法，一或不然，器械失度，即器械，可以上遡圣人之心。其曰"予工"又何疑哉？观象箸，可以知桀；观玉杯，可以知纣；观金人，可以知始皇；观锦帆，可以知炀帝。以至鹬冠成而子臧亡，鉴车美而庆封奔。四载，可以见禹之勤。五弦，可以咏舜之德。而工匠器械，自元成间，鲜能及之，亦可以见宣帝励精政事也。"工"曰"予工"，何疑之有？其曰"若"者欲其顺器械之理也。夫刳（kū）木为舟，剡（shàn）木为楫，乃有涣之象；断木为杵（chǔ），掘地为臼，乃有小过之象。弦木为弧，剡木为矢，乃有睽之象。以至网罟取诸离，宫室取诸大壮。棺椁，以易衣薪之野；书契，以代结绳之陋，莫非仰观俯察，远取近取，因万物自然之理而为之。制作岂可乱天之经，逆物之情，为奇技淫巧，以荡上心，而悦妇人哉？此又"若"之意也。又曰，夫举不当，而许之，乱也；举当其人，而不许，亦乱也。一"吁"一"俞"之间，天下治乱之几自此而起，其可轻也哉。

张氏曰，《记》曰"天子之六工，曰土工，金工，木工，石工，兽工，草工，典制六材"，则六工皆天子之工也。供是职者，在"若"之而已，守其法，信其度。因圣人所以创作之制，而持循之，此之谓"若"。又曰，帝于伯禹之让，则曰"汝，往哉"；于垂、益之让，则曰"往哉，汝谐"者，禹之于百揆，可以优为之矣，故使往而无所戒，可也。至于伯夷之典礼，非特使之往，而又曰"钦哉"者，盖礼以"钦"为主，谓之

"往，钦哉"，则又使之往而加"钦"也。共工治之末，朕虞职之卑，故戒之以"汝谐"而已。盖以事之不可咈，众之不可违，此其所以贵于谐也。

## 11. 《尚书详解》卷二

（宋）陈经

帝曰：畴若予工？佥曰：垂哉。帝曰：俞！咨，垂，汝共工。垂拜稽首，让于殳、斨暨伯与。帝曰：俞！往哉，汝谐。帝曰：畴若予上下草木鸟兽？佥曰：益哉。帝曰：俞！咨，益，汝作朕虞。益拜稽首，让于朱、虎、熊、罴。帝曰：俞！往哉，汝谐。

帝舜于此问，其谁能顺我百工之事者，盖一人之身，百工之所为备，宫室城郭，各有其制；车服器械，各有其度。顺之者，循其制，谨其度是也。其有不顺是者，或至于奇技淫巧，以荡上心者有之。漆器不止以金玉者有之。此百工之事，所以贵于顺，而舜所以深致意焉者也。众人同辞而举以垂可以胜其任。帝于是咨垂，汝当共工，谨百工之事。垂不敢当，让于殳、斨暨伯与三臣。帝然其所逊，不与其辞，曰"往哉，汝谐"，谓百工之事，惟汝之所宜谐和也。"帝曰：畴若予上下草木鸟兽"，谁能顺我山泽草木鸟兽之事。上者，山也；下者，泽也。草木鸟兽，自有草木鸟兽之性，何与于圣人？今也，命官而顺之，盖王者之政，斧斤以时入山林，数罟不入洿池；"断一木，杀一兽不以其时，非孝也"，以见草木鸟兽一视同仁，无所不爱。然舜使益掌火，益烈山泽而焚之，禽兽逃匿，是得为顺其性乎？曰，此所以顺其性也，使鸟兽与草木为中国生民之害，益乌可不驱之，焚之哉。众人同辞而举伯益，以为能胜其任。帝咨益，汝作朕之虞。益拜稽首，让于朱、虎、熊、罴四臣。"帝曰：俞！往哉，汝谐"，朕虞之职，惟汝能谐之。或曰，工之与虞，至微至贱之事，圣人若不必加之意也，殊不知精粗本末，初无二致。圣人以天下为一体，岂有身外之事，其为精者，本也；其为粗者，末也哉。不然，则工曰"予工"，是天下无一事非君之事。草木鸟兽，曰"予上下草木鸟兽"，是天下无一物非君之物也。唐、虞稽古建官惟百，而百官之大者，莫如九官，至简要也。工、虞之职，至与百揆，三礼者同，其命则知。自古圣人，未始以是为微贱而忽略之也。后世百工之官，犹或知之。朕虞之官，盖视之以为不切，废而不举者，多矣。余考虞廷诸臣，自禹而下，皆全才备德，非寻常之流。盖亦无施而不可者也。舜之命礼乐、刑教，与夫予工、朕虞，终身而不易其业。后之人才不逮古，间有一能一节之可取者，其君喜而用之。今日俾之掌礼，未几而更命以刑；今日俾之掌刑，未几而更命以教。前之职方习之而未精，后之官又龃龉而不熟，求如古之命官鲜矣。自舜之命垂以共工也，而竹矢之巧，至成周千有余年，而犹且传宝之，则其法度之巧妙可知。天下之事一则精，否则杂，吾于舜命九官而见之。

## 12. 《融堂书解》卷一

（宋）钱时

帝曰：畴若予工？佥曰：垂哉。帝曰：俞！咨，垂，汝共工。垂拜稽首，让于殳、斨暨伯与。帝曰：俞！往哉，汝谐。

一器物之微，特工人之所为耳。于舜何与而曰"予工"，盖制器尚象，自圣人出，其所制作，妙理存焉。今观牺尊、象尊、玉爵、瑶爵与，凡圣世相传之遗制，体格端重，名义渊永，无一物非托之以寓进业之深旨，不虚作也。然则百工之事，正圣人精神妙用，风俗之所枢机，其美其恶其责在我，谓之"予工"，岂苟然哉？是故，必贵于"若"也，或若窳（yǔ）或不中度，不得谓之"若"矣。"汝谐"，和谐其职业也。无一工之不谐，方可言"若"。

## 13. 《尚书要义》卷二

（宋）魏了翁

（归善斋按，未引）

## 14. 《书集传或问》卷上

（宋）陈大猷

或问，无垢张氏说"若予工"，谓因万物自然之理，而为之制作。复改张说，何也？曰，无垢所言虽善，乃圣智创物之事，非百工之事也。不若张说为当。

### 15. 《尚书详解》卷一

（宋）胡士行

帝曰：畴（谁）若（顺）予工（金工、土工、石工、木工、兽工、草工之类）？佥曰：垂（名）哉。帝曰：俞！咨，垂，汝（作）共工（官名）。垂拜稽首，让于殳斨（人）暨伯与。帝曰：俞！往哉，汝谐（能谐和其官）。

谐生于若。后世技巧工匠，咸精其能者，事同而意异也。

### 16. 《书纂言》卷一

（元）吴澄

帝曰：畴若予工？佥曰：垂哉。帝曰：俞！咨，垂，汝共工。垂拜稽首，让于殳、斨暨伯与。帝曰：俞！往哉，汝谐。

"若"与"若予采"之"若"同。工，造作器用者也。《周官·考工记》六工，曰攻木、攻金、攻皮、设色、刮摩、搏埴。《曲礼》则曰，木工、金工、兽工、草工、石工、土工也。垂，臣名，有巧思。《顾命》云"垂之竹矢"，《庄子》"工垂之指"，即此人也。帝问，谁可称予工官之职者，而佥举垂以对也。共，谓供其职。共工，盖众工之长也。殳、斨、伯与，三臣名。殳以集竹为兵，建于兵车者。斨，方銎，斧也。古者，多以其所能为名。殳、斨，岂能为二器者欤。"往哉"者，令垂往为工官。"汝谐"者，以所让三臣为佐，汝与之谐和，共治工事也。

### 17. 《书集传纂疏》卷一

（元）陈栎

帝曰：畴若予工？佥曰：垂哉。帝曰：俞！咨，垂，汝共工。垂拜稽首，让于殳、斨暨伯与。帝曰：俞！往哉，汝谐。

若，顺其理而治之也。《曲礼》六工，有土工、金工、石工、木工、兽工、草工。《周礼》有攻木之工，攻金之工，攻皮之工，设色之工，抟埴之工，皆是也。帝问，谁能顺治予百工之事者？垂，臣名，有巧思。《庄子》曰"擸（h）工垂之指"，即此也。殳、斨、伯与，三臣名也。殳，以积竹为兵，建兵车者。斨，方銎，斧也。古人多以其所能为名。

殳、斨，岂能为二器者欤？"往哉，汝谐"者，往哉，汝和其职也。

**纂疏**

张氏曰，守法信度，因圣人制作而持之，此之谓"若"。愚谓，垂，顺物理之自然而为之行所，无事之大智大巧耳，非若后世，器械技巧咸精，其能作为淫巧，以荡上心之比也。攎，吕计反。

## 18. 《读书丛说》卷二

（元）许谦

（归善斋按，未解）

## 19. 《书传辑录纂注》卷一

（元）董鼎

帝曰：畴若予工？佥曰：垂哉。帝曰：俞！咨，垂，汝共工。垂拜稽首，让于殳、斨暨伯与。帝曰：俞！往哉，汝谐。

"若"，顺其理而治之也。《曲礼》六工有，土工、金工、石工、木工、兽工、草工。《周礼》有，攻木之工、攻金之工、攻皮之工、设色之工、搏埴之工，皆是也。帝问，谁能顺治予百工之事者。垂，臣名，有巧思。《庄子》曰"攎工倕之"，指即此也。殳、斨、伯与，三臣名也。殳以积竹为兵，建兵车者。斨，方銎，斧也。古者多以其所能为名。殳、斨，岂能为二器者欤。"往哉，汝谐"者，往哉，汝和其职也。

**纂注**

张氏曰，守法信度，因圣人创作之制，而持循之，此之谓"若"。新安陈氏曰，垂之巧，因万物自然之理，而为之行，所无事之大智大巧耳，岂若后世之器械技巧咸精，其能作为淫巧，以荡上心之比哉。陆音攎，郭，吕系、力结二反。

## 20. 《尚书句解》卷一

（元）朱祖义

帝曰（舜言）：畴若予工（谁能顺我百工之事）？佥曰（众人同辞而举）：垂哉（垂可胜任）。

## 21. 《尚书日记》卷二

（明）王樵

"帝曰：畴若予工"至"往哉，汝谐"。若，顺其理而治之也。古人无事不然，施于水，则为行其所无事；施于教，则为使自得之；施于养，则为因民之所利而利之；施于工，则为守法信度，因乎物宜。且古人之制作，惟能顺其理也，故能尽乎物宜而精。后人之制作，惟不必顺其理也，故惟穷乎人意，而巧精以适，用巧以悦。观此，古今之工所以相远也。《周书》曰"垂之竹矢垂之巧"，盖因万物自然之理，非若后世所谓技巧咸精其能者。"殳以积竹八觚，长丈二尺，建于兵车"，《说文》注，积竹，谓削去其白，取其青处合之，取其有力也。斨，方銎，斧也（銎，斧穿也）。二者，盖以所能为名也。工与虞，各有治所，如工居于肆，虞各随山林川泽之所在而置守焉。统有众职，如《考工记》轮人、舆人之属，共工为之长。山虞、泽虞、林衡、川衡之属，益为之长。故二官独曰"往哉，汝谐"，饬以莅其治所而合和众职也。百揆但曰"汝往哉"，无戒辞，体尊也。秩宗重事神，故特曰"往钦哉"。

## 22. 《御制日讲书经解义》卷一

帝曰：畴若予工？佥曰：垂哉。帝曰：俞！咨，垂，汝共工。垂拜稽首，让于殳、斨暨伯与。帝曰：俞，往哉，汝谐。

此一节书，是求共工之官也。若，顺也。垂，臣名。共工，掌工作之官。殳、斨、伯与，三臣名。谐，和也。帝曰，制器利用，事关国计，谁能为我顺物理之自然，以治我百工之事者，我将用。群臣同辞对曰，有臣名垂者，巧于因物就功，可当此任。帝即然其所举，而呼垂而命之曰，工必因天时，顺物宜，尽人事，技艺有度，不作淫巧以荡上心；服器有式，不至侵陋，以乱朝制。汝其为予总统众工。垂乃下拜稽首，举殳、斨及伯与，以让之。帝曰，三人虽贤，但总领与专治不同。谐和众职，非汝而谁，其往就职可也。按，禹之智，行所无事；垂之巧，善因物理，可见唐虞之治，不过事事顺其自然。此古人之制作，所以为不可及也。

## 《尚书通考》卷五

（元）黄镇成

垂（臣名，有巧思。《庄子》曰"攫工垂之"，指即此也），殳、斨、伯与（三臣名也。殳以积竹为兵，建兵车者。斨，方銎，斧也。古者多以其所能为名，殳、斨岂能为二器者欤），共工（《曲礼》六工，有土工、金工、木工、兽工、草工。《周礼》有攻木之工，攻金之工，攻皮之工，设色之工，抟埴之工皆是也。），益（孔氏曰，皋陶之子也），虞（掌山泽之官。《周礼》虞衡属于夏官。），朱、虎、熊、罴（四臣名）。孔氏曰，垂、益所让四臣，皆在元凯之中。《左氏》文十八年太史克曰，高辛氏有才子八人，伯奋、仲堪、叔献、季仲、伯虎、仲熊、叔豹、季狸。杜氏曰。此即稷、契、朱、虎、熊、罴之伦。蔡氏曰，意以兽为名者，亦以其能服是兽而得名欤。《史记》曰朱、虎、熊、罴为伯益之佐。前殳、斨、伯与亦为垂之佐也。

## 《书蔡氏传旁通》卷一中

（元）陈师凯

曲礼六工。

殷制。

周礼有攻木之工。

《考工记》云，攻木之工七，轮、舆、弓、庐、匠、车、梓；攻金之工六，筑、冶、凫、㒸、段、桃；攻皮之工五，函、鲍、韗（yùn）韦、裘；设色之工五，画、缋、钟、筐、慌；刮摩之工五，玉、楖、雕、矢、磬；抟埴之工二，陶、㼚。

攫工垂之指。

陆氏《释文》云，攫，吕系反，又力结反。

## 《尚书七篇解义》卷一

（清）李光地

帝曰：畴若予工？佥曰：垂哉。帝曰：俞！咨，垂汝共工。垂拜稽首，让于殳、斨暨伯与。帝曰：俞！往哉，汝谐。帝曰：畴若予上下草木鸟兽？佥曰：益哉。帝曰：俞！咨，益汝作朕虞。益拜稽首，让于朱虎、熊罴。帝曰：俞！往哉，汝谐。

养教备，则及于器用之事；人民安，则及于动植之伦。旧盖亦有是职，而求其人以举之，如咨百揆之例也。百揆职重，故咨四岳。此则畴咨而已。尧于"登庸若采"曰"畴咨"，治水异位，则咨四岳亦此例也。益前佐禹平山林矣，犹未尝专其事也。

# 帝曰：俞！咨，垂，汝共工

## 1.《尚书注疏》卷二

（汉）孔氏传，（唐）陆德明音义、孔颖达疏

帝曰：俞！咨，垂汝共工。

传：共，谓供其职事。

音义：共，音恭。（音义）：斨，七良反。与，音余。

疏：《尧典》传云，共工官称，即彼以"共工"二字为官名。上云"畴若予工"，单举工名。今命此人云汝作共工，明是帝谓此人堪供此职，非是呼此官名为共工也。其官或以共工为名，要帝意言共，谓供此职也。

## 2.《书传》卷二

（宋）苏轼

（归善斋按，见上句）

## 3.《尚书全解》卷三

（宋）林之奇

（归善斋按，见前文"帝曰：畴若予工"）

## 4.《尚书讲义》卷二

（宋）史浩

（归善斋按，见前文"帝曰：畴若予工"）

### 5. 《尚书详解》卷二

（宋）夏僎

（归善斋按，见前文"帝曰：畴若予工"）

### 6. 《增修东莱书说》卷二

（宋）时澜

（归善斋按，见前文"帝曰：畴若予工"）

### 7. 《尚书说》卷一

（宋）黄度

（归善斋按，见前文"帝曰：畴若予工"）

### 8. 《絜斋家塾书钞》卷一

（宋）袁燮

（归善斋按，见前文"帝曰：畴若予工"）

### 9. 《书经集传》卷一

（宋）蔡沈

（归善斋按，见前文"帝曰：畴若予工"）

### 10. 《尚书精义》卷四

（宋）黄伦

（归善斋按，见前文"帝曰：畴若予工"）

### 11. 《尚书详解》卷二

（宋）陈经

（归善斋按，见前文"帝曰：畴若予工"）

### 12. 《融堂书解》卷一

（宋）钱时

（归善斋按，见前文"帝曰：畴若予工"）

## 13. 《尚书要义》卷二

（宋）魏了翁

（归善斋按，未引）

## 14. 《书集传或问》卷上

（宋）陈大猷

（归善斋按，未解）

## 15. 《尚书详解》卷一

（宋）胡士行

（归善斋按，见前文"帝曰：畴若予工"）

## 16. 《书纂言》卷一

（元）吴澄

（归善斋按，见前文"帝曰：畴若予工"）

## 17. 《书集传纂疏》卷一

（元）陈栎

（归善斋按，见前文"帝曰：畴若予工"）

## 18. 《读书丛说》卷二

（元）许谦

（归善斋按，未解）

## 19. 《书传辑录纂注》卷一

（元）董鼎

（归善斋按，见前文"帝曰：畴若予工"）

## 20.《尚书句解》卷一

（元）朱祖义

帝曰：俞（舜言俞以然之）！咨垂（于是命垂），汝共工（汝当恭谨百工之事）。

## 21.《尚书日记》卷二

（明）王樵

（归善斋按，见前文"帝曰：畴若予工"）

## 22.《御制日讲书经解义》卷一

（归善斋按，见前文"帝曰：畴若予工"）

# 垂拜稽首，让于殳斨暨伯与

## 1.《尚书注疏》卷二

（汉）孔氏传，（唐）陆德明音义、孔颖达疏

垂拜稽首，让于殳斨（qiāng）暨伯与。

传：殳斨、伯与，二臣名。

音义：斨，七良反。与，音余。

（归善斋按，另见后文"让于朱虎、熊罴"）

## 2.《书传》卷二

（宋）苏轼

垂拜稽首让于殳斨暨伯与。

二臣名。

## 3.《尚书全解》卷三

（宋）林之奇

（归善斋按，见前文"帝曰：畴若予工"）

1381

### 4. 《尚书讲义》卷二

（宋）史浩

（归善斋按，见前文"帝曰：畴若予工"）

### 5. 《尚书详解》卷二

（宋）夏僎

（归善斋按，见前文"帝曰：畴若予工"）

### 6. 《增修东莱书说》卷二

（宋）时澜

（归善斋按，见前文"帝曰：畴若予工"）

### 7. 《尚书说》卷一

（宋）黄度

（归善斋按，见前文"帝曰：畴若予工"）

### 8. 《絜斋家塾书钞》卷一

（宋）袁燮

（归善斋按，见前文"帝曰：畴若予工"）

### 9. 《书经集传》卷一

（宋）蔡沈

（归善斋按，见前文"帝曰：畴若予工"）

### 10. 《尚书精义》卷四

（宋）黄伦

（归善斋按，见前文"帝曰：畴若予工"）

### 11. 《尚书详解》卷二

（宋）陈经

（归善斋按，见前文"帝曰：畴若予工"）

## 12.《融堂书解》卷一

（宋）钱时

（归善斋按，见前文"帝曰：畴若予工"）

## 13.《尚书要义》卷二

（宋）魏了翁

（归善斋按，见后文"益拜稽首"）

## 14.《书集传或问》卷上

（宋）陈大猷

（归善斋按，未解）

## 15.《尚书详解》卷一

（宋）胡士行

（归善斋按，见前文"帝曰：畴若予工"）

## 16.《书纂言》卷一

（元）吴澄

（归善斋按，见前文"帝曰：畴若予工"）

## 17.《书集传纂疏》卷一

（元）陈栎

（归善斋按，见前文"帝曰：畴若予工"）

## 18.《读书丛说》卷二

（元）许谦

（归善斋按，未解）

## 19.《书传辑录纂注》卷一

（元）董鼎

（归善斋按，见前文"帝曰：畴若予工"）

## 20.《尚书句解》卷一

（元）朱祖义

垂拜稽首（垂乃首至地为稽首而拜），让于殳斨暨伯与（让于殳斨与伯与二臣。殳，殊；斨，枪）。

## 21.《尚书日记》卷二

（明）王樵

（归善斋按，见前文"帝曰：畴若予工"）

## 22.《御制日讲书经解义》卷一

（归善斋按，见前文"帝曰：畴若予工"）

## 《尚书通考》卷五

（元）黄镇成

（归善斋按，见前文"帝曰：畴若予工"）

## 《尚书稗疏》卷一

（清）王夫之

伯与。《世本》伯余始作衣。此"伯与"，疑即"伯余"。余、与音同。然衣裳之制始于黄帝，则《世本》所言伯余，当亦轩辕时人。乃古者以字为氏，如厉王时有家父；桓王时又有家父。则此伯与，或始作衣者之苗裔，以孙而蒙祖号。又古善射者，唐有后羿，夏亦有后羿。习其技者可同其名。缝絍（zhì）之工，俱得名为"伯余"耶？殳斨，主兵器，伯与主服工。以器服为重，唐虞之所尚也。故《易》曰"尧舜垂衣裳而天下治"，抑车室耒耜，沿流已熟，人知为之，不待为之置官也乎？

# 帝曰：俞！往哉，汝谐

## 1. 《尚书注疏》卷二

（汉）孔氏传，（唐）陆德明音义、孔颖达疏

帝曰：俞！往哉，汝谐。

传：汝能谐和此官。

## 2. 《书传》卷二

（宋）苏轼

帝曰：俞！往哉，汝谐。

谐，宜也。

## 3. 《尚书全解》卷三

（宋）林之奇

（归善斋按，见前文"帝曰：畴若予工"）

## 4. 《尚书讲义》卷二

（宋）史浩

（归善斋按，见前文"帝曰：畴若予工"）

## 5. 《尚书详解》卷二

（宋）夏僎

（归善斋按，见前文"帝曰：畴若予工"）

## 6. 《增修东莱书说》卷二

（宋）时澜

（归善斋按，见前文"帝曰：畴若予工"）

## 7. 《尚书说》卷一

（宋）黄度

（归善斋按，见前文"帝曰：畴若予工"）

## 8. 《絜斋家塾书钞》卷一

（宋）袁燮

（归善斋按，见前文"帝曰：畴若予工"）

## 9. 《书经集传》卷一

（宋）蔡沈

（归善斋按，见前文"帝曰：畴若予工"）

## 10. 《尚书精义》卷四

（宋）黄伦

（归善斋按，见前文"帝曰：畴若予工"）

## 11. 《尚书详解》卷二

（宋）陈经

（归善斋按，见前文"帝曰：畴若予工"）

## 12. 《融堂书解》卷一

（宋）钱时

（归善斋按，见前文"帝曰：畴若予工"）

## 13. 《尚书要义》卷二

（宋）魏了翁

（归善斋按，未引）

## 14. 《书集传或问》卷上

（宋）陈大猷

（归善斋按，未解）

## 15. 《尚书详解》 卷一

（宋）胡士行

（归善斋按，见前文"帝曰：畴若予工"）

## 16. 《书纂言》 卷一

（元）吴澄

（归善斋按，见前文"帝曰：畴若予工"）

## 17. 《书集传纂疏》 卷一

（元）陈栎

（归善斋按，见前文"帝曰：畴若予工"）

## 18. 《读书丛说》 卷二

（元）许谦

（归善斋按，未解）

## 19. 《书传辑录纂注》 卷一

（元）董鼎

（归善斋按，见前文"帝曰：畴若予工"）

## 20. 《尚书句解》 卷一

（元）朱祖义

帝曰：俞（舜然之曰），往哉，汝谐（垂可往居此职。汝能谐和其事）。

## 21. 《尚书日记》 卷二

（明）王樵

（归善斋按，见前文"帝曰：畴若予工"）

## 22. 《御制日讲书经解义》 卷一

（归善斋按，见前文"帝曰：畴若予工"）

### 《读书管见》卷上

（元）王充耘

垂让殳、斨、伯与，益让朱虎、熊罴，其下皆云"汝谐"。传引《史记》云，朱虎熊罴为益佐，则前殳、斨、伯与，亦当为垂之佐，意谓"汝谐"者，使共此职，非也。禹让稷、契、皋陶，而用稷、契、皋陶；伯夷让夔、龙，而用夔、龙，故皆不言汝谐，是听其让也。益让朱虎、熊罴而未尝用朱虎、熊罴；垂让殳、斨、伯与，而未尝用殳、斨、伯与，故各言"汝谐"，言惟汝可以宜此职尔。他人不能也。泛言咨四岳，证以《尧典》畴咨可见。

### 《尚书疑义》卷一

（明）马明衡

畴若予上下草木鸟兽。若，顺也。当去者去，当留者留，使之各若其性也。如兽蹄鸟迹交于中国，此便不是若其性。《周礼》有山虞、泽虞，乃是育养禽兽鱼鳖之官。其职比此较轻。上古之时，洪水之后，山林、川泽，皆未得所。益之为虞，盖皆平治一番，与禹平水土相表里，其事甚重。故《孟子》亦与禹并言之。

# 帝曰：畴若予上下草木鸟兽？佥曰：益哉

## 1.《尚书注疏》卷二

（汉）孔氏传，（唐）陆德明音义、孔颖达疏

帝曰：畴若予上下草木鸟兽。佥曰：益哉。

传：上，谓山；下，谓泽。顺谓施其政教，取之有时，用之有节，言伯益能之。

音义：益，皋陶子也。

疏：传正义曰，言上下草木鸟兽，则上之与下，各有草木鸟兽，即《周礼》山虞、泽虞之官，各掌其教。知上谓山，下谓泽也。顺其草木鸟

兽之宜，明是施其政教，取之有时，用之有节也。马、郑、王本皆为禹曰益哉，是字相近而彼误耳。

## 2.《书传》卷二

（宋）苏轼

帝曰：畴若予上下草木鸟兽？

上，山也。下，泽也。

佥曰：益哉。

伯益也。

## 3.《尚书全解》卷三

（宋）林之奇

帝曰：畴若予上下草木鸟兽？佥曰：益哉。帝曰：俞！咨，益汝作朕虞。益拜稽首，让于朱虎、熊罴。帝曰：俞！往哉，汝谐。

此又求掌山泽之官。自上下，以其地言之；自草木鸟兽，以其物而言之。《孟子》"不违农时，谷不可胜食也。数罟不入洿（wū）池，鱼鳖不可胜食也，斧斤以时入山林，材木不可胜用也。"谷与鱼鳖不可胜食，材木不可胜用，是使民养生丧死，无憾王道之始也。舜既命稷以播百谷，又求掌山泽之官，盖此二者，诚足国用之本也。"佥曰：益哉"，四岳举益，谓可堪此职。当禹治水之初，舜使益掌火，益烈山泽而焚之，禽兽逃匿，然后禹得而施其功。则是益之职，其掌上下草木鸟兽亦已久矣。至此则复命之者。盖前此虽烈山泽驱禽兽，是时禹居平水土之职，益但为之佐耳。至是方正其为虞之职也。曾氏云，按《周礼》云，大山泽虞，中士四人，下士皆八人；中山泽虞，下士皆六人；下山泽虞，下士皆四人。益之为虞，岂一山一泽之虞。盖为众虞之长也。"作朕虞"犹云"若予工"也。或以益为皋陶之子，是未必然。据伯益，即伯翳也。其后为秦，在春秋之时，浸以强盛。使伯益果皋陶之子，则秦乃皋陶之后也。而臧文仲闻六与蓼灭曰"皋陶、庭坚不祀，忽诸。德之不建，民之无援，哀哉"。使皋陶犹有后于秦，则文仲之言，不若是之甚也。按《史记》云，帝禹立而举皋陶荐之，且授政焉，卒封皋陶之后于六，或在许，而后举益任之政。以是观之，则益与皋陶不得为一族也明矣。"让于朱虎、熊罴"，孔氏亦以为二臣。据《左传》载，高辛氏之子，有仲虎、仲熊。虎与熊既为二人，则朱与罴亦当为二人矣。朱博士云，殳、斨、伯与三人也。故言"暨"以别之。朱、虎、熊、罴四人也，故不言"暨"此说为善。禹让于稷、契、皋陶，伯夷让于夔、龙，故舜或称其前功而申戒之，或使为典乐、纳言之职，而垂、益所举数人，则无所迁擢者，唐、虞稽古建官惟百，其所命者不但此九官也。然既然垂益之让，则于此数子，亦必命之位，但史文不备耳。太史公谓舜以朱虎熊罴为益之佐理，或然也。然典之所不载，不知太史公何从而得之耳。

## 4. 《尚书讲义》卷二

（宋）史浩

帝曰：畴若予上下草木鸟兽？佥曰：益哉。帝曰：俞！咨，益汝作朕虞，益拜稽首，让于朱虎、熊罴。帝曰：俞，往哉！汝谐。

虞之掌上山下泽，则鸟兽草木咸得其性。其曰"若"者，顺也。然《孟子》曰"舜使益掌火，益烈山泽而焚之，禽兽逃匿"，何哉？夫不驱禽兽之勐，安得养蕃而滋茂。然非益能顺鸟兽草木之性，不能当其职也。遐想当时，物物皆被德化，至于咸若，则朱虎熊罴无如益也，故曰"往哉，汝谐"。

## 5. 《尚书详解》卷二

（宋）夏僎

帝曰：畴若予上下草木鸟兽？佥曰：益哉。帝曰：俞！咨，益，汝作朕虞。益拜稽首，让于朱虎、熊罴。帝曰：俞！往哉，汝谐。

按《孟子》，禹平水工之初，舜命益掌火，益烈山泽而焚之。则益掌山泽亦已久矣。至此又命之者，盖洪水未平，草木畅茂，禽兽繁殖，禹虽欲施功，有不可得。故先禹而命益，使焚山泽以除草木之障，塞禽兽之逼人。今洪水既平，舜将求人若上下草木鸟兽，故朝臣以其前曾焚山泽，能知鸟兽草木之异，故共荐于舜，使作虞官也。"若"之为言，谓顺。獭祭鱼，然后渔人入泽；豺豺祭兽，然后田猎；草木零落，然后入山林。此所谓若上下草木鸟兽，其事与烈山泽而焚者不同。故知此命，与前命实不同，不可泥《孟子》而疑此也。唐孔氏谓，此官以虞为名，言朕虞者，犹言作我虞耳。朕非官名，然则官名为虞者，岂非欲其度禽兽草木之宜，而若之乎？若草木鸟兽，而言上下草木鸟兽，先儒以上为山，以下为泽，犹言若山泽间所生草木鸟兽尔。要之，草木鸟兽，或上而生于山，或下而生于泽，则谓上下为山泽，亦有理也。但益所让"朱虎熊罴"，孔氏以为二人。据《左传》，谓高辛氏有才子伯虎、仲熊，既为二人，则朱与罴，亦当为二人。朱博士云，殳、斨、伯与三人也，故云"暨"以别之。朱、虎、熊、罴，四人也，故不言"暨"，此言为善。

## 6. 《增修东莱书说》卷二

（宋）时澜

帝曰：畴若予上下草木鸟兽？佥曰：益哉。帝曰：俞！咨，益，汝作朕虞。益拜稽首，让于朱虎、熊罴。帝曰：俞！往哉，汝谐。

君为万物之主，凡天地之间，一物失所，舜见之皆己之责，故上下草木鸟兽，莫不有职以主之。上下者，高下之谓，非曰上天下地也。后世之君，富国强兵，乃其职耳，岂识代天理物之意哉。民与物，理一而分殊，民且不恤，况于物乎？观此足以见唐、虞天涵地育，广大之象。舜尝使益掌火。益烈山泽而焚之，禽兽逃匿。地平天成之后，复使掌山泽之事，盖因其昔所经历而用之。"若"之为言，反乎前之谓也。虽然舜若鸟兽草木，任之止益一人而已。其它命官，皆治人之事，详略不同者，仁民而爱物之意也。人各有伦，分量等差，不可逾躐（liè）。禹之所逊，人品之上者，不可移而列于殳、斨、伯与、朱虎、熊罴也。垂、益之所逊人品之次者，不可进而侪于皋陶、稷、契也。则知分量大小，非勉强之所能及也。

## 7. 《尚书说》卷一

（宋）黄度

帝曰：畴若予上下草木鸟兽？佥曰：益哉。帝曰：俞！咨，益，汝作朕虞。益拜稽首，让于朱虎、能罴。帝曰：俞往哉汝谐。

名山、大泽不以封，皆属天子，故名之曰"朕虞"。其属诸侯者皆特赐也，谓之"锡"。益，后亦为伯《史记》作伯翳。一曰，即颀歎，赐姓嬴，其后封秦。益，本佐禹治水，奏庶鲜食。山泽之政与水土，通洿池园囿，皆虞官之职。渔猎芟伐当有政令，仁民爱物事固有序也。《左氏》八恺有伯虎、仲熊，岂即朱虎、熊罴与。

## 8. 《絜斋家塾书钞》卷一

（宋）袁燮

帝曰：畴若予上下草木鸟兽？佥曰：益哉。帝曰：俞！咨，益，汝作朕虞。益拜稽首，让于朱虎、熊罴。帝曰：俞！往哉，汝谐。

《孟子》曰"亲亲而仁民，仁民而爱物"。盈于天地间，皆天地所生也。然中间却无这一个圣人不得。《中庸》曰"能尽其性，则能尽人之性；能尽人之性，则能尽物之性；能尽物之性，则可以赞天地之化育"。"若予上下草木鸟兽"，皆所以尽物之性，而赞天地化育也。当尧之时，洪水未平，泛滥于天下，草木畅茂，禽兽繁殖，五谷不登，禽兽逼人。兽蹄鸟迹之道，交于中国。当此时也，草木鸟兽，其若乎？其不若乎？若非圣人为天地万物之主，与人区处，则颠倒错乱，万物必不得其所，必不能遂其性矣。夫草木畅茂，禽兽繁殖，此非物之本性也。物之本性，本不然，但上无人区处，所以如此。虞衡之官既设，物之性始遂矣。所谓"若予上下草木鸟兽"，其中煞有事，如斧斤以时入山林，数罟不入洿池，必如此，然后草木鸟兽方可"若"。但看《周礼》虞衡之官，为之厉禁，则可以知虞衡之政矣。上下，山泽也。若，亦顺也。

## 9. 《书经集传》卷一

（宋）蔡沈

帝曰：畴若予上下草木鸟兽？佥曰：益哉。帝曰：俞！咨，益，汝作朕虞。益拜稽首，让于朱、虎、熊、罴。帝曰：俞！往哉，汝谐。

熊，回弓反。罴，班縻反。上下，山林泽薮也。虞，掌山泽之官。《周礼》分为虞衡，属于夏官。朱、虎、熊、罴四臣名也。高辛氏之子有曰仲虎、仲熊，意以兽为名者，亦以其能服是兽，而得名欤。《史记》曰朱、虎、熊、罴为伯益之佐。前殳、斨、伯与当亦为垂之佐也。

## 10.《尚书精义》卷四

（宋）黄伦

帝曰：畴若予上下草木鸟兽？佥曰：益哉。帝曰：俞！咨，益，汝作朕虞。益拜稽首，让于朱虎、熊罴。帝曰：俞！往哉，汝谐。

无垢曰，圣人以万物为一体者也，故曰"予上下草木鸟兽"。曾子知此意，乃曰"断一木，杀一禽不以其时，非孝也"。故暴殄天物，纣所以致讨，而有血气之类，弗身践者，所以为君子欤。"若"之者，岂一切生之而不杀欤，曰非然也。先王之世，山泽之间，为之厉禁，食之以时，用之以礼。故獭祭鱼，然后渔人入泽梁；豺祭兽，然后田猎；鸠化为鹰，然后设罥罗；草木零落，然后入山林。不麛，不卵，不杀胎，不殀夭，不覆巢，此皆"若之"之术也。夫圣人在上，万物各得其所，则以为之厉禁，人不得非时非礼，以戕贼之也。至于牛羊犬豕之类，亦有品节，犯分干时，皆在所禁。如诸侯无故不杀牛；大夫无故不杀羊；士无故不杀犬豕。仲夏斩阳木；仲冬斩阴木；春献鳖蜃，秋献龟鱼之类，皆所以安万物，使乐其生也。故鸟兽鱼鳖咸若，所以为夏后；而麀鹿攸伏，白鸟翯翯，于牣鱼跃，所以为文王也。然草木鸟兽，当在山泽。倘或草木畅茂，禽兽繁殖，以害吾中国，则益有烈山泽之法，周公有驱勐兽，驱龙蛇之法。是所谓"若"之也。"若"者，顺也，居于山泽顺也；交于中国逆也，此又圣人之深意，岂得以姑息为"若"哉。

张氏曰，先王之政，非特亲亲仁民而已，其微至于草木鸟兽，皆有以及之。是故取之有时，用之有礼，不伤其生，不咈其性，则其爱物之心，可谓勤且至矣。此舜所以命官作朕虞。

## 11.《尚书详解》卷二

（宋）陈经

（归善斋按，见前文"帝曰：畴若予工"）

### 12. 《融堂书解》卷一

（宋）钱时

帝曰：畴若予上下草木鸟兽？佥曰：益哉。帝曰：俞！咨，益，汝作朕虞。益拜稽首，让于朱、虎、熊、罴。帝曰：俞！往哉，汝谐。

天地万物，与我浑然一体。圣人身任化育之责，凡一草一木一鸟一兽，即我也，非外物也。故曰"予上下草木鸟兽"。曾子谓"断一木，杀一禽，不以其时，非孝"，知其为非孝，则知所以为"若"也。是故"獭祭鱼。然后渔人入泽梁；豺祭兽，然后田猎；鸠化为鹰，然后设罻罗；草木零落，然后入山林"，"不麛、不卵、不杀胎、不殀夭、不覆巢"，皆"若"之谓也。《周官》渔人有上山泽、中山泽、下山泽之异。益为虞，其众虞之长欤。"汝谐"者，欲谐和众职，使无一物失所之谓也。

### 13. 《尚书要义》卷二

（宋）魏了翁
（归善斋按，未引）

### 14. 《书集传或问》卷上

（宋）陈大猷
（归善斋按，未解）

### 15. 《尚书详解》卷一

（宋）胡士行

帝曰：畴若予上（山）下（泽）草木鸟兽？佥曰：益（名）哉。帝曰：俞！咨，益，汝作朕虞（虞，山泽之官）。益拜稽首，让于朱、虎、熊、罴（四臣名）。帝曰：俞！往哉，汝谐。

君为万物之主，交之有道，取之以时，使顺其性。益尝掌山泽，故因所经历而用之。

## 16. 《书纂言》卷一

（元）吴澄

帝曰：畴若予上下草木鸟兽？佥曰：益哉。帝曰：俞！咨，益，汝作朕虞。益拜稽首，于朱、虎、熊、罴。帝曰：俞！往哉，汝谐。

上，谓高上之地，山林也；下，谓卑下之地，川泽也。益，臣名，尝同禹治水，烈山泽而焚之，芟除草木，驱逐鸟兽。故帝问，谁可称予上下草木鸟兽之职者，而佥举益以对。虞，掌山林川泽之官。《周官》分为虞、衡二职。山与泽曰虞；川与林曰衡。朱、虎、熊、罴，四臣名。《左氏传》载，八元之名，有曰伯虎、仲熊，虎与熊为二人，则朱与罴亦二人也。《史记》谓朱、虎、熊、罴为伯益之佐。"往哉"者，令益往为虞官。"汝谐"者，以所让四臣为佐，汝与之谐和共治虞事也。

## 17. 《书集传纂疏》卷一

（元）陈栎

帝曰：畴若予上下草木鸟兽？佥曰：益哉。帝曰：俞！咨，益，汝作朕虞。益拜稽首，让于朱、虎、熊、罴。帝曰：俞！往哉，汝谐。

上下，山林泽薮也。虞，掌山泽之官。《周礼》分为虞、衡，属于夏官。朱、虎、熊、罴，四臣名也。高辛氏之子有曰伯虎、仲熊，意以兽为名者，亦以其能服是兽，而得名欤。《史记》曰，朱、虎、熊、罴，为伯益之佐。前殳、斨、伯与，当亦为垂之佐也。

**纂疏**

语录：《孟子》说，益烈山泽，是使之除障翳，驱禽兽耳。至舜命之作虞，然后使养育草木鸟兽也。孔氏曰，若，谓顺。施政教，取之有时，用之有节。林氏曰，益向掌火，为禹之佐。至此方正为虞。张氏曰，圣人以万物为一体，故曰"予草木鸟兽。獭祭鱼，然后渔入泽；梁未蛰，不以火田，皆"若之"之事。然益之烈而焚，周公之驱而宁，亦"若"也。盖居山泽，顺也，交中国非顺也，非以姑息为"若"。陈氏大猷曰，余官有告戒之辞，工、虞独无。"若"字已该之矣。

## 18.《读书丛说》卷二

（元）许谦

（归善斋按，未解）

## 19.《书传辑录纂注》卷一

（元）董鼎

帝曰：畴若予上下草木鸟兽。佥曰：益哉。帝曰：俞！咨，益，汝作朕虞。益拜稽首，让于朱、虎、熊、罴。帝曰：俞！往哉，汝谐。

上下，山林泽薮也。虞，掌山泽之官。《周礼》分为虞、衡，属于《夏官》。朱、虎、熊、罴，四臣名也。高辛氏之子，有曰伸虎、仲熊，意以兽为名者，亦以其能服是兽而得名与。《史记》曰朱、虎、熊、罴为伯益之佐。前殳、斨、伯与当亦为垂之佐也。

**辑录**

《孟子》说"益烈山泽而焚之"，是使之除去障翳，驱逐禽兽耳，未必使之为虞官也。至舜命之作虞，然后使之养育其草木鸟兽耳。广。

**纂注**

孔氏曰，若，谓顺，施政教，取之有时，用之有节。张氏曰，圣人以万物为一体，故曰"予草木鸟兽"。先王之世，山泽为之厉禁。獭祭鱼，然后渔人入泽梁，与夫昆虫未蛰，不以火田之类，皆若之之事，故兽鱼咸若，所以为夏后；鹿濯鱼跃，所以为文王。然至于禽兽繁殖，则有益之烈而焚，有周公之驱而宁。盖若，顺也，居于山泽，顺也。交于中国，非顺也，岂以姑息为"若"哉？吕氏曰，君为天下万物之主，故鸟兽草木，莫不有职以掌之。后世之君，不识代天理物。民与物，理一而分殊。民且不恤，安能用心到此。此见唐虞天涵地育，广大气象。新安陈氏曰，所以尽人之性，亦必尽物之性也。林氏曰，益向虽掌火，烈山泽，特为禹之佐。至此方正为虞。曾氏曰，《周礼》有山虞、泽虞等。益，盖众虞之长耳。陈氏大猷曰，余官有教戒之辞，工虞独无者，"若"字已该之矣。

## 20. 《尚书句解》卷一

（元）朱祖义

帝曰（舜言）：畴若予上下草木鸟兽（谁顺山泽草木鸟兽，事顺者，以时而取之也）？佥曰（众人同辞而举）：益哉。

## 21. 《尚书日记》卷二

（明）王樵

"帝曰：畴若予上下"至"往哉，汝谐"。孔氏曰，上谓山，下谓泽，顺谓施其政教。取之有时，用之有节，言伯益能之。虞，掌山泽之官。正义曰，上下各有草木鸟兽，即《周礼》山虞、泽虞之官，各掌其政令，知上谓山，下谓泽也。此官以虞为名。帝言作我虞耳，朕非官名也。王莽立予虞之官，非也。按，益向虽掌火烈山泽，特佐禹治水，至此，方正为虞也。朱子云然。

## 22. 《御制日讲书经解义》卷一

帝曰：畴若予上下草木鸟兽？佥曰：益哉。帝曰：俞！咨，益，汝作朕虞。益拜稽首。让于朱、虎、熊、罴。帝曰：俞，往哉，汝谐。

此一节书，言舜求掌山泽之官而命之也。上，山林也。下，泽薮也。益，臣名。虞，掌山泽之官。朱、虎、熊、罴四臣名。帝曰，上山下泽之间，各有草木鸟兽，惟取之有时，用之有节，然后可以长养而不穷。汝群臣谁能为予顺而治之者，予将用之。群臣同辞对曰，在廷之臣，惟伯益可当此任。帝又曰，汝群臣所举诚然。嗟，伯益，汝当作我掌山泽之官。伯益闻命，下拜稽首，推让于朱、虎、熊、罴四人。帝又曰，汝益所让，固然。然汝其往任此职哉。山泽之事，汝谐和之可也。郅（zhì）隆之世，庶草蕃庑鸟兽鱼鳖咸若，亦唯任用得人故耳。用人顾不重哉？

## 《尚书通考》卷五

（元）黄镇成

（归善斋按，见前文"帝曰：畴若予工"）

### 《尚书埤传》卷二

（清）朱鹤龄

畴若予上下草木鸟兽，益哉。

张氏曰，圣人以万物为一体，故曰"予草木鸟兽"。先王之世。山泽为之厉禁，獭祭鱼，然后渔人入泽梁，与昆虫未蛰，不以火田之类，皆"若之"之事。故"鸟兽咸若"，所以为夏后；鹿濯、鱼牣（rèn），所以为文王。然至于鸟兽繁育，则有益之烈而焚焉，有周公之驱而远焉。盖"若"之为言，顺也。居于山泽，顺也；交于中国非顺也。岂徒以长养为顺哉。

金履祥曰，伯益即伯翳也。秦声以入为去，故谓"益"为"翳"也。字有四声，古多转用。如"益"之为"翳"，"契"之为"卨（xiè）"，"皋"之为"咎"，"君牙"之为"君雅"是也。此古声之通用也。有同音而异文者，如"陶"之为"繇"，"垂"之为"倕"，"鲧"之为"鮌"，"虺"之为"偮"，"纣"之为"受"，"同"之为"霏"是也。此古字之通用也。太史公见《书》与《孟子》之言"益"也，则《五帝本纪》从"益"；见《秦纪》之为"翳"也，则《秦本纪》从"翳"。盖疑而未决也。疑而未决，故于《陈杞世家》之末，又言垂、益、夔、龙不知所封，则遂谬矣。何不合二书而思之乎？夫《秦纪》不烧，太史公所据以纪秦事者也。《秦纪》所谓"佐禹治水"，岂非《书》所谓"随山刊木，暨益奏庶鲜食"者乎？所谓"驯服鸟兽"，岂非《书》所谓"益作朕虞"，"若予上下草木鸟兽"者乎？其字同，其声同，而独以二书字异，乃析一人而两之，可谓误矣。唐虞功臣，独四岳不名耳。而姜姓则见于书传甚明也。其余未有无名者，夫岂别有伯翳，其功如此，而名反不见于《书》乎？夫以伯翳不得为伯益，则卨不得为契，咎繇不得为皋陶，倕不得为垂，鮌不得为鲧。他如仲偮不得为仲虺，纣不得为受，霏不得为同，君雅不得为君牙乎？《史记》本纪、世家及总序之谬如此者多，不独序益为然也。重、黎二人而合为一，则楚有二祖。四岳为齐世家之祖，而总序齐人伯夷之后，则齐又二祖也。此其前后必出于谈迁二手。故其乖剌如此。而罗氏《路史》因之，真以益、翳为二人，又以伯翳为皋陶之子，则嬴、郾、李三姓无辨矣。且楚人灭六蓼之时，秦方盛于西徐，延于东赵，基于晋，使伯翳果皋陶之子，臧文仲安得云皋陶不祀乎。又以益为高阳氏才子颛敳，至夏启时，二百余岁矣。夫尧老而舜摄，舜耄期而荐禹，岂有禹且老，而荐二百余岁之益，以为身后之计乎？皆非事实，不可以不辨。愚按《郑语》云，嬴，伯翳之后也。韦昭注，伯翳，舜虞官，少皞之后，伯益也。吉甫之说，本此。

# 帝曰：俞！咨，益汝作朕虞

## 1. 《尚书注疏》卷二

（汉）孔氏传，（唐）陆德明音义、孔颖达疏

帝曰：俞！咨，益汝作朕虞。

传：虞，掌山泽之官。

疏：此官以"虞"为名，帝言作我虞耳，朕非官名也。郑玄云，言朕虞，重鸟兽草木。《汉书》王莽自称为予立予虞之官，则莽谓此官名为朕虞，其义必不然也。

## 2. 《书传》卷二

（宋）苏轼

帝曰：俞！咨，益汝作朕虞。

虞，掌山泽之官。

## 3. 《尚书全解》卷三

（宋）林之奇

（归善斋按，见上句）

## 4. 《尚书讲义》卷二

（宋）史浩

（归善斋按，见上句）

### 5. 《尚书详解》卷二

（宋）夏僎

（归善斋按，见上句）

### 6. 《增修东莱书说》卷二

（宋）时澜

（归善斋按，见上句）

### 7. 《尚书说》卷一

（宋）黄度

（归善斋按，见上句）

### 8. 《絜斋家塾书钞》卷一

（宋）袁燮

（归善斋按，见上句）

### 9. 《书经集传》卷一

（宋）蔡沈

（归善斋按，见上句）

### 10. 《尚书精义》卷四

（宋）黄伦

（归善斋按，见上句）

### 11. 《尚书详解》卷二

（宋）陈经

（归善斋按，见前文"帝曰：畴若予工"）

### 12. 《融堂书解》卷一

（宋）钱时

（归善斋按，见上句）

### 13. 《尚书要义》卷二

（宋）魏了翁

五四、此朕虞王莽立予虞之官。

"作朕虞"，正义曰，此官以虞为名，帝言作我虞耳，"朕"非官名也。郑玄云，言朕虞，重鸟兽草木。《汉书》王莽自称为予立予虞之官，则莽谓此官名为朕虞，其义必不然也。

### 14. 《书集传或问》卷上

（宋）陈大猷

或问，林氏说虞官，正合《孟子》之言，不载何也（林曰，《孟子》言，不违农时，谷不可胜食也；数罟不入洿池，鱼鳖不可胜食也；斧斤以时入山林，材木不可胜用也。谷与鱼鳖不可胜食，材木不可胜用，是使民养生丧死无憾也，王道之始也。舜既使稷播百谷，又求掌山泽之官，诚足国之本也。）？曰，《孟子》所言，乃为治之初，将以厚民耳。其曰不可胜用者，乃为民而殖物也。帝舜所言，乃成治之后，推以爱物耳。其曰若草木鸟兽者，盖代天而理物也。气象固不侔矣。然舜之言，足以包《孟子》之意。《孟子》之言，则不可包舜之意也。

### 15. 《尚书详解》卷一

（宋）胡士行
（归善斋按，见上句）

### 16. 《书纂言》卷一

（元）吴澄
（归善斋按，见上句）

### 17. 《书集传纂疏》卷一

（元）陈栎
（归善斋按，见上句）

## 18. 《读书丛说》卷二

（元）许谦

（归善斋按，未解）

## 19. 《书传辑录纂注》卷一

（元）董鼎

（归善斋按，见上句）

## 20. 《尚书句解》卷一

（元）朱祖义

帝曰：俞（舜然之）：咨益（于是命益），汝作朕虞（汝可为我虞官）。

## 21. 《尚书日记》卷二

（明）王樵

（归善斋按，见上句）

## 22. 《御制日讲书经解义》卷一

（归善斋按，见上句）

## 《尚书通考》卷五

（元）黄镇成

（归善斋按，见前文"帝曰：畴若予工"）

## 《书蔡氏传旁通》卷一中

（元）陈师凯

虞，山泽之官。《周礼》分为虞、衡，属于《夏官》。

"夏"字误。按《周礼·地官》，山虞，每大山，中士四人，下士八人；中山，下士六人；小山，下士二人。林衡，每大林麓，下士十有二

人；中林麓，如中山之虞；小林麓，如小山之虞。川衡，每大川，下士十
有二人；中川，下士六人；小川，下士二人。泽虞，每大泽大薮，中士四
人，下士八人；中泽中薮，如中川之数；小泽小薮，如小川之数。府、
史、胥、徒在外。《辑纂》引曾氏云，益盖为众虞之长耳。又《周礼》注
云，虞，度也，度知山之大小及所生者。衡，平也，平林麓之大小及所生
者。

## 益拜稽首，让于朱虎熊罴。帝曰：俞，往哉！汝谐

### 1. 《尚书注疏》卷二

（汉）孔氏传，（唐）陆德明音义、孔颖达疏

益拜稽首，让于朱虎、熊罴。帝曰：俞！往哉，汝谐。

传：朱虎、熊罴二臣名。垂、益所让四人，皆在元凯之中。

音义：罴，彼皮反。

疏：知垂、益所让四人皆在元凯之中者，以文十八年《左传》八元
之内，有伯虎、仲熊，即此朱虎、熊罴是也。虎、熊在元凯之内，明叔
处、伯与亦在其内，但不知彼谁当之耳。益是皋陶之子。皋陶即庭坚也。
益在八凯之内，垂则不可知也。传不在伯夷、夔龙之下。为此言者，以伯
夷姜姓，不在元凯之内。夔龙亦不可知。惟言此四人耳，传虽言叔处、伯
与，亦难知也。

《尚书注疏》卷二考证

益拜稽首疏，益是皋陶之子，皋陶即庭坚也。益在八凯之内。

臣召南按，皋陶即庭坚，《左传》可据。若益，则《史记》彼此不
符。但益既与皋陶并列，为八凯，其非父子显然。孔疏据《史记》，谓是
皋陶之子，误矣。

### 2. 《书传》卷二

（宋）苏轼

益拜稽首让于朱虎、熊罴。帝曰：俞！往哉，汝谐。

二臣名。

### 3. 《尚书全解》卷三

（宋）林之奇

（归善斋按，见前句）

### 4. 《尚书讲义》卷二

（宋）史浩

（归善斋按，见前句）

### 5. 《尚书详解》卷二

（宋）夏僎

（归善斋按，见前句）

### 6. 《增修东莱书说》卷二

（宋）时澜

（归善斋按，见前句）

### 7. 《尚书说》卷一

（宋）黄度

（归善斋按，见前句）

### 8. 《絜斋家塾书钞》卷一

（宋）袁燮

（归善斋按，见前句）

### 9. 《书经集传》卷一

（宋）蔡沈

（归善斋按，见前句）

## 10. 《尚书精义》卷四

（宋）黄伦

（归善斋按，见前句）

## 11. 《尚书详解》卷二

（宋）陈经

（归善斋按，见前文"帝曰：畴若予工"）

## 12. 《融堂书解》卷一

（宋）钱时

（归善斋按，见前句）

## 13. 《尚书要义》卷二

（宋）魏了翁

五五、垂益所逊四人皆在元凯中。

朱虎、熊罴，二臣名。垂益所让四人，皆在元凯之中。正义曰，文十八年《左传》，八元之内，有伯虎、仲熊，即此朱虎、熊罴是也。虎、熊在元凯之内。明殳斨、伯与亦在其内，但不知彼谁当之耳。益是皋陶之子，皋陶即庭坚也。益在八凯之内，垂则不可知也。传不在伯夷、夔龙之下，为此言者，以伯夷姜姓，不在元凯之内，垂龙亦不可知。惟言此四人耳，传虽言殳斨伯与，亦难知也。

## 14. 《书集传或问》卷上

（宋）陈大猷

（归善斋按，未解）

## 15. 《尚书详解》卷一

（宋）胡士行

（归善斋按，见前句）

## 16.《书纂言》卷一

（元）吴澄

（归善斋按，见前句）

## 17.《书集传纂疏》卷一

（元）陈栎

（归善斋按，见前句）

## 18.《读书丛说》卷二

（元）许谦

（归善斋按，未解）

## 19.《书传辑录纂注》卷一

（元）董鼎

（归善斋按，见前句）

## 20.《尚书句解》卷一

（元）朱祖义

益拜稽首（益首至地，稽首而拜），让于朱虎、熊罴（让于二臣）。帝曰：俞（舜然之曰），往哉，汝谐（益可往居此职。汝能谐和其事）。

## 21.《尚书日记》卷二

（明）王樵

（归善斋按，见前句）

## 22.《御制日讲书经解义》卷一

（归善斋按，见前句）

## 《尚书通考》卷五

（元）黄镇成

（归善斋按，见前文"帝曰：畴若予工"）

## 《书蔡氏传旁通》卷一中

（元）陈师凯

三礼，祀天神，享人鬼，祭地祇之礼。

其详已见上文"五礼"下，天神，昊天上帝、日、月、星辰、司中、司命、风师、雨师是也。人鬼，先王、宗庙是也。地祇，社稷、五祀、五岳、山林、川泽是也。

## 帝曰：咨！四岳，有能典朕三礼？佥曰：伯夷

### 1. 《尚书注疏》卷二

（汉）孔氏传，（唐）陆德明音义、孔颖达疏

帝曰：咨！四岳，有能典朕三礼。佥曰：伯夷。

传：三礼，天、地、人之礼。伯夷，臣名，姜姓。

疏：传正义曰，此时秩宗，即《周礼》之宗伯也。其职云，掌天神、人鬼、地祇之礼。虽三者并为吉礼，要言三礼者，是天、地、人之事，故知三礼是天、地、人之礼。上文舜之巡守，言修五礼；此云典朕三礼，各有其事。则五礼皆据其所施于三处，五礼所施于天、地、人耳。言三足以包五，故举三以言之。《郑语》云，姜，伯夷之后也。伯夷能礼于神以佐尧。是伯夷为姜姓也。此经不言"畴"者，访其有能，是问谁可知，上文已具此，略之也。

### 2. 《书传》卷二

（宋）苏轼

帝曰：咨，四岳，有能典朕三礼？佥曰：伯夷。

三礼，天、地、人礼。伯夷，臣名，姜姓。

### 3. 《尚书全解》卷三

（宋）林之奇

帝曰：咨！四岳，有能典朕三礼？佥曰：伯夷。

舜于是又求典礼之官。此即《周官》大宗伯之职也。大宗伯掌建邦之天神、人鬼、地祇之礼，则此所谓三礼也。典礼之职，吉、凶、军、宾、嘉之事，虽无所不统，然实以郊庙祭祀为主。故但云典朕三礼。盖人君尽其孝敬，以事天、地、祖宗，则民德归厚。兹实礼之本也。伯夷，臣名。其氏族则不可知。先儒引郑语云，姜，伯夷之后，此说不可信。且《国语》，既以姜姓为四岳之后矣，而又以为伯夷之后，其说自相戾。韦昭遂谓即四岳，且经云"咨四岳，有能典朕三礼？佥曰：伯夷"，岂四岳以是自荐也。揆之人情，决不如此，则伯夷之为姜姓，虽先儒有所据而云，亦未可信。

### 4. 《尚书讲义》卷二

（宋）史浩

帝曰：咨四岳，有能典朕三礼？佥曰：伯夷。帝曰：俞，咨！伯汝作秩宗，夙夜惟寅，直哉惟清。伯拜稽首，让于夔、龙。帝曰：俞，往，钦哉。

舜命伯禹，首咨四岳。今欲典礼，乃复咨之，所重者礼也。舜之命官，罔不序，上而论相，下而敷教恤刑。蛮夷、百工、草木、鸟兽，皆被其德。然后功成作乐，治定制礼，宜矣。三礼，天、地、人也。礼以祭为主，故官名以秩宗。然礼与刑常相为用。礼不下庶人，刑不上大夫。礼之所去，刑之所取也。古者，礼官兼折刑，故《书》曰"伯夷降典，折民惟刑"。"夙夜惟寅"，严，恭；寅，畏，以行礼也。"直哉惟清"，讼直刑清，以折刑也，伯夷之职尽矣。"钦哉"者二事皆重，不可不敬也。

### 5. 《尚书详解》卷二

（宋）夏僎

帝曰：咨！四岳，有能典朕三礼？佥曰：伯夷。帝曰：俞！咨，伯，汝作秩宗，夙夜惟寅，直哉惟清。伯拜稽首，让于夔、龙。帝曰：俞！往，钦哉。

礼之品有五，吉、凶、军、宾、嘉是也。五者，其别有三十六。《周官·大宗伯》备言之，是典礼之官。于此五者，无所不掌。今舜欲求典礼之官，乃使之典三礼。孔氏谓，三礼为天神、地祇、人鬼之礼，则此三礼，特五礼，所谓吉礼而已。然巡守尚修五礼，不应此独典三礼。林少颖谓典礼之职，于吉、凶、军、宾、嘉之事，虽无所不统，然实以郊庙祭祀为主，故但云典三礼。盖人君尽孝敬以祀天、地、祖宗，则民归厚。此实礼之本也。此说甚善。舜既咨四岳，欲求典礼之官，故四岳采众臣之议，同辞以伯夷为荐。说者谓，舜命九官，惟宅百揆、典三礼，言咨四岳，盖重其事，故必咨于大臣。一说又谓，禹、伯夷而咨四岳而得荐之之辞，皆言"佥曰"，垂、益虽不言"咨四岳"，而荐之之辞亦以"佥曰"为言，往往当时，亦必询于四岳。经不言者，盖史官经纬其语，以成文理，使上下文势互相发明。二说皆近似，故特存之。四岳既荐伯夷，故舜乃俞而然其所荐，且咨伯夷曰，汝伯其为我作秩宗，以典礼。典礼之官，谓之"秩宗"者，盖"宗"如"宗主"之"宗"，故先王之制，一族之内，以长子主祭祀，则谓之宗子。《记》曰"支子不祭，祭必告于宗子"，则长子之谓宗子者，以其为祭祀之主，故谓之宗子。然则，典礼之官，谓之"秩宗"者，岂非以天秩之礼，而彼实主之乎？故成周掌邦礼者，谓之宗伯；掌都宗之礼者，谓之都宗人、家宗人，亦此意也。舜既咨伯夷，使作秩宗，于是戒之曰"夙夜惟寅，直哉惟清"。盖寅也，直也，清也，三者皆所以事郊庙，交于鬼神之道也。寅者，敬而不慢；直者，正而不谄；清者，洁而不污。伯夷诚能夙夜尽此三者，则神必感之矣。一说谓，戒伯夷曰，汝典礼之官，诚能"夙夜惟寅，直哉惟清"，则于事神之道肃清，而神无不格。此说亦通。舜既知伯夷可用，而戒饬之言又精切如此，伯夷乃因让于夔、龙。"俞"，舜所以不许其让，而戒以"往，钦哉"者，盖欲其往敬乃司也。

## 6. 《增修东莱书说》卷二

（宋）时澜

帝曰：咨！四岳，有能典朕三礼？佥曰：伯夷。帝曰：俞，咨！伯，汝作秩宗，夙夜惟寅，直哉惟清。伯拜稽首。让于夔、龙。帝曰：俞！往，钦哉。

礼，重事也，故咨于四岳。"三礼"者，天神、地祇、人鬼之礼也。典礼之官，将以对越天地，感格鬼神，非至敬有道之士不可。故曰"夙夜惟寅"。"寅"者，敬也。自旦至暮，无时而不敬也。"直哉惟清"，"直"者，"敬以直内"之"直"，而无私志邪虑也。既无私邪之累，则清明在躬，无一毫足以汩其心矣。敬之功于此，可见典礼之事至重，故再三命之。"帝曰：俞！往，钦哉"，"钦"之用于礼，为尤切也。舜命九官，惟禹与伯夷咨四岳，缓急大小之不同也。

## 7. 《尚书说》卷一

（宋）黄度

帝曰：咨！四岳，有能典朕三礼？佥曰：伯夷。帝曰：俞！咨，伯，汝作秩宗。夙夜惟寅，直哉惟清。伯拜稽首，让于夔、龙。帝曰俞！往，钦哉。帝曰：夔，命汝典乐，教胄子，直而温，宽而栗，刚而无虐，简而无傲。诗言志，歌永言，声依永，律和声。八音克谐，无相夺伦，神人以和。夔曰：于！予击石拊石，百兽率舞。帝曰：龙，朕堲谗说殄行，震惊朕师。命汝作纳言，夙夜出纳朕命，惟允。

典礼，在工、虞之后。文武，《小雅》终《鱼丽》，而其序曰，美万物盛多，能备礼，事序如此。百揆、三礼，皆咨四岳，其事重也。不独选求于朝廷之上，恐四方犹有其人焉。伯夷，孔氏曰，姜姓，舜命之不名，与禹异，史亦承之。夷，有师父兄之义也。夙，早；寅，敬也。言早夜者，平旦夜，气之常存也。坤六二曰，直方大，仰不愧乎天，俯不作（zuò）乎人，故能塞乎天地之间。曲则馁（něi）矣，惟清，故直。清，天德也。平旦夜，气之所以能常存者，惟其敬也。《系辞》曰"通乎昼夜之道而知"，通言昼夜一也，通则常知。昼扰夜昏何知焉？志直气清，昼夜常知，悠久纯一，与天同德，故能交于鬼神。然则，秩宗之选，诚难其人矣。礼之用博矣，命职独使典祭，何也？礼必本于敬，敬莫严于祭也。《周礼》"以五礼防万民之伪，而教之中"。伪，则不直；中，则敬也。故十二教，一曰以祀教敬，则民不苟。"往，钦哉"，使往敬其事也。胄子，公卿、大夫、士之子弟也。胄，胤也。胄子世业，教之为详。天子之子弟亦学焉。直温，宽栗，刚不虐，简不傲，和也，所谓乐德也。礼教中，乐教和，必有其德。故在心为志者，皆德心；发言为诗者，皆德言。乐本于诗，而后有声，有律。"八音克谐，无相夺伦"，皆德音也。《大师》教六诗，"以六德为之本，以六律为之音"是也。"神人以和"，通幽、明之故也。夔于是叹而言曰"予击石拊石，百兽率舞"。石，磬也。拊，亦击也。百兽，洪纤之异名与。磬统众乐，《商颂》曰"依我磬声"。人莫不击磬也，惟夔击之而百兽率舞，发于其心，应于其手，至和之所感召者，与人不同也。夔自献其能如此者，以见作乐必能如舜之命也。苟无其德，虽夔之妙于声，亦无所施。师旷语晋平公可考。舜曰"予欲闻六律、五声、八音，在治忽，以出纳五言"。又曰"工以纳言，时而飏之"。龙与夔联职，其事通乎乐也。聖，疾；殄，绝。绝行，异行。异行不同伦，为当绝也。为我之义，兼爱之仁，乡原之善，斯可已，皆是也。孔子论四代礼乐，终之曰"放郑声，远佞人"。佞人、郑声，同发乎其心之邪也。言为心声，佞言僻行，声随而变，桑间濮上，郑卫之音，皆由此作。此舜之所疾，而孔子之所远也。古乐中正，故难听；郑声滛哇，故易溺。郑、卫作，而天下靡然从之，不徒禁其声，必先遏其行，是之谓有本。孔氏曰，纳言，喉舌之官。此据《诗》"出纳王命王之喉舌"也。"出纳王命王之喉舌"，在周为内史之职。内史掌叙事之法，受纳访，掌书王命而出之，可以为喉舌之官，而非乐也，与龙所掌不同。舜恶庶顽谗说，而使工纳言，时飏之，则纳言者，工也。工，在周为大师。纳言、时飏，类若陈《诗》之事。变风、变雅之作，谗说殄行之莫能正也。屠蒯饮师旷酒曰"汝司聪"，是则舜纳言，司聪也。司聪，掌出纳帝命，而通于乐。至周其职遂分，有出，有纳，何独以纳名官？出，口德；纳，耳德。出，容可谨；而纳，每易惑。故《易》曰"巽而耳目聪明"。荀卿子曰"入乎耳，著乎心"。出纳，何以皆称朕命，出纳相因也。内史受纳访，访而纳之，犹王命也。此与太仆出入王命不同。太仆出入已成之命，此有咨访，则犹有议论也。谓之喉舌之官，取往来通塞之义。《诗》曰"邦国若否，仲山甫明之"。有若，有否，而必明其所以然者，是则容有议论矣。"夙夜出纳"，"惟允"，宣布流通，不使其少有壅滞也。言与行相应，一或不然，何以能行，故"惟允"。此司聪者所当察也。工之亲近人主，其所关系岂轻哉。

## 8.《絜斋家塾书钞》卷一

（宋）袁燮

帝曰：咨！四岳，有能典朕三礼？佥曰：伯夷。帝曰：俞！咨，伯，汝作秩宗，夙夜惟寅，直哉惟清。伯拜稽首，让于夔、龙。帝曰：俞！往，钦哉。

咨四岳，又非畴咨之比。四岳，大臣也。事大体重，首咨诸朝廷之大臣。三礼，天、地、人之礼也。秩宗者，秩之为言次序；宗之为言宗主，谓作朕礼之宗主也。《周礼》大宗伯是也。注言，郊庙之礼，其说失之偏。郊庙亦在其中，但不止此耳。"夙夜惟寅，直哉惟清"，寅，敬也。自早至夜，无一念而不敬。惟敬，故直；惟直，故清。"直"者，正直也。人之本心，其实正直如坦途然，安有一毫私曲。然，人有许多偏私，有许多邪念，千机万械，纷纷扰扰者，何故？只缘是不敬，使其战战兢兢，如临深渊，如履薄冰，此念常不敢失，当是之时，安有一毫邪念，非直而何？伊川谓，主一无适之谓敬。尹和靖后来方晓得，谓入神祠中，此心不曾散失。不曾散失处，便是主一；主一便是直。直则清。《记》云"清明在躬，志气如神"。人岂可不清明，然苟不能敬以直，内则方寸扰扰，胸中蔽塞，何以能清。直则心无私曲，表里洞然彻底如此清，故曰，惟敬，故直；惟直，故清。能此三者，可以典礼矣。夫典礼之职，不与他事相似，才智勇力，都使不着，须是敬乃可。少有不敬，则以之秩礼，当轻者重，当重者轻，当小者大，当大者小，颠倒错乱，失其序矣。敬则此心清明，譬如明鉴，然妍丑，皆不能逃。故秩宗之职，以此心为主。"往，钦哉"，亦非是"往哉，汝谐"之比。"钦"者直是当敬，"钦"字即是这"寅"字。

## 9.《书经集传》卷一

（宋）蔡沈

帝曰：咨！四岳，有能典朕三礼？佥曰：伯夷。帝曰：俞！咨，伯，汝作秩宗，夙夜惟寅，直哉惟清。伯拜稽首，让于夔龙。帝曰：俞！往，钦哉。

夔，音逵。典，主也。三礼，祀天神、享人鬼、祭地祇之礼也。伯夷，臣名，姜姓。秩，序也。宗，祖庙也。秩宗，主叙次百神之官，而专以秩宗名之者。盖以宗庙为主也。《周礼》亦谓之宗伯，而都家皆有宗人之官，以掌祭祀之事，亦此意也。夙，早；寅，敬畏也。直者，心无私曲之谓。人能敬以直内不使少有私曲则其心洁清而无物欲之污，可以交于神明矣。夔、龙，二臣名。

## 10.《尚书精义》卷四

（宋）黄伦

帝曰：咨！四岳，有能典朕三礼？佥曰：伯夷。帝曰：俞！咨，伯，汝作秩宗。夙夜惟寅，直哉惟清。伯拜稽首，让于夔、龙。帝曰：俞！往钦哉。

无垢曰，三礼即《周官》天神、人鬼、地祇之礼也。言人鬼，则吉、凶、军、宾、嘉，皆在所掌矣。夫其数可陈也；其义可知也。知其义，而敬守之，天子之所以得天下也，故曰"明"乎。郊社之义，禘尝之礼，治国其如示诸掌乎？伯夷之典礼，岂特为祝史之事。有司之职哉，其亦当知义之所存矣。其义安在？舜戒以"夙夜惟寅，直哉惟清"是也。夫夙夜匪懈，而不知寅敬，其心则亦徒劳而已矣。办职事，则在夙夜，而所以感格神人者，则在寅也。正义直指，而不知洁清其身，则亦徒讦而已矣。通幽明，则在直；而所以感格神人者，亦在清也。

张氏曰，夫礼将以交神人者也。交神人之道，不可以怠慢，故戒之以"惟寅"；不可以邪枉，故戒之以"直哉"；不可以浊秽，故戒之以"惟清"。传曰，礼者敬而已矣，此所以欲其寅也。神之听之好，是正直，此所以欲其直也。《孟子》曰"虽有恶人，斋戒沐浴，则可以祀上帝"，此所以欲其清也。舜之巡守，则曰"修五礼"，至此则曰"典三礼"者，盖"三礼"者，五礼之体；"五礼"者，三礼之用。礼之体则常而不变。故命伯夷典之。伯夷者，臣也，有法守焉故也。礼之用，则因时而为之损益，此舜于巡守，所以修之。修之者，君道也。此其言所以不同。

## 11. 《尚书详解》卷二

（宋）陈经

帝曰：咨！四岳，有能典朕三礼？佥曰：伯夷。帝曰：俞！咨，伯，汝作秩宗。夙夜惟寅，直哉惟清。伯拜稽首，让于夔、龙。帝曰：俞！往，钦哉。

舜之命九官，或咨四岳，或不咨四岳，盖事有轻重故也。百揆之任，宰相之职也。秩宗之任三礼之所系也。其事不可以为与工、虞并，故必咨四岳之大臣。稷、契、皋陶、夔、龙之所掌者，亦不轻也。何以不咨四岳？曰，稷、契、皋陶，既出于禹之所荐；夔、龙。既出于伯夷之所荐，则其人已可信矣，于此苟复咨焉，则禹与伯夷之所荐不足信，而君臣之间未免疑猜也，舜岂其然。三礼者，即祀天神，祭地祇，享人鬼。舜问四岳，有典主朕之三礼，佥举伯夷。帝曰，咨伯，汝作秩宗。秩宗，官名也。宗，尊也。三礼者，人之所尊。秩者，祭之有次序也，如《周官》谓之宗伯。"夙夜惟寅，直哉惟清"，戒之之词也。寅者，敬而不敢慢；直者，敬而无所曲；清者，简洁以致其诚，如清心简事之清。三礼之重，典祭祀之大，事以一，言戒为未足，又以一言戒之，所以谓之"寅"，又谓之"直"，谓之"直"足矣，又谓之"清"。"夙夜"者，或早或暮，无时而不寅，无时而不直、不清也。古之祭者，器用陶匏（páo）；牲用特牲，苹蘩可荐也，潢潦之水可用也，无非所以荐其诚而已，岂徒为繁文末节，多仪备物之为贵哉。观"夙夜惟寅，直哉惟清"，想其精神端正，简洁纯一不变。此时之心，即天神、地祇、人鬼之心也。其于典三礼也，岂不足以感格鬼神？而教民敬哉，观《吕刑》称"伯益降典，折民惟刑"，则知伯益之典礼，足以起民之敬心，而使不犯于刑矣。伯拜稽首，让于夔龙二臣。"帝曰：俞！往，钦哉"，伯夷当往敬其事，无他辞可也。

## 12. 《融堂书解》

（宋）钱时

（归善斋按，未解）

### 13. 《尚书要义》卷二

（宋）魏了翁

五六、三礼，天、地、人，言三，足以包五。

"帝曰：咨！四岳，有能典朕三礼？金曰：伯夷"。三礼，天、地、人之礼。伯夷，臣名，姜氏。正义曰，此时秩宗，即《周礼》之宗伯也。其职云，掌天神、人鬼、地祇之礼。虽三者并为吉礼，要言三礼者，是天地人之事，言三足以包五。故举三以言之。《郑语》云姜，伯夷之后也。伯夷能礼于神，以佐尧，是伯夷为姜姓也。

### 14. 《书集传或问》卷上

（宋）陈大猷

（归善斋按，未解）

### 15. 《尚书详解》卷一

（宋）胡士行

帝曰：咨！四岳，有能典（主）朕三礼（天神、地祇、人鬼）？金曰：伯夷（名）。帝曰：俞！咨，伯，汝作秩宗（主郊庙之官。宗主天秩之礼,）。夙（早）夜惟寅（敬）。直（敬以直内）哉惟清（直则清明在躬，无一毫私累污之）。伯拜稽首，让于夔龙（二臣）。帝曰：俞！往，钦哉。

郊庙，修五礼中之吉礼，礼之最大者也，故独与百揆咨四岳而命"钦"者，对天地，感鬼神之道。寅、直、清、钦，再三申命。盖天下事无不当敬，而于礼为尤切。

### 16. 《书纂言》卷一

（元）吴澄

帝曰：咨！四岳，有能典朕三礼？金曰：伯夷。帝曰：俞！咨，伯，汝作秩宗，夙夜惟寅，直哉惟清。伯拜稽首，让于夔、龙。帝曰：俞！往，钦哉。

宅揆典礼之事重，与工、虞不同，故特咨四岳，而皆以"有能"二字发之。典，谓主掌其事。三礼，祀天神，享人鬼，祭地祇之吉礼也。

礼，有吉、凶、军、宾、嘉而。此独言吉礼者，盖以吉礼为重也。伯夷，姜姓。伯，爵；夷，名也。朝臣佥举，称爵，称名，与伯禹同。而帝之咨，命爵，而不名，盖齿德俱尊，不纯以臣礼待之也。秩，品次也。宗，祖庙也。秩宗，礼官也。品次百神之祭祀，而专以秩宗名者，盖以宗庙为主也。《周官》掌礼者，谓之宗伯。都家掌祭祀者，并谓之宗人，名义盖亦同此。夙，早也。直，谓心不斜倚；清，谓洁净不污。礼以敬为主，交神明者，自早至夜，惟当常敬，故曰"夙夜惟寅"。敬，所以直内。然，敬立，而内直，未易能也。惟人欲净尽，无所污浊，而后能之，故曰"直哉惟清"。夔、龙二臣名。"往，钦哉"者，令伯夷往践其职，而主之以敬也。凡事无不当敬，典礼者，尤当敬，故特言"钦哉"。

## 17. 《书集传纂疏》卷一

（元）陈栎

帝曰：咨！四岳，有能典朕三礼？佥曰：伯夷。帝曰：俞！咨，伯，汝作秩宗，夙夜惟寅，直哉惟清。伯拜稽首，让于夔、龙帝。曰：俞！往，钦哉。

典，主也。三礼，祀天神、享人鬼、祭地祇之礼也。伯夷。臣名，姜。秩，叙也。宗，祖庙也。秩宗，主叙次百神之官。而专以秩宗名之者，盖以宗庙为主也。《周礼》亦谓之宗伯，而都家皆有宗人之官，以掌祭祀之事，亦此意也。夙，早；寅，敬畏也。直者，心无私曲之谓。人能敬以直内，不使少有私曲，则其心洁清而无物欲之污，可以交于神明矣。夔、龙二臣名。

**纂疏**

语录：惟寅，故直；惟直，故清。礼，是见成制度。寅、直、清，所以行其礼也。叶氏曰，天秩之礼，天下莫不宗焉，故曰"秩宗"。或曰，宗，如宗主。天秩之礼，此官实主之。陈氏经曰，"夙夜"者，自早至暮，无时而不寅，亦无时而不直、清也。此时之心，即天神、地祇、人鬼之心。愚谓，九官，惟百揆、秩宗咨四岳而命，重可知矣。心者，神明之舍，所以交神明之本也。敬，则能直内，直内则清明。在躬敬其本，而直、清敬之验也。礼，敬而已。既戒以寅，尤勉以"钦"，丁宁至矣。

## 18. 《读书丛说》卷二

（元）许谦

（归善斋按，未解）

## 19. 《书传辑录纂注》卷一

（元）董鼎

帝曰：咨！四岳，有能典朕三礼？佥曰：伯夷。帝曰：俞！咨，伯，汝作秩宗，夙夜惟寅，直哉惟清。伯拜稽首，让于夔、龙。帝曰：俞！往，钦哉。

典，主也。三礼，祀天神，享人鬼，祭地祇之礼也。伯夷，臣名，姜姓。秩，叙也。宗，祖庙也。秩宗，叙次百神之官，而专以"秩宗"名之者，盖以宗庙为主也。《周礼》亦谓之"宗伯"，而都家皆有"宗人"之官，以掌祭祀之事，亦此意也。夙，早；寅，敬畏也。直者，心无私曲之谓。人能敬以直内，不使少有私曲，则其心洁清而无物欲之污，可以交于神明矣。夔、龙二臣名。

**辑录**

惟寅，故直；惟直，故清。义刚。问，"夙夜惟寅，直哉惟清"。曰，人能敬，则内自直，内直则看得那礼文分明，不糊涂也。广。问，伯夷典礼，而曰"夙夜惟寅，直哉惟清"，何也？曰，礼是见成制度。"夙夜惟寅。直哉惟清"，乃所以行其礼也。今太常，有寅清堂。人杰。

**纂注**

叶氏曰，天秩之礼，天下莫不宗焉，故曰"秩宗"。或曰，宗，如"宗主"之"宗"。天秩之礼，此官实主之。新安陈氏曰，九官，惟百揆、秩宗，咨四岳而命，重可知矣。心者，神明之舍，所以交于神明之本也。敬，则能直内；直内，则清明在躬。敬其本，而直清其效也。礼敬而已矣。既戒以寅，犹勉以钦，丁宁至矣。

## 20. 《尚书句解》卷一

（元）朱祖义

帝曰（舜言）：咨四岳（命四岳大臣），有能典朕三礼（有能主我祀天神、祭地祇、享人鬼之三礼者，我命之）？佥曰（众人同辞而举）：伯夷（伯夷可胜任）。

## 21.《尚书日记》卷二

（明）王樵

"帝曰：咨！四岳，有能典朕三礼"至"帝曰：俞！往钦哉"。典，主也。三礼，按《周礼》太宗伯掌建邦之天神、人鬼、地祇之礼，虞秩宗，即周宗伯，则知此三礼，亦谓天地人之礼也。三礼，乃五礼之吉礼耳。掌邦礼者止是乎？郑玄曰，天子立宗伯，使掌邦礼，典礼以事神为上，所以使天下知报本反始之义。今考大宗伯之职，首言，掌天地人之礼，即继之曰，以吉礼，祀邦国之鬼神祇；以凶礼，哀邦国之忧；以宾礼，亲邦国；以军礼，同邦国；以嘉礼，亲万民。则五礼未始不在所掌。特以事神为重，故言三礼耳。伯夷，姜姓，太昊氏之后。《国语》云，伯夷能礼于神，以佐尧。秩，序也。宗，尊事百神之名。此官，主叙次其事，故曰秩宗。夙，早；寅，敬畏也。子曰，鬼神之为德，其盛矣乎？使天下之人，齐明盛服以承祭祀，洋洋乎，如在其上，如在其左右。《诗》曰"神之格思，不可度思，矧可射思"，此所以当"夙夜惟寅"也，不显亦临，犹惧有失，矧可厌射而不敬乎？敬立，而内自直，无少私曲，则其心洁清，而无物欲之污，可以交于神明矣。寅、直、清，舜之语伯夷也。直，方，大，周公之系坤爻也。而孔子遂以学言之曰，直其正也，方其义也。君子敬以直内，义以方外。敬义立，而德不孤。朱子曰，正谓本体，义谓裁制，敬则本体之守也。敬以养其心，无一毫私念，可以言直矣。由此心而发，所施各得其当，是之谓义。又曰，以"敬"解"直"，以"义"解"方"，须敬义皆立，然后德不孤，以"不孤"解"大"字。播百谷，敷五教，明五刑，皆有其事。惟礼官，但云"夙夜惟寅，直哉惟清"，别无事可言，言其道而已。盖古之以礼为职者，有道以居之，而礼不虚行如此彼，区区以不失其仪丈为事者，抑末矣。

## 22.《御制日讲书经解义》卷一

帝曰：咨！四岳，有能典朕三礼？佥曰：伯夷。帝曰：俞！咨，伯，汝作秩宗。夙夜惟寅，直哉惟清。伯拜稽首，让于夔龙。帝曰：俞，往钦哉。

此一节书，言舜求典礼之官而命之也。秩，宗主，秩次百神之官。心无私曲曰"直"。清，洁净也。帝曰，予咨访汝四岳，群臣之中有能为予掌此祀天神，享人鬼，祭地祇之三礼者，予将任而用之。四岳与群臣同辞对曰，在廷之臣，惟伯夷可当此任。帝又曰，汝等所举诚然。嗟，伯夷，汝当作我秩叙宗庙之官。夫事神之本，在于一心，必须每日之间，无论早晚，一于敬畏，不可少有怠忽，使方寸之间，常存正直自然，心地洁净，而无物欲之污，如此，方可交于神明，而主此三礼之事矣。伯夷闻命下拜稽首，让于夔、龙二人。帝又曰，汝所让固然，然典礼重任，非汝不足当之。汝其往任此官，致其钦敬，无失寅清之道哉。"寅"者，敬也。敬者，德之聚也，礼之本也。故不敬，则礼不行；礼不行，则政事昏，上下乱。

### 《尚书通考》卷五

（元）黄镇成

伯夷（臣名，姜姓）。颖达曰，《郑语》云，姜，伯夷之后也。伯夷能礼于神以佐尧。是伯夷为姜姓也。三礼（祀天神，享人鬼，祭地祇之礼也），秩宗（主叙次百神之官，而专以秩宗名之者，盖以宗庙为主。《周礼》亦谓之宗伯，而都家皆有宗人之官，以掌祭祀之事，亦此意也）。孔氏曰，宗，尊也，主郊庙之官。颖达曰，主郊庙之官，掌叙鬼神尊卑，故以秩宗为名。郊，谓祭天南郊；祭地北郊。庙，谓祭先祖，即《周礼》所谓天神、人鬼、地祇之礼是也。《周礼》大宗伯，掌建邦之天神人鬼地祇之礼也。以吉礼事邦国之鬼神祇。

### 《读书管见》卷上

（元）王充耘

典三礼。

礼有五，经莫重于祭，故五礼，以吉礼居先。舜命伯夷典礼，而止言三礼，盖举其重者言之耳。

### 《尚书疑义》卷一

（明）马明衡

三礼，是祀天神，享人鬼，祭地祇之礼。名曰"秩宗"者，盖以宗庙为主，则是宗庙之重，在唐虞之时固然。然则，告至，告摄，告即位，安得不以为先耶？

## 《尚书埤传》卷二

（清）朱鹤龄

典朕三礼，伯夷。

黄度曰，典礼，在命工虞之后，文武《小雅》终《鱼丽》而其序曰"美万物盛多能备礼也"，盖事序如此。孔传，伯夷姜姓。王应麟曰，按《郑语》史伯曰，姜，伯夷之后也。伯夷能礼于神以佐尧者也。注谓，炎帝之后，四岳之族。《大戴礼·诰志》篇虞史伯夷曰，明孟也，幽幼也（《史记·历书》引之，不云伯夷）。

## 《尚书七篇解义》卷一

（清）李光地

帝曰：咨！四岳，有能典朕三礼？佥曰：伯夷。帝曰：俞！咨，伯，汝作秩宗。夙夜惟寅，直哉惟清。伯拜稽首，让于夔、龙。帝曰：俞！往，钦哉。

典礼至大，故咨四岳，与百揆同。而有训命，及"钦哉"之戒也。敬以直内，而清明在躬，则可以交于神明矣。

# 帝曰：俞，咨！伯，汝作秩宗

## 1. 《尚书注疏》卷二

（汉）孔氏传，（唐）陆德明音义、孔颖达疏

帝曰：俞！咨，伯汝作秩宗。

传：秩，序；宗，尊也，主郊庙之官。

疏：《尧典》传已训"秩"为"序"，此复训者，此为官名，须辨官名之义，故详之也。"宗"之为"尊"常训也，主郊庙之官，掌序鬼神尊卑，故以秩宗为名。郊，谓祭天南郊；祭地北郊。庙，谓祭先祖，即《周礼》所谓天神、人鬼、地祇之礼是也。

## 2. 《书传》卷二

（宋）苏轼

帝曰：俞！咨，伯汝作秩宗。

秩序宗庙之官。

## 3. 《尚书全解》卷三

（宋）林之奇

帝曰：俞，咨！伯汝作秩宗。

秩宗，当时礼官之名也。《国语》曰"使名姓之后，能知四时之生，牺牲之物，玉帛之类，采服之宜，彝器之量，次主之度，屏摄之位，坛场之所，上下之神祇，氏姓之所出，而心率旧典者为之宗。"以其名姓之臣，故谓之宗；以其率旧典，故谓之秩。秩，常也。周以礼属宗伯，即此所谓宗也。汉以礼官为太常，即此所谓秩也。

## 4. 《尚书讲义》卷二

（宋）史浩

（归善斋按，见前文"有能典朕三礼"）

## 5. 《尚书详解》卷二

（宋）夏僎

（归善斋按，见前文"有能典朕三礼"）

## 6. 《增修东莱书说》卷二

（宋）时澜

（归善斋按，见前文"有能典朕三礼"）

## 7. 《尚书说》卷一

（宋）黄度

（归善斋按，见前文"有能典朕三礼"）

## 8. 《絜斋家塾书钞》卷一

（宋）袁燮

（归善斋按，见前文"有能典朕三礼"）

## 9. 《书经集传》卷一

（宋）蔡沈

（归善斋按，见前文"有能典朕三礼"）

## 10. 《尚书精义》卷四

（宋）黄伦

（归善斋按，见前文"有能典朕三礼"）

## 11. 《尚书详解》卷二

（宋）陈经

（归善斋按，见前文"有能典朕三礼"）

## 12. 《融堂书解》卷一

（宋）钱时

帝曰：咨！四岳，有能典朕三礼？佥曰：伯夷。帝曰：俞！咨，伯，汝作秩宗，夙夜惟寅，直哉惟清。伯拜稽首，让于夔、龙。帝曰：俞！往，钦哉。

周大宗伯之职，掌建邦之天神、人鬼、地祇之礼，即此三礼是也。吉、凶、军、宾、嘉，皆属大宗伯，鬼神祇止是吉礼，如何总言其职，独举此三者，盖礼莫大于天地、宗庙，故曰明乎郊社之礼，禘尝之义，治国其如视诸掌。举其大，则余可概见矣。秩宗，即大宗伯之职。"典朕三礼"，亦举其大者言之欤。秩，序也。宗，犹主也。天秩有礼，无非自然之序。礼官为礼之主，故谓之秩宗。舜命九官，惟百揆、秩宗，独咨四岳，又皆以有能为问，岂此二事尤重欤？尧亦是洪水、巽位二事，独咨四岳，独曰有能。佥举禹，而让稷、契、皋陶；佥举垂，而让殳、斨、伯与；佥举益，而让朱、虎、熊、罴；佥举伯夷，而让夔、龙，舜皆"俞"

之矣，而卒不许让之他人者，虽所让不妄，毕竟金论首推，圣心允惬，他无以易此故也。愚观尧朝，举荐者四，而"吁"者三；九官之命，总而"俞"之者八。凡所举、所让，乃无一不合帝意者，见得四凶未去，尧朝尚有小人。自诛四凶，虞廷皆君子矣。虽然，按钱氏引《周官·大宗伯》以释三礼，本于马融。小人犹在，尧之所以为大；小人尽去，舜之所以为君。故曰大哉尧，又曰君哉舜钦。

## 13. 《尚书要义》卷二

（宋）魏了翁

五七、秩宗主郊庙之官。

"帝曰：俞！咨，伯汝作秩宗"，秩，序；宗，尊也，主郊庙之官。正义曰，掌序鬼神、尊卑，故以"秩宗"为名。郊，谓祭天南郊；祭地北郊。庙谓祭先祖，即《周礼》所谓天神、人鬼、地祇之礼是也。

## 14. 《书集传或问》卷上

（宋）陈大猷

（归善斋按，未解）

## 15. 《尚书详解》卷一

（宋）胡士行

（归善斋按，见前文"有能典朕三礼"）

## 16. 《书纂言》卷一

（元）吴澄

（归善斋按，见前文"有能典朕三礼"）

## 17. 《书集传纂疏》卷一

（元）陈栎

（归善斋按，见前文"有能典朕三礼"）

### 18.《读书丛说》卷二

（元）许谦

（归善斋按，未解）

### 19.《书传辑录纂注》卷一

（元）董鼎

（归善斋按，见前文"有能典朕三礼"）

### 20.《尚书句解》卷一

（元）朱祖义

帝曰：俞（舜然之），咨伯（于是命伯），汝作秩宗（汝为秩宗之官。谓以序祭祀而尊崇三礼）。

### 21.《尚书日记》卷二

（明）王樵

（归善斋按，见前文"有能典朕三礼"）

### 22.《御制日讲书经解义》卷一

（归善斋按，见前文"有能典朕三礼"）

### 《尚书通考》卷五

（元）黄镇成

（归善斋按，见前文"有能典朕三礼"）

### 《书蔡氏传旁通》卷一中

（元）陈师凯

《周礼》亦谓之宗伯，而都家皆有宗人之官。

《周礼·春官》宗伯掌邦礼，其属有都宗人、家宗人。注云，都，王子弟所封，及公卿所食邑。家，谓大夫所食采地。

## 《书义断法》卷一

（元）陈悦道

咨！伯，汝作秩宗，夙夜惟寅，直哉惟清。

礼者，敬而已。人能敬以直内，不使少有私曲，而此心真无一毫人欲之污，则可以典秩宗之三礼，而交于神明矣。宗伯之职，帝王所重，故舜于此官，特为训戒之辞，非若上文之予工、朕虞。

## 《尚书疑义》卷一

（明）马明衡

（归善斋按，见上句）

# 夙夜惟寅，直哉惟清

### 1. 《尚书注疏》卷二

（汉）孔氏传，（唐）陆德明音义、孔颖达疏

夙夜惟寅，直哉惟清。

传：夙，早也，言早夜敬思其职，典礼施政教，使正直而清明。

音义：寅，如字，徐音夷。

疏：夙，早，《释诂》文。早夜敬服其职，谓侵早已起，深夜乃卧，谨敬其职事也。典礼之官，施行教化，使正直而清明，正直不枉曲也，清明不暗昧也。

### 2. 《书传》卷二

（宋）苏轼

夙夜惟寅，直哉惟清。

《书》曰"伯夷降典，折民惟刑"，礼之所去，刑之所取。故古者礼官兼折刑。"夙夜惟寅"者，为礼也。"直哉惟清"者为刑也。"惟直"则"刑清"。

### 3. 《尚书全解》卷三

（宋）林之奇

夙夜惟寅，直哉惟清。伯拜稽首，让于夔龙。帝曰：俞！往，钦哉。

寅也，直也，清也，此三者，所以事郊庙，交于鬼神之道也。"寅"者，敬而不慢；"直"者，正而不诌（tāo）；"清"者，洁而不污。能夙夜尽此三者，则神之德感矣。《孟子》曰"西子蒙不洁，则人皆掩鼻而过之；虽有恶人，斋戒沐浴，则可以事上帝。"斋沐者，"夙夜惟寅，直哉惟清"之谓也。"汝往哉"，"往哉汝谐"，"往钦哉"，是皆不许其让，而使之往践其职也。文虽少变，意皆不殊，必欲从而为之说，则凿矣。

## 4. 《尚书讲义》卷二

（宋）史浩

（归善斋按，见前文"有能典朕三礼"）

## 5. 《尚书详解》卷二

（宋）夏僎

（归善斋按，见前文"有能典朕三礼"）

## 6. 《增修东莱书说》卷二

（宋）时澜

（归善斋按，见前文"有能典朕三礼"）

## 7. 《尚书说》卷一

（宋）黄度

（归善斋按，见前文"有能典朕三礼"）

## 8. 《絜斋家塾书钞》卷一

（宋）袁燮

（归善斋按，见前文"有能典朕三礼"）

## 9. 《书经集传》卷一

（宋）蔡沈

（归善斋按，见前文"有能典朕三礼"）

## 10. 《尚书精义》卷四

（宋）黄伦

（归善斋按，见前文"有能典朕三礼"）

## 11. 《尚书详解》卷二

（宋）陈经

（归善斋按，见前文"有能典朕三礼"）

## 12. 《融堂书解》卷一

（宋）钱时

（归善斋按，见前文"有能典朕三礼"）

## 13. 《尚书要义》卷二

（宋）魏了翁

（归善斋按，未引）

## 14. 《书集传或问》卷上

（宋）陈大猷

（归善斋按，未解）

## 15. 《尚书详解》卷一

（宋）胡士行

（归善斋按，见前文"有能典朕三礼"）

## 16. 《书纂言》卷一

（元）吴澄

（归善斋按，见前文"有能典朕三礼"）

## 17. 《书集传纂疏》卷一

（元）陈栎

（归善斋按，见前文"有能典朕三礼"）

## 18. 《读书丛说》卷二

（元）许谦

（归善斋按，未解）

## 19. 《书传辑录纂注》卷一

（元）董鼎

（归善斋按，见前文"有能典朕三礼"）

## 20. 《尚书句解》卷一

（元）朱祖义

夙夜惟寅（惟早夜寅敬），直哉惟清（正直而不溺，清洁而不污）。

## 21. 《尚书日记》卷二

（明）王樵

（归善斋按，见前文"有能典朕三礼"）

## 22. 《御制日讲书经解义》卷一

（归善斋按，见前文"有能典朕三礼"）

## 《书义断法》卷一

（元）陈悦道

（归善斋按，见上句）

# 伯拜稽首，让于夔、龙

## 1. 《尚书注疏》卷二

（汉）孔氏传，（唐）陆德明音义、孔颖达疏

伯拜稽首，让于夔龙。

传：夔龙，二臣名。

音义：夔，求龟反。

## 2.《书传》卷二

（宋）苏轼

伯拜稽首，让于夔龙。

二臣名。

## 3.《尚书全解》卷三

（宋）林之奇

（归善斋按，见上句）

## 4.《尚书讲义》卷二

（宋）史浩

（归善斋按，见前文"有能典朕三礼"）

## 5.《尚书详解》卷二

（宋）夏僎

（归善斋按，见前文"有能典朕三礼"）

## 6.《增修东莱书说》卷二

（宋）时澜

（归善斋按，见前文"有能典朕三礼"）

## 7.《尚书说》卷一

（宋）黄度

（归善斋按，见前文"有能典朕三礼"）

## 8.《絜斋家塾书钞》卷一

（宋）袁燮

（归善斋按，见前文"有能典朕三礼"）

## 9. 《书经集传》卷一

（宋）蔡沈

（归善斋按，见前文"有能典朕三礼"）

## 10. 《尚书精义》卷四

（宋）黄伦

（归善斋按，见前文"有能典朕三礼"）

## 11. 《尚书详解》卷二

（宋）陈经

（归善斋按，见前文"有能典朕三礼"）

## 12. 《融堂书解》卷一

（宋）钱时

（归善斋按，见前文"有能典朕三礼"）

## 13. 《尚书要义》卷二

（宋）魏了翁

（归善斋按，未引）

## 14. 《书集传或问》卷上

（宋）陈大猷

（归善斋按，未解）

## 15. 《尚书详解》卷一

（宋）胡士行

（归善斋按，见前文"有能典朕三礼"）

## 16. 《书纂言》卷一

（元）吴澄

（归善斋按，见前文"有能典朕三礼"）

## 17. 《书集传纂疏》 卷一

（元）陈栎

（归善斋按，见前文"有能典朕三礼"）

## 18. 《读书丛说》 卷二

（元）许谦

（归善斋按，未解）

## 19. 《书传辑录纂注》 卷一

（元）董鼎

（归善斋按，见前文"有能典朕三礼"）

## 20. 《尚书句解》 卷一

（元）朱祖义

伯拜稽首（伯夷首至地，为稽首而拜），让于夔、龙（让于二臣）。

## 21. 《尚书日记》 卷二

（明）王樵

（归善斋按，见前文"有能典朕三礼"）

## 22. 《御制日讲书经解义》 卷一

（归善斋按，见前文"有能典朕三礼"）

### 《尚书通考》 卷五

（元）黄镇成

夔（臣名）。龙（臣名）。

### 《尚书注考》

（明）陈泰交

"让于夔龙"，训"夔、龙""二臣名"。"山龙"，训"龙""取其变"也。

# 帝曰：俞，往，钦哉

## 1. 《尚书注疏》卷二

（汉）孔氏传，（唐）陆德明音义、孔颖达疏

帝曰：俞！往，钦哉。

传：然其贤，不许让。

## 2. 《书传》卷二

（宋）苏轼

帝曰：俞！往，钦哉。

（归善斋按，未解）

## 3. 《尚书全解》卷三

（宋）林之奇

（归善斋按，见前句）

## 4. 《尚书讲义》卷二

（宋）史浩

（归善斋按，见前文"有能典朕三礼"）

## 5. 《尚书详解》卷二

（宋）夏僎

（归善斋按，见前文"有能典朕三礼"）

## 6. 《增修东莱书说》卷二

（宋）时澜

（归善斋按，见前文"有能典朕三礼"）

## 7. 《尚书说》 卷一

（宋）黄度

（归善斋按，见前文"有能典朕三礼"）

## 8. 《絜斋家塾书钞》 卷一

（宋）袁燮

（归善斋按，见前文"有能典朕三礼"）

## 9. 《书经集传》 卷一

（宋）蔡沈

（归善斋按，见前文"有能典朕三礼"）

## 10. 《尚书精义》 卷四

（宋）黄伦

（归善斋按，见前文"有能典朕三礼"）

## 11. 《尚书详解》 卷二

（宋）陈经

（归善斋按，见前文"有能典朕三礼"）

## 12. 《融堂书解》 卷一

（宋）钱时

（归善斋按，见前文"有能典朕三礼"）

## 13. 《尚书要义》 卷二

（宋）魏了翁

（归善斋按，未引）

### 14. 《书集传或问》 卷上

（宋）陈大猷

（归善斋按，未解）

### 15. 《尚书详解》 卷一

（宋）胡士行

（归善斋按，见前文"有能典朕三礼"）

### 16. 《书纂言》 卷一

（元）吴澄

（归善斋按，见前文"有能典朕三礼"）

### 17. 《书集传纂疏》 卷一

（元）陈栎

（归善斋按，见前文"有能典朕三礼"）

### 18. 《读书丛说》 卷二

（元）许谦

（归善斋按，未解）

### 19. 《书传辑录纂注》 卷一

（元）董鼎

（归善斋按，见前文"有能典朕三礼"）

### 20. 《尚书句解》 卷一

（元）朱祖义

帝曰：俞（舜然之曰），往，钦哉（汝可往居此职，敬以处之）。

### 21. 《尚书日记》卷二

（明）王樵

（归善斋按，见前文"有能典朕三礼"）

### 22. 《御制日讲书经解义》卷一

（归善斋按，见前文"有能典朕三礼"）

# 帝曰：夔！命汝典乐，教胄子

## 1. 《尚书注疏》卷二

（汉）孔氏传，（唐）陆德明音义、孔颖达疏

帝曰：夔，命汝典乐，教胄子。

传：胄（zhòu），长也，谓元子以下，至卿大夫子弟，以歌诗蹈之舞之，教长国子中、和、祗、庸、孝、友。

音义：胄，直又反。王云，胄子，国子也。马云，胄，长也，教长天下之子弟。

疏：正义曰，帝因伯夷所让，随才而任用之。帝呼夔曰，我今命女典掌乐事。当以诗乐教训世适长子。

传正义曰，《说文》云，胄，胤也。《释诂》云，胤，继也。继父世者，惟长子耳。故以胄为长也。谓"元子已下至卿大夫子弟"者，《王制》云，乐正崇四术，立四教。王太子、王子、群后之太子、卿大夫、元士之适子皆造焉，是下至卿大夫也。不言元士，士卑，故略之。彼郑注云，王子，王之庶子也。此传兼言弟者，盖指太子之弟耳。或孔意公卿大夫之弟亦教之。国子以适为主，故言胄子也。命典乐之官，使教胄子，下句又言诗歌之事，是令夔以歌诗蹈之舞之，教此适长国子也。《周礼·大司乐》云以乐德教国子中、和、祗、庸、孝、友。郑云，中，犹忠也。和，刚柔适也。祗，敬也。庸，有常也。善父母，曰孝；善兄弟，曰友。是言乐官用乐教之，使成此六德也。《乐记》又云，乐在宗庙之中，君臣上下同听之，则莫不和敬；在族党乡里之中，长幼同听之，则莫不和顺；

在闺门之内，父子、兄弟同听之，则莫不和亲。是乐之感人，能成中、和、祗、庸、孝、友之六德也。

## 2.《书传》卷二

（宋）苏轼

帝曰：夔，命汝典乐，教胄子，直而温，宽而栗，刚而无虐，简而无傲。栗，庄栗也。教者必因其所长，而辅其所不足。直者患不温，宽者患不栗，刚者患虐，简者患傲。

## 3.《尚书全解》卷三

（宋）林之奇

帝曰：夔，命汝典乐，教胄子，直而温，宽而栗，刚而无虐，简而无傲，诗言志，歌永言。

此则因伯夷之让夔，而使之典乐，教胄子也。胄子，谓元子以下，公卿大夫之子孙。《周官》大司乐掌成均之法，则治国之学政，而合国之子弟，即此职也。古之仕者，世禄不可以无教之人，而袭父兄之位，故必合胄子而教之。唐、虞三代之际，仕于朝者，非天子之族类，则世臣巨室之家。其超于耕稼侧微者，率不过数人耳。岂其时世家之子弟皆贤，而后世为不可及邪？惟古之所以教胄子者，有其具也。然其教之，必典乐之官何也？古之教者，非教以辞令文章也。惟长善救失，以成就其德耳。惟将以成就其德，故优而游之，使自求之；厌而饫（yù）之，使自趋之。自兴于诗，至成于乐，此教之序也。先王之作乐，必本之情性，稽之度数。本之情性，乐之所以生也；稽之度数，乐之所以成也。盖乐之设，非听于铿锵而已，将使人导性情之中和，而反之于正，故必本之情性。自"直而温"至"诗言志，歌永言"，所谓本之情性也。虽本于情性，而形之于乐，洪纤小大，不可以无法，故必稽之度数。

## 4.《尚书讲义》卷二

（宋）史浩

帝曰：夔，命汝典乐，教胄子，直而温，宽而栗，刚而无虐，简而无傲，诗言志，歌永言，声依永，律和声。八音克谐，无相夺伦。神人以和。夔曰：於！予击石拊石。百兽率舞。

礼所以防伪，而教之中；乐所以防情，而教之和。伯夷典礼，防其伪也；后夔典乐，防其情也。盖喜怒哀乐之未发，谓之中；发而皆中节谓之和。"和"者，行其中也。直则厉矣，温以和之；宽则慢矣，栗以和之；刚者几于虐矣，今也以和而无虐；简则几于傲矣，今也以和而无傲，皆所以抑其过，而勉其不及，"中"之谓也。岂非"和"所以行中之谓乎？曰"教胄子"者，国之元子，与公卿、大夫之子也。使胄子教养于礼乐中和之域，太平之极挚也。夫乐行，而易直子谅之心油然生焉，乐之本也。若夫见于形器声音，则乐之余也。然不于乐之余而验之，何以知其本也。是故，诗者，志之所之也。嗟叹之不足，故有永歌焉。"声依永"者，贵人声也。"律和声"者，乐胜而不流也。由是，而八风从律，八音克谐矣。天神降，地祇格，人鬼享，三礼行之，得乐而和，故曰"神人以和"。舜治之盛，于此至矣，尽矣，不可以有加矣。"击石，拊石，百兽率舞"，盖有不期然而然者。呜呼，盛哉！

## 5. 《尚书详解》卷二

（宋）夏僎

帝曰：夔，命汝典乐，教胄子，直而温，宽而栗，刚而无虐，简而无傲，诗言志，歌永言，声依永，律和声。八音克谐，无相夺伦，神人以和。夔曰：於！予击石拊石。百兽率舞。

此亦因伯夷之让前所掌，故舜称而申戒之也。说者多谓，前称稷、契、皋陶，皆直言"汝作司徒"、"汝作士"，未尝言命典乐、命汝作纳言，则夔乃因伯夷之让，而任用之，不可谓二臣前已任用，至此特申戒之也。殊不知新命之臣，未尝不让，若此二臣亦为新命，则何独不让。况舜一命夔，夔即应声言，百兽率舞。若二臣果新命，何为一旦能致如此之功效哉。此必不然也。胄子者，胄之为言胤也，胤之为言嗣也。继父世者，为长子。胄子即长子也，即《王制》所谓王太子王子、群后之太子，卿大夫、元士之适者是也。《周官·大司乐》掌成均之法，舜戒夔以教胄子之法，皆所以发扬宣导，使因其和声，作其和心。心和，则于道必超然独得故也。大司乐，以乐德，教国子中和、祗庸、孝友；以乐语，教国子兴道讽诵言语。自"直而温"至"简而无傲"，即教以乐德也。自"诗言志"至"律和声"即教以乐语也。盖人之气质，直者，常劲正而不温和；宽者，常缓怠而不庄栗。庄栗，即恭谨之谓也。刚强者，常失于苛虐；简易者，常失于傲慢，皆失之一偏，不合于中和之理。故教者，因其直，则教以温；因其宽，则教以栗；因其刚，而教以无虐；因其简，而教以无傲，皆使之于中和，不蹈一偏之失。此所谓教以乐德也。既教以乐德，则气质全矣。气质全，然后可教以乐语，而发越其良心。自"诗言志"以下皆是也。《诗》，如今三百篇之类，古亦有诗。谓之"诗言志"者，盖使之讽诵其诗，即诗以称述其所志也。既以诗言其所志，则情动于中。而言有不足以尽其志者，故欲使之即是诗而歌之，所以永其所言，即所谓言之不足，故咏歌之，非于诗之外又有所谓歌也。既歌以永言，则发扬蹈厉已极其所欲言矣，故又以其所永之言，依之于宫、商、角、徵、羽之五声，言与声既协。由是，播之于十二律，以和之，使前所言、所歌，常寓于声律之间。一闻声律，则向所言、所歌，虽愈久而常不越于耳目之近，教之至。此则邪心荡尽，良心日生。教人之道，复有妙于此者乎？舜既以是戒夔，然又恐夔教之不力，故又教之以乐教之能。至于此，则八音谐和，疾徐高下，各有伦类，无相侵夺。幽而神，明而人，且和矣，况胄子哉。唐孔氏谓，帝言此者，命夔，使勉之，此说是也。一说又谓，"直而温"至"简而无傲"为教人之道。且引孔子曰"吾无隐乎尔"，是教人者，欲其直。《诗曰》"载色载笑"，是教人者，欲其宽。《记》曰"师严，然后道尊"，是教人者，欲其刚。《易》曰"再三渎，渎则不告"，是教人者，欲其简。夔将以乐教胄子，必在我者有是德，然后可以用乐。自"诗言志"以下，所谓以乐教人也，故有是德，然后用乐，则乐之和，且可以感神人，况胄子乎？倪无德以为之本，而徒用乐以为之文，则所用乐者，不过声音节奏之间而已，何以教胄子哉。是故，大司乐之教国子，亦必以德为之本，而后以六乐为之文者，正此意也。此说不若前说为长。然参之命伯夷典礼，既言"咨，伯，汝作秩宗"，于下即言"夙夜惟寅，直哉惟清"皆言典礼之官其德当如此，则此言"命汝典乐教胄子"，于下即言"直而温"至"简而无傲"者，是亦教人者，其德当如此。以此推之，故知后一说于经亦通，故并存之。舜既命夔典乐教胄子，夔即对以"于！予击石拊石，百兽率舞"，说者皆疑之，谓舜方命以职，不应遽有是效，皆指为《益稷》脱简重于此。余谓笔削圣人之经，以就己意，此学者大患。况舜俞九官，其不让者，考之《孟子》，皆是前此用之已久，至此特因其相逊，重述其所掌以申警之。故自稷、契以下，皆不让。不让者，既为旧有职任，则夔之典乐，盖已久矣。舞兽之效，正不可疑，其非一朝一夕之所能致。唐孔氏谓，夔言此者，以舜戒以"神人以和"，欲使勉力，乃答之以"百兽率舞"，言此帝德以及鸟兽。此说几是。然唐孔氏以此明夔所以言此之意则善，但所以解"击石拊石，百兽率舞"之言则未详。惟王氏之徒谓，堂上之乐，以象宗庙朝廷之治；堂下之乐，以象鸟兽万物之治。石者，堂上之乐也。夔方击石拊石，以象宗庙朝廷之治，鸟兽不待堂下之乐，固已率舞，以此见舜功化之敏，乐之形容有所不逮也。堂上之乐，非止于石，特曰"击石拊石"者，盖八音，惟石难谐。举石，则余不足道也。《诗曰》"鼗鼓渊渊，嘒嘒管声，既和且平，依我磬声"。以此知乐之和，由石声而依之也。夫石一也，或言击，或言拊。唐孔氏谓，击，是大击；拊，是小击，言其轻重各有法也。"於"字，释文无音，当如字，作一句连读。而曾彦和、林少颖诸公皆云，此当为叹，而自作一句，读为"乌"字，如《尧典》言"佥曰：於！鲧哉"之"於"同。此说亦通。

## 6. 《增修东莱书说》卷二

（宋）时澜

帝曰：夔，命汝典乐，教胄子，直而温，宽而栗，刚而无虐，简而无傲，诗言志，歌永言，声依永，律和声，八音克谐，无相夺伦，神人以和。

典乐教胄子，夔之职兼二事也。乐与教相关，不可以不兼。乐者，广大易直，感人也深，故掌乐必兼教之任。动荡感发，使人之良心油然而生，教人之道无大于此。周之大司乐掌成均之法。汉之太常，犹领太学，其意久而犹不废也。以此知，教人不在规矩诵说之间矣。"直而温"至"简而无傲"皆教者之事也。不直则道不见，守先王之道以待后之学者，不为拙工改废绳墨。又必温而后可亲，如"即之也温"之"温"，《诗》"载色载笑，匪怒伊教"是也。"直而温"，则不至于径情矣。"宽"者，规模广大也。"栗"者，工夫缜密也。规模既大，又必其中工夫缜密。不缜密，则有汗漫卤莽之患矣。"刚"者，师严道尊之意。"无虐"者，又必使人不至于不安之地，不强其所不能也。"简"者，简默自居，如举一隅，引而不发之意。"无傲"者，不可以天下之才为不可教而不屑也。"诗言志"，志者，诗之所出；诗者，乐之所本。歌此诗而长言之于歌咏；长言之中，自有高下抑扬，五声成焉。十二律以和之，是以成八音。八音能谐和而不相夺伦，神人是以和。盖乐从人心，出声音之道与政通，此理未尝间断。政事有差舛，人心有沾滞。见于音者，不得其谐，在显，则人失其和；在幽，则神失其和矣。

## 7. 《尚书说》卷一

（宋）黄度

（归善斋按，见前文"有能典朕三礼"）

## 8. 《絜斋家塾书钞》卷一

（宋）袁燮

帝曰：夔，命汝典乐，教胄子，直而温，宽而栗，刚而无虐，简而无傲。诗言志，歌永言，声依永，律和声。八音克谐，无相夺伦，神人以和。夔曰：於！予击石拊石。百兽率舞。

胄子，自世子以下，至卿大夫子弟。古者，天子之子，亦齿于学。《记》曰"世子齿于学"。又曰，天子之元子，士也，天下无生而贵者。夫以天子之子，而只得比士，盖不要他便尊贵了。此意甚好。古人教国子，甚留意。成周教养之法甚悉，而舜亦特设一官以教之。所以如此重者，盖古人欲使之世其家。周公封于鲁，其后则伯禽为鲁侯。太公封于齐，其后则伋为齐侯。举此二者，可见公卿大夫之子弟，因欲以世其家也。既欲世其家，则安可不教。盖公卿大夫之子弟，不与寒畯（jùn）相似。东坡、王仲义真赞论之详矣。古人用人，多是胄子。成周之时仕于王朝者，皆周、召、毛、毕之子孙也。将欲用之，故必先教之。然其所以教子者，必以乐，盖感人以乐，不与言语同。言语之入人也浅；乐之动荡鼓舞，其入人也深。古者，学校中多作乐。商之学曰"瞽宗"，瞽宗，乐也，而以名其学，言作乐于中也。"直而温，宽而栗，刚而无虐，简而无傲"，大抵人之性虽一，而人之气禀各不同。夫受天地之中以生，此性安有二。然其禀山川之气，与夫时日之殊，则气质不能无偏。北方，土厚水深，其为人也，多沈厚；南方，土薄水浅，其为人也，多轻浮。此可见山川之气不同如此。教也者，长善救失，矫揉而归于中也。若使直而不温，宽而不栗，刚而至于虐，简而至于傲，则失其所以为中矣。惟能揉其偏，而归于中，然后得本性而不失，天之所以与我者。

## 9. 《书经集传》卷一

（宋）蔡沈

帝曰：夔，命汝典乐，教胄子，直而温，宽而栗，刚而无虐，简而无傲。诗言志，歌永言，声依永，律和声。八音克谐，无相夺伦，神人以和。夔曰：於！予击石拊石。百兽率舞。

胄，直又反。胄，长也。自天子至卿大夫之适子也。栗，庄敬也。上二无字与母同。凡人直者，必不足于温，故欲其温；宽者，必不足于栗，故欲其栗，所以虑其偏而辅翼之也。刚者必至于虐，故欲其无虐；简者必至于傲，故欲其无傲，所以防其过，而戒禁之也。"教胄子"者，欲其如此。而其所以教之之具，则又专在于乐。如《周礼》大司乐，掌成均之法，以教国子弟。而孔子亦曰"兴于诗，成于乐"。盖所以荡涤邪秽，斟酌饱满，动荡血脉，流通精神，养其中和之德，而救其气质之偏者也。心之所之，谓之志。心有所之，必形于言，故曰"诗言志"。既形于言，则必有长短之节，故曰"歌永言"。既有长短，则必有高下清浊之殊，故曰"声依永"。声者，宫、商、角、徵、羽也。大抵，歌声长而浊者，为宫。以渐而清且短，则为商，为角，为徵，为羽，所谓"声依永"也。既有长短清浊，则又必以十二律和之，乃能成文而不乱。假令黄钟为宫，则大簇为商，姑洗为角，林钟为徵，南吕为羽，盖以三分损益，隔八相生而得之。余律皆然。即《礼运》所谓"五声、六律、十二管还相为宫"，所谓"律和声"也。人声既和，乃以其声被之八音而为乐，则无不谐协而不相侵乱，失其伦次，可以奏之朝廷，荐之郊庙，而神人以和矣。圣人作乐，以养情性，育人材，事神祇，和上下。其体用功效广大深切，乃如此，今皆不复见矣，可胜叹哉。"夔曰"以下，苏氏曰，舜方命九官，济济相让，无缘夔于此，独言其功，此《益稷》之文，简编脱误，复见于此。

## 10. 《尚书精义》卷四

（宋）黄伦

帝曰：夔，命汝典乐，教胄子，直而温，宽而栗，刚而无虐，简而无傲。诗言志，歌永言，声依永，律和声。八音克谐，无相夺伦，神人以和。夔曰：於！予击石拊石。百兽率舞。

王氏当曰，夫声起于气，而气生于心。盖心者，乐之本也。故心和而气和，气和而声和。和之所在，物无不应。故舜之命夔教胄子，曰"直而温，宽而栗，刚而无虐，简而无傲"。而周公之教国子曰"中和祇庸孝友"，未有不本于心也。彼其素所养者，无非其和，则在阳，无刚暴难制之声；在阴，无忧愁不乐之气。大，足以动天地；幽，足以感鬼神；微，足以致鸟兽，盖不足怪也。

史氏曰，典乐，而先乎中，则所化者博；作乐而极乎和，则所格者大。

胡氏曰，金尚羽，石尚角，土丝尚宫，匏竹尚徵，革木尚商。此所以声律相依而皆和，故曰八音克谐。谐者，和之谓也。

张氏曰，乐所以象成功者也，以舜之治如此，所以致众乐之和，由石声而依永也。

顾氏曰，夔既命，而自赞之，何也？是所以归美于君也。然则，九官，众矣，而归美止乎夔者，夔之于乐也，辨其器，而调其音也。舜之于乐也，修其理，而致其应者也。属乎器与音者，艺也；属乎理与应者，德也。神人之和，与夫鸟兽之舞，其皆艺之所能及耶，非也，德之所感也。此夔之所以自赞，而异于他者。若夫去乐，而为功，则皆一人之能，其又何赞之耶？

吴氏曰，乐本人心也。人心和，则气和；气和则声和；声和则写之金石，被之管弦，无不和矣。其在《易》，"雷出地奋，豫，先王以作乐崇德"，言雷一奋地，而万物以之鼓舞。如圣人乐作，而天下无不和悦。舜之时，可谓和悦矣，遂作韶，故命夔典之。观其时，若此之盛。意谓使我击石拊石，当可使百兽率舞，则舜之治可知矣。夫鸟兽有知，而无情。圣人在上，德被者远，虽无情者，尚可使之率舞，况其他者乎？

## 11.《尚书详解》卷二

（宋）陈经

帝曰：夔，命汝典乐，教胄子。直而温，宽而栗，刚而无虐，简而无傲。诗言志，歌永言，声依永，律和声，八音克谐，无相夺伦，神人以和。

唐、虞三代之世，仕于朝者，皆天子之族，与世臣巨室之家。孔氏曰，胄，长也。元子以下，至卿大夫子弟。《周官》大司乐掌教国子以中和、孝友、祗庸，以见古人掌乐之官，皆兼于教国子。盖乐者，广大，和易，发扬，蹈厉，以感人也深。孔子曰"兴于《诗》"是也。然乐之大要，本于中和，直而温，宽而栗，刚而无虐，简而无傲，德之中和也。将教人以中和之德，而必导人以中和之乐。人之气质，有刚柔、缓急之不同。舜命夔教胄子，使导达其气质，一归于中和。直、宽、刚、简四者，气质之自然。直而教之温，则不失之直情、径行、好讦以为直。宽而教之栗，则不失之纵放；刚而教之无虐，则不至于暴；简而教之无傲，则不至于忽。此德之中和也。然德之中和，何自而发哉？以资乎乐之中和。故"诗言志，歌永言"者，所以本之性情；"声依永，律和声，八音克谐"者，所以稽之度数。本之性情，乐所由；生稽之度数，乐所由成。《关雎》之叙曰"诗者，志之所之也"。在心为志，发言为诗，情动于中，形于言。言之不足，故嗟叹之；嗟叹之不足，故咏歌之。由性情之正，发而为诗，故曰"诗言志"；由是诗而见于歌咏，故曰"歌永言"。歌者，在上，匏竹，在下，贵人声也。古之作乐者，先歌于堂上，故五声各依其永言，盖人声之发，有洪纤高下，则有宫、商、角、徵、羽。故乐器亦依之而作声，有洪纤高下，苟无以为之准则，五声或失之过，而乐不和矣，故以十二律和之。律有常数，数有常度。声之洪纤高下，咸取则于此。此谓之"律和声，八音克谐"者，金、石、丝、竹、匏、土、革、木，单出者为声；杂比者，为音。八音之谐，无至以夺其伦理，则纯如，皦如，绎如，而乐成矣。神人安得而不和？盖天下同此一和也。神有此，人有此，物亦有此，今以乐之和，遂足以感人之和，与神之和。乐之功如此，胄子之德安得不归于中和哉。

## 12.《融堂书解》卷一

（宋）钱时

帝曰：夔，命汝典乐，教胄子，直而温，宽而栗，刚而无虐，简而无傲。诗言志，歌永言，声依永，律和声，八音克谐，无相夺伦，神人以和。夔曰：於！予击石拊石。百兽率舞。

适子他日皆继世，有家，有国，有天下者，岂是细事？如何独命典乐教之？盖感人心，变化气质，机用之妙，莫疾于乐。此圣人区处胄子，岂耳提面命，哓哓（xiāo xiāo）讲说，所可言哉。周大司乐掌成均之法，以治建国之学政，其以乐德教国子者，必中和祗庸孝友以为主。教之乐语，教之乐舞，所以为教之目。一一皆有节奏，皆有定式。虽世代详略有不得而知，要其大略可见。若夫师道，则甚不易也。何谓师道，直、宽、刚、简是也。直者，无所回曲之谓，欲明师道，岂可不直，然直则易于不温和。但峻直而不温和，则难亲矣。宽者，优柔乐易之谓，欲行其教，岂可不宽。然宽则易于不庄栗，但宽而不庄栗，则易玩矣。震厉奋发，足以策偷，而警惰，非刚不可也。或太刚，则未免反有戕贼之患。刚而无虐可也。静重端默，足以正浮而格躁，非简不可也。或太简，则未免反有高亢之患。简而无傲可也。玩此四语，如五味相济，五色相受，而师道备矣。故舜先明此事，方论及乐。师道欠缺，而徒欲以声音感人，则无是理。诗者，乐之主也。作其乐，则歌其诗，如王出入则奏《王夏》，尸出入则奏《肆夏》，牲出入则奏《昭夏》，射则奏《驺虞》之类也。舜至此不言胄子，而言神人，此道之妙，无所不通，人此妙也，神此妙也。夔也，固已洞达此妙，一触其机，不觉慨叹，曰，于！何待八音之皆具也哉？虽一石之击，一石之拊，而百兽且将率舞矣，又何止于神人。呜呼，妙矣。非真知天地万物，在此石一击一拊之间，安能透发蹊迳，于舜言外，发此妙旨。舜闻此旨默然无语。如之何其不善。

## 13. 《尚书要义》卷二

（宋）魏了翁

五八、夔教胄子谓元子以下。

"帝曰：夔命汝典乐，教胄子"，胄，长也，谓元子以下，至卿大夫子弟，以歌诗，蹈之，舞之，教长国子中和、祗庸、孝友。

六一、帝命夔教胄子之节。

帝因伯夷所让，随才而任用之。帝呼夔曰，我今命汝典掌乐事，当以《诗》、《乐》教训世、适、长子，使此长子正直而温和，宽弘而庄栗，刚毅而不苛虐，简易而不傲慢。教之《诗》、《乐》所以然者，诗言人之志意，歌咏其义，以长其言；乐声依此长歌为节；律吕和此长歌为声。八音皆能和谐，无令相夺。道理如此，则神人以此和矣。夔答舜曰：呜呼！我击其石磬，拊其石磬，诸音莫不和谐，百兽相率而舞，乐之所感，如此是人神既已和矣。

六二、胄子惟长子。传兼言子弟，又略元士。

《说文》云，胄，胤也。《释诂》云，胤，继也。继父世者，惟长子耳，故以胄为长也，谓元子已下，至卿大夫子弟者。《王制》云，乐正崇四术，立四教。王太子、王子、群后之太子、卿大夫、元士之适子皆造焉。是下至卿大夫也，不言元士，士卑故略之。彼郑注云，王子，王之庶子也。此传兼言弟者，盖指太子之弟耳，或孔意。公卿大夫之弟亦教之。国子以适为主，故言胄子。

## 14. 《书集传或问》卷上

（宋）陈大猷
（归善斋按，未解）

## 15. 《尚书详解》卷一

（宋）胡士行

帝曰：夔，命汝典乐，教胄子（元子已下，至卿大夫子弟，与之任者，世禄，将袭位，故不可不教）。直（劲正）而温（和），宽而栗（庄栗不失之缓），刚而无虐，简而无傲。

此教以乐德也。直，正直也。宽，柔也。刚、简，刚也。此三德乃其气质之异。直焉，而教以温，使适其中；宽焉，而教以栗，使不失之不及；刚、简焉，而教以无虐、无傲，使不失之太过。吕云，此教者之事也。不直则道不见，然必即之也温。宽者，规模广大，然必栗而有缜密之工夫。刚者，师严道尊，然必无虐以强其所不能。简者，简默，举一隅，引而不发，然必无傲。天下之才以为不可教也。

## 16. 《书纂言》卷一

（元）吴澄

帝曰：夔，命汝典乐，教胄子。直而温，宽而栗，刚而无虐，简而无傲。诗言志，歌永言，声依永，律和声。八音克谐，无相夺伦，神人以和。

夔、龙，二臣名，亦因伯夷之让而申命之，使仍旧职，以终其事。若前之申命稷、契、皋陶也。胄，长也。胄子，天子之元子，公卿、大夫、元士之适子也。直者，径行；温者，和煦。宽者，宏量；栗者，严密。刚者，坚劲；虐者，残酷。简者，省约。帝言，命汝为典乐之官，欲俾汝教胄子，以变化其气质之偏也。直者，不足于温，故欲其温。宽者，不足于栗，故欲其栗。所以益其不及也。刚者，易至于虐，故欲其无虐。简者，易至于傲，故欲其无傲。所以损其太过也。四者姑举其大凡，其他莫不皆然，而所以变化气质，专在于乐。是以教胄子，必属典乐之官。而《周官》掌成均之法，以乐德、乐语、乐舞教国子，亦大司乐所职也。诗，以言陈述其心也。在心为志，发言为诗，故诗者，所以言其心之志。歌，以口唱叹其诗也。永，长也。诗若急疾，读过则其辞短促，必歌之于口，每字延引迟久，使之悠长，故歌者，所以永。其诗之言永，或作咏，永或同义。声，谓五声。最浊者，为宫；稍浊者，为商；微浊微清者，为角；稍清者，为徵；最清者，为羽。依，凭倚也。所歌之辞，若无清浊高下之节，自始至终皆同，则虽迟久悠长，亦不足听。故曰歌辞之永，必凭依于五声，而抑扬高下之五者，清浊相间迭用，然后错杂成文，而不质俚，故曰"声依永"。律之十二管，长者，声浊；短者，声清。和，谓五声匀调也。盖宫、商、角、徵、羽之高下无定，准必以律管之长短定之。每律之宫，各有商徵羽而不相乱。其长短之度，不可有分厘之差，然后其声匀调，故曰"律和声"。声和律不特歌声匀调，施之八音，皆能谐和，而"无相夺伦"矣。相夺伦者，商太下，则夺宫之伦；太高，则夺角之伦。角太下，则夺商之伦，太高则夺徵之伦。徵太下，则夺角之伦，太高则夺羽之伦。羽太下，则夺徵之伦，太高则夺变宫之伦。不相夺伦，而和，足以感格神明，变移风俗，故用之于神，则神和；用之于人，则人和也。

## 17. 《书集传纂疏》卷一

(元) 陈栎

帝曰：夔，命汝典乐，教胄子。直而温，宽而栗，刚而无虐，简而无傲。诗言志，歌永言，声依永，律和声。八音克谐，无相夺伦，神人以和。夔曰：於！予击石拊石。百兽率舞。

胄，长也。自天子至卿、大夫之适子也。栗，庄敬也。上二"无"字与"毋"同。凡人直者，必不足于温，故欲其温；宽者，必不足于栗，故欲其栗，所以虑其偏，而辅翼之也。刚者，必至于虐，故欲其无虐；简者，必至于傲，故欲其无傲，所以防其过而戒禁之也。"教胄子"者，欲其如此，而其所以教之之具，则又专在于乐，如《周礼》，大司乐掌成均之法，以教国子弟。而孔子亦曰"兴于诗，成于乐"。盖所以荡涤邪秽，斟酌饱满，动荡血脉，流通精神，养其中和之德，而救其气质之偏者也。心之所之，谓之志；心有所之，必形于言，故曰"诗言志"。既形于言，则必有长短之节，故曰"歌永言"。既有长短，则必有高下清浊之殊，故曰"声依永"。声者，宫、商、角、徵、羽也。大抵歌声长而浊者，为宫；以渐而清且短，则为商，为角，为徵，为羽，所谓"声依永"也。既有长短清浊，则又必以十二律和之，乃能成文而不乱。假令黄钟为宫，则太蔟为商，姑洗为角，林钟为徵，南吕为羽。盖以三分损益，隔八相生而得之。余律皆然。即《礼运》所谓"五声、六律、十二管，还相为宫"，所谓"律和声"也。人声既和，乃以其声被之八音而为乐，则无不谐协，而不相侵乱，失其伦次，可以奏之朝廷，荐之郊庙，而神人以和矣。圣人作乐，以养性情，育人材，事神祇，和上下。其体用功效，广大深切，乃如此，今皆不复见矣，可胜叹哉。"夔曰"以下，苏氏曰，舜方命九官，济济相让，无缘夔于此独言其功，此《益稷》之文简编脱误，复见于此。

**纂疏**

语录：直、宽，本自是好，但济以温、栗则尽善。刚、简微觉有弊，故戒以"无虐"、"无傲"，所以防其失也。所以特与分明，欲见防其失者，专为刚、简而设，不蒙上"直宽"二句。直、宽，但曰而温，而栗。至刚、简，则曰无虐、无傲。观其立言之意，自可见。问，欲养其德性，只是"诗言志"，至"律和声"。曰，然讽诵歌咏之间，足以和其心气，但上面三句，抑扬高下，尚且由人。到律和声处，直是不可走作，所以咏歌之际，深足以养人情性。至如播之金石，被之管弦，非是不和，终不若人声自然。故孟嘉有言，丝不如竹，竹不如肉，谓渐近自然。八音克谐，至以和，此是言祭祀燕享时事。又是一节。古以乐教胄子，缘和平中正。古人诗只一两句，歌便衍得来长。宫、商、角、徵、羽五声，依所歌而发，却用律以和之。如黄钟为宫，则太簇为商之类，不可乱其伦序也。古人作诗，只是说他心下所存事，说出来，人便将他诗来歌。其声之清浊长短，各依他作诗之语言，却将律来调其声。今人却先安排下腔调子，然后做言语去合腔子，岂不是倒了，却是永依声也。古人是以乐去就他诗，后世是以诗去就他乐，如何解兴起得人。诗之作，本言志而已，方其诗也，未有歌也；及其歌也，未有乐也。以"声依永"，以"律和声"，则乐乃为诗而作，非诗为乐而作也。诗出乎志者也，乐出乎诗者也，诗者其本，而乐者其末也。道夫问，若以黄钟为宫，便是太簇为商，姑洗为角，蕤宾为变徵，林钟为徵，南吕为羽，应钟为变宫。若以大吕为宫，便是夹钟为商，中吕为角，林钟为变徵，夷则为徵，无射为羽，黄钟为变宫。其余旋相为宫，周而复始。若言相生之法，则以律生吕，便是下生；以吕生律，则为上生。自黄钟下生林钟，林钟上生太簇；太簇下生南吕，南吕上生姑洗；姑洗下生应钟，应钟上生蕤宾。蕤宾本当下生，今却复上生大吕，大吕下生夷则，夷则上生夹钟；夹钟下生无射，无射上生中吕。相生之道至是穷矣，遂复变而上生黄钟。再生之黄钟，不及九寸，只是八寸有余。然黄钟，君象也，非诸宫之所能役，故虚其正，而不复用。所用只再生之变者，就再生之变又缺其半。所缺其半者，盖若大吕为宫，黄钟为变宫时，黄钟管最长，所以只得用其半声，而余宫亦皆仿此。先生曰，然宫、商、角、徵、羽，与变宫、变徵，皆是数之相生，自然如此，非人力所能加损。此其所以为妙。乐律自黄钟至仲吕，皆属阳；自蕤宾至应钟，皆属阴。此是一个大阴阳。黄钟为阳，大吕为阴，太蔟为阳，夹钟为阴。每一阳间一阴，又是一个小阴阳。律管，只以九寸为准，则上生下生三分，损一益一，如破竹矣。管有短长，则声有清浊。黄钟，管九寸，最长。应钟，管最短。长者，声浊；短者，声清。十二律旋相为宫。宫为君，商为臣。乐中最忌臣陵君，故有四清声。清声者，减正律之半。如应钟为宫，其声最短而清。或蕤宾为商，则商声高如宫声，是为臣陵君，不可用，遂用蕤宾，减半律为清声，以应之。虽减半律，然只是此律，故亦自能相应也。如方响铁，有十六片，乃是十二律外，添四清声也，《通典》载此一项甚详。夏氏曰，直、温以下，《周礼》所谓"乐德"。"诗言志"至"和声"，《周礼》所谓"乐语"也。林氏曰，作乐，必本之情性，稽之度数本之情性乐所以生稽之度数，乐所以成。"永言"以上本之情性也。形之于乐，洪纤高下，不可无法，必稽之度数，"声依永，律和声"是也。陈氏经曰，直、温以下，德之中和也；"言志"以下，乐之中和也。将教以中和之德，必教以中和之乐。"和声"，八音之分，单出者为声，杂比者为音。薛氏曰，"八音克谐"，翕（xī）如，纯如；"无相夺伦"，皦（jiǎo）如也。陈氏大猷曰，谐是众音和协，伦是各音条理。愚谓，帝者立教，始见于命契、命夔。《大学序》所谓"司徒之职，典乐之官所由设"，正谓此也。"歌永言"，言之不足，而永歌之也。"声依永"者，宫、商、角、徵、羽五声，依傍于永言之歌而见也。"律和声"者，又以十二律而和此五声也。黄钟为宫，则某为商，某为角，及三分损益，隔八相生，宜为图以明之。阳律生阴吕，曰下生三分，长而损一；阴吕生阳律，曰上生三分，长而益一，皆是左旋，隔八管而相生。黄钟为第一宫，其长九寸，隔八下生林钟，为徵，三分损一，其长六寸；林钟隔八上生太蔟，为商，三分益一，其长八寸。惟此三者，长皆全寸，而无余分。余管则余分之数，细碎难言矣。太蔟下生南吕，为羽；南吕，上生姑洗为角。林钟为第二宫，宫生徵，徵生商，商生羽，羽生角。以下皆仿此，以至中吕为第十二宫，上生黄钟为徵，下生林钟为商，上生太蔟为羽，下生南吕为角。十二宫，各有五声，凡六十声。宫、徵、商、羽、角，隔八相生之序也。由宫声之浊而长，以渐而清且短之序，则为宫、商、角、徵、羽。假令黄钟为宫，则相去一管，而太蔟为商；又相去一管，而姑洗为角；又相去二管，而林钟为徵；又相去一管，而南吕为羽。羽距黄钟之宫又相去二管焉。相去一管。则音节和；相去二管，则音节远。故角、徵之间，近徵收一声，比徵稍下，曰"变徵"。羽、宫之间，近宫收一声，少高于宫，曰"变宫"，所以齐五声之不及也。详见《律历志》、《律吕新书》等。乐之功用，其感神人之和如此，则其教胄子，而陶写其性情，流通其精神，养其中和之德，而救其气质之偏，宜哉。

## 18. 《读书丛说》卷二

（元）许谦

（归善斋按，未解）

## 19. 《书传辑录纂注》卷一

（元）董鼎

帝曰：夔，命汝典乐，教胄子，直而温，宽而栗，刚而无虐，简而无傲。诗言志，歌永言，声依永，律和声。八音克谐，无相夺伦，神人以和。夔曰：於！予击石拊石。百兽率舞。

胄，长也。自天子至卿大夫之適子也。栗，庄敬也。上二"无"字，与"毋"同。凡人直者，必不足于温，故欲其温；宽者，必不足于栗，故欲其栗，所以虑其偏，而辅翼之也。刚者，必至于虐，故欲其无虐；简者，必至于傲，故欲其无傲，所以防其过，而戒禁之也。"教胄子"者，欲其如此，而其所以教之之具，则又专在于乐。如《周礼》大司乐掌成均之法，以教国子弟。而孔子亦曰，兴于诗，成于乐。盖所以荡涤邪秽，斟酌饱满，动荡血脉，流通精神，养其中和之德，而救其气质之偏者也。心之所之，谓之"志"。心有所之，必形于言，故曰"诗言志"。既形于言，则必有长短之节，故曰"歌永言"。既有长短，则必有高下清浊之殊，故曰"声依永"。声者，宫、商、角、徵、羽也。大抵，歌声长而浊者为宫；以渐而清且短，则为商，为角，为徵，为羽，所谓"声依永"也。既有长短清浊，则又必以十二律和之，乃能成文而不乱。假令黄钟为宫，则太簇为商，姑洗为角，林钟为徵，南吕为羽。盖以三分损益，隔八相生，而得之。余律皆然。即《礼运》所谓五声、六律、十二管还相为宫，所谓"律和声"也。人声既和，乃以其声被之八音，而为乐，则无不谐协，而不相侵乱，失其伦次，可以奏之朝廷，荐之郊庙，而神人以和矣。圣人作乐，以养情性，育人材，事神祇，和上下。其体用功效，广大深切，乃如此。今皆不复见矣，可胜叹哉。"夔曰"以下，苏氏曰，舜方命九官，济济相让，无缘夔于此独言其功，此《益稷》之文，简编脱误，复见于此。

**辑录**

文蔚问，《礼书》学礼首引舜命契为司徒敷五教命，夔典乐教胄子两条，文蔚窃谓，古人教学不出此两者。"契敷五教"，是欲使人明于人伦，晓得这道理。夔典乐教胄子。是欲使人养其德性，而实有诸己，此是一篇纲领。答曰，固是如此。后面只是明此一意。如司徒之教，即是契敷教事；大司乐之教，即是夔典乐事。因曰"直而温，宽而栗"，直与宽，本自是好，但济之以温与栗，则尽善至如。刚、简二字，则微觉有弊，故戒之以无虐、无傲，盖所以防其失也。某所以特与分开，欲见防其失者，专为刚、简而设，不蒙上直、宽二句。直、宽，但曰温而栗。至刚、简，则曰无虐、无傲。观其立言之意，自可见。文蔚曰，教以人伦者，固是，又欲养其德性，便只是下面"诗言志，歌永言，声依永，律和声"四句。曰，然，讽诵歌咏之间，足以和其心气。但上面三句，抑扬高下，尚且由人。到那"律和声"处，直是不可走作，所以咏歌之际，深足以养人情性，至如播之金石，被之管弦，非是不和，终不若人声自然。故晋人孟嘉有言，丝不如竹，竹不如肉，谓渐近自然。至"八音克谐，无相夺伦，神人以和"，此是言祭祀燕飨时事，又是一节。"直而温"，只是说，所教胄子，要得如此。若说做教者事，则于教胄子上，都无益了。广。王氏以直温以下，为教者事，古人以乐教胄子，缘平和中正。"诗言志，歌永言，声依永，律和声。八音克谐，无相夺伦"，古人诗只一两句，歌便衍得来长。声是宫、商、角、徵、羽，是声依所歌而发，却用律以和之。如黄钟为宫，则太簇为商之类，不可乱其伦序也。泳。或问，"诗言志，声依永，律和声"之说。曰，古人作诗，只是说他心下所有事说出来，人便将他诗来歌。其声之清浊长短，各依他作诗之语言，却将律来调和其声。今人却又安排下腔调了，然后做言语，去合腔子，岂不是倒了，却是永依声也。古人是以乐去就他诗；后世是以诗去就他乐，如何解兴起得人。祖道。"诗言志，歌永言，声依永，律和声"，以五声永言，以律和声之高下，节"声依永，律和声"。此皆有自然之调。沈存中以为，臣与民，不要大；事与物，大不妨。若合得自然，二者亦自大，不得可学。诗之作本。言志而已，方其诗也，未有歌也。及其歌也，未有乐也。以声依永，以律和声，则乐乃为诗而作，非诗为乐而作也。诗，出乎志者也；乐，出乎诗者也。诗者，其本；而乐者，其末也。《答陈体仁》。乐声是土、金、木、火、水。《洪范》是水、火、木、金、土。音律如尖塔样，阔者，浊声；尖者，清声。宫以下则太浊，羽以上则太清，皆不可为乐。惟五声者中声也。道夫问所论乐，今考之，若以黄钟为宫，便是太簇为商，姑洗为角，蕤宾为变徵，林钟为徵，南吕为羽，应钟为变宫。若以大吕为宫，便是夹钟为商，中吕为角，林钟为变徵，夷则为徵，无射为羽，黄钟为变宫。其余则旋相为宫，周而复始。若言相生之法，则以律生吕，便是下生；以吕生律，则为上生。自黄钟下生林钟，林钟上生太簇，太簇下生南吕，南吕上生姑洗，姑洗下生应钟，应钟上生蕤宾，蕤宾本当下生，今却复上主大吕，大吕下生夷则，夷则上生夹钟，夹钟下生无射，无射上生中吕。相生之道至是穷矣。遂复变，而上生黄钟之宫。再生之，黄钟不及九寸，只是八寸有余。然黄钟君象也，非诸宫之所能役，故虚其正，而不复用。所用只再生之变者。就再生之变，又阙其半。所阙其半者，盖若大吕为宫，黄钟为变宫时，黄钟管最长，所以只得用其半声，而余宫亦皆仿此。先生曰，然。又曰，宫、商、角、徵、羽，与变宫、变徵，皆是数之相生，自然如此，非人力所能加损，此其所以为妙。《格言》。乐律，自黄钟至仲吕，皆属阳；自蕤宾至应钟，皆属阴，此是一个大阴阳。黄钟为阳，大吕为阴；太簇为阳，夹钟为阴。每一阳间一阴，又是一个小阴阳。乐声，黄钟九寸最浊，应钟最清。清声则四寸半，律管只以九寸为准，则上生下生，三分益一损一，如破竹矣。《礼记》注疏，五声、六律、十二管，还相为宫处分明。十二律自黄钟，而生黄钟是最浊之声。其余渐渐清，若定得黄钟是入得乐。因论律，吕先生曰，管有长短，则声有清浊，黄钟之管最长，应钟之管最短。长者，声浊；短者，声清。十二律旋相为宫。宫为君，商为臣。乐中最忌臣陵君，故有四清声。清声者，减正律之半，如应钟为宫，其声最短而清，或蕤宾为商，则商声高如宫声，是为臣陵君，不可用，遂用蕤宾减半律为清声以应之。虽减半律，然只是此律，故亦自能相应也。如方响铁，有十六片，乃是十二律外，添四清声也。杜佑《通典》载此一项甚详。并《精语》。"夔曰：于！予击石拊石"，是重出。广。

**纂注**

《周礼》大司乐掌成均之法，以教国子弟，以乐德教之，曰中和、祗庸、孝友。复以乐语教之，曰兴道风，颂言语。而尤以乐舞教之，以律同声，音大合。乐正，自夔所职充广之。程子曰，先王之乐，必须律以考其声。今律既不可求，而声又不可全信。正惟此为难求。中声须得律，律不得，则中声无由见。律者，自然之数。夏氏曰，直温以下，所谓乐德也，"诗言志"至"律和声"所谓乐语也。林氏曰，作乐必本之情性，稽之度数。本之情性，乐所以生；稽之度数，乐所以成。"永言"以上，本之情性也。形之于乐，洪纤高下，不可无法，必稽之度数，"声依永，律和声"是也。陈氏经曰，直温以下，德之中和也。言志以下，乐之中和也。将教以中和之德，必教以中和之乐。陈氏大猷曰，以是为教宜乎。直、宽可使温栗；刚、简，可使无虐傲，皆协于中德，而不偏不过焉。谐，是众音和协；伦，是各音条理。薛氏曰，"翕如"、"纯如"，"八音克谐"之谓也。"皦如"，"无相夺伦"之谓也。苏氏曰，声者，乐声；永者，人声也。乐声升降之节，视人声之所能至，则为中声，是谓"声依永"。永则无节，无节则不中律。故以律为之节，是谓"律和声"。声，为乐声。与传异。被之八音，方为乐声。新安陈氏曰，帝王立教，始见于命契教五教，命夔教胄子二章。朱子《大学序》所谓司徒之职、典乐之官所由设也，正谓此也。直、宽、刚三句易看。简略不烦者，多至傲忽。以常情验之，可见"声依永，律和声"最难解。

"歌永言"者，言之不足而永歌之也。"声依永"者，宫、商、角、徵、羽之五声，依傍于永言之歌而见也。"律和声"者，又以十二律而和此五声也。黄钟为宫，则某为商，某为角，及三分损益，隔八相生，今为说以明之。阳律生阴吕，曰下生，三分长而损一；阴吕生阳律，曰上生，三分长而益一，皆是左旋隔八律而相生。黄钟为第一宫，其长九寸，隔八下生林钟为徵，三分损一，其长六寸。林钟隔八上生太簇，为商，三分益一，其长八寸。惟此三律长皆全寸，而无余分。余律则余分，参差不齐矣。太簇下生南吕，为羽；南吕上生姑洗，为角。林钟为第二宫，宫生徵，徵生商，商生羽，羽生角。以下皆仿此。以至仲吕为第十二宫，上生黄钟，为徵；下生林钟，为商；上生太簇，为羽；下生南吕，为角。十二宫各有五声，凡六十声。宫、徵、商、羽、角，隔八相生之序也。由宫声之浊而长，以渐而清且短之序，则为宫、商、角、徵、羽。假令黄钟为宫，则相去一律，而太簇为商。又相去一律，而姑洗为角。又相去二律，以林钟为徵。又相去一律，而南吕为羽。羽距黄钟之宫，又相去二律焉。相去一律，则音节和；相去二律，则音节远。故角徵之间，近徵收一声，比徵稍下，曰变徵。羽宫之间，近宫收一声，少高于宫，曰变宫。所以济五声之不及也。详见《律历志》、《律吕新书》等。此难尽具礼，运旋相为宫，谓十二律回还迭相为宫也。乐之功用，能感神人之和，如此则其教胄子，而陶写其性情，流通其精神，养其中和之德，而救其气质之偏，盖可想也。"夔曰：于"以下，为《益稷》错简无疑。节初齐氏曰，天高地下，万物散殊，而礼制行矣。流而不息，合同而化，而乐兴焉。是礼者，两仪对待之体；而乐者，一气流行之用也。故礼常节，乐常和；礼常严，乐常泰；礼常辨异，乐常统同。圣人以其分殊者制礼，而使人心之不流；又以其理一者作乐，而使人心之不离。是岂可以钟鼓玉帛视之哉。学者当知其本。

## 20.《尚书句解》卷一

（元）朱祖义

帝曰：夔（舜命夔），命汝典乐，教胄子（命汝主乐，教长子。《王制》：王太子，王子，群后之太子，卿大夫、元士之适子是也。《周官》

大司乐以乐德，教国子中和、祗庸、孝友；以乐语，教国子兴道、讽诵、言语，即此职也）。

## 21. 《尚书日记》卷二

（明）王樵

"帝曰：夔，命汝典乐，教胄子"至"百兽率舞"。"命汝典乐"句，"教胄子"句。本是两事，然古人却合为一事者，盖古之教有四，春秋教以礼、乐，冬夏教以诗书。孔子曰，兴于诗，立于礼成于乐，又子所雅言，诗书执礼，皆雅言也。可见古之教者，礼乐居其大半，诗亦乐中之诗，而读书，不过四业中之一事尔。所以必以"教胄子"属典乐之官者，以弟子之业有在于是故也。天子、诸侯、卿、大夫之适子，皆将有天下国家之责，不可不素教而豫养之，乐所以教也。古之教者，成其德性之美，救其气质之偏，盖人之德性，本无不备，而气质所赋，鲜有不偏，故学而至于气质变化者，学斯有力。教而至于变化人之气质者，教斯有功。以其大端言之，则直者多不足于温，故欲其温；宽者多不足于栗，故欲其栗。栗，谨敬也，坚密也。刚之失，易至于虐，则欲其无虐；简之失，易至于傲，则欲其无傲。四者，人之大体。皋陶九德之目本之此，而广之也。夫性之所不足者，有以辅之，鲜不为完德；性之所易偏者，有以防之，鲜不为美德。斯教之功也。而教成于乐，乐出于诗。朱子曰，诗何为而作也，人生而静，天之性也；感于物而动，性之欲也。既有欲矣，则不能以无思；既有思矣，则不能以无言；既有言矣，则言之所不能尽，而发于嗟咨咏叹之余者，必有自然之音响节族而不能已焉。此诗之所以作也。《诗·大序》曰，诗者，志之所之也，在心为志，发言为诗。又曰，情动于中而形于言，言之不足，故嗟叹之，嗟叹之不足，故永歌之。此所谓"诗言志，歌永言"也。直言而无吟咏者，谓之讽；长言之，谓之歌；配歌，谓之乐。"声依永"者，言乐出乎诗也。乐主音声，凡声皆依于咏歌，故曰"声依永"。单出为声，声成文谓之音。声合于律，乃成文而不乱律者，音乐之法也。所以然者，盖盈天地间，惟阴阳、五行之气，人物皆由是以生。有气则有声，有数。气有升降，随所到次第，而得清浊之序。在人，则出于喉颚舌齿唇。在天地间，则大而至于雷霆，细而至于蠛蠓

（mièměng），无非声也。律则写其所谓中声者而已矣。在气为中气，在声为中声，在人则喜怒哀乐之未发与发而中节也，圣人为之律吕以写之。阳气升降之数有多寡，故律管有长短。律、历同道，故十二管吹以考声，列以候气。及其吹之而声和，候之而气应，此天地自然之妙也。声和则八音皆克谐。协不相夺其伦次。而乐成矣。乐成则可以奏之朝廷，荐之郊庙，而"神人以和"。神以和，所谓"祖考来格"也。人以和，所谓"庶尹允谐"也。《乐记》云，乐在宗庙之中，君臣上下同听之，则莫不和；敬在族党乡里之中，长幼同听之，则莫不和顺；在闺门之内，父子兄弟同听之，则莫不和亲。乐之为教，所以入人深而见功速，非他教之所及者，以其出乎性情，而还以养人之性情，动荡血脉，流通精神，有不知手之舞之，足之蹈之也。胄子朝夕从事其间，成德岂不易哉？张子曰，古乐不可见，盖为今人求古乐太深，始以古乐为不可知，只以《虞书》"诗言志，歌永言，声依永，律和声"求之，则乐之意，盖尽于是。诗只是言志，歌只是永其言而已。只要转其声，令人可听，今之歌者，亦以转声而不变字为善。歌长言后，却要入于律。律则知音者知之，知此声入何律太高，则入于噍杀，太下则入于啴缓。盖穷本，知变乐之情也。许氏曰，天地因气而成，人物凭气而生。有形者，必有声。声，可以耳闻而不可以目见，此用之微者也，故近于气者，莫若声。声之发，虽出于一，而其高下清浊，亦莫不有节焉。自阴阳分而为五，五而为十二。五与十二相因，而为六十，而阴阳之用周矣。故声之条理，亦在五与十二尔。万物之声，未有外于此者也。人为物灵，故其声独著而多变，有哀乐、喜怒、敬爱之感，则有噍杀、啴缓、发散、粗厉、直廉、和柔之应。其感也无穷，则声之变也多矣。圣人以物之声皆出于自然而人之声乃发于有意，出于自然，则合于道者多；发于有意，则违道或远。故合人物之声，制为之节，因人之所本有而易求者，以协之，以尽其用。自圣人之明哲，声律身度，岂不能自为之制，而必取物之无知者，谓之声之和，反以协人之声，宁智不及之邪？盖不自用其聪明而一任乎道。因物之自然，而节人之有意，皆欲归于中而已，故声之妙，可以动天地，感鬼神，和人心，协物类。自载籍所记，声之用、之效、之感，不可胜数。其应之善恶有殊，则系乎声之中正淫邪其所以能感，则为声与气为最近也。是以圣人慎之而立法焉。自伏羲有网罟之咏，伊耆有苇籥之音，葛天之八阕，神农之五弦，古之制声也尚矣。然以圣哲自为之，而法未立也。黄帝氏欲立宪以垂万世，故使伶伦自大夏之西，昆仑之旁，以竹之嶰谷生而窍厚薄均者（竹与肉，厚薄均等者，截以为筒，不复加削刮也），断两节之间而为黄钟之宫，因制十二籥，吹其六以应凤鸣为阳；六应凰鸣，为阴。比黄钟之宫，而皆可以生之，是为律本。定六律、六吕之制，以候气之应，而调宫、商、角、徵、羽之声，故能协和中声。候气不爽五声、六律，旋相为宫，而声不穷矣。然律之制，岂惟用于乐而已，故又因以起度，而度长短焉；又因以为量，而量多少焉；又因以为权衡，而平轻重焉。故备数和声，审度嘉量权衡，而圣人治天下之具，无遗声之妙用，与天地侔矣。

## 22. 《御制日讲书经解义》卷一

帝曰：夔，命汝典乐，教胄子。直而温，宽而栗，刚而无虐，简而无傲。诗言志，歌永言，声依永，律和声。八音克谐，无相夺伦，神人以和。

此一节书，言舜命典乐之官也。胄子，长子，自天子之太子，以至公卿、大夫之嫡子也。和厚曰"温"，庄敬曰"栗"。永，吟咏也。声，五声；律，十二律。伦，伦序也。帝舜因伯夷让夔，遂呼而命之曰，汝夔，我今命汝作掌乐之官，教训天子之太子，与公卿大夫之嫡子。此皆后日有天下国家之责者，故不可不豫教之。汝当常以乐与彼讲习，使涵养其德性，变化其气质。如性气直遂者，或少和厚，教他直而又温；性气宽缓者，或少庄敬，教他宽而又栗，使其无不及也。刚劲者，易至刻虐，教他刚而无虐；简略者，易至傲慢，教他简而无傲，使其无太过也。作乐之道，何如？盖乐由人心而生，凡人心有所向，必发于言而为诗，是诗者言其志者也。有诗便有长短节奏，可以歌咏，是歌者永其言者也。既有歌咏，便有高下清浊之不同，是宫、商、角、徵、羽之五声，皆依永而出者也。既有五声，未必能和，又必取十二律之管，调和之，然后高下清浊之节，成文而不乱，是律者和此声者也。声既和，然后播于金、石、丝、竹、匏、土、革、木之间。而为乐，则八音皆能谐和，而不相侵乱，以失其伦序。由是，荐之郊庙，则神无不和；奏之朝廷，则人无不和。盖以和感和，自然之理也。以此而教胄子，岂有不感化者哉。《记》曰，移风易俗，莫善于乐。然教化之行，始自贵近，此帝舜谆谆以教胄为先务与。

## 《书蔡氏传旁通》卷一中

（元）陈师凯

大司乐，掌成均之法。

贾氏疏云，成均，五帝学名。大司乐，以乐德，教国子中和、祗庸、孝友；以乐语，教国子兴道、讽诵、言语；以乐舞，教国子舞云门、大卷、大咸、大磬、大夏、大濩、大武。

荡涤邪秽，斟酌饱满。

出《史记·乐书》主声音而言，其和平足以荡涤人之邪秽，其节奏足以斟酌人之饱满，所谓乐而不淫，和而不流也。周子《通书》曰，乐声，澹而不伤，和而不淫，入其耳，感其心，莫不澹（dàn）且和焉。澹则欲心平，和则躁心释。

动荡血脉，流通精神。

亦出《史记》，主舞蹈而言，其动以干戚，饰以羽旄，屈伸俯仰，缀兆舒疾，足以动荡人之血脉，流通人之精神，所谓乐行而伦清，耳目聪明，血气和平者也。

养其中和之德，而救其气质之偏者也。

《乐记》云，先王本之情性，稽之度数，制之礼义，合生气之和，道五常之行，使之阳而不散，阴而不密，刚气不怒，柔气不慑，四畅交于中而发作于外，皆安其位而不相夺也。又曰，乐也者，天地之命，中和之纪。又周子《通书》云，优柔平中德之盛也。天下化中，治之至也。又曰，乐者，本乎政也。政善民安，则天下之心和。故圣人作乐，以宣畅其和，心达于天地，天地之气感而大和焉。愚按，周子之言中和，是兼内外体用而言，若中庸所谓中和，则中为性之德，和为情之德。静而无少偏倚，则能养其中矣；动而无少差缪，则能养其和矣。盖气质之性，有刚善刚恶，柔善柔恶之偏，惟能养其中和之德，则直者必温，宽者必栗，刚者不至于虐，简者不至于傲矣。

### 《读书管见》卷上

（元）王充耘

典乐。

"诗言志"至"律和声"，是语以作乐之曲折；"八音克谐"至"神人以和"，是期以乐和之效验；"声依永"，谓以轻重清浊分为五声；而永言之歌，方有所依据。盖以五声，足以括尽人声之高下也。

### 《尚书疑义》卷一

（明）马明衡

"命汝典乐，教胄子"者，自天子至卿大夫之适子，皆教之，以学乐也。《周礼·大司乐》，掌成均之法，以治建国之学政，而合国之子弟，使有道有德者，使教焉。死则以为乐祖，祭于瞽宗。又《大胥》，春入学，舍采合舞；秋颁学，合声，是古人用公卿大夫之子以作乐，重乐且以成其德也。汉制，卑者之子，不得舞宗庙之酎，亦有古意可见。故此，命夔典乐，以教胄子，是全教胄子以乐。"直而温"四句，是使德性之和，乐之本也。"诗言志"四句，是使声律之和，乐之事也。由其本以达于事，则"八音克谐，无相夺伦"而可以和神人矣，是乐之大成也。窃意，古人教人之法，无一不具。《周礼》大司乐既教国子矣，而地官师氏，又以三德三行教国子，保氏又养国子以道，教之以六艺六仪，则是所以教之者，非特大司乐而已。唐虞之制，虽与周不同，然周公仿古立制，要亦不至甚远。想契之"敬敷"五教，不独专教百姓，而于胄子，亦必教之以君臣、父子、夫妇、长幼、朋友之伦，使其德行、道艺，皆有所成就。而于此又使学乐，以荡涤其邪秽，消融其渣滓，使之和乐鼓舞，深入其中，与之俱化而不自知也。夫五伦之与乐，非有二事也。见之于事，则谓之伦；形之于声，则谓之乐，其理一而已矣。然此后夔所教，则专以乐为主也。

### 《尚书埤传》卷二

（清）朱鹤龄

命汝典乐，诗言志，律和声。

按，《易》云，先王作乐崇德，以荐上帝，配祖考。《乐记》曰，夔始制乐以赏诸侯。盖治定功，成乐以象之。舜之命夔，所以必在禹、皋、稷、契诸人之后也。然继此，则有谗说殄行之惧，孔子之舞韶乐，而戒佞人，其亦取义于《书》乎？

朱子曰，或谓《诗》本为乐而作，故学者必以声求之。今考之《虞书》则诗之作，本为言志而已，方其诗也，未有歌也。及其歌也，未有乐也。以"声依永"，以"律和声"，则乐乃为诗而作，非诗为乐而作也。三代之时，礼乐用于朝廷，下达于闾巷。学者讽诵其言，以求其志，咏其声，执其器，舞蹈其节，以涵养其心。则声乐之所助于诗者为多。然犹曰兴于诗，成于乐，其求之固有序矣。是以，圣贤言诗，主于声者少，而发其义者多。仲尼之"思无邪"，孟子之"以意逆志"，诚以诗之所以作，本乎其志之所存。然则，志者，诗之本；声乐者，其末也。得其志，而不得其声者，有矣。未有不得其志，而能通其声者也。就使得之止钟鼓之铿锵而已。况古乐散亡，其遗声又无从而考乎？顾炎武曰，古人以乐从诗，后人以诗从乐。古人必先有诗，而后以乐和之。舜之命夔曰，"诗言志，歌永言，声依永，律和声"，是以登歌在上，而堂上堂下之乐应之，此之谓以乐从诗。古之诗，大抵出于中原诸国，其人有先王之风，讽诵之教。其心和其词，不侈音节，往往合于自然之律。楚词以降即已，不必尽谐。下及魏晋，羌戎杂处，方音递变，南北各殊，故文人之作，多不可协之音。于是不得不以律吕正人声，而谓之以诗从乐（《汉书》，武帝举司马相如等数十人造为诗赋，略论律吕，以合八音，是以，诗从乐也。后代乐章皆然）。又曰，《诗》三百篇，皆可被之八音而为乐。自汉以下，乃以其所赋五言之属为"徒诗"，而其协于音者，则谓之"乐府"。宋以下，则其所谓"乐府"者，亦但拟其词，而与徒诗无别矣。于是乎，诗之与乐，判然为二，不特乐亡，而诗亦亡。

陈师凯曰，黄钟为宫，则某为商，某为角，及三分损益，隔八相生。今为说以明之。阳律生阴吕，曰下生，三分长而损一；阴吕生阳律，曰上生，三分长而益一（阳律左旋，阴吕右转），隔八位而相生。黄钟为第一宫，其长九寸，隔八下生林钟为徵，三分损一，其长六寸。林钟隔八上生太簇为商，三分益一，其长八寸。惟此二律长皆全寸，而无余分。余律则余分参差矣。太簇下生南吕为羽，南吕上生姑洗为角。林钟为第二宫，宫生徵，徵生商，商生羽，羽生角，以下皆仿此，以至仲吕为第十二宫，上生黄钟为徵，下生林钟为商，上生太簇为羽，下生南吕为角。十二宫各有五声。此六十声，宫、徵、商、羽、角，隔八相生之序也。由宫声之浊而长，以渐而清且短之序，则为宫、商、角、徵、羽。假令黄钟为宫，则相去一律，而太簇为商；又相去一律，而姑洗为角；又相去一律，而林钟为徵；又相去一律，而南吕为羽；羽距黄钟之宫，又相去二律焉。相去一律，则音节和；相去二律，则音节远。故徵羽之间，近征收一声，比徵稍下，为变徵。羽、宫之间，近宫收一声，少高于宫，为变宫，所以齐五声之不及也（五声是土、金、木、火、水；五行是水、火、木、金、土）。朱子曰，黄钟之管最长（九寸），应钟之管最短（四寸半）。长者声浊，短者声清。十二律旋相为宫。宫为君，商为臣。乐中最忌臣凌君，故有四清声。声清者，减正律之半，如应钟为宫，其声最短而清，或蕤宾为商，则商声高如宫声，是为臣凌君，不可用，遂用蕤宾减半律为商声，以应之。如方响铁有十六片，乃是十二律外，添四清声也。又曰半律。《通典》谓之子声。此是古法，但后人失之，而惟存黄钟、大吕、太簇、夹钟四律，有四清声，即半声是也。变宫、变徵始见于《国语》注。《后汉志》乃十二律之本声。自宫而下，六变、七变而得之者，非清声也。如黄钟为宫，则第六变，得应钟为变宫，第七变得蕤宾为变徵。如林钟为宫，则第六变得蕤宾为变宫，第七变得大吕为变徵是也。凡十二律，皆有二变。一律之内，通前五声，合为七均。祖孝孙、王朴之乐皆同。所以有八十四调者，每律各添二声而得之也（正声是全律之声，如黄钟九寸是也。子声是半律之声，如应钟四寸半是也。宫与羽，角与徵，相去独远，故于其间，制变宫、变征二声）。邵宝曰，古者"律和声"以竹为之，和以天也。王朴弦柱以准律（朴谓，十二律，管互吹难得其真，乃依京房为律准，以九尺之弦十三，依管长短分寸设柱，用七声为均，变宫、变徵，乐成而和。见《五代史》），是以丝和声也。今用之，近乎人矣。《语》云"丝不如竹"，古今之乐其所以异在此。

陈埴曰，《周礼》，大司乐掌成均之法，以教国子弟。以乐德教之，曰中和、祇庸、孝友；以乐语教之，曰兴道、讽诵、言语；又以乐舞教之。以律同声音，大合乐，此正后夔之职。直温以下，所谓乐德也。"诗言志"以下，所谓乐语也。"八音克谐，无相夺伦"，所谓"大合乐"也。

## 《书义矜式》卷一

（元）王充耘

命汝典乐，教胄子。直而温，宽而栗，刚而无虐，简而无傲。诗言志，歌永言，声依永，律和声。八音克谐，无相夺伦，神人以和。

命官以声乐之教，而欲养其中和之德，必原夫声乐之本，而复赞其幽明之感。夫命官以声乐为教，则其职教之专者，固有以育人才而养性情耳。而论乐，以人声为本，则其声乐之和者，又岂非所以格神人，和上下哉。昔舜之命夔典乐以教胄子也，既欲虑其偏而辅翼之，又欲防其过而禁戒之。此其职教之专，所以养其中和之德矣。然教之之道，在于德；教之之具，在于乐。则夫乐之作本乎。人声之和，以极夫声乐之妙殆见。其神无不格，而人无不和。盖又极夫幽明之感矣。此胄子之教，典乐之官所由设欤。圣人作乐，其体用功效之广大深切如此。夫尝观《周礼》，大司徒掌成均之法，以教国子弟也，以六德为之本，以六律为之音，则圣人之教，莫善乎乐。又观商之庸鼓有斁（yì），以衎（kàn）我烈祖也。先祖为之是听，嘉客为之夷怿，则神人之和亦在乎乐矣。何者？乐由人心生也，自其典乐之教而论，固以人心和，而感乎人心之和耳，自其作乐之效而言之，又岂非人心之和，而通幽明之感乎？今也，舜之命夔，不惟以教胄子者言之，又必以格神人者言之，此其职教之专，而声乐之极功也。又岂殷周之盛而已哉？帝舜之意，若曰，今予命汝典乐之官者，岂徒侈乎金石之音，干羽之舞耶？盖自天子之元子，以至公卿大夫之适子，莫不有天下国家之寄，而不可以无教也。声音以养其耳，采色以养其目，歌咏以养其情性，舞蹈以养其血脉。兹非典乐之教也。直者，必不足于温，故欲其温；宽者，必不足于栗，故欲其栗。则直不至于讦；宽不至于纵。刚者，必至于虐，故戒其无虐；简者，必至于傲，故戒其无傲，则刚不至于暴，简不至于慢矣。救其气质之偏，养其中和之德，则汝之典乐教胄子者，盖在乎此矣。虽然，乐岂无自而作哉，亦以人声为之本耳。人心之动，因言以宣，而在心为志，发言为诗，则志以言而见也。既形于言，必有其节，而言之不足，又永歌之，则言以歌而永也。既有永言之歌矣，则歌声之浊者为宫，以渐而短者为商，为角，为徵，为羽焉。不曰"声依永"乎。既有依永之声矣，则必以五声、六律、十二管还相为宫焉，不曰"律和声"乎。人声既和，而被之八音以为乐，则金、石、丝、竹之异宜者，翕如，纯如，而不拂其情；匏、土、革、木之异用者，皦如，绎如，而不紊其伦矣。荐之郊庙，则足以动天地而感鬼神；奏之朝廷，则足以厚人伦而美教化。尚何幽明之间，而上下之殊哉。然则，圣人作乐之效，一至于此，则其典乐之教，所以育人材而养情性者，亦可见矣。且唐虞之为教也，有若司徒之敬敷五教矣；而其所以事神者，有若秩宗之典朕三礼矣。今而胄子之教，神人以和，一委于后夔之典乐，何也？盖圣人之教，莫善于乐，而乐之所以格神人者，同一至和之流通也。岂曰此为胄子之教，而彼为神人之感哉。厥后，后夔言作乐之效，始曰祖考来格而虞宾在位，终曰鸟兽率舞，而凤凰来仪，则又不惟无负于帝舜之命，而亦无愧于声乐之妙矣。此韶乐之所以尽善尽美欤。

## 《书经衷论》卷一

（清）张英

古之教人，强其志气，束其筋骨，莫大于礼；涵养其德器，充悦其性情，莫大于乐。礼乐并重，而乐之入人更微，故虞廷教胄子，专掌之典乐之官。《周礼》教人之官，亦曰大司成，大乐正。学校曰"瞽宗"。成童之事亦曰舞、舞勺。盖以此为教人之大务，自朝廷以至里社，自少以至老，无日不沐浴沦洽于其中。后世以礼教者，鲜矣，况以乐教者乎。所由雅乐亡而教化熄，两弊之道也。

## 《尚书七篇解义》卷一

（清）李光地

帝曰：夔，命汝典乐，教胄子。直而温，宽而栗，刚而无虐，简而无傲。诗言志，歌永言，声依永，律和声。八音克谐，无相夺伦，神人以和。夔曰：於！予击石拊石，百兽率舞。

因夷之让，知夔、龙皆优于礼乐文辞者，故不咨而命与稷、契同，但彼申命而此初命也。乐者，乐也，人乐，则咏歌舞蹈，自不能已。圣人因以为教。学校虽有四术，而以此名官焉。盖要其性情心术之至，德行之归。孔子所谓"成于乐者"是也。诗乐二者，实相首尾。言成文，谓之诗；诗发口，谓之歌；歌成调，谓之声；声有节，谓之律。四者皆根于志。志，有喜怒哀乐之变，故诗以叙述之，歌以发扬之。至于声，别为五，而喜怒哀乐之变，彰矣。凡声闻之，而洪大深厚者，宫也；激扬哀厉者，商也；流动和畅者，角也。奋起疾速者，徵也。纤委清切者，羽也。乐记，配以人伦，管子拟以物类，皆言其似者也。宫，于行为土，于常为信，五声之主也。其曰商、角、徵、羽，自水逆而数之，以统于土。《洪范》一、二、三、四、五之序也。其曰徵、商、羽、角，自礼顺而生之，以归于仁。月令，春、夏、秋、冬之序也。故此五者，声音之成，性术之变，尽于此矣。及乎清浊高下，律以纪之，又调之节也。调有高下，故律之调，各有十二，而终于六十。节有高下，故调之律，又各有五，而亦终于六十。孔子所谓，五声、六律、十二管，还相为宫，可谓尽之矣。今言五声者，略于调，而详于节，则忘其本已。古之律度和钧，既不可见律吕之说。后世芔然，然按此经求之，则律者乐之成，而非其本也。乐之本志是已。养志之方，直温，宽栗之类是已。养之之成，乐将自得，律亦自辨，何直为此芔芔哉？其制数于经无见萌蘖（niè）于管吕诸书。至朱子、蔡氏新《书》，古今同异略具。然候气之法，不可用也。其曰，长短异，而围径同者，验以乐器，亦多不合。盖必比例均，而后出声和。惟琴弦一线，则全半，比例均也。故和他器，则或中广，而非一线。故其比例，有四倍者，有八倍者，徒以积实，全半求之，声必不比蔡邕、孟康之说，围逐长变，是或一道也，宜两存之，以俟知者。

# 直而温，宽而栗

## 1. 《尚书注疏》卷二

（汉）孔氏传，（唐）陆德明音义、孔颖达疏

直而温，宽而栗。

传：教之正直而温和宽弘而能庄栗。

音义：栗，战栗也。

疏：使此长子正直而温和，宽弘而庄栗，刚毅而不苛虐，简易而不傲慢。

此直而温与下三句，皆使夔教胄子，令性行当然，故传发首言教之也。正直者，失于太严，故令正直而温和；宽弘者失于缓慢，故令宽弘而庄栗，谓矜庄严栗。栗者，谨敬也。

## 2. 《书传》卷二

（宋）苏轼

（归善斋按，见上句）

## 3. 《尚书全解》卷三

（宋）林之奇

（归善斋按，见前文"帝曰：夔，命汝典乐"）

## 4. 《尚书讲义》卷二

（宋）史浩

（归善斋按，见前文"帝曰：夔，命汝典乐"）

## 5. 《尚书详解》卷二

（宋）夏僎

（归善斋按，见前文"帝曰：夔，命汝典乐"）

## 6. 《增修东莱书说》卷二

（宋）时澜

（归善斋按，见前文"帝曰：夔，命汝典乐"）

## 7. 《尚书说》卷一

（宋）黄度

（归善斋按，见前文"有能典朕三礼"）

## 8. 《絜斋家塾书钞》卷一

（宋）袁燮

（归善斋按，见前文"帝曰：夔，命汝典乐"）

## 9. 《书经集传》卷一

（宋）蔡沈

（归善斋按，见前文"帝曰：夔，命汝典乐"）

## 10. 《尚书精义》卷四

（宋）黄伦

（归善斋按，见前文"帝曰：夔，命汝典乐"）

## 11. 《尚书详解》卷二

（宋）陈经

（归善斋按，见前文"帝曰：夔，命汝典乐"）

## 12. 《融堂书解》卷一

（宋）钱时

（归善斋按，见前文"帝曰：夔，命汝典乐"）

## 13. 《尚书要义》卷二

（宋）魏了翁

（归善斋按，见前文"帝曰：夔命汝典乐"）

## 14. 《书集传或问》卷上

（宋）陈大猷

或问，"直而温"下四句，荆公言此教者之事，诸家多取之如何？曰，晦庵谓，如此说，则于"教胄子"上都无益。愚谓，直、宽、刚、简，决非施教者之事。王、张氏虽强引经，据于理，终非所安也。

## 15. 《尚书详解》卷一

（宋）胡士行

（归善斋按，见上句）

## 16. 《书纂言》卷一

（元）吴澄

（归善斋按，见前文"帝曰：夔，命汝典乐"）

## 17. 《书集传纂疏》卷一

（元）陈栎

（归善斋按，见前文"帝曰：夔，命汝典乐"）

## 18. 《读书丛说》卷二

（元）许谦

直、宽、刚、简，及皋谟九德，皆是言其天质之善。或学而成此质者，则如此防其过，济其不及。若性质乖戾卑下者，又不在此。

## 19. 《书传辑录纂注》卷一

（元）董鼎

（归善斋按，见前文"帝曰：夔，命汝典乐"）

## 20. 《尚书句解》卷一

（元）朱祖义

直而温（此下即教以乐德。盖直者，常劲正而不温和，故因直而教以温也），宽而栗（宽者，常怠缓而不庄栗，故因宽而教以栗）。

## 21. 《尚书日记》卷二

（明）王樵

（归善斋按，见前文"帝曰：夔，命汝典乐"）

## 22. 《御制日讲书经解义》卷一

（归善斋按，见前文"帝曰：夔，命汝典乐"）

### 《书蔡氏传旁通》卷一中

（元）陈师凯

（归善斋按，见上句）

### 《书义矜式》卷一

（元）王充耘

（归善斋按，见前文"帝曰：夔，命汝典乐"）

### 《书经衷论》卷一

（清）张英

天之生材，亦未有无一善者，所谓直、宽、刚、简是也。直则不能温，宽则不能栗，刚则恒至于虐，简则恒至于傲。无教化以矫枉维持之，则日流于过而为不善矣。故曰，治性者，必审己之所有余，而强其所不足。教人者，以此为准，庶几无弃材也欤。

### 《尚书七篇解义》卷一

（清）李光地

（归善斋按，见前文"帝曰：夔，命汝典乐"）

## 刚而无虐，简而无傲

### 1. 《尚书注疏》卷二

（汉）孔氏传，（唐）陆德明音义、孔颖达疏
刚而无虐，简而无傲。
传：刚失之虐，简失之傲，教之以防其失。

疏：刚强之失，入于苛虐，故令人刚而无虐；简易之失入于傲慢，故令简而无傲。刚简是其本性，教之使无虐傲。是言教之以防其失也。由此而言之，上二句亦直宽，是其本性，直失于不温；宽失于不栗，故教之使温栗也。直、宽、刚、简，即皋陶所谋之九德也。九德而独举此四事者，人之大体，故特言之。

## 2. 《书传》卷二

（宋）苏轼

（归善斋按，见前句）

## 3. 《尚书全解》卷三

（宋）林之奇

（归善斋按，见前文"帝曰：夔，命汝典乐"）

## 4. 《尚书讲义》卷二

（宋）史浩

（归善斋按，见前文"帝曰：夔，命汝典乐"）

## 5. 《尚书详解》卷二

（宋）夏僎

（归善斋按，见前文"帝曰：夔，命汝典乐"）

## 6. 《增修东莱书说》卷二

（宋）时澜

（归善斋按，见前文"帝曰：夔，命汝典乐"）

## 7. 《尚书说》卷一

（宋）黄度

（归善斋按，见前文"有能典朕三礼"）

### 8. 《絜斋家塾书钞》卷一

（宋）袁燮

（归善斋按，见前文"帝曰：夔，命汝典乐"）

### 9. 《书经集传》卷一

（宋）蔡沈

（归善斋按，见前文"帝曰：夔，命汝典乐"）

### 10. 《尚书精义》卷四

（宋）黄伦

（归善斋按，见前文"帝曰：夔，命汝典乐"）

### 11. 《尚书详解》卷二

（宋）陈经

（归善斋按，见前文"帝曰：夔，命汝典乐"）

### 12. 《融堂书解》卷一

（宋）钱时

（归善斋按，见前文"帝曰：夔，命汝典乐"）

### 13. 《尚书要义》卷二

（宋）魏了翁

五九、刚失入虐，简失入傲。

"刚而无虐，简而无傲"，刚失入虐，简失入傲，教之以防其失。

（归善斋按，另见前文"帝曰：夔命汝典乐"）

### 14. 《书集传或问》卷上

（宋）陈大猷

（归善斋按，见上句）

## 15. 《尚书详解》卷一

（宋）胡士行

（归善斋按，见前句）

## 16. 《书纂言》卷一

（元）吴澄

（归善斋按，见前文"帝曰：夔，命汝典乐"）

## 17. 《书集传纂疏》卷一

（元）陈栎

（归善斋按，见前文"帝曰：夔，命汝典乐"）

## 18. 《读书丛说》卷二

（元）许谦

（归善斋按，见上句）

## 19. 《书传辑录纂注》卷一

（元）董鼎

（归善斋按，见前文"帝曰：夔，命汝典乐"）

## 20. 《尚书句解》卷一

（元）朱祖义

刚而无虐（刚强，常失于苛虐，故因刚教以无虐），简而无傲（简易，常失于傲慢，故因简教以无傲）。

## 21. 《尚书日记》卷二

（明）王樵

（归善斋按，见前文"帝曰：夔，命汝典乐"）

## 22. 《御制日讲书经解义》卷一

（归善斋按，见前文"帝曰：夔，命汝典乐"）

### 《书蔡氏传旁通》卷一中

（元）陈师凯

（归善斋按，见前句）

### 《书义矜式》卷一

（元）王充耘

（归善斋按，见前文"帝曰：夔，命汝典乐"）

### 《书经衷论》卷一

（清）张英

（归善斋按，见上句）

### 《尚书七篇解义》卷一

（清）李光地

（归善斋按，见前文"帝曰：夔，命汝典乐"）

# 诗言志，歌永言

## 1. 《尚书注疏》卷二

（汉）孔氏传，（唐）陆德明音义、孔颖达疏

诗言志，歌永言。

传：谓诗言志，以导之；歌咏其义，以长其言。

音义：永，徐音咏，又如字。

疏：教之诗乐所以然者，诗言人之志意，歌咏其义，以长其言。

作诗者，自言己志，则《诗》是言志之书，习之可以生长志意，故教其诗言志，以导胄子之志，使开悟也。作诗者直言不足以申意，故长歌之教，令歌咏其诗之义，以长其言。

《尚书注疏》卷二考证

诗言志，歌永言，声依永，律和声。

李光地曰，《虞书》命夔，先言诗，后言声律教胄子之事，辨志为先也。《周礼·太师》先言声律，后言六诗教瞽矇之事，审音为重也。

## 2.《书传》卷二

（宋）苏轼

诗言志，歌永言，声依永，律和声。

言之不足，故长言之，吟咏其言，而乐生焉，是谓歌永言。声者，乐声也。永者，人声也。乐声升降之节，视人声之所能。至则为中声，是谓声依永。永则无节，无节则不中律，故以律为之节，是谓律和声。孔子论玉之德曰"叩之有声，清越以长，其终诎然，乐也"。夫"清越以长"者，永也。"其终诎然"者，律也。夫乐，固成于此二者欤。

## 3.《尚书全解》卷三

（宋）林之奇

（归善斋按，见前文"帝曰：夔，命汝典乐"）

## 4.《尚书讲义》卷二

（宋）史浩

（归善斋按，见前文"帝曰：夔，命汝典乐"）

## 5.《尚书详解》卷二

（宋）夏僎

（归善斋按，见前文"帝曰：夔，命汝典乐"）

## 6.《增修东莱书说》卷二

（宋）时澜

（归善斋按，见前文"帝曰：夔，命汝典乐"）

## 7.《尚书说》卷一

（宋）黄度

（归善斋按，见前文"有能典朕三礼"）

### 8. 《絜斋家塾书钞》卷一

（宋）袁燮

（归善斋按，见前文"帝曰：夔，命汝典乐"）

### 9. 《书经集传》卷一

（宋）蔡沈

（归善斋按，见前文"帝曰：夔，命汝典乐"）

### 10. 《尚书精义》卷四

（宋）黄伦

（归善斋按，见前文"帝曰：夔，命汝典乐"）

### 11. 《尚书详解》卷二

（宋）陈经

（归善斋按，见前文"帝曰：夔，命汝典乐"）

### 12. 《融堂书解》卷一

（宋）钱时

（归善斋按，见前文"帝曰：夔，命汝典乐"）

### 13. 《尚书要文》卷二

（宋）魏了翁

（归善斋按，未引）

### 14. 《书集传或问》卷上

（宋）陈大猷

（归善斋按，未解）

### 15. 《尚书详解》卷一

（宋）胡士行

诗言志（心之所之），歌永（长）言（歌者以诗而长言之），声（五声也，宫、商、角、徵、羽）依永（长言之中，有高下疾徐，依之而五声成焉），律（六律、六吕）和声（声叶律而后和）。八音（声成文谓之音）克谐（和），无相夺伦（各有伦叙，不相错乱），神人以和。

此教之以乐语也。乐从诗生，诗从心出。声音之与政通，以政之和，致心之和；以心之和，为乐之和。典乐者，以乐之和而教人，于以发越其良心，是以其出于人心者，而还以入乎人心也。动天地，感鬼神，诗莫近焉。而况于胄子乎？"神人以和"，因以乐教胄子，而极言声，诗感通之妙也。

五声：宫（舌居中）、商（口间张）、角（舌缩却）、徵（舌拄齿）、羽（撮口聚）。八音：金（钟）、石（磬）、丝（琴瑟）、竹（箫管）、匏（笙）土（埙）革（鼓）木（柷敔）。

### 16. 《书纂言》卷一

（元）吴澄

（归善斋按，见前文"帝曰：夔，命汝典乐"）

### 17. 《书集传纂疏》卷一

（元）陈栎

（归善斋按，见前文"帝曰：夔，命汝典乐"）

### 18. 《读书丛说》卷二

（元）许谦

（归善斋按，未解）

### 19. 《书传辑录纂注》卷一

（元）董鼎

（归善斋按，见前文"帝曰：夔，命汝典乐"）

## 20. 《尚书句解》卷一

（元）朱祖义

诗言志（此下即教以乐语也。盖诗者，志之所之，在心为志，发言为诗，是诗所以言志），歌永言（言不足而嗟叹。永歌，是歌所以永长其言）。

## 21. 《尚书日记》卷二

（明）王樵

（归善斋按，见前文"帝曰：夔，命汝典乐"）

## 22. 《御制日讲书经解义》卷一

（归善斋按，见前文"帝曰：夔，命汝典乐"）

### 《尚书通考》卷五

（元）黄镇成

诗言志，歌永言，声依永，律和声。八音克谐，无相夺伦。

蔡氏曰，心有所之，必形于言；既形于言，则必有长短之节；既有长短，则必有高下清浊之殊，故曰"声依永"。声者，宫、商、角、徵、羽也。大抵歌声长而浊者为宫，以渐而清且短则为商，为角，为徵，为羽，所谓"声依永"也。既有长短清浊，则又必以十二律和之，乃能成文而不乱。假令黄钟为宫，则太蔟为商，姑洗为角，林钟为徵，南吕为羽。盖以三分损益，隔八相生而得之。余律皆然。即《礼运》所谓五声、六律十二管，还相为宫，所谓"律和声"也。人声既和，乃以其声被之八音而为乐，则无不谐协，而不相侵乱，失其伦次。

愚按，宫、商、角、徵、羽为次者，取其声之高下。以渐而短者而言，盖黄钟之律九寸，太蔟八寸，姑洗七寸有奇，林钟六寸，南吕五寸有奇。其寸之长短，皆以三分损益，隔八相生而得之。若以相生之法论之，则当以宫、徵、商、羽、角为次。假令黄钟为宫，下生林钟为徵，又上生太蔟为商，又下生南吕为羽，又上生姑洗为角，非以宫、商、角、徵、羽为隔八相生之次也。

朱子曰，诗之作，本言志而已，方其诗也，未有歌也；及其歌也，未有乐也。以声依永，以律和声，则乐乃为诗而作，非诗为乐而作也。诗出乎志者也，乐出乎诗者也。诗者其本，而乐者其末也。又曰古人作诗，亦是说他心下所存事，人便将他诗来歌。其声之清浊长短，各依他作诗之语言，却将律来调和其声。今人却又安排下腔调，然后做言语去合腔子，岂不是倒了，却是永依声也。古人是以乐去就他诗，后世是以诗去就他乐，如何解兴起得人。又曰，音律如尖塔样，阔者浊声，尖者清声。宫以下则太浊，羽以上则太清，皆不可为乐。惟五声者，中声也。

新安陈氏曰，假令黄钟为宫，相去一律而太簇为商，又相去一律而姑洗为角，又相去二律而林钟为徵。相去一律则音节和，相去二律则音节远，故角、徵之间，近徵收一声，比徵稍下，曰变徵。他皆然，所以济五声之不及也。详见《律历志》及《律吕新书》等书。

八音

《周礼·春官》太师播之以八音，金、石、土、革、丝、木、匏、竹。注云，金，钟镈也。石，磬也。土，埙也。革，鼓鼗也。丝，琴瑟也。木，柷敔也。匏，笙也。竹，管箫也。

## 《书蔡氏传旁通》卷一中

（元）陈师凯

大抵，歌声长而浊者，为宫；以渐而清且短，则为商，为角，为徵，为羽，所谓声依永也。

《朱子语类》云，古人晓音律，风角、鸟占皆能之。愚按《管子·地员》篇云，凡听徵，如负猪豕觉而骇；凡听羽，如鸣马在野；凡听宫，如牛鸣窌（jiào）中；凡听商，如离群羊；凡听角，如雉登木以鸣，音疾以清。李淳风云，宫音，如牛鸣牢中，隆隆如雷声响；商音，如离群之羊，如叩钟，如飞集之羽，如汲水咨嗟声感人；角音，如千人语，银银然，令人悲哀，如人叫啾啾，如千人呼啸，如鸡登木；徵音，如奔马炎上，如缚彘骇起；羽音，如击湿鼓，如流水扬浪，激声相磋，如麋鹿鸣。人之歌声，难以类比。愚尝察之人声，怒声多宫，哀声多商，乐声多角，喜声多徵，聚声多羽。如歌声，则又以其抑扬高下而辨之，如燕太子丹送荆轲至易水上，高渐离击筑。荆轲和而歌，为变徵之声，士皆垂泪涕泣。又前而为歌曰"风萧萧兮易水寒，壮士一去兮不复还"，复为羽声，慷慨士皆瞋目，发尽上指冠。如此皆在歌呼抑扬之间，变徵之声清楚，故能使人幽忧涕泣，复为羽声。本尚幽怨，才加慷慨，则其声顿扬，近于变宫，便能耸动感激，使人瞋目、竖发。故人之听声，必在声入、心通之妙，难以言述。古之雅歌，今皆不传，虽诗章具在，终不得其抑扬高下之法也。

## 《书义断法》卷一

（元）陈悦道

诗言志，歌永言，声依永，律和声。八音克谐，无相夺伦，神人以和。

神人之和，由于乐声之和；乐声之和，本于斯人心声之和。所谓乐由内心以生者也。人心有所之，必形于言，故曰"诗言志"。既形于言，必有长短之节，故曰"歌永言"。既有长短，则必有高下清浊之殊，故曰"声依永"。既有长短清浊，又必以十二律和之，乃能成文而不乱，故曰"律和声"。人声既和，乃以其诗，被之八音而为乐，可以奏之朝廷，荐之郊庙，而神人和矣。此言乐之极功如此，而究其本原，皆生于人心，此典乐胄子之教，必先有以正人心，而其所以为教，自"诗言志"始也。古有采诗之官，而此意正与《诗》大序相出入。

## 《尚书埤传》卷二

（清）朱鹤龄

（归善斋按，见前文"帝曰：夔，命汝典乐"）

## 《书经衷论》卷一

（清）张英

古人之诗，无不可被之金石，《诗经》三百篇，皆古乐章也，故命夔。言乐始于诗，又曰"搏拊琴瑟以咏"，所咏者，即诗也。工以纳言，时而飏之。所纳，所飏者，即诗也。"劝之以九歌，俾勿坏"，"在治忽，以出纳五言"者皆诗也。惟其言志，故可以考人心之邪正，察风俗之贞淫，观国家之治乱。传所谓命师陈诗，以观国风者，此也。既有诗矣，又别其音调之长短高下，则为歌。然后和之以五声吹之以十二管播之以八音。此非因乐而有诗，实因诗而有乐，则诗乃乐之源也。后世雅乐失传，一代制作，但求于管律之长短，钟磬之厚薄轻重，是古人作乐以人声为主，而后世以器为主，宜乎？其纷纭聚讼，古乐之不复也欤。

### 《尚书七篇解义》卷一

（清）李光地

（归善斋按，见前文"帝曰：夔，命汝典乐"）

## 声依永，律和声

### 1. 《尚书注疏》卷二

（汉）孔氏传，（唐）陆德明音义、孔颖达疏

声依永，律和声。

传：声，谓五声，宫、商、角、徵、羽。律，谓六律、六吕，十二月之音气。言当依声、律以和乐。

疏：乐声依此长歌为节，律吕和此长歌为声。

谓声长续之。定本经作"永"字，明训"永"为"长"也。《周礼·大师》云，文之以五声：宫、商、角、徵、羽。言五声之清浊有五品，分之为五声也。又大师掌六律、六吕以合阴阳之声。阳声，黄钟、太蔟、姑洗、蕤（ruí）宾、夷则、无射；阴声，大吕、应钟、南吕、林钟、仲吕、夹钟，是六律、六吕之名也。《汉书·律历志》云律有十二：阳六为律；阴六为吕，是阴律名同，亦名吕也。郑玄云，律述气也，同助阴宣气，与之同也。又云，吕，旅也，言旅助阳宣气也。《志》又云，律，黄帝之所作也。黄帝使伶伦氏，自大夏之西，昆仑之阴，取竹于嶰（xiè）谷之中，各生其窍，厚薄均者，断两节之间，吹之以为黄钟之宫，制十二簹，以听凤凰之鸣。其雄声为六，雌鸣亦六，以比黄钟之宫，是为律之本。言律之所作如此，圣人之作律也。既以出音，又以候气，布十二律于

十二月之位，气至则律应，是六律、六吕述十二月之音气也。"声依永"者，谓五声依附，长言而为之，其声未和，乃用此律、吕调和其五声，使应于节奏也。"伦"之为"理"常训也。

## 2. 《书传》卷二

（宋）苏轼

（归善斋按，见上句）

## 3. 《尚书全解》卷三

（宋）林之奇

声依永，律和声。

所谓稽之度数也。《学记》曰，学者必有失，教者必知之。知其心，然后能救其失。教也者，长善救失者也。自直而温以下，皆长善而救失之道也。直者，易失于不温和；宽者，易失于不庄栗；刚者易失于虐；简者易失于傲。此教者之所当知也。彼之能直，能宽，能刚，能简，教者则长其善；不温者，不栗者，虐者，傲者，则救其失。《大司乐》曰"以乐德教国子中和、祗庸、孝友"，与此意同。盖其直能温，宽能栗，刚能无虐，简能无傲，则中和、祗庸、孝友矣。直、宽、刚、简，与《皋陶》言"九德"，《洪范》言"三德"，其大意则同，其先后多寡之殊，本无他义，必欲为之说则凿矣。"声依永，律和声"，此言歌律之序也，在心为志发言，为《诗》，故曰"诗言志"；言之不足，故嗟叹之；嗟叹之不足，故永歌之。永，长也。永言，长言也。歌者，人声也。上如抗，下如坠，曲如折，止如槁木，倨中矩，勾中钩，累累然端如贯珠，此皆人声之发也。人声之发，有洪纤小大，则有宫、商、角、徵、羽之五声焉。声之洪而浊者，曰宫；其次曰商；声之纤而清者，曰羽；其次曰徵；其声在洪纤清浊之中者，曰角。人之声有此洪纤小大，则乐器依之而作焉。古者作乐，升歌于堂，然后乐奏，是所谓"声依永"也。声有洪纤小大，苟无以为之准，则大过于宫者，或至于㧬（huà）而不宫；小过于羽者，或至于窕而不成，如此则乐不和矣。故必以十二律而和之。十二律以黄钟为本。黄钟，律长九寸三分，损一下，生林钟。林钟，长六寸三分，益一上，生太蔟（cù）。太蔟长八寸。此三律，皆全寸而无余分。自太蔟生南吕，以至无射生中吕，其间九律，皆有空积忽微。盖古人之作律也，其意以为声无形，而乐有器。器必有弊，而声不可以言传。惧夫器失，而声遂亡也，乃多为之法以著之，故始于声者以律。而造律者以黍，自一黍之广，积而为分寸；一黍之多，积而为龠合；一黍之重，积而为铢两。此造律之本也。故为之长短之法而著之于度。为之多寡之法而著之于量；为之轻重之法而著之于权衡。是三物者，亦必有时而弊，则又总其法而著之于数，使其分寸、龠合、铢两，皆起于黄钟，然后律度量衡，相为表里，使得律者可以制度量衡，度量衡可以制律。四者既同，而元声必至，则乐和矣。盖律有常数，数有常度，而声有洪纤，咸取则于此。此之谓"律和声"。

## 4.《尚书讲义》卷二

（宋）史浩

（归善斋按，见前文"帝曰：夔，命汝典乐"）

## 5.《尚书详解》卷二

（宋）夏僎

（归善斋按，见前文"帝曰：夔，命汝典乐"）

## 6.《增修东莱书说》卷二

（宋）时澜

（归善斋按，见前文"帝曰：夔，命汝典乐"）

## 7.《尚书说》卷一

（宋）黄度

（归善斋按，见前文"有能典朕三礼"）

## 8.《絜斋家塾书钞》卷一

（宋）袁燮

（归善斋按，见前文"帝曰：夔，命汝典乐"）

### 9. 《书经集传》卷一

（宋）蔡沈

（归善斋按，见前文"帝曰：夔，命汝典乐"）

### 10. 《尚书精义》卷四

（宋）黄伦

（归善斋按，见前文"帝曰：夔，命汝典乐"）

### 11. 《尚书详解》卷二

（宋）陈经

（归善斋按，见前文"帝曰：夔，命汝典乐"）

### 12. 《融堂书解》卷一

（宋）钱时

（归善斋按，见前文"帝曰：夔，命汝典乐"）

### 13. 《尚书要义》卷二

（宋）魏了翁

六十、依声律以和乐。

"声依永，律和声"，注，"声"谓五声，宫、商、角、徵、羽。"律"谓六律、六吕，十二月之音气，言当依声律，以和乐。

六三、律以出音以候气。

太师掌六律、六吕，以合阴阳之声。阳声，黄钟、太蔟、姑洗、蕤宾、夷则、无射；阴声，大吕、应钟、南吕、林钟、仲吕、夹钟。是六律、六吕之名也。《汉书·律历志》云，律有十二，阳六为律，阴六为吕，是阴律名同，亦名吕也。郑玄云，律述气也，同助阴宣气，与之同也，又云，吕，旅也，言旅助阳宣气也。圣人之作律也，既以出音，又以候气。布十二律于十二月之位，气至则律应，是六律、六吕，十二月之音气也。"声依永"者，谓五声依附，长言而为之。其声未和，乃用此律、吕调和其五声，使应于节奏也。

（归善斋按，另见前文"帝曰：夔命汝典乐"）

### 14. 《书集传或问》卷上

（宋）陈大猷

（归善斋按，未解）

### 15. 《尚书详解》卷一

（宋）胡士行

（归善斋按，见上句）

### 16. 《书纂言》卷一

（元）吴澄

（归善斋按，见前文"帝曰：夔，命汝典乐"）

### 17. 《书集传纂疏》卷一

（元）陈栎

（归善斋按，见前文"帝曰：夔，命汝典乐"）

### 18. 《读书丛说》卷二

（元）许谦

（归善斋按，"五声相生图"略）

《汉志》，商，章也，物成孰，可章度。角，触也，物触而出，戴芒角。宫，中也，居中央，畅四方，唱始施生，为四声纲。徵，祉（zhǐ）也，物盛大而繁祉。羽，宇也，物聚藏，宇覆之。四声为宫纪。五声生于黄钟，黄钟为宫，而管九寸。九之则其数八十一，三分去一益一，下生上生，至于角而止。角不能生宫者，君不可先，亦仲吕不能生黄钟之义也。宫，君象也，处于中，君之所也。向明而治君之道也，故损而首生徵，自徵而商、羽、角，象天道之左旋也。以宫、商、角、徵、羽为序，而配以君、臣、民、事、物，以数之多寡为先后也。民居左，养民当以仁也；臣居右，臣所守者义也；事居前，理事尚明也；物在后，不以物为先也。其配于律，如黄钟为宫，太簇为商，姑洗为角，林钟为徵，南吕为羽，顺数多寡之序言也。以律相生之序，则又顺宫、徵、商、羽、角相生之序言之也。

## 19. 《书传辑录纂注》卷一

（元）董鼎

（归善斋按，见前文"帝曰：夔，命汝典乐"）

## 20. 《尚书句解》卷一

（元）朱祖义

声依永（人声有洪纤高下，乐声有宫、商、角、徵、羽，故乐声常依随永言而作），律和声（又以十二律和乐之五声）。

## 21. 《尚书日记》卷二

（明）王樵

（归善斋按，见前文"帝曰：夔，命汝典乐"）

## 22. 《御制日讲书经解义》卷一

（归善斋按，见前文"帝曰：夔，命汝典乐"）

## 《尚书通考》卷五

（元）黄镇成

（归善斋按，见上句）

## 《书蔡氏传旁通》卷一中

（元）陈师凯

假令黄钟为宫，则太蔟为商，姑洗为角，林钟为徵，南吕为羽。盖以三分损益，隔八相生而得之。余律皆然，即《礼运》所谓五声、六律、十二管，还相为宫也。

三分损益，隔八相生者，三分黄钟之长，而损其一，自子至未，下生林钟（长短已见前，如黄钟九寸，三分而损一，则得六寸，为林钟之长）。三分林钟之长，而益其一，自未至寅，上生太蔟。三分太蔟之长，而损其一，自寅至酉，下生南吕。三分南吕之长，而益其一，自酉至辰，上生姑洗。三分姑洗之长，而损其一，自辰至亥，下生应钟。三分应钟之长，而益其一，自亥至午，上生蕤宾。三分蕤宾之长，而益其一，自午至丑，上生大吕。三分大吕之长，而损其一，自丑至申，下生夷则。三分夷则之长，而益其一，自申至卯，上生夹钟。三分夹钟之长，而损其一，自卯至戌，下生无射。三分无射之长，而益其一，自戌至巳，上生仲吕。阳律生阴吕，谓之下生，凡五位。布算者，倍其实，三其法。阴吕生阳律，谓之上生，凡六位。四其实，三其法。又按蔡氏《律吕证辨》云，大吕、夹钟、仲吕，止得半声，必用倍数，乃与天地之气相应，故应钟上生蕤宾，蕤宾又复上生大吕也。《朱子语类》云自唐以前，乐律尚有制度可考。唐以后，都无可考。杜佑《通典》所算，本朝范马诸公，非惟不识古制，自是于唐制亦不曾看。《通典》又不是隐僻底书，不知当时诸公何故皆不看。愚按，《语录》朱子多责人不读《通典》。今据五声、六律、十二管还相为宫，《礼运》注疏极详，诸史志亦言之。西山蔡氏《律吕本原》尤为明白，兹不遍录，具载《通典》，说于后云。五声、六律，旋相为宫，其用之法。先以本管为均，八音相生，或上或下，取五声令足，然后为十二律，旋相为宫。若黄钟之均，以黄钟为宫，黄钟下生林钟为徵；林钟上生太蔟为商；太蔟下生南吕为羽；南吕上生姑洗为角。此黄钟之调也。姑洗皆三分之次，故用正律之声也。若大吕之均，以大吕为宫，大吕下生夷则为徵；夷则上生夹钟为商；夹钟下生无射为羽；无射上生仲吕为角，此大吕之调也。仲吕皆三分之次，故用正律之声也。太蔟之均，以太蔟为宫，太蔟下生南吕为徵；南吕上生姑洗为商；姑洗下生应钟为羽；应钟上生蕤宾为角，此太蔟之调也。蕤宾皆三分之次，故用正律之声也。夹钟之均，以夹钟为宫，夹钟下生无射为徵；无射上生仲吕为商；仲吕上生黄钟为羽。黄钟正律之声长，非商三分去一之次，此用其子声为羽也。黄钟下生林钟为角，林钟子声短，非仲吕为商之次，故还用林钟正管之声为角。夹钟之调，有四正声、一子声。姑洗之均，以姑洗为宫，姑洗下生应钟为徵；应钟上生蕤宾为商；蕤宾上生大吕为羽，正声长，用其子声为羽；大吕下生夷则为角，夷则子声短，故还用正声为角，此姑洗之调，亦正声四、子声一也。仲吕之均，以仲吕为宫，仲吕上生黄钟为徵，正声长，用其子声。黄钟下生林钟为商，林钟子声短，用正声为商。林钟上生太蔟为羽，大蔟正声长，故用其子声为羽。太蔟下生南吕为角。此仲吕之调，正声三、子声二也。蕤宾之均，以蕤宾为宫，蕤宾上生大吕为徵，大吕正声长，故用子声为徵。大吕下生夷则为商夷，则上生夹钟为羽，正声长，故用子声为羽。夹钟上生无射为角，子声短，还用正声为角。此蕤宾之调，亦二子声、三正声也。林钟之均，以林钟为宫，林钟上生太蔟为徵，太蔟正声长，用子声为徵。太蔟下生南吕为商。南吕上生姑洗为羽，姑洗正声长，故用子声。姑洗下生应钟为角，应钟子声短，还用正声为角。此林钟之调，亦子声二、正声三也。夷则之均，以夷则为宫，夷则上生夹钟为徵，夹钟正声长，故用子声为徵。夹钟下生无射为商，子声短，故还用正声为商。无射上生仲吕为羽，仲吕正声长，故用子声为羽。仲吕上生黄钟为角，黄钟正声长，故用子声为角。此夷则之调，正声二、子声三也。南吕之均，以南吕为宫，南吕上生姑洗为徵，姑洗正声长，故用子声为徵。姑洗下生应钟为商，应钟子声短，故用正声为商。应钟上生蕤宾为羽，蕤宾正声长，用子声为羽。蕤宾上生大吕为角，正声长，用子声为角。此南吕之调，正声二、子声三也。无射之均，以无射为宫，无射上生仲吕为徵，仲吕正声长，用子声为徵；仲吕上生黄钟为商，正声长，用子声为商。黄钟下生林钟为羽，正声长，用子声为羽。林钟上生太蔟为角，正声长，用子声为角。此无射之调，正声一，子声四也。应钟之均，以应钟为宫，应钟上生蕤宾为徵，正声长，用子声为徵。蕤宾上生大吕为商，正声长，用子声为商。大吕下生夷则为羽，正声，用子声为羽。夷则上生夹钟为角，正声长，用子声为角。此应钟之调，正声一，子声四也。《朱子语类》云，旋相为宫，若到应钟为宫，则下四声都当低去，所以有半声，亦谓之子声，近时所谓清声是也。大率乐家，最忌臣民陵君，故商声不得过宫声。愚按，如黄钟全用九寸，谓之正声，折半取四寸五分，谓之子声。余皆仿此。又按《律吕本原》，黄钟自为宫，变半为无射商；变半为夷则角；变半为仲吕徵；变半为夹钟羽。大吕，自为宫，半之为应钟商；半之为南吕角；半之为蕤宾徵；半之为姑洗羽。太蔟自为宫，全为黄钟商；变半为无射角；半之为林钟徵；变半为仲吕羽。夹钟自为宫，全为大吕商；半之为应钟角；半之为夷则徵；半之为蕤宾羽。姑洗自为宫，全为大蔟商；全为黄钟角；半之为南吕徵，半之为林钟羽。仲吕自为宫，全为夹钟商；全为大吕角；半之为无射徵；半之为夷则羽。蕤宾自为宫，全为姑洗商；全为太蔟角；半之为应钟徵；半之为南吕羽。林钟自为宫，变为仲吕商；变为夹钟角；全为黄钟徵；变半为无射羽。夷则自为宫，全为蕤宾商；全为姑洗角；全为大吕角；半之为应钟羽。南吕自为宫，全为林钟商；变为仲吕角；全为太蔟徵；全为黄钟羽。无射自为宫，全为夷则商；全为蕤宾角；全为夹钟徵；全为大吕羽。应钟自为宫，全为南吕商；全为林钟角；全为姑洗徵；全为太蔟羽。又《律吕本原》云，十二律旋相为宫，各有七声，合八十四声。宫声十二，商声十二，角声十二，徵声十二，羽声十二，凡六十声，为六十调。其变宫十二，在羽声之后，宫声之前。变徵十二，在角声之后，徵声之前。宫不成宫，徵不成徵，凡二十四声，不可为调。黄钟宫，至夹钟羽，并用黄钟起调，黄钟毕曲。大吕宫，至姑洗羽，并用大吕起调，大吕毕曲。太蔟宫，至仲吕羽，并用太蔟起调，太蔟毕曲。夹钟宫，至蕤宾羽，并用夹钟起调，夹钟毕曲。姑洗宫，至林钟羽，并用姑洗起调，姑洗毕曲。仲吕宫，至夷则羽，并用仲吕起调，仲吕毕曲。蕤宾宫，至南吕羽，并用蕤宾起调，蕤宾毕曲。林钟宫，至无射羽，并用林钟起调，林钟毕曲。夷则宫，至应钟羽，并用夷则起调，夷则毕曲。南吕宫，至黄钟羽，并用南吕起调，南吕毕曲。无射宫，至大吕羽，并用无射起调，无射毕曲。应钟宫，至太蔟羽，并用应钟起调，应钟毕曲。《朱子语类》云，宫与羽，角与徵，相去独远，故于其间，制变宫、徵二声。愚按，《律吕本原》七声之序，宫一，商二，角三，变徵四，徵五，羽六，变宫七。如黄钟为宫，则太蔟为商，姑洗为角，蕤宾为变徵，林钟为徵，南吕为羽，应钟为变宫，皆以隔八相生得之。其生之序，则宫一，徵二，商三，羽四，角五，变宫六，变徵七。若正声长，而不能为七声之次，则亦用半声也。盖声音之数，往而不返，故黄钟不复为他律役，而独为声气之元也。五声、十二律合之，为六十调；七声、十二律合之，为八十四调。《通典》云，殷以前，但有五音，自周以来加文、武二声，谓之为七。其五声为正，二声为变。变者，和也。朱子云，二者是乐之和相连接处。朱子又云，今人曲子，所谓黄钟宫，大吕羽，这便是调。谓如头一声是宫声，尾后一声亦是宫声，这便是宫调。愚按，前段所谓黄钟起调，黄钟毕曲者，此之谓也。愚又按，隔八相生，至无射生仲吕，其道穷矣。复变而上生黄钟，谓之变律，如仲吕再生黄钟，则不及九寸。仲吕律长六寸五分八厘三毫四丝六忽。阴生阳，四因其实，三其除法，得八寸七分七厘七毫九丝四忽，不尽二算，如前所谓变半者，则以此变律，复折半为用也。又按《朱子大全集》云，俗乐之谱，合为黄钟，四下为大吕，四上为太蔟，乙下为夹钟，乙上为姑洗，上为仲吕，勾为蕤宾，尺为林钟，工下为夷则，工上为南吕，凡下为无射，凡上为应钟，六为黄清，五下为大清，五上为蔟清，五尖为夹清。此声俗工皆能知之。但或未识古律之名，不能移彼以为此，故附见其说云。

## 《书义断法》卷一

（元）陈悦道

（归善斋按，见上句）

## 《尚书注考》

（明）陈泰交

"声依永"，训"声"者"宫、商、角、徵、羽"也。"声教讫于四海"，训"声"谓"风声，振举于此，而远者闻焉，故谓之声。"

## 《尚书埤传》卷二

（清）朱鹤龄

（归善斋按，见前文"帝曰：夔，命汝典乐"）

## 《书义矜式》卷一

（元）王充耘

（归善斋按，见前文"帝曰：夔，命汝典乐"）

### 《书经衷论》 卷一

（清） 张英

（归善斋按，见上句）

### 《尚书七篇解义》 卷一

（清） 李光地

（归善斋按，见前文"帝曰：夔，命汝典乐"）

## 八音克谐，无相夺伦，神人以和

### 1. 《尚书注疏》 卷二

（汉）孔氏传，（唐）陆德明音义、孔颖达疏

八音克谐，无相夺伦，神人以和。

传：伦，理也。八音能谐理，不错夺，则神人咸和。命夔使勉之。

疏：八音皆能和谐，无令相夺。道理如此，则神人以此和矣。

八音能谐，相应和也，各自守分，不相夺道理，是言理不错乱相夺也。如此则神人咸和矣。帝言此者，命夔使勉之也。《大司乐》云"大合乐，以致鬼神祇，以和邦国，以谐万民，以安宾客，以说远人"，是神人和也。

### 2. 《书传》 卷二

（宋） 苏轼

八音克谐，无相夺伦，神人以和。

（归善斋按，未解）

### 3. 《尚书全解》 卷三

（宋） 林之奇

八音克谐，无相夺伦。

惟其以律和声音，兹所以"八音克谐"也。八音，金，钟镈也；石，磬也；丝，琴瑟也；竹，管箫也；匏，笙也；土，埙也；革，鼓鼗（táo）也；木，柷敔（zhù yǔ）也。此八音者，其声名不同，必以律和其声，然后洪纤小大各得其当。苟有一音之不和于其间，则乐之合奏必杂而不得谐和，故曰无相夺伦。盖乐之合奏，听者不知其孰为金石，孰为丝竹，犹善和羹焉，使食之者徒见其和之美，不知其孰为盐，孰为梅。

神人以和。

乐既调矣，奏之于郊庙，则天地、神祇、祖考之所歆乐，而神莫不和矣。用之燕飨乡射，而臣民之心无不和矣。幽而神，明而人，无有不和，此韶乐所以为尽善尽美也。

## 4. 《尚书讲义》卷二

（宋）史浩

（归善斋按，见前文"帝曰：夔，命汝典乐"）

## 5. 《尚书详解》卷二

（宋）夏僎

（归善斋按，见前文"帝曰：夔，命汝典乐"）

## 6. 《增修东莱书说》卷二

（宋）时澜

（归善斋按，见前文"帝曰：夔，命汝典乐"）

## 7. 《尚书说》卷一

（宋）黄度

（归善斋按，见前文"有能典朕三礼"）

## 8. 《絜斋家塾书钞》卷一

（宋）袁燮

（归善斋按，见前文"帝曰：夔，命汝典乐"）

### 9. 《书经集传》卷一

（宋）蔡沈

（归善斋按，见前文"帝曰：夔，命汝典乐"）

### 10. 《尚书精义》卷四

（宋）黄伦

（归善斋按，见前文"帝曰：夔，命汝典乐"）

### 11. 《尚书详解》卷二

（宋）陈经

（归善斋按，见前文"帝曰：夔，命汝典乐"）

### 12. 《融堂书解》卷一

（宋）钱时

（归善斋按，见前文"帝曰：夔，命汝典乐"）

### 13. 《尚书要义》卷二

（宋）魏了翁

（归善斋按，见前文"帝曰：夔命汝典乐"）

### 14. 《书集传或问》卷上

（宋）陈大猷

（归善斋按，未解）

### 15. 《尚书详解》卷一

（宋）胡士行

（归善斋按，见前句）

### 16. 《书纂言》卷一

（元）吴澄

（归善斋按，见前文"帝曰：夔，命汝典乐"）

### 17.《书集传纂疏》卷一

（元）陈栎

（归善斋按，见前文"帝曰：夔，命汝典乐"）

### 18.《读书丛说》卷二

（元）许谦

（归善斋按，"八音配八风图"略）

主朔易者，坎也；为果蓏（luǒ）者，艮（gèn）也。震竹而巽木也。蚕火精也，瓦土类也。兑金，而乾玉也。故八音之配如是也。匏竹，则木类也。金石，则土类也。东生之方也；西凝之方也。丝成于夏；而革成于冬也，亦各从其类也。

### 19.《书传辑录纂注》卷一

（元）董鼎

（归善斋按，见前文"帝曰：夔，命汝典乐"）

### 20.《尚书句解》卷一

（元）朱祖义

八音克谐（然后金、石、丝、竹、匏、土、革、木之八音，单出为声，杂出为音，莫不谐和），无相夺伦（无相夺其伦理），神人以和（足以感人与神之和，则胄子之德安得不归于中和）。

### 21.《尚书日记》卷二

（明）王樵

（归善斋按，见前文"帝曰：夔，命汝典乐"）

### 22.《御制日讲书经解义》卷一

（归善斋按，见前文"帝曰：夔，命汝典乐"）

### 《尚书通考》卷五

（元）黄镇成

（归善斋按，见前句）

### 《书蔡氏传旁通》卷一中

（元）陈师凯

被之八音。

金为钟，石为磬，丝为弦，竹为管，匏为笙，土为埙，革为鼓，木为柷敔。

### 《书义断法》卷一

（元）陈悦道

（归善斋按，见前句）

### 《书义矜式》卷一

（元）王充耘

（归善斋按，见前文"帝曰：夔，命汝典乐"）

### 《尚书七篇解义》卷一

（清）李光地

（归善斋按，见前文"帝曰：夔，命汝典乐"）

## 夔曰：於！予击石拊石。百兽率舞

### 1. 《尚书注疏》卷二

（汉）孔氏传，（唐）陆德明音义、孔颖达疏

夔曰：於！予击石拊石。百兽率舞。

传：石，磬也。磬音之清者，拊亦击也。举清者和，则其余皆从矣，

乐感百兽，使相率而舞，则神人和可知。

音义：于，如字，或音乌，而绝句者，非。拊，音抚，徐音府。

疏：夔答舜曰，鸣呼！我击其石磬，拊其石磬，诸音莫不和谐，百兽相率而舞。乐之所感如此，是神人既已和矣。

乐器，惟磬以石为之，故云，石，磬也。八音之音，石磬最清，故知磬是音之声清者。磬必击以鸣之，故云拊，亦击之重。其文者，击其大小。击是大击，拊是小击。音声，浊者粗，清者精。精则难和，举清者和，则其余皆从矣。《商颂》云"依我磬声"，是言磬声清，诸音来依之。"百兽率舞"，即《大司乐》云"以作动物"，《益稷》云"鸟兽跄跄"是也。人神易感，鸟兽难感。百兽相率而舞，则神人和可知也。夔言此者，以帝戒之云神人以和，欲使勉力感神人也，乃答帝云"百兽率舞"，则神人以和，言帝德及鸟兽也。

《尚书注疏》卷二考证

夔曰：於！予击石拊石。百兽率舞。

刘敞曰，益、稷之末，又有"夔曰於"云云，然则《舜典》之末衍一简耳。

## 2. 《书传》卷二

（宋）苏轼

夔曰：於！予击石拊石，百兽率舞。

此舜命九官之际也，无缘夔。于此独称其功。此《益稷》之文也。简编脱误，复见于此。

## 3. 《尚书全解》卷三

（宋）林之奇

夔曰：於！予击石拊石。百兽率舞。

薛氏、刘氏，皆以为《益稷》脱简重出。盖方命夔典乐，而夔遽言其"击石拊石"，致"百兽率舞"之效，非事辞之序也。而《益稷》篇又有此文，故二公疑其差误。以理观之，义或然也。然笔削圣人之经，以就己意，此风亦不可长。孔子曰"多闻阙疑，慎言其余，则寡尤"，此实治经之法也。

### 4. 《尚书讲义》卷二

（宋）史浩

（归善斋按，见前文"帝曰：夔，命汝典乐"）

### 5. 《尚书详解》卷二

（宋）夏僎

（归善斋按，见前文"帝曰：夔，命汝典乐"）

### 6. 《增修东莱书说》卷二

（宋）时澜

夔曰：於！予击石拊石，百兽率舞。

或者以为脱简亦未可知。不然，夔若自言其功。盖闻舜之言，心领神受曰，於！予击拊之际，百兽尚将率舞，则神人以和可知。

### 7. 《尚书说》卷一

（宋）黄度

（归善斋按，见前文"有能典朕三礼"）

### 8. 《絜斋家塾书钞》卷一

（宋）袁燮

（归善斋按，见前文"帝曰：夔，命汝典乐"）

### 9. 《书经集传》卷一

（宋）蔡沈

（归善斋按，见前文"帝曰：夔，命汝典乐"）

### 10. 《尚书精义》卷四

（宋）黄伦

（归善斋按，见前文"帝曰：夔，命汝典乐"）

### 11. 《尚书详解》卷二

（宋）陈经

夔曰：於！予击石拊石。百兽率舞。

此夔极言作乐之效。舜谓"神人以和"，而夔言乐之至，不但和神人而已。盖八音之中，惟石为难和。《诗》云"依我磬声"，特言磬者，以石磬之难和也。万物之中亦惟兽为难格。今也，和其所难和，则亦能格其所难格。鼓琴，而马仰秣；鼓瑟而鱼出听，端有此理。此一段，说者以为《益稷》之文，脱简在此。

### 12. 《融堂书解》卷一

（宋）钱时

（归善斋按，见前文"帝曰：夔，命汝典乐"）

### 13. 《尚书要义》卷二

（宋）魏了翁

六四、八音惟石最清清者和则余皆从。

乐器，惟磬以石为之，故云，石，磬也。八音之音，石磬最清，故知磬是音之声清者。磬必击以鸣之，故云拊亦击，重其文者。击有大小，击是大击，拊是小击。音，声浊者粗，清者精。精则难和，举清者和，则其余皆从矣。《商颂》云，依我磬声，是言磬声清，诸音来依之。"百兽率舞"，即《大司乐》云"以作动物"，《益稷》云"鸟兽跄跄"是也。人神易感，鸟兽难感。百兽相率而舞，则神人和可知也。夔言此者，以帝戒之云神人以和，欲使勉力感神人也，乃答帝云，百兽率舞，则神人以和，言帝德及鸟兽也。

（归善斋按，另见前文"帝曰：夔命汝典乐"）

### 14. 《书集传或问》卷上

（宋）陈大猷

或问，夏氏言，九官自稷、契而下皆旧有职任。夔典乐已久，故以

"击石拊石，百兽率舞"答舜如何？曰，若然，则稷、契等何为无答辞乎？舜方命以职，而夔自述其功，似无此理，亦非史氏叙事之体。以上下文考之，其为《益稷》篇错简衍出无疑。

### 15. 《尚书详解》卷一

（宋）胡士行

夔曰：於（如字，或音乌，而绝句，叹美也）！予击（大击）石（磬声之清者，《孟子》玉振之也者，终条理也。《诗》曰，依我磬声。磬，八音之终也）、拊（小击）石，百兽率舞。

惟舜乐之和，故击拊之，而兽舞焉。夔非自言其功，所以信舜乐感通之必然尔。兽且舞，况神人乎？

### 16. 《书纂言》卷一

（元）吴澄
（归善斋按，未解）

### 17. 《书集传纂疏》卷一

（元）陈栎
（归善斋按，见前文"帝曰：夔，命汝典乐"）

### 18. 《读书丛说》卷二

（元）许谦
（归善斋按，未解）

### 19. 《书传辑录纂注》卷一

（元）董鼎
（归善斋按，见前文"帝曰：夔，命汝典乐"）

### 20. 《尚书句解》卷一

（元）朱祖义
夔曰（夔自述作乐之效而言）：於！予击石拊石（石磬，乐之难和也。

《诗》曰"鼗鼓渊渊，嘒嘒管声。既和且平，依我磬声"，以此知乐之和，由石声而依之也。于我，大以击之，小以拊之，和其所难和），百兽率舞（则百兽之难感也今也闻乐之声率舞于前，自有以感物之所难感）。

## 21.《尚书日记》卷二

（明）王樵

（归善斋按，见前文"帝曰：夔，命汝典乐"）

## 22.《御制日讲书经解义》卷一

（归善斋按，见前文"帝曰：夔，命汝典乐"）

（归善斋按，未解）

# 帝曰：龙，朕堲谗说殄行，震惊朕师

## 1.《尚书注疏》卷二

（汉）孔氏传，（唐）陆德明音义、孔颖达疏

帝曰：龙，朕堲谗说殄行，震惊朕师。

传：堲，疾；殄，绝；震，动也。言我疾谗说绝君子之行，而动惊我众，欲遏绝之。

音义：堲，徐在力反。谗，切韵，士咸反。说，如字，注同，徐失锐反。殄，切韵，徒典反。行下孟反，注同。

疏：正义曰，帝呼龙曰，龙，我憎疾人为谗佞之说，绝君子之行而动惊我众人，欲遏之。

传正义曰，堲，声近疾，故为疾也。殄，绝；震，动，皆《释诂》文。谗人以善为恶，以恶为善，故言我疾谗说，绝君子之行。众人畏其谗口，故为谗也，动惊我众，欲遏止之。

## 2.《书传》卷二

（宋）苏轼

帝曰：龙，朕堲谗说殄行，震惊朕师。命汝作纳言，夙夜出纳朕命，

惟允。

　　塈，疾也。殄，绝也。绝行，犹独行，行之不可继者也。惟谗说独行，为能动众。纳言之官，听下言，纳于上；受上言，宣于下。枢机之官，故能为天下言。行之帅，舜有不问而命，臣有不让而受者，皆随其实也。

### 3. 《尚书全解》卷三

　　（宋）林之奇

　　帝曰：龙，朕塈谗说殄行，震惊朕师。

　　此亦因伯夷之让，而命龙以作纳言也。观颜渊问为邦，孔子曰"行夏之时，乘商之辂，服周之冕，乐则韶舞，放郑声，远佞人。郑声淫佞人殆"。舜命九官，至于使伯夷典礼，后夔典乐，则治道于是乎成矣。而乃命龙以作纳言，其命之之辞。则曰"朕塈谗说殄行，震惊朕师"，此正孔子答颜渊问为邦之意。盖自古已安已治矣，而其所以至于危乱者，未有不由于小人变白为黑，以是为非者。故治定、功成之后，尤宜以是为戒也。塈，疾也。《史记》曰"朕畏忌谗说殄行"。"畏忌"者，"塈"之谓也。谗说，邪说也。殄行，殄绝君子之行也。"震惊朕师"，则其言伪辩，瞀惑流俗也。"谗说殄行"之为害，其端甚微究其所终，则必至于惑流俗之视听，至是而后塈之，则无及矣。如杨氏为我，墨氏兼爱，此其所谓邪说也。为我则至于无君，兼爱则至于无父，则所谓殄行也。杨墨之道不熄，孔子之道不著。是邪说诬民，充塞仁义也。仁义充塞，则率兽而食人，人将相食，此所谓"震惊朕师"也。

### 4. 《尚书讲义》卷二

　　（宋）史浩

　　帝曰：龙，朕塈谗说殄行，震惊朕师。命汝作纳言，夙夜出纳，朕命惟允。

　　受命于天，惟舜独正。正矣，百邪无自而入。此塈谗说殄行也，夫治定功成。宜乎端拱无为怠于为治矣。而舜方且立纳言之官，以司出纳，安有壅蔽之患哉。夫舜固不患此，实有意于为天下后世法耳。塈，疾也。

谗说殄行，恶之大者，宜乎其疾之也。变白为黑，潜毁矫诬，谗说也。诡激崖异，巧佞绝伦，殄行也。惟兹二者，人所取信，能动摇众心，故曰"震惊朕师"也。龙作纳言，采下之言而进乎上，宣上之言而达于下，盖所谓朝夕纳诲，以辅台德也，故曰"夙夜出纳"。如此，则谗说殄行，乌得攘臂于其间乎？故曰"朕命惟允"。允，信也，非龙无以当此。

## 5.《尚书详解》卷二

（宋）夏僎

帝曰：龙，朕墍谗说殄行，震惊朕师。命汝作纳言，夙夜出纳，朕命惟允。

此亦因伯夷之让，称其所掌而申戒也。墍，嫉也。《史记》言畏忌谗说，则墍为嫉可知。谗说，邪说也。殄行，孔氏谓，舜嫉谗说能殄绝君子之行。不若陈少南，殄，绝也。诡异卓绝之行，使人不可跂及者是之谓殄行。谗说、殄行是二事，皆足以恐动人之耳目，使人厌常而好怪，背正而趋邪，有害于治。故舜嫉之，嫉其能震动惊恐我众民也。夫谗说、殄行，舜既嫉之，嫉之而不以严刑峻法禁约之，诛斥之，而乃命龙作纳言之官，使之出入上下之言者，何哉？盖谗说、殄行，所以能恐动众听者，特上之志意不宣于下，则君之向背，民不得而知，故谗说殄行日以鼓惑其观听；下之志意不达于上，则民之向背，君不得而知。故谗说、殄行而君无自而察，惟纳言之官，受上言而宣于下，使民皆知君之所向在此，莫不惟君是从；受下言而达于上，使君皆知民之所向在此，又以观其革与不革。如是则上下之情交孚，谗说、殄行不攻而自破，又加必骤加以刑哉。然既言"夙夜出纳"，又言"朕命惟允"者，盖舜之意谓，谗说、殄行惑人之甚，虽命龙革其弊，又恐龙于出纳之际，或以邪为正，或以伪为真，不能自知，故又教之"朕命惟允"，欲其出纳之际，惟取信以君命。其合于君命者，乃正言正行；不合于君命者，乃邪说、殄行也。如是则出纳之际，知如是而为谗说，如是而为殄行，有所不革，革之无不中其弊矣。

### 6.《增修东莱书说》卷二

（宋）时澜

帝曰：龙，朕塈谗说殄行，震惊朕师。命汝作纳言，夙夜出纳朕命，惟允。

谗说，点白成黑；殄行，自绝其行，诡异之人也。闻见之间，易于惊怖。故命纳言之官，以通上下之情。龙之命在九官之后者，盖太平无事之世，深恐邪言足以乱政。如人之身平居无事，脉络流通，则外邪无自而入。天下已治，通达上下之情，不可无人委之专职，则责重而察之也，时纳言之司，通上下之枢纽。舜时，虽无此事通塞之系，治道之大，无时而可忽也。

### 7.《尚书说》卷一

（宋）黄度

（归善斋按，见前文"有能典朕三礼"）

### 8.《絜斋家塾书钞》卷一

（宋）袁燮

帝曰：龙，朕塈谗说殄行，震惊朕师。命汝作纳言，夙夜出纳朕命，惟允。

殄，绝也。谗说之人，自殄绝其行，言无行也。纳言，喉舌之官也，《诗》所谓"出纳王命，王之喉舌"是也。在后世，为给舍，即古纳言之官。"出纳朕命"者，上之命令，其当乎，从而宣布之；其不当乎，从而缴驳之。宣布者，谓之出；缴驳者，谓之纳。"惟允"者。戒纳言之宫，言其不可不诚信也。夫"谗说殄行，震惊朕师"亦甚可畏矣。然谗说之人，敢来人主之侧，肆言而无惮者，皆人主命令不谨之故。若使上命令稍有不当，纳言之官便从而缴驳之，上所为无一不是，则谁敢为谗言。且如人主用一人焉，或非所当用，为纳言者敢与人主力争，必是当用，然后用之，则其所用，皆公论之所与者也，夫孰敢谮（zèn）之。若用之不当，则谗言从此兴矣。故虽以人主之尊，不可自以为是，使命令在于必行。乃所以来谗贼之口也，其害岂小哉。后世有给事中，纳言之官亦不废，但任是职者，未必惟其人。所谓"惟允"却无这一字。古人此职甚重，所以列之九官之中，重其任也。九官未必一一是新命。如皋陶明刑，后稷播谷，后夔典乐，其来旧矣。或者舜既即位，从而申命之，使复居是职，或者当时偶缺。此九官，舜始命之，皆不可得而详考。殳、斨、伯与朱虎、熊罴在当时，必须见用。但舜只命此九官者，盖九者任莫重焉，务莫急焉。人主执要，故择其急者命之也。且天下之大，自此九者外，复有何事？自百揆而下，播种者有人，敷教者有人，明刑者有人，掌山泽者有人，典礼乐者有人，至于纳言之官又有其人。天下大政，其纲纪举于此矣，其本末备于此矣。故识朝廷政事之大者，当于此乎观之。

## 9. 《书经集传》卷一

（宋）蔡沈

帝曰：龙，朕堲谗说殄行，震惊朕师。命汝作纳言，夙夜出纳朕命，惟允。

堲，疾力反。谗，音惭。堲，疾；殄，绝也。殄行者，谓伤绝善人之事也。师，众也，谓其言之不正，而能变乱黑白，以骇众听也。纳言，官名。命令政教，必使审之，既允而后出，则谗说不得行，而矫伪无所讬矣。敷奏复逆，必使审之，既允而后入，则邪僻无自进，而功绪有所稽矣。周之内史，汉之尚书，魏晋以来所谓中书门下者，皆此职也。

## 10. 《尚书精义》卷四

（宋）黄伦

帝曰：龙，朕堲谗说殄行，震惊朕师。命汝作纳言，夙夜出纳朕命，惟允。

无垢曰，垂让龙，舜乃因其让而命龙为纳言，专以谗说为念也。夫谗说之生，专害君子。变乱黑白，诗人以比青蝇；腾播无实，诗人以比南箕。比之狡兔者，逐之善走也；比之贝锦者，即之可观也。非大圣明，其孰能不惑于此哉？夫其生也，因刑而入，乘间而出。其入也，则足以摇动君子；其出也则足以摇动朝廷之心。"震惊朕师"，岂欺我哉。昔东汉出纳帝命，乃在宦官，其擅诛陈蕃也，出帝命则曰，陈蕃谋反，诛者有赏，使听者惑焉。纳帝命，则又曰，陈蕃谋反，臣等已诛之，使人主惑焉。灵帝竟莫知陈蕃为忠正也。以此观之，出纳君命，其可以不谨而使宦官，如王甫辈为之乎？

史氏曰，人君不以去邪为急，而以建官为急；人臣不以承命为勤，而以立功为勤，何哉？谗邪之说，虽大圣之世，有所不能免也。殄绝君子之行义，震惊天下之耳目，其为患，盖亦甚矣。圣人不汲汲于去邪，而汲汲于建官，谓典言者，苟得其人，则夙夜忧勤，出吾之命而将有所受；纳吾之命而将有所报。虽上下异势，内外异情，而能一之以信，如是，则谗邪之说，当不绝自去矣。

吕氏曰，谗人点白成黑，殄行自绝其行，此等人出易得惊怖人，故命纳言之官，以通上下之情。人君之治天下，最患下情不通上，下之情相隔塞。中间无一人为之居职，则谗邪便得以相蔽。纳言之职，便是通下情之枢。舜之时，虽无此弊，盖亦不得不隄防。

## 11. 《尚书详解》卷二

（宋）陈经

帝曰：龙，朕聖谗说殄行，震惊朕师。命汝作纳言，夙夜出纳朕命，惟允。

聖，恶也。谗说者，巧言憸佞之人，绝君子之行者。惟此等人为能，以无为有，以是为非，震恐朕之师众。故命龙作纳言之官，出纳朕命，所以通上下之情，防壅蔽之患，使谗说者不得乘间。"纳言"者，纳下之言于上，使在上者有以知臣民之情，如歌讴风刺之类，无不周知之也。"出纳朕命"者，出上之言于下，使在下者，有以知君之情，如德意志虑，无不下达之也。纳下之言，既谓之纳矣；出上之命，而亦谓之纳，盖君之命有是非，故民有从违。纳言之官，复以民之从违者，而纳之上，故亦谓之纳。而其官则以纳言为主，然或出或纳，非信不可也。使出纳之人非信，则托诸民言，以诬其上者有之，诈称君命以罔其下者有之。出纳之人，既不足信，则何以使君民之相信哉。大抵谗说之人，无世无之。虽以唐虞之极治，君子在位，而巧言令色孔任者，犹在所可畏，岂可谓唐、虞之世遂无此辈。第观圣人所以处之如何耳。苟君民之情一有雍而不通，则谗说者，得以投其隙。今也，既有纳言之臣，以通上下，君民相信，无间可乘，无隙可投。虽有谗说殄行，将安所施。舜命九官，惟禹与伯夷与益，则相逊，余人则不相逊者，何也？稷、契、皋陶，则前已任此职矣，固无俟于逊。若夔、龙则新命以官，何以不相逊耶。盖知其人而不逊，固不可也，未知其人而强逊，特以备礼，而非其真情。在廷之臣，如垂、益，如稷、契、皋陶，既举而在位，而殳、斨、伯与朱、虎、熊、罴之流，其姓名已达于上矣。其他人才，或有未尽善者，夔、龙岂得而强逊之哉？尧、舜之君臣，惟其真情而已。至若伯禹、伯夷所荐之人，舜既从其言而命之，垂、益所荐之人，舜则不命之，何也？曰，此当以职之小大而观人才之小大也。伯禹所宅者，百揆之任；伯夷所典者，三礼之职。此其事大而体重者，其所荐之人才，岂寻常之才，故因其所荐而随以命之可也。垂之共工，益之朕虞，此其事之小者，其所荐之人，虽有可用之才，而舜未暇命之也。乃若命之之辞，如曰"汝，往哉"，如曰"往，钦哉"，如曰"往哉，汝谐"，此特其辞之异同，初无他义，不必过为穿凿可也。观《舜典》一篇，当与《尧典》相参而观之。放齐之举朱，驩兜之举共工，四岳之举鲧，尧皆曰"吁"。四岳之举禹，佥之举垂、举益、举伯夷，舜皆曰"俞"，岂尧之朝皆小人，而舜之朝皆君子？岂尧朝之臣皆党恶附奸，而舜朝之臣，皆推贤扬善也耶？盖此二篇，皆记圣人知人之事，智愚贤否，皆不逃二圣之所见。有尧之"吁"，然后有舜之"俞"四凶。在尧朝奸恶之大者，自尧之"吁"，而小人不得志。及舜摄位，取夫向之所"吁"者，而流、放、窜、殛之，至此则小人退，而君子进，众贤和于朝。其所逊者，皆贤；所俞者，亦无一而非贤。观《书》者，当于舜之俞知其原则，自于尧，则知君子小人消长进退，可得而见矣。

## 12. 《融堂书解》卷一

（宋）钱时

帝曰：龙，朕堲谗说殄行，震惊朕师。命汝作纳言，夙夜出纳朕命，惟允。

异端邪说，谗毁正道，是谓谗说。其行怪僻，殄灭正行，是谓殄行。斯人者，譸（zhōu）张为幻，足以惊世骇俗，细玩"震惊"等字，可见当时风俗醇美，其民生长教化中，所闻无非正言，所见无非正道。一有谗说殄行，便为之震惊。后世异端邪说充斥弥满，沉酣耳目，与之俱化，良由不知所疾。纳言之官废，风俗败坏，而至此极也。《周礼》训方氏，掌诵四方之传道，布训四方，而观新物，即纳言之遗意也。直是不以夙夜为间，有闻即报，有命即宣，使之即时闻于上。圣人爱护风俗，不啻如拯溺救焚。于此可见，不特命之出为朕命，其出其纳，宣达上下，皆朕命也，皆不可不信也。

## 13. 《尚书要义》卷二

（宋）魏了翁

六五、聖谗殄，谓疾谗说绝君子之行。

"帝曰：龙，朕聖谗说殄行，震惊朕师"注，聖，疾；殄，绝；震，动也。言我疾谗说，绝君子之行，而动惊我众，欲遏绝之。

## 14. 《书集传或问》卷上

（宋）陈大猷

（归善斋按，未解）

## 15. 《尚书详解》卷一

（宋）胡士行

帝曰：龙，朕聖（疾恶）谗（邪）说（点白成黑）殄（绝）行（君子之行），震（动）惊（恐）朕师（众氏）。命汝作纳言（喉舌之官），夙夜出（受上言，宣于下）纳（听下言纳于上）朕命，惟允（信）。

谗说之得以动众者，以上下之情不通故也。有纳言以出纳之，则下情上达，上情下孚，一切以帝命之公为信，谗说之私自无庸得行矣。《益稷》"工以纳言"，即此职也。

## 16. 《书纂言》卷一

（元）吴澄

帝曰：龙，朕堲谗说殄行，震惊朕师。命汝作纳言，夙夜出纳朕命，惟允。

火熟之土，曰聖；烛头之烬，亦曰聖，皆有熄灭不生之义，音与疾相近，古字或通用，故孔传曰，疾也。谗说，诬谮人之言也。殄行，伤害人之事也。震，动也。惊，犹骇也。师，众也。帝言，造谗谮以伤害人者，骇动众听，易于惑人。我欲熄灭之，故命汝为纳言之官。凡夙夜之间，上言之出，下言之入，惟其允当，而后出纳之。蔡氏曰，命令、政教，审之既允，而后出；敷奏，复逆，审之既允，而后入，则谗说不得行，邪僻无自进矣。孔疏曰，纳言者，听下言，纳于上；出朕命者，受上言，宣于下。纳言，下纳于言。朕命有出无纳，官名纳言，又云出纳朕命，互相见也。澄曰，舜命九官，新命者四人，禹、垂、益、伯夷也。因人之让，而以旧职申命之者五人，稷、契、皋陶、夔龙也。或因"汝典乐"、"汝作纳言"之上有"命"字，遂以夔、龙二人亦为新命者，非也。今按，帝问而命，臣拜而让之，新命也；不问而命，不拜不让者，申命也。夔、龙，若果新，则臣受君之命，岂得不拜。王氏曰，百揆者，百官之首，故先命禹。养民者，王道之始，故次命稷。富之然后教之，故次命契。刑所以弼教，故次命皋陶。工者成器以为天下利，治人之末，故次命垂。治人者略具，然后及草木鸟兽，故次命益。自百工至于鸟兽草木咸若，则隆礼乐之时也。礼乐者，治之大成，所以事天地、鬼神，而和理万物，故次命夷、夔，有礼而后乐生焉。故先夷后夔。陈氏曰，群贤虽盛，苟谗间一行，则贤者不安，前功废矣。命龙于末，所以卫群贤而成其终，犹命十二牧，终之以难任人。夫子论为邦，终之以远佞人也。

## 17. 《书集传纂疏》卷一

（元）陈栎

帝曰：龙，朕堲谗说殄行，震惊朕师。命汝作纳言，夙夜出纳朕命，惟允。

聖，疾；殄，绝也。"殄行"者，谓伤绝善人之事也。师，众也，谓其言之不正，而能变乱黑白，以骇众听也。纳言，官名，命令、政教，必使审之，既允而后出，则谗说不得行，而矫伪无所讬矣。敷奏复逆，必使审之，既允，而后入，则邪僻无自进，而功绪有所稽矣。周之内史，汉之尚书，魏晋以来所谓中书门下者，皆此职也。

**纂疏**

语录：殄行是伤人之行。纳言，如今之门下，审覆纳言之官，如汉侍中，今给事中，朝廷诰令，先过后省，可以封驳。陈氏经曰，谗人无世无之。虽唐虞极治，而巧言孔壬，犹所可畏。岂可谓此时遂无此事。孔氏曰，"出纳朕命"，听下言纳于上，受上言宣于下。愚谓，欲其审君命之当否，当者出之，否者纳之，惟在于允当，如后世批敕之官，庶于"朕命"二字明顺。胡氏一挂曰，"出纳朕命"，如《诗》"出纳王命"，谨审之，善者，宣出；否者缴纳，如后世封还词头。在我者，既允信，何忧谗说得入哉。王氏曰，百揆，百官之首，故先命禹。养民，治之先务，故次命稷。富然后教，故次命契。刑以弼教，故次命皋。工立成器，以为天下利，人治之末，故次命垂。如此治人亦备矣，然后及动植，故次命益。民物如此，隆礼乐之时也，故次命夷、夔。礼先乐后，故先夷后夔。乐作，则治功成矣。贤萃，功成。苟谗说得行，则贤者不安，前功遂堕，故未命龙，所以防谗间，卫群贤，以成其终，犹命十二牧而终以难任人。夫子答，为邦而终以远佞人也。

## 18.《读书丛说》卷二

（元）许谦

（归善斋按，未解）

## 19.《书传辑录纂注》卷一

（元）董鼎

帝曰：龙，朕聖谗说殄行，震惊朕师。命汝作纳言，夙夜出纳朕命，惟允。

聖，疾；殄，绝也。殄行者，谓伤绝善人之事也。师，众也，谓其言之不正而能变乱黑白，以骇众听也。纳言，官名，命令政教，必使审之，既允而后出，则谗说不得行，而矫伪无所托矣。敷奏复逆，必使审之，既允而后入，则邪僻无自进，而功绪有所稽矣。周之内史，汉之尚书，魏晋以来所谓中书门下者，皆此职也。

**辑录**

聖，只训"疾"较好。广。殄行，是伤人之行。《书》曰"亦敢殄戮用乂民"，"殄歼乃雠"，皆伤残之义。广。纳言，似今中书门下省。义刚。纳言之官。如今之门下，审覆自外而进入者，既审之；自内而宣出者，亦审之，恐"谗说殄行"之"震惊朕师"也。广。纳言之官，如汉侍中，今给事中，朝廷诏令先过后省，可以封驳矣。

**纂注**

一说殄行，自绝其行。新安陈氏曰，自孔注"出纳朕命"以为，听下言纳于上，受上言宣于下；蔡传又分命令政教，敷奏复逆，以配出纳。然终于"朕命"二字欠通。窃意，欲其审君命之当否，当者出之，否者纳之。惟至于允当而止，如后世批敕审覆之官，庶于"出纳朕命"文义明顺也。新安胡氏曰，"出纳朕命"，如《诗》"出纳王命，王之喉舌"，欲其谨审上之命，令命之善者宣出之，不善者缴纳之，如后世"封还词头"之类。则在我者，既允信，尚何忧谗说之得入哉。王氏曰，百揆，百官之首，故先命禹；养民，治之先务，故次命稷；富然后教，故次命契；刑以弼教，故次命皋；工立成器，以为天下利，人治之末，故次命垂；如此治人者略备矣，然后及草木鸟兽，故次命益；民物如此，则隆礼乐之时也，故次命夷夔。礼先乐后，故先夷后夔。乐作则治功成矣。群贤虽盛，治功虽成，苟谗间得行，则贤者不安，前功遂废，故命龙于末，所以防谗间，卫群贤，以成其终。犹命十二牧，而终以难任人。夫子答，为邦而终以远佞人也。

## 20.《尚书句解》卷一

（元）朱祖义

帝曰：龙（舜命龙曰），朕堲谗说殄行（我疾恶小人为谗邪之言，殄绝君子之行。圣情人。堲，田。上"行"，去声），震惊朕师（震动惊恐我众）。

### 21. 《尚书日记》卷二

（明）王樵

"帝曰：龙"至"朕命惟允"。圣，疾；殄，绝；震，动；师，众也。言我疾谗说，伤绝君子之行，能变乱黑白，以骇众听。欲杜之，在审于言之出纳。纳言，喉舌之官，听下言纳于上，受上言宣于下。官名纳言者，以纳该出。而帝言"出纳朕命"者以上命包众言耳。允，信也。出允则命令当纳。允则听览详，如是，则虽有谗说，安施焉？帝恐一人之聪明有所遗，故使龙专典之。周之内史，汉之尚书，魏晋以来所谓中书门下者，皆此职也。或曰，唐虞极治，而巧言孔壬谗说殄行不能无，何也？曰，虽有而不得害政，此所以为唐虞之世也。大抵命九官，多深忧远念。简质之辞，无太平已验，宽假文饰之意。

### 22. 《御制日讲书经解义》卷一

帝曰：龙，朕堲谗说殄行，震惊朕师。命汝作纳言，夙夜出纳朕命，惟允。

此一节书，言舜命纳言之官也。龙，臣名。圣，疾恶也。谗说，谗闲之言；殄，绝也。大众曰"师"。纳言，官名；允，当也。帝舜因伯夷让龙，遂呼而命之曰，汝龙，我最疾恶小人造为谗闲之说，颠倒是非，变乱贤否，既伤绝善人君子所行之事，且倾骇我国中众人之听闻，其害至大也。今命汝作纳言之官，汝于早夜之间，出纳我之命令，或以我之言语，宣布于下，必用心审察，果无矫伪蒙蔽之私，才可传出，如有不当，还须执奏；或以群下言语，奏闻于我，亦必用心审察，果无希合巧佞之奸，才可奏上，如有不当，即须论驳。如此，则出纳之间，所言皆合于理，矫伪者既无所讬，邪僻者亦无由进，而谗说者不得行矣。谗佞之徒，虽盛世不乏。然大圣人在上，则彼小人自不得肆其奸邪之毒，以为害于众，不然元凯、岳牧，鲜不被陷于共驩，欲求唐虞之治，乌可得哉？

## 命汝作纳言，夙夜出纳朕命，惟允

### 1. 《尚书注疏》卷二

（汉）孔氏传，（唐）陆德明音义、孔颖达疏

命汝作纳言，夙夜出纳朕命，惟允。

传：纳言，喉舌之官，听下言纳于上；受上言宣于下，必以信。

音义：喉，音侯。

疏：故命汝作纳言之官，从早至夜，出纳我之教命，惟以诚信。每事皆信，则谗言自绝，命龙使勉之。

《诗》美仲山甫为王之喉舌。喉舌者，宣出王命，如王咽喉口舌。故纳言为喉舌之官也。此官，主听下言纳于上，故以纳言为名；亦主受上言宣于下，故言出朕命。纳言不纳于下，朕命有出无入。官名纳言，云出纳朕命，互相见也。必以信者，不妄传下言，不妄宣帝命，出纳皆以信也。

## 2.《书传》卷二

（宋）苏轼

（归善斋按，见上句）

## 3.《尚书全解》卷三

（宋）林之奇

命汝作纳言，夙夜出纳朕命，惟允。

盖纳言之职，宣王之言而达之于下，传下之言而达之于上。《诗》所谓"出纳王命，王之喉舌"也。夫谗说之可畏也如此，舜不弃于皋陶之刑，而特以出纳喉舌之官待之。如此其宽者，盖谗说殄行之人，必其小人之有才者也。小人有才而疾之太甚，弃之于刑辟，绝其自新之路，则刻核太至，而彼有不肖之心矣。故舜必以宽待之，开其迁善远罪之路，而不至于小人之归矣。《益稷》曰"庶顽谗说，若不在时，侯以明之，挞以记之，书用识哉，欲并生哉，工以纳言，时而飏之，格则承之、庸之，否则威之"。此正纳言之职也。宣上之言，而达之于下，所以教之也。采下之言而纳之于上，所以验其革与不革也。至于教之不改，而后加诛焉。此舜待庶顽谗说之道也。"惟允"者，言出纳王命，必以信也。春秋时，秦与晋行成，叔向命召行人子员。行人子朱曰：朱也当御。叔向曰：秦晋不和也久矣。今日之事，幸而集，晋国赖之，不集三军暴骨。子员道二国之言无私，子常易之。所谓"道二国之言无私"者，"允"之谓也。谗说殄行之人，类多变诈不实，将欲化之，无他道，惟在待之以诚而已。商俗靡靡，利口惟贤，余风未殄，而康王以毕公能正色率下，使之保厘东郊。此有因四岳之荐，而用之者；有不因四岳之荐，因人之让而用之者。有迁其旧职者，有不迁其旧职者。有让而后受者，有不让而直受之者。各因其实而已矣。

## 4.《尚书讲义》卷二

（宋）史浩

（归善斋按，见上句）

## 5.《尚书详解》卷二

（宋）夏僎

（归善斋按，见上句）

## 6.《增修东莱书说》卷二

（宋）时澜

（归善斋按，见上句）

## 7.《尚书说》卷一

（宋）黄度

（归善斋按，见前文"有能典朕三礼"）

## 8.《絜斋家塾书钞》卷一

（宋）袁燮

（归善斋按，见上句）

## 9.《书经集传》卷一

（宋）蔡沈

（归善斋按，见上句）

## 10. 《尚书精义》卷四

（宋）黄伦

（归善斋按，见上句）

## 11. 《尚书详解》卷二

（宋）陈经

（归善斋按，见上句）

## 12. 《融堂书解》卷一

（宋）钱时

（归善斋按，见上句）

## 13. 《尚书要义》卷二

（宋）魏了翁

六六、纳言喉舌之官必以信。

"命汝作纳言，夙夜出纳朕命，惟允"注，纳言，喉舌之官，听下言，纳于上；受上言，宣于下，必以信。

六七、纳言而云出纳朕命，互相见。

此官主听下言，纳以上，故以纳言为名；亦主受上言，宣于下，故言出朕命。纳言不纳于下，朕命有出无入。官名纳言，云出纳朕命，互相见也。必以信者，不妄传下言，不妄宣帝命。

## 14. 《书集传或问》卷上

（宋）陈大猷

（归善斋按，未解）

## 15. 《尚书详解》卷一

（宋）胡士行

（归善斋按，见上句）

## 16. 《书纂言》 卷一

（元） 吴澄

（归善斋按，见上句）

## 17. 《书集传纂疏》 卷一

（元） 陈栎

（归善斋按，未解）

## 18. 《读书丛说》 卷二

（元） 许谦

（归善斋按，未解）

## 19. 《书传辑录纂注》 卷一

（元） 董鼎

（归善斋按，见上句）

## 20. 《尚书句解》 卷一

（元） 朱祖义

命汝作纳言（命汝为纳言之官），夙夜出纳（早夜之间，出上之言于下，使臣民于人君之德意志虑，无不毕达；纳下之言于上，使人臣于下之 [缺] 讽刺，无不周知。上下情通则谗说自止），朕命惟允（我以是命汝，汝惟信以行之）。

## 21. 《尚书日记》 卷二

（明） 王樵

（归善斋按，见上句）

## 22. 《御制日讲书经解义》 卷一

（归善斋按，见上句）

## 《书蔡氏传旁通》卷一中

（元）陈师凯

敷奏复逆。

复逆者，《周礼》云，小臣掌三公及孤卿之复逆。注疏云，复，是报白之义；逆，谓上书。

纳言，官名，周之内史，汉之尚书，魏晋以来所谓中书门下省，皆此职也。

《周礼·春官》，内史掌王之八枋（bìng）之法，以诏王治。一曰爵，二曰禄，三曰废，四曰置，五曰杀，六曰生，七曰予，八曰夺。执国法及国令之贰，以考政事，以逆会计；掌叙事之法，受纳访，以诏王听治。李埴《续补汉官仪》云，尚书，唐虞官也。《书》曰龙作纳言，《诗》云，仲山甫，王之喉舌，秦改称尚书，汉亦尊此官。典机密明帝诏，曰尚书，盖古之纳言。"出纳朕命"，机事不密，则害成，可不慎欤？汉尚书称台，魏晋以来为省。《晋志》云，给事、黄门侍郎与侍中，俱管门下众事。《旧唐志》云，秦汉初置侍中，曾无台省之名，自晋始置门下省。南北朝皆因之，侍中二员。隋曰纳言，武德改侍中，掌出纳帝命，所谓佐天子而统大政者也。《新唐志》云，下之通上，其制有六，一曰奏钞（旧志作抄）以度支国用，授六品以下官，断流以下罪，及除免官用之；二曰奏弹；三曰露布；四曰议；五曰表；六曰状。自露布以上乃审，其余覆奏，书制可而授尚书省。

## 《尚书埤传》卷二

（清）朱鹤龄

出纳朕命，惟允。

黄度曰，帝曰"予欲闻六律、五声、八音，在治忽，以出纳五言"；又曰，"工以纳言，时而飏之"，龙与夔联职其事，通于乐也。按蔡传，分命令政教，敷奏复逆，以配出纳。新安陈氏（师凯）疑于朕命难通，谓此欲其审君命之当否，当者出之，否者纳之，必允当而止，如后世批敕审复之官。此说有理。但《益稷》篇云"出纳五言"，又云

"工以纳言"，则言固多达之于上者矣。天下之言，皆属君身，故纳亦曰朕命耳。

### 《尚书七篇解义》卷一

（清）李光地

帝曰：龙，朕聖谗说殄行，震惊朕师，命汝作纳言，夙夜出纳朕命，惟允。

申命行事政之枢机，此职修，则号令无不当，邪佞无所容，隐微无所壅，可以取成百官，而彰信兆民矣。此询岳、辟门、明目、达聪之要，"惇德允元，而难壬人"之方也。"朕命"曰"出纳"，凡自上下，自下上者，皆是。


# 帝曰：咨！汝二十有二人

## 1. 《尚书注疏》卷二

（汉）孔氏传，（唐）陆德明音义、孔颖达疏

帝曰：咨！汝二十有二人。

传：禹、垂、益、伯夷、夔、龙六人，新命有职。四岳、十二牧凡二十二人，特敕命之。

疏：正义曰，帝既命用众官，乃总戒敕之曰，咨嗟！汝新命六人及四岳十二牧，凡二十有二人。

传正义曰，传以此文总结上事。据上文询于四岳，咨十有二牧，及新命六官等，适满二十二人，谓此也。其稷、契、皋陶、垂斨、伯与、朱虎、熊罴七人仍旧，故不须敕命之。岳、牧亦应是旧，而敕命之者，岳牧外内之官，常所咨询，故亦敕之。郑玄云，自咨十有二牧至帝曰龙，皆月正元日，格于文祖所敕命也。按经，格于文祖之后，方始询于四岳咨十二川牧，未必一日之内即得行此诸事。传既不说，或历日命授，乃总敕之，未必即是元日之事也。郑以为二十二人，数垂斨、伯与、朱虎、熊罴，不数四岳。彼四人者，直被让而已，不言居官，何故敕使敬之也。岳、牧俱

是帝所咨询，何以敕牧，不救岳也，必非经旨。故孔说不然。

《尚书注疏》卷二考证

"帝曰：咨！汝二十有二人"传，禹、垂、益、伯夷、夔、龙六人新命有职，四岳、十二牧凡二十二人。

臣召南按，孔传之失在解四岳为四人，故于九官中强分禹、垂六人为新命。夫稷、契、皋陶大圣大贤，不在二十二人之数可乎。且十二牧中，岂必尽出新命。四岳则历官为最久矣，又何以得并数之。

## 2. 《书传》卷二

（宋）苏轼

帝曰：咨！汝二十有二人。《书》曰"内有百揆"。四岳，尧欲使巽朕位，则非四人明矣。二十二人者，盖十二牧、四岳、九官也。而旧说以为四人。盖每访四岳，必"佥曰"以答之。访者一，而答者众，不害四岳之为一人也。

## 3. 《尚书全解》卷三

（宋）林之奇

帝曰：咨！汝二十有二人，钦哉，惟时亮天功。三载考绩，三考，黜陟幽明。庶绩咸熙分北三苗。

自"询于四岳"至"夙夜出纳朕命，惟允"，各随其职而戒之。至此又总而申敕之也。正如《尧典》，既已分命、申命羲和四子各主一方之政矣，而又总而申敕之曰"咨汝羲暨和"而下是也。二十二人，孔氏云，禹、垂、益、伯夷、夔、龙六人新命有职，并四岳、十二牧，凡二十二人。其意盖谓稷、契、皋陶，皆申命故不复敕戒之。此说不然。夫稷、契、皋陶是申命，四岳、十二牧，岂非申命者哉，而又敕戒之也。稷、契、皋陶是申命，此说不通。故或者欲以四岳为一人，并九官十二牧为二十二人。四岳之非一人，今论之详矣。朱氏谓，二十二人，四岳、九官、十二牧也。而但有"二十有二人"者，其间或有兼官故耳。此说为通。《周官》有三公、六卿，有侯伯。而《顾命》乃同，召太保奭、芮伯、彤伯、毕公、卫侯、毛公。以人言之，则六人；而以职言之，则不止于六人也。盖有以三公为六卿者，有以侯伯入居公卿之位者，故虽六人，而实兼数职也。此四岳九官十二牧当有二十五人，但言二十二人者，盖或有兼居岳牧之任者，或有在州牧之中而又居九官之列者。世代辽绝，皆不得而知也。"钦"者使四岳、十二牧、九官，各敬其事也。所以必在于敬其事者，以其所亮者，莫非天工也。"亮"，有辅相之义，与"亮采惠畴"之"亮"同。皋陶曰"兢兢业业，一日二日万几，无旷庶官，天工人其代之"。盖所谓"设官分职"者，凡以"代天工"，而至四岳、九官、十二牧，莫非所以代天工者，故以"亮天工"言之。《史记》作惟是相天事，尤为明白。既以申敕九官、十二牧，遂以三载考其功，而观其职之称否也。至于三考黜退其幽，升进其明，而加赏罚焉。若《周官·大宰》岁终，则令百官府，各正其治，受其会，听其致事，而诏王废置。三岁则大计群吏之治，而诛赏之。此即唐、虞考绩之法也。然而其制已密，不若唐、虞之宽也。考绩之法既行，故众功于是皆兴也。夫以舜之明德端本于上，禹、皋陶、稷、契与其一时贤臣，佐治于下，而其众功必待于考绩而后兴，况德不如舜，臣不如禹、皋陶、稷、契，则考绩之法何可废也。而后世此法虽存，徒为文具，而无实效，殊可惜也。考绩之法既行，众功皆兴。所未化者三苗而已。三苗之国，左洞庭，右彭蠡。盖负固不服之国也。前已窜其君于三危矣，然不灭其国，不更其嗣。至是犹未从风，舜未忍加诛也。于是而为之分别善恶。其恶之显然者，则黜退之；其善者，则留之。唐孔氏云"恶去善留，使分背也"，是也。盖自古圣人，所以化服强梗者，其政常优游而不迫，则虽甚强悍者，亦将同心向化。如周之迁殷顽民，式化厥训亦不过曰："旌别淑慝，表厥宅里，彰善瘅恶，树之风声，弗率训典，殊厥井疆，俾克畏慕"。亦此分北三苗之意也。而郑氏以谓，此即窜于西裔者，复不从化，故分北之。此说不然。《禹贡》曰"三危既宅，三苗丕叙"，则是所窜于三危者，当洪水既平之时，已"丕叙"矣。盖彼之所恃，以负固而不服者三苗，洞庭之险耳。既已窜于三危矣，果何恃而为乱哉。

## 4. 《尚书讲义》卷二

（宋）史浩

帝曰：咨汝二十有二人，钦哉，惟时亮天功。三载考绩，三考，黜陟幽明，庶绩咸熙，分北三苗。

　　四岳、十二牧、九官，二十二人也。夫《舜典》一篇，所以重尧之华，而天欲使舜为天下后世之法，故其小大之事，先后之序，无一不可为轨范者。观其所行，天下后世，有一事不合者，皆过也。帝尧之治，如元气之运太虚，其浑沦磅礴，不可推测，但见四时行焉，百物生焉。舜则无不备矣，如四时迭运而成岁，必春而蠢，必夏而假，必秋而收，必冬而藏，一有不合，如春行夏令，秋行冬令，不可差忒，岂非天意。欲使之为天下后世法乎？然而，尧舜之心，则一于道耳，行之而为法也，后世帝王，苟有得道于已载之行事，一付之公而无一毫私意，是亦尧舜也。故曰"行尧之行，是尧而已矣"。又曰"舜何人也，有为者亦若是，可不勉诸"。直哉惟时，时不可失也。亮天功，举天以明功，无私之谓。绩，亦功也。必待三载者，美以久而成也。三考九载也。夫三载稽其功罪，而赏罚之，揆之以事也。至于九载，则非特知其事，且知其心也。幽者，有怀于中，而外不得而见者。至是，君子、小人判矣。黜也，陟也。退小人而用君子也，不止于赏罚而已，非以道观，乌能若是。夫既以道观，则如明鉴，如止水。君子小人不得遁矣。且以伯鲧言之，九载续用弗成，治水无功也，非以道观，则安知其彝伦攸斁，故九载而殛之，非止于罚也。夫天下之治，常败于小人，而成于君子。苟小人去矣，庶绩咸熙，势所当然也。熙，明也。虽尧、舜之圣，亦不过辨君子、小人而已。舜治若此，而三苗犹不即工。分背者，离散其党也。尝观易之为书言，君子小人多矣，或分其内外，或辨其消长。独于大君，有命开国承家，直曰小人勿用，盖以小人一用，则邦有必乱之道也。语至于此，则舜之黜陟幽明，又所以为天下后世之法也。后世帝王，无意为圣君则已，如有意于为圣君，当以舜为模楷。然则，舜为法于天下，可传于后世。《孟子》岂诬我哉。

## 5.《尚书详解》卷二

（宋）夏僎

　　帝曰：咨！汝二十有二人，钦哉！惟时亮天工。三载考绩，三考，黜陟幽明，庶绩咸熙，分北三苗。

　　舜前既询四岳，咨十二牧，命九官，至此又总而敕之，故言"汝二十二人"。则所谓"二十二人"者，盖四岳一人，加十二牧为十三人，又加九官，是为二十二人，谓四岳、九官、十二牧也。孔氏以四岳为四人，故谓二十有二人，乃禹、垂、益、伯夷、夔、龙六人新命有职，并四岳、十二牧，凡二十二人。其意盖谓，稷、契、皋陶，皆申命，故不戒饬。此说不然矣。夫稷、契、皋陶是申命，四岳、十二牧，岂非申命哉？四岳、十二牧犹申戒之，何独遗于稷、契。至林少颖亦以四岳为四人，知孔氏说不通，又曲说此四岳、九官、十二牧，当有二十五人，舜特咨二十二人者，盖当时或有兼居岳、牧之任，或有在州牧之中，而居九官之列，故言二十二人也。凡此皆不可用。人君代天理物，故百官之事，莫非天工。四岳、九官、十二牧实人君使之亮天工也。亮，有辅相之义。如"弼亮四世"之"亮"，谓欲以辅相天工，其事甚重，非简忽所可能，故舜必戒以"钦哉！惟时亮天工"。盖欲其以钦敬为心，惟以是钦敬之心，辅相天工也。一说又以"时"如"百工惟时"之"时"，谓百工之事，各因时赴功，故戒以钦哉，惟当因时，以亮天工。此说虽通，然《史记》载此言，直云"惟时"。是相天事，则不若从前说为可据。舜既饬之，使亮天工，然又恐其行之或不力，故既言吾三载考尔之功，以观尔职之称否，继而至于三考九年。则勤者功既久而必成；怠者时既久亦可以知其无绩。吾于是升陟其明，黜退其幽，而加诛赏焉。如此，则庶绩无有不广，汝可不勉哉？此正舜欲其各勉乃事，故预要其效，以劝之也。唐孔氏疑庶绩咸熙非舜语，乃谓，自"三载考绩"以下，乃史述舜事实，非舜语。其说盖谓，舜命群臣之后，经三年乃考其功绩，经三考，则黜陟幽明，群臣惧黜思升，各敬其事，故得众功皆广。殊不知详味此文，实舜语，岂可谓舜止言"钦哉！惟时亮天工"，不应于此曰"庶绩咸熙"。胡不观《尧典》，既分命、申命羲和，继又总而申戒之，亦言"以闰月定四时，成岁，允厘百工，庶绩咸熙"，文势略相似，岂可谓彼谓尧语，此非舜语哉。学者详味之，其理自见。"分北三苗"，此句不与上文相连，不可典为之说，只是舜既咨二十二人之后，继而分北三苗，故作史者因而录之于下尔。三苗之君，前已窜于三危，然未灭其国，至是犹怙恶不悛。舜恐其同恶相济，终或召乱，故分北。如成周之商顽民，善者，则表厥宅里；恶者，则殊厥井疆。此所谓分北也。唐孔氏云，分谓别，北谓背。此说得之。郑氏谓，三苗即所窜于三危者，既窜而复不从化，故分北之，误矣。《禹贡》曰"三危既宅，三苗丕叙"，则是所窜于三危者，当洪水既平之时，已丕叙矣，不应于此复为乱。故当从前说焉。

## 6. 《增修东莱书说》卷二

（宋）时澜

帝曰：咨！汝二十有二人，钦哉，惟时亮天功，三载考绩，三考，黜陟幽明，庶绩咸熙。

此段与命九官之文通看，意味深至。"钦哉，惟时亮天功"，二十有二人治职之统要也。惟其钦，故不失时。如"介于石，不终日，贞吉"。敬心不存，则当为之事，或至懒弛。惟敬心无间断，则事不先时，不后时矣。凡九官所治之事，皆天工也。逐官所命，无非"钦哉，惟时亮天功"之意。三载，三考，待之以久也。于此见尧、舜宽大，又与王者气量不同。

## 7. 《尚书说》卷一

（宋）黄度

帝曰：咨！汝二十有二人，钦哉，惟时亮天功。

岳、牧、九官职掌，遂为万世常法，虽古今更易不同，而其大经不出此。二十二人，孔氏曰，禹、垂、益、伯夷、夔、龙新命，四岳、十二牧，凡二十二人。稷、契、皋陶不与。恐不然。四岳，一人耳。尧欲巽位于四岳，则一人何疑？

## 8. 《絜斋家塾书钞》卷一

（宋）袁燮

帝曰：咨！汝二十有二人，钦哉，惟时亮天功。三载考绩，三考，黜陟幽明，庶绩咸熙。

二十有二人，如注家所谓，九官、十二牧、四岳，合为二十二也。"惟时"者，使之皆及时也，即百工惟时之意。《记》曰"当其可之谓时"。疾徐先后，当为则为，是谓"当其可"，是之谓"时亮天功"者，言设官分职，皆是天理，皆是代天，非人主以私意为之。在天有此理，在人有此事，故朝廷有此职，岂是人为？后世设官不合天理者多矣。或出于一事之创立，或出于人主之私意。只是枢密使乃五代时以宦官为之，今乃为朝廷之执政。大者尚尔，况其小者乎？亮，明也。《书》中多有此字，曰"亮采惠畴"，曰"亮采有邦"，曰"寅亮天地"，皆是"明"之意。盖居天位，治天职，必要此心清明，然后知其为天功，而不敢慢。稍有怠惰，稍有暗昧，则此心蔽塞，何以亮天功？此二句，是舜戒敕二十二人。"三载考绩"以下，乃史臣之言也。"绩"者，功绩也。确乎其有成功，谓之"绩"。只以九官言，如明刑，则须到"民协于中"；如典乐，则须到"百兽率舞"。似此之类，皆各因其职而成功。三年则考其功绩，三考则行黜陟焉。古者用人，必迟之以久。惟久，则其谋虑精详，其规画端审，其所为者皆悠远之事业。以鲧之治水，至九载，绩用弗成，然后黜之。九年之内，且教他做。后世用人多伤于速。故居官者，其所为，方有头绪，而已去矣。大抵责效苟速，则人才亦不能以有为。子产之从政一年，民欲杀之，三年而民歌之。若使如后世用人，则民之欲杀之也，子产必见黜矣。只看宋文帝时，居官者以六期为任，故元嘉之治，人皆称之，及其后以三期为任，便谓元嘉之政衰矣。本朝太祖之任边将，远者至三十余年，所以使人精思极虑，为悠久之计也。唐虞之法，何止九载。如皋陶之明刑，后稷之播种，伯夷之典礼，后夔之典乐，皆终其身焉。所谓黜陟者，就此一职之中而迁之也。如宋邢邵为学官，但只就学官迁转，其官日迁，而职不变。"庶绩咸熙"，"熙"之一字，不可不详玩。如"熙"字，此皆是唐、虞时节字。熙，光大也，广不足以尽之。有能奋庸熙载，只下一"熙"字，以尧之事而犹更欲其"熙"焉。盖不可如此便住了。若当时庶绩有些少欠缺，有些少不到，非"熙"也。后世人主，每虑夫吾用之不足也，财之不丰也。殊不知"庶绩咸熙"，则无一事之不备矣，此所以为唐、虞治道之极盛也。

## 9. 《书经集传》卷一

（宋）蔡沈

帝曰：咨！汝二十有二人，钦哉，惟时亮天功。

二十二人，四岳、九官、十二牧也。《周官》言"内有百揆四岳。外有州牧侯伯"。盖百揆者，所以统庶官；而四岳者，所以统十二牧也。既分命之，又总告之，使之各敬其职，以相天事也。曾氏曰，舜命九官，新命者六人。命伯禹、命伯夷，咨四岳而命者也。命垂、命益，泛咨而命者也。命夔、命龙因人之让不咨而命者也。夫知道，而后可宅百揆；知礼，而后可典三礼。知道、知礼，非人人所能也。故必咨于四岳。"若予工"，"若上下草木鸟兽"，则非此之比，故泛咨而已。礼乐、命令，其体虽不若百揆之大，然其事理精微，亦非百工庶物之可比。伯夷既以四岳之举，而当秩宗之任，则其所让之人，必其中于典乐、纳言之选可知，故不咨而命之也。若稷、契、皋陶之不咨者，申命其旧职而已。又按此以平水土，若百工各为一官，而周制同领于司空。此以士一官兼兵刑之事，而《周礼》分为夏、秋两官。盖帝王之法，随时制宜，所谓损益可知者如此。

## 10. 《尚书精义》卷四

（宋）黄伦

帝曰：咨！汝二十有二人，钦哉，惟时亮天功。

无垢曰，夫"辟四门，明四目，达四聪"天也；"食哉惟时，柔远能迩，惇德允元，而难任人"天也；"亮采惠畴"天也；播百谷、敷五教、明五刑，天也；"若予工"、"若予上下草木鸟兽"天也；典礼以为秩宗，典乐以教胄子、夙夜出纳帝命，亦天也。是皆天所当为，舜不敢起一毫私意，以乱之也。二十有二人，诚知事事皆天，而时时不忘其钦，是乃所以弼亮天功也。夫天自有功，惟钦其事，以弼亮之者，天功乃见焉。如毛羽之文，草木之华，皆浑然天成，非人力所能加损者。二十有二人，所职之事，事中自有天功，特在时时致钦尽心于所职，以相辅之耳。

林氏曰，《周官》有三公六卿，有侯伯。而《顾命》乃同召太保奭、芮伯、彤伯、毕公、卫侯、毛公。以人言之，则六人；而以职言之，则不止于六人也。盖有以三公为六卿者；有以侯伯入居公卿之位者。虽数止六人，而实兼数职也。此四岳九官十二牧，当有二十五人，但言二十二人者，盖或有兼居岳牧之任者，或有在州牧之中而又居九官之列者。世之辽绝，不得而知也。"钦"者是使四岳、十二牧、九官，各敬其事也。所以必在于敬事者，以其所亮者，莫非天功也。"亮"有辅相之义，与"亮采惠畴"之"亮"同。皋陶曰"兢兢业业，一日二日万几，无旷庶官，天工人其代之"。盖所谓设官分职者，凡以代天工，则四岳、九官、十二牧，莫非所以代天工者，故以"亮天工"言之。

## 11.《尚书详解》卷二

（宋）陈经

帝曰：咨！汝二十有二人，钦哉，惟时亮天功。三载考绩，三考，黜陟幽明。庶绩咸熙，分北三苗。

舜前既分命之，此又合而告之。如《尧典》命羲和，既曰"分命"、"申命"，又曰"咨汝羲暨和"。二十二人，即禹、垂、益、伯夷、夔、龙六人新命有职者，合四岳、十二牧，为二十二人。"钦哉，惟时亮天"，功，功事也。亮，明也。时者，不失其宜之谓。各因时而明天之事，盖非人私意所能为者，皆天也。典，天叙也；礼，天秩也；刑，天罚也；服，天命也。即此以观，则凡共工、朕虞无非天之事也。既谓之天功，则不可以人参焉。苟一事之不得其时，而怠心生焉，是人欲也，非天理也。一事之不敬，而慢心生焉，是人欲也，非天理也。惟致其敬，又得其时，循乎天之理，以明夫天之事。汝二十二人者，职掌虽不同，而"钦哉，惟时亮天功"之意则一而已。此舜告戒在廷之臣，如成王作《周官》之书，以告有官君子然。舜之命官，曰"咨！禹，汝平水土"，曰"咨！益，汝作朕虞"，曰"咨！伯，汝作秩宗"，以至"命汝典乐"、"汝作纳言"，皆以一言而命一官。至成周之世，戒有官君子，则有《周官》一篇之书，又何其详复也。观此，亦可以见唐、虞之简古，而成周之庶事大备。风俗之变。圣人不得不因时而为之也。"三载考绩，三考，黜陟幽"，此唐、虞考绩之法，以三年之久，而后一考其功，及九年三考，然后按其功罪，而黜陟之。明者，或举而加之上位，或赐之车服，以显其功，此明也。幽者，或黜之幽隐之地，使不得以显扬者，此幽也。然则三年亦足矣，又何必更加九年，盖事以久而后定，法以久而后精。如使人主求治太速，责效太早，则奸人得勉强矫拂，以肆其欺；而善人以积久而见功者，不幸而见黜矣。事何自而定，法亦何从而精哉。今也，既宽之以三年，又持之以九载，则奸人虽欲勉强矫，拂以肆其欺者，能欺人于暂，而终不能掩其恶于久安之日；善人以积久而见功者，虽不能责办于一时，而终必能成功于后。至此而黜陟，则善恶得其实矣。《周官》岁终，则冢宰受会三岁大计群吏之治，而诛赏之，亦此意也。考《周官》之法，受其会者冢宰，而三岁诏王以诛赏者，亦冢宰也。窃意唐、虞考课之法，亦必宅百揆者为之。虽此篇不可考，然舜以无为而治，内之事，责之百揆；外之事，责之十二牧，岂以考课之法，而重烦人主之所为也。以成周之法，观唐、虞之法，意其必如此。后世如汉之上计，亦其遗意。然郡国每岁上计，则其久近，视虞周之法已远矣。又况天子亲受计。甘泉避课欺慢，至颁诏书督责，以一人之聪明，又安足以周知群有司之事哉。"庶绩咸熙"，可见舜朝皆君子矣。"分北三苗"者，自考绩黜陟之后，庶绩皆熙咸广而明。惟三苗之恶不悛，故从而分北之。始也，窜于三危，窜其君也。今也，分北者，分北其党也。说者以谓圣人南面听天下，分而北之，使之知所向化，密迩清光，如成周之迁顽民于洛邑。然分别淑慝之类，分其善恶，使不得杂处也。圣人感移变化之机，端有深意存焉。视天下之人，均在所爱，而其不率教者，亦悯之而已，何尝有忿疾之心哉。故凡有贤而用之，有善而褒之，爱也；有罪而刑之，有恶而黜之，亦爱也。自非大奸，及巨恶怙终不改者，然后诛杀之。然杀一人，而千万人畏，杀之者不一二，而生之者众矣，皆所以为圣人之爱心也。然则，分北三苗者，岂直为是摈弃诛绝之哉，亦以使之为善，趋于有生之路而已，圣人之用心，其仁矣乎。

## 12.《融堂书解》卷一

（宋）钱时

帝曰：咨！汝二十有二人，钦哉，惟时亮天功，三载考绩，三考，黜陟幽明，庶绩咸熙，分北三苗。

自常情而观，自龙之纳言，至十二牧之咨，皆何与于天也。舜之命官，少者，一二语；多者，不过数语。各当其职，曲尽其妙，可谓至矣，尽矣。到此，忽道出"天功"二字，天非高高，凡我所为，举无一而非天者，则分职受任，发于事业，而谓之"天功"，岂空谈哉。亮，明也。时，是也。此明亮天功，更无他说，惟敬此而已。分，别也。舜摄政初，窜三苗之君于三危矣。其余党之在故地者，往往未能尽化。于是别其善恶，各为一处。如周化商民，旌别淑慝，殊厥井疆之义。舜在位凡五十载，其间设施，宜不一端。史官却只叙其即位之初命官之详与夫考课之法，直是"陟方乃死"更不他及。于此可见，舜五十年之规模，都定于命官一日之顷。自后，只考课黜陟而已，无他事也。舜恭己无为而治，其是之谓欤。

## 13. 《尚书要义》卷二

（宋）魏了翁

六八、孔谓岳牧六官为二十二人稷契七人不与。

"帝曰：咨！汝二十有二人"，禹、垂、益、伯夷、夔、龙六人新命有职，四岳、十二牧，凡二十二人，特敕命之。正义曰，传以此文总结上事。据上文，询于四岳，咨十有二牧，及新命六官等，适满二十二人，谓此也。其稷、契、皋陶、殳斨、伯与、朱虎、熊罴七人，仍旧，故不须敕命之。岳、牧亦应是旧，而敕命之者，岳、牧外内之官，常所咨询，故亦敕之。郑以为二十二人，数殳斨、伯与、朱虎、熊罴，不数四岳，彼四人者，直被让而已，不言居官，何故敕使敬之也。岳、牧俱是帝所咨询，何以敕牧，不敕岳也，必非经旨。

## 14. 《书集传或问》卷上

（宋）陈大猷

或问，苏氏谓九官，舜有不问而命者，臣有受而不逊者，皆随其实，如何？曰，古者，君臣皆以位为忧，而不以位为乐。其所以逊者，非姑为礼文而虚逊；亦非谓不足当而逊也。盖其谨重不忽之诚意发见，自不容己。东莱谓，晋，王述见时人多逊官以要誉，乃不逊而受，以矫虚逊之弊。要之，虚逊固非，述亦未为见理者也。述诚不识所谓诚实之逊。苏氏谓随其实而不逊，正东莱论王述之意，而不问而命，不逊而受，乃后世直情径行者，殆非唐虞敬谨之气象也。王孙氏之说已当。

## 15. 《尚书详解》卷一

（宋）胡士行

帝曰：咨！汝二十有二人（四岳、十二牧、九官，共二十五人。曰二十二人者，有一人而兼二职者也），钦哉，惟时（钦则不失时）亮（弼）天工。三载（三年有成）考绩（功），三考（九年），黜（降）陟（升）幽（暗职之废者）明（职之修者）。庶绩咸熙。

此总命也。岳、牧、九官之事，皆天之事也。天工，人其代之。惟天之命，于穆不已，可一时息乎？钦，则诚与天一矣。此尧、舜传心之妙。所以咨命之要领也。"三载"以下，史臣述舜事，非舜语也。考焉，黜陟焉，课之三载，三考之后，而庶绩无不熙者，钦之成处也。《周官》三岁大比，而诛赏不待九年者，帝王气量之异。

## 16. 《书纂言》卷一

（元）吴澄

帝曰：咨！汝二十有二人，钦哉，惟时亮天功。

二十有二人，四岳、十二牧、九官也。人君之位，天位也。人臣之职，天职也。天下之事，无一非天之事，故曰"天功"。舜践位之初，询四岳，咨十二牧，命九官，而又总命之曰"汝二十有二人"者，其敬哉，惟于是而亮天之事。盖明于其事，则善于其职矣。

## 17. 《书集传纂疏》卷一

（元）陈栎

帝曰：咨！汝二十有二人，钦哉，惟时亮天功。

二十二人，四岳、九官、十二牧也。《周官》言"内有百揆四岳，外有州牧侯伯"。盖百揆者，所以统庶官；而四岳者，所以统十二牧也。既分命之，又总告之，使之各敬其职，以相天事也。曾氏曰，舜命九官，新命者六人。命伯禹，命伯夷，咨四岳而命者也。命垂，命益，泛咨而命者也，命夔，命龙，因人之让不咨而命者也。夫知道，而后可宅百揆；知礼，而后可典三礼。知道，知礼，非人人所能也。故必咨于四岳。"若予工"，"若上下草木鸟兽"，则非此之比，故泛咨而已。礼乐、命令，其体虽不若百揆之大，然其事理精微，亦非百工庶物之可比。伯夷，既以四岳之举而当秩宗之任，则其所让之人，必其中于典乐、纳言之选可知，故不咨而命之也。若稷、契、皋陶之不咨者，申命其旧职而已。又按此，以平水土，若百工，各为一官，而周制，同领于司空。此以士一官，兼兵刑之事，而《周礼》分为夏、秋两官，盖帝王之法，随时制宜，所谓损益可知者如此。

**纂疏**

孔氏曰，各敬其职，惟是乃能信立天下之功。陈氏大猷曰，皆当敬以趋时，以辅相显明天之功。二十二人，职虽不同，其为天之事则一，故提其纲，总戒之。愚谓，益嘉言见于《书》者，多禹、皋之亚也。观禹荐益，可见掌火掌山泽。隆古之才，何施不可也。王氏炎曰，询岳，咨牧，命九官，虽非一日之言。然总命在后，则必皆在即位之初矣。岳牧治外，九官治内，其后不过行考绩黜陟之法，垂拱以临之。自此至"陟方"，凡五十年不复见施为之迹，舜无为而治，此亦可见。

## 18. 《读书丛说》卷二

（元）许谦

百揆，辅弼君身，总摄庶政，故居一。民以食为天，故后稷居二。饱食煖衣，逸居而无教，则近于禽兽，故司徒次之。道之不从，齐之以刑，故士次之。工以备器用，亦以率天下之工也，故工次之。山林、川泽、草木、鸟兽，各得其序，所以养生送死，故虞次之。衣食足，教化行，刑罪远，器用良，牲杀备，然后可以行礼，故秩宗次之。礼以节其外，乐以和其中，故典乐次之。礼乐达于天下，则德言兴，善行立，故纳言次之，此九官之序也。

## 19. 《书传辑录纂注》卷一

（元）董鼎

帝曰：咨！汝二十有二人，钦哉，惟时亮天功。

二十二人，四岳、九官、十二牧也。《周官》言"内有百揆四岳，外有州牧侯伯"，盖百揆者，所以统庶官；而四岳者，所以统十二牧也。既分命之，又总告之，使之各敬其职，以相天事也。曾氏曰，舜命九官，新命者六人。命伯禹、命伯夷，咨四岳而命者也；命垂、命益，泛咨而命者也；命夔命、龙因人之让不咨而命者也。夫知道，而后可宅百揆；知礼，而后可典三礼。知道、知礼，非人人所能也，故必咨于四岳。"若予工"，"若上下草木鸟兽"，则非此之比，故泛咨而已。礼乐命令其体，虽不若百揆之大，然其事理精微，亦非百工庶务之可比。伯夷，既以四岳之举，而当秩宗之任，则其所让之人，必其中于典乐、纳言之选可知，故不咨而命之也。若稷、契、皋陶之不咨者，申命其旧职而已。又按，此以平水土，若百工各为一官，而周制，同领于司空。此以士一官，兼兵刑之事，而《周礼》分为夏、秋两官。盖帝王之法随时制宜，所谓损益可知者如此。

**辑录**

稷、契、皋陶、夔、龙，这五官，秀才厎官，所以教他掌教，掌刑，掌礼乐，这便都是那秀才做厎事。如那垂益之类，便皆是做粗嗇厎。圣贤所以只教他治山虞，治工之属，便是他只会做这般事。祖道。

**纂注**

孔氏曰，各敬其职。惟是乃能信立天下之功。陈氏大猷曰，皆当敬以趋时，以辅相显明天之功。二十二人，职虽不同，其为天之事则一。故提其纲，而总戒之。新安陈氏曰，益之嘉言，见于《书》者甚多，禹皋之亚也。观禹荐益则可见矣。《语录》谓益只做得粗嗇厎事，圣人固随才授官，然隆古之才，何施不可。此语，疑录者之误考核实也。

## 20.《尚书句解》卷一

（元）朱祖义

帝曰（舜言）：咨汝二十有二人（命汝，禹、垂、益、伯夷、夔、龙六人新命居职者，合四岳、十二牧为二十二人）。

## 21.《尚书日记》卷二

（明）王樵

帝曰：咨！汝二十有二人，钦哉，惟时亮天工。"钦"之一言，尧舜心法，前后所以相传，君臣所以相儆不离乎。此二十二人，虽人各有一职，职各有所重，而此一言者，实总而终之。无此心则职荒矣。四岳，官名，一人耳。孔氏以为四人，则"汝能庸命巽朕位"，尧岂欲禅位与四人乎？言天始于此，而《皋陶谟》详之。先儒谓，隆古君臣讲论政治，无一事不本于天，无一事不主于敬，诚然。诚然所以然者，盖自天降生民，莫不与之以仁义礼智之性，亦莫不畀之以相生相养之资。是故，丝麻、谷粟、五材、百货，天有时，地有利，天之养也。牖民孔易，如埙（唱），如篪（和），如璋（判），如圭（合），如取如携（言求之即得而无所费皆言其易也），天之教也。作善降祥，不善降殃，向有五极，威有六极，天之刑赏也。天高地下，万物散殊，礼者天之序也。流而不息，合同而化，乐者天之和也。山川分判。风异俗殊，天之州域也。凡有职乎人者，孰非天之事哉？但天无为，而君代之，君不能独为，而臣分之耳。不敬其职，是为慢天功矣。曾氏谓咨四岳而命，与泛咨而命，意有轻重；又以百揆、礼乐与百工庶物分精粗，皆非至论。考之典、谟，益，盖禹、皋之流亚也。禹尝荐益于天，欲禅以位，谓止能为山泽之事可乎？

　　许氏曰，《尧典》四“钦”字，《舜典》亦四“钦”字。“钦明文思”，史臣颂尧之全德也；“钦哉，钦哉”，史臣颂舜用刑之善也。余五“钦”则戒人。是皆尧、舜躬行心得之余，措诸人者也。尧、舜之圣，亦惟“钦”而已矣。读二典者，之所当知，而日用之所当先也。虞乐官在礼官之外，而周属宗伯；虞工官在司空之外，而周属司空。或曰，工不属司空。以工属司空者，因《考工》补《冬官》而误也。《书·周官》言，司空掌邦土，居四民，时地利，无百工之文。百工当各以其事，分隶六卿。若玉人，当属春官。弓人、矢人当属夏官。所以知者，舜时，工虞异职；而周时，虞衡属卿，则工亦当然矣。今按，虞时，百工之事，既总于一官，则周时不应遂分散于六官。《周官》曰居四民，工非四民之一乎？其属司空无疑。但司空之职。其大在于经野，而不专于工耳。禹平水土，尽力乎沟洫，而后后稷之百谷可播。成周司空井地之事，实为司徒教养之本。后世无地政，而云农桑，农桑将胡以施之？虽有劝农之惠，免租之仁，富民之志，其胡以成之？邵文庄公曰，古为井地，司空专一卿焉。井田废，司空之职亡。补以《考工》，而冬官职营缮矣。虞九官，即周六官也。周六官之外，有师、傅、保，而虞无之。九官，即宾友也。治，即道也。本末体用，一以贯之也。保、傅有官，乃家天下之后，多为孺子王而设也。其制遂不可易。然中世，知求治，而不知正君；知规过而不知养德，故保、傅之道不明。季世于臣，求其适己而不求其正己。取其可爱，而不取其可畏。故宾友之礼不尊，虽有其官，备文而已。

## 22.《御制日讲书经解义》卷一

帝曰：咨！汝二十有二人，钦哉，惟时亮天功。

此一节书，言舜总告群臣，而勉其尽职也。帝舜既分命群臣，各任其职。至此，又总告之曰，嗟哉，汝等四岳、九官、十二牧，共二十有二人，职任虽有不同，然所理者，皆上天之事。盖天生民，而以治理讬于君；君不能独理，而讬于臣，故庶官之事，即天事也。苟一事怠慢，一时忽略，则天事必致废缺。汝等皆须常操敬谨之心，勤修职业，使上天之事，一一明亮，则我代天理物之责，庶几克尽矣。汝等可不勉哉。唐虞咨儆，无不求端于天，而天事本人事；人心即天心。君臣上下，各敬其事，即所以事天也。岂仅祝史拜跪之空文而已哉？

## 《尚书通考》卷五

（元）黄镇成

咨二十有二人（四岳、九官、十二牧也。《周官》言内有百揆四岳，外有州牧侯伯。盖百揆者，所以统庶官，而四岳者，所以统十二牧也）。

十二牧（十二州之牧也），四岳（所领四方诸侯有在朝者也），伯禹（姒姓，崇伯鲧之子也。颖达曰，贾逵云，崇，国名；伯，爵也。禹代鲧为崇伯，入为天子司空，以其伯爵，故称伯禹），稷（田正官。稷，名弃，姓姬氏，封于邰），契（臣名，姓子氏，封于商。稷、契皆帝喾之子）。

二十有二人（四岳所领诸侯有在朝者；十二州养民之官。九官，伯禹、弃、契、皋陶、垂、益、伯夷、夔、龙）。

王氏曰，百揆，百官之首，故先命禹。养民治之先务，故次命稷。富然后教，故次命契。刑以弼教，故次命皋。工立成器，以为天下利，又治之末，故次命垂。如此治人者，略备矣。然后及草木鸟兽，故次命益。民物如此，则隆礼乐之时也，故次命夷、夔。礼先乐后，故先夷后夔。乐作则治功成矣。群贤虽盛，治功虽成，苟谗间得行，则贤者不安，前功遂废，故命龙于末。所以防谗间，卫群贤以成其终，犹命十二牧而终，以难任人。夫子答为邦而终以远佞人也。

## 《书蔡氏传旁通》卷一中

（元）陈师凯

此以平水土、若百工各为一官，而周制同领于司空。

《周官》，司空掌邦土，居四民，时地利。《王制》云，司空执度。度地居民，山川沮泽。时，四时。量地远近，兴事任力，所谓平水土、若百工，同领于司空也。《冬官》司空之职，编简散乱，错杂于五官之中。如土宜、土均之法，怀方、合方之职，皆司空之事。汉儒不察，独以《考工记》补之，良可叹也。

此以士一官，兼兵刑之事，而《周礼》分为夏、秋两官。杜佑《通典》以兵附于刑，谓大刑用兵甲，其次用五刑，亦犹古意。

## 《读书管见》卷上

（元）王充耘

咨二十二人（止）分北三苗。

"钦哉，惟时亮天工"是语言之告戒；考绩黜陟，是法制之维持；"庶绩咸熙"，是陟明之效；"分北三苗"，是黜幽之效。盖二十二人，皆有功可陟。其不即工而可黜者，仅三苗而已。

## 《书义断法》卷一

（元）陈悦道

咨！汝二十有二人，钦哉，惟时亮天工。

此舜命九官、十二牧之后，而以一言该其要也。宇宙内事，皆人臣之所当勉，而实非人工之所能为。天功者在天，之天而钦者，吾心之天也。知其所职所事，皆所以相天之事，则以一心为万事之原焉。其奈何不敬哉？盖咨汝二十二人者，其目而蔽以一言，曰"钦"者，其纲也。

## 《尚书疑义》卷一

（明）马明衡

二十有二人，蔡传以为，九官、十二牧，数之共有二十有一人，故以四岳为一人，以当二十有二人之数。但四岳多以"佥曰"为答，则必不止于一人也。愚意，二十有二人之数，亦有不可知处。今必因是以四岳为一人，人数虽合，而大义未明。若必不得已为之说，则所谓二十有二人者，二十有二等人之职事也，则四岳人数虽多，而其职事则一而已。

舜承尧之后，天下大治，而即位之始，分命庶官，以治庶事，汲汲不遑，若新造未集。然此所以兢兢业业，而为圣人之心也。

## 《书义矜式》卷一

（元）王充耘

咨汝二十有二人，钦哉，惟时亮天工。

圣人致叹，以命臣职之众者，欲其主敬，以相天事之重也。天事之重，非敬无以相之。然非嗟叹，以致其命，则听之者，将以为泛然之常言耳。夫圣人之命庶官，其事至不一也。天有不能自为，而寄之君；君有不能自为，而寄之臣。君之事，何莫非天之事也，其可不敬以相之乎？无一事之非天，则必无一事之不敬。虞廷总命群臣之际，必嗟叹而发其辞以此哉（云云）。夫位之尊卑不一也，而言位者，必曰共天。位职之大小不一也，而言职者，必曰治天职。五典，曰天叙，；五礼曰天秩；五服曰天命；五刑曰天讨。所任之事不一，而相乎天者则同耳，又安得不嗟叹，而以敬之一辞，为群臣告乎？夫舜之分命于二十二人者，为何如哉？备咨询之任者，四岳是已。图宅揆之绩者，伯禹是已。黎民阻饥，而稷播百谷也。百姓不亲，而契敷五教也。刑则皋陶，明之工则垂，掌之上下草木鸟兽之未若，则吾之所赖者，益焉。天地、神祇、人鬼之未叙，则吾之所资者，伯夷焉。有夔以典乐，则吾胄子之教不患其不施。有龙以纳言，则吾出纳之命不患其不允。有十二牧以分职治于外，则吾"食哉惟时，柔远能迩"之政，不患其不立。其为事固不一也，然内而四岳九官，何往非天工之代；外而十二牧，何往非天牧之司。苟居其职而怠其事，在其位而慢其政，无以相乎君，即无以相乎天矣。故天工之亮，非钦哉以为之主不可也。钦者，何敬而已，不贰以二，必专其念；不参以三，必一其守。夫如是，非惟有以相夫君，实有以相乎天矣。由是观之，人臣之事不一，而一于代天。一于代天则必一于主敬。帝舜深知乎此，而犹恐群臣之以常言视之也，"咨汝"一辞，发声嗟气，叹于群言之首，其所以感动夫二十二人之钦者，为何如哉？抑尝考之舜之命禹，命伯夷，咨四岳而命者也；命垂，命益，泛咨而命者也；命夔，命龙，因人之让而命者也。若稷、契、皋陶之不咨者，申命其旧职而已。夫知道而后可宅百揆，知礼而后可典三礼。知道，知礼，非人人之所能也，故必咨四岳而命之。"若予工"，"若予上下草木鸟兽"，则又非此之比，故泛咨而命之。礼乐命令，事理精微，非百工庶物之比，故必俟伯夷之让而后命之也。惟其分命之时有咨焉，故其总命之际，必咨以戒其敬欤。愚观《尧典》之书，于治历之命，则曰"钦若"。于治水之命，则曰"钦哉"。钦者，尧舜相传之心法也。二十二人之咨，舜之致意于钦者，有自来矣。

### 《尚书七篇解义》卷一

（清）李光地

帝曰：咨汝二十有二人，钦哉，惟时亮天功，三载考绩，三考，黜陟幽明，庶绩咸熙，分北三苗。

总前十二牧九官而申命之。考绩亦通内外而言，天子考岳牧之伦，又使之各考其属也。在位无凶人，则庶绩咸熙矣。所余者三苗耳。既格之后，亦就分北也。前云窜去其顽者，此言分北安其顺者。

# 钦哉！惟时亮天功

## 1. 《尚书注疏》卷二

（汉）孔氏传，（唐）陆德明音义、孔颖达疏

钦哉！惟时亮天功。

传：各敬其职，惟是乃能信立天下之功。

疏：汝各当敬其职事哉。惟是，汝等敬事则信实，能立天下之功。天下之功成之在于汝，可得不敬之哉。

## 2. 《书传》卷二

（宋）苏轼

钦哉，惟时亮天功。

亮，弼也。

## 3. 《尚书全解》卷三

（宋）林之奇

（归善斋按，见前文"帝曰：咨！汝二十有二人"）

## 4. 《尚书讲义》卷二

（宋）史浩

（归善斋按，见前文"帝曰：咨！汝二十有二人"）

## 5. 《尚书详解》卷二

（宋）夏僎

（归善斋按，见前文"帝曰：咨！汝二十有二人"）

## 6. 《增修东莱书说》卷二

（宋）时澜

（归善斋按，见前文"帝曰：咨！汝二十有二人"）

## 7. 《尚书说》卷一

（宋）黄度

（归善斋按，见上句）

## 8. 《絜斋家塾书钞》卷一

（宋）袁燮

（归善斋按，见上句）

### 9. 《书经集传》卷一

（宋）蔡沈

（归善斋按，见上句）

### 10. 《尚书精义》卷四

（宋）黄伦

（归善斋按，见上句）

### 11. 《尚书详解》卷二

（宋）陈经

（归善斋按，见前文"帝曰：咨！汝二十有二人"）

### 12. 《融堂书解》卷一

（宋）钱时

（归善斋按，见前文"帝曰：咨！汝二十有二人"）

### 13. 《尚书要义》卷二

（宋）魏了翁

（归善斋按，无）

### 14. 《书集传或问》卷上

（宋）陈大猷

（归善斋按，未解）

### 15. 《尚书详解》卷一

（宋）胡士行

（归善斋按，见前文"帝曰：咨！汝二十有二人"）

### 16. 《书纂言》卷一

（元）吴澄

（归善斋按，见上句）

### 17.《书集传纂疏》卷一

（元）陈栎

（归善斋按，见上句）

### 18.《读书丛说》卷二

（元）许谦

《尧典》四"钦"字，《舜典》亦四"钦"字。"钦明文思"，史臣颂尧之全德也。"钦哉，钦哉"，史臣颂舜用刑之善也。余五"钦"则戒人。是皆尧、舜躬行心得之余，措诸人者也。尧舜之圣，亦惟钦而已矣。读二典者之所当知，而日用之所当先也。

### 19.《书传辑录纂注》卷一

（元）董鼎

（归善斋按，见上句）

### 20.《尚书句解》卷一

（元）朱祖义

钦哉（敬哉），惟时亮天功（惟因时而明天之事，如典曰天叙，礼曰天秩，刑曰天讨，无非天命也）。

### 21.《尚书日记》卷二

（明）王樵

（归善斋按，见上句）

### 22.《御制日讲书经解义》卷一

（归善斋按，见上句）

### 《读书管见》卷上

（元）王充耘

（归善斋按，见前文"帝曰：咨！汝二十有二人"）

## 《书义断法》卷一

（元）陈悦道

（归善斋按，见上句）

## 《书义矜式》卷一

（元）王充耘

（归善斋按，见上句）

## 《书经衷论》卷一

（清）张英

（归善斋按，见前文"熙帝之载"）

## 《书经衷论》卷一

（清）张英

十有二牧，亲民型方之官也。故教之以教养劝惩之事。百揆，庶官之长，纲纪于上，故曰"奋庸熙载，亮采惠畴"。盖奋勉而熙广，亮明而惠顺，而百度之，纲维举矣。养民曰时，因乎天也。教民曰敬，曰宽，因乎人也。制刑曰明，曰允，信乎法也。工虞曰若，所以顺万物之性也。典礼曰寅，曰清，所以为事神祇之本也。典乐曰永，曰依，曰和，曰谐，曰伦，乐书精语，莫逾于此。出纳之司曰"惟允"。而总之曰"钦"。圣人于庶官之事，皆各得其精微简易之理而直示之，词约义该，为后世官箴、诰令之祖，所谓"舜明于庶物"者此也。

# 三载考绩，三考，黜陟幽明

## 1. 《尚书注疏》卷二

（汉）孔氏传，（唐）陆德明音义、孔颖达疏

三载考绩，三考，黜陟幽明。

传：三年有成，故以考功。九岁则能否幽明有别，黜退其幽者；升进其明者。

音义：黜，丑律反。

疏：正义曰，自此以下，史迹舜事，非帝语也。言帝命群官之后，经三载乃考其功绩，经三考则九载，黜陟幽明。明者升之，暗者退之。

传正义曰，三年一闰，天道成；人亦可以成功，故以三年考校其功之成否也。九年三考，则人之能否可知，幽明有别。黜退其幽者，或夺其官爵，或徙之远方；升进其明者，或益其土地，或进其爵位也。

## 2.《书传》卷二

（宋）苏轼

三载考绩，三考，黜陟幽明。

（归善斋按，未解）

## 3.《尚书全解》卷三

（宋）林之奇

（归善斋按，见前文"帝曰：咨！汝二十有二人"）

## 4.《尚书讲义》卷二

（宋）史浩

（归善斋按，见前文"帝曰：咨！汝二十有二人"）

## 5.《尚书详解》卷二

（宋）夏僎

（归善斋按，见前文"帝曰：咨！汝二十有二人"）

## 6.《增修东莱书说》卷二

（宋）时澜

（归善斋按，见前文"帝曰：咨！汝二十有二人"）

### 7. 《尚书说》卷一

（宋）黄度

三载考绩，三考，黜陟幽明，庶绩咸熙，分北三苗。

"庶绩咸熙"，终尧历象之言也。熙，广也，庶绩皆广。三苗独否，于是分北之。此当在禹徂征之后。舜摄，尝流三苗，仍顽弗率，至于用武，及其既格，则别其善恶，使不得相从叛上。法当死，分北，犹宥之也。

### 8. 《絜斋家塾书钞》卷一

（宋）袁燮

（归善斋按，见前句）

### 9. 《书经集传》卷一

（宋）蔡沈

三载考绩，三考，黜陟幽明，庶绩咸熙，分北三苗。

北，如字，又音佩。考，核实也。三考，九载，则人之贤否，事之得失可见，于是陟其明，而黜其幽，赏罚明信，人人力于事功，此所以庶绩咸熙也。北，犹背也。其善者留，其不善者窜徙之，使分背而去也。此言，舜命二十二人之后，立此考绩黜陟之法，以时举行，而卒言具效如此也。按三苗见于经者，如典、谟、《益稷》、《禹贡》、《吕刑》详矣。盖其负固不服，乍臣乍叛。舜摄位而窜逐之，禹治水之时，三危已宅，而旧都犹顽，不即工。禹摄位之后，帝命徂征而犹逆命，及禹班师而后来格。于是乃得考其善恶，而分北之也。《吕刑》之言遏绝，则通其本末而言，不可以先后论也。

### 10. 《尚书精义》卷四

（宋）黄伦

三载考绩，三考，黜陟幽明。庶绩咸熙，分北三苗。

无垢曰，夫人之情，放之则怠；策之则励。虽大人君子，尽心职事，初无意于功赏，亦不待于警策也。然圣人言必虑其所终，行必稽其所敝，使尽以大人君子待天下，而不为之检约。万一有如四凶者，始以才进，后以奸济，此风一行，天下事去也必矣。故虽二十二人之贤，舜所以必"三载考绩，三考，黜陟幽明"也。然考课之法，急之则诈伪生；宽之则功实见。汉宣求治太急，所以有伪增户口，以求赏如王成者出焉。子产为政一年，而民欲杀之，三年而民歌颂之。使如汉宣之太急，一年之外，子产受诛久矣，安得有三年而成效乎？三载而一考之，三考而乃黜陟之，则所以待之者一，何宽也。待之以宽，则在职者，不求耳目之功，而为千百载之计，其间利害曲折，设施开辟，有出人意表者，有使人惊叹者，吾得安心肆志，展其四体，而无惧浮言谗说焉。

张氏曰，孔子曰，三年有成，此唐虞考绩之法。必以三载者也，虽然圣人犹以为未也，故积之之久，待之之尽，至于三考，然后为之黜陟，是故，为善积久而为明，所以陟之；为不善积久而为幽，所以黜之。善者，阳之类也，积之既久则浸之以明，不有以陟之则无以劝君子。不善，阴之类也，积之既久则浸之以幽，不有以黜之则无以惩小人。既有以黜陟幽明，则人皆知赏之可慕，罚之可畏。于是乎，乐事劝功，此庶绩所以咸熙也。《尧典》言"庶绩咸熙"，在"允厘百工"之后，则庶绩之熙，由于百工之允厘故也。此言"庶绩咸熙"，在于"黜陟幽明"之后，则庶绩之熙，由于幽明之黜陟故也。"分北三苗"者，所以黜幽也。北者，阴阳分背之地，苗顽，弗即工，于是分北之，则小人与君子异趣矣。夫黜幽，止于"分北三苗"者，尧、舜之世，比屋可封，君子多而小人少，所可黜者，三苗一人而已。

## 11. 《尚书详解》卷二

（宋）陈经

（归善斋按，见前文"帝曰：咨！汝二十有二人"）

## 12. 《融堂书解》卷一

（宋）钱时

（归善斋按，见前文"帝曰：咨！汝二十有二人"）

### 13. 《尚书要义》卷二

（宋）魏了翁

（归善斋按，未引）

### 14. 《书集传或问》卷上

（宋）陈大猷

（归善斋按，未解）

### 15. 《尚书详解》卷一

（宋）胡士行

（归善斋按，见前文"帝曰：咨！汝二十有二人"）

### 16. 《书纂言》卷一

（元）吴澄

三载考绩，三考，黜陟幽明，庶绩咸熙。

考，核实也。三考，九载也。黜，贬退也。陟，升进也。幽，谓暗于其事，而隳废所职者。明，谓明于其事，而修举所职者。考绩至三，历年至九，则人之贤否，事之得失毕见，故黜其幽，陟其明。考核精，赏罚当，人人勉力事功，是以"庶绩咸熙"也。帝既咨命群臣，史因述其考绩黜陟之法于后，而并及其效如此。且于尧舜二帝在位之事，皆以"庶绩咸熙"四字终之。辞虽简，而所该，则大矣。

### 17. 《书集传纂疏》卷一

（元）陈栎

三载考绩，三考，黜陟幽明，庶绩咸熙，分北三苗。

考，核实也。三考，九载也。九载，则人之贤否，事之得失可见，于是陟其明，而黜其幽。赏罚明信，人人力于事功，此所以庶绩咸熙也。北，犹背也。其善者留，其不善者窜徙之，使分背而去也。此言舜命二十二人之后，立此考绩黜陟之法，以时举行，而卒言其效如此也。按，三苗见于经者，如典、谟、《益稷》、《禹贡》、《吕刑》详矣。盖其负固不服，乍臣乍叛。舜摄位，而窜逐之；禹治水之时，三危已宅，而旧都犹顽不即工，禹摄位之后，帝命徂征，而犹逆命。及禹班师，而后来格，于是乃得考其善恶，而分北之也。《吕刑》之言遏绝，则通其本末而言，不可以先后论也。

**纂疏**

唐孔氏曰，此以下，史述舜事。陈氏大猷曰，人情，太宽则肆，太严则拘，故考绩于三载时，加警策以作其怠。黜陟于九载，期之久远，以要其成。不肆、不拘，所以为善。成周，冢宰岁终受会，诏废置，三岁计治，行诛赏，随时之义也。夏氏曰，北，一音如字。三苗国在南，迁北之，如周迁顽民。此不与上文相连。王氏炎曰，害治者，不过三苗，分北之而已。

## 18. 《读书丛说》卷二

（元）许谦

（归善斋按，未解）

## 19. 《书传辑录纂注》卷一

（元）董鼎

三载考绩，三考，黜陟幽明，庶绩咸熙，分北三苗。

考，核实也。三考，九载也。九载，则人之贤否，事之得失可见。于是陟其明，而黜其幽，赏罚明信，人人力于事功，此所以庶绩咸熙也。北，犹背也。其善者留，其不善者窜徙之，使分背而去也。此言，舜命二十二人之后，立此考绩黜陟之法，以时举行，而卒言其效如此也。按三苗见于经者，如典谟、《益稷》、《禹贡》、《吕刑》详矣。盖其负固不服，乍臣乍叛。舜摄位而窜逐之。禹治水之时，三危已宅，而旧都犹顽不即工。禹摄位之后，帝命徂征，而犹逆命，及禹班师而后来格。于是乃得考其善恶，而分北之也。《吕刑》之言"遏绝"，则通其本末而言，不可以先后论也。

**纂注**

唐孔氏曰，此以下史述舜事，非帝语也。陈氏大猷曰，人情，太宽则肆；太严，则拘。故考绩于三载，时加警策，以作其怠，黜陟于九载，期之久远，以要其成，不肆不拘，所以为善。成周冢宰，岁终受会，诏废置；三岁计治，行诛赏。世变不同故也。夏氏曰，分北三苗，不与上文相连，不可曲为之说。北，一音如字。三苗国在南，迁之于北，如周迁顽民之类。王氏曰，分北三苗，黜幽也。然止于三苗，黜者寡矣。愚谓，分北，只是分别义，故文两两相背。天地之气始于北，而终于北。北者，阴阳之别也。

## 20. 《尚书句解》卷一

（元）朱祖义

三载考绩（三年之后考尔之功），三考，黜陟幽明（至于三考，九年，升陟。有功者以显明其功；退黜无功者于幽隐之地，使不得显扬于世）。

## 21. 《尚书日记》卷二

（明）王樵

"三载考绩"至"分北三苗"。孔氏曰，三年有成，故以考功。九岁则能否幽明有别。黜退其幽者，升进其明者，考绩法明。众功皆广，三苗幽暗，君臣善否，分北流之，不令相从。正义曰，自此以下，史述舜事，非帝语也。言帝命群官之后，经三载乃考其功。三年一闰，天道成，人亦可以成功，故以三年考校其功之成否。九年三考，则人之能否可知。幽明有别，黜退其幽者，或夺其官爵，或徙之远方。升进其明者，或益其土地，或进其爵位。考绩法明，人皆自励，故得众功皆广也。分背三苗，即是黜幽之事，故言于考绩之下。前四罪时，三苗之君窜之西裔，更绍其嗣，不灭其国。帝即政之后，复不从化，是暗当黜之。其君臣有善有恶，复分北之。北，背也。善留恶去，使分背也。帝既责成于岳牧九官，使人得其职，各尽其能，帝何为哉？主天下之公议，而居无事以临之，居无事以待有事，约而易操者，功状明，黜陟信而已矣。人之立心，行事未必皆有恒也。至于九年不变，则终不变矣。故黜陟行焉，赏罚明信，人人力于事功，故"庶绩咸熙"。而三苗，亦因以分北，善者愿安于政教，恶者自分于放流。盖陟得行于其明，而黜得行于其幽矣。蔡氏所谓卒言其效者，得之，此自夷狄向化之事，于考绩黜陟何预，而以为其效，盖公道昭明，人心自服。吾所以董正，庶官之典并施于向之负固不服之人，则他可知矣。孔疏以分北即黜幽之事，意于时幽之可黜者，独三苗而已，似不必然也。按《尧典》曰，"敷奏以言，明试以功，车服以庸"，此即考课诸侯之法。计考课，岳牧九官前此亦已应有其法。设官分职，与随事考成，一时并有，非命官之后始立考绩黜陟之法也。但三载考绩，三考黜陟之期，恐出舜之所定耳。此与"五载一巡守，群后四朝"之例同，皆舜所定。故史官记之。若循袭常事，固不书也。居位久，而受任专；立法宽，而责成远，莫如唐虞之时。至于成周，已不能同。冢宰岁终受会，诏废置，三岁计治，行诛赏，各惟其时也。北字从两人相背，象形亦会意。人道面南背北，故堂北曰背。战败曰北，败为北者，谓背而走也。分北言分其党相背而去，如今诸处降人例，以南北更调安置，分散其类，不使聚处一地也。三苗之事，错见于经。今定其次，苗顽弗即工，此禹治水时事；窜三苗于三危，此舜摄位时事；三危既宅，三苗丕叙，此禹治水后事；命禹徂征，此禹摄位时事；七旬有苗格，此禹班师后事；分北三苗，此苗来格后事。始之不即工者，以其举国而言也。舜之所窜者，其君也。《禹贡》所记既宅丕叙者，以其窜于三危者而言也。禹以苗不即工，欲帝念哉，而帝答以"皋陶方施象刑，惟明"，正窜三苗时事。此后徂征、来格、分背则皆其旧都也。先儒谓，始特窜其君，不灭其国，犹立其嗣，复不从化，乃徂征而分北之。《吕刑》谓"遏绝苗民，无世在下"，则以分背以后而言也。计苗之事，终帝舜之世，而始定。何则？窜者初年，分北者末年也。今南徼戎索之夷，仍以苗为号者，盖袭其称，非必古三苗之种类也。

## 22. 《御制日讲书经解义》卷一

三载考绩，三考，黜陟幽明，庶绩咸熙，分北三苗。

此一节书，记舜命官之后，立法以维持之，而并述其效也。考，核实也。三考，九载也。罢斥曰"黜"，登用曰"陟"，无功曰"幽"，有功曰"明"。分北，犹分背也，谓分别其善恶也。帝舜命官分治之后，即立考课黜陟之法，令百官三年既满，即考其有无功绩，以验其职事勤惰。三年一考，六年再考，至九年既满，然后通考其在任事绩，大行赏罚。惰而不能明其功者，罢黜之；勤而能明其功者，升用之。三载考绩，固不失于太宽。九载黜陟，又不至于太严。故群臣各修其业，庶功无不熙广，不止此也。如三苗乍臣乍叛，本有恶而无善，今则感慕服从，亦得以考其善恶，而分别之。善者，择而留之；恶者，窜而去之。无复向日之负固梗化。亦因朝廷举措得宜，可以服远人观化之心故也。近说则远来，内安斯外靖，故曰"式于政，不式于勇；式于廊庙之内，不式于四境之外"。

## 《读书管见》卷上

（元）王充耘
（归善斋按，见前文"帝曰：咨！汝二十有二人"）

## 《书义断法》卷一

（元）陈悦道
三载考绩，三考，黜陟幽明，庶绩咸熙。

三载考绩之后，赏罚可以行矣，而犹迟回于三考之久，以待其是非贤否之定，此圣人从容不迫之意，而庶功之所以无不熙广也。天下之事迫促之意多，则熙广之功少。唐虞考绩，功罪明而气象宽，众功之熙广，恢恢乎有余裕，其不以此欤。

## 《尚书注考》

（明）陈泰交
"三载考绩"，训"考""核实"也。"考朕昭子刑"，训"考""成"也。

## 《尚书埤传》卷二

（清）朱鹤龄
三载考绩，三考，黜陟幽明，分北三苗（北，从二人相背，即古"背"字）。

陈大猷曰，人情太宽则肆，太严则拘。故考绩于三载，时加警敕，以作其怠；黜陟于九载，期之久远，以要其成，不肆不拘，所以为善。成周，冢宰岁终受会，诏废置；三载计治，行诛赏。世变不同故也。陈雅言曰，圣人立法，必要其所终，稽其所弊，使徒考绩于三载，而不俟之九载之黜陟，则失之太严，迟钝者或不得以自见矣。使徒黜陟于三考，而不先以三载之考绩，则失之太宽，玩法者或得以自纵矣。王安石曰，唐虞以三考黜陟幽明，而其所命之官，或终身于一职。然则，其所谓陟者，特爵服之加而已。司马光曰，治道莫先于用人，而知人圣贤所难也。求之毁誉，则爱恶竞进，而善恶溷淆。考之功状，则巧诈横生，而真伪相冒。要其本在于至公至明而已矣。苟为不公不明，则后世考课之法，适足为曲私欺罔之资也。或曰考绩之法，唐虞所为，京房、刘邵述而修之耳，乌可废哉。曰，唐虞之官，其居位也久，其受任也，专其责，成也远。故鲧之治水，"九载绩用弗成"，然后治其罪。禹之治水，九州攸同，四隩既宅，然后赏其功。非若京房、刘邵之法，校其米盐之课，责其旦夕之效也。事固有名同而实异者，不可不察也。考绩，非可行于唐虞，而不可行于汉魏，由京房、刘邵不得其本，而奔趋其末也。

金履祥曰，有苗始末，说者不一。愚尝考其实，典、谟所称，前曰"三苗"，后曰"有苗"，曰"苗民"，《书》有异词，则事有不同矣。当尧之时，窜三苗于三危，罪其渠魁也；当舜之时，分北三苗，则削其地，分其民，别其部落，离其党类，于以黜陟，亦以消其势也。至其后，徂征之时，止曰"有苗"，曰"苗民"，而不复曰"三苗"，盖已窜之后，既分之余，所存者，特其一种耳。愚按，"三苗丕叙"亦在尧时，以其窜于三危者言也。以后徂征、来格、分北，则皆其旧都也。先儒谓，始特窜其君，不灭其国，犹立其后（孔疏云，禹继鲧为崇伯，三苗未必绝后），复不从化，乃徂征而分北之。

## 《书义矜式》卷一

（元）王充耘

三载考绩，三考，黜陟幽明，庶绩咸熙。

圣人课功以示劝惩者有定法，故群臣尽职而立功者有成效。夫课功核实之严，乃众功之所由以广也。在昔，有虞之朝，考绩行于三载之时，黜陟幽明于三考之后，以时课功，截有定法者如此。夫是以赏罚明信，人人自立于事功，百庶之绩，虽若不齐而咸熙之效，若出一致。其各有成效复如此。定法行于君，而成功著于臣。有虞之治，所以为不可及夫，君使臣以礼，臣事君以忠。君之于臣，惟知尽待下之礼尔。初无待于诱之以赏，而慑之以罚也。臣之于君，惟知尽事上之忠耳，亦无待赏罚而后知所劝惩也。然而，日月易流，人心易弛。三载而不考其绩，则无以提撕警觉，而作其懈惰怠弛之心。人不能以皆贤，则职或不能以遍举。三考而不继之以赏罚焉，则亦无以知其贤不肖，而为之进退，则玩愒，偷安苟且，自便敷同，日奏罔功者有矣，庶绩何自而咸熙欤？古之圣人知乎此也。故于三载之后考其功课，其殿最，盖以三年有成，则有能者可以自见矣。虽未必遽能得其底蕴也。有过固不可掩矣，而犹冀其能自新也。是以虽第其上下，而犹未遽施以黜陟焉。及其三考之后，则九载之间，人以久而可见，功以久而可成。凡有能者，得以究其能；而有过者，亦无复能改其过也。已明者，才美外见而有功者也，于是，或益其土地，或进其爵位，所以陟之而示劝。幽者，职业不修而堕其功者也，于是，或黜其爵位，或徙之远方，所以黜之而示惩。圣人执此之政，坚于金石；行此之令，信如四时。据此之至公无私，如天地。宣力者，知赏之必及；而偷安者，亦知罚之不可以苟免也。是以敬尔有官，勉尔为政，孳孳汲汲，不敢自暇。凡而宅百揆，则勉于亮采，而百揆之职成矣。敷五教之绩，就典礼乐，则礼节而乐和；掌刑罚，则刑清而民服。内而朝廷，外而群国，未有任其职而无其功者也。有虞激劝人心之道，诚万世之良法欤。岂独有虞为然哉。其所由来者尚矣。尧之试舜也，"询事考言，乃言底可绩三载"，所谓考绩于三载者也。其黜鲧也，以"九载而绩用弗成"。其陟禹也，以九年而水土平治。此即"三考黜陟幽明"也。泰和之在唐虞，良有以欤。虽然，"明良喜起"之朝，其稽功核实，虽不能不假诸法，而其礼遇臣（阙）之（阙）者，此又不可以不知也，后世有（阙）致治，或以滋乱者有矣。

## 《尚书七篇解义》卷一

（清）李光地

（归善斋按，见前文"帝曰：咨！汝二十有二人"）

# 庶绩咸熙，分北三苗

## 1. 《尚书注疏》卷二

（汉）孔氏传，（唐）陆德明音义、孔颖达疏

庶绩咸熙，分北三苗。

传：考绩法明，众功皆广，三苗幽暗，君臣善否，分北流之，不令相从，善恶明。

音义：北，如字，又音佩。令，力呈反。

疏：群官惧黜思升，各敬其事，故得众功皆广。前流四凶时，三苗之君窜之西裔，更绍其嗣，不灭其国。舜即政之后，三苗复不从化。是暗当黜之。其君臣有善，有恶，舜复分北流其三苗。北，背也。善留，恶去，使分背也。

考绩法明，人皆自励，故得众功皆广也。"分北三苗"，即是黜幽之事。故于考绩之下，言其流之，分谓别之。云北者，言相背，必善恶不同。故知三苗幽暗宜黜其君。臣乃有善否，分背流之，不令相从。俱徙之，则善从恶；俱不徙，则恶从善。言善恶不使相从，言舜之黜陟善恶明也。郑玄以为流四凶者，卿为伯子，大夫为男，降其位耳，犹为国君。故以三苗为西裔诸侯，犹为恶，乃复分北流之，谓分北西裔之三苗也。孔传窜三苗为诛也。其身无复官爵，必非黜陟之限。其所分北非彼窜者。王肃云，三苗之民有赦宥者，复不从化，不令相从，分北流之。王肃意彼赦宥者，复继为国君，至不复从化，故分北流之。禹继鲧为崇伯，三苗未必绝后。传意或如肃言。

## 2. 《书传》卷二

（宋）苏轼

庶绩咸熙，分北三苗。

苗之国，左洞庭，右彭蠡，南方之国也。而窜之西裔，必窜其君耳，其民未也。至此，治功大成，而苗民犹不服，故分北之。

### 3. 《尚书全解》卷三

（宋）林之奇

（归善斋按，见前文"帝曰：咨！汝二十有二人"）

### 4. 《尚书讲义》卷二

（宋）史浩

（归善斋按，见前文"帝曰：咨！汝二十有二人"）

### 5. 《尚书详解》卷二

（宋）夏僎

（归善斋按，见前文"帝曰：咨！汝二十有二人"）

### 6. 《增修东莱书说》卷二

（宋）时澜

分北三苗。

三苗，左洞庭，右彭蠡。本在南方，至于此迁之北，如迁商顽民，变薄俗之道也。前此窜三苗，但窜其君耳。恶党未化，故迁之于此。史官独载"分北三苗"，与《尧典》独书共、鲧之事同。见万国皆顺轨也。

（归善斋按，另见见前文"帝曰：咨！汝二十有二人"）

### 7. 《尚书说》卷一

（宋）黄度

（归善斋按，见上句）

### 8. 《絜斋家塾书钞》卷一

（宋）袁燮

分北三苗。

"北"，读作南北之"北"。三苗国在南，是今重湖之地。所以有洞庭、彭蠡之湖。盖依其险阻，易以为乱。舜分其民处于此焉。前既迁其君，今则迁其民。此最是一个教人之法。殊厥井疆，旌别淑慝，所以作其愧耻之心也。大抵北方土厚水深，南方土薄水浅，故北方之人多沈厚，南方之人多轻扬。舜所以分三苗于北者，盖桑麻沃野之地，虽欲为乱，亦不可得。

（归善斋按，另见前句）

## 9.《书经集传》卷一

（宋）蔡沈

（归善斋按，见上句）

## 10.《尚书精义》卷四

（宋）黄伦

（归善斋按，见上句）

## 11.《尚书详解》卷二

（宋）陈经

（归善斋按，见前文"帝曰：咨！汝二十有二人"）

## 12.《融堂书解》卷一

（宋）钱时

（归善斋按，见前文"帝曰：咨！汝二十有二人"）

## 13.《尚书要义》卷二

（宋）魏了翁

六九、分北三苗，言君臣善否，不令相从。

"庶绩咸熙，分北三苗"注，考绩法明，众功皆广，三苗幽暗，君臣善否，分北流之，不令相从。善恶明。正义曰，前流四凶时，三苗之君窜之西裔，更绍其嗣，不灭其国。舜即政之后，三苗复不从化，是暗，当黜之。其君臣有善有恶，舜复分北，流其三苗。北，背也。善留恶去，使分背也。郑玄以为流四凶者。卿为伯、子，大夫为男，降其位耳，犹为国君，故以三苗为西裔诸侯，犹为恶，乃复分北流之。谓分北西裔之三苗也。孔传，窜三苗为诛也，其身无复官爵，必非黜陟之限。其所分，止非彼窜者。王肃云，三苗之民，有赦宥者，复不从化，不令相从，分北流之。王肃意彼赦宥者，复继为国君，至不复从化，故分北流之。禹继鲧为崇伯，三苗未必绝后。传意或如肃言。

## 14.《书集传或问》卷上

（宋）陈大猷

（归善斋按，未解）

## 15.《尚书详解》卷一

（宋）胡士行

分（别）北（背）三苗（前既窜其君，而未灭其国。其同恶犹有不悛者，故分背之。所谓"旌别淑慝，殊厥井疆"也。《禹贡》"三苗丕叙"，则其君窜于三危者）。

孔云，众功皆广，三苗幽暗，故分北之。

（归善斋按，另见前文"帝曰：咨！汝二十有二人"）

## 16.《书纂言》卷一

（元）吴澄

分北三苗。

分，谓使之离异。二人随顺为从；二人相背为北。三苗之君，前既窜于三危，而三苗之民，尚居故地，顽而习恶。治水之役，违拒上命，群类众多，终必为乱，故迁徙之，使分散各居，不得聚在一处，既全其生，又免于乱。圣人立心之仁，处事之义，两尽其道矣。舜在位三十有三载，而始荐禹自代。今书所载，自初年咨命群臣之外，惟有考绩、分北二条，其他无事可见。夫子曰，无为而治者，其舜也与。朱子曰，绍尧之后，又得人以任众职，故无所为。澄以书稽之，尤信。

（归善斋按，另见上句）

### 17.《书集传纂疏》卷一

（元）陈栎

（归善斋按，见上句）

### 18.《读书丛说》卷二

（元）许谦

（归善斋按，未解）

### 19.《书传辑录纂注》卷一

（元）董鼎

（归善斋按，见上句）

### 20.《尚书句解》卷一

（元）朱祖义

庶绩咸熙（如此，则众功皆广矣），分北三苗（其时惟三苗弗即功，已窜其君于三危，今又久而不悛，于是分别北背其党。北，音背）。

### 21.《尚书日记》卷二

（明）王樵

（归善斋按，见上句）

### 22.《御制日讲书经解义》卷一

（归善斋按，见上句）

### 《读书管见》卷上

（元）王充耘

（归善斋按，见前文"帝曰：咨！汝二十有二人"）

### 《尚书砭蔡编》

（明）袁仁

分北三苗。

按虞仲翔云，北，古别字。盖舜时，天下咸服，惟苗未化，今得分别而去留之也，则黜陟之典，亦得行于负固之夫，盛矣。

## 《尚书注考》

（明）陈泰交

"分比三苗"，训"比""犹背"也。"比顽童"，训"比""昵"也。"曷不暨朕幼孙有比"，训"比""同事"也（比如字，又音佩）。

## 《尚书埤传》卷二

（清）朱鹤龄
（归善斋按，见上句）

## 《书义矜式》卷一

（元）王充耘
（归善斋按，见上句）

## 《尚书七篇解义》卷一

（清）李光地
（归善斋按，见前文"帝曰：咨！汝二十有二人"）

## 《尚书七篇解义》卷一

（清）李光地
（归善斋按，见前文"帝曰：咨！汝二十有二人"）


# 舜生三十征庸


## 1. 《尚书注疏》卷二

（汉）孔氏传，（唐）陆德明音义、孔颖达疏
舜生三十征庸。
传：言其始见试用。

## 2.《书传》卷二

（宋）苏轼

舜生三十。

为民者，三十载。

## 3.《尚书全解》卷三

（宋）林之奇

舜生三十，征庸三十，在位五十载。

此只当作一句读。盖舜居于侧微者三十年，历试二年，居摄二十八年，共为三十。尧崩，居三年之丧毕，而后即帝位五十年而崩。《大禹谟》"朕宅帝位三十有三载"，《孟子》曰"舜荐禹于天十有七年"，以三十有三载，并十有七年，是在位五十载也，是舜崩之年，盖年百有一十二岁尔。《书》载舜之年数盖如此。而太史公曰，舜生三十，尧举之，五十摄行天子之事，五十九而尧崩。其说特异于经，当以经之言为证。

## 4.《尚书讲义》卷二

（宋）史浩

舜生三十，征庸三十，在位五十载，陟方乃死。

舜寿一百一十二岁。三十载，尧举舜而敷治。敷治者，敷尧之治于天下后世也。摄位二十八载。摄位者，摄尧之位，而行尧之道也。避尧之子，服尧之丧三载，而践位五十载至于鸣条而陟方。说者谓巡守至苍梧山地，近莒之纪城。陈留有鸣条亭。诸说未之详也。

## 5.《尚书详解》卷二

（宋）夏僎

舜生三十征庸，三十在位，五十载，陟方乃死。

舜居侧微三十年，然后尧征用之；历试三年，然后居摄；居摄二十八年，尧崩终丧三年，然后践天子位，则舜践位乃年六十二。今此言，舜三十征庸，又三十在位，则是在位始年六十，不同者何也？盖舜在位实年六十二，但作文之体，上既言"三十征庸"，下又言"五十载"乃死，不应于此言三十二在位，故取其句读，而举其全类，以三十言之。则《诗》三百十一篇，孔子特言《诗》三百，不言十一篇者，亦以下语之法，以便为贵，故举其大类，便于句读而已。一说谓，历试三年，在二十八年之中，更加居丧三年，是舜征用三十年在位也。此说亦通。舜宅帝位三十三年，然后荐禹；荐禹十七年，然后舜崩。是故，既践位后五十载乃死。孔氏以"陟方乃死"，谓升道南方巡守，死于苍梧之野而葬焉。其说本于《檀弓》，有"舜葬苍梧之野"一句。然《孟子》言"舜生诸冯，卒于鸣条"，则死于苍梧其说不可信矣。况揆以理，有大不可者焉。实为舜升遐而死也。故成王升遐，《书》亦曰"维新陟王"。但韩退之亦知孔氏升道南方之说为不然，而以陟方为升遐焉。乃死，则谓作书者，以此释陟方义，其意以谓，上既言升遐，不应于此又言"乃死"，非下语之法。殊不知杨子亦言"黄帝、尧、舜殂落而死"，与此文势相同，安可以语法为疑，而曲生意义哉？林少颖此说正出于此。

## 6.《增修东莱书说》卷二

（宋）时澜

舜生三十征庸，三十在位，五十载，陟方乃死。

舜自初即位，至"陟方乃死"，凡五十载。今《舜典》一篇载舜即位一年之事，若不能尽五十年之治，盖舜之治天下，自始立规模，后之号令纪纲，非无变易，而皆自此出也。史官载其一年，而略其余。规模一定，四十九年之事，皆枝叶流派也。此最作史之妙，又见人君为治之要。

## 7.《尚书说》卷一

（宋）黄度

舜生三十征庸，三十在位，五十载，陟方乃死。

"陟方"，孔氏曰"升道南方，巡守死于苍梧之野而葬焉"。此据《礼记》也。按《孟子》，"舜卒于鸣条"。鸣条，在安邑，则故舜都也。舜禅，与尧有不同者，舜世，禹虽摄，大政令犹自舜出，故舜亲巡守，陟四方高山，祭天觐诸侯，谓之陟方。《颂》曰"陟其高山"。后世缘此，谓之登封，谓之升中。

## 8.《絜斋家塾书钞》卷一

（宋）袁燮

舜生三十征庸，三十在位，五十载，陟方乃死。

史臣总叙上文以结之。"陟方"，义与"殂落"同。

## 9.《书经集传》卷一

（宋）蔡沈

舜生三十，征庸三十，在位五十载，陟方乃死。

征，知陵反。征，召也。陟方，犹言升遐也。韩子曰，竹书纪年帝王之没皆曰陟。陟，升也，谓升天也。《书》曰"殷礼陟配天"，言以道终其德，协天也。故《书》纪舜之末，云"陟"，其下言"方乃死"者，所以释"陟"为"死"也。地之势东南下，如言舜巡守而死，宜言下方，不得言陟方也。按此得之，但不当以陟为句绝耳。"方"犹云"徂乎方"之"方"，"陟方乃死"，犹言殂落而死也。舜生三十年，尧方召用；历试三年，居摄二十八年，通三十年，乃即帝位，又五十年而崩。盖于篇末总叙其始终也。《史记》言，舜巡守崩于苍梧之野，《孟子》言舜卒于鸣条，未知孰是。今零陵九疑有舜塚云。

## 10.《尚书精义》卷四

（宋）黄伦

舜生三十，征庸三十，在位五十载，陟方乃死。

司马温公曰，舜在帝位治天下，五十载升于至道，然后死尔，非谓巡守为陟方也。

东坡曰，舜生三十，谓为民三十载也。征庸三十，谓历试三十载，摄位二十八载也。在位五十载，陟方乃死，谓尧崩，服丧三年，然后即位，盖其年六十二矣。在位五十载而崩，寿一百有十二。

孔氏曰，《孟子》云舜服三年丧毕，避尧之子，故服丧三年。三年之丧，二十五月而毕，其一年即在三十，在位之数，惟有二年，是舜年六十二，为天子。五十年，是舜寿凡百一十二岁也。

## 11. 《尚书详解》卷二

（宋）陈经

舜生三十，征庸三十，在位五十载，陟方乃死。

舜生三十，是在侧微时也。征庸三十，谓历试三年，摄位二十八年。在位五十载，谓尧崩，服丧三年，其一年已在三十之数，又在位为天子者五十年，是为舜寿其一百一十二岁也。"陟方乃死"，先儒以为升道南方，谓舜在苍梧之野，或又疑东南不可谓之升。盖升退曰"陟"，如"惟新陟王"是也。"乃死"者，作书者以是而释"陟方"二字，姑阙其疑。大概则作书者，述舜之始终，谓自侧微而至征庸，至在位为天子，始终之间，一无所憾，无有亏缺不足之玷。"陟方乃死"，此春秋书"公薨于路寝"之意也。不然则"放勋殂落"与"陟方乃死"者，何为而悉记之耶。人情莫不以死为讳，而不知君子以是为谨其终。曾子启手足而后知免，又曰吾得正而毙，斯已矣。呜呼，斯以为顺受其正欤。

## 12. 《融堂书解》卷一

（宋）钱时

舜生三十，征庸三十，在位五十载，陟方乃死。

"陟方乃死"，魂气升于天之谓也。谓之"陟方"者，姑以明虽死而未尝死，实无方之可陟也。此惟觉者知之；未觉，不惟不知，亦不信。

## 13. 《尚书要义》卷二

（宋）魏了翁

七十、三十在位，历试受终居摄，皆在臣位。

舜生三十征庸，言其始见试用。三十在位，历试二年，摄位二十八年。正义曰，上云"乃言底可绩，三载"，则历试当三年，云二年者，其一即是征用之年，已在上句三十之数。故惟有二年耳。受终居摄，尚在臣位，故历试并为三十。在位，谓在臣位。

## 14. 《书集传或问》卷上

（宋）陈大猷

（归善斋按，未解）

## 15. 《尚书详解》卷一

（宋）胡士行

舜生（侧微）三十征庸（尧始升用），三十在位（摄位二十八年，居丧三年，即帝位）。五十载（舜践位三十三年，荐禹于天；禹摄位十七年，然后舜崩），陟（升）方（遐）乃死。

在位五十年，《舜典》载其一年事，而略其余，规模一定。四十九年之事，皆枝叶流派也。此作史之妙。"陟方"，孔以为舜升道南方巡守，死于苍梧之野而葬焉。按尧老舜摄，则巡守，舜行之矣。岂有禹既摄，而舜犹巡守者乎？司马温公诗云"虞舜既倦勤，荐禹为天子；岂肯复南巡，迢迢渡湘水？"

## 16. 《书纂言》卷一

（元）吴澄

舜生三十，征庸三十，在位五十载，陟方乃死。

前章纪舜摄位之事，而于章末，叙尧之终。此章纪舜在位之事，故于章末总叙舜之始终。征，召也。陟方，犹言升遐也。舜生三十年，尧方召用。历试三年，居摄二十八年，通三十年，乃嗣尧位。又五十年而崩也。舜以服尧丧毕之明年正月践位，而此五十载数，自尧崩之明年始，何也？盖尧崩而天下无君，舜虽未为天子，而纪年则当属之舜，故始自尧崩之明年为舜元年。如汉王五年，方并项氏得天下。然秦亡而天下无君，汉王虽未称皇帝，而纪年则当属之汉。故始自入关之年，为汉元年也。韩子曰，陟方乃死，传谓舜升道南方以死。《竹书纪年》，帝王之没，皆曰"陟"。陟，升也，谓升天也。《书》曰"殷礼，陟配天"，言以道终其德，协乎天也。舜之没，云"陟"者，与《竹书》同文。"方乃死"者，所以释"陟"为"死"也。地之势东南下，如言舜南巡而死，宜言下方，不得言陟方也。朱子曰，按此得之，但不当以"陟"字为句绝尔。"方"犹云"徂乎方"之"方"。林氏曰，"陟方乃死"，与扬子"黄帝尧舜殂落而死"，文势同。

此第四章舜在位之事。

## 17. 《书集传纂疏》卷一

（元）陈栎

舜生三十征庸，三十在位，五十载，陟方乃死。

征，召也。陟方，犹言升遐也。韩子曰，《竹书纪年》帝王之没，皆曰陟。陟，升也，谓升天也。《书》曰"殷礼陟配天"，言以道终其德，协天也。故《书》纪舜之没，云"陟"，其下言"方乃死"者，所以释"陟"为死也。地之势，东南下，如言舜巡守而死，宜言下方，不得言陟方也。按此得之，但不当以陟为句绝耳。方，犹云"徂乎方"之"方"。"陟方乃死"犹言"徂落而死"也。舜生三十年，尧方召用。历试三年，居摄二十八年，通三十年，乃即帝位。又五十年，而崩。盖于篇末，总叙其始终也。《史记》言舜巡守崩于苍梧之野。《孟子》言舜卒于鸣条，未知孰是。今零陵九疑，有舜冢云。

**纂疏**

语录："舜生三十征庸"数句，只依古注点自好。孔氏曰。三十征庸，三十在位，服丧三年，其一在三十之数，为天子五十年，凡寿百一十二岁。经世书舜丙辰即位，至禹十七年死，通一百一十年。司马氏光诗，虞舜在倦勤，荐禹为天子，岂有复南巡，迢迢渡湘水。愚谓，史于舜即位初，惟载咨岳牧，命九官，即以九载黜陟，继之篇末，总叙舜一生始终，结之中间，几五十年，无事可见，何也？孔子曰"舜有臣五人，而天下治"，"无为而治者其舜也与"。舜惟得圣贤之臣以共为，故终身可恭己而无为也。陟方，犹言升天一方。董氏鼎曰，舜重华、协帝，与尧合德，而夫子称"大哉尧之为君"，"君哉舜也"，不无小异者，尧为治无迹，荡荡难名，故谓之"大"；舜责成臣下，己若无与，故谓之"君"。今于《舜典》可见，自"徽典"至"汝陟帝位"，是尧试舜三年内事。为司徒、百揆、四岳。未为君时也。自"受终"至"遏密"，是摄位二十八年内事，不过以百揆代尧行天子事，亦未为君也。自格文祖，然后即帝位，始称帝，舜之君道乃可见。舜方摄时，巡四岳，朝诸侯，封山濬川，考礼正刑，汲汲不少暇。至即位之后，惟责成于岳牧九官，舜不过执黜陟之权，以激励之外，此不复以身亲焉。五十年间，有天下而若不与，非得为君之道而然欤。摄政以前，可见臣道之劳，即位以后，可见君道之逸。乾知太始，坤作成物。君臣之道，一乾坤也。夫子以"君哉"称之，非优尧而劣舜也。

## 18. 《读书丛说》卷二

（元）许谦

（归善斋按，未解）

## 19. 《书传辑录纂注》卷一

（元）董鼎

舜生三十征庸，三十在位，五十载，陟方乃死。

征，召也。陟方，犹言升遐也。《韩子》曰，《竹书纪年》帝王之没，皆曰"陟"。陟，升也，谓升天也。《书》曰"殷礼陟配天"，言以道终其德协天也。故《书》纪舜之没云"陟"，其下言方死者，所以释"陟"为"死"也。地之势，东南下，如言舜巡守而死，宜言下方，不得言陟方也。按，此得之，但不当以"陟"为句绝耳。方，犹云"徂乎方"之"方"。"陟方乃死"，犹言徂落而死也。舜生三十年，尧方召用，历试三年，居摄二十八年，通三十年，乃即帝位又五十年而崩。盖于篇末，总叙其始终也。《史记》言舜巡守，崩于苍梧之野，《孟子》言舜卒于鸣条，未知孰是。今零陵九疑有舜冢云。

### 辑录

"舜生三十征庸"数语，只依古注点自好。广。

### 纂注

孔氏曰，方，道也。舜即位五十年，升道南方巡守，死于苍梧之野而葬焉。三十征庸，三十在位，服丧三年，其一在三十之数，为天子五十年，凡寿百一十二岁。《皇极经世》纪舜丙辰即位，至禹十七年死，通为一百一十年。司马公诗曰"虞舜在倦勤，荐禹为天子，岂有复南巡，迢迢渡湘水。"新安陈氏曰，史于舜即位初，惟载咨岳牧、命九官，即以九载黜陟继之。篇末总叙舜一生始终结之。中间几五十年，无事可见，何也？孔子曰"舜有臣五人而天下治"。又曰"无为而治者，其舜也与。"以此观之，可见舜惟得圣贤之臣以共为，故终身可恭己而无为也。陟方，犹云升天一方。武夷熊氏曰，《舜典》理会天道、人道、地道，说见前。此后言恤刑讨罪，所以去小人也；咨牧命官，所以用君子也；末言考绩黜陟之法，其于君子、小人之辨严矣。后之欲尽君道者，当以此为法。读二典者，当识此大意，而后可以论尧舜之治矣。五峰胡氏曰，愚读五帝书，而后知圣人泽及斯民之远也。后世有立功于一时，兴利于一邦者，人犹追思而祀之。是数圣人者，有功于天下万世，曾不得推苗裔，立宗子，建庙庭，春秋四时飨天下之报也。有天下者，端拱九重之内，治其国家。上之天文，下之地理，中之人伦，衣食之原，器用之利，法度之章，礼乐之则，谁推明制作之也，而忘之乎？戎狄之人，驾一偏室说，失事理之正，而其神像乃得蟠据中华名山，巍业相望，又听具雕梁画栋，群沦灭三纲之人而豢养之，此何道也？其不耕不植，侵渔民利，耗蠹民财，乃细事耳。为政者，恬不以为虑，中华无人，可悲之甚矣。愚谓，舜重华协于帝，与尧本无分优劣，而夫子称"大哉尧之为君"，"君哉舜也"，尚不无异于一字之间，何也？尧为治无迹，荡荡难名，故谓之大；舜责成臣下，己若无为，故谓之君。今读《舜典》一篇可见矣。自"慎徽五典"至"汝陟帝位"是尧试舜三年内事，先为司徒，次为百揆，次为四岳，未为君之时也。自"受终文祖"至"遏密八音"是尧老舜摄，二十八年内事，不过以百揆，代尧行天子之事，亦未为君之时也。自"格于文祖"，然后即帝位，方始称帝，舜之君道乃可见尔。方摄位时，巡四岳，朝诸侯，封山浚川，考礼正刑，汲汲不少暇。至即位后，则惟责成于牧岳、九官舜不过执黜陟之权，以激励臣下，外此，皆不复以身亲之。在位五十年间，有天下而已，若不与，岂非得为君之道，故如是乎。摄政以前，可以见臣道之劳；即位以后，可以见君道之逸。乾知大始，坤作成物。君臣之道，犹乾坤也。故夫子以"君哉"称之，非优尧而劣舜也。后之人主，有不任三公者，有亲阅吏按下行文书者，安识君道也哉？丛脞惰堕，舜无是事，而皋犹有是戒，为君者可以监矣。

## 20.《尚书句解》卷一

（元）朱祖义

舜生三十（舜生三十年，在侧微之中）。

## 21.《尚书日记》卷二

（明）王樵

（归善斋按，未解）

## 22.《御制日讲书经解义》卷一

舜生三十，征庸三十，在位五十载，陟方乃死。

此一节书，纪帝舜之始终也。征，召也。陟方，升遐也。史官于《舜典》篇末总叙之曰，帝舜生三十年，尧乃征召于畎亩之中，而登用之。后来历试二年，居摄二十八年，通共有三十年，始即帝位。在帝位又五十年，乃升遐而崩，计其寿，凡一百有十岁。此帝舜之始终也。大德者，必得其禄位名寿，岂虚语哉。

## 《尚书通考》卷五

（元）黄镇成

舜生三十征庸，三十在位，五十载，陟方乃死。

蔡氏曰，陟方，犹言升遐。《竹书纪年》帝王之殁，皆曰陟。舜生三十年，尧方召用，历试三年，居摄二十八年，通三十年，乃即帝位。又五十年而崩。《史记》言舜巡狩崩于苍梧之野，《孟子》言舜卒于鸣条，未知孰是。今零陵九疑有舜冢。《皇极经世》纪舜丙辰即位，至禹十七年死，通为一百一十年。

新安陈氏曰，史于舜即位初，惟载咨岳牧命九官，即以九载黜陟继之篇末，总叙舜一生始终，结之中间几五十年，无事可见何也？孔子曰"舜有臣五人而天下治"，又曰"无为而治者其舜也与"，以此观之，舜惟得圣贤之臣以共为，故终身可恭已而无为也。

愚按，经言"三十征庸，三十在位"，《禹谟》三十有三载求禹禅位，

《孟子》曰"舜荐禹于天十有七年"，正得一百一十年。而孔氏又增服丧三年，其一在三十之数，为百一十二年，盖采舜殂落之后，有"三载，四海遏密八音"及《孟子》有三年之丧毕之说。然史既以舜始终年数总括于后，为有明文，又合《皇极经世》所纪，故朱子曰"舜年百有十岁"。

### 《尚书注考》

（明）陈泰交

"舜生三十征庸"，训"征""召"也。"明征定保"，"八庶征"，训"征""验"。

### 《尚书疏衍》卷二

（明）陈第

舜生三十。

郑玄读舜生三十（句），征庸三十（句），在位五十载（句）。苏东坡从此读。

# 三十在位

## 1.《尚书注疏》卷二

（汉）孔氏传，（唐）陆德明音义、孔颖达疏

三十在位。

传：历试二年，摄位二十八年。

疏：传正义曰，上云"乃言底可绩，三载"，则历试当三年。云二年者，其一即是征用之年，已在上句三十之数，故惟有二年耳。受终居摄，尚在臣位。故历试并为三十。在位，谓在臣位也。

## 2.《书传》卷二

（宋）苏轼

征庸三十。

历试三载，摄位二十八载，通为三十。

### 3. 《尚书全解》卷三

（宋）林之奇

（归善斋按，见上句）

### 4. 《尚书讲义》卷二

（宋）史浩

（归善斋按，见上句）

### 5. 《尚书详解》卷二

（宋）夏僎

（归善斋按，见上句）

### 6. 《增修东莱书说》卷二

（宋）时澜

（归善斋按，见上句）

### 7. 《尚书说》卷一

（宋）黄度

（归善斋按，见上句）

### 8. 《絜斋家塾书钞》卷一

（宋）袁燮

（归善斋按，见上句）

### 9. 《书经集传》卷一

（宋）蔡沈

（归善斋按，见上句）

### 10. 《尚书精义》卷四

（宋）黄伦

（归善斋按，见上句）

## 11.《尚书详解》卷二

（宋）陈经

（归善斋按，见上句）

## 12.《融堂书解》卷一

（宋）钱时

（归善斋按，见上句）

## 13.《尚书要义》卷二

（宋）魏了翁

（归善斋按，见上句）

## 14.《书集传或问》卷上

（宋）陈大猷

（归善斋按，未解）

## 15.《尚书详解》卷一

（宋）胡士行

（归善斋按，见上句）

## 16.《书纂言》卷一

（元）吴澄

（归善斋按，见上句）

## 17.《书集传纂疏》卷一

（元）陈栎

（归善斋按，见上句）

## 18.《读书丛说》卷二

（元）许谦

（归善斋按，未解）

### 19.《书传辑录纂注》卷一

（元）董鼎

（归善斋按，见上句）

### 20.《尚书句解》卷一

（元）朱祖义

征庸三十（尧召用，历试三年，摄位二十八年）。

### 21.《尚书日记》卷二

（明）王樵

（归善斋按，未解）

### 22.《御制日讲书经解义》卷一

（归善斋按，见上句）

### 《尚书稗疏》卷一

（清）王夫之

三十在位。舜历三载，摄位二十八载，通三十年。下即续以"五十载，陟方乃死"，史称舜百有十岁，则尧崩之明年，舜即嗣为天子，未尝俟三年之丧毕也。孔子称"君薨，百官总己，以听于冢宰"，为世及之嗣君而言。舜承尧位，自当有别，且云听于冢宰，则嗣子不言冢宰代言，舜虽摄政而居必有位，号必有官。既无二天子之理，又不应如王莽之称摄皇帝，为不正之名实。然则，升闻之日，位百揆；而通居摄之时，位亦止于百揆也，故受终之后，未尝以百揆命他人。而禹作司空进位百揆，则在格于文祖之后。唐虞之有百揆，即周之冢宰。仲长统以冢宰为尧官，经传既无所征，又与百揆职位相嫌，统言盖妄。尧崩之时，舜实居冢宰之位，即元德显功如禹者，仅位司空。舜虽欲服丧不言，亦无可代己之官也。即使自舜以外，别有冢宰之可听，乃舜之于尧臣也，冢宰之于尧亦臣也。臣之服斩衰者，均也。舜不言，而彼独可以言乎？

舜受尧禅，未尝为尧后也。为尧后者，尧之子也。尧之子服，子之服则谅暗。不言舜服，臣之服非有谅暗，及丧毕，吉服之礼。且舜已摄，而又有摄舜者，亦危疑而靡定矣。故"月正元日，格于文祖"者，即尧崩之明年，而非三年丧毕之明年也，逾年改元始终之大义。苏氏《古史》之致疑于孔氏者，斯为当矣。臣为君，子为父，斩衰则同；而谅暗则异。至若《孟子》避尧子之说，固古今之积疑。要不可使三年之内，天下旷然无君。临川吴氏，乃以三年之内，舜未为天子，而史特以纪年属之，比诸汉王入关之明年，史称汉元，则曲为之说，而以扰攘拟清晏，其凿甚矣。

# 五十载，陟方乃死

## 1. 《尚书注疏》卷二

（汉）孔氏传，（唐）陆德明音义、孔颖达疏

五十载，陟方乃死。

传：方，道也。舜即位五十年，升道南方巡守，死于苍梧之野而葬焉。三十征庸，三十在位，服丧三年，其一在三十之数，为天子五十年，凡寿百一十二岁。

疏：《论语》云"可谓仁之方也已"，孔注亦以"方"为"道"，常训也。舜即位五十年，从格于文祖之后数之。升道，谓乘道而行也。天子之行，必是巡其所守之国，故通以巡守为名，未必以仲夏之月巡守南岳也。《檀弓》云舜葬苍梧之野，是舜死苍梧之野，因而葬焉。孔以"月正元日"在"三载"、"遏密"之下。又《孟子》云舜服尧三年丧毕，避尧之子，故服丧三年。三年之丧二十五月而毕，其一年即在三十在位之数。惟有二年，是舜年六十二。为天子五十年，是舜凡寿百一十二岁也。《大禹谟》云，帝曰，朕宅帝位三十有三载，乃求禅禹。《孟子》云，舜荐禹于天十有七年。是在位五十年，其文明矣。郑玄读此经云，舜生三十，谓生三十年也。登庸二十，谓历试二十年。在位五十载，陟方乃死，谓摄位至死为五十年，舜年一百岁也。《史记》云，舜年三十，尧举用之；年五

十，摄行天子事；年五十八，尧崩；年六十一而践天子位，三十九年崩，皆谬耳。

## 2.《书传》卷二

（宋）苏轼

在位五十载，陟方乃死。

尧崩，舜服丧三年，然后即位。盖年六十二矣。在位五十载而崩。寿百有一十二。说者以为舜巡守南方，死于苍梧之野。韩愈以为非。其说曰，地倾东南，巡非陟也。陟方者，犹曰升遐尔。《书》曰"惟新陟王"是也。传《书》者以"乃死"为"陟方"之训，盖其章句，而后之学者，误以为经文。此说为得之。

## 3.《尚书全解》卷三

（宋）林之奇

陟方乃死。

孔氏云，方，道也，舜即位五十年，升道南方巡狩，死于苍梧之野而葬焉。《檀弓》曰"舜葬苍梧之野，盖二妃未之从也。"于是汉儒遂有舜葬苍梧之说，至今苍梧之地有舜庙冢存焉，世以舜为真葬于苍梧也。《孟子》曰"舜生于诸冯，迁于负夏，卒于鸣条"。《孟子》以谓卒于鸣条，汉儒以谓卒苍梧之野，其说已不可知矣。况揆之以理，有所甚不可者。夫尧老而舜摄，则不复以庶政自关；而舜实行巡狩之事。舜既耄期，倦于勤，而使禹摄矣。则巡狩之事，禹实行之。苍梧在舜之时，其地在要荒之外。舜已禅位，而使禹摄矣，岂复巡狩于要荒之外而死，死而葬于苍梧之野，以是禹率天下诸侯，以会舜之葬于要荒无人之境，此理之必不然者。司马温公诗曰"虞舜在倦勤，荐禹为天子。岂有复南巡，迢迢渡湘水"。此说为得之。"陟方"者，犹云升遐也。"乃死"谓"升遐而死"，犹云"帝乃殂落"也。韩退之谓乃死者，以释陟方为言耳。夫作书者，自释其义，无是理也。而苏东坡乃以谓，为《书》传章句之言，此说亦未是。扬子曰"黄帝、尧舜殂落而死"与"陟方乃死"文势正同，岂亦《诗》、《书》章句之言哉。

（归善斋按，另见前文"舜生三十征庸"）

## 4. 《尚书讲义》卷二

（宋）史浩

（归善斋按，见前句）

## 5. 《尚书详解》卷二

（宋）夏僎

（归善斋按，见前句）

## 6. 《增修东莱书说》卷二

（宋）时澜

（归善斋按，见前句）

## 7. 《尚书说》卷一

（宋）黄度

（归善斋按，见前句）

## 8. 《絜斋家塾书钞》卷一

（宋）袁燮

（归善斋按，见前句）

## 9. 《书经集传》卷一

（宋）蔡沈

（归善斋按，见前句）

## 10. 《尚书精义》卷四

（宋）黄伦

（归善斋按，见前句）

## 11. 《尚书详解》卷二

（宋）陈经

（归善斋按，见前句）

### 12. 《融堂书解》卷一

（宋）钱时

（归善斋按，见前句）

### 13. 《尚书要义》卷二

（宋）魏了翁

七一、舜寿百十二岁，马迁《史记》异。

"五十载陟方乃死"，方，道也。舜即位五十年，升道南方巡守，死于苍梧之野而葬焉。三十征庸，三十在位，服丧三年，其一在三十之数，为天子五十年，凡寿百一十二岁。正义曰，《檀弓》云"舜死苍梧之野"，是舜死苍梧之野，因而葬焉。孔以"月正元日"在"三载遏密"之下，又《孟子》云，舜服尧三年丧毕，避尧之子，故服丧三年。三年之丧，二十五月而毕。其一年，即位三十在位之数，惟有二年，是舜年六十二。为天子五十年，是舜凡寿百一十二岁也。《大禹谟》云"帝曰：朕宅帝位三十有三载，乃求禅禹"，《孟子》云"舜荐禹于天十七年"，是在位五十年，其文明矣。郑玄读此经云"舜生三十"，谓生三十年也。登庸二十，谓历试二十年；"在位五十载，陟方乃死"，谓摄位至死，为五十年。舜年一百岁也。《史记》云，舜年三十，尧举用之；年五十，摄行天子事。年五十八，尧崩；年六十一，而践天子位，三十九年崩。皆谬耳。

### 14. 《书集传或问》卷上

（宋）陈大猷

三山陈氏说"陟方"亦善（尧曰"殂落"，舜曰"陟方"，《书》悉记之，乃《春秋》书"公薨路寝"之意。人情以死为讳，而不知君子以是为能谨其终。故曾子启手足而知免，其斯以为顺受其正欤）。

### 15. 《尚书详解》卷一

（宋）胡士行

（归善斋按，见前句）

### 16. 《书纂言》 卷一

（元）吴澄

（归善斋按，见前句）

### 17. 《书集传纂疏》 卷一

（元）陈栎

（归善斋按，见前句）

### 18. 《读书丛说》 卷二

（元）许谦

（归善斋按，未解）

### 19. 《书传辑录纂注》 卷一

（元）董鼎

（归善斋按，见前句）

### 20. 《尚书句解》 卷一

（元）朱祖义

在位五十载（尧崩，服丧三年，其一年已在三十之数，又在位为天子五十年，是为舜寿一百一十二岁），陟方乃死（然后升遐而死）。

### 21. 《尚书日记》 卷二

（明）王樵

（归善斋按，未解）

### 22. 《御制日讲书经解义》 卷一

（归善斋按，见前句）

### 《书蔡氏传旁通》 卷一中

（元）陈师凯

韩子曰，《竹书纪年》帝王之没皆曰"陟"。

见退之《黄陵庙碑》。《晋·束皙传》云，太康二年，汲郡人不准（不，方鸠反）盗发魏襄王墓，或言安釐王冢，得竹书数十车。其纪年十三篇。

方，犹"云徂乎方"之"方"。

扬子《法言》云"云徂乎方，雨流乎渊"。注云，徂，往也。方，四方也。

零陵、苍梧。

零陵，今湖南永州郡名，舜冢在道州界。苍梧，今广西梧州也。

## 《读书管见》卷上

（元）王充耘

舜陟方乃死。

"陟方乃死"，为巡守而死之说为是，以后面周公教成王以诘戎兵，陟禹迹推之可见。盖欲成王整点六师，巡守方国，则以陟方为巡守何疑？

## 《读书管见》卷上

（元）王充耘

舜陟方乃死。

"陟方乃死"，为巡守而死之说为是，以后面周公教成王以诘戎兵，陟禹迹推之可见。盖欲成王整点六师，巡守方国，则以陟方为巡守何疑？

## 《尚书砭蔡编》

（明）袁仁

陟方乃死。

陟，行也，即《太甲》"陟遐"之"陟"。方，即"方域"之"方"，谓舜巡行四方，而死于苍梧之野也。若以"陟"为"升遐"则与下"乃死"重复矣。宰我问帝舜，子曰，有虞三十五年在位，嗣帝五十载，陟方岳，死于苍梧之野而葬焉。《鲁语》展禽曰，舜勤民事而野死。韦昭注，谓征有苗，死于苍梧之野。《吴都赋》乌闻梁岷有陟方之馆、行宫之基钦。刘渊林注《书》云，舜陟方，谓南巡狩也。其证甚明。

### 《尚书疏衍》卷二

（明）陈第

陟方乃死。

旧说谓，舜陟方岳，死于苍梧之野而葬焉。《檀弓》曰"舜葬于苍梧之野"，《鲁语》曰"舜勤事而野死"是也。苏子瞻引韩昌黎之说，曰，地倾东南，巡非陟也。陟方者，犹曰升遐尔。《书》曰"惟新陟王"是也。传《书》者以"乃死"为陟方之训，盖其章句，而后之学者误以为经文也。蔡注云"陟方乃死"，犹言殂落而死也。既曰殂落，又曰而死，不几于赘乎？苏氏直以"乃死"为释文，君子亦未敢以为然也。或疑舜既倦勤，命禹居摄，则巡狩之事，禹事也。何舜以垂殁之年，而远陟蛮夷之徼乎？《孟子》称舜卒于鸣条。鸣条，蒲坂接境，当不诬矣。然愚考零陵九疑，实有舜冢。秦始皇三十七年十一月，至云梦望祀虞舜于九疑山。后世帝王祭告恒，必于是，则舜冢非无也。冢既非无，则野死非妄也。野死非妄，则陟方非诬也。经云，东巡守至于岱宗，南巡、西巡、北巡至于南、西、北岳，陟之为义，云胡不可？《太甲》曰"若陟遐必自迩"。总之，旧说近是，而纷纷之疑，皆蛇足矣。

### 《尚书广听录》卷一

（清）毛奇龄

（归善斋按，见前文"二十有八载，帝乃殂落"）

### 《尚书埤传》卷二

（清）朱鹤龄

五十载，陟方乃死。

按舜服尧丧注疏，不数五十载内，三年之丧，二十五月而毕，其一年，即在三十在位之数，故云舜年六十二而为天子，寿一百十二岁。邵子《皇极经世》纪舜丙辰即位，至荐禹十七载崩，通生年为一百十岁。朱子《中庸》注，舜年百有十岁，是与邵子同也。吴澄曰，舜以丧毕之明年践位，而此五十载，即始自尧崩之明年，何也？尧崩而天下无君，舜虽未为天子，纪年则当属之舜，故始自尧崩之明年，为舜元年。如汉王至五年方并项氏得天下，然秦亡而天下无君，则即以入关之年纪为汉始之年也。孔传，舜升道南方巡守，死于苍梧之野而葬焉。韩退之驳之云，地势东南下不得言陟方。陟，升也，谓升天也。愚按，《尚书》中"陟"字，有训"升"者，"陟丕"、"鳌陟禹迹"是也；有训"升遐"者，"礼陟配天"，"惟新陟王"是也。"升遐"可训"陟"，而不可训"陟方"。若"方乃死"为句，又不成文。今谓"陟方"者，升行方岳，陟禹之迹，方行天下，此明证也（《家语》舜陟方岳死于苍梧之野而葬焉。左思《吴都赋》梁岷岂有陟方之馆，行宫之基欤？以"陟方"对"行宫"，正主"方岳"之说）。孔氏虽误解南巡，特沿《礼记》之误，其意犹为近之。《孟子》曰"舜卒于鸣条"。鸣条，汤伐桀处。孔传云，地在安邑之西。《史记正义》引《括地志》云，高涯，原在蒲州安邑县北南坂口，即古鸣条陌，一名鸣条冈，今在解州安邑县北二十里。舜都蒲坂，去安邑甚近，合以"陟方"之文。舜于此必因省方问俗而出，《祭法》所谓"舜勤民事而野死"也。舜虽荐禹，身为天子如故，唐虞之制，五载一巡守，安知不因禹周巡四岳时，特出近郊廉问民隐，而竟没于其地耶？盖古者，天子车辙所至，即可以"陟方"言之。因其没不于深宫，遂谓之野死。《书》亦曰"陟方乃死"所以别于徂落之文也。再考《竹书纪年》舜三十二年，命夏后总师，陟方岳；三十五年，命夏后，征有苗；四十九年，帝居鸣条，五十年陟。汲书出于战国时，非可深信。"鸣条"一语，与《孟子》正合。蔡传兼引苍梧、鸣条二说，考之尚未详。黄度曰，舜禅与尧禅微有不同者，舜之世，禹虽摄位，大政令犹自舜出，观征苗可见（金履祥曰，尧之命舜曰"陟帝位"；舜之命禹曰"总朕师"，终陟帝位。其命有异，故其摄亦不同）。其时或以巡省方岳而崩，故《舜典》有"陟方"之文。愚按，文叔之言，与余合。方麓亦云，舜崩于行是实，但苍梧难信耳。温公诗，虞帝既倦勤，荐禹为天子，岂有复南巡，迢迢渡湘水。前贤固已疑之。或以禹葬会稽，证苍梧之事。不知禹虽荐益于天，相也，非摄也，巡守之事，禹固自为之矣，安得以例舜耶？蔡传云，徂乎方。按扬子《法言》注云，方，四方也。（附考）蔡氏引此以解"陟方"未当。

## 《书经衷论》卷一

（清）张英

陟方，但言升遐耳。禹此时摄位已久，舜所谓耄期倦于勤，岂更有巡方至苍梧之事。后世所谓湘君尧女，皆好事者为之耳。

## 《尚书七篇解义》卷一

（清）李光地

舜生三十征庸，三十在位，五十载，陟方乃死。

舜巡守而崩之事，见于传记多矣。先儒谓南巡不得言陟者，非也。方，谓方岳耳。考制度于四岳，无嫌言"陟"也。

# 帝厘下土，方设居方

## 1. 《尚书注疏》卷二

（汉）孔氏传，（唐）陆德明音义、孔颖达疏

序：帝厘下土，方设居方。

传：言舜理四方诸侯，各设其官，居其方。

音义：厘，力之反，马云赐也，理也。下土，绝句，一读至方字绝句。

疏：正义曰，此序也。孔以书序，序所以为作者之意，宜相附近，故引之各冠其篇首。其经亡者，以序附于本篇次，而为之传，故此序在此也。帝舜治理下土诸侯之事，为各于其方置设其官，居其所在之方而统治之。

传正义曰，在《虞书》，知帝是舜也。"下土"对天子之辞，故云"理"。四方诸侯，各为其官，居其方，不知若为设之。凡此三篇之序，亦既不见其经，暗射无以可中。孔氏为传，复顺其文，为其传耳，是非不可知也。他皆仿此。

## 2. 《书传》卷二

（宋）苏轼

帝厘下土，方设居方，别生分类，作《汨作》、《九共》九篇、《槁饫》。

凡逸书不可强通。其训或曰，《九共》，《九丘》也。古文，丘、共相近也。其曰"述职方，以除九丘"，非也。《九丘》逸矣，理或然欤。

## 3. 《尚书全解》卷三

（宋）林之奇

帝厘下土，方设居方，别生分类，作《汨作》、《九共》九篇、《槁饫》。

自《汨作》至《亳姑》，凡四十有六篇，皆逸书也。其书既逸，则其序之义不可以强通。而孔氏曰，"帝厘下土方设居方"者，言舜理四方诸侯，各设其官，居其方。于"别生分类"云，生，姓也，别其族姓，分其类使相从。于《汨作》云，汨，治；作，兴也，言治民之功始兴。于《槁饫》云，槁，劳；饫，赐也。此皆是顺序文而为之说，未必得书之本意。正如序《诗》之南陔，孝子相戒以养也；白华，孝子洁白也；华黍，时和岁丰宜黍稷也。此亦但顺《诗》名而为之说，未必得《诗》之本意也。而唐孔氏云，凡此三篇之序，亦既不见其经，暗射无以可中。而孔氏为传，复顺其文为其传耳，是非不可得而知也。此说甚善。王氏解经，善为凿说，凡义理所不通者，必曲为凿说，以通之其间，如占梦教射者常矣，而于逸书未尝措一辞，皆阙而不论，此又王氏之所长，而为近世法者也。二典皆虞书所作，其言简而尽，奥而明，而后世虽有作者，无得而及之矣。南丰曾舍人曰，昔唐、虞有神明之性，有微妙之德。使由之者不能知，知之者不能名，以为治天下之本。号令之所布，法度之所设，其言既约，其体至备，以为治天下之具。而为二典者，推而明之，所记者岂独其迹哉，并与其精微之意，而传之小大，精粗无不尽也，本末先后无不具也。使通其说者如出乎其时，求其旨者如即乎其人。方是时，岂独任职者皆天下之选哉，其操简执笔而随者，亦皆圣人之徒也。若曾舍人此言，可谓善观二典矣。盖虞之治，非后世之所能及者；而其史，亦非后世之所能及也。

## 4.《尚书讲义》卷二

（宋）史浩

帝厘下土，方设居方，别生分类，作《汨作》、《九共》九篇、《槁饫》。

《诗》、《书》，皆有序。序所以为作者之意。是故虽更秦灭学而亡其辞，读其序者，皆得其义。独此《汨作》、《九共》、《槁饫》十一篇，辞义皆亡，不可得而训释。窃意，继《舜典》之后，必有虞之所建置也，而汉儒乃以《九共》为一篇。既曰九篇，不知何所据而以为一篇，虽不敢以臆说。第若以为九，则百篇具以为一，则又亡其八矣。

## 5.《尚书详解》卷二

（宋）夏僎

帝厘下土，方设居方，别生分类，作《汨作》、《九共》九篇、《槁饫》。

此亡书之序也。唐孔氏谓，安国以书序，序所以为作者之意，宜相附近，故引之各冠其篇首。其经亡者，则以序附于本篇之末。故此序在此。林少颖谓，其书既逸，则其序之义不可得而强通。汉孔氏乃谓舜厘治下土之诸侯，各设其官，使居其方，又为民别其姓族之生，分其类，使相从，故作《汨作》、《九共》九篇、《槁饫》凡十一篇。汨，治也；作，兴也，言治民之功兴。槁，劳也；饫，赐也。此皆顺序文而为之说，未必得书之意。故唐孔氏亦谓，凡此三篇之序，既不见其经，暗射难以考中，孔氏为传，特顺其文而为之尔，是非不可得而知也。此说甚善。河南刘敞谓，《九共》当作《九邱》，即《八索》、《九邱》者是也。古文"邱"字并与"共"字相似，安国为隶古定，不知"邱"字，误以为"共"，遂肆意云"述职方以除九邱"，况职方一官出于周公，孔子未尝删述，何云"述职方以除九邱"。又此序言"方设居方，别生分类"，故知《九共》当作《九邱》，篇言一州，故云九篇。敞之说若自有理。然书既亡矣，无从可据，姑亦从之，未敢信然也。

### 6. 《增修东莱书说》卷二

（宋）时澜

（归善斋按，未解）

### 7. 《尚书说》卷一

（宋）黄度

帝厘下土，方设居方，别生分类，作《汩作》、《九共》九篇、《槁饫》。

《汩作》、《九共》、《槁饫》，皆书名，凡十一篇，皆亡。

### 8. 《絜斋家塾书钞》卷一

（宋）袁燮

帝厘下土，方设居方，别生分类，作《汩作》、《九共》九篇、《槁饫》。

厘，理也。言其经理下土也。谓之下土，盖是四方幽隐处。尧、舜之时，去太古之风未远。其间天下事未尽处，与不整齐处，要不能无，舜一旦出而与之经理焉。"方设居方"，如建诸侯之类也。"别生分类"，别其所生，分其族类，所谓天子建德，因生以赐姓是也。

### 9. 《书经集传》卷一

（宋）蔡沈

（归善斋按，蔡沈未解）

### 10. 《尚书精义》卷四

（宋）黄伦

帝厘下土，方设居方，别生分类，作《汩作》、《九共》九篇、《槁饫》。

上官氏曰，昔舜理诸侯之事，方置其官，各居方而统治之，又别之生而异其类，使各相从，故序之曰，帝厘下土，方设居方，别生分类，作《汩作》。汩，谓之治；作谓之兴，言其治功之兴也。《九共》九篇，则其义亡矣，凡师枯槁，则为赐酒食以饫之，故作《槁饫》。

## 11. 《尚书详解》卷二

（宋）陈经

帝厘下土，方设居方，别生分类，作《汩作》、《九共》九篇、《槁饫》。

"方设居方，别生分类"，此帝所以理天下之道也。厘，理也。"方设居方"，则随其方而设其居方之法。五方之民，言语不通，嗜欲不同，广谷大川异制，民生其间异俗，故居方之法，所以居民，如《礼记》所谓"量地制邑，度地居民，地邑民居，必参相得"是也。"别生分类"者，天子建德，因生以赐姓，胙之土而命之氏。别其生，使知所以尊祖；分其类，使知所以合族。此圣人经理天下，各随其宜者，若此其事，则载于《汩作》与《九共》九篇与《槁饫》之书。此三句，即此数篇之序也。其书既亡，其义不可得而强通。

## 12. 《融堂书解》卷一

（宋）钱时

帝厘下土，方设居方，别生分类，作《汩作》、《九共》九篇、《槁饫》。

厘，正也。帝既厘正下土，每方各设居方之官，以主之。古者，因生赐姓。"别生"者，别其所自出，使不紊其氏族也。士农工商，各有其类。分类者，分别其类，使各安其业也。此《汩作》、《九共》、《槁饫》之书所由作也。《汩作》旧训治兴。《书》序，本自为一篇，至汉方析之，冠于每篇之首。《汩作》、《九共》、《槁饫》十一篇，共此序。其书亡，故序次第附见于此。《九共一》、《九共二》、《九共三》、《九共四》、《九共五》、《九共六》、《九共七》、《九共八》、《九共九》，先儒谓古文"丘"、"共"字形相近，《九共》即《九丘》，九州各一篇，凡九篇。然则，"帝厘下土"，其殆水平之后，未肇十二州之先欤。《槁饫》旧训劳赐。然，书既不存，义亦难于强通也。谨录亡书之序，依旧次第附诸篇之末。愚痛念古书百篇而不存者，四十有二。今幸先圣之序，发明经旨粲然具在，书虽亡，而义犹未泯也。篇名湮没不著，而学者视之几若赘疣，岂不甚可惜哉。愚故表而出之，以备百篇之义。

### 13.《尚书要义》卷二

（宋）魏了翁

七二、帝厘下土方，言舜理四方诸侯。

"帝厘下土，方设居方"，言舜理四方诸侯，各设其官，居其方。"别生分类"，生，姓也，别其姓族，分其类，使相从。

### 14.《书集传或问》卷上

（宋）陈大猷

### 15.《尚书详解》卷一

（宋）胡士行

帝厘（理治）下土（诸侯），方（各方）设（立官）居方（居其方），别（分）生（姓族）分类（士、农、工、商，分其类使相从）作《汩（治）作（兴也，言治民之功兴。一篇亡）》、《九共（言九州供贡。刘歆以为即《九丘》。孔安国"除《九丘》"，非也。共、丘字相似，安国为隶古定，误以"丘"为"共"耳）》九篇、《稿（劳）饫（赐）》。

此七书序，安国所谓不可复知者也。无篇首可冠，随其次附之。前书之末训，传顺序文为之说，既不见书，其是非，不可得而知也。

### 16.《书纂言》卷一

（元）吴澄
（归善斋按，未解）

### 17.《书集传纂疏》卷一

（元）陈栎
（归善斋按，未解）

### 18.《读书丛说》卷二

（元）许谦
（归善斋按，未解）

## 19.《书传辑录纂注》卷一

（元）董鼎

（归善斋按，未解）

## 20.《尚书句解》卷一

（元）朱祖义

帝厘下土（此下乃十一篇亡书序，谓舜经理天下之土），方设居方（随方而设其居方之法，量地制邑，度地居民）。

## 21.《尚书日记》卷二

（明）王樵

（归善斋按，未解）

## 22.《御制日讲书经解义》卷一

（归善斋按，未解）

# 别生分类

## 1.《尚书注疏》卷二

（汉）孔氏传，（唐）陆德明音义、孔颖达疏

别生分类。

传：生，姓也，别其姓，族分其类，使相从。

音义：别，彼列反。分，方云反，徐扶问反。

疏：又为民别其姓族之生，分别异类，各使相从。

## 2.《书传》卷二

（宋）苏轼

（归善斋按，见前文"帝厘下土"）

### 3. 《尚书全解》卷三

（宋）林之奇

（归善斋按，见前文"帝厘下土"）

### 4. 《尚书讲义》卷二

（宋）史浩

（归善斋按，见前文"帝厘下土"）

### 5. 《尚书详解》卷二

（宋）夏僎

（归善斋按，见前文"帝厘下土"）

### 6. 《增修东莱书说》卷二

（宋）时澜

（归善斋按，未解）

### 7. 《尚书说》卷一

（宋）黄度

（归善斋按，见前文"帝厘下土"）

### 8. 《絜斋家塾书钞》卷一

（宋）袁燮

（归善斋按，见前文"帝厘下土"）

### 9. 《书经集传》卷一

（宋）蔡沈

（归善斋按，蔡沈未解）

## 10. 《尚书精义》卷四

（宋）黄伦

（归善斋按，见前文"帝厘下土"）

## 11. 《尚书详解》卷二

（宋）陈经

（归善斋按，见前文"帝厘下土"）

## 12. 《融堂书解》卷一

（宋）钱时

（归善斋按，见前文"帝厘下土"）

## 13. 《尚书要义》卷二

（宋）魏了翁

（归善斋按，见上句）

## 14. 《书集传或问》卷上

（宋）陈大猷

（归善斋按，未解）

## 15. 《尚书详解》卷一

（宋）胡士行

（归善斋按，见前文"帝厘下土"）

## 16. 《书纂言》卷一

（元）吴澄

（归善斋按，未解）

## 17. 《书集传纂疏》卷一

（元）陈栎

（归善斋按，未解）

## 18. 《读书丛说》卷二

（元）许谦

（归善斋按，未解）

## 19. 《书传辑录纂注》卷一

（元）董鼎

（归善斋按，未解）

## 20. 《尚书句解》卷一

（元）朱祖义

别生分类（别其族姓之生，使知尊祖；分其合族之类，使知相从别鳖）。

## 21. 《尚书日记》卷二

（明）王樵

（归善斋按，未解）

## 22. 《御制日讲书经解义》卷一

（归善斋按，未解）

# 作《汩作》

## 1. 《尚书注疏》卷二

（汉）孔氏传，（唐）陆德明音义、孔颖达疏

作《汩作》。

传：汩，治；作，兴也。言其治民之功兴，故为《汩作》之篇，亡。

音义：汩，音骨。

疏：作《汩作》篇。

"汩"之为"治"无正训也。"作"是"起"义，故为"兴"也。言其治民之功兴，以意言之耳。

## 2. 《书传》卷二

（宋）苏轼

（归善斋按，见前文"帝厘下土"）

## 3. 《尚书全解》卷三

（宋）林之奇

（归善斋按，见前文"帝厘下土"）

## 4. 《尚书讲义》卷二

（宋）史浩

（归善斋按，见前文"帝厘下土"）

## 5. 《尚书详解》卷二

（宋）夏僎

（归善斋按，见前文"帝厘下土"）

## 6. 《增修东莱书说》卷二

（宋）时澜

（归善斋按，未解）

## 7. 《尚书说》卷一

（宋）黄度

（归善斋按，见前文"帝厘下土"）

## 8.《絜斋家塾书钞》卷一

（宋）袁燮

（归善斋按，见前文"帝厘下土"）

## 9.《书经集传》卷一

（宋）蔡沈

（归善斋按，蔡沈未解）

## 10.《尚书精义》卷四

（宋）黄伦

（归善斋按，见前文"帝厘下土"）

## 11.《尚书详解》卷二

（宋）陈经

（归善斋按，见前文"帝厘下土"）

## 12.《融堂书解》卷一

（宋）钱时

（归善斋按，见前文"帝厘下土"）

## 13.《尚书要义》卷二

（宋）魏了翁

七三、《汩作》、《九共》、《槀饫》凡十一篇皆亡。

"作《汩作》"，汩，治；作，兴也。言其治民之功兴，故为汩作之篇，亡。《九共》九篇、《槀饫》，槀，劳；饫，赐也。凡十一篇皆亡。

七四、槀为劳饫，为赐，引《左传》为证。

汩之为治，无正训也。作，是起义，故为兴也。言其治民之功，兴以意言之耳。《左传》言，犒师者，以师枯槀，用酒食劳之。是槀得为劳也。襄二十六年《左传》云"将赏为加膳"，加膳，则饫赐，是饫得为赐也。亦不知劳赐之何所谓也。

图书在版编目（CIP）数据

归善斋《尚书》二典章句集解：全 2 卷/尤韶华纂.
—北京：社会科学文献出版社，2014.12
ISBN 978 - 7 - 5097 - 6761 - 0

Ⅰ.①归⋯　Ⅱ.①尤⋯　Ⅲ.①中国历史 - 商周时代
②《尚书》- 注释　Ⅳ.①K221.04

中国版本图书馆 CIP 数据核字（2014）第 273177 号

**归善斋《尚书》二典章句集解（上、下卷）**

编　　纂／尤韶华

出 版 人／谢寿光
项目统筹／芮素平
责任编辑／赵子光　支　强　周静怡

出　　版／社会科学文献出版社 · 社会政法分社（010）59367156
　　　　　地址：北京市北三环中路甲 29 号院华龙大厦　邮编：100029
　　　　　网址：www. ssap. com. cn
发　　行／市场营销中心（010）59367081　59367090
　　　　　读者服务中心（010）59367028
印　　装／北京盛通印刷股份有限公司

规　　格／开 本：787mm × 1092mm　1/16
　　　　　印 张：101.75　字 数：1597 千字
版　　次／2014 年 12 月第 1 版　2014 年 12 月第 1 次印刷
书　　号／ISBN 978 - 7 - 5097 - 6761 - 0
定　　价／880.00 元（上、下卷）

## 14. 《书集传或问》卷上

（宋）陈大猷

（归善斋按，未解）

## 15. 《尚书详解》卷一

（宋）胡士行

（归善斋按，见前文"帝厘下土"）

## 16. 《书纂言》卷一

（元）吴澄

（归善斋按，未解）

## 17. 《书集传纂疏》卷一

（元）陈栎

（归善斋按，未解）

## 18. 《读书丛说》卷二

（元）许谦

（归善斋按，未解）

## 19. 《书传辑录纂注》卷一

（元）董鼎

（归善斋按，未解）

## 20. 《尚书句解》卷一

（元）朱祖义

作《汩作》（于是作《汩作》之书。其书虽亡，大意言治民之功与。汩，骨）。

### 21.《尚书日记》卷二

（明）王樵

（归善斋按，未解）

### 22.《御制日讲书经解义》卷一

（归善斋按，未解）

## 《九共》九篇、《槁饫》

### 1.《尚书注疏》卷二

（汉）孔氏传，（唐）陆德明音义、孔颖达疏

《九共》九篇、《槁饫》。

传：槁，劳也。饫，赐也。凡十一篇皆亡。

音义：共，音恭，王已勇反，法也，马同。槁，苦报反。饫，于庶反。《槁饫》亦《书》篇名也。《汩作》等十一篇，同此序其文，皆亡，而序与百篇之序同编，故存。今马、郑之徒百篇之序总为一卷，孔以各冠其篇首，而亡篇之序，即随其次篇居见存者之间。众家经文并尽此。惟王注本下更有《汩作》、《九共》故逸。"故"亦作"古"。

疏：又作《九共》九篇，又作《槁饫》之篇。凡十一篇，皆亡。

《左传》言犒师者，以师枯槁，用酒食劳之，是槁得为劳也。襄二十六年《左传》云"将赏，为之加膳"，加膳则饫赐，是饫得为赐也。亦不知劳赐之何所谓也。

### 2.《书传》卷二

（宋）苏轼

（归善斋按，见前文"帝厘下土"）

### 3. 《尚书全解》卷三

（宋）林之奇

（归善斋按，见前文"帝厘下土"）

### 4. 《尚书讲义》卷二

（宋）史浩

（归善斋按，见前文"帝厘下土"）

### 5. 《尚书详解》卷二

（宋）夏僎

（归善斋按，见前文"帝厘下土"）

### 6. 《增修东莱书说》卷二

（宋）时澜

（归善斋按，未解）

### 7. 《尚书说》卷一

（宋）黄度

（归善斋按，见前文"帝厘下土"）

### 8. 《絜斋家塾书钞》卷一

（宋）袁燮

（归善斋按，见前文"帝厘下土"）

### 9. 《书经集传》卷一

（宋）蔡沈

（归善斋按，蔡沈未解）

### 10. 《尚书精义》卷四

（宋）黄伦

（归善斋按，见前文"帝厘下土"）

## 11. 《尚书详解》卷二

（宋）陈经

（归善斋按，见前文"帝厘下土"）

## 12. 《融堂书解》卷一

（宋）钱时

（归善斋按，见前文"帝厘下土"）

## 13. 《尚书要义》卷二

（宋）魏了翁

（归善斋按，见上句）

## 14. 《书集传或问》卷上

（宋）陈大猷

（归善斋按，未解）

## 15. 《尚书详解》卷一

（宋）胡士行

（归善斋按，见前文"帝厘下土"）

## 16. 《书纂言》卷一

（元）吴澄

（归善斋按，未解）

## 17. 《书集传纂疏》卷一

（元）陈栎

（归善斋按，未解）

### 18. 《读书丛说》卷二

（元）许谦

（归善斋按，未解）

### 19. 《书传辑录纂注》卷一

（元）董鼎

（归善斋按，未解）

### 20. 《尚书句解》卷一

（元）朱祖义

《九共》九篇（于是作《九共》之书九篇。其书虽亡，大意言九州土地所生不同，其贡物亦异。共，音恭）、《槀饫》（于是作《槀饫》之书。其书虽亡，大意言劳赐斯民亦厚。槀，犒）。

### 21. 《尚书日记》卷二

（明）王樵

（归善斋按，未解）

### 22. 《御制日讲书经解义》卷一

（归善斋按，未解）

### 《书集传或问》卷上

（宋）陈大猷

或问，子多阙疑，何取于明经乎？曰，孔子谈经于三代之末，尚以及史阙文为幸。《孟子》言《书》于战国之时，犹以尽信《书》为难。况《书》经秦灰、汉壁之余，传于耄翁、幼女之口。孔安国自谓以所闻伏生之书，定其可知者，其余错乱磨灭，不可复知。观论孟经传所引，不同处不可该举。今学者于千数百年后，乃欲以无疑为高，而强通其不可通之说，其未安审矣。

或问，子去取诸家之说，专以顺经文为主而尚简，何也？曰，传注之体，固如此。且《诗》云"天生烝民，有物有则；民之秉彝，好是懿德"。孔子曰"天生烝民也，有物必有则；民之秉彝也，故好是懿德"。只就中添四个字。"沧浪之水清兮，可以濯（zhuó）我缨；沧浪之水浊兮，可以濯我足"。孔子曰"清斯濯缨，浊斯濯足矣"，只就中退十字，换两"斯"字曾不费辞，而意味无穷。圣人之释经，盖如此。此即传注之祖也。谢显道谓，程明道《诗》不立训诂，只添一二字点掇他，读过便使人有悟，正得孔子说经之体。至如《中庸》言"虽有其位，苟无其德，不敢作礼乐焉。虽有其德，苟无其位，亦不敢作礼乐焉"，郑氏注云，作礼乐，圣人在天子之位，人一能之，己百之；人十能之，己千之。晦庵注云，盖百倍其功，如此之类最佳。诸经疏于义理，虽未透，然顺附经文，简而不繁，最为得体。曹操注《孙子》，杜预注《左传》，皆不自作文。本朝诸儒释经，始自作文，然非传注之体也。曰，《易》之彖（tuàn）象文言，及乾坤二卦爻辞，"子曰"以下，岂非自作文乎？曰，此所谓"十翼"，盖自为一书，以为之辅。至王弼注《易》始析而附入之。非可与《烝民》诗"沧浪歌"之说同论。然诸卦象象，亦是顺卦辞、爻辞以释义，而不辞费也。

# 后 记

2013年社科文献出版社的《归善斋〈吕刑〉汇纂叙论》，在后记中曾提及拟将积累《尚书》文献史料整理出版。由于获得中国社会科学院的后期资助，愿望的一部分已经成为真实。为便于了解原委始末，特将《归善斋〈吕刑〉汇纂叙论》后记的相关内容引述如下：

"对《尚书》的研读，起于大学本科时期。此后断断续续地收集积累相关的《书经》文献史料。第一篇论文《象刑歧义考》发表于韩延龙教授主编的《法律史论集》第3卷，法律出版社2000年10月版，收入杨一凡教授总主编的《中国法制史考证甲编》第一卷《夏商周法制考》，中国社会科学出版社2003年9月版。第二篇论文《〈尚书〉所见的法律形式》发表于杨一凡教授主编的《中国古代法律形式研究》，社会科学文献出版社2011年10月版。第三篇论文《〈吕刑〉的穆吕之争：〈尚书·吕刑〉性质辨析》发表于《江苏警官学院学报》第27卷第2期（2012年3月）。本书定稿于2012年岁末。长期积累起来的《尚书》文献史料，也拟将整理出版，包括《四库本〈书经〉集解》、《〈书经〉四库辑考》（暂定名），并拟在此基础上作系统的研究。当然，这得有待时日，希望不会落空。

板凳坐得十年冷，文章不着一字空。这是许多史学前辈的教诲。十分怀念以前良好的学术氛围。正是有这种学术氛围，才使得文献资料的积累成为可能。从今往后，不知是否还有此种福分。但不管如何，能存世方为文与书，一直是笔者的信念。"

上述提到的《四库本〈书经〉集解》现定名为《归善斋〈尚书〉章句集解》，本书为第一册。第二册《归善斋〈尚书〉三谟章句集解》也已完成。全书完稿尚须两到三年。

　　本书的出版获得众多人士的支持与帮助。韩延龙、杨一凡教授极力推荐，中国社会科学院法学所科研处的张锦贵先生不辞辛苦，社科文献出版社的芮素平女士及本书的编辑勤劳有加。在本书出版之际，鸣谢各个环节中诸位女士先生。

中国社会科学院法学所研究员

尤韶华